马 骏 黄美华——著

The Ancient Japanese Literature under the Stylistic Influence of the Chinese Buddhist Scriptures

(研究·资料)

汉文佛经 文体影响下的 日本上古文学

(研究卷)

社会科学文献出版社
SOCIAL SCIENCES ACADEMIC PRESS(CHINA)

本书得到北京第二外国语学院人才引进项目资助，是国家社会科学基金一般项目
“日本上代文学文体与汉文佛经的比较研究”（批准号：12BWW015）的结项成果。

目　录

contents

序编　日本上古文学佛经文体研究方法论

第一编　《古事记》文体与佛经文体

第四编 日本上古文学佛典句式考释（上）

第五编 日本上古文学佛典句式考释（下）

终编　日本上古文学佛经文体研究展望

附　录

序　编

日本上古文学佛经文体研究方法论

本书由《汉文佛经文体影响下的日本上古文学》（研究卷）和《汉文佛经文体影响下的日本上古文学》（资料卷）两大部分构成。研究卷有 7 编 19 章，约 82 万字；资料卷是研究卷文献资料的来源和论证材料的依据，采用断代专书词典的形式，网罗本书从日本上古文学作品中析出的佛教词语及出自佛典的词语 4960 余条，182 余万字。资料卷附有日语索引。

序编分作三个部分，从文体学研究、佛经东传考、独自方法论三个方面，阐述了本书研究文体学研究定位、文献学背景和独特的研究视角。在文体学研究方面，为本书研究提供理论依据和方法支撑。从朝鲜半岛的佛教文化，佛教传入日本的历史背景，汉文佛经的读诵、抄写和研习，举国体制与经典功能四个方面，对佛经东传的历史背景进行了考察，为本书研究提供深广的文化背景和文献学意义上的确凿材料。序编依据上古文学作品中"言说类"四字语句，从三个方面提出了本书对日本上古文学佛经文体研究的独自思考：作为方法论的出源论及其触角，具有两套系统的文献资料及其语言特色，涵括三种类型的文体及其位相表征。所谓具有两套系统的文献资料及其语言特色，具体指传统的中土文献和后起的汉文佛经尽管两者在文体上存在悠久的承继关系，但更多地在语体色彩、词组结构和内容表述上体现出巨大差异。当具有这样一种双重性格特征的中国文献不约而同地传入日本时，势必对尚未有本国文字的奈良时代的言语生活产生巨大的影响。本书的研究结果表明，在上古文学作品中，普遍地存在三种类型的文体及其位相表征，亦即受到中土文献影响的传统表达、源自佛经文体浸染的佛典表达、在传统表达和佛典表达基础上敷衍出的自创表达。自创表达仅属于日本上古文学本身。当我们将其纳入东亚汉字文化圈的视阈中去审视时，会发现它彰显的是日本上古文学自身的特质。

本书旨在全面论述日本上古文学①与汉文佛经的影响关系，内容由序编、《古事记》文体与佛经文体、《日本书纪》文体与佛经文体、《万叶集》《怀风藻》《风土记》文体与佛经文体、佛典句式考释（上下）、终编 7 编 19 章构成，基本涵盖了日本上古散韵两类文体的代表性作品，分别从佛典词语、句式和表达及其变体的角度论证了汉文佛经对日本上古文学巨大而又深远的影响。

① 按照日本学术界通行的说法，日本文学史划分为五个时期：古代、中世、近世、近代和现代。古代文学又分作前后两期：前期指奈良时代（538～809），称作"上代文学"；后期指平安时代（810～1192），称作"平安文学"（中西進、三木紀人、吉田熙生『精選日本文学史』，東京書籍株式会社，1983，第 12 頁）。本书的研究范围锁定在"上代文学"，中文表述为上古文学。

第一章　文体学研究

在中国文体学研究、中国西方文体学研究、日本上古文体学研究、汉文佛经文体学研究和比较文学文体学研究等相关的研究领域之中，有关文体学的概念及其研究模式和研究范围的见解虽然并非完全一致，但均体现了文体学与相关学科的密切程度。鉴于本书所涉及的对象、范畴及时代因素，我们拟在比较文学文体学研究方法的观照下，特别将日本上古文学文体分类和汉文佛经文体学研究作为梳理的对象，为本书研究提供理论依据和方法支撑。

“文体”是文学作品的体裁样式。“文体学”是对文学作品的语言、结构、格式、体制等形式特征的研究。现代意义上的“文体学”，是现代语言文学研究中相对独立的领域，是最近几十年来才出现的一个新兴的学科，是语言学、文艺学、翻译学、图书分类学、编辑学、比较文学等多学科交叉渗透的产物。[①]

一　中国传统的文体学研究

中国传统的文体学研究可追溯至魏人曹丕《典论·论文》、西晋陆机《文赋》[②]。南朝梁代刘勰《文心雕龙》确立了早期文体学研究的研究模式，明代吴讷的《文章辨体》、徐师曾的《文体明辨》、贺复徵的《文章辨体汇选》等大体勾勒出传统文体的研究范围，中国文学独有的语言形式与审美趋向，如体裁或文体类别、体性与体貌、章法结构与表现形式等是中国文体学研究的基础性课题。目前，中国文体学研究正在深入探讨的问题，一是中国古代的文体谱系的形成与结构、方法与观念，二是与文体谱系相关的文体价值谱系，三是中国传统文体的现代转化，四是中国文体对于域外文学的影响。[③] 本书所从事的日本上古文学文体学研究，当与这里说的第四点密切相关。

---

① 王向远：《作为比较文学的比较文体学——概念的界定、研究的课题与对象》，《北京邮电大学学报》（社会科学版）2003 年第 1 期。

② 刘世生：《文体学的跨学科特点》，《外国语言文学研究》2003 年第 2 期。

③ 吴承学：《中国文体学：回归本土与本体的研究》，《学术研究》2010 年第 5 期。

二　中国的西方文体学研究

西方文体学（stylistics）研究源于古希腊、罗马的修辞学，早在公元100年就出现了德米特里厄斯（Demetrius）的《论文体》这样讨论文体的论著。传统的修辞学注重文体的劝说功能，从朗吉努斯（Longinus）才开始注重文体的审美趋向。巴利（C. Bally）是现代文体学的创始人，他在1909年所著的《法语文体论》中，为规避传统修辞学的主观直觉式的批评方法，将语言学的理论模式和分析方法运用于文体学研究，奠定了文体学作为一门独立学科的基础。① 德国文体学家斯皮泽（L. Spitzer）被公认为文体学之父。在德国厚重的学术思潮的影响下，他将文体学看作连接语言学与文学史的媒介，通过把握文学作品的文体特征，来回溯作者的心路以及民族文化和思想变迁的历史。尔后，西方现代文体学经历了20世纪60～70年代各种文体学流派的兴盛时期，20世纪80年代以话语文体学为代表的兴起阶段，20世纪90年代以后社会历史/文化文体学的蓬勃发展过程。② 研究表明，目前中国的西方文体学研究所关心的主要问题有文体及文体学的概念厘清、文体学的研究对象、体裁范式研究、个人风格探讨、不同研究的有效方法以及文体学发展的未来走向等。③

比较的角度不同，其结果自然千差万别，如吴承学就曾指出："中国文学与西方文学的重要差异，在某种程度上就是不同文体体系的差异。中国文学其实是'文章'体系，它是基于礼乐制度、政治制度与实用性的基础之上形成与发展起来的，迥异于西方式的'纯文学'体系。"④ 这种差异决定了中西方文学样式及其发展的特色，进而决定了中西方文体学研究范围、研究方式的不同特点。

三　日本上古文体学研究

按照日本学术界通行的说法，日本文学史划分为四个时期：古代、中世、近世、近现代。古代文学又分作前后两期：前期指奈良时代（538～809），称作"上代文学"；后期指平安时代（810～1192），称作"平安文学"。⑤ 单从文学史的时代划分来看，"上代文学"相当于中国文学史的"上古文学"（先秦、两汉文学）。在中文行文的背景下，本书所言及的日本"上古文学"即指"上代文学"。德光久也撰写的《上代日本文章史》一文曾对日本近现代的代表性学者有关上古文学文体的分类进行过细致的梳理。⑥ 兹撮其要义，分作三端，归纳如下。

---

① 刘世生：《文体学的跨学科特点》，《外国语言文学研究》2003年第2期。

② 申丹：《西方现代文体学百年发展历程》，《外语教学与研究》2000年第1期。

③ 刘世生：《文体学的跨学科特点》，《外国语言文学研究》2003年第2期。

④ 吴承学：《中国文体学：回归本土与本体的研究》，《学术研究》2010年第5期。

⑤ 中西進、三木紀人、吉田熙生『精選日本文学史』，東京書籍株式会社，1983，第12頁。

⑥ 徳光久也『上代日本文章史』，桜楓社，1964，第172～188頁。

其一，“二分说”。提出这一划分法的学者有佐佐木信纲、吉泽义则和津田左右吉。佐佐木信纲将上古文学作品分作“正格汉文”和“俗文”，前者指符合汉语表达规则的文章体裁（引注：作者没有具体指出哪些作品）。后者指有别于汉语表达习惯的文章体裁，具体包括三种形式：一是未使用万叶假名的文章（以日语叙述为主的汉文）；二是使用万叶假名或夹杂万叶假名的文章，有的通篇由万叶假名写成，有的仅仅是虚词用假名表示（方法是虚词大写或小写）；一些词语用假名表示（笔者注：如地名、神名等专有名词）。[①] 吉泽义则将奈良时期的文学作品按文章体裁分作“汉文”和“国文”[②] 两类，再细分作“东镜体”（日记体裁、日汉混合文体）和“宣命体”（日文体裁的诏书、敕令）。属于“东镜体”的作品有《药师佛光背铭》、《上宫记》、《法王帝说》、《高桥氏文》、《古事记》、《万叶集》歌题，以及进入平安时代以后的《日本灵异记》、《将门记》、公卿日记、《东镜》等。该文体亦见于朝鲜半岛，最为古老的当属作于天平宝字二年（758）的葛项寺《东塔铭》。“宣命体”同样见于朝鲜半岛。[③] 津田左右吉将上古文学作品分作汉文体裁和“采用汉字书写日文的体裁”两类，后者具体指下面三种形式：舍去汉字的字义，用作标音文字，如“记纪歌谣”（收录在《古事记》《日本书纪》中的歌谣的总称）；借用汉字的字义，用于表示日文，即用作训读文字；上述两种形式混用，即音训兼顾，实用性文体多半采用该形式，《古事记》当中保留下来的“旧辞”是最为典型的例子，法隆寺《药师佛光背铭》亦可见同一情况。上述三种形式之中，在书写某一词语时，可见三种形式并用的情况，但在表达一个完整的意思时，多采用第二种或第三种形式。这或许是日文遣词造句的方法与古汉语不同，仅凭第二种形式难以达意的缘故。[④]

其二，“三分说”。提出这一划分法的学者有久松潜一、桥本进吉。久松潜一将上古文章分作纯汉文类，如《日本书纪》《常陆国风土记》；日文非纯类，指行文中既有非纯正的汉文，又有不地道的日文，如《古事记》《播磨风土记》；从“祝词”向“宣命”转变的体裁，该类日语表达纯粹，是出于使用汉字表现地道的日文的需要而形成的独特的表现形式，属于处于纯正日文的草创阶段的一种形态，成为后来汉字假名夹杂文体的滥觞。[⑤] 桥本进吉的三分法：一指汉文；二指变体汉文，如正仓院文书中的一些体裁、平安中期以后的男性日记和“东镜”；三指和歌及日文。桥本指出，随着使用汉字的熟练程度的提高，作者开始使用汉字撰写纯粹的日文。在单个的词语表达方面，一是全部使用万叶假名，如“之良受”“美留比”等；二是借鉴汉字汉文的训读法，如“不知其人”；三是混用上述两种情况，如“知受”“见流人”。另一方面，在书写篇章方面，一是通篇采用“万叶假名体”；二是主要按照汉语的语法规则书写，但兼顾训读后

---

① 佐佐木信綱編、橋本進吉解説『南京遺文・南京遺芳』（附卷），八木書店，1921。

② “国文”亦称“和文”，即日文。从文体分类上来看，此类称呼旨在着重强调日语的语言形式和表达风格。

③ 吉沢義則「語脈より見たる日本文学」，『国語説鈴』，立命館出版部，1931。

④ 津田左右吉「日本書紀」，岩波講座『日本文学』，1932；「国語学概論」，岩波講座『日本文学』，1932。

⑤ 久松潜一、倉野憲司「祝詞文の形象と表現意識」，『国語と国文学』，1930 年 4 月。

又能表现日语意思的体裁，如《古事记》；三是按照日语语序，表达各个词语时以混用方式为主，辅以第一、二种方式，如“宣命”等。[①]

其三，“四分说”。提出这一划分法的学者是仓野宪司，上古文章的四种文体分别指纯汉文体、准汉文体、“宣命、祝词体”和“万叶假名体”。第一类纯汉文体是当时的文言体，作者多为朝鲜半岛的归化人及司职于文部、史部的归化人的后嗣以及日本知识阶层精英，作品如《日本书纪》、《常陆国风土记》、《古事记》和《怀风藻》的序文、大部分金石文、《万叶集》的歌序和尺牍类、《经国集》中的对策文，等等。第二类准汉文体是当时的口语体，在形式上遵循汉语的句子结构，但主要部分为日语表达，如《古事记》、《播磨风土记》、《法隆寺金堂药师佛光背铭》、正仓院文书中一些文类。第三类“宣命、祝词体”，系日语式表达，鲜见汉语语序倒置的现象，助词和词尾活用细笔小写，但在语法上多遵循古汉语的规则。第四类“万叶假名体”，汉字用作表音文字，《古事记》的作者想做却未能完成的一种体裁，只有“记纪歌谣”和《万叶集》的若干卷采用了这一模式。此外，正仓院文书《续修别集》第 48 卷中亦见此体写成的文书。以上各种体裁有时单作一体，有时多体并存。[②]

通过梳理上述日本学者有关上古文学文体的分类，以下几点引起了我们的关注：一是上古文学文体研究始终关心的是文本的体裁样式。因为“在日本文学传统中，通常将文学题材划分为‘诗’（汉诗）、‘歌’（和歌）、‘日记’、‘物语’、‘草子’、‘芝剧’（戏剧）等体裁样式。”即根据文学作品的体裁样式来划分问题类型。[③] 二是诸家都采用比较文体学的方法，严格区分汉文与“和文”或“国文”在语言风格上的异同。其中，确定汉文的标准是所谓纯正与否，即是否合乎古汉语语法规则。因为学者们对古汉语语法规则的把握程度客观上存在差异，所以这里的标准本身带有较大的主观性。三是在上述多种分类中，几乎都没有涉及汉文佛经文体的问题，这也正是本书的着眼点，是本书需要解决的问题。需要强调的一点是，从方法论上来说，要弄清上古文学的佛经文体的特征，需要“注意联系汉籍经史子集等外典文献来考察，有些词汇句式，可能是存在于更早的外典文献中，需要进一步在‘日文典籍—汉译佛经—外典文献’三者之间更用力探查，以免遮蔽了问题的复杂性，而失之偏颇”[④]。关于外典文献对上古文学“和习”文体的影响，日本学者森博达[⑤]和国内的马骏[⑥]等都进行过做过详细的考察和论证。

---

① 橋本進吉「国語学概論」，岩波講座『日本文学』，岩波書店，1932。

② 久松潜一、倉野憲司「祝詞文の形象と表現意識」，『国語と国文学』，1930 年 4 月。

③ 王向远：《作为比较文学的比较文体学——概念的界定、研究的课题与对象》，《北京邮电大学学报》（社会科学版）2003 年第 1 期。

④ 本课题结项时，评审专家提出宝贵意见，特此鸣谢。

⑤ 森博達『日本書紀の謎を解く 一述作者は誰か』，中央公論新社，1999；同『日本書紀　成立の真実—書き換えの主導者は誰か』，中央公論新社，2011。

⑥ 马骏：《日本上代文学“和习”问题研究》，国家哲学社会科学成果文库概要 2011，北京大学出版社，2012。

四　汉文佛经文体学研究

汉文佛经指汉译佛经、中土僧俗的佛教著述和以宣扬佛教思想为宗旨的文学作品，在这三类文献当中，汉译佛经是主体。汉译佛经仅指翻译的佛经，月支僧人支娄迦谶于东汉桓帝建和元年（147）翻译的《阿閦佛国经》是现存文献中最早有纪年的译经。译经活动大致持续了一千年的时间，直到宋代中期才算基本结束①。据吕澂《新编汉文大藏经目录》的统计，流传至今的译经有1482部，总计约5702卷②。

朱庆之指出，“汉译佛经语言是一种与当时的书面语和口语都有一定距离，并令当时的读者有些陌生和不习惯的语言。”③ 译经语言具有以下文体特征。其一，散韵并行的体制。译经中习见散文和偈颂交替使用、散文连写而偈颂分句提行，这是对佛经原典的模仿。④ 其二，数量不菲的双音词。大量的研究表明，较之同期的中土文献，译经词汇的双音化程度更高。究其原因，一是口语的反映⑤，二是佛经四字格特殊文体的需要⑥，三是受到原典词汇结构上的影响。其三，强烈的口语化色彩。译经呈现出一种半文半白的体裁特征，即在文言的基础上，夹杂了大量口语或方言的表达成分。⑦ 由于译者的汉语水平有限，难以区分口语词汇和书面词汇，所以有大量口语词进入了译文。⑧ 其四，独特的语法句式。一是多用中土文献中未见或罕见的被动句，如不用“为”的“RA所/所见V”等句式；二是特殊的“於/于”⑨ 和“而”⑩，比如“尔时世尊，而说偈曰……”（魏译《大无量寿经》下），这里的“而”应作“乃”，但却多用“而”；三是用系动词“是”构成的判断句；四是表示完成态的“已”；五是表示代词复数形式的“等”“曹”等；⑪ 六是表示否定的副词“非”的句中位置⑫，如“二乘非所测”（魏译《大无量寿经》下）的正规说法应是“非二乘所测”。其五，非汉语感觉的句式。由于大多数句子多半按照原典逐字逐句翻译，不少句子的结构仍保留着原典的痕迹，如讲经说法的头一句“如是我闻”⑬、常见的开场白“一时……与……俱”⑭ 等。

---

① 朱庆之：《代前言：佛教混合汉语初论》，《佛教汉语研究》，商务印书馆，2009，第7页。
② 吕澂：《新编汉文大藏经目录》，齐鲁书社，1981。
③ 朱庆之：《代前言：佛教混合汉语初论》，《佛教汉语研究》，商务印书馆，2009，第8页。
④ 朱庆之：《敦煌变文诗体“换言”现象及其来源》，项楚主编《敦煌文学论集》，四川人民出版社，1995。
⑤ 志村良治：《中国中世与法史研究》，江蓝生、白维国译，中华书局，1984，第5~9页。
⑥ 朱庆之：《佛典与中古汉语词汇研究》，文津出版社，1992。
⑦ 志村良治：《中国中世与法史研究》，江蓝生、白维国译，中华书局，1984，第45~46页。
⑧ 朱庆之：《代前言：佛教混合汉语初论》，《佛教汉语研究》，商务印书馆，2009，第15页。
⑨ 周一良：《魏晋南北朝史论集》，中华书局，1963。
⑩ 志村良治：《中国中世与法史研究》，江蓝生、白维国译，中华书局，1984，第6页。
⑪ 朱庆之：《代前言：佛教混合汉语初论》，《佛教汉语研究》，商务印书馆，2009，第16页。
⑫ 志村良治：《中国中世与法史研究》，江蓝生、白维国译，中华书局，1984，第6页。
⑬ 辛岛静志：《汉译佛典的语言研究》，《俗语言研究》1997年第4期。
⑭ 朱庆之：《代前言：佛教混合汉语初论》，《佛教汉语研究》，商务印书馆，2009，第16页。

五　比较文学文体学研究

王向远在《作为比较文学的比较文体学——概念的界定、研究的课题与对象》一文中指出："比较文体学"就是运用比较文学方法进行的文体学研究，是从横向和纵向对世界各民族文学不同文体的产生、演变和消亡及其内在关联进行的研究，并对世界文学史上各种文体的特征、功能及其民族历史文化、民族审美心理等各方面的成因进行对比分析。比较文体学的研究课题包括三个方面：各民族文学中的文体划分及其依据与标准的比较研究，文体的国际移植与传播的研究，当代文体的世界性与国际化的研究。① 这里所论及的文体的国际移植与转播的研究，对本书的研究颇有启示意义。所谓国际间的文体移植，"是指一个民族的文本体裁，通过一定的途径与方式，传播到了民族文学之外，被其他民族的文学所接受、消化乃至改造，并成为该民族文学的一种新的文体类型"②。例如，早期的汉文佛经的体裁，经由朝鲜半岛传入日本上古时代，再通过奈良朝文人的借鉴、吸收和自创，最终形成日本上古文学的特殊文体，即先进的中国传统文体、实用的汉文佛经文体和本土化的自创表达相互夹杂的一种混合文体。

本书运用中日传统的文体学研究、汉文佛经文体学研究和比较文体学研究的方法，着重对上古文学中的佛经文体进行调查、分析和归纳。之所以如此，完全是由上古文学文体与汉文佛经文体之间的特殊关系所决定的。处于草创期的日本上古文学，源自汉文佛经的母题、题材及素材等影响要素较为有限，且多为显性的，所以大多已经被日本学者指出。而受到汉文佛经文体影响的语言形式和表达风格尽管为数不菲，但多为隐性的，故而在国内外学术界至今并未见到系统性的研究。加之日本学者多半习惯于通过训读文来研究上古文学作品，因此遮蔽了上古文学作品中的佛经文体。而直面原文、回归文本，恰恰可以体现中国学者鲜明的问题导向和学养意识。

---

① 王向远：《作为比较文学的比较文体学——概念的界定、研究的课题与对象》，《北京邮电大学学报》（社会科学版）2003 年第 1 期。

② 王向远：《作为比较文学的比较文体学——概念的界定、研究的课题与对象》，《北京邮电大学学报》（社会科学版）2003 年第 1 期。

第二章　佛经东传考

中日早期文化交流的一般规律表明，中日文化交流主要是通过朝鲜半岛间接进行的，中日佛教文化交流概莫能外。中国佛教首先传至朝鲜，再经由半岛传入日本。当时的朝鲜半岛三国鼎立，北部有高句丽，东南部是新罗，西南部是百济。① 因此，在讨论中国佛教传入日本的问题之前，十分有必要对作为传播途径的朝鲜半岛的佛教文化的生态环境进行考察。按照学术界通行的说法，佛教在四世纪后半叶传入高句丽和百济，五世纪前半叶传入新罗。尽管中国佛教在三国的传播与接受的具体情况不尽相同，但三国朝廷先后对佛教的教化作用表现出浓厚的兴趣，最终积极弘扬佛教，大规模修建佛寺，不断向中国派遣留学僧。

一　朝鲜半岛的佛教文化

首先，高句丽国的佛教传入。《三国史记》卷 18《高句丽本纪》小兽林王二年（372）六月条："秦王符（苻）坚遣使及浮屠顺道，送佛像经文。王遣使回谢，以贡方物。"又："四年，僧阿道来。五年春二月，始创肖（省）门寺，以置顺道。又创伊弗兰寺，以置阿道。此海东佛法之始。"② 前秦王苻坚于高句丽小兽林王二年向高句丽国派遣使者，僧人顺道同行，并赠送佛像和经卷，由此拉开佛教在高句丽传播的序幕。小兽林王四年（374），僧人阿道前往布道。翌年，修建省门寺和伊弗兰寺，分别用作顺道、阿道弘法的道场。其实，在佛教公传之前，民间人士已经更早地接触到了佛教。梁慧皎撰《高僧传》卷 4《义解》："支遁遣使求买仰山之侧沃洲小岭，欲为幽棲之处。潜答云：'欲来辄给。岂闻巢由买山而隐？'遁后与高丽道人书云：'上座竺法深，中州刘公之弟子。体德贞峙道俗纶综，往在京邑维持法网，内外具瞻弘道之匠也。'"东晋支遁（314 ~ 366）在写给高丽道人的书信中充满对大德竺潜（286 ~

---

① 杨曾文：《日本佛教史》，人民文学出版社，2008，第 20 页。

② 金富蘇著，金思燁訳『三国史記』，六興出版，1978，第 371 頁。该书作者是高句丽的金富轼，生于 1075 年，卒于 1151 年。历任户部尚书、平章事、集贤殿大学士等职。1147 年受封为乐浪郡开国侯。《三国史记》较为详尽地叙述了新罗 992 年（前 57 ~ 935）、高句丽 705 年（前 37 ~ 668）、百济 678 年（前 18 ~ 660）三国争雄朝鲜半岛的历史。

374）的赞美之辞。从支遁与高丽道人的交往来看，高丽道人当是一个留学江南的僧人。该例足以说明在佛教公传之前，高句丽国民间已经有人接触到佛教，并与中土高僧有过密切的交往。

高句丽国佛教的特点有三：一是历代国王对佛教的大力扶持；二是以混杂的形式同时接受了前燕（337～370）、前秦（350～394）的华北佛教与东晋江南的贵族佛教；三是涌现出多位佛学造诣精湛的学僧，如江南三论学派的鼻祖僧朗、日本三论宗的始祖慧灌①等。梁慧皎撰《高僧传》卷8《法度传》："度有弟子僧朗，继踵先师复纲山寺。朗本辽东人，为性广学思力该普。凡厥经律皆能讲说，华严三论最所命家。今上深见器重，敕诸义士受业于山。"僧朗曾师事法度，学习经论，尤其精于华严、三论之学。历住摄山栖霞寺、钟山草堂寺讲经说法。梁天监十一年（512），武帝仰慕僧朗的德望，敕令僧诠、僧怀等10名硕学在僧朗门下薰习三论。僧诠继承师学，与法朗、吉藏师资相承，集三论学派之大成，最终成为江南三论学派二祖。

其次，百济国的佛教传入。《三国史记》卷24《百济本纪》枕流王元年（384）九月条："九月，胡僧摩罗难陀自晋至，王迎之致宫内礼敬焉。佛法始于此。二年春二月，创佛寺于汉山，度僧十人。"② 由此可知，东晋胡僧摩罗难陀于枕流王元年到来，是在百济国佛教公传的元年。在三国之中，法华信仰是百济佛教最为显著的特点之一，发正、玄光和慧显三位高僧的事迹足以证明这一点。唐僧详撰《法华经传》卷6《讽诵胜利》曰："百济沙门释发正，梁天监中，负笈西渡，寻师学道，颇解义趣，亦修精进，在梁三十余年。归本土发正道闻他说，越州界山有道场，称曰观音，有观音堵室故往视之。"发正于梁武帝天监年间（502～519）来到中国求法，滞留三十余年。发正回国之际，在越州山里的交界处，耳闻目睹了受持《法华经》以及信奉观音菩萨的种种功德。

宋志磐撰《佛祖统纪》卷23："大建中南岳思禅师，为海东玄光法师说《法华经安乐行义》。归国演教，为高丽东国传教之始。"玄光于南岳衡山跟随晚年的慧思（515～577）学习《法华经安乐行义》，印证法华三昧。在慧思的弟子当中，获得授记的只有何玄和智顗。受慧思嘱托，玄光于威德王年间（554～598）回国，在百济教化民众，在熊津翁创建寺院，聚众说法，成为百济传播佛教的第一人。玄光手下有火光三昧和水光三昧两名弟子，名字取自《法华经·妙庄严王本事品》，言其身上出水、身下出火或者

---

① 《日本书纪》卷22《推古纪》三十三年正月条："三十三年春正月壬申朔戊寅，高丽王贡僧惠灌，仍任僧正。"（小島憲之、直木孝次郎、西宮一民、蔵中進、毛利正守『日本書紀二』，新編日本古典文学全集，小学館，1996，第588頁。）"新编日本古典文学全集"以下省称"新编全集本"。以下日语原文引用中繁体字统一为简体字。断句和标点符号依据汉语表达习惯。汉文佛经文献同此，但对四字格语句会尽量加以体现。从当时东亚中日韩三国的关系来看，"新编全集本"栏上的注释指出，即使此时隋王朝灭亡了，但高句丽仍然难以心安，所以作为寻求与日本建立友好关系的一环，为了满足日本迫切希望振兴佛教的愿望，而派遣了僧侣。

② 金富蘇著，金思燁訳『三国史記』，六興出版，1978，第474頁。

身下出水、身上出火的修行方法。①

慧显没有到过中国，但有关他的修行事迹和神异传说早就传到中原。据唐道宣撰《续高僧传》卷 28《读诵篇》载："释慧显，伯济国人也。少出家，苦心精专，以诵《法华》为业，祈福请愿，所遂者多。闻讲三论便从听受，法一染神弥增其绪。初住本国北部修德寺，有众则讲无便清诵，四远闻风造山諠接。便往南方达拏山，山极深险重隒岩固。纵有往展登陟艰危，显静坐其中专业如故。遂终于彼。同学舁尸置石窟中，虎噉身骨并尽，惟余髅舌存焉。经于三周其舌弥红赤，柔软胜常，过后方变紫鞕如石。道俗怪而敬焉。俱缄闭于石塔。时年五十有八，即贞观之初年也。"慧显一心读诵《法华经》，祈祷福德，多有应验。他在百济北部的修德寺挂锡，有听众则讲法，无听众就念经。后来移居南方的达拏山，628 年圆寂，时年 58 岁。慧显的同修将他的尸体放进一个石窟，尸体身上的骨肉被老虎吃光，只剩下骷髅和舌头。三周过后，舌头依然柔软鲜红。这则僧传说明《法华经》在百济具有广泛的影响力。修德寺是一家护国寺院，源自守护北方的功德天信仰。《法华经》对百济来说，是一部安邦镇国的经典。熊津年代创建的大通寺，其寺名并非指梁武帝的年号"大通"，实则取自《法华经》中的"大通智胜如来"的名字。②

再次，新罗国的佛教传入。《三国史记》《三国遗事》《海东高僧传》都有关于新罗佛教初传的记载，但众说纷纭，莫衷一是。尽管如此，学术界有一点还是较为统一的，即将法兴王公开承认佛教一事看作佛教在新罗传播的滥觞。据正史《三国史记》卷 4《新罗本纪》③ 载，法兴王十五年（528），国王振兴佛教，大臣们却说三道四，闹得沸沸扬扬。舍人异次顿上奏说：请杀了我来平定众人的异议。国王曰：我希望振兴佛教，不能杀害无辜。异次顿回答道：如果能够振兴佛教，我虽死无憾。于是，国王召集群臣商议。大家都说：现在的和尚，剃着个娃娃头，穿着奇装异服，鼓弄唇舌，不走正道。如果任由他们，将来势必后悔。所以臣等宁愿犯下重罪，也绝不奉旨。异次顿反驳道：诸位说的，都不正确。所谓有非常之人，而后有非常之事。佛教深邃奥妙，恐怕不得不信。国王说：大家说得这么坚决，都不肯改变想法。相反，只有你一人坚持己见。两种

① 宋赞宁等撰《宋高僧传》卷 18《陈新罗国玄光传》："……于是观光陈国利往衡山，见思大和尚开物成化，神解相参。思师察其所由，密授《法华安乐行门》。光利若神锥无坚不犯，新犹劫贝有染皆鲜，禀而奉行勤而罔忒。俄证《法华》三昧，请求印可。思为证之：'汝之所证真实不虚，善护念之令法增长。汝还本土施设善权。'……其如升堂受莂者一人，入火光三昧一人，入水光三昧二人，互得其二种法门，从发者彰三昧名耳。"

② 福士慈稔「仏教受容と民間信仰」，石井公成編集『漢字文化圏への広がり』，佼成出版，2010，第 33 頁。

③《三国史记》卷 4《新罗本纪·法兴王》："（十五年）至是王亦欲兴佛教，群臣不信，喋喋腾口舌。王难之。近臣异次顿（或云处道）奏曰：'请斩小臣以定众议。'王曰：'本欲兴道，而杀不辜，非也。'答曰：'若道之得行，臣虽死无憾。'王于是召群臣问之。佥曰：'今见僧徒，童头异服，议论奇诡，而非常道。今若纵之，恐有后悔。臣等虽即重罪，不敢奉诏。'异次顿独曰：'今群臣之言，非也。夫有非常之人，然后有非常之事。今闻佛教渊奥，恐不可不信。'王曰：'众人之言，牢不可破。汝独异言，不能两从。'遂下吏将诛之。异次顿临死曰：'我为法就刑，佛若有神，吾死必有异事。'及斩之，血从断处涌，色白如乳。众怪之，不复非毁佛事。"（金富蘇著，金思燁訳『三国史記』，六興出版，1978，第 95 頁。）

看法，我必须选择一个。于是，国王下令斩杀异次顿。异次顿临死时说：为了佛法，我甘愿受刑。佛若有灵，我死之时，必有灵异之事发生。异次顿被斩首后，血从脖颈处涌出，颜色如同白色的乳汁一般。众人惊怪不已，再也不敢妄议排佛之事。

新罗佛教的特征主要表现在以下几个方面：新罗诸王崇佛与佛教的兴隆；新罗佛教的护国色彩；新罗的求法僧；新罗花郎集团与佛教。这里关注佛教思想在花郎集团中所起到的重要作用。《三国史记》卷4《新罗本纪·真兴王》记载："三十七年春，始奉源花。初君臣病无以知人，欲使类聚群游，以观其行义，然后举而用之。"花郎集团的兴起是出于选拔人才的需要。在此之前，君王、大臣无法辨别人才，于是就将有志者聚集起来一起活动，以此来观察他们的言行举止。又"其后更取美貌男子，妆饰之，名花郎以奉之"。后来，开始选择外貌俊朗的年轻男子，他们穿着华丽，被称作花郎。又"或相磨以道义，或相脱以歌乐，游娱山水，无远不至。因此知其人邪正，择其善者，荐之于朝"。郎徒们互相切磋道义，欣赏诗歌、音乐，时而游历名山，时而畅游大河，不论远近，无所不至。通过这些活动，来考察郎徒的人品，将优秀者推荐给朝廷。又"故金大问《花郎世记》曰：'贤佐忠臣，从此而秀；良将勇卒，由是而生。'"花郎集团为国家培养忠君爱国、骁勇善战的栋梁之材。又曰："崔致远《鸾郎碑序》曰：'国有玄妙之道，曰风流。设教之源，备祥仙史，实乃包含三教，接化群生。且如入则孝于家，出则忠于国，鲁司寇之旨也；处无为之事，行不言之教，周柱史之宗也；诸恶莫作，诸善奉行，竺乾太子之代也。'"花郎的精神是三教合一的一种完美结合，体现的是儒家的孝行、忠君爱国的入世思想，道家的无为、以自然为师的处世哲学，释家的止恶、劝善奉行的出世指南。六世纪末，佛教的弥勒信仰传入新罗，人们相信花郎就是弥勒的化身，郎徒受到弥勒的庇护，死后会往生兜率天。又曰："唐令狐澄《新罗国记》曰：'择贵人子弟之美者，傅粉妆饰之，名花郎，国人皆尊事之也。'"① 因此，花郎集团令名远扬，不仅受到国内人民的爱戴，甚至为唐代的士大夫所知晓。七世纪初叶，圆光（555~638）从中国学成归国，他提出了"世俗五戒"，即"事君以忠，事亲以孝，交友以信，临阵无退，杀生有择。"（一然撰《三国遗事》卷4《义解·圆光西学》）儒家政治伦理与佛教教义在此融为一体，成为花郎集团的基本理念。僧侣在花郎集团开始时仅起到辅助的作用，后来佛教理念逐渐占领花郎集团信仰的中心位置，并最终成为新罗统一半岛的原动力。②

二　佛教传入日本的历史背景

在佛教传入日本之前，日本保持着自己独特的文化特征。从与本书研究课题的关联性来看，以下两点值得关注。第一，日本自古没有本民族的文字，一直学习中国文化，

① 金富蘇著，金思燁訳『三国史記』，六興出版，1978，第97頁。

② 福士慈稔「仏教受容と民間信仰」，石井公成編集『漢字文化圈への広がり』，佼成出版，2010，第45頁。

借用汉字来记述自己的历史。东汉建武中元二年（57）光武帝赐给倭王的“汉倭奴国王”金印，通常被看作汉字传入日本最早且最为可靠的史料。据《日本书纪》卷10《应神纪》十五年八月条记载：“百济王遣阿直岐，贡良马二匹……阿直岐亦能读经典，即太子菟道稚郎子师焉。”[①] 百济来的阿直岐通晓儒学典籍，太子菟道稚郎子拜其为师。之后，经阿直岐的推荐，“十六年春二月，王仁来之。则太子菟道稚郎子师之，习诸典籍于王仁，莫不通达。所谓王仁者，是书首等之始祖也”[②]。王仁来到日本后，菟道稚郎子转入王仁门下，研习各种儒学典籍，遂至通达。王仁被尊崇为日本文人的先祖。《古事记》中卷《应神记》曰：“故受命以贡上人名和迩吉师，即《论语》十卷、《千字文》一卷，并十一卷，付是人即贡进。”[③] 上述史料，证明了儒学典籍和饱学之士经由朝鲜半岛进入日本的史实。

第二，日本传统的宗教习俗。邪马台国是二三世纪存在于日本列岛的一个国家。据《三国志》卷30《倭人传》：“其死，有棺无椁，封土作冢。始死停丧十余日，当时不食肉，丧主哭泣，他人就歌舞饮酒。已葬，举家诣水中澡浴，以如练沐。”这则记载反映了日本当时的葬礼：人死之后，安葬有内棺而没有外棺，堆土成堆作坟墓。人死后在家停尸十余天，其间家人不吃肉，丧主哭泣，旁人前去歌舞饮酒。安葬死者之后，全家人去河里洗澡，就像中原人的练沐一样。《倭人传》又曰：“其行来渡海诣中国，恒使一人，不梳头，不去虮虱，衣服垢污，不食肉，不近妇人，如丧人，名之为持衰。若行者吉善，共顾其生口财物；若有疾病，遭暴害，便欲杀之，谓其持衰不谨。”这里说的是为出海者的平安而持斋祈祷的习俗：如果有人渡海到中原来，就让一个人不梳头，不除去身上的虮虱，衣服脏兮兮的，不吃肉，不近女色，像服丧一样，这种做法叫“持衰”。如果出行人顺利平安，就会照顾好“持衰”人的家人和财物；如果出行人生病或遭受暴力，就会杀掉“持衰”人，认为他持衰不慎重。此外，占卜也是流行于邪马台国的一种方术。《倭人传》曰：“其俗举事行来，有所云为，辄灼骨而卜，以占吉凶，先告所卜，其辞如令龟法，视火坼占兆。”[④] 例言出门办事，会烧灼骨头进行占卜，以此来预测吉凶，如同中原的用龟甲占卜一样。上面这些独特的葬礼、祈祷仪式和占卜方式，体现了早期的日本民族对生死、平安和未知世界的一种朴素的“原始宗教信仰”。

以上两点是佛教传入日本之前的文化背景，是佛教在日本接受与传播的历史环境。[⑤] 按照日本学术界的主流说法，佛教于钦明戊午年（538）由百济正式传入日本。据《元兴寺伽蓝缘起》记载：“大倭国佛法，创自斯归岛宫治天下天国案春岐光庭天皇

① 小島憲之、直木孝次郎、西宮一民、蔵中進、毛利正守『日本書紀一』，新編日本古典文学全集，小学館，1994，第482頁。

② 《日本书纪》卷10《应神纪》十六年二月条（小島憲之、直木孝次郎、西宮一民、蔵中進、毛利正守『日本書紀一』，新編日本古典文学全集，小学館，1994，第484頁）。

③ 山口佳紀、神野志隆光『古事記』，新編日本古典文学全集，小学館，1997，第268頁。

④ （晋）陈寿撰，（宋）裴松之注《三国志》，中华书局，1959，第855～856页。

⑤ 杨曾文：《日本佛教史》，人民文学出版社，2008，第12～15页。

御世，苏我大臣稻目宿祢仕奉时，治天下七岁次戊午十二月度来，百济国圣明王时，太子像并灌佛之器一具及说佛起书卷一箧度而言……”据此可知，佛教于钦明朝时传入日本，百济的圣明王向日本派遣使者并赠送佛像和佛经。①

三 汉文佛经的读诵、抄写、研习

佛教传入日本后，佛经又是如何传播的呢？在日本佛教发展的历史上，深受中国传统文化和佛教文化影响的圣德太子发挥过巨大的作用。《日本书纪》卷22《推古纪》元年四月条：“且习内教于高丽僧慧慈，学外典于博士觉哿，并悉达矣。”又二年五月是岁条：“五月戊午朔丁卯，高丽僧慧慈归化，则皇太子师之。是岁，百济僧慧聪来之。此两僧弘演佛教，并为三宝之栋梁。”高丽僧人慧慈来到日本，太子拜他为师。百济僧人慧聪来到日本之后，同样受到重用，两人成为在日本弘扬佛法的顶梁之柱。太子还制定了日本最早的成文法“宪法十七条”，其中第二条曰：“二曰笃敬三宝。三宝者，佛法僧也，则四生之终归，万国之极宗。何世何人，非贵是法？人鲜尤恶，能教从之。其不归三宝，何以直枉？”② 例言要深信三宝，三宝指佛法僧，是一切生灵的归属之处，是所有国家的终极之教。无论何世何人，无不尊崇三宝。人类当中穷凶极恶者原本不多，所以应该皈依佛法。否则如何矫正邪恶？这是以法律条文的形式将佛教看作治理国家、教化民众的有效手段，因而极大地推动了佛教在日本的迅速传播。

圣德太子专研佛学，弘传佛法，具有十分丰富的佛学素养。《日本书纪》卷22《推古纪》十四年七月条：“秋七月，天皇请皇太子令讲《胜鬘经》，三日说竟之。”又是岁条：“是岁，皇太子亦讲《法华经》于冈本宫。天皇大喜之，播磨国水田百町施于皇太子。因以纳于斑鸠寺。”③ 这里记载了圣德太子为推古天皇分别讲授《胜鬘经》和《法华经》的史实。圣德太子因讲经说法，使得天皇法悦充满，将播磨国的一百町水田赐予太子。

下面，以“一切经”和“特殊愿经”《法华经》为例，进一步廓清汉文佛经在奈良时代传播的手段与方法。所谓“一切经”，泛指佛教经、律、论所有典籍的用语，亦称大藏经，略称藏经。日本学者田村圆澄在《古代国家与佛教经典》④ 一书中对奈良时代读诵、抄写“一切经”的情况进行过颇为深入的研究。这里在先学的引导下，对有关“一切经”的史料做一归纳，以凸显奈良时代大量的汉文佛经传至日本的史实，为本书研究提供文献学上的依据。

① 杨曾文：《日本佛教史》，人民文学出版社，2008，第18～19页。

② 小島憲之、直木孝次郎、西宮一民、蔵中進、毛利正守『日本書紀二』，新編日本古典文学全集，小学館，1996，第530、532、542頁。

③ 小島憲之、直木孝次郎、西宮一民、蔵中進、毛利正守『日本書紀二』，新編日本古典文学全集，小学館，1996，第554頁。

④ 田村圓澄『古代国家と仏教経典』，吉川弘文館，2002，第1～2頁。

佛教传入日本，推古四年（596）位于飞鸟的法兴寺（飞鸟寺）建成。自此以后，擅长读诵、阐释经典的百济僧人来到日本。另一方面，朝廷任命的学问僧走出国门，往来于百济、新罗以及隋唐。而且，以大和为中心的寺院数量急剧增加，日本佛教由此走上一条兴盛之路。① 白雉二年（651）十二月，孝德朝廷在临近难波丰碕宫海边的味经宫召集僧尼，读诵“一切经”。《日本书纪》：“冬十二月晦，于味经宫请二千一百余僧尼，使读一切经。”② 这是“一切经”的说法首次出现在《日本书纪》当中。参加此次诵经法会的僧尼多达2100余人。这一人数与隋代彦琮撰写的《众经目录》（亦称《仁寿录》）中记载的诸经2109部的总数一致。石田茂作据此认为，此次“一切经”读诵活动是按照《仁寿录》所载卷数以每人一部经的形式进行的。③

在“壬申之乱”④ 中大获全胜的大海人皇子凯旋京城飞鸟，翌年（673）即位，即天武天皇。同年三月，奈良京城举行了一次大规模的抄经奠基法会。《日本书纪·天武纪上》二年三月条：“是月，聚书生，始写一切经于川原寺。”⑤ 如上所述，飞鸟寺存有“一切经”。天武六年（677）天武天皇巡幸飞鸟寺，举办了由僧尼读诵“一切经”的法会。《日本书纪·天武纪下》六年八月条：“八月辛卯朔乙巳，大设斋飞鸟寺，以读一切经。”按照“新编全集本”的说法，此次法会当是为川原寺抄经活动圆满结束而举行的一次斋戒活动。⑥ 抄写“一切经”，即一人抄写一部经典的人数和经卷数量雄辩地证明了传至奈良朝的汉文佛经数量之庞大，它既反映了朝廷对佛教文化的重视程度，也折射出佛教文化本身影响的深广度。

所谓“特殊愿经”，是“一切经”的对应词，指“一切经”当中某部因其所具有的独持信仰而被特意抄写的经典。“特殊愿经”有以下几类：作为护国三部经的《法华经》《金光明最胜王经》《仁王般若经》；用作消灾灭祸的般若系列，如《大般若经》《般若心经》《金刚般若经》《理趣经》等；与陀罗尼相关的《大佛顶陀罗尼经》《诸佛陀集会罗尼经》《随求陀罗尼经》等，由此可以窥见早期的奈良朝抄经具有相当浓厚的

---

① 下面两则可资比较。一是关于当时全国寺院和僧尼的数字。《日本书纪》卷22《推古纪》三十二年九月条：“秋九月甲戌朔丙子，校寺及僧尼，具录其寺所造之缘，亦僧尼入道之缘及度之年月日也。当是时有寺四十六所、僧八百十六人、尼五百六十九人并一千三百八十五人。”（小島憲之、直木孝次郎、西宫一民、蔵中進、毛利正守『日本書紀二』，新編日本古典文学全集，小学館，1996，第586頁。）二是仅为京城七所寺院的僧人数字。同卷30《持统纪》四年七月条：“是日，以絁、丝、绵、布奉施七寺安居沙门三千三百六十三。别为皇太子奉施于三寺安居沙门三百二十九。”（小島憲之、直木孝次郎、西宫一民、蔵中進、毛利正守『日本書紀三』，新編日本古典文学全集，小学館，1998，第506頁。）

② 小島憲之、直木孝次郎、西宫一民、蔵中進、毛利正守『日本書紀三』，新編日本古典文学全集，小学館，1998，第188頁。

③ 石田茂作『写経より見たる奈良朝仏教の研究』，東洋文庫，1930，第24頁。

④ 天智壬申年（672），天智天皇之弟大海人皇子与天智天皇之子大友皇子围绕皇位的继承而爆发内乱。最终大友皇子败北，自杀身亡，大海人皇子即位，成为天武天皇。

⑤ 小島憲之、直木孝次郎、西宫一民、蔵中進、毛利正守『日本書紀三』，新編日本古典文学全集，小学館，1998，第350頁。

⑥ 小島憲之、直木孝次郎、西宫一民、蔵中進、毛利正守『日本書紀三』，新編日本古典文学全集，小学館，1998，第378頁。

密教色彩；此外，与弥陀信仰相关的《阿弥陀经》、与药师信仰相关的《药师经》、与弥勒信仰相关的《弥勒经》、与观音信仰相关的《观音经》以及讲授大乘菩萨戒的《梵网经》等，都是重点抄写的对象。根据石田茂作的调查，抄写超过1000卷的"特殊愿经"有：《法华经》12384卷、《大般若经》9000卷、《华严经》5980卷、《法华经》《寿量品》4000卷、《金刚般若经》2865卷、《般若心经》2728卷、《观世音经》2300卷、《千手千眼经》2023卷、《金光明最胜王经》1910卷、《称赞净土经》1800卷、《金刚寿命经》1000卷。从该调查结果可以看出，《法华经》独占鳌头，证明其在奈良朝的影响是何等的根深蒂固。①

上述有关"一切经"的史料和"特殊愿经"抄写的史实，从宏观和微观两个层面反映了汉文佛经传入奈良时代的历史背景，为本书研究提供了坚实的文献学支撑。需要补充一点，在本书下面的论述中，每当引用汉文佛经时，我们尽可能地依据石田茂作的《从写经所看到的奈良朝佛教的研究》②，注明所引佛典在正仓院文书中的抄写年代及辑录页数，以增强文献资料的可信度。当然，一些佛典在正仓院文书中并没有著录，但并不能因此排除它们已经传到上古的可能性。因为上引有关"一切经"的史料记载恰好说明了这一点。

汉文佛经传入日本后是如何被阅读的？这一问题也与汉文佛经传入日本的历史背景密切相关。其中，"南都六宗"所发挥的作用不容小觑。关于"南都六宗"与中国佛教学派的渊源以及各大寺院研读各宗派著述的情况，杨曾文的《奈良佛教六宗》③ 一文进行过深入探讨，具有很大的启发性。这里以史料为依据，聚焦中日韩三国在佛教宗派系谱上的传承关系。随着中日佛教文化交流规模的不断扩大，除大量汉译佛经传入日本之外，中国的佛教学派和佛教宗派的著作也逐渐传入日本。面对这种情况，朝廷采取何种态度显得尤为重要。《续日本纪》卷8《元正纪》养老二年（718）十月条："智鉴冠时，众所推让，可为法门之师范者，宜举其人显表高德；又有请益无倦，继踵于师，材堪后进之领袖者，亦录名腊，举而牒之；五宗之学，三藏之教，论讨有异，辨谈不同，自能该达宗义，最称宗师，每宗举人并录；次德根有性分，业亦粗细，宜随性分，皆令就学；凡诸僧徒，勿使浮游，或讲论众理，学习诸义，或唱诵经文，修道禅行，各令分业，皆得其道。"④ 这则记载充分表明了朝廷对僧尼从事佛学研究所采取的开放态度：鼓励僧纲向朝廷推举智德兼优的人才；推荐有才干的学僧担当僧官职务；推举"五宗"和三藏造诣深湛者为宗师；根据僧尼的资质，组织他们学研佛法，或读诵佛经，或修持

---

① 石田茂作『写経より見たる奈良朝仏教の研究』，東洋文庫，1930，第24頁；桃井観城『法華経の写経』，東方出版，1984，第56～57頁。

② 石田茂作『写経より見たる奈良朝仏教の研究』，東洋文庫，1930。

③ 杨曾文：《日本佛教史》，人民文学出版社，2008，第59～70页。

④ 青木和夫、稲岡耕二、笹山晴生、白藤礼幸『続日本紀二』，新日本古典文学大系，岩波書店，1990，第46頁。

禅法。在这一政策导向下，传入日本的中国佛教宗派经奈良佛教界的咀嚼消化和重新组合，逐渐形成当时具有代表性的六宗：三论宗和成实宗、法相宗和俱舍宗、华严宗、律宗，史称“奈良六宗”。相对于平安时代的都城京都而言，奈良被称作“南都”，故亦称作“南都六宗”。[①]

三论宗得名于印度高僧龙树的《中论》、《十二门论》和龙树的弟子提婆的《百论》这三部经典。后秦鸠摩罗什（344～413）译出三论后，经南朝梁代的僧朗、僧诠，至陈代的法朗，三论学说打下了坚实的基础，直至法朗的弟子吉藏（549～623）于初唐正式创立三论宗。高丽僧慧灌于推古三十三年（625）来到日本[②]，止住元兴寺，传授三论宗。此为日本三论宗第一传。慧灌向福亮[③]传授三论宗，福亮又传授给智藏，智藏为日本三论宗第二传。道慈（？～744）师事智藏，曾入唐求法，养老二年（718）回国，成为日本三论宗三祖。三论宗在日本的传播及研读，得益于高丽僧人入唐求法和赴日传法。与此同时，日本僧人直接入唐求学，也对三论宗的继承与发扬做出了贡献。

成实宗所依经典是古印度诃梨跋《成实论》，故名。该经由鸠摩罗什翻译，经南朝僧导、北魏僧嵩的研究及注疏而兴盛起来。在日本，成实宗依附于三论宗。高丽僧人慧慈、慧灌，百济僧人慧聪、观勒[④]等人，既是三论学者，又通成实之学[⑤]。南朝梁代的法云曾结合《成实论》讲解《法华经》，所著《法华义记》对圣德太子的《法华义疏》影响颇大。天武天皇时，百济僧人道藏[⑥]曾赴日讲授《成实论》，撰写《成实论疏》16卷，该书后来成为讲习《成实论》的必备参考书。元兴寺[⑦]、大安寺、西大寺、法隆寺等是传授三论宗的寺院，同时也兼习《成实论》。[⑧]

---

① 杨曾文：《日本佛教史》，人民文学出版社，2008，第59～61页。

② 《日本书纪》卷22《推古纪》三十三年正月条：“三十三年春正月壬申朔戊寅，高丽王贡僧惠灌，仍任僧正。”（小島憲之、直木孝次郎、西宫一民、蔵中進、毛利正守『日本書紀二』，新編日本古典文学全集，小学館，1996，第588頁。）

③ 《日本书纪》卷25《孝德纪》大化元年八月条：“朕更复思崇正教，光启大猷。故以沙门狛大法师、福亮、惠云、常安、灵云、惠至、寺主僧旻、道登、惠邻、惠妙，而为十师。”（小島憲之、直木孝次郎、西宫一民、蔵中進、毛利正守『日本書紀三』，新編日本古典文学全集，小学館，1998，第122頁。）

④ 《日本书纪》卷22《推古纪》十年十月条：“冬十月，百济僧观勒来之，仍贡历本及天文地理书并遁甲方术之书也。是时，选书生三四人以俾学习于观勒矣。”又十年十月条：“戊午，诏曰：‘夫道人尚犯法，何以诲俗人？故自今已后，任僧正僧都，仍应检校僧尼。’壬戌，以观勒僧为僧正，以鞍部德积为僧都，即日以阿昙连为法头。”（小島憲之、直木孝次郎、西宫一民、蔵中進、毛利正守『日本書紀二』，新編日本古典文学全集，小学館，1996，第538、586頁。）

⑤ “宗”在此并不代表某一寺院组织或僧团，僧侣也并不属于某个特定的宗派。在这样一种松散的组织形式下，僧侣们反倒可以学到各宗派的知识。从这一意义上说，“南都六宗”可以称作“学问佛教（=佛学）”。

⑥ 《日本书纪》当中，有两则有关道藏举办佛教祈雨仪式的记载。卷29《天武纪下》十二年七月条：“是月始至八月，旱之。百济僧道藏雩之，得雨。”又卷30《持统纪》：“秋七月丁巳朔丁卯，大雩。旱也。丙子，命百济沙门道藏请雨。不崇朝，遍雨天下。”（小島憲之、直木孝次郎、西宫一民、蔵中進、毛利正守『日本書紀三』，新編日本古典文学全集，小学館，1998，第428、486頁。）

⑦ 《日本书纪》卷22《推古纪》四年十一月条：“四年冬十一月，法兴寺造竟。则以大臣男善德臣拜寺司。是日，慧慈、慧聪二僧始住于法兴寺。”（小島憲之、直木孝次郎、西宫一民、蔵中進、毛利正守『日本書紀二』，新編日本古典文学全集，小学館，1996，第532頁。）

⑧ 杨曾文：《日本佛教史》，人民文学出版社，2008，第63～64页。

法相宗由玄奘（602～664）及其弟子窥基（632～684）创立，所依根本经典是《解深密经》《瑜伽师地论》《摄大乘论》等。将法相宗传入日本的是日僧道昭（629～700）。孝德天皇白雉四年（653），道昭随遣唐使到达长安，在玄奘门下学习唯识论。[①] 齐明天皇七年（661），道昭返回日本，在元兴寺宣讲法相宗。此为日本法相宗第一传。[②] 齐明天皇四年（658），智通、智达[③]乘新罗船入唐，跟随玄奘学习唯识教义[④]，回国后继续在元兴寺传法。此为日本法相宗第二传。[⑤] 第一、二传的最大特点就是日本学僧都直接受教于玄奘法师。

俱舍宗主要研习印度大德世亲的《阿毗达摩俱舍论》，故名。《俱舍论》是小乘佛教论书。在中日两国俱舍宗仅依附于法相宗，并未成为一个独立的宗派。奈良时代的俱舍宗，随着法相宗一起由道昭、智通、智达传入日本。当时法相宗的代表人物是义渊。义渊（？～728）[⑥] 门下高僧大德辈出，如行基、玄昉、良辩等，道慈、道镜两人也是其弟子。[⑦] 行基（668～749）青出于蓝而胜于蓝，大力践行教学活动，在朝野内外具有广泛的影响。

---

① 《日本书纪》卷25《孝德纪》四年夏五月条："四年夏五月辛亥朔壬戌，发遣大唐大使小山上吉士长丹、副使小乙上吉士驹、学问僧道严、道通、道光、惠施、觉胜、弁正、惠照、僧忍、知聪、道昭、定惠、安达、道观……"（小島憲之、直木孝次郎、西宮一民、蔵中進、毛利正守『日本書紀三』，新編日本古典文学全集，小学館，1998，第192頁。）

② 《续日本纪》卷1《文武纪》四年三月条："三月己未，道照和尚物化。天皇甚悼惜之，遣使吊赙之。和尚河内国丹比郡人也。俗姓船连，父惠释少锦下。和尚戒行不欠，尤尚忍行……初孝德天皇白雉四年，随使入唐，适遇玄奘三藏，师受业焉。三藏特爱，令住同房……又谓曰：'经论深妙，不能究竟。不如学禅流传东土。'和尚奉教，始习禅定，所悟稍多，于后随使归朝。临诀，三藏以所持舍利、经论，咸授和尚而曰：'人能弘道。今以斯文附属。'……于元兴寺东南隅，别建禅院而住焉。于时天下行业之徒，从和尚学禅焉。于后周游天下，路傍穿井，诸津济处，储船造桥。乃山背国宇治桥，和尚之所创造者也。和尚周游凡十有余载，有敕请还，还住禅院。坐禅如故。或三日一起，或七日一起，倏忽香气从房出，诸弟子惊怪，就而谒和尚，端坐绳床，无有气息。时年七十有二。弟子等奉遗教，火葬于粟原。天下火葬从此而始也。世传云：火葬毕，亲族与弟子相争，欲取和上骨敛之。飘风忽起，吹扬灰骨。终不知其处。时人异焉。"（青木和夫、稲岡耕二、笹山晴生、白藤礼幸『続日本紀一』，新日本古典文学大系，岩波書店，1989，第22～26頁。）

③ 《日本书纪》卷26《齐明纪》三年是岁条："是岁，使使于新罗曰：'欲将沙门智达、间人连御厩、依网连稚子等付汝国使，令送到大唐。'新罗不肯听送。由是，沙门智达等还归。"（小島憲之、直木孝次郎、西宮一民、蔵中進、毛利正守『日本書紀三』，新編日本古典文学全集，小学館，1998，第210頁。）

④ 《日本书纪》卷26《齐明纪》四年七月条："是月，沙门智通、智达奉敕乘新罗船往大唐国，受无性众生义于玄奘法师所。"（小島憲之、直木孝次郎、西宮一民、蔵中進、毛利正守『日本書紀三』，新編日本古典文学全集，小学館，1998，第214頁。）

⑤ 杨曾文：《日本佛教史》，人民文学出版社，2008，第65～66页。

⑥ 《续日本纪》卷1《文武纪》三年十一月条："己卯，施义渊法师稻一万束，褒学行也。"又卷3《文武纪》大宝三年三月条："乙酉，以义渊法师为僧正。"（青木和夫、稲岡耕二、笹山晴生、白藤礼幸『続日本紀一』，新日本古典文学大系，岩波書店，1989，第20、66頁。）又《续日本纪》卷10《圣武纪》神龟四年十二月条："十二月丁丑，敕曰：'僧正义渊法师，（俗姓市往氏也。）禅枝早茂，法梁惟隆，扇玄风于四方，照惠炬于三界。加以，自先帝御世，迄于朕代，供奉内里，无一咎愆。念斯若人，年德共隆。宜改市往氏，赐冈连姓，传其兄弟。"又神龟五年十月条："冬十月壬午，僧正义渊法师卒。遣治部官人监护丧事。又诏赙絁一百匹，丝二百絇，绵三百屯，布二百端。"（青木和夫、稲岡耕二、笹山晴生、白藤礼幸『続日本紀二』，新日本古典文学大系，岩波書店，1990，第184～186、200頁。）

⑦ 杨曾文：《日本佛教史》，人民文学出版社，2008，第66～68页。

他深入民间，摄受信众[1]；组织信徒，兴办公益事业[2]；为兴建卢舍那佛像，四处化缘，募集资金[3]。

华严宗，顾名思义，就是以《华严经》为根本经典的佛教学派。华严宗经唐代法藏（643～712）正式创宗，唐初的杜顺及其弟子智俨被追认为初祖和二祖。日本华严宗的初祖是最早弘传《华严经》的新罗僧人审祥，二祖是邀请审祥传法的良辩（689～773）。[4]审祥曾入唐从法藏研习华严宗，圣武天皇天平十二年（740）受邀赴日。审祥以东晋佛陀跋陀罗所译60卷本《华严经》为蓝本，辅以法藏撰写的《华严经探玄记》，在大安寺每年讲经20卷，持续三年。圣武天皇特别尊崇华严宗，从天平十六年（744）以后，每年下诏讲说《华严经》，东大寺所供奉的大佛像即为华严教主报身卢舍那佛。奈良时代，东大寺是华严宗的中心道场，大安寺、药师寺、西大寺、元兴寺也是研修华严宗的重要场所。[5]

律宗以弘传戒律为宗旨，故名。律宗所依据的主要经典是《四分律》，大致可分作相部宗、南山宗和东塔宗三派，唐代道宣开创的南山宗被视为中国佛教律学的正统。日本在佛教传入后，尽管从中国和朝鲜传入了一些戒律，但很长一段时间一直无法按照戒律规定举行度僧授戒的仪式。天平胜宝六年（754），历经千辛万苦的鉴真[6]（688～763）和尚抵达奈良，标志着中国律宗正式传入日本，鉴真被日本律宗奉为祖师。值得关注的是，鉴真一行还带去了大量的汉文佛经资料。根据杨曾文的统计，主要包括以下几类：一是佛经，二是戒律，三是律宗三家的律学注疏，四是天台宗章疏及其他佛教著

---

① 《续日本纪》卷10《圣武纪》天平三年八月条："诏曰：'比年，随逐行基法师优婆塞、优婆夷等，如法修行者，男年六十一以上，女年五十五以上，咸听入道。'"（青木和夫、稲岡耕二、笹山晴生、白藤礼幸『続日本紀二』，新日本古典文学大系，岩波書店，1990，第246頁。）

② 《续日本纪》卷17《圣武纪》天平胜宝元年二月条："既而周游都鄙，教化众生。道俗慕化追从者，动以千数。所行之处，闻和尚来，巷无居人，争来礼拜。随器诱导，咸趣于善。又亲率弟子等，于诸要害处，造桥筑陂。闻见所及，咸来加功，不日而成。百姓至今，蒙其利焉。"（青木和夫、稲岡耕二、笹山晴生、白藤礼幸『続日本紀三』，新日本古典文学大系，岩波書店，1992，第60頁。）

③ 《续日本纪》卷15《圣武纪》天平十五年十月条："乙酉，皇帝御紫香乐宫。为奉造卢舍那佛像，始开寺地。于是，行基法师率弟子等劝诱众庶。"（青木和夫、稲岡耕二、笹山晴生、白藤礼幸『続日本紀二』，新日本古典文学大系，岩波書店，1990，第432頁）

④ 《续日本纪》卷19《孝谦纪》天平胜宝八年五月条："又和上鉴真、小僧都良辨、华严讲师慈训、大唐僧法进、法华寺镇庆俊，或学业优富，或戒律清净，堪圣代之镇护，为玄徒之领袖。加以，良辨、慈训二大德者，当于先帝不予之日，自尽心力，劳勤昼夜。欲报之德，朕怀罔极。宜和上、小僧都拜大僧都，华严讲师拜小僧都，法进、庆俊并任律师。"（青木和夫、稲岡耕二、笹山晴生、白藤礼幸『続日本紀三』，新日本古典文学大系，岩波書店，1992，第162～163頁。）

⑤ 杨曾文：《日本佛教史》，人民文学出版社，2008，第68～70页。

⑥ 《续日本纪》卷21《淳仁纪》天平宝字二年八月条："其大僧都鉴真和上，戒行转洁，白头不变。远涉沧波，归我圣朝。号曰大和上，恭敬供养，政事躁烦，不敢劳老。宜停僧纲之任。集诸寺僧尼，欲学戒律者，皆属令习。"又卷24《淳仁纪》天平宝字七年五月条："于时有敕，校正一切经论，往往误字诸本皆同，莫之能正。和上谙诵，多下雌黄。又以诸药物令名真伪，和上一一以鼻别之，一无错失。圣武皇帝师之受戒焉。及皇太后不悆，所进医药有验。授位大僧正，俄以纲务烦杂，改授大和上之号。施以备前国水田一百町，又施新田部亲王之旧宅以为戒院，今招提寺是也。和上预记终日，至期端坐，怡然迁化。时年七十有七。"（青木和夫、稲岡耕二、笹山晴生、白藤礼幸『続日本紀三』，新日本古典文学大系，岩波書店，1992，第276、432頁。）

作，等等。①

四　举国体制与经典功能

围绕着举国体制与佛经作用的问题，下面从“氏族佛教”与“国家佛教”、“律令国家”与佛教经典、“律令国家”的佛事法会三个方面展开讨论。

首先，“氏族佛教”与“国家佛教”的问题。所谓“氏族佛教”，指由豪族修建私人性质的寺院，如苏我氏修建的法隆寺，寺院的管理权归氏族所有。在“氏族佛教”阶段，作为国家寺院的官寺尚不存在。舒明天皇（629～641年在位）营造的百济大寺就是专属舒明天皇个人供奉的私寺。与此相对的是“国家佛教”，指天皇指定具体的经典，要求尊崇、供养、读诵、宣讲该经典。而且，作为律令制度的一环，推行的是僧纲制度，由天皇任命的僧正、僧都和律师来管理、指导日本的佛教僧团，统辖所有佛教活动。②

“氏族佛教”以飞鸟的法兴寺的佛教僧团为中心，持续了八十年左右的时间。在推行“律令国家”制度以后，由天武天皇在飞鸟创建了大官大寺，重新组成的佛教僧团便开始以大官大寺为主要的道场来展开宗教活动。换言之，以豪族阶层为信众的“氏族佛教”开始向以“律令国家”的统治者天皇及其拥护的政治体制“国家佛教”转移。“国家佛教”的形成与“律令国家”的诞生相互对应，其前提条件是以日本全国的公用土地和公民制度为基础，天皇成为整个日本的统治者。反之，氏族制社会以豪族占有私有地和私有民的制度为架构，天皇可以左右豪族，但不具有统治豪族所拥有的私有地和私有民的权限。③

其次，“律令国家”与佛教经典的问题。天武、持统（690～697年在位）时期，日本上古“律令国家”建成。天武十年（681）二月，天武天皇与持统皇后御驾飞鸟净御原宫的太极殿，诏令亲王、诸王和诸大臣制定律令④，这就是持统三年（689）六月颁布的22卷“飞鸟净御原令”⑤（散佚）。同年三月，天武天皇再次于太极殿诏令川岛皇子等十三人，撰定“帝纪”及“上古诸事”⑥，这就是和铜五年（712）一月完成的2卷

① 杨曾文：《日本佛教史》，人民文学出版社，2008，第70～78页。

② 田村圓澄『飛鳥・白鳳仏教史（下）』，吉川弘文館，1996，第112頁。

③ 田村圓澄『古代国家と仏教経典』，吉川弘文館，2002，第7頁。

④《日本书纪》卷29《天武纪下》十年二月条：“二月庚子朔甲子，天皇皇后共居于大极殿，以唤亲王诸王及诸臣，诏之曰：‘朕今更欲定律令改法式，故俱修是事。然顿就是务，公事有阙，分人应行。’”（小島憲之、直木孝次郎、西宫一民、蔵中進、毛利正守『日本書紀三』，新編日本古典文学全集，小学館，1998，第404～406頁。）

⑤《日本书纪》卷30《持统纪》三年六月条：“庚戌，班赐诸司令一部二十二卷。”（小島憲之、直木孝次郎、西宫一民、蔵中進、毛利正守『日本書紀三』，新編日本古典文学全集，小学館，1998，第496頁。）

⑥《日本书纪》卷29《天武纪下》十年三月条：“丙戌，天皇御于大极殿，以诏川岛皇子、忍壁皇子、广濑王、竹田王、桑田王、三野王、大锦下上毛野君三千、小锦中忌部连首、小锦下阿昙连赐敷、难波连大形、大山上中臣连大岛、大山下平群臣子首，令记定帝纪及上古诸事。大岛、子首亲执笔以录焉。”（小島憲之、直木孝次郎、西宫一民、蔵中進、毛利正守『日本書紀三』，新編日本古典文学全集，小学館，1998，第406頁。）

《古事记》以及养老四年（720）五月完成的30卷《日本书纪》[①]。“净御原令”是天武天皇构建的律令国家的基础性法律体制，规定了天皇掌握行政、军事、宗教、外交等治国方式。《古事记》和《日本书纪》追溯律令国家的君主天皇作为“明神” ＝“现人神”这一尊贵血缘的由来，记载天皇及其子孙拥有并继承统治权利的历史，讲述由天皇与臣民共同书写的日本“历史”。也就是说，“飞鸟净御原令”是天皇统治日本国的施政方针，《古事记》《日本书纪》则凸显大八洲国的形成与天皇的统治及皇位继承的“历史”。

要而言之，出于建设“国家佛教”的诉求，天皇亲自选定宣扬拥护天皇、保卫国土和加持人民的佛教经典，并尊崇、供养和读诵所选经典。与此同时，天皇诏令全国的贵族豪绅于寺院举办永久性的法会，以强化对所选经典的尊崇、供养和读诵。所以，天武天皇既是“律令国家”的缔造者，又是“国家佛教”的创建者，这一点绝非偶然。天武、持统时期，“氏族佛教”蜕变成“国家佛教”，自此以后，日本上古佛教及佛教僧团，在律令体制持续期间，就从未停止过有关“守护国家”的说教。[②]

最后，“律令国家”与佛事法会的问题。“律令国家”的天皇劝请佛教僧团读诵特定的经典，其动机有二：一是个人性质的，二是国家性质的。个人动机指为事先指定的人读诵经典，如祈祷病者康复、为死者追善等，举办法会的场所和时期以及参加僧尼的人数视情况而定。佛教传入日本以后，地方豪族在私寺举办的祈愿现世与来世利益的法会当属此类。国家性质的动机与天皇的执政密切相关，指针对饥饿、疫病等给人民带来的死亡，事前或事后举办祈愿佛力加持的法会。无论是出于个人动机，还是国家性质，举办佛事法会均与佛教的咒语功德有关。这里有三点值得注意：其一，国家性质的佛事法会，在“国家佛教”形成之前的“氏族佛教”阶段并不存在；其二，除天皇之外，贵族豪绅并没有举办国家性质的佛事法会的权限；其三，国家性质的读诵等法会，无外乎是天皇政治的一部分。

天皇与佛教的关系，除了上面所说的咒语功能之外，另有意识形态的一面。以天武天皇首次选用的《金光明王经》为例，如经中所宣扬的国王的尊贵身份源自天即神的帝王神权说，国王执政应当依据佛法的正法说，等等。无论是肇始于天武天皇的“天皇制”的确立，还是以此为基点的“律令国家”的创建，佛教都起到了重要的作用。又如，圣武天皇（724～749年在位）曾两次面临前所未有的政治危机：一是袭扰筑紫大宰府辖内及平城京的流行性天花，二是对新罗外交的失败。针对第一点，圣武天皇采取的佛教措施是依据《金光明最胜王经》在全国修建国分寺和国分尼寺[③]。针对第二点所

① 《续日本纪》卷8《元正纪》养老四年五月条：“先是，一品舍人亲王奉敕修《日本纪》，至是功成奏上。纪三十卷，系图一卷。”（青木和夫、稲岡耕二、笹山晴生、白藤礼幸『続日本紀二』，新日本古典文学大系，岩波書店，1990，第72頁。）

② 田村圓澄『古代国家と仏教経典』，吉川弘文館，2002，第7～9頁。

③ 田村圓澄『飛鳥・白鳳仏教史（下）』，吉川弘文館，1996，第112頁。

采取的佛教措施是依据《华严经》创建东大寺。①

综上所述，始于天武、持统时期的“国家佛教”阶段，其特点是天皇寻求经典护佑，将克服危机的希望托付于佛教；佛教作为“国家佛教”被纳入国家体制，并逐渐演变为每年固定举行的仪式，这就是后来的平安时代的“佛教国家”阶段。在“国家佛教”阶段，国家与佛教是相辅相成的关系，而在“佛教国家”阶段，国家与佛教合二为一。“国家佛教”与“律令国家”并轨同行，但“国家佛教”的内涵则随着政治形势的变化而有所不同。②

① 田村圓澄『古代日本の国家と仏教—东大寺創建の研究』，吉川弘文館，1999。根据《日本书纪》的记载，反映这样一种“国家佛教”意志的佛教经典有十二部：《胜鬘经》（卷22《推古纪》十四年七月条）、《法华经》（同推古十四年是岁条）、《无量寿经》（卷23《舒明纪》十二年五月条）、《大云经》（卷24《皇极纪》元年七月条）、《安宅经》（卷25《孝德纪》白雉二年十二月条）、《土侧经》（同白雉二年十二月条）、《盂兰盆经》（卷26《齐明纪》五年七月条）、《金光明经》（卷29《天武纪下》五年十一月条）、《仁王经》（同五年十一月条）、《金刚般若经》（同十四年十月条）、《药师经》（卷30《持统纪》朱鸟元年五月条）、《观世音经》（同朱鸟元年七月条）。

② 田村圓澄『古代国家と仏教経典』，吉川弘文館，2002，第11頁。

第三章　独特的方法论

汉文佛经的文体特征，不仅体现在其有别于中土文献的遣词造句的方法上，还体现在叙述佛经故事以及便于记忆传诵的特殊句式、佛典特有的表达方式及构想上。关于日本上古文学与汉文佛经的影响关系，日本学界的研究有三个特点：一是有关《古事记》与汉文佛经关系的研究取得了不菲的成果，其代表研究者有神田秀夫、小岛宪之、西宫一民、濑间正之和金文京等；二是与《古事记》的研究现状相比，其他上古作品，如《日本书纪》《万叶集》《怀风藻》《风土记》等的研究严重滞后；三是佛典词语的探讨较为集中，但有关佛典词语认定的标准尚处于无序的状态。与之相比，更显沉寂的是佛典句式的发掘。而且，从整体上看，一则，研究缺乏对上古文学作品与汉文佛经相互关系的宏观把握；二则，有关日本上古文学与汉文佛经在主题、素材和表达诸方面微观层面的比较研究，同样有待于进一步的拓展。

从宏观上讲，本书采用比较文学的方法，在跨学科研究的视阈中来考察日本上古文学与汉文佛经的影响关系。原典性实证研究可保证本书的学术性，语用学、语义学理论为析出佛典用法提供方法论上的支撑，运用宗教学原理以揭示佛教义理的严谨性，数据统计和量化分析使论述更具客观性，综合分析法有助于从学理上概括规律性，东亚汉文学视角的导入使审视对象更具普遍性，上古文学作品佛典用语语料库的建立使检寻例证兼具实用性。

从微观上看，下面拟从三个方面来探讨本书的方法论：作为方法论的出源论及其触角、具有两套系统的文献资料及其语言特色、涵括三种类型的文体及其位相表征。

一　一个方法

众所周知，第二次世界大战之后的日本上古文学比较研究取得了丰硕的成果。就《万叶集》研究而言，先是小岛宪之发表了名著《上古日本文学与中国文学》[①]等，稍后中西进出版《万叶集的比较文学研究》和《万叶史研究》[②]等著作而形成

① 小島憲之『上代日本文学と中国文学（上中下）』，塙書房，1962～1965。

② 中西進『万葉集の比較文学的研究』，桜楓社，1963；同『万葉史の研究』，桜楓社，1968。

一家之言。小岛宪之的弟子芳贺纪雄完成《万叶集对中国文学的融摄》[①]，中西进的弟子辰巳正明写就《万叶集与中国文学》[②] 等，这些研究成果以扎实的研究方法而受到高度的评价，可以说是比较文学出源论和主题论在与中国文学的比较研究中所取得的丰硕成果。另一方面，就《古事记》研究而言，神田秀夫《古事记的构造》[③] 的发表，拉开了上古文学文体与汉文佛经比较研究的序幕，濑间正之《记纪的文字表达与汉译佛经》[④] 的出现，无可争辩地表明日本上古文学与汉文佛经的比较研究逐渐走入深层。

上古文学的比较文学研究，正是因为有着上述两类研究成果的不断积累，才迎来了现如今新的研究局面。例如，森博达在《解密日本书纪》中所提出的“《日本书纪》区划论”、最新研究成果《日本书纪产生的历史真相——改写主导者何许人也》[⑤] 等。由此可知，作为方法论的出源研究以其扎实而又缜密的特点依然发挥着巨大的作用。下面，举一例说明。

《日本书纪》卷25《孝德纪》大化二年三月条的诏书云：“复有**见言不见**，**不见言见**，**闻言不闻**，**不闻言闻**。都无正语正见，巧诈者多。”[⑥] 例言时人毫无真诚和善的话语，亦无正确的知见，狡诈者居多：明明看见了，却说没有看见；明明没看见，却说看见了；明明听见了，却说没听见；明明没听见，却说听见了。关于此处诏书内容，“古典大系本”认为：“此言民众狡诈之言颇多。正语、正言见于佛教的八正道。”[⑦] 所谓“八正道”，指正见、正思维、正语、正业、正命、正方便、正念、正定，意谓达到佛教最高理想境地（涅槃）的八种方法和途径。“新编全集本”指出：“此言民众谎言者居多。”显然，这一说法承继了“古典大系本”的观点。“新编全集本”还就“正语”“正见”注释道：“佛教八正道（八种正确的生活）中，可见‘正语’（说话要符合佛的教诲）、‘正见’（正确的见解）。”

诸家的解释是否贴切周到？我们先关注汉文佛经中以下五组记载。①东晋佛陀跋陀罗、法显合译《摩诃僧祇律》[⑧] 卷12云：“八事非贤圣语者，**见言不见**，**闻言不闻**，妄

---

① 芳賀紀雄『万葉集における中国文学の受容』，塙書房，2003。

② 辰巳正明『万葉集と中国文学』，笠間書院，1987。

③ 神田秀夫『古事記の構造』，明治書院，1959。

④ 瀬間正之『記紀の文字表現と漢訳仏典』，おうふう，1994。

⑤ 森博達『古代の音韻と日本書紀の成立』，大修館書店，1991；森博達『日本書紀の謎を解く一述作者は誰か』，中央公論新社，1999。

⑥ 小島憲之、直木孝次郎、西宮一民、蔵中進、毛利正守『日本書紀三』，新編日本古典文学全集，小学館，1998，第152頁。

⑦ 坂本太郎、家永三郎、井上光貞、大野晋《日本書紀下》，岩波書店，1965，第295頁。以下省称“古典大系本”。需要补充的是，“八正道”的说法，在上古文献中可见《奈良朝写经6・瑜伽师地论卷第21》：“团而六度轻舫，设于三会之津。四无量桅贯，而八第人觉为左右桅，取**八正道**，分为水手。”（上代文献読書会編『上代写経識語注釈』，勉誠出版，2016，第55頁。）

⑧ 该经于天平十四年抄写，录于《大日本古文书》卷8，第121页。

言不妄，知言不知，**不见言见**，**不闻言闻**，不妄言妄，不知言知。是名八事，非贤圣语。"[①] ②后秦鸠摩罗什译《大智度论》[②] 卷13曰："知言不知，不知言知。**见言不见**，**不见言见**。**闻言不闻**，**不闻言闻**。是名妄语。"③姚秦佛陀耶舍、竺佛念等合译《四分律》[③] 卷11："**不见言见**，**不闻言闻**。不触言触，不知言知。**见言不见**，**闻言不闻**。触言不触，知言不知。"④刘宋求那跋陀罗译《杂阿含经》[④] 卷37："**不见言见**，**见言不见**。**不闻言闻**，**闻言不闻**。"⑤后秦鸠摩罗什译《梵网经》卷2："若佛子自妄语，教人妄语、方便妄语、妄语因、妄语缘、妄语法、妄语业，乃至**不见言见**，**见言不见**，身心妄语。而菩萨常生正语正见，亦生一切众生正语正见。而反更起一切众生邪语邪见、邪业者，是菩萨波罗夷罪。"

仔细研读上述相关资料，我们不得不说"古典大系本"和"新编全集本"的解释似有隔靴搔痒之感。具体而言有四点：第一，诏书中点线部分语句，首见于《摩诃僧祇律》，被斥为"非贤圣语"。第二，"见言不见"等四句话，亦见于《大智度论》、《四分律》和《杂阿含经》，在经文中被认定为"不妄语戒"，且被视作"妄语"。第三，"见言不见"等"妄语"，即"邪语邪见"，与"正语正见"的含义相悖。第四，需要特别强调的是，上述经文中，在内容表达和语言叙述上与"大化诏书"基本一致的唯有《梵网经》。这也就意味着上引"大化诏书"中的相关语句，极有可能直接出自《梵网经》。

《梵网经》于天平五年（732）抄写，对此《大日本古文书》卷7第19页中有所记载。从时间上来看，虽然晚于《日本书纪》的成书年代，但也不能排除之前已经传入日本的可能性。分析上述大化二年颁布的诏书内容，可以说用佛经戒律的条文来表现"众言欺诈成分颇大"的意义十分重大。作为"大化改新"诏书的条文之一，戒律条文的日常生活化既是对"不妄语戒"警醒内容的宣传以及对民众的具体要求，同时作为中国史书中从未出现的叙述内容与表述形式，亦极大地彰显出此类表达在《日本书纪》中的独特性。

二　两类文献

关于两套系统的文献资料及其语言特色的问题，先看文例。《日本书纪》卷9《神功纪》摄政元年二月条："适是时也，昼暗如夜，已经多日。时人曰：'常夜行之也。'皇后问纪直祖丰耳曰：'是怪何由矣？'时有一老父曰：'传闻如是怪谓阿豆那比之罪

---

① 《摩诃僧祇律》于天平十四年抄写，录于《大日本古文书》卷9，第121页；《大智度论》天平十年、十一年抄写，录于《大日本古文书》卷7，第213页；《四分律》于天平九年抄写，录于《大日本古文书》卷7，第79页；《杂阿含经》于天平三年抄写，录于《大日本古文书》卷7，第18页。以上依据石田茂作著《从写经所看到的奈良朝佛教的研究》，东洋文库，1966。

② 该经于天平二年抄写，录于《大日本古文书》卷2，第584页。

③ 该经于天平九年抄写，录于《大日本古文书》卷7，第79页。

④ 该经于天平三年抄写，录于《大日本古文书》卷7，第18页。

也。'问何谓也？对曰：'二社祝者，共合葬欤。'"[①]"新编全集本"指出，此处讲的是一个奇怪的故事，预言天下不能有两个太阳。"问何谓也"是故事中一位老翁的问话，用于询问事由的场合。这里，我们重点探讨一下"问何谓也"这一表达方式。

根据我们的调查，在以"经史子集"为类别的传世文献当中，可见"敢问何谓也"的文例。《左传》隐公元年曰："颍考叔为颍谷封人，闻之，有献于公。公赐之食。食舍肉。公问之，对曰：'小人有母，皆尝小人之食矣，未尝君之羹，请以遗之。'公曰：'尔有母遗，繄我独无！'颍考叔曰：'敢问何谓也？'公语之故，且告之悔。"[②]这是《左传》中一则颇为著名的谏言故事。春秋战国时代伊始，郑庄公有一个同母异父的弟弟共叔段，母亲武姜非常溺爱他。后来共叔段谋反，得到武姜的支持。庄公获胜后将武姜放逐到城颍。于是颍谷封人颍考叔登场。庄公用丰盛的食物款待他，颍考叔小心地将肉挑出来放在一旁。庄公不解其意，便问为何如此。颍考叔说留与母亲共享。庄公大为感动，从地牢中放出武姜。

如果将《左传》例中的"敢问何谓也"与《神功纪》中的"问何谓也"做一比较，不难发现前者多出一个情态助动词"敢"字，它因而形成了两者在表达上细微的差别。传世文献当中，仍可见类似的文例。《扬子法言》曰："或问君。曰：'明光。'问臣。曰：'若禔。''敢问何谓也？'曰：'君子在上，则明而光其下；在下，则顺而安其上。'"[③]例言有人问："君子该怎样？"回答说："明而光。"又问："臣子该怎样？"回答说："顺而安。""请问这句话是什么意思？"回答说："君子在上为君就要如日月之明，光照臣下；如果在下为臣，就要顺受臣德尽力使他的君王安宁。"

下面，我们再将目光转向汉文佛经。唐湛然述《止观辅行传弘决》曰："阿难起去，问言：'弟何弃兄？'阿难言：'然仁行别，故相违耳。'问何谓也？答：'仁乐生天，我乐寂灭。'闻已倍生忧恼。"哥哥难陀为生天宫而修梵行，佛陀告诫其弟子不要与难陀一起行法事。阿难与难陀虽为兄弟，却离难陀而去。百思不得其解的难陀问阿难何以至此，阿难说，兄为往生梵天而修清净之行，弟为脱离烦恼而入觉悟之境，这是你我最大的不同。值得注意的是，在该例当中，与上文列举的《左传》和《扬子法言》相比较，《止观辅行传弘决》中"问何谓也"前并未出现情态助动词"敢"字。这是两者之间最大的不同。

那么，这一细微的差别究竟意味着什么呢？《史记》中有这样一则记载："至于河而闻窦鸣犊，舜华之死也，临河而叹曰：'美哉水，洋洋乎！丘之不济此，命也夫！'子贡趋而进曰：'敢问何谓也？'"[④]这是一则关于孔子周游列国的逸事。孔子再一次离

① 小島憲之、直木孝次郎、西宮一民、藏中進、毛利正守『日本書紀一』，新編日本古典文学全集，小学館，1994，第440頁。

② 《左传》，《十三经注疏》，中华书局，1980，第1716页。

③ （汉）扬雄撰《扬子法言》，中华书局，1954。

④ （汉）司马迁撰《史记》，中华书局，1959，第1925页。

开年迈而不愿过问政治的卫灵公，决意投奔晋国的实权人物赵简子。当孔子来到黄河边时，听闻赵简子杀了大夫窦鸣犊和舜华。孔子喟然叹曰：黄河之水，如此壮观，而我命中注定再也无法渡过！弟子子贡问其缘由，孔子答道：窦鸣犊和舜华都是贤明的士大夫，而君子忌讳同类惨遭杀害。

孔子的逸事在历史长河中不断传诵，传世文献《史记》中“敢问何谓也”的说法，唐代以后在慧宝校注的《北山录》当中却演变成了“问何谓也”，我们关注的情态助动词“敢”字已然销声匿迹。《北山录》卷 4 云：“孔子自卫，将之晋至河，闻赵简子杀窦鸣犊及舜华，乃临河而叹曰：‘美哉水，洋洋乎！丘之不济此，命也夫。’子贡**问何谓也**。窦犊舜华，简子未得志须之，晋赵之贤大夫也。简子今杀之。刳胎焚林，则麒麟不至；覆巢破卵，则凤凰不翔，云云。遂回车不渡也。”

如何看待记述语言的这一变化呢？我们认为，这是从中土文献的文言体“敢问何谓也”向汉文佛经的口语体“问何谓也”的转型，亦即一种由文言体转向口语体的脱胎换骨式的嬗变，文体因有无情态助动词“敢”字而变得大相径庭。尤其值得关注的是，事实上，正如《古事记》的序文一样，日本奈良时代的文人们在撰写汉文时，始终在探索适合于日语记述的语言模式，一直徘徊于文言体与口语体这两种文体之间。

三　三种表达

关于涵括三种类型的文体及其位相表征的问题。在讨论这一问题之前，我们先来关注《日本书纪》当中同一个意思却分别采用两种表达形式的文例。《日本书纪》卷 2《神代纪下》：“先是且别时，丰玉姬从容语曰：‘妾已有身矣。当以风涛壮日，出到海边。请为我造产屋以待之。’是后丰玉姬**果如其言**来至，问火火出见尊曰：‘妾今夜当产，请勿临之。’”[①] 例言海神之女丰玉姬对夫君彦火火出见尊临别赠言：希望在海滨盖建产房，以便在良辰吉日前来分娩。分娩时，禁止窥视。嗣后，海神之女果然如约出现。例中四字语句“果如其言”，在传世文献当中是固有的表达形式。《说苑》卷 12《奉使》：“楚庄王欲伐晋，使豚尹观焉。反曰：‘不可伐也。其忧在上，其乐在下，且贤臣在焉，曰沈驹。’明年，又使豚尹观，反曰：‘可矣。初之贤人死矣。谄谀多在君之庐者，其君好乐而无礼，其下危处以怨上。上下离心，兴师伐之，其民必反。’庄王从之，**果如其言**矣。”[②] 例言楚庄王想讨伐晋国，他派豚尹去刺探虚实。豚尹回来汇报说，现在不行，晋国国君忧国忧民，人民生活幸福快乐。况且晋国德才兼备的大臣沈驹尚在位。第二年，楚庄王又派豚尹去刺探情报。这一次豚尹说，现在可以去讨伐晋国。因为沈驹已经去世，而且晋国国君身边尽是些自私的小人。统治者只顾自享其乐，人民

① 小島憲之、直木孝次郎、西宫一民、蔵中進、毛利正守『日本書紀一』，新編日本古典文学全集，小学館，1994，第 166 頁。

② （汉）刘向撰，向宗鲁校证《说苑校证》，中华书局，1987，第 298 页。

处在水深火热之中。此时举兵讨伐，人们会将我们视为解放者。楚庄王采纳豚尹的建议，果然取得了胜利。

传统表达中还有一种形式亦被《日本书纪》的书录者吸收。《日本书纪》卷24《皇极纪》四年四月条："又虎授其针曰：'慎矣慎矣！勿令人知。以此治之，病无不愈。'**果如所言**，治无不差。"[①] 例言老虎将一根神针授予留学僧鞍作，并叮嘱其切不可让他人知晓，因为此针包治百病。后来鞍作尝试用这根神针治病，果然百试不爽。例中"果如所言"的说法，最早见于晋人陈寿《蜀志》卷13《黄权传》："蜀降人或云诛权妻子，权知其虚言，未便发丧，后得审问，**果如所言**。"[②] 例言蜀国投降的人有的说黄权的家小被杀，黄权知道其言不真实，故未马上发丧。后来得到确切的消息，果然如黄权所言。而且，"果如所言"这一说法在西晋竺法护译《正法华经》[③] 卷6《七宝塔品》中亦可见到："其佛所念，**果如所言**，为诸十方讲说经法，开化一切皆令得道。"

上述例中"果如其言""果如所言"两种说法沿袭了中国传世文献中的四字语句。另一方面，相同意思的表述在《日本书纪》当中还存在不同的说法。《日本书纪》卷14《雄略纪》十四年四月条："事平之后，小根使主夜卧问人曰：'天皇城不坚，我父城坚。'天皇传闻是语，使人见根使主宅。**实如其言**，故收杀之。"[④] 地方豪族根使主因谋反被诛，其子小根使主同样图谋不轨被天皇铲除。值得注意的是，与上文谈到的传统说法"果如其言""果如所言"的表达不同，"实如其言"是佛典用法，首见于汉译佛经。姚秦鸠摩罗什译《众经撰杂譬喻》卷2："王闻不信，问是妄语，如此下贱之人何能识宿命耶？后便问佛，佛答曰：'**实如其言**，非妄语也。'"元魏吉迦夜、昙曜合译《杂宝藏经》[⑤] 卷3："时有猎师，著仙人衣服，杀诸鹿鸟，人无知者。有吉利鸟，语诸人言：'此大恶人，虽著仙人衣，实是猎师，常行杀害，而人不知。'众人皆信吉利鸟，**实如其言**。"比较"果如其言""果如所言"与"实如其言"的异同，从中土文献和汉文佛经表达的实际使用情况来看，"果如其言""果如所言"主要用于客观表述后来发生的事情与先前所言相吻合的场合，故出现在叙述文当中；反之，"实如其言"，用于主观表述说话者对他人言行的一致性所做出的判断，故出现在会话文当中。相同的意思，却存在两种不同的说法，且出现在同一个文本当中，这的确是一个值得深思的现象。

不仅如此，在上古文学作品中，根据作品不同，有时同一意思，说法亦不尽相同。《日本书纪》卷2《神代纪下》："二神乃升天，复命**而告之曰**：'苇原中国皆已平竟。'

---

① 小島憲之、直木孝次郎、西宮一民、藏中進、毛利正守『日本書紀三』，新編日本古典文学全集，小学館，1998，第96頁。

② （晋）陈寿撰，（宋）裴松之注《三国志》，中华书局，1959，第1044页。

③ 该经于天平三年抄写，录于《大日本古文书》卷1，第443页。

④ 小島憲之、直木孝次郎、西宮一民、藏中進、毛利正守『日本書紀二』，新編日本古典文学全集，小学館，1996，第200頁。

⑤ 该经于天平五年抄写，录于《大日本古文书》卷7，第19页。

时天照大神敕曰：‘若然者方当降吾儿矣。’且将降间，皇孙已生。”[①] 例中四字语句“而告之曰”的说法，早在《左传》僖公十年的记载中就已出现：“秋，狐突适下国，遇大子。大子使登，仆，**而告之曰**：‘夷吾无礼。余得请于帝矣。将以晋畀秦，秦将祀余。’”[②] 反观《日本灵异记》中卷《赎蟹虾命放生得现报缘第8》：“女恐，明日白于大德。大德住在生马山寺，**而告之言**：‘汝不得免，唯坚受戒。’”[③] 例中“而告之言”与传统说法“而告之曰”意思相同，却仅见于汉译佛经。例如，吴支谦译《撰集百缘经》[④] 卷1《菩萨授记品》：“作是念已，即召长者，**而告之言**：‘吾由汝故，资我珍宝，赏募勇健，战斗得胜。我今当还，报卿之恩，恣汝所愿。’”又如，东晋佛驮跋陀罗译《大方广佛华严经》[⑤] 卷34《宝王如来性起品》：“复次佛子，譬如天妙音声，于虚空中，自然而出，悉能觉悟，放逸天子，**而告之言**：‘汝等当知，五欲无常，虚妄颠倒，须臾变异，如逆风执火。愚夫所习，汝莫放逸。若放逸者，身坏命终，堕三恶道。’”再如，姚秦鸠摩罗什译《妙法莲华经》[⑥] 卷2《譬喻品》：“父知诸子，先心各有所好，种种珍玩，奇异之物，情必乐著，**而告之言**：‘汝等所可玩好，希有难得。汝若不取，后必忧悔。如此种种羊车、鹿车、牛车，今在门外，可以游戏。汝等于此火宅，宜速出来，随汝所欲，皆当与汝。’”

由此可知，日本上古文学的文体特征反映的通常是两种文体，即传统文献和汉文佛经的文体。在此基础上，再叠加上日本文人自创的文体，从而构成了日本上古文学文体的总体特征。从这一意义上说，下面的文例就是最好的佐证。《日本书纪》卷6《垂仁纪》五年十月条曰：“天皇即寤之，语皇后曰：‘朕今日梦矣，锦色小蛇绕于朕颈。复大雨从狭穗发而来之濡面。**是何祥也**？’”[⑦] 该例讲述的是日本古代狭穗毘卖传说中最为精彩的场面。天皇枕着皇后的膝盖午睡，皇后却为是否痛下杀手而犹豫不决，心中百感交集，不禁潸然泪下。天皇骤然醒来，问皇后道：我刚才做了一个梦，梦见锦色的小蛇缠住我的脖子；从狭穗方向飘来倾盆大雨，它淋湿了我的面颊。这是一种什么征兆？“是何祥也”一句，用作疑问句的形式，构成解读皇后的哥哥狭穗彦谋反阴谋的关键词语。《左传》僖公十六年曰：“十六年春，陨石于宋，五。陨星也。六鹢退飞，过宋都，风也。周内史叔兴聘于宋，宋襄公问焉，曰：‘**是何祥也**？吉凶焉在？’”[⑧] 例言宋国落下五块石头，是坠落的流星；六只鹢鸟因风大的缘故，倒着向后飞过宋国国都。于是周

---

① 小島憲之、直木孝次郎、西宮一民、蔵中進、毛利正守『日本書紀一』，新編日本古典文学全集，小学館，1994，第128頁。

② 《左传》，《十三经注疏》，中华书局，1980，第1801页。

③ 中田祝夫『日本霊異記』，日本古典文学全集，小学館，1975，第171頁。

④ 该经于天平十四年抄写，录于《大日本古文书》卷8，第118页。

⑤ 该经于天平十一年抄写，题作《华严经》，录于《大日本古文书》卷9，第11页。

⑥ 该经于神龟四年抄写，题作《法华经》，录于《大日本古文书》卷1，第381页。

⑦ 小島憲之、直木孝次郎、西宮一民、蔵中進、毛利正守『日本書紀三』，新編日本古典文学全集，小学館，1994，第308頁。

⑧ 《左传》，《十三经注疏》，中华书局，1980，第1808页。

内史到宋国聘问时，宋襄公向他询问这两件事：这是什么预兆？是主吉还是主凶？《晋书》卷36《张华传》曰："因登楼仰观，焕曰：'仆察之久矣，惟斗牛之间颇有异气。'华曰：'**是何祥也**？'焕曰：'宝剑之精，上彻于天耳。'"① 雷焕说：经过长期观察，发现只有斗宿、牛宿之间有异常气象。张华忙问：是有什么吉祥事吗？雷焕答道：是宝剑的精气，向上通至天际。从传世文献的两例可见，疑问句"是何祥也"是一种解读祥瑞或灾异的惯用表达。

另一方面，意思相同的表达在汉文佛经中却说"是何瑞也"。《日本书纪》卷11《仁德纪》元年正月条："初天皇生日，木菟入于产殿。明旦，誉田天皇唤大臣武内宿祢语之曰：'**是何瑞也**？'"② 例言天皇诞生之日，恰逢鸱鸺飞进产房；与此同时，大臣武内宿祢的妻子分娩，一只鷦鷯也闯入产房。于是天皇问武内宿祢是何征兆。因为是吉兆，两个新生儿的名字做了交换，分别带有鸱鸺和鷦鷯的动物名称。与上文所述"是何祥也"集中出现在中土文献不同，"是何瑞也"的说法则多见于汉译佛经。吴维祇难等合译《法句经》③ 卷1《普光庄严菩萨等证信品》曰："于是东方百千万亿阿僧祇土有国，名宝土，佛名宝相。有菩萨，名普光庄严，见此地动，白宝相佛言：'世尊，如此地动，**是何瑞也**？'彼佛答言：'西方去此百千万亿阿僧祇土有国，名娑婆，佛号释迦牟尼，为诸众生，说于佛法，决定大乘，报善知识恩。故现斯瑞。'"例中有关大地震动的表征，佛陀回答道：是释迦牟尼为众生说法而出现的祥瑞。后世资料《折疑论》："王问太史扈多曰：'**是何瑞也**？'扈对曰：'此西方大圣人入灭所现相也。'"此处"是何瑞也"一句，说的是西方圣人释迦牟尼涅槃时的征兆。

十分有趣的是，相对于中土文献中习见的"是何祥也"以及汉文佛经中常用的"是何瑞也"，《日本书纪》中还有第三种说法，即变体表达"是何祥焉"。卷11《仁德纪》三十八年七月条曰："时二鹿卧傍。将及鸡鸣，牡鹿谓牝鹿曰：'吾今夜梦之，白霜多降之覆吾身。**是何祥焉**？'牝鹿答曰：'汝之出行，必为人见射而死。即以白盐涂其身，如霜素之应也。'"例言拂晓时分，牡鹿对牝鹿说，我昨晚梦见天降白霜，覆盖了我的全身，这是什么征兆？牝鹿解梦道：你如果外出，定会遭人射杀。在你全身涂满食盐，就是你梦中见到的白霜覆盖全身的情景。例中四字语句"是何祥焉"，是基于中土文献和汉文佛经的表达形式而敷衍出的自创形式，是仅存于《日本书纪》中的一种独特的说法。

上述文例说明，事实上，在《古事记》、《日本书纪》和《风土记》等上古文学作品中，随处可见三种类型的文体。而这一现象，迄今为止并未引起学术界的注意。但我们认为，它应该引起足够的重视。而且，在我们对日本上古文学作品与汉文佛经的关系

① （唐）房玄龄等撰《晋书》，中华书局，1994，第1075页。

② 小島憲之、直木孝次郎、西宮一民、藏中進、毛利正守『日本書紀二』，新編日本古典文学全集，小学館，1996，第30頁。

③ 该经于天平十九年抄写，录于《大日本古文书》卷9，第587页。

进行探讨时，作为一道工作步骤和操作程序，十分有必要对这三种类型的文体加以辨析。基于这一考虑，下面，我们以上古文学作品中“言说类”四字语句[①]为例，履行从传统表达到佛典表达、再到变体表达这一论证程序，聚焦其在位相、构成和内容上所表现出的不同的文体特征。

1. 基于位相层面的文体考察

汉文佛经中包含大量的四字格，其最大的特点就是四字一顿，组成一个大节拍，每个大节拍又以两字为一个小节。这种文体特点已经引起学者们的注意。[②] 迄今为止，对汉文佛经四言文体的研究主要集中在如下三个方面。

其一，汉文佛经四言文体对汉语词汇双音化进程的影响。朱庆之认为，佛教混合汉语的高度双音化与佛经四字格特殊文体的需要有关。四言文体的最大特点是讲求节奏，两字一顿。无论四个音节由几个词组成，在语音链上大多可以切成“2+2”的形式。为了满足这种四言文体的需要，汉文佛经词汇系统不但大量吸收了汉语已有的双音节词，而且还临时制造了一些双音节形式来凑足音节。许多汉语固有的单音节词都被译者临时用某种有规律可循的方式，如“同义连文”，或在自由构词语素的帮助下创造一个双音节形式。而且绝大多数的外来词也被译为双音节形式，这些双音节在佛经翻译之前是根本不存在的，而它们之中的许多音节因为佛经的传诵而为人们所接受，并在口语里保留下来。因此，汉文佛经的四言文体在客观上成为促使中古时期汉语词汇双音化迅速完成的外部原因。[③]

其二，关于汉文佛经选择四言文体的原因。俞理明认为，汉译佛典之所以选用四字格，是受到了当时流行的四言文体的影响。先秦时期，中原的诗歌等韵文均以四字格为常态，其中尤以《诗经》影响最为深广。《诗经》在当时被当作教科书为学童所习，四言句节奏鲜明，朗朗上口，又典雅庄重，富于文采。因此，人们常常把大量运用四言句作为一种修辞手段，这在汉代已经形成风气，而且年代越后，这种倾向越明显。在散文中使用四字格，即使不押韵，却仍旧句式整齐，读来很有节奏感。译经早期的经师多为胡客梵僧，在汉语的学习上有生搬硬套的嫌疑，更不用说押韵这种文字修饰功夫了。可是由于梵语原典本身句式整齐，节奏感强，韵律鲜明，易于传送，所以译师们在汉译本中同样必须注意句式的整齐，比起五言、七言，译师更倾向于使用四字格。[④]

其三，从梵汉对勘看汉文佛经中音节衬字的问题。姜南在《汉译佛经音节衬字辩说》一文中指出：“以往研究认为，为配合佛典四字一顿的特殊文体，汉文佛经中出现

① 黄美华、马骏：《〈日本书纪〉“说类词”句式探源》，《亚非语语言文学研究》第2辑，中国传媒大学出版社，2013。

② 王继红：《玄奘译经四言文体的构成方式——以〈阿毗达磨俱舍论〉梵汉对勘为例》，《中国文化研究》（夏之卷），2006。

③ 朱庆之：《佛典与中古汉语词汇研究》，文津出版社，1992，第8～15页。

④ 俞理明：《佛教文献语言》，巴蜀书社，1993，第26～29页。

了诸多专用于凑字数而不表达任何语法意义的音节衬字，大量介于动名之间的‘于/於’字就是其中一例。”针对学术界这一通行的观点，姜南通过对《妙法莲花经》的梵汉对勘研究，提出了对以往观点的修正意见：“汉译佛经中大量介于动名之间的‘于/於’并未改变其原有介词属性，仍然用来表明其后名词的语义角色；而且由于直接对译原典梵语中相应的名词格尾变化，更加突出了‘于/於’在译经中用作语义格标记的性质功能。”①

从出源研究的角度来看，相较于单个的词语，四字语句或四字以上语句的相同性则更有可能证明影响关系的客观存在。为便于考察，我们暂且将上古文学作品中“言说类”分作上下型、尺牍型、注疏型、口语型四类。下面，对这四种类型中的传统表达、佛典表达和变异表达逐一进行考察。

（1）上下型

所谓上下型，指体现人物身份高低的“言说类”四字语句。

第一，看上下型中的传统表达文例。“**因教之曰**：‘～’”，在上古文献中共有四例，这里仅举两例。《日本书纪》卷1《神代纪上》曰：“于是日神，方知素戋呜尊固无恶意，乃以日神所生三女神，令降于筑紫洲。**因教之曰**：‘汝三神宜降居道中，奉助天孙，而为天孙所祭。’”例言日神敕令三女神辅佐天孙，并因此会得到天孙的祭祀。又卷2《神代纪下》：“海神于是总集海鱼，觅问其钩。有一鱼对曰：‘赤女久有口疾。或云赤鲷疑是之吞乎?’故即召赤女，见其口者，钩犹在口。便得之，乃以授彦火火出见尊。**因教之曰**：‘以钩与汝兄时，则可诅言：贫穷之本，饥馑之始，困苦之根。’而后与之。”② 例言龙王将海中的鱼召集在一起，查问彦火火出见尊丢失的鱼钩。有人报告说，赤女鱼（赤鲷）最近患口疾。于是龙王召见赤女鱼，果然在她口中找到。龙王将鱼钩还给彦火火出见尊，并向他传授了惩治其兄的方法。

在中土文献当中，“因教之曰”的说法始见于《韩非子》卷10《内储说下六微第31》：“荆王所爱妾有郑袖者。荆王新得美女，郑袖**因教之曰**：‘王甚喜人之掩口也。为近王，必掩口。’美女入见，近王，因掩口。王问其故，郑袖曰：‘此固言恶王之臭。’”③ 这是一则有名的寓言：荆王有一个宠爱的妾，叫郑袖。后来，荆王又爱上一美女。于是，郑袖告诉美女说，大王与人见面时喜欢人掩住口。所以你接近大王时，一定要这样做。大王问郑袖，美女为何一接近我就掩住口。郑袖说，这个女人本来就讨厌大王的气味。“因教之曰”的发话者是荆王的宠妾郑袖，说话对象是荆王新得到的美女，两者的上下关系一目了然。从对中日双方文例的比较分析可知，两国文献中“因教之曰”的说法在意义和用法上完全相同，是一种由来已久的组合形式。

① 姜南：《汉译佛经音节衬字辩说》，《语言研究》2008年第4期。

② 小島憲之、直木孝次郎、西宮一民、蔵中進、毛利正守『日本書紀一』，新編日本古典文学全集，小学館，1994，第68、166頁。

③ （战国）韩非著，陈奇猷校注《韩非子新校注》，上海古籍出版社，2000，第634页。

第二，关注一例与佛典表达渊源颇深的文例。“**如此言教**”，例见《古事记》中卷《仲哀记》：“尔，具请之：‘今**如此言教**之大神者，欲知其御名。’即答诏：‘是天照大神之御心者。’”① 因为不相信神谕，仲哀天皇驾崩。神功天皇因而接受了神谕。“如此言教”即是这里的神谕，它是发自天照大神的肺腑之言。需要指出的是，这里的“如此言教”的说法在语体色彩、搭配形式和词组寓意上均颇具特色。东晋瞿昙僧伽提婆译《增壹阿含经》② 卷9：“是时，尊者难陀从世尊受教已，从坐起，礼世尊足，便退而去，至安陀园。到已，在一树下结加趺坐，正身正意，系念在前，思惟如来，**如此言教**。”苻秦僧伽跋澄等译《僧伽罗刹所经集》③ 卷3：“是时世尊，意不移动，吐**如此言教**，便作是说：‘云何阿难，我不再三告汝耶?’是时尊者阿难尊无二语，便默然住。犹如大海中船破坏，无由得至彼岸。”陈真谛译《摄大乘论释》④ 卷15：“佛说但大三千世界中，我自在成。**如此言教**，别有密意。若世尊不作意，但在自性中无功用心，于大三千世界，言语光明，五识等事，自然得成。”如文例所示，“如此言教”仅见于汉文佛经，“言教”的发话者唯见如来、世尊和佛，绝非普普通通的凡人。这样一种具有特殊语境的表达出现在《古事记》当中，用来表现天照大神的神谕，其表达意图不言自明：书录者是在将天照大神比作如来、世尊和佛，希望用佛教思想来统御这个世界。

第三，看上下型中的变体表达。《日本书纪》卷2《神代纪下》：“因**奉教之曰**：‘以此与汝兄时，乃可称曰……’言讫，则可以后手投赐。”⑤ 例言海神向彦火火出见尊传授咒语，讲授“潮满琼”和“潮涸琼”的使用方法。首先，需要指出的是，无论是中土文献，还是汉文佛经，均未见“奉教之曰”这一说法。其次，进一步思考造成该现象的原因。《神代纪》中的“奉教之曰”，读作“ヲシヘマツリテマヲサク ~”。可知“奉”是助动词。《战国策》卷30《昌国君乐毅为燕昭王》：“臣闻古之君子，交绝不出恶声。忠臣之去也，不洁其名。臣虽不佞，数**奉教**于君子矣。”⑥ 例言古代的君子，在交情断绝时也不说对方的坏话；忠臣离开本国时，也不为自己的名节辩白。臣下我虽然不才，但经常接受君子的教诲。《搜神记》卷16：“济曰：‘随地下乐者与之。’阿曰：‘辄当**奉教**。’乃厚赏之。”⑦ 同一用法可见《日本书纪》卷19《钦明纪》十六年八月条：“诸臣、百姓报言：‘今君王欲得出家修道者，且**奉教**也。’”⑧ 例言希望出家修行，得到准允。从这三例来看，“奉教”可读作“教えを奉（ウケタマハ）る”，“奉”是

---

① 山口佳紀、神野志隆光『古事記』，新編日本古典文学全集，小学館，1997，第244頁。

② 该经于天平九年抄写，录于《大日本古文书》卷7，第61页。

③ 该经于天平十一年抄写，录于《大日本古文书》卷8，第774页。

④ 该经于天平九年抄写，录于《大日本古文书》卷7，第77页。

⑤ 小島憲之、直木孝次郎、西宮一民、蔵中進、毛利正守『日本書紀一』，新編日本古典文学全集，小学館，1994，第176頁。

⑥ （西汉）刘向集录，范祥雍笺证《战国策笺证》，上海古籍出版社，2006，第1749页。

⑦ 王根林、黄益元、曹光甫校点《汉魏六朝笔记小说大观》，上海古籍出版社，1999，第397页。

⑧ 小島憲之、直木孝次郎、西宮一民、蔵中進、毛利正守『日本書紀二』，新編日本古典文学全集，小学館，1996，第438頁。

本动词，有别于《神代纪》中的助动词用法。如此看来，虽然在字面上都写作“奉教”，汉语用法与《神代纪》用法所体现的告知与被告知的关系是完全相反的。这也正是汉籍中没有“奉教之曰”这一说法的根本原因。

（2）尺牍型

所谓尺牍型，指所使用的四字语句具有书简的性质。

首先是尺牍型中的传统表达。“**指宣往意、送物如别**”，指去宣说到访的意趣，并另外馈赠物品。《日本书纪》卷22《推古纪》十六年六月条：“丹款之美，朕甚嘉焉。稍暄。比如常也。故遣鸿胪寺掌客裴世清等，**指宣往意**，并**送物如别**。”[①] 该例出自天皇写给唐朝皇帝的信函。关于例中点线部分词语的出源问题，迄今未曾引起注意。其实，它是典型的书简用语，用于信函之中，表示“我派人前去问候，并送上礼物以表心意”。唐道宣撰《续高僧传》[②] 卷17：“开皇十年下诏曰：皇帝敬问赵州房子界嶂洪山南谷旧禅房寺智舜禅师，冬日极寒，禅师道体清胜。教导苍生，使早成就。朕甚嘉焉。朕统在兆民之上，弘护正法，夙夜无怠。今遣上开府庐元寿，**指宣往意**，并**送**香**物如别**。”这是隋文帝写给智舜禅师的慰问函。该例说明作为书简用语，它的特殊之处在于：仅限于皇帝写给臣子的书信之中。

其次看一例佛典表达。“**喜惧交怀**”，喜悦与恐惧交集于心中。多用于尺牍。《日本书纪》卷18《安闲纪》元年闰十二月条：“于是县主饭粒**喜惧交怀**，以其子鸟树献大连，为僮竖焉。”[③]《续日本纪》卷16《圣武纪》天平十八年三月条：“斯盖乾坤垂福，宗社降灵。河洛呈祥，幽明协度。祇对天贶，**喜惧交怀**。孤以薄德，何堪忝受！”[④] 佚名《寺沙门玄奘上表记》卷1《谢许制大慈恩寺碑文及得宰相助译经表》：“睿泽潜流。玄风载阐。祇奉慈诰。**喜惧交怀**。”唐道宣撰《释迦氏谱》[⑤] 卷1：“还宫白王，说奇特相。王严四兵，与亿释姓，导从入园，见相殊异，**喜惧交怀**。”该内容亦见于宋志盘撰《佛祖统纪》卷2。上述四例当中，《圣武纪》的诏书、玄奘的上表文属于尺牍用法，用于第一人称，可视作正体用法；《安闲纪》和《释迦氏谱》的文例，出现在散文之中，用于第三人称，是变体用法。后两例之间在表达上的影响关系不言自明。

再看尺牍型中的变体表达。“**一一教示**”，逐一指教。《日本书纪》卷19《钦明纪》十一年二月条：“遣使诏于百济曰：‘朕依施德久贵、固德马进文等所上表意，**一一教**

① 小島憲之、直木孝次郎、西宮一民、藏中進、毛利正守『日本書紀一』，新編日本古典文学全集，小学館，1994，第176頁。

② 该经于天平十一年抄写，录于《大日本古文书》卷7，第89页。

③ 小島憲之、直木孝次郎、西宮一民、藏中進、毛利正守『日本書紀二』，新編日本古典文学全集，小学館，1996，第340頁。

④ 青木和夫、稲岡耕二、笹山晴生、白藤礼幸『続日本紀三』，新日本古典文学大系，岩波書店，1992，第20頁。

⑤ 该经在奈良时代具体的抄写时期不详，题作《释迦氏略谱》，录于《大日本古文书》卷12，第562页。

示，如视掌中[①]。思欲具情，冀将尽抱。'"[②] 该例出自天皇写给百济王的信函，例中"一一教示"，表示谆谆教导的意思。在现存文献当中，该说法仅见于唐般若译《诸佛境界摄真实经》卷3："是时金刚阿阇梨，**一一教示**，道场中事。"例言金刚阿阇梨详细地告知道场中的各种事项。将上述两例做一比较，可知在《钦明纪》中"一一教示"用作书简语，在《诸佛境界摄真实经》中则没有书简文体的限定。

（3）注疏型

所谓注疏型，指所使用的四字语句具有注疏的性质。注疏型表达，有的专门用于注疏，有的则来自汉文佛经。

一是注疏型中的传统表达。"**故因以名焉**"，因此才这样命名的，所以才起了这样一个名字。《日本书纪》卷2《神代纪下》："所以儿名称彦波潋武鸬鹚草葺不合尊者，以彼海滨产屋，全用鸬鹚羽为草葺之，而甍未合时，儿即生焉。**故因以名焉**。"[③]《水经注》卷25："黄水西北通巨野泽，盖以黄水沿注于菏，**故因以名焉**。"[④] 唐慧琳撰《一切经音义》卷70："饮光部，梵言迦叶波。迦叶，此云光；波，此云饮。今依此间语，名饮光。有二义：一迦叶波是上古仙人，此人身有光明，能饮诸光，令不复现。此罗汉是彼种，**故因以名焉**。二此阿罗汉身作金色，常有光明，以阎浮檀金为人，并此罗汉身光饮金人光，不复现。故名饮光。"

二是注疏型中的佛典表达。"**一家云：～**"，一种说法认为，一种观点认为。《播磨国风土记·贺古郡》条："**一家云**：所以号印南者，穴门丰浦宫御宇天皇，与皇后俱，欲平筑紫久麻曾国，下行之时，御舟宿于印南浦。"又《神前郡》条："**一家云**：品太天皇，巡行之时，造宫于此冈。"又《托贺郡》条："**一家云**：昔丹波与播磨界国之时，大瓮掘埋于此土，以为国境。故曰瓮坂。"[⑤] 值得注意的是，在五部《风土记》当中，只有《播磨国风土记》的书录者将"一家云"用于表述地名起源传说，且文例不在少数。该如何解释这种现象？学术界似乎并没有意识到这一问题的存在，各家校注甚至没有出注。隋吉藏撰《金刚般若疏》卷4："**一家云**：此经在大品初说以此文为证，既云未曾闻般若，故知在前。"唐法藏述《华严经探玄记》卷18："初叙古中诸说极多，难以备举，且叙一二。**一家云**：此中知识有四十五人，后文殊不立，只有四十四人。"如文例所示，吉藏和法藏的著述是对经典语句的注释或前人言说的解析。由此可知，"一家云"的说法出自佛家三藏之一的论藏，采用的是以问答等形式解释经义、论辩法相的

① 四字语句"如视掌中"是出自汉译佛经的比喻表达（黄美华、马骏：《〈日本书纪〉文体与汉译佛经》，《外国语言文化研究　第二辑》，中国传媒大学出版社，2011）。

② 小島憲之、直木孝次郎、西宮一民、蔵中進、毛利正守『日本書紀二』，新編日本古典文学全集，小学館，1996，第412頁。

③ 小島憲之、直木孝次郎、西宮一民、蔵中進、毛利正守『日本書紀一』，新編日本古典文学全集，小学館，1994，第168頁。

④ （北魏）郦道元著，陈桥驿、叶光庭、叶扬译注《水经注全译》，贵州人民出版社，2008，第640页。

⑤ 植垣節也『風土記』，新編日本古典文学全集，小学館，1997，第24、94、106頁。

方法。“一家云”，指诸家说法中的一家之言。隋吉藏撰《大品经游意》卷1：“般若义释，论出八家。第一家云：无漏为般若，成论主所用也。第二家云：有漏为般若，数家所用。何者？见有得道故也。第三家云：有漏无漏，合为般若。第四家云：因中智慧，是般若故。经在因名般若，果萨般若也。第五家云：无漏无为不可见无对般若。第六家云：离有无四句，为般若。第七家云：前六并是也。第八家云：前六中，唯第六家所说解是也。龙树菩萨唯出八家而已，不复简是非也。今解，若如前五家所执，只是般若中一片，是非般若正义。第七家合取为般若者，此举时用。第六家云：正是般若体也。”

例中“第……家云”的说法，是对“一家云”最恰当的注释。这里，我们不禁会问：佛典论藏中的这一特殊说法怎么会出现在《风土记》当中呢？奈良佛教，亦称作“南都六宗”。六宗指法相宗、俱舍宗、三论宗、成实宗、华严宗和律宗。迄今为止的研究结果表明，以六宗为代表的各大宗派及其相关寺院，曾对传入日本的佛经进行过广泛的阅读。一般来说，《风土记》在涉及不同说法时，通常采用“或曰”“或云”等模糊性说法来表示信息的出处。[①] 佛教注疏形式“一家云”出现在地志体裁的《风土记》当中，一则说明佛教语言影响之广泛，二则体现了书录者在记述语言上对表达形式多样化的追求。

《日本书纪》卷20《钦明纪》十二年是岁条：“于是日罗迎来，把手使坐于座，密告之曰：‘仆窃闻之，百济国亡奉疑天朝，奉遣臣后，留而弗还。’”[②] 例言日本朝廷派遣吉备海部直羽去百济召回驻地官员日罗。在当地美女的诱惑下，吉备见到日罗，并设计成功将其召回日本。例中“密告之曰”的说法，仅见于佛经的疏论。唐法宝撰《俱舍论疏》[③] 卷1：“时有罗汉，名塞建陀，唐言悟入，即是众贤之本师也。此阿罗汉，频被诘问，怪其神异，遂入定观，知是世亲。密告之曰：‘此部众中，有未离欲者，恐当致害。长老可速还本国耳。’因即归还，制此论颂，使人赍往迦湿弥罗国。”佛教经文的讲解不同于传统典籍的注释，多采取宣讲的形式，具有鲜明的口语特征。此处《俱舍论疏》的文例恰好说明了这一点。

三是注疏型中的变体表达。《日本灵异记》中卷《已作寺用其寺物作牛役缘第9》：“古人谚曰：‘现在甘露未来铁丸’者，其斯谓之欤。诚知非无因果，不怖慎欤？”[④] 例中“其斯谓之欤”一句，包含作者或讲话人感慨的语气，意思是说：“（经典中的名言）说的不正是这件事吗？”法琳撰《弁正论》卷2：“三闾有言曰：‘道可受而不可传。’

① 马骏：《日本上代文学“和习”问题研究》，国家哲学社会科学成果文库2011，北京大学出版社，2012，第489页。

② 小島憲之、直木孝次郎、西宮一民、蔵中進、毛利正守『日本書紀二』，新編日本古典文学全集，小学館，1996，第480頁。

③ 该经于天平十二年抄写，录于《大日本古文书》卷7，第489页。

④ 中田祝夫『日本霊異記』，日本古典文学全集，小学館，1975，第173頁。

其斯谓矣。”宋智聪述《圆觉经心镜》卷6：“《法华》云：‘安置诸子，秘密藏中。吾亦不久，自住其中。’**其斯谓欤**。”比较佛典论疏中的两例“其斯谓矣”和“其斯谓欤”与《日本灵异记》中的“其斯谓之欤”，可知它们意思大致相同，仅在文字表述和语气方面存在细微的差异，因而形成了各自不同的说法。

（4）口语型

所谓口语型，指所用四字语句带有口语的性质。迄今为止，学术界并未意识到它的存在。

第一，口语型中的佛典表达。“**是何物耶**”，是什么呢？是什么东西呢？《日本书纪》卷6《垂仁纪》二十三年十月条：“时有鸣鹄，度大虚。皇子仰观鹄曰：‘**是何物耶**？’”[①] 当不会说话的誉津别王目睹鸿鹄鸣空而过时，竟脱口而问：“这是什么(鸟)？”传统的研究并未就“是何物耶”的语体特征进行深入的探讨。隋吉藏撰《法华义疏》[②] 卷12：“问：‘呪**是何物**耶？’答：‘诸佛菩萨说法有二：一显现二秘密，呪即是秘密法，如世人有二种法。一显现，谓世俗之常法；二秘密术，谓禁呪等。今随世俗亦作此二法。’”唐义净译《根本说一切有部苾刍尼毘奈耶》[③] 卷9：“报言：‘大妹，我曾昼日，入彼林中，起怖畏心，身毛皆竖。大妹如何，独住于彼？手所持者，**是何物耶**？’时苾刍尼具以缘告。”又卷42：“世尊告曰：‘汝之衣角，**是何物耶**？’即便开解，见一金钱，白佛言：‘此一金钱，是父知识，见我贫苦，持以相赠。由薄福故，忘而不忆。’世尊告曰：‘汝可持此金钱买青莲花来。’”从汉文佛经的文例，当知“是何物耶”是隋唐时期的口语表达形式，主要用于询问物体的属性。需要强调的一点是，当学术界一直在强调《日本书纪》采用的是纯粹的汉语文体时，殊不知在中国的正史当中，此类“下里巴人”的“口语秀”是难得一见的。毋宁说这正是中国正史与《日本书纪》在语体色彩上最为显著的区别之一。[④]

《日本书纪》卷12《履中纪》五年十月条：“于是二嫔横叹之曰：‘悲哉！吾兄王**何处去耶**？’”[⑤] 天皇以鲫鱼礒别王的两个女儿为嫔妃，而两人却为兄长鹫住王的未来而唉声叹气。例中“何处去耶”，诸家注释只有日语训读，不曾涉及其语体特征。萧齐僧伽跋陀罗译《善见律毘婆沙》[⑥] 卷6：“尔时世尊九月前十五日至毘舍离见者，问何谓为见。答曰：‘须提那清旦食竟，见诸人偏袒右肩，赍持种种华香，往至佛所，欲供养听

① 小島憲之、直木孝次郎、西宮一民、蔵中進、毛利正守『日本書紀一』，新編日本古典文学全集，小学館，1994，第316頁。

② 该经于天平十九年抄写，录于《大日本古文书》卷9，第25页。

③ 该经于天平九年抄写，录于《大日本古文书》卷7，第111页。

④ 黄美华、马骏：《〈日本書紀〉の文体と漢訳仏典——話し言葉としての句式を中心に》，《日本语言文化研究 第二辑上》，延边大学出版社，2012。

⑤ 小島憲之、直木孝次郎、西宮一民、蔵中進、毛利正守『日本書紀二』，新編日本古典文学全集，小学館，1996，第92頁。

⑥ 该经于天平十年抄写，题作《善见律》，录于《大日本古文书》卷7，第83页。

法，从城门出。’须提那见已而问：‘咄！善人**何处去耶**？’答言：‘今往佛所，供养听法。’须提那曰：‘善哉！我亦随去。’”梁慧皎撰《高僧传》[①] 卷11：“神曰：‘弟子无为不尔来，但部属未洽法化，卒难制语。远人来往，或相侵触。人神道异，是以去耳。’猷曰：‘本是何神居之久，近欲移**何处去耶**？’”隋阇那崛多译《金刚场陀罗尼经》[②] 卷1：“尔时世尊入名一切法平等相三昧。入三昧已，诸比丘等，顶礼佛足。忽然不见，如来所在，各自相问：‘今婆伽婆修伽陀**何处去耶**？’”唐实叉难陀译《大方广佛华严经》[③] 卷79：“善财问言：‘此庄严事，**何处去耶**？’弥勒答言：‘于来处去。’曰：‘从何处来？’曰：‘从菩萨智慧、神力中来，依菩萨智慧、神力而住。无有去处，亦无住处。非集非常，远离一切。’”上述汉文佛经的文例说明，从齐梁到隋唐，“何处去耶”的说法一直保留在口语对话当中，用以询问对方去往何处。不难想象，传统的文人志士对于此类难登大雅之堂的口语表达难免嗤之以鼻。但因为这是一种鲜活的口语表达形式，相对于中国正史艰涩难懂的文言语体，它或许更容易吸引《日本书纪》书录者的注意。

《日本书纪》的作者并不止于文体探索中的机械性模仿，同时还关注更为富于个性的语言表达。有例为证。《日本书纪》卷6《垂仁纪》二年是岁条：“其神石化美丽童女。于是阿罗斯等大欢欲合。然阿罗斯等去他处之间，童女忽失也。阿罗斯等大惊之，问己妇曰：‘童女**何处去矣**？’”[④] 该例出自双行注当中，它是编纂《日本书纪》时的先行史料之一，内容与“天日枪传说”有关：阿罗斯等欲与化作美女的神石结婚，而美女却逃往日本成了难波比卖语曾社的神灵。“何处去矣”的意思与上文“何处去耶”形异而义同。与“何处去矣”相关的说法在佛经或传世文献中一般作“何处去”。东晋佛陀跋陀罗、法显合译《摩诃僧祇律》卷33：“佛知而故问：‘诸比丘**何处去**？’比丘即以上事具白世尊。”《宋书》卷88《薛安都传》：“行至朱雀航，逢柳元景。元景遥问：‘薛公**何处去**？’安都跃马至车后曰：‘小子庾淑之鞭我从弟，今指往刺杀之。’”[⑤] 上引两例证明“何处去矣”是一种自创的表达形式。除此而外，《日本书纪》的书录者还自创了下面两种与此相关的表达形式。卷12《履中纪》即位前纪条：“近则遣一人问曰：‘曷人，且**何处往矣**？’”[⑥] 卷2《神代纪上》：“天钿女复问曰：‘汝**何处到耶**？皇孙**何处到耶**？’”[⑦] 例中“何处往矣”“何处到耶”的说法，在中国两类文献当中均未见先例。

---

① 该经于天平十四年抄写，录于《大日本古文书》卷8，第55页。

② 该经于天平九年抄写，录于《大日本古文书》卷7，第109页。

③ 该经于天平十一年抄写，题作《华严经》，录于《大日本古文书》卷9，第11页。

④ 小島憲之、直木孝次郎、西宮一民、蔵中進、毛利正守『日本書紀一』，新編日本古典文学全集，小学館，1994，第304頁。

⑤ （梁）沈约撰《宋书》，中华书局，1974，第1126页。

⑥ 小島憲之、直木孝次郎、西宮一民、蔵中進、毛利正守『日本書紀二』，新編日本古典文学全集，小学館，1996，第80頁。

⑦ 小島憲之、直木孝次郎、西宮一民、蔵中進、毛利正守『日本書紀一』，新編日本古典文学全集，小学館，1994，第130～132頁。

整理《日本书纪》询问对方去往何处的疑问句，我们可以清晰地勾勒出各种不同表达形式之间的意义链接：传统表达“何处去”→佛典表达“何处去耶”→自创表达“何处去矣”“何处往矣”“何处到耶”。其中，后面的三种变体说法，虽然在中国的传世文献和汉文佛经中均未见文例，但从表达来看，三者仅仅是将表移动的动词“去”换成了类义词“到”“往”，或者将表示疑问的语气词“耶”替换成“矣”，其内在的因袭关系依然清晰可见。据此，我们认为，《日本书纪》的书录者正是遵循语言表达的这样一种内在的语义链接和逻辑关系，在遣词造句上不断尝试着追求变化与创新。

2. 基于结构层面的文体透析

从组词结构来看，“言说类”四字语句主要包括代词组合、副词组合和连词组合三类。

（1）代词组合

所谓代词组合，指所用四字语句中包含代词的组合，代词具体有“此”“是”“其”“之”等。代词在句中明确所指代的事物，起着使语言简洁明了、规避重复的作用。关注代词在语句组合中所处的位置，目的在于从构成上究明四字语句构成的机制。根据调查结果，我们认为，“言说类”代词组合语句仍存在传统表达、佛典表达和变体表达三大类。为突出本书的主旨，以下的考辨以出自汉文佛经的佛典表达为主。

汉译佛经讲求音节整饬，多以四字格为主。在字数欠缺的情况下，往往以不表义的虚词或指示代词垫之。由代词“此”组成的四字语句，从结构上看，根据“此”在词组中所处的位置，有“此〇〇〇”“〇此〇〇”“〇〇此〇”三式（〇表示一个字，下同）。

一是“此〇〇〇”式中的传统表达。“**此之谓也**”，说的就是这么一回事。《日本书纪》卷14《雄略纪》二年十月条：“天皇跪礼而受曰：‘善哉！鄙人所云贵相知心，**此之谓也**。’”[①]《周易·系辞上》：“子曰：‘《易》有圣人之道四焉’者，**此之谓也**。”[②]《孟子》卷3《公孙丑上》：“《诗》云：‘自西自东，自南自北，无思不服。’**此之谓也**。”[③]

二是“〇此〇〇”式中的佛典表达。《日本书纪》卷23《舒明纪》即位前纪条：“于是大伴鲸连进曰：‘既从天皇遗命耳。更不可待群言。’阿部臣则问曰：‘何问也？开其意。’对曰：‘天皇曷思欤？诏田村皇子曰：天下大任也，不可缓。**因此而言**，皇位既定，谁人异言？’”[④] 例中“因此而言”，表示据此看来的意思。该格式率先出现在

① 小島憲之、直木孝次郎、西宮一民、蔵中進、毛利正守『日本書紀二』，新編日本古典文学全集，小学館，1996，第154頁。

② 《周易》，《十三经注疏》，中华书局，1980，第81页。

③ 《孟子》，《十三经注疏》，中华书局，1980，第2689页。

④ 小島憲之、直木孝次郎、西宮一民、蔵中進、毛利正守『日本書紀三』，新編日本古典文学全集，小学館，1998，第20頁。

汉译佛经里。梁释僧佑撰《弘明集》[①] 卷13："《维摩诘》云：一切诸法，定意生形。然则兆动于始，事应乎末；念起而有，虑息则无；意之所安，则触遇而夷；情之所碍，则无往不滞。**因此而言**，通滞之所由，在我而不在物也。"嗣后，该格式被中土文献所吸收。《文选》卷54刘孝标《辨命论》："殷帝自翦，千里来云。若使善恶无征，未洽斯义。（**因此而言**，则害盈辅德，其由影响，若以善恶犹命，故未洽乎斯义。）"[②]《南史》卷22《王僧虔传》："又宋世光禄大夫刘镇之年三十许，病笃，已办凶具。既而疾愈，因畜棺以为寿，九十余乃亡，此器方用。**因此而言**，天道未易知也。"[③]《全唐文》卷569柳宗元《愈膏肓疾赋》："**因此而言**曰：'予今变祸为福，易曲成直。宁关天命，在我人力。以忠孝为干橹，以信义为封殖，拯厥兆庶，绥乎社稷。'"[④]

三是"○○此○"式中的变体表达。"**言如此者**"，如此说来，如果这么说的话。《日本书纪》卷1《神代纪上》："时伊奘冉尊曰：'爱也！吾夫君。**言如此者**，吾当缢杀汝所治国民，日将千头。'伊奘诺尊乃报之曰：'爱也！吾妹。**言如此者**，吾则当产日将千五百头。'"[⑤] 此言伊奘冉尊发誓将每天绞杀伊奘诺尊的一千个平民百姓。例中"言如此者"的说法，在中土文献和汉文佛经中均未见文例。究其原委，当是谓语动词前移造成。按照汉语的表达习惯，语序当为"如此言者"。后秦佛陀耶舍、竺佛念等合译《长阿含经》[⑥] 卷17："或有言：'无有是处，有大鬼神，彼持想来，彼持想去。持来则想生，持去则想灭。'**如此言者**，皆有过咎。所以者何？梵志，有因缘而想生，有因缘而想灭。"唐道世撰《法苑珠林》卷90："长者白佛：'我从今日，改往修来，奉三归及五戒法，持月六斋奉三长斋，烧香散花悬杂幡盖供事三宝。从今以去，不敢复犯，破归戒法。'佛言：'**如此言者**，是为大善。汝今受是，三归五戒，莫复如前，受戒法也。'"据此，可以说《神代纪上》中"言如此者"的说法，是在参酌汉文佛经表达的基础上敷衍而来的一种表达形式，它仅见于《日本书纪》。

由代词"是"组成的四字语句。从结构上看，根据"是"在词组中所处的位置，有"是○○○""○○是○"两式。

一是"是○○○"式中的传统表达。《日本书纪》卷1《神代上》："凡八神矣，乾坤之道相参而化。所以，成此男女。自国常立尊迄伊奘诺尊、伊奘冉尊，**是谓**神世七代者**矣**。"[⑦]《论语·卫灵公》："子曰：'过而不改，**是谓**过**矣**。'"[⑧] 例言有了过错而不改

---

① 该经于天平十一年抄写，录于《大日本古文书》卷7，第89页。

② （梁）萧统编，（唐）李善注《文选》，中华书局，1977，第747页。

③ （唐）李延寿撰《南史》，中华书局，1975，第508页。

④ （清）董诰等编《全唐文·附唐文拾遗唐文续拾》，中华书局，1983，第5758页。

⑤ 小島憲之、直木孝次郎、西宮一民、蔵中進、毛利正守『日本書紀一』，新編日本古典文学全集，小学館，1994，第46頁。

⑥ 该经于天平九年抄写，录于《大日本古文书》卷7，第72页。

⑦ 小島憲之、直木孝次郎、西宮一民、蔵中進、毛利正守『日本書紀一』，新編日本古典文学全集，小学館，1994，第24頁。

⑧ 《论语》，《十三经注疏》，中华书局，1980，第2518页。

正，这才真叫错误。

二是“○○是○”式中的佛典表达。《日本书纪》卷10《应神纪》四十年正月条：“是时天皇常有立菟道稚郎子为太子之情，然欲知二皇子之意，**故发是问**。是以不悦大山守命之对言也。”① 应神天皇喜欢菟道稚郎子，想立为太子，于是设题咨问大山守，大山守因回答不合天皇的心意而被杀害，大鷦鷯则躲过一劫。例中四字语句“故发是问”出自汉译佛经。梁曼陀罗仙译《宝云经》② 卷1：“佛告除盖障菩萨摩诃萨：‘善哉、善哉！善男子。汝欲利益天人，拔济一切众生，**故发是问**。我今当为汝说。’除盖障菩萨摩诃萨白佛言：‘善哉！世尊。愿时演说。’佛即告言：‘善男子，我今当说，汝等谛听。’”北凉昙无谶译《大方等无想经》③ 卷1：“善男子，善哉、善哉！声闻缘觉，未曾得闻，是一字义。汝今欲令，彼得闻故，**故发是问**。谛听谛听，善思念之。吾今为汝，分别解说。”隋阇那崛多译《善恭敬经》④ 卷1：“尔时阿难，复白佛言：‘世尊，于后末世，有善男子、善女人等。于诸法中，或有渴仰，敬重心相。惟有口言，为衣食故，为利养故，从贫贱中，剃发出家，而作是言：我能为法，虽复彼等，求诸佛法。世尊，然彼众生，无行法心，示下贱相。是人还起，下贱之心。世尊，我为自身，**故发是问**：我等云何应住？云何应行？’”唐菩提流志译《如意轮陀罗尼》⑤ 卷1：“尔时世尊，告观自在菩萨摩诃萨言：‘善哉、善哉！汝以大悲，为诸有情，**故发是问**。我已加持，听汝无碍，说示如意轮陀罗尼明。’”通过文例可知，汉文佛经中的“故发是问”是一种明知故问或自问自答的讲经说法的方式，起到解释具体经文的作用。所以在“故发是问”的表述之后，都会出现讲述的对象，如“我今当为汝说”“吾今为汝分别解说”“我已加持听汝无碍说示”；或者要求受众认真听讲、仔细思考的劝说，如“汝等谛听”“谛听谛听，善思念之”，等等。由此可以断定《应神纪》中的“故发是问”是模仿汉文佛经中讲经说法的口吻。

三是“是○○○”式中的自创表达。**“是事白讫”**，（对位尊者）说完之后……《古事记》中卷《景行记》：“尔其熊曾建曰：‘信然也。于西方，除吾二人无建强人。然于大倭国，益吾二人，而建男者坐祁理。是以吾献御名。自今以后，应称倭建御子。’**是事白讫**，即如熟瓜振折而杀也。”⑥ 例中“是事白讫”的说法，中国两类文献未见。

由代词“其”组成的四字语句，从结构上看，根据“其”在词组中所处的位置，有“其○○○”“○其○○”“○○其○”三式。

“其○○○”式中的佛典表达。**“其人唱言：‘～’”**，那个人大声叫喊道：“……”。

---

① 小島憲之、直木孝次郎、西宮一民、蔵中進、毛利正守『日本書紀一』，新編日本古典文学全集，小学館，1994，第496頁。

② 该经于天平十八年抄写，录于《大日本古文书》卷7，第84页。

③ 该经于天平十年抄写，录于《大日本古文书》卷7，第215页。

④ 该经于天平九年抄写，录于《大日本古文书》卷7，第82页。

⑤ 该经于天平九年抄写，录于《大日本古文书》卷7，第74页。

⑥ 山口佳紀、神野志隆光『古事記』，新編日本古典文学全集，小学館，1997，第220頁。

《日本灵异记》上卷《自幼时用网捕鱼而现得恶报缘第11》："时寺边有渔夫，自幼迄长，以网为业。后时匍匐家内桑林之中，扬声叫号曰：'炎火迫身。'亲属欲救，**其人唱言**：'莫近我，我顿欲烧。'"① 例中"唱言"，谓高呼、大声喊叫。后秦鸠摩罗什译《大庄严论经》② 卷6："王家策伺，怪其卒富，而纠举之，系在狱中。先所得金，既已用尽，犹不得免。将加刑戮，**其人唱言**：'毒蛇，阿难！恶毒蛇，世尊！'"该例在唐道世撰《法苑珠林》卷77和《诸经要集》③ 卷15中均有辑录。《日本灵异记》本身就是一部宣扬善恶相报的故事集，文中大量出现汉文佛经中习见的遣词造句亦就不足为奇了。

"○其○○"式中的佛典表达。"**问其来意**"，询问对方来的目的。《日本书纪》卷2《神代纪下》："海神于是铺设八重席荐，以延内之。坐定，因**问其来意**。时彦火火出见尊对以情之委曲。"④ 例言海神在龙宫盛情款待彦火火出见尊，并问其为何来到龙宫。元魏慧觉等合译《贤愚经》⑤ 卷8："食已谈语，**问其来意**。菩萨答言：'阎浮提人。'"隋吉藏撰《维摩经义疏》⑥ 卷3："诸释豪贵如此，尚舍出家。我何为住？以所得物，安置树下，系象著树，作如是言：'诸有取者，吾悉施之。'遂往佛所。诸释**问其来意**，波离具答所由。诸释大喜。"《太平广记》卷89《道安》条："安惊起礼讯，**问其来意**，答云：'特相为来。'"又卷450《唐参军》条："唐洛阳思恭里有唐参军者立性修整，简于接对。有赵门福及康三者投刺谒，唐未出见之，**问其来意**。门福曰：'止求点心饭耳。'唐使门人辞，云不在。"⑦

从上引文例不难看出，无论是汉文佛经，还是中土文献，"问其来意"在用法上有一个鲜明的特征，即用于故事叙述的起首部分，起到吸引读者进入故事情节的作用。之所以会有这一用法，是因为肇始于汉文佛经的"问其来意"，原本就是用来开启讲述佛陀本缘故事的标识性词语。《神代纪》见于龙宫传说，《太平广记》用于志怪小说，概莫能外。《万叶集》卷16标题作"有由缘歌"，继承并延续的都是汉文佛经讲述佛陀前世故事的手法，而传统的研究迄今并未发现这之间相互因循的关系。

"○○其○"式中的佛典表达。"**具言其事**"，详细地讲述事情的来龙去脉。《日本书纪》卷1《神代纪上》："是时月夜见尊忿然作色曰：'秽哉，鄙矣！宁可以口吐之物，敢养我乎？'乃拔剑击杀，然后复命**具言其事**。"⑧ 例言食神口吐各种食物款待月

① 中田祝夫『日本霊異記』，日本古典文学全集，小学館，1975，第88～89頁。
② 该经于奈良时代具体抄写时期不详，录于《大日本古文书》卷8，第529页。
③ 该经于天平十九年抄写，题作《诸经要集小乘》，录于《大日本古文书》卷9，第393页。
④ 小島憲之、直木孝次郎、西宫一民、蔵中進、毛利正守『日本書紀一』，新編日本古典文学全集，小学館，1994，第156－158頁。
⑤ 该经于天平三年抄写，录于《大日本古文书》卷7，第19页。
⑥ 该经于胜宝五年抄写，录于《大日本古文书》卷12，第360页。
⑦（宋）李昉等编《太平广记》，中华书局，1961，第585、3677页。
⑧ 小島憲之、直木孝次郎、西宫一民、蔵中進、毛利正守『日本書紀一』，新編日本古典文学全集，小学館，1994，第58頁。

神，月神恨其污秽不堪，拔剑斩杀食神。日神为之震怒，与月神交恶，两神从此不复相见。后来，由食神的尸体中长出五谷食粮。例中“具言其事”为固定的搭配形式。《日本书纪》卷2《神代纪下》：“时有一长老，忽然而至，自称盐土老翁，乃问之曰：‘君是谁者？何故患于此处乎？’彦火火出见尊，**具言其事**。”[①] 哥哥火酢芹和弟弟彦火火出见尊兄弟两人，互相交换获取山海丰穰的信物。结果弟弟在海里失手丢失了哥哥的信物。哥哥再三催逼归还，弟弟惆怅地在海边徘徊。于是，一老翁忽然出现，引导弟弟前往龙宫。海神丰玉彦盛情款待，并将女儿丰玉姬许配给了弟弟。例中“具言其事”，此处具体指两兄弟交换信物之事。“具言其事”的说法，始见于汉文佛经。梁慧皎撰《高僧传》卷10《慧安》：“济后至陟屺寺，诣隐士南阳刘虬，**具言其事**。虬即起遥礼之，问济曰：‘此得道之人，入火光三昧也。’”唐义净译《根本说一切有部毘奈耶》[②] 卷40：“佛在室罗伐城逝多林给孤独园。时大目乾连既与十七众出家，光说乃至但有营事。即十七人，共相检挍，更互助成。如前杀戒中，**具言其事**。”嗣后，“具言其事”在中土文献中开始使用。唐段成式《酉阳杂俎》卷14《诺皋记上》：“沙弥之父欣然访其子耗，其人请问，**具言其事**。盖魅所为也。”[③]《太平广记》卷251《刘禹锡》条：“妪登垣视之，乃前伤虎也。因为亲族**具言其事**，而心异之。”[④] 与上文中的“问其来意”一样，“具言其事”同样属于佛教讲经说法时的常用语句，起着概括前文内容，开启下文话题的作用。而这一表达形式，未见于中国先行的正史之中，因而成为反映中日两国史书叙述语言差异的一个典型例子。

《日本书纪》卷19《钦明纪》十四年八月条：“别的臣受天敕来抚臣蕃。夙夜乾乾，勤修庶务。由是，海表诸蕃，**皆称其善**。”[⑤] 该例见于百济王余昌遣使送至天皇的奏折中，指责新罗与高丽共谋在日本的援军来到百济和任那之前将讨伐安罗，以断援军之路，安罗处于岌岌可危的境况之中。例中“皆称其善”，谓人们都称赞，具体指当时驻守安罗的日本府长官的臣（人名）在当地推行了深得民心的政策。《隋书》卷68《黄亘黄衮传》：“凡有所为，何稠先令亘、衮立样，当时工人**皆称其善**，莫能有所损益。”[⑥]“皆称其善”的说法，似当更早出现在中土文献当中，结果却出人意料，首见于汉文佛经。比《隋书》年代更早的姚秦竺佛念译《出曜经》[⑦] 卷10中可见：“护意为善哉者。若人杖棰，割截形体，复被骂詈，彼执行人，持心洁净，不兴恚怒，诸天世人**皆**

① 小島憲之、直木孝次郎、西宮一民、蔵中進、毛利正守『日本書紀一』，新編日本古典文学全集，小学館，1994，第162頁。

② 该经于天平十年抄写，录于《大日本古文书》卷7，第110页。

③ 上海古籍出版社编《唐五代笔记小说大观》，上海古籍出版社，2000，第663页。

④ （宋）李昉等编《太平广记》，中华书局，1961，第1946页。

⑤ 小島憲之、直木孝次郎、西宮一民、蔵中進、毛利正守『日本書紀二』，新編日本古典文学全集，小学館，1996，第424頁。

⑥ （唐）魏徵等撰《隋书》，中华书局，1973，第1599页。

⑦ 该经于天平十四年抄写，录于《大日本古文书》卷8，第79页。

称其善。”饶有兴趣的是，《钦明纪》文例出现在百济王的奏折当中这一点。如果相信其真实性的话，汉文佛经对朝鲜汉文的影响亦由此可见一斑。

“○○其○”式中的自创表达。下面三例中的“备如其言”“思奇其言”“心怪其言”都是《古事记》《日本书纪》的书录者自行发明的四字语句。从表达效果来看，还是比较达意的。《古事记》上卷：“故随教少行，**备如其言**。”又：“于是，**思奇其言**，窃伺其方产者，化八寻和迩，而匍匐委虵。”① 《日本书纪》卷2《神代纪下》：“天孙**心怪其言**，窃觇之。则化为八寻大鳄，而知天孙视其私屏，深怀惭恨。”②

由代词“之”组成的四字语句。从结构上看，根据“之”在词组中所处的位置，有“○○之○”“○之○○”“○○○之”三式。

“○○之○”式中的传统表达。“**而遣之曰：‘～’**”，派遣某人说道：“……”。《日本书纪》卷23《舒明纪》即位前纪条：“则令三国王、樱井臣，副群卿**而遣之曰**：‘欲闻还言。’”③ 例言派遣某人说道：希望听你回来以后的汇报。《战国策》卷18《赵策》：“赵王封孟尝君以武城。孟尝君择舍人以为武城吏，**而遣之曰**：‘鄙语岂不曰，借车者驰之，借衣者被之哉？’皆对曰：‘有之。’”④ 此言孟尝君对去担任武城守吏的人们说：俗语，借来的车子若使劲跑，就容易损坏，借来的衣服披在外面，容易沾灰尘。

“○之○○”式中的佛典表达。“**闻之欢喜**”，听说以后非常高兴。《日本书纪》卷19《钦明纪》十五年正月条：“方闻奉可畏天皇之诏，来诣筑紫，看送赐军。**闻之欢喜**，无能比者。”⑤ 此言天皇将来为士兵们送行，士兵听说后感到无比欣慰。吴支谦译《龙王兄弟经》卷1：“阿难邠低**闻之欢喜**，即起白佛，明旦请佛及比丘僧，降德到舍设粗食。佛默然。”西晋竺法护译《普曜经》⑥ 卷2《欲生时三十二瑞品》：“天帝释梵、四王皆共翼从。诸天散华，速行案行。宫殿屋宅，时还反意。眷属闻之，辄即受教。案行扫除，王后当来，国主当至。还报严净，**闻之欢喜**。”晋世法炬、法立合译《法句譬喻经》⑦ 卷3《忿怒品》：“阿阇贳王**闻之欢喜**，即到佛所，稽首作礼，白佛言：‘明日设薄施，愿屈世尊，及诸弟子，于宫内食。’”

“○○之○”式中的佛典表达。“**以问之曰：‘～’**”，问道：“……”，问（对方）道：“……”。《日本书纪》卷22《推古纪》十七年四月条：“是时遣难波吉士德摩吕、船史龙**以问之曰**：‘何来也？’对曰：‘百济王命以遣于吴国，其国有乱不得入。更返于

① 山口佳紀、神野志隆光『古事記』，新編日本古典文学全集，小学館，1997，第126、134頁。

② 小島憲之、直木孝次郎、西宮一民、蔵中進、毛利正守『日本書紀一』，新編日本古典文学全集，小学館，1994，第178頁。

③ 小島憲之、直木孝次郎、西宮一民、蔵中進、毛利正守『日本書紀三』，新編日本古典文学全集，小学館，1998，第30頁。

④ （西汉）刘向集录，范祥雍笺证，范邦瑾协校《战国策笺证》，上海古籍出版社，2006，第1006页。

⑤ 小島憲之、直木孝次郎、西宮一民、蔵中進、毛利正守『日本書紀二』，新編日本古典文学全集，小学館，1996，第428頁。

⑥ 该经于天平五年抄写，录于《大日本古文书》卷7，第19页。

⑦ 该经于天平十四年抄写，录于《大日本古文书》卷8，第77页。

本乡，忽逢暴风，漂荡海中。'”[①]（1）唐法成译《释迦牟尼如来像法灭尽之记》卷1：“龙王思惟：‘我所住处，何故腾波？’以天眼观知，释迦牟尼如来，圣教像法，近灭末后，见僧之期，自变其身，为一老人，从海而出，礼彼众僧，**以问之曰**：‘如是众僧，从于何来，往至何所？’众僧答曰：‘我等本居，赤面国界。施主无信，毁灭常住及精舍。故我等往至大乾陀罗国。'”（2）《太平广记》卷452《任氏》条：“郑子指宿所**以问之曰**：‘自此东转，有门者，谁氏之宅？’主人曰：‘此隤墉弃地，无第宅也。'”[②]

“〇〇〇之”式中的佛典表达。“**具为说之**”，详细地叙述事情的来龙去脉。《日本书纪》卷14《雄略纪》八年二月条：“于是新罗王乃知高丽伪守，遣使驰告国人曰：‘人杀家内所养之雄者。’国人知意，尽杀国内所有高丽人。惟有遗高丽一人，乘间得脱，逃入其国，皆**具为说之**。”[③]得知被高句丽欺骗的新罗王，用暗语号召国民统统杀掉高丽人。不料一人脱逃，回到高句丽将这一情况如实地向国王做了汇报。姚秦佛陀耶舍、竺佛念等合译《四分律》卷35：“时彼比丘还，以手排户，手触龙身，觉内有异，即便高声唱言：‘蛇，蛇！’比房比丘闻其声，便问言：‘何故大唤？’即以此事，**具为说之**。”梁慧皎撰《高僧传》卷10：“吾前后事迹，慎勿妄说，说必有咎。唯西南有一白衣，是新发意菩萨，可**具为说之**。”如上文所述，佛经中此类说法尤为丰富，对上古文学作品的叙述语言产生了巨大的影响，其中，特别是汉文佛经中关于事情的发生经过、原委一类的叙述方式，在讲述故事情节时更成为主要的吸收对象。《推古纪》此处“具为说之”的出现亦复如是。

“〇〇之〇”式中的自创表达。“**教化之言**：‘～'”，教育化导地说：“……”。《日本灵异记》中卷《依不布施与放生而现得善恶报缘第16》：“誂钓主曰：‘此蛎欲赎。’钓主不免。叮叮至心，**教化之言**：‘能人作寺，何甚不脱？'”[④]例言事主请求卖主说希望买下牡蛎放生，而卖主不肯。事主苦口婆心地开导说：有信仰的人可以出钱修建寺院，难道你就不肯把十只牡蛎赎给我放生？西晋竺法护译《佛说海龙王经》[⑤]卷1《行品》：“复有六事，分别所受，**教化之言**。何等六？逮得总持，心立寂然，入审谛净，心入诸慧，辩才无著无止，方便之慧，次第解脱。是为六。”隋吉藏撰《法华义疏》卷10《寿量品》：“又上直称**教化之言**，未出化之仪则，故今辨之。又开三别，一感，二应，三得益。若有众生，来至我所者，机发扣佛，故名为至，即是感也。我以佛眼下，第二明应。应中明三轮益物。”两例佛典中的“教化之言”与《日本灵异记》中的“教化之言”在意思上并无差异，但在用法上却迥然不同。前者用作名词词组，后者用作直

---

① 小島憲之、直木孝次郎、西宮一民、蔵中進、毛利正守『日本書紀二』，新編日本古典文学全集，小学館，1996，第560頁。

② （宋）李昉等编《太平广记》，中华书局，1961，第3677页。

③ 小島憲之、直木孝次郎、西宮一民、蔵中進、毛利正守『日本書紀二』，新編日本古典文学全集，小学館，1996，第176頁。

④ 中田祝夫『日本霊異記』，日本古典文学全集，小学館，1975，第192頁。

⑤ 该经于天平六年抄写，题作《海龙王经》，录于《大日本古文书》卷7，第21页。

接引语。

“**以诲之曰：‘～’**”，教诲道：“……”。《日本书纪》卷9《神功纪》摄政前纪条：“于是神托皇后**以诲之曰**：‘今御孙尊所望之国譬如鹿角，以无实国也。其今御孙尊所御之船及穴户直践立所贡之水田，名大田为币，能祭我者，则如美女之睩而金、银多之眼炎国以授御孙尊。’”[①] 此言神灵在梦中告谕皇后说，现在天皇想得到的熊袭国如同鹿角一样，是一个空空如也的国家。如果天皇能将乘坐的船和穴户直践立献出的叫作大田的水田作为祭品赠送于我，且好好地祭祀我的话，我将奉送给天皇众多的金银财宝和令人眩目的国土。例中“以诲之曰”是书录者自创的表达形式。

（2）副词组合

所谓副词组合，指“言说类”四字语句中包含副词的组合，副词具体有“更”“亦”“即”“便”“乃”“仍”“遂”。以下举例辨析。

“更〇〇〇”式中的佛典表达。“**更发弘誓**”，意谓进一步立下宏大的誓愿。“弘誓”，梵语 pratijñā 的意译，亦作“弘誓愿”“大誓庄严”。《续日本纪》卷20《孝谦纪》天平宝字元年闰八月条：“**更发弘誓**，追继先行。则以每年冬十月十日，始辟胜筵，至于内大臣忌辰，终为讲了。”[②] 例言立下更为宏大的誓愿，继承先行者们的事业。姚秦竺佛念译《菩萨璎珞经》[③] 卷11《三世法相品》：“劝进菩萨言：‘善男子，知不乎？我前所说，非如今说。是汝应闻未来法，应得受决。今乃闻吾，说过去法，唐劳其功，不成果报。汝何不速舍本意，**更发弘誓**，然后乃成，无上等正觉。’”

“即〇〇〇”格式中的佛典表达。“**即告之言：‘～’**”，于是宣告道：“……”。《日本灵异记》中卷《依汉神祟杀牛而祭又修放生善以现得善恶报缘第5》：“阎罗王**即告之言**：‘大分理判，由多数证，故就多数。’”[④] 例言所谓判决，多半是少数服从多数。东晋法显译《大般涅槃经》[⑤] 卷1：“时彼座中有一婆罗门，名弗波育帝。聪明智慧，博闻强记。尔时如来，**即告之言**：‘汝等当知，在家之人，有四种法，宜应修习。’”姚秦鸠摩罗什译《维摩诘所说经》[⑥] 卷1《佛国品》条：“佛知其念，**即告之言**：‘于意云何？日月岂不净耶？而盲者不见。’对曰：‘不也，世尊。是盲者过，非日月咎。’”“即告之言”，是“告言”拉长以后形成的四字语句，“即”和“之”均为虚词，仅起到添加音节的作用。这是讲经说法中常见的口语表达形式。

“便〇〇〇”式中的佛典表达。“**便语之曰：‘～’**”，便对某人说：“……”。《日本

① 小島憲之、直木孝次郎、西宮一民、藏中進、毛利正守『日本書紀一』，新編日本古典文学全集，小学館，1994，第432頁。

② 青木和夫、稲岡耕二、笹山晴生、白藤礼幸『続日本紀三』，新日本古典文学大系，岩波書店，1993，第230頁。

③ 该经于天平五年抄写，录于《大日本古文书》卷7，第7页。

④ 中田祝夫『日本霊異記』，日本古典文学全集，小学館，1975，第159頁。

⑤ 该经于天平五年、十一年抄写，录于《大日本古文书》卷7，第7、85页。

⑥ 该经于天平六年、胜宝七年两次抄写，录于《大日本古文书》卷1，第583页，卷4，第63页。

书纪》卷 1《神代纪上》："伊奘诺尊追至伊奘冉尊所在处，**便语之曰**：'悲汝故来。'答曰：'族也，勿看吾矣。'"[①] 此言伊奘诺尊追到伊奘冉尊所在的地方说：因为你的死，我非常悲伤，所以赶来了。伊奘冉尊说：我的亲人啊，请不要看我。例中"便语之曰"仅见于汉文佛经。东晋瞿昙僧伽提婆译《中阿含经》[②] 卷 19："于是，尊者阿难舍卫乞食已。食讫，中后收举衣钵，澡洗手足，以尼师檀，著于肩上，手执户钥，遍诣房房。见诸比丘，**便语之曰**：'诸尊，今往诣娑罗逻岩山中，为尊者阿那律陀作衣。'"梁宝唱等集《经律异相》[③] 卷 41："时婆罗门，坐自思惟：'我种何罪？妇女所切，复失他牛。推觅形疲，偶到林中。'值见如来，观之生念：'瞿昙沙门，今最安乐，无我诸恼。'佛知其心，**便语之曰**：'如汝所念。'"

"乃○○○"式中的佛典表达。**"乃问之曰：'～'"**，于是问道："……"。《日本书纪》卷 2《神代纪下》："时有一长老，忽然而至，自称盐土老翁，**乃问之曰**：'君是谁者，何故患于此处乎？'"[④] 宋绍德、慧询等合译《菩萨本生鬘论》卷 3："时彼海神，闻是说已，默尔自愧，而作是念：'今此商主，识智博达，善谈报应。其辩若斯，以一近事，试验问彼。'即以右手，取水一掬，**乃问之曰**：'掬中水多？海水多耶？'贤者对曰：'掬中水多，海水为少。'"宋赞宁等撰《宋高僧传》卷 18："贞元末，于此寺梦一丈夫，衣冠甚盛，熟视乃长沙也。吾迎延坐话旧，伤感如平生时，而谓吾曰：'后十年我之六世孙广当官于此郡。师其念之。'**乃问之曰**：'王今何为？'曰：'冥官极尊。'既而又泣曰：'师存而我之六世矣。悲夫。'"从文例的年代来看，《日本书纪》的文例年代更早，作为域外汉文的实例，显得弥足珍贵。

"乃报之曰：'～'"，于是回答道："……"。《日本书纪》卷 1《神代纪上》："时伊奘冉尊曰：'爱也！吾夫君。'言如此者，当缢杀汝所治国民，日将千头。伊奘诺尊**乃报之曰**：'爱也！吾妹。'言如此者，吾则当产日将千五百头。"[⑤] 例中"乃报之曰"唯独出现在佛经文献之中。如唐窥基撰《成唯识论述记》[⑥] 卷 4："佛欲除彼，无义苦行，**乃报之曰**：'一切有情，皆依食住。正觉正说，余不能知。'"在传世文献当中，对应的说法是"而报之曰"或"报之曰"。《韩非子》卷 9《内储说上七术第 30》："居一年，竖牛为谢叔孙，叔孙使竖牛召之，又不召而**报之曰**：'吾已召之矣，丙怒甚，不肯来。'"[⑦]《魏志》卷 13《王肃传》："夏**报之曰**：'兰台为外台，秘书为内阁，台、阁，

---

① 小島憲之、直木孝次郎、西宮一民、蔵中進、毛利正守『日本書紀一』，新編日本古典文学全集，小学館，1994，第 54～56 頁。

② 该经于天平五年抄写，录于《大日本古文书》卷 7，第 18 页。

③ 该经于奈良时代具体抄写时期不详，录于《大日本古文书》卷 12，第 562 页。

④ 小島憲之、直木孝次郎、西宮一民、蔵中進、毛利正守『日本書紀一』，新編日本古典文学全集，小学館，1994，第 162 頁。

⑤ 小島憲之、直木孝次郎、西宮一民、蔵中進、毛利正守『日本書紀一』，新編日本古典文学全集，小学館，1994，第 46 頁。

⑥ 该经于天平十八年抄写，录于《大日本古文书》卷 2，第 510 页。

⑦（战国）韩非著，陈奇猷校注《韩非子新校注》，上海古籍出版社，2000，第 576 页。

一也，何不相移之有？’”①

“**乃兴言曰**：‘~’”，心有感触地说：“……”。《日本书纪》卷1《神代纪上》：“则往至筑紫日向小户橘之檍原而祓除焉。遂将荡涤身之所污，**乃兴言曰**：‘上濑是太疾，下濑是太弱。’便濯之于中濑也。”例言上游水流很湍急，下游水流却过于缓慢。又：“是时，素戋鸣尊帅其子五十猛神，降到于新罗国，居曾尸茂梨之处。**乃兴言曰**：‘此地吾不欲居。’遂以埴土作舟，乘之东渡，到出云国簸川上所在鸟上之峰。”此言素戋鸣尊当初从天降落在新罗国，住在曾尸茂梨这个地方。他感慨万分地说道：我不想住在这个地方。又：“自后国中所未成者，大己贵神独能巡造，遂到出云国。**乃兴言曰**：‘夫苇原中国，本自荒芒，至及盘石草木，咸能强暴。’然吾已摧伏，莫不和顺。”② 例言大己贵神最终来到出云国。他感叹地说：苇原中国（指日本）原本就很荒凉，甚至岩石和草木，都能尽显狂暴。日本佐伯定胤、中野达慧合编《玄奘三藏师资传丛书》卷1唐刘轲撰《大唐三藏大遍觉法师塔铭（并序）》：“大遍觉**乃兴言曰**：‘佛理圆极，片言支说，未足师决。固是经来未尽，吾当求所未闻。俾跛眇儿视履，必使解行如函盖，始可为具人矣。’”

（3）连词组合

所谓连词组合，指“言说类”四字语句中包含连词的组合，连词有“故”“因”“而”“由”“则”“既而”“以便”“因此”等。以下举例辨析。

“因○○○”式中的佛典表达。“**因问之曰**：‘~’”，于是便问道：“……”。《日本书纪》卷2《神代纪下》：“天孙**因问之曰**：‘此谁国欤？’对曰：‘是长狭所住之国也。然今乃奉上天孙矣。’”③（1）吴支谦译《佛说戒消灾经》④ 卷1：“主人还归坐自思惟：‘吾舍之中无有异人，正有此人耳。’即出语言，恭设所有，极相娱乐。饮食已竟，**因问之曰**：‘卿有何功德于世有此？’”宋宝云译《佛本行经》卷6：“佛**因问之曰**：‘诸壮士何故聚会在此也？’”（2）《魏志》卷18《阎温传》裴松之注：“宾硕时年二十余，乘犊车，将骑入市。观见岐，疑其非常人也。**因问之曰**：‘自有饼邪，贩之邪？’岐曰：‘贩之。’”⑤《抱朴子·内篇》卷17《登涉》：“于是二人顾视镜中，乃是鹿也。**因问之曰**：‘汝是山中老鹿，何敢诈为人形。’言未绝，而来人即成鹿而走去。”⑥（1）是三国时代的文例，（2）是晋代的文例，注释者裴松之是刘宋时代的人。故（1）《佛说戒消

---

① （晋）陈寿撰，（宋）裴松之注《三国志》，中华书局，1959，第422页。

② 小島憲之、直木孝次郎、西宫一民、蔵中進、毛利正守『日本書紀一』，新編日本古典文学全集，小学館，1994，第48、98、102頁。

③ 小島憲之、直木孝次郎、西宫一民、蔵中進、毛利正守『日本書紀一』，新編日本古典文学全集，小学館，1994，第150~152頁。

④ 该经于天平五年抄写，题作《戒消灾经》，录于《大日本古文书》卷7，第12页。又于天平十一年抄写，录于《大日本古文书》卷7，第346页。

⑤ （晋）陈寿撰，（宋）裴松之注《三国志》，中华书局，1959，第552页。

⑥ 王明撰《抱朴子·内篇校释》，中华书局，1985，第300页。

灾经》，文例年代早于（2）《魏志》。译经先于中土文献对该词组做了记载，反映了佛经口语性较强的特点。

相对于“因问之曰”的搭配形式，“而问之曰”则是源自传世文献的固有说法。《日本书纪》卷2《神代纪下》：“故高皇产灵尊召集八十诸神**而问之曰**：‘吾欲令拔平苇原中国之邪鬼。当遣谁者宜也？’”又卷8《仲哀纪》元年闰十一月条：“时芦发蒲见别王视其白鸟，**而问之曰**：‘何处将去白鸟也？’越人答曰：‘天皇恋父王，而将养狎。故贡之。’”又卷12《履中纪》六年二月条：“天皇闻其叹**而问之曰**：‘汝何叹息也？’对曰：‘妾兄鹫住王为人强力轻捷。由是独驰越八寻屋而游行。既经多日，不得面言。故叹耳。’”[①] 例中“而问之曰”早在《楚辞·渔父》中就已经出现：“屈原既放，游于江潭，行吟泽畔，颜色憔悴，形容枯槁。渔父见**而问之曰**。”[②]

“因○○○”式中的自创表达。**“因诲之曰：‘～’”**，因此教诲道：“……”。《日本书纪》卷2《神代纪下》：“海神乃延彦火火出见尊，从容语曰：‘天孙若欲还乡者，吾当奉送。’便授所得钓钩，**因诲之曰**：‘以此钩与汝兄时，则阴呼此钩曰贫钩，然后与之。’”[③] 例中“因诲之曰”的说法，中国两类文献中未见用例，疑似自创表达。

“而○○○”格式中的佛典表达。**“而白之言：‘～’”**，（位卑者对位尊者）说道：“……”。《日本灵异记》下卷《阎罗王示奇表劝人令修善缘第9》：“一使走入**而白之言**：‘召将来也。’告之：‘召人。’奉诏召人。”[④] 姚秦鸠摩罗什译《大庄严论经》卷10：“尔时舍之，以敬重心，仰视帝释，**而白之言**：‘汝最尊贵，居放逸处，犹有善心，修于福德。’”

“而语之言：‘～’”，说道：“……”。《日本灵异记》下卷《髑髅目穴笋揭脱以祈之示灵表缘第27》：“时彼髑髅，乃现生形，**而语之言**：‘吾者苇田郡屋穴国乡穴君弟公也。贼伯父秋丸所杀是也。’”[⑤] 姚秦鸠摩罗什译《妙法莲华经》卷6《常不轻菩萨品》：“不轻菩萨，往到其所，**而语之言**：‘我不轻汝，汝等行道，皆当作佛。’”

“而告之言：‘～’”，告诉说：“……”。《日本灵异记》中卷《赎蟹虾命放生得现报缘第8》：“女恐，明日白于大德。大德住在生马山寺，**而告之言**：‘汝不得免，唯坚受戒。’”[⑥] 吴支谦译《撰集百缘经》卷1《菩萨授记品》：“作是念已，即召长者，**而告之言**：‘吾由汝故，资我珍宝，赏募勇健，战斗得胜。我今当还，报卿之恩，恣汝所愿。’”

---

① 小島憲之、直木孝次郎、西宮一民、藏中進、毛利正守『日本書紀二』，新編日本古典文学全集，小学館，1996，第92～94頁。

② （梁）萧统编，（唐）李善注《文选》，中华书局，1977，第470页。

③ 小島憲之、直木孝次郎、西宮一民、藏中進、毛利正守『日本書紀一』，新編日本古典文学全集，小学館，1994，第158頁。

④ 中田祝夫『日本霊異記』，日本古典文学全集，小学館，1975年，第284頁。

⑤ 中田祝夫『日本霊異記』，日本古典文学全集，小学館，1975，第333頁。

⑥ 中田祝夫『日本霊異記』，日本古典文学全集，小学館，1975，第171頁。

“**而作是言**：‘～’”，于是这样说道：“……”。《日本灵异记》上卷《信敬三宝得现报缘第5》：“比丘环解一玉授之，吞令服，**而作是言**：‘南无妙德菩萨，令三遍诵礼。’”[①] 姚秦鸠摩罗什译《妙法莲华经》卷3《化城喻品》：“华供养已，各以宫殿，奉上彼佛，**而作是言**：‘唯见哀愍，饶益我等。所献宫殿，愿垂纳受。’”

“○而○○”格式中的佛典表达。“**就而问曰**：‘～’”，上前问道：“……”。《日本书纪》卷2《神代纪下》：“既儿生之后，天孙**就而问曰**：‘儿名何称者当可乎？’”[②] 唐义净译《根本说一切有部毘奈耶》卷25：“时居士子，持其樵担，来至耕处。田头树下，弃担息肩。见彼长者，躬自耕作，**就而问曰**：‘阿舅，何故衰年，自营辛苦？应居村落，翻在田畴？’报言：‘善来！外甥。我无兄弟，复无子息，不自躬耕，衣食宁济？’”

“○○而○”格式中的佛典表达。“**言毕而死**”，话一说完便断了气。《日本书纪》卷20《敏达纪》十二年是岁条：“日罗更苏生曰：‘此是我驱使奴等所为，非新罗也。’言毕而死。”[③] 唐玄奘译《大唐西域记》[④] 卷2：“如意虽欲释难，无听览者，耻见众辱，齰断其舌。乃书诫告，门人世亲曰：‘党援之众，无竞大义。群迷之中，无弁正论。’**言毕而死**。”

“**长跪而言**：‘～’”，（位卑者对位尊者）长时间跪在地上说道：“……”。《日本灵异记》中卷《恶逆子爱妻将杀母谋现报被恶死缘第3》：“子拔横刀，将杀母。母即子前，**长跪而言**：‘殖木之志，为得彼果并隐其影；养子之志，为得子力并被子养。如恃树漏雨，何吾子违思，今在异心耶？’”[⑤] 北凉昙无谶译《大般涅槃经》[⑥] 卷31《师子吼菩萨品》：“时四天王，心怀瞋忿，雨沙砾石。王见是已，心大怖畏，复至我所，**长跪而言**：‘唯愿哀愍，听我忏悔。’”

3. 基于内容层面的文体透析

语言反映的是人类悲欢离合的情感，其表达方式必然丰富多彩、千差万别。根据“言说类”四字语句所表达的内容，为说明问题，可暂且分作“言曰型”“相谓型”“传云型”“无言型”。以下扼要考释。

（1）言曰型

所谓“言曰型”，指以直接引语的形式来表述说话内容的类型。

该型中的传统表达。“**从容问曰**：‘～’”，今义同。《日本书纪》卷2《神代纪下》：

① 中田祝夫『日本霊異記』，日本古典文学全集，小学館，1975，第76頁。

② 小島憲之、直木孝次郎、西宮一民、蔵中進、毛利正守『日本書紀一』，新編日本古典文学全集，小学館，1994，第178页。

③ 小島憲之、直木孝次郎、西宮一民、蔵中進、毛利正守『日本書紀二』，新編日本古典文学全集，小学館，1996，第484頁。

④ 该经于天平十一年抄写，录于《大日本古文书》卷7，第87页。

⑤ 中田祝夫『日本霊異記』，日本古典文学全集，小学館，1975，第152頁。

⑥ 该经于天平五年、十一年抄写，录于《大日本古文书》卷7，第7、85页。

“是时海神自迎延入。乃铺设海驴皮八重，使坐其上，兼设百机，以尽主人之礼。因**从容问曰**：‘天神之孙何以辱临乎？’”[①]《汉书》卷93《佞幸传》：“文帝尝病痈，邓通常为上嗽吮之。上不乐，**从容问曰**：‘天下谁最爱我者乎？’通曰：‘宜莫若太子。’”[②]

该型中的佛典表达。“**同心白言**：‘～’”，齐心说道：“……”。《元兴寺伽蓝缘起并流记资财账》：“时中臣连物部连等而为上首，诸臣**同心白言**：‘从今以后，三宝之法，更不破，更不烧流，更不凌轻，三宝之物不摄不犯。从今以后，左肩三宝坐，右肩我神坐，并为礼拜，尊重供养。’”元魏慧觉等合译《贤愚经》卷8《盖事因缘品》：“王即合军，攻梵天国。共战一交，梵天军坏。乘背追蹑，经至城边，众人怖缩，更不敢出。诸臣相将，悉共集会，诣梵王所，咸皆**同心**，**白**大王**言**：‘他国兵强，我国儜弱，惜一河水，今致此败。如是不久，惧恐失国。唯愿开意，以一河水与之，共为亲厚，足得安全。’”唐地婆诃罗译《大乘密严经》卷2《妙身生品》：“密严土中，诸佛子众，并余佛国，来听法者。闻说密严，微妙功德，于法尊重，决定转依，恒居此土，不生余处。然皆愍念，未来众生，普欲为其，而作利益。遂共**同心**，**白**金刚藏菩萨摩诃萨**言**：‘尊者，愿为我说，一切世间，若干色像，谁之所作？’”

该型中的自创表达。“**以～语白**：‘～’”，（位卑者以韵文的形式对位尊者）吟唱道：“……”。《古事记》下卷《仁德记》：“于是，建内宿祢**以**歌**语白**……”[③] 吴支谦译《佛说义足经》[④] 卷2：“愿烦威神到佛所，为人故礼佛足，**以**我人**语白**佛：‘阎浮利四辈，饥渴欲见尊。’”刘宋求那跋陀罗译《杂阿含经》卷36：“时尊者婆耆舍语尊者富邻尼言：‘汝往诣世尊所，持我语**白**世尊言：尊者婆耆舍稽首世尊足，问讯世尊，少病少恼，起居轻利，得自安乐住不？’”又卷37：“时彼士夫，复**以**摩那提那长者语，**白**尊者阿那律：‘我是俗人，多有王家事，不得躬自奉迎。唯愿尊者，通身四人，明日日中，哀受我请，怜愍故。’”汉文佛经例文中，该句式表示（位卑者）告诉（位尊者）某事的意思。《仁德记》中以歌谣的形式来“语白”，是一种创新，具有原创性。

“**以～白于～曰**：‘～’”，以韵文的形式对某人说道：“……”。《古事记》中卷《神武记》：“于是七媛女游行于高佐士野佐士（双行注）二字以音，伊须气余理比卖在其中。尔大久米命见其伊须气余理比卖，而**以**歌**白于**天皇**曰**……”[⑤] 隋阇那崛多译《佛本行集经》[⑥] 卷44《布施竹园品》：“既到彼已，住于虚空，**以**偈**白于**，善意王言。”唐地婆诃罗译《方广大庄严经》[⑦] 卷6《出家品》：“王遇光已，寻便觉悟，谓侍者曰：

① 小島憲之、直木孝次郎、西宫一民、蔵中進、毛利正守『日本書紀一』，新編日本古典文学全集，小学館，1994，第174頁。

② （汉）班固撰，（唐）颜师古注《汉书》，中华书局，1962，第3723页。

③ 山口佳紀、神野志隆光『古事記』，新編日本古典文学全集，小学館，1997，第304頁。

④ 该经于天平五年抄写，题作《义足经》，录于《大日本古文书》卷7，第16页。

⑤ 山口佳紀、神野志隆光『古事記』，新編日本古典文学全集，小学館，1997，第158頁。

⑥ 该经于天平十四年抄写，录于《大日本古文书》卷8，第86页。

⑦ 该经于胜宝六年抄写，录于《大日本古文书》卷4，第497页。

‘此为何光？夜分未尽，岂日光乎？’侍者答曰：‘非日光也。’重以偈颂，而白于王。”宋施护译《轮王七宝经》卷1：“是时臣寮，见是事已，即驭王所，具以其事，而白于王。”佛典三例中，前两例都是以偈颂的形式向对方叙述某事，除了格式上（“以～白于～言”“以～白于～”）之外，用法上与《神武记》一致。佛典第三例则与韵文无关。

“**以歌答曰**：‘～’”，以和歌（韵文）的形式回答道：“……”。《古事记》中卷《神武记》：“尔伊须气余理比卖者，立其媛女等之前。乃天皇见其媛女等，而御心知伊须气余理比卖立于最前，**以歌答曰**……”[①] 西晋竺法护译《生经》[②] 卷3：“仙人**以偈答曰**：‘樗树臭下极，一切鸟所恶，众鹿所依因，弃死黄门身。’”后秦佛陀耶舍、竺佛念等合译《长阿含经》卷3：“尔时世尊，**以偈答曰**……”刘宋法贤译《频婆娑罗王经》卷1：“尊者迦叶，**以偈答曰**：‘我于最上寂静句，由不了故生退屈，唯耽五欲非如理，是故事火无间断。’”这里同样能看出佛典句式对《古事记》的影响。《古事记》的书录者只是将“偈”调换成“歌”，便拥有了自己独特的表达形式。

（2）相谓型

所谓“相谓型”，指强调言语活动中的对象和状态的类型。

该型中的传统表达。“**慰问殷勤**”，礼貌地关心问候，无微不至。“殷勤”，有礼敬、恭敬的意思。[③]《日本书纪》卷17《继体纪》十年五月条：“群臣各出衣裳、斧钺、帛布，助加国物，积置朝廷，**慰问殷勤**，赏禄优节。”[④] 又卷19《钦明纪》元年九月条：“于是大伴金村居住吉宅，称疾不朝。天皇遣青海夫人勾子，**慰问殷勤**。”[⑤]《太平广记》卷343《窦玉》条：“玉自幼亦尝闻此丈人，恨不知其官，**慰问殷勤**，情礼优重。”[⑥]

该型中的佛典表达。“**不与共～**”的句式，表示不与某人说话、谈论的意思。①《日本书纪》卷2《神代纪下》：“母誓已验，方知实是皇孙之胤。然丰吾田津姬，恨皇孙**不与共**言。”又：“故兄知弟德，欲自伏辜。而弟有愠色，**不与共**言。”[⑦] ②又卷15《显宗纪》二年三月条：“吾闻：‘父之仇**不与共**戴天，兄弟之仇不反兵，交游之仇不同国。’夫匹夫之子，居父母之仇，寝苫枕干不仕，**不与共**国。遇诸市朝，不反兵而便斗。况吾立为天子，二年于今矣。愿壤其陵，摧骨投散。今以此报，不亦孝乎。”[⑧]

---

① 山口佳紀、神野志隆光『古事記』，新編日本古典文学全集，小学館，1997，第158頁。

② 该经于天平五年抄写，录于《大日本古文书》卷7，第16页。

③ 李维琦：《佛经词语汇释》，湖南师范大学出版社，2004，第357页。

④ 小島憲之、直木孝次郎、西宮一民、蔵中進、毛利正守『日本書紀二』，新編日本古典文学全集，小学館，1996，第308頁。

⑤ 小島憲之、直木孝次郎、西宮一民、蔵中進、毛利正守『日本書紀二』，新編日本古典文学全集，小学館，1996，第362頁。

⑥（宋）李昉等编《太平广记》，中华书局，1961，第2720页。

⑦ 小島憲之、直木孝次郎、西宮一民、蔵中進、毛利正守『日本書紀一』，新編日本古典文学全集，小学館，1994，第152、184頁。

⑧ 小島憲之、直木孝次郎、西宮一民、蔵中進、毛利正守『日本書紀二』，新編日本古典文学全集，小学館，1996，第248頁。

（1）西晋竺法护译《正法华经》卷3《信乐品》："长者告曰：'勿恐勿惧，吾为子勤，广修产业，帑藏充实。与子别久，数思相见。年高力弊，父子情重。'将入家内，在于众辈，不与共语。"又《贤劫经》[①] 卷1《行品》："若有逆人，欲来危害，不与共诤。"刘宋求那跋陀罗译《佛说四人出现世间经》[②] 卷1："若见沙门婆罗门诸尊长者，亦不恭敬，亦不礼事，亦不与共言论。彼是邪见，与犹豫见相应，彼便有是见。无施无福，亦无受者，亦无善恶行报，亦无今世后世，无父无母。"（2）《韩非子》卷2《扬权第8》："上不与共之，民乃宠之。上不与义之，使独为之。"[③]《魏志》卷18《庞淯传》所引皇甫谧《列女传》曰："玄晏先生以为父母之仇，不与共天地，盖男子之所为也。"[④] 按：如（1）的文例所示，①的用法源自汉文佛经，后续多为表言语类的动词；如（2）的文例所示，②的用法出自传世文献，后续多为表天地类的处所名词。

"礼拜问讯"，意谓行礼致敬，致敬问候。《唐大和上东征传》："五日，唐道璇律师、婆罗门菩提僧正来慰问。宰相、右大臣、大纳言以下官人百余人来礼拜问讯。"[⑤] 吴支谦译《撰集百缘经》卷6《诸天来下供养品》："告阿难：'亦非释梵、诸神王等，来听法也。乃是过去迦叶佛时，有二婆罗门，随从国王，来诣佛所，礼拜问讯。'"东晋法显译《大般涅槃经》卷3："王玉女宝，名曰善贤，与余夫人，及以采女，八万四千人，于静室中，坐禅思惟。经四万岁，共相谓言：'我等在此，坐禅思惟，经四万岁，不见大王。今者宜应，礼拜问讯。'"元魏慧觉等合译《贤愚经》卷9《善事太子入海品》："尔时太子，遥见父王，下车步进，头面礼拜，问讯父母。"

该型中的自创表达。**"告言于～"**，把某事告诉某人。《日本书纪》卷1《神代纪上》："是后素戋呜尊曰：'诸神逐我，我今当永去。如何不与我姊相见，而擅自径去欤？'乃复扇天扇国，上诣于天。时天钿女见之，告言于日神也。"[⑥]（1）告诉，告知。后汉竺大力、康孟详合译《修行本起经》[⑦] 卷2《出家品》："太子下马，解身宝衣、璎珞宝冠，尽与阐特，告言：'汝便牵马归，上谢大王，及国群臣。'"隋阇那崛多译《佛本行集经》卷17《舍宫出家品》："尔时，百官诸群臣等，闻彼防卫、守城将军。如是言已，即时各于，迦毘罗城，内外衢道，振铃告言：'汝等一切，所有臣民，食于净饭大王、国土封禄之者，及依大王，而活命者，诸臣百官，悉皆速出，迦毘罗城，为求太子。若得见者，慰喻教回，还入宫中。'"（2）揭露，告发。《史记》卷70《魏其武安

---

① 该经于天平五年抄写，录于《大日本古文书》卷7，第6页。

② 该经在奈良时代的具体抄写时期不详，题作《四人出现世间经》，录于《大日本古文书》卷12，第213页。

③（战国）韩非著，陈奇猷校注《韩非子新校注》，上海古籍出版社，2000，第157页。

④（晋）陈寿撰，（宋）裴松之注《三国志》，中华书局，1959，第549页。

⑤〔日〕真人元开著，汪向荣校注《唐大和上东征传》，中华书局，1979，第92页。

⑥ 小島憲之、直木孝次郎、西宮一民、蔵中進、毛利正守『日本書紀一』，新編日本古典文学全集，小学館，1994，第86頁。

⑦ 该经于天平十三年抄写，录于《大日本古文书》卷7，卷540页。

侯列传》："诸灌氏皆亡匿，夫系，遂不得**告言**武安阴事。"① 《后汉书》卷34《梁冀传》："尝有西域贾胡，不知禁忌，误杀一兔，转相**告言**，坐死者十余人。"② 按：传统意义的"告言"表示揭露、告发。佛典中则表示告知、诉说。原文语义源自佛经，但"告言"后续介词"于"则是《神代纪》独特的用法。

（3）传云型

所谓"传云型"，指言语内容多为道听途说的类型。

该型中的传统表达。"**故时人云：'～'**"，所以当时的人说："……"。《日本书纪》卷11《仁德纪》五十五年条："故时人云：'田道虽既亡，遂报仇。何死人之无知耶？'"③ 《艺文类聚》卷58《书》："谷永，字子云，便于笔札。**故时人云**：'谷子云之笔札。楼君卿之唇舌。'"④ 《晋书》卷77《蔡谟传》："谟性方雅。丞相王导作女伎，施设床席。谟先在坐，不悦而去，导亦不止之。性尤笃慎，每事必为过防。**故时人云**：'蔡公过浮航，脱带腰舟。'"⑤

"**时人称曰：'～'**"，当时的人声称（称赞）："……"。《日本书纪》卷26《齐明纪》："（双行注）使人等怨，彻于上天之神，震死足岛。**时人称曰**：'大倭天报之近。'"⑥ 《后汉书》卷31《廉范传》："初，范与洛阳庆鸿为刎颈交，**时人称曰**：'前有管、鲍，后有庆、廉。'鸿慷慨有义节，位至琅琊、会稽二郡太守，所在有异迹。"⑦

该型中的佛典表达"**国人佥曰：'～'**"，全国人民都说："……"。《日本书纪》卷25《孝德纪》白雉元年二月条："又白雀见于一寺田庄，**国人佥曰**：'休祥。'又遣大唐使者持死三足乌来，国人亦曰：'休祥。'"⑧ 吴康僧会译《六度集经》⑨ 卷8："宝尽议曰：'令王取童男童女，光华踰众者，各百人，象马杂畜事，各百头。先饭吾等，却杀人畜，以其骨肉，为陛升天。'以事上闻。王曰：'甚善。'王即命外臣，疾具如之。悉闭著狱，哭者塞路。**国人佥曰**：'夫为王者，背佛真化，而兴妖蛊，丧国之基也。'"

"**古老传云：'～'**"，据老一辈人传说："……"。《出云国风土记·岛根郡》条："**古老传云**：'云郡杵筑御埼在蝠蝫岛，天羽合鹫，掠持飞来，止居此岛。故云蝠蝫岛。'"又："**古老传云**：'有蝠蝫岛蝠蝫，食来蝠蝫，止居此岛。故云蝠蝫岛。'"又

---

① （汉）司马迁撰《史记》，中华书局，1959，第2850页。

② （宋）范晔撰，（唐）李贤等注《后汉书》，中华书局，1965，第1182页。

③ 小島憲之、直木孝次郎、西宮一民、蔵中進、毛利正守『日本書紀二』，新編日本古典文学全集，小学館，1996，第66頁。

④ （唐）欧阳询撰《艺文类聚》，上海古籍出版社，1999，第1040页。

⑤ （唐）房玄龄等撰《晋书》，中华书局，1994，第2041页。

⑥ 小島憲之、直木孝次郎、西宮一民、蔵中進、毛利正守『日本書紀三』，新編日本古典文学全集，小学館，1998，第242頁。

⑦ （宋）范晔撰，（唐）李贤等注《后汉书》，中华书局，1965，第1104页。

⑧ 小島憲之、直木孝次郎、西宮一民、蔵中進、毛利正守『日本書紀三』，新編日本古典文学全集，小学館，1998，第180頁。

⑨ 该经在奈良时代具体的抄写时期不详，录于《大日本古文书》卷12，第211页。

《秋鹿郡》条："**古老传云**：'岛根郡大领社部臣训麻吕之祖波苏等，依稻田之涝，所雕掘也。'" 又《楯缝郡》条："**古老传云**：'阿迟须枳高日子命之后，天御梶日女命，来坐多久村，产给多伎都比古命。'" 又《饭石郡》条："**古老传云**：'久志伊奈太美等与麻奴良比卖命，任身及将产时，求处生之。'" 又："**古老传云**：'此山峰有窟。里所造天下大神之御琴，长七尺，广三尺，厚一尺五寸。又在石神，高二丈，周四丈。故云琴引山。'" 又《仁多郡》条："**古老传云**：'大神命之宿坐处。故云布世。'" 又："**古老传云**：'乡中有田，四段许。形聊长。遂依田而，故云横田。'" 又："**古老传云**：'山岭在玉上神。故云玉峰。'" 又："**古老传云**：'和尔，恋阿伊村坐神玉日女命而上到。尔时，玉日女命以石塞川，不得会所恋。故云恋山。'" 又《大原郡》条："**古老传云**：'所造天下大神之御财积置给处，则可谓神财乡，而今人犹误云神原乡。'" 又："**古老传云**：'所造天下大神，令殖笑给处。故云矢内。'" 又："**古老传云**：'须佐能袁命，佐世乃木叶头刺，而踊跃为时，所刺佐世木叶堕地。故云佐世。'" 又："**古老传云**：'昔或人此处山田佃而守之。'" 又："**古老传云**：'宇能治比古命，恨御祖须义命，而北方出云海潮押上，漂御祖之神，此海潮至。故云得盐。'" 又："**古老传云**：'神须佐能袁命御子，青幡佐草壮（丁）命，是山上麻莳初。故云高麻山。'"① （1）唐道宣撰《续高僧传》卷4："城东有池，中有天金光浮水上。**古老传云**：'弥勒下生，用为首饰。或有利其宝者，夜往盗之，但见火聚腾焰，都不可近。'" 又卷11："官人军防，千有余人，一时奔赴，谓是火起，及至仓所，乃是光相。**古老传云**：'此仓本是，永安旧寺也。'" 唐道世撰《法苑珠林》卷14："**古老传云**：'迦叶佛时所藏有四十躯，今虽两现余在山隐，其形如今玉华东铁矿像相似。'" （2）《太平广记》卷399《盐井》条："井上又有玉女庙。**古老传云**：'比十二玉女，尝与张道陵指地开井，遂奉以为神。'"②

"古人谚曰：'～'"，据古人的俗谚说："……"。《日本灵异记》中卷《己作寺用其寺物作牛役缘第9》："**古人谚曰**：'现在甘露，未来铁丸'者，其斯谓之欤。诚知非无因果，不怖慎欤？"③ 唐道宣撰《大唐内典录》卷3："**古人谚曰**：'知识相逢，不吉则凶。'斯言可录。于后逊行虐己，心愧其事，白日见鬼，以剑刺之，遂崩。二主四十三年，为魏所灭。"

该型中的自创表达。**"俗人谚曰：'～'"**，百姓、民众的俗谚中说："……"。《日本书纪》卷10《应神纪》三年十一月条："十一月，处处海人讪哤之不从命。则遣阿昙连祖大滨宿祢，平其讪哤。因为海人之宰。故**俗人谚曰**：'佐么阿摩者，其是

① 植垣節也『風土記』，新編日本古典文学全集，小学館，1997，第170、194、202、240、244、250、252、254、260、262、266頁。

② （宋）李昉等编《太平广记》，中华书局，1961，第3206页。

③ 中田祝夫『日本霊異記』，日本古典文学全集，小学館，1975，第173頁。

缘也。'"[①] 与"俗人谚曰"意思相近的说法，中土文献中可见"鄙谚曰""鄙人有谚曰""野谚曰"等，均表示普通百姓的俗谚。《韩非子·内储说上七术第30》："鲁哀公问于孔子曰：**鄙谚曰**：'莫众而迷。'今寡人举事，与群臣虑之，而国愈乱，其故何也?"[②] 俗话说：没有三个人合计就会迷惑。《吕氏春秋·先识览第4·知接》："管仲曰：齐**鄙人有谚曰**：'居者无载，行者无埋。'今臣将有远行，胡可以问？桓公曰：'愿仲父之无让也。'"[③] 齐国的鄙野之人有句谚语说：居家的人不用准备外出时车上装载的东西，行路的人不用准备居家时需要埋藏的东西。《史记》卷6《秦始皇本纪第6》："**野谚曰**'前事之不忘，后事之师也。'是以君子为国，观之上古，验之当世，参以人事，察盛衰之理，审权势之宜，去就有序，变化有时，故旷日长久而社稷安矣。"[④] 俗话说：记住过去的经验教训，可以作为以后行事的借鉴。

"时人每云：'～'"，当时的人总是说："……"。《日本书纪》卷10《应神纪》九年四月条："且**时人每云**：'仆形似大臣。'故今我代大臣而死之，以明大臣之丹心。则伏剑自死焉。"[⑤]（1）《宋书》卷79《文五王》："又豫章民陈谈之上书诉枉，称：弟咏之昔蒙诞采录，随从历镇；大驾南下，为诞奉送笺书，经涉危险，时得上闻……咏之恒见诞与左右小人庄庆，傅元祀潜图奸逆，言词丑悖，**每云**：'天下方是我家有，汝等不忧不富贵。'"[⑥]（2）《全宋文》卷28何尚之《列叙元嘉赞扬佛教事》："范泰、谢灵运**每云**：'六经典文，本在济俗为治耳，必求性异真奥，岂得不以佛经为指南邪?'"[⑦]（3）《魏书》卷63《宋弁传》："尚书令李崇，尚书左仆射郭祚，右仆射游肇**每云**：'伯绪凶疏，终败宋氏，幸得杀身耳。'论者以为有征。"[⑧] 在传统表达中，"每云"前承表示人的名字，且通常为个人，人数至多是三人。《应神纪》中"时人"的说法，显然与汉语的表达习惯有所不同。

（4）无言型

所谓"无言型"，指表现言语活动中无言以对或难以沉默的类型。

该型中的传统表达。**"不能自默"**，（情不自禁地感到）不能沉默。《日本书纪》卷14《雄略纪》九年五月条："由是大海欣悦，**不能自默**，以韩奴室、兄麻吕、弟麻吕、御仓、小仓、针、六口送大连。"又十年九月条："乙酉朔戊子，身狭村主青将吴所献二鹅，到于筑紫。是鹅为水间君犬所啮死。由是水间君恐怖忧愁，**不能自默**。献鸿十只

---

① 小島憲之、直木孝次郎、西宫一民、蔵中進、毛利正守『日本書紀一』，新編日本古典文学全集，小学館，1994，第472頁。

② （战国）韩非著，陈奇猷校注《韩非子新校注》，上海古籍出版社，2000，第57页。

③ 王利器著《吕氏春秋注疏》，巴蜀书社，2002，第1824页。

④ （汉）司马迁撰《史记》，中华书局，1959，第278页。

⑤ 小島憲之、直木孝次郎、西宫一民、蔵中進、毛利正守『日本書紀一』，新編日本古典文学全集，小学館，1994，第476頁。

⑥ （梁）沈约撰《宋书》，中华书局，1974，第2028页。

⑦ （清）严可均校辑《全上古三代秦汉三国六朝文》，中华书局，1958，第2590页。

⑧ （北齐）魏收撰《魏书》，中华书局，1974，第1417页。

与养鸟人，请以赎罪。天皇许焉。”[①]《旧唐书》卷135《裴延龄传》：“从陛下历播迁之危，睹陛下致兴复之难，至今追思，犹为心悸；所以畏覆车而骇虑，惧毁室而悲鸣，盖情激于衷，虽欲罢而**不能自默**也！”[②] 该例另见《全唐文》卷466陆贽《论裴延龄奸蠹书》。

该型中的佛典表达。**“寂然无言”**，寂静地不说话。《唐大和上东征传》：“彦即一声唱佛，端坐，**寂然无言**。大和尚乃唤彦，彦悲恸无数。”[③] 吴支谦译《菩萨本缘经》[④] 卷1《毘罗摩品》：“尔时，菩萨为诸婆罗门，说如是言：‘汝等当知，我今集聚，如是种种，金银、女人、车乘、象马、仓谷、珍宝，正为汝等，幸可少时，**寂然无言**，听我所愿，然后随意，共分而去。’”姚秦竺佛念译《菩萨从兜术天降神母胎说广普经》[⑤] 卷2《三世等品》：“尔时世尊，即以神力，入无畏空界三昧，使一切众，尽见释迦文身。**寂然无言**，身相具足。”刘宋求那跋陀罗译《杂阿含经》卷23：“次复示尊者薄拘罗塔：‘此是薄拘罗塔，应当供养。’王问曰：‘彼有何功德？’尊者答曰：‘彼无病第一，乃至不为人，说一句法，**寂然无言**。’王曰：‘以一钱供养。’诸臣白王：‘功德既等，何故于此，供养一钱？’”

“时众默然”，当时人们都沉默不语。《唐大和上东征传》：“**时众默然**，一无对者。”[⑥] 东晋卑摩罗叉续译《十诵律》[⑦] 卷61：“时小儿男女擎木叉，道中见人作伎乐饮食嬉戏，舍衣绳著一面，走往看失衣物。佛言：‘若六岁以下至无岁，及式叉摩尼沙弥沙弥尼，为五众担衣。’居士更言：‘佛听持香炉在前？’白佛。佛言：‘听。’**时众默然**行。”梁宝亮等集《大般涅槃经集解》卷8《长寿品》：“而纯陀去后，**时众默然**。于是动地骇情，复与问首，而哀恋之至，了无咨启。唯深陈哀苦，设譬仰讥。于是世尊，因以二偈，抑其悲情，略举法门，劝其令问。所举所劝，皆是果旨。”

该型中的自创表达。**“默之不答”**，沉默不回答，默不作答。《日本书纪》卷11《仁德纪》三十年十月条：“冬十月甲申朔，遣的臣祖口持臣唤皇后。爰口持臣至筒城宫，虽谒皇后，而**默之不答**。”[⑧]（1）后汉安世高译《佛说奈女祇域因缘经》[⑨] 卷1：“祇域愕然，**默而不答**。便归问母曰：‘我视子曹，皆不如我。而反骂我言：无父之子。我父今者，为在何许？’”（2）吴支谦译《撰集百缘经》卷10《诸缘品》：“时彼梵志，

---

① 小島憲之、直木孝次郎、西宮一民、蔵中進、毛利正守『日本書紀二』，新編日本古典文学全集，小学館，1996，第184、188頁。

② （后晋）刘昫等撰《旧唐书》，中华书局，1975，第3727页。

③ 〔日〕真人元开著，汪向荣校注《唐大和上东征传》，中华书局，1979，第76页。

④ 该经于天平十一年抄写，录于《大日本古文书》卷8，第48页。下同。

⑤ 该经于胜宝五年抄写，题作《菩萨处胎经》，录于《大日本古文书》卷12，第444页。

⑥ 〔日〕真人元开著，汪向荣校注《唐大和上东征传》，中华书局，1979，第40页。

⑦ 该经于天平九年抄写，录于《大日本古文书》卷7，第79页。

⑧ 小島憲之、直木孝次郎、西宮一民、蔵中進、毛利正守『日本書紀二』，新編日本古典文学全集，小学館，1996，第48頁。

⑨ 该经于天平五年抄写，录于《大日本古文书》卷7，第8页。

闻是语已，**默然不答**。”西晋竺法护译《佛说文殊师利现宝藏经》卷1：“尔时贤者须菩提，**默然不答**。于是文殊师利，问须菩提：‘云何，贤者！世尊有教，默而不答？’”《魏志》卷25《杨阜传》：“阜常见明帝着绣毛帽，被缥绫半褎。阜问帝曰：‘此于礼何法服也？’帝**默然不答**，自是不法服不以见阜。”[①] 按《日本书纪》卷23《舒明纪》即位前纪条：“次诏山背大兄王曰：‘汝独莫喧讙。必从群言，慎以勿违。则是天皇遗言焉。今谁为天皇。’时群臣**嘿之无答**。”[②]《肥前国风土记·松浦郡》条：“妇抱其怪，**不得忍默**，窃用续麻，系其人襕，随麻寻往。”[③] 两例中的“嘿之无答”“不得忍默”同样表示沉默不作回答的意思，但均为自创搭配形式。

“**不能默已**”，不能沉默。①《万叶集》卷17第3967～3968首前文：“岂虑乎，兰蕙隔藂，琴樽无用，空过令节，物色轻人乎？所怨有此，**不能默已**。”又第3969～3972首前文：“爰辱以藤续锦之言，更题将石间琼之咏。固是俗愚怀癖，**不能默已**。”②《日本书纪》卷18《安闲纪》元年闰十二月条：“武藏国造笠原直使主与同族小杵相争国造，经年难决也。小杵性阻有逆，心高无顺，密就求授于上毛野君小熊而谋杀使主。使主觉之走出，诣京言状。朝廷临断，以使主为国造，而诛小杵。国造使主悚喜交怀，**不能默已**。”[④]《梁书》卷56《侯景传》：“臣闻‘书不尽言，言不尽意。’然则意非言不宣，言非笔不尽，臣所以含愤蓄积，**不能默已**者也。”[⑤]《艺文类聚》卷25邵陵王萧纶《与元帝书》：“弟弘识远鉴，无俟傍说，事重情切，**不能默已**。”[⑥] 按：②的用法，是典型的“和习”，即汉语的书简用语被用于散文。万叶文例和《艺文类聚》都是书简文例。此外，《万叶集》卷5第811首歌注：“片时觉，即感于梦言，慨然**不得止默**。”卷18第4128～4131首前文：“别白：可怜之意，**不能默止**。”与“不能默已”构成类义表达。[⑦]

---

① （晋）陈寿撰，（宋）裴松之注《三国志》，中华书局，1959，第704页。

② 小島憲之、直木孝次郎、西宮一民、蔵中進、毛利正守『日本書紀三』，新編日本古典文学全集，小学館，1998，第20頁。

③ 植垣節也『風土記』，新編日本古典文学全集，小学館，1997，第330頁。

④ 小島憲之、直木孝次郎、西宮一民、蔵中進、毛利正守『日本書紀二』，新編日本古典文学全集，小学館，1996，第342頁。

⑤ （唐）姚思廉撰《梁书》，中华书局，1973，第846页。

⑥ （唐）欧阳询撰《艺文类聚》，上海古籍出版社，1999，第451～452页。

⑦ 马骏：《日本上代文学“和习”问题研究》，国家哲学社会科学成果文库2011，北京大学出版社，2012，第359页。

第四章　本书宗旨

以上，我们探讨了本书研究的方法论，即作为方法论的出源论及其触角，具有两套系统的文献资料及其语言特色，涵括三种类型的文体及其位相表征。在这一方法论的观照下，本书致力于三大目标的构建：类型构建、成说检证和文体定位。

一　类型构建

本书旨在描述汉文佛经文体对日本上古文学影响的全貌，发掘隐匿于文学作品中的佛教词语或出自佛典的词语以及句式表达，并采用类型学的方法对其进行科学的分类，借以揭示两者影响关系的全面性。譬如，根据资料调查与分析，我们对《日本书纪》"言说类"代词组合"〇〇之〇"式中的表达做了如下的分类。

（一）传统表达。"因教之曰"（《日本书纪》卷1《神代纪上》）、"而问之曰"（卷2《神代纪下》）、"而告之曰"（同）、"因请之曰"（同）、"～而名之也"（卷3《神武纪》）、"而语之曰"（卷6《垂仁纪》）、"而诲之曰"（同）、"（则）谋之曰"（卷11《仁德纪》）、"乃语之曰"（同）、"而歌之曰"（卷13《允恭纪》）、"乃告之曰"（卷19《钦明纪》）、"而遣之曰"（卷23《舒明纪》）、"辞让之曰"（卷28《天武纪》）。

（二）佛典表达。"乃报之曰"（卷1《神代纪上》）、"便语之曰"（同）、"因问之曰"（卷2《神代纪下》）、"而敕之曰"（卷3《神武纪》）。

（三）自创表达。"因教之曰"（卷1《神代纪上》）、"乃教之曰"（同）、"而鸣之曰"（卷2《神代纪下》）、"奉进之曰"（同）、"奉教之曰"（同）、"因诲之曰"（同）、"雄诰之曰"（卷3《神武纪》）、"而寤之曰"（同）、"诰啧之曰"（同）、"望拜之曰"（卷7《景行纪》）、"叩头之曰"（卷9《神功纪》）、"密谋之曰"（同）、"祈狩之曰"（同）、"仍启之曰"（卷13《允恭纪》）、"（而）顾谓之曰"（卷14《雄略纪》）、"人告之曰"（同）、"报答之曰"（卷19《钦明纪》）、"则歌之曰"（卷22《推古纪》）、"还来之曰"（同）、"奏请之曰"（卷25《孝德纪》）。

从传统表达到佛典表达再到自创表达这一论证程序，弄清了“言说类”代词组合“○○之○”式中的表达特征：第一类传统表达，在中土文献中均能找到先例。它反映的是上古文学与中国传统文学的关系，也是迄今研究成果最为丰硕的领域。第二类表达，或者唯见于汉文佛经，或者始见于佛典。它体现了上古文学与佛教文学的关系，也是迄今未见深入而又缺乏系统研究的领域。第三类表达游离于中土文献和汉文佛经之外，成为上古文学独特的表达形式，它是在前两者的基础上发展而来的，折射出日本文学草创时期本土化的特征，在上古文学比较研究中始终是学者们关注的热点问题之一。

二　成说检证

如何从比较文体学的角度对过往学说进行检证的问题。日本学者森博达提出了著名的“《日本书纪》区划论”。[①] 按照森博达的划分法，《日本书纪》30 卷分作 α 群、β 群、卷 30 三部分。α 群由唐人采用正音和正格汉文撰写，从卷 14《雄略纪》至卷 21《崇峻纪》、卷 24《皇极纪》至卷 27《天智纪》。β 群由日本人使用“倭音”（日语读音）及“和化汉文”（日语式汉文）撰写，包括卷 1、卷 2《神代纪》以及从卷 3《神武纪》至卷 13《允恭纪》，卷 22《推古纪》，卷 23《舒明纪》，卷 28、29《天武纪》。卷 30《持统纪》独立构成一个部分。如果套用森博达的划分方法，上述传统表达当属正格汉文（α 群），自创表达则是“和化汉文”（β 群）。

β 群：“因敕之曰”（卷 1《神代纪上》）、“乃教之曰”（同）、“而鸣之曰”（卷 2《神代纪下》）、“奉进之曰”（同）、“奉教之曰”（同）、“因诲之曰”（同）、“雄诰之曰”（卷 3《神武纪》）、“而寤之曰”（同）、“诰啧之曰”（同）、“望拜之曰”（卷 7《景行纪》）、“叩头之曰”（卷 9《神功纪》）、“密谋之曰”（同）、“祈狩之曰”（同）、“仍启之曰”（卷 13《允恭纪》）、“（而）顾谓之曰”（卷 14《雄略纪》）、“人告之曰”（同）、“则歌之曰”（卷 22《推古纪》）、“还来之曰”（同）。

α 群：“报答之曰”（卷 19《钦明纪》）、“奏请之曰”（卷 25《孝德纪》）。

上述调查结果基本上反映了森博达说的妥当性。但仍有两点值得思考：一是 α 群的例外如何解释的问题。因为两例并非出自引用的百济文献。二是本书研究的核心内容——佛典表达，则是森博达说没有涉及的内容。从这一意义上来说，本书所面临的问题，也是森博达所说的今后必须澄清的问题之一。本书下面的考察结果表明，即便是在《日本书纪》当中，佛教表达在上古文学作品中被广泛吸收和化用，从词语到句式，乃至题材、素材诸方面，佛教文体的影响已经远远超出了我们的想象，需要从文学史的角度予以新的评价和定位。

① 详见第一编第二章。

三　文体定位

如何正确评价日本上古文学作品中的自创表达，我们认为十分有必要辩证地看待这一问题。[①] 因为汉语是否纯正，从一开始就不是我们关心的问题。我们希望透过自创表达，去探讨其背后所隐含的上古日本文人的主体意识与创造精神。下面以《风土记》为例阐释这一点。

“发声大言”，大声说话。《丰后国风土记·速见郡》条：“玖倍理汤井。此汤井，在郡西河直山东岸。口径丈余。汤色黑，泥常不流。人窃到井边，**发声大言**，惊鸣涌胜，二丈余许。”[②] 例言人蹑手蹑脚来到井边大声说话，井里的水会被惊吓得跳跃起来，高达两丈多。当然，这是一种拟人的手法。根据我们的调查，在传世文献和汉文佛经中都未发现所谓“发声大言”的四字语句。但汉文佛经中下面一些四字格引起了我们极大的兴趣。①吴支谦译《菩萨本缘经》卷2《善吉王品》：“既破之后，亦无脓污，但见生米，满其口中。是人以是，覆藏盗事，得见现报。犹如女人，覆藏怀妊，临产之日，受大苦恼，**发声大唤**，乃令一切，悉共知之。”②后秦鸠摩罗什译《灯指因缘经》[③] 卷1：“此何痴人，担负死尸，欲来入城。自见已身，被诸杖木，身体皆破，甚怀懊恼，**发声大哭**。”③元魏瞿昙般若流支译《正法念处经》[④] 卷7《地狱品》：“以炎燃铁钵盛之，置其口中，大苦逼恼，**发声大吼**。”④唐法崇述《佛顶尊胜陀罗尼经教迹义记》卷1：“复人炎床上，强扶令坐。一切毛孔，皆出猛火，**发声大叫**。故名大叫唤地狱。”例中“发声大唤”“发声大哭”“发声大吼”“发声大叫”，其中的词组模式是“发声大～”，“唤”“哭”“吼”“叫”属于表示言语行为的同类词语。奇怪的是，唯独没有《丰后国风土记》中“发声大言”的说法。这仅仅是偶然的巧合吗？再看下面一例。

“举声大言：‘～’”，大声吼叫道：“……”。《常陆国风土记·行方郡》条：“其后，至难波长柄丰前大宫临轩天皇之世，壬生连麿，初占其谷，令筑池堤时，夜刀神，升集池边之椎株，经时不去。于是，麻吕**举声大言**：‘令修此池，要盟活民。何神谁祇，不从风化？’”[⑤] 于是麻吕大声叫道：朝廷要修缮这个池塘，拯救黎民百姓。何方神圣，胆敢不顺从风教。例中“举声大言”，传世文献当中依然是全无踪迹，但在汉文佛经中寻觅到了蛛丝马迹。①后汉支娄迦谶译《道行般若经》[⑥] 卷9《萨陀波伦菩萨品》：“作是思惟已，便复**举声大哭**。”②吴支谦译《菩萨本缘经》卷3《鹿品》：“时有一人，为水所漂。恐怖惶惧，莫知所至。身力转微，余命无几，**举声大唤**：‘天神地祇，谁有慈

---

① 马骏：《突破汉字固有表达的重围——从〈古事记〉序文说起》，《日语学习与研究》2012年第2期。

② 植垣節也『風土記』，新編日本古典文学全集，小学館，1997，第300頁。

③ 该经于天平二十年抄写，录于《大日本古文书》卷3，第148页。

④ 该经于天平十八年抄写，录于《大日本古文书》卷9，第79页。

⑤ 植垣節也『風土記』，新編日本古典文学全集，小学館，1997，第378頁。

⑥ 该经于天平九年抄写，录于《大日本古文书》卷7，第72页。

悲，能见救济？'”③后秦佛陀耶舍、竺佛念等合译《长阿含经》卷3：“诸比丘闻此语已，皆悉愕然，殒绝迷荒，自投于地，**举声大呼**曰：‘一何驶哉！佛取灭度。'”④后秦鸠摩罗什译《大智度论》卷38《往生品》：“来是起已，**举声大唱**言：‘诸众生！甚可恶者是五欲，第一安隐者是初禅。’众生闻是唱已，一切众生，心皆自然，远离五欲，入于初禅。”⑤刘宋功德直译《菩萨念佛三昧经》① 卷1《不空见本事品》：“犹商失主，佛灭亦然，世间黑暗，盲无慧目，搥胸拍头，**举声大叫**。”⑥唐道宣撰述《四分律删繁补阙行事钞》② 卷3：“师亡不得**举声大啼**，应小小泣泪耳。”通过梳理可知，从后汉到初唐的汉文佛经中，关于大声说话、喊叫或哭泣有六种说法，即“举声大哭”“举声大唤”“举声大呼”“举声大唱”“举声大叫”“举声大啼”。在这六种四字格表达中，竟然没有“举声大言”的说法。这难道不是作者有意而为之吗？如果是，目的何在？基于汉文佛经，却又有别于汉文佛经的表达，恰好体现的是作者的主体意识：既独立于传世文献，又不同于汉文佛经且有别于其他《风土记》，自创富有个性的表达。

迄今为止的日本上古文学与中国文学的比较研究，依据上古经文和传世文献证明了传统的中国文学对日本上古文学的巨大影响。另一方面，发生在印度并在中国最终得以本土化的大量汉文佛经在进入日本时，对日本文学究竟产生了怎样的影响？尽管历史学和宗教学均会或多或少旁及这一问题，但鲜有从文学本体论的角度加以系统地论述者。而事实恰恰是与传统的中国文学一样，汉文佛经与日本上古文学有着密不可分的关系。而且，仅就文体而言，与传统的中国文学相比，汉文佛经文体的影响甚至有过之而无不及。由此观之，不得不说学界目前有关中日上古文学交流关系的认识有失全面。本书则希冀通过上揭研究内容的论证弥补这一缺憾。相信作为方法论的出源研究，具有两套系统的文献资料及其语言特色，涵括三种类型的文体及其位相表征将为我们揭示日本上古文学文体与汉文佛经广阔而又深远的关系。

---

① 该经于天平八年抄写，录于《大日本古文书》卷7，第54页。

② 该经于天平十五年抄写，录于《大日本古文书》卷8，第347页。

第一编
《古事记》文体与佛经文体

本编由四章构成。第一章，在趋之若鹜的研究氛围中，呼吁理性地建立判别汉文佛经语体特征标准的必要性，首次提出依据语体色彩、语用范围、语义增益来判别日本上古文学作品中佛教词、口语词和新义词、句子格式的具体步骤。第二章，根据新的识别标准和操作程序，从《古事记》中析出100余个双音词，指出它既反映了书录者追求丰富而又精炼的表达的自觉态度，又与中古汉语双音词的历史演进形成暗合。第三章，从词法结构和句法连接两方面，系统地对《古事记》中出自汉文佛经的句式进行深度发掘，揭示《古事记》风格独特的文体特征与佛典句式之间的密切关系。第四章，尝试从词语、搭配和句式三个层面，剖析《古事记》等中出现的基于汉文佛经的自创表达，论证日本上古知识阶层在文学创作中的主体意识与创新精神。

第一章　《古事记》语体判断标准探讨[*]

按照学界通行的说法，《古事记》的文体特征为“变体汉文体”①。一直以来，关于《古事记》的文体问题，始终是日本上古文学研究领域所关注的热点之一。其中，有关《古事记》与汉文佛经的影响研究更是方兴未艾。芳贺矢一、神田秀夫、西田长男、小岛宪之、太田善麿、西宫一民、濑间正之等学者从微观和宏观两个层面进行了大量富有开创性的研究，内容涉及两者在文字表记、汉语词汇的来源、情节内容的摄取、散文歌谣体的创建等方面，不少研究成果已经成为当今《古事记》研究中具有代表性的观点。不过，其中也有不少值得商榷或有待发掘的问题点。具体来说，仅就《古事记》的文体特征而言，先学在探讨《古事记》与汉文佛经的影响关系时，对如何建立判断汉文佛经词语的标准与方法的问题，不仅鲜有论及者，且难免有各说各话的嫌疑。其实，关于汉文佛经词语的判断标准及方法的探讨，既是一个需要结合汉语中古词汇史与中日文学交流史来深思的理论问题，又是一个必须依据汉文佛经语料对《古事记》汉语词汇进行严谨甄别的实践问题。有鉴于此，本章拟在充分梳理先学的基础上，在尝试回答所面临的理论与实践两方面问题的同时，依据重新发掘的确凿资料，从文体学的角度进一步阐述《古事记》与汉文佛经的内在联系，剖析《古事记》中佛经文体的特质。

第一节　诸家言说

在上古文学与汉文佛经的比较研究领域，日本学者神田秀夫和濑间正之的研究最具代表性，许多新观点和新发现得到学术界广泛的认同，亦曾在学术界引起过规模较大的讨论。神田秀夫利用汉文佛经资料，侧重研究汉文佛经与上古文学作品在表记、词语和句式之间的影响关系。濑间正之更为关注《故事记》神话传说和民间故事对佛传文学的接受。但从整体上来看，囿于比较研究方法的探讨相对滞后，成果略显单薄，且尚未形成体系。

---

* 马骏：《〈古事记〉文体特征与汉文佛经——语体判断标准刍议》，《日语学习与研究》2010 年第 3 期。

① 西宫一民『日本上代の文章と表記』，風間書房，1970，第 54 ~ 58 頁。

有关《古事记》特殊文体形成原因的探讨，始终是上古文学研究的热点问题之一；汉文佛经因而成为解决这一悬案的必读文献，佛典特有的措辞与句法格外引人注目；在趋之若鹜的研究氛围中，理性地确立汉文佛经语体判断标准愈显重要。

一　芳贺矢一说

关于《古事记》的文章及文体，芳贺矢一早在《历史物语》①（大正七年教案）中就曾从比较文学的角度有所论及。芳贺认为，《古事记》模仿了佛经的书写方法，例如列举名字的形式就是其中之一；佛经中有"尔时"的说法，《古事记》中"尔（カレ）""故（カレ）"的用法与之颇为相似。因此可以说安麻吕的书录方法与佛经相仿。

桥本进吉博士早在《万葉集は支那人が書いたか》② 一文中指出，曾几何时，我国的歌谣都是使用汉字记录下来的，它的方法就像中国人采用音译的方法翻译梵语一样。从这一点看，《日本书纪》中的歌谣是最为典型的例子，不仅在散文中使用音译汉字来穿插歌谣，而且用于音译的汉字甚至多沿用梵语音译时的汉字。《万叶集》和歌中也有不少此类表记方法。

从表记法来看，汉译佛经中保留梵语发音部分的音译对象主要包括：固有名词，如人名、地名等；佛教特有的观念及概念；陀罗尼（咒文）；难以译出的词语（不可译词语）。这些音译表记虽然使用的是汉字，但读起来却近似梵语。采用同一方法将日语译成汉语的典籍就是《古事记》、《日本书纪》和《万叶集》。③

二　神田秀夫说

最早对《古事记》与汉译佛经之间的影响关系进行较为全面研究的是神田秀夫，他先后发表了数篇颇具影响力的论文。④ 神田在《试论古事记文体》一文中指出，仅以"阿""那""波""婆"4 字为例即可看出，《古事记》的书录者从汉译佛经中吸收了部分音译字用作"万叶假名"。因为这 4 个字在古汉语经学等中几乎没有出现过。就《古事记》而言，这几个音译词十分珍贵。神田进一步指出，《古事记》的书录者模仿汉译佛经的文体，还体现在两个方面：一是"所以～故～"的句式；二是"白"字的敬语用法。

神田从文体学的角度详细论述了《古事记》与汉译佛经固有名词假借表记法（音译词）、词汇表达以及句法结构等方面的近缘关系，并从文学交流史的高度深刻剖析了

① 橋木進吉『日本文献学・文法論・歴史物語』，富山房，1928。

② 橋本進吉「万葉集は支那人が書いたか」，『国語と国文学』，1937。

③ 西田長男「古事記の仏教的文体」，『日本古典の史的研究』，1956，第 580 頁。

④ 神田秀夫「古事記の文体に関する一試論」，『国語と国文学』27－6，1950；同「『古事記の文体に関する一試論補説』」，『国語と国文学』27－8，1950；同「古事記の文体に就いて」，『国語国文』20－5，1951。

两者产生关联的历史必然性。神田论文发表后，在学界立即引起了巨大的反响。西田长男就神田秀夫指出的用作表音文字的“那”，依据三则文献记载予以反驳。其一，“那”字见于元兴寺的塔露盘铭（推古天皇四年十一月左右制作），用作人名的表记：“巷宜名伊**那**米大臣”“瓦师麻**那**父奴阳贵文、布陵贵昔麻帝弥”。其二，退一步说，即便承认“巷宜名伊**那**米大臣”采用的是汉译佛经的表记法，“麻**那**父奴阳贵文”则是一名百济工匠的名字。而且，铭文的撰写者就是铭文中出现的“书人百加博士、阳古博士”。其中，“百加博士”非常著名，他是圣德太子学习儒教（外典）的老师，是当时百济派往日本的汉学者“博士觉哿”（《推古纪》元年条）。其三，《武烈记》六年和七年条中出现的百济国使臣“麻**那**君”的名字，也应当是按照百济人的用字法如实记载的。按照神田的说法，在当时的百济国，同样是模仿《法华经》等汉译佛典，在人名中使用“那”字来表记。事实可能并非如此，百济人所遵循的应该是当时在百济的汉人记述朝鲜语的方法，因此才有了这样的表音文字。汉译佛经采用的同样是这样一种假借的手法。在此基础上，西田进一步指出，《古事记》受到汉译佛经表记法的影响这一点是不可否认的，但同时必须承认它还受到了自古以来从汉韩归化而来的人（虽然称作汉人，其实并非直接来自大陆，主要是经由百济等归化而来的人）所带来的朝鲜语表记法的影响。例如将“ソガノイナメ”记作“巷宜名**伊**那米”。这些表音汉字很快被《古事记》吸收，于是才出现了“伊邪**那**岐神”“伊邪**那**美神”“伊**那**佐之小滨”“登美能**那**贺须泥昆古”“韦**那**君”等记载实例。①

小岛宪之等学者在充分肯定神田学说价值的同时，提出了不少修正意见，并屡有新的斩获。小岛宪之的《古事记的文章——以汉译佛经风格的文章为中心》一文指出，《古事记》中“～故～”的句式具有汉译佛经的体征，与上古经学和中土世俗文献中“～故～”的文体句式形成鲜明的对比。根据西尾光雄的调查，在《古事记》上卷450段文章中，起首部分不含连词或指示代词的仅有25例左右。② 西乡信纲认为，传说故事中频繁使用连词，表现的是“时间的单纯链接关系”，它是“原始散文所具备的特质”③。对此，矢岛泉批评道：在同一时代的“变体汉文”作品当中，譬如《出云国风土记》《播磨国风土记》等，未见《古事记》那样频繁使用连词的情况。因此，有关该问题的讨论应当限定在《古事记》自身的文体范围内，不宜牵涉整个古代散文。④ 围绕同训异字的方法，《古事记》的书录者借助丰富的佛教词汇做过种种有益的尝试。⑤ 西宫一民的《古事记与汉文学》一文对《古事记》与梁僧佑撰写的《释迦谱》⑥ 在用词

① 西田長男『日本古典の史的研究』，理想社，1956，第584頁。

② 西尾光雄「古事記の文章」，『国語と国文学』32－5，1955。

③ 西郷信綱『古事記注釈』（第一巻），ちくま学芸文庫，1975，第102頁。

④ 矢島泉「『古事記』に於ける接続語の頻用をめぐって」，『上代文学』68，1992。

⑤ 小島憲之「古事記の文章—漢訳仏典的文章をめぐって—」，『上代日本文学と中国文学上』，塙書房，1962，第227～255頁。

⑥ 该经于胜宝三年抄写，录于《大日本古文书》卷12，第59页。

上的一致性做了数字统计，论证了不同佛典对《古事记》语体的具体影响。[①] 濑间正之也结合佛典类书《经律异相》进行了量性考察。[②]

由神田论文引发的连锁反应，同时促使研究者们开始从文学表现体裁和神话传说内容等方面关注《古事记》与汉译佛经的接受关系。西田长男认为，《古事记》体裁的特殊之处在于散文与诗句并存、传说中穿插歌谣，它与汉译佛经中穿插呪文、偈歌的体制颇为相似。因此以汉语为书录载体的《古事记》追随汉译佛经体裁有其必然性。[③] 太田善麿认为，《海宫游行传说》与《妙法莲华经》《提婆达多品》在情节上存在借鉴关系。[④] 濑间正之不仅论证了《海幸山幸传说》《沙本昆卖传说》与《经律异相》卷 32 辑录《长生欲报父怨后还得国》《善友好施求珠丧眼还明》在内容上的关联性，还逐一阐述了它们之间在词语使用及文字表记上的对应关系。[⑤]

三　量化统计法

值得注意的是，以方法论而言，上述研究不约而同地都在关注《古事记》中汉语词汇所受不同佛典的具体影响，有的甚至采用数据统计的方法，希冀通过研究成果的不断发掘与积累达到整体把握汉译佛经对《古事记》产生影响的程度。兹整理诸家所示数据如下。

小岛宪之说

《古事记》与《法华经》一致的 26 个词（小岛宪之说[⑥]）："安置""本国""本土""恶人""丰乐""趺坐""恭敬""国土""欢喜""嫉妬""惊惧""恋慕""骂詈""女人""贫穷""思惟""他国""童男""童女""退坐""威仪""邪心""一时""异心""游行""辗转"。

西宫一民说

1.《古事记》与《释迦谱》一致的 27 个词（西宫一民说 1[⑦]）："别名""采女""此间""次～次～""都不""端正""恶人""尔乃""忿怒""金银""稽首""力士""恋慕""贫穷""匍匐""山谷""盛年""童女""退坐""污垢""虚空""严饬""颜容""亦名""辗转""容姿""最后"。

---

① 西宮一民『古事記と漢文学』，和漢比較文学叢書第二巻『上代文学と漢文学』，汲古書院，1986。

② 瀬間正之「漢訳仏典と古事記」，『国文学　解釈と教材』36－8，1991。

③ 西田長男「古事記の仏教的文体・古事記の仏教語」，『日本古典の史的研究』，1956。

④ 太田善麿『古事記下』，朝日古典全書，1972，第 106～107 頁。

⑤ 瀬間正之「沙本昆買物語と漢訳仏典」，『古事記年報』30，1988；同「海宮訪問と『経律異相』」，『古事記年報』33，1991。

⑥ 小島憲之「古事記の文章—漢訳仏典的文章をめぐって—」，『上代日本文学と中国文学上』，塙書房，1962，第 252 頁。

⑦ 西宮一民「古事記と漢文学」，和漢比較文学叢書第二巻『上代文学と漢文学』，汲古書院，1986。

2. 佛典不同或出现或不出现在《古事记》中的24个词（西宫一民说2[①]）：“一时”“异心”“惊惧”“最后”“山谷”“尔乃”“嫉妬”“邪心”“退坐”“辗转”“童女”“童男”“贫穷”“忿怒”“丰乐”“本国”“骂詈”“力士”“恋慕”“稽首”“颜容”“姿容”“污垢”“盛年”。

濑间正之说

《经律异相》影响下的44个词（濑间正之说[②]）：“安置”“本国”“本土”“采女”“此间”“都不”“端正”“恶人”“尔乃”“忿怒”“丰乐”“趺坐”“恭敬”“国土”“欢喜”“稽首”“嫉妬”“金银”“惊惧”“力士”“恋慕”“骂詈”“女人”“贫穷”“匍匐”“山谷”“盛年”“思惟”“他国”“童男”“童女”“退坐”“威仪”“邪心”“虚空”“严饬”“颜容”“一时”“亦名”“异心”“游行”“辗转”“容姿”“最后”。

关于数据2，据西宫调查，24个词语当中，《法华经》可见17个，《金光明经》11个，《因果经》9个，《释迦谱》18个，《金光明最胜王经》9个。关于濑间正之说，濑间指出，（3）中24个词当中，《经律异相》可见23个，仅缺“污垢”一词；小岛列举的《法华经》所收26个词均见于《经律异相》，西宫列举的《释迦谱》所收27个词当中，除“次～次～”“别名”“污垢”3个词以外，其他均见于《经律异相》。尽管上述数据统计不尽相同，但足以证明《法华经》、《释迦谱》和《经律异相》等佛典对《古事记》遣词造句的不小贡献，反映了书录者所具备的佛学涵养与文字功力，不失为汉译佛经对上古文学产生巨大影响的一个缩影。

四 先学辨析

另一方面，正如诸家承认的那样，上面所列词语当中包含了不少一般词语，有的甚至是最为基本的常用词语。下面，以濑间正之所列《经律异相》中的44个词以及《释迦谱》中的“次～次～”“别名”“污垢”为例，依据文献资料对其是否出自汉文佛经加以辨析。调查结果表明，“安置”“他国”“恶人”“忿怒”“力士”“匍匐”[③]“辗转”7个词在上古经文中业已出现。同样，“欢喜”“嫉妬”“惊惧”“贫穷”“山谷”“本国”“异心”7个词可视为上古词，它们分别出现在子书等典籍当中。出现在世俗文献之中的中古词有下列7个：“采女”“尔乃”“国土”“恋慕”“女人”“盛年”“最后”。

---

① 西宫一民「古事記と漢文学」，和漢比較文学叢書第二巻『上代文学と漢文学』，汲古書院，1986。

② 瀬間正之「漢訳仏典と古事記」，『国文学　解釈と教材』36－8，1991。

③ 上卷《日子穗穗手见命与鹈茸草不合命》：“于是，思奇其言，窃伺其方产者，化八寻和迩而，**匍匐委蛇**。”（“新编全集本”，第134页）例中“匍匐委蛇”，曲折爬行貌。《梁书》卷14《任昉传》：“……南荆之跋扈，东陵之巨猾，皆为**匍匐委蛇**，折枝舐痔，金膏翠羽将其意，脂韦便辟导其诚。”（中华书局，第257页）濑间正之指出，《文选》卷33《广绝交论》中有1例“匍匐委蛇”（《海宫访问与〈经律异相〉》，《古事记年报》1991年第33期。）

以上21个词并非仅限于所举文献，它们在中日两国具有代表性的大型工具书《汉语大词典》或《大汉和辞典》中均有收录。“别名”“骂詈”“童男”“颜容”4个词，《汉语大词典》中或未收录，或释例年代偏晚，但仍可视作中古词，在此不赘述。情况较为复杂的是“次～次～”和“丰乐”，兹加以若干考证。

“次～次～”，“次”，表序列，意思是“接着……接着……”。《古事记》上卷《伊耶那岐命与伊耶那美命》：“如此言竟而御合，生子淡道之穗之狭别岛。次生伊予之二名岛……次生隐伎之三子岛。亦名天之忍许吕别。次生筑紫岛……次生伊歧岛。亦名谓天比登都柱。次生津岛。亦名谓天之狭手依比卖。次生佐度岛。次生大倭丰秋津岛。亦名谓天御虚空丰秋津根别。故因此八岛先所生，谓大八岛国。”[①] 例言伊耶那岐命与伊耶那美命相爱结合后，先后生下日本八大岛屿的神话传说。《史记》卷8《高祖本纪》：“高帝八男：长庶齐悼惠王肥；次孝惠，吕后子；次戚夫人子赵隐王如意；次代王恒，已立为孝文帝，薄太后子；次梁王恢，吕太后时徙为赵共王；次淮阳王友，吕太后时徙为赵幽王；次淮南厉王长；次燕王建。”[②] 按：将《古事记》《史记》和佛典的例文做一比较，会发现《古事记》的用法与《史记》更为接近。根据有四：一是《古事记》和《史记》介绍的都是一代记；二是《古事记》讲述的是人类先祖的诞生，高祖纪是刘邦及其子女的系谱；三是两者同时含有“八”的数字；四是两者均有概括性的表述，即“大八岛国”和“高帝八男”。据此可以断定“次～次～”这一句式并非出自汉文佛经，其直接出处是《高祖本纪》。

“丰乐”，丰盛的宴飨。《古事记》下卷《仁德记》：“自是后时，大后为将丰乐，而于采御网柏，幸行木国之间，天皇婚八田若郎女。”[③] 例言皇后想举办宴会，去纪伊国采摘“御网柏”树叶。这期间，天皇娶了八田若郎女。又下卷《雄略记》：“故于此丰乐，誉其三重采，而给多禄也。是丰乐之日……”[④] 此言在宴会上，天皇对三重的采女大加赞赏，赏赐了很多礼物。按：从词性上看，《古事记》中“丰乐”一词均用作名词，其中三例与动词“为”构成固定搭配关系，表示举办丰盛的宴会。中土文献中，“丰乐”为形容词，表示富庶安乐。《诗经·大雅·旱麓》：“瞻彼旱麓，榛楛济济。”郑玄笺：“喻周邦之民独丰乐者，被其君德教。”汉文佛经中，“丰乐”的词义及用法与中土文献别无二致。后汉竺大力、康孟详合译《修行本起经》卷2：“迦维罗卫国，天下最为中。丰乐人民安，何故舍之去？”而且，《古事记》中的“丰乐”与汉语中的“丰乐”词义上也不尽相同，只是均含有富庶丰盛的语义而已。因此，综合考虑词性和用法的不同之处，两者至多只能算作同形词。如果承认两者在词形及词义上的部分重合这一事实，那么推测前者的意义及用法是根据后者引申而出的新义词，或许也不失为一种看

---

① 山口佳紀、神野志隆光『古事記』，新編日本古典文学全集，小学館，1997，第34～36頁。

② （汉）司马迁撰《史记》，中华书局，1959，第393页。

③ 山口佳紀、神野志隆光『古事記』，新編日本古典文学全集，小学館，1997，第290頁。

④ 山口佳紀、神野志隆光『古事記』，新編日本古典文学全集，小学館，1997，第352頁。

法。上田正昭认为，《雄略记》中的“丰乐”一词，与《法华经》《譬喻品》有关。①

第二节 检证步骤

《古事记》的语言风格是由其独特的文体所决定的，其文体特色的形成又受到词汇与句法方面的浸染。关于这一点，可以通过剩下的词加以论证，即“本土”“此间”“都不～”“趺坐”“恭敬往”“稽首白：‘～’”“金银为本”“因此思惟”“退坐”“威仪”“污垢”“起邪心”“虚空”“严饬”“一时”“亦名”“游行”“容姿端正”。以下分作词汇和句法两部分展开讨论。

一 年代准绳

尽管有画蛇添足之嫌，但仍有必要强调一点，就是识别语体特征须以文献资料先后顺序为准绳。汉文佛经中的“本土”“退坐”（后述）“污垢”“亦名”4个词就是典型的例子。

“**本土**”，故土，原来的生长地。《古事记》中卷《垂仁记》：“因甚凶丑，返送**本土**。”②《日本书纪》卷6《垂仁纪》十五年八月条：“秋八月壬午朔，立日叶酢媛命为皇后，以皇后弟之三女为妃。唯竹野媛者，因形姿丑，返于**本土**。”③《日本灵异记》下卷《漂流大海敬称尺迦佛名得全命缘第25》：“长男径之二月，归来**本土**。妻子见之，面目漂青。”④《续日本纪》卷8《元正纪》养老四年三月条：“望请在京贮备官物，每因公事送物还，准程给粮。庶免饥弊，早还**本土**。”⑤（1）吴支谦译《佛说戒消灾经》卷1：“彼女人将归**本土**，共居如故，不亦乐乎。”姚秦鸠摩罗什译《妙法莲华经》卷4《提婆达多品》：“于时下方多宝世尊所从菩萨，名曰智积，白多宝佛：‘当还**本土**。’”北凉昙无谶译《大般涅槃经》卷6《如来性品》：“或有长者婆罗门等不离**本土**，譬如诸树，随其生处，即是中死。”（2）《吴志》卷4《刘繇传》裴松之注引《续汉书》曰：“三去相位，辄归**本土**。”⑥ 按：《汉语大词典》首引《后汉书·光武帝纪下》：“南单于遣子入侍，奉奏诣阙，于是云中、五原、朔方、北地、定襄、雁门、上谷、代八郡民归于**本土**。”略晚。

“**污垢**”，污浊秽恶。上卷《伊耶那岐命与伊耶那美命》：“此二神者，所到其秽繁

① 上田正昭「古事記は仏教と関係がないか」，『国文学』25－14，1980。

② 山口佳紀、神野志隆光『古事記』，新編日本古典文学全集，小学館，1997，第210頁。

③ 小島憲之、直木孝次郎、西宮一民、蔵中進、毛利正守『日本書紀一』，新編日本古典文学全集，小学館，1994，第314頁。

④ 中田祝夫『日本霊異記』，日本古典文学全集，小学館，1975，第326頁。

⑤ 青木和夫、稲岡耕二、笹山晴生、白藤礼幸『続日本紀二』，新日本古典文学大系，岩波書店，1990，第70頁。

⑥ （晋）陈寿撰，（宋）裴松之注《三国志》，中华书局，1959，第1183页。

国之时，因污垢而所成神之者也。"①"垢"，"净"的反义词。后汉藏竺大力、康孟详合译《修行本起经》卷2《出家品》："中外俱净，表里无垢。"后汉支娄迦谶译《道行般若经》卷4《叹品》："十二无垢，波罗蜜用净故。"（1）吴支谦译《太子瑞应本起经》② 卷1："太子曰：'却汝有污垢，必污此氎。'妇不敢近。傍侧侍女，咸有疑意，谓不能男。"刘宋求那跋陀罗译《杂阿含经》卷44："下贱田舍儿，身体多污垢，以水洗尘秽，不能净其内。"（2）《吴志》卷2《孙权传》："且布衣韦带，相与交结，分成好合，尚污垢不异。"③

"亦名"，更名，又名。《古事记》上卷《伊耶那岐命与伊耶那美命》："次生隐伎之三子岛，亦名天之忍许吕别。"④（1）吴支谦译《佛说长者音悦经》⑤ 卷1："时有国王，亦名音悦。复有一鸟，名曰鹦鹉，在王宫上，鸣声和好。"（2）《搜神记》卷2《扶南王》条："扶南王范寻养虎于山，有犯罪者投于虎，不噬，乃宥之。故山名大虫，亦名大灵。"⑥

二　源词分类

从词汇学的角度看，出自汉文佛经的词语包括佛教词、口语词、新义词三类。所谓佛教词，指意义和用法源自汉文佛经的词语，有"趺坐""威仪"（后述）"严饬"⑦ 3个。

"趺坐"，"趺坐"，盘腿端坐。"结加趺坐"的缩略形式。《古事记》上卷《忍穗耳命与迩迩艺命》："……拔十掬剑，逆刺立于浪穗，趺坐其剑前，问其大国主神言。"⑧《唐大和上东征传》："是岁五月六日，结跏趺座，面西化，春秋七十六。"⑨（1）后汉安世高译《佛说阿难同学经》⑩ 卷1："时彼比丘，还敛神足，身就独坐，结跏趺坐，直身正意，系念在前，便入初禅。"姚秦鸠摩罗什译《妙法莲华经》卷1《序品》："佛说此经已，结跏趺坐，入于无量义处三昧，身心不动。"唐义净撰《金光明最胜王经》⑪ 卷9《善生王品》："尔时宝积大法师，即升高座跏趺坐；念彼十方诸刹土，百千万亿大慈尊。"（2）张说《唐玉泉寺大通禅师碑铭》："诏请而来，趺坐觐君……神龙二年二月二

① 山口佳紀、神野志隆光『古事記』，新編日本古典文学全集，小学館，1997，第50頁。
② 该经于胜宝五年抄写，录于《大日本古文书》卷12，第448页。
③（晋）陈寿撰，（宋）裴松之注《三国志》，中华书局，1959，第1142～1143页。
④ 山口佳紀、神野志隆光『古事記』，新編日本古典文学全集，小学館，1997，第34頁。
⑤ 该经于奈良时代具体抄写时期不详，题作《长者音悦经》，录于《大日本古文书》卷12，第195页。
⑥ 王根林、黄益元、曹光甫校点《汉魏六朝笔记小说大观》，上海古籍出版社，1999，第291页。
⑦ 小島憲之「中国文学・書紀文学と古事記」，『古事記大成　第2巻』，平凡社，1957，第74頁。
⑧ 山口佳紀、神野志隆光『古事記』，新編日本古典文学全集，小学館，1997，第106頁。
⑨〔日〕真人元开著，汪向荣校注《唐大和上东征传》，中华书局，1979，第96页。
⑩ 该经于天平二十年抄写，录于《大日本古文书》卷3，第148页。
⑪ 该经于神龟二年、天平四年两次抄写，题作《最胜王经》，录于《大日本古文书》卷1，第446页。

十八日夜中，顾命趺坐，泊如化灭。”① 按：中土文献中的例句，实际上同样用于表现高僧大德盘腿端坐的身姿。西田长男曾经论述过“趺坐”的意义及用法。②

“**严饬**”，庄严修饰，装饰美盛。佛教指用善美之物盛饰国土、佛像等。“严”，作“准备、装饰”解，是佛经中产生的新义。③“饬”，俗字，《新集藏经音义随函录》卷15：“正作饰”。“严饬”，同义复词。《古事记》中卷《应神记》：“于是父答曰：‘是者天皇坐那理。恐之，我子仕奉。’云而，**严饬**其家，候待者，明日入坐。”④ 又：“于是，其兄王隐伏兵士，衣中服铠，到于河边，将乘船时，望其**严饬**之处，都不知执楫而立船。”⑤《常陆国风土记·行方郡》条：“**严饬**海渚，连舟编筏，飞云盖，张虹旌。”⑥ 隋吉藏撰《维摩经义疏》卷5：“此室一切诸天**严饬**宫殿诸佛净土皆于中现，是为八未曾有难得之法。”

汉文佛经中另有“严饰”⑦ 一词，与“严饬”构成类义词。《续日本纪》卷14《圣武纪》天平十三年三月条：“国司等，各宜务存**严饰**，兼尽洁清。”⑧ 例中“严饰”一词，亦始见于佛经。失译人名今附后汉录《大方便佛报恩经》⑨ 卷5《慈品》：“我等先世福，光明甚**严饰**，众妙供养具，利益于一切。”吴康僧会译《六度集经》卷1：“即复前行，睹黄金城，**严饰**踰银。又有毒蛇，围城十四匝，巨躯倍前，举首数丈。”

“饰”与“饬”在日语中为同训异字，读作“カザル”。两相比较，“严饰”的使用范围更广，除盛饰寺院等场所之外，还表示服饰上的盛装。此外，《古事记》中卷《应神记》：“……更为其兄王渡河之时，**具饬**。”⑩“具饬”，谓备办，做充分的准备。《礼记·月令》：“乃命司服，**具饬**衣裳，文绣有恒，制有小大，度有长短。衣服有量，必循其故，冠带有常。”⑪“严饬”与“具饬”在语体上存在差异，即前者出自汉文佛经，后者源自上古经文。

“严饬”“严饰”“具饬”的类义词还可见“庄饰”。《日本书纪》卷9《神功纪》摄政六十二年条：“新罗人**庄饰**美女二人迎诱于津。沙至比跪受其美女，反伐加罗国。”⑫ 又卷14《雄略纪》二年七月条：“（《百济新撰》）百济**庄饰**慕尼夫人女，曰适稽

① （清）董诰等编《全唐文·附唐文拾遗唐文续拾》，中华书局，1983，第3335页。
② 西田長男「古事記の仏教語」，『日本古典の史的研究』，1956，第657～660頁。
③ 朱庆之：《佛典与中古汉语词汇研究》，文津出版社，1992，第98页。
④ 山口佳紀、神野志隆光『古事記』，新編日本古典文学全集，小学館，1997，第260頁。
⑤ 山口佳紀、神野志隆光『古事記』，新編日本古典文学全集，小学館，1997，第270頁。
⑥ 植垣節也『風土記』，新編日本古典文学全集，小学館，1997，第382～384頁。
⑦ 中川ゆかり「応神記の『厳飾』一カザルこととヨソフこと」，『国語国文学藻（井手至古稀）』，1999。
⑧ 青木和夫、稲岡耕二、笹山晴生、白藤礼幸『続日本紀二』，新日本古典文学大系，岩波書店，1990，第390頁。
⑨ 该经于天平八年抄写，题作《报恩经》，录于《大日本古文书》卷7，第54页。
⑩ 山口佳紀、神野志隆光『古事記』，新編日本古典文学全集，小学館，1997，第270頁。
⑪ 《礼记》，《十三经注疏》，中华书局，1980，第1373页。
⑫ 小島憲之、直木孝次郎、西宮一民、蔵中進、毛利正守『日本書紀一』，新編日本古典文学全集，小学館，1994，第462頁。

女郎，贡献于天皇。”①

在这一组类义词当中，最为常见的是“庄严”一词。“庄严”，梵语 samalaṃkṇta 的意译，基本意义是修饰。《续日本纪》卷 19《孝谦纪》天平胜宝八年十二月条：“……国别颁下灌顶幡一具，道场幡四十九首，绯纲二条，以充周忌御斋**庄严**。”②“庄严”一词因修饰的对象不同，意义略有区别。如果指的是人身容貌，便有“修饰”“打扮”的意思。③ 而且，中土文献和佛典都在使用。前者如汉荀悦《汉纪・武帝纪 5》：“王太后皆**庄严**，将入朝。”后者如吴支谦译《赖咤和罗经》④ 卷 1：“母即到诸美人妓女所，教令悉沐浴，**庄严**著珠环饰服。”

要而言之，该组同义词是体现《古事记》文字表达多样性的一个范例。

所谓口语词，指习见于日常生活的词语，具有显著的口语特征。例如“此间”和“都不～”。

“**此间**”，这里，此地。⑤《古事记》上卷《大国主神》：“尔亦其御祖命哭乍，求者得见，即折其木而取出活，告其子言：‘汝有**此间**者，遂为八十神所灭。’乃违遣于木国之大屋毘古神之御所。”⑥《日本书纪》卷 6《垂仁纪》二年是岁条：“不知道路，留连岛浦。自北海回之，经出云国，至于**此间**也。”⑦《丰后国风土记・大野郡》条：“网矶野。同天皇行幸之时，**此间**有土蜘蛛，名曰小竹鹿奥。”⑧《唐大和上东征传》：“四人口云：‘和上大果报，遇于弟子，不然合死。**此间**人物吃人，火急去来！’便引舟去。”⑨《续日本纪》卷 9《圣武纪》神龟元年十月条：“又诏曰：‘登山望海，**此间**最好。不劳远行，足以游览。故改弱浜名，为明光浦，宜置守户勿令荒秽。”⑩ 后汉安世高译《阿那邠邸化七子经》⑪ 卷 1：“时阿那邠邸白世尊言：‘我于**此间**有七子，无笃信意，亦无欢喜心于佛法众，不自归命佛、归命法、归命比丘僧。’”姚秦鸠摩罗什译《妙法莲华经》卷 2《信解品》：“我名某甲，昔在本城，怀忧推觅，忽于**此间**，遇会得之。”北凉昙无谶译《大般涅槃经》卷 14《圣行品》：“今于**此间**拘尸那城，八十万亿人不退转于

① 小島憲之、直木孝次郎、西宫一民、蔵中進、毛利正守『日本書紀二』，新編日本古典文学全集，小学館，1996，第 152 頁。

② 青木和夫、稲岡耕二、笹山晴生、白藤礼幸『続日本紀三』，新日本古典文学大系，岩波書店，1992，第 168 頁。

③ 李维琦：《佛经释词》，岳麓书社，1993，第 62 页。

④ 该经于天平十四年抄写，录于《大日本古文书》卷 8，第 5 页。

⑤ 董志翘：《〈入唐求法巡礼行记〉词汇研究》，中国社会科学出版社，2000，第 153 页。

⑥ 山口佳紀、神野志隆光『古事記』，新編日本古典文学全集，小学館，1997，第 80 頁。

⑦ 小島憲之、直木孝次郎、西宫一民、蔵中進、毛利正守『日本書紀一』，新編日本古典文学全集，小学館，1994，第 300～302 頁。

⑧ 植垣節也『風土記』，新編日本古典文学全集，小学館，1997，第 294 頁。

⑨ 〔日〕真人元开著，汪向荣校注《唐大和上东征传》，中华书局，1979，第 66 页。

⑩ 青木和夫、稲岡耕二、笹山晴生、白藤礼幸『続日本紀二』，新日本古典文学大系，岩波書店，1990，第 154 頁。

⑪ 该经于天平五年抄写，录于《大日本古文书》卷 7，第 17 页。

阿耨多罗三藐三菩提。”

“**都不**～”，完全没有，毫不，表示彻底否定。[①]《古事记》上卷《日子穗穗手见命与鹈茸草不合命》：“尔火远理命，一海佐知钓鱼，**都不**得一鱼。”[②] 又中卷《应神记》：“于是，其兄王隐伏兵士，衣中服铠，到于河边。将乘船时，望其严饰之处，以为弟王坐其吴床，**都不**知执楫而立船。”[③]《日本书纪》卷24《皇极纪》三年三月条：“于是押坂直与童子煮而食之，大有气味。明日往见，**都不**在焉。”[④]《万叶集》卷4第675首：“娘子部四 咲泽二生流 花胜见 **都**毛**不**知 恋裳揩可闻”[⑤] 又卷13第3308首：“天地之 神尾母吾者 祷而寸 恋云物者 **都不**止来”[⑥]（1）后汉支娄迦谶译《道行般若经》卷1：“如是说菩萨，**都不**可得见，亦不可知处处，了无所有。当从何所法中，说般若波罗蜜？尔故字为菩萨。”吴支谦译《撰集百缘经》卷4：“王即答言：‘我今此身，**都不**悋惜，但身死已，不得闻法。’”姚秦鸠摩罗什译《妙法莲华经》卷2《信解品》：“我年老大，而汝少壮，汝常作时，无有欺怠，瞋恨怨言，**都不**见汝，有此诸恶，如余作人。”（2）《世说新语·雅量第6》：“须臾食下，二王都不得餐，唯属羊不暇。”[⑦] 按：“都”用于总括谓语所涉及的全体对象，常用于“不”“无”前[⑧]，有时也用于“勿”前。《古事记》下卷《仁德记》：“是以，太殿破坏，悉虽雨漏，**都勿**修理，以械受其漏雨。”[⑨] 后世文献中，“**都勿**～”的说法可见《祖堂集》[⑩] 卷3：“诸供奉曰：‘我等诸人，谩作供奉，自道解经、解论。据他禅宗**都勿**交涉。’”从用法上看，“都勿～”与“都不～”一样，强调对后续动作的全盘否定，具有口语性，可视为“都不～”的变形。

《常陆国风土记·香岛郡》条：“或曰：‘倭武天皇，停宿此滨，奉羞御膳，时**都无**水。’”[⑪] 与《古事记》等中“都不～”“都勿～”的用法相对应，《日本书纪》则多使用“都无”[⑫]。卷16《武烈纪》即位前纪条：“……阳为太子营宫，了即自居。触事骄

---

① 西宫一民「古事記と漢文学」，和漢比較文学叢書第二巻『上代文学と漢文学』，汲古書院，1986；瀬間正之「古事記と六朝口語」，古事記研究大系10，『古事記の言葉』，高科書店，1995；陈秀兰：《敦煌变文词汇研究》，四川民族出版社，2002，第255页；長尾光之「いくつかの漢訳仏典における副詞と連詞（下）」，『行政社会論集』，2005。

② 山口佳紀、神野志隆光『古事記』，新編日本古典文学全集，小学館，1997，第124頁。

③ 山口佳紀、神野志隆光『古事記』，新編日本古典文学全集，小学館，1997，第270頁。

④ 小島憲之、直木孝次郎、西宮一民、蔵中進、毛利正守『日本書紀三』，新編日本古典文学全集，小学館，1998，第88頁。

⑤ 小島憲之、木下正俊、東野治之『万葉集一』，日本古典文学全集，小学館，1994，第341頁。

⑥ 小島憲之、木下正俊、東野治之『万葉集三』，日本古典文学全集，小学館，1995，第431頁。

⑦ 徐震堮著《世说新语校笺》，中华书局，1984，第212页。

⑧ 武振玉：《东汉译经中所见的语法成分》，《吉林大学社会科学学报》1998年第3期。

⑨ 山口佳紀、神野志隆光『古事記』，新編日本古典文学全集，小学館，1997，第286頁。

⑩《祖堂集》的语言价值在于，它基本上保留着唐五代时的语言面貌，在汉语史研究方面具有不可替代的地位（林新年：《〈祖堂集〉的动态助词研究》，上海三联书店，2006，第2页。）

⑪ 植垣節也『風土記』，新編日本古典文学全集，小学館，1997，第400～402頁。

⑫ 西宫一民「古事記と漢文学」，和漢比較文学叢書第二巻『上代文学と漢文学』，汲古書院，1986。

慢，**都无**臣节。”① 又卷 19《钦明纪》四年十二月条：“臣等禀性愚暗，**都无**智略。”② 又五年三月条：“熟观所作，**都无**怖畏。故前奏恶行，具录闻讫。今犹著他服，日赴新罗域，公私往还，**都无**所惮。”③

此外，下面的固有搭配形式，均来自上古文献，且在汉文佛经中可见相应的表达。

“都无彼此”，丝毫不分彼此，没有人我之心。“彼此”，分别彼此，厚此薄彼。④《日本书纪》卷 25《孝德纪》大化三年四月条：“自始治国皇祖之时，天下大同，**都无彼此**者也。”（1）姚秦竺佛念译《出曜经》卷 27：“我胜彼不如，彼胜我不如，**都无彼此**之心。是故说曰：息则快乐，无胜负心也。”（2）王融《下狱答辞》：“专行权利，又无赃贿。反复唇齿之间，未审悉与谁言。倾动颊舌之内，不容**都无彼此**。”⑤

“都无所见”，什么也没看见，连个人影也没有。《日本书纪》卷 1《神代纪上》：“是时，海上忽有人声。乃惊而求之，**都无所见**。”⑥（1）后汉安世高译《佛说罪业应报教化地狱经》⑦ 卷 1：“第四复有众生，两目盲瞎，**都无所见**，或抵树木，或堕沟坑。”吴康僧会译《六度集经》卷 1：“道逢乳虎，虎乳之后，疲困乏食，饥馑心荒，欲还食子。菩萨睹之，怆然心悲，哀念众生，处世忧苦，其为无量。母子相吞，其痛难言，哽咽流泪。回身四顾，索可以食虎，以济子命，**都无所见**。”西晋竺法护译《光赞经》⑧ 卷 3：“又察怛萨阿竭阿罗呵三耶三佛、诸菩萨众及声闻辟支佛众，省其本末，**都无所见**。”唐玄奘译《大般若波罗蜜多经》⑨ 卷 36：“善现如是菩萨摩诃萨，于一切法，**都无所见**；于一切法，无所见时，其心不惊，不恐不怖。”《敦煌变文·前汉刘家太子传》：“于是打其三声，天地昏暗，**都无所见**。太子遂乃潜身，走出城外。”⑩（2）《全隋文》卷 22 王劭《舍利感应记别录》：“须臾复闻行声，即走告寺主，共开阁门上验看，唯有佛像，自外**都无所见**。”⑪《酉阳杂俎》卷 2《壶史》：“崔一日觉卧室北墙有人鼾声，命左右视之，**都无所见**。”⑫

“都无所益”，完全没有益处。《日本书纪》卷 24《皇极纪》三年六月条：“都鄙之

① 小島憲之、直木孝次郎、西宮一民、蔵中進、毛利正守『日本書紀二』，新編日本古典文学全集，小学館，1996，第 268 頁。

② 小島憲之、直木孝次郎、西宮一民、蔵中進、毛利正守『日本書紀二』，新編日本古典文学全集，小学館，1996，第 380 頁。

③ 小島憲之、直木孝次郎、西宮一民、蔵中進、毛利正守『日本書紀二』，新編日本古典文学全集，小学館，1996，第 294 頁。

④ 李维琦:《佛经词语汇释》，湖南师范大学出版社，2004，第 19 页。

⑤ （清）严可均校辑《全上古三代秦汉三国六朝文》，中华书局，1958，第 2859 页。

⑥ 小島憲之、直木孝次郎、西宮一民、蔵中進、毛利正守『日本書紀一』，新編日本古典文学全集，小学館，1994，第 104～106 頁。

⑦ 该经于胜宝三年抄写，题作《罪业应报教化地狱经》，录于《大日本古文书》卷 12，第 48 页。

⑧ 该经于天平十年抄写，录于《大日本古文书》卷 7，第 113 页。

⑨ 和铜五年抄写实物（石田茂作著《从写经所看到的奈良朝佛教的研究》，东洋文库，1966，第 29 页）。

⑩ 黄征、张涌泉校注《敦煌变文校注》，中华书局，1997，第 243 页。

⑪ （清）严可均校辑《全上古三代秦汉三国六朝文》，中华书局，1958，第 4145 页。

⑫ 上海古籍出版社编《唐五代笔记小说大观》，上海古籍出版社，2000，第 576 页。

人取常世虫置于清座，歌舞求福弃舍珍财。**都无所益**，损费极甚。"[①] 西晋安法钦译《佛说道神足无极变化经》卷2："佛言天子：'于欲界能为弟子说弟子法，不能于欲界有所益。于色界无色界能为弟子说弟子法，**都无所益**。'"姚秦鸠摩罗什译《大智度论》卷7："是时诸人各各，求其所事，**都无所益**。中有五戒优婆塞，语众人言：'吾等当共，称南无佛。佛为无上，能救苦厄。'众人一心同声，称南无佛。"唐法藏撰《梵网经菩萨戒本疏》卷4："一思惟己身，及以财物，皆是无常，磨灭之法。一旦废坏，非惜能留。是故悭惜，**都无所益**。"

"**都无有罪**"，丝毫没有罪过。《日本书纪》卷24《皇极纪》四年六月条："……此即上宫王等性顺，**都无有罪**，而为入鹿见害。"[②] 梁宝亮等集《大般涅槃经集解》卷19："宝亮曰：'若论无常、虚伪果报，彼生此死，岂当有罪？今得罪之缘，别有以也。若无恶心，及伤田者，**都无有罪**。'"北凉昙无谶译《大般涅槃经》卷34："善见太子，见父丧已，方生悔心。雨行大臣，复以种种，恶邪之法，而为说之：'大王，一切业行，**都无有罪**。'"

三 古词新义

所谓新义词，指词语在演变过程中增益的新的语义。例如"虚空""游行"。

"**虚空**"，梵语 ākāśa，意译作"天空""空中"。《古事记》上卷《日子穗穗手见命与鹈茸草不合命》："**虚空**之日高。"[③]《日本书纪》卷2《神代纪下》："若从天降者当有天垢，从地来者当有地垢。实是妙美之。**虚空**彦者欤。"[④]《肥前国风土记·总记》条："其夜，**虚空**有火，自然而燎，稍稍降下，就此山燎之时，健绪组见而惊恠，参上朝庭，奏言：'巨辱被圣命，远诛西戎，不沾刀刃，枭镜自灭。自非威灵，何得然之。'"[⑤]（1）后汉安世高译《佛说阿难同学经》卷1："彼比丘，即从坐起，头面礼足，绕世尊三匝，便退而去，还诣己房。到已除去坐具，于露地布坐具，便升**虚空**。"（2）《晋书》卷11《天文志上》："日月众星，自然浮生**虚空**之中，其行其止皆须气焉。"[⑥] 按："虚空"一词，原义为"空虚"。表示天空的用法首见于汉文佛经中，然后开始用于中土文献，《古事记》中的用法亦不例外，主要用于神名的标记。[⑦]

---

① 小島憲之、直木孝次郎、西宮一民、藏中進、毛利正守『日本書紀三』，新編日本古典文学全集，小学館，1998，第94頁。

② 小島憲之、直木孝次郎、西宮一民、藏中進、毛利正守『日本書紀三』，新編日本古典文学全集，小学館，1998，第104頁。

③ 山口佳紀、神野志隆光『古事記』，新編日本古典文学全集，小学館，1997，第216頁。

④ 小島憲之、直木孝次郎、西宮一民、藏中進、毛利正守『日本書紀一』，新編日本古典文学全集，小学館，1994年，第164頁。

⑤ 植垣節也『風土記』，新編日本古典文学全集，小学館，1997，第310頁。

⑥（唐）房玄龄等撰《晋书》，中华书局，1994，第279页。

⑦ 瀬间正之曾指出过"虚空"一词与《经律异相》中"虚空"一词在表记上的一致性（「海宮訪問と『経律異相』」，『古事記年報』33，1991）。

“游行”一词在上古作品中频繁出现，它们在表达形态上具有怎样的特征？与汉译佛经的表达有着怎样的关系？迄今为止的研究，未见系统论述者，故试论之。[①]

“**游行**”，梵语 prakrānta。巡行，游览，漫游；遍历修行。巡行各地参禅闻法，或说法教化。亦称“行脚”。《古事记》中卷《景行记》：“于是，言动为御室乐，设备食物。故**游行**其傍，待其乐日。”[②]《日本书纪》卷2《神代纪下》：“是时其子事代主神**游行**，在于出云国三穗之埼，以钓鱼为乐。”[③] 又：“既而皇孙**游行**之状也者，则自槵日二上天浮桥，立于浮渚在平处。”[④] 又：“又带头槌剑，而立天孙之前，**游行**降来，到于日向袭之高千穗槵日二上峰天浮桥。”[⑤] 又：“于时降到之处者，呼曰日向袭之高千穗添山峯矣。及其**游行**之时也，云云。”[⑥] 又：“于是，弃笼**游行**，忽至海神之宫。”[⑦] 又卷12《履中纪》六年二月条：“天皇闻其叹而问之曰：‘汝何叹息也？’对曰：‘妾兄鷲住王为人强力轻捷。由是独驰越八寻屋而**游行**。既经多日，不得面言。故叹耳。’”[⑧]《怀风藻》释智藏《小传》：“密写三藏要义，盛以木筒，著漆秘封，负担**游行**。同伴轻蔑，以为鬼狂，遂不为害所以。”[⑨] 后汉康孟详译《舍利弗摩诃目连游四衢经》[⑩] 卷1：“闻如是。一时释氏舍夷阿摩勒药树园。尔时贤者舍利弗，摩诃目乾连比丘，**游行**诸国经历一年。”东晋瞿昙僧伽提婆译《中阿含经》卷28《林品》：“彼时，世尊于释羁瘦，受夏坐竟，补治衣讫，过三月已，摄衣持钵，**游行**人间。”刘宋求那跋陀罗译《杂阿含经》卷3：“尔时，有离车名摩诃男，日日**游行**，往诣佛所。”按：“游行”[⑪]，经常与表示时间的“一时”“尔时”等副词或连词搭配使用，成为汉文佛经中讲述故事缘由时的固有格式。[⑫]

---

① 详见本编第三章第一节。

② 山口佳紀、神野志隆光『古事記』，新編日本古典文学全集，小学館，1997，第218頁。

③ 山口佳紀、神野志隆光『古事記』，新編日本古典文学全集，小学館，1997，第116頁。

④ 小島憲之、直木孝次郎、西宮一民、蔵中進、毛利正守『日本書紀一』，新編日本古典文学全集，小学館，1994，第120頁。

⑤ 小島憲之、直木孝次郎、西宮一民、蔵中進、毛利正守『日本書紀一』，新編日本古典文学全集，小学館，1994，第144頁。

⑥ 小島憲之、直木孝次郎、西宮一民、蔵中進、毛利正守『日本書紀一』，新編日本古典文学全集，小学館，1994，第150頁。

⑦ 小島憲之、直木孝次郎、西宮一民、蔵中進、毛利正守『日本書紀一』，新編日本古典文学全集，小学館，1994，第156頁。

⑧ 小島憲之、直木孝次郎、西宮一民、蔵中進、毛利正守『日本書紀二』，新編日本古典文学全集，小学館，1996，第92~94頁。

⑨ 小島憲之『懐風藻・文華秀麗集・本朝文粋』，日本古典文学大系，岩波書店，1964，第79頁。

⑩ 该经于天平三年抄写，录于《大日本古文书》卷7，第14页。

⑪ 武振玉：《入唐求法巡礼行记》，《绥华师专学报》1997年第2期。

⑫ 西田长男指出，根据《雄略记》例中“游行”一词前面使用了佛教词“一时”，可判断“游行”同为佛教词（「古事記の仏教语」，『日本古典の史的研究』，1956，第660~661頁）。这一判断偏于保守，且未见例句征引，也未触及“游行”一词所具有的句法特征这一核心问题。

第三节 句式视角

除了上述佛教词、口语词、新义词三类可视为判断汉文佛经词语的标准以外，从语用学的角度细心留意词语搭配关系亦有助于语体特征的辨析。

一 词语搭配

下面讨论“起邪心”“恭敬往～”“因此思惟”这三个词组。

“**起邪心**”，谓产生不正当的念头。“邪心”，梵语durdarśana的意译，指不符合佛理的见解。《古事记》中卷《崇神记》：“故大毘古命更还参上，请于天皇时，天皇答诏之：‘此者为在山代国我之庶兄建波迩安王，**起邪心**之表耳。伯父兴军宜行。’”[①] 元魏菩提留支译《大萨遮尼乾子所说经》[②] 卷2：“大王，汝今应当远离，邪淫之罪，自妻知足，他妻无求，无**起邪心**。”唐义净译《金光明最胜王经》卷3《灭业障品》：“善男子，若人成就四法，能除业障，永得清净。云何为四？一者不**起邪心**，正念成就；二者于甚深理，不生诽谤；三者于初行菩萨，起一切智心；四者于诸众生，起慈无量。是谓为四。”唐善导集记《集诸经礼忏仪》卷2：“于一切三宝、师僧、父母、六亲眷属、善知识、法界众生上。**起邪心**不可知数。”按：“邪心”在中土文献中多见，具有多项语义，在文章中时常难以把握其准确的含义。但如果关注“起邪心”这一述宾结构，就会发现该搭配形式唯见于佛典。

“**恭敬**[③]**往～**”，谦恭礼貌地来去往返。“恭敬”，梵语satkṛtya，谓保持谦逊而尊重礼敬他人之意。“轻慢”的反义词。[④]《古事记》中卷《应神记》：“故闻惊，以兵伏河边。亦其山之上，张绝垣立帷幕，诈以舍人为王，露坐吴床。百官**恭敬往**来之状，既如王子之坐所。”[⑤] 东晋佛驮跋陀罗译《大方广佛华严经》[⑥] 卷2《卢舍那佛品》：“如来所说一语中，演出无边契经海。于一切众雨甘露，**恭敬往**诣两足尊。”又卷60《入法界品》：“是故善男子，汝应一心，尊重**恭敬**，**往**诣其所。”年代较晚的清行悦集《列祖提纲录》卷17：“教汝**恭敬往**来，广结欢喜众缘，汝又要自求闲静，迷识沉神。”按：面谒佛陀须抱以恭敬虔诚的心情，这是佛经中不厌其烦宣扬的律仪规矩之一，因此，“恭敬往～”在佛典中已成为一种固定的表达形式。中土文献中“恭敬”一词，无一例用于形容往来时谦虚而有礼貌的心情。这一事实从传统表达的角度反衬出“恭敬往～”这

① 山口佳紀、神野志隆光『古事記』，新編日本古典文学全集，小学館，1997，第190頁。
② 该经于天平十八年抄写，录于《大日本古文书》卷2，第558页。
③ 西宫一民「古事記と漢文学」，和漢比較文学叢書第二巻『上代文学と漢文学』，汲古書院，1986。
④ 张建勇：《〈四分律〉中的反义聚合浅探》，《电子科技大学学报》（社会科学版）2007年第6期。
⑤ 山口佳紀、神野志隆光『古事記』，新編日本古典文学全集，小学館，1997，第270頁。
⑥ 该经于天平十一年抄写，题作《华严经》，录于《大日本古文书》卷7，第11页。

一佛经表达搭配形式的异样性。

“**因此思惟**”，梵语 cetanā，译作“思惟”，即“思维”，作“思量”解。按照佛法的解释，“思惟”，即思考推度。思考真实之道理，称为正思惟，系八正道之一；反之，则称邪思惟（不正思惟），八邪之一。《古事记》中卷《景行记》：“故受命罢行之时，参入伊势大御神宫，拜神朝廷，即白其姨倭比卖命者：‘天皇既所以思吾死乎？何击遣西方之恶人等而返参上来之间，未经几时，不赐军众，今更平遣东方十二道之恶人等。**因此思惟**，犹所思看吾既死焉。’”[①]“思惟”一词率先出现在中土文献之中，表示“思念”的意思。嗣后被汉文佛经借用，转化用作表示“进行分析、综合、推理等高级思想活动”。[②] 梁宝唱撰《比丘尼传》[③] 卷4：“法惠酒醒，自知犯戒，追大惭愧，自搥其身，悔责所行，欲自害命。**因此思惟**，得第三果。”陈真谛译《中边分别论》[④] 卷2：“何者思惟为能执？所执虚妄作显现，**因此思惟**言语名句味两法所生故，为二法作依处，离此思惟无倒境故。”按：与传统的研究方法不同，我们此处不单纯关注词汇层面的“思惟”，更留意体现句子关系的“因此思惟”。该连接形式属于较为罕见的特殊句法，唯见于汉文佛经，表示正因为有了上文内容的思量，才有了下文必然的结果，带有强烈的思辨色彩。从句法上看，《古事记》文章句子的连接方法大致有两类：一是在“和化文体”段落中，句子连接多使用相当于日语“テ”的“而”，句首使用“尔”“故”等连词；二是在“汉化文体”段落中，较少使用“而”，句子的连接除使用“尔”“故”等以外，还多使用“于是”“如此”等连词。[⑤] 从用法上看，“尔”不含有确切的语气，起到使句子不间断的作用；“故”带有确切的语气，具有使句子停顿的功能；“于是”不含有确切的语气，起到使句子停顿的作用。与此类连词相比，“因此思惟”出现在《古事记》的“汉化文体”段落中，表示更为明确的因果关系，而最大的不同则是它源自汉文佛经。

二　语辞表述

“**稽首白**：‘～’”，叩头至地说道：“……”。“稽首”，pādau śirasā√vand 的意译，亦作“顶礼”，指佛教中“接足作礼”“头面礼足”“五体投地”等最高礼仪。《古事记》上卷《日子穗穗手见命与鹈茸草不合命》：“如此令惚苦之时，**稽首白**：‘仆者，自今以后，为汝命之昼夜守护人而仕奉。’故至今其溺时之种种之态，不绝仕奉也。”[⑥] 又下卷《雄略记》：“即遣人令烧其家之时，其大县主惧畏，**稽首白**：‘奴有者，随奴不

---

① 山口佳紀、神野志隆光『古事記』，新編日本古典文学全集，小学館，1997，第222頁。

② 梁晓虹：《佛教词语的构造与汉语词汇的发展》，北京语言学院出版社，1994，第72页。

③ 该经于天平十一年抄写，录于《大日本古文书》卷7，第87页。

④ 该经于天平九年抄写，录于《大日本古文书》卷7，第64页。

⑤ 小古博泰「古事記の形成と文体」，『甲南大学紀要（文学編）』119，2001。

⑥ 山口佳紀、神野志隆光『古事記』，新編日本古典文学全集，小学館，1997，第134頁。

觉，而过作甚畏。’故献能美之御币物。”[①] 西晋白法祖译《佛般泥洹经》卷 2：“阿难时在佛后，**稽首白**佛：‘自佛教化，诸比丘僧，无疑结者。’”姚秦鸠摩罗什译《大智度论》卷 32《序品》：“目连涕泣，**稽首白**佛：‘佛有大悲，不舍一切，作如是种种，化度众生。’”按：因“白”字多用于汉文佛经[②]，故而由其组成的复合词组“稽首白”在中土文献中难得一见。相反，“稽首”一词，在传世文献当中早已出现，指古时的一种跪拜礼，叩头至地，九拜中最为恭敬。譬如，《公羊传·宣公六年》：“灵公望见赵盾，愬而再拜；赵盾逡巡北面再拜**稽首**，趋而出。”[③] 而且，在中土文献中，在描述一边行跪拜礼一边说话这一行为时，自儒学经文开始，通常采用的是“稽首曰”，而并非汉文佛经中的“稽首白”的形式。《尚书·商书·太甲中》：“王拜手**稽首曰**：‘予小子不明于德，自厎不类。’”[④]《左传》僖公十五年条：“晋大夫三拜**稽首曰**：‘君履后土而戴皇天，皇天后土，实闻君之言，群臣敢在下风。’”[⑤]《史记》卷 43《赵世家》：“公子成再拜**稽首曰**：‘臣固闻王之胡服也。’”[⑥] 同样，如《飞鸟京苑池遗构》木简：“大夫前恐万段**顿首白**　仆振乎今日国”[⑦]。

在上古文献中，与“稽首白”相关的还有“稽首和南”。“稽首和南”主要出现在抄写经文后简短的愿文之中。《奈良朝写经 19·灌顶随愿往生经》：“维天平九年岁次戊寅，六月戊戌朔二十九日丙寅，出云国守从五位下勋十二等石川朝臣年足，**稽首和南**十方诸佛。”《奈良朝写经 20·大般若经卷第 232》：“维天平十一年岁次己卯七月辛卯朔十日庚子，佛弟子出云国守从五位下勋十二等石川朝臣年足，**稽首和南**一切诸佛、诸大菩萨并贤圣等。”《奈良朝写经 31·别译杂阿含经卷第 10》：“维天平十五年岁次癸未五月十一日，佛弟子藤三女，**稽首和南**十方诸佛、诸大菩萨诸圣贤众。”[⑧]（1）梁僧佑撰《弘明集》卷 10《五经博士沈宏答》：“弟子宏**稽首和南**：辱告伏览，敕答臣下审《神灭论》。”又卷 12 习凿齿《与释道安书》：“兴宁三年四月五日，凿齿**稽首和南**：承应真履正，明白内融；慈训兼照，道俗齐荫。宗虚者悟无常之旨。存有者达外身之权。清风藻于中夏。鸾响厉乎八冥。玄味远猷，何劳如之？”（2）隋灌顶纂《国清百录》《发愿疏文第 64》：“**稽首和南**三世诸佛。伏惟。法身无像。随机显现净土。不毁人众见烧沪渎。浮来灵塔，地涌剡山。天乐通梦陆咸三处。尊仪表代三世慈善根力。利益斯土。”唐道宣撰《四分律删繁补阙行事钞》卷 1：“小比丘某甲稽首**和南敬白**众僧。僧差诵律，

---

① 山口佳紀、神野志隆光『古事記』，新編日本古典文学全集，小学館，1997，第 338 頁。

② 小島憲之「古事記の文章—口承的文体をめぐって—」，『上代日本文学と中国文学上』，1962，第 262 ~ 254 頁。

③ 《公羊传》，《十三经注疏》，中华书局，1980，第 2279 页。

④ 《尚书》，《十三经注疏》，中华书局，1980，第 164 ~ 165 页。

⑤ 《左传》，《十三经注疏》，中华书局，1980，第 1806 页。

⑥ （汉）司马迁撰《史记》，中华书局，1959，第 1809 页。

⑦ 東野治之「近年出土の飛鳥京と韓国の木簡—上代語上代文学との関わりから」，『古事記年報』45，2003。

⑧ 上代文献読書会編『上代写経識語注釈』，勉誠出版，2016，第 129、148、232 頁。

恐有错误，愿同诵者指授。”按：（1）出现在书简之中，（2）用于愿文起首部分。后者与奈良朝写经文的文体一致。

三　关涉内容

“**容姿端正**”，容貌姿色漂亮美丽。“端正”，巴利语 abhikkanta - vaṇṇā，谓姿态或行仪正直、整洁、姣好。①《古事记》中卷《崇神记》：“此谓意富多多泥古人，所以知神子者，上所云活玉依毘卖，其**容姿端正**。于是有神壮夫，其形姿威仪，于时无比。夜半之时，儵忽到来。”[①] 又下卷《仁德记》：“尔天皇闻看吉备海部直之女名黑日卖，其**容姿端正**，唤上而使也。”[②]《日本书纪》卷7《景行纪》四年二月条：“四年春二月甲寅朔甲子，天皇幸美浓。左右奏言之：‘兹国有佳人，曰弟媛。**容姿端正**。八坂入彦皇子之女也。’”[③]《万叶集》卷16第3808首左注：“是会集之中有鄙人夫妇。其妇**容姿端正**，秀于众诸。”[④] ②《日本书纪》卷7《景行纪》四十年七月条：“今朕察汝为人也，身体长大，**容姿端正**。力能扛鼎，猛如雷电，所向无前，所攻必胜。”[⑤] 又卷8《仲哀纪》即位前纪条：“天皇**容姿端正**，身长十尺。稚足彦天皇四十八年，立为太子。”[⑥] 北凉昙无谶译《佛所行赞》[⑦] 卷1：“**容姿端正**女，名耶输陀罗。应嫂太子妃，诱导留其心。”按：“容姿”，是汉文佛经中涌现出的一个新词。[⑧]“新潮集成本”认为“端正”一词出自汉文佛经。[⑨] 需要补充的是，“容姿端正”这一词组源自汉文佛经文体中习见的四字格，而且《佛所行赞》的文例为孤例，描述对象是悉达多太子（成道前的佛陀）的正妃、罗侯罗的生母耶输陀罗。她相好端严，姝妙第一，具诸德貌。①《古事记》《万叶集》当中的“容姿端正”即用来表示女性的貌美。另一方面，在②《日本书纪》当中，“容姿端正”还用来描写男性伟人的容貌。这一用法仅见于《日本书纪》，中土文献中难觅相同的文例。

有关女子姣好容貌的描写，《古事记》中还可见到由“丽美”构成的几对词组，即“容姿**丽美**”（中卷《神武记》）“容姿**丽美**”（同《景行记》）“**丽美**娘子”[⑩]（同《应

---

① 山口佳紀、神野志隆光『古事記』，新編日本古典文学全集，小学館，1997，第184頁。

② 山口佳紀、神野志隆光『古事記』，新編日本古典文学全集，小学館，1997，第288頁。

③ 小島憲之、直木孝次郎、西宫一民、蔵中進、毛利正守『日本書紀一』，新編日本古典文学全集，小学館，1994，第342頁。

④ 小島憲之、木下正俊、東野治之『万葉集四』，日本古典文学全集，小学館，1996，第103頁。

⑤ 小島憲之、直木孝次郎、西宫一民、蔵中進、毛利正守『日本書紀一』，新編日本古典文学全集，小学館，1994，第372頁。

⑥ 小島憲之、直木孝次郎、西宫一民、蔵中進、毛利正守『日本書紀一』，新編日本古典文学全集，小学館，1994，第400頁。

⑦ 该经于天平十四年抄写，题作《佛所行赞传》，录于《大日本古文书》卷8，第84页。

⑧ 朱庆之：《佛典与中古汉语词汇研究》，文津出版社，1992，第73页。

⑨ 西宫一民「古事記」，新潮日本集成，新潮社，1979，以下简称“新潮集成本”。

⑩ “娘子”，口语词（志村良治：《中国中世与法史研究》，江蓝生、白维国译，中华书局，1995，第28页。）

神记》)“颜容**丽美**”(同《应神记》①)。需要强调的是，这些搭配形式貌似正格的汉语表达，实则乃《古事记》作者自创的搭配形式。与佛教词“端正”相比，“丽美”则属于一般的汉语词。如《论衡》卷11《答佞篇》：“大佞材高，论说**丽美**，因**丽美**之说，人主之威，人主心并不能责，知或不能觉。”②《文选》卷2张衡《西京赋》：“彼肆人之男女，**丽美**奢乎许史。”③等所示，中土文献中的“丽美”一词，意思是奢丽华美，描述对象为言辞或服饰。而且，即使在汉文佛经中，“丽美”亦同样用来形容寺院及其装饰之庄严瑰丽，并不用以表现女子姣好的容颜。梁慧皎撰《高僧传》卷8：“初立三层，匠人小拙，后天震毁坏，更加修饰，遂穷其**丽美**。”据此可以做出如下判断：《古事记》中“丽美”④一词尽管出自中土文献，却在修饰对象上发生了变异，进而丰富了原词的用法，形成了日本上古文献中的自创表达。

“金银为本”，以金银为树根。《古事记》中卷《仲哀记》：“于是大后归神言教觉诏者，西方有国，**金银为本**，目之炎耀，种种珍宝，多在其国。”⑤例言神灵依附在皇后身上告谕道：西方有一个国家，有很多令人目眩的珍宝。陈真谛译《佛说立世阿毘昙论》⑥卷2：“佛告比丘：‘是须弥山王，东西南北，凡有四边。其东边真金所成，西边白银所成……是忉利天善见大城，周围四方，十千由旬，纯金为城之所围绕，高一由旬……或有一切，诸众生相，种种树木，及杂花相，庄严其外……其最里树，真金为本，次是白银。’”按：该例描述的是须弥山，它是古印度神话传说中的名山，是诸山之王乃至整个世界的中心。其山东西两侧由真金白银筑成，城邑由用纯金砌成的高墙环绕，树木成林，白花点缀。其间有一种树，纯金、白银的树根。好一派祥瑞吉利的世界！从表达上看，此处“真金为本”与《仲哀记》中的“金银为本”几近相同。不过，考虑到《仲哀记》四字语句的文体特征以及其他词语的表达，曹魏康僧铠译《佛说无量寿经》⑦卷1的例句更加不容忽视。例云：“或有宝树，紫金为本，白银为茎，琉璃为枝，水精为条，珊瑚为叶，玛瑙为华，车磲为实。或有宝树，白银为本，琉璃为茎，水精为枝，珊瑚为条，玛瑙为叶，车磲为华，紫金为实……无量光炎，照曜无极。珍妙宝网，罗覆其上。一切庄严，随应而现。”此例描述的是佛经中的宝树，它由纯金、白银、琉璃、水晶、珊瑚、玛瑙等宝物制作而成。从表达构想的渊源考虑，此例中有三点引人注目：一是“紫金为本”的关键语句；二是四方格的句式；三是“光炎照曜”“珍

① 山口佳紀、神野志隆光『古事記』，新編日本古典文学全集，小学館，1997年，第156、214、260、262頁。

② 黄晖：《论衡校释》，中华书局，1990，第530页。

③ (梁)萧统编，(唐)李善注《文选》，中华书局，1977，第42页。

④ 濑间正之在《资性记事的表现》一文中曾对《日本书纪》中女性容貌表达与中国典籍的影响关系进行过较为详细的考察(『記紀の文字表現と漢訳仏典』，おうふう，1994，第269~289頁)。

⑤ 山口佳紀、神野志隆光『古事記』，新編日本古典文学全集，小学館，1997，第242頁。

⑥ 该经于天平十四年抄写，题作《立世阿毘昙论》，录于《大日本古文书》卷8，第83页。

⑦ 该经于天平八年抄写，题作《无量寿经》，录于《大日本古文书》卷7，第70页。

妙宝网”等类似表达。据此，我们认为《仲哀记》如果不是参照了《佛说无量寿经》中有关宝树的描写，两者在表达、构想及句式上不可能如此酷似。

最后，从句法关系和句式结构来考察“一时”一词的意思和用法。根据我们的调查，《古事记》以及其他上古文献中的“一时”[①]，无论在词语搭配关系上，还是在句法结构上，均形成了独自的表达特色，且与汉文佛经的表达形式有着密不可分的关系。

先看词语搭配关系。“**一时出家**”，同时出离家庭生活，专心修沙门之净行。“一时”，同一个时候。《日本灵异记》下卷《产生肉团之作女子修善化人缘第19》：“迦毘罗卫城长老之妻，怀妊生一肉团，到七日头，肉团开敷，有百童子。**一时出家**，而百人俱得阿罗汉果。”[②] 唐菩提流志译《大宝积经》[③] 卷78《具善根品》：“尔时八万四千人俱，随逐国王，及王夫人，**一时出家**。出家之后，皆号陀摩尸利，语诸比丘众。”唐道世撰《释迦氏谱》卷1：“时年九岁，佛令阿难剃发，并五十人，**一时出家**。”

“**一时打杀**”，一齐动手，将其杀死。《古事记》中卷《神武记》：“如此歌，而拔刀**一时打杀**也。”[④] 后世资料宋惟白集《建中靖国续灯录》卷5：“师云：‘衣中至宝，何假披沙？各自持来，复将何用？交光牙人，不隐不彰。达磨九年，不敢动着。恐屈儿孙，报本不惜眉毛。普示大众，拈起拄杖。大众拟议，**一时打杀**。’”

“**一时杀～**”，一齐杀死。《日本书纪》卷3《神武纪》即位前纪条：“时我卒歌，俱拔其头椎剑，**一时杀**虏。虏无复噍类者。皇军大悦，仰天而咲。”[⑤]（1）东晋佛陀跋陀罗、法显合译《摩诃僧祇律》卷19：“佛告阿难：‘汝往语王：汝是人王，当慈民如子。云何**一时杀**五百人？’阿难受教，即诣王所，具说佛语。”唐圆测撰《仁王经疏》[⑥] 卷2：“又《乐庄严经》中说：‘性地菩萨，若**一时杀**阎浮提众生，虽有此罪，犹不堕地狱。若杀四天下，乃至大千世界众生，亦不堕地狱。’”（2）《后汉书》卷34《梁统传》：“冀二弟尝私遣人出猎上党，冀闻而捕其宾客，**一时杀**三十余人，无生还者。”[⑦]《南史》卷37《沈庆之传》：“庆之诡为置酒大会，**一时杀**之，于是合境肃清，人皆喜悦。”[⑧]《太平广记》卷268《酷吏》条：“万国俊按岭南，流人三百余人，拥于水次，**一时杀**之。”[⑨]

“**一时焚～**”，立刻焚烧（消灭）；一同铲除。《常陆国风土记·行方郡》条：“建

① 朱庆之释“一时”为：（1）某时；（2）立即，即时；（3）同时（《佛典与中古汉语词汇研究》，台湾文津出版社，1992，第97页。）

② 中田祝夫『日本霊異記』，日本古典文学全集，小学館，1975，第309頁。

③ 该经于天平八年抄写，录于《大日本古文书》卷7，第24页。

④ 山口佳紀、神野志隆光『古事記』，新編日本古典文学全集，小学館，1997，第154頁。

⑤ 小島憲之、直木孝次郎、西宮一民、蔵中進、毛利正守『日本書紀一』，新編日本古典文学全集，小学館，1994，第216～218頁。

⑥ 该经于胜宝三年抄写，录于《大日本古文书》卷12，第10页。

⑦（宋）范晔撰，（唐）李贤等注《后汉书》，中华书局，1965，第1182页。

⑧（唐）李延寿撰《南史》，中华书局，1975，第959页。

⑨（宋）李昉等编《太平广记》，中华书局，1961，第2106页。

借间命，令骑士闭堡，自后袭击，尽囚种属，**一时焚**灭。”① 唐道宣撰《律相感通传》卷1：“又发恶愿：‘彼害我者，及未成圣，我当害之。若不加害，恶业便尽，我无以报。’共吐大火，焚烧寺舍，及彼聚落。**一时焚**荡，纵盗得活。又以木水，漂溺杀之，无一孑遗。”又《续高僧传》卷9：“夜梦异人，来谓己曰：‘如请东安讲，则所见必当无忧。’既而觉悟，欢喜踊跃。罝罦矰缴，**一时焚**烬，仍屈两夏。于府讲说。因此忏悔，承持二经，受不杀戒，故灵迹寔繁，未陈万一。”唐李通玄撰《华严经合论》卷29《净行品》：“勤苦累劫，生人天中；一念贪瞋，**一时焚**尽。”

“**一时将来**”，一起带来，同时拿来。《唐大和上东征传》：“振州别驾闻和上造寺，即遣诸奴，各令进一椽，三日内**一时将来**。即构佛殿、讲堂、砖塔。”② 隋阇那崛多等合译《起世经》③ 卷10《最胜品》：“有余众生，唤彼人言：‘食时方至，可共相随，收粳米也。’彼人报言：‘我已顿取，日初后分，**一时将来**。汝欲去者，可自知时。’”

“**一时散去**”，立刻逃散而去，一哄而散。“一时”，即时。《续日本纪》卷36《高绍纪》宝龟十一年三月条：“掾石川净足潜出后门而走，百姓遂无所据，**一时散去**。后数日，贼徒乃至，争取府库之物，尽重而去。其所遗者放火而烧焉。”唐怀信述《释门自镜录》卷2：“昨山中一方外僧病已笃。是晚外正施食，谓看病者言：‘有鬼挈我，同出就食。’辞不往。俄复来云：‘法师不诚。吾辈空返，必有以报之。’于是牵我臂偕行。众持挠钩套索云：‘欲拽此法师下地。’我大怖，失声呼救。**一时散去**。”宋道原纂《景德传灯录》卷21：“时有僧出曰：‘大众**一时散去**，还称师意也无。’师曰：‘好与拄杖。’僧礼拜。师曰：‘虽有盲龟之意，且无晓月之程。’僧曰：‘如何是晓月之程。’师曰：‘此是盲龟之意。’”

再看三种句法结构。其一，“**一时共**④～”，同时，一齐。《古事记》中卷《神武记》：“于是宛八十建，设八十膳夫，每人佩刀，诲其膳夫等曰：‘闻歌之者，**一时共**斩。’”又《应神记》：“于是伏隐河边之兵彼厢此厢，**一时共**兴，矢刺而流。故到诃和罗之前而沉入。”⑤ 后汉安世高译《佛说长者子懊恼三处经》⑥ 卷1：“三处**一时共**啼哭，为是谁子？”姚秦鸠摩罗什译《妙法莲华经》卷7：“于是妙庄严王与群臣眷属俱，净德夫人与后宫采女眷属俱，其王二子与四万二千人俱，**一时共**诣佛所。”梁宝唱等集《经律异相》卷42：“昔王舍城，有一织师。织师有妇，又有一儿。儿又有妇，有一奴一婢。**一时共**食。”按：“一时”是副词，与同为副词的“共”一起修饰后续动词，用以

---

① 植垣節也『風土記』，新編日本古典文学全集，小学館，1997，第384頁。

② 〔日〕真人元开著，汪向荣校注《唐大和上东征传》，中华书局，1979，第70页。

③ 该经于天平十三年抄写，录于《大日本古文书》卷7，第593页。

④ 瀬間正之『記紀の文字表現と漢訳仏典』，おうふう，1994，第175頁。

⑤ 山口佳紀、神野志隆光『古事記』，新編日本古典文学全集，小学館，1997，第152、272頁。

⑥ 该经于天平三年抄写，题作《长者子懊恼三处经》，录于《大日本古文书》卷3，第12页。

最大限度地强调动作的一致性。①

《日本书纪》等中另有“**一时俱～**”的说法，与“一时共～”义同，表示一齐、共同做某事。这一说法同样出自汉文佛经。《日本书纪》卷24《皇极纪》四年四月条：“于是中大兄戒卫门府，**一时俱**鏁十二通门，勿使往来。召聚卫门府于一所，将给禄。”②《藤氏家传》上卷《镰足传》：“于是中大兄命卫门府，**一时俱**闭十二通门。”③（1）后汉支娄迦谶译《佛说无量清净平等觉经》④卷4：“第十二佛名无上华，其国有诸菩萨无央数，不可复计。皆阿惟越致，皆智慧勇猛。各供养无央数诸佛，以**一时俱**心愿欲往生，皆当生无量清净佛国。”姚秦鸠摩罗什译《妙法莲华经》卷2《譬喻品》：“诸天伎乐，百千万种，于虚空中，**一时俱**作，雨众天华。”梁宝唱等集《经律异相》卷33：“昔卑先匿王，有二夫人，第一夫人子名流离，第二夫人子名祇。祇初生之日，四方奉宝，**一时俱**至。”（2）《搜神记》卷20：“是夜，方四十里，与城**一时俱**陷为湖。”⑤《搜神后记》卷10：“天暴雨水，三蛟**一时俱**去，遂失所在。”⑥《魏志》卷21《陈琳传》：“文帝书与元城令吴质曰：‘昔年疾疫，亲故多离其灾，徐、陈、应、刘，**一时俱**逝。’”⑦

其二，“**一时～之时～**”，“一次……的时候……”。“一时”，意为“从前某时”，不确指⑧，是出自佛经的口语词⑨，始见于东汉佛经。⑩《古事记》中卷《应神记》：“**一时**天皇越幸近淡海国**之时**，御立宇迟野上，望葛野歌曰。”又下卷《仁德记》：“亦**一时**天皇为将丰乐，而幸行日女岛**之时**，于其岛雁生卵。”又《雄略记》：“亦**一时**，天皇游行到于美和河**之时**，河边有洗衣童女，其容姿甚丽。”又：“又**一时**天皇登幸葛城山**之时**，百官人等悉给著红纽之青折衣服。”⑪ ①失译人名今附东晋录《菩萨本行经》⑫卷3：“**一时**佛在舍卫国祇树给孤独园。佛与千二百五十沙门俱，欲入城分卫。其佛欲入城**之时**，五百天人，先放香风，吹于道路，及诸里巷，悉令清净。不净瑕秽，粪除臭处，自然入地，悉令道路净洁。”②刘宋求那跋陀罗译《杂阿含经》卷40：“**时**帝释御者见

---

① 濑间正之指出，《经律异相》中有“一时共”的例句，此处“一时共”在对话中加重语气（「古事記助辞用法の一端—『所Ｖ之Ｎ』『此之』『～自』を中心に—」，『梅沢伊勢三先生追悼記紀論集』，1992。）

② 小島憲之、直木孝次郎、西宮一民、蔵中進、毛利正守『日本書紀三』，新編日本古典文学全集，小学館，1998，第98頁。

③ 沖森卓也、佐藤信、矢島泉『藤氏家伝　鎌足貞慧武智麻呂伝注釈と研究』，吉川弘文館，1999，第167頁。

④ 该经于天平九年抄写，题作《无量清净平等觉经》，录于《大日本古文书》卷7，第73页。

⑤ 王根林、黄益元、曹光甫校点《汉魏六朝笔记小说大观》，上海古籍出版社，1999，第434页。

⑥ 王根林、黄益元、曹光甫校点《汉魏六朝笔记小说大观》，上海古籍出版社，1999，第484页。

⑦ （晋）陈寿撰，（宋）裴松之注《三国志》，中华书局，1959，第602页。

⑧ 王绍峰：《初唐佛典词汇研究》，安徽教育出版社，2004，第176页。

⑨ 董志翘：《〈入唐求法巡礼行记〉词汇研究》，中国社会科学出版社，2000，第168页。

⑩ 何亮：《从时点时段的表达看东汉译经的性质》，《宁夏大学学报》（人文社会科学版）2009年第6期。

⑪ 山口佳紀、神野志隆光『古事記』，新編日本古典文学全集，小学館，1997，第260、302、340、346頁。

⑫ 该经于天平三年抄写，录于《大日本古文书》卷7，第27页。

阿修罗王，身被五缚，在于门侧。帝释出入之时，辄瞋恚骂詈。”③东晋瞿昙僧伽提婆译《增壹阿含经》卷44《十不善品》：“尔时二会圣众初会之时，七万圣众，皆是阿罗汉。”姚秦佛陀耶舍、竺佛念等合译《长阿含经》卷5：“尔时，执乐天般遮翼子，于夜静寂、无人之时，放大光明，照耆阇崛山，来至佛所，头面礼佛足已，在一面立。”④东晋瞿昙僧伽提婆译《增壹阿含经》卷9《惭愧品》：“是时，尊者大迦叶悉为梵志妇说之时，梵志妇即于座上诸尘垢尽，得法眼净。”按：通过上引①至④的句式，可知“一时～之时，～”的句式源自汉文佛经。“一时”与时间名词“（之）时”等联动呼应，表示过去时段上的某一具体时间，是汉文佛经中讲述故事原委的固有格式。[①] 在时点表达上，“一时”与“～之时”的叠用，是中土文献中难以一见的语言羡余现象。[②]

其三，**“一时～尔～”**，“一次……当时……”。《古事记》下卷《雄略记》：“又一时天皇登幸葛城之山上。尔大猪出，即天皇以鸣镝射其猪之时，其猪怒而宇多岐依来。”[③] ①后汉安世高译《漏分布经》卷1：“一时，佛在拘留国行治处名为法。时，拘留国人会在。”后汉安世高译《人本欲生经》卷1：“一时，佛在拘类国行拘类国法治处。是时，贤者阿难独闲处倾猗念，如是意生。”②后汉康孟详译《舍利弗摩诃目连游四衢经》卷1：“一时，释氏舍夷阿摩勒药树园。尔时，贤者舍利弗、摩诃目乾连比丘，游行诸国，经历一年。与大比丘众俱，比丘五百，还至药树，欲见世尊。”③后汉安世高译《婆罗门子命终爱念不离经》卷1：“一时，婆伽婆在舍卫城祇树给孤独园。彼时，有异婆罗门，有一子命终，爱念不离。”按：该句式与“一时～之时～”用法、意思相近，但句子连接形式及语气停顿有所不同，即第二种“一时～时～”，时间与后续内容之间没有停顿，强调的是“一次”；第三种“一时～尔～”用指代词“尔”重新提示具体的时刻，凸显的是“当时”。上述三种句式都是汉文佛经中讲述故事开头时的特有路数，它现身《古事记》神话故事的起首部分绝非偶然，是书录者积极吸收汉文佛经句式的结果。

《古事记》的特殊文体在形成过程中，《法华经》《释迦谱》《经律异相》等佛典以词语渗透的形式对其产生过巨大的影响。从文章表达史的角度看，书录者大量摄入汉文佛经词语，既丰富了《古事记》的词汇量，又提高了语言表达的精炼度。从中日文学交流史的角度说，它不仅为人们微观上了解汉文佛经对以神话传说为题材的《古事记》所产生的影响提供了书证，而且从宏观上折射出佛教文学对日本整个上古文学既广泛而又深刻的影响。

本章围绕先学从佛典中析出的词语，从方法论的角度，就其语体特征，即是否属于

---

① 方一新、高烈过：《从语言角度鉴别早期可疑佛经的方法和步骤》，《宁波大学学报》（人文社会科学版）2012年第2期。

② “一个特征（语音的、语法的等）如果为识别一个语言单位所不必出现的，就是羡余的。”（戴维·克里斯特尔：《现代语言学词典》，沈家煊译，商务印书馆，2002，第300页。）

③ 山口佳紀、神野志隆光『古事記』，新編日本古典文学全集，小学館，1997，第346頁。

汉文佛经词语进行了考察，归纳其判断标准及考察结果如下。

（1）根据词语产生年代认定的词：“本土”“退坐”“污垢”“亦名”；

（2）依据词汇学认定的词：佛教词“趺坐”“威仪”“严饬”；口语词“此间”“都不～”；新义词“虚空”“游行”；

（3）依据语用学认定的词：“起邪心”“稽首白：‘～’”“恭敬往～”“容姿端正”“金银为本”；

（4）根据句法关系和句式结构认定的词：“因此思惟”“一时”。

依据上述判断标准，对《古事记》的汉文佛经词语展开全面而又深入的考察，并将其纳入共时研究的范围，乃是本书下面将要探讨的问题之一。

第二章　《古事记》佛典双音词考释*

迄今为止，神田秀夫、小岛宪之、西田长男、西宫一民、濑间正之就《古事记》佛典词语所发表的研究论文，代表了该研究领域的最高水平和最新成果。① 上一章对诸家提出的出自汉文佛经的词语进行了辨析，所得结果如下："本土""此间""都不～""趺坐""恭敬""稽首白：'～'""金银为本""容姿端正""因此思惟""退坐""威仪""污垢""起邪心""虚空""严饬""一时""亦名""游行"。在此基础上，我们针对《古事记》中疑似佛典双音词的考释，按照如下步骤进行。第一，解释词义，词义与现代语相同时从略。第二，列举该词条《古事记》例句及所依版本页码，有多个例句时选择在词义和用法上具有典型意义者。第三，引例原则上为先行例句，但个别词条仅见于宋代佛典，基于佛典的口语性一并列出。第四，引例年代在前者为先，兼顾年代距离《古事记》较近的佛典，以动态地显示词义及用法演进的轨迹。引例时也会考虑到《金光明最胜王经》等佛典东传的史实以及敦煌文献的语言特质等问题。第五，结合具体文章段落，分析对象语在词义及用法上的相同与差异，自创表达亦是考察重点之一。

第一节　佛教词

关于《古事记》序文和本文中的佛教词语或出自佛典的词语以及口语词，我们曾经讨论过，这里不再重复论证过程。② 它们是："智海""心境""明睹""讨覈"；"为

* 马骏：《〈古事记〉文体特征与汉文佛经——佛典双音词考释》，《日语学习与研究》2010年第5期。

① 神田秀夫「古事記の文体に関する一試論」（『国語と国文学』27－6，1950）、小島憲之「古事記の文章—漢訳仏典的文章をめぐって—」（『上代日本文学と中国文学（上）』，塙書房，1962）、西宫一民「古事記と漢文学」（和漢比較文学叢書第二巻『上代文学と漢文学』，汲古書院，1986）、瀬間正之「漢訳仏典と古事記」（『国文学　解釈と教材』36－8，1991）、西田長男「古事記の仏教語」中列举了以下5个词（不含《古事记》序文）为佛教词："无退""寺·寺间""趺坐""游行""初发"（『日本古典の史的研究』，1956，第646～662頁）。

② 马骏：《日本上代文学"和习"问题研究》，国家哲学社会科学文库2011，北京大学出版社，2012，第79～83页。

人聪明”“岁次大梁”；“叵见”“子细”。另外还有：“海原”[①]“无退”“为尽”。[②]《古事记》中出自汉文佛经的佛教词大致可分为两类：一表示抽象概念，指词语本身带有抽象的佛教含义；二表示具体事象，指词语所表示的行为与佛教的宗教行为相关。无论是抽象概念，还是具体事象，其表达都蕴含着一种浓郁的文化语境。考释结果表明，佛教词存在以下三种类型。一是表示具体义的佛典词语：“威仪”“香木”“熟瓜”“神床”“寺间”；“明睹”“趺坐”“光海”“无退”“严饬”；“极老”。二是表示抽象义的佛典词语有：“智海”“心镜”[③]“恶态”“罪类”“荒心”“海原”；“成种”“无退”“爱悲”“思爱”。三是兼顾具体义和抽象义的佛典词语：“含口”“枯山”。兹略举一二，以窥全貌。

一　具体意义

“**香木**”，散发着香气的树木。《古事记》上卷《日子穗穗手见命与鹈茸草不合命》：“到其神御门者，旁之井上有汤津**香木**。故坐其木上者，其海神之女，见相议者也。［（双行注）训**香木**云加都良，木。］故随教少行，备如其言，即，登其**香木**以坐。”又：“尔见其玙，问婢曰：‘若人有门外哉。’答曰：‘有人坐我井上**香木**之上。甚丽壮夫也。’”[④] 吴支谦译《菩萨本缘经》卷1：“是诸女人，各有一床，或金、或银、琉璃、颇梨、象牙、**香木**。”梁宝唱等集《经律异相》卷7：“佛言：‘往大海渚，取牛头栴檀，种种**香木**，如弹指顷，得诸香薪。’”北凉昙无谶译《佛所行赞》卷5《叹涅槃品》：“积牛头栴檀，及诸名**香木**，置佛身于上，灌以众香油，以火烧其下，三烧而不燃。”按：“香木”因芳香质坚而名贵，且圣洁具有神性。

“**熟瓜**”，成熟的瓜果。《古事记》中卷《景行记》：“是事白讫，即如**熟瓜**振折，而杀也。”[⑤] 此言像快刀切熟透的瓜果一样杀了熊曾建。陈真谛译《佛说立世阿毘昙论》卷1：“彼中众生，傍行作向上想，犹如守宫，铁轮外边，恒作傍行。是其身量，如颇多大，因冷风触，其身坼破，譬如**熟瓜**。”该例亦见于唐道世撰《法苑珠林》卷7、《诸经要集》卷18。按：佛典例与《景行记》的用法同为比喻，前者描摹壁虎被冷风吹得四分五裂的样子，后者比拟人头落地干净利落的情景，且均有“振折”“坼破”一类表现结果的词语衬托，足以证明两者在表现手法上的借鉴关系。

“**罪类**”，罪孽的种类；遭受恶报的一类。《古事记》中卷《仲哀记》：“尔惊惧而坐殡宫，更取国之大奴佐，而种种求生剥、逆剥、阿离、沟埋、屎户、上通下通婚、马

① 田中智樹「『古事記』に於ける『海原』」,『中京大学上代文学論究』10，2002。

② 马骏：《日本上代文学“和习”问题研究》，国家哲学社会科学文库2011，北京大学出版社，2012，第59～62页。

③ 马骏：《日本上代文学“和习”问题研究》，国家哲学社会科学文库2011，北京大学出版社，2012，第79页。

④ 山口佳紀、神野志隆光『古事記』，新編日本古典文学全集，小学館，1997，第126、128頁。

⑤ 山口佳紀、神野志隆光『古事記』，新編日本古典文学全集，小学館，1997，第220頁。

婚、牛婚、鸡婚之**罪类**，为国之大祓，而亦建内宿祢居于沙庭，请神之命。"[①] 曹魏白延译《佛说须赖经》[②] 卷1："夫以种恶栽，故生堕**罪类**。若其种善本，后必望福果。"西晋竺法护译《佛说弘道广显三昧经》[③] 卷1："执权方便，普现五道，拔诸愚冥，使修菩萨无欲之行，怀慈四等济度一切，伤愍**罪类**，故现为龙。"唐义净译《根本说一切有部毘奈耶杂事》[④] 卷31："诸苾刍尼得有诘责苾刍，如前**罪类**所有过失。"

"**极老**"，极端衰老。《古事记》下卷《雄略记》："于是天皇大惊：'吾既忘先事。然汝守志待命，徒过盛年，是甚爱悲。'心里欲婚，悼其**极老**，不得成婚，而赐御歌。"[⑤] 此言雄略天皇将迎娶赤猪子的约定忘得一干二净，使其空守闺房，蹉跎岁月，变成了一个满脸皱纹的老太婆。吴支谦译《撰集百缘经》卷8："时彼舞女，自观其身，形状**极老**。"东晋瞿昙僧伽提婆译《中阿含经》卷12《王相应品》："阎王复问：'汝本不见，一村邑中，或男或女，年耆**极老**，寿过苦极，命垂欲讫，齿落头白，身曲偻步，拄杖而行，身体战动耶?'"唐义净译《根本说一切有部毘奈耶杂事》卷12："难陀，寿命百年，有其十位……九谓**极老**，无所能为；十谓百年，是当死位。"按：《雄略记》断句当作"不得成婚，而赐御歌。"典型的四字语句是汉文佛经的文体特征。中土先行文献中难觅"极老"的例句。

二 抽象意义

"**荒心**"，昏聩恣肆之心。《古事记》上卷《日子穗穗手见命与鹈茸草不合命》："故自尔以后，稍愈贫，更起**荒心**迫来。"[⑥] 此言火照命逐渐破落，精神上变得愈加昏聩。《肥前国风土记·基肆郡》条："兆云：'令筑前国宗像郡人，珂是古，祭吾社。若合愿者，不起**荒心**。'"[⑦] 此言作祟的神灵说：如果让筑前国宗像郡人珂是古在神社祭祀我的话，我就不会再做出那种恣意妄为的荒唐事了。(1) 失译人名今附秦录《萨婆多毘尼毘婆沙》[⑧] 卷7："时有一长者，唯有一子甚爱，象所蹈杀。父即荒迷，狂行东西。佛以神力，化作其儿，使令见之，**荒心**即除。佛为说法，发辟支佛因缘。"(2)《宋书》卷65《申恬传》："时又迁换诸郡守，恬上表曰：'伏闻朝恩当加臣济南太守，仰惟优旨，荒心散越。'"[⑨] 按：佛典例中，"荒心"一词指面对突然发生的变故而失去理智，因而做出超越常情的行为。《宋书》例中的"荒心"一词用作谦辞，指突然接到兼任太守一职

① 山口佳紀、神野志隆光『古事記』，新編日本古典文学全集，小学館，1997，第244頁。

② 该经于天平八年抄写，题作《须赖经》，录于《大日本古文书》卷7，第58页。

③ 该经于天平十八年抄写，题作《弘道广显三昧经》，录于《大日本古文书》卷9，第84页。

④ 该经于天平十年抄写，录于《大日本古文书》卷7，第110页。

⑤ 山口佳紀、神野志隆光『古事記』，新編日本古典文学全集，小学館，1997，第342頁。

⑥ 山口佳紀、神野志隆光『古事記』，新編日本古典文学全集，小学館，1997，第132頁。

⑦ 植垣節也『風土記』，新編日本古典文学全集，小学館，1997，第316頁。

⑧ 该经于天平十年抄写，录于《大日本古文书》卷7，第84页。

⑨ （梁）沈约撰《宋书》，中华书局，1974，第1723～1724页。

的圣旨，难以抑制心中的激动之情。

“**爱悲**”，爱怜悲悯。《古事记》下卷《雄略记》：“然汝守志待命，徒过盛年，是甚**爱悲**，心里欲婚，悼其极老，不得成婚而，赐御歌。”① 例言因为雄略天皇一句戏言，造成赤猪子一生守寡，虚度年华。天皇为此极度爱怜悲悯。北凉道泰译《大丈夫论》卷2《**爱悲**品》。又《**爱悲**胜品》。唐玄奘译《摄大乘论释》② 卷1：“初任持**爱悲**，后随顺不善。非黑白我见，有益亦有损。”按：《雄略记》在此出现“爱悲”一词绝非偶然，寓意极为深邃，其宗旨在于颂扬圣帝雄略天皇所具有的悲天悯人的博大胸襟。

“**思爱**”，思念，爱恋。《古事记》上卷《大国主神》：“故咋破其木实含赤土唾出者，其大神以为咋破吴公唾出，而于心**思爱**而寝。”又中卷《垂仁记》：“尔沙本昆古王谋曰：‘汝寔**思爱**我者，将吾与汝治天下。’而即作八盐折之纽小刀授其妹曰：‘以此小刀，刺杀天皇之寝。’”③ 西晋竺法护译《光赞经》卷2：“有欲心无欲心，有欲想无欲想；瞋恚心瞋恚想，离瞋恚心离瞋恚想；愚痴心愚痴想，离愚痴心离愚痴想；有**思爱**心离**思爱**心。”唐道宣撰《广弘明集》④ 卷29：“与**思爱**而长违，顾生死而永别。”唐法聪撰《释观无量寿佛经记》卷1：“夫人忧悴，备有六意：一与大王，生死永绝；二与眷眷，**思爱**情离；三厌斯秽境，乐闻乐土；四自指女质，专求胜报；五遥心请佛，恐圣不应；六自惟未修，玅因不登上果。具此诸事，故身心不乐。”

“**成种**”，结成种子，生成种子。《古事记》上卷《天照大御神与须佐之男命》：“故所杀神于身生物者，于头生蚕，于二目生稻种，于二耳生粟，于鼻生小豆，于阴生麦，于尻生大豆。故是，神产巢日御祖命令取兹**成种**。”⑤ 例言神产巢日御祖命让须佐之男命取走了稻谷的种子。西晋竺法护译《贤劫经》卷2《诸度无极品》：“有娱乐度无极，有鲜洁度无极，有成世法度无极，有净世度无极，有**成种**度无极。”又《贤劫经》卷3《神通品》：“何谓**成种**度无极有六事？其所救者，致眷属和无极大财，是曰布施；所谨慎行致眷属和而无罪殃，是曰持戒；所修仁和若干眷属，各各自安无能坏者，是曰忍辱；若有勤修所有眷属，不使自恣放逸之行，各各办业用意不废，是曰精进；所遵禅思，若有瞋诤皆令和合致明眷属，是曰一心；所修圣明，一切眷属皆有智明而无谙蔽，是曰智慧。是为六。”唐惟谨述《大毘庐遮那经阿阇梨真实智品中阿阇梨住阿字观门》卷1：“所以梵云邬婆缚，亦名发起，犹如种子生果，果还**成种**。”

三　兼顾意义

“**枯山**”，枯萎的山。《古事记》上卷《伊耶那岐命与伊耶那美命》：“其泣状者，

① 山口佳紀、神野志隆光『古事記』，新編日本古典文学全集，小学館，1997，第342頁。

② 该经于胜宝三年抄写，录于《大日本古文书》卷12，第44页。

③ 山口佳紀、神野志隆光『古事記』，新編日本古典文学全集，小学館，1997，第82、198頁。

④ 该经于天平十一年抄写，录于《大日本古文书》卷7，第87页。

⑤ 山口佳紀、神野志隆光『古事記』，新編日本古典文学全集，小学館，1997，第68頁。

青山如**枯山**泣哭，河海者悉泣干。”① 此言速须佐之男命的哭泣，使得青山变成荒岭，海河为之干涸。《日本书纪》卷24《皇极纪》四年四月条：“或使**枯山**变为青山，或使黄地变为白水。”② 例言鞍作懂得各种幻术：可以使荒山变成绿岭，使黄土变成清澈的水。唐阿质达霰《秽迹金刚说神通大满陀罗尼法术灵要门》卷1：“若欲令**枯山**生草木，取镔铁刀一口，于四方围山，呪三千遍七日满则生。”按：通过佛典例句可知，使不毛的秃岭转眼间变成葱绿的青山，是佛教所传咒术之一。《伊耶那岐命与伊耶那美命》传说中的叙述内容亦然，只是反其道而用之。两相比较，两者在表达构思上的近缘关系尽显无遗。

“**含口**”，含在口中。《古事记》上卷《日子穗穗手见命与鹈茸草不合命》：“尔不饮水，解御颈之玙，**含口**唾入其玉器。于是其玙著器，婢不得离玙。故玙任著，以进丰玉毘卖。”③ 此言火远理命解下戴在脖子上的玉佩含在口里，然后将玉佩吐在器皿里。梁失译《阿吒婆呴鬼神大将上佛陀罗尼经》④ 卷1：“若取兵死人血书恶人名字，亦画恶人形，以符安口中**含口**中，一切人使病癞舌自入肚，结著碓尾下随意舂之。三日内恶人自缚不休。”唐阿质达霰译《秽迹金刚禁百变法经》卷1：“若欲令人不语者，书前人姓名，向口中**含口**。其人口不能言，吐出即语得。”唐僧详《法华传记》卷9：“朝众多琰魔卒来，以热铁丸**含口**，以铁棒而打掷之。身成火灰，段段坏尽。凉风所吹，还活如故。”按：佛典三例中，两例是佛教咒术的传授，即将人名写在纸上放进口里，其人便不能说话，吐出后恢复如常。另一例说的是饿鬼所遭受的酷刑之一，即将烧热的铁丸含在口里。《日子穗穗手见命与鹈茸草不合命》传说中，“含口”一词出现在著名的《海宫访问》的段落：火远理命造访龙宫，欲见龙女。在一棵香木树上小憩时，见龙女的侍女出来汲水，火远理命谎称讨水。当奴婢递过饮水的玉器时，火远理命解下颈上一块玉佩，含在口中吐进玉器中。于是，玉佩附在侍女身上，挥之不去。结果，火远理命在侍女的引导下得见龙女。由此可知，这段传说中的“含口”一词，反映的同样是一种咒术，暗示海神所具有的超凡能力，更是书录者的表达意图之所在。此外，《日本灵异记》下卷《击沙弥乞食以现得恶死报缘第15》：“明日辰时起，居朝床，彼鲤**含口**，取酒将饮。自口黑血返吐倾卧。如幻绝气，如寐命终。”⑤ 例言犬养真老第二天起床后，嘴里衔着做好的鲤鱼片儿正要喝酒时，突然口吐黑血，呕吐不止。很快气绝如丝，一命呜呼。例中“含口”，此处仅表示将鲤鱼片衔在嘴里的意思。

---

① 山口佳紀、神野志隆光『古事記』，新編日本古典文学全集，小学館，1997，第54頁。

② 小島憲之、直木孝次郎、西宫一民、蔵中進、毛利正守『日本書紀三』，新編日本古典文学全集，小学館，1998，第96頁。

③ 山口佳紀、神野志隆光『古事記』，新編日本古典文学全集，小学館，1997，第128頁。

④ 该经于奈良时代具体的抄写时期不详，题作《阿吒婆拘鬼神大将上佛陀罗尼经》，录于《大日本古文书》卷12，第212页。

⑤ 中田祝夫『日本霊異記』，日本古典文学全集，小学館，1975，第298頁。

第二节　口语词

从词性上看，《古事记》中出自汉文佛经的口语词有名词、动词、副词。以下主要征引敦煌文献资料加以辨析。

一　名词动词类

名词有“恋心”“嫡妻”“顶发”“贱奴”“贱女”“瓮酒”“那何”“此间”（前述）8个。

“**恋心**”，爱恋之心。《古事记》上卷《日子穗穗手见命与鹈茸草不合命》：“然后者，虽恨其伺情，不忍恋心。因治养其御子之缘，附其弟玉依毘卖，而献歌之。”① 例言丰玉毘卖虽然怨恨火远理命偷窥自己的原身，但仍然难以抑制对他的思念之情。隋慧远述《大般涅槃经义记》卷1：“或有众生书持以下，明其所修，纯修大乘，见伤叹中，安止无量。于自身已，牒前起后，令舍世恋，生其厌心，皆言世空，增其恋心。”唐义净译《根本说一切有部毘奈耶》卷2：“时彼贤首，闻此语已，便共孙陀罗难陀，经二三宿，告言：‘我无田业，及以工商，但藉诸人，而为活命。应须计日，与我赀财。若不尔者，汝宜速去，容他后人。’孙陀罗难陀曰：‘汝曾无有，相顾恋心。’”又《根本说一切有部毘奈耶羯耻那衣事》卷1：“云何决去失？如有苾刍，同在一处，受羯耻那衣。作衣已竟，于此无恋心。遂持衣钵，欲往余方。出界外，更不拟来。决意出者，是名决去失。”《敦煌变文·秋胡变文》：“纵使黄金积到天半，乱采（彩）堕似丘山，新妇宁有恋心，可以守贫取死。”② 按：佛典例表示对人世顾恋的世俗情感；敦煌变文例表示男女间的相思相爱。后者与《日子穗穗手见命与鹈茸草不合命》传说中的用法相同。

“**嫡妻**”，正妻。《古事记》上卷《大国主神》：“意礼，为大国主神，亦为宇都志国玉神，而其我之女须世理毘卖为嫡妻，而于宇迦能山三字以音之山本，于底津石根，宫柱布刀斯理、于高天原氷椽多迦斯理而居。是奴也。”又：“故其八上比卖者如先期美刀阿多波志都。故其八上比卖者虽率来，畏其嫡妻须世理毘卖，而其所生子者，刺挟木俣而返。故名其子云木俣神，亦名谓御井神也。”又中卷《应神记》：“故赦其贱夫，将来其玉，置于床边，即化美丽娘子。仍婚为嫡妻。”又下卷《安康记》：“故天皇大怒，杀大日下王尔，取持来其王之嫡妻长田大郎女为皇后。”③《释名·释亲属》：“妾谓

① 山口佳紀、神野志隆光『古事記』，新編日本古典文学全集，小学館，1997，第136頁。

② 黄征、张涌泉校注《敦煌变文校注》，中华书局，1997，第234页。

③ 山口佳紀、神野志隆光『古事記』，新編日本古典文学全集，小学館，1997，第84、276、328頁。

夫之嫡妻曰女君。”[①] 唐玄应撰《一切经音义》卷21：“生嫡：丁历反。主，嫡也。《字书》：嫡，正也。《公羊传》曰：立嫡以长者。何谓嫡夫人之子，尊无与敌。”吴康僧会译《六度集经》卷4：“时有两妻。象王于水中，得一莲华，厥色甚妙，以惠嫡妻。嫡妻得华，欣怿曰：‘氷寒尤甚，何缘有斯华乎？’小妻贪嫉，恚而誓曰：‘会以重毒，鸩杀汝矣。’结气而殒。”梁宝唱等集《经律异相》卷10：“儿本小妻，母是嫡妻。女情妬嫉，常加酷暴，妾含怨恨，妻终为嫡妻子。”

“**顶发**”，头顶的毛发，头发。《古事记》中卷《仲哀记》：“于是，其将军既信诈，弭弓藏兵。尔自顶发中采出设弦，更张追击。”[②] 例言将藏在头发里的弓弦取出来，拉开弓箭袭击对手。《日本书纪》卷21《崇峻纪》二年四月条：“乃斫取白月胶木，疾作四天王像，置于顶发而发誓言：‘今若使我胜敌，必当奉为护世四王，起立寺塔。’”[③]《日本灵异记》上卷《非理夺他物为恶行受报示奇事缘第30》：“使有二人，一顶发举来，一少子也。伴副往程，二驿度许，路中有大河。”[④]（1）东晋佛驮跋陀罗译《大方广佛华严经》卷16《金刚幢菩萨十回向品》：“若有人乞，连肤顶发，髻中明珠，眼耳鼻根，牙齿舌根，头顶手足，坏身出血，髓肉及心，肠肾肝肺，肢节诸骨，厚皮薄皮，或手足指，连肉指爪。”姚秦三藏鸠摩罗什译《坐禅三昧经》[⑤] 卷1：“初降神时，震动天地，有三十二相大人相……三十一者，顶发肉骨成；三十二者，眉间白毛，长好右旋。”（2）《敦煌变文·八相变（二）》：“仙人曰：‘……太□（子）长大必有三十二相庄严，八十种好，□□婴□（珞）项佩（背）圆光，顶发旋螺，人天广度，号曰天人师。’”[⑥]

“**贱奴**”，地位低下的人，亦用作谦辞。《古事记》中卷《神武记》：“故尔诏：‘吾者为日神之御子，向日而战不良。故负贱奴之痛手。自今者行回，而背负日以击。’”又：“从其地回幸，到纪国男之水门而诏：‘负贱奴之手乎死。’男建而崩，故号其水门谓男水门也。陵即在纪国之灶山也。”又下卷《安康记》：“贱奴意富美者，虽竭力战，更无可胜。”[⑦]《日本书纪》卷19《钦明纪》十五年十二月条：“是时新罗谓佐知村饲马奴苦都曰：‘苦都贱奴也。明王名主也。今使贱奴杀名主。冀传后世莫忘于口。’”[⑧]《敦

---

① （东汉）刘熙撰，（清）毕沅疏证，王先谦补，祝敏彻、孙玉文点校《释名疏证补》，中华书局，2008，第103页。

② 山口佳紀、神野志隆光『古事記』，新編日本古典文学全集，小学館，1997，第250頁。

③ 小島憲之、直木孝次郎、西宮一民、蔵中進、毛利正守『日本書紀二』，新編日本古典文学全集，小学館，1996，第512頁。

④ 中田祝夫『日本霊異記』，日本古典文学全集，小学館，1975，第125頁。

⑤ 该经于天平三年抄写，录于《大日本古文书》卷7，第16页。

⑥ 黄征、张涌泉校注《敦煌变文校注》，中华书局，1997，第523頁。

⑦ 小島憲之、直木孝次郎、西宮一民、蔵中進、毛利正守『日本書紀二』，新編日本古典文学全集，小学館，1996，第142～144、144、432頁。

⑧ 小島憲之、直木孝次郎、西宮一民、蔵中進、毛利正守『日本書紀二』，新編日本古典文学全集，小学館，1996，第432頁。

煌变文·庐山远公话》："白庄于东岭上惊觉，遂乃问左右曰：'西边是甚声音？'左右曰：'启将军，西边是掳来者**贱奴**念经声。'白庄闻语，大奴（怒）非常，遂唤远公直至面前，高声责曰：'你若在寺舍伽蓝，要念即不可；今况是随逐于我，争合念经！'远公曰：'将军当日掳**贱奴**来时，许交（教）念经。'"① 按：《汉语大词典》分别例举《西游记》第70回："妖王上前喝道：'好**贱奴**！怎么偷了我的金铃宝贝，在此胡弄！'"偏晚。变文对话中，前一"贱奴"为詈词，贬斥惠远为下贱的奴才；后一"贱奴"为谦辞，惠远自称地位低下。而且，两例均出现在对话文中。

"贱女"，品行下贱的女子。《古事记》中卷《应神记》："此沼之边，一**贱女**昼寝。于是日耀如虹，指其阴上。"②《日本灵异记》中卷《力女示强力缘第27》："娘言：'无礼故引居船。何故诸人令陵**贱女**。'"③ 晋代失译人名《佛说摩诃衍宝严经》④ 卷1："'譬如刹利顶生大王**贱女**共会，若后生子，于意云何？贱人所生，当言此子，非王子耶？'答曰：'不也，世尊。此是王子。如是迦叶，虽从贱生，而是王子。'"苻秦僧伽跋澄译《鞞婆沙论》卷14："谓豪贵与**贱女人**共会者，彼**贱女人**，随彼得贵。"唐玄奘译《瑜伽师地论》⑤ 卷61："云何名王种姓不高？谓有国王随一下类王家而生，非宿尊贵；或虽于此王家而生，**贱女**之子，不相似子；或是大臣辅相、国师群官等子。如是名王种姓不高。"按：《汉语大词典》例引明孙柚《琴心记·杜门谢客》："丑事莫轻题，**贱女**淫奔去。"偏晚。

"瓮酒"，装在坛子中的酒。《古事记》中卷《应神记》："其兄曰：'若汝有得此娘子者，避上下衣服，量身高而酿**瓮酒**，亦山河之物悉备设，为宇礼豆玖。'云尔。"⑥《日本书纪》卷1《神代纪上》："素戋呜尊敕蛇曰：'汝是可畏之神，敢不飨乎？'乃以八**瓮酒**，每口沃入。"⑦ 失译人名今附后汉录《杂譬喻经》⑧ 卷2："道人曰：'吾当为汝出瓮中人，取一大石打坏**瓮酒**，尽了无所有。'"《敦煌变文·王昭君变文》："且有奔驼勃律，阿宝蕃人，膳主牦牛，兼能煞马。酝五百**瓮酒**，煞十万口羊，退犊燖驼，饮食盈川，人伦若海。"⑨ 按：《汉语大词典》失收。

"那何"，奈何，为何。《古事记》下卷《履中记》："故即还下难波，欺所近习墨江中王之隼人，名曾婆加里云：'若汝从吾言者，吾为天皇，汝作大臣治天下，**那何**？'

① 黄征、张涌泉校注《敦煌变文校注》，中华书局，1997，第357页。

② 山口佳紀、神野志隆光『古事記』，新編日本古典文学全集，小学館，1997，第274頁。

③ 中田祝夫『日本靈異記』，日本古典文学全集，小学館，1975，第220頁。

④ 该经于天平九年抄写，题作《摩诃衍宝严经》，录于《大日本古文书》卷7，第70页。

⑤ 该经于天平七年抄写，录于《大日本古文书》卷7，第39页。

⑥ 小島憲之、直木孝次郎、西宮一民、蔵中進、毛利正守『日本書紀一』，新編日本古典文学全集，小学館，1994，第278頁。

⑦ 小島憲之、直木孝次郎、西宮一民、蔵中進、毛利正守『日本書紀一』，新編日本古典文学全集，小学館，1994，第94～96頁。

⑧ 该经于天平十二年抄写，录于《大日本古文书》卷7，第536页。

⑨ 黄征、张涌泉校注《敦煌变文校注》，中华书局，1997，第159页。

曾婆诃理答白：‘随命。’”又《安康记》：“尔大长谷王子，当时童男，即闻此事，以慷忾忿怒，乃到其兄黑日子王之许曰：‘人取天皇，为**那何**？’”[①] 后汉支娄迦谶译《道行般若经》卷4：“是善男子、善女人，为极尊贵，魔终无**那何**，不能动还令舍阿耨多罗三耶三菩。”梁宝唱等集《经律异相》卷38：“明日舍食，佛与众僧，就坐而坐，问斯**那何**在？”按：“那”，“奈何”的合音。《汉语大词典》例引《左传》宣公二年条：“牛则有皮，犀兕尚多，弃甲则那？”杜预注：“**那**，犹何也。”杨伯峻注：“**那**，奈何之合音。顾炎武《日知录》三十二云：直言之曰‘**那**’，长言之曰‘**奈何**’，一也。”此外，《敦煌变文·金刚般若波罗蜜经讲经》：“深观浊世苦偏多，恶业持身不**那何**。”[②] 又《佛说阿弥陀经讲经文》：“陀罗论义不如他，词辩纵横不**那何**。”[③] 中土文献当中，年代较早的例句可见《通典》卷48：“元帝崩，温峤答王导书云：‘……庙窄之与本体，各是一事，**那何**以庙窄而废本体也？’”[④] 小岛宪之对“那何”一词曾做过调查。[⑤]

动词有“出向”“临产”“叫哭”“生剥”“遇逢”5个。

“**出向**”，外出去往某处。《古事记》上卷《伊耶那岐命与伊耶那美命》：“尔自殿縢户**出向**之时，伊耶那岐命语诏之：‘爱我那迩妹命，吾与汝所作之国未作竟。故可还。’”[⑥] 例言伊耶那岐命从宫殿出来迎接伊耶那美命，说希望你回来，继续完成共同创造国家这一未竟的事业。后秦弗若多罗、罗什合译《十诵律》[⑦] 卷17：“有一比丘，寄衣在居士舍。是比丘闻居士舍为火所烧，忘不白余比丘，从僧坊**出向**聚落。”齐那连提耶舍译《月灯三昧经》[⑧] 卷8：“尔时，大菩萨众白善花月法师言：‘我等一切，诸菩萨众，不乐仁者，从此林**出**，**向**彼王都，城邑聚落。’”梁宝唱等集《经律异相》卷10：“时王即以苏香涂身，便入空山，卧岩石上。是诸百鸟，皆来生噉。命过之后，生婆罗门家。端正妍好，至年长大，窃**出向**市。”《敦煌变文·目连缘起》：“阿娘见儿来欢喜：自汝**出向**他州，我在家中，常修善事。”[⑨] 按：在上古文献中，相同构词还有“发向”“赴向”“还向于～”“逃向于～”“移向于～”“参向于～”“持向于～”等。

“**临产**”，临近分娩。《古事记》上卷《忍穗耳命与迩迩艺命》：“故后木花之佐久夜毘卖参出白：‘妾妊身，今**临产**时。是天神之御子，私不可产。故请。’”又《日子穗穗手见命与鹈葺草葺不合命》：“于是，海神之女丰玉毘卖命自参出白之：‘妾已妊身，今**临产**时。此念天神之御子不可生海原。故参出到也。’”又：“尔将方产之时，白其日

① 山口佳紀、神野志隆光『古事記』，新編日本古典文学全集，小学館，1997，第310、330頁。
② 黄征、张涌泉校注《敦煌变文校注》，中华书局，1997，第627页。
③ 黄征、张涌泉校注《敦煌变文校注》，中华书局，1997，第670页。
④ （唐）杜佑撰《通典》，中华书局，1988，第1351页。
⑤ 小島憲之『上代日本文学と中国文学上』，塙書房，1962，第221～222頁。
⑥ 山口佳紀、神野志隆光『古事記』，新編日本古典文学全集，小学館，1997，第44頁。
⑦ 该经于天平九年抄写，录于《大日本古文书》卷7，第79页。
⑧ 该经于天平十年抄写，录于《大日本古文书》卷7，第194页。
⑨ 黄征、张涌泉校注《敦煌变文校注》，中华书局，1997，第1011页。

子言：‘凡佗国人者，临产时，以本国之形产生。故妾今以本身为产。愿勿见妾。’”又中卷《仲哀记》：“故其政未竟之间，其怀妊临产，即为镇御腹，取石以缠御裳之腰，而渡筑紫国，其御子者阿礼坐。”[①]《日本书纪》卷2《神代纪下》：“后丰玉姬果如前期，将其女弟玉依姬，直冒风波，来到海边。逮临产时，请曰：‘妾产时，幸勿以看之。’”[②] 后汉康孟详译《佛说兴起行经》[③] 卷1：“我今临产，当须酥油。以何因缘，于毘兰邑，与五百比丘食马麦？”梁宝唱等集《经律异相》卷4：“后身轻软，不想三毒。诸有疾者，手摩必愈。既满十月，临产之时，有三十二瑞。”梁僧佑撰《释迦谱》卷1：“王后临产，思入园观。严云母宝车，采女围绕出游，怜鞞树下。”《敦煌变文·太子成道经》：“喜乐之次，腹中不安，欲似［临］产。”又《盂兰盆经讲经文》：“故《父母恩重经》云：‘父母有十种恩，卒难报答。一者怀胎守护恩，二者临产受苦恩。’”[④] 按：《汉语大词典》失收。

“**叫哭**”，又叫又哭，哭喊。《古事记》中卷《垂仁记》：“尔多迟摩毛理分缦四缦、矛四矛献于大后，以缦四缦、矛四矛献置天皇之御陵户，而擎其木实，叫哭以白：‘常世国之登岐士玖能迦玖能木实，持参上侍。’遂叫哭死也。”[⑤]《日本书纪》卷6《垂仁纪》九十九年三月条：“‘今天皇既崩，不得复命。臣虽生之，亦何益矣。’乃向天皇之陵叫哭，而自死之。”[⑥]《日本灵异记》中卷《常鸟卵煮食以现得恶死报缘第10》：“畠一町余，麦生二尺许。眼见爝火，践足无间。走回畠内，而叫哭曰：‘热哉，热哉！’”又中卷《佛铜像盗人所捕示灵表显盗人缘第22》：“时有路往人，从寺北路，乘马而往。闻之有声，而叫哭曰：‘痛哉，痛哉！’”[⑦] 苻秦昙摩难提译《阿育王息坏目因缘经》[⑧] 卷1：“刀山剑树，火车炉炭。罪人叫哭，苦毒万端。”隋阇那崛多译《佛本行集经》卷19《车匿等还品》：“尔时耶输陀罗，大声叫哭，一瞋一骂，杂种语音，呵责车匿。”又卷54《优波离因缘品》：“时优波伽，作是念已，举声叫哭。”《敦煌变文·王昭君变文》：“地上筑坟犹未了，泉下惟闻叫哭声。”[⑨] 按：《汉语大词典》失收。上古文献中，与之内容相关且源自汉文佛经的还有“大号叫（曰）”“号叫曰”“欢叫”“哭叫”“啼叫”“扬声叫~”等。

---

① 山口佳紀、神野志隆光『古事記』，新編日本古典文学全集，小学館，1997，第122、134、248頁。
② 小島憲之、直木孝次郎、西宮一民、蔵中進、毛利正守『日本書紀一』，新編日本古典文学全集，小学館，1994，第160頁。
③ 该经于天平八年抄写，题作《兴起行经》，录于《大日本古文书》卷7，第53页。
④ 黄征、张涌泉校注《敦煌变文校注》，中华书局，1997，第436、1009页。
⑤ 小島憲之、直木孝次郎、西宮一民、蔵中進、毛利正守『日本書紀一』，新編日本古典文学全集，小学館，1994，第210頁。
⑥ 小島憲之、直木孝次郎、西宮一民、蔵中進、毛利正守『日本書紀一』，新編日本古典文学全集，小学館，1994，第336頁。
⑦ 中田祝夫『日本靈異記』，日本古典文学全集，小学館，1975，第176、206页。
⑧ 该经于天平十四年抄写，题作《阿育王太子法益坏经》，录于《大日本古文书》卷8，第112页。
⑨ 黄征、张涌泉校注《敦煌变文校注》，中华书局，1997，第159页。

“**生剥**”，犹言活剥。《古事记》中卷《仲哀记》：“尔惊惧而坐殡宫，更取国之大奴佐而，种种求生剥、逆剥、阿离、沟埋、屎户、上通下通婚、马婚、牛婚、鸡婚之罪类，为国之大祓，而亦建内宿祢居于沙庭，请神之命。”① 例言各种活剥牲口的方法。《古语拾遗》：“其后，素戋呜神奉为日神，行甚无状，种种凌侮，所谓毁畔、埋沟、放樋、回放、刺串、生剥、逆剥、屎户。”②《日本书纪》卷1《神代纪上》：“日神尊以天垣田为御田。时素戋呜尊春则填渠毁畔，又秋谷已成，则冒以络绳。且日神居织殿时，则生剥斑驹，纳其殿内。”③（1）吴支谦译《弊魔试目连经》④ 卷1：“譬如生剥牛皮，宛转在地，痛不可言。”姚秦佛陀耶舍、竺佛念等合译《长阿含经》卷7：“我敕左右，收缚此人，生剥其皮，求其识神，而都不见。”姚秦鸠摩罗什译《大智度论》卷27《序品》：“瞋亦如是，从久远世时作毒蛇，猎者生剥其皮，犹尚不瞋。云何最后身而瞋五人?”《敦煌变文·大目乾连冥间救母变文》：“或有劈腹开心，或有面皮生剥。”⑤（2）《魏书》卷95《苻生传》：“使宫人与男女裸交于殿前，引群臣临而观之。或生剥牛羊驴马，活爇鸡豚鹅鸭，数十为群，放之殿下。”⑥ 按：《汉语大词典》失收。

“**遇逢**”，偶然见到，碰见。《古事记》中卷《应神记》：“故耕人等之饮食，负一牛而，入山谷之中，遇逢其国主之子天之日矛。”⑦《日本书纪》28《天武纪上》元年七月条：“逮于墨坂，遇逢菟军至，更还屯金纲井，而招聚散卒。”⑧（1）刘宋求那跋陀罗译《杂阿含经》卷23：“时修师摩王子出外游戏，又复遇逢一大臣。”隋费长房撰《历代三宝纪》⑨ 卷8：“时年十三，曾于一时，随师远行，忽于旷野，遇逢一虎。”唐道宣撰《续高僧传》卷12：“忽值云奔月隐，乘暗度栈，遇逢游兵，特蒙释放。”《敦煌变文·悉达太子修道因缘》：“其仙人答曰：‘大王乞不怪怒，缘此孩子先证无上菩提之时，我不遇逢，所以悲泣。’”⑩（2）《梁诗》卷20简文帝《茱萸女》：“茱萸生狭斜，结子复衔花。遇逢纤手摘，滥得映铅华。”⑪《北史》卷11《隋本纪上》：“遇逢扶老携幼者，辄引马避之，慰勉而去。”⑫ 此言路上遇到扶老携幼者，总是停马避让。按：《汉语大词典》例引《敦煌变文集·张义潮变文》：“行至雪山南畔，遇逢背逆回鹘一千余

① 山口佳紀、神野志隆光『古事記』，新編日本古典文学全集，小学館，1997，第244頁。

② 西宮一民『古語拾遺』，岩波文庫，1985，第121頁。

③ 小島憲之、直木孝次郎、西宮一民、蔵中進、毛利正守『日本書紀一』，新編日本古典文学全集，小学館，1994，第80頁。

④ 该经于天平五年抄写，录于《大日本古文书》卷7，第9页。

⑤ 黄征、张涌泉校注《敦煌变文校注》，中华书局，1997，第1028页。

⑥ （北齐）魏收撰《魏书》，中华书局，1974，第2076页。

⑦ 山口佳紀、神野志隆光『古事記』，新編日本古典文学全集，小学館，1997，第274頁。

⑧ 小島憲之、直木孝次郎、西宮一民、蔵中進、毛利正守『日本書紀三』，新編日本古典文学全集，小学館，1998，第336頁。

⑨ 该经于天平九年抄写，录于《大日本古文书》卷7，第108页。

⑩ 黄征、张涌泉校注《敦煌变文校注》，中华书局，1997，第470页。

⑪ 逯钦立辑校《先秦汉魏晋南北朝诗》，中华书局，1983，第1909页。

⑫ （唐）李延寿撰《北史》，中华书局，1974，第429页。

骑。”偏晚。

二　副词类

副词除上面谈到的“都不～”“都勿～”之外，还有“更无～”[①]“甚能”2个。

“**更无**～”，“绝无……”，“丝毫没有……”。多用于对话体。《古事记》下卷《仁德记》：“大后幸行所以者，奴理能美之所养虫，一度为匐虫，一度为鼓，一度为飞鸟，有变三色之奇虫。看行此虫而入坐耳。**更无**异心。”又《安康记》：“是以思贱奴意富美者，虽竭力战，**更无**可胜。然恃己入坐于陋家之王子者，死而不弃。”又：“其王子答诏：‘然者**更无**可为。今杀吾。’故以刀刺杀其王子，乃切己颈以死也。”又《雄略记》：“于是，赤猪子以为，望命之间，已经多年，姿体瘦萎，**更无**所恃。”又：“尔赤猪子答白：‘其年其月，被天皇之命，仰待大命，至于今日经八十岁。今容姿既耆，**更无**所恃。然显白己志以参出耳。’”[②]（1）吴支谦译《菩萨本缘经》卷1：“尔时，诸臣即白王言：‘唯愿大王，宽意莫愁。勿谓国中，**更无**有任，为辅相者。’”姚秦鸠摩罗什译《妙法莲华经》卷2《譬喻品》：“以是因缘，十方谛求，**更无**余乘，除佛方便。”唐义净译《金光明最胜王经》卷10《舍身品》：“虎豹豺师子，唯噉热血肉；**更无**余饮食，可济此虚羸。”（2）《列子》卷4《仲尼篇》：“七年之后，从心之所念，更无是非；从口之所言，**更无**利害。”[③]《搜神记》卷18条：“明日视之，乃老孤也。自是亭舍**更无**妖怪。”[④] 按：《古事记》五例当中，四例用于会话体或诏书中。这一文体特色，在其他上古文献当中亦可得到验证。《日本书纪》卷10《应神纪》三十一年八月条：“时大鷦鷯尊预察天皇之色，以对言：‘长者多经寒暑，既为成人**更无**悒矣。’”[⑤] 又卷23《舒明纪》即位前纪条：“时采女臣摩礼志、高向臣宇摩、中臣连弥气、难波吉士身刺四臣曰：‘随大伴连言，**更无**异。’”又：“时大臣遣纪臣、大伴连谓三国王樱井臣曰：‘先日言讫，**更无**异矣。然臣敢之轻谁王也重谁王也。’”[⑥]《元兴寺伽蓝缘起并流记资财账》：“时召池边皇子与大大王二柱告：‘佛神者恐物。大父后言莫忘，慎慎。佛神不可憎舍。大大王之其牟久原后宫者，**更无**望心，终奉于佛，共莫取为自物。其代者，耳无宫气辩田既得为后宫。’告。”《续日本纪》卷3《文武纪》大宝三年七月条：“秋七月甲午，诏曰：‘籍帐之设，国家大信。逐时变更，诈伪必起。宜以庚午年籍为定，**更无**改易。’”[⑦]

---

① 瀬間正之「古事記と六朝語」，古事記研究大系10，高科書店，1995。

② 山口佳紀、神野志隆光『古事記』，新編日本古典文学全集，小学館，1997，第296、332、340、342頁。

③ 杨伯峻撰《列子集释》，中华书局，1979，第127页。

④ 王根林、黄益元、曹光甫校点《汉魏六朝笔记小说大观》，上海古籍出版社，1999，第420页。

⑤ 小島憲之、直木孝次郎、西宮一民、蔵中進、毛利正守『日本書紀一』，新編日本古典文学全集，小学館，1994，第496頁。

⑥ 小島憲之、直木孝次郎、西宮一民、蔵中進、毛利正守『日本書紀三』，新編日本古典文学全集，小学館，1998，第20、30頁。

⑦ 青木和夫、稲岡耕二、笹山晴生、白藤礼幸『続日本紀一』，新日本古典文学大系，岩波書店，1989，第70頁。

“**甚能**”，非常，极为。《古事记》上卷《忍穗耳命与迩迩艺命》：“其过所以者，此二柱神之容姿，**甚能**相似。故是以过也。”[①] 此言两个神长相身段十分相似。《续日本纪》卷19《孝谦纪》天平胜宝八岁五月条：“丙子，敕：‘禅师法荣，立性清洁，持戒第一，**甚能**看病。由此。请于边地。令侍医药。太上天皇得验多数。信重过人。不用他医。’”[②] 例言善于给人把脉看病。(1) 西晋竺法护译《持人菩萨经》[③] 卷4：“（佛复告持人）又其菩萨，**甚能**晓了，观世间行，极复分别，有为无为，奉行诸法，心所不著，有为无为。”元魏吉迦夜、昙曜合译《杂宝藏经》卷3：“诸比丘言：‘希有！世尊。提婆达多，**甚能**谄伪，于众人前，调顺向佛；于屏处时，恶心骂佛。’”隋阇那崛多译《佛本行集经》卷11《习学技艺品》：“其忍天至，王敕之言：‘羼提提婆，汝能教我，悉达太子，戎仗智不？’是时忍天，即白王言：‘臣**甚能**教。’”(2)《宋书》卷48《毛修之传》：“经年不忍问家消息，久之乃讯访，修之具答，并云：‘贤子元矫，**甚能**自处，为时人所称。’”[④] 按：《汉语大词典》失收。“甚”，表示程度之甚。“能”，音“nài”，通“耐”，表示胜任或相称的意思。《汉书》卷49《晁错传》：“夫胡貉之地，积阴之处也，木皮三寸，冰厚六尺，食肉而饮酪，其人密理，鸟兽毳毛，其性能寒。杨粤之地少阴多阳，其人疏理，鸟兽希毛，其性**能**暑。”颜师古注：“**能**，读曰耐。此下能暑亦同。”[⑤]《敦煌变文·孔子项托相问书》：“项托七岁能言语，报答孔丘**甚能**强。”又《目连变文》：“目连虽割亲爱，舍俗出家，偏向二亲，**甚能**孝道，寻思往〔日〕乳哺，未有报答劬劳。”[⑥] 上引文例均为直接引语或口述形式。

第三节 新义词

《古事记》中出自汉文佛经的新义词包括新词义和新用法两类，前者指词义上出现的新变化，后者指在用法上出现的新形式。

一 新词义

《古事记》中词语出现的新词义（合计8个）：①名词。“虚空”（前述）“贱夫”“无间”。②动词。“刺割”“缠绕”“缠手”“拔取”。③副词。“本身”（参见资料卷该词条）。

---

① 山口佳紀、神野志隆光『古事記』，新編日本古典文学全集，小学館，1997，第104頁。

② 青木和夫、稲岡耕二、笹山晴生、白藤礼幸『続日本紀三』，新日本古典文学大系，岩波書店，1992，第162頁。

③ 该经于胜宝七年抄写，录于《大日本古文书》卷13，第127页。

④ （梁）沈约撰《宋书》，中华书局，1974，第1426页。

⑤ （汉）班固撰，（唐）颜师古注《汉书》，中华书局，1962，第2284页。

⑥ 黄征、张涌泉校注《敦煌变文校注》，中华书局，1997，第359、1072页。

（一）名词

“**贱夫**”，低贱的男人，卑微的丈夫。《古事记》中卷《应神记》：“亦有一**贱夫**，思异其状，恒伺其女人之行。故是女人自其昼寝时，妊身，生赤玉。尔其所伺**贱夫**，乞取其玉，恒裹著腰。”又：“故赦其**贱夫**，将来其玉，置于床边，即化美丽娘子。”[①] 梁僧佑撰《弘明集》卷4：“夫良玉时玷，**贱夫**指其瑕；望舒抱魄，野人睨其缺。岂伊好辩未获，云已复进，请益之问？庶以研尽所滞。”唐道宣撰《广弘明集》卷12：“昔天师贵士，尚拜帝王；今鬼卒**贱夫**，须跪卿相。宜令道士，习其师法，朝谒帝王，参拜官长。编于朝典，不亦宜乎？”按：《汉语大词典》首引唐杜甫《七月三日戏呈元二十一曹长》诗：“**贱夫**美一睡，烦促婴词笔。”偏晚。通过佛典例句可知，“贱夫”的类义词是“野人”，对义词有“贵士”。

“**无间**”，梵语 niśchidra，没有间隙，毫无空隙。《古事记》上卷《日子穗穗手见命与鹈茸草茸不合命》：“尔，盐椎神云：‘我为汝命作善议。’即造**无间**胜见之小船，载其船以，教曰：‘我押流其船者，差暂往。’”[②] 所谓“无间”小船，指的是密封严实不漏水的小船。东晋佛驮跋陀罗译《大方广佛华严经》卷17：“安住此法，舍牙齿时，如是回向：以此善根，令一切众生，得白净利牙，成最胜塔，受天人供；令一切众生，得佛齐密、**无间**齿相。”例言所得回报，能像佛陀一样，有一口整齐雪白的牙齿。“无间齿”，指牙齿排列整齐均匀，没有缝隙。按：《日本灵异记》下卷《怨病忽婴身因之受戒行善以现得愈病缘第34》：“历十四年，奉读《药师经》二千五百卷，《金刚般若经》千卷，《观世音经》二百卷。唯《千手陀罗尼》，**无间诵**之也。”[③] “无间诵”，谓不停歇地读诵经文。唐菩提流志译《不空罥索神变真言经》[④] 卷5《罥索成就品》：“每日面东，烧焯香王。供养一切，依法趺坐。时常**无间诵**母陀罗尼真言、秘密心真言。”唐不空译《阿唎多罗陀罗尼阿噜力经》卷1：“又先像前，诵十六洛叉，即安像舍利塔中，以白氎覆，作**无间诵**。比像火然，得将千余人乘空。”此外，《日本灵异记》中卷《常乌卵煮食以现得恶死报缘第10》：“山人问言：‘何故然也？’答曰：‘有一兵士，召我将来，押入爝火，烧足如煮。见四方者，皆卫火山。**无间所出**，故叫走回。’”[⑤] 例中“无间所出”当是自创表达，指在地狱遭受报应，无处可逃。

（二）动词

“**刺割**”，用刀割开。《古事记》上卷《天照大御神与须佐之男命》：“故切其中尾时，御刀之刃毁。尔思怪，以御刀之前**刺割**而见者，在都牟羽之大刀。”[⑥] 例言斩断蛇

① 山口佳紀、神野志隆光『古事記』，新編日本古典文学全集，小学館，1997年，第274、276頁。
② 山口佳紀、神野志隆光『古事記』，新編日本古典文学全集，小学館，1997，第126頁。
③ 中田祝夫『日本霊異記』，日本古典文学全集，小学館，1975，第350頁。
④ 该经于胜宝五年抄写，录于《大日本古文书》卷12，第411页。
⑤ 中田祝夫『日本霊異記』，日本古典文学全集，小学館，1975，第176頁。
⑥ 山口佳紀、神野志隆光『古事記』，新編日本古典文学全集，小学館，1997，第70頁。

尾时刀刃出现豁口。须佐之男命好生奇怪，用佩刀切开一看，发现里面有一把草薙剑。(1) 姚秦鸠摩罗什译《佛说华手经》[①] 卷7："于地狱中，闻诸狱卒，可畏音声。收捕系缚，打斫**刺割**，坏裂其身，勿纵令活。"又《大智度论》卷5《序品》："缚打鞭拷，**刺割**斫截，如是等从瞋生。"北魏瞿昙般若流支译《正法念处经》卷12："如是烧已，阎魔罗人，百到千到，焰刀**刺割**。"(2)《论衡》卷30《自纪第85》："后人为治中，材小任大，职在**刺割**，笔札之思，历年寝废。"[②] 按：《汉语大词典》失收。《论衡》例中，"割"字在《太平御览》中作"劾"。"刺割"，揭发、追究违法乱纪的行为。由此可知，《古事记》中"刺割"的说法，来自汉文佛经，但与中土文献中的说法，仅为同形词，词义上并无交集。

"**缠绕**"，萦绕，回旋地束缚。《古事记》中卷《垂仁记》："乃天皇惊起，问其后曰：'吾见异梦。从沙本方暴雨零来，急沾吾面。又锦色小蛇，**缠绕**我颈。是有何表也？'"[③] 例言被一条色泽斑斓的小蛇缠住脖子。后汉康孟详译《佛说兴起行经》卷2："不以是苦行，能得成佛道。非道而行求，因缘自**缠绕**。"东晋佛陀跋陀罗译《佛说观佛三昧海经》[④] 卷5《观佛心品》："我随汝死，婉转相著，终不相离。气绝命终，生铁城中，东西驰走，铁蛇出毒，**缠绕**其身。"隋阇那崛多译《佛本行集经》卷26《向菩提树品》："或眼放光，犹如黑蛇，其中毒满。或有颈项，**缠绕**诸蛇。或有手执，蟒蛇而食，犹金翅鸟，从海取龙，而噉食之。"按：《汉语大词典》首引唐刘禹锡《葡萄歌》："田野生葡萄，**缠绕**一枝高。"偏晚。《史记》卷130《太史公自序》："名家苛察缴绕"，集解注引如淳曰："缴绕，犹**缠绕**，不通大体也。"[⑤] 该例说明，传世文献中"缠绕"一词的出现不会晚于三国时代。《垂仁记》"缠绕"一词多用以表现蛇牢牢缠住人的动作，该用法出自汉文佛经。此外，该故事在《日本书纪》卷6《垂仁纪》五年十月条中是这样叙述的："语皇后曰：'朕今日梦矣。锦色小蛇，绕于朕颈。复大雨从狭穗发而来之濡面。是何祥也？'"[⑥] 濑间正之曾对"缠绕"一词做过考证。[⑦]

"**缠手**"，把绳线缠在手上，用布帛把手缠起来。《古事记》中卷《垂仁记》："尔其后豫知其情，悉剃其发，以发覆其头，亦腐玉绪，三重**缠手**，且以酒腐御衣，如全衣服。"[⑧] 例言先用醋将玉石手镯的绳线泡腐，然后在手上缠了好几遍。后秦弗若多罗、罗什合译《十诵律》[⑨] 卷45："在中庭讲堂内土埵上，有立作者，有纺者，有擘治者，

---

① 该经于天平五年抄写，题作《华手经》，录于《大日本古文书》卷7，第7页。

② 黄晖著《论衡校释》，中华书局，1990，第1207～1208页。

③ 山口佳紀、神野志隆光『古事記』，新編日本古典文学全集，小学館，1997，第198頁。

④ 该经于天平二十年抄写，录于《大日本古文书》卷10，第475页。

⑤ (汉) 司马迁撰《史记》，中华书局，1959，第3291～3292页。

⑥ 小島憲之、直木孝次郎、西宫一民、蔵中進、毛利正守『日本書紀一』，新編日本古典文学全集，小学館，1994，第308頁。

⑦ 瀬間正之「沙本毘賈物語と漢訳仏典」，『古事記年報』30，1988。

⑧ 山口佳紀、神野志隆光『古事記』，新編日本古典文学全集，小学館，1997，第202頁。

⑨ 该经于天平九年抄写，录于《大日本古文书》卷7，第79页。

有抖擞者，有作萦者，有**缠手**者。”唐道世撰《法苑珠林》卷64：“我于尔时，即以缯帛，而自**缠手**，内著油中，以火然之，发至诚言。”按：《汉语大词典》“缠手”词条释义作“谓事情难办或疾病难治”，不表示“把绳线缠在手上”等意思。《日本书纪》卷11《仁德纪》五十五年条：“五十五年，虾夷叛之。遣田道令击。则为虾夷所败，以死于伊峙水门。时有从者，取得田道之**手缠**与其妻。乃抱**手缠**而缢死。”[①] 例中“手缠”，指一种革制臂套。这里的两种用法，均不同于《古事记》和汉文佛经中的用法。

“**拔取**”，有以下三种意思和用法。①抽取。“取”字词义虚化。《古事记》中卷《仲哀记》：“当四月之上旬，尔坐其河中之矶，**拔取**御裳之系，以饭粒为饵，钓其河之年鱼。”[②] 例言使用缝纫衣裳的丝线拴个鱼钩钓鱼。②折取。《日本书纪》卷3《神武纪》即位前纪条：“天皇大喜，乃**拔取**丹生川上之五百个真坂树，以祭诸神。”又卷8《仲哀纪》八年正月条：“时冈县主祖熊鳄，闻天皇之车驾，豫**拔取**五百枝贤木，以立九寻船之舳。”又：“又筑紫伊睹县主祖五十迹手，闻天皇之行，**拔取**五百枝贤木，立于船之舳舻。”[③] ③拔掉（占领）。《日本书纪》卷19《钦明纪》二年七月条：“故今追崇先世和亲之好，敬顺天皇诏敕之词，**拔取**新罗所折之国南加罗、㖨己吞等，还属本贯，迁实任那，永作父兄，恒朝日本。”[④] 在中国两类文献当中，与上述三种意思和用法的对应情况如下：（1）东晋瞿昙僧伽提婆译《增壹阿含经》卷48《礼三宝品》：“劫北视发遂久，见有一白发，便白王曰：‘前所敕者，今已白见。’王曰：‘拔来示我。’劫北即以金镊，**拔取**白发，置王手中。”梁僧伽婆罗译《阿育王经》[⑤] 卷6《佛记优波笈多因缘》：“是时猕猴，以水灭火，取灰藏之。所卧棘刺，**拔取**掷去，所卧之灰，复取除之。”唐义净译《根本说一切有部毘奈耶杂事》卷40：“尊者即便，以神通力，将诸人众，往香醉山，告诸人曰：‘皆可**拔取**，郁金香根。’”（2）《齐民要术》卷3《种胡荽》：“若地柔良，不须重加耕垦者，于子熟时，好子稍有零落者，然后**拔取**。直深细锄地一遍，劳令平。”[⑥] 按：在传世文献中，“拔取”早期表示“拔毛取血”的意思。《国语》卷18《观射父论祀牲》：“毛以示物，血以告杀，接诚**拔取**以献具，为齐敬也。”[⑦] 韦昭注：“**拔**毛**取**血，献其备物也。”另外，在日本上古文献当中，与“拔取”类似的构词还有“逼取”“抽取”“乞取”“学取”“折取”“斫取”“酌取”“捉取”等。

① 小島憲之、直木孝次郎、西宮一民、蔵中進、毛利正守『日本書紀二』，新編日本古典文学全集，小学館，1996，第64頁。

② 山口佳紀、神野志隆光『古事記』，新編日本古典文学全集，小学館，1997，第248頁。

③ 小島憲之、直木孝次郎、西宮一民、蔵中進、毛利正守『日本書紀一』，新編日本古典文学全集，小学館，1994，第241、406、408頁。

④ 小島憲之、直木孝次郎、西宮一民、蔵中進、毛利正守『日本書紀二』，新編日本古典文学全集，小学館，1996，第374頁。

⑤ 该经于天平八年抄写，录于《大日本古文书》卷7，第53页。

⑥（北魏）贾思勰著，石声汉校释《齐民要术今释》，中华书局，2009，第256页。

⑦ 邬国义、胡果文、李晓路撰《国语译注》，上海古籍出版社，1994，第533页。

二 新用法

《古事记》中，出现新用法的词语如下：①“得”[①] 字。“见得”“取得”。②“著”字。“血著”“火著”“著火”“烧著”“服著”“裹著”“结著”“画著”“任著”“取著”。③“取”字。“取持”“取杀”[②]。④“为”字。“为敬礼”“为动摇”。⑤“竟·讫”字。“未竟（之间）”“白讫”“死讫”[③]。⑥“边、口、头、底”字。“家当（边）”“床边”“山边”“道口”“船头”“水底”。

（一）“得”字

濑间正之曾探讨过“V＋得”的口语性，指出上古文学作品中该类词有“见得”“取得”（《古事记》）“伐得”（《日本书纪》）等。[④]

“见得”，看到；发现。《古事记》中卷《崇神记》：“是以驿使班于四方，求谓意富多多泥古人之时，于河内之美努村**见得**其人，贡进。”[⑤] 例言天皇派出各路人马，寻找一个叫富多多泥古的人。结果在河内之美努村找到此人，将他献给了朝廷。《日本书纪》卷12《履中纪》即位前纪条：“今既被命，岂难于杀仲皇子乎？唯独惧之，既杀仲皇子，犹且疑臣欤。冀**见得**忠直者，欲明臣之不欺。”[⑥] 此言希望找到一个忠诚正直的人，以证明自己并没有任何欺瞒的行为。后汉支娄迦谶译《般舟三昧经》[⑦] 卷2《拥护品》：“复次飏陀和，是菩萨所未诵经，前所不闻经卷。是菩萨持是三昧威神，梦中悉自得其经卷名。各各悉见，悉闻经声。若昼日不得者，若夜于梦中悉**见得**。”西晋竺法护译《生经》卷2：“外甥教舅：‘舅年尊体羸力少，若为守者所得，不能自脱。更从地窟，却行而入。如令**见得**，我力强盛，当济免舅。’”东晋竺昙无兰译《佛说见正经》[⑧] 卷1：“如暗夜贯针，水中求火，终无**见得**。”按：《汉语大词典》所收词条中未见该义项。在“V＋得”格式中，“得”用作补助助词，明显地保留着“获得”的语义。

“取得”，得到；抢得。《古事记》中卷《垂仁记》：“故其军士等，还来奏言：‘御发自落，御衣易破，亦所缠御手玉绪便绝。故不获御祖，**取得**御子。’”[⑨] 《日本书纪》卷9《神功纪》摄政前纪条：“辛卯，至层增岐野，即举兵击羽白熊鹫而灭之。谓左右

---

① 濑间正之在《古事记与六朝语》一文中（古事记研究大系10，高科书店，1995）指出，另有1例是中卷《垂仁记》：“取得御子”（第202页）。

② 朱庆之：《佛典与中古汉语词汇研究》，台湾文津出版社，1992，第143页。

③ “V＋讫”的词法，表示某一动作的结束，通常接在表示人的行为动作的动词后面。下卷《仲哀记》中“曙讫”的说法属于例外，“和习”气氛浓厚。

④ 瀬間正之「古事記と六朝語」，古事記研究大系10，高科書店，1995。

⑤ 山口佳紀、神野志隆光『古事記』，新編日本古典文学全集，小学館，1997，第182～184頁。

⑥ 小島憲之、直木孝次郎、西宮一民、蔵中進、毛利正守『日本書紀二』，新編日本古典文学全集，小学館，1996，第84頁。

⑦ 该经于天平九年抄写，录于《大日本古文书》卷7，第74页。

⑧ 该经于天平五年抄写，题作《见正经》，录于《大日本古文书》卷7，第11页。

⑨ 山口佳紀、神野志隆光『古事記』，新編日本古典文学全集，小学館，1997，第202頁。

曰：‘**取得**熊鹫，我心则安。’故号其处曰安也。”① 又卷11《仁德纪》五十五年条：“时有从者，**取得**田道之手缠与其妻。乃抱手缠而缢死。时人闻之流涕矣。”②（1）吴康僧会译《旧杂譬喻经》③ 卷1：“昔有一女行嫡人，诸女共送，于楼上饮食相娱乐。橘子堕地，诸女共观。谁敢下**取得**橘来，当共为作饮食。”姚秦鸠摩罗什译《大庄严论经》卷6：“我即挽弓向之，以贪宝故，即便射杀。杀已即**取**，**得**一铜钱。宁惜一钱，不惜身命？”隋阇那崛多译《佛本行集经》卷41《迦叶三兄弟品》：“于彼树上，**取得**菓已，于先来至，优娄频螺迦叶居处、火神堂中，端然而坐。”（2）《搜神记》卷12：“此物能别男女气臭，故取女，男不取也。若**取得**人女，则为家室。其无子者，终身不得还。”④ 此言如果偷**取得**人家女儿，就拿去做妻子。《宋书》卷29《符瑞下》：“晋成帝咸康八年九月，庐江舂谷县留珪夜见门内有光，**取得**玉鼎一枚，外围四寸。”⑤ 此言得到一只玉鼎，外围四寸。按：在上古文献当中，类似的构词另见“见得”“请得”“搜得”“证得”“捉得”等。

（二）“著”字

“**服著**”，衣着；装束。《古事记》下卷《仁德记》：“其臣**服著**红纽青折衣。故水潦拂红纽，青皆变红色。”⑥ 例言口子臣身穿配有红色纽扣的藏青色的上衣，跪在大雨瓢泼的庭院，经雨水浸泡的红色纽扣掉颜色，将藏青色的上衣染成了红色。西晋竺法护译《贤劫经》卷8：“时转轮王闻此至教，心自念言：‘在国秽浊，出乃清净。宁可弃国，除去须发，舍家捐业，**服著**袈裟，行作沙门？’”前凉支施仑译《佛说须赖经》⑦ 卷1：“于舍卫城，百千亿众生，皆适得是、百千价服已，皆**服著**之。适**服著**已，善心生焉。”唐义净译《根本说一切有部毘奈耶药事》⑧ 卷17：“**服著**垢敝衣，但唯求粪扫。常乐居闲静，不爱俗喧林。”按：“著”，穿、戴的意思。上古文献当中，类似的构词还有“臂著”“插著”“披著”“取著”“烧著”“题著”“血著”“咒著”等。

“**裹著**”，裹在身体的某部位；将某物包裹起来放在某处。《古事记》中卷《应神记》：“故是女人自其昼寝时，妊身，生赤玉。尔其所伺贱夫，乞取其玉，恒**裹著**腰。”⑨ 例言男子趁女人午睡的时候，偷走她的玉石，包裹起来藏在腰间。（1）后汉安世高译

---

① 小島憲之、直木孝次郎、西宮一民、藏中進、毛利正守『日本書紀一』，新編日本古典文学全集，小学館，1994，第420頁。

② 小島憲之、直木孝次郎、西宮一民、藏中進、毛利正守『日本書紀二』，新編日本古典文学全集，小学館，1996，第64頁。

③ 该经于天平神护三年抄写，录于《大日本古文书》卷17，第44页。

④ 王根林、黄益元、曹光甫校点《汉魏六朝笔记小说大观》，上海古籍出版社，1999，第373页。

⑤（梁）沈约撰《宋书》，中华书局，1974，第851页。

⑥ 山口佳紀、神野志隆光『古事記』，新編日本古典文学全集，小学館，1997，第296頁。

⑦ 该经于天平八年抄写，题作《须赖经》，录于《大日本古文书》卷7，第58页。

⑧ 该经于天平九年抄写，题作《根本尼陀那》，录于《大日本古文书》卷7，第82页。

⑨ 山口佳紀、神野志隆光『古事記』，新編日本古典文学全集，小学館，1997，第274頁。

《地道经》[①] 卷1："痴人计为净，都庐儿拨肌合裁如一酸枣为裹著身。"姚秦鸠摩罗什译《大智度论》卷59："若以青物裹著水中，水色即为青；若黄赤白红缥物裹著水中，水随作黄、赤、白、红、缥色。如是等种种色物，裹著水中，水随作种种色。"高丽一然撰《三国遗事》卷2："寻绳之下，乃见红幅里金合子，开而视之，有黄金卵六圆如日者。众人悉皆惊喜，俱伸百拜。寻还，裹著抱持而归我刀家賔榻上，其众各散。"（2）《幽明录》："后盗牛肉，鸲鹆复白参军，参军曰：'汝云盗肉，应有验。'鸲鹆曰：'以新荷裹著屏风后。'检之果获，痛加治，而盗者患之，以热汤灌杀。"[②] 此言偷东西的人把偷来的肉用新荷叶包着放在屏风后面。

"**结著**"，将某物系在某处，在某处打结。《古事记》上卷《大国主神》："尔握其神之发，其室每椽结著，而五百引石取塞其室户，负其妻须世理毘卖，即取持其大神之生大刀与生弓矢及其天诏琴，而逃出之时，其天诏琴，抚树而地动鸣。"[③] 例言大穴牟迟神拽住须佐之男的头发，将它拴在屋顶的每一根梁子上。（1）东晋佛陀跋陀罗、法显合译《摩诃僧祇律》卷16："临发时便言：'我无，净人有牛。尊者，须者当取，使净人长囊，盛种种粮食，计日日食分。作一齐已，纽结著牛上。'"失译人名今附梁录《六字神咒王经》卷1："作索成已，若有官事被言，或逢斗诤，更相咒诅，谗谤谋枉，及一切众恶。以此咒结著其人衣带中。如上诸难，悉皆灭之。"唐善无畏译《阿吒薄俱元帅大将上佛陀罗尼经修行仪轨》卷2："又书恶人形，以符安口中，含口中，一切恶人，便赖舌自入肚，结著碓尾下，随意舂之。三日内恶人自缚不休。"（2）《晋书》卷25《舆服》："鈚以铁为之，其大三寸，中央两头高，如山形，贯中以翟尾而结著之也。"[④] 此言从中间贯穿起来用翟尾系在一起。

"**取著**"，拿过来穿戴上。《古事记》上卷《天照大御神与须佐之男命》："于上枝取著八尺勾璁之五百津之御须麻流之玉，于中枝取系八尺镜，于下枝取垂白丹寸手青丹寸手。"[⑤]《万叶集》卷3第478首歌："舍人者　白栲尔　服取著而　常有之　咲比振麻比　弥日异　更经见者　悲吕可闻"[⑥]。《日本灵异记》中卷《孤娘女凭敬观音铜像示奇表得现报缘第34》："娘大欢喜，不胜幸心，脱著黑衣，与使而言：'无物可献，但有垢衣。幸受用之。'使母取著。"[⑦]（1）《全后汉文》卷36应劭《风俗通义》："今家人织新缣，皆取著后缣绢二寸许系户上，此其验也。"[⑧]（2）西晋竺法护译《普曜经》卷5："时兜术天子，号离垢光。寻取天衣袈裟僧迦梨，化沙门形，奉上菩萨。于时菩萨，

① 该经在奈良时代抄写的具体年代不详，录于《大日本古文书》卷12，第215页。

② 王根林、黄益元、曹光甫校点《汉魏六朝笔记小说大观》，上海古籍出版社，1999，第709～710页。

③ 山口佳紀、神野志隆光『古事記』，新編日本古典文学全集，小学館，1997，第82頁。

④ （唐）房玄龄等撰《晋书》，中华书局，1994，第753页。

⑤ 山口佳紀、神野志隆光『古事記』，新編日本古典文学全集，小学館，1997，第64頁。

⑥ 小島憲之、木下正俊、東野治之『万葉集一』，日本古典文学全集，小学館，1994，第262頁。

⑦ 中田祝夫『日本霊異記』，日本古典文学全集，小学館，1975，第238頁。

⑧ （清）严可均校辑《全上古三代秦汉三国六朝文》，中华书局，1958，第674页。

即**取著**之，静然而住。”姚秦佛陀耶舍、竺佛念等合译《四分律》卷7：“若先有长衣，应**取著**；若无者，诸知友比丘有长衣，应**取著**。”

“**画著**”，画上去，画在某处。《古事记》下卷《清宁记》：“物部之　我夫子之　取佩　于大刀之手上　丹**画著**　其绪者　载赤幡　立赤幡见者”[①]。此言在大刀手柄涂抹上红色的泥土。唐阿地瞿多译《陀罗尼集经》[②] 卷6：“欲令余人，所作咒法，不成办者，当作四肘，三色粉坛，南北两面，画莲花座，于其座上，**画著**牙形。”又卷7《佛说金刚藏大威神力三昧法印咒品》：“其像侧相，布以绿地。像上侧相两边，**画著**须陀会天。”唐不空译《末利支提婆花鬘经》卷1：“中心著末利支座，座上**画著**，花座并像。”

“**烧著**”，烧燃某处，在某处燃烧。《古事记》上卷《大国主神》：“而以火烧，似猪大石而转落。尔追下取时，即于其石所**烧著**而死。”[③] 例言被滚烫的石头烧灼而死。西晋竺法护译《持心梵天所问经》[④] 卷3：“譬如男子，而取㲉铁，**烧著**火中，不欲愿火，不当手触。”隋智顗说《维摩经文疏》卷10：“经云：‘是身无我，为如火。’亦作两释：一作破外人解者，外人计有神我。云何知耶？见身能东西驰走，及出音声。故知有神我也。内人破曰：‘约火一法，破其两计。’所以者何？火烧野草，亦能东西自在，亦是我也。又**烧著**竹木，出诸音声，亦是有神我也。”唐阿地瞿多译《陀罗尼集经》卷3：“然后请诸佛菩萨金刚天等，作花座印，随法所须，**烧著**炉中供养。”

“**火著**”，点火烧燃某物，放火点燃某物。《古事记》中卷《景行记》：“于是，看行其神入坐其野，尔其国造**火著**其野。”又下卷《履中纪》：“尔阿知直白：‘墨江中王**火著**大殿。故率逃于倭。’”[⑤] 后汉安世高译《大比丘三千威仪》[⑥] 卷2：“设大比丘僧会时，扫除讲堂，中有七事……五者当作大灯**火**，**著**堂中央，却正比丘僧坐席。”姚秦佛陀耶舍、竺佛念等合译《四分律》卷12：“若以**火著**，生草木上，波逸提；若断多分生草木，波逸提；断半干半生草木，突吉罗。”唐输波迦罗译《苏悉地羯罗经》[⑦] 卷3《被偷成物却征法品》：“或用苦练木，或用烧尸残柴，而用护摩。**火著**已后，以烧尸灰，和己身血，而用护摩。”按：“著”，表示附着的意思，用作补助动词，是结果补语，其后可出现宾语。

“**著火**”，点燃某物；放在火里烧。《古事记》下卷《雄略记》：“布挚白犬，著铃，

① 山口佳紀、神野志隆光『古事記』，新編日本古典文学全集，小学館，1997，第356頁。
② 该经于天平九年抄写，缺卷1、4、5、6、7，录于《大日本古文书》卷7，第75页。
③ 山口佳紀、神野志隆光『古事記』，新編日本古典文学全集，小学館，1997，第78頁。
④ 该经于天平十四年抄写，题作《持心梵天经》，录于《大日本古文书》卷8，第7页。
⑤ 山口佳紀、神野志隆光『古事記』，新編日本古典文学全集，小学館，1997，第224、306頁。
⑥ 该经于天平九年抄写，题作《见正经》，录于《大日本古文书》卷7，第108页。
⑦ 该经于天平九年抄写，录于《大日本古文书》卷7，第109页。又于天平十年抄写，题作《苏悉地经》，录于《大日本古文书》卷1，第113页。

而已族名谓腰佩人，令取犬绳以献上。故令止其**著火**。”[①] 立言天皇下令停止放火烧毁大县主的住宅。(1) 后汉支娄迦谶译《般舟三昧经》卷2《无著品》：“是菩萨守是三昧，当作是见佛，不当著佛。何以故？设有所著为自烧，譬如大叚铁，**著火中烧**正赤，有智者不当以手持。何以故？烧人手。”又《文殊师利问菩萨署经》卷1：“复有婆罗门，名牟梨师利，白佛：‘我适提胳，欲**著火中**，欲令之炽盛，便见怛萨阿竭，身有三十二相诸种好。’即时其佛言：‘用是火为事，有怛萨阿竭署，何以不学？’”吴支谦译《佛说义足经》卷1：“佛时现大变神足，即从师子座飞起，往东方虚空中步行，亦箕坐猗右胁，便**著火**定神足。”(2)《搜神记》卷16：“伯**著火**炙之，腹背俱焦坼。”[②] 按：《汉语大词典》失收。例中“著火”的说法同样出自汉文佛经。

值得注意的是，《古事记》中下面两例三字格表达，亦与汉文佛经关系密切。

“**著火烧**”，放火焚烧，点火燃烧。《古事记》中卷《景行记》：“于是先以其御刀苅拨草，以其火打而打出火，著向火而烧退。还出，皆切灭其国造等，即**著火烧**。故于今谓烧津也。”[③] 西晋竺法护译《修行地道经》[④] 卷4：“若持**著火**，**烧**其发时，身便当亡，发从四生。”失译人名今附梁录《牟梨曼陀罗咒经》卷1：“……第十相者，先令**著火**，**烧**地使热。又汝当知，若应如是，十种相者，当知所行之法，皆悉成验。”

“**以火著～**”，用火点燃某物，点火烧燃某物。《古事记》上卷《忍穗耳命与迩迩艺命》：“即作无户八寻殿，入其殿内，以土涂塞，而方产时，**以火著**其殿而产也。”又下卷《履中纪》：“本坐难波宫之时，坐大尝而为丰明之时，于大御酒宇良宜而大御寝也。尔其弟墨江中王欲取天皇，**以火著**大殿。”[⑤] 西晋竺法护译《佛说申日经》[⑥] 卷1：“今我兄所侍之师，我当请之，掘门里地，令入五丈，**以火著**中，薄覆其上。设众饭食，皆内毒药。”姚秦佛陀耶舍、竺佛念等合译《四分律》卷12：“若**以火著**，生草木上，波逸提。若断多分生草木，波逸提。断半干半生草木，突吉罗。”

“**任著**”，随手放置在某处。“著”的动词性更为明显。“任”，本义放任，此处作状语。《古事记》上卷《日子穗穗手见命与鹈茸草不合命》：“尔不饮水，解御颈之玙，含口唾入其玉器。于是其玙著器，婢不得离玙。故玙**任著**，以进丰玉毘卖命。”[⑦] 唐菩提流志译《五佛顶三昧陀罗尼经》[⑧] 卷1：“次说胜顶王像，若画者皆如上：菩提树下，坐佛说法，以右手扬掌，左手**任著**。亦有师子座，顶放众光。”

“**血著**”，血粘在某处。《古事记》上卷《忍穗耳命与迩迩艺命》：“故高木神，取

---

① 山口佳紀、神野志隆光『古事記』，新編日本古典文学全集，小学館，1997，第338頁。
② 王根林、黄益元、曹光甫校点《汉魏六朝笔记小说大观》，上海古籍出版社，1999，第401页。
③ 山口佳紀、神野志隆光『古事記』，新編日本古典文学全集，小学館，1997，第116頁。
④ 该经于天平二十年抄写，录于《大日本古文书》卷3，第147页。
⑤ 山口佳紀、神野志隆光『古事記』，新編日本古典文学全集，小学館，1997，第122、306頁。
⑥ 该经于胜宝三年抄写，题作《申日经》，录于《大日本古文书》卷3，第529页。
⑦ 山口佳紀、神野志隆光『古事記』，新編日本古典文学全集，小学館，1997，第128頁。
⑧ 该经于天平九年抄写，录于《大日本古文书》卷7，第62页。

其矢见者，血著其矢羽。”① 例言射箭的羽毛上沾着鲜血。（1）后汉安世高译《地道经》卷 1：“止处臭恶露一切骨节，卷缩在革囊，在腹内血著身，在外处大便肥长。”姚秦鸠摩罗什译《大智度论》卷 13《序品》：“天王言：‘仙人供养法，以烧香、甘果诸清净事。汝云何以肉，血著火中，如罪恶法？’”梁僧佑撰《释迦谱》卷 1：“大瞿昙悲哀涕泣，下棺殓之，取土中余血，以泥团之，持著山中，还其精舍。左血著左器中，其右亦然。”（2）《晋书》卷 69《刘隗传》：“谨按行督运令史淳于伯刑血著柱，遂逆上终极柱末二丈三尺，旋复下流四尺五寸。”② 此言行刑时鲜血喷柱。

（三）“取”字

“取持”，拿，取。《古事记》上卷《天照大御神与须佐之男命》：“此种种物者，布刀王命，布刀御币等取持，而天儿屋命布刀诏户言祷白。”又《大国主神》：“尔握其神之发，其室每椽结著，而五百引石取塞其室户，负其妻须世理毘卖，即取持其大神之生大刀与生弓矢及其天诏琴而逃出之时，其天诏琴抚树而地动鸣。”又《忍穗耳命与迩迩艺命》：“故尔，天忍日命、天津久米命二人，取负天之石靫，取佩头椎之大刀，取持天之波士弓，手挟天之真鹿儿矢，立御前而仕奉。”又中卷《神武记》：“降此刀状者，穿高仓下之仓顶，自其堕入。故阿佐米余玖，汝取持献天神御子。”③《日本灵异记》中卷《力女示强力缘第 27》：“国上惶烦，彼衣返与。取持归家，洒净，牒收其衣。”④ 后汉支娄迦谶译《道行般若经》卷 8《守行品》：“时释提桓因，化作文陀罗华，取持散佛上。散已作是说：‘行菩萨道者，乃向佛道乎？所愿悉成，为近为悉护。作是行者，为悉成佛。诸经法、萨艺若经法、怛萨阿竭经法悉具足。阿惟越致经法亦尔。’”隋达摩笈多译《起世因本经》⑤ 卷 1《郁多罗究留洲品》：“到器树已，器树为彼，枝亦垂下，手所擥及，随所欲器，即取持用，诣向果树。”隋阇那崛多译《佛本行集经》卷 3《受决定记品》：“尔时，彼人报于我言：‘仁者童子，汝可不闻？降怨大王，出敕告下：所有华鬘，悉不听卖，与于他人。何以故？王欲自取，持供养佛。’”按：《艺文类聚》卷 33 所载《说苑》曰：“楚庄王赐群臣酒。日暮灯烛灭，有人引美人衣，美人援绝其冠缨，告王曰：‘有引妾衣者，妾绝其缨。取持火来，视绝缨者。’”⑥ 但该内容在《说苑》卷 6 的记载却是：“‘今者烛灭，有引妾衣者，妾援得其冠缨，持之，趣火来上，视绝缨者。’”⑦《韩诗外传》卷 7《第 14 章》亦然：“今烛灭，有牵妾衣者。妾扢

① 山口佳紀、神野志隆光『古事記』，新編日本古典文学全集，小学館，1997，第 102 頁。

② （唐）房玄龄等撰《晋书》，中华书局，1994，第 1836 页。

③ 山口佳紀、神野志隆光『古事記』，新編日本古典文学全集，小学館，1997，第 64、82～84、116、165 頁。

④ 中田祝夫『日本霊異記』，日本古典文学全集，小学館，1975，第 220 頁。

⑤ 该经在奈良时代具体的抄写时期不详，录于《大日本古文书》卷 12，第 554 页。

⑥ （唐）欧阳询撰《艺文类聚》，上海古籍出版社，1999，第 582 页。

⑦ （汉）刘向撰，向宗鲁校证《说苑校证》，中华书局，1987，第 125～126 页。

其缨而绝之。愿趣火视绝缨者。"① 三则史料记载说明，"取持"一词源自汉文佛经，《艺文类聚》的转引未必忠实于原典，同时证明双音词的产生是一个历史趋势。此外，《古事记》等中另有"取持"构成的三字格，它们大都源自汉文佛经。例如，"取持来""取持去""手取持"。②

"**取杀**"③，杀死。"取"字，此处本义虚化，词义中心在"杀"字。《古事记》中卷《景行记》："尔诏：'吾者坐缠向之日代宫，所知大八岛国，大带日子淤斯吕和气天皇之御子，名倭男具那王者也。意礼熊曾建二人，不伏无礼闻看，而**取杀**意礼诏而遣。'"④（1）后汉安世高译《佛说分别善恶所起经》⑤ 卷1："杀虫以为饵，钩生蒙其利。**取杀**而食之，后世为魅魍。"西晋法炬译《佛说鸯崛髻经》⑥ 卷1："然此沙门，独来无伴，我今当**取杀**之。"高丽一然撰《三国遗事》卷1："富山下果有女根谷，百济兵五百人来藏于彼，并**取杀**之。"（2）《艺文类聚》卷91引载《列士传》曰："公子欲尽杀之，恐有辜，乃自按剑至其笼上曰：'谁获罪无忌者耶?'一鹞独低头，不敢仰视。乃**取杀**之。"⑦ 该故事异文《独异志》卷中："有鹞伏罪于地，乃杀之，而放其群鹞。"⑧《晋书》卷126《秃发傉檀传》："昔宋殇好战，致灾于华督；楚灵黩武，**取杀**于乾溪。异代同亡，其于傉檀见之矣。"⑨ 此言楚灵王滥用武力，在干溪被杀。

（四）"为"字

"为"字作为本义的"做"已经虚化，添加时仅仅是为满足四字语句的需要。值得注意的是，除了以古老神话和民间故事为主要内容的《古事记》以外，在以劝善惩恶为宗旨的佛教故事集《日本灵异记》中，亦多见"为"字虚词化用法。

"**为敬礼**"，"敬礼"，梵语 vandana，音译"和南"等，恭敬礼拜之义。《日本灵异记》上卷《妻为死夫建愿图绘像有验不烧火示异表缘第33》："画师矜之，共同发心，绘绚画毕。因设斋会。即安置金堂，恒**为敬礼**。"⑩ 姚秦鸠摩罗什译《大庄严论经》卷10："我等皆莫起，慎莫**为敬礼**，但当遥指授，语令彼处坐。"唐义净译《佛说能断金刚般若波罗蜜多经》卷1："妙生，若国土中，有此法门，为他解说，乃至四句伽他。当知此地，即是制底，一切天人、阿苏罗等，皆应右绕，而**为敬礼**。"

"**为动摇**"，摇晃，晃动。《日本灵异记》上卷《僧忆持心经得现报示奇事缘第14》："大哉！释子。多闻弘教，闭居诵经。心廓融达，所现玄寂。焉**为动摇**，室壁开

① （汉）韩婴撰，许维遹校释《韩诗外传》，中华书局，1980，第251页。
② 见本编第三章《〈古事记〉佛典句式探源》。
③ 瀬間正之「古事記と六朝口語」，古事記研究大系10，高科書店，1995。
④ 山口佳紀、神野志隆光『古事記』，新編日本古典文学全集，小学館，1997，第220頁。
⑤ 该经于天平八年抄写，录于《大日本古文书》卷7，第62页。
⑥ 该经于天平十四年抄写，题作《鸯崛髻经》，录于《大日本古文书》卷8，第2页。
⑦ （唐）欧阳询撰《艺文类聚》，上海古籍出版社，1999，第1589页。
⑧ 上海古籍出版社编《唐五代笔记小说大观》，上海古籍出版社，2000，第930页。
⑨ （唐）房玄龄等撰《晋书》，中华书局，1994，第3158页。
⑩ 中田祝夫『日本霊異記』，日本古典文学全集，小学館，1975，第132頁。

通，光明照耀。"① 吴支谦译《佛说七女经》卷1："第七女言：'一身独居人出去其舍，舍中空无有守者，今舍日坏败。'尔时，第二忉利天王释提桓因坐，即**为动摇**。"刘宋求那跋陀罗译《杂阿含经》卷47："时尊者摩诃拘绨罗语尊者阐陀：'汝今当于大师，修习正念，如所说句：有所依者，则**为动摇**；动摇者，有所趣向；趣向者，为不休息；不休息者，则随趣往来；随趣往来者，则有未来生死；有未来生死故，有未来出没；有未来出没故，则有生老病死、忧悲苦恼。如是纯一苦聚集。'"

上述以"为"作为前缀词构成的"为尽""为敬礼""为动摇"等说法，在汉文佛经中均能找到先例，证明了其作为佛典表达的一个特点。另一方面，下面的"为竖寒毛"的搭配形式，显然出自作者的创造。"**为竖寒毛**"，寒毛倒竖，形容极为恐惧的样态。《续日本纪》卷20《孝谦纪》天平宝字元年七月条："今闻此事，**为竖寒毛**。凶痛已深，理宜追责。可除御母之名，夺宿祢之姓，依旧从山田史。"② 后汉康孟详译《佛说兴起行经》卷2："大众见此女，现身堕泥犁。阿阇世王便惊恐，**衣毛为竖**。即起叉手，长跪白言：'此女所堕，今在何处？'"西晋聂道真译《异出菩萨本起经》卷1："佛在水边树下，坐禅光景入水，彻照龙所居处。龙见佛光大惊，**毛甲为竖**。"刘宋求那跋陀罗译《杂阿含经》卷22："尔时，给孤独长者见城门开，而作是念：'定是夜过，天晓门开。'乘明相出于城门。出城门已，明相即灭，辄还暗冥。给孤独长者心即恐怖，**身毛为竖**，得无为人及非人，或奸狡人恐怖我耶？即便欲还。"北凉昙无谶译《大般涅槃经》卷1《寿命品》："时诸天人，及诸会众，阿修罗等，见佛光明，还从口入，皆大恐怖，**身毛为竖**。"按："为"处于动词"竖"之前，属虚化用法，凑足四音节。"新编全集本"将"为竖（寒毛）"读作"タメニサムケヲタツ"，虽然意义还算通畅，但仍似有误读之嫌。

（五）"竟、讫"字

"V＋讫"是六朝以来具有口语特征的表达形式。③

"**白讫**"，说完以后。《古事记》上卷《忍穗耳命与迩迩艺命》："故尔问其大国主神：'今汝子事代主神如此**白讫**。亦有可白子乎。'"又："故更且还来，问其大国主神：'汝子等事代主神、建御名方神二神者，随天神御子之命，勿违**白讫**。故汝心奈何？'"又中卷《景行记》："尔其熊曾建白：'信然也。于西方，除吾二人无建强人。然于大倭国，益吾二人，而建男者坐祁理。是以，吾献御名。自今以后，应称倭建御子。'是事**白讫**，即如熟苽振折而杀也。"④ 唐义净译《根本说一切有部毘奈耶》卷23："一苾刍曰：'汝某甲能与僧伽于夏三月中藏护衣不？若言能者，应敷坐席。'次鸣揵稚，以言

① 中田祝夫『日本霊異記』，日本古典文学全集，小学館，1975，第95頁。

② 青木和夫、稲岡耕二、笹山晴生、白藤礼幸『続日本紀三』，新日本古典文学大系，岩波書店，1992，第218頁。

③ 牛島徳次『漢語文法論　中古編』，東方書店，1971。

④ 山口佳紀、神野志隆光『古事記』，新編日本古典文学全集，小学館，1997，第108、110、220頁。

白讫，僧伽尽集，令一苾刍，作白羯磨。”又卷39：“若僧时到听者，僧伽应许。僧伽今与此二人，作不舍恶见摈羯磨，应告之曰：‘汝等二人，从今已去，不得更云，如来、应正、等觉是我大师。亦复不应，随苾刍后，同一道行。如余求寂，与大苾刍，二夜同室宿。汝今无是事，汝愚痴人，今可灭去。’白如是，应一苾刍，向二人所报言：‘众今与汝二人，作白四摈羯磨。’已作**白讫**，汝等应舍，如是恶见。若舍者善。若不舍者，还至众中，具告其事，广说如上。”唐定宾撰《四分比丘戒本疏》[①] 卷1：“故今说戒之时，问意云是谁尼寺遣尼来请教诫尼人。其受嘱者闻已，即起僧前礼佛，白大众云：‘大德，僧听某寺比丘尼众和合等。’余词同前。**白讫**，巡行至二十夏以上。”按：在中土文献中，“白讫”的先例难得一见，唯见汉文佛经。《忍穗耳命与迩迩艺命》传说中的一例因而显得弥足珍贵。《古事记》中还有“平讫”（上卷《忍穗耳命与迩迩艺命》、中卷《垂仁记》、下卷《反正记》）、“崩讫”（《仲哀记》）、“曙讫”（《安康记》）、“舞讫”（《清宁记》[②]）等说法，古汉语中均未见与之对应的例句。

“死讫”，死后（释道两用）。《古事记》上卷《大国主神》：“于是，其妻须世理毘卖者持丧具而哭来。其父大神者，思已**死讫**，出立其野。”[③]（1）《太平经》卷67：“子尚忽然，夫俗人怀冤结而死是也。诚穷乎遂无知，然而**死讫**觉悟。”[④]《太平广记》卷134《李明府》条：“再寝，又梦前妇人曰：‘长官终不能相救，某已**死讫**。然亦偿债了。’”[⑤] 此言我人已死，权当已经还债。（2）唐窥基撰《成唯识论述记》卷5：“故应难云：‘勿由他解，成已无漏。如何有漏，由他漏成？此萨婆多等**死讫**。’”古逸部《胜鬘经记》卷1：“自死之后，未更受生，是名生死者。解生者，**死讫**故结之。生死者，欲明死者，更受后生，故先列也。”按：上古文献当中，类似的构词还有“辞讫”“既讫”“讲讫”“讲说讫”“烧收讫”“食讫”“言讫”“言未讫之间”“要讫”“斋讫”等。

“未竟（之间）”，没有完结的这段时间。《古事记》中卷《仲哀记》：“故其政**未竟之间**，其怀妊临产，即为镇御腹，取石以缠御裳之腰，而渡筑紫国，其御子者阿礼坐。”[⑥]（1）后汉昙果、康孟详合译《中本起经》[⑦] 卷1《现变品》：“女舞**未竟**，忽然不见。众失所欢，惆怅屏营。”西晋法立、法炬合译《大楼炭经》[⑧] 卷1：“四方人来，悉共食之，食**未竟**亦不尽。”（2）唐法砺撰《四分律疏》卷1：“善心息时，身则成止，更无外缘，恶作相助，故非究竟。言无记心得戒，亦先以善心，乃至羯磨**未竟之间**，忽

---

① 该经于胜宝六年抄写，《东征传》题作《戒疏》。

② 山口佳紀、神野志隆光『古事記』，新編日本古典文学全集，小学館，1997，第112、192、314、244、335、356頁。

③ 山口佳紀、神野志隆光『古事記』，新編日本古典文学全集，小学館，1997，第82頁。

④ 王明编《太平经合校》，中华书局，1960，第241页。

⑤ （宋）李昉等编《太平广记》，中华书局，1961，第959页。

⑥ 山口佳紀、神野志隆光『古事記』，新編日本古典文学全集，小学館，1997，第248頁。

⑦ 该经于天平三年抄写，录于《大日本古文书》卷7，第16页。

⑧ 该经于天平十年抄写，录于《大日本古文书》卷7，第111页。

尔睡眠，亦得戒品。是名无记心得。”按：《古事记》另有“言竟”（上卷《初发诸神》[①]）的说法。“言竟”则是古汉语中极为普遍的说法。例如，《幽明录》曰：“王辅嗣注《易》，辄笑郑玄为儒，云‘老奴无意。’于时夜分，忽然闻门外阁有著屐声。须臾进，自云郑玄，责之曰：‘君年少，何以轻穿文凿句，而妄讥诮老子耶?’极有忿色，**言竟**便退。辅嗣生畏恶，经少时，遇厉疾卒。”[②]《魏书》卷97《刘骏传》：“太安二年，骏改年为大明。骏于新亭造中兴佛寺，设斋，忽有一僧形貌有异，众皆愕然。问其名，答云名惠明，从天安寺来。**言竟**，倏然而灭，乃改为天安寺。”[③]《日本书纪》卷24《皇极纪》四年六月条亦见：“**言竟**解剑投弓，舍此而去。”[④]

（六）“边、口、头、底”字

“**家当（边）**”，房屋的旁边，房前屋后。“边”，表示处所。《古事记》中卷《景行记》：“故到于熊曾建之家见者，于其**家边**，军围三重，作室以居。”[⑤]陈真谛译《律二十二明了论》[⑥]卷1：“释曰：‘非成食有五种：一有因缘受四月请食；二**家边**请不具足食；三教化得食；四常食；五怜愍食。此食不碍次第传食。’”唐义净译《根本说一切有部毘奈耶》卷23：“是时彼妇，与外私通。近彼**家边**，有空闲处。法与求地，遂便至此。”按：日语里“边”与“当”是异字同训，都读作“アタリ”。据此，我们可以认为，下面诸例中的“家当”就是“家边”。《万叶集》卷3第254首：“留火之　明大门尔　入日哉　榜将别　**家当**不见”。又卷4第509首：“**家当**　吾立见者　青旗乃　葛木山尔”[⑦]。又卷7第1244首：“未通女等之　放发乎　木绵山　云莫蒙　**家当**将见”[⑧]。又卷11第2609首：“白细之　袖者间结奴　我妹子我　**家当**乎　不止振四二”。又卷12第2947首：“（一云：无乏　出行家当见）”。又第3057首：“浅茅原　茅生丹足蹈　意具美　吾念儿等之　**家当**见津（一云：妹之**家当**见津）”[⑨]。而且，通过下面的万叶假名例，可知“家边（当）”的发音是“イヘノアタリ”。《万叶集》卷12卷14第3423首：“布路与伎能　游吉须宜可提奴　伊毛贺**伊敝乃安多里**”。又第3542首：“己许吕伊多美　安我毛布伊毛我　**伊敝能安多里**可闻”[⑩]。又卷15第3608首：“孤悲久礼婆　安可思能门欲里　**伊敝乃安多里**见由”[⑪]。上古文献当中，相同构词还有“道边”“东

① 山口佳紀、神野志隆光『古事記』，新編日本古典文学全集，小学館，1997，第32頁。

② 王根林、黄益元、曹光甫校点《汉魏六朝笔记小说大观》，上海古籍出版社，1999，第710页。

③ （北齐）魏收撰《魏书》，中华书局，1974，第2143页。

④ 小島憲之、直木孝次郎、西宫一民、蔵中進、毛利正守『日本書紀三』，新編日本古典文学全集，小学館，1998，第102頁。

⑤ 山口佳紀、神野志隆光『古事記』，新編日本古典文学全集，小学館，1997，第218頁。

⑥ 该经于天平十九年抄写，录于《大日本古文书》卷9，第455页。

⑦ 小島憲之、木下正俊、東野治之『万葉集一』，日本古典文学全集，小学館，1994，第175、285頁。

⑧ 小島憲之、木下正俊、東野治之『万葉集二』，日本古典文学全集，小学館，1995，第230頁。

⑨ 小島憲之、木下正俊、東野治之『万葉集三』，日本古典文学全集，小学館，1995，第228、316、342頁。

⑩ 小島憲之、木下正俊、東野治之『万葉集三』，日本古典文学全集，小学館，1995，第479、509頁。

⑪ 小島憲之、木下正俊、東野治之『万葉集四』，日本古典文学全集，小学館，1996，第29頁。

边”“峰边”“家门当（边）”“江边”“脚边”“头边”“垣边”“沼边”“枕边”等。

“**床边**”，床边。①汉字例。《古事记》中卷《神武记》：“尔其美人，惊而立走伊须须岐伎，乃将来其矢，置于**床边**，忽成丽壮夫。”又《应神记》：“故赦其贱夫，将来其玉，置于**床边**，即化美丽娘子。”[①]《万叶集》卷12第2957首：“从今者　虽恋妹尔　将相哉母　**床边**不离　梦尔所见乞”[②]。②假名例。《万叶集》卷14第3554首：“伊毛我奴流　**等许能安多里**尔　伊波具久留　水都尔母我毛与　伊里弖祢末久母”[③]。(1)东晋佛驮跋陀罗、法显合译《摩诃僧祇律》卷16：“净人持食来著抱中，若觉者即名受。若不觉者，觉时欲食者，当从净人更受。若不欲食者，当自捉。已授与净人，如是著床上，悬**床边**亦如是。”齐那连提耶舍译《大悲经》[④]卷2《迦业品》：“尔时，阿难在佛**床边**，悲啼流泪，闷绝躄地，犹如临崖，斫断大树，作如是言……”唐义净译《金光明最胜王经》卷6《四天王护国品》：“其持咒者，见是相已，知事得成。当须独处净室，烧香而卧。可于**床边**，置一香箧，每至天晓，观其箧中，获所求物。”(2)《世说新语·品藻第9》：“刘尹至王长史许清言，时苟子年十三，倚**床边**听。”又《夙慧第12》：“4. 司空顾和与时贤共清言。张玄之、顾敷是中外孙，年并七岁，在**床边**戏。”[⑤] 按：通过②的万叶假名，可知“床边”日语读作“トコノアタリ”。

“**山边**”，今义同。《古事记》中卷《崇神记》：“御陵在**山边**道勾之冈上也。”又《景行记》：“而腾其山之时，白猪逢于**山边**，其大如牛。”又：“御陵在**山边**之道上也。”[⑥]《日本书纪》卷5《崇神纪》六十八年明年条：“明年秋八月甲辰朔甲寅，葬于**山边**道上陵。”[⑦]《万叶集》卷1第81首歌：“**山边**乃　御井乎见我弖利　神风乃　伊势处女等　相见鹤鸭”[⑧]。《播磨国风土记·揖保郡》条：“菅生山。菅生**山边**，故曰菅生。”[⑨] (1)后汉康孟详译《佛说兴起行经》卷1：“假令须弥**山边**，旁出亚崖一由延，至百由延，值我头痛热者，亦当消尽。”东晋瞿昙僧伽提婆译《中阿含经》卷52《大品》：“汝见**山边**有好平地、园观、林木、清泉、华池、长流、河水耶?”北凉昙无谶译《悲华经》[⑩]卷10《入定三昧门品》：“过七日已，十方世界，有十二那由他、菩萨摩诃萨，至娑婆世界，住其**山边**，欲见释迦牟尼如来，供养恭敬，尊重赞叹，启受妙法。”(2)《艺文类聚》卷7陈徐陵《后堂望美人山铭》曰：“高堂碍雨，洛浦无舟，何处相

---

① 山口佳紀、神野志隆光『古事記』，新編日本古典文学全集，小学館，1997，第156、276頁。

② 小島憲之、木下正俊、東野治之『万葉集三』，日本古典文学全集，小学館，1995，第319頁。

③ 小島憲之、木下正俊、東野治之『万葉集三』，日本古典文学全集，小学館，1995，第312頁。

④ 该经于天平十八年抄写，录于《大日本古文书》卷9，第78页。

⑤ 徐震堮:《世说新语校笺》，中华书局，1984，第288、324页。

⑥ 山口佳紀、神野志隆光『古事記』，新編日本古典文学全集，小学館，1997，第192、230、238頁。

⑦ 小島憲之、直木孝次郎、西宮一民、藏中進、毛利正守『日本書紀一』，新編日本古典文学全集，小学館，1994，第294頁。

⑧ 小島憲之、木下正俊、東野治之『万葉集一』，日本古典文学全集，小学館，1994，第68頁。

⑨ 植垣節也『風土記』，新編日本古典文学全集，小学館，1997，第50頁。

⑩ 该经于天平五年抄写，录于《大日本古文书》卷7，第7页。

望，山边一楼。”① 《初学记》卷 5《总载山第 2》：“山足曰麓，山穴曰岫，山边曰崖。崖之高曰岩，上秀者曰峰，陬浊高者曰岊。”②

“**道口**”，路口。《古事记》中卷《孝灵记》：“大吉备津日子命与若建吉备津日子命二柱相副，而于针间氷河之前居忌瓮，针间为道口，以言向和吉备国也。”③ （1）西晋白法祖译《佛般泥洹经》卷 1：“诸理家行到道口，皆下车至佛所。”后秦弗若多罗、罗什合译《十诵律》卷 14：“至小道口，下乘步进，前诣佛所，问讯毕，一面坐。”刘宋求那跋陀罗译《杂阿含经》卷 37：“至道口，下车步进，入于园门，至世尊前，面相问讯慰劳已，退坐一面。”（2）《古诗为焦仲卿妻作》：“府吏马在前，新妇车在后。隐隐何甸甸，俱会大道口。”④ 按：《汉语大词典》首引唐岑参《送李副使赴碛西官军》诗：“火山六月应更热，赤亭道口行人绝。”偏晚。

“**船头**”，船的前部。《古事记・序》：“伏惟皇帝陛下得一光宅，通三亭育。御紫宸而德被马蹄之所极，坐玄扈而化照船头之所逮。”⑤ 《文选》卷 31 江淹《效谢惠连赠别》：“停舻望极浦，弭棹阻风雪。”李善注引《说文》曰：“舻，船头也。”⑥ 东晋佛陀跋陀罗、法显合译《摩诃僧祇律》卷 3：“若欲合船盗者，顺牵船尾，过船头处，波罗夷。若倒牵船者，船头过船尾处，若右边傍牵，左过右者，波罗夷。”后秦弗若多罗、罗什合译《十诵律》卷 58：“时长老目连，以天眼见，即入禅定，以神通变作，金翅鸟王，在船头立。诸龙见是，金翅鸟王，甚大怖畏。舍船沉没大海。”唐道宣撰《集神州三宝感通录》卷 3：“此有直路疾至船所，须臾至海。沙弥以一竹杖著船头。”按：《汉语大词典》首引唐杜甫《江涨》诗：“渔人萦小楫，容易拔船头。”偏晚。

“**水底**”，今义同。《古事记》上卷《伊耶那岐命与伊耶那美命》：“次于水底涤时所成神名，底津绵上津见神，次底筒之男命。于中涤时，所成神名，中津绵津见神，次中筒之男命。于水上涤时，所成神名，上津绵津见神，次上筒之男命。”⑦ 《日本书纪》卷 2《神代纪下》：“时有丰玉姬侍者，持玉碗当汲井水，见人影在水底，酌取之不得。”又卷 9《神功纪》摄政前纪条：“于是审神者曰：‘今不答而更后有言乎？’则对曰：‘于日向国橘小门之水底所居而水叶稚之出居神，名表筒男、中筒男、底筒男神之有也。’”⑧ 《怀风藻》第 66 首田中净足《晚秋于长王宅宴》：“水底游鳞戏，岩前菊气芳。君侯爱客日，霞色泛鸾觞。”⑨ （1）后汉支娄迦谶译《佛说无量清净平等觉经》卷 1：

---

① （唐）欧阳询撰《艺文类聚》，上海古籍出版社，1999，第 129 页。
② （唐）徐坚等：《初学记》，中华书局，1962，第 91 页。
③ 山口佳紀、神野志隆光『古事記』，新編日本古典文学全集，小学館，1997，第 170 頁。
④ （陈）徐陵编，（清）吴兆宜注，程琰删补《玉台新咏笺注》，中华书局，1985，第 43 页。
⑤ 山口佳紀、神野志隆光『古事記』，新編日本古典文学全集，小学館，1997，第 22 頁。
⑥ （梁）萧统编，（唐）李善注《文选》，中华书局，1977 年，第 453 页。
⑦ 山口佳紀、神野志隆光『古事記』，新編日本古典文学全集，小学館，1997，第 50～52 頁。
⑧ 小島憲之、直木孝次郎、西宮一民、蔵中進、毛利正守『日本書紀一』，新編日本古典文学全集，小学館，1994，第 182、418 頁。
⑨ 小島憲之『懐風藻・文華秀麗集・本朝文粋』，日本古典文学大系，岩波書店，1964，第 132 頁。

“中复有二宝，共作一池者，其**水底**沙者，皆金银也。”吴支谦译《佛说义足经》卷2：“如王言往按视之，见释摩男，在**水底**死，便还白王：‘天子，宁知释摩男持发绕树根而死?’”梁宝唱等集《经律异相》卷50：“五十三曰铁杙：**水底**布铁杙，狱鬼驱人入水中，刺身流血。生时嫉妒，布杙伤人。”（2）《搜神后记》卷3：“惊喜共视，忽如二寸火珠，流于**水底**，炯然明净，乃相谓曰：‘此吉祥也，当谁应之?’”[①]《初学记》卷3《岁时部》：“山头望水云，**水底**看山树。舞余香尚在，歌尽声犹住。”[②] 按：《汉语大词典》失收。

第四节 双音词

从构词法来看，《古事记》中出自汉文佛经的双音词包括以下五类：主述式、并列式、述宾式、偏正式、后补式。根据我们的调查，双音词当中，并列式、偏正式和后补式较多。并列式动词双音词常见两种构词法：一是由词义相近、用法类似的两个词复合而成；二是由两个动词表示动作依次进行的前后关系（连动关系）。偏正式双音词当中，由“恒”“悉”构成的词较多，且词形相对固定。后补式双音词中，后续动词多为表示移动的动词。

一 主述式

所谓主述式，指双音词组合时的两个字当中，前者为名词，是主语；后者为动词，是谓语。《古事记》中源自汉文佛经的主述式双音词有“雨漏”“血烂”两个。

“**雨漏**”，漏雨。《古事记》下卷《仁德记》：“是以，大殿破坏，悉虽**雨漏**，都勿修理，以械受其漏雨，迁避于不漏处。”[③]《日本灵异记》上卷《序》：“唯，代代天皇，或登高山顶起悲，住**雨漏**殿，抚于庶民。”[④]（1）姚秦佛陀耶舍、竺佛念等合译《四分律》卷34：“若有大众集房舍少，若天**雨漏**，听二人三人一时作羯磨。”刘宋求那跋陀罗译《佛说十二头陀经》卷1：“彼树下如是等生漏故，至露地住，作是思惟：‘树下有种种过，一者**雨漏**湿冷；二者鸟屎污身，毒虫所住。’”（2）《全唐文》卷243李峤《为秋官员外郎李敬仁贺圣躬新牙更生表》：“臣敬仁言：昨因奏事，蒙恩入封，伏见陛下所御湛露殿三间，两间**雨漏**，无所修葺。”[⑤]

“**血烂**”，脓血烂坏。《古事记》上卷《天照大御神与须佐之男命》：“彼目如赤加贺智，而身一有八头八尾，亦其身生萝及桧榅，其长度溪八谷峡八尾。而见其腹者，悉

---

① 王根林、黄益元、曹光甫校点《汉魏六朝笔记小说大观》，上海古籍出版社，1999，第451页。

② （唐）徐坚等：《初学记》，中华书局，1962年，第47页。

③ 山口佳紀、神野志隆光『古事記』，新編日本古典文学全集，小学館，1997，第286頁。

④ 中田祝夫『日本靈異記』，日本古典文学全集，小学館，1975，第54頁。

⑤ （清）董诰等编《全唐文·附唐文拾遗唐文续拾》，中华书局，1983，第2461页。

常血烂也。”[①] 北魏瞿昙般若流支译《正法念处经》卷45《观天品》：“又复观察，此身二髀，于胫为粗，多有筋肉，迭相缠缚，以肉涂上，以肉傅上，血烂为汁，汁脂内满，唯见外皮。”又卷66《身念处品》：“若不调顺，牙齿疼痛，毁坏堕落，龈中血烂，唇口生疮，上腭生疮，鼻塞不通。”按：《汉语大词典》失收。

二　并列式

所谓并列式，指双音词组合时的两个字的关系是平行的，没有主次之分。古汉语的复合词在上古以并列式为主要角色。到汉魏六朝时期，并列式名列榜首，其能产性颇强，衍生出大批的新词。[②] 汉文佛经复合词中的并列式如实地反映了这一特征，并影响到《古事记》中双音词中的并列式。具体如下：①名词重叠。“容姿”“姿体”。②动词重叠。“语白”“问言”“答言”“惊畏”“惧畏”“伺见”“进渡”“散浮”“堕转”“逃退”“炎耀”“干萎”。③形容词重叠。“秽邪”“污垢”（后述）。④副词重叠。“皆皆”“更亦”。⑤连动关系，“见感”“见惊”“见喜”“闻惊”“退坐”“寤起”。举例如下。

（一）名词重叠

所谓名词重叠，指双音词组合时的两个字都是名词，两者没有主次之分。

“**容姿**”，容貌姿色。《古事记》上卷《忍穗耳命与迩迩艺命》：“其过所以者，此二柱神之容姿甚能相似，故是以过也。”又中卷《神武记》：“其所以谓神御子者，三岛湟咋之女，名势夜陀多良比卖，其容姿丽美故，美和之大物主神见感。”又《景行记》：“于是天皇闻看定三野国造之祖大根王之女，名兄比卖，弟比卖二娘子。其容姿丽美，而遣其御子大碓命以唤上。”又下卷《雄略记》：“亦一时天皇游行到于美和河之时，河边有洗衣童女，其容姿甚丽。”又：“尔赤猪子答白：‘其年其月，被天皇之命，仰待大命，至于今日，经八十岁。今容姿既耆，更无所恃。然显白己志以参出耳。’”[③]《日本书纪》卷7《景行纪》四年二月条：“唯有妾姊，名曰八坂入媛。容姿丽美，志亦贞洁。宜纳后宫。”又四年二月条：“是月，天皇闻美浓国造名神骨之女，兄名兄远子，弟名弟远子，并有国色。则遣大碓命使察其妇女之容姿。”又二十七年十二月条：“川上枭帅感其童女之容姿，则携手同席，举杯令饮而戏弄。”[④] 又卷12《反正纪》即位前纪条：“天皇初生于淡路宫，生而齿如一骨，容姿美丽。”又卷13《允恭纪》七年十二月条：“弟姬容姿绝妙无比，其艳色彻衣而晃之。是以时人号曰衣通郎姬也。”又二十三年三

① 山口佳紀、神野志隆光『古事記』，新編日本古典文学全集，小学館，1997，第68～70頁。

② 梁晓虹、徐时仪、陈五云：《佛经音义与汉语词汇研究》，商务印书馆，2005，第157页。

③ 山口佳紀、神野志隆光『古事記』，新編日本古典文学全集，小学館，1997，第104、156、214、340、344頁。

④ 小島憲之、直木孝次郎、西宮一民、藏中進、毛利正守『日本書紀一』，新編日本古典文学全集，小学館，1994，第344、346、366頁。

月条："二十三年春三月甲午朔庚子，立木梨轻皇子为太子。**容姿**佳丽，见者自感。"①（1）后汉昙果、康孟详合译《中本起经》卷2《度奈女品》："世尊告曰：'形不久住，色不久鲜，命如风过，少壮必衰。勿恃**容姿**，自处污行。世间迷惑，祸起色欲，三涂勤苦，智者能闭。"梁宝唱等集《经律异相》卷46："取香山乾闼婆神女为妻，**容姿**美妙，色踰白玉。"（2）《文选》卷30陆机《拟青青河畔草》："粲粲妖**容姿**，灼灼美颜色。"②此言姿容妖娆妩媚，光彩照人，艳丽夺目，容颜俊美出色。《世说新语·容止第14》："裴令公有俊**容姿**，一旦有疾，至困，惠帝使王夷甫往看。"③ 例言外表俊俏。按：《汉语大词典》首引《后汉书》卷33《虞延传》："永平初，有新野功曹邓衍，以外戚小侯每豫朝政，而**容姿**趋步，有出于众。"略晚。此外，本章第三节句式考察中谈到的"容姿端正"，是讲经说法时习见的四字格。

"**姿体**"，相貌，身材。《古事记》下卷《雄略记》："于是赤猪子以为，望命之间，已经多年，**姿体**瘦萎，更无所恃。"④ 此言赤猪子等待着雄略天皇的召幸，几年过去，身体消瘦憔悴，精神无所寄托。（1）西晋竺法护译《正法华经》卷7《菩萨从地踊出品》："弥勒又启：'欲引微喻，譬如士夫年二十五，首发美黑，**姿体**鲜泽，被服璨丽，端严殊妙，常怀恐惧，见百岁子。'"又《佛说宝网经》卷1："**姿体**端正，颜色无比。财富无穷，戒不缺漏。智慧具足，心识宿命。不怀贪嫉，无所妄想。所在之处，常以和安。与诸菩萨，以为眷属。离于一切，诸声闻众，便得启受，所说功德。"（2）《北齐书》卷21《高昂传》："昂，字敖曹，乾第三弟。幼稚时，便有壮气。长而俶傥，胆力过人，龙眉豹颈，**姿体**雄异。"⑤

（二）动词重叠

所谓动词重叠，指双音词组合时的两个字都是动词，两者关系中有时前者为主，后者为辅。

"**答言**"，答复，回答。《古事记》上卷《天照大御神与须佐之男命》："故其老夫**答言**：'仆者国神，大山津见神之子焉。'"⑥《日本书纪》卷19《钦明纪》四年十二月条："是月，乃遣施德高分，召任那执事与日本府执事俱，**答言**：'过正旦而往听焉。'"⑦《日本灵异记》上卷《狐为妻令生子缘第2》："壮亦语言：'成我妻耶？'女：'听。'**答言**，即将于家，交通相住。"⑧（1）后汉竺大力、康孟详合译《修行本起经》

---

① 小島憲之、直木孝次郎、西宮一民、蔵中進、毛利正守『日本書紀二』，新編日本古典文学全集，小学館，1996，第94~96、114、124頁。

② （梁）萧统编，（唐）李善注《文选》，中华书局，1977，第435页。

③ 徐震堮：《世说新语校笺》，中华书局，1984，第336页。

④ 山口佳紀、神野志隆光『古事記』，新編日本古典文学全集，小学館，1997，第340頁。

⑤ （唐）李百药撰《北齐书》，中华书局，1972，第293页。

⑥ 山口佳紀、神野志隆光『古事記』，新編日本古典文学全集，小学館，1997，第68頁。

⑦ 小島憲之、直木孝次郎、西宮一民、蔵中進、毛利正守『日本書紀二』，新編日本古典文学全集，小学館，1996，第380~382頁。

⑧ 中田祝夫『日本霊異記』，日本古典文学全集，小学館，1975，第60頁。

卷2：“太子问曰：‘此为何等？’其仆**答言**：‘病人也。’”姚秦鸠摩罗什译《妙法莲华经》卷4《提婆达多品》：“尔时龙女，有一宝珠，价直三千，大千世界，持以上佛。佛即受之。龙女谓智积菩萨、尊者舍利弗言：‘我献宝珠，世尊纳受，是事疾不？’**答言**：‘甚疾。’”唐义净译《金光明最胜王经》卷9《长者子流水品》：“大臣**答言**：‘大王当知，有诸天众，于长者子，流水家中，雨四十千，真珠璎珞，及天曼陀罗花，积至于膝。’”（2）《魏志》卷1《武帝纪》裴松之注引《魏武故事》曰：“志计已定，人有劝术使遂即帝位，露布天下，**答言**‘曹公尚在，未可也。’”①《搜神记》卷16《宋定伯》条：“定伯复言：‘我新鬼，不知有何所畏忌。’鬼**答言**：‘惟不喜人唾。’”② 按：上古文献中，“有人答言”等句式亦是出自汉文佛经。

“问言”，问道。《古事记》上卷《忍穗耳命与迩迩艺命》：“于是送猨田毘古神而还到，乃悉追聚鳍广物、鳍狭物以**问言**：‘汝者，天神御子仕奉耶？’之时，诸鱼皆仕奉。”③《元兴寺伽蓝缘起并流记资财账》：“然不久之间，丁未年，百济客来。官**问言**：‘此三尼等欲度百济国受戒，是事应云何耶？’”《日本灵异记》上卷《得雷之憙令生子强力在缘第3》：“其人**问言**：‘汝何报？’雷答之言：‘寄于汝，令胎子而报。故为我作楠船入水，泛竹叶而赐。’”④（1）后汉竺大力、康孟详合译《修行本起经》卷1《菩萨降身品》：“太子**问言**：‘此为何人？’臣言：‘是国教书师也。’”西晋竺法护译《正法华经》卷1《光瑞品》：“一切众生，所立欢喜，各各**问言**：‘此何感变？’”唐义净译《金光明最胜王经》卷6《四天王护国品》：“时有薜室啰末拏王子名禅腻师，现童子形，来至其所。**问言**：‘何故须唤我父？’”《敦煌变文·舜子变》：“瞽叟**问言**娘子：‘前后见我不归，得甚能欢能喜！’”⑤（2）《全后汉文》卷15《新论》《辨惑》：“刘子骏信方士虚言，谓神仙可学。尝**问言**：‘人诚能抑嗜欲，阖耳目可不衰竭乎？’”⑥ 按：汉文佛经例句首见于后汉，与《新论》年代大致相同。与佛典例句不胜枚举相比，中土文献极少，散文仅见上引《新论》。但中唐以后，“问言”一词开始增多，且多半出现在诗歌中。李白《古朗月行》：“仙人垂两足，桂树何团团。白兔捣药成，**问言**与谁餐？”⑦ 韩愈《奉酬卢给事云夫四兄曲江荷花行见寄并呈上钱七兄阁老张十八助教》：“我今官闲得婆娑，**问言**何处芙蓉多。”⑧《日本灵异记》下卷《重斤取人物又写〈法华经〉以现得善恶报缘第22》：“僧复**问言**：‘汝作何善？’答：‘我奉写《法华经》三部。

---

① （晋）陈寿撰，（宋）裴松之注《三国志》，中华书局，1959，第33页。

② 王根林、黄益元、曹光甫校点《汉魏六朝笔记小说大观》，上海古籍出版社，1999，第402页。

③ 山口佳紀、神野志隆光『古事記』，新編日本古典文学全集，小学館，1997，第118頁。

④ 中田祝夫『日本靈異記』，日本古典文学全集，小学館，1975年，第64頁。

⑤ 黄征、张涌泉校注《敦煌变文校注》，中华书局，1997，第201页。

⑥ （清）严可均校辑《全上古三代秦汉三国六朝文》，中华书局，1958，第551页。

⑦ 王启兴主编《校编全唐诗上中下》，湖北人民出版社，2001，第585页。

⑧ （清）董诰等编《全唐文·附唐文拾遗唐文续拾》，中华书局，1983，第1806页。

唯一部未供养之也。'"[①] 例中“复问言”，谓再次问道：“……”该句式习见于汉文佛经。东晋瞿昙僧伽提婆译《增壹阿含经》卷15《高幢品》：“王**复问言**：‘今日如来，竟为所在？’优陀耶报言：‘如来今在，摩竭国界、尼拘类树下。’”刘宋求那跋陀罗译《杂阿含经》卷11：“作是说已，当**复问言**：‘何故如此像类沙门、婆罗门，不应恭敬尊重、礼事供养？’”隋阇那崛多译《佛本行集经》卷34《转妙法轮品》：“佛**复问言**：‘识既无常，为苦为乐？’诸比丘言：‘世尊，此识是苦。’”

“**惊畏**”，惊慌害怕。《古事记》上卷《日子穗穗手见命与鹈茸草不合命》：“于是思奇其言，窃伺其方产者，化八寻和迩而匍匐委蛇。即见**惊畏**而遁退。”[②]《播磨国风土记·贺古郡》条：“尔时，印南别娘闻，而**惊畏**之，即遁度于南毗都麻岛。于是，天皇乃到贺古松原而觅访之。”[③]《日本灵异记》上卷《人畜所履髑髅救收示灵表而现报缘第12》：“时其母与长子，为拜诸灵，入其屋内，见万侣而**惊畏**，问其所以到来。”[④] (1) 吴支谦译《菩萨本缘经》卷3：“复有恶鬼神，持刀杖固遮。今说此事，倍令我心，**惊畏**怖惧。”东晋佛驮跋陀罗译《大方广佛华严经》卷28《十忍品》：“闻彼深法已，其心不恐怖。亦不生**惊畏**，不退亦不没。”姚秦鸠摩罗什译《大庄严论经》卷6：“威仪及进止，为人所乐见。飞鸟及走兽，睹之不**惊畏**。”(2)《艺文类聚》卷92所载晋夏侯湛《玄鸟赋》曰：“虞众物之为害，独弃林而凭人。不**惊畏**以自疏，永归驯而附亲。”[⑤]《魏书》卷67《崔光传》：“昨风霾暴兴，红尘四塞，白日昼昏，特可**惊畏**。”[⑥] 此言阴风突发，红尘四面俱满，白昼日色昏暗，特别令人惊恐畏惧。按：《汉语大词典》首引唐李公佐《南柯太守传》：“二使者引生下车，入其门，升自阶，己身卧于堂东庑之下。生甚**惊畏**，不敢前近。”偏晚。

“**伺见**”，窥伺；观察。《古事记》上卷《日子穗穗手见命与鹈茸草不合命》：“尔丰玉毘卖命知其**伺见**之事，以为心耻，乃生置其御子而白：‘妾恒通海道欲往来。然**伺见**吾形，是甚怍之。’即塞海坂而返入。”[⑦] 唐慧琳撰《一切经音义》卷20：“**伺**求：上司次反。郑注《周礼》云：同。犹察也。顾野王：**伺**，犹候也。《方言》：自江而北，谓相窃视为**伺**。《苍颉篇》：二人相候也。《古今正字》：从人，司声也。”失译人名今附秦录《萨婆多毘尼毘婆沙》卷3：“迦留陀夷持户钩在门间立。此人淫欲偏多，**伺见**女人，共语笑抱捉，解释欲心。”梁宝唱等集《经律异相》卷21：“时婆罗门，**伺见**野干，便作木罐，坚固难破，入易出难，持著井边，捉杖伺之。”按：《汉语大词典》失收。

“**逃退**”，逃跑退却。《古事记》下卷《仁德记》：“尔，速总别王、女鸟王共**逃退**，

① 中田祝夫『日本霊異記』，日本古典文学全集，小学館，1975，第315頁。

② 山口佳紀、神野志隆光『古事記』，新編日本古典文学全集，小学館，1997，第134頁。

③ 植垣節也『風土記』，新編日本古典文学全集，小学館，1997，第18頁。

④ 中田祝夫『日本霊異記』，日本古典文学全集，小学館，1975，第91頁。

⑤ （唐）欧阳询撰《艺文类聚》，上海古籍出版社，1999，第1598页。

⑥ （北齐）魏收撰《魏书》，中华书局，1974，第1496页。

⑦ 山口佳紀、神野志隆光『古事記』，新編日本古典文学全集，小学館，1997，第134～136頁。

而腾于仓椅山。”[①] 宋宝云译《佛本行经》卷3：“魔王复放嫉嫌箭，名曰恶口化为龙。菩萨复放大悲箭，化为金鸟龙逃退。”按：《仁德记》一例早于佛典的文例，说明其语料价值。

“炎耀”，明亮炫耀。《古事记》中卷《仲哀记》：“于是，太后归神，言教觉诏者：‘西方有国，金银为本，目之炎耀。种种珍宝，多在其国。吾今归赐其国。’”[②]（1）曹魏康僧铠译《佛说无量寿经》卷1：“光颜巍巍，威神无极。如是炎明，无与等者。日月摩尼，珠光炎耀。”（2）《宋书》卷22《乐4》：“观兵扬炎耀，厉锋整封疆。整封疆，阐扬威武容。”[③] 按：《汉语大词典》失收。《仲哀记》中“炎耀”一词描写金银闪闪发光、令人目眩的样子；佛典例中形容释尊的姿容熠熠生辉，光彩夺目。《宋书》中此处的“炎耀”，谓火势炽烈，喻军容威武。可知中土文献中“炎耀”一词在词义、用法上与佛典及《古事记》不同。

“干萎”，干瘪枯萎。《古事记》中卷《应神记》：“是以，其兄八年之间，干萎病枯。”[④] 北凉浮陀跋摩、道泰等合译《阿毘昙毘婆沙论》[⑤] 卷19：“若此不断，彼则生长；若此断者，彼则干萎。”陈真谛译《佛说立世阿毘昙论》卷6：“云何春热？是禽河时，水界长起，已减已尽，草木干萎。地已燥坼，水气向下，火气上升。”按：佛典两例中，前一例用作比喻义，谓“善根”的生长或干萎；后一例表述对象为植物。《应神记》转以表示人的枯瘦，可谓形象生动。

（三）副词重叠

所谓副词重叠，指双音词组合时的两个字都是副词，两者关系平等，没有主次之分。

“更亦”，再，又；不再……《古事记》下卷《雄略记》：“天皇幸行吉野宫之时，吉野川之滨，有童女，其形姿美丽。故婚是童女，而还坐于宫。后更亦幸行吉野之时，留其童女之所遇于其处，立大御吴床，而坐其御吴床，弹御琴，令为舞其娘子。”[⑥]《日本书纪》卷11《仁德纪》四十年二月条：“俄而隼别皇子枕皇女之膝以卧，乃语之曰：‘孰捷鷦鹩与隼焉？’曰：‘隼捷也。’乃皇子曰：‘是我所先也。’天皇闻是言，更亦起恨。”[⑦] 又卷23《舒明纪》即位前纪条：“既而更亦令告群大夫等曰：‘爱之叔父劳思，非一介之使遣重臣等而教觉。是大恩也。’”又：“既而大臣传阿倍臣、中臣连，更问境

① 山口佳紀、神野志隆光『古事記』，新編日本古典文学全集，小学館，1997，第300頁。
② 山口佳紀、神野志隆光『古事記』，新編日本古典文学全集，小学館，1997，第242頁。
③ （梁）沈约撰《宋书》，中华书局，1974，第658页。
④ 山口佳紀、神野志隆光『古事記』，新編日本古典文学全集，小学館，1997，第280頁。
⑤ 该经于奈良时代具体的抄写时期不详，录于《大日本古文书》卷12，第157页。
⑥ 山口佳紀、神野志隆光『古事記』，新編日本古典文学全集，小学館，1997，第344頁。
⑦ 小島憲之、直木孝次郎、西宮一民、藏中進、毛利正守『日本書紀二』，新編日本古典文学全集，小学館，1996，第56頁。

部臣曰：‘谁王为天皇？’对曰：‘先是大臣亲问之日，仆启既讫之。今何**更亦**传以告耶？’”[①]《续日本纪》卷15《圣武纪》天平十五年五月条：“丙寅，禁断诸国司等不住旧馆，更作新舍。又到任一度须给铺设。而虽经年序**更亦**给之。”[②] 又卷20《孝谦纪》天平宝字二年二月条：“加以，地即大和神山，藤此当今宰辅。事已有效，**更亦**何疑。”[③]（1）吴支谦译《贝多树下思惟十二因缘经》[④] 卷1：“六入故有，**更亦**六入，因缘复更。比丘便思惟念：‘何以故有六入，亦何因缘，复有六入？’”隋阇那崛多译《佛本行集经》卷20《观诸异道品》：“应所作者，更不复作，应所取者，**更亦**不取。其余华果，及药草根，设已取者，亦悉舍之。但心速欲，来菩萨前。”（2）《全晋文》王羲之《所欲示之》：“念君劳心，贤妹大都转差。然以故有时呕食不已，是老年衰疾，**更亦**非可仓卒。”[⑤]《全唐文》唐元宗皇帝《赐突厥玺书》：“可汗若实好心，求为和好。计彼此百姓，各得自安，斟酌一生，**更亦**何虑。”[⑥] 按：《汉语大词典》失收。“更亦”一词有两种用法：后续肯定形式，表示“再、又”的意思，类义词叠用，含有强调的语气；后续否定形式，表示“不再……”的意思。唐炜指出，“更亦”是用于唐代的新的双音节词，《日本书纪》（3例）中的用法亦然。[⑦]

“**皆皆**”，全部，所有，统统。《古事记》中卷《仲哀记》：“今寔思求其国者，于天神地祇亦山神及河海之诸神悉奉币帛，我之御魂坐于船上，而真木灰纳瓠、亦箸及比罗传多作，**皆皆**散浮大海，以可度。”[⑧] 唐澄观撰《大方广佛华严经疏》卷54：“其故何耶后释意云：‘彼境殊胜，宿因现缘，**皆皆**缺故。’”唐窥基撰《金刚般若论会释》卷3：“经文有三：初问、次遮、后征释。什魏二本，**皆皆**阙征释之文。”按：《汉语大词典》失收。同一副词重叠的构词法，是佛典中双音词创出的显著特征之一。例如，后汉安世高译《十支居士八城人经》卷1：“尊者阿难，于此十二甘露门，依**各各**甘露门，当安隐自御之。”

（四）连动关系

所谓连动关系，指双音词组合时的两个动词，后者行为是对前者行为的补充说明。《古事记》主要讲述的是神话故事，因此多为叙述，动词连用的情况较多亦在情理

---

① 小島憲之、直木孝次郎、西宮一民、蔵中進、毛利正守『日本書紀三』，新編日本古典文学全集，小学館，1998，第26、32頁。

② 青木和夫、稲岡耕二、笹山晴生、白藤礼幸『続日本紀二』，新日本古典文学大系，岩波書店，1990，第426頁。

③ 青木和夫、稲岡耕二、笹山晴生、白藤礼幸『続日本紀三』，新日本古典文学大系，岩波書店，1992，第248頁。

④ 该经于天平八年抄写，题作《贝多树下经》，录于《大日本古文书》卷7，第59页。

⑤（清）严可均校辑《全上古三代秦汉三国六朝文》，中华书局，1958，第1595页。

⑥（清）董诰等编《全唐文·附唐文拾遗唐文续拾》，中华书局，1983，第441页。

⑦ 唐煒「日本書紀における程度表現の二音節語（二字漢語）について——『極甚』『更亦』『更复』『再三』『茲甚』を中心に——」，『訓点語と訓点資料』113，2004。

⑧ 山口佳紀、神野志隆光『古事記』，新編日本古典文学全集，小学館，1997，第244頁。

之中。

“见惊”，看到后感到吃奇。《古事记》上卷《天照大御神与须佐之男命》：“天照大御神坐忌服屋，而令织神御衣之时，穿其服屋之顶，逆剥天斑马剥，而所堕入时，天服织女**见惊**，而于梭冲阴上而死。”又《日子穗穗手见命与鹈葺草葺不合命》：“于是思奇其言，窃伺其方产者，化八寻和迩而匍匐委蛇。即**见惊**畏而遁退。”[①]《日本灵异记》上卷《信敬三宝得现报缘第5》：“皇太子言：‘速还家，除作佛处。我悔过毕，还宫作佛。’然从先道还，即**见惊**苏也。”又《女人大蛇所婚赖药力得全命缘第41》：“时有大蛇，缠于登女之桑而登。往路之人，见示于娘。娘**见惊**落。”[②]后汉安世高译《地道经》卷1：“复譬如猪为屠家所杀，余猪**见惊**怖畏效死，便耸耳直视。”姚秦佛陀耶舍、竺佛念等合译《四分律》卷50：“时诸比丘，蛇蝎蜈蚣、诸毒虫入屋。未离欲比丘**见惊**。佛言：‘听支床脚。’”苻秦昙摩难提译《阿育王息坏目因缘经》卷1：“狱卒**见惊**，白阿育王：‘狱中奇异，未曾所见。’”按：《汉语大词典》失收。

“见喜”，看到后感到欢喜。《古事记》中卷《垂仁记》：“尔所遣御伴王等，闻欢**见喜**。而御子者坐槟榔之长穗宫，而贡上驿使。”[③]《续日本纪》卷30《称德纪》神护景云三年十一月条：“复三〈乃〉善事〈乃〉同时〈仁〉集〈天〉在〈己止〉、甚希有〈止〉念畏〈末利〉尊〈备〉、诸臣等〈止〉共〈仁〉异奇〈久〉丽白〈伎〉形〈乎奈毛〉**见喜**〈流〉。”[④]（1）东晋瞿昙僧伽提婆译《中阿含经》卷10：“金鞞河水，极妙可乐，清泉徐流，冷暖和适，我**见喜**已。”唐玄奘译《大般若波罗蜜多经》卷381《诸功德相品》：“世尊威德，远震一切，恶心**见喜**，恐怖见安，是第七十。”唐义净译《根本说一切有部毘奈耶杂事》卷7：“老母即报明月：‘汝今可往，林内采花。我在家中，营事饼食。’彼采花已，线结好鬘，奉上大名。大名**见喜**，告曰：‘胜妙花鬘，可置而去。’”（2）《太平御览》卷381所载王子年《拾遗记》：“夫人忧戚不食，减瘦改形。工人写之以进吴主。主**见喜**，以虎魄如意抚案嗟曰：‘此神女也。愁貌尚能感人，况在欢乐？’乃纳于后宫。”[⑤]《广异记·仇嘉福》条：“传言王使相迎，仓卒随去。王**见喜**，方欲结欢。”按：《汉语大词典》例举《儿女英雄传》第37回：“等明儿他姐儿俩再生上个一男半女，那才是重重**见喜**。”偏晚。

“闻惊”，听说后感到惊恐。《古事记》上卷《天照大御神与须佐之男命》：“尔天照大御神，**闻惊**而诏：‘我那势命之上来由者，必不善心。欲夺我国耳。’”又《大国主神》：“故其所寝大神，**闻惊**而引仆其室。然解结椽发之间远逃。”又中卷《应神记》：

① 山口佳紀、神野志隆光『古事記』，新編日本古典文学全集，小学館，1997，第62、134頁。

② 中田祝夫『日本霊異記』，日本古典文学全集，小学館，1975，第76、250頁。

③ 山口佳紀、神野志隆光『古事記』，新編日本古典文学全集，小学館，1997，第208頁。

④ 青木和夫、稲岡耕二、笹山晴生、白藤礼幸『続日本紀四』，新日本古典文学大系，岩波書店，1995，第272頁。

⑤ （宋）李昉等撰《太平御览》，中华书局，1960，第1757～1758页。

"尔大雀命闻其兄备兵，即遣使者，令告宇迟能和纪郎子。故**闻惊**，以兵伏河边。"又下卷《清宁记》："尔即小楯连**闻惊**，而自床堕转，而追出其室人等，其二柱王子坐左右膝上泣悲，而集人民作假宫，坐置其假宫，而贡上驿使。"① 《日本书纪》卷14《雄略纪》十四年四月条："天皇**闻惊**大怒，深责根使主。根使主对言：'死罪死罪，实臣之愆。'"② 姚秦竺佛念译《鼻奈耶》③ 卷5："时雁王堕罗网中，便作是念：'若我说堕罗网者，诸雁惊不得食。'诸雁食足，便言：'我堕罗网。'诸雁**闻惊**，各各飞散。"按：《汉语大词典》失收。佛典例中"闻惊"一词，表示禽鸟听到动静后感到有危险而惊慌飞离；《天照大御神与须佐之男命》的传说是说，天照大神得知其弟须佐之男命上天而来，揣度其不怀好意而惊慌失措。《应神记》是说听到有人企图杀害皇子后，慌忙在河边设埋伏。《清宁记》描述的是小楯连得知二皇子的真实身份后的惶恐心情。

"**寤起**"，从睡眠中醒来。睡醒起来。《古事记》中卷《神武记》："此时，熊野之高仓下赍一横刀，到于天神御子，即**寤起**诏：'长寝乎？'故受取其横刀之时，其熊野山之荒神，自皆为切仆。尔其惑伏御军，悉**寤起**之。"④ 此言砍杀掉熊野山荒蛮的诸神之后，意识蒙胧的士兵们个个从睡梦中醒来，恢复了正常。西晋竺法护译《普曜经》卷8："悉达寐卧时，不敢妄呼觉。鼓琴发歌音，尔乃令**寤起**。"又《佛说阿惟越致遮经》⑤ 卷1："于是贤者舍利弗，后夜**寤起**，自出其室，发心往诣，文殊师利。"东晋瞿昙僧伽提婆译《中阿含经》卷22："于是，世尊所患即除，而得安隐，从卧**寤起**，结跏趺坐，叹尊者舍梨子：'善哉，善哉！'"姚秦鸠摩罗什译《坐禅三昧经》卷2："**寤起**轻利，能行二施，忍辱除邪，论议不自满，言语尠少。"

三 述宾式

所谓述宾式，指双音词组合时的两个字，前者为动词，是谓语；后者为名词，是宾语。《古事记》中源自汉文佛经的述宾式双音词有"刺颈""打膝""随教""葺草"（参见资料卷该条目）"如本"（后述）5个。

"**刺颈**"，用刀剑或匕首刺脖子，抹脖子自尽。《古事记》中卷《垂仁记》："尔其后，以纽小刀为刺其天皇之御颈，三度举而不忍哀情，不能**刺颈**而泣泪，落溢于御面。"又："是以，欲刺御颈，虽三度举，哀情忽起，不得**刺颈**而泣泪，落沾于御面。必有是表焉。"⑥ 《日本书纪》卷6《垂仁纪》三年三月条："仍取匕首，授皇后曰：'是匕首佩

---

① 山口佳紀、神野志隆光『古事記』，新編日本古典文学全集，小学館，1997，第54～56、84、268、356頁。

② 小島憲之、直木孝次郎、西宮一民、蔵中進、毛利正守『日本書紀二』，新編日本古典文学全集，小学館，1996，第198頁。

③ 该经于天平九年抄写，题作《鼻奈耶律》，录于《大日本古文书》卷7，第75页。

④ 山口佳紀、神野志隆光『古事記』，新編日本古典文学全集，小学館，1997，第144～146頁。

⑤ 该经于天平十年抄写，题作《阿惟越致遮经》，录于《大日本古文书》卷7，第194页。

⑥ 山口佳紀、神野志隆光『古事記』，新編日本古典文学全集，小学館，1997，第198、200頁。

于裀中，当天皇之寝，乃**刺颈**而弑焉。'"[①] 又卷21《崇峻纪》即位前纪条："万便抚捍飞矢，杀三十余人。仍以持剑三截其弓，还屈其剑，投河水里，别以刀子**刺颈**死焉。"[②] 又卷23《舒明纪》即位前纪条："唯兄子毛津逃匿于尼寺瓦舍，即奸一二尼。于是一尼嫉妒令显。围寺将捕，乃出之入亩傍山。因以探山，毛津走无所入，**刺颈**而死山中。"又八年三月条："三月，悉劾奸采女者，皆罪之。是时三轮君小鷦鷯苦其推鞫，**刺颈**而死。"又卷28《天武纪上》元年七月条："山部王为苏贺臣果安、巨势臣比等见杀。由是乱，以军不进。乃苏贺臣果安自犬上返，**刺颈**而死。"又卷29《天武纪下》十三年闰四月条："庚戌，僧福杨自**刺颈**而死。"[③]（1）东晋佛陀跋陀罗译《佛说观佛三昧海经》卷8："女言：'弊物我不用，尔欲死随意。'是时化人，取刀**刺颈**，血流滂沱，涂污女身，萎沱在地。女不能胜，亦不得免。"姚秦鸠摩罗什译《佛说千佛因缘经》[④] 卷1："说此偈已，卧夜叉前，以剑**刺颈**，施夜叉血。即复破胸，出心与之。"唐义净译《金光明最胜王经》卷10《舍身品》："复作是念：'虎今羸瘦，不能食我。'即起求刀，竟不能得。即以干竹，**刺颈**出血，渐近虎边。"（2）《史记》卷118《淮南衡山列传》："辟阳侯出见之，即自袖铁椎椎辟阳侯，令从者魏敬刭之。（正义刭，古鼎反。刭谓**刺颈**。）"[⑤]《太平广记》卷132《屠人》条："唐总章、咸亨中，京师有屠人，积代相传为业，因病遂死，乃被众羊悬之，一如杀羊法，两羊捉手，诸羊捉脚，一羊持刀**刺颈**，出血数斗，乃死，少顷还苏。"[⑥]

"打膝"，拍打膝盖，表示舞蹈、欢喜、顿悟等举动。《古事记》下卷《允恭记》："尔其大前小前宿祢举手**打膝**，舞诃那传，歌参来。"[⑦] 此言举手拍打着膝盖，手脚舞动唱着歌儿出来。宋颐藏主集《古尊宿语录》卷37："师云：'因什么不行脚去？'问：'南泉以手**打膝**云：这里即易。又云：这里即难。'僧问云：'只如却手。岂不是举唱宗乘？'师便以手**打膝**云：'此不是举唱宗乘作么？'"按：《汉语大词典》失收。佛典例晚于《允恭记》，表明《古事记》的语料价值。

"随教"，按照告诉的去做。用作具体义。《古事记》上卷《日子穗穗手见命与鹈葺草葺不合命》："故**随教**少行，备如其言，即登其香木以坐。"[⑧]《日本书纪》卷1《神代

① 小島憲之、直木孝次郎、西宮一民、蔵中進、毛利正守『日本書紀一』，新編日本古典文学全集，小学館，1994，第306～308頁。

② 小島憲之、直木孝次郎、西宮一民、蔵中進、毛利正守『日本書紀二』，新編日本古典文学全集，小学館，1996，第516頁。

③ 小島憲之、直木孝次郎、西宮一民、蔵中進、毛利正守『日本書紀三』，新編日本古典文学全集，小学館，1998，第36、44、326、436頁。

④ 该经于天平九年抄写，题作《千佛因缘经》，录于《大日本古文书》卷7，第70页。

⑤（汉）司马迁撰《史记》，中华书局，1959，第3076页。

⑥（宋）李昉等编《太平广记》，中华书局，1961，第941页。

⑦ 山口佳紀、神野志隆光『古事記』，新編日本古典文学全集，小学館，1997，第320頁。

⑧ 山口佳紀、神野志隆光『古事記』，新編日本古典文学全集，小学館，1997，第126頁。

纪上》："素戋呜尊乃教之曰：'汝可以众果酿酒八瓮。吾当为汝杀蛇。'二神**随教**设酒。"[①] 又卷5《崇神纪》七年二月条："时得神语，**随教**祭祀，然犹于事无验。"[②] 失译人名今附后汉录《大方便佛报恩经》卷3："尔时鹿女，为得火故，**随教**而去。其女去后，未久之间，波罗奈王将诸大臣，百千万众，前后围绕，千乘万骑，入山游猎，驰逐群鹿。"萧齐求那毘地译《百喻经》[③] 卷3："昔摩罗国，有一刹利，得病极重，必知定死，诫敕二子：'我死之后，善分财物。'二子**随教**，于其死后，分作二分。兄言弟分不平。"刘宋佛陀什、竺道生等合译《弥沙塞部和醯五分律》[④] 卷8："佛便敕一比丘：'汝呼彼二沙弥来。'即受教往语：'大师呼汝。'二沙弥即**随教**来，顶礼佛足，却住一面。"北凉昙无谶译《大般涅槃经》卷25《光明遍照高贵德王菩萨品》："是人至心，善受医教，**随教**合药，如法服之。服已病愈，身得安乐。"按：《汉语大词典》失收。在传世文献中，"随教"一词多用于抽象义，表示随着教化（而发生变化或采取相应的行为）的意思。《魏志》卷3《明帝纪》："四年春二月壬午，诏曰：'世之质文，**随教**而变。兵乱以来，经学废绝，后生进趣，不由典谟。'"[⑤] 同样，汉文佛经中亦可见这一用法。北凉昙无谶译《大般涅槃经》卷4《如来性品》："乐法众生，**随教**修行，如是等众乃能得见如来法身。"

四 偏正式

所谓偏正式，指双音词组合时的两个字，后者承受前者修饰。如果后者是名词，就构成定语关系；如果后者是动词，就构成状语关系。

（一）定语

《古事记》中源自汉文佛经的偏正式双音词中，构成定语关系的有"饭粒""胸乳""蛇室""田人""他女""耕人""哭由""假宫""稚女""亦名""本土""口鼓"。兹举例如下。

"**饭粒**"，米饭的颗粒。《古事记》中卷《仲哀记》："尔，坐其河中之矶，拔取御裳之丝，以**饭粒**为饵，钓其河之年鱼。"[⑥]《肥前国风土记·松浦郡》条："于兹，皇后勾针为钩，**饭粒**为饵，裳丝为缗。"[⑦] 失译人名今附后汉录《分别功德论》[⑧] 卷4："不

① 小島憲之、直木孝次郎、西宮一民、蔵中進、毛利正守『日本書紀一』，新編日本古典文学全集，小学館，1994，第94、270～272頁。

② 小島憲之、直木孝次郎、西宮一民、蔵中進、毛利正守『日本書紀一』，新編日本古典文学全集，小学館，1994，第94、270～272頁。

③ 该经于天平十四年抄写，录于《大日本古文书》卷8，第83页。

④ 该经于天平九年抄写，题作《五分律》，录于《大日本古文书》卷7，第79页。

⑤ （晋）陈寿撰，（宋）裴松之注《三国志》，中华书局，1959，第97页。

⑥ 山口佳紀、神野志隆光『古事記』，新編日本古典文学全集，小学館，1997，第248頁。

⑦ 山口佳紀、神野志隆光『古事記』，新編日本古典文学全集，小学館，1997，第248頁。

⑧ 该经于天平五年抄写，录于《大日本古文书》卷2，第710页。

净观者，见**饭粒**动，皆谓是虫。”吴支谦译《梵摩渝经》[①] 卷1：“抟饭入口，嚼饭之时，三转即止，**饭粒**皆碎，无在齿间者。”后秦弗若多罗、罗什合译《十诵律》卷19：“尔时有比丘，先是伎儿，闻是声即起舞。诸比丘大笑，笑时口中**饭粒**出。”按：《汉语大词典》首引《世说新语·德行第1》：“殷仲堪既为荆州，值水俭，食常五碗，盘外无余肴，**饭粒**脱落盘席间，辄拾以啖之。虽欲率物，亦缘其性真素。”[②] 偏晚。

“**胸乳**”，乳房；胸脯。《古事记》上卷《天照大神与须佐之男命》：“天儿屋命布刀诏户言祷白，而天手力男神隐立户掖，而天宇受卖命，手次系天香山之天之日影，而为缦天之真拆，而手草结天香山之小竹叶，而于天之石屋户伏污气蹈登杼吕许志为神悬，而挂出**胸乳**，裳绪忍垂于番登也。”[③]《日本书纪》卷2《神代纪下》：“天钿女乃露其**胸乳**，抑裳带于脐下，而咲噱向立。”[④]《古语拾遗》：“于是，天钿女命奉敕而往，乃露其**胸乳**，抑下裳带于脐下，而向立咲噱。”[⑤] 唐菩提流志译《一字佛顶轮王经》[⑥] 卷1《序品》：“从三十二大丈夫相，放大光明。所谓顶上眉毫、眼耳鼻鬓、颊唇口齿；龂腭牙颔、肩肘臂手；**胸乳**心脐、胸上相字；髀膝胫踝、腕掌背指；如来千辐、转轮法印；如来如意印、如来槊印；如来锡杖印、如来心印；如来难胜奋怒顶轮王三摩地难胜印；如来大慈、如来大悲；如来三摩地、如来无畏。”按：《汉语大词典》失收。

“**蛇室**”，蛇栖息的巢穴。《古事记》上卷《大国主神》：“故随诏命，而参到须佐之男命之御所者，其女须势理毘卖出见，为目合而相婚。还入白其父言：‘甚丽神来。’尔其大神出见而告：‘此者谓之苇原色许男。’即唤入，而令寝其**蛇室**。”[⑦] 西晋竺法护译《渐备一切智德经》[⑧] 卷1：“不从他教，进退不安，怀抱久病，不可疗治，坚住罗网，未出深堑，六十二疑，四倒五盖，火林**蛇室**，十二牵连，十重之阁，三坑三户，三流之逸，游在旷野，未向佛门；设闻此法，踌躇不进。”姚秦鸠摩罗什译《灯指因缘经》卷1：“世人甚众，无知我者。由我贫穷，所向无路。譬如旷野，为火所焚。人不喜乐，如枯树无荫，无依投者。如苗被雹霜，捐弃不收。如毒**蛇室**，人皆远离。”按：《汉语大词典》失收。

“**他女**”，其他的女人，别人的女人。与“他女人”义同，《古事记》中卷《景行记》：“于是天皇闻看定三野国造之祖大根王之女，名兄比卖，弟比卖二娘子。其容姿丽美，而遣其御子大碓命以唤上。故其所遣大碓命勿召上，而即己自婚其二娘子，更求

---

① 该经于天平十四年抄写，录于《大日本古文书》卷8，第12页。

② 徐震堮：《世说新语校笺》，中华书局，1984，第24页。

③ 山口佳紀、神野志隆光『古事記』，新編日本古典文学全集，小学館，1997，第64頁。

④ 小島憲之、直木孝次郎、西宮一民、蔵中進、毛利正守『日本書紀一』，新編日本古典文学全集，小学館，1994，第130頁。

⑤ 西宮一民『古語拾遺』，岩波文庫，1985，第129頁。

⑥ 该经于天平二十年抄写，录于《大日本古文书》卷10，第325页。

⑦ 山口佳紀、神野志隆光『古事記』，新編日本古典文学全集，小学館，1997，第80頁。

⑧ 该经于天平十四年抄写，录于《大日本古文书》卷8，第14页。

他女人，诈名其娘女而贡上。于是天皇知其**他女**，恒令经长眼，亦勿婚而惚也。"[①]《日本书纪》卷25《孝德纪》大化二年三月条："复有恃势之男，浪要**他女**，而未纳际，女自适人，其浪要者嗔求两家财物为己利者甚众。"[②]《续日本纪》卷22《淳仁纪》天平宝字三年六月条："不爱己妻，喜犯**他女**为淫。"[③] 西晋竺法护译《佛说阿惟越致遮经》卷3《师子女品》："佛言：'女人若求无上正真之道，欲学此经，观余女人。所以者何？若学此经，专精不乱，不効**他女**，贪于尘劳。犹是之缘，致女人身。'"元魏瞿昙般若流支译《正法念处经》卷14《地狱品》："若侵他妻，或犯**他女**，为彼所捉。捉已付王，若王王等，拔其人根。"唐义净译《曼殊室利菩萨咒藏中一字咒王经》卷1："若是石女，无产生法，欲求男女者，应取阿说健陀根，以酥熟煎捣之令碎，和黄牛乳咒二十五遍。待彼女人身净之时，令饮其药。妻莫犯他男，夫莫犯**他女**。未久之间，即便有娠。"按：《汉语大词典》失收。

"**耕人**"，农夫，农人。《古事记》中卷《应神记》："故**耕人**等之饮食，负一牛而，入山谷之中，遇逢其国主之子，天之日矛。"[④]（1）后秦弗若多罗、罗什合译《十诵律》卷1："**耕人**遥见，语比丘言：'莫取我衣。'比丘不闻。"梁宝唱等集《经律异相》卷44："昔有一人，在田耕莳，日已垂中，家晌未至。道人失路，至其田所，从乞中食。**耕人**曰诺。"（2）《晋书》卷95《步熊传》："吏如熊言，果是**耕人**，自言草恶难耕，故烧之，忽风起延烧远近，实不知草中有人。"[⑤] 王劭《舍利感应记别录》："江州，舍利至彼，行道日，**耕人**犁得一铜像。"[⑥]

"**田人**"，种田人，农民。《古事记》中卷《应神记》："尔问其人曰：'何汝饮食负牛入山谷？汝必杀食是牛。'即捕其人，将入狱囚。其人答曰：'吾非杀牛，唯送**田人**之食耳。'"[⑦] 例言并非想杀牛，只是希望给种田人送些吃的。《古语拾遗》："昔在神代，大地主神营田之日，以牛完食**田人**。"[⑧] 此言在开始耕田那一天，让种田人吃牛肉。（1）东晋佛陀跋陀罗、法显合译《摩诃僧祇律》卷7："阿难答言：'世尊，六群比丘，躁性强暴。我若往者，譬如甘蔗，**田人**乘车，载甘蔗归，诸童子辈，逆出村外，捉甘蔗乱取，就外噉食。彼六群比丘，亦复如是。'"唐道宣撰《续高僧传》卷27："**田人**告曰：'和久死矣，无由迎也。'"（2）《全唐文》卷736沈亚之《县丞厅壁记》："说者以

---

① 山口佳紀、神野志隆光『古事記』，新編日本古典文学全集，小学館，1997，第214頁。

② 小島憲之、直木孝次郎、西宮一民、蔵中進、毛利正守『日本書紀三』，新編日本古典文学全集，小学館，1998，第154頁。

③ 青木和夫、稲岡耕二、笹山晴生、白藤礼幸『続日本紀三』，新日本古典文学大系，岩波書店，1992，第322頁。

④ 山口佳紀、神野志隆光『古事記』，新編日本古典文学全集，小学館，1997，第274頁。

⑤ （唐）房玄龄等撰《晋书》，中华书局，1994，第2478页。

⑥ （清）严可均校辑《全上古三代秦汉三国六朝文》，中华书局，1958，第4147页。

⑦ 山口佳紀、神野志隆光『古事記』，新編日本古典文学全集，小学館，1997，第274頁。

⑧ 西宮一民『古語拾遺』，岩波文庫，1985，第143頁。

为汉孝武帝尝夜出射熊于是，而**田人**辄留执帝从者。”① 按：《汉语大词典》例引宋梅尧臣《**田人**夜归》诗，偏晚。

“**哭由**”，啼哭的原因，哭泣的原委。《古事记》上卷《天照大御神与须佐之男命》：“亦问：‘汝**哭由**者何？’答白言：‘我之女者，自本在八稚女。是高志之八俣远吕智每年来吃，今其可来时，故泣。’”②《出云国风土记·仁多郡》条：“宇良加志给鞆，犹不止哭之。大神梦愿给：‘告御子之**哭由**。’梦尔愿坐，则夜梦见坐之御子辞通。”③ 唐道世撰《法苑珠林》卷88：“时有一龙，从泉而出，变身为人。问其**哭由**，园监具说。”按：《汉语大词典》失收。

“**假宫**”，供天皇出行时居住的宫室；行宫。《古事记》中卷《垂仁记》：“故到于出云，拜讫大神，还上之时，肥河之中，作黑樔桥，仕奉**假宫**而坐。”又《仲哀记》：“故建内宿祢命率其太子为将禊，而经历淡海及若狭国之时，于高志前之角鹿造**假宫**而坐。”又下卷《履中记》：“留其山口，即造**假宫**，忽为丰乐，乃于其隼人赐大臣位，百官令拜，隼人欢喜，以为遂志。”又《安康记》：“此时，相率市边之忍齿王幸行淡海，到其野者，各异作**假宫**而宿。尔明旦，未日出之时，忍齿王以平心随乘御马，到立大长谷王**假宫**之傍。”又《雄略记》：“尔即小楯连闻惊，而自床堕转，而追出其室人等，其二柱王子坐左右膝上泣悲，而集人民作**假宫**，坐置其**假宫**，而贡上驿使。”④ 高丽一然撰《三国遗事》卷2：“俾创**假宫**而入御，但要质俭，茅茨不剪，土阶三尺。”按：《古事记》中的例句早于佛典。

“**稚女**”，幼女；少女。《古事记》上卷《天照大御神与须佐之男命》：“亦问：‘汝哭由者何？’答白言：‘我之女者，自本在八**稚女**，是高志之八俣远吕知，每年来吃。今其可来时，故泣。’”⑤ （1）刘宋佛陀什、竺道生等合译《弥沙塞部和醯五分律》卷2：“寡妇答言：‘汝岂不知，由此沙门，使我**稚女**，致此苦剧？”唐玄奘译《大唐西域记》卷4：“幼日王承慈母之命，愍失国之君，娉以**稚女**，待以殊礼，总其遗兵，更加卫从，未出海岛。”又卷5：“既至仙庐，谢仙人曰：‘大仙俯方外之情，垂世间之顾，敢奉**稚女**，以供洒扫。’”（2）《艺文类聚》卷69所载江淹《扇上采画赋》：“临淄之**稚女**，宋郑之妙工。织素丽于日月，传画明于彩虹。”⑥

（二）状语

《古事记》中源自汉文佛经的偏正式双音词中，构成状语关系的有“面问”“逆塞”“乞取”“散浮”“率往”“自本”“共死”“必差”“稍痞”“共婚”“恒念”“恒食”

---

① （清）董诰等编《全唐文·附唐文拾遗唐文续拾》，中华书局，1983，第7600页。

② 山口佳紀、神野志隆光『古事記』，新編日本古典文学全集，小学館，1997，第68頁。

③ 植垣節也『風土記』，新編日本古典文学全集，小学館，1997，第250頁。

④ 山口佳紀、神野志隆光『古事記』，新編日本古典文学全集，小学館，1997，第208、252、312、334、356頁。

⑤ 山口佳紀、神野志隆光『古事記』，新編日本古典文学全集，小学館，1997，第68頁。

⑥ （唐）欧阳询撰《艺文类聚》，上海古籍出版社，1999，第1214页。

“恒伺”“悉伤”[1]“悉常”“悉奉”“悉伤”“悉动”（参见资料卷该词条）。举例如下。

“**逆塞**”，反堵流水，从相反的方向堵住流水。《古事记》上卷《忍穗耳命与迩迩艺命》：“且其天尾羽张神者，**逆塞**上天安河之水，而塞道居故，他神不得行。”[2] 例言天尾羽张神堵着天安河水使之倒流，并霸占河道，所以其他天神无法成行。唐元康撰《肇论疏》[3] 卷2：“逆之所谓塞，顺之所谓通者，偏执即**逆塞**，忘怀即顺通。”按：《汉语大词典》失收。汉文佛经中用作抽象义，《忍穗耳命与迩迩艺命》传说中表示具体义，但两者在表示阻塞流水、气脉通畅一点上是相同的。

“**乞取**”，求得；索取，索要。《古事记》中卷《神武记》：“故尔其弟神沼河耳命**乞取**其兄所持之兵，入杀当艺志美美。故亦称其御名，谓建沼河耳命。”又《应神记》：“故是女人自其昼寝时，妊身，生赤玉。尔其所伺贱夫，**乞取**其玉，恒裹著腰。”[4]《日本书纪》卷1《神代纪上》：“既而素戋呜尊**乞取**天照大神髻”。[5]（1）后秦弗若多罗、罗什合译《十诵律》卷61：“佛言：‘从今日清净，故与。’与竟，他不还，是事白佛。佛言：‘当从**乞取**。’”隋阇那崛多译《佛本行集经》卷55《罗睺罗因缘品》：“尔时，罗睺罗母遣罗睺罗，往向父边，**乞取**父封。”唐义净译《金光明最胜王经》卷1《如来寿量品》：“五者，如来之身，无有饿渴，亦无便利，羸惫之相。虽行**乞取**，而无所食，亦无分别。然为任运，利益有情，示有食相，是如来行。”（2）《唐律疏议》卷11《职制》：“**乞取**者，加一等；强乞取者，准枉法论。”[6] 按：《汉语大词典》例引唐王建《乞竹》诗：“**乞取**池西三两竹，房前栽著病时看。”偏晚。

“**散浮**”，撒在水面使之漂浮。《古事记》中卷《仲哀记》：“今寔思求其国者，于天神地祇亦山神及河海之诸神悉奉币帛，我之御魂坐于船上，而真木灰纳瓠，亦箸及比罗传多作，皆皆**散浮**大海以可度。”[7] 失译人名今附秦录《毘尼母经》[8] 卷5：“漉著水器中，染草若熟，染汁直沉水下。若不熟，**散浮**水上。熟竟，净漉染衣。染竟，欲晒衣时著平地。”按：《汉语大词典》失收。佛典例中“散浮”一词，指将浸染的草摊放在水面上，《仲哀记》是说在葫芦里装进“真木/マキ”烧成的灰（一种咒术），再将无数筷子及树叶捆绑在一起漂浮着渡河。

“**自本**”，原本，本来。《古事记》上卷《天照大御神与须佐之男命》：“亦问：‘汝哭由者何?’答白言：‘我之女者，**自本**在八稚女。是高志之八俣远吕知，每年来吃。

① 作为偏正式双音词，“恒念”“恒伺”“悉动”在佛典中例句较多，构词相对稳定；“稍瘤”“悉伤”例句较少，不能排除临时性搭配的可能。这几个双音词在中土先行文献中均难寻例句。

② 山口佳紀、神野志隆光『古事記』，新編日本古典文学全集，小学館，1997，第106頁。

③ 该疏于天平十二年抄写，著者作元康，录于《大日本古文书》卷7，第490页。

④ 山口佳紀、神野志隆光『古事記』，新編日本古典文学全集，小学館，1997，第162、174頁。

⑤ 小島憲之、直木孝次郎、西宮一民、蔵中進、毛利正守『日本書紀一』，新編日本古典文学全集，小学館，1994，第64頁。

⑥ （唐）长孙无忌等撰《唐律疏议》，中国政法大学出版社，2013，第372页。

⑦ 山口佳紀、神野志隆光『古事記』，新編日本古典文学全集，小学館，1997，第244頁。

⑧ 该经于天平九年抄写，录于《大日本古文书》卷7，第68页。

今其可来时。'"[①]《日本书纪》卷11《仁德纪》即位前纪条："是时额田大中彦皇子将掌倭屯田及屯仓而谓其屯田司出云臣之祖淤宇宿祢曰：'是屯田者，自本山守地。是以今吾将治矣。尔之不可掌。'" 又六十年十月条："于是天皇昭之曰：'是陵自本空。故欲除其陵守而甫差役丁。今视是怪者，甚惧之。无动陵守者。'"[②] 又卷23《舒明纪》即位前纪条："其国家大基，是非朕世。自本务之。汝虽肝稚，慎以言。"又卷29《天武纪下》六年六月条："是月，诏东汉直等曰：'汝等党族之自本犯七不可也。是以，从小垦田御世至于近江朝，常以谋汝等为事。今当朕世，将责汝等不可之状以随犯应罪。'"[③] 吴康僧会译《六度集经》卷8："深睹人原始，自本无生，元气强者为地，软者为水，暖者为火，动者为风。四者和焉，识神生焉。"姚秦竺佛念译《菩萨从兜术天降神母胎说广普经》卷1《天宫品》："究竟一相义，性自本虚寂。常想无起灭，有余及无余。"唐实叉难陀译《大乘入楞伽经》卷6《偈颂品》："心体自本净，意及诸识俱。习气常熏故，而作诸浊乱。"按：《汉语大词典》失收。传世文献中的词序多作"本自"。

"**共死**"，一起死，同归于尽。《古事记》中卷《仲哀记》："于是，其忍熊王与伊佐比宿祢共被追迫，乘船浮海。歌曰……即入海共死也。"[④]《日本书纪》卷22《推古纪》三十四年五月条："老者啖草根而死于道垂，幼者含乳以母子共死。"[⑤] 又卷23《舒明纪》即位前纪条："时军至，乃令来目物部伊区比以绞之，父子共死，乃埋同处。"[⑥] 后汉昙果、康孟详合译《中本起经》卷2："古昔有人，居贫穷困，而其娶妇，得富家女。懒堕无计，日更贫乏，家困饷馈，欲夺更嫁。妻闻家议，便以语夫：'我家势强，必当夺卿。当作何计？'夫闻妇言，将共入房：'今欲与汝，共死一处。'即便刺妇，还复自刺。"后秦佛陀耶舍、竺佛念等合译《长阿含经》卷10："汝死当共死，汝无我活为。宁使我身死，不能无汝存。"（2）《魏志》卷5《后妃传》："袁术传太祖凶问，时太祖左右至洛者皆欲归，后止之曰：'曹君吉凶未可知，今日还家，明日若在，何面目复相见也？正使祸至，共死何苦！'遂从后言。"[⑦]《宋书》卷72《南平穆王铄传》："孙子曰：'视卒如赤子，故可与之共死。'所以张拳效争先之心，吮痈致必尽之

① 山口佳紀、神野志隆光『古事記』，新編日本古典文学全集，小学館，1997，第68頁。

② 小島憲之、直木孝次郎、西宮一民、蔵中進、毛利正守『日本書紀二』，新編日本古典文学全集，小学館，1996，第20～22、66頁。

③ 小島憲之、直木孝次郎、西宮一民、蔵中進、毛利正守『日本書紀三』，新編日本古典文学全集，小学館，1998，第28、376頁。

④ 山口佳紀、神野志隆光『古事記』，新編日本古典文学全集，小学館，1997，第250～252頁。

⑤ 小島憲之、直木孝次郎、西宮一民、蔵中進、毛利正守『日本書紀二』，新編日本古典文学全集，小学館，1996，第590頁。

⑥ 小島憲之、直木孝次郎、西宮一民、蔵中進、毛利正守『日本書紀三』，新編日本古典文学全集，小学館，1998，第36頁。

⑦（晋）陈寿撰，（宋）裴松之注《三国志》，中华书局，1959，第156页。

命，岂不由恩著者士轻其生，令明者卒毕其力。”① 按：《汉语大词典》失收。

“**共婚**”，结为夫妇，结婚。《古事记》中卷《崇神记》：“于是有神壮夫，其形姿威仪，于时无比，夜半之时，儵忽到来。故相感，**共婚**供住之间，未经几时，其美人妊身。”②（1）姚秦竺佛念译《出曜经》卷3：“其王报曰：‘夫王者法不娶外类，不与细民为婚，常与长者居士**共婚**。’”（2）《晋书》卷96《杜有道妻严氏传》：“时玄与何晏、邓扬不穆，晏等每欲害之，时人莫肯**共婚**。”③ 按：《汉语大词典》失收。

“**稍寤**”，略微恢复了意识；稍微有了一点觉悟。《古事记》中卷《景行记》：“于是，零大氷雨打惑倭建命。故还下坐之，到玉仓部之清泉以息坐之时，御心**稍寤**。故号其清泉，谓居寤清泉也。”④ 例言倭建命下山返回，来到玉仓部清水这个地方稍事休息，于是逐渐恢复了一些意识。（1）唐道世撰《法苑珠林》卷21：“**稍寤**心澄静，方厌俗苍茫。缁徒既肃肃，法侣亦锵锵。”（2）《宣室志》卷3：“既而兀兀然，若甚醉者，凡数日，方**稍寤**，因惧且甚。”⑤ 按：《汉语大词典》失收。

“**恒念**”，常想，经常思考，时常思念。《古事记》中卷《景行记》：“自其处发，到当艺野上之时，诏者：‘吾心**恒念**自虚翔行。然今吾足不得步，成当艺当艺斯玖。’”⑥《日本书纪》卷13《允恭纪》二十三年三月条：“太子**恒念**合大娘皇女，畏有罪而默之。然感情既盛，殆将至死。爰以为徒空死者，虽有罪，何得忍乎？”⑦《续日本纪》卷13《圣武纪》天平十二年六月条：“六月庚午，敕曰：‘朕君临八荒，奄有万姓，履薄驭朽，情深覆育。求衣忘寝，思切纳隍。**恒念**何答上玄。人民有休平之乐；能称明命，国家致宁泰之荣者。’”⑧ 东晋瞿昙僧伽提婆译《增壹阿含经》卷10《劝请品》：“知恩识反复，**恒念**教授人；智者所敬侍，名闻天世人。”齐那连提耶舍译《月灯三昧经》卷3：“**恒念**一切如来恩，愿绍佛种不断绝。”按：《汉语大词典》失收。与中土先行文献中难觅“恒念”一词相比，佛典中可谓俯拾即是。

“**恒食**”，经常做……给吃。此处“食”用作使令义。《古事记》中卷《应神记》：“尔其娘子常设种种之珍味，**恒食**其夫。”⑨ 例言妻子总是准备各种好吃的让丈夫吃。后汉安世高译《佛说分别善恶所起经》卷1：“不与追谤施，食粗外自举。后为寠饿鬼，**恒食**人欬唾。”萧齐求那毘地译《百喻经》卷3：“医于后时见，便问之：‘汝病愈未？’

---

① （梁）沈约撰《宋书》，中华书局，1974，第1860页。

② 山口佳紀、神野志隆光『古事記』，新編日本古典文学全集，小学館，1997，第184頁。

③ （唐）房玄龄等撰《晋书》，中华书局，1994，第2509页。

④ 山口佳紀、神野志隆光『古事記』，新編日本古典文学全集，小学館，1997，第230頁。

⑤ 上海古籍出版社编《唐五代笔记小说大观》，上海古籍出版社，2000，第1008～1009页。

⑥ 山口佳紀、神野志隆光『古事記』，新編日本古典文学全集，小学館，1997，第232頁。

⑦ 小島憲之、直木孝次郎、西宮一民、蔵中進、毛利正守『日本書紀二』，新編日本古典文学全集，小学館，1996，第124頁。

⑧ 青木和夫、稲岡耕二、笹山晴生、白藤礼幸『続日本紀二』，新日本古典文学大系，岩波書店，1990，第362頁。

⑨ 山口佳紀、神野志隆光『古事記』，新編日本古典文学全集，小学館，1997，第276頁。

病者答言：‘医先教我，**恒食**雉肉。是故今者，食一雉已尽，更不敢食。’”梁宝唱等集《经律异相》卷25：“昔有啖人鬼，作人中王，**恒食**人肉，以为厨宰。”

“恒伺”，经常窥视，时常寻找机会。《古事记》中卷《应神记》：“亦有一贱夫，思异其状，**恒伺**其女人之行。故是女人自其昼寝时，妊身，生赤玉。”①《日本书纪》卷17《继体纪》二十一年六月条：“于是，筑紫国造盘井阴谟叛逆，犹预经年，恐事难成，**恒伺**间隙。”② 姚秦鸠摩罗什译《大智度论》卷14《序品》：“复次，世间众生，常为众病所恼，又为死贼，常随伺之。譬如怨家，**恒伺**人便。”萧齐昙景译《摩诃摩耶经》卷1：“譬如猎师，围逐诸兽。无常之法，亦复如是。驰逼众生，至阎罗王所，而使业象，随次蹈之，无常群虎，**恒伺**众生。若得其便，而共残食。”梁宝唱等集《经律异相》卷33：“微沙落起多，**恒伺**其过，而欲杀之。”按：《汉语大词典》失收。由副词“恒”构成的双音词，多见于汉文佛经中，极少出现在先行的中土文献中。

“悉常”，经常，总是。《古事记》上卷《天照大御神与须佐之男命》：“彼目如赤加贺智，而身一有八头八尾，亦其身生萝及桧榅，其长度溪八谷峡八尾。见其腹者，**悉常**血烂也。”③ 后汉支娄迦谶译《道行般若经》卷7：“佛言：‘复次须菩提，梦中菩萨摩诃萨不入阿罗汉地，不入辟支佛地，不乐索其中，亦不教他人入其中，心亦不念般若中诸法，梦中视，不般若中为证，心**悉常**在佛。’”东晋佛驮跋陀罗译《大方广佛华严经》卷48《入法界品》：“城内一万大众，周匝围绕，颜容姝妙，天人无伦。成就菩萨直心，庄严众生。**悉常**随顺，甘露顶教。宿世同修，诸善根故。”唐不空译《仁王般若念诵法》卷1：“佛即赞言：‘若诵持此、陀罗尼者，我及十方诸佛，**悉常**拥护。’”

“悉奉”，全部奉献（给某人)。《古事记》中卷《仲哀记》：“今寔思求其国者，于天神地祇亦山神及河海之诸神**悉奉**币帛，我之御魂坐于船上，而真木灰纳瓠，亦箸及比罗传多作，皆皆散浮大海，以可度。”④《日本书纪》卷29《天武纪下》三年三月条：“凡银有倭国，初出于此时。故**悉奉**诸神祇，亦周赐小锦以上大夫等。”⑤ 西晋竺法护译《正法华经》卷1《光瑞品》：“时族姓子，得名闻定，以斯德本，从不可计，亿百千佛，求愿得见，**悉奉**众圣。”东晋昙无兰译《新岁经》⑥ 卷1：“其在于山岩，坐于阴树下。若游于大海，而怀饥瞋恨。来坐立新岁，亿载众生集。供养**悉奉**佛，得成甘露门。”隋慧远撰《维摩义记》卷2：“即往牛所。牛自开脚，任其构捋。牛语阿难：‘愿留一乳，以乞我儿，余**悉奉**佛。’犊子即言：‘尽奉如来，我食水草。’彼婆罗门，在傍具

---

① 山口佳紀、神野志隆光『古事記』，新編日本古典文学全集，小学館，1997，第274頁。

② 小島憲之、直木孝次郎、西宫一民、蔵中進、毛利正守『日本書紀二』，新編日本古典文学全集，小学館，1996，第308～310頁。

③ 山口佳紀、神野志隆光『古事記』，新編日本古典文学全集，小学館，1997，第68～70頁。

④ 山口佳紀、神野志隆光『古事記』，新編日本古典文学全集，小学館，1997，第244頁。

⑤ 小島憲之、直木孝次郎、西宫一民、蔵中進、毛利正守『日本書紀三』，新編日本古典文学全集，小学館，1998，第356頁。

⑥ 该经于天平五年抄写，题作《因缘僧护经》，录于《大日本古文书》卷7，第10页。

见，即自悔责：‘我不及牛，不识福田，生此恶心。’遂于佛所，深敬归信。”

“**悉伤**”，全部受伤。《古事记》上卷《大国主神》：“因此泣患者，先行八十神之命以诲告：‘浴海盐，当风伏。’故为如教者，我身悉伤。”又下卷《安康记》：“如此白，而亦取其兵，还入以战。尔力穷矢尽，白其王子：‘仆者，手悉伤，矢亦尽，今不得战。如何？’”[①] 西晋竺法护译《修行地道经》卷3：“狱王守鬼而挝刺，求哀欲脱鬼益怒。时诸刺贯身悉伤，敕使还上复如故。”北凉昙无谶译《佛所行赞》卷2：“大爱瞿昙弥，闻太子不还。竦身自投地，四体悉伤坏。”按：《汉语大词典》失收。佛典二例中，一例用于偈颂中，一例的完整形式为“悉伤坏”。由此推之，“悉伤”的词形并不固定，具有某种程度的临时性。

五 后补式

所谓后补式，指双音词组合时的两个字均为动词，后者表示前者的动作或作用的结果，是对前者的一种补充说明。《古事记》中源自汉文佛经的后补式双音词具体有“V+出”“V+入”“V+来”“V+去、到、往、归、过、落、置、上、中”“V+其他”等形式。

（一）“V+出”

“V+出”的双音词有“钻出”“漏出”“唾出”3个。“出”已经助动词化[②]或起着组合双音词的作用。[③]

“**钻出**”，钻木出火。原文“櫕”，通“鑽”。《古事记》上卷《忍穗耳命与迩迩艺命》：“为膳夫献天御飨之时，祷白，而栉八玉神化鹈入海底，咋出底之波迩、作天八十毘良迦、而镰海布之柄，作燧臼，以海莼之柄作燧杵，而钻出火云。”[④] 例言割取海藻的茎竿制作生火的臼状容器，又使用海藻的茎竿制作生火的棒槌，用于钻木出火。失译人名今附刘宋录《佛说老母经》[⑤] 卷1：“佛言：‘诸法亦如是，譬如两木，相钻出火，火还烧木，木尽火便灭。’”宋子升录《禅门诸祖师偈颂》卷2：“骂他还自骂，嗔佗还自嗔。譬如木中火，钻出自烧身。”按：《汉语大词典》失收。

“**漏出**”，（液体）泄露出来、滴漏出来。《古事记》上卷《伊耶那岐命与伊耶那美命》：“次集御刀之手上血，自手俣漏出，所成神名，暗淤加美神。”[⑥] 此言凝聚在刀柄上的鲜血从手指间滴落而生成的神灵，名字叫暗淤加美神。（1）西晋竺法护译《修行地道经》卷5：“或见斫头，疮痍裂坏，脓血漏出。”又《佛说大迦叶本经》卷1：“如

① 山口佳紀、神野志隆光『古事記』，新編日本古典文学全集，小学館，1997，第76、332頁。
② 志村良治著，江蓝生、白维国译《中国中世语法史研究》，中华书局，1995，第55页。
③ 董志翘：《〈入唐求法巡礼行记〉词汇研究》，中国社会科学出版社，2000，第190页。
④ 山口佳紀、神野志隆光『古事記』，新編日本古典文学全集，小学館，1997，第112頁。
⑤ 该经于天平八年抄写，题作《老母经》，录于《大日本古文书》卷7，第62页。
⑥ 山口佳紀、神野志隆光『古事記』，新編日本古典文学全集，小学館，1997，第42頁。

明眼人，从一边观，釜灯诸孔，脂油**漏出**，各各堕地。”东晋瞿昙僧伽提婆译《增壹阿含经》卷5《壹入道品》：“复次比丘，观此身有诸孔，**漏出**不净。”（2）《旧唐书》卷37《五行》：“又先天太后墓槐树上有灵泉**漏出**，今年六月，其上有云气五色，又黄龙再见于泉上。”[①]

“**唾出**”，随唾沫流出，吐口水时带出某物。《古事记》上卷《大国主神》：“故咋破其木实，含赤土**唾出**者，其大神以为咋破吴公**唾出**，而于心思爱而寝。”[②]（1）后汉支娄迦谶译《杂譬喻经》[③]卷1：“便有一老翁，甚大丑恶，眼中眵出，鼻中洟出，口中**唾出**。”西晋竺法护译《身观经》卷1：“从鼻中涕出，从口涎**唾出**，从腋下汗流出，从下孔处屎溺出。如是皆从身出。”（2）唐临撰《冥报记》卷2：“是夜梦，已化为罗刹，爪齿各长数尺，捉生猪食之。既晓觉口腥**唾出**。”按：《汉语大词典》失收。“唾出”的对应词是“唾入”。《古事记》上卷《日子穗穗手见命与鹈茸草不合命》：“而不饮水，解御颈之玙，含口**唾入**其玉器。”[④]需要指出的是，“唾入”一词，在中土文献和汉文佛经中均未见确例。

（二）“V＋入”

“V＋入”的双音词有“蹈入”“堕入”“返入”“唤入”“射入”“隐入”6个。

“**蹈入**”，踏入，踩进。《古事记》上卷《大国主神》：“又其神之嫡后须势理毘卖命甚为嫉妒，故其日子迟神和备弖自出云将上坐倭国，而束装立时，片御手者，系御马之鞍，片御足**蹈入**其御镫，而歌曰。”[⑤]此言一只手扶着马鞍，一只脚蹬进鞍子的踏脚。北凉昙无谶《悲华经》卷1：“其地柔软，譬如天衣，行时足下，**蹈入**四寸，举足还复，自然而生，种种莲华。”又卷4：“其地柔软，譬如天衣，行时足下，**蹈入**四寸，举足还复。”按：《汉语大词典》失收。上古文学作品中“V＋入”的双音词还有“奉入”“还入”“拟入”“抛入”“起入”“迁入”“牵入”“舍入”“施入”“押入”“隐入”“迎入”等。

“**堕入**”，坠入，掉进。《古事记》上卷《天照大御神与须佐之男命》：“天照大御神坐忌服屋，而令织神御衣之时，穿其服屋之顶，逆剥天斑马剥，而所**堕入**时，天服织女见惊，而于梭冲阴上而死。”又中卷《神武纪》：“降此刀状者，穿高仓下之仓顶，自其**堕入**。”又《应神记》：“渡到河中之时，令倾其船，**堕入**水中。尔乃浮出，随水流下。”[⑥]《万叶集》卷16第3878首：“阶楯　熊来乃夜良尔　新罗斧　**堕入**”[⑦]。（1）西晋竺法护译《普曜经》卷4：“情欲多难，犹如杂毒，**堕入**地狱、饿鬼畜生。”东晋竺昙

① （后晋）刘昫等撰《旧唐书》，中华书局，1975，第1373页。
② 山口佳紀、神野志隆光『古事記』，新編日本古典文学全集，小学館，1997，第82頁。
③ 该经于天平十二年抄写，录于《大日本古文书》卷7，第536页。
④ 山口佳紀、神野志隆光『古事記』，新編日本古典文学全集，小学館，1997，第128頁。
⑤ 山口佳紀、神野志隆光『古事記』，新編日本古典文学全集，小学館，1997，第88頁。
⑥ 山口佳紀、神野志隆光『古事記』，新編日本古典文学全集，小学館，1997，第62、147、270頁。
⑦ 小島憲之、木下正俊、東野治之『万葉集四』，日本古典文学全集，小学館，1996，第135頁。

无兰译《大鱼事经》卷1：“如是诸比丘利养具，甚为难，甚为苦，甚为恐畏，**堕入**恶趣，不生无上处。”唐道宣撰《续高僧传》卷1：“孝昌二年，大风拨屋拔树，刹上宝瓶随风而**堕入**地丈余。”（2）《抱朴子·内篇》卷11《仙药》：“去户外十余丈有石柱，柱上有偃盖石，高度径可一丈许，望见蜜芝从石户上**堕入**偃盖中，良久，辄有一滴，有似雨后屋之余漏，时时一落耳。”[①]《通典》卷160《兵13》：“五曰火坠：坠，堕也。以火**堕入**营中也。”[②] 按：《汉语大词典》失收。汉文佛经中，“堕入”一词既用于具体义，又用于抽象义；上古文学作品中的三例均用作具体义。

“**返入**”，返回进到某处；退转入于某处。《古事记》上卷《日子穗穗手见命与鹈葺草不合命》：“尔丰玉毘卖命知其伺见之事，以为心耻，乃生置其御子而白：‘妾恒通海道欲往来。然伺见吾形，是甚怍之。’即塞海坂而**返入**。”[③]（1）失译人名今附后汉录《大方便佛报恩经》卷4：“尔时波罗奈国有一海师，前后数**返入**于大海，善知道路通塞之相，而年八十两目蒙盲。”（2）姚秦竺佛念译《最胜问菩萨十住除垢断结经》卷3《童真品》：“三界众生，瞢瞢为痴，不知真道，以不净为净，**返入**欲流，以苦为乐，以非常为常，以非身为身。”元魏瞿昙般若流支译《正法念处经》卷50《观天品》：“如是比丘，发心欲行，解脱之道，而复**返入**，系缚道中。”按：《汉语大词典》失收。《古事记》的例子用于具体义，汉文佛经的例子既用于具体义（1），又用于抽象义（2）。

“**唤入**”，唤进，叫进来。《古事记》上卷《大国主神》：“尔其大神出见而告：‘此者谓之苇原色许男。’即**唤入**而令寝其蛇室。”又：“尔持其矢以奉之时，率入家而**唤入**八田间大室，而令取其头之虱。故尔见其头者，吴公多在。”[④]《日本灵异记》上卷《忆持〈法华经〉现报示奇表缘第18》：“猴爱之**唤入**，居床而瞻言：‘若死昔我子之灵矣。’”[⑤]《续日本纪》卷10《圣武纪》天平元年八月条：“壬午，**唤入**五位及诸司长官于内里。”[⑥] 又卷24《淳仁纪》天平宝字六年九月条：“于是，今城告曰：‘乾政官处分，此行使人者**唤入**京都，如常可遇。’”[⑦]（1）后汉安世高译《佛说奈女祇域因缘经》卷1：“守门人即入白王，王敕守门人，**唤入**祇域。入已，前头面礼已。”姚秦佛陀耶舍、竺佛念等合译《四分律》卷39：“医作如是言：‘但听我治。若差，随意与我物。’长者妇闻之，自念言：‘若如是无所损。’敕守门人，**唤入**。”梁宝唱等集《经律异相》卷32：“耆婆还王舍城，到无畏王子门，王**唤入**。”（2）《北齐书》卷45《颜之推传》：

---

① 王明撰《抱朴子内篇校释》，中华书局，1985，第198页。

② （唐）杜佑撰《通典》，中华书局，1988，第4115页。

③ 山口佳紀、神野志隆光『古事記』，新編日本古典文学全集，小学館，1997，第134～136頁。

④ 山口佳紀、神野志隆光『古事記』，新編日本古典文学全集，小学館，1997，第80、82頁。

⑤ 中田祝夫『日本靈異記』，日本古典文学全集，小学館，1975，第101頁。

⑥ 青木和夫、稲岡耕二、笹山晴生、白藤礼幸『続日本紀二』，新日本古典文学大系，岩波書店，1990，第220頁。

⑦ 青木和夫、稲岡耕二、笹山晴生、白藤礼幸『続日本紀三』，新日本古典文学大系，岩波書店，1992，第426頁。

“及召集谏人，之推亦被**唤入**，勘无其名，方得免祸。”[①]《北史》卷92《恩幸传》：“及后主晋阳走还，被敕**唤入**内，寻诏复王爵及开府、领军大将军，常在左右。仍从后主走度河，到青州，并为周军所获。”[②] 按：《汉语大词典》失收。传世文献中，“唤入”通常用作被动语态。

“**射入**”，射进，射在某物里面。《古事记》上卷《大国主神》：“亦鸣镝**射入**大野之中，令采其矢。故入其野时，即以火回烧其野。”[③] 例言须佐之男将响箭射进荒野，让大穴牟迟神得到它。于是大穴牟迟神一进入荒野，须佐之男立即点燃荒野的草丛。东晋佛陀跋陀罗译《佛说观佛三昧海经》卷5：“狱卒罗刹，化为良医，手执利针，唱言治病。罪人心喜，气绝命终，生铁网间……无量诸针，**射入**毛孔。如是婉转，诸铁网间，刹那顷死，刹那顷生。”元魏瞿昙般若流支译《正法念处经》卷12《地狱品》：“犹如弩弦，所放铁箭，**射入**蚁封，如是入已，不知所在。”唐义净译《根本说一切有部毘奈耶药事》卷6：“善其射法，略有五种……五者**射入**坚牢。此之射法，悉能善了。”按：《汉语大词典》失收。

“**隐入**”，藏进，躲入。《古事记》上卷《大国主神》：“如此言故，故蹈其处者，落**隐入**之间，火者烧过。”[④] 此言大穴牟迟神掉进洞穴藏在里面，这时外面的大火从洞穴上面烧过，因此逃过一劫。姚秦鸠摩罗什译《大庄严论经》卷6：“毁犯于戒行，贪嗜著五欲。如蛇**隐入**穴，还出则螫人。”唐菩提流志译《不空羂索神变真言经》卷6：“取心噉食，即得腾空。又取肝血，涂点额上。即得**隐入**，大地地下。”高丽觉训撰《海东高僧传》卷1：“然杂华恒常之说，**隐入**于虬宫。邪宗蚖肆，异部蛙鸣。”

（三）“V+来”

由“V+来”组成的双音词有“持来”“渡（度）来”（后述）、“将来”“入来”“追来”。

“**持来**”，拿来，取来，带来。《古事记》下卷《仁德记》：“夫子奴乎，所缠己君之御手玉钏，于肤熅剥**持来**，即与己妻，乃给死刑也。”[⑤]《日本书纪》卷14《雄略纪》即位前纪条：“时大臣妻**持来**脚带怆矣，伤怀而歌曰。”[⑥] 又卷25《孝德纪》大化二年八月条：“凡调赋者，可收男身之调。凡仕丁者，每五十户一人。宜观国国壃堺，或书或图**持来**奉示。”[⑦]《万叶集》卷9第1665首：“为妹　吾玉拾　奥边有　玉缘**持来**　奥

① （唐）李百药撰《北齐书》，中华书局，1972，第618页。

② （唐）李延寿撰《北史》，中华书局，1974，第3053页。

③ 山口佳紀、神野志隆光『古事記』，新編日本古典文学全集，小学館，1997，第82頁。

④ 山口佳紀、神野志隆光『古事記』，新編日本古典文学全集，小学館，1997，第82頁。

⑤ 山口佳紀、神野志隆光『古事記』，新編日本古典文学全集，小学館，1997，第302頁。

⑥ 小島憲之、直木孝次郎、西宮一民、藏中進、毛利正守『日本書紀二』，新編日本古典文学全集，小学館，1996，第144頁。

⑦ 小島憲之、直木孝次郎、西宮一民、藏中進、毛利正守『日本書紀三』，新編日本古典文学全集，小学館，1998，第160頁。

津白浪”[①]。又卷13第3323首：“不连尔 伊刈持来 不敷尔 伊刈り持来而”[②]。又卷16第3880首：“所闻多祢乃 机之岛能 小螺乎 伊拾持来”。又第3885首：“韩国乃 虎云神乎 生取尔 八头取持来”[③]。《日本灵异记》上卷《僧用涌汤薪而与他作牛役之示奇缘第20》：“宴嘿居于净室，召请绘师言：‘如彼法师之容，不误绘之持来。’”又中卷《见乌邪淫厌世修善缘第2》：“于时，先夫乌食物哺持来，见之无妻乌。于时慈儿，抱之而卧，不求食物，而经数日。”[④]（1）后汉安世高译《佛说长者子制经》[⑤]卷1：“制言：母不肯匃与者，自持我今日饭分来。我宁一日不食，哀我疾持来，我欲与是人。”后汉竺大力、康孟详合译《修行本起经》卷1：“太子前射，挽弓皆折，无可手者，告其仆曰：‘吾先祖有弓，今在天庙。汝取持来。’”西晋白法祖译《佛般泥洹经》卷2：“时有五百乘车，上流历度，水大浊。阿难即取浊水，持来白佛。”梁宝唱等集《经律异相》卷32：“龙子既死，生阎浮提中，为大国王太子，名曰能施。生而能言，问诸左右：‘今此国中，有何等物？尽皆持来，以用布施。’”唐义净译《金光明最胜王经》卷9：“启父长者：家中所有，可食之物，乃至父母，食噉之分，及以妻子，奴婢之分，悉皆收取，即可持来。”（2）《太平经》卷37：“其咎本在山有恶气风，持来承负之责如此矣。”[⑥]按：《汉语大词典》失收。“持来”一词，佛典中比比皆是，反观中土文献中甚少，且文例多与佛教相关。例如，《全晋文》卷158释道安《合放光光赞略解序》：“《放光》《光赞》，同本异译耳。其本俱出于阗国持来，其年相去无几。”[⑦]阙名《戒因缘经鼻奈耶序》：“随天竺沙门所持来之经，遇而便出，于十二部，毗曰罗部最多。”[⑧]

“**将来**”，拿来，带来。《古事记》上卷《日子穗穗手见命与鹈葺草葺不合命》：“尔见其玙，问婢曰：‘若人有门外哉？’答曰：‘有人坐我井上香木之上。甚丽壮夫也。益我王而甚贵。故其人乞水故，奉水者，不饮水，唾入此玙。是不得离故。故任入将来而献。’”又中卷《神武记》：“尔其美人惊，而立走伊须须岐伎，乃将来其矢，置于床边，忽成丽壮夫。”又《垂仁记》：“故多迟摩毛理遂到其国，采其木实，以缦八缦、矛八矛将来之间，天皇既崩。”又《应神记》：“故赦其贱夫，将来其玉，置于床边，即化美丽娘子。”又：“尔伊豆志袁登卖思异其花，将来之时，立其娘子之后，入其屋即婚。”[⑨]《日本书纪》卷5《崇神纪》六十年七月条：“六十年秋七月丙申朔己酉，诏群

---

① 小島憲之、木下正俊、東野治之『万葉集二』，日本古典文学全集，小学館，1995，第390頁。
② 小島憲之、木下正俊、東野治之『万葉集三』，日本古典文学全集，小学館，1995，第437頁。
③ 小島憲之、木下正俊、東野治之『万葉集四』，日本古典文学全集，小学館，1996，第136、138頁。
④ 中田祝夫『日本霊異記』，日本古典文学全集，小学館，1975，第105、149頁。
⑤ 该经于天平九年抄写，录于《大日本古文书》卷7，第66页。
⑥ 王明编《太平经合校》，中华书局，1960，第59页。
⑦ （清）严可均校辑《全上古三代秦汉三国六朝文》，中华书局，1958，第2378页。
⑧ （清）严可均校辑《全上古三代秦汉三国六朝文》，中华书局，1958，第2435页。
⑨ 山口佳紀、神野志隆光『古事記』，新編日本古典文学全集，小学館，1997，第128、156、210、276、278～280頁。

臣曰：‘武日照命从天**将来**神宝，藏于出云大神宫。是欲见焉。’”又卷6《垂仁纪》八十八年七月条：“八十八年秋七月己酉朔戊午，诏群卿曰：‘朕闻新罗王子天日枪，初来之时，**将来**宝物今有但马。元为国人见贵，则为神宝也。朕欲见其宝物。’”[①] 又卷11《仁德纪》六十二年五月条：“皇子则**将来**其水，献于御所。天皇欢之。自是以后，每当季冬，必藏冰，至于春分，始散冰也。”又卷13《允恭纪》七年十二月条：“时乌贼津使主对言：‘臣既被天皇命，必召率来矣。若不**将来**，必罪之。故返被极刑，宁伏庭而死耳。’”[②] 又卷24《皇极纪》二年七月条：“于是大夫问调使曰：‘所进国调，欠少前例。送大臣物，不改去年所还之色。送群卿物，亦全不**将来**。皆违前例，其状何也？’”[③]《万叶集》卷16第3825首：“食荐敷　蔓菁煮**将来**　梁尔　行腾悬而　息此公”[④]。《播磨国风土记·赞容郡》条：“桑原村主等，盗赞容郡桉见桉**将来**，其主认来，见于此村。故曰桉见。”《肥前国风土记·三根郡》条：“昔者，来目皇子为征伐新罗，勒忍海汉人，**将来**居此村，令造兵器。因曰汉部乡。”[⑤]《日本灵异记》上卷《非理夺他物为恶行受报示奇事缘第30》：“见之，昔死妻。以铁铁打顶通尻，打额通项。以铁绳缚四枝，八人悬举而**将来**。”又中卷《常鸟卵煮食以现得恶死报缘第10》：“良久苏起，然病叫言：‘痛足矣。’云云。山人问言：‘何故然也？’答曰：‘有一士兵，召我**将来**，押入烛火，烧足如煮。见四方者，皆卫火山。无间所出，故叫走回。’”又《阎罗王使鬼得所召人之赂以免缘第24》：“圣武天皇世，借其大安寺修多罗分钱三十贯，以往于越前之都鲁鹿津，而交易以之运超，载船**将来**家之时，忽然得病。”又《阎罗王使鬼受所召人之饷而报恩缘第25》：“鬼不得愆，荐召山田郡衣女，而**将来**也。”又《重斤取人物又写〈法华经〉以现得善恶报缘第22》：“立虾夷于其衢，一人入宫曰：‘召。’王见之言：‘此奉写《法华经》之人。’即示于草小生道言：‘从此道**将来**。’”[⑥] 失译人名今附后汉录《分别功德论》卷3：“有男女二人坐犯淫，**将来**欲治罪，置碓臼中捣之，斯须变成为沫。”东晋法显译《大般涅槃经》卷2：“即语侍人：‘汝可取我，金色劫贝，二张**持来**。我欲上佛。’侍人奉敕，即取**将来**。”隋阇那崛多、笈多合译《添品妙法莲华经》[⑦] 卷2《信解品》：“父遥见之而语使言：‘不须此人勿强**将来**，以冷水洒面令得醒悟，莫复与语。’”按：《汉语大词典》首引《太平广记》卷378刘义庆《幽明录·陈

---

① 小島憲之、直木孝次郎、西宮一民、藏中進、毛利正守『日本書紀一』，新編日本古典文学全集，小学館，1994，第288～290、332頁。

② 小島憲之、直木孝次郎、西宮一民、藏中進、毛利正守『日本書紀二』，新編日本古典文学全集，小学館，1996，第68、116頁。

③ 小島憲之、直木孝次郎、西宮一民、藏中進、毛利正守『日本書紀三』，新編日本古典文学全集，小学館，1998，第74頁。

④ 小島憲之、木下正俊、東野治之『万葉集四』，日本古典文学全集，小学館，1996，第113頁。

⑤ 植垣節也『風土記』，新編日本古典文学全集，小学館，1997，第74、320頁。

⑥ 中田祝夫『日本靈異記』，日本古典文学全集，小学館，1975，第125、178、211、215、315頁。

⑦ 该经于天平十三年抄写，题作《添品法华经》，录于《大日本古文书》卷8，第222页。

良》条："向下土有一人，姓陈名良，游魂而已，未有统摄，是以**将来**。"[①] 略晚。

"**入来**"，进来，来到。《古事记》上卷《伊耶那岐命与伊耶那美命》："然爱我那势命**入来**坐之事恐，故欲还。且与黄泉神相论。莫视我。"[②]《日本书纪》卷24《皇极纪》三年七月条："由是加劝舍民家财宝，陈酒陈菜、六畜于路侧，而使呼曰：'新富**入来**。'"[③]《日本灵异记》中卷《将写〈法华经〉建愿人断日暗穴赖愿力得全命缘第13》："故有一沙弥，自隙**入来**，钵盛馔食，以与之语：'汝之妻子，供我饮食，雇吾劝救。汝复哭愁，故我来之。'自隙出去。"又下卷《髑髅目穴笋揭脱以祈之示灵表缘第27》："良久，彼灵倏忽不现。父母为拜诸灵，入其屋里，见牧人而惊，问于**入来**之缘。"[④]《续日本纪》卷29《称德纪》神护景云三年五月条："岐良比给〈弖之〉氷上盐烧〈我〉儿志计志麻吕〈乎〉天日嗣〈止〉为〈牟止〉谋〈弖〉挂畏天皇大御发〈乎〉盗给〈波利弖〉、岐多奈〈伎〉佐保川〈乃〉髑髅〈尔〉入〈弖〉大宫内〈尔〉持参**入来**〈弖〉、厌魅为〈流已止〉三度〈世利〉。"[⑤]（1）东晋佛陀跋陀罗、法显合译《摩诃僧衹律》卷20："若一比丘先在堂内坐，二比丘私语从外**入来**，堂内比丘不得默然，应弹指动脚作声。"隋阇那崛多译《佛本行集经》卷47《跋陀罗夫妇因缘品》："尔时彼大长者，从外**入来**，见彼使女，啼哭如是，而问之曰：'贤者何故，如此啼哭？'"新罗元晓造《梵网经菩萨戒本私记》卷1："恶贼**入来**，为欲夺戒财时，能令闭退。"（2）《搜神记》卷13："至后汉明帝时，西域道人**入来**洛阳。时有忆方朔言者，乃试以武帝时灰墨问之。"[⑥]

"**追来**"，追上来，追过来；追讨而来。《古事记》上卷《伊耶那岐命与伊耶那美命》："最后，其妹伊耶那美命身自**追来**焉。尔千引石引塞其黄泉比良坂，其石置中各对立。"又中卷《垂仁记》"故窃伺其美人者，蛇也。既见畏遁逃。尔其肥长比卖患，光海原自船**追来**。"[⑦]《日本书纪》卷1《神代纪上》："伊奘诺尊惊而走还。是时，雷等皆起**追来**。"[⑧] 又卷12《履中纪》即位前纪条："则更还之，发当县兵令从身，自龙田山踰之，时有数十人执兵**追来**。"[⑨]《日本灵异记》中卷《阎罗王使鬼得所召人之赂以免缘第14》："思留船单独来家，借马乘来。至于近江高岛郡矶鹿辛前，而睠之者，三人

① （宋）李昉等编《太平广记》，中华书局，1961，第3010页。

② 山口佳紀、神野志隆光『古事記』，新編日本古典文学全集，小学館，1997，第44頁。

③ 小島憲之、直木孝次郎、西宮一民、藏中進、毛利正守『日本書紀三』，新編日本古典文学全集，小学館，1998，第94頁。

④ 中田祝夫『日本靈異記』，日本古典文学全集，小学館，1975年，第293、333頁。

⑤ 青木和夫、稲岡耕二、笹山晴生、白藤礼幸『続日本紀四』，新日本古典文学大系，岩波書店，1995，第240頁。

⑥ 王根林、黄益元、曹光甫校点《汉魏六朝笔记小说大观》，上海古籍出版社，1999，第378页。

⑦ 山口佳紀、神野志隆光『古事記』，新編日本古典文学全集，小学館，1997，第48、208頁。

⑧ 小島憲之、直木孝次郎、西宮一民、藏中進、毛利正守『日本書紀一』，新編日本古典文学全集，小学館，1994，第54頁。

⑨ 小島憲之、直木孝次郎、西宮一民、藏中進、毛利正守『日本書紀二』，新編日本古典文学全集，小学館，1996，第80頁。

追来。”[①]（1）唐唐临撰《冥报记》卷3：“僧曰：‘张法义是贫道弟子，其罪并忏悔灭除，天曹案中已勾毕，今枉**追来**不合死。’”《敦煌变文·王昭君变文》：“昭军（君）一度登山，千回下泪，慈母只今何在？君王不见**追来**。”又《目连变文》：“同姓同名有千姟，煞鬼交错枉**追来**。”[②]（2）《魏书》卷91《江式传》：“乃曰**追来**为归，巧言为辩，小兔为鼆，神虫为蚕，如斯甚众，皆不合孔氏古书、史籀大篆、许氏《说文》、《石经》三字也。”[③] 此言说追来为归，巧言为辩，小兔为鼆，神虫叫蚕，像此类的说法很多。按：《汉语大词典》失收。

（四）“V＋去、到、往、归、过、降、落、置、上、中”

《古事记》中此类双音词有“V＋去、到、往、归、过、降、落、置、上、中”，有“流去”[④]“渡到”“上往”“唤归”“烧过”“射落”“贡上”“置中”“还降”。濑间正之在《古事记与六朝口语》[⑤] 一文中，指出上古文学作品中“V＋去”的文例如下：《古事记》中有“流去”“飞去”“逃去”“追去”“逃去”；《万叶集》歌题歌注中有“归去”“别去”“离去”；《日本书纪》中有“逃去”“归去”“放去”“还去”“别去”“飞去”“走去”“送去”等。

“流去”，冲走，随水流去。《古事记》上卷《初发诸神》：“虽然久美度迩兴而生子水蛭子，此子者入芦船而**流去**。”[⑥] 此言将生下的水蛭放在芦苇制作的小船上让海水冲走。《万叶集》卷10第2320首：“吾袖尔　零鹤雪毛　**流去**而　妹之手本　伊行触梗”[⑦]。（1）后汉安世高译《佛说阿含正行经》[⑧] 卷1：“佛告诸比丘：‘天下人心如流水，中有草木，各自**流去**，不相顾望。前者亦不顾后，后者亦不顾前，草木流行，各自如故。人心亦如是。”刘宋沮渠京声译《治禅病秘要法》卷1：“行者入水三昧者，自见己身，如大涌泉。三百三十六节，随水**流去**，见十方地。”高丽知讷撰《真心直说》卷1：“故有语云：‘云散水**流去**，寂然天地空。’”（2）《南齐书》卷19《五行》：“敬之至，则神歆之，此则至阴之气从，则水气从沟渎随而**流去**，不为民害矣。”[⑨]

“渡到”，从河海乘船来到某处。《古事记》中卷《应神记》：“**渡到**河中之时，令倾其船，堕入水中。尔乃浮出，随水流下。”[⑩]（1）后秦弗若多罗、罗什合译《十诵律》卷42：“作是言：‘我能先入。’即便入水，**渡到**彼岸。”刘宋佛陀什、竺道生等合译《弥沙塞部和醯五分律》卷20：“佛展转到恒水，欲**渡到**跋耆国。”（2）隋阇那崛多译

---

① 中田祝夫『日本霊異記』，日本古典文学全集，小学館，1975，第211頁。
② 黄征、张涌泉校注《敦煌变文校注》，中华书局，1997，第157、1073页。
③ （北齐）魏收撰《魏书》，中华书局，1974，第1963页。
④ （唐）魏徵等撰《隋书》，中华书局，1973。
⑤ 瀬間正之「古事記と六朝口語」，古事记研究大系10『古事記の言葉』，高科書店，1995。
⑥ 山口佳紀、神野志隆光『古事記』，新編日本古典文学全集，小学館，1997，第34頁。
⑦ 小島憲之、木下正俊、東野治之『万葉集三』，日本古典文学全集，小学館，1995，第152頁。
⑧ 该经于天平五年抄写，题作《阿含正行经》，录于《大日本古文书》卷7，第12页。
⑨ （梁）萧子显撰《南齐书》，中华书局，1972，第383～384页。
⑩ 山口佳紀、神野志隆光『古事記』，新編日本古典文学全集，小学館，1997，第270頁。

《佛本行集经》卷38《那罗陀出家品》："我今方验昔私陀，谛了如语莫不实，今复得闻世尊教，渡到诸法彼岸边。"按：《汉语大词典》失收。佛典文例中，（1）用作具体义，（2）用作抽象义。

"上往"，犹言"往上"。《古事记》上卷《天照大御神与须佐之男命》："此时箸从其河流下，于是须佐之男命以为人有其河上，而寻觅上往者，于是，老夫与老女二人在，而童女置中而泣。"① 例言须佐之男认为河的上游有人，便沿着河逆流而上。唐法成译《释迦牟尼如来像法灭尽之记》卷1："龙王见已，极生忧恼，语僧众曰：'此有直路，有其蛇桥。能上往者，速达彼处。'"按：《汉语大词典》失收。

"唤归"，召唤回来，叫回来。《古事记》中卷《神武记》："尔唤归问之：'汝者谁也？'答白：'仆者国神。'"② 此言神倭伊波礼毘古命将对方叫到身边。唐义净译《根本说一切有部毘奈耶杂事》卷19："时邬波难陀见而问曰：'汝何意啼？'答曰：'被师诃责。'报言：'子来。我当与汝，衣钵及钵、络腰条之类。随所须者，不令阙乏。'遂唤归房白佛。"唐大觉撰《四分律行事钞批》卷8："佛在世亦与弟子，同房宿故者，谓罗云作沙弥时，诸比丘缘佛制戒，不得与非具人同宿。遂趂罗云，夜宿厕中。世尊夜见唤归，夜同房宿等。虽唤归房宿，世尊竟晓面坐。以与比丘，同制戒故，佛不敢违。"

"烧过"，大火从某处烧过去。《古事记》上卷《大国主神》："于是不知所出之间，鼠来云：'内者富良富良，外者须夫须夫。'如此言故，蹈其处者，落隐入之间，火者烧过。尔其鼠咋持其鸣镝出来而奉也。其矢羽者，其鼠子等皆吃也。"③ 此言大穴牟迟神掉进洞穴藏在里面，这时外面的大火从洞穴上面烧过。大穴牟迟神因此逃过一劫。（1）失译人名今附秦录《萨婆多毘尼毘婆沙》卷5："若白铁钵若瓦钵，未烧过十日，何以不得舍堕？答曰：'衣钵不同。'"（2）北凉浮陀跋摩、道泰等合译《阿毘昙毘婆沙论》卷11："以多薪烧物，烧过烂坏。"唐义净译《根本说一切有部毘奈耶破僧事》卷9："当须远离彼，是故不应轻。微火广能焚，烧过背皆黑。"按：《汉语大词典》失收。汉文佛经中的"烧过"一词，（1）表示燃烧经过的时间；（2）表示"烧透"的意思，"过"强调灼烧的程度；《大国主神》中表示燃烧涉及的处所。

"还降"，从上返回降落下来。《古事记》上卷《伊耶那岐命与伊耶那美命》："尔天神之命以布斗麻迩尔卜相而诏之：'因女先言而不良，亦还降改言。'故尔反降，更往回其天之御柱如先。"④《日本书纪》卷1《神代纪上》："'今则奉觐已讫，当随众神之意，自此永归根国矣。请姊照临天国，自可平安。且吾以清心所生儿等亦奉于姊。'已而复还降焉。"又卷2《神代纪下》："时高皇产灵尊敕大物主神：'汝若以国神为妻，

---

① 山口佳紀、神野志隆光『古事記』，新編日本古典文学全集，小学館，1997，第68頁。

② 山口佳紀、神野志隆光『古事記』，新編日本古典文学全集，小学館，1997，第142頁。

③ 小島憲之、直木孝次郎、西宮一民、藏中進、毛利正守『日本書紀二』，新編日本古典文学全集，小学館，1996，第82頁。

④ 山口佳紀、神野志隆光『古事記』，新編日本古典文学全集，小学館，1997，第34頁。

吾犹谓汝有疏心。故今以吾女三穗津姬，配汝为妻。宜领八十万神，永为皇孙奉护。'乃使**还降**之。"① 唐玄奘撰《大唐西域记》卷4："时苏部底宴坐石室，窃自思曰：'今佛**还降**，人天导从。如我今者，何所宜行？尝闻佛说，知诸法空，体诸法性。是则以慧眼，观法身也。'"

"射落"，用弓箭将猎物或人从高处射下来。《古事记》下卷《安康记》："即衣中服甲，取佩弓矢，乘马出行。倏忽之间，自马往双，拔矢**射落**其忍齿王"②《日本书纪》卷19《钦明纪》十五年十二月条："有能射人筑紫国造，进而弯弓，占拟**射落**新罗骑卒最勇壮者。发箭之利，通所乘鞍前后桥及其被甲领会也。"③（1）唐湛然述《止观辅行传弘决》卷10："书云：如羿善射。尧九年洪水，七日并出，羿**射落**其六。此亦书家，过分之说。"宋法应集、元普会续集《禅宗颂古联珠通集》卷39："一箭**射落**天边雁，千人万人着眼看。不知此箭自何来，湖南长老何曾见。"（2）《全唐文》陆贽《圣人苑中**射落**飞雁赋（以题为韵次用）》④、李贺《野歌》："鸦翎羽箭山桑弓，仰天**射落**衔芦鸿。麻衣黑肥冲北风，带酒日晚歌田中。"⑤

"贡上"，贡献呈上。《古事记》中卷《垂仁记》："尔所遣御伴王等闻欢见喜，而御子者坐槟榔之长穗宫，而**贡上**驿使。"又《景行记》："故其所遣大碓命勿召上，而即己自婚其二娘子，更求他女人，诈名其娘女而**贡上**。"又："歌竟即崩。尔**贡上**驿使。"又《应神记》："亦百济国主照古王、以牡马壹匹、牝马壹匹，付阿知吉师以**贡上**。亦贡上横刀及大镜。又科赐百济国'若有贤人者，**贡上**。'故受命以**贡上**人名和迩吉师。即《论语》十卷、《千字文》一卷并十一卷，付是人即贡进。又**贡上**手人韩锻、名卓素，亦吴服西素二人也。"又下卷《清宁记》："尔即小楯连闻惊，而自床堕转，而追出其室人等，其二柱王子坐左右膝上泣悲，而集人民作假宫，坐置其假宫，而**贡上**驿使。"⑥《日本书纪》卷5《崇神纪》六十年七月条："其弟饭入根则被皇命，以神宝，付弟甘美韩日狭与子鸬濡渟而**贡上**。"⑦《肥前国风土记·养父郡》条："昔者，轻岛明宫御宇誉田天皇之世，造鸟屋于此乡，取聚杂鸟养驯，**贡上**朝廷。因曰鸟屋乡。"又《高来郡》条："又有拔木。本者著地，末者沉海。海藻早生。以拟**贡上**。"⑧（1）西晋

① 小島憲之、直木孝次郎、西宫一民、蔵中進、毛利正守『日本書紀一』，新編日本古典文学全集，小学館，1994，第88~90、136頁。

② 山口佳紀、神野志隆光『古事記』，新編日本古典文学全集，小学館，1997，第334頁。

③ 小島憲之、直木孝次郎、西宫一民、蔵中進、毛利正守『日本書紀二』，新編日本古典文学全集，小学館，1996，第434頁。

④（清）董诰等编《全唐文·附唐文拾遗唐文续拾》，中华书局，1983，第4694页。

⑤（清）董诰等编《全唐文·附唐文拾遗唐文续拾》，中华书局，1983，第2520页。

⑥ 山口佳紀、神野志隆光『古事記』，新編日本古典文学全集，小学館，1997，第208、214、234、266~268、356頁。

⑦ 小島憲之、直木孝次郎、西宫一民、蔵中進、毛利正守『日本書紀一』，新編日本古典文学全集，小学館，1994，第290頁。

⑧ 植垣節也『風土記』，新編日本古典文学全集，小学館，1997，第318、346頁。

竺法护译《正法华经》卷9《妙吼菩萨品》："下宝交路，手执宝瑛其价百千，诣能仁佛稽首足下，以持**贡上**能仁如来。"梁宝唱等集《经律异相》卷30："昔有一人，见浮图寺，意欲作之，而钱帛不足。发愿入海，益得金宝，我当作寺，国中第一。得金银还，复熟思惟：'谁能同意，共作寺者？'国王常言：'我欲作寺塔。'今初未作，当珠宝瑛，**贡上**于王。"北凉昙无谶译《大般涅槃经》卷12："复次迦叶，譬如有人，为王所瞋。其人若能，以软善语，**贡上**财宝，便可得脱。善男子，死王不尔。虽以软语，钱财珍宝，而**贡上**之，亦不得脱。"（2）《初学记》卷8《州郡部》："《吴录》曰：'宜春泉水。'《地道记》曰：'宜春县出美酒，随岁**贡上**。'"①

"**置中**"，放置在中间。《古事记》上卷《伊耶那岐命与伊耶那美命》："最后，其妹伊耶那美命身自追来焉。尔千引石引塞其黄泉比良坂，其石**置中**各对立。"又《天照大御神与须佐之男命》："此时箸从其河流下，于是须佐之男命以为人有其河上，寻觅上往者，于是，老夫与老女，二人在而，童女**置中**而泣。"②《日本灵异记》下卷《阎罗王示奇表劝人令修善缘第9》："先见一人，后见二，使之中立我，追匆走往。往前道，中断有深河。水色黑黛不流。冲寂。以楉**置中**，彼方此方二端不及。"③（1）吴康僧会译《六度集经》卷3："中心怆然，求以安之，正有兽骨，徐以**置中**矣。"姚秦佛陀耶舍、竺佛念等合译《四分律》卷54："复持五百张叠次而缠之，作铁棺盛满香油，安舍利**置中**，以盖覆上。"（2）《齐民要术》卷4《插梨》："藏梨法：初霜后，即收。霜多，即不得经夏也。于屋下掘作深荫坑，底无令润湿。收梨**置中**，不须覆盖，便得经夏。"④按：《汉语大词典》失收。

（五）"V+其他"

《古事记》中由"V+其他"构成的双音词有"结额""来吃""来散""治差""病枯""解开""教觉"7个。

"**结额**"，把结打在额上，系在额头上。《古事记》中卷《景行记》："当此之时，其御发**结额**也。"⑤大兴善寺翻经院述《圣无动尊一字出生八大童子秘要法品》卷1："次制咤迦，亦如童子，色如红莲，头结五髻（一结顶上之中，一**结额**上，二结头左右。一结顶后，表五方五智）左手嚩日啰，右手执金刚棒。"按：《汉语大词典》失收。

"**来吃**"，来吃，来喝。《古事记》上卷《天照大御神与须佐之男命》："答白言：'我之女者，自本在八稚女，是高志之八俣远吕知，每年**来吃**。今其可来时，故泣。'"⑥（1）唐菩提流志译《大宝积经》卷120："于庄宅中，鸟兽**来吃**。不欢欣者，不名净

① （唐）徐坚等著《初学记》，中华书局，2004，第190页。
② 山口佳紀、神野志隆光『古事記』，新編日本古典文学全集，小学館，1997，第48、68頁。
③ 中田祝夫『日本霊異記』，日本古典文学全集，小学館，1975，第284頁。
④ （北魏）贾思勰著、石声汉校释《齐民要术今释》，中华书局，2009，第364页。
⑤ 山口佳紀、神野志隆光『古事記』，新編日本古典文学全集，小学館，1997，第218頁。
⑥ 山口佳紀、神野志隆光『古事記』，新編日本古典文学全集，小学館，1997，第68頁。

施。”唐大觉撰《四分律行事钞批》卷13：“相承云：北地一僧，晚头吃食，令童子下食。童子令出生，师答云：‘非是时节，何处有众生来吃。不须出生。’”宋慧洪撰《禅林僧宝传》卷28：“遇和曰：‘葫芦棚上挂冬瓜，麦浪堆中钓得鰕。谁在画楼沽酒处，相邀来吃赵州茶。’”（2）《全唐诗续拾》卷5《王梵志歌》：“承闻七七斋，暂施鬼来吃。永别生时盘，酒食无踪迹。”按：《汉语大词典》失收。

“**来散**”，风刮来吹散某物，风刮来吹撒某物。《古事记》下卷《安康记》：“尔兴军待战，射出之矢，如苇来散。”① 例言射出的箭，如同芦苇一样飘散而来。北魏瞿昙般若流支译《正法念处经》卷40：“谓有风来，散其头发，令不柔软，触则粗涩。”唐菩提流志译《大宝积经》卷120：“此人必当，生持鬘天。临终之时，身发妙香，及感鲜华。而复自见，种种色华，来散其上。”唐义净译《根本说一切有部毘奈耶破僧事》卷4：“或复开诸门，或以花来散。或有扶马足，瞻仰随从行。”

“**治差**”，治愈，治好。《古事记》下卷《允恭记》：“此时，新良国主贡进御调八十一艘。尔御调之大使，名云金波镇汉纪武。此人深知药方，故治差帝皇之御病。”②（1）后汉支娄迦谶译《杂譬喻经》卷1：“昔有一病人，众医不能治差，径来投国王。王名萨和檀，以身归大王，慈愿治我病。王即付诸师，敕令为治病。”后秦弗若多罗、罗什合译《十诵律》卷48：“又问：‘佛先说不得食生肉血，若病余药不能治者，得食不？’佛言：‘得食。若余药能治差者，不得食。食者，得偷兰遮。’”刘宋佛陀什、竺道生等合译《弥沙塞部和醯五分律》卷7：“尔时舍利弗得风病，目连往问：‘汝在家时，曾有此病不？’答云：‘有。何方治差？’答言：‘食藕。’于是目连到阿耨达池取藕与之。”（2）《梁书》卷27《明山宾传》：“山宾性笃实，家中尝乏用，货所乘牛。既售受钱，乃谓买主曰：‘此牛经患漏蹄，治差已久，恐后脱发，无容不相语。’买主遽追取钱。处士阮孝绪闻之，叹曰：‘此言足使还淳反朴，激薄停浇矣。’”③ 例言这头牛曾经患过漏蹄，治疗后已痊愈很久。《北齐书》卷49《方伎传》：“从驾往晋阳，至辽阳山中，数处见榜，云有人家女病，若有能治差者，购钱十万。诸名医多寻榜至，问病状，不敢下手。唯嗣明独治之。”④ 例言如果有人能治愈，就悬赏十万。

“**病枯**”，病至枯瘦（不能行走）。《古事记》中卷《应神记》：“如此令诅，置于烟上。是以，其兄八年之间，干萎病枯。故其兄患泣，请其御祖者，即令返其诅户。于是，其身如本以安平也。”⑤ 唐慧琳撰《一切经音义》卷73：“若脾躄：下并癖反。顾野王云：‘躄，谓足病枯，不能行也。’《说文》：‘从止辟声。’经作躄，俗字，亦通。”唐宗密述《圆觉经道场修证仪》卷15：“以起十逆后翻破（一信因果；二惭愧克责；三

① 山口佳紀、神野志隆光『古事記』，新編日本古典文学全集，小学館，1997，第330頁。

② 山口佳紀、神野志隆光『古事記』，新編日本古典文学全集，小学館，1997，第318頁。

③ （唐）姚思廉撰《梁书》，中华书局，1973，第406页。

④ （唐）李百药撰《北齐书》，中华书局，1972，第681页。

⑤ 山口佳紀、神野志隆光『古事記』，新編日本古典文学全集，小学館，1997，第280頁。

怖恶道；四发露；五断相续心；六发菩提心；七修功补过；八护法；九念佛；十观空），病之与普类枯荣（药荣，即**病枯**也）。十种顺生罪荣茂，十门逆破罪枯零。”

“**解开**”，打开，解开。《古事记》中卷《景行记》：“于是看行其神入坐其野。尔其国造，火著其野。故知见欺，而**解开**其姨倭比卖命之所给囊口而见者，火打有其里。”① 例言倭建命得知被骗，打开姨母赠送给他的锦囊袋，只见里面放有打火石。（1）唐义净撰《南海寄归内法传》② 卷1：“事如律说，其施主家，设食之处，地必牛粪净涂，各别安小床座。复须清净瓷瓮，预多贮水，**解开**衣纽，安置净瓶。”（2）《洛阳缙绅旧闻记》第4：“命老仆开布囊中，取绵复**解开**，内各用绵裹大小珠数千枚，杂以琥珀、马瑙、大真珠可升许。”

“**教觉**”③，教训，教导使觉悟。《古事记》中卷《神武记》：“故随其**教觉**，从其八咫乌之后幸行者，到吉野河之河尻时，作筌有取鱼人。”又中卷《景行记》：“天皇诏小碓命：‘何汝兄于朝夕之大御食不参出来。专汝泥疑**教觉**。’如此诏以后，至于五日，犹不参出。”又《仲哀记》：“于是太后归神，言**教觉**诏者：‘西方有国，金银为本，目之炎耀，种种珍宝，多在其国，吾今归赐其国。’”又：“于是**教觉**之状，具如先日：‘凡此国者，坐汝命御腹之御子，所知国者也。’”又：“故备如**教觉**，整军双船，度幸之时，海原之鱼，不问大小，悉负御船而渡。”④《日本书纪》卷23《舒明纪》即位前纪条：“既而更亦令告群大夫等曰：‘爱之叔父劳思，非一介之使，遣重臣等而**教觉**。’”⑤ 唐慧琳撰《一切经音义》卷50“**觉**寤”条：“上音教。**觉**，亦寤也。《苍颉篇》：**觉**而有言，曰寤，眠后**觉**，寤也。”宋有严述《止观辅行助览》卷1：“诗云：无竞维人，四方其训之；有觉德行，四国顺之。注云：无竞，竞也。训，**教觉**也。人君为政有大德，行则天下顺。”苻秦僧伽跋澄译《鞞婆沙论》卷9：“彼说非众生非命非人非士，内空无作无教作，无觉无**教觉**。”唐菩提流志译《五佛顶三昧陀罗尼经》卷2《仪法秘密品》：“若**教觉**已，加念神咒，愿当为现大丈夫相，勿为我现天女状相。”

最后，将《古事记》中出自汉文佛经的部分双音词的具体分布整理如下。

（一）**序文**：“智海”“心镜”“明睹”“讨核”“巨见”“子细”；（二）**上卷**：1.《初发诸神》：“流去”；2.《伊耶那岐命与伊耶那美命》：“亦名”“漏出”“出向”“污垢”“枯山”“闻惊”“置中”；3.《天照大御神与须佐之男命》：“悉动”“恶态”

① 山口佳紀、神野志隆光『古事記』，新編日本古典文学全集，小学館，1997，第224～226頁。

② 该经于天平十一年抄写，录于《大日本古文书》卷7，第87页。

③ 戸谷高明「古事記表現論—『誨』の用法—」，早稲田大学教育学部『学術研究』（国語・国文学編）45，1997。

④ 山口佳紀、神野志隆光『古事記』，新編日本古典文学全集，小学館，1997，第148、216、242、244、246頁。

⑤ 小島憲之、直木孝次郎、西宮一民、蔵中進、毛利正守『日本書紀三』，新編日本古典文学全集，小学館，1998，第26頁。

“见惊”“堕入”“取持”“成种”“稚女”“来吃”“血烂”“悉常”“刺割”；4.《大国主神》：“率往”“烧著”“必差”“如本”“蛇室”“唤入”“此间”“唾出”“射入”“隐入”“烧过”“思爱”“蹈入”“光海”；5.《忍穗耳命与迩迩艺命》：“甚能”“容姿”“趺坐”“逆塞”；6.《日子穗穗手见命与鹈茸草不合命》：“无间”“临产”“都不”“香木”“虚空”“见感”“荒心”“本身”“惊畏”“伺见”“返入”“恋心”“含口”；（三）**中卷**：1.《神武记》：“唤归”“寤起”“将来”“床边”；2.《崇神记》：“为尽”“神床”“见得”“威仪”“共婚”“山边”；3.《垂仁记》：“缠绕”“面问”“缠手”“取得”“见喜”“贡上”“本土”“叫哭”“献置”“寺间”；4.《景行记》：“家当（边）”“熟瓜”“他女”“取杀”“解开”“进渡”“火著”“恒念”；5.《仲哀记》：“生剥”“炎耀”“散浮”“皆皆”“罪类”“无退”“海原”“饭粒”“拔取”“未竟（之间）”“顶发”；6.《应神记》：“严饬”“口鼓”“渡到”“贱女”“嫡妻”“田人”“耕人”“恒伺”“遇逢”“恒食”“贱夫”“渡（度）来”“瓮酒”“干萎”“病枯”；（四）**下卷**：1.《仁德记》：“更无～”“都勿”“服著”；2.《履中记》：“秽邪”“那何”；3.《允恭记》：“退坐”；4.《安康记》：“来散”“贱奴”“更无”；5.《雄略记》：“爱悲”“极老”“更亦”“著火”；6.《清宁记》：“堕转”。

上述词或词组一些正处在凝固阶段，一些搭配还处在不固定的状态。其中，大部分在结构上属于合成词，也有附带前后缀的，可谓丰富多样，初具规模。从这些双音词的分布情况来看，不仅是《古事记》中的“纯汉文”[①] 章节，出自汉文佛经的双音词可以说普遍存在于整个《古事记》当中，它甚至成为书录者记述古代神话传说“词库”的一个重要组成部分，是《古事记》特殊文体“变体汉文”创出的显著标志之一。曾几何时，历史学家家永三郎在论述佛教词“无退”一词时曾不无感慨地说道，一直以来，人们认为《古事记》与大陆思想无甚瓜葛，尤其不曾受到佛教思想的浸染。因为《古事记》的原始资料来自“帝纪旧辞”，在佛教兴盛之前已具雏形。而且，为保存原始资料的风貌，稗田阿礼和太安万侣采取了严格忠实原典的笔录方策。然而，殊不知就是这样一本《古事记》，其间赫然镶嵌着反映佛教思想影响的为数不菲的词语。窃以为此现象不可小觑，值得关注。[②]

要而言之，出于佛典原文内容与形式乃至实践活动的需要，汉文佛经形成了有别于传统意义上的中土文献的文体风格，佛典词汇则是体现其文体风格的语言载体。从后汉到初唐，大量的佛教词、口语词、新义词和双音词不断涌现，六朝以后的势头尤为强盛。《古事记》中佛典词语的容摄，更多地集中在由并列式和后补式构成的双音词上，它既反映了书录者追求丰富而精炼的表达的自觉态度，又与中古汉语双音词的历史演进形成暗合。

---

① 福田良輔「古事記の純漢文的構文の文章について」，『文学研究』（九州大学）44，1952。

② 西田長男「古事記の仏教語」（『日本古典の史的研究』，理想社，1956，第647頁）。

第三章 《古事记》佛典句式探源*

《古事记》的文章表达，其特色有三：一是惯用复沓的句式，即同一词语、句子和行为的反复，目的是通过重复取得使听者深受感动的表达效果；二是频繁使用连词，如“于是”“尔”“故”“乃”“是”“其”“然”“如是”等指称句子关系和场所地点一类的连词，旨在诱导听者身临其境地关注故事中的人物及境况；三是采取先亮出结果、后加以说明的手法，意在吸引听众的注意，平添抖包袱的趣味性。这三大特色无一不与诉诸听力、口口相传的故事或传说的性质相关。[①] 而在上述三个特色的形成过程当中，汉文佛经的文体所起到的作用则不容小觑。迄今为止，有关《古事记》中源自佛典句式的研究，散见于以下诸家各论。

(1) 神田秀夫《试论〈古事记〉文体》和《〈试论古事记文体〉补说——所谓推古朝遗文所见古事记式文体的萌芽》[②] 指出的佛典句式有解答式：①“所以～者～故～”（中卷《崇神记》、下卷《显宗记》）、“何由以～故～”（上卷《天照大御神与须佐之男命》）、“何由～故～”（同《大国主神》）、“何～所由～故～”（上卷《日子穗穗手见命与鹈茸草不合命》[③]）；[④] ②对话式：“白～曰～”（《天寿国曼茶罗绣帐铭》）、“答曰～如此白～”（上卷《伊耶那岐命与伊耶那美命》）、“告～告～”（同上）。[⑤]

(2) 小岛宪之《古事记的目标——基于文体论的考察》[⑥] 一文所指出的佛典句

---

* 马骏：《〈古事记〉文体特征与汉文佛经——佛典句式探源》，《日语学习与研究》2010年第6期。

① 西宮一民「古事記と漢文学」，和漢比較文学叢書第二巻『上代文学と漢文学』，汲古書院，1986。

② 神田秀夫「古事記の文体に関する一試論」，『国語と国文学』27－6，1960；同「『古事記の文体に関する一試論』補説—所谓推古朝遺文に於ける古事記的文体の萌芽」，『国語と国文学』27－8，1960。

③ 山口佳紀、神野志隆光『古事記』，新編日本古典文学全集，小学館，1997，第184～186、366～368、66、76、126頁。

④ 西田长男的《古事记的佛教的文体》一文，通过梵文与汉译佛经的比较，对神田说做了进一步的阐释（『日本古典の史的研究』，理想社，1956，第588頁）。

⑤ 山口佳紀、神野志隆光『古事記』，新編日本古典文学全集，小学館，1997，第44、46～48頁。

⑥ 小島憲之「古事記のねらひ—其の文体論的考察より—」，『国語国文』23－1，1954；矢島泉「『古事記』に於ける接続語の頻用をめぐって」，『上代文学』68，1992。

式有：①“故”句式：佛典句式“～故～”与上古经学和中土世俗文献句式“～故～”；②连词串联句式：“于是有二神～故其兄～尔其兄～尔其弟～即其母～于是春山之霞壮夫～尔～即婚，故生一子也。”（中卷《应神记》）；③解答式：“所以者～耳”（下卷《仁德记》）、“所以者～故是以～也”（上卷《忍穗耳命与迩尔艺命》）、“问～之所由～故以是～耳”（中卷《神武记》）；④对话式：“白言～如此言之间”（上卷《天照大御神与须佐之男命》）、“诲曰：～故如教而”（中卷《崇神记》）。[①]

（3）拙稿《〈古事记〉文体特征与汉译佛经——语体判断标准刍议》[②] 所涉及的佛典句式如下。①词法结构。Ⅰ主述结构：“金银为本”（中卷《仲哀记》）、“容姿端正”（下卷《仁德记》）；Ⅱ述宾结构：“起邪心”（中卷《崇神记》）；Ⅲ偏正结构“恭敬往（来）”（中卷《应神记》）。②句法连接。Ⅰ因果关系：“因此思惟”（中卷《景行记》）；Ⅱ时间关系：“一时共～”（中卷《神武记》《应神记》）、“一时～时，～”（《应神记》，下卷《仁德记》《雄略记》）、“一时～尔～”（《雄略记》[③]）[④]；Ⅲ对话式：“稽首白：～”（上卷《日子穗穗手见命与鹈茸草不合命》、下卷《雄略记》[⑤]）。[⑥]

以下，我们拟从词法结构和句法连接两方面，对《古事记》中出自汉文佛经的句式进行深度发掘，以期更为深入地揭示《古事记》风格独特的文体特征与佛典句式之间的密切关系。

第一节　词法结构

根据我们的考察，从词法结构上看，《古事记》中出自汉文佛经的词组搭配关系主要有述宾结构、连动结构、后补结构、偏正结构以及“所”字句等。关于主述结构的文例“岁次大梁”“为人聪明”，我们过去探讨过[⑦]，在此例不赘举。

---

① 山口佳紀、神野志隆光『古事記』，新編日本古典文学全集，小学館，1997，第 278～280、296、104、146、66、186 頁。

② 马骏：《〈古事记〉文体特征与汉文佛经——语体判断标准刍议》，《日语学习与研究》2010 年第 3 期。

③ 山口佳紀、神野志隆光『古事記』，新編日本古典文学全集，小学館，1997，第 242、288、190、270、222、152、272、260、302、340、346 頁。

④ 西田长男认为，“一时”一词是根据印度人特有的语言意识乃至思维方法翻译而来的（「古事記の仏教的文体」，『日本古典の史的研究』，理想社，1956，第 609 頁）

⑤ 山口佳紀、神野志隆光『古事記』，新編日本古典文学全集，小学館，1997，第 134、338 頁。

⑥ 濑间正之曾论述过“所 V 之 N”与佛典句式的关系（「古事記助辞用法の一端—『所 V 之 N』『此之』『～自』を中心に—」，『梅沢伊勢三先生追悼記紀論集』，1992）。

⑦ 马骏：《日本上代文学“和习”问题研究》，国家哲学社会科学文库 2011，北京大学出版社，2012，第 81～82 页。

一 述宾结构

所谓述宾结构，指由“述语+宾语”构成的短语词组。《古事记》源自汉文佛经的述宾结构有“无异事”“悉剃其发”等。

（一）三字格

“无异事”，没有异常的情况（不值得大惊小怪）；没有什么特别的事情（专心致志做一件极为普通的事情）。《古事记》下卷《仁德记》：“尔大后见知其玉钏，不赐御酒柏，乃引退，召出其夫大楯连以诏之：‘其王等因无礼而退赐，是者，**无异事**耳。’”[①]例言女鸟王等因对天皇不敬而被斥退，但天皇并不认为这是一件多么严重的事情。姚秦鸠摩罗什译《摩诃般若波罗蜜经》[②]卷6《发趣品》：“若菩萨一心求诸波罗蜜**无异事**，是名勤求诸波罗蜜，是为菩萨摩诃萨住二地中满足八法。”北魏吉迦夜、昙曜合译《杂宝藏经》卷10：“尔时诸女，而问女言：‘尔作何缘，得此良匹？’时女答言：‘更**无异事**。由我扫楼，坌比丘头。由是之故，值遇好婿。’”唐义净译《根本说一切有部毘奈耶杂事》卷22：“于正殿坐，告大臣曰：‘诸阴阳师，识星历者，皆应唤集。’臣即总命。王问之曰：‘我于昨夜，其事如何？’答曰：‘王夜安隐，更**无异事**。’”按：“异事”一词是中土文献习见的词语，但与“无”搭配使用的情况，唯见于汉文佛经。

（二）四字格

“悉剃其发”，剃掉全部头发。《古事记》中卷《垂仁记》：“尔其后豫知其情，**悉剃其发**，以发覆其头，亦腐玉绪，三重缠手，且以酒腐御衣，如全衣服。”[③]元魏吉迦夜、昙曜合译《付法藏因缘传》卷6：“提婆语言：‘我所修法，仁活万物，要不如者，当剃汝发，以为弟子。不斩头也。’立此要已，便共论义。诸外道中，情智浅者，适至一言，寻便屈滞。智慧胜者，远至二日，辞理俱匮，**悉剃其发**，度令出家。”

二 并列结构

所谓并列结构，指将两个以上的词或词组前后连接起来的短语。《古事记》中源自汉文佛经的并列结构有“随河而~”、“随水流下”（后述）、“出游行”、“游行于~”、“游行到于~”、“游行~到~”、“遣人令~”等。

“出游行”，出去游逛，出门行走。《古事记》上卷《大国主神》：“尔贝比卖岐佐宜集，而蛤贝比卖待承，而涂母乳汁者，成丽壮夫，而**出游行**……成丽壮夫而，**出游行**。”[④]关于该例中“出游行”的说法，迄今并未引起研究者的关注。其实，这一搭配

---

① 山口佳紀、神野志隆光『古事記』，新編日本古典文学全集，小学館，1997，第302頁。

② 该经于天平五年抄写，题作《大品般若经》，录于《大日本古文书》卷7，第6页。又于天平八年抄写，题作《小品般若》，录于《大日本古文书》卷7，第53页。

③ 山口佳紀、神野志隆光『古事記』，新編日本古典文学全集，小学館，1997，第202頁。

④ 山口佳紀、神野志隆光『古事記』，新編日本古典文学全集，小学館，1997，第78頁。

形式并非《古事记》书录者随意妄为，援用的依旧是佛典用法。刘宋求那跋陀罗译《杂阿含经》卷2："尔时，阿难语彼比丘：'若使世尊不语众，不告侍者，独一无二，而**出游行**，不应随从。'"梁宝唱等撰《经律异相》卷34："时迦叶佛住一园中，常**出游行**，至佛住园。"元魏慧觉等合译《贤愚经》卷8《大施抒海品》："父闻此语，即敕臣吏：'我子大施，欲**出游行**。扫洒街陌，除诸不净，竖诸幢幡，散华烧香，庄严道路，极令洁净。'"《敦煌变文·双恩记》："既回不乐。王问曰：'汝比**出游行**，今何故不乐？'"①

"**游行于～**"，到某处巡行、漫游或遍历修行。《古事记》中卷《神武记》："于是，七媛女**游行于**高佐上野，伊须气余理比卖在其中。"②《日本书纪》卷22《推古纪》二十一年十二月条："十二月庚午朔，皇太子**游行于**片冈。"③需要注意的是，中土文献中未见"**游行于～**"的说法，但佛典中却屡见不鲜。西晋竺法护译《顺权方便经》④卷2："所以者何？以一切智，不可限量，亦假号耳。各各**游行**，**于**诸佛国，又无本末。须菩提问：'何谓族姓子，一切智不可限量，而假号耳？'"姚秦鸠摩罗什译《大树紧那罗王所问经》⑤卷2："世医**游行于**十方，不能治世烦恼病。"隋阇那崛多译《佛本行集经》卷50《尸弃佛本生地品》："次第**游行**，**于**彼之时，有一猎师，张设木弶，羂彼鹿王。"

"**游行到于～**"，游历、巡行、修行到达某处。《古事记》下卷《雄略记》："亦一时，天皇**游行到于**美和河之时，河边有洗衣童女，其容姿甚丽。"⑥姚秦鸠摩罗什译《妙法莲华经》卷4《五百弟子受记品》："世尊，譬如有人，至亲友家，醉酒而卧。是时亲友，官事当行，以无价宝珠，系其衣里，与之而去。其人醉卧，都不觉知。起已**游行**，**到于**他国。"元魏瞿昙般若流支译《正法念处经》卷56《观天品》："如是游戏，种种受乐，次第**游行**，**到于**广池。其池纵广，一百由旬。有一莲华，其花柔软，七宝间错，毘琉璃茎，金刚为须，其花开敷，遍覆大池。"宋施护译《佛说施一切无畏陀罗尼经》卷1："如是我闻，一时世尊，**游行到于**，摩伽陀国、庵没罗林，住韦提呬山、帝释岩中。"

"**游行～到～**"，游历到某处，行走到某处。《日本书纪》卷11《仁德纪》三十年九月条："三十年秋九月乙卯朔乙丑，皇后**游行**纪国，**到**熊野岬，即取其处之御纲叶而

---

① 黄征、张涌泉校注《敦煌变文校注》，中华书局，1997，第930页。

② 山口佳紀、神野志隆光『古事記』，新編日本古典文学全集，小学館，1997，第158頁。

③ 小島憲之、直木孝次郎、西宮一民、蔵中進、毛利正守『日本書紀二』，新編日本古典文学全集，小学館，1996，第566頁。

④ 该经于天平十四年抄写，录于《大日本古文书》卷2，第309页。

⑤ 该经于天平十四年抄写，录于《大日本古文书》卷8，第81页。

⑥ 山口佳紀、神野志隆光『古事記』，新編日本古典文学全集，小学館，1997，第340頁。

还。”[①] 后秦鸠摩罗什译《佛说华手经》卷6：“时出宝光佛，与七十亿阿罗汉众，恭敬围绕，**游行**诸国，**到**安隐城。上坚德王，闻佛大众，俱游诸国，来到此城，心大欢喜，往诣佛所，头面礼足，于一面坐。”失译人名今附秦录《别译杂阿含经》[②] 卷1：“如是我闻：一时佛在舍卫国祇树给孤独园。尔时长老僧钳从骄萨罗国，**游行**至舍卫国，**到**祇树给孤独园。”北凉昙无谶译《悲华经》卷2：“如是利益，诸天人已，与百千亿那由他、声闻大众，恭敬围绕，次第**游行**，城邑聚落，渐**到**一城，名安周罗。即是圣王，所治之处。”

如此看来，仅“游行”一词，《古事记》书录者就吸收了如此丰富的表达形式，足见其熟知汉文佛经所固有的不同辞格。

“**遣人令～**”，派人去做某事。《古事记》下卷《雄略记》：“尔天皇诏者：‘奴乎，己家似天皇之御舍而造。’即**遣人令**烧其家之时，其大县主惧畏，稽首白：‘奴有者，随奴不觉，而过作甚畏。故献能美之御币物。’”[③] 例言大县主的住宅，修建得貌似宫殿。天皇打算派人去烧掉它。《日本书纪》卷22《推古纪》二十六年是岁条：“是年，遣河边臣于安艺国令造舶。至山觅舶材，便得好材，以将伐。时有人曰：‘霹雳木也，不可伐。’河边臣曰：‘其虽雷神，岂逆皇命耶？’多祭币帛，**遣人夫令**伐。”[④] （1）梁宝唱等集《经律异相》卷22：“王往见之，前为作礼，以种种宝，庄严高车，载死沙弥，至平坦地，积众香木，阇毘供养。严饰是女，极世之殊，置高显处，普使时会，一切皆见，语众人言：‘是女殊妙，容晖乃尔。未离欲者，谁无染心？而此沙弥，既未得道，以生死身，奉戒舍命。甚奇希有。’王即**遣人**，**令**[⑤]请其师，广为大众，说微妙法。时会一切，见闻此事，有求出家，有发无上，菩提心者。”（2）《旧五代史》卷109《赵思绾传》：“自后夫人密**遣人令**思绾之妻来参，夫人厚以衣物赐之，前后与钱物甚多。”《明史》卷114《后妃传》：“甫至前宫门，又数数**遣人令**朕还，毋御文华殿也。”按：“令”“遣”都有“使”的意思。从中土文献的文例可以看出，较之汉文佛经的文例，“遣人令～”这一兼语式出现得较晚，是在《旧五代史》以后。

三 后补结构

所谓后补结构，指后项词或词组是前项词或词组动作或作用的结果，后项对前项起着补充说明的作用。《古事记》中源自汉文佛经的后补结构有“取持来”“取持去”“堕地死”等。

---

① 小島憲之、直木孝次郎、西宮一民、蔵中進、毛利正守『日本書紀二』，新編日本古典文学全集，小学館，1996，第44頁。

② 该经于天平十四年抄写，录于《大日本古文书》卷8，第117页。

③ 山口佳紀、神野志隆光『古事記』，新編日本古典文学全集，小学館，1997，第338頁。

④ 小島憲之、直木孝次郎、西宮一民、蔵中進、毛利正守『日本書紀二』，新編日本古典文学全集，小学館，1996，第572～574頁。

⑤ “令”，宋本、元本中作“今”，明本、宫本中作“命”。

“取持来”，犹言持来，拿来；娶过来。“取”字词义呈现虚化的倾向。“取”，亦通“娶”。《古事记》下卷《安康记》：“故天皇大怒，杀大日下王，而**取持来**其王之嫡妻长田大郎女为皇后。”① 例言天皇将大日下王的正妻抢回来做皇后。后汉竺大力、康孟详合译《修行本起经》卷1《试艺品》：“告其仆曰：‘吾先祖有弓，今在天庙。汝**取持来**。’”姚秦鸠摩罗什译《集一切福德三昧经》卷1：“佛告目连：‘汝**取持来**。’时大目连，即下至彼，如大力士，屈伸臂顷。一切大众，皆见其去，即便持来，授与如来。”刘宋僧伽跋摩译《萨婆多部毘尼摩得勒伽》② 卷4：“诸比丘去是不远，经行见是璎珞，便**取持来**，还诸女人。”按：仅就佛典例句而言，此类三音节词组实则为四字语句，即“汝取持来”“便取持来”，其口语色彩可见一斑。

“取持去”，表示拿去、带去的意思。“取持来”的对应说法。《日本书纪》卷1《神代纪上》：“天熊人悉**取持去**而奉进之。于时天照大神喜之曰：‘是物者，则显见苍生可食而活之也。’”③ 后汉安世高译《大比丘三千威仪》卷2：“复有五事：一者持手巾不得教软，当先熟历手；二者不得奋湿取燥；三者不得以手拭面目鼻口；四者不得言我自有不**取持去**；五者当如法用之。”姚秦佛陀耶舍、竺佛念等合译《四分律》卷25：“有一摩纳，来入其家，四顾不见人，便作是念：‘此床座于我有益。’即**取持去**。”刘宋求那跋陀罗译《大法鼓经》卷2：“如雪山下，有出净光摩尼宝性，有人善知，摩尼宝相，见相则知，即**取持去**。”

“堕地死”，（从高处掉下）摔死在地上。《古事记》中卷《垂仁记》：“故科曙立王令宇气比白：‘因拜此大神，诚有验者，住是鹭巢池之树鹭乎，宇气比落。’如此诏之时，宇气比其鹭**堕地死**。”④ 此言鹭鸶从树上掉下来摔死。吴支谦译《赖咤和罗经》卷1：“譬如树木生华叶成实者，中有花时堕者，中有成果时堕者，中有大时堕者，中有熟时堕者。人亦如是，中有从腹中堕者，中有**堕地死**者，中有半年死者，中有老时死者，人命不可知。”姚秦竺佛念译《鼻奈耶》卷9：“迦留陀夷问：‘欲射何处？’童子言：‘射右眼。’即射右眼。鸟**堕地死**。”唐道世撰《诸经要集》卷19：“有一柰树，高大好花。妇欲得花，无人取与。夫为上树，乃至细枝，枝折**堕地死**。”

四　偏正结构

所谓偏正结构，指后项词或词组受到前项词或词组的修辞性限定，可细分为定语结构和状语结构。《古事记》中源自汉文佛经的偏正结构有两类：三字格如“他女人”“非一二（～）”“大欢喜”“不得忍～”；四字格如“上下衣服”“如此之类”“如此之

① 山口佳紀、神野志隆光『古事記』，新編日本古典文学全集，小学館，1997，第328頁。

② 该经于天平九年抄写，题作《毘尼摩得勒伽》，录于《大日本古文书》卷7，第80页。

③ 小島憲之、直木孝次郎、西宮一民、蔵中進、毛利正守『日本書紀一』，新編日本古典文学全集，小学館，1994，第60頁。

④ 山口佳紀、神野志隆光『古事記』，新編日本古典文学全集，小学館，1997，第206頁。

梦”等。

（一）三字格

“**他女人**”，其他女人，别的女子。指配偶以外的女子。《古事记》中卷《景行记》：“于是天皇闻看定三野国造之祖大根王之女，名兄比卖，弟比卖二娘子。其容姿丽美，而遣其御子大碓命以唤上。故其所遣大碓命勿召上，而即己自婚其二娘子，更求**他女人**，诈名其娘子而贡上。”① 西晋竺法护译《佛五百弟子自说本起经》② 卷1：“身亦不犯触，亦不与合会。唯但执其臂，为娆**他女人**。”东晋佛驮跋陀罗译《大方广佛华严经》卷24《十地品》：“离于邪淫，自足妻色，于**他女人**，不生一念。”梁宝唱等集《经律异相》卷46：“曾有一女人，为饿鬼所持，即以咒术，而问鬼言：‘何以恼**他女人**？’”

“**非一二（～）**”，并非一两次，多次。《古事记》中卷《应神记》：“尔兄辞令贡于弟，弟辞令贡于兄，相让之间，既经多日。如此相让，**非一二**时。”③《日本书纪》卷29《天武纪下》十二年正月条：“朕初登鸿祚以来，天瑞**非一二**，多至之。传闻其天瑞者，行政之理，协于天道，则应之。”④《藤氏家传》上卷《镰足传》：“邈思前代，执政之臣，时时世世，**非一二**耳。”⑤《上宫圣德法王帝说》：“上宫王师，高丽慧慈法师。王命能悟涅槃常住，五种佛性之理，明开《法华》三车权实二智之趣，通达维摩不思议解脱之宗。且知经部萨婆多两家之辨，亦知三玄五经之旨，并照天文地理之道，即造《法华》等经疏七卷，号曰上宫御制疏。太子所问之义，师有所不通。太子夜梦见金人，来教不解之义。太子寤后，即解之，乃以传于师，师亦领解。如是之事，**非一二**耳。”（1）东晋佛驮跋陀罗译《大方广佛华严经》卷33《普贤菩萨行品》：“了知**非一二**，非秽亦非净。亦复非积集，皆从因缘起。”刘宋功德直译《菩萨念佛三昧经》卷4：“如是善人等，昔已曾供养，**非一二**与十，无量亿诸佛。”唐李通玄撰《略释新华严经修行次第决疑论》卷4：“十方诞生无挂碍，无像法中现妙像。引接迷流达虚妄，善达心境**非一二**。”《敦煌变文·张淮深变文》：“回鹘既败，当即生降，归。某乙所来为寇非实虑尚书征兵来伐为游军何期天道助乞首领而已。尚书业，累致逃亡，使安西之窟奈何先陈降**非一二**，据汝猖狂，尽且留性命。首领等离鼎上当则收贼戈首尾相连，俘诸丁写表闻天处，若为？”⑥（2）《魏书》卷84《孙惠蔚传》：“其省先无本者，广加推寻，搜求令

---

① 山口佳紀、神野志隆光『古事記』，新編日本古典文学全集，小学館，1997，第214頁。

② 该经于天平十三年抄写，题作《五百弟子自说经》，录于《大日本古文书》卷7，第540页。

③ 山口佳紀、神野志隆光『古事記』，新編日本古典文学全集，小学館，1997，第272頁。

④ 小島憲之、直木孝次郎、西宮一民、蔵中進、毛利正守『日本書紀三』，新編日本古典文学全集，小学館，1998，第426頁。

⑤ 沖森卓也、佐藤信、矢島泉『藤氏家伝　鎌足貞慧武智麻呂伝注釈と研究』，吉川弘文館，1999，第231頁。

⑥ 黄征、吴伟校注《敦煌愿文集》，岳麓书社，1995，第191页。

足。然经记浩博，诸子纷纶，部帙既多，章篇纰缪，当**非一二**校书，岁月可了。"① 此言篇章的纰误乖谬，不是一两位校书人员一年半载就能够校正的。《陈书》卷33《儒林传》："自天下寇乱，西朝倾覆，流播绝域，情礼莫申，若此之徒，谅**非一二**，宁可丧期无数，而弗除衰服，朝庭自应为之限制，以义断恩，通访博识，折之礼衷。"② 例言像这样的人，恐怕不止一二。

"**大欢喜**"，异常高兴，非常喜悦。《古事记》上卷《伊耶那岐命与伊耶那美命》："此时，伊耶那岐命**大欢喜**诏：'吾者生生子，而于生终得三贵子。'"又《忍穗耳命与迩迩艺命》："故乞遣其父大山津见神之时，**大欢喜**，而副其姊石长比卖，令持百取机代之物奉出。"③《日本书纪》卷9《神功纪》摄政四十七年四月条："于是皇太后、太子誉田别尊**大欢喜**之曰：'先王所望国人今来朝之。'群臣皆莫不流涕。"④《日本灵异记》中卷《孤娘女凭敬观音铜像示奇表得现报缘第34》："娘**大欢喜**，不胜幸心，脱著黑衣，与使而言：'无物可献，但有垢衣。幸受用之。'"又下卷《被观音木像之助脱王难缘第7》："故于己作善功德，发信至心，即**大欢喜**，被助脱灾故。"⑤ 后汉竺大力、康孟详合译《修行本起经》卷2《游观品》："未及城门，无数千人，华香奉迎，相师一切，称寿无量。王问：'何故?'梵志答言：'明旦日出，七宝当至。'王**大欢喜**，必成圣王。"西晋法立、法炬合译《大楼炭经》卷4《忉利天品》："四天王闻之，即**大欢喜**，说言：'我今闻善言，用人多有作善者，增益诸天，减损阿须伦种。'"唐义净译《金光明最胜王经》卷9《善生王品》："尔时彼王从梦觉，生**大欢喜**充遍身。至天晓已出王宫，往诣苾刍僧伽处。"按：佛典、《忍穗耳命与迩迩艺命》及《日本灵异记》例中的"大欢喜"可用作谓语、宾语和状语等，《伊耶那岐命与伊耶那美命》中的"大欢喜"用作状语，修饰谓语动词"诏""曰"。该例与佛典例中"大欢喜说言"的用法极为相近，均用来修饰后续的言语类动词。此外，经文中的"欢喜"，于佛法上是说，闻佛之教而获得解脱，或以慈悲心救众生时，身心感到喜悦，更加发起信心。

"**不得忍～**"，不能忍受，难以忍耐。①《古事记》中卷《垂仁记》："此时，沙本毘卖**不得忍**其兄，自后门逃出，而纳其之稻城。"②又："于是，天皇诏：'虽怨其兄，犹**不得忍**爱其后。'故即有得后之心。"⑥《肥前国风土记·松浦郡》条："妇抱其怪，**不得忍**默，盗用续麻，系其人襕。"⑦《日本灵异记》上卷《序》："粤起自瞩之，**不得忍**寝。居心思之，不能默然。"又中卷《佛铜像盗人所捕示灵表显盗人缘第22》："所以前

---

① （北齐）魏收撰《魏书》，中华书局，1974，第1854页。

② （唐）姚思廉撰《陈书》，中华书局，1972，第437页。

③ 山口佳紀、神野志隆光『古事記』，新編日本古典文学全集，小学館，1997，第52、120頁。

④ 小島憲之、直木孝次郎、西宮一民、蔵中進、毛利正守『日本書紀一』，新編日本古典文学全集，小学館，1994，第452頁。

⑤ 中田祝夫『日本霊異記』，日本古典文学全集，小学館，1975，第238、279頁。

⑥ 山口佳紀、神野志隆光『古事記』，新編日本古典文学全集，小学館，1997，第200（两例）頁。

⑦ 植垣節也『風土記』，新編日本古典文学全集，小学館，1997，第330頁。

马过往，随却如先复响呻也。**不得忍**过，故更还来，叫音复止，而有锻音。”又《未作毕佛像而弃木示异灵表缘第26》：“禅师闻之，怪见无人。良久徘徊，**不得忍**过，就椅起看，未造佛了，而弃木也。”[①]（1）苻秦僧伽跋澄等译《尊婆须蜜菩萨所集论》[②]卷5：“彼若**不得忍**，被骂便报骂，被打便报打，此非沙门法。”（2）姚秦鸠摩罗什译《思益梵天所问经》[③]卷2：“如来实不得我人众生寿命者，亦不得施，亦不得悭，亦不得戒，亦不得毁戒，亦**不得忍**辱，亦不得瞋恚。”按：①（1）中的“忍”用作动词；②（2）中的“忍”用作动词。此外，《日本灵异记》还可见“不得忍”的说法，表示不能忍受的意思。上卷《恶人逼乞食僧而现得恶报缘第15》：“昔故京时，有一愚人，不信因果。见僧乞食，忿而欲击。时僧走入田水，追而执之。僧**不得忍**，以咒缚之。”又《殷勤归信观音愿福分以现得大福德缘第31》：“亲属系之东人，闭居构瑮。女爱心**不得忍**，犹哭恋之，不离其边。”[④]

（二）四字格

“**上下衣服**”，上身为衣，下身为裳；上下身穿的衣服。《古事记》中卷《应神记》：“于是有二神，兄号秋山之下氷壮夫，弟名春山之霞壮夫。故其兄谓其弟：‘吾虽乞伊豆志袁登卖，不得婚。汝得此娘子乎？’答曰：‘易得也。’尔其兄曰：‘若汝有得此娘子者，避**上下衣服**，量身高而酿瓮酒，亦山河之物悉备设，为宇礼豆玖云尔。’”[⑤]此言酿造一缸酒作为对打赌取胜者的奖励，酒缸的深度等于上身衣服与下身裙裤加起来一样的长度。元魏菩提流支译《大萨遮尼乾子所说经》卷5《请食品》：“萨遮尼乾子食已，严炽王即以价直、百千万亿、**上下衣服**，奉施萨遮尼乾子。余弟子众，所应得者，悉皆施与，**上下衣服**。”唐义净译《根本萨婆多部律摄》[⑥]卷14：“不覆头者，不以衣物覆头，如新嫁女。**上下衣服**，不得偏抄一边，露现形体。双抄者，总襵两边，置于肩上。凡是行步，非大人相者，皆应远离。”唐不空译《北方毘沙门天王随军护法真言》卷1：“行者**上下衣服**，并须清净，一上厕一洗浴。”

“**如此之类**”，就像这一类的，诸如此类。《古事记·序》：“是以今或一句之中，交用音训。或一事之内，全以训录。即辞理叵见，以注明，意况易解，更非注。亦于姓日下谓玖沙诃，于名带字谓多罗斯，**如此之类**，随本不改。”[⑦]《续日本纪》卷2《文武纪》大宝元年七月条：“又画工及主计、主税算师雅乐诸师，**如此之类**，准官判任。”又卷6《元明纪》和铜六年五月条：“若齿及纵天，气力尫弱，神识迷乱，又久沉重病，

① 中田祝夫『日本霊異記』，日本古典文学全集，小学館，1975，第54、206、217頁。
② 该经于神护三十八年抄写，录于《大日本古文书》卷17，第43页。
③ 该经于胜宝三年抄写，录于《大日本古文书》卷7，第201页。
④ 中田祝夫『日本霊異記』，日本古典文学全集，小学館，1975，第96、128頁。
⑤ 山口佳紀、神野志隆光『古事記』，新編日本古典文学全集，小学館，1997，第278頁。
⑥ 该经于天平十五年抄写，录于《大日本古文书》卷8，第166页。
⑦ 山口佳紀、神野志隆光『古事記』，新編日本古典文学全集，小学館，1997，第24頁。

起居不渐。发狂言，无益时务，**如此之类**，披诉心素，归田养命，于理合听。”[①] 又卷 9《元正纪》养老六年闰四月条：“其国授刀、兵卫、卫士及位子、帐内、资人、并防阁、仕丁、采女、仕女，**如此之类**，皆悉放还。各从本色。”[②] 又卷 39《桓武纪》延历六年七月条：“牧宰之辈，奉使入京，或无返抄而归任，或称病而滞京下，求预考例兼得公廨。**如此之类**，莫预厘务，国司夺料，郡司解任。”又卷 40《桓武纪》延历八年五月条：“于是，始制：‘**如此之类**，不问入京与在国，共夺目已上之料。但遥附便使，不在夺限。’”又延历十年五月条：“又王臣家、国郡司及殷富百姓等，或以下田相易上田，或以便相换不便。**如此之类**，触处而在。”（1）西晋竺法护译《佛说大净法门经》卷 1：“譬如怯人，求于救者，**如此之类**，不为勇猛。开士大士，亦复如是。”东晋瞿昙僧伽提婆译《增壹阿含经》卷 46《放牛品》：“梵志报曰：‘**如此之类**，当言驴马。所以然者，由驴遗形故，得此驹也。’”唐道宣撰《续高僧传》卷 8：“光师终日，遵在齐州。初闻哀问，不觉从床而坠，口中流血。其诚孝动人，**如此之类**也。”《三国史记》卷 7《新罗本纪・文武王》：“昔日万机之英，终成一封之土。樵牧歌其上，狐兎穴其旁。徒费资财，贻讥简牍，空劳人力，莫济幽魂。静而思之，伤痛无已。**如此之类**，非所乐焉。”（2）《魏志》卷 10《荀彧传》引《魏氏春秋》：“彧从容与太祖论治道，**如此之类**甚众，太祖常嘉纳之。”[③]《魏书》卷 60《韩显宗传》：“又曰：‘诸宿卫内直者，宜令武官习弓矢，文官讽书传。而今给其蒱博之具，以成亵狎之容，长矜争之心，恣喧嚣之慢，徒损朝仪，无益事实。**如此之类**，一宜禁止。’”[④]

“如此之梦”，这样的梦；诸如此类的梦想。《古事记》中卷《垂仁记》：“乃天皇惊起，问其后曰：‘吾见异梦，从沙本方暴雨零来，急沾吾面。又锦色小蛇缠绕我颈。**如此之梦**，是有何表也？’”[⑤] 西晋安法钦译《阿育王传》卷 3：“王复梦见齿堕落，王至早起，便唤相师，而占此梦。相师占言：‘**如此之梦**，必是王子失眼之相。’王闻此语，合十指掌，归命四方，护佛道神，信法信僧者，愿护我子。”唐地婆诃罗译《方广大庄严经》卷 5《感梦品》：“时净居天，化作一婆罗门，著鹿皮衣，立在宫门之外，唱如是言：‘我能善解，大王之梦。’诸臣闻奏，召入宫中。时输檀王，具陈所梦，语婆罗门：‘**如此之梦**，是何祥也？’婆罗门言：‘大王当知，所梦帝幢，众人舁出，城东门者，此是太子，当为无量百千诸天围绕出家之像。’”

---

① 青木和夫、稲岡耕二、笹山晴生、白藤礼幸『続日本紀一』，新日本古典文学大系，岩波書店，1989，第 44、198 頁。

② 青木和夫、稲岡耕二、笹山晴生、白藤礼幸『続日本紀二』，新日本古典文学大系，岩波書店，1990，第 116 页。

③ （晋）陈寿撰，（宋）裴松之注《三国志》，中华书局，1959，第 318 页。

④ （北齐）魏收撰《魏书》，中华书局，1974 年，第 1342 页。

⑤ 山口佳紀、神野志隆光『古事記』，新編日本古典文学全集，小学館，1997，第 198 頁。

五 “所”字句

古汉语中，“所 + V”结构一般指该动作代表的动作行为所涉及的对象，亦即动作的受事。譬如“所思”“所得”是短语，属于黏附结构①，即助词“所”黏附于动词“思”“所”的前面，构成名词短语，作“如”“有”“得”等的宾语。此类“所”字结构用作四字方格式的口语表达，读来琅琅上口，富有节奏感。值得关注的是，《古事记》中有大量用作“所 + V”结构的短语，从汉字表记和句法表达的角度来看，它们历来受到学界的高度重视。其中，“所生神”“所成神”的表记形式更是格外引人瞩目，因为它们关系到诸神的诞生。按照学界具有代表性的说法，“所生成神”中的“所”不表示受事和尊敬，主要起强调动词的作用；所谓“生成神”，即是理应出生（应天而生）的神，强调的是该神的诞生，凸显的是神性。②

（一）三字格

“不得所～”，不能够做到……《古事记》下卷《允恭记》：“天皇初为将所知天津日继之时，天皇辞而诏之：‘我者有一长病，不得所知日继。’”③ 例言天皇婉拒继位，说自己长期患病，不能继承皇位。后汉安世高译《佛说罪业应报教化地狱经》卷 1：“佛言：‘以前世时，坐不信罪福，障佛光明，缝鹰眼合，笼系众生，皮囊盛头，不得所见，故获斯罪。’”西晋竺法护译《光赞经》卷 7《观品》：“一切诸法，不得所在，是咤之门。”唐玄奘译《大般若波罗蜜多经》卷 373《无相无得品》：“佛言：‘善现，菩萨摩诃萨修行般若波罗蜜多时，不得布施；不得施者，不得受者；不得所施，而行布施；不得净戒，而护净戒；不得安忍，而修安忍；不得精进，而修精进；不得静虑，而修静虑；不得般若，而修般若；不得神通，而修神通。’”唐菩提流志译《大宝积经》卷 13：“而于诸法，无所造作，不得所造，则不有退，亦不无退。”

“何有所（思）～”，有什么……呢？《古事记》下卷《安康记》：“自此以后，天皇坐神床而昼寝。尔来，语其后曰：‘汝有所思乎。’答曰：‘被天皇之敦泽，何有所思？’”④ 天皇问皇后：你有什么担心的事儿吗？皇后回答道：蒙天皇厚爱，皇恩浩荡。我没有什么好担心的事儿。《日本灵异记》中卷《弥勒菩萨铜像盗人所捕示灵表显盗人缘第 23》：“夫理法身佛，非血肉身。何有所痛？唯所以示，常住不变也。是亦奇异之事也。”⑤ 北凉昙无谶译《菩萨地持经》⑥ 卷 8：“如是咒术章句，如是正思惟，如此义

---

① 杨伯峻、何乐士：《古汉语语法及其发展上》（修订本），语文出版社，2001，第 74 页。

② 土井忠生「古事記の『所成神』」，『国語と国文学』，1941；野口武司「『古事記』の所見神の出生表記『所生神名』」，『古事記及び日本書紀の表記の研究』，桜楓社，1978；中川千里「古事記に於ける漢文助辞とその馴化—『所』を中心として—」，『金沢大学国語国文』14，1989。

③ 山口佳紀、神野志隆光『古事記』，新編日本古典文学全集，小学館，1997，第 318 頁。

④ 山口佳紀、神野志隆光『古事記』，新編日本古典文学全集，小学館，1997，第 328 頁。

⑤ 中田祝夫『日本霊異記』，日本古典文学全集，小学館，1975，第 208 頁。

⑥ 该经于天平十八年抄写，题作《菩萨地持论》，录于《大日本古文书》卷 9，第 82 页。

尚不自闻，**何有所**得？”唐玄奘译《阿毘达磨顺正理论》[①] 卷 17：“尔时，为在未来，为在现在，定不可执在于过去。已灭无故，岂复须断？若在未来，彼执无故，与空花等，**何有所**缘？”唐圆晖述《俱舍论颂疏论本》卷 23：“心便得定。心得定已，复**何有所**修？”唐僧详撰《法华传记》卷 9：“群中一人，是商主也。问云：‘**何有所为**乎？’或人答曰：‘讲《法华经》。’”

（二）四字格

“更无所恃”，毫无倚仗。《古事记》下卷《雄略记》：“于是，赤猪子以为，望命之间，已经多年。姿体，瘦萎，**更无所恃**。”[②] 例言赤猪子等待着雄略天皇的召幸，几年过去，身体消瘦憔悴，精神无所寄托。姚秦鸠摩罗什译《大庄严论经》卷 14：“我今无救护，唯愿济拔我。多有诸众生，我今独怖迮。愿垂哀怜愍，拔济我苦难。我**更无所恃**，唯来归依汝。”

“如我所思”，就像我想的那样。《古事记》中卷《应神记》：“次大雀命知天皇所问赐之大御情而白：‘兄子者，既成人，是无悒。弟子者，未成人，是爱。’尔天皇诏：‘佐邪岐，阿艺之言，**如我所思**。’”[③] 陈真谛译《佛说解节经》[④] 卷 1：“作如是言：‘**如我所思**，此是真实，异此非真。虽随世言，为显实义。是人不须，重更思惟。’”

（三）其他作品的“所”字句

下面，我们将上古文献中源自汉文佛经的“所”字句做一归纳。《日本书纪》α 群有“所将来～”“具说所由”“不知所作”“心之所归”。

“所将来～”，（前承表示人的名词）由某人带来。《日本书纪》卷 19《钦明纪》十五年十二月条：“以十二月九日，遣攻斯罗。臣先遣东方领物部莫奇武连领其方军士攻函山城。有至臣**所将来**民筑斯物部莫奇委沙奇能射火箭。蒙天皇威灵，以月九日酉时，焚城拔之。故遣单使驰船奏闻。”[⑤]《续日本纪》卷 1《文武纪》四年三月条：“又授一铛子曰：‘吾从西域自**所将来**，煎物养病，无不神验。’”又：“此院多有经论，书迹楷好，并不错误。皆和尚之**所将来**者也。”[⑥] 北凉昙无谶译《大方等大集经》[⑦] 卷 11：“男子汝知，尔时净声比丘，岂异人乎？即汝身是；男女眷属，即汝**所将来**，菩萨听法众是。”唐义净译《根本说一切有部毘奈耶药事》卷 3：“尔时，彼王作如是念：‘若王藏库中，无牛头栴檀，岂是王耶？’即问大臣曰：‘汝**所将来**，栴檀之木，何处得耶？’大

---

① 该经于天平十年抄写，题作《顺正理论》，录于《大日本古文书》卷 7，第 221 页。

② 山口佳紀、神野志隆光『古事記』，新編日本古典文学全集，小学館，1997，第 340 頁。

③ 山口佳紀、神野志隆光『古事記』，新編日本古典文学全集，小学館，1997，第 258 頁。

④ 该经于天平十四年抄写，题作《解节经》，录于《大日本古文书》卷 2，第 310 页。

⑤ 小島憲之、直木孝次郎、西宮一民、藏中進、毛利正守『日本書紀二』，新編日本古典文学全集，小学館，1996，第 430 頁。

⑥ 青木和夫、稲岡耕二、笹山晴生、白藤礼幸『続日本紀一』，新日本古典文学大系，岩波書店，1989，第 24、26 頁。

⑦ 该经于天平五年抄写，录于《大日本古文书》卷 7，第 6 页。

臣答曰：'于圆满处得。'"唐道宣撰《集神州三宝感通录》卷1："八洛都故都塔者，在城西一里，故白马寺南一里许古基。俗传为阿育王舍利塔，疑即迦叶摩腾**所将来**者。降邪通正，故立塔表以传真云云。"

"**具说所由**"，详细叙说事情的来龙去脉。《日本书纪》卷24《皇极纪》二年十一月条："于时古人大兄皇子喘息而来问：'向何处？'入鹿**具说所由**。"① （1）唐义净译《根本说一切有部毘奈耶》卷22："时彼使者持缕至彼，告曰：'大臣贤善，遣将此缕可为织衣。'织师见缕讫，即便忆识，报使者言：'我之番次先已织讫。'时彼使人持缕还去，至贤善所**具说所由**。"唐道宣述《四分律比丘含注戒本》卷2："三十八食残宿食戒：佛在罗阅祇、迦罗坐禅。乞食疲苦，食先得者。比丘于小，大食上不见。觅之，**具说所由**。比丘白佛，佛便诃言：'汝虽少，欲后来。众生相法而行。'因即制戒。"唐慧立本、释彦悰笺《大唐大慈恩寺三藏法师传》② 卷4："以此思之，恐往言无实。像乃伛身授珠，其人得已，将出货卖。人有识者，擒之送王。王问所得，贼曰：'佛自与我。'乃**具说所由**。"（2）《朝野佥载》卷2："贞观中，濮阳范略妻任氏，略先幸一婢，任以刀截其耳鼻，略不能制。有顷，任有娠，诞一女，无耳鼻。女年渐大，其婢仍在。女问，**具说所由**，女悲泣，以恨其母。母深有愧色，悔之无及。"③

"**不知所作**"，犹言"不知所为"。《日本书纪》卷24《皇极纪》四年六月条："天皇大惊，诏中大兄曰：'**不知所作**。有何事耶？'"④《藤氏家传》上卷《镰足传》："天皇大惊，诏中大兄曰：'**不知所作**。有何事耶？'"⑤ 西晋竺法护译《正法华经》卷4《往古品》："佛语诸比丘：'如来说法，尔等闻之。谓悉备足，**不知所作**，尚未成办。'"东晋瞿昙僧伽提婆译《增壹阿含经》卷30《六重品》："世尊告曰：'贼意盗窃，心在奸邪，欲使人类，**不知所作**。'"姚秦鸠摩罗什译《佛说首楞严三昧经》⑥ 卷2："尔时魔界行不污菩萨，语恶魔言：'汝诸眷属已发阿耨多罗三藐三菩提心，汝作何等？'恶魔答言：'我被五缚，**不知所作**。'菩萨答言：'汝发阿耨多罗三藐三菩提心，当从此缚，而得解脱。'"按："不知所为"是正格式，谓因忧愁、惶恐等而不知所措。日本文献中可见《日本书纪》卷7《景行纪》十八年四月条："时召山部阿弥古之祖小左，令进冷水。适是时，岛中无水，**不知所为**。"⑦《常陆国风土记·香岛郡》条："爰童子等，

① 小島憲之、直木孝次郎、西宮一民、蔵中進、毛利正守『日本書紀三』，新編日本古典文学全集，小学館，1998，第80頁。

② 该经于胜宝五年抄写，题作《大唐慈恩寺三藏法师传》，录于《大日本古文书》卷11卷，第227页。

③ 王根林、黄益元、曹光甫校点《汉魏六朝笔记小说大观》，上海古籍出版社，1999，第42页。

④ 小島憲之、直木孝次郎、西宮一民、蔵中進、毛利正守『日本書紀三』，新編日本古典文学全集，小学館，1998，第100頁。

⑤ 沖森卓也、佐藤信、矢島泉『藤氏家伝　鎌足貞慧武智麻呂伝注釈と研究』，吉川弘文館，1999，第173頁。

⑥ 该经于天平八年抄写，题作《首楞严三昧经》，录于《大日本古文书》卷7，第53页。

⑦ 小島憲之、直木孝次郎、西宮一民、蔵中進、毛利正守『日本書紀一』，新編日本古典文学全集，小学館，1994，第358頁。

不知所为。遂愧人见，化成松树。”[①]《日本灵异记》上卷《凶人不敬养奶房母以现得恶死报缘第23》：“瞻保于是不言而起，入于屋里，拾出举，炎于其庭中，皆已烧灭。然后入山，迷惑**不知所为**。”[②] 中国传统文献中可见《史记》卷55《留侯世家》：“上欲废太子，立戚夫人子赵王如意。大臣多谏争，未能得坚决者也。吕后恐，**不知所为**。”[③]

“**心之所归**”，犹言“人心所向”。《日本书纪》卷25《孝德纪》大化三年四月条：“又拙弱臣、连、伴造、国造，以彼为姓，神名、王名逐自**心之所归**，妄付前前处处。”[④] 西晋竺法护译《宝女所问经》卷3：“又复信知，当来诸佛，**心之所归**，光明威神，清净无数，无有隐盖。”梁僧佑撰《弘明集》卷11：“民今**心之所归**，辄归明公之一向道家戒善。故与佛家同耳。”

《日本书纪》β群有“殊无所获”“终无所成”“进无所归”。

“**殊无所获**”，完全没有收获，一无所获。《日本书纪》卷2《神代纪下》：“时兄弟欲互易其幸。故兄持弟之幸弓，入山觅兽。终不见兽之干迹。弟持兄之幸钩，入海钓鱼，**殊无所获**，遂失其钩。”[⑤] 唐菩提流志译《佛心经》卷2：“我昔凡夫时，往尼佉罗山，见诸咒仙，作种种法。我于彼时，近得此咒，才经七日。其诸咒仙，不识我身。为此恶人，作种种恶术，欲降伏于我。尽其神力，以经七日，**殊无所获**，唯自燋枯。我时怜念，即语诸仙：‘当知如汝力者，纵尽大劫，不能害我。若害得者，无有是处。’”

“**终无所成**”，最终没有成功，最终一无所获。《日本书纪》卷3《神武纪》即位前纪条：“又祈之曰：‘吾今当以严瓮，沉于丹生之川。如鱼无大小悉醉而流，譬犹柀叶之浮流者，吾必能定此国。如其不尔，**终无所成**。’”[⑥] 西晋无罗叉译《放光般若经》[⑦]卷8《劝助品》：“倚想求三耶三佛，是则譬如杂毒之食。有倚想者，**终无所成**。何以故？有倚有想，而有形貌，有杂毒求。为谤如来，亦不受如来教，亦不受法。”唐玄奘译《大乘大集地藏十轮经》[⑧] 卷6《有依行品》：“如是众生，于二乘法，懦慢懈怠，不乐勤修，贪求五欲，曾无厌倦。虽于彼身，殖大乘种，精进勤苦，**终无所成**。”唐道宣撰《续高僧传》卷2：“有一尊者，深识人机，见语舍云：‘若能静修，应获圣果。恐汝游涉，**终无所成**。’”

“**进无所归**”，进退失去凭依，进退两难。《日本书纪》卷23《舒明纪》即位前纪

---

① 植垣節也『風土記』，新編日本古典文学全集，小学館，1997，第400頁。

② 中田祝夫『日本霊異記』，日本古典文学全集，小学館，1975，第110頁。

③ （汉）司马迁撰《史记》，中华书局，1959，第2044页。

④ 小島憲之、直木孝次郎、西宫一民、蔵中進、毛利正守『日本書紀三』，新編日本古典文学全集，小学館，1998，第162頁。

⑤ 小島憲之、直木孝次郎、西宮一民、蔵中進、毛利正守『日本書紀一』，新編日本古典文学全集，小学館，1994，第162頁。

⑥ 小島憲之、直木孝次郎、西宮一民、蔵中進、毛利正守『日本書紀一』，新編日本古典文学全集，小学館，1994，第214頁。

⑦ 该经于天平八年抄写，录于《大日本古文书》卷7，第53页。

⑧ 该经于天平十年抄写，题作《大乘十轮经》，录于《大日本古文书》卷7，第175页。

条："是时大夫等且诲摩理势臣之曰：'不可违大兄王之命。'于是，摩理势臣进无所归，乃泣哭更还之，居于家十余日，泊濑王忽发病薨。"[①]（1）隋费长房撰《历代三宝纪》卷12："齐武平六年，相继西游，往还七载，凡得梵经二百六十部。回到突厥，闻周灭齐，并毁佛法。退则不可，进无所归，迁延彼间，遂逢志德。如渴值饮，若暗遇明。仍共寻阅，所得新经，请翻名题，勘旧录目，颇觉巧便，有殊前人。"该记载亦见于唐道宣撰《大唐内典录》卷5、唐智升撰《开元释教录》卷7、唐圆照撰《贞元新定释教目录》卷10。（2）《全唐文》卷795孙樵《骂僮志》："今主远来关东，居长安中，进无所归，居无所依。"[②]

《风土记》有"目所见者"、《古语拾遗》有"所犯之罪"、《元兴寺伽蓝缘起并流记资财账》有"所奉之物"、《唐大和上东征传》有"如佛所言"。

"目所见者"，眼睛所看到的。《常陆国风土记·行方郡》条："大足日子天皇，登坐下总国印波鸟见丘，留连遥望，顾东而敕侍臣曰：'海即青波浩行，陆是丹霞空朦。国在其中，朕目所见者。'时人由是谓之霞乡。"[③]（1）西晋竺法护译《等目菩萨所问三昧经》卷1《等目菩萨说行定品》："谓睹佛而有无量，目所见者，兴无量心。"又《度世品经》卷5："目所见者，常怀安和，而不净讼，了知断绝，亦不计常。"隋阇那崛多译《佛本行集经》卷48《舍利目连因缘品》："尔时，王舍大城，一切人民，目所见者，各共评论，而说偈言。"（2）《全唐文》卷712李渤《王屋山贞一司马先生传》："经云：为道日损，损之又损之，以至于无为。且目所见者，损之尚未能已，岂复攻乎异端，而增其智虑哉？"[④]

"所犯之罪"，所犯的罪行。《古语拾遗》："国罪者，国中人民所犯之罪，其事具在中臣祓词。"[⑤]（1）唐达摩流支译《佛说宝雨经》卷8："又复多时，数数悔过，于所作罪，追悔恶作，终不覆藏。复能了知，所犯之罪，有上中下。又能了知，所造恶业，招异熟果，时分长短。"唐阿地瞿多译《陀罗尼集经》卷8《金刚阿蜜哩多军荼利菩萨自在神力咒印品》："次作般若印，当心上著，口说三业，所犯之罪，发露忏悔，正坐莫动，数数礼佛，口赞叹云：'诸佛智慧，大勇精进，那罗延力、般若波罗蜜多等功德之行。'"唐义净译《根本说一切有部毘奈耶》卷39："时诸苾刍，后生懊悔，便自克责，所犯之罪。"（2）《唐律疏议》卷4《名例》："答曰：'但是教令作罪，皆以所犯之罪，坐所教令。'"又卷5《名例》："即事发逃亡：'虽不得首所犯之罪，得减逃亡之坐。'"

"所奉之物"，由某人奉呈的东西。《元兴寺伽蓝缘起并流记资财账》："我现在父母

---

① 小島憲之、直木孝次郎、西宮一民、蔵中進、毛利正守『日本書紀三』，新編日本古典文学全集，小学館，1998，第36頁。

② （清）董诰等编《全唐文·附唐文拾遗唐文续拾》，中华书局，1983，第8337页。

③ 植垣節也『風土記』，新編日本古典文学全集，小学館，1997，第380頁。

④ （清）董诰等编《全唐文·附唐文拾遗唐文续拾》，中华书局，1983，第7318页。

⑤ 西宮一民『古語拾遺』，岩波文庫，1985，第134頁。

六亲眷属，随愚痴邪见人三宝即破灭烧流，**所奉之物**反取灭也。”又：“以此功德，我现在父母六亲眷属等为烧流佛法罪及**所奉之物**返取灭之罪，悉欲赎除灭。”唐宗密撰《圆觉经大疏释义钞》卷12：“言七品者，上中下亲；不怨不亲；下中上怨等也……中亲下亲，如次降杀（师介反）**所奉之物**，不怨不亲，任运不能与物。”

“**如佛所言**”，正如佛所说的那样。《唐大和上东征传》：“师［师］相传，遍于寰宇。**如佛所言**，我诸弟子展转行之，即为如来常在不灭；亦如一灯燃百千灯，暝者皆明明不绝。”[①] 吴竺律炎译《佛说三摩竭经》卷1：“五百梵天闻佛语，应时举声言：‘善哉！审**如佛所言**。’于是五百梵天，忽然不见。”西晋竺法护译《正法华经》卷7《安行品》：“其有志求，斯尊道者，普当受决，**如佛所言**。”姚秦鸠摩罗什译《维摩诘所说经》卷3《香积佛品》：“文殊师利曰：‘**如佛所言**，勿轻未学。’”

《日本灵异记》中的三字格有“无所归”“所生母”“所受罪”。

“**无所归**”，没有归属之地。《日本灵异记》中卷《恃己高德刑贱形沙弥以现得恶死缘第1》：“福贵炽之时高名虽振华裔，而妖灾窘之日**无所归**。”[②] 西晋无罗叉译《放光般若经》卷14《问等学品》：“菩萨欲在众生之上，一切众生，为**无所归**，无所依怙。欲受其归，欲为作依怙者……当学深般若波罗蜜。”西晋竺法护译《渐备一切智德经》卷3《难胜住品》：“无善之想，去于自在，如是苦患，不可称计。永而无护，**无所归**，无救济，无利义，一己身，无辈伴。当以修行，如是像业，积功累德，每生自克。因能修慧，已能逮解，一切众生，究竟本净，乃成十力。”唐实叉难陀译《大方广佛华严经》卷77《入法界品》：“普见恶道群生类，受诸楚毒**无所归**，放大慈光悉除灭，此哀愍者之住处。”

“**所生母**”，亲生母亲。《日本灵异记》上卷《凶女不孝养**所生母**以现得恶死报缘第24》。[③] 后汉竺大力、康孟详合译《修行本起经》卷1《现变品》：“白净王者，是吾累世，所生之父。拘利刹帝有二女，时在后园，池中沐浴。菩萨举手指言：‘是吾世世，**所生母**也。当往就生。’”东晋佛驮跋陀罗译《大方广佛华严经》卷42《离世间品》：“菩萨摩诃萨，于兜率天，临命终时，天楼阁中，放大光明，名净庄严，一切宫殿。放斯光明，照**所生母**。照已，彼菩萨母，安隐快乐，具足成就，一切功德。其母身内，自然楼阁，七宝庄严。为欲安处，菩萨身故，是为第八，所示现事。”

“**所受罪**”，所遭受的苦报。《日本灵异记》上卷《非理夺他物为恶行受恶报示奇事缘第30》：“广国奉为其父，造佛写经，供养三宝，报父之恩，赎**所受罪**。自此以后，回邪趣正。”[④] 后汉支娄迦谶译《道行般若经》卷3《泥犁品》：“是曹之人，诽谤法者，自在冥中。复持他人著冥中，其人自饮毒，杀身无异。断法之人所语，有信用其言者，

① 〔日〕真人元开著，汪向荣校注《唐大和上东征传》，中华书局，1979，第96页。

② 中田祝夫『日本靈異記』，日本古典文学全集，小学館，1975，第146頁。

③ 中田祝夫『日本靈異記』，日本古典文学全集，小学館，1975，第112頁。

④ 中田祝夫『日本靈異記』，日本古典文学全集，小学館，1975，第126～127頁。

其人所受罪，俱等无有异。”吴支谦译《弊魔试目连经》卷1：“瞋魔所受罪，其地狱何类？拘楼秦佛时，化众及弟子。”

《日本灵异记》中的四字格有“脱所著衣”“宿业所招”“不知所到”“所爱乐也”“所宿之处”“所化众生”“烦恼（之）所缠”。

“**脱所著衣**”，脱掉穿在身上的衣服。《日本灵异记》上卷《圣德皇太子示异表缘第4》：“太子见之，从辇下，俱语之问讯，脱所著衣，覆于病人，而幸行也。”[①] 失译人名今附后汉录《大方便佛报恩经》卷2《对治品》：“作是念已，驰犇往趣，往到井上，脱所著衣，举著一处。入井取水，而不得水，唯见毒蛇，守宫蝮蝎，百足之属，瓦砾荆棘，及诸草秽。”唐若那跋陀罗译《大般涅槃经后分》[②] 卷2：“尔时城内，复遣八大力士，至圣棺所，脱所著衣，共擎佛棺，皆尽其神力，都亦不得。拘尸城内，复遣十六，极大力士，来至棺所，脱所著衣，共举佛棺，亦不能胜。”

“**宿业所招**”，前世造孽而招致的在后世受罪的报应。《日本灵异记》上卷《聋者归敬方广经典得现报开两耳缘第8》：“小垦田宫御宇天皇代，有衣缝伴造义通者，忽得重病，两耳并聋，恶疮遍身，历年不愈。自谓：‘宿业所招，非但现报。长生为人所厌，不如行善遄死。’”又下卷《二目盲女人归敬药师佛木像以现得明眼缘第11》：“当帝姬阿倍天皇之代，其村有二目盲女。此生一女子年七岁也。寡而无夫。极穷无比，不得索食。将饥而死。自谓：‘宿业所招，非唯现报。徒空饥死，不如行念善。’”又《怨病忽婴身因之受戒行善以现得愈病缘第34》：“巨势呰女者，纪伊国名草郡埴生里之女也。以天平宝字五年辛丑，怨病婴身，颈生瘿肉疽，如大苽。痛苦如切，历年不愈。自谓：‘宿业所招，非但现报。灭罪差病，不如行善。’”[③] 姚秦鸠摩罗什译《发菩提心经论》卷1《6羼提波罗蜜品》：“若横加恶，伤害于我，当自思惟：‘我今无罪，当是过去，宿业所招，是亦应忍。’”唐玄奘译《大般若波罗蜜多经》卷398《常啼菩萨品》：“城外周匝，七重宝堑，八功德水，弥满其中，冷煖调和，清澄皎镜。水中处处，有七宝船，间饰庄严，众所喜见。彼有情类，宿业所招，时共乘之，泛漾游戏。”

“**不知所到**”，犹言“不知去向”。《日本灵异记》上卷《婴儿抚所擒他国得逢父缘第9》：“癸卯年春三月顷，但马国七美郡山里人家，有婴儿女。中庭匍匐，鹫擒腾空，指东而翥。父母悬侧哭悲，追求不知所到。”[④] 西晋竺法护译《生经》卷4：“毒神答曰：‘吾当化之，令不违教。’毒神便往，化为毒蛇，来趣其妇。其妇恐怖，不知所至。或现头上，食现其前，饮现器中，卧现床上，行步逐后。其妇恐怖，不知所到，羸瘦骨立，不能饮食。”刘宋沮渠京声译《佛说谏王经》卷1：“所有珍宝，父母兄弟妻子，内外知识奴婢，皆当弃捐，随行独去，不知所到。世间虽乐，不得久留。王当是时，当何

---

① 中田祝夫『日本霊異記』，日本古典文学全集，小学館，1975，第69頁。

② 该经于天平十一年抄写，题作《大般涅槃经后译荼毘分》，录于《大日本古文书》卷7，第85页。

③ 中田祝夫『日本霊異記』，日本古典文学全集，小学館，1975，第82、288、350頁。

④ 中田祝夫『日本霊異記』，日本古典文学全集，小学館，1975，第84頁。

恃怙？”

“所爱乐也”，是所喜欢的。《日本灵异记》中卷《忆持〈心经〉女现至阎罗王阙示奇表缘第19》：“天年澄情，信敬三宝，常诵持《心经》，以为业行。诵《心经》之音甚微妙，为诸道俗**所爱乐也**。”① 吴支谦译《赖咤和罗经》卷1：“饮食金银珍宝，不能令人得道。财富不能，救护人命，令不老死。人之所思念多端，人之**所爱乐也**。人志意数转，不能专一。”西晋竺法护译《佛说弘道广显三昧经》卷2《无欲行品》：“譬如龙王，一切河流，归于大海，道法诸行，三十七品，悉归无欲。又若龙王，诸药草木，依因于地，诸善行法，皆由无欲。譬如龙王，转轮圣王，众生所乐，若此其有，无欲菩萨，乃为诸天龙鬼，世间人之，**所爱乐也**。”

“所宿之处”，住宿的地方。《日本灵异记》下卷《髑髅目穴笋揭脱以祈之示灵表缘第27》：“中路日晚，次苇田郡于苇田竹原。**所宿之处**，有呻音言：‘痛目矣！’”② 宋陈田夫撰《南岳总胜集》卷3：“老人曰：‘蔡真人父子俱隐此山，昨夜**所宿之处**，即其子也。’”

“所化众生”，所教化的世人。《日本灵异记》下卷《灾与善表相先现而后其灾善答被缘第38》：“何故乞食者，今应所愿，渐始福来也？子有多数者，**所化众生**也。”③ 东晋佛驮跋陀罗译《大方广佛华严经》卷51《入法界品》：“于一毛孔，皆悉睹见：**所化众生**，或有生天；或得声闻、缘觉，修菩萨行；种种方便，形色音声，诸语言法，所说正教，化度众生。”姚秦鸠摩罗什译《妙法莲华经》卷2《譬喻品》：“诸佛世尊，虽以方便；**所化众生**，皆是菩萨。”

“烦恼（之）所缠”，为身心的苦恼所缠缚。《日本灵异记》下卷《灾与善表相先现而后其灾善答被缘第38》：“等流果所引故，而结爱网业，**烦恼之所缠**，而继生死，驰乎八方，以炬生身。”④ 东晋佛驮跋陀罗译《大方广佛华严经》卷11《功德华聚菩萨十行品》：“我以解了，此甚深法，见诸众生，受大苦恼，趣危险径，为诸**烦恼**，**之所缠**缚。如重病人，常被苦痛，恩爱系缚，在生死狱。”后秦僧肇撰《注维摩诘经》⑤ 卷4《菩萨品》：“‘不合是菩提离烦恼习故’。肇曰：‘生死所以合**烦恼之所缠**，离烦恼故无合，无合即菩提也。’”唐般若译《大乘理趣六波罗蜜多经》卷8《静虑波罗蜜多品》：“凡夫有情，身口意业，恒为八万四千，**烦恼之所缠**缚，不得自在。”

《续日本纪》中有“所有财物”“所行之处”“徒无所用”“无所希望”“所著衣服”“情所不安”“更无所望”。

“所有财物”，今义同。《续日本纪》卷7《元正纪》灵龟二年五月条：“自今以后，

① 中田祝夫『日本靈異記』，日本古典文学全集，小学館，1975，第199頁。

② 中田祝夫『日本靈異記』，日本古典文学全集，小学館，1975，第333頁。

③ 中田祝夫『日本靈異記』，日本古典文学全集，小学館，1975，第372頁。

④ 中田祝夫『日本靈異記』，日本古典文学全集，小学館，1975，第369頁。

⑤ 该经于天平六年抄写，录于《大日本古文书》卷7，第21页。

严加禁断。其**所有财物**、田园，并须国师、众僧及国司、檀越等，相对检校，分明案记，铣用之日，共判出付。不得依旧檀越等专制。”[①]（1）吴支谦译《撰集百缘经》卷9《声闻品》：“王大欢喜，即语比丘：‘我今库藏，**所有财物**，随汝取用，终不悋惜。’”晋世法炬、法立合译《法句譬喻经》卷4《道利品》：“尔时圣王，欻自念言：‘人命短促，无常难保。但当作福，以求道真。念常布施，世间人民，**所有财物**，与民共之。已种福德，唯当出家，行作沙门，断绝贪欲，乃得灭苦。’”隋阇那崛多译《佛本行集经》卷35《耶输陀因缘品》：“时其家内，**所有财物**，皆收内库，一切酒坊，一切屠舍，并皆除断。”（2）晋常璩《华阳国志》卷10下：“郡召为中候，诏书除巫尉。以身佩印，尽让**所有财物**与三弟。复为郡掾。”《全梁文》卷31沈约《齐禅林寺尼净秀行状》：“昔有外国普练道人，出于京师，往来梁舍，便受五戒。勤翘奉持，未尝违犯。日夜恒以礼拜读诵为业，更无余务。及手能书，常自写经，**所有财物**，唯充功德之用。”[②]

“**所行之处**”，犹言“所到之处”。《续日本纪》卷17《圣武纪》天平胜宝元年二月条：“初出家，读《瑜伽》《唯实论》，即了真意。既而周游都鄙，教化众生，道俗慕化。追从者，动以千数。**所行之处**，闻和尚来，巷无居人。”[③]（1）失译人名今附后汉录《大方便佛报恩经》卷7《亲近品》：“又共生者，如来所行，不可思议。常右胁卧，如师子王；若草若叶，无有动乱；旋蓝猛风，不动衣服；发足行步，如师子王、白鹅王等；若欲行时，先发右足；**所行之处**，高下皆平；食无完过，遗粒在口。是名共生，不可思议。”隋宝贵合、北凉昙无谶译《合部金光明经》[④]卷8《赞佛品》：“善哉如来！诸根寂灭，而复游入，善寂大城，无垢清净，甚深三昧。入于诸佛，**所行之处**。”（2）《周书》卷27《韩果传》：“果性强记，兼有权略。**所行之处**，山川形势，备能记忆。兼善伺敌虚实，揣知情状，有潜匿溪谷欲为间侦者，果登高望之，所疑处，往必有获。”[⑤]《全唐文》卷1李渊《改元大赦诏》：“百官及庶人赐爵一级，义师**所行之处**给复三年，自余给复一年。”[⑥]

“**徒无所用**”，浪费无用处，毫无使用价值。《续日本纪》卷19《孝谦纪》天平胜宝七年三月条：“请取封一千四百户，田一百四十町，**徒无所用**，如舍山野。”[⑦]唐道世撰《法苑珠林》卷30：“又《摩诃衍大宝严经》云：‘譬如医师，持药游行，而自身病，不能疗治。多闻之人，有烦恼病，亦复如是。虽有多闻，不制烦恼，不能自利，**徒**

① 青木和夫、稲岡耕二、笹山晴生、白藤礼幸『続日本紀二』，新日本古典文学大系，岩波書店，1990，第12頁。

② （清）严可均校辑《全上古三代秦汉三国六朝文》，中华书局，1958，第3134页。

③ 青木和夫、稲岡耕二、笹山晴生、白藤礼幸『続日本紀三』，新日本古典文学大系，岩波書店，1992，第60頁。

④ 该经于天平三年抄写，题作《金光明经》，录于《大日本古文书》卷7，第21页。

⑤ （唐）令狐德棻等撰《周书》，中华书局，1971，第441页。

⑥ （清）董诰等编《全唐文·附唐文拾遗唐文续拾》，中华书局，1983，第20页。

⑦ 青木和夫、稲岡耕二、笹山晴生、白藤礼幸『続日本紀三』，新日本古典文学大系，岩波書店，1992，第152頁。

无所用。”

“**无所希望**”，不抱任何希望。《续日本纪》卷22《淳仁纪》天平宝字三年六月条：“伏愿自今以后，停官布施，令彼穷僧无所希望。”① 后汉支娄迦谶译《佛说伅真陀罗所问如来三昧经》卷2：“‘云何于禅而自知无所希望（十三）?’菩萨报言：‘其心不迷，故能备足。其心不谄，故如深入。用沤惒拘舍罗故能禅，以是故无所希望（十四）。’”隋阇那崛多、笈多合译《添品妙法莲华经》卷5《安乐行品》：“衣服卧具，饮食医药，而于其中，无所希望。”

“**所著衣服**”，穿在身上的衣服。《续日本纪》卷27《称德纪》天平神护二年十月条：“壬寅，奉请隅寺毗沙门像所现舍利于法华寺。简点氏氏年壮有容貌者。五位以上二十三人，六位以下一百七十七人，捧持种种幡盖，行列前后。其所著衣服，金银、朱紫者，恣听之。诏百官主典以上，礼拜。”②（1）吴支谦译《须摩提女经》③ 卷1：“又梵志所著衣服，或被白氎，成被毳衣。然彼梵志之法，入国之时，以衣偏著右肩，半身露见。”西晋竺法护译《佛说四辈经》卷1：“佛言：‘若有女人出家，除发为道，以去爱欲，当专精静处，不得与出家男子同庙止。若行师受，当有等类，不得独往禀受。常当晚出早还，不得妄出庙宿止。但得教授女人，不得教授男子。所著衣服，不得刻绘帛彩色苾芬。’”梁宝唱等集《经律异相》卷27：“王告诸臣：‘今若见此儿在时所著衣服，宁识之不?’诸臣对曰：‘虽自久远，臣故识之。’”（2）《搜神记》卷2：“吴孙峻杀朱主，埋于石子冈。归命即位，将欲改葬之。冢墓相亚，不可识别，而宫人颇识主亡时所著衣服。乃使两巫各住一处，以伺其灵，使察鉴之，不得相近。”④《唐律疏议》卷20《贼盗》：“‘即奴婢别赍财物者’：谓除奴婢身所著衣服外，剩有财物，自从强、窃法。”

“**情所不安**”，心神不安宁。尺牍用语。《续日本纪》卷28《称德纪》神护景云元年三月条：“天平宝字二年编籍之日，追注凡费。情所不安。于是，改为粟凡直。”⑤（1）梁僧佑撰《弘明集》卷12《桓玄与王令书论道人应敬王事》：“沙门抗礼至尊，正自是情所不安。一代大事，宜共论尽之。今与八座书，向已送都。今付此信，君是宜任此理者，迟闻德音。”该例在唐彦悰纂录《集沙门不应拜俗等事》卷1中亦有辑录。（2）《隋书》卷2《帝纪第2》：“（诏曰：）仰惟祭享宗庙，瞻敬如在，罔极之感，情深兹日。而礼毕升路，鼓吹发音，还入宫门，金石振响。斯则哀乐同日，心事相违，情所不安，理实未

① 青木和夫、稲岡耕二、笹山晴生、白藤礼幸『続日本紀三』，新日本古典文学大系，岩波書店，1992，第324頁。

② 青木和夫、稲岡耕二、笹山晴生、白藤礼幸『続日本紀四』，新日本古典文学大系，岩波書店，1995，第134頁。

③ 该经于天平十四年抄写，题作《阿含须摩提女经》，录于《大日本古文书》卷9，第91页。

④ 王根林、黄益元、曹光甫校点《汉魏六朝笔记小说大观》，上海古籍出版社，1999，第293页。

⑤ 青木和夫、稲岡耕二、笹山晴生、白藤礼幸『続日本紀四』，新日本古典文学大系，岩波書店，1995，第156頁。

允。”又卷51《长孙晟传》：“晟辞曰：‘有男行布，今在逆地，忽蒙此任，情所不安。’”① 按：《称德纪》的用法用作散文体，属于非正格用法。

“**更无所望**”，丝毫没有期待。《续日本纪》卷40《桓武纪》延历十年十二月条：“今牛养幸藉时来，获免负担。云雨之施，更无所望。”唐一行记译《大毘卢遮那成佛经疏》卷18《菩萨戒品受方便学处品》：“菩萨后时观彼心渐通泰，如法之告言：‘我昔来所用施物，乃汝物耳。以汝不能自用，犹如收谷，而不更种，必致穷乏。先福已尽，**更无所望**，故为汝用之。今先施福，皆是汝有。’”该例亦见于唐一行述记《大日经义释》卷13。

第二节 句子种类

句子不同，作用不同。不同的作用，往往通过不同的语气来表达。按照句子所表现的语气，一般可以分作陈述、疑问、祈使、感叹四大类。② 下面，主要从当然句、禁止句、祈使句三个方面来探讨《古事记》以及其他上古文学作品中此类句子的表达与汉文佛经的关系。

一 当然句

所谓当然句，表示对某一行为的确认或肯定，含有“就是这样”“应当这样”的语气。其外在表达形式之一就是句子中存在与表示当然之义的副词，如“必”“当”“须”等。

（一）“必”式

该类强调出于事理和情理上的必要性。《古事记》等中源自汉文佛经的具体表达形式有“必差”“必当”“必当有悔”“必有命世”“有感必通”等。

“**必差**”，必定痊愈。《古事记》上卷《大国主神》：“于是，大穴牟迟神教告其菟，今急往此水门，以水洗汝身。即取其水门之蒲黄，敷散而辗转其上者，汝身如本肤必差。”③《方言》第3：“差，愈也。南楚病愈者谓之差。”（1）东晋佛陀跋陀罗、法显合译《摩诃僧祇律》卷28：“得如法看病人，病**必差**。不得便死。”东晋瞿昙僧伽提婆译《三法度论》卷1《德品》：“譬如人为毒蛇所螫，师咒毒时，彼意至到，便作是念：‘实如说咒，从此**必差**已，意解便求药。’”梁慧皎撰《高僧传》卷10：“往至病人家，若瞋者必死，喜者**必差**。”（2）《梁书》卷47《江紑传》：“夜梦一僧云：‘患眼者，饮慧眼水**必差**。’及觉说之，莫能解者。”④ 按：《汉语大词典》失收。

---

① （唐）魏徵等撰《隋书》，中华书局，1973，第42、1335页。

② 杨伯峻、何乐士：《古汉语语法及其发展》（修订本），语文出版社，2001，第850页。

③ 山口佳紀、神野志隆光『古事記』，新編日本古典文学全集，小学館，1997，第76頁。

④ （唐）姚思廉撰《梁书》，中华书局，1973，第656页。

“**必当**”，一定，必定。《日本书纪》卷1《神代纪上》：“对曰：‘请与姊共誓。夫誓约之中，**必当**生子。’”[①]《古语拾遗》：“仍以平国矛授二神曰：‘吾以此矛，率有治功。天孙若用此矛治国者，**必当**平安。今我将隐去矣。’”[②]《日本灵异记》中卷《见乌邪淫厌世修善缘第2》：“但要语曰：‘与大德俱死，**必当**同往生西方。’”[③]《续日本纪》卷33《光仁纪》宝龟五年七月条：“将军等前日奏征夷便宜，以为一者不可伐，一者**必当**伐。”[④] 后汉竺大力、康孟详合译《修行本起经》卷1《菩萨降身品》：“阿夷猛力，回伏百壮士。方抱太子，筋骨委震，见奇相三十二、八十种好。身如金刚，殊妙难量。悉如秘谶，**必当**成佛。于我无疑，泪下哽咽，悲不能言。”姚秦鸠摩罗什译《妙法莲华经》卷2《譬喻品》：“大智舍利弗，今得受尊记，我等亦如是，**必当**得作佛。”唐义净译《金光明最胜王经》卷3《灭业障品》：“由作如是，随喜福故，**必当**获得，尊重殊胜，无上无等，最妙之果。”

“**必当有悔**”，一定会后悔的。《日本书纪》卷25《孝德纪》白雉二年十二月条：“于时巨势大臣奏请之曰：‘方今不伐新罗，于后**必当有悔**。’”[⑤] 唐玄奘译《大般若波罗蜜多经》卷37：“世尊，我于菩萨摩诃萨及于般若波罗蜜多既不得不见，云何令我以般若波罗蜜多相应之法，教诫教授诸菩萨摩诃萨？是故若以此法教诫教授诸菩萨摩诃萨，**必当有悔**。”又：“世尊，我于此二若义若名既不得不见，云何令我以般若波罗蜜多相应之法，教诫教授诸菩萨摩诃萨？是故若以此法教诫教授诸菩萨摩诃萨，**必当有悔**。”

“**必有命世**”，必然会有治国之才（而称著于当世）。《唐大和上东征传》淡海元开《初谒大和上二首并序》：“未丧斯文，**必有命世**；将弘兹道，实待明贤。”[⑥] 宋赞宁等撰《宋高僧传》卷6：“圣人不兴其间，**必有命世**者出焉。自智者以法传灌顶，顶再世至于左溪，明道若昧，待公而发。乘此宝乘，焕然中兴。”

“**有感必通**”，有感应必定会相通。《续日本纪》卷27《称德纪》天平神护二年十月条：“未见全身舍利，如是显形。**有感必通**，良有以也。”[⑦] 隋吉藏撰《金光明经疏》卷1：“法身幽寂，寿无长短，至人绝虑，**有感必通**。”唐道宣撰《集古今佛道论衡》[⑧] 卷4：“静泰云：‘如来出现彼处为天中，我皇御宇此间为地正，佛法有嘱委以皇王，**有**

① 小島憲之、直木孝次郎、西宮一民、蔵中進、毛利正守『日本書紀一』，新編日本古典文学全集，小学館，1994，第64頁。

② 西宮一民『古語拾遺』，岩波文庫，1985，第127頁。

③ 中田祝夫『日本霊異記』，日本古典文学全集，小学館，1975，第149頁。

④ 青木和夫、稲岡耕二、笹山晴生、白藤礼幸『続日本紀四』，新日本古典文学大系，岩波書店，1995，第436頁。

⑤ 小島憲之、直木孝次郎、西宮一民、蔵中進、毛利正守『日本書紀三』，新編日本古典文学全集，小学館，1998，第188頁。

⑥ 〔日〕真人元开著，汪向荣校注《唐大和上东征传》，中华书局，1979，第98页。

⑦ 青木和夫、稲岡耕二、笹山晴生、白藤礼幸『続日本紀四』，新日本古典文学大系，岩波書店，1995，第140頁。

⑧ 该经于奈良时代具体的抄写时期不详，录于《大日本古文书》卷12，第216页。

感必通，何论彼此。'" 唐道世撰《法苑珠林》卷63："仰惟慧炬潜曜，无幽不烛，神功叵测，**有感必通**。"

（二）"当"式

该类指从公认的社会道理上讲必然如此。《古事记》等中源自汉文佛经的具体表达形式有"当须~""当须~不""悉当得~""是故当知"等。

"当须~"，必须……表示事理上的必要和情理上的必要，有强调的语气。《日本书纪》卷19《钦明纪》五年二月条："又谓日本府卿、任那旱岐等曰：'夫建任那之国，不假天皇之威，谁能建也？故我思欲就天皇，请将士而助任那之国。将士之粮，我**当须**运。'"[①]《续日本纪》卷8《元正纪》养老五年正月条："甲戌，诏曰：'至公无私，国士之常风。以忠事君，臣子之恒道焉。**当须**各勤所职，退食自公。'"[②] 后汉安世高译《佛说处处经》[③] 卷1："阿难言：'如卿语，佛为不得自在耶？**当须**我言，设使止住一劫在世间。'" 唐义净撰《金光明最胜王经》卷6《四天王护国品》："其持咒者，见是相已，知事得成。**当须**独处净室，烧香而卧。" 按：《汉语大词典》首引《左传·昭公十三年》："有人无主，二也。" 晋杜预注："虽有贤人，**当须**内主为应。"

"当须~不"，必须……吗？《日本书纪》卷2《神代纪下》："故先遣我二神，驱除平定。汝意何如，**当须**避不？"[④]（1）姚秦鸠摩罗什译《小品般若波罗蜜经》[⑤] 卷10："婆罗门言：'善男子，我不须人。今欲大祠，**当须**人心、人血人髓。能与我不？' 萨陀波仑自念：'我得大利，定当得闻般若波罗蜜方便。'"（2）《南齐书》卷10《礼下》："有司奏：'穆妃卒哭后，灵还在道，遇朔望，**当须**设祭**不**？'"[⑥]

"悉当得~"，全都应当能够得到某物或做到某事。《日本书纪》卷13《允恭纪》十四年九月条："赤石海底有真珠。其珠祠于我，则**悉当得**兽。"[⑦] 后汉支娄迦谶译《道行般若经》卷9《不可尽品》："菩萨作是念：'如诸佛悉得诸经法，我**悉当得**。' 如是菩萨行般若波罗蜜时，作是思惟念，如两指相弹顷。若有菩萨布施具足如恒边沙劫，不如是菩萨行般若波罗蜜如弹两指顷。" 姚秦鸠摩罗什译《妙法莲华经》卷5《从地踊出品》："尔乃教化之，令初发道心，今皆住不退，**悉当得**成佛。我今说实语，汝等一心信，我从久远来，教化是等众。" 北凉昙无谶译《大般涅槃经》卷12："善男子，如汝

---

① 小島憲之、直木孝次郎、西宮一民、蔵中進、毛利正守『日本書紀二』，新編日本古典文学全集，小学館，1996，第286頁。

② 青木和夫、稲岡耕二、笹山晴生、白藤礼幸『続日本紀二』，新日本古典文学大系，岩波書店，1990，第84頁。

③ 该经于天平九年抄写，题作《处处经》，录于《大日本古文书》卷7，第73页。

④ 小島憲之、直木孝次郎、西宮一民、蔵中進、毛利正守『日本書紀一』，新編日本古典文学全集，小学館，1994，第116頁。

⑤ 该经于天平八年抄写，题作《小品般若》，录于《大日本古文书》卷7，第53页。

⑥ （梁）萧子显撰《南齐书》，中华书局，1972，第159页。

⑦ 小島憲之、直木孝次郎、西宮一民、蔵中進、毛利正守『日本書紀二』，新編日本古典文学全集，小学館，1996，第122頁。

所言菩萨二乘无差别者，我先于此如来密藏大涅槃中已说其义，诸阿罗汉无有善有。何以故？诸阿罗汉**悉当得**是大涅槃故，以是义故大般涅槃有毕竟乐。是故名为大般涅槃。”

“**是故当知**”，因为这一缘故，应当知道。《日本灵异记》下卷《智行并具禅师重得人身生国皇之子缘第39》：“**是故当知**，善珠大德，重得人身，生人王之子矣。”[①] 失译人名今附后汉录《大方便佛报恩经》卷1《序品》：“汝师瞿昙，不知恩分，而不顾录，遂前而去。**是故当知**，是不孝人。”东晋瞿昙僧伽提婆译《中阿含经》卷24《因品》：“阿难，**是故当知**，是老死因、老死习、老死本、老死缘者，谓此生也。所以者何？缘生故则有老死。”姚秦鸠摩罗什译《小品般若波罗蜜经》卷2《塔品》：“**是故当知**，善男子、善女人，发阿耨多罗三藐三菩提心，乃至能受持读诵、供养恭敬、尊重赞叹般若波罗蜜。”

（三）“须”式

该类指客观情况要求有这一必要。《古事记》等中源自汉文佛经的具体表达形式有“须要”“要须”“急须应～”等。

“**须要**”，定要，需要。“须”“要”都是助动词，同义连用。《日本书纪》卷18《宣化纪》元年五月条：“傥如**须要**，难以备率。亦宜课诸郡分移聚建那津之口，以备非常，永为民命。”[②]（1）姚秦鸠摩罗什译《大智度论》卷30：“问曰：‘若尔者，但应略说三种，饮食衣服庄严之具。’答曰：‘此诸物是所**须要**者。’”唐轮波罗译《苏悉地羯罗经》卷1：“所谓自性香、筹丸香、尘末香、作丸香，亦**须要**知，应用之处。”（2）《齐民要术》卷3《杂说》：“**须要**晴时，于大屋下风凉处，不见日处。”[③] 例言必须选晴天，在大屋子里风凉而太阳不能直晒的地方进行。《周书》卷15《李檊传》：“太祖初亦闻檊骁悍，未见其能，至是方嗟叹之。谓檊曰：但使胆决如此，何必**须要**八尺之躯也。”[④]

“**要须**”，必须，需要。《日本书纪》卷18《安闲纪》元年十月条：“夫我国家之王天下者，不论有嗣无嗣，**要须**因物为名。请为皇后次妃建立屯仓之地，使留后代令显前迹。”[⑤]《续日本纪》卷10《圣武纪》天平元年十一月条：“纵有听许，为民**要须**者，先给贫家。”[⑥]（1）失译人名今附后汉录《分别功德论》卷5：“阿难教此弟子：‘汝至师子渚国，兴显佛法。彼国人与罗刹通，**要须**文字，然后交接。’”东晋瞿昙僧伽提婆译《增壹阿含经》卷22《增上品》：“是时，世尊告曰：‘若有朽故之衣，**要须**浣之乃净。

---

① 中田祝夫『日本靈異記』，日本古典文学全集，小学館，1975，第378頁。

② 小島憲之、直木孝次郎、西宮一民、藏中進、毛利正守『日本書紀二』，新編日本古典文学全集，小学館，1996，第350頁。

③（北魏）贾思勰著，石声汉校释《齐民要术今释》，中华书局，2009，第286页。

④（唐）令狐德棻等撰《周书》，中华书局，1971，第242页。

⑤ 小島憲之、直木孝次郎、西宮一民、藏中進、毛利正守『日本書紀二』，新編日本古典文学全集，小学館，1996，第336頁。

⑥ 青木和夫、稲岡耕二、笹山晴生、白藤礼幸『續日本紀二』，新日本古典文学大系，岩波書店，1990，第226頁。

极盛欲心，要当观不净之想，然后乃除。’”（2）《魏志》卷14《蒋济传》：“天下未宁，**要须**良臣以镇边境。”[①]《齐民要术》卷7《造神曲并酒》：“满二石米以外，任意斟裁。然**要须**米微多，米少酒则不佳。”[②]

“**急须应~**”，必须赶紧做某事。《日本书纪》卷24《皇极纪》四年六月条：“时中大兄即自执长枪，隐于殿侧。中臣镰子连等持弓矢而为助卫。使海犬养连胜麻吕授箱中两剑于佐伯连子麻吕与葛城稚犬养连网田，曰：‘努力努力！**急须应**斩。’”[③] 隋智顗说、灌顶记《菩萨戒义疏》卷2：“十心者，十发趣心。起金刚心，谓十金刚。略不说十长养。此三十是始行者，**急须应**为开示故。三明不应，不应恶心教二乘外典等。”该例又见于《梵网菩萨戒经义疏》卷2。

二　禁止句

所谓禁止句，表示禁止对方不要做某事。它常用于对话中。多数禁止句有外形上的标识：一是带有否定副词，如“莫”“不”“勿”等；二是有时为配合文义，句末使用感叹词“也”等。[④]

（一）“莫”式

该类源自汉文佛经的具体表达形式，有“莫便~”“莫怖”“莫近我”“汝等莫轻”“更莫疑也”“莫作诸恶”“诸恶莫作，诸善奉行”等。

“**莫便~**”，莫要轻易地……不要简单地……《古事记》中卷《神武记》：“于是，亦高木大神之命以觉白之：‘天神御子，自此于奥方**莫便**入幸。今自天遣八咫乌。故其八咫乌引道，从其立后应幸行。’”[⑤] 例言天神之子不得擅自进入里面，因为有很多蛮荒之神。吴支谦译《菩萨本缘经》卷1：“是故我今，不能为身，侵害众生，夺他财物，以自免者。尔时大臣，及诸人民，各作是言：‘唯愿大王，**莫便**舍去。’”晋世法炬、法立合译《法句譬喻经》卷1：“于是其人，心惊体悸，道人神圣，乃知我心。即便叩头悔过，稽首道人曰：‘我有弊妻，不识真人，使我兴恶。愿小垂慈，**莫便**见舍。今欲将来，劝令修道。’即起还归。”姚秦鸠摩罗什译《大智度论》卷10《序品》：“汝未得金色身、三十二相、八十种随形好、无量光明、三十二业，汝今始得一无生法门，**莫便**大喜。”按：《汉语大词典》失收。上引诸例“莫便”的“便”，用作衬词，无义。但下列例句中的“便”字，则作实词，表“便利”“有利”的意思。《荀子·劝学》：“学**莫便**乎近其人。《礼》《乐》法而不说，《诗》《书》故而不切，《春秋》约而不速。”[⑥]

---

① （晋）陈寿撰，（宋）裴松之注《三国志》，中华书局，1959，第451页。

② （北魏）贾思勰著，石声汉校释《齐民要术今释》，中华书局，2009，第645页。

③ 小島憲之、直木孝次郎、西宮一民、蔵中進、毛利正守『日本書紀三』，新編日本古典文学全集，小学館，1998，第98頁。

④ 杨伯峻、何乐士：《古汉语语法及其发展》（修订本），语文出版社，2001，第893页。

⑤ 山口佳紀、神野志隆光『古事記』，新編日本古典文学全集，小学館，1997，第148頁。

⑥ （清）王先谦撰，沈啸寰、王星贤点校《荀子集解》，中华书局，1988，第14页。

《淮南子》卷15《兵略训》："神莫贵于天，势**莫便**于地，动莫急于时，用莫利于人。凡此四者，兵之干植也。"① 如佛典诸例所示，"莫便"具有口语特征。这一点《敦煌变文·角座文汇抄》："如今世上多颠到（倒），**莫便**准承他幼小。"② 等可资佐证。"莫便"的说法，中唐以后也开始出现在诗歌之中。例如，杨于陵《赠毛仙翁》："千年犹孺质，秘术救尘环。**莫便**冲天去，云雷不可攀。"张籍《经王处士原居》："来客半留宿，借书多寄还。明时未中岁，**莫便**一生闲。"③

"**莫怖**"，不要害怕，莫要恐惧。《唐大和上东征传》："中夜时，舟人言：'**莫怖**！有四神王，著甲把杖，二在舟头，二在樯舳边。'众人闻之，心里稍安。"④ 东晋僧伽提婆译《中阿含经》卷6《舍梨子相应品》："尊者舍梨子告曰：'长者**莫怖**，长者**莫怖**！所以者何？若愚痴凡夫，成就不信，身坏命终，趣至恶处，生地狱中。长者今日，无有不信，唯有上信。长者因上信故，或灭苦痛，生极快乐；因上信故，或得斯陀含果，或阿那含果，长者本已，得须陀洹。'"东晋佛驮跋陀罗译《大方广佛华严经》卷55《入法界品》："入彼狱中，见诸罪人，裸形乱发，系缚搒笞，悲号流泪，苦毒无量。太子见已，发大悲心，慰谕之言：'莫恐**莫怖**！我今能令，汝等解脱。'"隋阇那崛多译《佛本行集经》卷3《发心供养品》："大王安心，莫惊**莫怖**！莫生忧愁！何以故？我今亦欲，游行他国，教化民人，慈愍一切，诸众生故。"

"**莫近我**"，不要靠近我，别走近我。《日本灵异记》上卷《自幼时用网捕鱼而现得恶报缘第11》："亲属欲救。其人唱言：'**莫近我**，我顿欲死。'于时，其亲诣寺，请求行者。行者咒，时良久，乃免。"⑤ 姚秦鸠摩罗什译《大庄严论经》卷7："众中师子吼，而唱如是言：'利养**莫近我**，我亦远于彼。有心明智人，谁当贪利养？'"梁宝唱等集《经律异相》卷20："天子告曰：'汝等诸妹，**莫近我**身。设当近者，必犯于戒。'"唐义净译《根本说一切有部毘奈耶杂事》卷23："苾刍差人，待尼告净者。虽在门首，尼来到时，报言：'**莫近我**，莫触我！'即便走去。尼待不得，还本寺中。因此尼众，不得长净。"

"**汝等莫轻**"，你们千万不要轻视。《日本灵异记》上卷《勤求学佛教弘法利物临命终时示异表缘第22》："三藏语弟子曰：'是人还更将化多人，**汝等莫轻**，可能供给。'"⑥ 刘宋佛陀什、竺道生等合译《弥沙塞部和醯五分律》卷15："五人复言：'卿先如是，难行苦行，尚不得过人法，圣利满足。况今失道，放恣多欲，过人之法，其可得乎？'佛复告曰：'**汝等莫轻**，如来无上正觉。佛不失道，亦不多欲。'五人闻已，乃

---

① 何宁撰《淮南子集释》，中华书局，1998，第1080页。
② 黄征、张涌泉校注《敦煌变文校注》，中华书局，1997，第1176页。
③ 王启兴主编《校编全唐诗》，湖北人民出版社，2001，第1531、1711页。
④〔日〕真人元开著，汪向荣校注《唐大和上东征传》，中华书局，1979，第64页。
⑤ 中田祝夫『日本靈異記』，日本古典文学全集，小学館，1975，第88～89頁。
⑥ 中田祝夫『日本靈異記』，日本古典文学全集，小学館，1975，第108頁。

舍本心。”唐楼颖撰《善慧大士语录》卷 1：“乃诫诸弟子曰：‘**汝等莫轻**昌居士。’佗舍命甚易，无余痛恼，颜色鲜洁，倍胜平常。舍命之后，大士方说，是阿难耳。”

“**更莫疑也**”，不要有丝毫的怀疑。《日本灵异记》中卷《观音铜像及鹭形示奇表缘第 17》：“道俗集言：‘铸钱盗人，取用无便，思烦而弃。’定知彼见鹭者，非现实鹭。观音变化，**更莫疑也**。”① 高丽知讷撰《高丽国普照禅师修心诀》卷 1：“曰：‘奇哉奇哉！此是观音入理之门。我更问尔，尔道：‘到这里一切声、一切分别，总不可得。既不可得，当伊么时，莫是虚空么？’曰：‘元来不空，明明不昧。’曰：‘作么生是不空之体？’曰：‘亦无相貌，言之不可及。’曰：‘此是诸佛诸祖寿命，**更莫疑也**。’”按：“也”字用于禁止句，其强调的语气反而显得更为突出。

“**莫作诸恶**”，与“诸恶莫作”义同，即不造作一切恶行。《日本书纪》卷 29《天武纪下》四年二月条：“癸巳，诏曰：‘群臣、百寮及天下人民，**莫作诸恶**。若有犯者，随事罪之。’”② 后秦佛陀耶舍译《四分律比丘戒本》卷 1：“护于口言，自净其志意，身**莫作诸恶**，此三业道净。能得如是行，是大仙人道。”唐定宾撰《四分比丘戒本疏》卷 2：“云善护于口言者，他诘罪时莫恶言报也。又善护于口言者，若自发言离四过也。自净其志意者，断诸烦恼，修不放逸，乐修多善也。身**莫作诸恶**者，离身过也。意能发业，故居中间，表上发语，表下发身也。此三业道净者，证涅槃时是最净处。故次文云：‘能得如是行，是大仙人道也。’”

“**诸恶莫作，诸善奉行**”，谓不造作一切恶行，多行善事。《日本书纪》卷 23《舒明纪》即位前纪条：“亦先王临没，谓诸子等曰：‘**诸恶莫作，诸善奉行**。’余承斯言，以为永戒。”③《日本灵异记》上卷《序》：“祈览奇记者，却邪入正。**诸恶莫作，诸善奉行**。”④ 失译人名附后汉录《分别功德论》卷 2：“**诸恶莫作，诸善奉行**，自净其意，是诸佛教法也。言此法能成三乘，断三恶趣，具诸果实，二世受报，以才有优劣故，设诱进之。”按：“新编全集本”栏上的注释例引《增壹阿含经》卷 1《序品》：“‘**诸恶莫作，诸善奉行**。自净其意，是诸佛教。’所以然者，**诸恶莫作**，是诸法本，便出生一切善法；以生善法，心意清净。是故迦叶，诸佛世尊身口意行，常修清净。”吴维祇难等译《法句经》卷 2 亦有相同的语句。

（二）“不”式

该类源自汉文佛经的具体表达形式有“不得便言”“不得轻忽”“不堕恶趣”“不复行恶”“不可诽谤”“不语他人”等。

---

① 中田祝夫『日本霊異記』，日本古典文学全集，小学館，1975，第 194 頁。

② 小島憲之、直木孝次郎、西宮一民、蔵中進、毛利正守『日本書紀三』，新編日本古典文学全集，小学館，1998，第 358～360 頁。

③ 小島憲之、直木孝次郎、西宮一民、蔵中進、毛利正守『日本書紀三』，新編日本古典文学全集，小学館，1998，第 34 頁。

④ 中田祝夫『日本霊異記』，日本古典文学全集，小学館，1975，第 54 頁。

“不得便言”，不可以轻易说道。《日本书纪》卷23《舒明纪》即位前纪条：“唯苏我仓摩吕臣独曰：‘臣也当时**不得便言**，更思之后启。’爰大臣知群臣不和而不能成事，退之。”[①] 梁诸大法师集撰《慈悲道场忏法》卷5：“经言：‘虽复出家，未尽烦恼，未得解脱，**不得便言**，无复诸恶；在俗之人，**不得便言**，都无其善。’”唐道宣撰《广弘明集》卷27《出家怀道门》：“今闻出家之美，**不得便言**无恶；又闻俗人之恶，不可便言无善。”唐道世撰《法苑珠林》卷23：“今闻出家入道之美，**不得便言**无恶；闻白衣在家之过，不得都无其善。”

“不得轻忽”，不能轻视，不可小瞧。《续日本纪》卷10《圣武纪》天平二年四月条：“因此，上下触事相违。又大税收纳，**不得轻忽**。”[②] 隋阇那崛多译《佛本行集经》卷9《相师占看品》：“我昔于此，迦毘罗城，闻众国师，及婆罗门云：‘净饭王生菩萨子，彼是天人，及我等师。**不得轻忽**。若我今于，迦毘罗城，现神通入，无有此理。’”按：“轻忽”用例，可见《日本书纪》卷19《钦明纪》七月条：“夫胜不忘败，安必虑危，古之善教也。今处疆畔，豺狼交接，而可**轻忽**，不思变难哉。”[③]

“不堕恶趣”，不堕入五恶道。“五趣”，梵语 durgati，亦译作“五恶道”或“五道”，即地狱、饿鬼、畜生、人、天。《奈良朝写经14・七知经》：“闻之者，无量劫间，**不堕恶趣**，远离此网，俱登彼岸。”[④] 吴支谦译《菩萨本缘经》卷3《鹿品》：“欲受乐者，要因正法，而为根本。夫正法者，能护众生，**不堕恶趣**。”姚秦鸠摩罗什译《妙法莲华经》卷7《普贤菩萨劝发品》：“若有人受持读诵，解其义趣。是人命终，为千佛授手，令不恐怖，**不堕恶趣**，即往兜率天上，弥勒菩萨所。”唐玄奘译《大般若波罗蜜多经》卷3《学观品》：“若菩萨摩诃萨欲令十方殑伽沙等世界有情，以己威力，在恶趣者，皆脱恶趣，来生善趣；在善趣者，常居善趣，**不堕恶趣**。应学般若波罗蜜多。”

“不复行恶”，不再作恶，不再造业。“行恶”，巴利语 pāpa－kārin，造恶缘。《日本灵异记》上卷《自幼时用网捕鱼而现得恶报缘第11》：“诣浓于寺，于大众中忏罪改心，施衣服等令诵经。竟从此以后，**不复行恶**。”[⑤] 刘宋求那跋陀罗译《佛说菩萨行方便境界神通变化经》卷1：“我当身口得无作，我当行意无作法，我当善护身口意，我当**不复行恶**道。”齐那连提耶舍译《月灯三昧经》卷10：“若人能知五阴空，诸法寂灭无神我。彼便名为持戒者，其身**不复行恶**业。”按：汉文佛经的一般说法为“不复行恶道”“不复行恶业”，而《日本灵异记》将其缩略为“不复行恶”。

---

① 小島憲之、直木孝次郎、西宮一民、蔵中進、毛利正守『日本書紀三』，新編日本古典文学全集，小学館，1998，第22頁。

② 青木和夫、稲岡耕二、笹山晴生、白藤礼幸『続日本紀二』，新日本古典文学大系，岩波書店，1990，第232頁。

③ 小島憲之、直木孝次郎、西宮一民、蔵中進、毛利正守『日本書紀二』，新編日本古典文学全集，小学館，1996，第448頁。

④ 上代文献読書会編『上代写経識語注釈』，勉誠出版，2016，第108頁。

⑤ 中田祝夫『日本靈異記』，日本古典文学全集，小学館，1975，第89頁。

“**不可诽谤**”，禁止以不实之词毁人。“诽谤”，梵语 apavādaka，指不信正法，且加以诋毁。《日本灵异记》上卷《呰读〈法华经〉品而现口喎斜得恶报缘第19》：“宁托恶鬼虽多滥言，而与持经者**不可诽谤**。能护口业矣。”[①] 后汉支娄迦谶译《道行般若经》卷3《泥犁品》：“舍利弗白佛言：‘愿为人故当说之，令知其身受形云何，当为后世人作大明。’其有闻者畏惧，当自念：‘我**不可诽谤**，断法如彼人。’”该例亦见于前秦昙摩蜱、竺佛念译《摩诃般若钞经》卷3《地狱品》。唐玄奘译《大乘广百论释论》卷2《破我品》：“有法上无，无法上有，现见境界，**不可诽谤**。”

“**不语他人**”，不告诉别人，不对他人说起。《日本灵异记》中卷《生爱欲恋吉祥天女像感应示奇表缘第13》：“优婆塞梦见婚天女像，明日瞻之，彼像裙腰不净染污。行者视之，而惭愧言：‘我愿似女，何忝天女专自交之?’愧**不语他人**。”[②] 后汉康孟详译《佛说兴起行经》卷1：“于是暮，夜半，有七天人，人人能出百种音声，来诣佛所，稽首佛足，绕床一匝而立。一天白佛：‘瞿昙沙门，如师子受疮，能忍苦痛，不告他人。’一天又曰：‘瞿昙沙门，如象受疮，能忍苦痛，**不语他人**。”姚秦鸠摩罗什译《妙法莲华经》卷2《信解品》：“所以者何？父知其子，志意下劣，自知豪贵，为子所难。审知是子，而以方便，**不语他人**，云是我子。”隋智顗说《妙法莲华经文句》[③] 卷6《释信解品》：“**不语他人**者，于昔小乘教中，随他意语方便，覆护称是声闻，不说随自意语，云是菩萨也。”

（三）“勿”式

该类源自汉文佛经的具体表达形式有“勿令更～”“勿复为（愁）”“勿令乏少”“勿生彼我”“勿使往来”“勿妄宣传”“勿为放逸”等。

“**勿令更～**”，不要让某人再做某事。《唐大和上东征传》：“采访使处分，依旧令住本寺，约束三纲防护，曰：‘**勿令更**向他国。’”[④]（1）唐菩提流志译《大宝积经》卷27：“释迦、如来、应供、正遍知，为宝上天子说无上道记。又闻是音：‘波旬，汝今往至众所，**勿令更**受记菩萨来生汝宫。’”唐义净译《根本说一切有部毘奈耶出家事》[⑤] 卷3：“世尊，然诸苾刍，令病者出家受近圆。因此令王仓库，渐渐损减。我亦身劳。复于圣者，阙修善法。愿世尊制，**勿令更**度病者。佛即默然而许。”（2）《全唐文》卷102梁太祖《禁科配州县敕》：“所在长吏，放杂差役，两税外不得妄有科配。自今后州县府镇，凡使命经过，若不执敕文券，并不得妄差人驴及取索一物以上，又今岁秋田，皆期大稔，仰所在切加条流，本分纳税及加耗外，**勿令更**有科索。”[⑥] 按：《续日本纪》

---

① 中田祝夫『日本霊異記』，日本古典文学全集，小学館，1975，第103頁。

② 中田祝夫『日本霊異記』，日本古典文学全集，小学館，1975，第182頁。

③ 据《唐大和上东征传》载，该经于胜宝六年传入日本，题作《法华文句》。

④ 〔日〕真人元开著，汪向荣校注《唐大和上东征传》，中华书局，1979，第61页。

⑤ 该经于天平十年抄写，录于《大日本古文书》卷7，第110页。

⑥ （清）董诰等编《全唐文·附唐文拾遗唐文续拾》，中华书局，1983，第1040页。

卷35《高绍纪》宝龟十年九月条："自今以后，勿令更然。"又宝龟十年十一月条："又不就筑紫，巧言求便宜。加勘当勿令更然。"例中"勿令更然"的说法，在中土文献和汉文佛经中均未见，疑似自创搭配。

"**勿复为（愁）**"，不必再（忧虑）。《日本书纪》卷5《崇神纪》七年二月条："是夜，梦有一贵人，对立殿户，自称大物主神曰：'天皇勿复为愁。国之不治，是吾意也。若以吾儿大田田根子令祭吾者，则立平矣。亦有海外之国，自当归伏。"[①]（1）后秦佛陀耶舍、竺佛念等合译《长阿含经》卷6："时王即出库物，以供给之，而告之曰：'汝以此物，供养父母，并恤亲族。自今已后，勿复为贼。'"又卷10："从今当精勤，勿复为人使。二人勤精进，思惟如来法。"宋施护译《佛说佛母出生三法藏般若波罗蜜多经》卷24《常啼菩萨品》："父母以是缘故，常啼菩萨摩诃萨同我至此。是故父母若欲令我成就一切无上功德法者，如我所欲，种种财宝，及侍女等，愿赐见听，勿复为碍。"（2）《世说新语·德行第1》："刘尹在郡，临终绵惙，闻阁下祠神鼓舞，正色曰：'莫得淫祀！'外请杀车中牛祭神，真长曰：'丘之祷久矣，勿复为烦！'"[②]《宋书》卷16《志第6》："方望群后，思隆大化，以宁区夏，百姓获乂，与之休息，此朕日夜之望。无所复下诸府矣。勿复为烦。"[③]

"**勿令乏少**"，不要使之缺少，禁止使之短缺。《续日本纪》卷5《元明纪》和铜五年八月条："太政官处分：'诸国之郡稻乏少，给用之日，有致废阙。有致废阙。宜准国大小，割取大税，以充郡稻，相通出举，所息之利，随即充用。事须取足，勿令乏少。'"[④]后秦弗若多罗、罗什合译《十诵律》卷14："若佛来者，各自当日，办具小食。时食中后，含消浆饮，勿令乏少。莫使异人，间错其间。"隋那连提耶舍译《大方等大集经》[⑤]卷34《护持正法品》："是故大王，汝等应好拥护，如法安置，供给所须，勿令乏少。"隋阇那崛多译《虚空孕菩萨经》[⑥]卷2："我心所求者，勿令乏少耳。愿发怜愍心，慈悲称我愿。"

"**勿生彼我**"，不要生分出他和我（彼此）的生疏感。《日本书纪》卷25《孝德纪》大化二年八月条："去年付于朝集之政者，随前处分，以收数田，均给于民。勿生彼我。"[⑦]姚秦鸠摩罗什译《思益梵天所问经》卷1："'世尊，何谓菩萨能行舍心？'佛言：'不生彼我想。'"元魏菩提留支译《大萨遮尼乾子所说经》卷3："王复问言：'大

① 小島憲之、直木孝次郎、西宮一民、藏中進、毛利正守『日本書紀一』，新編日本古典文学全集，小学館，1994，第272頁。

② 徐震堮：《世说新语校笺》，中华书局，1984，第21页。

③ （梁）沈约撰《宋书》，中华书局，1974，第438页。

④ 青木和夫、稲岡耕二、笹山晴生、白藤礼幸『続日本紀一』，新日本古典文学大系，岩波書店，1989，第184頁。

⑤ 该经于天平五年抄写，录于《大日本古文书》卷7，第6页。

⑥ 该经于天平九年抄写，录于《大日本古文书》卷7，第74页。

⑦ 小島憲之、直木孝次郎、西宮一民、藏中進、毛利正守『日本書紀三』，新編日本古典文学全集，小学館，1998，第160頁。

师，云何自业果报，能护众生?’答言：‘大王，有诸众生，自业增上，果报力故，而生胜处。而彼众生，于一切物，无悋护心，不生彼我，自他之心。一切所须，资生之物，不加功力，随念具足。’”后魏菩提流支等译《胜思惟梵天所问经论》卷3：“菩萨依彼，不生彼我想，行于舍心；依见彼我想，此对治故，行于舍心。”

“**勿使往来**”，不让其互相来往；不让通过。《日本书纪》卷24《皇极纪》四年六月条：“于是中大兄戒卫门府，一时具镤十二通门，**勿使往来**。”① 刘宋求那跋陀罗译《杂阿含经》卷29：“尔时世尊，告诸比丘：‘我欲于此，一奢能伽罗林中，二月坐禅。汝诸比丘，**勿使往来**，唯除送食比丘，及布萨时。’”

“**勿妄宣传**”，不要擅自四处张扬。《日本灵异记》上卷《勤求学佛教弘法利物临命终时示异表缘第22》：“临命终时，洗浴易衣，向西端坐。光明遍室。于时开目，召弟子知调：‘汝见光不?’答言：‘已见。’法师诫曰：‘**勿妄宣传**。’”② 姚秦鸠摩罗什译《妙法莲华经》卷2《譬喻品》：“汝舍利弗，我此法印，为欲利益，世间故说，在所游方，**勿妄宣传**。”唐菩提流志译《佛心经》卷1：“善男子，当知此契，不可思议。若于愿持者，必须珍重，**勿妄宣传**，与诸非人。”唐湛然述《止观辅行传弘决》卷2：“佛告华聚：‘**勿妄宣传**当以神明为证。何者? 神明有十二梦王，见一王者，乃可为说，此陀罗尼。’”

“**勿忘宣传**”，与“勿妄宣传”义同。“忘”与“妄”相通。《日本灵异记》上卷《非理夺他物为恶行受报示奇事缘第30》：“王诏广国曰：‘汝无罪，可还于家。然慎以黄泉之事**勿忘宣传**。若欲见父，往于南方。’”③ 唐窥基撰《妙法莲华经玄赞》卷8《法师品》：“赞曰：下‘**勿忘宣传**妄授与人’以上，诫之勿传。诸佛以下，释其所以。佛常自守，未曾显说，今方说之。佛在自说，声闻之中，犹有怨嫉，增上慢者，尚起避席。况佛灭后，诽谤不信。’”

“**勿为放逸**”，不要放纵，亦即要持守戒律。“放逸”，梵语 pramādita 的意译。心所（心的作用）之名，略称“逸”。即放纵欲望而不精勤修习诸善的精神状态，亦谓不守佛门规矩。《日本书纪》卷25《孝德纪》大化二年三月条：“自今以后，国司、郡司勉之勖之，**勿为放逸**。宜遣使者，诸国流人及狱中囚，一皆放舍。”④ 姚秦鸠摩罗什译《佛说弥勒下生成佛经》卷1：“时街巷男女，皆効此语言：‘汝等**勿为放逸**，不行佛教，若起恶业，后必有悔。’”刘宋求那跋陀罗译《十二品生死经》卷1：“比丘当晓知是：当作是学，**勿为放逸**，勿起淫色，远离诸横，以清净心。”唐义净译《金光明最胜王

① 小島憲之、直木孝次郎、西宮一民、蔵中進、毛利正守『日本書紀三』，新編日本古典文学全集，小学館，1998，第98頁。

② 中田祝夫『日本霊異記』，日本古典文学全集，小学館，1975，第108頁。

③ 中田祝夫『日本霊異記』，日本古典文学全集，小学館，1975，第125～126頁。

④ 小島憲之、直木孝次郎、西宮一民、蔵中進、毛利正守『日本書紀三』，新編日本古典文学全集，小学館，1998，第146頁。

经》卷1《如来寿量品》："若供养者，于未来世，远离八难，逢值诸佛，遇善知识，不失善心，福报无边，速当出离，不为生死，之所缠缚。如是妙行，汝等勤修，**勿为放逸**。"

三　祈使句

所谓祈使句，表示对对方的请求、劝说和命令。具有浓烈的口语色彩。祈使句在外形上具有明显的标识：句中保有表示祈愿的动词。① 譬如"乞""愿""幸""请"。否定形式有"愿勿～""幸勿以～"等。

（一）"乞"式

该类源自汉文佛经的具体表达形式有"乞欲～""乞食活命""乞延寿命"等。

"乞欲～"，乞求得到；希望做某事。《古事记》上卷《日子穗穗手见命与鹈茸草茸不合命》："尔火远理命见其婢，**乞欲**得水。婢乃酌水，入玉器贡进。"②（1）西晋竺法护译《佛五百弟子自说本起经》卷1："所欲往至诣，**乞欲**系糊口。执杖见趋叱，为人所嫉辱。"失译人名今附西晋录《佛说梵摩难国王经》③ 卷1："王有太子，名均邻儒。至心精进，觉世非常，无生不死者，不贪时荣。白王言：'佛世难值，经法难闻。我今**乞欲**，随佛作沙门。'王即听之。"刘宋沮渠京声译《佛说旃陀越国王经》④ 卷1："臣下白王言：'外有道人，**乞欲**见王。'王闻之，即出与相见。"（2）《吴志》卷20《韦曜传》："曜益忧惧，自陈衰老，求去侍、史二官，**乞欲**成所造书，以从业别有别付，皓终不听。时有疾病，医药监护，持之愈急。"⑤

"乞食活命"，讨饭糊口，乞讨为生。《日本灵异记》中卷《奉写〈法华经〉因供养显母作女牛之因缘第15》："爰乞者问之：'所以者何？'答曰：'请令讲《法华经》。'乞者：'我无所学。唯诵持《般若陀罗尼》，**乞食活命**。'"⑥ 姚秦鸠摩罗什译《大智度论》卷3《序品》："'姊，我不堕是，四不净食中。我用清净，**乞食活命**。''是时净目闻说，清净法食，欢喜信解。舍利弗因为说法，得须陀洹道。'如是清净，**乞食活命**，故名乞士。"刘宋求那跋陀罗译《央掘魔罗经》⑦ 卷1："是等一切剃发除慢，孤游持钵**乞食活命**著坏色衣，如是比丘云何放逸？"隋阇那崛多译《佛本行集经》卷56《难陀出家因缘品》："复次难陀，汝若在于，阿兰若处，**乞食活命**，著粪扫衣，此乃为善。"

"乞延寿命"，乞求延长寿命。《日本书纪》卷20《敏达纪》十三年是岁条："大臣即遣子弟奏其占状。诏曰：'宜依卜者之言，祭祠父神。'大臣奉诏，礼拜石像，**乞延**

① 杨伯峻、何乐士：《古汉语语法及其发展》（修订本），语文出版社，2001，第893页。
② 山口佳紀、神野志隆光『古事記』，新編日本古典文学全集，小学館，1997，第126頁。
③ 该经于天平十九年抄写，题作《梵摩难国王经》，录于《大日本古文书》卷9，第447页。
④ 该经于天平五年抄写，题作《旃陀越国王经》，录于《大日本古文书》卷7，第15页。
⑤（晋）陈寿撰，（宋）裴松之注《三国志》，中华书局，1959，第1462页。
⑥ 中田祝夫『日本霊異記』，日本古典文学全集，小学館，1975，第188頁。
⑦ 该经于天平九年抄写，录于《大日本古文书》卷7，第74页。

寿命。是时国行疫疾，民死者众。”[①] 唐不空译《佛说大方广曼殊室利经》卷1《授记品》：“应念皆来至，游戏恣娱乐。及**求延寿命**，不死甘露药。丰财及仆使，一切五欲乐。应诵洛叉遍，若我及如来。”《敦煌变文·欢喜国王缘》：“夫人闻说，遂向山中，礼拜此僧，**乞延寿命**。”[②]

（二）“愿”式

该类源自汉文佛经的具体表达形式有“愿垂～”“愿为我～”“请为我～”“愿勿为忧”“愿以此福”等。

“愿垂～”，希望，期望。“垂”，用作敬词，多用于上对下的动作。《日本书纪》卷2《神代纪下》：“因请之曰：‘吾当事汝为奴仆。**愿垂**救活。’”[③]（1）后汉昙果、康孟详合译《中本起经》卷1《度瓶沙王品》：“伏惟世尊，兴利康宁，**愿垂**覆育，照临鄙国，饥渴圣化，虚心踊逸，哀矜群庶，令得解脱。”姚秦鸠摩罗什译《妙法莲华经》卷3《化城喻品》：“华供养已，各以宫殿，奉上彼佛，而作是言：‘唯见哀愍，饶益我等。所献宫殿，**愿垂**纳受。’”隋阇那崛多译《佛本行集经》卷57《难陀出家因缘品》：“善哉，大王！当知我等欲于迦叶多他伽多、阿罗诃、三藐三佛陀舍利塔上，各各奉施，一大伞盖，以覆其塔。善哉！大王。**愿垂**听许。”（2）《吴志》卷2《吴主传》裴松之注引《魏略》曰：“权之赤心，不敢有他，**愿垂**明恕，保权所执。谨遣浩周、东里衮，至情至实，皆周等所具。”[④]《抱朴子·内篇》卷6《微旨》：“或曰：窃闻求生之道，当知二山，不审此山，为何所在，**愿垂**告悟，以祛其惑。”[⑤]《宋书》卷75《王僧达传》：“白水皎日，不足为譬，**愿垂**矜鉴，哀申此请。”[⑥]

“愿为我～”，希望为我做某事。《日本书纪》卷6《垂仁纪》四年九月条：“夫以色事人，色衰宠缓。今天下多佳人，各递进求宠，岂永得恃色乎？是以冀吾登鸿祚，必与汝照临天下。则高枕而永终百年，亦不快乎。**愿为我**弑天皇。”[⑦]《日本灵异记》下卷《假官势非理为政得恶报缘第35》：“如是三遍，于四之遍言：‘我是远江国榛原郡人，物部古丸也。我存世时，白米纲丁而经数年，佰姓之物，非理打征。由其罪报，今受此苦。**愿为我**奉写《法华经》者，脱我之罪。’”[⑧]（1）后汉安世高译《佛说长者子制经》卷1：“制复白言：‘今佛是天上、天下人师，当哀度脱我曹，**愿为我**受之，当令我得

① 小島憲之、直木孝次郎、西宮一民、蔵中進、毛利正守『日本書紀二』，新編日本古典文学全集，小学館，1996，第490頁。

② 黄征、张涌泉校注《敦煌变文校注》，中华书局，1997，第1091页。

③ 小島憲之、直木孝次郎、西宮一民、蔵中進、毛利正守『日本書紀一』，新編日本古典文学全集，小学館，1994，第170～172頁。

④ （晋）陈寿撰，（宋）裴松之注《三国志》，中华书局，1959，第1127页。

⑤ 王明撰《抱朴子内篇校释》，中华书局，1985，第128页。

⑥ （梁）沈约撰《宋书》，中华书局，1974，第1957页。

⑦ 小島憲之、直木孝次郎、西宮一民、蔵中進、毛利正守『日本書紀一』，新編日本古典文学全集，小学館，1994，第306頁。

⑧ 中田祝夫『日本霊異記』，日本古典文学全集，小学館，1975，第353頁。

福。'" 姚秦鸠摩罗什译《妙法莲华经》卷7《妙音菩萨品》："文殊师利白佛言：'世尊，是菩萨种何善本？修何功德？而能有是大神通力？行何三昧？**愿为我**等说是三昧名字。我等亦欲勤修行之，行此三昧。乃能见是菩萨色相大小，威仪进止。'" 北凉昙无谶译《大般涅槃经》卷40《憍陈如品》："犊子言：'瞿昙，世有善耶？如是梵志，有不善耶？如是梵志，瞿昙，**愿为我**说，令我得知善不善法。'"（2）《全三国文》卷75葛玄《道德经序》："世衰，大道不行，西游天下，关令尹喜曰：'大道将隐乎？**愿为我**著书。'于是作《道》《德》二篇，五千文上下经焉。"①

"**请为我～**"，希望为了我做某事。《日本书纪》卷2《神代纪下》："及将归去，丰玉姬谓天孙曰：'妾已娠矣，当产不久。妾必以风涛急峻之日，出到海滨。**请为我**作产室相待矣。'" 又："先是且别时，丰玉姬从容语曰：'妾已有身矣。当以风涛壮日，出到海边。**请为我**造产屋以待之。'"②（1）梁僧佑撰《释迦谱》卷2："佛语难陀：'汝勤持戒，修汝天福。'难陀答言：'不用生天。今唯愿我，不堕此狱。'佛为说法，一七日中，成阿罗汉。诸比丘叹言：'世尊出世，甚奇甚特！'佛言：'非但今日，乃往过去，亦复如是。'诸比丘言：'过去亦尔，其事云何？**请为我**说。'" 唐地婆诃罗译《方广大庄严经》卷4："时输檀王，告菩萨言：'颇复能与頞顺那，校量算不？'菩萨言：'大王，此事可耳。'时彼算师，问菩萨言：'颇有了知，百拘胝外，数名以不？'菩萨报言：'我甚知之。'頞顺那言：'太子能知，**请为我**说。'" 唐实叉难陀译《大乘入楞伽经》卷7《偈颂品》："佛为诸比丘，说于所受生；念念皆生灭，**请为我**宣说。"（2）《苏辙集·栾城集卷24》："新喻吴君，志学而工诗，家有山林之乐，隐居不仕，名其堂曰浩然。曰：'孟子，吾师也，其称曰：我善养吾浩然之气。吾窃喜焉，而不知其说，**请为我**言其故。'"

"**愿勿为忧**"，希望不要担心。《日本书纪》卷24《皇极纪》三年正月条："少女怪父忧惶，就而问曰：'忧惶何也？'父陈所由。少女曰：'**愿勿为忧**！'"③ 唐玄奘译《大乘大集地藏十轮经》卷4："有人犯过，罪应合死。王性仁慈，不欲断命。有一大臣，多诸智策，前白王曰：'**愿勿为忧**，终不令王，得杀生罪。'"

"**愿以此福**"，希望以此福德。《日本灵异记》下卷《智行并具禅师重得人身生国皇之子缘第39》："我从所闻选口传，侻善恶，录灵奇。**愿以此福**，施群迷，共生西方安乐国矣。"④ 唐玄奘译《大般若波罗蜜多经》卷571《证劝品》："长跪擎捧，供养如来，舍四大洲，皆以奉佛。**愿以此福**，常修梵行，学深般若，波罗蜜多。以决定心，为有情

① （清）严可均校辑《全上古三代秦汉三国六朝文》，中华书局，1958，第1460页。

② 小島憲之、直木孝次郎、西宮一民、藏中進、毛利正守『日本書紀一』，新編日本古典文学全集，小学館，1994，第160、166頁。

③ 小島憲之、直木孝次郎、西宮一民、藏中進、毛利正守『日本書紀三』，新編日本古典文学全集，小学館，1998，第88頁。

④ 中田祝夫『日本霊異記』，日本古典文学全集，小学館，1975，第378頁。

类，趣向无上，正等菩提。”唐义净译《金光明最胜王经》卷10《大辩才天女赞叹品》：“我今随力，称赞如来，少分功德。犹如蚊子，饮大海水。**愿以此福**，广及有情，永离生死，成无上道。”

（三）“幸”式

该类源自汉文佛经的具体表达形式有“幸勿以～”“幸愿”等。

“幸勿以～”，希望不要做某事。《日本书纪》卷2《神代纪下》：“逮临产时，请曰：‘妾产时，**幸勿以**看之。’”①（1）宋王日休撰《龙舒增广净土文》卷1：“予遍览藏经及诸传记，取其意而为净土文，无一字无所本。**幸勿以**人微，而忽其说。欲人人共晓，故其言直而不文。予龙舒人也。世传净土文者不一，故以郡号别之。”（2）《苏轼集》卷79：“深愿庆源了当后，千万一来，相从数月，少慰平生，**幸勿以**他事为辞。至恳，至恳！”

“幸愿”，希望。《日本灵异记》中卷《赎蟹蝦命放生现报蟹所助缘第12》：“是女见之，劝牧牛曰：‘**幸愿**此蟹免我。’童男辞不听，曰：‘犹烧噉。’”②《续日本纪》卷22《淳仁纪》天平宝字七年五月条：“天宝二载，留学僧荣睿、业行等白和上曰：‘佛法东流，至于本国，虽有其教，无人传授。**幸愿**和上东游兴化。’辞旨恳至，咨请不息。”③（1）后汉安世高译《佛说奈女祇域因缘经》卷1：“佛告祇域：‘汝本宿命，已有弘誓，当成功德，何得中止？今应更往。汝已治其外病，我亦当治其内病。’祇域便随使者去。王见祇域，甚大欢喜，引与同坐，把持其臂曰：‘赖蒙仁者之恩，今得更生。当何以报？当分国土，以半相与。宫中采女，库藏宝物，悉当分半。**幸愿**仁者受之。’”北凉昙无谶译《大般涅槃经》卷11《圣行品》：“罗刹复言：‘汝若不能，全与我者，见惠其半。’是人犹故，不肯与之。罗刹复言：‘汝若不肯，惠我半者，**幸愿**与我，三分之一。’是人不肯。”唐义净译《金光明最胜王经》卷9《除病品》：“慈父当哀愍，我欲救众生；今请诸医方，**幸愿**为我说。”（2）《全齐文》卷26玄光《梦中作罪顽痴之极五》：“夫人鬼虽别，生灭固同，恩爱之情，时复影响，群邪无状，不识逆顺，召食鬼吏兵，奏章断之，割截幽灵，单心谁照？**幸愿**未来，勿尚迷言，使天堂无辍食之思，冰河静灾念之声。”④《隋书》卷50《庞晃传》：“高祖甚欢，晃因白高祖曰：‘公相貌非常，名在图箓。九五之日，**幸愿**不忘。’”⑤ 按：《汉语大词典》例引唐皎然《哭吴县房耸明府》诗：“冥期傥可逢，生尽会无缘。**幸愿**示因业，代君运精专。”过晚。

最后，将上述当然句、禁止句、祈使句所涉及的佛典表达归纳如下。

① 小島憲之、直木孝次郎、西宮一民、藏中進、毛利正守『日本書紀一』，新編日本古典文学全集，小学館，1994，第160頁。

② 中田祝夫『日本霊異記』，日本古典文学全集，小学館，1975，第180頁。

③ 青木和夫、稲岡耕二、笹山晴生、白藤礼幸『續日本紀三』，新日本古典文学大系，岩波書店，1992，第430頁。

④ （清）严可均校辑《全上古三代秦汉三国六朝文》，中华书局，1958，第2942页。

⑤ （唐）魏徵等撰《隋书》，中华书局，1973，第1321页。

（一）当然句。1.“必”类：“必差”“必当”“必当有悔”“必有命世”“有感必通”；2.“当”类：“当须～”“当须～不”“悉当得～”“是故当知”；3.“须”类：“须要”“要须”“急须应～”。（二）禁止句。1.“莫”类：“莫便～”“莫怖”“莫近我”“汝等莫轻”“更莫疑也”“莫作诸恶”“诸恶莫作，诸善奉行”；2.“不”类：“不得便言”“不得轻忽”“不堕恶趣”“不复行恶”“不可诽谤”“不语他人”；3.“勿”类：“勿令更～”“勿复为（愁）”“勿令乏少”“勿生彼我”“勿使往来”“勿妄宣传”“勿为放逸”。（三）祈使句 。1.“乞”类：“乞欲～”“乞食活命”“乞延寿命”；2.“愿”类：“愿垂～”“愿为我～”“请为我～”“愿勿为忧”“愿以此福”；3.“幸”类：“幸勿以～”“幸愿”。

第三节　句法连接

除了上一节谈到的当然句、禁止句、祈使句之外，《古事记》中出自汉文佛经的佛典句式还有“除”字句、假设句、对话句。“除”字句表达有“除外”和“自余”两式；假设句表达有“若不”式、“若是”式、“如不”式、“如其”式。总括句表达有“如此”式、“如是”式、“种种”式（另辟专章讨论）。

一　“除”字句

所谓“除”字句，指由介词“除”等形式与其他词语构成“除”字短语充当状语的句子，状语部分表示被排除的内容。“除”字句可分作“除外”和“自余”两类。“除外”类具体有“除～不～”“除～无～”“除～之外”“除～之外，不～”“除～之外，不～”“除～之外，无～”“除此以外，无～”“唯除～以外，不～”等表达形式。

（一）“除外”式

该句式为复句，强调某一条件为绝对条件。一般认为，从古汉语句式表达史的角度来看，“除”字句出现得较晚，是一种口语化的表达形式。①

“除～不～”，除……之外，什么都不……强调只做 X 而绝不做 Y。《古事记》上卷《忍穗耳命与迩迩艺命》：“故追往，而迫到科野国之州羽海。将杀时，建御名方神白：‘恐，莫杀我。除此地者，不行他处。’”② 言此地之外，不去其他地方，表示安分守己地待在此地，绝不去其他地方破坏捣乱。东晋法显译《佛说大般泥洹经》卷 6：“譬如药树，名曰药王，无所不治。根茎华叶，若汁若香。或有人服，或复涂身，或但闻香，

① 朱庆之：《佛典与中古汉语词汇研究》，台湾文津出版社，1972，第 16～17 页。

② 山口佳紀、神野志隆光『古事記』，新編日本古典文学全集，小学館，1997，第 110 頁。

意乐不乐，其病悉除。唯除必死之病，不能令差。”后秦弗若多罗、罗什合译《十诵律》卷42：“居士者，除王除官人除婆罗门，余不出家人，名为居士。”按：“除～不～”，意思是“除……之外，什么都不……”，强调只做X而绝不做Y。

“除～无～”，除……之外，什么都不……强调只做X而绝不做Y。《古事记》上卷《忍穗耳命与迩迩艺命》：“于是亦白之：‘亦我子有建御名方神。除此者无也。’如此白之间，其建御名方神，千引石擎手末，而来言：‘谁来我国，而忍忍如此物言。’”又中卷《景行记》：“尔其熊曾建白：‘信，然也。于西方除吾二人无建强人。’”又下卷《雄略记》：“尔天皇望，令问曰：‘于兹倭国，除吾亦无王。今谁人如此而行。’即答曰之状，亦如天皇之命。”[①] 吴支谦译《赖咤和罗经》卷1：“我视卿了无是，除王家宗亲，视我国中，尚无过卿者。”东晋佛陀跋陀罗译《佛说观佛三昧海经》卷7：“王作是念：‘得一神人，驱此罗刹，降是毒龙。唯除我身，其余无惜。’”

“除～之外”，除……以外。《续日本纪》卷36《高绍纪》宝龟十一年二月条：“神祇官言：‘伊势大神宫寺，先为有祟迁建他处，而今近神郡，其祟未止。除饭野郡之外移造便地者。’许之。”又宝龟十一年三月条：“臣等以为，除三关边要之外，随国大小以为额，仍点殷富百姓才堪弓马者，每其当番，专习武艺。”又卷37《桓武纪》延历二年九月条：“除承嫡者之外，可科课役。望请承嫡之户，迁附京户。”（1）北凉昙无谶译《大般涅槃经》卷7《如来性品》：“佛先听食，五种牛味，及以油蜜，憍奢耶衣，革屣等物。除是之外，若有说言，听著摩诃楞伽。一切种子，悉听贮畜。草木之属，皆有寿命。”（2）《唐律疏议》卷9《职制》：“机速，谓军机急速，不必要准案程。应了不了，亦准稽程法。除此之外，皆准事。稽程者，一日笞十，三日加一等，罪止杖八十。”

“除～之外，不～”，除……以外，不得……《续日本纪》卷12《圣武纪》天平八年五月条：“丙申，先是有敕：‘诸国司等，除公廨田、事力、借贷之外，不得运送者。’”[②] 安慧撰《俱舍论实义疏》卷5《分别根品》：“言最后三根定是无漏，除此三根之外不通无漏。”

“除～之外，无～”，除……以外，没有……《续日本纪》卷7《元正纪》养老元年二月条：“丙申，制曰：‘除造宫省之外，令外诸司判官，例无大少，官品宜准令员判官一人之例。’”[③]（1）吴支谦译《菩萨本缘经》卷1《一切施品》：“我从昔来，未曾教人，行于恶法，是故不令，汝斩我头，但以绳缚，送诣彼王。所以者何？除身之外，更无钱财。然我此身，今得自在。幸可易财，以相救济。”（2）《晋书》卷106

---

① 山口佳紀、神野志隆光『古事記』，新編日本古典文学全集，小学館，1997，第108、220、346頁。

② 青木和夫、稲岡耕二、笹山晴生、白藤礼幸『続日本紀二』，新日本古典文学大系，岩波書店，1990，第300頁。

③ 青木和夫、稲岡耕二、笹山晴生、白藤礼幸『続日本紀二』，新日本古典文学大系，岩波書店，1990，第22頁。

《石季龙上》："于时大旱，白虹经天，季龙下书曰：'朕在位六载，不能上和乾象，下济黎元，以致星虹之变。其令百僚各上封事，解西山之禁，蒲苇鱼盐除岁供之外，皆无所固。公侯卿牧不得规占山泽，夺百姓之利。'"①

"唯除～以外，不～"，唯独除去……以外，不……《日本书纪》卷29《天武纪下》二年八月条："天皇新平天下，初之即位。由是**唯除**贺使以外**不**召，则汝等亲所见。"②（1）后汉康孟详译《佛说兴起行经》卷1："六通神足，大有名称，端正姝好，各有众相，不长不短，不白不黑，不肥不瘦，色犹红莲华，皆能伏心意。**唯除**一比丘，何者阿难是也。"北凉昙无谶译《大般涅槃经》卷1《寿命品》："尔时复有，七恒河沙，诸王夫人，**唯除**阿阇世王夫人，为度众生，现受女身，常观身行。"（2）东晋佛驮跋陀罗译《大方广佛华严经》卷9《初发心菩萨功德品》："帝释白言：'佛子，彼人功德，**唯除**诸佛，其余一切，悉**不**能知。'"姚秦鸠摩罗什译《妙法莲华经》卷6《药王菩萨本事品》："善男子，百千诸佛，以神通力，共守护汝。于一切世间天人之中，无如汝者，**唯除**如来，其诸声闻、辟支佛、乃至菩萨，智慧禅定，**无**有与汝等者。"《旧唐书》卷165《柳仲郢传》："初，仲郢自拜谏议后，每迁官，群乌大集于升平里第庭树，戟架皆满，凡五日而散。诏下，不复集，家人以为候，**唯除**天平，乌**不**集。"③

"除此以外，无～"，今义同。《日本灵异记》上卷《凶女不孝养所生母以现得恶死报缘第24》："其女曰：'今日家长与我，亦将斋食，**除此以外**，**无**余供母。'"④（1）唐阿地瞿多译《陀罗尼集经》卷9《乌枢沙摩金刚法印咒品》："若恶人恼乱，亦依前法，即自调伏。此但略说，未尽功能。惟须好心，直行之人，乃可相与。**除此以外**，**勿**妄传之。"（2）失译人名今附北凉录《大方广十轮经》卷5《众善相品》："如是名为，世间福田。**除此以外**，皆名污道。"唐窥基撰《瑜伽师地论略纂》卷14："**除此以外**，缘山河大地起嗔，名第七境界嗔。"《文镜秘府论·北卷·论对属》："**除此以外**，并须以类对之。"⑤

（二）"自余"式

上古文学作品中源自汉文佛经的"自余"式有"自余～""自余各～""自余国～""自余皆～""自余如～""自余依～""自余以外""自余杂～""自余之～""自余种种～""自余众～""自余诸～""自余诸事"等。

"自余～"，其余；以外；此外。《日本书纪》卷1《神代纪上》："（双行注）至贵

① （唐）房玄龄等撰《晋书》，中华书局，1994，第2770页。

② 小島憲之、直木孝次郎、西宮一民、蔵中進、毛利正守『日本書紀三』，新編日本古典文学全集，小学館，1998，第354頁。

③ （后晋）刘昫等撰《旧唐书》，中华书局，1975，第4307页。

④ 中田祝夫『日本霊異記』，日本古典文学全集，小学館，1975，第112頁。

⑤ 〔日〕遍照金刚撰，卢盛江校考《文镜秘府论汇校汇考》，中华书局，2006，第1675页。

曰尊，**自余**曰命，并训美举等也。下皆效此。”① 又卷19《钦明纪》五年三月条：“晓然若是尚欺天朝，**自余**虚妄必多有之。”②《日本灵异记》下卷《髑髅目穴笋揭脱以祈之示灵表缘第27》：“去年十二月下旬，为买正月元日物，我与弟公率往于市，所持之物，马布绵盐。路中日晚，宿于竹原，窃杀弟公，而掣彼物，到于深津市，马卖赞岐国人，**自余**物等，今出用之。”③《续日本纪》卷3《文武纪》庆云元年正月条：“**自余**三位以下五位以上十四人各有差。”④（1）吴支谦译《须摩提女经》卷1：“阿若车邻在如来左，舍利弗在如来右，阿难承佛威神，复在如来左。**自余**比丘，或复现神变相，百千万种，弥塞虚空，云行到彼。”东晋佛驮跋陀罗译《大方广佛华严经》卷5《菩萨明难品》：“如来境界因，唯佛能分别，**自余**无量劫，演说不可尽。”唐义净译《金光明最胜王经》卷9《除病品》：“**自余**诸药物，随病可增加；先起慈愍心，莫规于财利。”（2）《魏书》卷4下《世祖纪》：“有司其案律令，务求厥中。**自余**有不便于民者，依比增损。”⑤ 按：“自”，仅为构词成分，不构成意义。

“**自余各～**”，其他的各自、分别……《续日本纪》卷13《圣武纪》天平十二年正月条：“己珎蒙美浓絁二十匹、绢十匹、丝五十絇、调绵二百屯。**自余各**有差。”⑥ 又卷35《高绍纪》宝龟九年六月条：“第二等伊治公呰麻吕并外从五位下，勋六等百济王俊哲勋五等。**自余各**有差。”隋阇那崛多译《佛本行集经》卷58《婆提唎迦等因缘品》：“尔时世尊，既先度彼，剃除发师，及受具戒。然后次与婆提唎迦释王出家，受具足戒。**自余各**各，次第出家，及受具戒。”唐玄奘撰《大唐西域记》卷3：“又更下令：‘具三明、备六通者住。**自余各**还。’然尚繁多。又更下令：‘其有内穷三藏、外达五明者住。**自余各**还。’”

“**自余国～**”，剩余其他国家的……《续日本纪》卷9《元正纪》养老七年十月条：“冬十月庚子，敕：‘按察使所治之国，补博士、医师。**自余国**博士并停之。’”⑦ 元魏瞿昙般若流支译《正法念处经》卷54《观天品》：“随行何国，为王供养，如供养主。若村若城，多人住处，一切诸人，及大长者，皆悉供养。**自余国**土，所不行处，流名遍满。”唐义净译《根本说一切有部毘奈耶杂事》卷27：“王于暇日，出城游观。聚落居

---

① 小島憲之、直木孝次郎、西宮一民、蔵中進、毛利正守『日本書紀一』，新編日本古典文学全集，小学館，1994，第18頁。

② 小島憲之、直木孝次郎、西宮一民、蔵中進、毛利正守『日本書紀二』，新編日本古典文学全集，小学館，1996，第394頁。

③ 中田祝夫『日本霊異記』，日本古典文学全集，小学館，1975，第333～334頁。

④ 青木和夫、稲岡耕二、笹山晴生、白藤礼幸『続日本紀一』，新日本古典文学大系，岩波書店，1989，第76頁。

⑤（北齐）魏收撰《魏书》，中华书局，1974，第105页。

⑥ 青木和夫、稲岡耕二、笹山晴生、白藤礼幸『続日本紀二』，新日本古典文学大系，岩波書店，1990，第360頁。

⑦ 青木和夫、稲岡耕二、笹山晴生、白藤礼幸『続日本紀二』，新日本古典文学大系，岩波書店，1990，第134頁。

人，并皆存问：‘此等是谁，所管封邑？’答曰：‘咸是某甲，大臣所有。’便生念曰：‘城邑聚落，咸属大臣。我虽是王，但有宫闱，及食而已。**自余国**产，并皆无分。有乖国宪，将如之何？’”

“**自余皆～**”，其他的（剩余的）全都……《日本灵异记》中卷《女人恶鬼见点攸食噉缘第33》：“明日晚起，家母叩户，惊唤不答。怪开见唯，遗头一指，**自余皆**噉。”[①] 吴竺律炎、支谦合译《摩登伽经》[②] 卷2《观灾祥品》：“月在箕宿，宜治河渠，种植花果，建立园圃。宜出家人，**自余皆**凶，所失难获。”唐义净译《根本说一切有部毘奈耶颂》卷1：“及于同界中，四十九寻内，随情礼制底，**自余皆**白师。”唐窥基撰《妙法莲华经玄赞》卷4《方便品》：“赞曰：此明身业，行敬供养。上歌呗，是语业也。其能发心，即是意业。**自余皆**是，外财供养。三业行供养。”

“**自余如～**”，剩余的如同……一样。《续日本纪》卷3《文武纪》庆云三年二月条：“自今以后，五世之王，在皇亲之限，其承嫡者相承为王。**自余如**令。”[③] 唐李通玄撰《新华严经论》[④] 卷21《十回向品》：“思者智会，其智会者，方可用而真不惑心境，以大愿力随智幻生等，众生数身如应摄化故，名无尽功德藏。**自余如**文自具，不烦更解。”又卷30《十定品》：“如歌罗逻者，此云薄酪，谓初受胎如薄酪。**自余如**文自具。”按：“自余如～”是佛家注疏类用语。

“**自余依～**”，剩下的依据……《续日本纪》卷10《圣武纪》天平元年八月条：“又五世王嫡子以上，娶孙王生男女者，入皇亲之限。**自余依**庆云三年格。”[⑤]（1）后魏菩提流支译《弥勒菩萨所问经论》卷5：“诸菩萨摩诃萨胜戒者，依初发菩提不损害心，所起戒聚乃至八地无量时修一切戒聚，以利益他心回向萨婆若智，离一切习气得大涅槃。是诸菩萨摩诃萨一切戒善清净应知。**自余依**师教持戒等，皆不清净。”（2）《魏书》卷48《高允传》：“乃旷官以待之，悬爵以縻之。其就命三十五人，**自余依**例州郡所遣者不可称记。”[⑥]

“**自余以外**”，除此以外。《日本书纪》卷25《孝德纪》大化二年三月条：“别以入部及所封民简充仕丁，从前处分。**自余以外**，恐私驱役。”[⑦] 清黄宗羲《黄梨洲文集》卷1《序类》：“轮庵又出刘道贞《问道续录》。阅之，所载净慈同时七十二人。**自余以外**，存者不能二三，其余皆入点鬼簿中，即天山堂一会，化为异物者且半。”按：在现

① 中田祝夫『日本霊異記』，日本古典文学全集，小学館，1975，第234頁。

② 该经于天平五年抄写，录于《大日本古文书》卷7，第16页。

③ 青木和夫、稲岡耕二、笹山晴生、白藤礼幸『続日本紀一』，新日本古典文学大系，岩波書店，1989，第100頁。

④ 该经于天平十二年抄写，题作《华严论》，录于《大日本古文书》卷7，第489页。

⑤ 青木和夫、稲岡耕二、笹山晴生、白藤礼幸『続日本紀二』，新日本古典文学大系，岩波書店，1990，第218～220頁。

⑥（北齐）魏收撰《魏书》，中华书局，1974，第1081页。

⑦ 小島憲之、直木孝次郎、西宮一民、蔵中進、毛利正守『日本書紀三』，新編日本古典文学全集，小学館，1998，第148頁。

存文献当中，《孝德纪》的文例远远早于《黄梨洲文集》。

“**自余杂～**”，其他杂七杂八的……。《续日本纪》卷7《元正纪》灵龟元年十月条：“宜以此状遍告天下，尽力耕种，莫失时候。**自余杂**谷，任力课之。若有百姓输粟转稻者听之。”又卷8《元正纪》养老四年三月条：“据案唯言运送庸调脚直。**自余杂**物送京，未有处分。但百姓运物入京，事了即令早还。”[①] 刘宋佛陀什、竺道生等合译《弥沙塞部和醯五分律》卷30：“此是从一法增至十一法，今集为一部，名《增一阿含》。**自余杂**说，今集为一部，名为《杂藏》，合名为《修多罗藏》。”唐玄奘撰《大唐西域记》卷2：“妇人一嫁，终无再醮。**自余杂**姓，寔繁种族，各随类聚，难以详载。”唐道镜、善道集《念佛镜》卷1：“如来八万四千法门，若望念佛法门，**自余杂**善，总是少善根；唯有念佛一门，是多善根，多福德。”按：“自余杂～”系佛家注疏专用语。

“**自余之～**”，其余的……其他的……《肥前国风土记·松浦郡》条：“昔者，同天皇，巡幸之时，在志式岛之行宫，御览西海。海中有岛，烟气多覆。勒陪从阿昙连百足，遣令察之。爰有八十余。就中二岛，岛别有人。第一岛，名小近，土蜘蛛大耳居之。第二岛，名大近，土蜘蛛－垂耳居之。**自余之**岛，并人不在。”[②]（1）吴竺律炎、支谦合译《摩登伽经》卷1《度性女品》：“母语女言：‘有二种人，虽加咒术，无如之何。何者为二？一者断欲，二是死人。**自余之**者，吾能调伏。’”唐道世撰《法苑珠林》卷97：“人一生常不免杀生及不孝，**自余之**罪，盖亦小耳。”唐慧详撰《古清凉传》[③]卷1：“登中台之上，极目四周，唯恒岳居其次。**自余之**山谷，莫不迤逦，如清胜也。”（2）《魏书》卷7《高祖纪下》：“事当从坐者，听一身还乡，又令一子抚养，终命之后，乃遣归边；**自余之**处，如此之犯，年八十以上，皆听还。”又卷113《志第19》：“诸曹走使谓之凫鸭，取飞之迅疾；以伺察者为候官，谓之白鹭，取其延颈远望。**自余之**官，义皆类此，咸有比况。”[④]

“**自余种种～**”，其他各种各样的……《元兴寺伽蓝缘起并流记资财账》：“又敬造法师寺，田园封户奴婢等纳奉。又敬造丈六二躯，又修**自余种种**善根。”元魏瞿昙般若流支译《正法念处经》卷39《观天品》：“又复彼天，更有所念，欲令赤色，优钵罗中，歌音声出。即于念时，则有风吹，而令赤色，优钵罗叶，迭互相触，出种种声。**自余种种**，五乐音声。”隋达摩笈多译《起世因本经》卷7《三十三天品》：“诸比丘，何等众生，以触为食？诸比丘，有诸众生，从卵生者，所谓鹅雁鸿鹤、鸡鸭孔雀、鹦鹉鸜鹆、鸠鸽燕雀雉鹊等。**自余种种**，杂类众生，从卵生者，以其从卵，有此身故，是等并皆，以触为食。”唐阿地瞿多译《陀罗尼集经》卷6《诸大菩萨法会印咒品》：“唯除酒

---

① 青木和夫、稲岡耕二、笹山晴生、白藤礼幸『続日本紀二』，新日本古典文学大系，岩波書店，1990，第4～6、70頁。

② 植垣節也『風土記』，新編日本古典文学全集，小学館，1997，第334頁。

③ 该经于天平十二年抄写，题作唐慧禅《清凉山传》，录于《大日本古文书》卷7，第489页。

④ （北齐）魏收撰《魏书》，中华书局，1974，第175、2974页。

肉，五辛葱蒜。**自余种种**，上妙饼食，及果子等，备设供养。”

“**自余众～**”，其他众多的……《续日本纪》卷20《孝谦纪》天平宝字元年七月条：“其众者，安宿王、黄文王、橘奈良麻吕、大伴古麻吕、多治比犊养、多治比礼麻吕、大伴池主、多治比鹰主、大伴兄人。**自余众**者，暗里不见其面。”① 隋阇那崛多译《大法炬陀罗尼经》② 卷17《诸菩萨证相品》：“如人裸露，在道而行。设有一人，语众人言：‘此人希有，锦衣覆身。’憍尸迦，于意云何？彼虽有言，**自余众**人，信此言不？”唐义净译《根本说一切有部毘奈耶颂》卷2：“四种别悔法，如犯状已陈。**自余众**式叉，次第今当说。”唐善导集记《观无量寿佛经疏》卷3：“众生称念，即除多劫罪。命欲终时，佛与圣众，自来迎接。诸邪业系，无能碍者，故名增上缘也。**自余众**行，虽名是善，若比念佛者，全非比校也。是故诸经中，处处广赞，念佛功能。”

“**自余诸～**”，其余诸多……《日本书纪》卷15《仁贤纪》即位前纪条：“（双行注）更名大为。**自余诸**天皇不言讳字。而至此天皇，独自书者，据旧本耳。”③《古语拾遗》：“以中臣斋部二氏俱掌祠祀之职，猨女君氏供神乐之事，**自余诸**氏各有其职也。”又：“然则，天照大神者，惟祖惟宗，尊无与二。因**自余诸**神者，乃子乃臣，孰能敢抗？”又：“然则，神祇官神部可有中臣斋部猨女镜作玉作盾作神服倭文麻续等氏，而今唯有中臣斋部等二三氏，**自余诸**氏，不预考选。”④《续日本纪》卷12《圣武纪》天平九年四月条：“遣副使从五位上坂本朝臣宇头麻佐镇玉造栅。判官正六位上大伴宿祢美浓麻吕镇新田栅。国大掾正七位下日下部宿祢大麻吕镇牡鹿栅。**自余诸**栅，依旧镇守。”⑤（1）姚秦鸠摩罗什译《大庄严论经》卷3：“汝愚痴邪见，迷惑错乱心，计己婆罗门，独有解脱分，**自余诸**种姓，无得解脱者。”隋阇那崛多译《佛本行集经》卷22《问阿罗逻品》：“应一众生，不得杂患，应诸世人，供养自在，如父如母。**自余诸**天，不得供养。”唐义净译《金光明最胜王经》卷9《除病品》：“沙糖蜜苏乳，此能疗众病。**自余诸**药物，随病可增加。”（2）《北史》卷49《贺拔允传》：“昧旦，攻围元进栅，拔之，即禽元进，**自余诸**栅悉降。”⑥ 此言各营的士兵全部投降。按：《汉语大词典》引《晋书》卷87《凉武昭王传》：“**自余诸**子，皆在戎间，率先士伍，臣总督大纲，毕在输力，临机制命，动靖续闻。”

“**自余诸事**”，其余的各种事情。《续日本纪》卷20《孝谦纪》天平宝字元年正月

---

① 青木和夫、稲岡耕二、笹山晴生、白藤礼幸『続日本紀三』，新日本古典文学大系，岩波書店，1992，第202頁。

② 该经于天平五年抄写，录于《大日本古文书》卷7，第7页。

③ 小島憲之、直木孝次郎、西宮一民、蔵中進、毛利正守『日本書紀二』，新編日本古典文学全集，小学館，1996，第254頁。

④ 西宮一民『古語拾遺』，岩波文庫，1985，第134、140、143頁。

⑤ 青木和夫、稲岡耕二、笹山晴生、白藤礼幸『続日本紀二』，新日本古典文学大系，岩波書店，1990，第314頁。

⑥（唐）李延寿撰《北史》，中华书局，1974，第1803页。

条："其军毅者，省选六卫府中器量辩了，身才勇健者拟任之。他色之徒，勿使滥诉。**自余诸事**，犹如格令。"① 隋阇那崛多译《大威德陀罗尼经》② 卷 17："阿难，若为如来诸塔庙等施诸衣物而盗取者，彼当满足非沙门法。除作是心，欲为藏举，若洗若染，若熏若香，**自余诸事**。"唐法砺撰述《四分律疏》卷 7："若永变作非人畜生，或为二形，此三失戒，破内外道，以耶见故，理是失戒。若受戒已，作五黄门，亦不失戒，唯可有摈、不摈异也。**自余诸事**，受已生者，减不失戒。"

迄今为止，国内外关于汉文佛经中"除"字句的类型研究并不多见，尤其是涉及上古文学作品中"除"字句与汉文佛经"除"字句的比较专论，本书尚属首次。本节从类型学的角度对"除"字句，特别是其中的"自余"式进行了类型识别及判定，它为论证上古文学作品中的"除"字句与汉文佛经句式表达的关系提供了一个新的案例。

二 假设句

所谓假设句，指假定一种情况下会出现的后果以及影响。作为句子格式，它具有的外在形式是句中会出现表示假设的词语。根据我们的调查和分类，上古文学作品中的假设句表达格式有"若是"式、"若不"式、"如不"式和"如其"式。

（一）"若是"式

该式是一种肯定条件下的假设形式，它包括"若是实者""若事实者""若有犯者""若有阙者""若有知者·若无知者""事若实者"等表达形式。

"若是实者"，如果是真（事实）的话。《日本书纪》卷 19《钦明纪》二十三年六月条："是月，或有谗马饲首歌依曰：'歌依之妻逢臣赞岐，鞍鞯有异。就而熟视，皇后御鞍也。'即收廷尉，鞫问极切。马饲首歌依乃扬言誓曰：'虚也，非实。**若是实者**，必被天灾。'"③ 苻秦僧伽跋澄译《鞞婆沙论》卷 6："问曰：'如呼声响应，彼是实耶？为非实耶？**若是实者**，谓此发声即灭，除此已云，何更有声？'譬喻者说曰：'非实。'问曰：'何以故非实。'答曰：'此间发声即灭，除此已云，何更有声？'"梁宝亮等集《大般涅槃经集解》卷 4："若是今者，菩萨受食，及以得道，皆亦应实。**若是实者**，则是无常。"北凉昙无谶译《大般涅槃经》卷 27《师子吼菩萨品》："即作是言：'修是苦行，空无所得。**若是实者**，我应得之。以虚妄故，我无所得，是名邪术，非正道也。既成道已，梵天劝请，惟愿如来，当为众生，广开甘露，说无上法。'"

"若事实者"，如果事情属实的话。《日本书纪》卷 22《推古纪》三十二年四月条："三十二年夏四月丙午朔戊申，有一僧执斧殴祖父。时天皇闻之召大臣，诏之曰：'夫

① 青木和夫、稲岡耕二、笹山晴生、白藤礼幸『続日本紀三』，新日本古典文学大系，岩波書店，1992，第 174 頁。

② 该经于天平十年抄写，录于《大日本古文书》卷 7，第 84 页。

③ 小島憲之、直木孝次郎、西宮一民、蔵中進、毛利正守『日本書紀二』，新編日本古典文学全集，小学館，1996，第 446 頁。

出家者，顿归三宝，具怀戒法。何无忏忌辄犯恶逆。今朕闻有僧以殴祖父。故悉聚诸寺僧尼，以推问之。**若事实者**，重罪之。'"① 唐义净译《根本说一切有部毘奈耶》卷14："时彼童儿，去父不远，游戏而住。其父唤来，置于膝上，而问之曰：'汝知异母，与他男子，行恶事耶？'但女人情伪，不学而知，即便以手，掩其子口，而告之曰：'彼是汝母，不须言说。**若事实者**，但可点头。'彼即点头。"

"**若有犯者**"，如果有违反者。《日本书纪》卷29《天武纪下》四年二月条："癸巳，诏曰：'群臣、百寮及天下人民，莫作诸恶。**若有犯者**，随事罪之。'"又四年四月条："庚寅，诏诸国曰：'自今以后，制诸渔猎者，莫造栏穽及施机枪等之类。亦四月朔以后九月三十日以前，莫置比弥沙伎理梁。且莫食牛、马、犬、猨、鸡之宍。以外不在禁例。**若有犯者**罪之。'"又六年六月条："今当朕世，将责汝等不可之状以随犯应罪。然顿不欲绝汉直之氏，故降大恩以原之。从今以后，**若有犯者**，必入不赦之例。"又八年正月条："戊子，诏曰：'凡当正月之节，诸王诸臣及百寮者，除兄姊以上亲及己氏长以外，莫拜焉。其诸王者，虽母非王姓者莫拜。凡诸臣亦莫拜卑母。虽非正月节，复准此。**若有犯者**，随事罪之。'"②《日本灵异记》下卷《刑罚贱沙弥乞食以现得顿恶死报缘第33》："《像法决疑经》云：'未来世中，俗官莫令使比丘输税。若税夺者，得罪无量。一切俗人，不得乘骑三宝牛马。不得挝打三宝奴碑及以六畜。不得受其三宝奴稗礼拜。**若有犯者**，皆得殃咎云云。'"③《续日本纪》卷20《孝谦纪》天平宝字元年六月条："宜告所司严加禁断。**若有犯者**，科违敕罪。"④（1）西晋竺法护译《佛说阿阇贯王女阿术达菩萨经》卷1："女报尊者罗云：'宁知世间，以何为净，何等不净？'罗云报女言：'世间有持戒，信受不犯者，是则为净。**若有犯者**，则为不净。'"姚秦佛陀耶舍、竺佛念等合译《四分律》卷36："佛言：'汝等善听。若说戒日，有比丘犯罪，自念言：世尊制戒，**若有犯者**，不得说戒，不得闻戒，不得向犯者忏悔，犯者不得受他忏悔。'"唐义净译《根本说一切有部毘奈耶出家事》卷4："王告贼曰：'我先击鼓宣令，于我国中，不得行盗。**若有犯者**，当害其命。被劫之家，我库藏中，出物酬直。'"（2）《梁书》卷3《武帝下》："［诏曰：］应是缘边初附诸州部内百姓，先有负罪流亡，逃叛入北，一皆旷荡，不问往愆。并不得挟以私仇而相报复。**若有犯者**，严加裁问。"⑤《魏书》卷114《释老志》："'僧尼之法，不得为俗人所使。**若有犯者**，还配本属。其外国僧尼来归化者，求精检有德行合三藏者听住，若无德行，遣还本国，若其不去，依

① 小島憲之、直木孝次郎、西宮一民、藏中進、毛利正守『日本書紀二』，新編日本古典文学全集，小学館，1996，第584～586頁。

② 小島憲之、直木孝次郎、西宮一民、藏中進、毛利正守『日本書紀三』，新編日本古典文学全集，小学館，1998，第358～360、362、378、384頁。

③ 中田祝夫『日本靈異記』，日本古典文学全集，小学館，1975，第348頁。

④ 青木和夫、稲岡耕二、笹山晴生、白藤礼幸『続日本紀三』，新日本古典文学大系，岩波書店，1998，第190頁。

⑤（唐）姚思廉撰《梁书》，中华书局，1973，第92页。

此僧制治罪。’诏从之。”[①]《全唐文》卷27元宗《整饬民风诏》：“宜令府县长官左右金吾，明加训导捉搦。**若有犯者**，随事科绳。”[②]

“**若有阙者**”，如果有空缺、疏失的话。《续日本纪》卷14《圣武纪》天平十三年三月条：“僧寺必令有二十僧，其寺名为金光明寺天王护国之寺。尼寺一十尼，其名为法华灭罪之寺。两寺相去，宜受教戒。**若有阙者**，即须补满。”[③]唐达摩流支译《佛说宝雨经》卷9：“止盖菩萨白佛言：‘世尊，于此十法，为要具足，方始得生。**若有阙者**，能得生不？’”唐定宝作《四分律疏饰宗义记》卷6：“第四念，祇文乃义如章。行事应言三衣钵具足（**若有阙者**，应言僧伽梨郁多罗僧已具，安陀会未具，我当具。余衣或钵，具阙准知也）。”

“**若有知者·若无知者**”，如果（鬼神）有知/无知的话。《藤氏家传》下卷《武智麻吕传》：“公曰：‘吾从少至今，不敢轻慢鬼神。鬼神**若有知者**，岂其害我。**若无知者**，安能害人。’”[④]（1）元魏瞿昙般若流支译《正法念处经》卷10《地狱品》：“此诸众生，岂可无心？若其有心，则应有知。**若有知者**，何不离欲？”唐菩提流志译《大宝积经》卷17：“若我成佛，国中声闻，无有知其数者；假使三千大千、世界满中、有情及诸缘觉，于百千岁，尽其智算，亦不能知。**若有知者**，不取正觉。”唐义净译《佛说大孔雀咒王经》卷3：“阿难陀，汝当忆持，此大地中，有大毒药名字。**若有知者**，不被毒药，之所中害。”（2）梁曼陀罗仙译《文殊师利所说摩诃般若波罗蜜经》卷1：“舍利弗，无分别中，则无知者。**若无知者**，即无言说。无言说相，即非有非无，非知非不知。一切诸法，亦复如是。”该例亦见于唐菩提流志译《大宝积经》卷116。唐义净译《根本说一切有部毘奈耶杂事》卷19：“昔日苾刍，犯舍衣舍与僧，遂被分张，事成阙乏。由是不应，舍与僧众，可与别人。**若无知者**，虽舍与僧，亦不应分。”

“**事若实者**”，事情如果是事实的话。《日本书纪》卷19《钦明纪》十四年八月条：“**事若实者**，国之败亡，可企踵而待。庶先日本军兵未发之间，伐取安罗，绝日本路。”[⑤]姚秦鸠摩罗什译《大庄严论经》卷12：“我割身肉时，心不存苦乐。无瞋亦无忧，无有不喜心。此**事若实者**，身当复如故。速成菩提道，救于众生苦。”唐大觉撰《四分律行事钞批》卷10：“‘与欲已悔戒七十六’：《开文》云：其**事若实者**，《准多论》第八云：若僧一切羯磨事，作不如法，当时力不能，有所转易，嘿然而不呵，后言不可，无罪。”

---

① （北齐）魏收撰《魏书》，中华书局，1974，第3041页。

② （清）董诰等编《全唐文·附唐文拾遗唐文续拾》，中华书局，1983，第312页。

③ 青木和夫、稲岡耕二、笹山晴生、白藤礼幸『続日本紀二』，新日本古典文学大系，岩波書店，1990，第390頁。

④ 沖森卓也、佐藤信、矢島泉『藤氏家伝　鎌足貞慧武智麻呂伝注釈と研究』，吉川弘文館，1999，第341頁。

⑤ 小島憲之、直木孝次郎、西宮一民、蔵中進、毛利正守『日本書紀二』，新編日本古典文学全集，小学館，1996，第422頁。

（二）“若不”式

该式是一种否定条件下的假设形式，它包括“若不然者”“若不尔者”“若不如是”。

“若不然者”，如果不是这样的话。《古事记》上卷《大国主神》：“其神言：‘能治我前者，吾能共与相作成。**若不然者**，国难成。’”[①]《续日本纪》卷2《文武纪》大宝元年八月条：“撰令所处分，职事官人，赐禄之日，五位以下，皆参大藏受其禄。**若不然者**，弹正纠察焉。”[②]（1）苻秦僧伽跋澄译《鞞婆沙论》卷6：“问曰：‘**若不然者**，此云何？’答曰：‘此说除义，不说除味，此说除施设义，不说除施设味，谓一切法性，彼尽摄十二入中。’”陈真谛译《四谛论》卷1《思择品》：“汝问：‘若阿罗汉，于四谛中，智圆无余，与一切智，则应无异。**若不然者**，于四谛中，应有无明者。’”隋阇那崛多译《佛本行集经》卷37《那罗陀出家品》：“尔时，长兄闻弟诵通一切诸论，心生苦恼，作如是念：‘我无量年，游历诸国，学习种种，所诵咒论，心虑烦劳，方始诵持，诸咒术得。其那罗陀，云何闻已，皆少时间，受持净遍？而其少年，尚得如是，若后成长，必定应当，作王国师。以是因缘，我须方便，除灭其体。如是则我，得成大利。**若不然者**，终夺我位。’”（2）《南史》卷66《裴子烈传》：“古人云：‘知臣莫若君’，书曰：‘知人则哲’，观夫陈武论将，而周、侯遇祸，有以知斯言之非妄矣。**若不然者**，亦何以驱驾雄杰，而创基拨乱者乎。”[③] 按：该句式是思辨色彩极强的连接形式，用于非此不可的强烈主张。而且，如例句所示，多用于对话的场合。最能体现这一语体特征的例子是《敦煌变文·长兴四年中兴殿应圣节讲经文》：“修持三世之果因，敬重十方之佛法。**若不然者**，曷能得每逢降诞，别启御筵。”[④]

“若不尔者”，如果不这样的话。《日本书纪》卷19《钦明纪》五年十一月条：“北敌强大，我国微弱。若不置南韩郡领、城主修理防护，不可以御此强敌，亦不可以制新罗。故犹置之攻逼新罗，抚存任那。**若不尔者**，恐见灭亡，不得朝聘。”[⑤]（1）失译人名今附后汉录《大方便佛报恩经》卷1《孝养品》：“天王释言：‘汝惟空言，谁当信汝？’须阇提即立誓愿：‘若我欺诳，天王释者，令我身疮，始终莫合。**若不尔者**，令我身体，平复如本，血当反白为乳。’”吴支谦译《撰集百缘经》卷6《诸天来下供养品》：“王不听言，而告之曰：‘自今以后，常送此果。**若不尔者**，吾当杀汝。’”梁宝唱等集《经律异相》卷7：“琉璃王曰：‘汝等速开城门。**若不尔者**，尽当杀之。’”（2）《吴越春秋》卷3《王僚使公子光传》：“胥曰：‘报汝平王，欲国不灭，释吾父兄；

① 山口佳紀、神野志隆光『古事記』，新編日本古典文学全集，小学館，1997，第94~96頁。

② 青木和夫、稲岡耕二、笹山晴生、白藤礼幸『続日本紀一』，新日本古典文学大系，岩波書店，1989，第46頁。

③（唐）李延寿撰《南史》，中华书局，1975，第1623页。

④ 黄征、张涌泉校注《敦煌变文校注》，中华书局，1997，第618页。

⑤ 小島憲之、直木孝次郎、西宮一民、蔵中進、毛利正守『日本書紀二』，新編日本古典文学全集，小学館，1996，第400頁。

若不尔者，楚为墟矣。'使返报平王。'"[①]

"若不如是"，如果不像这样。《日本书纪》卷27《天智纪》三年六月条："是月，高丽大臣盖金终于其国，遣言于儿等曰：'汝等兄弟，和如鱼水勿争爵位。若不如是，必为邻笑。'"[②]（1）西晋竺法护译《慧上菩萨问大善权经》[③]卷1："学志问姊：'何所求乎？'答曰：'慕仁。'学志报言：'吾不乐欲。'女曰：'设不然者，吾将自贼。'焰光自念：'吾护禁戒，净修梵行，四百二十万岁，今若毁之，非吉祥也。'念已舍却，离之七步，乃发慈哀：'毁犯禁戒，则堕地狱。若不如是，女自残贼。宁令斯女，获致安隐，吾当堪忍，地狱之痛。'"刘宋求那跋陀罗译《杂阿含经》卷38："慈地比丘言：'汝若不如是者，我与汝绝，不复来往言语，共相瞻视。'"北凉昙无谶译《大般涅槃经》卷7《如来性品》："如是经律，是佛所说。若不如是，是魔所说。若有随顺，魔所说者，是魔眷属。若有随顺，佛所说者，即是菩萨。"（2）《后汉书》卷11《刘玄传》："长安中起兵攻未央宫。九月，东海人公宾就斩王莽于渐台，收玺绶，传首诣宛。更始时在便坐黄堂，取视之，喜曰：'莽不如是，当与霍光等。'宠姬韩夫人笑曰：'若不如是，帝焉得之乎？'更始悦，乃悬莽首于宛城市。"[④]《太平广记》卷371《马举》条："叟曰：'方今正用兵之时也，公何不求兵机战术，而将御寇仇。若不如是，又何作镇之为也？'公曰：'仆且治疲民，未暇于兵机战法也。幸先生辱顾，其何以教之？'"[⑤]

（三）"如不"式

"如不能者"，如果不能做到的话。《日本书纪》卷3《神武纪》即位前纪条："时椎根津彦乃祈之曰：'我皇当能定此国者，行路自通。如不能者，贼必防御。'言讫径去。时群虏见二人，大笑之曰：'大丑乎！老父老妪。'"[⑥]唐义净译《根本萨婆多部律摄》卷1："说波罗底木叉，有其五种……五乃至终，谁应为说，波罗底木叉，谓众中上座。如不能者，应令第二第三，或为番次，或可别请余人。"唐窥基撰《瑜伽师地论略纂》卷15："答有一能入，有一不能，谓利根众多，善资助身，能现起。此有二，一利根，二众多。善本资助，如钝根者，虽善多资助，根钝不能入。如利根无善，资不能入。要利根善，助方起喜也。如不能者，得果已，方别引起喜根。"唐义净撰《南海寄归内法传》卷4："所有券契之物，若能早索得者，即可分之。如不能者，券当贮库，后时索得，充四方僧用。"唐道世撰《法苑珠林》卷63："汉孙策，既定会稽，引兵迎

① （汉）赵晔著，张觉译注《吴越春秋全译》，贵州人民出版社，2008，第36页。

② 小島憲之、直木孝次郎、西宮一民、藏中進、毛利正守『日本書紀三』，新編日本古典文学全集，小学館，1998，第264頁。

③ 该经于天平九年抄写，题作《慧上菩萨经》，录于《大日本古文书》卷7，第70页；又于天平十二年重抄，题作《大乘方便经》，录于《大日本古文书》卷7，第478页；具体抄写时期不详，录于《大日本古文书》卷12，第103页。

④ （宋）范晔撰，（唐）李贤等注《后汉书》，中华书局，1965，第470页。

⑤ （宋）李昉等编《太平广记》，中华书局，1961，第3949页。

⑥ 小島憲之、直木孝次郎、西宮一民、藏中進、毛利正守『日本書紀一』，新編日本古典文学全集，小学館，1994，第212頁。

汉帝。时道人于吉在策军中。遇天大旱船路艰涩，策尝自出督切军中人。每见将士多在吉所，因愤怒曰：'吾不如吉乎？'收吉缚置日中，令其降雨。**如不能者**，便当受诛。俄顷之间，云雨滂沛，未及移时，川涧涌溢。时并来贺，吉免其死。"

（四）"如其"式

"**如其不尔**"，如果不是这样的话。《日本书纪》卷3《神武纪》即位前纪条："又祈之曰：'吾今当以严瓮，沉于丹生之川。如鱼无大小悉醉而流，譬犹柀叶之浮流者，吾必能定此国。**如其不尔**，终无所成。'"① （1）东晋慧远问、罗什答《鸠摩罗什法师大义》卷3："此又似香像，先学兔马之涉水，然能蹈涉于理深乎？**如其不尔**，遍学之义，未可见也。"唐义净译《根本说一切有部毘奈耶出家事》卷1："其影胜太子，为人犷暴，违盟负信，不受征科。幸愿大王早为先策。**如其不尔**，恐招后患。"唐道世撰《法苑珠林》卷48："大丈夫生当降魔，死当饲虎。**如其不尔**，徒生何益？"（2）《世说新语·排调第25》："桓玄素轻桓崖，崖在京下有好桃，玄连就求之，遂不得佳者。玄与殷仲文书，以为嗤笑曰：'德之休明，肃慎贡其楛矢；**如其不尔**，篱壁间物，亦不可得也。'"②《宋书》卷74《沈攸之传》："君诸人既有志心，若能与薛子弟俱来者，皆即假君以本乡县，唯意所欲；**如其不尔**，无为空劳往还。"③《魏书》卷38《刁雍传》："若送吾出境，便是再生之惠，**如其不尔**，辄欲自裁。"④

无论是肯定条件下的假设句，还是否定条件下的假设句，其显著特征就是四字这一格式。四字格字数整齐、朗朗上口的口语特征由此显现出来。不难想象，经文读诵、法事举办乃至讲经说法对包括假设句在内的口语表达的推广起到了积极的作用。

三　对话句

所谓对话句，指记述具体对话内容的句子，句子连接的形式具体包括单独连接、对象连接和呼应连接三类。《古事记》中用于记述直接引语的词语有"白""曰""云""言""奏""告"等。根据神田秀夫、古贺精一等的研究，在出源关系上，"白""告"出自汉文佛经；"奏""诏"源于《汉书》等史书；在词义和用法上，"白""奏"表示下位者对上位者的言语行为，"告""诏"则反之。⑤ 以下，分门别类地析出上古文学作品中的对话格式，并指出其与汉文佛经句法的对应关系。

---

① 小島憲之、直木孝次郎、西宮一民、蔵中進、毛利正守『日本書紀一』，新編日本古典文学全集，小学館，1994，第214頁。

② 徐震堮：《世说新语校笺》，中华书局，1984，第442页。

③ （梁）沈约撰《宋书》，中华书局，1974，第1930页。

④ （北齐）魏收撰《魏书》，中华书局，1974，第874页。

⑤ 神田秀夫「古事記の文体に就いて」，『国語国文』20－5，1951；古賀精一「古事記の『白』『曰』両字について」，『国語国文』23－8，1954年8月；同「古事記における会話引用—白、奏、詔、告の用字法—」，『古事記年報』2，1955；西田長男『日本古典の史的研究』，理想社，1956，第588、611～637頁。

（一）单独连接

所谓单独连接，指仅以“白之”“答白”等词语单独表示引用说话内容、句末没有呼应表达的形式。其中，根据表言语行为的动词的音节，可细分作双音词、三字格和四字格。《古事记》等中源自汉文佛经的双音词单独连接形式主要包括：“白”式、“语”式、“答”式、“告”式等。“白”式主要有“白言：‘～’”“白之：‘～’”。

“**白言**：‘～’”，（位卑者对位尊者）说道：“……”。《古事记》上卷《天照大神与须佐之男命》：“天照大御神逾思奇，而稍自户出而临坐之时，其所隐立之天手力男神，取其御手引出，即布刀玉命，以尻久米绳，控度其御后方白言：‘从此以内，不得还入。’”又《大国主神》：“尔多迩具久白言：‘此者，久延毘古必知之。’”又中卷《景行记》：“尔其熊曾建白言：‘莫动其刀，仆有白言。’尔暂许，押伏。于是白言：‘汝命者谁?’”①《日本书纪》卷2《神代纪下》：“及至彦火火出见尊将归之时，海神白言：‘今者，天神之孙，辱临吾处。中心欣庆，何日忘之。’”②《日本灵异记》上卷《偷用子物作牛役之示异表缘第10》：“檀越即起悲心而，就牛边敷薦白言：‘实吾父者就此座。’”③ 后汉安世高译《太子慕魄经》卷1：“王问婆罗门，婆罗门师白言：‘当生埋之，尔乃安吉，全国荣宗，利后子孙，以用是故。’”姚秦鸠摩罗什译《妙法莲华经》卷7《妙庄严王本事品》：“二子白言：‘大王，彼云雷音宿王华智佛，今在七宝菩提树下，法座上坐，于一切世间，天人众中，广说《法华经》。是我等师，我是弟子。’”唐义净译《金光明最胜王经》卷1《如来寿量品》：“尔时，妙幢菩萨，闻四如来说，释迦牟尼佛，寿量无限，白言：‘世尊，云何如来，示现如是，短促寿量?’”

“**白之**：‘～’”，（位卑者对位尊者）说：“……”。《古事记》上卷《忍穗耳命与迩迩艺命》：“于是天照大御神诏之：‘亦遣曷神者吉?’尔思金神及诸神白之：‘坐天安河河上之天石屋，名伊都之尾羽张神，是可遣。’”又《日子穗穗手见命与鹈葺草葺不合命》：“是以海神悉召集海之大小鱼问曰：‘若有取此钩鱼乎?’故诸鱼白之：‘顷者，赤海鲫鱼于喉鲠，物不得食，愁言。故必是取。’”又：“于是，海神之女丰玉毘卖命自参出白之：‘妾已妊身，今临产时。此念天神之御子不可生海原。故参出到也。’”又中卷《神武记》：“故其娘子白之：‘仕奉也。’于是其伊须气余理比卖命之家，在狭井河之上。天皇幸行其伊须气余理比卖之许，一宿御寝坐也。”又《景行记》：“尔其后，名弟橘比卖命白之：‘妾易御子而入海中。御子者，所遣之政遂，应覆奏。’”又下卷《履中记》：“故到幸大坂山口之时，遇一女人。其女人白之：‘持兵人等，多塞兹山。自当岐麻道回，应越幸。’”又《允恭记》：“如此歌，参归，白之：‘我天皇之御子，于伊吕兄王，无及兵。若及兵者，必人咲。仆捕以贡进。’”又《安康记》：“尔大日下王，四拜

---

① 山口佳紀、神野志隆光『古事記』，新編日本古典文学全集，小学館，1997，第66、94、218～220頁。

② 小島憲之、直木孝次郎、西宫一民、蔵中進、毛利正守『日本書紀一』，新編日本古典文学全集，小学館，1994，第170頁。

③ 中田祝夫『日本靈異記』，日本古典文学全集，小学館，1975，第87頁。

白之：‘若疑有如此大命。故不出外，以置也。是恐、随大命奉进。’”[①]《日本灵异记》下卷《阎罗王示奇表劝人令修善缘第9》：“广足受诏，罢至阙门，即念欲知召我之人，我更还白之：‘欲知御名。’爰告：‘欲知我，我阎罗王。汝国称地藏菩萨是也。’”[②] 后汉安世高译《佛说奈女祇域因缘经》卷1：“祇域复言：‘汝可白汝长者妇，但听我治。若差者，随意与我物。’时守门人复白之：‘医作如是言，但听我治。若差，随意与我物。’”元魏慧觉等合译《贤愚经》卷12《檀弥离品》：“时有一人，启白王曰：‘拘萨罗国，檀弥离长者，家内大有。’时王闻之，乘车马舆，躬自往求。到檀弥离、长者门前，时守门人，即入白之：‘波斯匿王，来在门外。’长者欢喜，即出奉迎，请王入宫。”刘宋佛陀什、竺道生等合译《弥沙塞部和醯五分律》卷2：“又作是念：世尊今在此城，当往白之：‘佛有教敕，我当奉行。’即诣祇桓，具以白佛。”按：“白之：‘～’”，用以引用下位者对上位者所说的话，“之”均为指示代词，谓上文或下文所言内容。有所不同的是：佛典例中“白之”同时指向上下文说话内容，上文另有“敕”、“启”或“曰”等词相呼应。古贺论文认为，“白之～”的形式为《古事记》独有。不确。此外，《古事记》上卷《忍穗耳命与迩迩艺命》：“尔思金神及八百万神议白之：‘天菩比神，是可遣。’”又中卷《神武记》：“于是，亦高木大神之命以觉白之：‘天神御子自此于奥方莫使入幸。荒神甚多。今自天遣八咫乌。故其八咫乌引道，从其立后应幸行。’”又《仲哀记》：“尔坐其地伊奢沙和气大神之命，见于夜梦云：‘以吾名欲易御子之御名。’尔言祷白之：‘恐，随命易奉。’”[③]《日本灵异记》下卷《灾与善表相先现而后其灾善答被缘第38》：“时仲丸誓白之：‘若我后世，违敕诏之者，天神地祇，恶嗔而被太灾，破身灭命。’”[④] 例中“议白之”“觉白之”“祷白之”“誓白之”的搭配说法，在中国典籍中未见文例，疑似自创搭配。

“语”式主要有“语言：‘～’”，“答”式有“答白：‘～’”“答言：‘～’”，“告”式有“告诏：‘～’”。

“语言：‘～’”，说道：“……”。《日本书纪》卷20《敏达纪》十二年是岁条：“俄而有家里来韩妇，用韩语言：‘以汝之根，入我根内。’即入家去。”[⑤]《日本灵异记》上卷《狐为妻令生子缘第2》：“壮亦语言：‘成我妻也。’妻：‘听。’答言，即将于家交通相住。”又《偷用子物作牛役之示异表缘第10》：“僧进牛边语言：‘吾者此家长之父也。’”又下卷《二目盲男敬称千手观音日摩尼手以现得明眼缘第12》：“左右各治了，语言：‘我径二日，必来是处。慎待不忘。’”又《依妨修行人得猴身缘第24》：

① 山口佳紀、神野志隆光『古事記』，新編日本古典文学全集，小学館，1997，第106、130、134、160、226、308、322、328頁。

② 中田祝夫『日本靈異記』，日本古典文学全集，小学館，1975，第284頁。

③ 山口佳紀、神野志隆光『古事記』，新編日本古典文学全集，小学館，1997，第98～100、148、252頁。

④ 中田祝夫『日本靈異記』，日本古典文学全集，小学館，1975，第369頁。

⑤ 小島憲之、直木孝次郎、西宮一民、蔵中進、毛利正守『日本書紀二』，新編日本古典文学全集，小学館，1996，第480頁。

"暂顷修行时，梦人**语言**：'为我读经。'惊觉念怪。"① 后汉支娄迦谶译《杂譬喻经》卷1："便自还归家疲极卧，梦有人**语言**：'汝欲见文殊师利，见之不识。近前高座上老翁，正是文殊师利。汝便牵著地，如是前后七反，见之不识。当那得见，文殊师利？'"吴支谦译《九色鹿经》② 卷1："王闻鹿言，甚大惭愧，责数其民，**语言**：'汝受人重恩，云何反欲杀之？'"姚秦佛陀耶舍、竺佛念等合译《长阿含经》卷3："时大善见王，即召四兵，向金轮宝偏露右臂，右膝著地，以右手摩拭金轮，**语言**：'汝向东方，如法而转，勿违常则。'"按：《古事记》下卷《仁德记》："尔其仓人女闻此**语言**，即追近御船，白之状，具如仕丁之言。"③《续日本纪》卷20天平宝字元年七月条："款云：去六月二十九日黄昏，黄文来云：'奈良麻吕欲得**语言**。'云尔。"④ 例中"语言"指说话的内容。

"**答白**：'～'"，(位卑者向位尊者)回答道："……"。《古事记》上卷《伊耶那岐命与伊耶那美命》："尔伊耶那美命**答白**：'悔哉！不速来，吾者为黄泉户吃。'"又："故伊耶那岐大御神，诏速须佐之男命：'何由以汝不治所事依之国，而哭伊佐知流？'尔**答白**：'仆者欲罢妣国根之坚洲国，故哭。'"⑤《日本灵异记》中卷《依汉神祟杀牛而祭又修放生善以现得善恶报缘第5》："王问言：'斯是杀汝之仇。'**答白**：'当是。'"又《智者诽妒变化圣人而现至阎罗阙受地狱苦缘第7》："问曰：'是有于丰苇原水穗国，所谓智光法师矣。'智光**答白**：'唯然。'"⑥ 姚秦竺佛念译《菩萨从兜术天降神母胎说广普经》卷3："盲人**答白**：'捉鼻者言如角，捉头者言如瓮，捉耳者言如簸箕，捉腹者言如箪，捉脚者言如柱，捉尾者言如橛。'"按：《汉语大词典》首引周立波《张满贞》："我还要**答白**，张满贞对我使了一个眼色。"过晚。《古事记》中，"答白"通常用于下位者答复上位者提问的场合，类义表达有"答曰""答言"。另有两个与"答白"相关的变形表达，即"答白之"和"答白言"。"答白之"由"答白"和"白之"组合而来，意思是"回答（说）道"。"答白言"由"答白"和"答言"拼凑而成，意思是"回答道"。

"**答言**：'～'"，答复、回答说："……"。《古事记》上卷《天照大御神与须佐之男命》："故其老夫**答言**：'仆者国神，大山津见神之子焉。'"又："最后之来大穴牟迟神见其菟言：'何由汝泣伏？'菟**答言**：'仆在淤岐岛，虽欲度此地，无度因。'"⑦《日本书纪》卷19《钦明纪》四年十二月条："是月，乃遣施德高分，召任那执事与日本府

① 中田祝夫『日本霊異記』，日本古典文学全集，小学館，1975，第60、87、290、322頁。
② 该经于天平五年抄写，录于《大日本古文书》卷7，第17页。
③ 西宫一民『古語拾遺』，岩波文庫，1985，第292頁。
④ 青木和夫、稲岡耕二、笹山晴生、白藤礼幸『続日本紀三』，新日本古典文学大系，岩波書店，1992，第202頁。
⑤ 山口佳紀、神野志隆光『古事記』，新編日本古典文学全集，小学館，1997，第44、54頁。
⑥ 中田祝夫『日本霊異記』，日本古典文学全集，小学館，1975，第159、167頁。
⑦ 山口佳紀、神野志隆光『古事記』，新編日本古典文学全集，小学館，1997，第68、76頁。

执事俱，答言：‘过正旦而往听焉。’” 又五年正月条：“五年春正月，百济国遣使，召任那执事与日本府执事俱，答言：‘祭神时到，祭了而往。’”[①]《日本灵异记》上卷《狐为妻令生子缘第2》：“壮亦语言：‘成我妻耶？’女：‘听。’答言，即将于家，交通相住。” 又上卷《婴儿鹫所擒他国得逢父缘第9》：“家主答言：‘其年其月日之时，余登于捕鸠之而居，鹫擒婴儿，从西方而来，落巢养鸽。婴儿慓啼。彼鸽望之，惊恐不啄。余闻啼音，自巢取下，育女子是也。’”[②]（1）后汉竺大力、康孟详合译《修行本起经》卷2：“太子问曰：‘此为何等？’其仆答言：‘病人也。’” 姚秦鸠摩罗什译《妙法莲华经》卷4《提婆达多品》：“尔时龙女，有一宝珠，价直三千、大千世界，持以上佛。佛即受之。龙女谓智积菩萨、尊者舍利弗言：‘我献宝珠，世尊纳受，是事疾不？’答言：‘甚疾。’” 唐义净译《金光明最胜王经》卷9《长者子流水品》：“大臣答言：‘大王当知，有诸天众，于长者子，流水家中，雨四十千，真珠璎珞，及天曼陀罗花，积至于膝。’”（2）《魏志》卷1《武帝纪》裴松之注引《魏武故事》曰：“志计已定，人有劝术使遂即帝位，露布天下，答言：‘曹公尚在，未可也。’”[③]《搜神记》卷16《宋定伯》条：“定伯复言：‘我新鬼，不知有何所畏忌。’鬼答言：‘惟不喜人唾。’”[④] 按：《汉语大词典》首引《晋书》卷3《武帝纪》：“左右答言未至，帝遂困笃。”偏晚。

“告诏：‘～’”，诏告、命令：“……”。《日本灵异记》中卷《依汉神祟杀牛而祭又修放生善以现得善恶报缘第5》：“经八日已，其夕告诏：‘参向明日。’奉诏而罢，九日集会。”[⑤] 西晋竺法护译《佛说如来兴显经》[⑥] 卷4：“又，是十方八十不可称计亿百千姟佛之世界满其中尘一切诸佛，自然有音，而说经法：‘吾等于此，而现告诏，犹如余党，被蒙开化。亦如一切，诸佛讲法，等无差特。’” 按：《汉语大词典》失收。

《古事记》等中源自汉文佛经的三字格单独连接形式包括“白之曰：‘～’”“愠之曰：‘～’”“问之言：‘～’”“答言曰：‘～’”“答之言：‘～’”“告之言：‘～’”“来进曰：‘～’”“来语曰：‘～’”“共议曰：‘～’”。

“白之曰：‘～’”，（位卑者对位尊者）说道：“……”。《日本灵异记》中卷《智者诽妒变化圣人而现至阎罗阙受地狱苦缘第7》：“其门左右，立二神人，身著甲铠，额著绯缦。使长跪白之曰：‘召也。’” 又下卷《沙门凭愿十一面观世音像得现报缘第3》：“辩宗法师，系像引绳，犹白之曰：‘钱速赐我。征钱速偿。’”[⑦]（1）吴支谦译《撰集百缘经》卷5《饿鬼品》：“佛在王舍城迦兰陀竹林。尔时目连乞食时到，著衣持钵，入

① 小島憲之、直木孝次郎、西宮一民、蔵中進、毛利正守『日本書紀二』，新編日本古典文学全集，小学館，1996，第380～382頁。

② 中田祝夫『日本霊異記』，日本古典文学全集，小学館，1975，第60、84頁。

③ （晋）陈寿撰，（宋）裴松之注《三国志》，中华书局，1959，第33页。

④ 王根林、黄益元、曹光甫校点《汉魏六朝笔记小说大观》，上海古籍出版社，1999，第402页。

⑤ 中田祝夫『日本霊異記』，日本古典文学全集，小学館，1975，第159頁。

⑥ 该经于天平十四年抄写，题作《如来兴显经》，录于《大日本古文书》卷8，第9页。

⑦ 中田祝夫『日本霊異記』，日本古典文学全集，小学館，1975，第167、269頁。

城乞食。于其门中，值有五百饿鬼，从外来入，见是目连，心怀欢喜，而**白之曰**：‘唯愿尊者，慈哀怜愍，称我名字，语我家中所亲眷属言……’”隋阇那崛多译《佛本行集经》卷53《优波离因缘品》：“时彼五百、释种童子，各至己家，咨父母已，还复来至，输头檀边，而**白之曰**：‘大王，今者可将我等，至世尊所。彼既出家，我亦应当，随从出家。’”(2)《太平广记》卷40《杨云外》条：“翌日虔诚敛衽而**白之曰**：‘师丈，小子凡鄙，神仙之事，虽聆其说，果有之乎？’”又卷197《江陵书生》条：“州帅惶惧，不知所为。忽有人**白之曰**：‘洲之郊墅间，有一书生博读甚广，才智出人。请召询之。’”[①]

“愠之曰：‘～’”，生气说道：“……”。《日本书纪》卷2《神代纪下》：“故吾田鹿苇津姬乃**愠之曰**：‘何为嘲妾乎？’天孙曰：‘心疑之矣，故嘲之。何则？虽复天神之子，岂能一夜之间，使人有身者哉？固非我子矣。’”[②] 后世文献宋昙秀集《人天宝鉴》卷1：“长灵卓禅师命无示立僧，法席严肃不事堂厨，唯安禅以当佳供。夜参以当药石，其间衲子有不任者。无示告卓曰：‘人以食为先。若是则众将安乎？’卓**愠之曰**：‘表率安可为此？’无示云：‘某不争堂厨。教谁争邪？’”

“问之言：‘～’”，问道：“……”。《日本灵异记》上卷《非理夺他物为恶行受报示奇事缘第30》：“王**问之言**：‘汝知是女耶？’广国白言：‘实我之妻也。’”又中卷《力女角力试缘第4》：“时狐来，彼蛤皆取令卖。然**问之言**：‘自何来女？’蛤主不答。”[③] 吴支谦译《菩萨本缘经》卷2《善吉王品》：“家人见已，即**问之言**：‘君患何等，乃如是乎？’是人闻已，默然无言。”唐道世撰《法苑珠林》卷22：“佛见难陀，将还精舍，而**问之言**：‘汝念妇耶？’答言：‘实尔。’即将难陀向阿那波山上。”唐道世集《诸经要集》卷11：“王见深怪，即便唤彼，依王活者，而**问之言**：‘我使汝去，云何不去？’彼即向王，具白情事。”

“答言曰：‘～’”，回答道：“……”。《日本灵异记》中卷《阎罗王使鬼得所召人之赂以免缘第24》：“至于山代宇治椅之时，近追附，共副往。盘岛问之：‘何往人耶？’**答言曰**：‘阎罗王阙召于楢盘岛之往使也。’”[④] (1) 西晋安法钦译《阿育王传》卷3：“王**答言曰**：‘我今不以，失王位故，而怀懊恼。亦不以舍身命故，而作忧苦。又亦不以，舍宫人库藏，而作忧恼。正以远离，诸贤圣众，以为懊恼。’”元魏慧觉等合译《贤愚经》卷6《月光王头施品》：“天帝前问：‘实为奇特！能作是事，欲求何报？’王**答言曰**：‘不求魔梵，四王帝释，转轮圣王，三界之乐。以此功德，誓求佛道，度脱众生，至涅槃乐。’”唐道世撰《法苑珠林》卷31：“是时商主，复问彼言：‘汝诸人等，云何在此，受如斯事。’彼苦人辈，即**答言曰**：‘善哉！善人。我等今者，亦复如是。

---

① (宋)李昉等编《太平广记》，中华书局，1961，第255、1481页。

② 小島憲之、直木孝次郎、西宮一民、藏中進、毛利正守『日本書紀一』，新編日本古典文学全集，小学館，1994，第146頁。

③ 中田祝夫『日本靈異記』，日本古典文学全集，小学館，1975，第125、154頁。

④ 中田祝夫『日本靈異記』，日本古典文学全集，小学館，1975，第211頁。

行人同伴，亦五百人，船破至岸。'”（2）《太平御览》卷597引梁《裴子野传》曰："当时或有诋诃者，及其末，翕然重之。或问其文速者，子野**答言曰**：'云人皆成于手，我独成于心。'"①

"**答之言**：'～'"，回答道："……"。《日本灵异记》上卷《得电之喜令生子强力在缘第3》："其人问言：'汝何报？'雷**答之言**：'寄于汝，令胎子而报。故为我作楠船入水，泛竹叶而赐。'"又《圣德皇太子示异表缘第4》："时圆势师之弟子之优婆塞见之白师。师言：'莫言，默然。'优婆塞窃穿坊壁而窥之者，其室内放光照炫。优婆塞见之，复白师。师**答之言**：'然有故我谏汝莫言。'"② 吴支谦译《撰集百缘经》卷9《声闻品》："师闻是语，即**答之言**：'汝遭此苦，状似饿鬼。汝今可取，我瓶中水，至僧中行。'即受师教，取瓶行水。"东晋法显译《大般涅槃经》卷1："尔时如来，而**答之言**：'汝等从今，至尽形寿，精勤持戒，如人护眼，意念端直，勿生谄嫉。此便即是，常得见我。'"刘宋求那跋陀罗译《过去现在因果经》③ 卷2："尔时太子，而**答之言**：'诚如所说，但我不以，捐国故尔，亦复不言，五欲无乐；以畏老病，生死之苦，故于五欲，不敢爱著。'"梁宝唱等集《经律异相》卷23："夫**答之言**：'我家穷困，虽可有心，当以何施？'妇言：'我意欲以，此氎布施。'"

"**告之言**：'～'"，告诉说："……"。《日本灵异记》下卷《用寺物复将写〈大般若〉建愿以现得善恶报缘第23》："于时，出三铁札，校之如白。僧**告之言**：'汝实发愿，出家修道。虽有是善，而多用于住堂之物。故摧汝身。今还毕愿，后偿堂物。'"④ 失译人名今附秦录《别译杂阿含经》卷7："佛**告之言**：'若良田尽，次种何田？'闭口姓言：'次种中者。种中田已，次种下田。亦复掷子，亦望后时，少有所获。'"隋达摩笈多译《起世因本经》卷5《诸龙金翅鸟品》："时镜面王，即便敕唤，一调象师来，**告之言**：'卿可速往，彼象厩内，取一象来，置于我前，示诸盲人。'"唐玄奘译《说无垢称经》卷5《菩萨行品》："时阿难陀，即便白佛：'今所闻香，昔来未有。如是香者，为是谁香？'佛**告之言**：'是诸菩萨，毛孔所出。'"

"**来进曰**：'～'"，前来禀告说："……"。《日本书纪》卷2《神代纪下》："天孙幸大山祇神之女子吾田鹿苇津姬，则一夜有身，遂生四子。故吾田鹿苇津姬抱子而**来进曰**：'天神之子宁可以私养乎？'"⑤ 吴康僧会译《六度集经》卷5："猴王率众，由径临海，忧无以渡。天帝释即，化为猕猴，身病疥癣，**来进曰**：'今士众之多，其踰海沙，何忧不达，于彼洲乎？'"

---

① （宋）李昉等撰《太平御览》，中华书局，1960，第2690页。

② 中田祝夫『日本霊異記』，日本古典文学全集，小学館，1975，第64、69頁。

③ 该经于天平十四年抄写，题作《过去现在因缘经》，录于《大日本古文书》卷8，第2页。

④ 中田祝夫『日本霊異記』，日本古典文学全集，小学館，1975，第319頁。

⑤ 小島憲之、直木孝次郎、西宮一民、蔵中進、毛利正守『日本書紀一』，新編日本古典文学全集，小学館，1994，第146頁。

"来语曰：'～'"，来说道："……"。《日本书纪》卷2《神代纪下》："顷吾儿**来语曰**：'天孙忧居海滨，未审虚实。'盖有之乎？"① 唐法藏集《华严经传记》卷2："先读《华严经》数十遍，至于义旨，转加昏瞑，常怀怏怏，晓夕增其恳到。遂梦普贤菩萨，乘白象放光明，**来语曰**：'汝逐我向南方，当与汝药，令汝深解。'忽觉，向同意说之，而恨不问，南方处所。"唐慧英撰、胡幽贞纂《大方广佛华严经感应传》卷1："延悟入堂，礼佛才毕，忽见五百异僧，执锡持盂，翔空而至。悟敬异僧，宁敢居上，遂从下行。居士**来语曰**：'师受持华严，是佛境界。何得于小圣下坐？'遂却引悟，坐于五百，圣众之上。"唐怀信述《释门自镜录》卷1："后梦见一僧，**来语曰**：'汝悭惜钱财，不肯作福。襄州有李德胜，大营功德。今将汝钱，送乞其人，令修福业。'"

"共议曰：'～'"，一起商议道："……"。《日本书纪》卷1《神代纪上》："既而伊奘诺尊、伊奘冉尊**共议曰**：'吾已生大八洲国及山川草木。何不生天下之主者欤？'"② 又卷22《推古纪》八年是岁条："时将军**共议曰**：'新罗知罪服之，强击不可。'则奏上。爰天皇更遣难波吉师神于新罗，复遣难波吉士木莲子于任那，并检校事状。"③《唐大和上东征传》："毕后，大使以下**共议曰**：'方今广陵郡觉知和上向日本国，将欲搜舟，若被搜得，为使有［殃］；又［被风］漂还，著唐界，不免罪恶。'由是，众僧总下舟，留。"④（1）后汉昙果、康孟详合译《中本起经》卷1《转法轮品》："五人遥见佛来，便**共议曰**：'我等勤苦，室家离别，登山越领，困苦疲极，正坐此人，供给麻米，谓其叵堪。'"元魏慧觉等合译《贤愚经》卷6《月光王头施品》："时五百人，复**共议曰**：'空手倩人，人无应者。今共行乞，人各令得，金钱一枚，以用雇人，足得达彼。'"唐义净译《根本说一切有部毘奈耶》卷47："商主以儿，告诸亲曰：'此儿今者，当作何字？'众**共议曰**：'此是商主，师子之儿，可名师子胤。'"（2）《宋书》卷91《孝义传》："妇生一男，夫妻**共议曰**：'勤身供养，力犹不足，若养此儿，则所费者大。'乃垂泣瘗之。"⑤

《古事记》等中源自汉文佛经的四字格单独连接形式包括"其人答曰：'～'""有人答言：'～'""不信受曰：'～'""长跪白言：'～'""流泪白言：'～'"。

"其人答曰：'～'"，那个人回答道："……"。《古事记》中卷《应神记》："尔问其人曰：'何汝饮食负牛入山谷？汝必杀食是牛。'即捕其人，将入狱囚。**其人答曰**：

① 小島憲之、直木孝次郎、西宮一民、蔵中進、毛利正守『日本書紀一』，新編日本古典文学全集，小学館，1994，第174頁。

② 小島憲之、直木孝次郎、西宮一民、蔵中進、毛利正守『日本書紀一』，新編日本古典文学全集，小学館，1994，第34頁。

③ 小島憲之、直木孝次郎、西宮一民、蔵中進、毛利正守『日本書紀二』，新編日本古典文学全集，小学館，1996，第534～536頁。

④〔日〕真人元开著，汪向荣校注《唐大和上东征传》，中华书局，1979，第90页。

⑤（梁）沈约撰《宋书》，中华书局，1974，第2243页。

'吾非杀牛。唯送田人之食耳。'"[①] 那个人回答道：并非是想杀牛，只是希望给种田人送点儿吃的。(1) 西晋竺法护译《生经》卷1："和难又问：'子何以故，不为沙门？沙门者，多获众利，子便降意，出为沙门，所学德行，吾悉供给。'**其人答曰**：'唯诺从命，除诸忧患，假使安隐，便为沙门。'则除续发，受成就戒。"梁宝唱等集《经律异相》卷47："又问：'吾以见之，愿持示我，食贸狗子，令命得济。'**其人答曰**：'不能相与。'如是至三，殷勤喻请。其人抵突，不肯随言。"北凉昙无谶译《大般涅槃经》卷22《10光明遍照高贵德王菩萨品》："即欲还家，路见一人，而便语言：'吾欲卖身，君能买不？'**其人答曰**：'我家作业，人无堪者，汝设能为，我当买汝。'"《敦煌变文·悉达太子修道因缘》："太子遂出至南门，忽见一老人，发白面皱，形容憔悴。遂遣车匿，问其老人：'曲脊柱杖，君是何人？'**其人答曰**：'我是老人。'"又《八相变(一)》："太子遂遣车匿问之：'君是何人？'**其人答曰**：'我是病儿。'"[②] (2)《太平御览》卷849引《齐谐记》曰："此家出语之：'汝已就前门得，那复后门乞？'**其人答曰**：'实不知君有两门。'"[③]《太平广记》卷247《陆乂》条："北齐散骑常侍河南陆乂，黄门郎卬之子。卬字云驹，而乂患风，多所遗忘，尝与人言：'马曰云驹。有刘某者常带神符，渡漳水致失。'乂笑曰：'刘君渡水失神符。'**其人答曰**：'陆乂名马作云驹。'"[④]

"**有人答言**：'～'"，有人回答道："……"。《日本灵异记》下卷《女人滥嫁饥子乳故得现报缘第16》："林自梦惊醒，独心怪思，巡彼里讯。于是**有人答言**：'当余是也。'"又《灾与善表相先现而后其灾善答被缘第38》："爰景戒言：'斯沙弥，常非乞食之人。何故乞食耶？'**有人答言**：'子数多有。无养之物，乞食养也。'"[⑤] 西晋安法钦译《阿育王传》卷5："贾客主问人言：'此城中谁是最第一淫女？'**有人答言**：'有婆须达多淫女，为最第一，得五百金钱，与人一宿。'"东晋佛陀跋陀罗、法显合译《摩诃僧祇律》卷17："王相师见之，即问言：'此谁家女？'**有人答言**：'某甲居士女。'"元魏慧觉等合译《贤愚经》卷12《波婆离品》："时弥勒等，进趣王舍，近到鹫头山，见佛足迹，千辐轮相，晒然如画。即问人言：'此是谁迹？'**有人答言**：'斯是佛迹。'"

"**不信受曰**：'～'"，不相信、不受持地说道："……"。《日本灵异记》中卷《骂僧与邪淫得恶病而死缘第11》："导师见之，宣义教化。**不信受曰**：'为无用语。汝婚吾妻，头可所罚破。斯下法师矣。'恶口多言，具不得述。"[⑥] 唐道宣撰《广弘明集》卷

---

① 山口佳紀、神野志隆光『古事記』，新編日本古典文学全集，小学館，1997，第274頁。

② 黄征、张涌泉校注《敦煌变文校注》，中华书局，1997，第471、511页。

③ （宋）李昉等撰《太平御览》，中华书局，1960，第3797页。

④ （宋）李昉等编《太平广记》，中华书局，1961，第1913页。

⑤ 中田祝夫『日本霊異記』，日本古典文学全集，小学館，1975，第301、372頁。

⑥ 中田祝夫『日本霊異記』，日本古典文学全集，小学館，1975，第178頁。

9："《化胡经》云：老化胡，王不受其教。老子曰：'王若不信，吾南入天竺化诸国。'其道大兴，自此已南无尊于佛者。胡王犹**不信受曰**：'若南化天竺，吾当稽首称南无佛。'"

"长跪白言：'～'"，（位卑者对位尊者）长时间跪在地上说道："……"。《日本灵异记》中卷《力女示强力缘第27》："于兹船人大惶，**长跪白言**：'犯也。服也。'"① 后汉安世高译《佛说奈女祇域因缘经》卷1："须臾祇域亦来，儿欢喜出门迎，头面作礼，**长跪白言**：'愿得为祇域作奴，终身供养，以报再活之恩。'"后汉康孟详译《佛说兴起行经》卷2："大众见此女，现身堕泥犁。阿阇世王便惊恐，衣毛为竖，即起叉手，**长跪白言**：'此女所堕，今在何处？'佛答大王：'此女所堕，名阿鼻泥犁。'"东晋法显译《大般涅槃经》卷2："时弗迦娑，闻佛此语，欢喜踊跃，即以一张，置佛足下。又持一张，至阿难所，**长跪白言**：'我今以此，奉施尊者。唯愿纳受。'"

"流泪白言：'～'"，（位卑者对位尊者）流着眼泪说道："……"。《日本灵异记》中卷《贷用寺息利酒不偿死作牛役之偿债缘第32》："彼牛放退，屈膝而伏击，**流泪白言**：'我者有樱村物部麻吕也。字号盐春也。'"② 姚秦鸠摩罗什译《集一切福德三昧经》卷3："尔时，阿难悲泣，**流泪白言**：'世尊，愿住一劫，若住百劫、若住千劫，多所安隐，多所饶益，利安人天。'"唐道世撰《法苑珠林》卷93："佛说是时，诸恶罗刹，闻佛所说，悉舍恶心，止不食肉，递相劝发，菩提之心，护众生命，过自护身，离一切诸肉不食。悲泣**流泪**，**白言**：'世尊，我闻佛说，谛观六道，我所噉肉，皆是我亲。乃知食肉众生，是我大怨。断大慈种，长不善业，是大苦本。我从今日，断不食肉，及我眷属，亦不听食。'"

（二）对象连接

对象连接，指引用说话内容时涉及对象（听者）的表达形式，是"白言""答曰"等的扩充形式。以下是《古事记》等中源自汉文佛经的对象连接句式。双音节的格式为"白（对象）言：'～'""白（对象）曰：'～'""具白（对象）'～'"。

"白（对象）言：'～'"，（位卑者对位尊者）说道："……"。《古事记》上卷《大国主神》："故随诏命，而参到须佐之男命之御所者，其女须势理毘卖出见，为目合而相婚。还入**白**其父**言**：'甚丽神来。'"又《日子穗穗手见命与鹈葺草不合命》："故丰玉毘卖命闻其叹，以**白**其父**言**：'三年虽住，恒无叹。今夜为一大叹，若有何由？'"又："尔将方产之时，**白**其日子**言**：'凡佗国人者，临产时，以本国之形产生。故妾今以本身为产。愿勿见妾。'"又中卷《垂仁记》："尔其后以为不应争，即**白**天皇**言**：'妾兄沙本毘古王问妾曰：孰爱夫与兄？是不胜面问故，妾答曰爱兄欤。'"③《日本灵异记》

① 中田祝夫『日本霊異記』，日本古典文学全集，小学館，1975，第220頁。

② 中田祝夫『日本霊異記』，日本古典文学全集，小学館，1975，第231頁。

③ 山口佳紀、神野志隆光『古事記』，新編日本古典文学全集，小学館，1997，第80、128～130、134、198頁。

上卷《得电之喜令生子强力在缘第3》："彼童子见，白众僧言：'我止此死灾。'"又《聋者归敬方广经典得报闻两耳缘第8》："于是发希有想，白禅师言：'今我片耳闻一菩萨名。故唯愿大德忍劳。'"① 《唐大和上东征传》："下时，有二十四沙弥悲泣［赶］来，白和上言：'大和上今向海东，重［觐］无由我，今者最后请预结缘。'乃于江边为二十四沙弥授戒。"② 隋阇那崛多译《佛本行集经》卷27《魔怖菩萨品》："尔时左边，复一魔子，名恒作罪，即更以偈，白其父言……"唐义净译《金光明最胜王经》卷6《四天王护国品》："时禅腻师，闻是语已，即还父所，白其父言：'今有善人，发至诚心，供养三宝，少乏财物，为斯请召。'"按：该句式在"白言"中间加入听话者，相当于现代汉语的"对……说"，含有言语行为与听者并重的语气。

"白（对象）曰：'～'"，（位卑者对位尊者）说："……"。《古事记》上卷《日子穗穗手见命与鹈葺草葺不合命》："尔丰玉毘卖命思奇出见，乃见感目合，而白其父曰：'吾门有丽人。'"又中卷《应神记》："尔白其兄曰：'吾者得伊豆志袁登卖。'于是其兄慷慨弟之婚，以不偿其宇礼豆玖之物。"③《日本书纪》卷1《神代纪上》："于是素戋鸣尊白日神曰：'吾所以更升来者，众神处我以根国。今当就去。'"又卷2《神代纪下》："因举目视之。乃惊而还入，白其父母曰：'有一希客者，在门前树下。'"又："便以惊还，而白其父神曰：'门前井边树下，有一贵客。'"又："丰玉姬白父神曰：'在此贵客，意望欲还上国。'"④《日本灵异记》上卷《忆持〈法华经〉现报示奇表缘第18》："从梦醒惊而思怪之，白其亲曰：'忽缘事欲往伊予。'"又："乃女人出含咲还入，白家母曰：'门在客人，恰似死郎。'闻之出见，犹疑死子。"⑤ 后汉竺大力、康孟详合译《修行本起经》卷1《现变品》："典兵臣者，王意欲得四种兵——马兵、象兵、车兵、步兵——臣白王曰：'欲得几种兵？若千若万，若至无数？'"西晋竺法护译《生经》卷4："子白母曰：'善哉！亲教。其海无上，其法无限，巍巍难量，不可称载。吾之愚冥，其日久矣。'"唐义净译《根本说一切有部毘奈耶》卷1："时孙陀罗难陀白其父曰：'何苦计算，无暂闲时。'"又卷14："子白母曰：'我不曾知。'即告子曰：'谓是嫉妒。'子报母曰：'此非善事。'便语子曰：'我欲于汝异母，彰露恶名，汝当为证。'子白母曰：'为实为虚。'母言：'是虚。'"

"具白（对象）～"，（对位尊者）详细禀报、备述。《古事记》中卷《应神记》："尔其弟如兄言具白其母，即其母取布迟葛，而宿之间，织缝衣裈及袜沓，亦作弓矢，令服其衣裈等，令取其弓矢，遣其娘子之家者，其衣服及弓矢悉成藤花。"⑥《日本书

---

① 中田祝夫『日本霊異記』，日本古典文学全集，小学館，1975，第65、82頁。

② 〔日〕真人元开著，汪向荣校注《唐大和上东征传》，中华书局，1979，第85页。

③ 山口佳紀、神野志隆光『古事記』，新編日本古典文学全集，小学館，1997，第128、280頁。

④ 小島憲之、直木孝次郎、西宫一民、蔵中進、毛利正守『日本書紀一』，新編日本古典文学全集，小学館，1994，第88、156、164、164～166頁。

⑤ 中田祝夫『日本霊異記』，日本古典文学全集，小学館，1975，第101頁。

⑥ 山口佳紀、神野志隆光『古事記』，新編日本古典文学全集，小学館，1997，第278頁。

纪》卷20《钦明纪》十二年是岁条："于是恩率、参官临罢国时，窃语德尔等言：'计吾过筑紫许，汝等偷杀日罗者，吾**具白**王，当赐高爵。身及妻子，垂荣于后。'"①《元兴寺伽蓝缘起并流记资财账》："时聪耳皇子闻此语已**具白**天皇。尔时天皇赞告：'善哉！我亦随喜。'告。"后汉安世高译《佛说奈女祇域因缘经》卷1："王敕守门人，唤入祇域。入已，前头面礼已，在一面住。以前因缘，**具白**无畏王子言：'以今所得物，尽用上王。'王子言：'且止，不须。便为供养已。汝自用之。'此是祇域最初治病。"梁宝唱等集《经律异相》卷5："王言：'尊者，我知是事，杀一人罪多，况复五百？但数坏聚落，抄掠人民。世尊能使，不复作贼，可放令活。'阿难还**具白**佛。"唐义净译《金光明最胜王经》卷1《如来寿量品》："时妙幢菩萨，以如上事，**具白**世尊。"按：《汉语大词典》例引杨廷栋《〈热河都统溥颋山东巡抚孙宝琦江苏巡抚程德全会同奏请改组内阁宣布立宪疏〉附跋》："张公适乘沪宁车由宁赴沪，乃与雷君迎至锡站，谒张公于车中，**具白**所以，即同往苏抚聚谈。"偏晚，且未涉及言语的对象。

三字格的格式有"白于（对象）曰：'~'"；四字格的格式有"告其子言：'~'"。

"白于（对象）曰：'~'，（位卑者对位尊者）说道："……"。《古事记》中卷《神武记》："尔大久米命见其伊须气余理比卖，而以歌**白于**天皇**曰**。"②《日本书纪》卷2《神代纪下》："故大己贵神则以其子之辞，**白于**二神**曰**：'我怙之子，既避去矣。'"③刘宋求那跋陀罗译《鹦鹉经》卷1："于是，鹦鹉摩牢兜罗子，于世尊倍增上，瞋恚不乐，骂世尊，恚世尊，诽谤世尊：'此沙门瞿昙，虚妄语！'**白于**世尊**曰**：'此瞿昙，我父兜罗，常行施与，常行幢施，常事于火，彼身坏死已，生妙梵天上。此何以故，当生狗中？'"元魏慧觉等合译《贤愚经》卷9《善事太子入海品》："食时已到，王遣人唤，女还遣人，**白于**王**曰**：'愿送食来，欲就此食。'"

"告其子言：'~'"，告诉自己的孩子说："……"。《日本灵异记》中卷《力女示强力缘第27》："大领之父母，见之大惶，**告其子言**：'汝依此妻，国司见怨行事。'"④西晋竺法护译《佛说鹿母经》卷1："于是，鹿子说此偈已，其母悲感，低头号泣，哀悼怨叹，回头还顾，抗声悲鸣，**告其子言**：'尔还勿来！吾自毕故，以寿当之；无得母子，夭横并命。'"隋阇那崛多译《佛本行集经》卷45《大迦叶因缘品》："尔时，耶那童子父母，**告其子言**：'我所爱子儿，今先须生子立世，然后任当，修于梵行。'"唐义净译《金光明最胜王经》卷9《长者子流水品》："尔时长者子流水，**告其子言**：'汝取一象，最大力者，速至家中，启父长者：家中所有，可食之物，乃至父母，食噉之分，

① 小島憲之、直木孝次郎、西宮一民、蔵中進、毛利正守『日本書紀二』，新編日本古典文学全集，小学館，1996，第484頁。

② 山口佳紀、神野志隆光『古事記』，新編日本古典文学全集，小学館，1997，第153頁。

③ 小島憲之、直木孝次郎、西宮一民、蔵中進、毛利正守『日本書紀一』，新編日本古典文学全集，小学館，1994，第118頁。

④ 中田祝夫『日本霊異記』，日本古典文学全集，小学館，1975，第220頁。

及以妻子，奴婢之分，悉皆收取，即可持来。'"

（三）呼应连接

呼应连接，指在引用内容完结处，以"如此"再次提挈所引内容的句式。该表达意图有二：一是告知听者引用的内容已经结束；二是提醒听者关注与引用内容相关的后续事态的发展。

"白：'～'白（而）～"，（位卑者对位尊者）说："……"。《古事记》下卷《雄略记》："天皇于是惶畏而白：'恐我大神有宇都志意美者不觉。'白而，大御刀及弓矢始，而脱百官人等所服衣服以拜献。"①《元兴寺伽蓝缘起并流记资财账》："时按师首达等女斯末卖年十七在。阿野师保斯女等已卖，锦师都瓶善女伊志卖，合三女等，就法明受学佛法在。俱白：'我等为出家，欲受学佛法。'白。"又："时余臣等白：'我等国者，天社国社一百八神，一所礼奉。我等国神御心恐故，他国神不可礼拜'白。但苏我大臣稻目宿祢独白：'他国为贵物者　我等国亦为贵可宜'白。尔时，天皇即大臣告：'何处置可礼？'大臣白：'大大王后宫分奉宫定坐可宜'白。时天皇召大大王告：'汝牟久原后宫者　我欲为他国神宫也。'时大大王白：'大御心依佐贺利奉。'白。时其殿坐而礼始。"又："时大臣久念念而白：'外状余臣等随在，内心他国神不舍。'白。"又："然后经三十余年，稻目大臣得病望危时，池边皇子与大大王二柱前后言白：'应修行佛法我白依而天皇修行赐也。然余臣等犹将灭舍计故，此为佛神宫官奉牟久原后宫者灭。物主大命任。但天皇与我同心，皇子等亦底同心，终佛法莫忌舍'白。"又："时三尼等官白：'传闻出家之人以戒为本。然无戒师，故度百济国欲受戒。'白。"又："时三尼等官白：'但六口僧耳来，不具二十师。故犹欲度百济国受戒。'白。"又："以庚戌年，自百济国尼等还来官白：'戊申年往即受六法戒，己酉年三月受大戒，今庚戌年还来。'白。"又："时尼等白：'礼佛宫忽作赐。又半月半月为白羯磨并法师寺速作具赐。'白。如是樱井寺内堂略作构置在。"姚秦鸠摩罗什译《妙法莲华经》卷6《药王菩萨本事品》："说是偈已，而白父言：'日月净明德佛，今故现在。我先供养佛已，得解一切众生语言陀罗尼，复闻是《法华经》八百千万亿那由他甄迦罗、频婆罗、阿閦婆等偈。大王，我今当还供养此佛。'白已，即坐七宝之台，上升虚空，高七多罗树，往到佛所，头面礼足，合十指爪，以偈赞佛。"

"白言：'～'即～"，（位卑者对位尊者）"说道：'……'，于是就……"。《古事记》上卷《天照大神与须佐之男命》："尔多迩具久白言：'此者，久延昆古必知之。'即召久延昆古问时，答白：'此者神产巢日神之御子，少名昆古那神。'"② 后汉康孟详译《舍利弗摩诃目连游四衢经》卷1："于时梵天，忽然来下，即住佛前，叉手白言：'我等请求世尊，求哀安住。唯然大圣，信比丘众。所以者何？于众比丘，诸漏尽者，

① 山口佳紀、神野志隆光『古事記』，新編日本古典文学全集，小学館，1997，第348頁。

② 山口佳紀、神野志隆光『古事記』，新編日本古典文学全集，小学館，1997，第94頁。

已得罗汉，所作已办，吾不疑。此等比丘，亦不犹豫。其有比丘，幼小新学，初出家者，入是法律未久，其心移易，或能变异。'佛**即**然可梵天王。"东晋昙无兰译《泥犁经》[①] 卷1："主泥犁卒名曰旁。旁即将人道至盐王所。泥犁旁**白言**：'此人于世间时，为人不孝父母，不承事沙门婆罗门，不敬长老，不喜布施，不畏今世后世，不畏禁戒。愿王处是人过罪。'王**即**呼人前，对之言。"刘宋求那跋陀罗译《杂阿含经》卷4："郁多罗**白言**：'随大师教。'**即**往彼邪盛会所，放诸众生，而告之言：'长身婆罗门语汝：随其所乐，山泽旷野，饮水食草，四风自适。'"失译人名今附秦录《别译杂阿含经》卷5："时婆罗门，闻佛所说，弃事火具，即起礼佛，合掌**白言**：'唯愿听我，于佛法中，出家受具，得为比丘，入于佛法，修于梵行。'佛**即**听许，令得出家，受具足戒。"

"言：'～'如此言者～"，说道："……"，这样说了之后……《古事记》上卷《大国主神》："故欺海和迩**言**：'吾与汝竟，欲计族之多小。故汝者，随其族在悉率来，自此岛至于气多前，皆列伏度。尔吾蹈其上，走乍读度。于是知与吾族孰多。'**如此言者**，见欺而列伏之时，吾蹈其上读度来。"[②]（1）后秦佛陀耶舍、竺佛念等合译《长阿含经》卷17："或有**言**：'无有是处，有大鬼神，彼持想来，彼持想去，持来则想生，持去则想灭。'**如此言者**，皆有过咎。所以者何？梵志，有因缘而想生，有因缘而想灭。"（2）唐道世撰《法苑珠林》卷90："长者**白**佛：'我从今日，改往修来，奉三归及五戒法，持自六斋奉三长斋，烧香散华悬幡盖供事三宝。从今以去，不敢复犯，破归戒法。'佛**言**：'**如此言者**，是为大善。汝今受是，三归五戒，莫复如前，受戒法也。"按：佛典两例中，前一例引言"言"前的动作主体与"如此言者"的相同，后一例前后不同。"大国主神"传说的句式与前一例更为接近。

归纳上述《古事记》等上古文学作品中源自汉文佛经的对话句如下。

（一）**单独连接**。1. 双音节。①"白"式："白言：'～'""白之：'～'"。②"语"式："语言：'～'"。③"答"式："答白：'～'""答言：'～'"。④"告"式："告诏：'～'"。2. 三字格："白之曰：'～'""愠之曰：'～'""问之言：'～'""答言曰：'～'""答之言：'～'""告之言：'～'""来进曰：'～'""来语曰：'～'""共议曰：'～'"。3. 四字格："其人答曰：'～'""有人答言：'～'""不信受曰：'～'""长跪白言：'～'""流泪白言：'～'"。（二）**对象连接**。1. 双音节："白（对象）言：'～'""白（对象）曰：'～'""具白（对象）：'～'"。2. 三字格："白于（对象）曰：'～'"。3. 四字格："告其子言：'～'"。（三）**呼应连接**。1. "白"式："白：'～'白（而）～""白言：'～'即～"。2. "言"式："言：'～'如此言者～"。

① 该经于奈良时代具体的抄写时期不详，题作《铁城泥犁经》，录于《大日本古文书》卷12，第212页。
② 山口佳紀、神野志隆光『古事記』，新編日本古典文学全集，小学館，1997，第76頁。

从研究史的角度来说，我们不应该忘记神田秀夫曾专门论述过我们称之为呼应连接的句式。《上宫记》逸文："父汙斯王崩去而后王母布利比弥命，**言曰**：'我独持抱王子无亲族部之国唯独难养育比陁斯奉之。'**云**。尔时下去于在祖三国，令坐多加牟久之村也。"例中直接引用的句子形式为"言曰：'～'云"，前后两次出现引用的动词"言曰"和"云"。神田秀夫指出，这一句子形式从《古事记》，经过《续日本纪》的"宣命"，传到后来的《竹取物语》。而这一系列的特殊句式在《上宫记》逸文中业已出现，这一点值得留意。于是，神田将目光投向了《法华经》："尔时世尊，欲重宣此义，而说偈言。"这句话在《法华经》中反复出现，具有鲜明的文体特征，即说法中重要的观点先后重复一次，待咀嚼消化后再转入新的话题。据此，神田推测，这一文体移植进来以后，不觉间产生了变体，衍生出"言曰：'～'云"这样的句式。神田列举的类似例子另有《古事记》上卷："尔伊耶那美命**答曰**：'悔哉！不速来……莫视我。'如此**白**，而还入其殿内之间，甚久难待。"又："伊耶那岐命**告**桃子：'汝如助言……可助。'**告**，赐名号意富加牟豆美命。"神田甚至发现仅在《出云国风土记》当中就有许多"诏：'～'诏"这样的句子。在神田看来，古日语当中因为没有使用引用符号的意识，所以需要引用较长的句子时容易产生困惑。在散文中直接穿插会话文的引用方法尚未形成的条件下，人们便糊里糊涂地去模仿汉文佛经中惯用的手法（譬如，"尔时世尊，欲重宣此义，而说偈言。"）于是，就出现了在引用内容开始和结束的地方重复使用同一或类义动词来表示直接引用的句式。①

神田秀夫以其敏锐的洞察力发现了上述部分呼应连接的独特之处，对此应当给予充分的肯定。但另一方面，神田关于该句式模仿自《法华经》长文，并与偈颂交替强调经文内容的手法这一观点就值得商榷了。我们的结论是：如上所述，该句式源自汉文佛经的呼应连接句式，其中，相当一部分是在此基础上发生的变体句式（见本编第四章第三节"句式层面的变化"）。

① 神田秀夫「『古事記の文体に関する一試論』補説」，『国語と国文学』27－8，1950。

第四章　变异性表达

在以上三章中，我们依据中土文献和汉文佛经的语料，针对从《古事记》和其他上古文学作品中析出的词语和句式进行了考证和分类。实际上，从双音词中的佛教词、口语词、新义词、新用法，到“除”字句、假设句、对话句，汉文佛经中如此丰富的语言表达的介入，势必对《古事记》乃至整个上古文学作品的文体产生重大的影响。与此同时，值得注意的是，《古事记》等中还出现了不少基于汉文佛经而自创的表达形式。这一问题迄今尚未引起国内外学术界的注意。以下，我们从词语、搭配和句式三个层面来探讨这一问题。

第一节　词语层面的变化

一般来说，语言反映新概念是通过两个途径来实现的：一是创造新词；二是利用新词。[①] 根据我们的考察，日本上古文学作品中有关词汇层面的变化主要体现在四个方面：意义偏差、用法转变、位相各异、自创表达。

一　意义偏差

所谓意义偏差，指词语的意义出现了与源语的乖离。这种差异往往是由于佛教词固有的宗教性造成的。例如下面的“秽邪”“见感”“口鼓”“献置”。有时也因为词义繁复，容易引起歧义，例如“追出”。

“秽邪”，污秽邪恶。《古事记》下卷《履中记》：“尔天皇令诏：‘吾疑汝命若与墨江中王同心乎，故不相言。’答白：‘仆者，无**秽邪**心，亦不同墨江中王。’”[②] 例言水齿别命说，自己并没有下作的反叛之心，与墨江中王也并非志同道合。唐慧沼撰《劝发菩提心集》卷3：“七遂求戒者，略有八种，谓诸菩萨，自谛思惟。如我悕求，勿彼于我，现行断命，不与而取，**秽邪**虚妄，离间粗恶绮语，手块杖等，诸非爱触，加害于我。于

① 梁晓虹、徐时仪、陈五云：《佛经音义与汉语词汇研究》，商务印书馆，2005，第110页。

② 山口佳紀、神野志隆光『古事記』，新編日本古典文学全集，小学館，1997，第310頁。

他亦然。”宋知礼述《观音义疏记》卷4：“观音深智游于娑婆，岂容独应同居**秽邪**?”按：《汉语大词典》失收。上引例中，佛典例中，“秽邪”表示需要通过修炼戒除的八种想法、言辞和行为。《履中记》借指作为臣民理应臣服而无大逆不道的反叛之心。

“**见感**”，见到后的一种心灵感受；一见钟情。《古事记》上卷《日子穗穗手见命与鹈茸草茸不合命》：“尔丰玉毘卖命思奇出见，乃**见感**目合，而白其父曰：‘吾门有丽人。’”又中卷《神武记》：“其所以谓神御子者，三岛湟咋之女，名势夜陀多良比卖，其容姿丽美。故美和之大物主神**见感**，而其美人为大便之时，化丹涂矢，自其为大便之沟流下，突其美人之富登。”又《景行记》：“尔临其乐日，如童女之发，梳垂其结御发，服其姨之御衣御裳。既成童女之姿，交立女人之中，入坐其室内。尔熊曾建兄弟二人，**见感**其娘子，坐于己中而盛乐。”[①] 梁法云撰《法华经义记》[②] 卷8《如来寿量品》：“今唯为前二阶作譬，今言诸子于后饮他毒药，下为第一**见感**生机作譬。”唐道宣撰《释迦方志》[③] 卷2：“次东大精舍高二十余丈，佛曾四月说法处。次北百余步精舍观自在像，**见感**不同，或立门侧或出檐前。故国法俗咸别供养。”宋宝云译《佛本行经》卷1《阿夷决疑品》：“颁宣慧照曜，奋千辞义光；佛因当显明，我独不**见感**。”宋天息灾译《菩提行经》卷2《菩提心忍辱波罗蜜多品》：“将护于有情，后当得成佛。**见感**尊重称，此善何不见。”按：《汉语大词典》失收。佛典例中的“见感”一词，仅用于客观地叙述遇到某事后的第一反应，或见到精舍中佛像后的不同印象；而《古事记》中的“见感”则表示异性相见后的愉悦心情，即一见钟情。

“**口鼓**”，像击鼓一样有节奏地拍打口发出声响。《古事记》中卷《应神记》：“又于吉野之白梼上作横臼，而于其横臼酿大御酒。献其大御酒之时，击**口鼓**为伎而歌曰……”[④] 唐义净译《根本说一切有部百一羯磨》[⑤] 卷8：“或时转臂，或为鱼跃，或峻泥流溼半路停身，或作马鸣，或为牛吼，或作象叫，或孔雀鸣，或抚水鼓，或掷水为槊，或打**口鼓**，或吹口螺，如孔雀声，似黄莺响。广作如斯，非沙门行。”按：佛典中“口鼓”，是“行罪恶事”之一，被视为“非沙门法”的鼓噪行为。《应神记》中的“口鼓”表现的是歌咏时的一种技法，即一边有节奏地拍打口发出声响，一边吟唱歌谣。

“**献置**”，供奉在某处，献上放在某处。《古事记》中卷《垂仁记》：“尔多迟摩毛理分缦四缦、矛四矛献于大后、以缦四缦、矛四矛**献置**天皇之御陵户，而擎其木实，叫哭以白：‘常世国之登岐士玖能迦玖能木实，持参上侍。’遂叫哭死也。”[⑥] 唐菩提流志

① 山口佳紀、神野志隆光『古事記』，新編日本古典文学全集，小学館，1997，第128、156、218頁。
② 该经于天平十九年抄写，题作《法华经疏》，录于《大日本古文书》卷9，第513页。
③ 该经于奈良时代具体的抄写时期不详，录于《大日本古文书》卷12，第562页。
④ 山口佳紀、神野志隆光『古事記』，新編日本古典文学全集，小学館，1997，第266頁。
⑤ 该经于天平八年抄写，录于《大日本古文书》卷7，第89页。
⑥ 山口佳紀、神野志隆光『古事記』，新編日本古典文学全集，小学館，1997，第210頁。

译《不空罥索神变真言经》卷20："可当坛上，安白伞盖，以白栴檀香、郁金香、夜合花、白芥子、莲花须，和为香水，满盛瓫中，内置七宝，上泛诸花，净帛盖口，置四门角。依法**献置**，百种花果、三百饮食。"按：《汉语大词典》失收。"献置"一词表现的是祈求神灵或祭奠亡魂时的一种献花仪式，而且花缦供奉摆放的位置多为四个角落，以此镇降妖魔或慰籍亡灵。

"**追出**"，①追赶出来。《古事记》下卷《清宁记》："尔即小楯连闻惊，而自床堕转，而**追出**其室人等，其二柱王子坐左右膝上泣悲，而集人民作假宫，坐置其假宫，而贡上驿使。"① ②月亮爬上山梁。《万叶集》卷11第2461首："山叶 **追出**月 端端 妹见鹤 及恋"②。(1)后汉竺大力、康孟详合译《修行本起经》卷2《出家品》："时国王瓶沙，即问臣吏：'国中何以寂默，了无音声？'对曰：'朝有道士，经国过去，光相威仪，非世所有。国人大小，**追出**而观，于今未还。'"宋智觉注《心性罪福因缘集》卷3："是吉尸尼恶行沙门，内怀恶心，现有智行，独受人敬。诽谤我等，由是我等，恶名周遍。我等来至，彼比丘所，骂詈诽谤，或加杖木，令去国内，**追出**远境。"(2)《魏志》卷28《邓艾传》："艾父子既囚，钟会至成都，先送艾，然后作乱。会已死，艾本营将士**追出**艾槛车，迎还。"③《后汉书》卷20《王霸传》："匈奴左南将军将数千骑救览，霸等连战于平城下，破之，**追出**塞，斩首数百级。"④ 按：《清宁记》的"追出""赶出、赶走"之意，《心性罪福因缘集》的文例与之意同；《万叶集》的文例为"追赶"之意，《修行本起经》《邓艾传》《王霸传》的文例意同。

二 用法转变

词语用法上的变化，指源词的具体义被用作抽象义，例如下面的"面问"；反之，也指源词的抽象义被转换成具体义，例如"堕转""烧退""悉动"。

（一）具体义转抽象义

"**面问**"，当面问询；亲自问候。《古事记》中卷《垂仁记》："妾兄沙本昆古王问妾曰：'孰爱夫与兄？'是不胜**面问**故，妾答曰：'爱兄欤。'"⑤ 西晋竺法护译《文殊支利普超三昧经》⑥ 卷1："于是辩积菩萨，白软首曰：'且当俱往，觐于如来，**面问**大圣。'"按：《汉语大词典》例举唐韩愈《潮州刺史谢上表》："惟恐四海之内，天地之中，一物不得其所，故遣刺史**面问**百姓疾苦。"偏晚。《垂仁记》的用法与佛典的用法相同，表示当面问询的意思（具体义）；韩愈例句表示亲自问候（抽象义）。从词义产

---

① 山口佳紀、神野志隆光『古事記』，新編日本古典文学全集，小学館，1997，第356頁。

② 小島憲之、直木孝次郎、西宫一民、蔵中進、毛利正守『日本書紀三』，新編日本古典文学全集，小学館，1998，第193頁。

③ （晋）陈寿撰，（宋）裴松之注《三国志》，中华书局，1959，第781页。

④ （宋）范晔撰，（唐）李贤等注《后汉书》，中华书局，1965，第737页。

⑤ 山口佳紀、神野志隆光『古事記』，新編日本古典文学全集，小学館，1997，第198頁。

⑥ 该经于天平十二年抄写，题作《普超三昧经》，录于《大日本古文书》卷7，第487页。

生的先后关系来看，无疑，后者是在前者的基础上产生的。

（二）抽象义转具体义

“堕转”，从某处滚落下来。《古事记》下卷《清宁记》：“尔即小楯连闻惊，而自床**堕转**，而追出其室人等，其二柱王子坐左右膝上泣悲，而集人民作假宫，坐置其假宫，而贡上驿使。”① 此言小楯连发现隐藏的两位王子时，惊吓得从床上滚落下来。苻秦僧伽跋澄译《鞞婆沙论》卷2：“堕义是流义者，堕诸界诸趣诸生**堕转**生死中，是故说堕义是流义，是故说流下义漂义堕义是流义。”按：《汉语大词典》失收。佛典中比喻人在生死界中漂流沉浮；《清宁记》中描摹连滚带爬地从床上起来的动作。

“烧退”，用火焚烧使退却。《古事记》中卷《景行记》：“于是先以其御刀苅拔草，以其火打而打出火，著向火而**烧退**。还出，皆切灭其国造等，即著火烧。故于今谓烧津也。”② 宋天息灾译《佛说大摩里支菩萨经》卷4：“今此大菩萨，身遍于法界，清净若虚空，慈光照世间。明等百千日，能发智慧焰，**烧退**烦恼魔，永断贪瞋痴，长抛生死海。是故持诵者，依法而修学，澄心作观想。”按：《景行记》用作具体义，是说采用火攻击退敌人。佛典例用作抽象义，是说运用智慧的火焰，击退烦恼的侵扰。

“悉动”，全部震动，所有的东西都在震动。《古事记》上卷《天照大御神与须佐之男命》：“故于是，速须佐之男命言：‘然者，请天照大御神将罢。’乃参上天时，山川**悉动**，国土皆震。”③《日本灵异记》下卷《灾与善表相先现而后其灾善答被缘第38》：“山部天皇代延历三年岁次甲子冬十一月八日乙巳日夜，自戌时至于寅时，天星**悉动**，缤纷而飞迁。”④ 后汉支娄迦谶译《道行般若经》卷10：“其分散亦悉遍至，一佛界中地**悉动**，诸菩萨悉见十方无央数佛。”吴支谦译《佛说义足经》卷1：“天人亦在空中，散花佛上，皆言：‘善哉！佛威神。**悉动**十方。’”萧齐僧伽跋陀罗译《善见律毘婆沙》卷2《阿育王品》：“大德帝须，即以神力，能使四方，四由旬外，悉大震动；界内不动，车马及人、外脚**悉动**，内脚不动。”按：汉文佛经中，通常以山河皆为震动的形式表现佛陀或菩萨出现时的祥瑞；《天照大御神与须佐之男命》传说中以此烘托须佐之男命升天时的场景甚为妥帖；《日本灵异记》用于表现星象的变动。三例在用法上保持着不即不离的关系。

三　位相各异

位相各异，指词语受到各自语境的限制而出现的文体差异。例如，下面的“如本”仅限于汉文佛经；“如故”则没有这样的约束，可见中土文献和汉文佛经。

“如本”，（身体）恢复得跟原来一样。《古事记》上卷《大国主神》：“于是大穴牟

① 山口佳紀、神野志隆光『古事記』，新編日本古典文学全集，小学館，1997，第356頁。

② 山口佳紀、神野志隆光『古事記』，新編日本古典文学全集，小学館，1997，第226頁。

③ 山口佳紀、神野志隆光『古事記』，新編日本古典文学全集，小学館，1997，第54頁。

④ 中田祝夫『日本霊異記』，日本古典文学全集，小学館，1975，第371頁。

迟神教告其菟：‘今急往此水门，以水洗汝身，即取其水门之蒲黄，敷散而辗转其上者，汝身如本肤必差。’故为如教，其身**如本**也。”又中卷《应神记》：“是以其兄八年之间，干萎病枯。故其兄患泣，请其御祖者，即令返其诅户。于是，其身**如本**，以安平也。”[①]《日本灵异记》中卷《智者诽妒变化圣人而现至阎罗阙受地狱苦缘第7》：“即至，执师烧入烧煎。唯闻打钟音时，冷乃憩。径之三日，叩地狱边，而言：‘活活！’**如本**复生。”又《女人大蛇所婚赖药力得全命缘第41》：“迷惑之娘，乃醒言语。二亲问之，答：‘我意如梦。今醒**如本**。’”又下卷《沙门一目眼盲使读〈金刚般若经〉得明眼缘第21》：“沙门长义者，诺乐右京药师寺之僧也。宝龟三年之间，长义眼暗盲，径五月许。日夜耻悲，屈请众僧，三日三夜，读诵《金刚般若经》。便目开明，**如本**平也。”[②] 后汉支娄迦谶译《道行般若经》卷4《持品》：“稍稍腹大身重，不**如本**故，所作不便，饮食欲少，行步不能，稍稍有痛，语言软迟，卧起不安，其痛欲转。当知是妇人，今产不久。”隋阇那崛多译《佛本行集经》卷7《树下诞生品》：“菩萨初从，右胁出已，正心忆念。时菩萨母，身体安常，不伤不损，无疮无痛。菩萨母身，**如本**不异。”按：《汉语大词典》失收。“如本”与“如故”意思相近，下一例可资比勘。东晋瞿昙僧伽提婆译《中阿含经》卷30：“天复白曰：‘拘翼，我树天不住树天法，从今日始树天住树天法，愿善住尼拘类树王还复**如本**。’于是，天帝释作如其像如意足。作如其像如意足已，复化作大水暴风雨。化作大水暴风雨已，善住尼拘类树王即复如故。”比较而言，中土文献中使用更多的是“如故”。《韩诗外传》卷10《第9章》：“曰：吾闻上古医曰茅父，茅父之为医也，以莞为席，以蒭为狗，北面而祝之，发十言耳，诸扶舆而来者皆平复如故。子之方岂能若是乎？”[③]《搜神记》卷15：“即掘出之，已活，走至井上浴，平复如故。”[④]

四 自创表达

自创表达指现存的中土文献和汉文佛经资料中均不存在、疑似作者自创的表达形式。自创表达产生的过程不尽相同，但都与汉文佛经的相关表达有着千丝万缕的关联。有的可能截取自汉文佛经的四字语句，例如下面的“烧凝”“闻欢”；有的词形相同而词义不同，例如“随命”“回烧”；还有的是在佛典词语的基础上，叠加上日语的表达习惯后形成的，例如“度来”与“参渡来”、“降来”与“参降来”、“出到”与“参出到”。

（一）“回烧”“烧凝”

“回烧”，大火沿原路烧回来。大火反烧回来。《古事记》上卷《大国主神》：“亦

---

① 山口佳紀、神野志隆光『古事記』，新編日本古典文学全集，小学館，1997，第78、280頁。

② 中田祝夫『日本靈異記』，日本古典文学全集，小学館，1975，第168、251、310頁。

③ （汉）韩婴撰，许维遹校释《韩诗外传》，中华书局，1980，第345～346页。

④ 王根林、黄益元、曹光甫校点《汉魏六朝笔记小说大观》，上海古籍出版社，1999，第391页。

鸣镝射入大野之中，令采其矢。故入其野时，即以火**回烧**其野。"[①] 按：中国两类文献中未见。

"**烧凝**"，烧得凝固起来，烧成一团儿。《古事记》上卷《忍穗耳命与迩迩艺命》："是我所燧火者，于高天原者，神产巢日御祖命之，登陀流天之新巢之凝烟之，八拳垂摩弖烧举；地下者，于底津石根**烧凝**。而栲绳之千寻绳打延。"[②] 元魏瞿昙般若流支译《正法念处经》卷16《饿鬼品》："此鬼被烧，亦复如是。遍身皆燃，哀叫悲哭，口中火出，二焰俱起，焚烧其身，慞惶求道。地生棘刺，皆悉火燃，贯其两足，苦痛难忍，哀嗥悲叫。火烧其舌，皆悉融烂，如**烧凝**酥，灭已复生。"按：疑似从佛典例中的"如烧凝酥"截取而来。

（二）"随命""闻欢"

"**随命**"，谓按照命令行事。《古事记》上卷《忍穗耳命与迩迩艺命》："故更且还来，问其大国主神：'汝子等事代主神、建御名方神二神者，**随**天神御子之**命**，勿违白讫。故汝心奈何？'尔答白之：'仆子等二神随白，仆之不违。此苇原中国者，**随命**既献也。'"又："是以随白之，科诏日子番能迩迩艺命：'此丰苇原水穗国者，汝将知国，言依赐。故随命以可天降。'"又中卷《仲哀记》："尔坐其地伊奢沙和气大神之命，见于夜梦云：'以吾名欲易御子之御名。'尔言祷白之：'恐，**随命**易奉。'"又下卷《履中记》："故即还下难波，欺所近习墨江中王之隼人，名曾婆加理云：'若汝从吾言者，吾为天皇，汝作大臣治天下，那何？'曾婆诃理答白：'**随命**。'"又《显宗记》："其伊吕兄意祁命奏言：'破坏是御陵，不可遣他人。专仆自行，如天皇之御心破坏以参出。'尔天皇诏：'然**随命**宜幸行。'"[③]《日本书纪》卷16《武烈纪》即位前纪条："由是，太子欲往期处，遣近侍舍人就平群大臣宅，奉太子命求索官马。大臣戏言阳进曰：'官马为谁饲养？**随命**而已。'久之不进。"又卷21《用明纪》元年五月条："'又余观殡内，拒不听入，自呼开门七回，不应。愿欲斩之。'两大臣曰：'**随命**。'"[④] 唐义净译《根本说一切有部毘奈耶破僧事》卷2："师子颊王曰：'我今年老，不任斗战。'彼诸人曰：'请王太子净饭，往彼捕捉。'王即报曰：'汝诸人等，若许太子，求一愿者，我便发遣。'众答王曰。'唯然，**随命**。'"按：中土文献中，"随命"通常指寿命的长短由德行的好坏决定。《白虎通》卷8《寿命》曰："命有三科，以记验。有寿命以保度，有遭命以遇暴，有**随命**以应行……**随命**者，随行为命，若言怠弃三正，天用勦绝其命矣。"[⑤] 汉文佛经中的多数情况也相同。西晋白法祖译《佛般泥洹经》卷1："命随心，寿**随命**，

---

① 山口佳紀、神野志隆光『古事記』，新編日本古典文学全集，小学館，1997，第82頁。

② 山口佳紀、神野志隆光『古事記』，新編日本古典文学全集，小学館，1997，第112頁。

③ 山口佳紀、神野志隆光『古事記』，新編日本古典文学全集，小学館，1997，第110、114、252、310、366頁。

④ 小島憲之、直木孝次郎、西宮一民、蔵中進、毛利正守『日本書紀二』，新編日本古典文学全集，小学館，1996，第270、502頁。

⑤ （清）陈立撰，吴则虞点校《白虎通疏证》，中华书局，1994。

三者相随。今我作佛，为天上天下所敬，皆心所为。”

“闻欢”，听说后感到欢喜。《古事记》中卷《垂仁记》：“尔所遣御伴王等**闻欢**见喜，而御子者坐槟榔之长穗宫，而贡上驿使。”又下卷《雄略记》：“于是，其姨饭丰王**闻欢**，而令上于宫。”① 后汉支娄迦谶译《佛说无量清净平等觉经》卷2：“众世界诸菩萨，到须阿提礼佛。**闻欢**喜广奉行，疾得至得净处。”吴支谦译《佛说义足经》卷1：“佛语王言：‘却后七日，当作变化。’王**闻欢**喜，绕佛三匝而去。”姚秦鸠摩罗什译《妙法莲华经》卷6《随喜功德品》：“若故诣僧坊，欲听《法华经》，须臾**闻欢**喜，今当说其福。”结合“闻惊”一词的构词法及来源，我们有理由认为“闻欢”似从佛典中“闻欢喜”的说法中截取而来。

（三）“度来”“参渡来”

“度来”，渡河（海）而来。《古事记》上卷《大国主神》：“如此言者，见欺而列伏之时，吾蹈其上读**度来**。”又中卷《应神记》：“将行吾祖之国，即窃乘小船，逃遁**度来**。”②《播磨国风土记·揖保郡》条：“饭盛山。赞伎国宇达郡饭神之妾，名曰饭盛大刀自。此神**度来**，占此山而居之。故名饭盛山。”又：“所以称大田者，昔吴胜从韩国**度来**，始到于纪伊国名草郡大田村。”又：“粒丘。所以号粒丘者，天日枪命，从韩国**度来**，到于宇头川底，而乞宿处于苇原志举乎命曰：‘汝为国主，欲得吾所宿之处。’”③《万叶集》卷19第4264首：“平安　早**渡来**而　还事　奏日尔　相饮酒会　死丰御酒者”④。《日本灵异记》下卷《沙门诵持方广大乘沉海不溺缘第4》：“聓与船人，同心谋恶，缚僧四枝，掷陷海中。往语妻曰：‘汝之父僧，欲瞵汝面，率共**度来**。忽值荒浪，驿船沉海，大德溺流，救取无便。终漂沉亡。但我仅活耳。’”⑤《元兴寺伽蓝缘起并流记资财账》：“大倭国佛法，创自斯归岛宫治天下天国案春岐广庭天皇御世，苏我大臣稻目宿祢仕奉时，治天下七年岁次戊午十二月**度来**。”《说文通训定声·豫部》：“**度**，又为‘**渡**’。”（1）吴支谦译《赖吒和罗经》卷1：“赖吒和罗言：‘若复有人，从海一边，**渡来**至诚语王，王亦信其所言。’”陈真谛译《佛阿昆昙经出家相品》卷1：“譬如月轮，于三万二千由旬，形现于此，以钵盛水，睹见月形，月亦不从空，坠落于此，亦不**度来**。而有月形像，因缘具故。”（2）《隋书》卷23《五行下》：“都官尚书孔范曰：‘长江天堑，古以为限隔南北。今日北军岂能飞渡耶？臣每患官卑，彼若**渡来**，臣为太尉矣。’”⑥

“参渡来”，“渡来”前的“参”表示来去的动词，含有谦辞的语气。《古事记》中

① 山口佳紀、神野志隆光『古事記』，新編日本古典文学全集，小学館，1997，第208、356頁。

② 山口佳紀、神野志隆光『古事記』，新編日本古典文学全集，小学館，1997，第76、276頁。

③ 植垣節也『風土記』，新編日本古典文学全集，小学館，1997，第48、62、70頁。

④ 小島憲之、木下正俊、東野治之『万葉集四』，日本古典文学全集，小学館，1996，第352頁。

⑤ 中田祝夫『日本霊異記』，日本古典文学全集，小学館，1975，第272頁。

⑥（唐）魏徵等撰《隋书》，中华书局，1973，第659页。

卷《应神记》："亦新罗人**参渡来**，是以建内宿祢命引率，为役之堤池而作百济池。"又："又秦造之祖、汉直之祖、及知酿酒人名仁番，亦名须须许理等，**参渡来**也。"又："又，昔有新罗国主之子，名谓天之日矛，是人**参渡来**也。所以**参渡来**者，新罗国有一沼，名谓阿具奴摩。"又下卷《安康记》："此时吴人**参渡来**，其吴人安置于吴原。故号其地谓吴原也。"① 按：这是《古事记》特有的用法，是自创的表达形式。而且，谦辞用于第三人称也很特殊。此外，《古事记》中还有"追渡来""持渡来"等说法。

（四）"降来""参降来"

"降来"，从天而降，表示位尊者的移动行为，特别用于神灵降临人世间的场合。《古事记》上卷《忍穗耳命与迩迩艺命》："故天若日子之妻、下照比卖之哭声，与风响到天。于是在天、天若日子之父、天津国玉神及其妻子闻，而**降来**哭悲。"② 《日本书纪》卷2《神代纪下》："时天稚之妻子从天**降来**，将柩上去，而于天作丧屋殡哭之。"又："又带头椎剑，而立天孙之前，游行**降来**，到于日向袭之高千穗槵日二上峰天浮桥。"又："乃遣无名雄雉往候之。此雉**降来**，因见粟田、豆田，则留而不返。"③ 又卷19《钦明纪》："原夫建邦神者，天地割判之代、草木言语之时，自天**降来**造立国家之神也。"④ 唐道世撰《法苑珠林》卷29："次侧一塔，是阿泥楼陀上天告母**降来**哭佛处。"

"参降来"，"降来"的谦辞，神等从高处降落下来，用于第一人称。《古事记》中卷《神武记》："故尔迩艺速日命参赴白于天神御子：'闻天神御子天降坐，故追**参降来**。'即献天津瑞以仕奉也。"⑤ 与上面的"参渡来"一样，"参降来"也是作者自创的词语，中土文献和汉文佛经中均不存在。

（五）"出到""参出到"

"出到"，外出来到某处。《日本书纪》卷2《神代纪下》："及将归去，丰玉姬谓天孙曰：'妾已娠矣。当产不久。妾必以风涛急峻之日，**出到**海滨。请为我作产室相待矣。'"又："先是且别时，丰玉姬从容语曰：'妾已有身矣。当以风涛壮日，**出到**海边。请为我造产屋以待之。'"⑥（1）吴支谦译《赖吒和罗经》卷1："王闻之大欢喜，即严驾而**出到**庐外，下车步入至赖吒和罗所，前作礼却坐。"西晋法立、法炬合译《大楼炭经》卷4："往至浴池，洗浴**出到**诸树下，各取所有，作妓乐歌舞。"元魏吉迦夜、昙曜

① 山口佳紀、神野志隆光『古事記』，新編日本古典文学全集，小学館，1997，第266、268、274、336頁。

② 山口佳紀、神野志隆光『古事記』，新編日本古典文学全集，小学館，1997，第100頁。

③ 小島憲之、直木孝次郎、西宮一民、蔵中進、毛利正守『日本書紀一』，新編日本古典文学全集，小学館，1994，第124、144、150頁。

④ 小島憲之、直木孝次郎、西宮一民、蔵中進、毛利正守『日本書紀二』，新編日本古典文学全集，小学館，1996，第438頁。

⑤ 山口佳紀、神野志隆光『古事記』，新編日本古典文学全集，小学館，1997，第156頁。

⑥ 小島憲之、直木孝次郎、西宮一民、蔵中進、毛利正守『日本書紀一』，新編日本古典文学全集，小学館，1994，第160、166頁。

合译《杂宝藏经》卷4：“后于一日，**出到**田中。见其田中，所生苗稼，变成金禾，皆长数尺。收刈已尽，还生如初。”（2）《魏志》卷6引《献帝起居注》曰：“初，天子**出到**宣平门，当度桥，汜兵数百人遮桥问：‘是天子邪？’车不得前。”[①]《艺文类聚》卷6引《吴越春秋》曰：“伍子胥与太子建子胜俱奔吴，夜行昼伏，**出到**昭关。关吏欲执之，胥因诈曰：‘上之所以索我者，以我有美珠也。今我已亡之矣。我将告子欲取之。’关吏因舍焉。”[②]

“**参出到**”，“出到”的谦辞。外出来到某处，用于第一人称。《古事记》上卷《海幸彦与山幸彦》：“于是，海神之女丰玉毘卖命自参出白之：‘妾已妊身，今临产时。此念天神之御子不可生海原。故**参出到**也。’”[③]

第二节　搭配层面的变化

佛教词语承载了佛教文化，体现了佛教文献语言的宗教性和异域性。譬如前面谈到的“爱悲”“恭敬往～”“进止威仪”“如此言教”等就属于这一类词语。这些词语经搭配使用后，在意义上会出现新的变化，需要仔细揣摩，方能把握其表达的真实意图。以下以佛教日常修行中所强调的行住坐卧的威仪为例来探讨这一变化。

一　“行”的寓意

“行”的寓意。“**无退**”，无退转；不松懈、不怠慢。①《日本书纪》卷28《天武纪下》元年六月条：“时栗隈王之二子三野王、武家王佩剑立于侧而**无退**。于是，男按剑欲进还恐见亡，故不能成事，而空还之。”[④] ②《古事记》中卷《仲哀记》：“于是，其国王畏惶奏言：‘自今以后，随天皇命，而为御马甘。每年双船，不干船腹，不干柂楫，共与天地，**无退**仕奉。’”[⑤]《日本书纪》卷23《舒明纪》即位前纪条：“亦先王临没谓诸子等曰：‘诸恶莫作，诸善奉行。余承斯言以为永戒。是以，虽有私情忍以无怨。复我不能违叔父。愿自今以后，勿惮改意，从群而**无退**。’”[⑥] 唐玄奘译《大般若波罗蜜多经》卷53：“志欲**无退**，精进**无退**，念**无退**，慧**无退**，解脱**无退**。”唐菩提流志译《不空罥索神变真言经》卷14：“守持净戒，常能依法，精进**无退**，昼夜六时。”按：“无退”的反义词是“退转”，指致力修行，避免出现位次下降、功行减退、道心退缩

---

① （晋）陈寿撰，（宋）裴松之注《三国志》，中华书局，1959，第186页。

② （唐）欧阳询撰《艺文类聚》，上海古籍出版社，1999，第103页。

③ 山口佳紀、神野志隆光『古事記』，新編日本古典文学全集，小学館，1997，第134頁。

④ 小島憲之、直木孝次郎、西宮一民、藏中進、毛利正守『日本書紀三』，新編日本古典文学全集，小学館，1998，第318頁。

⑤ 山口佳紀、神野志隆光『古事記』，新編日本古典文学全集，小学館，1997，第246頁。

⑥ 小島憲之、直木孝次郎、西宮一民、藏中進、毛利正守『日本書紀三』，新編日本古典文学全集，小学館，1998，第34頁。

等现象。上古文学中有三例“无退”，在《天武纪下》中的“无退”，表示一般意义的退却、退缩的意思，与佛教词“无退”无关。但《仲哀记》和《舒明纪》中“无退”的用法十分讲究，具有浓郁的宗教意味，已经转用为绝不懈怠、坚定践行的意思。分析《仲哀记》中“无退仕奉”的搭配表达，可知“无退”是一个经过书录者悉心思考后而采用的一个佛教词，是说战败的新罗国王誓言，今后将派遣贡奉船队，年年岁岁，绵延不断，直至地老天荒。《舒明纪》中的“无退”亦然。它表面上是说从今以后不要忌惮改变自己不正确的想法，要倾听大臣们的建议坚定地践行正确的主张。那么，这里所说的正确主张是什么呢？就是句中所说的“诸恶莫作，诸善奉行”，因此不能退转。

“**坚不动**”，坚守不动；坚如磐石；坚毅不动摇。《古事记》上卷《忍穗耳命与迩迩艺命》：“尔大山津见神因返石长比卖而大耻，白送言：‘我之女二并立奉由者，使石长比卖者，天神御子之命，虽雨零风吹，恒如石，而常**坚不动**坐。’”① （1）后汉昙果、康孟详合译《中本起经》卷1：“道人豫知王意，必兴暴害，答曰：‘是忍辱人。’王拔佩剑，削其两臂，而问何人。答曰：‘实忍辱人。’又截其耳鼻，心**坚不动**，犹言忍辱人。”西晋竺法护译《佛说须摩提菩萨经》② 卷1：“佛语须摩提，菩萨复有四事法，不为他人之所别离。何等为四……四者劝勉诸人，教使求佛，令**坚不动**。是为四法。”（2）《后汉书》卷58《盖勋传》：“羌精骑夹攻之急，士卒多死。勋被三创，**坚不动**，乃指木表曰：‘必尸我于此。’”③ 按：佛典中两例，“（心）坚不动”“（令）坚不动”表示坚毅或坚信不动摇，用于抽象义，指佛门弟子虔信践行。传世文籍中的一例，表示坚持或坚守不退却，用于具体义。《忍穗耳命与迩迩艺命》传说中的“（常）坚不动”，表示坚固如磐石的生命力，用于抽象义。该用法有别于中土文献，虽出自佛典却又并非机械照搬，显得别具深意。

二　“坐”的寓意

“坐”的寓意。“**退坐**”，退后坐下。《古事记》下卷《允恭记》：“如此歌，参归白之：‘我天皇之御子，于伊吕兄王，无及兵。若及兵者，必人咲。仆捕以贡进。’尔解兵，**退坐**。故大前小前宿祢捕其轻太子，率参出以贡进。”④ 此言大前小前宿祢向穴穗皇子进言：你们都是皇子，以兵戎相见，是会受人嗤笑的。还是交由我来处理吧。于是穴穗皇子解除围困的军队，退坐在一旁。（1）后汉昙果、康孟详合译《中本起经》卷1《现变品》：“父子相见，恩爱微薄，长者欢喜，**退坐**白佛：‘今日心悦，情有二喜：一者遇佛解喜；二者离爱快喜。’”姚秦鸠摩罗什译《妙法莲华经》卷1《序品》：“韦提希子阿阇世王，与若干百千眷属俱，各礼佛足，**退坐**一面。”刘宋求那跋陀罗译《过去

① 山口佳紀、神野志隆光『古事記』，新編日本古典文学全集，小学館，1997，第120～122頁。

② 该经于天平十三年抄写，题作《须摩提菩萨经》，录于《大日本古文书》卷7，第590页。

③（宋）范晔撰，（唐）李贤等注《后汉书》，中华书局，1965。

④ 山口佳紀、神野志隆光『古事記』，新編日本古典文学全集，小学館，1997，第322頁。

现在因果经》卷2："时优陀夷，虽竭才辩，劝奖太子，不能令回，即便**退坐**，归于所止。"（2）《后汉书》卷94《礼仪上》："乘舆自东厢下，太常导出，西向拜，折旋升阼阶，拜神坐。**退坐**东厢，西向。"① 按："退坐"一词，《汉语大词典》失收。汉文佛经当中，在举行法会或人们面谒佛陀时，"退坐（一面）"一词通常用来表示对佛菩萨恭敬的行为，俨然是一种宗教仪式。从这一点来看，《允恭记》中的"退坐"，就不应该简单地理解为"退下""撤离"的意思，而应当视作对轻皇子先礼后兵的态度。尽管轻皇子因触犯"亲亲相奸"的禁忌，理当受到惩罚，但其作为皇子的身份应该受到尊重和保护。这才是"退坐"出现在此的深刻含义。

三　"卧"的寓意

"卧"的寓意。"**昼夜守护**（**人**）"，日夜看守保护。《古事记》上卷《日子穗穗手见命与鹈茸草不合命》："如此令惚苦之时，稽首白：'仆者，自今以后，为汝命之**昼夜守护**人而仕奉。'"② 此言难以忍受弟弟火远理命的折磨，哥哥火照命磕头哀求道：我愿从今以后，作为忠实的奴仆，日夜守护在你的身边。《续日本纪》卷25《淳仁纪》天平宝字八年九月条："此禅师〈乃〉**昼夜**朝庭〈乎〉**护**仕奉〈乎〉见〈流仁〉、先祖〈之〉大臣〈止之天〉仕奉〈之〉位名〈乎〉继〈止〉念〈天〉在人〈奈利止〉云〈天〉退赐〈止〉奏〈之可止毛〉"。③ 齐昙摩伽陀耶舍译《无量义经》④ 卷1《十功德品》："汝等当于此经，应深起敬心，如法修行，广化一切，勤心流布，常当殷勤，**昼夜守护**，普令众生各获法利。"元魏瞿昙般若流支译《正法念处经》卷63《观天品》："是故诸天，**昼夜守护**，常随其后，随其所作，一切成就。"隋阇那崛多等合译《起世经》卷6《三十三天品》："如是诸门，门门皆有五百夜叉，为三十三天**昼夜守护**。"按："昼夜守护"为汉文佛经中习见的四字语句，日夜不眠所守护的对象多为佛经或佛本身。《日子穗穗手见命与鹈茸草不合命》传说中则转用于对统治者的绝对服从，《淳仁纪》用于对朝廷的无限忠诚。通过这一表达形式，可以清楚地看到佛教语言的影响。

"**不离昼夜**"，谓昼夜不离身边，昼夜不停。《日本书纪》卷21《用明纪》二年四月条："马子大臣乃使土师八岛连于大伴毗罗夫连所，具述大连之语。由是，毗罗夫连手执弓箭皮楯，就槻曲家，**不离昼夜**，守护大臣。"⑤ 此言大伴毗罗夫驻守在位于槻曲的家里，不分昼夜地保卫苏我马子。唐玄奘译《阿毘达磨俱舍论》⑥ 卷1《分别界品》：

① （宋）范晔撰，（唐）李贤等注《后汉书》，中华书局，1965，第3103页。

② 山口佳紀、神野志隆光『古事記』，新編日本古典文学全集，小学館，1997，第134頁。

③ 青木和夫、稲岡耕二、笹山晴生、白藤礼幸『続日本紀四』，新日本古典文学大系，岩波書店，1995，第32頁。

④ 该经于天平十年抄写，录于《大日本古文书》卷7，第209页。

⑤ 小島憲之、直木孝次郎、西宮一民、蔵中進、毛利正守『日本書紀二』，新編日本古典文学全集，小学館，1996，第506頁。

⑥ 该经于奈良时代具体的抄写时期不详，录于《大日本古文书》卷12，第157页。

“窍隙即是明谙，非离明谙窍隙可取，故说空界明谙为体。应知此体**不离昼夜**，即此说名邻阿伽色。”唐普光述《俱舍论记》卷1《分别界品》：“应知此体**不离昼夜**，谓如昼夜于明，暗等假立其体。昼夜非实，空界亦然，应非实有。”该例亦见于唐法宝撰《俱舍论疏》卷1《分别界品》。《敦煌变文·目连缘起》：“慈母虽然不善，儿子非常道心，拯恤孤贫，敬重三宝，行檀布施，日设僧斋，转读大乘，**不离昼夜**。”[①] 按：从敦煌变文的例子可知，“不离昼夜”主要用以表示不分昼夜地诵读经文，但在《用明纪》中则表示对主人人身安全严加保护，是一种显示忠诚的行为。

四　行为轨仪

行为轨仪。“**威仪**”，梵语 īryā - patha 的意译，佛经中指行、坐、住、卧为“四威仪”，亦泛指行为举止的种种律仪规范。《古事记》中卷《崇神记》：“其形姿**威仪**，于时无比，夜半之时，儵忽到来。”[②]“新潮日本古典集成本”指出该词出自汉文佛经。《日本书纪》卷29《天武纪下》八年十月条：“庚申，敕制僧尼等**威仪**及法服之色，并马、从者往来巷间之状。”[③] 按：尽管中国上古经文中已有“礼仪三百，威仪三千。”（《礼记》《中庸》[④]）的例句，但将其敷衍成“四威仪”，则具有新词义，属于佛典特有的用法。

《日本书纪》中亦可见“进止威仪”的说法，指容貌举止。卷28《天武纪下》十二年三月条：“因以教百寮之**进止威仪**。”[⑤]《日本灵异记》上卷《圣德皇太子示异表缘第4》：“**进止威仪**，似僧而行，加以制《胜鬘》《法华》等经疏，弘法利物，定考绩功勋之阶，故曰圣德。”[⑥]《敦煌变文·难陀出家缘起》：“若论**进止威仪**，恰共如来不别。”[⑦] 后秦弗若多罗、罗什合译《十诵律》卷5：“尔时长老优波斯那，与多比丘众五百人俱。皆阿练儿，著纳衣一食乞食空地坐，来去坐卧，视瞻**进止**，**威仪**清净。持僧伽梨，执钵安庠。从憍萨罗，游行到舍卫国。”北凉昙无谶译《金光明经》[⑧] 卷1：“佛身明耀，如日初出，**进止威仪**，犹如师子，修臂下垂，立过于膝。”中土文献中可见《梁书》卷26《范岫传》：“南乡范云谓人曰：‘诸君**进止威仪**，当问范长头。’”[⑨] 此言前代旧事的进退礼仪。《隋书》卷33《经籍2》：“养生送死，吊恤贺庆，则有**进止威仪**之

---

① 黄征、张涌泉校注《敦煌变文校注》，中华书局，1997，第1011页。

② 山口佳紀、神野志隆光『古事記』，新編日本古典文学全集，小学館，1997，第184頁。

③ 小島憲之、直木孝次郎、西宫一民、蔵中進、毛利正守『日本書紀三』，新編日本古典文学全集，小学館，1998，第392頁。

④《礼记》，《十三经注疏》，中华书局，1980，第1633页。

⑤ 小島憲之、直木孝次郎、西宫一民、蔵中進、毛利正守『日本書紀三』，新編日本古典文学全集，小学館，1998，第434頁。

⑥ 中田祝夫『日本靈異記』，日本古典文学全集，小学館，1975，第69頁。

⑦ 黄征、张涌泉校注《敦煌变文校注》，中华书局，1997，第592页。

⑧ 该经于天平九年抄写，录于《大日本古文书》卷7，第79页。

⑨（唐）姚思廉撰《梁书》，中华书局，1973，第391页。

数。"①此言养育生者，殡葬死者，慰问凶事，祝贺吉事，便有了容貌举止的礼仪。

通过对"行""坐""卧"的寓意的辨析，再到"威仪""进止威仪"的考证，这些例子都雄辩地说明这样一个事实：作为佛教文化载体的佛教词语已经俨然成为奈良时代人物品评的标准之一，成为上古文学作品中反映人物道德水准的记述语言。

第三节　句式层面的变化

佛典表达进入日本上古文学以后出现的变化，不仅体现在词语和搭配的层面，更多地还表现在句式层面。如果说词语和搭配层面的变化具有隐性的特征，那么，句式层面的变化则是显性的。以下，从单独连接形式、对象连接、呼应连接三个方面来探讨上古文学作品表达中句式层面的变化。

一　自创单独连接形式

该类自创形式主要有三字格和四字格两种。

（一）三字格

三字格的自创形式具体有"答白言：'～'""答白之：'～"'"答诏之：'～'""俱答言：'～'""谈之言：'～'""亲诲曰：'～'""有诲曰：'～'"。

"答白言：'～'"，（位卑者向位尊者）回答道："……"。《古事记》上卷《天照大御神与须佐之男命》："亦问：'汝哭由者何？'**答白言**：'我之女者，自本在八稚女。是高志之八俣远吕智，每年来吃。今其可来时，故泣。'尔问：'其形如何？'答白：'彼目如赤加贺智，而身一有八头八尾，亦其身生萝及桧椙，其长度溪八谷峡八尾，而见其腹者，悉常血烂也。'"②（1）西晋安法钦译《阿育王传》卷3："王**答言曰**：'我今不以，失王位故，而怀懊恼；亦不以，舍身命故，而作忧苦；又亦不以，舍宫人库藏，而作忧恼；正以远离，诸贤圣众，以为懊恼。'"梁宝唱等集《经律异相》卷41："尔时，摩竭国频毘娑罗王闻之，问于群臣。群臣**答言曰**：'是鸡头婆罗门，于铁厨中，以牛头栴檀，为佛及僧熟食，有此之香。'"隋阇那崛多译《佛本行集经》卷49《五百比丘因缘品》："彼苦人辈，即**答言曰**：'善哉善人！我等今者，亦复如是。从阎浮提，兴贩商贾，为财宝故，来入大海，欲至彼岸，遇值恶风，吹坏船舶。'"（2）《太平御览》卷597引梁《裴子野传》曰："当时或有诋诃者，及其末，翕然重之。或问其文速者，子野**答言曰**：'云人皆成于手，我独成于心。'"③按：如传世文献和汉文佛经资料所示，"答白言：'～'"的句式，是在佛典句式"答白：'～'"的基础之上，后续类义词

① （唐）魏徵等撰《隋书》，中华书局，1973，第971页。

② 山口佳紀、神野志隆光『古事記』，新編日本古典文学全集，小学館，1997，第68頁。

③ （宋）李昉等撰《太平御览》，中华书局，1960，第2690页。

“言”而产生的变异说法。

“答白之：‘～’”，（位卑者对位尊者）回答道：“……”。《古事记》上卷《忍穗耳命与迩迩艺命》：“尔**答白之**：‘仆者不得白，我子八重言代主神是可白。然为鸟游取鱼而往御大之前，未还来。’”又：“尔**答白之**：‘仆子等二神随白，仆之不违。此苇原中国者，随命既献也。’”又：“于是，天津日高日子番能迩迩艺能命，于笠纱御前，遇丽美人。尔问：‘谁女？’**答白之**：‘大山津见神之女，名神阿多都比卖，亦名谓木花之佐久夜毘卖。’”[①] 按：“白之：‘～’”的形式源自佛经，“答之：‘～’”的形式，中土文献和汉文佛经中均可见，唯独“答白之：‘～’”的形式，仅见于《古事记》。

“答诏之：‘～’”，天皇下诏书回复道：“……”。《古事记》中卷《崇神记》：“故大毘古命更还参上，请于天皇时，天皇**答诏之**：‘此者为在山代国我之庶兄建波迩安王，起邪心之表耳。伯父兴军宜行。’”又下卷《贤宗记》：“答曰：‘所以为然者，父王之怨，欲报其灵，是诚理也。然其大长谷天皇者，虽为父之怨，还为我之从父，亦治天下之天皇。是今单取父仇之志，悉破治天下之天皇陵者，后人必诽谤。唯父王之仇，不可非报，故少掘其陵边。既以是耻，足示后世。’如此奏者，天皇**答诏之**：‘是亦大理，如命可也。’”[②]

“俱答言：‘～’”，同时回答道：“……”。《日本书纪》卷19《钦明纪》四年十二月条：“是月，乃遣施德高分召任那执事与日本府执事。**俱答言**：‘过正旦而往听焉。’”又五年正月条：“五年春正月，百济国遣使，召任那执事与日本府执事，**俱答言**：‘祭神时到，祭了而往。’”[③] 元魏慧觉等合译《贤愚经》卷9《善事太子入海品》：“太子问言：‘皆作何等？’咸皆**答言**：‘捕诸禽兽，以自供济。’”梁宝唱等集《经律异相》卷24：“王与内外，一切辞别，还至殿上，往大师所，脱身璎珞，端身正坐，告众人言：‘谁能为吾，剜身千疮？’皆共**答言**：‘宁自剜两目，终不能以手，仰剜王身。’”北凉昙无谶译《大方等无想经》卷5《增长健度》：“尔时，大众即共**答言**：‘大德，莫作是语。此经相义，实是佛说。我今为经，当相供给。’”隋达摩笈多译《起世因本经》卷5《诸龙金翅鸟品》：“时彼众盲，同共**答言**：‘天王，我等生盲，实不曾知，象之形类。’”又《起世因本经》卷3《地狱品》：“复次，彼灰河中两岸，所有诸守狱者，见彼受罪诸众生辈来已，问言：‘汝等身今，欲得何物？’彼等众生，即同**答言**：‘我等甚饥。’”隋阇那崛多译《佛本行集经》卷3《受决定记品》：“时彼六万、婆罗门众，各共**答言**：‘我等此名，尚未曾闻，何况得有？何况得诵？’”又《起世经》卷5《诸龙金翅鸟品》：“时彼群盲，复同**答言**：‘天王，我实未识。若蒙王恩，我等或当，知象形相。’”唐玄奘译《说无垢称经》卷5《香台佛品》：“彼诸菩萨，咸共**答言**：‘我土如来，不为菩

---

① 山口佳紀、神野志隆光『古事記』，新編日本古典文学全集，小学館，1997，第108、110、120頁。

② 山口佳紀、神野志隆光『古事記』，新編日本古典文学全集，小学館，1997，第188～190、336～338頁。

③ 小島憲之、直木孝次郎、西宮一民、蔵中進、毛利正守『日本書紀二』，新編日本古典文学全集，小学館，1996，第380～382頁。

萨，文词说法，但以妙香，令诸菩萨，皆悉调伏。’”唐菩提流志译《大宝积经》卷76《四转轮王品》：“尔时，国王及诸人民，**咸皆答言**：‘我昔曾从，耆旧人所，闻有大王，名曰顶生，不舍人身，将诸眷属，并及四兵，而升天上。’”

“**谈之言**：‘～’”，对某人说道：“……”。《日本灵异记》上卷《圣德皇太子示异表缘第4》：“时有人言：‘是有愿觉师。’即优婆塞往而见，当实愿觉师也。逢于优婆塞，而**谈之言**：‘比顷不谒，恋思无间。起居安不也？’”[①]

“**亲诲曰**：‘～’”，亲自教诲说：“……”。《日本书纪》卷25《孝德纪》大化三年三月条：“以去年八月，朕**亲诲曰**：‘莫因官势取公私物，可吃部内之食，可骑部内之马。若违所诲，次官以上降其爵位，主典以下决其笞杖。入己物者，倍而征之。’”[②]

“**有诲曰**：‘～’”，训诫道：“……”。《日本书纪》卷9《神功纪》摄政前纪条：“既而神**有诲曰**：‘和魂服王身而守寿命，荒魂为先锋而导师船。’即得神教而拜礼之，因以依网吾彦男垂见为祭神主。”[③]

（二）四字格

四字格自创形式具体有“答之应曰：‘～’”“奉白之言：‘～’”“俱答咨曰：‘～’”“遗言而言：‘～’”“大号叫（曰）：‘～’”。

“**答之应曰**：‘～’”，应该回答说：“……”。《日本灵异记》中卷《智者诽妒变化圣人而现至阎罗阙受地狱苦缘第7》：“儵得痢病，经一月许。临命终时，诫弟子曰：‘我死莫烧，九日间置而待。’学生问我，**答之应曰**：‘有缘东西，而留供养。慎勿知他。’”[④] 按：汉文佛经中有“应答之曰：‘～’”的说法，当是此处“答之应曰：‘～’”的正确语序。东晋瞿昙僧伽提婆译《中阿含经》卷52《大品》：“阿难，诸比丘众当问彼比丘曰：‘贤者自见所犯耶？’彼应答曰：‘实自见所犯。’众当语彼：‘更善护持，莫复作也。’”

“**奉白之言**：‘～’”，（位卑者对位尊者）说道：“……”。《日本灵异记》中卷《极穷女于尺迦丈六佛愿福分示奇表以现得大福缘第28》：“买花香油，而以参往于丈六佛前，**奉白之言**：‘我昔世不修福因，现身受取贫穷之报。故我施宝，令免穷愁。’”[⑤] 宋惟净等译《金色童子因缘经》卷1：“苾刍答言：‘汝今当知，此是佛语。’童子闻已，于佛法中，益生净信，乃发谛诚，乐欲出家。转复肃恭，于苾刍前，再伸拜**奉白言**：‘圣者，我今乐欲，清净出家，惟愿圣者，悲愍摄受，令得出家。’”

“**俱答咨曰**：‘～’”，一同回答提问道：“……”。《日本书纪》卷24《皇极纪》二

① 中田祝夫『日本靈異記』，日本古典文学全集，小学館，1975，第69頁。

② 小島憲之、直木孝次郎、西宮一民、蔵中進、毛利正守『日本書紀三』，新編日本古典文学全集，小学館，1998，第140頁。

③ 小島憲之、直木孝次郎、西宮一民、蔵中進、毛利正守『日本書紀一』，新編日本古典文学全集，小学館，1994，第426頁。

④ 中田祝夫『日本靈異記』，日本古典文学全集，小学館，1975，第167頁。

⑤ 中田祝夫『日本靈異記』，日本古典文学全集，小学館，1975，第223頁。

年七月条："于是大夫问调使曰：'所进国调，欠少前例。送大臣物不改去年所还之色。送群卿物亦全不将来。皆违前例。其状何也？'大使达率自斯、副使恩率军善，**俱答咨曰**：'即今可备。'"[①] 梁僧佑撰《弘明集》卷10："辱告奉宣敕旨，**答咨**神灭论。夫神理玄妙，良难该辩。"按："答咨"，《汉语大词典》失收。

"遗言而言：'～'"，留下遗言："……"。《日本灵异记》中卷《恶逆子爱妻将杀母谋现报被恶死缘第3》："时母侘傺，著身脱衣，置于三处，子前长跪，**遗言而言**……"[②]

"大号叫（曰）：'～'"，大声嚎叫道："……"。《日本书纪》卷19《钦明纪》二十三年七月条："新罗斗将拔刀欲斩，逼而脱裈，追令以尻臀向日本**大号叫**曰：'日本将啮我髋脽。'即号叫曰：'新罗王啖我髋脽。'"[③] 齐那连提耶舍译《大悲经》卷4："尔时，大众比丘、比丘尼、优婆塞、优婆夷、天龙、夜叉、乾闼婆、阿修罗、迦楼罗、紧那罗、摩睺罗伽、释天、梵天、四天王等，得闻如是最后教已，愁苦不乐，为忧箭所射，啼哭流泪，极**大号叫**，作如是言：'婆伽婆入盘涅槃，一何驶哉！'"唐义净译《根本说一切有部毘奈耶杂事》卷9："于时，恶生被火烧害，极苦缠心，告苦母曰：'祸哉！我今已受烧害之苦。'苦母曰：'大王，我亦同此。'大火烧然，身皆烂熟。俱**大号叫**，便堕无间，大地狱中，受诸极苦。"

二　自创对象连接形式

"白于（对象）云：'～'"，（位卑者对位尊者）说道："……"。《古事记》中卷《仲哀记》："于是御子，令**白于神云**：'于我给御食之鱼。'故亦称其御名，号御食津大神。故于今谓气比大神也。"[④] 按：该句式的佛典形式是前出"白于（对象）曰：'～'"可以认为，该形式是在佛典形式的基础上敷演而来的。

三　自创呼应连接形式

（一）"白、言、曰、云"式

该类有"白"式、"言"式、"曰"式、"云"式。上述几式当中，"白"式的自创形式尤为丰富，共有"白：'～'是事白讫～""（发愿）白言：'～'白""白言：'～'尔～""白言：'～'故～""白言：'～'如此言之间～""白于（对象）：'～'云而～""白者：'～'如此白～""白之：'～'如此白之间～""答白：'～'如此白～"等。

---

① 小島憲之、直木孝次郎、西宫一民、蔵中進、毛利正守『日本書紀三』，新編日本古典文学全集，小学館，1998，第74頁。

② 中田祝夫『日本霊異記』，日本古典文学全集，小学館，1975，第152頁。

③ 小島憲之、直木孝次郎、西宫一民、蔵中進、毛利正守『日本書紀二』，新編日本古典文学全集，小学館，1996，第452頁。

④ 山口佳紀、神野志隆光『古事記』，新編日本古典文学全集，小学館，1997，第252頁。

“白：‘～’是事白讫～”，（位卑者对位尊者）说：“……”，说完这件事，（于是就）……“白讫”，说完的意思。《古事记》中卷《景行记》：“尔其熊曾建白：‘信，然也。于西方除吾二人无建强人。然于大倭国，益吾二人，而建男者坐祁理。是以，吾献御名。自今以后，应称倭建御子。’是事白讫，即如熟苽振折而杀也。”[①] 例言倭建命名字的由来：战败的熊曾建说，在西边的疆域，除我们两人外，没有更为勇猛的人。因此，建议从今以后你就叫作（勇敢智慧的）倭建命。说完此话，熊曾建就像熟透的瓜果一样被杀掉了。

“（发愿）白言：‘～’白”，发誓说：“……”。《元兴寺伽蓝缘起并流记资财账》：“……即发愿白言：‘仰愿蒙三宝赖，皇帝陛下共与乾坤四海安乐，正法增益，圣化无穷。’白。”

“白言：‘～’尔～”，（位卑者对位尊者）说道：“……”，这时就……《古事记》中卷《景行记》：“尔其熊曾建白言：‘莫动其刀，仆有白言。’尔暂许，押伏。于是白言：‘汝命者谁？’尔诏：‘吾者坐缠向之日代宫，所知大八岛国，大带日子淤斯吕和气天皇之御子，名倭男具那王者也。意礼熊曾建二人，不伏无礼闻看，而取杀意礼诏而遣。’”[②] 吴支谦译《佛说义足经》卷2：“臣白言：‘悉已象蹈杀之。’王便从处还国。”元魏慧觉等合译《贤愚经》卷4《摩诃斯那优婆夷品》：“白言：‘大家，尊者舍利弗、目揵连等，在其林中。’优波斯那，甚大喜跃，即便自取，耳二金环，而以赏之。”东晋昙无兰译《新岁经》卷1：“各从座起，稽首佛足，口自白言：‘一切诸法，皆从佛受。圣则道本，为一切护，慈愍之目，最尊殊特，圣德无上，超绝无侣，巍巍堂堂，宣布道化。’于时如来，迁延尊位，忏谢圣众，矜愍天下，还就草蓐。”东晋瞿昙僧伽提婆译《增壹阿含经》卷23《增上品》：“夫人白言：‘比丘，今正是时，速往所在，勿复住此，为王所害者，罪王甚重。’是时，彼比丘即从坐起，收摄衣钵，飞在虚空，远逝而去。”刘宋法贤译《频婆娑罗王经》卷1：“又复白言：‘我今虔心，请佛世尊，还王舍城。唯愿世尊，哀受我请，当尽此生，承事供养，乃至衣服、饮食、卧具、医药，受用等物，悉皆具足。诸苾刍众，皆亦如是。’尔时，世尊受王请已，默然而住。”隋达摩笈多译《起世因本经》卷4《地狱品》：“其守狱者，驱彼众生，即时将向，阎摩王边，白言：‘天王！此之丈夫，昔在人中，纵逸自在，不善和合，恣身口意，行于恶行；然此以其，身及口意，行恶行已，今来生此。是故天王，善好教示，善好诃责。’时阎摩王，问彼丈夫：‘汝善丈夫。昔在人间，第一天使，善好教示，善好诃责。汝岂不见，彼之天使，出现生耶？’”按：佛典中的句式多为“白言：‘～’便～”“白言：‘～’即便～”“白言：‘～’于时～”“白言：‘～’是时～”“白言：‘～’尔时～”白言：‘～’时～”等。

---

① 山口佳紀、神野志隆光『古事記』，新編日本古典文学全集，小学館，1997，第220頁。

② 山口佳紀、神野志隆光『古事記』，新編日本古典文学全集，小学館，1997，第218～220頁。

“白言：‘～’故～”，（位卑者对位尊者）说道：“……”，于是就……《古事记》上卷《天照大神与须佐之男命》：“……其所隐立之天手力男神，取其御手引出，即布刀玉命，以尻久米绳，控度其御后方，**白言**：‘从此以内，不得还入。’**故**天照大御神出坐之时，高天原及苇原中国，自得照明。”① 后汉昙果、康孟详合译《中本起经》卷2《度波斯匿王品》：“臣受王命，即诣衹洹，礼佛却住。斯须进前，长跪**白言**：‘国主波斯匿，稽首座前，问所不解，愿见示导，散告真言。’于是如来，命臣就坐，而告之曰：‘恩爱之本，渊流难尽；忧悲之恼，一由恩爱。’”吴支谦译《撰集百缘经》卷8《比丘尼品》：“偷臣**白言**：‘我昔曾入，僧坊之中，闻诸比丘，讲四句偈，云道诸天，眼瞬极迟，世人速疾。寻自忆念，是故知非，生在天上，以是不首。’于是波斯匿王，还得宝珠，甚怀欢喜，不问偷臣，所作罪咎。”按：佛典中多采用“白言：‘～’于是～”等句式。

“白言：‘～’如此言之间～”，（位卑者对位尊者）说道：“……”，如此这般说（了之后）……《古事记》上卷《天照大神与须佐之男命》：“尔天宇受卖**白言**：‘益汝命而贵神坐故，欢喜咲乐。’**如此言之间**，天儿屋命、布刀玉命指出其镜，示奉天照大御神之时……”② 东晋瞿昙僧伽提婆译《增壹阿含经》卷37《八难品》：“阿难**白言**：‘止，止！须拔。勿娆如来。’如是再三，复白阿难曰：‘如来出世，甚不可遇。如优昙钵华，时时乃有，如来亦复如是，时时乃出。然我今观如来，足能解我狐疑。我今所问义者，盖不足言。又今阿难，不与我往白世尊。又闻如来，却观无穷，前睹无极。然今日独，不见接纳。’”隋阇那崛多译《佛本行集经》卷25《精进苦行品》：“魔王波旬来诣彼，诈以美语而**白言**：‘唯愿仁者寿命长，命长乃能得行法，命长方得于自利，自利已后无悔心……’魔王如是向菩萨，种种诸语而称扬。”

“白于（对象）：‘～’云而～”，（位卑者对位尊者）说：“……”之类的话。《古事记》上卷《天照大御神与须佐之男命》：“尔速须佐之男命，**白于**天照大御神：‘我心清明故，我所生之子，得手弱女。因此言者，自我胜。’**云而**。”③ 按：该句式是“白于（对象）云：‘～’”的一种变体形式，疑为书录者自创。呼应词“云而”，与“云尔”相通。

“白者：‘～’如此白～”，（位卑者对位尊者）说：“……”，这样说着……《古事记》下卷《安康记》：“尔都夫良意美闻此诏命，自参出，解所佩兵，而八度拜**白者**：‘先日所问赐之女子诃良比卖者侍。亦副五处之屯宅以献。然其正身，所以不参向者，自往古至今时，闻臣连隐于王宫，未闻王子隐于臣家。是以思贱奴意富美者，虽竭力战，更无可胜。然恃己入坐于鄙家之王子者，死而不弃。’**如此白**，而亦取其兵，还入

① 山口佳紀、神野志隆光『古事記』，新編日本古典文学全集，小学館，1997，第66頁。
② 山口佳紀、神野志隆光『古事記』，新編日本古典文学全集，小学館，1997，第66頁。
③ 山口佳紀、神野志隆光『古事記』，新編日本古典文学全集，小学館，1997，第62頁。

以战。"[①] 西晋白法祖译《佛说大爱道般泥洹经》[②] 卷 1："至耶陀迦罗越所。至已，告守门者，令入白迦罗越：'阿难在外。'守门者闻阿难言，即入白如是。"东晋瞿昙僧伽提婆译《增壹阿含经》卷 37《八难品》："阿难**白言**：'止，止！须拔。勿娆如来。'如是再三，复白阿难曰：'如来出世，甚不可遇，如优昙钵华，时时乃有，如来亦复如是，时时乃出。然我今观如来，足能解我狐疑，我今所问义者，盖不足言。又今，阿难，不与我往白世尊。又闻如来却观无穷，前睹无极，然今日独不见接纳。'"姚秦鸠摩罗什译《摩诃般若波罗蜜经》卷 27："散昙无竭菩萨上**白言**：'大师，我从今日，以身属师，供给供养。'如是白已，合掌师前立。"姚秦鸠摩罗什译《妙法莲华经》卷 5《如来寿量品》："是时菩萨大众，弥勒为首，合掌**白佛言**：'世尊，唯愿说之，我等当信受佛语。'如是三白已，复言：'唯愿说之，我等当信受佛语。'"梁僧伽婆罗译《文殊师利所说般若波罗蜜经》卷 1："尔时帝释、长老阿难，俱**白佛言**：'世尊，如是如是。诚如佛言，我等当顶戴受持，广宣流布。唯愿如来，不以为虑。'如是三白言：'愿不为虑，我等当顶戴受持。'"按：从上述例文可知，《古事记》的该句式出自佛典，只是《古事记》的书录者并非完全照搬：一是引言前的所用动词不同；二是引言后的总括性词语不同，即《古事记》是"如此"，佛典为"如是"；三是强调重复次数之多的数字表达不同，且位置有异，即前者为"八"，在引言前，后者是"三"，在引言后。

"白之：'～'，如此白之间～"，（位卑者对位尊者）说："……"，正这样说的时候……。《古事记》上卷《忍穗耳命与迩迩艺命》："于是亦**白之**：'亦我子有建御名方神。除此者无也。'**如此白之间**，其建御名方神，千引石擎手末而来言：'谁来我国，而忍忍如此物言？然欲为力竞。故我先欲取其御手。'"[③]

"答白：'～'，如此白～"，（位卑者向位尊者）回答道："……"，这样说了之后……《古事记》上卷《伊耶那岐命与伊耶那美命》："尔伊耶那美命**答白**：'悔哉！不速来，吾者为黄泉户吃。然爱我那势命入来坐之事，恐故欲还。且与黄泉神相论。莫视我。'**如此白**而还入其殿内之间，甚久难待。"[④] 按：该句式中，"如此"前承说话内容，构成后续内容的前提条件。中国文献中未见该句式，疑似《古事记》特有的表达。

"言"式有"言：'～'告。""皆言：'～'言。""言：'～'如此言竟～""曰"式有"曰：'～'白讫～""云"式有"云：'～'如此言故～"等。

"言：'～'告"，说道："……"。《元兴寺伽蓝缘起并流记资财账》："时二柱皇子等**言**：'此殿者不佛神宫，借坐在耳。此大大王之后宫。'**告**。不令烧切也。"

"皆言：'～'言"，（大家都）说："……"。《元兴寺伽蓝缘起并流记资财账》："时病者自**皆言**：'我烧，我斫，我切。'**言**。"

---

① 山口佳紀、神野志隆光『古事記』，新編日本古典文学全集，小学館，1997，第 332 頁。

② 该经于天平十四年抄写，题作《大爱道般泥洹经》，录于《大日本古文书》卷 8，第 8 页。

③ 山口佳紀、神野志隆光『古事記』，新編日本古典文学全集，小学館，1997，第 108 頁。

④ 山口佳紀、神野志隆光『古事記』，新編日本古典文学全集，小学館，1997，第 44 頁。

“言：‘~’如此言竟~”，说：“……”，说完之后……《古事记》上卷《伊耶那岐命与伊耶那美命》：“于是伊耶那岐命先**言**：‘阿那迩夜志爱袁登卖袁。’后妹伊耶那美命言：‘阿那迩夜志爱袁登古袁。’**如此言竟**而御合生子，淡道之穗之狭别岛。”① 吴康僧会译《六度集经》卷7：“常悲菩萨仰曰：‘敬诺，终始戢之。’天人重**曰**：‘精进存之。’**言竟**，忽然不现。”失译人名今附东晋录《菩萨本行经》卷1：“时辟支佛，即答王**言**：‘当如所愿。’**言竟**，即便飞去。”梁宝唱等集《经律异相》卷34：“天帝释**言**：‘诸女修斋戒，吾亦奉于佛，当为法兄弟，快乎妙愿。’**言竟**不现。”

“曰：‘~’白讫~”，（对位尊者）说：“……”，说完之后……《古事记》中卷《景行记》：“尔其熊曾建**曰**：‘信然也。于西方，除吾二人无建强人。然于大倭国，益吾二人，而建男者坐祁理。是以吾献御名。自今以后，应称倭建御子。’是事**白讫**，即如熟瓜振折而杀也。”②

“云：‘~’如此言故~”，某人说：“……”，如此说来……《古事记》上卷《大国主神》：“于是不知所出之间，鼠来**云**：‘内者富良富良，外者须夫须夫。’**如此言故**，蹈其处者，落隐入之间，火者烧过。”③ 后秦佛陀耶舍、竺佛念等合译《长阿含经》卷17：“或有**言**：‘无有是处，有大鬼神，彼持想来，彼持想去，持来则想生，持去则想灭。’**如此言**者，皆有过咎。”萧齐僧伽跋陀罗译《善见律毘婆沙》卷15《舍利弗品》：“若居士不解语，但言施池。比丘答言：‘出家人法不听受池，若布施净水当受。’居士答**言**：‘善哉，大德！本施水。’**如此言**得受。”

（二）“问、答”式

该类包括“问”式和“答”式。“问”式中的自创表达有“问：‘~’白讫~”“所以发是问者~也。”

“问：‘~’白讫~”，（对位尊者）问：“……”，说完……《古事记》上卷《忍穗耳命与迩迩艺命》：“故尔，**问**其大国主神：‘今汝子事代主神。’如此**白讫**。亦可白子乎。”④ 唐定宾撰《四分比丘戒本疏》卷1：“故今说戒之时，问意云是‘谁尼寺遣尼来请教诫尼人’。其受嘱者闻已，即起僧前，礼佛**白**大众云：‘大德僧听，某寺比丘尼众和合等。’余词同前。**白讫**，巡行至二十夏以上。”按：“白讫”一词例句甚少，且唯见汉文佛经，《忍穗耳命与迩迩艺命》传说中的一例因而显得弥足珍贵。“V+讫”是六朝以来的口语性表达形式。《说文·言部》：“**讫**，止也。”《古事记》中还有“平讫”（上卷《忍穗耳命与迩迩艺命》、中卷《垂仁记》、下卷《反正记》）、“崩讫”（同《仲哀

① 山口佳紀、神野志隆光『古事記』，新編日本古典文学全集，小学館，1997，第34頁。
② 山口佳紀、神野志隆光『古事記』，新編日本古典文学全集，小学館，1997，第220頁。
③ 山口佳紀、神野志隆光『古事記』，新編日本古典文学全集，小学館，1997，第82頁。
④ 山口佳紀、神野志隆光『古事記』，新編日本古典文学全集，小学館，1997，第108頁。

记》)、“曙讫”(下卷《安康记》)、“舞讫”(同《清宁记》[①])等说法，古汉语中均未见对应的例句，是书录者依据“讫”的语用功能自行创造的。

“所以发是问者～也”，之所以提出这样的问题，是因为……《古事记》中卷《应神记》：“(双行注)天皇**所以发是问者**，宇迟能和纪郎子有令治天下之心**也**。”[②] 后汉支娄迦谶译《道行般若经》卷3：“释提桓因心念：‘尊者舍利弗，**何因发是问**?’即时释提桓因，谓舍利弗：‘何因尊者，乃作是问?’”吴支谦译《大明度经》[③] 卷3：“释心念：‘秋露子比丘，**何因发是问**?’”该例亦见于前秦昙摩蜱、竺佛念译《摩诃般若钞经》卷3《地狱品》。按：《古事记》的书录者在积极吸收佛典句式的同时，还敷衍出许多貌异神似的新句式。从这一意义说，此处“所以发是问者……也”的句式可以说是一个典型的例子。“何因发是问”是佛典中的固有说法，在《应神记》中却被换成了“所以发是问(者……也)”形式，在用法上也由疑问表达变成了自问自答的提示形式。

“答”式中的自创表达有“答白之：‘～’如此之白而～”“答曰：‘～’白”“答曰：‘～’如此奏者～”“答曰：‘～’云而～”。

“答白之：‘～’，如此之白而～”，(位卑者对位尊者)回答道：“……”，这样回答后……《古事记》上卷《忍穗耳命与迩迩艺命》：“尔**答白之**：‘仆子等二神随白，仆之不违。此苇原中国者，随命既献也。唯仆住所者，如天神御子之天津日继所知之登陀流，天之御巢，而于底津石根宫柱布斗斯理，于高天原氷木多迦斯理，而治赐者，仆者于百不足八十垧手隐而侍。亦仆子等百八十神者，即八重事代主神为神之御尾前而仕奉者，违神者非也。’**如此之白而**，于出云国之多艺志之小滨，造天之御舍。”[④] 按：该呼应表达形式，实为书录者依据“言：‘～’如此言者～”的佛典句式独自创造出来的。

“答曰：‘～’白”，回答道：“……”。《古事记》中卷《崇神记》：“尔天皇问赐之：‘汝者谁子也。’**答曰**：‘仆者，大物主大神，娶陶津耳命之女活玉依毘卖，生子，名栉御方命之子，饭肩巢见命之子，建瓮槌命之子，仆意富多多泥古。’**白**。”[⑤]《元兴寺伽蓝缘起并流记资财账》：“时蕃客**答曰**：‘尼等受戒法者，尼寺之内先请十尼师，受本戒已，即诣法师寺请十法师。先尼师十合二十师所受本戒也。然此国者，但有尼寺，无法师寺及僧。尼等若为如法者，设法师寺，请百济国之僧尼等 可令受戒。’**白**。”

“答曰：‘～’，如此奏者～”，回答说：“……”，这样禀奏完就……《古事记》下卷《贤宗记》：“尔天皇异其早还上而诏：‘如何破坏?’答白：‘少掘其陵之傍土。’天皇诏之：‘欲报父王之仇，必悉破坏其陵，何少掘乎?’**答曰**：‘所以为然者，父王之

① 山口佳紀、神野志隆光『古事記』，新編日本古典文学全集，小学館，1997，第112、192、314、244、335、356頁。

② 山口佳紀、神野志隆光『古事記』，新編日本古典文学全集，小学館，1997，第258頁。

③ 该经于天平十八年抄写，录于《大日本古文书》卷9，第65页。

④ 山口佳紀、神野志隆光『古事記』，新編日本古典文学全集，小学館，1997，第110頁。

⑤ 山口佳紀、神野志隆光『古事記』，新編日本古典文学全集，小学館，1997，第184頁。

怨，欲报其灵，是诚理也。然其大长谷天皇者，虽为父之怨，还为我之从父，亦治天下之天皇。是今单取父仇之志，悉破治天下之天皇陵者，后人必诽谤。唯父王之仇，不可非报，故少掘其陵边。既以是耻，足示后世。’**如此奏者**，天皇答诏之：‘是亦大理，如命可也。’”①

“**答曰：‘～’云而～**”，回答说：“……”什么的。《古事记》中卷《应神记》：“故矢河枝比卖委曲语其父。于是父**答曰**：‘是者天皇坐那理。恐之、我子仕奉。’**云而**，严饰其家候待者，明日入坐。”② 按：《日本书纪》卷2《神代纪下》：“天孙又问曰：‘其于秀起浪穗之上，起八寻殿，而手玉玲珑、织经之少女者，是谁之子女耶?’**答曰**：‘大山祇神之女等，大号盘长姬，少号木花开耶姬，亦号丰吾田津姬。’**云云**。”③ 该形式在传统的中国文献中较为常见。《通典》卷20《职官2》：“三老**答曰**：‘木受绳则正，后从谏则圣。自古明王圣主，皆虚心纳谏，以知得失，天下用安，惟陛下念之’**云云**。”④《独异志》卷下：“刘仁轨为相，其从父、昆弟皆为北海县邑吏，人有劝曰：‘若与君相同籍，而独苦差科。’**答曰云云**。”

（三）“告、诲”式

该类包括“告”式和“诲”式。“告”式有“告宣：‘～’告”“告宣：‘～’告宣”；“诲”式有“诲曰之：‘～’云而～”。

“**告宣：‘～’告**”，告示道：“……”。《元兴寺伽蓝缘起并流记资财账》：“时他田天皇**告宣**：‘犹今时臣等无等心故，若欲为，为事窃窃可行。’**告**。”又：“时聪耳皇子大大王大前白：‘昔百济国乞遣法师等及工人奉上。是事为云何?’时大后大大王**告宣**：‘以先种种事今帝大前白。’**告**。”又：“时大后大大王，聪耳皇子与马古大臣二人**告宣**：‘今者以百济工等作二寺也。然尼寺者如标始，故今作法师寺。’**告**。”

“**告宣：‘～’告宣**”，告示道：“……”。《元兴寺伽蓝缘起并流记资财账》：“又辛卯年父天皇后言承在也。池边皇子与我二人召**告宣**：‘佛法不可憎舍也。又大大王者其牟久原后宫者，无更望心，终奉于佛神。莫取为自物。’**告宣**。”

“**诲曰之：‘～’云而～**”，教诲道：“……”，告诉说：“……”。《古事记》上卷《日子穗穗手见命与鹈葺草葺不合命》：“于是，探赤海鲫鱼之喉者，有钩。即取出而清洗，奉火远理命之时，其绵津见大神**诲曰之**：‘以此钩给其兄时，言状者：此钩者，淤烦钩、须须钩、贫钩、宇流钩。’**云而**。于后手赐。”⑤

最后，归纳上述句式层面的自创表达如下。

---

① 山口佳紀、神野志隆光『古事記』，新編日本古典文学全集，小学館，1997，第336～338頁。

② 山口佳紀、神野志隆光『古事記』，新編日本古典文学全集，小学館，1997，第260頁。

③ 小島憲之、直木孝次郎、西宮一民、蔵中進、毛利正守『日本書紀一』，新編日本古典文学全集，小学館，1994，第152頁。

④ （唐）杜佑撰《通典》，中华书局，1988，第503页。

⑤ 山口佳紀、神野志隆光『古事記』，新編日本古典文学全集，小学館，1997，第130頁。

（一）自创单独连接形式。①三字格。“答白言：～”“答白之：～”“答诏之：～”“俱答言：～”“谈之言：～”“亲诲曰：～”“有诲曰：～”。②四字格。“答之应曰：～”“奉白之言：～”“俱答咨曰：～”“遗言而言：～”“大号叫（曰）：～”。

（二）自创对象连接形式。“白于（对象）云：～”。

（三）自创呼应连接形式。1.“白、言、曰、云”类。①“白”式：“白：‘～’是事白讫～”“（发愿）白言：‘～’白。”“白言：‘～’尔～”“白言：‘～’故～”“白言：‘～’如此言之间～”“白于（对象）：‘～’云而～”“白者：‘～’如此白～”“白之：‘～’如此白之间～”“答白：‘～’如此白～”。②“言”式。“言：‘～’告”“皆言：‘～’言”“言：‘～’如此言竟～”。③“曰”式：“曰：‘～’白讫～”。④“云”式：“云：‘～’如此言故～”。2.“问、答”类。①“问”式：“问：‘～’白讫～”“所以发是问者～也”。②“答”式：“答白之：‘～’如此之白而～”“答曰：‘～’白”“答曰：‘～’如此奏者～”“答曰：‘～’云而～”。3.“告、诲”类。①“告”式：“告宣：‘～’告”“告宣：‘～’告宣”。②“诲”式：“诲曰之：‘～’云而～”。

神田秀夫指出，汉译佛经与《古事记》可谓“同病相怜”，在几个方面被迫采取相同的手法。第一，都须使用汉字这一表意文字来记录外国（相对汉字而言）的事情。第二，汉译佛经有必要记录咒语原音，《古事记》有必要记录歌谣的歌词。第三，还有必要记录固有名词的读音。于汉译佛经而言，有佛陀弟子的名字、菩萨的名字等。于《古事记》而言，有诸神的名字等。第四，两者都有必要记录类似于阶位世袭制国家的神话或传说，需要采用敬语的形式，讲述奇迹的发生及其由来。正因为如此，事实上，汉译佛经一方面努力借用汉字来表现陀罗尼或固有名词，另一方面在散文部分使用汉文。而且，采用的是“如是我闻”式的汉文，一种非正格的变异文体，这一点也与《古事记》相同。正如《古事记》的书录者在选择日语还是汉文之间苦恼不已一样，佛典的汉译者也夹在梵文与汉文之间痛苦不堪。① 上述自创表达形式或许就是这一阵痛所产生的结果吧。

有关日本上古文学作品中的自创表达的研究刚刚起步，可谓任重道远。这一研究有赖于上古文学文体与汉文佛经的比较研究的成果。只有在此基础上，才能发现并阐释自创表达的特征。而且，这一研究的目的在于探求日本上古知识阶层在文学创作中的主体意识与创新精神。因此，需要研究者不断积累丰富的个案。唯有如此，才能逐渐描绘出日本上古文学自创表达所体现出的主体意识与创新精神的全貌。

① 神田秀夫「古事記の文体に関する一試論」，『国語と国文学』27－6，1950。

第二编

《日本书纪》文体与佛经文体

本编分作四章。第一章就《金光明经》对《日本书纪》的影响问题，针对《日本书纪》校注方面最具权威的“新编全集本”，独自指正新的出典16处，明确提出28条修改意见。第二章，通过对中土文献和汉文佛经的语料调查，系统地揭示隐匿于《日本书纪》α群（双音词481个、三字格53组、四字格195组、句式24式）、β群（双音词468个/三字格101组/四字格184组/句式40式）、第30卷（双音词39个/三字格7组/四字格16组）中源自汉文佛经的佛典表达。这一考释结果表明，无论是α群还是β群，抑或是第30卷，无不深深地受到了佛典表达的浸染。从本质上讲，如此众多的源自佛经的词语均衡地出现在《日本书纪》当中，是奈良朝佛教兴隆的客观反映，是读诵、抄经和讲经说法一系列法会影响的必然结果。第三章分门别类地对双行注的文体进行考察，从“别本”“或本”“一本”“一云”类、《伊吉连博德书》和“百济三书”中考辨出大量的佛典词语和句式，证明即便在同时代不同的注释当中，佛典表达作为一种共同的文体依然十分引人注目。其中，《伊吉连博德书》佛典表达第一次较为清晰地浮出水面。而且，从传统表达、佛典表达和自创表达的角度聚焦“百济三书”的尝试自然有其学术研究史的意义，因为它在中日韩三国的相关研究当中出现尚属首次。第四章，从意思表达上的创意、语体色彩上的创意和搭配关系上的创意三个方面，探讨了源自汉文佛经却又有别于汉文佛经的自创表达的外在形式与实质内涵。

第一章　成说辩驳

《日本书纪》是日本的第一部正史，成书于720年，凡30卷。关于《日本书纪》与中国文学的比较研究，日本学界有着极为深厚的积累，学术成就突出，不断有新的见解出现。譬如江户时代的河村秀根、益根的《书纪集解》，当代的小岛宪之的《日本上古文学与中国文学上》等著述，都详细地考察了中国传世文献对《日本书纪》广泛而又深远的影响。日本学术界关于《日本书纪》与汉译佛经的比较研究，主要集中在下面三个方面：一是诸本注释中的典据考证，譬如“古典大系本”“新编全集本”；二是近年来的“变体汉文”研究，譬如森博达[①]、石井公成[②]等的著述；三是口语词的研究，松尾良树在《〈日本书纪〉与唐代口语》[③] 一文中，通过对先行研究的梳理，指出下列88个词语具有口语的特征。兹以α、β群两类胪列如下。

（一）α群。卷14：“女郎”“能似”“即便”“即更”“远近”“遂即”“所有”“却还”“事须”“寺家”“一时”“纵使”；卷16：“指甲”；卷17：“大娘子”“辄尔”；卷18：“要须”；“自余”“又复”“犹尚”“遂乃”“倍复”“～得”“少许”“几许”“与不”“必须”“当须”“亦复”“并不”“勘当”“即自”“色（人）”“况复”；卷24：“语话”“大有”“极甚”“都不”“大郎”“应当”；卷25：“路头”“后头”“前头”；卷26：“还归”“好在”“东西”“便即”；卷27：“新妇”。

（二）β群。卷1：“所以”“～子”“回归”“阿姊”“都无”“必当”“底下”“共～”“～著”“本自”“～个”；卷2：“～不”“宜当”“以不”“虽复”“假使”“益复”“～住”“实是”“儞”；卷3：“各自”“祇承”“大～”“意欲”“两种”；卷5：“何当”；卷6：“此间”“检校”“情愿”“刀子”；卷7：“欲得”；卷9：“当时”“必应”“已经”；卷10：“男女”“更不”“更无”；卷11：“应时”；卷13：“大娘”“娘子”

---

① 森博達『日本書紀の謎を解く—述作者は誰か』，中央公論新社，1999；同『日本書紀　成立の真実—書き換えの主導者は誰か』，中央公論新社，2011。

② 石井公成「三経義疏の語法」，『印度学仏教学研究』57卷1号，2008年12月；同「三経義疏の共通表現と変則語法（下）」，奥田聖応先生頌寿記念論集刊行会編『奥田聖應先生頌寿記念インド学仏教学論集』，佼正出版社，2014；同「『日本書紀』における仏教漢文の表现と変格语法（上）」，『駒沢大学仏教学部研究紀要』73，2016。

③ 松尾良樹「『日本書紀』と唐代口語」，和漢比較文学会編『和漢比較文学』3，1987。

“桃子”；卷22：“即时”“李子”；卷23：“少少”；卷29：“不问”“元来”“犹复”“商量”“道头”“处分”。

北川修一《〈日本书纪〉中的中国口语与〈倭习〉问题》一文[①]从“和习”研究的角度，指出以下表达所具有的口语特征：“理当”“～以不”“意欲”“意将”“将＋疑问代名词”“因以”“了”“我＋之＋名词”“盖”“若”“既＋否定词”。唐炜在《西大寺本〈金光明最胜王经〉平安初期训点中源自中国口语的双音汉语词之训读——以双音副词为中心》[②]一文中，以平安初期的训点为资料，对“一一”“一时”“各自”“更无”“更无”“最无”“自然”“终不”“即便”“都无”“非时”“非所”“无非”“并悉”等15个口语双音词在当时是如何被理解并训读的进行了考察。此外，唐炜《〈日本书纪〉中源自中国口语双音节动词之训点》一文[③]在松尾论文所指出的双音副词（36个词语）的基础上，又指出19个口语副词：“更亦”“更复”“最为”“再三”“兹甚”“皆悉”“咸皆”“共同”“勿复”“事须”“自然”“悉皆”“时复”“正在”“必自”“必然”“不复”“并悉”“并是”。唐炜在松尾论文所指出的双音动词（12个词语）的基础上，进一步指出24个口语动词：“安置”“交通”“号叫”“归化”“供奉”“经过”“叩头”“自爱”“施行”“修行”“修理”“制造”“喘息”“陈说”“啼泣”“漂荡”“便旋”“奉遣”“奉献”“奉进”“游行”“罗列”“往还”“往来”。当然，这中间一些双音词是否属于口语词仍需确凿的书证和仔细的考证。

渡边滋在《日本古代中国口语词的接受与展开》[④]一文中指出，即便是在《日本书纪》当中，口语性词汇在使用倾向上也存在明显的差异。这一差异取决于不同的书录者的主体意识。口语词在《日本书纪》中的分布情况是α群（122例）、β群（125例）、第30卷（7例），共计254例。其中半数以上集中在α群（卷14、19、24、25）和β群（卷6、22、29）7卷当中。这一现象暗示着即便在不同的群里，同样存在细微的差异。这种情况与其说反映了不同书录者的主体意识，不如说体现了书录者所属的整个社会集团的性质。

在高度评价传统研究的同时，还必须指出的是，以往的研究存在着忽略汉文佛经对《日本书纪》乃至整个上古文学作品文体风格影响这一缺憾。

第一节　匡谬补正

在《日本书纪》的校注及考释方面，“新编全集本”无疑代表着当今日本学术界的

① 北川修一「『日本書紀』における中国口語と倭習の問題」，和漢比較文学会編『和漢比較文学』31，2003。

② 唐煒「西大寺本金光明最勝王経平安初期点における中国口語起源二字漢語の訓読—二字副詞を中心として—」，『北海道大学文学研究科紀要』，2011。

③ 唐煒「日本書紀における中国口語起源二字動詞の訓点」，『訓点語と訓点資料』116，2006。

④ 渡辺滋「日本古代における中国口語の受容と展開」，『訓点語と訓点資料』120，2008。

最高水平，它指出了以下出自汉文佛经的四字语句：“悲鲠而言”“惊惶失所”“悲泪盈目”（卷16《武烈纪》即位前纪条）；“弊垢”“形色憔悴”（卷21《崇峻纪》二年四月条）；“踊跃欢喜”（卷22《舒明纪》即位前纪条）等。下面从语体色彩、类义表达、改写手法以及《金光明经》四个方面，对“新编全集本”中的一些观点提出我们的看法。

一　语体色彩

“**顶戴**”，敬礼，感恩；供奉；拥戴。《日本书纪》卷25《孝德纪》大化二年三月条：“壬午，皇太子使使奏请曰：‘昔在天皇等世，混齐天下而治。及逮于今，分离失业。属天皇我皇可牧万民之运，天人合应厥政惟新。是故庆之尊之，顶戴伏奏。’”① 例中“顶戴”一词，“新编全集本”中推测为汉译佛经词语。可补充以下文例。《续日本纪》卷20《孝谦纪》天平宝字元年八月条中另有一例：“其文云：‘五月八日开下帝释标知天皇命百年息。国内顶戴兹祥，踊跃欢喜，不知进退。悚息交怀。’”② 上古文献中的这两例，在文体上有一个显著的特征，即用于尺牍（奏文）。“顶戴”出自佛经，盖无疑义。但其尺牍特征，是否也肇始于佛经则需要论证。吴支谦译《菩萨本缘经》卷3《兔品》：“我处此山，长发重担，虽经多年，无所利益。我愿从今，常相顶戴。愿汝功德，具足成就，令我来世，常为弟子。”东晋佛驮跋陀罗译《大方广佛华严经》卷13《如来升兜率天宫一切宝殿品》：“百万亿阿迦尼咤天恭敬礼拜，百万亿种种天皆大欢喜，恭敬赞叹，百万亿诸天以种种善慧而庄严之，百万亿诸大菩萨顶戴护持。”姚秦鸠摩罗什译《妙法莲华经》卷5《分别功德品》：“又复如来灭后，若闻是经，而不毁呰，起随喜心，当知已为，深信解相。何况读诵，受持之者，斯人则为，顶戴如来。”如例所示，上引三例出自讲经说法的场面，表现受众当面对佛陀称赞和拥戴。汉文佛经所具有的口语性与尺牍诉诸对象的文体特征相一致，日本上古史书书录者将其活用于尺牍之中，因而成为一种不同于古汉语的表达方式。

二　类义表达

“**无所乏**”，供以修行的物资，没有任何匮乏。《日本书纪》卷19《钦明纪》十三年十月条：“譬如人怀随意宝，逐所须用，尽依情，此妙法宝亦复然。祈愿依情，无所乏。”③“新编全集本”指出，该段内容出自唐义净译《金光明最胜王经》卷6《四天王

---

① 小島憲之、直木孝次郎、西宮一民、蔵中進、毛利正守『日本書紀三』，新編日本古典文学全集，小学館，1998，第146頁。

② 青木和夫、稲岡耕二、笹山晴生、白藤礼幸『続日本紀三』，新日本古典文学大系，岩波書店，1992，第222頁。

③ 小島憲之、直木孝次郎、西宮一民、蔵中進、毛利正守『日本書紀二』，新編日本古典文学全集，小学館，1996，第416頁。

护国品》："如入室有妙宝箧，随所受用悉从心。最胜经王亦复然，福德随心**无所乏**。"值得注意的是，三字格"无所乏"在汉文佛经和中土文献当中是一种较为普遍的说法。譬如，东晋瞿昙僧伽提婆译《中阿含经》卷17："佛洗足已，坐尊者释家子婆咎座。坐已，告曰：'婆咎比丘，汝常安隐。**无所乏**耶？'"梁宝唱等集《经律异相》卷2："师曰：'山居道士，乞食自存，正**无所乏**。何用毁卖贵身，为供我也？'"《世说新语·贤媛第19》："卖得数斛米，斫诸屋柱，悉割半为薪，剉诸荐以为马草。日夕，遂设精食，从者**无所乏**。"①

颇为有趣的是，在《日本书纪》和《续日本纪》当中，与"**无所乏**"意义、用法和语体色彩相同的还有"令无乏少""令无所乏""勿令乏少"（前出）和"使无乏少"等表述形式，且均与汉文佛经关系密切。

"**令无乏少**"，使不匮乏短缺。《日本书纪》卷19《钦明纪》十四年八月条："所遣军众，来到臣国，衣粮之费，臣当充给。来到任那，亦复如是。若不堪给，臣必助充，**令无乏少**。"② 唐义净译《金光明最胜王经》卷5《四天王观察人天品》："世尊，若有苾刍、苾刍尼、邬波索迦、邬波斯迦持是经者，时彼人王随其所须，供给供养，**令无乏少**，我等四王令彼国主及以国人，悉皆安隐，远离灾患。"

"**令无所乏**"，使之在物质上没有任何匮乏。《日本书纪》卷20《敏达纪》十二年是岁条："天皇所以治天下政，要须护养黎民。何遽兴兵，翻将失灭。故今合议者仕奉朝列臣、连二造，下及百姓，悉皆饶富，**令无所乏**。"③ 姚秦鸠摩罗什译《妙法莲华经》卷4《提婆达多品》："王闻仙言，欢喜踊跃，即随仙人，供给所须：采菓汲水、拾薪设食，乃至以身，而为床座。身心无倦，于时奉事。经于千岁，为于法故，精勤给侍，**令无所乏**。"北凉昙无谶译《大般涅槃经》卷22《光明遍照高贵德王菩萨品》："欲得人中天上乐者，见有受持《大涅槃经》，书写读诵，为他解说思惟义者，当往亲近，依附咨受，供养恭敬，尊重赞叹。为洗手足，布置床席，四事供给，**令无所乏**。"

因为对"无所乏""令无乏少""令无所乏""勿令乏少"一类汉文佛经四字格的熟稔，所以《日本书纪》的书录者在此基础上开始尝试采用一些新的表达形式。"**使无乏少**"，义同"令无乏少"。《日本书纪》卷17《继体纪》元年二月条："由是，仍于蚊屋野中，造起双陵，相似如一，葬仪无异。诏老妪置目，居于宫傍近处，优崇赐恤，**使无乏少**。"④ 显然，例中"使无乏少"取法自"令无乏少"，但中国文献中未见，疑似自创搭配。

---

① 徐震堮：《世说新语校笺》，中华书局，1984，第374页。

② 小島憲之、直木孝次郎、西宮一民、蔵中進、毛利正守『日本書紀二』，新編日本古典文学全集，小学館，1996，第424頁。

③ 小島憲之、直木孝次郎、西宮一民、蔵中進、毛利正守『日本書紀二』，新編日本古典文学全集，小学館，1996，第428頁。

④ 小島憲之、直木孝次郎、西宮一民、蔵中進、毛利正守『日本書紀二』，新編日本古典文学全集，小学館，1996，第444頁。

上述各种说法出现在天皇的诏书或大臣的命令当中，因而成为有别于中国史书的叙述形式。这是我们阅读日本史书时总会有一种“违和感”的原因之一。

“亦复然”，其他情况同样如此。《日本书纪》卷19《钦明纪》十三年十月条：“譬如人怀随意宝，逐所须用尽依情。此妙法宝**亦复然**，祈愿依情无所乏。”① “新编全集本”指出，该段出自唐义净译《金光明最胜王经》卷6《四天王护国品》：“如人室有妙宝箧，随所受用悉从心。最胜经王**亦复然**，福德随心无所乏。”吴支谦译《菩萨本缘经》卷1《一切施品》：“我身四大成，王身**亦复然**。今若见瞋者，是则为自瞋。”姚秦鸠摩罗什译《妙法莲华经》卷3《化城喻品》：“度脱于我等，及诸众生类，为分别显示，令得是智慧。若我等得佛，众生**亦复然**。”唐实叉难陀译《大方广佛华严经》卷7《世界成就品》：“一切刹土入我身，所住诸佛**亦复然**。汝应观我诸毛孔，我今示汝佛境界。”“亦”，类同副词，“复”作音节成分，无实际意义。“亦复然”在汉文佛经中，时常以复沓的手法，来列举多项相同的事例，给读者以难以忘怀的印象。

“亦复然”的类义表达还有“亦复如是”，该词组是一个非常能够传达讲经说法口吻的词组。**“亦复如是”**，同样也是这种情况。《日本书纪》卷19《钦明纪》十四年八月条：“所遣军众，来到臣国，衣粮之费，臣当充给。来到任那，**亦复如是**。”② 后汉安世高译《佛说罪业应报教化地狱经》卷1：“世尊，今有地狱饿鬼畜生奴婢，贫富贵贱种类若干。唯愿世尊，具演说法。若有众生闻佛说法，如孩子得母，如病得医，如羸得食，如暗得灯。世尊说法，利益众生，**亦复如是**。”后汉支娄迦谶译《道行般若经》卷8：“佛复言：‘今我刹界中菩萨行般若波罗蜜，十方诸佛今亦赞叹说行般若波罗蜜菩萨，**亦复如是**。’”姚秦鸠摩罗什译《妙法莲华经》卷1《序品》：“诸善男子，我于过去诸佛，曾见此瑞，放斯光已，即说大法。是故当知，今佛现光，**亦复如是**。欲令众生，咸得闻知，一切世间，难信之法，故现斯瑞。”北凉昙无谶译《大般涅槃经》卷1《寿命品》：“尔时世尊，于晨朝时，从其面门，放种种光。其明杂色，青黄赤白，颇梨马瑙光，遍照此三千大千佛之世界，乃至十方，**亦复如是**。”

三　改写手法

“绝无继嗣”，后嗣断绝没有继承者。《日本书纪》卷17《继体纪》即位前纪条：“方今**绝无继嗣**，天下何所系心。自古迄今，祸由斯起。今足仲彦天皇五世孙倭彦王，在丹波国桑田郡。”③ “新编全集本”注引《汉书》卷10《成帝纪》：“不蒙天晁，至今

① 小島憲之、直木孝次郎、西宫一民、蔵中進、毛利正守『日本書紀二』，新編日本古典文学全集，小学館，1996，第416頁。

② 小島憲之、直木孝次郎、西宫一民、蔵中進、毛利正守『日本書紀二』，新編日本古典文学全集，小学館，1996，第424頁。

③ 小島憲之、直木孝次郎、西宫一民、蔵中進、毛利正守『日本書紀二』，新編日本古典文学全集，小学館，1996，第288頁。

未有继嗣，天下无所系心。”由此可知，《继体纪》改《汉书》“未有继嗣”为“绝无继嗣”。至于“绝无继嗣”的说法，则出自梁宝唱等集《经律异相》卷17：“舍卫国人名曰厉，其家大富，年已老耄，**绝无继嗣**。”

“所喜遍身，叹未曾梦”，浑身充满喜悦，感叹从未做过如此美妙的梦。《日本书纪》卷19《钦明纪》即位前纪条：“于是**所喜遍身**，叹未曾梦。”① “新编全集本”注引《金光明最胜王经》卷9：“王闻是已，**心生欢喜**，**叹未曾有**。”需要指出的是，例中“所喜遍身”并非原文的“心生欢喜”，是经过书录者改写后的说法。北凉昙无谶译《金光明经》卷3《善集品》：“是转轮王，梦是事已，即寻觉寤，**心喜遍身**，即出宫殿，至僧坊所，供养恭敬，诸大圣众，问诸大德。”隋阇那崛多译《佛本行集经》卷9《相师占看品》：“尔时，地居诸天诸仙，见此瑞已，**欢喜遍身**，不自胜持，扬声叫唤，发大语言：‘今日阎浮，岚毘尼中，菩萨出生。为于一切，天人世间，作大安乐，为诸无明，黑暗众生，作大光照。’”唐菩提流志译《大宝积经》卷102：“世尊，此何光明，而令我等，**大喜遍身**，心得清净。亦令众生，无复贪欲，瞋恚愚痴，烦恼众恶，一切不行。”宋赞宁等撰《宋高僧传》卷14：“经于七宵，诘旦见地藏菩萨，手摇金锡，为表策发，教发戒缘，作受前方便。感斯瑞应，**叹喜遍身**，勇猛过前。”由此可知，经改写的“所喜遍身”成为《钦明纪》特有的说法，与古汉语传统说法无关，来自佛经却又有别于佛经。

“气力衰迈，老耄虚羸，要假扶绳，不能进步。”气力衰弱，年迈羸弱。走路时需要借助绳索，否则难以挪步。《日本书纪》卷15《显宗纪》三年九月条：“九月，置目老困乞还曰：‘气力**衰迈**，**老耄虚羸**，**要假扶绳**，**不能进步**。愿归桑梓，以送厥终。’天皇闻恻痛，赐物千段，逆伤岐路，重感难期。”② “新编全集本”指出，该段内容引自唐义净译《金光明最胜王经》卷9《除病品》：“无量众生，为诸极苦，之所逼迫。我父长者，虽善医方，妙通八术，能疗众病，四大增损。然已**衰迈**，**老耄虚羸**，**要假扶策**，**方能进步**，不复能往，城邑聚落，救诸病苦。”经改写后的“扶绳”，表示因年老体弱，行走时须借助绳索支撑的意思。那么，“扶绳”从何而来？出自何处呢？对此，似有必要进一步澄清。《盐铁论》卷5《尊道第23》：“孔子曰：‘可与共学，未可与权。’文学可令**扶绳**循刻，非所与论道术之外也。”③ 这句话是说：文学者只能墨守成规，不能与他们讨论先王之道以外的道理。例中“扶绳循刻”，谓按照墨线去雕刻，亦即墨守成规的意思。《宋书》卷81《顾觊之传》：“对曰：子可谓**扶绳**而辨，循刻而议。

---

① 小島憲之、直木孝次郎、西宮一民、蔵中進、毛利正守『日本書紀二』，新編日本古典文学全集，小学館，1996，第356頁。

② 小島憲之、直木孝次郎、西宮一民、蔵中進、毛利正守『日本書紀二』，新編日本古典文学全集，小学館，1996，第250頁。

③ 王利器校注《盐铁论校注》，中华书局，1992，第292页。

若乃宣摄有方，岂非吉运所属；将迎有会，实亦凶数自挺。”① 例言可以说是刻板地按照法度来区分事务，一成不变地遵循法度来评判是非。可知“扶绳”沿袭的是《盐铁论》以来的用法。从中土文献中“扶绳”一词的意义和用法来看，在古汉语的语境中，“扶绳”并不表示因老迈需要借助绳索来行走的意思，但改写者却偏偏反其道而行之，试图以此描写一个颤颤巍巍、晃晃悠悠的老人形象。这或许正是改写者的意图之所在。

四　《金光明经》

在东传的内典中，《金光明经》的字名频繁地出现在《日本书纪》里。《金光明经》是怎样一部经典呢？它与《妙法莲华经》《仁王经》同为镇护国家的三部经。据称，诵读此经，国家可获得四天王之守护。按照学术界通行的说法，该经的译本有五种：①《金光明经》，4 卷，北凉昙无谶译。②《金光明帝王经》，7 卷（或 6 卷），陈真谛译。③《金光明更广大辩才陀罗尼经》，5 卷，北周阇那崛多（一说耶舍崛多）译。④《合部金光明经》，8 卷，隋代宝贵等译。⑤《金光明最胜王经》（略称《最胜王经》），10 卷，唐义净译。在五种版本中，义净译本内容最为丰瞻翔实。因此，《日本书纪》的书录者引用更多的是义净译本。②

那么，《金光明经》在奈良时代是如何传播的呢？根据史料的记载，我们归纳为以下三个方面。其一，在全社会宣讲《金光明经》。《日本书纪》卷 29《天武纪下》五年十一月条：“甲申，遣使于四方国，说《金光明经》《仁王经》。”③ 例言从京城向全国各地派遣僧人，宣讲该经。地方尚且如此，中央朝廷对该经的崇信程度可想而知。同卷九年五月条：“是日，始说《金光明经》于宫中及诸寺。”④ 这是首次在宫中举办讲说该经的记录。中央之所以热衷于宣讲该经，是因为该经可以镇护国家。《日本书纪》卷 30《持统纪》六年闰五月条：“闰五月乙未朔丁酉，大水。遣使循行郡国，禀贷灾害不能自存者，令得渔采山林池泽。诏令京师及四畿内，讲说《金光明经》。”⑤ 天降大雨，洪水泛滥。面对自然灾害，祈求四天王的护佑。《续日本纪》卷 2《文武纪》大宝二年十二月条：“乙巳，太上天皇不豫。大赦天下。度一百人出家，令四畿内讲《金光明经》。”⑥ 天皇垂危，要求在大和、山城、摄津、河内四畿的范围内讲说该经。其二，号召全国上下朗读背诵《金光明经》。《日本书纪》卷 29《天武纪下》朱鸟元年七月条：

---

① （梁）沈约撰《宋书》，中华书局，1974，第 2082 页。

② 小島憲之『上代日本文学と中国文学（上）』，塙書房，1962，第 368～373 頁。

③ 小島憲之、直木孝次郎、西宮一民、蔵中進、毛利正守『日本書紀三』，新編日本古典文学全集，小学館，1998，第 374 頁。

④ 小島憲之、直木孝次郎、西宮一民、蔵中進、毛利正守『日本書紀三』，新編日本古典文学全集，小学館，1998，第 396～398 頁。

⑤ 小島憲之、直木孝次郎、西宮一民、蔵中進、毛利正守『日本書紀三』，新編日本古典文学全集，小学館，1998，第 528 頁。

⑥ 青木和夫、稲岡耕二、笹山晴生、白藤礼幸『続日本紀一』，新日本古典文学大系，岩波書店，1989，第 62 頁。

“丙午，请一百僧读《金光明经》于宫中。”[①] 例言一百位僧人在宫中朗诵该经的宏大场面。卷30《持统纪》八年五月条：“癸巳，以《金光明经》一百部送置诸国，必取每年正月上玄读之。”[②] 例言将一百部《金光明经》派送给各郡国，要求每年正月上弦日必须诵读该经。其三，大规模、高规格地抄写《金光明经》。《续日本纪》卷17《圣武纪》天平十九年十一月条：“己卯，诏曰：‘朕以去天平十三年二月十四日，至心发愿，欲使国家永固，圣法恒修，遍昭天下诸国，国别令造金光明寺、法华寺。其金光明寺各造七重塔一区，并写金字《**金光明经**》一部，安置塔里。’”[③] 天皇诏令各郡国须修建金光明寺（僧寺）、法华寺（尼寺），金光明寺还须建盖七重塔一基，并在塔内供奉一部紫纸金字的《金光明经》。

从以上宣讲、读诵、抄经的规模不难想见，《金光明经》在当时人们精神生活中的重要性。而这样的宗教活动也势必影响着人们的方方面面。文学创作，概莫能外。下面，我们围绕《日本书纪》的语言表达与《金光明经》的接受关系，着重探讨迄今为止的研究没有涉及的出源问题。

“**造诸恶**”，做各种坏事。“诸恶”，巴利语 kilesa，诸多恶事、烦恼。“**国内居人**”，居住在国内的人们。《日本书纪》卷16《武烈纪》即位前纪条：“长好刑理，法令分明，日晏坐朝，幽枉必达，断狱得情。又频**造诸恶**，不修一善。凡诸酷刑，无不亲览。**国内居人**，咸皆震怖。”[④] 唐义净译《金光明最胜王经》卷2《梦见金鼓忏悔品》：“今对十力前，至心皆忏悔。我不信诸佛，亦不敬尊亲。不务修众善，常**造诸恶**业。或自恃尊高，种姓及财位。盛年行放逸，常**造诸恶**业。心恒起邪念，口陈于恶言。不见于过罪，常**造诸恶**业。恒作愚夫行，无明暗覆心。随顺不善友，常**造诸恶**业。或因诸戏乐，或复怀忧恼。为贪瞋所缠，故我**造诸恶**。亲近不善人，及由悭嫉意。贫穷行谄诳，故我**造诸恶**。虽不乐众过，由有怖畏故。及不得自在，故我**造诸恶**。或为躁动心，或因瞋恚恨。及以饥渴恼，故我**造诸恶**。由饮食衣服，及贪爱女人。烦恼火所烧，故我**造诸恶**。”唐慧沼撰《金光明最胜王经疏》卷5：“经：令诸人王，得闻法已，如说修行，正化于世，能令胜位，永保安宁，**国内居人**，咸蒙利益。”

“**承事供给**”，应允承担，供其所需。佛经中的“承事供给”，通常指四事供养，即对僧人供养饮食、衣服、卧具（或房舍）、汤药（医药）四事。《日本书纪》卷15《显

① 小島憲之、直木孝次郎、西宮一民、蔵中進、毛利正守『日本書紀三』，新編日本古典文学全集，小学館，1998，第462頁。

② 小島憲之、直木孝次郎、西宮一民、蔵中進、毛利正守『日本書紀三』，新編日本古典文学全集，小学館，1998，第546頁。

③ 青木和夫、稲岡耕二、笹山晴生、白藤礼幸『続日本紀三』，新日本古典文学大系，岩波書店，1992，第48頁。

④ 小島憲之、直木孝次郎、西宮一民、蔵中進、毛利正守『日本書紀二』，新編日本古典文学全集，小学館，1996，第268頁。

宗纪》即位前纪条："小楯大惊离席，怅然再拜，**承事供给**，率属钦伏。"① 唐义净译《金光明最胜王经》卷7《无染著陀罗尼品》："若有供养尊重，**承事供给**，此菩萨者，应知即是，供养于佛。"

"**福德果报**"，"果报"的"果"，指依过去业因而产生的结果，"报"指应其业因而得的报应。"**无上菩提**"，无出其上的菩提。即最高之悟，或指获得其悟。"**依教奉持**"，根据教义奉受护持佛经。《日本书纪》卷19《钦明纪》十三年十月条："此法能生无量无边**福德果报**，乃至成辩**无上菩提**。譬如人怀随意宝，逐所须用，尽依情，此妙法宝亦复然。祈愿依情，无所乏。且夫远自天竺，爰洎三韩，**依教奉持**，无不尊敬。"② 唐义净译《金光明最胜王经》卷1《如来寿量品》："是时童子，语婆罗门曰：'若欲愿生，三十三天，受胜报者，应当至心，听是《金光明最胜王经》。于诸经中，最为殊胜，难解难入，声闻独觉，所不能知。此经能生，无量无边，**福德果报**，乃至成办，**无上菩提**。我今为汝，略说其事。'"又卷6《四天王护国品》："汝等天主及天众，应当供养此经王；若能**依教奉持**经，智慧威神皆具足。"

"**永保安宁**"，永远保持天下太平。《日本书纪》卷19《钦明纪》十六年二月条："圣王妙达天道地理，名流四表八方，意谓**永保安宁**，统领海西蕃国，千年万岁，奉事天皇。"③ 唐义净译《金光明最胜王经》卷8《王法正论品》："惟愿世尊，慈悲哀愍，当为我说，王法正论，治国之要，令诸人王，得闻法已，如说修行，正化于世，能令胜位，**永保安宁**，国内人民，咸蒙利益。"

"**疫疾流行**"，流行性传染病广泛传播。《日本书纪》卷20《敏达纪》十四年三月条："自考天皇及于陛下，**疫疾流行**，国民可绝。"④ 唐义净译《金光明最胜王经》卷6《四天王护国品》："世尊，以是经王，威神力故，是时邻敌，更有异怨，而来侵扰，于其境界，多诸灾变，**疫病流行**。"

"**手执香炉**"，手里拿着熏炉。《日本书纪》卷24《皇极纪》元年七月条："庚辰，于大寺南庭，严佛菩萨像与四天王像，屈请众僧，读《大云经》等。于时苏我大臣**手执香炉**，烧香发愿。"又卷27《天智纪》十年十月条："大友皇子**手执香炉**，先起誓盟曰：'六人同心，奉天皇诏。若有违者，必被天罚。'云云。于是左大臣苏我赤兄臣等**手执香炉**，随次而起，泣血誓盟曰：'臣等五人随于殿下，奉天皇诏。若有违者，四天

---

① 小島憲之、直木孝次郎、西宮一民、藏中進、毛利正守『日本書紀二』，新編日本古典文学全集，小学館，1996，第234頁。

② 小島憲之、直木孝次郎、西宮一民、藏中進、毛利正守『日本書紀二』，新編日本古典文学全集，小学館，1996，第416頁。

③ 小島憲之、直木孝次郎、西宮一民、藏中進、毛利正守『日本書紀二』，新編日本古典文学全集，小学館，1996，第436頁。

④ 小島憲之、直木孝次郎、西宮一民、藏中進、毛利正守『日本書紀二』，新編日本古典文学全集，小学館，1996年，第490頁。

王打，天神地祇亦复诛罚，三十三天证知此事，子孙当绝家门必亡。’云云。”① 唐义净译《金光明最胜王经》卷6《四天王护国品》：“应取诸香，所谓安息、栴檀、龙脑、苏合、多揭罗、熏陆，皆须等分，和合一处，**手执香炉**，烧香供养，清净澡浴，著鲜洁衣，于一静室，可诵神咒。”

“**为作听众**”，为利益众人而作为听闻说法的人。《日本书纪》卷25《孝德纪》白雉三年正月条：“夏四月戊子朔壬寅，请沙门惠隐于内里，使讲《无量寿经》，以沙门惠资为论议者，以沙门一千**为作听众**。”② 唐义净译《金光明最胜王经》卷4《最净地陀罗尼品》：“尔时，大众俱从座起，顶礼佛足，而白佛言：‘世尊，若所在处，讲宣读诵，此《金光明最胜王经》，我等大众，皆悉往彼，**为作听众**。是说法师，令得利益，安乐无障，身意泰然。’”该内容亦见于隋宝贵合、梁真谛译《合部金光明经》卷3。唐慧沼撰《金光明最胜王经疏》卷4：“经：‘而白佛言世尊若所在处讲宣读诵此金光明最胜王经我等大众皆悉往彼**为作听众**。’赞曰：第二明奉行，奉行中有五：一**为作听众**；二利益法师；三利益听众；四利益国土；五尊重说处。”按：按照《法华文句》卷2的说法，佛陀的法会上，听众可分为发起众、当机众、影响众、结缘众四种。

如上所述，鉴于《金光明经》对《日本书纪》的巨大影响力这一点，我们认为《日本书纪》中的“造诸恶”“国内居人”“随欲驱使”“福德果报”“无上菩提”“承事供给”“依教奉持”“永保安宁”“令无乏少”“随心所愿”“护世四王”“不可为比”“勿为放逸”“如是等类”“手执香炉”“为作听众”等说法出自《金光明经》的可能性极大。

第二节　通说商榷

下面，我们从原典性、年代性、精准性、结构性四个方面，探讨一下“新编全集本”在《日本书纪》的出典研究中，特别是与佛典相关的出源关系的指正中存在的一些值得商榷之处。

一　原典性

关注原典性，旨在通过文献资料厘清复杂的出源关系中相关表达的直接出处。

“**怖走**”，因惊恐而逃跑。《日本书纪》卷5《崇神纪》十年九月条：“亦其卒**怖走**，屎漏于裈。乃脱甲而逃之。知不得免，叩头曰：‘我君。’故时人号其脱甲处曰伽和罗，

① 小島憲之、直木孝次郎、西宮一民、蔵中進、毛利正守『日本書紀三』，新編日本古典文学全集，小学館，1998，第64、244頁。

② 小島憲之、直木孝次郎、西宮一民、蔵中進、毛利正守『日本書紀三』，新編日本古典文学全集，小学館，1998，第190頁。

裈屎处曰屎裈。今谓樟叶，讹也。”① 此言面对残酷的杀戮，士兵们感到异常的恐怖，吓得屁滚尿流，丢盔弃甲，仓皇逃命。北凉昙无谶译《大般涅槃经》卷27《师子吼菩萨品》：“一切禽兽，闻师子吼，水性之属，潜没深渊；陆行之类，藏伏窟穴，飞者堕落；诸大香象，**怖走**失粪。”按：《崇神纪》中“怖走，屎漏于裈”的表达构想当源自《大般涅槃经》中的“怖走失粪”。

“**一人当千**”，一人能够抵挡一千人，形容骁勇善战。《日本书纪》卷24《皇极纪》二年十一月条：“于是，奴三成与数十舍人出而拒战。土师娑婆连中箭而死。军众恐退。军中之人相谓之曰：‘**一人当千**，谓三成欤。’”② “新编全集本”注引《汉书》卷31《项籍传》：“楚战士无不一当十，呼声动天地。”又引《文选》卷41李陵《答苏武书》：“一以当千”。非是。“一人当千”最早出现在汉文佛经。后汉竺大力、康孟详合译《修行本起经》卷1《现变品》：“尔时人民，寿八万四千岁。后宫采女，各八万四千。王有千子，仁慈勇武，**一人当千**。”西晋竺法护译《贤劫经》卷1《法供养品》：“时转轮王，遣其千子，勇猛杰异，**一人当千**，而卫护之。”隋阇那崛多译《佛本行集经》卷7《树下诞生品》：“复有二万，劲勇力士，**一人当千**，威猛捷健，端政绝殊，能破强怨，身著铠甲，手执弓箭，刀杖斗轮，及诸戟矟，种种战具，随夫人后。”中土文献中年代较早的文例可见《北齐书》卷40《唐邕传》：“唐邕强干，**一人当千**。”③

“**一切众生，皆蒙解脱**”，一切生物全部都从烦恼的束缚中获得解救，超脱迷苦之境地。愿文的格式套语。《日本书纪》卷19《钦明纪》六年九月条：“是月，百济造丈六佛像，制愿文曰：‘盖闻造丈六佛功德甚大。今敬造。以此功德，愿天皇获胜善之德，天皇所用弥移居国，俱蒙福佑。又愿普天之下**一切众生**，**皆蒙解脱**。故造之矣。’”④ “新编全集本”注引《金光明最胜王经》卷10《十方菩萨赞叹品》：“常于生死大海中，解脱一切众生苦。”非是。此处出典当是隋阇那崛多译《佛本行集经》卷10《相师占看品》：“而彼法宝，初中后善，乃至说于，清净梵行。若于是边，听受法已，应生众生，即断生法；应老众生，即断老法；应病断病，应死断死。忧悲苦恼，**一切众生**，**皆蒙解脱**。”

“**随日月远流～共天地长往**”，随日月源远流长，与天地地久天长。《日本书纪》卷

① 小島憲之、直木孝次郎、西宮一民、蔵中進、毛利正守『日本書紀一』，新編日本古典文学全集，小学館，1994，第282頁。

② 小島憲之、直木孝次郎、西宮一民、蔵中進、毛利正守『日本書紀三』，新編日本古典文学全集，小学館，1998，第78頁。

③ （唐）李百药撰《北齐书》，中华书局，1972，第530页。

④ 小島憲之、直木孝次郎、西宮一民、蔵中進、毛利正守『日本書紀二』，新編日本古典文学全集，小学館，1996，第404頁。

25《孝德纪》大化二年八月条：“凡王者之号将**随日月远流**，祖子之名可**共天地长往**。”① 梁僧佑撰《出三藏记集》② 卷12“常愿一乘宝训，**与天地**而弥新，四部盛业，**随日月**而长照。”

“**恃力作势**”，自恃强力兴风作浪。“**引构**”，招引，招致。“**略无噍类**”，俱行杀戮，无一幸存。《日本书纪》卷26《用明纪》六年九月条：“今年七月，新罗**恃力作势**，不亲于邻。引构唐人，倾覆百济。君臣总俘，**略无噍类**。”③ “新编全集本”例引《汉书》颜师古注，谓“噍类”指有生命而能嚼食者，即活着的人或动物。其实，《用明纪》这段文字实则源自唐玄奘译《大唐西域记》。据该书卷1记载：近代有位国王，名叫金花，政治廉明，感动池龙，为之驾车。国王临终，用鞭触碰龙耳，龙即隐没池中，至今未见现身。城内没有水井，居民都用池水。龙便化作人形，与众女幽会交合，所生后代勇猛剽悍，奔跑迅速，犹如骏马。于是龙的血统辗转扩散，当地居民都成为龙种。这些人“**恃力作威**，不恭王命。王乃**引构**突厥，杀此城人。少长俱戮，**略无噍类**。城今荒芜，人烟断绝”。他们自恃超凡体力施展威风，拒不服从国王的命令。于是，国王因此招引突厥，屠杀居民，老幼不分，俱行杀戮，无一幸存。通过比较可知，《用明纪》的这段文字，无论是叙述内容，还是词语表达，都与《大唐西域记》保持着高度的契合，两者之间的借鉴关系不言自明。

二　年代性

关注出典的年代性，旨在从繁杂的文献资料中查检到反映相关表达历史原貌的确例。

“**促短**”，犹言“短促”，指生命短暂。《日本书纪》卷15《清宁纪》即位前纪条：“小根仍使汉彦启示于大连曰：‘大伴大连、我君降大慈愍，**促短**之命，既续延长，获观日色。’”④ “新编全集本”注引《金光明最胜王经·如来寿量品》：“寿命**短促**，唯八十年。示现如是，**短促**寿命。”引例年代偏晚，而且“促短”与“短促”直接画等号亦值得商榷，当直接征引前者文例。先看汉文佛经。晋法炬、法立合译《法句譬喻经》卷2《华香品》：“夫人白王：‘自念少福，禀斯女形，情态秽垢，日夜山积。人命**促短**⑤，惧坠三涂。’是以日月奉佛法斋，割爱从道，世世蒙福。”姚秦鸠摩罗什译《大庄严论经》卷3：“有老比丘，语诸年少：‘汝等善听。人命**促短**，如河驶流。设处天堂，

① 小島憲之、直木孝次郎、西宮一民、蔵中進、毛利正守『日本書紀三』，新編日本古典文学全集，小学館，1998，第160頁。

② 该经于奈良时代具体的抄写时期不详，录于《大日本古文书》卷12，第562页。

③ 小島憲之、直木孝次郎、西宮一民、蔵中進、毛利正守『日本書紀三』，新編日本古典文学全集，小学館，1998，第234頁。

④ 小島憲之、直木孝次郎、西宮一民、蔵中進、毛利正守『日本書紀二』，新編日本古典文学全集，小学館，1996，第218頁。

⑤ “促短”，宋本、元本、明本中作“短促”。

不久磨灭。况人间命，而可保乎？'”姚秦竺佛念译《出曜经》卷 2《无常品》：“世尊告曰：‘此事极难时，乃有相值期耳。受畜生身复难，于此畜生求人复甚难。于此如是比丘，人身难得。虽得为人，值命**促短**。不类古人，寿命无量。'”北凉昙无谶译《大方等大集经》卷 32《四方菩萨集品》：“以修如是，恶法因缘故，生于恶国，诸根残缺，不具人身，无有念心，饮食衣被，卧具医药，严身资生，所须难得。寿命**促短**，不得安眠。智慧善根，福德不具。”再看中土文献。《后汉书》卷 49《王符传》：“舒长者，非谓羲和安行，乃君明民静而力有余也。**促短**者，非谓分度损减，乃上暗下乱，力不足也。”[①]《魏诗》卷 8 应璩《杂诗》：“秋日苦**促短**，遥夜邈绵绵。贫士感此时，慷慨不能眠。”[②]《文选》卷 14 班固《幽通赋》：“道修长而世短兮，夐冥默而不周。”李善注：“言天道长远，人世**促短**，当时冥默，不能见征应之所至也。”[③] 传世文献中的“促短”表示日光急促短暂、秋日苦短、光阴短暂、人生苦短的意思；汉文佛经中的“促短”，表示生命短暂、虚无缥缈的意思。由此可知，《清宁纪》中沿用的是佛经用法。

“**摧毁**”，摧毁，毁坏。《日本书纪》卷 20《钦明纪》十三年是岁条：“屈请三尼，大会设斋。此时达等得佛舍利于斋食上。以舍利献于马子宿祢。马子宿祢试以舍利，置铁质中，振铁锤打，其质与锤，悉被摧坏。而舍利不可**摧毁**。”[④]“新编全集本”据《高僧传·摄摩腾传》指出：“‘摧坏’‘摧毁’，均为‘毁破’‘毁坏’的类义词。”此说语焉不详。年代更早且词性相同的文例可见姚秦竺佛念译《菩萨璎珞经》卷 13：“唯有泥洹，最安最妙，非刀剑咒术，能**摧毁**坏败。”此外，以下两例亦可资参考。唐菩提流志撰《大宝积经》卷 17：“世界之中，地皆震动，魔宫**摧毁**，惊怖波旬。”唐义净译《根本说一切有部毘奈耶破僧事》卷 4：“见汝母家种族，皆悉破坏者，今皆见在，何为破坏？见汝与我，同坐之床，皆自**摧毁**者，床今见好，云何**摧毁**？见汝两臂，忽然皆折者，今皆无损。”

“**将无～**”，莫非……。《日本书纪》卷 21《崇峻纪》二年四月条：“是时厩户皇子束发于额，而随军后，自忖度曰：‘**将无**见败。'”[⑤]“新编全集本”例引《金光明最胜王经》卷 10《舍身品》：“第一王子，作如是言：‘我于今日，心甚惊惶。于此林中，**将无**猛兽，损害于我。'”释作：“‘将无～’，或许的意思。”引例偏晚，可补如下文例。失译人名今附后汉录《分别功德论》卷 5：“有天于上叹曰：‘善哉长者！乃作是大施也，福德之施也，无能过者。’长者心念：‘我先施梵志百千两金，而无叹我者。今施此少恶食，乃叹为善。**将无**妄语耶？’天复告曰：‘所施虽少，福田良美。故曰大施

---

① （宋）范晔撰，（唐）李贤等注《后汉书》，中华书局，1965，第 1639 页。

② 逯钦立辑校《先秦汉魏晋南北朝诗》，中华书局，1983，第 473 页。

③ （梁）萧统编，（唐）李善注《文选》，中华书局，1977，第 211 页。

④ 小島憲之、直木孝次郎、西宮一民、蔵中進、毛利正守『日本書紀二』，新編日本古典文学全集，小学館，1996，第 488 頁。

⑤ 小島憲之、直木孝次郎、西宮一民、蔵中進、毛利正守『日本書紀二』，新編日本古典文学全集，小学館，1996，第 512 頁。

也。'"梁宝唱等集《经律异相》卷10："时盲父母，惊起相谓：'睒行取水经久不还，**将无**为毒虫所害。'"

"不惜身命"，不惜生命，不顾生死。谓为求无上道，能舍去身命。佛教以救度众生，求无上菩提为目标，为此而不惜身命。亦即表示修行佛道之决心。《日本书纪》卷29《天武纪下》四年六月条："六月癸酉朔乙未，大分君惠尺，病将死。天皇大惊，诏曰：'汝惠尺也，背私向公，**不惜身命**，以遂雄之心劳于大役。'"① 《唐大和上东征传》："道俗二百余人，唯有大和上、学问僧普照、天台僧思托始终六度，经（逾）十二年，遂果本愿。来传圣戒；方知济物慈悲，宿因深厚，**不惜身命**，所度极多。"② 《续日本纪》卷26《称德记》天平神护元年正月条："然此多比赐位冠〈方〉、常〈与利方〉异〈仁〉在。可久赐故〈方〉、平〈伎〉时〈仁〉奉侍〈己止方〉谁人〈可〉不奉在侍〈牟〉。如此〈久〉宇治方夜〈伎〉时〈仁〉**身命**〈乎〉**不惜**〈之天〉贞〈久〉明〈久〉净心〈乎〉以〈天〉朝庭〈乎〉护奉侍〈流〉人等〈乎已曾方〉、治赐〈比〉哀赐〈倍伎〉物〈尔〉在〈止奈毛〉念。"③ "新编全集本"注引《妙法莲华经》卷2《譬喻品》："若人精进，常修慈心，**不惜身命**，乃可为说。"指出汉文佛经中的"不惜身命"，多用以表现为成就无上菩提而不断精进乃至献出生命的境界。惜此引例略晚，可补以下诸例。后汉支娄迦谶译《道行般若经》卷6《阿惟越致品》："用是故，当为**不惜身命**，未常懈息，无有厌时。"东晋佛驮跋陀罗译《大方广佛华严经》卷10《明法品》："佛子，菩萨摩诃萨，行十种法，能令一切，诸佛欢喜。何等为十？一者，所行精勤，而不退转；二者，**不惜身命**；三者，不求利养。"此外，"不惜身命"还多见于敦煌变文之中，足见该说法的口语特征。《敦煌变文·太子成道经》："我本师释迦牟尼求菩提缘，于过去无量世时，百千万劫，多生波罗奈国。广发四弘誓愿，为求无上菩提。**不惜身命**，常以己身一切万物，给施众生。"又《悉达太子修道因缘》："昔时本师释迦牟尼求菩提缘，于过去无量世尊（时），百千万劫，多生波罗奈国，广发四弘誓愿，为求无上菩提，**不惜身命**，常以己身及一切万物，给施众生。"又《八相变（一）》："尔时释迦如来，于过去无量世时，百千万劫，多生波罗奈国。广发四弘誓愿，直求无上菩提。**不惜身命**，常以已身，及一切万物，给施众生。"④ 中土文献中年代较早的文例可见《太平御览》卷346《刀下》："关羽为先主所重，**不惜身命**，自采武都山铁为二刀，铭曰'万人'。及羽败，惜刀投于水。"⑤

"诸恶莫作，诸善奉行"，谓不造作一切恶行，多行善事，佛经中的至理名言。《日

① 小島憲之、直木孝次郎、西宮一民、藏中進、毛利正守『日本書紀三』，新編日本古典文学全集，小学館，1998，第362頁。

② 〔日〕真人元开著，汪向荣校注《唐大和上东征传》，中华书局，1979，第93页。

③ 青木和夫、稲岡耕二、笹山晴生、白藤礼幸『続日本紀四』，新日本古典文学大系，岩波書店，1995，第62頁。

④ 黄征、张涌泉校注《敦煌变文校注》，中华书局，1997，第434、469、507页。

⑤ （宋）李昉等撰《太平御览》，中华书局，1960，第1591页。

本书纪》卷23《舒明纪》即位前纪条："亦先王临没，谓诸子等曰：'**诸恶莫作，诸善奉行**。'余承斯言，以为永戒。"① "新编全集本"例引《增壹阿含经》卷1《序品》："'**诸恶莫作，诸善奉行**。自净其意，是诸佛教。'所以然者，**诸恶莫作**，是诸法本，便出生一切善法；以生善法，心意清净。是故，迦叶，诸佛世尊，身口意行，常修清净。"并指出吴维祇难等合译《法句经》卷2中亦有相同的语句。可补失译人名附后汉录《分别功德论》卷2："**诸恶莫作，诸善奉行**，自净其意，是诸佛教法也。言此法能成三乘，断三恶趣，具诸果实，二世受报。以才有优劣故，设诱进之。"此外，《日本灵异记》上卷《序》亦见："祈览奇记者，却邪入正。**诸恶莫作，诸善奉行**。"②

三　精准性

关注出典的精准性，旨在从诸多相近的文例中遴选出最为贴近相关表达意境的文例。

"**还言**"，报告，汇报；回话。《日本书纪》卷23《舒明纪》即位前纪条："既而泊瀬仲王别唤中臣连、河边臣谓之曰：'我等父子，并自苏我出之，天下所知。是以如高山恃之。愿嗣位勿辄言。'则令三国王、樱井臣、副群卿而遣之曰：'欲闻**还言**。'"又卷26《齐明纪》四年是岁条："又西海使小花下阿昙连颊垂自百济还言：'百济伐新罗还时，马自行道于寺金堂，昼夜勿息，唯食草时止。'"③ 例中"还言"，"新编全集本"释作："该词可能是日本造的汉语词。"不可从。后秦弗若多罗、罗什合译《十诵律》卷18："佛言：'汝见何因缘故，欲与比丘僧雨浴衣。'答言：'大德，我今日早起敷座已，遣婢使诣祇洹白佛时，到婢至门间，见诸比丘露地雨中，裸形洗浴。'婢**还言**：'祇洹中无一比丘，但诸外道无惭人。'"梁宝唱等集《经律异相》卷14："佛住舍卫城。时诸比丘，集在一处，共作是论：'善法讲堂，柱柱梁不？'目连言：'柱梁。'又有一无岁比丘言：'不柱。'即遣神足比丘往看，**还言**：'不柱。'诸比丘语目连言：'汝不知，何故言柱？妄语不实，应摈趋遣。'"

"**诸天王**"，诸天的天王。《日本书纪》卷21《崇峻纪》二年四月条："乃斫取白月胶木，疾作四天王像，置于顶发而发誓言：'今若使我胜敌，必当奉为护世四王，起立寺塔。'苏我马子大臣又发誓言：'凡**诸天王**，大神王等，助卫于我，使获利益，愿当奉为，诸天与大神王，起立寺塔，流通三宝。'"④ "新编全集本"注引北凉昙无谶译《金光明经》卷1《序品》："持是经者，大辨天神。尼连河神，鬼子母神。地神坚牢，

---

① 小島憲之、直木孝次郎、西宮一民、藏中進、毛利正守『日本書紀三』，新編日本古典文学全集，小学館，1998，第34頁。

② 中田祝夫『日本霊異記』，日本古典文学全集，小学館，1975，第54頁。

③ 小島憲之、直木孝次郎、西宮一民、藏中進、毛利正守『日本書紀三』，新編日本古典文学全集，小学館，1998，第30、220頁。

④ 小島憲之、直木孝次郎、西宮一民、藏中進、毛利正守『日本書紀二』，新編日本古典文学全集，小学館，1996，第512頁。

大梵尊天。三十三天，大神龙王。”释义作“佛法守护神。”问题是引例中未见关键词“诸天王”。后汉支曜译《佛说成具光明定意经》卷1：“善明则前礼明士，及**诸天王**，敬意辞谢言：‘劳屈上人，今已办二千人具。大众当来，惧是小舍，其将奈何？’”西晋法立、法炬合译《大楼炭经》卷3《四天王品》：“尔时，毘沙门天王，著衣被冠帻，严驾，与**诸天王**、无央数百千诸鬼神，俱往至迦比延山。”唐义净译《金光明最胜王经》卷8《王法正论品》：“彼**诸天王**众，共作如是言：‘此王作非法，恶党相亲附。’”

“**护世四王**”，又作“护国四王”“四大天王”“四王”。即持国（东方）、增长（南方）、广目（西方）、多闻（北方）四天王。此四天王居须弥山四方之半腹，常守护佛法，护持四天下，令诸恶鬼神不得侵害众生，故称。《日本书纪》卷21《崇峻纪》二年四月条：“乃斫取白月胶木，疾作四天王像，置于顶发而发誓言：‘今若使我胜敌，必当奉为**护世四王**，起立寺塔。’苏我马子大臣又发誓言：‘凡诸天王、大神王等，助卫于我使获利益，愿当奉为诸天与大神王，起立寺塔，流通三宝。’”[①]“新编全集本”注引《妙法莲华经》卷1《方便品》：“尔时诸梵王，及诸天帝释、护世四天王，及大自在天。”此说略有偏差，当引唐义净译《金光明最胜王经》卷1《序品》：“**护世四王**众，及大臣眷属。无量诸药叉，一心皆拥卫。”

“**欢喜踊跃**”，欢欣雀跃，高兴得跳起来。“欢喜”“踊跃”为同义复用。《日本书纪》卷9《神功纪》摄政五十年五月条：“久氐等奏曰：‘天朝鸿泽远及弊邑，吾王**欢喜踊跃**，不任于心。故因还使以致至诚。虽逮万世，何年非朝。’”[②] 又卷19《钦明纪》十三年十月条：“是日，天皇闻已，**欢喜踊跃**，诏使者云：‘朕从昔来，未曾得闻如是微妙之法。然朕不自决。’”[③]“新编全集本”例引《妙法莲花经》卷2《譬喻品》：“心大欢喜，踊跃无量。”非是。“欢喜踊跃”为佛经中通过讲经说法等获得法喜的固有表达形式，经文中可谓俯拾皆是。西晋法炬译《频毘娑罗王诣佛供养经》[④] 卷1：“尔时摩竭国王频毘娑罗王，见世尊默然受请，便**欢喜踊跃**，不能自胜。即从坐起，头面礼世尊足，右绕三匝，便退而去。”北凉昙无谶译《大般涅槃经》卷12《圣行品》：“主人问言：‘汝所至处，为何所作？’女人答言：‘我所至处，能与种种金银、琉璃、颇梨、真珠、珊瑚、虎珀、车璖、马瑙、象马、车乘、奴婢、仆使。’主人闻已，心生**欢喜**，**踊跃**无量：‘我今福德故，令汝来至我舍宅。’即便烧香散花，供养恭敬礼拜。”唐玄奘译《大般若波罗蜜多经》卷405：“时，彼彼界无量无数菩萨摩诃萨，闻是事已，**欢喜踊跃**，叹未曾有，各白佛言：‘我等欲往，堪忍世界，观礼供养，释迦牟尼

① 小島憲之、直木孝次郎、西宮一民、蔵中進、毛利正守『日本書紀二』，新編日本古典文学全集，小学館，1996，第512頁。

② 小島憲之、直木孝次郎、西宮一民、蔵中進、毛利正守『日本書紀一』，新編日本古典文学全集，小学館，1994，第458頁。

③ 小島憲之、直木孝次郎、西宮一民、蔵中進、毛利正守『日本書紀二』，新編日本古典文学全集，小学館，1996，第416頁。

④ 该经于胜宝五年抄写，录于《大日本古文书》卷12，第446页。

如来应正等觉及诸菩萨摩诃萨众，并听般若波罗蜜多。唯愿世尊，哀愍听许。'" 该四字语句多用以表现听完释尊讲经说法后众生法喜充满。石井公成指出这是佛典表达中的套语。[①]

"幼而聪颖"，年幼却聪明特出，僧尼传记中人物品评的专门术语。《日本书纪》卷15《仁贤纪》即位前纪条："亿计天皇，讳大脚，字岛郎，弘计天皇同母兄也。**幼而聪颖**，才敏多识。壮而仁惠，谦恕温慈。"[②] "新编全集本" 注引《东观汉记·章帝纪》："**幼而聪**达才敏"，不确。梁宝唱撰《比丘尼传》卷3："净珪，本姓周，晋陵人也。寓居建康县三世矣。珪**幼而聪颖**，一闻多悟，性不狎俗，早愿出家。" 唐道宣撰《续高僧传》卷7："廪**幼而聪颖**，独悟不群。十三偏艰，孝知远近，断水骨立，闻者涕零。" 又卷16："释智远，姓王族，本太原，寓居陕服。**幼而聪颖**，早悟非常。" 又卷21："释法超，姓孟氏，晋陵无锡人也。十一出家，住灵根寺，**幼而聪颖**，笃学无倦。"

"颜容姝妙"，容貌美丽。《日本书纪》卷17《继体纪》即位前纪条："天皇闻振媛**颜容姝妙**，甚有嫩色，自近江国高岛郡三尾之别业，遣使聘于三国坂中井，纳以为妃，遂产天皇。"[③] "新编全集本" 注引《金光明最胜王经》卷9《舍身品》："颜容端正，人所乐观。" 又卷3《灭业障品》："端正姝妙，色相具足。" 不确。东晋佛驮跋陀罗译《大方广佛华严经》卷16《金刚幢菩萨十回向品》："百千采女，列侍其内，人相具足，**颜容姝妙**。或复施与，栴檀香车。种种宝轮，以为庄严。宝师子座，以敷其上。" 刘宋佛陀什、竺道生等合译《弥沙塞部和醯五分律》卷18："尔时有王，名优陀延，善知相法。有一夫人名月光，**颜容姝妙**，音妓兼人。" 唐义净译《根本说一切有部苾刍尼毘奈耶》卷2："彼长者妻，即妙贤是。由端正故，能使帝释，及诸天臣，并聚落人，心迷意乱。今复端严，**颜容姝妙**。甚可爱乐，见者耽著。"

"相貌端严"，容貌端庄严谨。"端严"，梵语 prasādika，庄严，优雅。《日本书纪》卷19《钦明纪》十三年十月条："是日，天皇闻已，欢喜踊跃，诏使者云：'朕从昔来，未曾得闻如是微妙之法。然朕不自决。' 乃历问群臣曰：'西蕃献佛，**相貌端严**，全未曾看。可礼以不?'"[④] "新编全集本" 注引唐义净译《金光明最胜王经》卷2《梦见金鼓忏悔品》："勿令众生闻恶响，亦复不见有相违。所受容**貌**悉**端严**，各各慈心相爱乐。" 又卷10《妙幢菩萨赞叹品》："佛如须弥功德具，示现能周于十方。如来金口妙**端严**，齿白齐密如珂雪。" 不确。"相貌端严"，形容佛菩萨等容貌的专门用语，表述形式

① 石井公成「『日本書紀』における仏教漢文の表現と変格語法（上）」，『駒沢大学仏教学部研究紀要』73，2016。

② 小島憲之、直木孝次郎、西宮一民、蔵中進、毛利正守『日本書紀二』，新編日本古典文学全集，小学館，1996，第254頁。

③ 小島憲之、直木孝次郎、西宮一民、蔵中進、毛利正守『日本書紀二』，新編日本古典文学全集，小学館，1996，第284頁。

④ 小島憲之、直木孝次郎、西宮一民、蔵中進、毛利正守『日本書紀二』，新編日本古典文学全集，小学館，1996，第418頁。

较为固定。梁诸大法师集撰《慈悲道场忏法》卷2《赞佛咒愿》："又愿（某甲）等出家在俗，信施檀越，善恶知识，各及眷属，从今日去，至于道场，解诸危厄，犹如救脱；**相貌端严**，犹如文殊；能舍业障，如弃阴盖。设最后供，等于纯陀。"唐义净译《根本说一切有部毘奈耶药事》卷8："威德勇猛，**相貌端严**，摧伏他军，大地山河，尽无贼盗，不加刀杖，正法理人。"唐菩提流志译《文殊师利宝藏陀罗尼经》卷1："能书写此咒，安于宅中，其家即得大富贵，饶财常富；儿女聪明，利智辩才；巧计**相貌**，**端严**具好。"石井公成在《〈日本书纪〉佛教汉文的表达与变体语法（上）》中论述过该四字格与佛典的出源关系。①

"**功德甚大**"，功能福利甚为巨大。《日本书纪》卷19《钦明纪》六年九月条："是月，百济造丈六佛像，制愿文曰：'盖闻造丈六佛**功德甚大**。今敬造。以此功德，愿天皇获胜善之德，天皇所用弥移居国，俱蒙福佑。'"②"新编全集本"例引唐义净译《金光明最胜王经》卷10《十方菩萨赞叹品》："智慧澄明如大海，**功德广大**若虚空。"不确，当引如下文例。前秦昙摩蜱、竺佛念合译《摩诃般若钞经》卷2《功德品》："复次拘翼，若法师在所至凑，辄说经法分教于人，其**功德甚大**甚大。"后秦佛陀耶舍、竺佛念等合译《长阿含经》卷4："阿难，汝供养我，**功德甚大**。"姚秦鸠摩罗什译《大庄严论经》卷13："复次，供养佛塔，**功德甚大**。是故应当，勤心供养。"唐道世撰《法苑珠林》卷79："王闻此语，合掌敛膝，赞言：'善哉、善哉！汝能受持般若，**功德甚大**，不可思议。'"

"**摄心悔过**"，收敛心神，悔改过错。《日本书纪》卷30《持统纪》五年六月条："六月，京师及郡国四十，雨水。戊子，诏曰：'此夏阴雨过节，惧必伤稼。夕惕迄朝忧惧，思念厥愆。其令公卿百寮人等禁断酒宍，**摄心悔过**。京及畿内诸寺梵众亦当五日诵经。庶有补焉。'"③"新编全集本"注引《长阿含经》"摄心不乱"，不确。晋法炬、法立合译《法句譬喻经》卷3："五体投地，稽首佛足，**摄心悔过**，作礼而去。"

四　结构性

关注出典的结构性，旨在从诸多搭配关系中梳理出与相关表达最为贴切的文例。

"**获利益**"，获得恩惠及福利。《日本书纪》卷21《崇峻纪》二年四月条："乃斫取白月胶木，疾作四天王像，置于顶发而发誓言：'今若使我胜敌，必当奉为护世四

① 石井公成「『日本書紀』における仏教漢文の表現と変格語法（上）」,『駒沢大学仏教学部研究紀要』73，2016。

② 小島憲之、直木孝次郎、西宮一民、蔵中進、毛利正守『日本書紀二』，新編日本古典文学全集，小学館，1996，第404頁。

③ 小島憲之、直木孝次郎、西宮一民、蔵中進、毛利正守『日本書紀三』，新編日本古典文学全集，小学館，1998，第516頁。

王，起立寺塔。’苏我马子大臣又发誓言：‘凡诸天王、大神王等，助卫于我使**获利益**，愿当奉为诸天与大神王，起立寺塔，流通三宝。’”① “新编全集本”释“利益”作“佛教用语，利益或利他之义。”注引姚秦鸠摩罗什译《妙法莲华经》卷2《信解品》：“世尊大恩，以希有事，怜愍教化，利益我等，无量亿劫，谁能报者。”该说似有隔靴搔痒之嫌，可关注“获利益”的搭配关系。姚秦鸠摩罗什译《成实论》② 卷14：“又行者于一切世间出世间事，应念即办不劳加功，余人尚不能发心量其所得，故说定心能**获利益**。”唐菩提流志译《大宝积经》卷65：“天人大众闻是已，心生欣喜**获利益**。一切于佛敬信已，心住菩提寂静句。”唐义净译《根本说一切有部毘奈耶破僧事》卷13：“时辟支佛，复思念云：‘彼人与我，如法剃头。我当护助，必令此人，多**获利益**。’”

“**无性众生**”，亦称“无性有情”“无性种性”。法相宗之说。谓不具声闻、缘觉、菩萨三乘的种子，亦即不能成佛的有情。《日本书纪》卷26《齐明纪》四年七月条：“是月，沙门智通、智达奉敕乘新罗船往大唐国，受**无性众生**义于玄奘法师所。”③ “新编全集本”释“无性”作：“没有佛性不能成佛。‘众生’，所有生物。玄奘以后译作‘有性’，指大乘法相宗建立的包括无性在内的‘五性各别’的法门。”缺适当的文例，可补刘宋昙摩蜜多译《佛说转女身经》卷1：“舍利弗问女言：‘汝今为已成就几所众生？’女答言：‘如尊者舍利弗所断烦恼。’舍利弗言：‘我所断烦恼性无所有。’女言：‘众生之性，亦无所有。’舍利弗言：‘**无性众生**，何所成就。’女言：‘烦恼无性，复何所断？’舍利弗言：‘无分别故，是名为断。’女言：‘如尊者舍利弗所言，若不分别彼我，是亦名为成就众生。’”北凉昙无谶译《大方等大集经》卷14：“虽知如是而现说，**无性众生**令悦豫。众心非心得此心，能知非心幻化心。”陈真谛译《佛性论》④ 卷1《破小乘执品》：“复次，生不信心者，于二说中，各偏一执，故不相信。何者？若从分别部说，则不信有**无性众生**；若萨婆多等部说，则不信皆有佛性故。”

“**各领眷属**”，各自率领着家族、从仆等。“眷”为亲爱，“属”为隶属，指亲近、顺从者。《日本书纪》卷7《景行纪》十二年九月条：“是四人也，其所据并要害之地。**故各领眷属**，为一处之长也。”⑤ “新编全集本”释曰：“（眷属）满门家眷，《法华经》可见30余例。”可补如下文例。梁失译《阿咤婆呴鬼神大将上佛陀罗尼经》卷1：“四天王**各领眷属**：东方天王领乾闼婆将军执铎铃；南方天王铃鸠盘荼王执弓箭；西方天王

---

① 小島憲之、直木孝次郎、西宮一民、藏中進、毛利正守『日本書紀二』，新編日本古典文学全集，小学館，1996，第512頁。

② 该经于天平十四年抄写，录于《大日本古文书》卷8，第93页。

③ 小島憲之、直木孝次郎、西宮一民、藏中進、毛利正守『日本書紀三』，新編日本古典文学全集，小学館，1998，第214頁。

④ 该经于天平十九年抄写，录于《大日本古文书》卷2，第709页。

⑤ 小島憲之、直木孝次郎、西宮一民、藏中進、毛利正守『日本書紀一』，新編日本古典文学全集，小学館，1994，第348頁。

领龙王执剑；北方天王领药叉王执伏突。其神头上，赤黑云起。”唐善无畏译《尊胜佛顶修瑜伽法轨仪》卷2：“其外院各安十方护法神王等，**各领眷属**，左右画四个侍者。”唐裴休述《劝发菩提心文》卷1：“普告大众，若僧若俗，有能同发阿耨多罗三藐三菩提心者，我愿生生，常同净业，**各领眷属**，分化众生，龙华会中，同受佛记，广修大愿，直至菩提。”

“**东西求觅**”，四处寻找。“求觅”，寻找。《日本书纪》卷14《雄略纪》三年四月条：“天皇疑皇女不在，恒使暗夜**东西求觅**，乃于河上虹见如蛇四五丈者，掘虹起处而获神镜。”① “新编全集本”以《文选·鲁灵光殿赋》“东西周章”为例，释“东西”作“四处”。此说只说对了一半，未举出词组搭配的确例。首先，如汉文佛经的文例。姚秦佛陀耶舍、竺佛念等合译《四分律》卷46：“王即唤女告之：‘善行与五百贾人入海取宝，为水所漂。恶行安隐而还，今欲索汝为妇。’答言：‘不能。我欲自出求夫。’时王即令国中，皆令聚集，庄严其女，出外**东西求觅**夫。”其次，如中土文献中年代最早的文例。《太平广记》卷432《范端》条：“每夜**东西求觅**，遇二虎见随。”②

“**抚养黎民**”，抚育教养平民百姓。《日本书纪》卷19《钦明纪》二年七月条：“天皇诏称：‘任那若灭，汝则无资；任那若兴，汝则有援。今宜兴建任那，使如旧日，以为汝助，**抚养黎民**。’”③ 按：“新编全集本”就“黎民”注引《尚书·虞书·尧典》：“百姓昭明，协和万邦，黎民于变时雍。”此注近是而未确。当补《敦煌变文·破魔变》：“门传阀阅，**抚养黎民**；总邦教之清规，均水土之重位。”④

“**勤修佛道**”，勤勉修行佛法之道。《日本书纪》卷25《孝德纪》即位前纪条：“于是，古人大兄避座逡巡，拱手辞曰：‘奉顺天皇圣旨，何劳推让于臣。臣愿出家入于吉野，**勤修佛道**，奉佑天皇。’”⑤ “新编全集本”注引《妙法莲华经》卷1《序品》：“经行林中，**勤求佛道**。”不确。当引唐菩提流志译《大宝积经》卷92：“尔时，弥勒菩萨白佛言：‘世尊，云何名为，众务中过？若观察时，令诸菩萨，不营众务，**勤修佛道**。’佛言弥勒：‘初业菩萨，应当观察，乐营众务，二十种过。若观察时，能令菩萨，不营众务，**勤修佛道**。’”

以上，我们从原典性、年代性、精准性和结构性四个方面就相关表达的出源问题提出了修正意见。具体归纳如下：①**原典性**。“怖走”“一人当千”“一切众生，皆蒙解

① 小島憲之、直木孝次郎、西宮一民、蔵中進、毛利正守『日本書紀二』，新編日本古典文学全集，小学館，1996，第156頁。

② （宋）李昉等编《太平广记》，中华书局，1961，第3507页。

③ 小島憲之、直木孝次郎、西宮一民、蔵中進、毛利正守『日本書紀二』，新編日本古典文学全集，小学館，1996，第376頁。

④ 黄征、张涌泉校注《敦煌变文校注》，中华书局，1997，第531页。

⑤ 小島憲之、直木孝次郎、西宮一民、蔵中進、毛利正守『日本書紀三』，新編日本古典文学全集，小学館，1998，第110頁。

脱”“随日月远流～共天地长往”“恃力作势”。②**年代性**。“促短”“摧毁”“将无～”“不惜身命”“诸恶莫作，诸善奉行”。③**精准性**。“还言”“诸天王”“护世四王”“欢喜踊跃”“幼而聪颖”“颜容姝妙”“相貌端严”“功德甚大”“摄心悔过”。④**结构性**。“获利益”“无性众生”“各领眷属”“东西求觅”“抚养黎民”“勤修佛道”。

第二章　佛典词语的分布及特征

奈良时代养老四年（720），由舍人亲王等撰写的《日本书纪》完成[①]，该书成为日本历史最为悠久的首部正史。《日本书纪》真正的执笔者究竟是谁，一直是日本学术界备受瞩目的一大问题。1999 年，森博达所著的《解密〈日本书纪〉——作者何许人也》[②] 一书问世，尝试系统地回答这一问题，引起学术界的高度关注。森博达从音韵、词汇、语法和表达诸角度对《日本书纪》原文进行了细致入微的考察。在此基础上，他提出了著名的“《日本书纪》区划论”。对此，学术界称道者有之，诟病者有之。我们拟从《日本书纪》文体与汉文佛经的比较研究的角度，在充分把握一手资料的前提下，提出我们对这一问题的独立思考。

第一节　森博达的书录者三分说

按照森博达的划分法，《日本书纪》30 卷分作 α 群、β 群、卷 30 三部分。α 群由唐人采用正音和正格汉文撰写，具体指从卷 14《雄略纪》至卷 21《崇峻纪》、卷 24《皇极纪》至卷 27《天智纪》。β 群由日本人使用“倭音”（日语读音）及“和化汉文”（日语式汉文）撰写，具体包括卷 1、卷 2《神代纪》以及从卷 3《神武纪》至卷 13《安康纪》、卷 22《推古纪》、卷 23《舒明纪》及卷 28、卷 29《天武纪》。卷 30《持统纪》独立构成一个部分。

一　α 群书录者

《日本书纪》中所记载的历法，从《神武纪》到《安康纪》，采用的是文武二年（698）开始单独实施的新“仪凤历”；从《雄略纪》到《持统纪》，采用的是旧“元嘉历”。[③] 森博达以此为切入点，认为唐人采用正音和正格汉文撰录的 α 群完成于持统天皇

① 《续日本纪》卷 8《元正纪》养老四年五月条：“先是，一品舍人亲王奉敕修《日本纪》，至是功成奏上。纪三十卷，系图一卷。”（第 72 页）

② 森博達『日本書紀の謎を解く—述作者は誰か』，中央公論新社，1999。

③ 森博達『日本書紀　成立の真実—書き換えの主導者は誰か』，中央公論新社，2011，第 23 ~ 24 頁。

时代；唐人续守言是卷14《雄略纪》到卷21《崇峻纪》的书录者；另一唐人萨弘恪撰写了卷24《皇极纪》至卷27《天智纪》。森博达在分析α群中出现“和习”汉文或误用等现象的原因时指出，一则是引用的资料与百济相关；二则是后期编纂时的润色或补笔。

在660年唐朝与百济的战斗中，续守言成为俘虏，661年作为进献品被送到日本。[①] 萨弘恪也是唐朝人，他是如何辗转抵达日本的，因史料匮乏，详细情况不明。两人同为“音博士”（教授使用汉音阅读汉文的方法），在朝廷做官。持统三年（689），朝廷赏赐两人稻谷。[②] 持统五年（691），朝廷赐予两人20两银子。[③] 持统六年（692），赏赐音博士续守言、萨弘恪水田各4町。[④] 文武四年（700），萨弘恪因编撰《大宝律令》有功，获朝廷赐予的俸禄。[⑤] 但续守言榜上无名。一般认为，续守言在此之前已经引退或死亡。

二 β群书录者

按照森博达的说法，文武朝时，由日本人山田史御方使用“倭音”及“和化汉文”完成β群的撰录。其中，β群的卷22《推古纪》和卷23《舒明纪》之所以夹在α群之间，是因为从卷14《雄略纪》到卷21《崇峻纪》的书录者续守言中途亡故，由山田史御方代笔所致。山田史御方作为学僧曾留学新罗。[⑥] 据“新编全集本”考证，山田史此时被授予“务广肆”，可能他回国后已经还俗。文武天皇庆云四年（707），受到朝廷嘉奖。[⑦] 元明天皇和铜三年（710）授正六位下。[⑧] 同年四月迁从五位下，任周防守。[⑨] 元正天皇养老四年（720）迁任从五位上。[⑩] 山田史曾侍学东宫[⑪]，尤以文章见长。[⑫]《怀

---

① 《日本书纪三》卷26《齐明纪》：“（双行注）十一月，福信所获唐人续守言等，至于筑紫。或本云：‘辛酉年，百济佐平福信所献唐俘一百六口，居于近江国垦田。’”（第224页）《日本书纪三》卷27《天智纪》二年二月条：“是月，佐平福信上送唐俘续守言等。”（第226页）

② 《日本书纪三》卷30《持统纪》三年六月条：“庚子，赐大唐续守言、萨弘恪等稻，各有差。”（第496页）

③ 《日本书纪三》卷30《持统纪》五年九月条：“九月己巳朔壬申，赐**音博士**大唐续守言、**萨弘恪**、书博士百济末士善信，银人二十两。”（第518页）

④ 《日本书纪三》卷30《持统纪》六年十二月条：“十二月辛酉朔甲戌，赐音博士**续守言**、**萨弘恪**水田人四町。”（第532~534页）

⑤ 《续日本纪》卷1《文武纪》四年六月条：“甲午，敕净大参刑部亲王……勤大壹**萨弘恪**……撰定律令。赐禄各有差。”（第28页）

⑥ 《日本书纪三》卷30《持统纪》六年十月条：“冬十月壬戌朔壬申，授**山田史御形**务广肆。前为沙门，学问新罗。”（第532页）

⑦ 《续日本纪一》卷3《文武纪》庆云四年四月条：“赐正六位下山**田史御方**布、锹、盐、谷，优学士也。”（第112页）

⑧ 《续日本纪一》卷5《元明纪》和铜三年正月条：“甲子，授无位铃鹿王……正六位下大倭忌寸五百足、**山田史御方**。”（第168页）

⑨ 《续日本纪一》卷6《元明纪》和铜三年四月条：“从五位下**山田史御方**为周防守。”（第162页）

⑩ 《续日本纪二》卷8《元正纪》养老四年正月条：“甲子……从五位下民忌寸于志比、车持朝臣益、阿倍朝臣骏河、**山田史三方**……并从五位上。”（第65页）

⑪ 《续日本纪二》卷8《元正纪》养老五年正月条：“庚午，诏从五位上佐为王……从五位上**山田史**三方、从五位下山上臣忆良……退朝之后，令侍东宫焉。”（第80页）

⑫ 《续日本纪二》卷8《元正纪》养老五年正月条：“因赐明经第一博士从五位上锻冶造大隅……**文章**从五位上**山田史御方**……各絁十五匹，丝十五絇，布三十端，锹二十口。”（第86页）

风藻》收录山田史御方三首汉诗和一篇诗序①，充分显示出其在奈良文坛上作为“文雅之士”② 的地位。β群汉文受到佛典和汉文佛经的影响，山田史御方早年游学的经历与β群汉文风格颇为吻合。

三　第30卷书录者

根据《续日本纪》记载，和铜七年（714），元明天皇诏令纪清人和三宅藤麻吕撰述国史。③ 纪清人与山田史御方的仕途经历较为相似。他曾作为国家优待的学者受到物质奖励④，并与山田史一同侍学东宫⑤，接受天皇的赏赐。⑥ 在《藤氏家传》中，两人同被称作“文雅之士”的代表。《万叶集》卷17收有纪清人的一首应诏歌（第3923首）。天平胜宝五年（753），纪清人去世，官至从四位下。⑦ 史书中关于三宅藤麻吕的记载偏少，仅见元明天皇和铜七年的诏书。森博达认为，卷30《持统纪》由纪清人撰写，三宅藤麻吕负责修改和润色。

以上，我们从文献学的角度，对森博达提出的“《日本书纪》区划论”暨“书录者三分说”及其所关涉的书录者进行了梳理。客观地说，无论是森博达说的赞成者，还是反对者，都无法否认，森博达说提出之后，尽管尚有不少需要进一步细化甚至商榷之处，但它极大地推进了对《日本书纪》各卷汉文原文的解读与研究。

关于《日本书纪》文体与汉文佛经的比较研究，近来成为上古文学研究的一个热点。濑间正之在《日本书纪与汉译佛经》⑧ 一文中，就《日本书纪》中的《兄弟相争故事》和《火中出生故事》，指出了两则故事与佛典的影响关系。濑间认为，两则故事在主要情节上与《法苑珠林》等中辑录的佛典故事相同。而且，佛典故事与《火中出生故事》的关键词“恨”“誓”“若”也紧密相连。濑间在论文的结尾处写道：“虽然仅仅是两则故事，但它们都出现在β群这一点值得留意。”濑间的呼吁，引起了森博达的注意。如上所述，森博达认为β群书录者山田史御方的求学经历和僧侣身份，恰好佐证

---

① 《大学头从五位下山田史三方三首》：“五言秋日于长王宅宴新罗客一首并序”“五言七夕一首”“五言三月三日曲水宴一首”（小島憲之『懐風藻・文華秀麗集・本朝文粋』，日本古典文学大系，岩波書店，1964，第116～120頁）。

② 沖森卓也、佐藤信、矢島泉『藤氏家伝　鎌足貞慧武智麻呂伝注釈と研究』：“文雅有纪朝臣清人、**山田史御方**、葛井连广成、高丘连河内、百济公倭麻吕、大倭忌寸小东人等。”（第362頁）

③ 《续日本纪一》卷6《元明纪》和铜七年二月条：“戊戌，诏从六位上**纪**朝臣**清人**、正八位下**三宅**臣**藤麻吕**，令撰国史。”（第210页）

④ 《续日本纪二》卷7《元正纪》养老元年七月条：“赐从五位下**纪**朝臣**清人**谷一百斛，优学士也。”（第30页）

⑤ 《续日本纪二》卷8《元正纪》养老五年正月条：“庚午，诏……从五位上山田史三方、从五位下山上臣忆良、朝来直贺须夜、**纪**朝臣**清人**……等退朝之后，令侍东宫焉。”（第84页）

⑥ 《续日本纪二》卷8《元正纪》养老五年正月条：“因赐明经第一博士从五位上锻冶造大隅……文章从五位上山田史御方、从五位下纪朝臣清人……各絁十五匹，丝十五絇，布三十端，锹二十口。”（第86页）

⑦ 《续日本纪三》卷19《孝谦纪》天平胜宝五年七月条：“秋七月庚戌，散位从四位下**纪**朝臣**清人**卒。”（第134页）

⑧ 瀬間正之『日本書紀と漢訳仏典』，和漢比較文学叢書第十巻『記紀と漢文学』，汲古書院，1993。

了β群故事与佛典故事之间存在必然性。①

石井公成在《〈日本书纪〉佛教汉文的表达与变体语法（上）》一文中，从以包括记载佛教公传在内的《钦明纪》到山背大兄灭亡期间的史料为例，探讨了佛教汉文的语法以及与之关系密切的变体语法的问题。② 按照我们的分类方法，除去先行研究中已经指出的以外，石井论文新发现的佛典表达如下：①双音词。“粗行”“含情”（《钦明纪》）。②三字格：“随意宝”（《钦明纪》）。③四字格：“无不尊敬”“相貌端严”（《钦明纪》）；“为之悲恸”（《用明纪》）；“到于墓所”（《推古纪》）。④句式：“夫远自~”（《钦明纪》）；“汝可独~”（《敏达纪》）；“合~悉~”（《崇峻纪》）。⑤口语句：“尔有何事”（《钦明纪》）。⑥自创表达“叹未曾梦”（《钦明纪》）等。

第二节　佛典双音词考证

总体上看，迄今为止有关《日本书纪》文体与汉文佛经的比较研究，基本上是为《日本书纪》“和习”研究服务的。因此，在方法论上，缺乏对汉文佛经文体本身的自觉认识，研究类型尚未确立，研究系统亦欠全面。这不能不说是一大遗憾，但这也是本书下面致力于解决的问题。

一　α群双音词

以下是根据森博达的分类，按照α群各卷，我们依据中国两类文献资料挖掘出来的佛典双音词。为避免表述枝蔓，有关史料征引和研判依据，详见本书资料卷中各相关词条。

①卷14《雄略纪》（48个）：“必当”“避脱”“产月”“抄劫”“持来”“敕唤”“筹议”“反视”“奉敕”“付嘱”“呼为”“还觅”“唤集”“徽缠”“悔惜”“赍持”“将去”“就访”“举脚”“良地”“领项”“露置”“命过”“能似”“啮死”“强心”“求觅”“取道”“全似”“却还”“少许”“手误”“殊常”“熟睡”“踏杀”“往罚”“闻惊”“仙众”“行至”“虚空”“游诣”“缘树”“暂停”“庄饰”“装饰”“捉来”“捉取”“最好”。②卷15《清宁·显宗·仁贤纪》（24个）：“促短”“刀子”“发向”“化成”“饥困”“既了”“金铜”“就前”“伶俜”“普求”“祈生”“亲办”“钦伏”“失绪”“所愿”“他命”“投散”“悉知”“喜集”“相别”“欣仰”“饮吃”“诸骨”“咨叹”。③卷16《武烈纪》（16个）：“曾无”

① 森博達『日本書紀の謎を解く—述作者は誰か』，中央公論新社，1999，第183~185頁。

② 石井公成「『日本書紀』における仏教漢文の表現と変格語法（上）」，『駒沢大学仏教学部研究紀要』73，2016。

“缠心”“触事”“都无”“骨族”“净除”“就前”“了即”“戮处”“落死”“升树”“速向”“随命”“悉觉”“斫（斮）倒”“逐行”。④卷 17《继体纪》（27 个）：“本土”“晨朝”“发向”“赴集”“恒伺”“还入”“积置”“惊悔”“踞坐”“烂死”“流通”“乱语”“恼害”“起造”“却还”“随绝”“停住”“图度”“悉知”“行至”“奄然”“遥击”“意里”“引导”“辄尔”“众愿”“助加”。⑤卷 18《安闲・宣化纪》（10 个）：“迟晚”“奉敕”“奉置”“忽尔”“悋惜”“祈生”“求悔”“须要”“要须”“忧虑”。⑥卷 19《钦明纪》（80 个）：“本土”“逼恼”“必当”“必须”“并不”“摈出”“采拾”“出俗”“此间”“粗行”“答言”“打鼓”“打破”“当须”“都无”“发露”“放光”“奉敕”“奉为”“佛像”“各自”“更无”“含情”“恒愿”“后世”“忽到”“欢叫”“晃曜”“伽蓝”“贱奴”“降来”“敬造”“净舍”“净治”“苦逼”“苦问”“来住”“礼拜”“猎士”“买取”“谩语”“妙达”“疲尽”“漂溺”“普求”“普示”“祈愿”“勤修”“轻尔”“驱却”“屈请”“取置”“商价”“少许”“射落”“胜善”“守护”“倏忽”“殊胜”“停时”“停宿”“痛酷”“投化”“慰问”“污血”“悟人”“悉知”“洗漱”“信敬”“行至”“要须”“依愿”“忧虑”“原夫”“暂停”“遮断”“自当”“自余”“拔取”“倍复”。⑦卷 20《敏达纪》（48 个）：“禅师”“出家”“摧坏”“摧毁”“顶礼”“度人”“柁师”“法侣”“饭气”“访觅”“放还”“奉为”“佛殿”“佛法”“佛神”“佛像”“供养”“护养”“花缦”“还俗”“极甚”“家里”“精舍”“救治”“踞坐”“具白”“俱时”“眷属”“懒懈”“律师”“谩语”“门底”“面血”“没海”“破船”“起塔”“钦伏”“舍利”“寺塔”“随欲”“偷杀”“悉皆”“修行”“要须”“迎入”“斋食”“斫（斮）倒”“自诣”。⑧卷 21《用明・崇峻纪》（33 个）：“必当”“弊垢”“刺颈”“刀子”“顶发”“度尼”“法师”“奉仕”“奉为”“奉造”“佛法”“佛堂”“横卧”“疾作”“将无”“镜面”“眷属”“流通”“律师”“门底”“却还”“三宝”“守护”“四王”“寺塔”“随命”“随助”“逃向”“行至”“助卫”“转盛”“斫取”“走入”。⑨卷 24《皇极纪》（60 个）：“斑杂”“嗔骂”“吃饭”“触岸”“床侧”“都不”“都无”“读唱”“读经”“反吐”“各自”“更无”“共到”“河边”“还清”“患脚”“悔过”“还入”“极甚”“既讫”“健儿”“将来”“敬执”“净扫”“具给”“具听”“眷属”“枯山”“烂死”“乱声”“满覆”“皮鞋”“起造”“弃舍”“欠少”“情冀”“劝舍”“入来”“伤残”“随侍”“脱落”“往媒”“妄推”“慰问”“悉聚”“欣游”“学取”“言毕”“要讫”“移向”“与毒”“语话”“运手”“折取”“指示”“众僧”“助卫”“转读”“自看”“走入”。⑩卷 25《孝德纪》（85 个）：“伴党”“必当”“必须”“并无”“持来”“出家”“除断”“辞讫”“大舍”“谛听”“顶戴”“都无”“法师”“法头”“放逸”“废忘”“奉觐”“奉仕”“奉为”“佛道”“佛殿”“佛法”“佛教”“佛像”“更复”“诃啧”“合船”“河边”“横诛”“秽恶”“己财”“己妇”“既讫”“伽蓝”“绞人”“净治”“流来”“路头”“路行”“谩语”“面当”“没死”“疲瘦”“起造”“亲附”“却还”“燃灯”“如法”“僧尼”“沙门”“设斋”“深生”“事了”“释教”“收置”“寺家”“随便”“随敕”“他马”“他女”“逃向”“啼叫”“听众”“投掷”“闻解”“卧病”“卧死”“悉皆”“悉示”“修行”“言毕”“养饲”“要须”“已讫”“营造”“原夫”“暂不”“贞净”“正己”“正人”“自正”“正教”“众僧”“著枷”“自诣”。⑪卷 26《齐明纪》（33 个）：“哀慕”“本土”“存活”“法师”“放船”“放著”“奉敕”“横遭”“护念”“还言”“唤至”“换著”“极理”“极甚”“伽蓝”“袈裟”“嗟怪”“金堂”“俱集”“疗病”“怜重”“留著”“庙塔”“拟将”“沙门”“沙弥”“事了”“投祸”“脱置”“朽烂”“勇健”“止住”“最胜”。⑫卷 27《天智纪》（17 个）：“敕唤”“刀子”“奉为”“佛道”“佛殿”“极甚”“伽蓝”“袈裟”“健儿”“皆悉”“金钵”“踞坐”“守护”“逃向”“象牙”“珍财”“缁素”。

根据上面的统计，α 群双音词共计 481 个，各卷所占双音词数字排序为：卷 25《孝德纪》85 个；卷 19《钦明纪》80 个；卷 24《皇极纪》60 个；卷 14《雄略纪》48 个；卷 20《敏达纪》48 个；卷 21《用明・崇峻纪》33 个；卷 26《齐明纪》33 个；卷 17《继体纪》27 个；卷 15《清宁・显宗・仁贤纪》24 个；卷 27《天智纪》17 个；卷 16《武烈纪》16 个；卷 18《安闲・宣化纪》10 个。各卷长短篇幅不一，加之记载内容不一定与佛教相关，这些因素客观上都直接决定了各卷源自汉文佛经双音词数量的多少。

总体上来说，《日本书纪》中有如此之多的源自汉文佛经的双音词镶嵌在 α 群各卷的字里行间，的确是我们始料未及的。当然，也大大出乎学术界的意料。原因有二：第一点，从中国中古汉语发展的一般规律来看，双音化是追求口语化的一个必然趋势。因此，与以文言书面语作为叙述语言的正史不同，双音词通常出现在六朝或唐代的笔记小说，亦即鲁迅所说的志怪、志人小说之中。据此，可以认为，以大量出自佛译佛经的双音词为叙述语言的《日本书纪》与中国正史在文体上存在着巨大的差异。与此相关的是第二点。日本学术界迄今关于汉文佛经文体对《日本书纪》的影响的讨论，基本上限定在 β 群的范围之内。如上所述，因为 β 群的书录者可能是山田史御方，他年轻时出家，曾在新罗留学。所以，β 群各卷中与佛教相关的表达，似乎都与山田史御方有关。但现在的问题是，481 个源自汉文佛经的双音词赫然出现在采用正音和正格汉文撰写的 α 群当中，而中国正史采用的则是文言叙事文体。加之，从现存的文献资料来看，尚难以证明被拟作 α 群书录者的续守言或萨弘恪与佛教有任何关系。这些疑惑，对主张“书录者三分说”的学派来说，是一个绕不开的问题。

二　β 群双音词

以下按照 β 群各卷，依次揭示我们依据中国两类文献资料挖掘出来的佛典双音词。

有关书证材料和论证过程，一并参见本书资料卷中各相关词条。

①卷1《神代纪上》（65个）：“阿姊”“本自”“必当”“闭著”“臂著”“曾无”“耻恨”“抽出”“纯男”“当产”“道边”“都无”“妒害”“对立”“翻起”“放尿”“放屎”“非复”“分布”“奉觐”“奉造”“浮来”“更复”“鼓荡”“海原”“河边”“黑心”“化成”“还复”“还降”“还向”“秽恶”“降到”“脚边”“可美”“口里”“泪堕”“疗病”“留宅”“能敢”“乞取”“散去”“少缺”“生剥”“胜验”“手捉”“随敕”“随教”“头边”“退走”“瓮酒”“下到”“行到”“行觅”“行至”“虚中”“熏满”“已讫”“亦名”“亦自”“胀满”“追来”“自当”“自可”“自余”。②卷2《神代纪下》（76个）：“本宫”“逼恼”“必当”“臂著”“别去”“曾无”“沉去”“耻恨”“出到”“当产”“当须”“道边”“倒映”“恩活”“发显”“访获”“访觅”“放还”“放去”“奉从”“奉护”“奉仕”“奉斋”“供造”“海宫”“海途”“海原”“好井”“恨言”“呼为”“忽到”“还降”“还遣”“还升”“还投”“还诣”“还入”“降到”“降来”“惊还”“宽坐”“褴褛”“怜心”“怜重”“临产”“留住”“门前”“妙美”“溺苦”“溺困”“溺恼”“攀持”“漂溺”“恰然”“人影”“手捉”“水底”“私屏”“随敕”“他妇”“脱离（～座）”“悉皆”“行至”“胸乳”“虚空”“遥请”“隐去”“迎入”“玉瓶”“垣边”“缘树”“愿垂”“斫（斮）倒”“酌取”“自当”“自涸”。③卷3《神武纪》（18个）：“拔取”“必当”“催入”“奉承”“各自”“呼为”“可美”“猛卒”“平伏”“手量”“儵忽”“倏忽”“行至”“醒起”“虚空”“掩袭”“诣到”“诣至”。④卷4《绥靖·安宁·懿德·孝昭·孝安·孝灵·孝元·开化纪》（1个）：“图害”。⑤卷5《崇神纪》（22个）：“必当”“怖走”“步运”“递传”“对立”“共到”“贡上”“诲曰”“将来”“叫啼”“进登”“净沐”“密来”“山边”“随教”“威仪”“仰欲”“渊头”“遮于”“辄许”“转盛”“自当”。⑥卷6《垂仁纪》（29个）：“本土”“捕获”“呈言”“此间”“刺颈”“刀子”“对立”“顿得”“非时”“己妇”“将来”“叫哭”“究见”“历视”“埋立”“泣吟”“山边”“始兴”“拭涕”“恃色”“树梯”“速诣”“诉言”“香菓”“胁骨”“寻迹”“眼泪”“眼涕”“遮于”。⑦卷7《景行纪》（18个）：“河边”“己众”“猛卒”“密来”“强唤”“泉侧”“容姿”“山边”“头髻”“唯愁”“悉集”“悉舍”“喧哗”“崖傍”“亦名”“异爱”“游诣”“伫待”。⑧卷8《仲哀纪》（9个）：“本土”“参迎”“海原”“河边”“忽作”“诲曰”“将去”“眼炎”“拔取”。⑨卷9《神功纪》（31个）：“背走”“本土”“便复”“财国”“参迎”“潮浪”“抽取”“船师”“道边”“顿灭”“更复”“共到”“贡上”“钩针”“还诣”“己众”“将来”“俱集”“看病”“谩语”“取得”“水底”“悉振”“悉助”“现授”“巷里”“欣感”“迎诱”“用喜”“暂还”“庄饰”。⑩卷10《应神纪》（14个）：“本土”“导者”“更无”“黑心”

“唤令”“既讫”“空死”“屡游”“能似”“窃避”“上味”“悉集”“相淫”“暂还”。⑪卷 11《仁德纪》(22 个):“堕河”“割剥”“更浮”“更无”“更亦”“海潮”“将来”“留居”“留住”“满国”“逆上”“取得”“热月”“润田”“少乏”“胜巧”“为桥”“巷里”“杂物”“沾雨”“争作”“自本”。⑫卷 12《履中纪》(14 个):“驰越”“床头”“度人”“顿绝”“非时”“黑心”“极宗”“既讫”“见得”“容姿”“唯愁”“未差”“追来”“自可”。⑬卷 13《允恭·安康纪》(18 个):“更无”“贡上”“恒念”“嫉意”“将来”“惊愁”“空死”“密食”“妙美”“容姿”“儵忽”“儵忽”“威仪”“息绝”“仰愿”“异爱”“意里”“游猎”。⑭卷 22《推古纪》(39 个):“并悉”“出家”“导者”“顿归”“法头”“佛本”“佛法”“佛教”“佛刹”“佛舍”“佛像”“恭拜”“贡上”“河边”“弘演”“会集”“既讫”“金堂”“金塔”“净土”“尼寺”“弃欲”“三宝”“僧都”“僧尼”“僧正”“刹柱”“舍利”“设斋”“释教”“说经”“说竟”“四生”“随常”“修行”“仰愿”“愚痴”“葬埋”“著头”。⑮卷 23《舒明纪》(21 个):“病动”“刺颈”“导者”“更无”“更亦”“还言”“诲曰”“既讫”“教觉”“流来”“尼寺”“设斋”“食讫”“特非”“无退”“悉集”“悉知”“喧讙”“自本”“自当”“走入”。⑯卷 28《天武纪上》(21 个):“半留”“并不”“并悉”“参迎”“出家”“刺颈”“独免”“奉敕”“各自”“忽到”“唤令”“既讫”“频多”“守护”“儵忽”“随欲”“儵忽”“无退”“悉愕”“修道”“遇逢”。⑰卷 29《天武纪下》(50 个):“安居”“白衣”“本土”“出家”“刺颈”“大斋”“道头”“法服”“放生”“佛舍”“佛像”“供养”“贡上”“河边”“悔过”“会集”“既讫”“叫唱”“净地”“俱逢”“眷族”“流著”“律师”“如法”“三宝”“僧都”“僧尼”“僧正”“沙弥”“烧折”“设斋”“视占”“誓愿”“说经”“寺塔”“送置”“诵经”“随犯”“随闻”“随愿”“堂塔”“吞船”“威仪”“唯除”“悉奉”“悉集”“巷里”“小（少）僧都”“众僧”“自本”。

根据上面的统计，β 群双音词共计 468 个，各卷所占双音词数字排序为：卷 2《神代纪下》(76 个)；卷 1《神代纪上》(65 个)；卷 29《天武纪下》(50 个)；卷 22《推古纪》(39 个)；卷 9《神功纪》(31 个)；卷 6《垂仁纪》(29 个)；卷 5《崇神纪》(22 个)；卷 11《仁德纪》(22 个)；卷 23《舒明纪》(21 个)；卷 28《天武纪上》(21 个)；卷 13《允恭·安康纪》(18 个)；卷 12《履中纪》(14 个)；卷 3《神武纪》(18 个)；卷 7《景行纪》(18 个)；卷 10《应神纪》(14 个)；卷 8《仲哀纪》(9 个)；卷 4 (1 个)。如果将 α、β 群做一比较，可知 α 群双音词共计 481，β 群 468 个。尽管数字差距不大，由唐人采用正音和正格汉文撰写的 α 群，其源自汉文佛经的双音词的数量，甚至超过了由日本人使用“倭音”(日语读音)及“和化汉文”撰写的 β 群。必须指出，这是一个值得深思的问题。从本质上讲，因为在词汇表达、语法运用和思维习惯等方面与传统的汉语存在诸多的差异，因此，汉文佛经的语言表达至少不能算作规范的汉文。如此看来，α 群是否还称得上是所谓的正格汉文，就值得商榷了。

三　第30卷双音词

根据我们的考释，《持统纪》出自汉文佛经的双音词有39个。兹列举如下。

> “安居”“持戒”“大德”“读经”“发向”“梵众”“奉敕”“奉施”“奉仕”“奉为”“佛法”“佛教”“佛像”“花缦”“还俗”“还向”“会集”“己众”“伽蓝”“袈裟”“讲说”“金铜”“净地”“眷族”“流来”“律师”“勤心”“上进”“设斋”“守护”“送置”“诵经”“所愿”“他界”“停宿”“投化”“香炉”“要须”“自余”。

第30卷的39个这一数字，在α、β两群中大致算个平均数。从双音词的内容上看，如“安居”“持戒”“大德”“读经”“梵众”“奉施”“佛法”“佛教”“佛像”“还俗”“伽蓝”“袈裟”“讲说”“眷族”“律师”“设斋”“诵经”“所愿”“香炉”等所示，与佛教内容相关的词语在第30卷中所占比例颇高。

综合来看，在《日本书纪》当中，源自汉文佛经的双音词在α、β两群和第30卷中的分布基本呈现均匀状态，三个部分之间并不存在明显的差异。而且，大量具有口语特征的双音词作为正史的叙述语言出现在《日本书纪》当中，这本身就是日本官修史书文体上的一大特色，与中国史书的叙述语言大相径庭。

第三节　佛典多音词析出

下面是对隐匿于《日本书纪》各卷中源自汉文佛经的两个以上音节词语的考释结果，这里仍可分作三字格和四字格两大部分。

一　三字格

> （一）α群（共计53组）1. 卷14《雄略纪》（2组）：“非久也”“醉眠卧”。2. 卷15《清宁·显宗·仁贤纪》（2组）：“观日色”“五色幡”。3. 卷16（1组）《武烈纪》：“造诸恶”。4. 卷17《继体纪》（3组）：“脱衣裳”“有缘事”“被他诳”。5. 卷19《钦明纪》（9组）：“出世业”“从昔来”“大地动”“度国民”“发遣使”“号叫曰”“俱答言”“无所乏”“亦复然”。6. 卷20《敏达纪》（9组）：“从今始”“佛舍利”“古语云”“清明心”“如火焰”“行佛法”“修行者”“造佛工”“造寺工”。7. 卷21《用明·崇峻纪》（11组）：“大神王”“佛舍利”“归三

宝”“怀逆心”“获利益”“如镜面”“受戒法”“学问尼”“依本愿”“种种兵”“诸天王”。8. 卷24《皇极纪》(2组)：“学问僧”“丈六佛”。9. 卷25《孝德纪》(7组)：“被他偷”“论议者”“轻神道”“亲诲曰”“生贪爱”“学问僧”“尊佛法”。10. 卷26《齐明纪》(2组)：“得好在”“得平安”。11. 卷27《天智纪》(5组)：“百佛眼”“沉水香”“皆悉从”“栴檀香”“织佛像”。

三字格在α群共计53组。其中，最多的是卷21《用明·崇峻纪》，有11组。从三字格的内容上看，佛教词语本身占据多数，例如，“大神王”“佛舍利”“归三宝”“受戒法”“学问尼”“依本愿”“诸天王”有7组。剩下4组“怀逆心”“获利益”“如镜面”“种种兵”的内容本身与佛教无关，它们是仅见于佛典或始见于佛典的三字格。卷19《钦明纪》中的9组三字格，除“出世业”之外，其他8组“从昔来”“大地动”“度国民”“发遣使”“号叫曰”“俱答言”“无所乏”“亦复然”，在内容上与佛教也毫无瓜葛。

（二）β群（101组）①卷1《神代纪上》(7组)：“共议曰”“就而居”“立誓曰”“取持去”“汝所行~”“善少男·善少女”“甚快也”。②卷2《神代纪下》(15组)：“当产时”“放火焚”“放火烧”“何故耶”“后久之”“还平复”“就树下”“来进曰”“来语曰”“起忿怒”“为奴仆”“有神德”“愠之曰”“自伏罪”“自没溺”。③卷3《神武纪》(2组)：“海导者”“汝何人”。④卷5《崇神纪》(4组)：“放火焚”“共相击”“密异之”“未几时”。⑤卷6《垂仁纪》(6组)：“大喜之”“将来物”“寻追求”“言已讫”“眼泪流”“自奉迎”。⑥卷7《景行纪》(4组)：“船欲没”“得著岸”“放火烧”“即启曰”。⑦卷8《仲哀纪》(3组)：“开宝藏”“如意珠”“是等物”。⑧卷9《神功纪》(6组)：“大欢喜”“大怒云”“得度海”“血流溢”“有诲曰”“致至诚”。⑨卷10《应神纪》(3组)：“忽失火”“经多年”“知道者”。⑩卷11《仁德纪》(5组)：“得著岸”“各相背”“经多年”“如前日”“未几时”。⑪卷12《履中纪》(1组)：“善解除”。⑫卷13《允恭·安康纪》(4组)：“患重病”“经多年”“经寒暑”“洗手水。”⑬卷22《推古纪》(18组)：“不失旨”“初出家”“大功德”“大门前”“大喜之”“发誓愿”“犯恶逆”“佛舍利”“共议曰”“归三宝”“敬三宝”“誓愿曰”“脱衣裳”“学问僧”“有圣智”“有大幸”“造佛工”“丈六佛”。⑭卷23《舒明纪》(5组)：“大设斋”“更思之”“开其意”“起逆心”“学问僧”。⑮卷28《天武纪上》(2组)：“大喜之”“修功德”。⑯卷29《天武纪下》(16组)：“百菩萨”“大地动”“大地震”“大设斋”“大震动”“得安和”“得著岸”“度僧尼”“灌顶幡”“护三宝”“净行者”“礼三宝”“学问僧”“优婆塞”“种种物”“种种乐”。

（三）第30卷：《持统纪》(7组)：“度沙门”“灌顶幡”“国忌斋”“净行者”

“随所请”“学问僧”“月六斋”。

三字格在β群共计101组，几乎是α群的1倍。这与双音词的分布情况大为不同。其中，卷22《推古纪》多达18组。源自汉文佛经的三字格较多地出现在《推古纪》，这与其记载的内容密切相关。譬如，圣德太子摄政、宪法十七条的制定、佛像制作工匠鞍作鸟的出场，等等，均与佛教的推广、转播以及信仰密切相关。卷29《天武纪下》可见16组三字格，这同样与天武天皇将崇信佛教为基本的执政理念有关。天武天皇曾经多次颁布与佛教相关的诏书，譬如为各家寺院定名的诏书、僧尼制服的诏书、优待患病年迈僧尼的诏书、整顿僧纲制度的诏书，等等。

二　四字格

汉文佛经的文体特征，不仅体现在其有别于中土文献的遣词造句的方法上，而且还体现在用于叙述佛经故事以及便于记忆传诵的四字语句上。下面是对隐匿于《日本书纪》各卷中源自汉文佛经四字格的考释结果。

（一）α群（共计195组）①卷14《雄略纪》（17组）：“传闻是语”“东西求觅”“何故问耶”“诫敕殷勤”“具为说之”“慨然兴感”“恐怖忧愁”“面貌端丽”“七日七夜”“如此之事”“实如其言”“肆行暴虐”“随欲驱使”“随至何处”“嘘唏·啼泣”“一夜之间”“自称名曰”。②卷15《清宁·显宗·仁贤纪》（8组）：“承事供给”“何以知乎”“莫能知者”“徘徊顾恋”“其实一也”“迎入宫中”“幼而聪颖”“自余诸～”。③卷16《武烈纪》（4组）：“悲鲠而言”“悲泪盈目”“不修一善”“国内居人”。④卷17《继体纪》（8组）：“非余事也”“绝无继嗣”“全坏无色”“使无乏少”“慰问殷勤”“心怀怖畏”“颜容姝妙”“由此而言”。⑤卷18《安闲·宣化纪》（5组）：“不能默已”“更无过此”“庆悦无限”“喜惧交怀”“因物为名”。⑥卷19《钦明纪》（46组）：“不相侵夺”“出家修道”“大号叫（曰）”“当复何如”“非余事也”“福德果报”“抚养黎民”“功德甚大”“何容可得”“欢喜踊跃”“系念相续”“皆称其善”“礼拜功德”“令无乏少”“难解难入”“譬犹小火”“前后失次”“如视掌中”“汝有何事”“若不尔者”“若是实者”“尚不能知”“深用欢喜”“事若实者”“随王所须”“所喜遍身”“未曾得～”“未发之间”“慰问殷勤”“闻之欢喜”“无不尊敬”“无量无边”“无能比者”“无上菩提”“相貌端严”“一切众生，皆蒙解脱”“一一教示”“依教奉持”“以此功德”“亦复如是”“永保安宁”“犹如往日”“丈六佛像”“种种功德”“种种药物”“自昔迄今”。⑦卷20《敏达纪》（19组）：“不敢违敕”“大会设斋”“故云尔也”“礼拜石像”“令无所乏”“弥勒石像”“密告之曰”“乞延寿命”“窃相谓曰”“三宝之力”“身及妻子”“深信佛法”“随心所愿”“叹未曾有”“未详所出（也）”“言毕而死”“疫疾流行”“自相谓（之）曰”“修行不懈”。⑧卷 21《用明・崇峻纪》（14 组）：“不离昼夜”“出家修道”“而发誓言”“共同发誓愿”“护世四王”“及至于今”“将欲终时”“起立寺塔”“卿等何如”“是日夜半”“受戒之法”“以戒为本”“丈六佛像”“昼夜守护（人）”。⑨卷 24《皇极纪》（30 组）：“病无不愈”“不得吃饭”“不敢外出”“不能得见”“不知所作”“草木花叶”“都无所益”“都无有罪”“佛菩萨像”“极甚愚痴”“经历数年”“就而问曰”“具说所由”“俱答咨曰”“弃舍珍财”“屈请众僧”“如佛所说”“烧香发愿”“舍此而去”“是日夜半”“手执香炉”“无慈之甚”“五色幡盖”“勿使往来”“一人当千”“有何事耶”“愿勿为忧”“治无不差”“种种伎乐”“专行暴恶”。⑩卷 25《孝德纪》（25 组）：“不见言见”“不（无）容针少地”“都无彼此”“佛菩萨像”“国人佥曰”“光启大猷，则天御寓”“教导众僧”“勤修佛道”“如此等类”“生生世世”“圣王出世”“随过轻重，考而罚之”“随事而作”“随问而答”“剔除鬓发，披著袈裟”“为作听众”“勿生彼我”“勿为放逸”“心之所归”“亦如前答”“丈六铜像”“丈六绣像”“种种兵器”“住持佛法”“自余以外”。⑪卷 26《齐明纪》（8 组）：“略无噍类”“平安以不”“七世父母”“始于此时”“无性众生”“相见问讯”“夜半之时”“盂兰瓮会”。⑫卷 27《天智纪》（11 组）：“出家修道”“开百佛眼”“仁爱之德”“日日夜夜”“若不如是”“三十三天”“手执香炉”“剃除鬓发”“修行佛道”“哑不能语”“止而不作”。

四字格在 α 群共计 195 组，较之下面的 β 群 184 组多出 11 组。与上面谈到的源自汉文佛经的双音词一样，《日本书纪》以大量出自佛译佛经的四字格为叙述语言，与中国正史的语言叙事风格迥然有异。摒弃深奥晦涩的文言书面语言，选择晓畅易懂的佛经四字格，是日本上古文人撰写汉文时的必然选择。α 群中隐匿着大量的源自汉文佛经的四字格，而且，其中不少在内容上与佛教教理教义毫无关系。如果 α 群的书录者是唐人续守言或萨弘恪的话，他们为何偏偏要选择佛典的叙述语言风格而放弃中国史书通行的文言文体裁呢？其中的必然性何在？而且，α 群中绝大多数四字格出现在正文之中，与百济资料等没有任何瓜葛。这些最为基础且十分关键的问题，都迫切需要学术界，特别是《日本书纪》“书录者三分说”的倡导者及支持者做出令人信服的回答。在 α 群之中，卷 19《钦明纪》中的四字格最多，高达 46 组。这其中有一半的表达与佛教公传的历史事件有关。并且如本编第一章所论，直接出自《金光明最胜王经》的四字语句也不在少数。

（二）β 群（合计 184 组）①卷 1《神代纪上》（21 组）：“爱而养之”“别有意也”“不须相见”“都无所见”“合为夫妇”“何处住耶”“共为夫妇”“何以杀之”“皆来聚集”“禁厌之法”“具言其事”“闷热懊恼”“乃报之曰”“乃兴言曰”

“汝是谁耶”“啼哭之声”“（言讫，）忽然不见”“言如此者”“以赎其罪”“自尔以来”“左手掌中”。②卷 2《神代纪下》（30 组）：“从容语曰”“当产不久”“而诲之曰”“而忧之曰”“故因以名”“故因以名焉”“忽然而至”“火不能害”“几日之内”“就而问曰”“举目视之”“具言其事”“空手来归”“乃问之曰”“遣人问曰”“容貌绝世”“深有其理”“殊无所获”“随其所乞”“未审虚实”“问其来意”“寻路而往”“依而行之”“已经三年”“一夜之间”“因诲之曰”“因问之曰”“殷勤如此”“犹不能忍”“自内而出”。③卷 3《神武纪》（8 组）：“大咲之曰”“而敕之曰”“而得免难”“如不能者”“如其不尔”“由此而起”“终无所成”“无复风尘”。④卷 5《崇神纪》（1 组）：“风雨顺时”。⑤卷 6《垂仁纪》（11 组）：“不知道路”“初来之时”“而诲之曰”“何处去矣”“何国人也”“身体瘦弱”“是何物耶”“寿命延长”“四方求之”“昔有一人”“至于此间”。⑥卷 7《景行纪》（12 组）：“暴风忽起”“何无人耶”“今至于此”“人众聚集”“容姿端正”“徒众甚多”“土地沃壤”“未经几年”“未经几时”“血流之处”“因是得免”“由此而起”。⑦卷 8《仲哀纪》（2 组）：“金银彩色”“容姿端正”。⑧卷9《神功纪》（18 组）：“不知道路”“称其名曰”“当如所愿”“敷草为坐（座）”“共为善友”“固当如此”“海中大鱼”“金银彩色”“如是不信”“如是称名”“深之欢喜”“随见随闻”“微妙之法”“问何谓也”“先所未有”“言未讫之间”“以诲之曰”“已经多日”。⑨卷 10《应神纪》（3 组）：“不知道路”“故发是问”“莫不通达”。⑩卷 11《仁德纪》（12 组）：“不问日夜”“哭之甚恸”“没水而死”“默之不答”“未经几时”“昔有一人”“以经日夜”“以置其上”“已经多年”“因问消息”“张网捕鸟”“种种杂物”。⑪卷 12《履中纪》（5 组）：“而得免难”“何处去耶”“既经多日”“始于此时”“无慈之甚”。⑫卷 13《允恭·安康纪》（6 组）：“当于此时”“经（径）七日”“时有人曰”“未经几时”“种种乐器”“诸人悉聚”。⑬卷 22《推古纪》（20 组）：“比如常也”“不得贤圣”“到于墓所”“恭敬佛法”“恭敬三宝”“共化众生”“满于道路”“请僧（而）设斋”“汝之功也”“入道之缘”“若事实者”“三宝（之）栋梁”“时有人曰”“始于是时”“数日之后”“兴隆三宝”“以问之曰”“丈六佛像”“丈六铜像”“指宣往意送物如别”。⑭卷 23《舒明纪》（9 组）：“不得便言”“不可为比”“进无所归”“嘿之无答”“数日之后”“为将见杀”“因此而言”“踊跃欢喜”“诸恶莫作诸善奉行”。⑮卷 28《天武纪上》（6 组）：“出家法服”“男女长幼”“仁王般若（之）会”“入道修行”“未经几日”“种种兵器”。⑯卷29《天武纪下》（20 组）：“不惜身命”“大斋（之）悔过”“度净行者”“观世音像”“过之甚也”“进止威仪”“举国男女”“礼拜供养”“莫作诸恶”“请僧设斋”“燃灯供养”“若有犯者”“三宝之威”“三纲律师”“为人聪明”“未曾有也”“向外不在”“小（少）僧都”“种种歌舞”“种种杂色”。

（三）第 30 卷（合计 16 组）：“阿弥陀像”“不可具陈”“出家修道”“金银彩色”

“禁断酒宍”“开佛眼会”“勤而不懈”“摄心悔过”“蔬食持戒”“我欲共汝”“无遮大会”“药师佛像”“以充衣食”“珍异之物”“种种珍异（之物）”“诸疾病人”。

四字格在β群共计184组，其中占前三甲的是卷2《神代纪下》（30组）、卷1《神代纪上》（22组）、卷29《天武纪下》（20组）。如上文所述，卷29《天武纪下》源自汉文佛经的四字格较多与天武天皇崇信佛教的执政理念有关。饶有兴趣的是，从内容上看，尽管《神代纪》上下卷与佛教无任何瓜葛，但却出现如此之多源自汉文佛经的四字语句。究其原委，神话是口传文学，采用讲说的形式，代代相传，延绵不绝。四字格音节整饬，朗朗上口，便于听解，易于记忆。因此，大量源自汉文佛经的四字格出现在《神代纪》上下卷实属自然，乃必由之路。

根据我们的调查，《日本书纪》中出自佛经的四音节词按照意思大致可分为两类：一类意思与佛教无关；另一类意思与佛教相关。①

（一）意思与佛教无关的四字语句

判断四音节词语体特征的标准是什么？四音节词在结构上有何特征？它在意义和用法上与原典有何差异？下面，结合具体的例子来探讨这些问题。

判断四字语句是否出自汉文佛经，首要标准就是中土文献中是否可见书证。

第一，关注α群中与情感相关的表达。它们有“恐怖忧愁”“嘘唏·啼泣”“徘徊顾恋”“悲鲠而言”“悲泪盈目”“庆悦无限”“心怀怖畏”“喜惧交怀”“大号叫（曰）”“欢喜踊跃”“系念相续”“深用欢喜”“所喜遍身”“闻之欢喜”。β群中与情感相关的表达有“爱而养之”“而忧之曰：‘～’”“大咲之曰：‘～’”“深之欢喜”“哭之甚恸”“踊跃欢喜”等。

“恐怖忧愁”，感到可怕畏惧而忧虑愁苦。《日本书纪》卷14《雄略纪》十年九月条：“由是水间君**恐怖忧愁**，不能自默，献鸿十只与养鸟人，请以赎罪。天皇许焉。”② 姚秦鸠摩罗什译《大智度论》卷10《序品》：“问曰：‘若无病有力，何以未受安乐？’答曰：‘有人贫穷，**恐怖忧愁**，不得安乐。’”唐阿地瞿多译《陀罗尼集经》卷7《佛说金刚藏大威神力三昧法印咒品》：“是诸会中，若天若人，及诸魔王，并鬼神等，闻是我称，金刚名字，各各无色，皆悉默然，心怀**恐怖**，**忧愁**不快。”

“嘘唏·啼泣”，抽噎哭泣。《日本书纪》卷14《雄略纪》十四年四月条：“皇后仰天**嘘唏**，**啼泣**伤哀。”③ 唐慧琳撰《一切经音义》卷24：“**嘘唏**：上许居反，下欣既反。

① 黄美华、马骏：《〈日本书纪〉与汉文佛经文体的比较研究——佛典四音节词考释》，《外国语言文化研究 第二辑》，中国传媒大学出版社，2011。

② 小島憲之、直木孝次郎、西宮一民、蔵中進、毛利正守『日本書紀二』，新編日本古典文学全集，小学館，1996，第188頁。

③ 小島憲之、直木孝次郎、西宮一民、蔵中進、毛利正守『日本書紀二』，新編日本古典文学全集，小学館，1996，第198頁。

王逸注《楚辞》：嘘唏，啼貌也。何注《公羊传》：悲也。《苍颉篇》：嘘唏，泣余声也。”东晋法显译《大般涅槃经》卷3：“是时阿难，还白佛言：‘以世尊语，入城宣示，诸力士众，莫不惊绝，啼泣嘘唏，皆悉当来，瞻奉世尊。’”梁慧皎撰《高僧传》卷13：“五人见像，嘘唏啼泣。像即放光，照于堂内。”

“**徘徊顾恋**”，彷徨眷顾。《日本书纪》卷15《仁贤纪》六年九月条：“于是粗寸从日鹰吉士发向高丽。由是其妻饱田女徘徊顾恋，失绪伤心。”① 唐慧琳撰《一切经音义》卷14：“踯躅：郑剧反，下重局反。踯躅，犹徘徊也，不进也，跳跃也。”新罗璟兴撰《无量寿经连义述文赞》卷3：“徙倚者，犹徘徊也。又失所之状，宜从初也。”又卷16：“屏营：上并冥反，下唯茕反。案屏营，犹徘徊也。”又卷52：“彷徉：房羊二音。《广雅》：‘彷徉，从倚也，亦徘徊也。’”又卷72：“踌躇：上宙留反，下纾庐反。《考声》云：踌躇，不行也。又云徘徊也。”又卷33：“顾恋：古布反。《郑笺毛诗》云：回首曰顾，顾，犹视也。又云顾，念也。《广雅》云：眷，顾也。”齐昙景译《摩诃摩耶经》卷1：“上至诸天，五欲自在。福尽临终，五相现时，徘徊顾恋，心怀愁苦。”

“**心怀怖畏**”，心中感到恐怖畏惧。《日本书纪》卷17《继体纪》二十三年四月条：“久迟布礼、恩率弥縢利，心怀怖畏，各归召王。由是，新罗改遣其上臣伊叱夫礼智干岐率众三千，来请听敕。”② 姚秦鸠摩罗什译《大智度论》卷35：“如释提桓因，命欲终时，心怀怖畏，求佛自救，遍不知处。”齐那连提耶舍译《大悲经》卷4：“时彼商人，心怀怖畏，极生忧恼。其中或有得船板者，或有浮者，有命终者。”唐道世撰《法苑珠林》卷23：“何等为五？一说法时，心怀怖畏，恐人难我；二内怀忧怖，而外为他说；三是凡夫无有真智；四所说不净，但有言辞；五言无次第，处处抄撮。是故在众，心怀恐怖。”根据《六十华严经》卷34的说法，未悟解真理的众生有五种恐怖：1. 不活畏，生活不安，常积资财；2. 恶名畏，恐他人讥谤而名誉受损；3. 死畏，畏惧命之将终；4. 恶道畏，又作恶趣畏。恐惧堕入地狱、饿鬼等恶趣；5. 大众威德畏，又作怯众畏。无自信而怯于出现大众之前等。若远离此五怖畏，称为五离怖畏。

“**踊跃欢喜**”，高兴得跳了起来，雀跃欢欣。《日本书纪》卷23《舒明纪》即位前纪条：“故我蒙是大恩，而以则以惧，一则以悲，踊跃欢喜，不知所如。”③《续日本纪》卷20《孝谦纪》天平宝字元年八月条：“其文云：‘五月八日开下帝释标知天皇命百年息。国内顶戴兹祥，踊跃欢喜，不知进退。’”④ 后汉康孟详译《佛说兴起行经》卷2：

① 小島憲之、直木孝次郎、西宮一民、蔵中進、毛利正守『日本書紀二』，新編日本古典文学全集，小学館，1996，第262頁。

② 小島憲之、直木孝次郎、西宮一民、蔵中進、毛利正守『日本書紀二』，新編日本古典文学全集，小学館，1996，第318頁。

③ 小島憲之、直木孝次郎、西宮一民、蔵中進、毛利正守『日本書紀三』，新編日本古典文学全集，小学館，1998，第28頁。

④ 青木和夫、稲岡耕二、笹山晴生、白藤礼幸『続日本紀三』，新日本古典文学大系，岩波書店，1992，第222頁。

“火鬘童子，具足见佛，三十二相，无一缺减。**踊跃欢喜**，不能自胜。”东晋瞿昙僧伽提婆译《增壹阿含经》卷49《非常品》：“是时，夫人白音响王曰：‘大王当知，我今觉身怀妊。’时王闻已，**踊跃欢喜**，不能自胜。”姚秦鸠摩罗什译《妙法莲华经》卷2《譬喻品》：“尔时舍利弗，**踊跃欢喜**，即起合掌，瞻仰尊颜，而白佛言。”按：“新编全集本”例引唐义净译《金光明最胜王经》卷5《依空满愿品》：“尔时世尊，作是语已，时善女天，**踊跃欢喜**，即从座起，偏袒右肩，右膝著地，合掌恭敬，一心顶礼，而白佛言。”值得注意的是，“踊跃欢喜”的后续表达具有一定的特点：或者是表示不知如何是好的“不知所如”“不知进退”；或者是表示喜悦之情难以自已的“不能自胜”；或者是表示感激的言行举动。

判断四字语句是否出自汉文佛经，次要标准就是汉文佛经文例是否早于中土文献。

“爱而养之”，因怜爱而养育。《日本书纪》卷1《神代纪上》：“吾所产儿，凡有一千五百座。其中一儿最恶，不顺教养，自指间漏堕者必彼也。宜**爱而养之**。此即少彦名命是也。”[①]（1）梁慧皎撰《高僧传》卷4：“人尝有遗遁马者，遁**爱而养之**。时或有讥之者，遁曰：‘爱其神骏，聊复畜耳。’”（2）《隋书》卷85《王充传》：“其父收幼孤，随母嫁粲，粲**爱而养之**，因姓王氏，官至怀、汴二州长史。”[②]《酉阳杂俎》卷14《诺皋记上》：“天翁姓张名坚，字刺渴，渔阳人。少不羁，无所拘忌。尝张罗，得一白雀，**爱而养之**。”[③]

“大咲之曰：‘～’”，大笑地说道：“……”。“咲”，“笑”的古字、俗字。《日本书纪》卷3《神武纪》即位前纪戊午年九月条：“时群虏见二人，**大咲之曰**：‘大丑乎！老父老妪。’则相与辟道使行，二人得至其山，取土来归。”[④]唐法琳撰《一切经音义》卷21：“戏笑：笑字从竹，犬声。有作咲者，俗也。”（1）吴康僧会译《六度集经》卷8：“持尾者言如扫帚，持尾本者言如杖，持腹者言如鼓，持胁者言如壁，持背者言如高机，持耳者言如簸箕，持头者言如魁，持牙者言如角，持鼻者对言：‘明王。象如大索。’复于王前，共讼言：‘大王。象真如我言。’镜面王**大笑之曰**：‘瞽乎瞽乎！尔犹不见，佛经者矣。’”该例在宋善卿编《祖庭事苑》卷2中亦见辑录。（2）《太平广记》卷411《紫花梨》条：“是时有李遵来侍御，任恒州记室，作《进梨表》云：‘紫花开处，擅美春林。缥蒂悬时，回光秋景。离离玉润，落落珠圆。甘不待尝，脆难胜口。’表达阙下，公卿见者，多**大笑之曰**：‘常山公何用进残梨于天府也？’盖以其表有脆难胜口之字。”[⑤]按：《日本书纪》于720年编写完成。从年代上考虑，“大咲之曰”无疑出

---

① 小島憲之、直木孝次郎、西宮一民、蔵中進、毛利正守『日本書紀一』，新編日本古典文学全集，小学館，1994，第106頁。

② （唐）魏徵等撰《隋书》，中华书局，1973，第1894页。

③ 上海古籍出版社编《唐五代笔记小说大观》，上海古籍出版社，2000，第654～655页。

④ 小島憲之、直木孝次郎、西宮一民、蔵中進、毛利正守『日本書紀一』，新編日本古典文学全集，小学館，1994，第212頁。

⑤ （宋）李昉等编《太平广记》，中华书局，1961，第3339页。

自汉文佛经。《太平广记》只能作为参考，说明后世中土文献也存在该说法。

“哭之甚恸”，哭得十分悲痛。《日本书纪》卷11《仁德纪》即位前纪条：“乃进同母妹八田皇女曰：‘随不足纳采，仅充掖庭之数。’乃且伏棺而薨。于是大鷦鷯尊素服为之发哀，**哭之甚恸**。仍葬于菟道山上。”① （1）梁慧皎撰《高僧传》卷10：“坚奉为国神，士庶皆投身接足。自是无复，炎旱之忧。至十六年十二月，无疾而化，坚**哭之甚恸**。”该例亦见于唐道世撰《法苑珠林》卷63。（2）《梁书》卷14《任昉传》：“高祖闻问，即日举哀，**哭之甚恸**。追赠太常卿，谥曰敬子。”② 《北史》卷75《苏孝慈传》：“从征辽东，在道卒。帝**哭之甚恸**，赠尚书右仆射、光禄大夫，谥曰景。”③

值得注意的是，《日本书纪》中的一些佛系四字语句，在年代上甚至早于中国两类文献。

“而忧之曰：‘～’”，忧郁地说道：“……”。《日本书纪》卷2《神代纪下》：“时彦火火出见尊已归来，一遵神教依而行之。其后火酢芹命日以褴褛，**而忧之曰**：‘吾已贫矣。’”④ 宋赞宁等撰《宋高僧传》卷18：“先是天后朝任酷吏行罗织事，官稍高隆者日别妻子。博陵崔玄暐位望俱极，其母庐氏贤，**而忧之曰**：‘汝可一日迎万回。此僧宝志之流，以可观其举止，知其祸福也。’”

第二，关注α群中与容貌品行相关的表达。它们有“面貌端丽”“肆行暴虐”“幼而聪颖”“颜容姝妙”“相貌端严”“极甚愚痴”“无慈之甚”“专行暴恶”“仁爱之德”“形色憔悴”；β群中与之相关的表达有“从容语曰”“容貌绝世”“身体瘦弱”“容姿端正”“共为善友”“莫不通达”“进止威仪”“为人聪明”“三宝（之）栋梁”等。

中土文献中无文例的佛典四字语句如下。

“极甚愚痴”，极其愚蠢，不可理喻。**“专行暴恶”**，专做残暴凶恶的事。《日本书纪》卷24《皇极纪》二年十一月条：“苏我大臣虾夷闻山背大兄王等总被亡于入鹿，而嗔骂曰：‘噫！入鹿**极甚愚痴**，**专行暴恶**。尔之身命，不亦殆乎。’”（1）失译人名今附秦录《大乘悲分陀利经》卷5《大师立愿品》：“圣日没后，我当具作佛事。如是迦那迦牟尼迦叶成佛未久，往至其所，乃至具作佛事。展转乃至千岁世人，以三福地，安立众生，过是已往，上生天上，为天说法，而摄度之。乃至众生，百二十岁，**极甚愚痴**，憍慠恃色，自倚种族，昏浊无识，多怀嫉恚，处在五浊谙冥。”⑤ （2）北凉昙无谶译《大般涅槃经》卷3：“譬如有王，**专行暴恶**，会遇重病。有邻国王，闻其名声，兴兵而

① 小島憲之、直木孝次郎、西宮一民、蔵中進、毛利正守『日本書紀二』，新編日本古典文学全集，小学館，1996，第28頁。

② （唐）姚思廉撰《梁书》，中华书局，1973，第254页。

③ （唐）李延寿撰《北史》，中华书局，1974，第2583页。

④ 小島憲之、直木孝次郎、西宮一民、蔵中進、毛利正守『日本書紀二』，新編日本古典文学全集，小学館，1996，第176頁。

⑤ 小島憲之、直木孝次郎、西宮一民、蔵中進、毛利正守『日本書紀三』，新編日本古典文学全集，小学館，1998，第82頁。

来，规欲殄灭。”

“无慈之甚”，过于缺乏慈悲心。《日本书纪》卷12《履中纪》即位前纪条：“于是木菟宿祢启于瑞齿别皇子曰：‘领巾为人杀己君。其为我虽有大功，于己君无慈之甚矣。岂得生乎？’乃杀刺领巾。”① 又卷24《皇极纪》元年五月条：“凡百济、新罗风俗，有死亡者，虽父母兄弟夫妇姊妹，永不自看。以此而观，无慈之甚，岂别禽兽。”② 唐法砺撰述《四分律疏》卷5：“佛既不听与未具人宿，驱出罗云应是顺教。何以呵言，痴人无慈，不护我意？答：‘夫为弟子，有事之时，理须咨启。佛因事开，辄尔驱出。乖弟子之仪，无慈之甚。以佛呵痴人无慈亲，是佛子尚不慈念，岂况余人，宁有存愍？’”该例在唐智者撰《四分律疏》卷9中亦有辑录。

“仁爱之德”，宽仁慈爱的德行。《日本书纪》卷27《天智纪》八年八月条：“秋八月丁未朔己酉，天皇登高安岭，议欲修城。仍恤民疲，止而不作。时人感而叹曰：‘寔乃仁爱之德。不亦宽乎？’云云。”③ 西晋竺法护译《渐备一切智德经》卷1：“若兴福施，惠施于人；仁爱之德，有所饶益；等利之义，一切不舍；常心念佛，惟慕正法。”

“共为善友”，犹言“共为朋友”。一起做好朋友，共同成为志同道合的人。《日本书纪》卷9《神功纪》摄政元年二月条：“因以问推问巷里，有一人曰：‘小竹祝与天野祝，共为善友，小竹祝逢病而死之。’”④ 姚秦竺佛念译《菩萨从兜术天降神母胎说广普经》卷1《游步品》：“或有菩萨，在彼众中，共为善友，与说杀业，快乐难忘。快哉杀生，减汝寿命，增我寿命。后渐渐与说杀生，受罪极重。与说百八杀生重罪，为苦为恼。引令人于，得在道检，无有欲痴。即于胎中，成无上道。或有菩萨，在彼众中，共为朋友，说十不善道。亦身教口意教不善，以真为虚，无常谓常，空谓有实，无身谓有身，苦谓有乐，无世谓有世。”

“三宝（之）栋梁”，弘扬佛法僧的顶梁之柱。“三宝”，佛经数字式缩略术语，具有很强的概括性，蕴含丰富的佛教教义，是佛经文献语言宗教色彩形成的主要因素之一。⑤《日本书纪》卷22《推古纪》三年是岁条：“五月戊午朔丁卯，高丽僧慧慈归化，则皇太子师之。是岁，百济僧慧聪来之。此两僧弘演佛教，并为三宝之栋梁。”⑥ 唐慧立本、释彦悰笺《大唐大慈恩寺三藏法师传》卷8：“乃有三藏玄奘法师者，所谓当今

① 小島憲之、直木孝次郎、西宮一民、蔵中進、毛利正守『日本書紀二』，新編日本古典文学全集，小学館，1996，第86頁。

② 小島憲之、直木孝次郎、西宮一民、蔵中進、毛利正守『日本書紀三』，新編日本古典文学全集，小学館，1998，第60頁。

③ 小島憲之、直木孝次郎、西宮一民、蔵中進、毛利正守『日本書紀三』，新編日本古典文学全集，小学館，1998，第380頁。

④ 小島憲之、直木孝次郎、西宮一民、蔵中進、毛利正守『日本書紀一』，新編日本古典文学全集，小学館，1994，第440頁。

⑤ 谭代龙：《佛教汉语词汇系统的结构及形成》，西南交通大学出版社，2013，第52页。

⑥ 小島憲之、直木孝次郎、西宮一民、蔵中進、毛利正守『日本書紀二』，新編日本古典文学全集，小学館，1996，第532頁。

之能仁也。聪慧夙成，该览宏赡，德行纯粹，律业翘勤。实**三宝之栋梁**，四众之纲纪者也。”唐道宣撰《续高僧传》卷16：“至皇建二年五月，弟子昙询等，奏请为起塔。下诏曰：‘故大禅师，德业高迥，**三宝栋梁**。灭尽化终，神游物外。可依中国之法，阇毘起塔，建千僧斋，赠物千段，标树芳迹，示诸后代。敕右仆射魏收，为制碑文。’”按：《续日本纪》卷8《元正纪》养老五年六月条：“又百济沙门道藏，寔惟法门袖领，**释道栋梁**。”①

汉文佛经中的文例早于中土文献的四字语句如下。

“容貌绝世”，长相冠绝当世。《日本书纪》卷2《神代纪下》：“良久有一美人，**容貌绝世**。侍者群从，自内而出。”（1）后汉安世高译《佛说奈女祇域因缘经》卷1：“闻奈女聪明，**容貌绝世**，无与匹者。又生与我同体，皆辞父母，往事奈女，求作弟子。明经智慧，皆胜此五百人。”萧齐昙景译《摩和摩耶经》卷1：“娑伽罗龙王、修陀利舍那鬼王、毘摩质多罗阿修罗王、舍脂迷那天后、阿伽蓝波天后、欝波尸天后、胝舍罗鸡尸天后、阿葛逻天后、阿留波底天后、藐底天后、藐底梨沙天后，此诸杂王，具大威力，及众天后，**容貌绝世**。若有见者，即失正念。”（2）《太平御览》卷381所引王子年《拾遗记》曰：“魏文帝所爱美人，姓薛名灵芸，常山人也。灵芸年十七，**容貌绝世**。”②

“肆行暴虐”，恣意妄为地残害生命。《日本书纪》卷14《雄略纪》十三年三月条：“秋八月，播磨国御井隅人文石小麻吕，有力强心，**肆行暴虐**。又断商客艖艄，悉以夺取。兼违国法，不输租赋。”③（1）唐道宣撰《广弘明集》卷18晋戴安《释疑论》：“又有束修履道，言行无伤。而天罚人楚，百罗备缨，任性恣情，**肆行暴虐**，生保荣贵，子孙繁炽。推此而论，积善之报，竟何在乎。”（2）《全唐文》卷2李渊《罢差科徭役诏》：“《诗》不云乎：‘民亦劳止，汔可小康。’自有隋失驭，政刑板荡，豺狼竞起，**肆行暴虐**，征求无度，侵夺任己。下民困扰，各靡聊生，丧乱之余，百不存一。”④

第三，关注 α 群中与自然现象描写相关的表达，如“草木花叶”等。⑤ β 群中与自然现象描写有关的表达可见“风雨顺时”“暴风忽起”“海中大鱼”“土地沃壤”。

中土文献中无文例的佛典四字语句如下。

“风雨顺时”，犹言“风调雨顺”，谓刮风下雨，顺应时宜。《日本书纪》卷5《崇神纪》十二年九月条：“是以天神地祇共和享，而**风雨顺时**，百谷用成，家给人足，天

---

① 青木和夫、稲岡耕二、笹山晴生、白藤礼幸『続日本紀二』，新日本古典文学大系，岩波書店，1990，第98頁。

② （宋）李昉等撰《太平御览》，中华书局，1960，第1757页。

③ 小島憲之、直木孝次郎、西宮一民、蔵中進、毛利正守『日本書紀二』，新編日本古典文学全集，小学館，1996，第192頁。

④ （清）董诰等编《全唐文·附唐文拾遗唐文续拾》，中华书局，1983，第33页。

⑤ 马骏：《日本上代文学“和习”问题研究》，国家哲学社会科学成果文库2011，北京大学出版社，2012，第249~250页。

下大平矣。”[①]《续日本纪》卷32《光仁纪》宝龟四年十一月条：“所冀真荃秘典，永洽东流，金轮宝位，恒齐北极，**风雨顺时**，年谷丰稔。”[②] 吴康僧会译《六度集经》卷5：“释梵四王，海龙地祇，朝夕肃虔，叉手稽首，禀化承风，拥护其国，**风雨顺时**，五谷丰熟，毒消灾灭，君臣炽盛。”唐义净译《根本说一切有部毘奈耶杂事》卷27：“时王夫人，容貌端严，王极爱宠。及诞一子，人皆乐见。此子福力，于其国中，**风雨顺时**，谷稼丰稔，饮食易得。”新罗太贤集《本愿药师经古迹》卷2：“由此善根，及彼如来，本愿力故，令其国界，即得安稳，**风雨顺时**，谷稼成熟。”按：《续日本纪》卷28《称德纪》神护景云元年正月条：“神护景云元年春正月己未，敕畿内七道诸国，一七日间，各于国分金光明寺，行吉祥天悔过之法。因此功德，**天下太平**，**风雨顺时**，**五谷成熟**，兆民快乐，十方有情，同沾此福。”[③] 该例中的点线部分出自后汉竺大力、康孟详合译《修行本起经》卷1《现变品》：“尔时人民，寿八万四千岁。后宫采女，各八万四千。王有千子，仁慈勇武，一人当千。圣王治正，戒德十善，教授人民。**天下太平**，**风雨顺时**，**五谷熟成**，食之少病，味若甘露，气力丰盛。”

“**土地沃壤**”，土地肥美。《日本书纪》卷7《景行纪》二十七年二月条：“二十七年春二月辛丑朔壬子，武内宿祢自东国还之奏言：‘东夷之中，有日高见国。其国人男女并椎结文身，为人勇悍。是总曰虾夷。亦**土地沃壤**而旷之，击可取也。’”[④] 唐玄奘撰《大唐西域记》卷1：“飒秣建国，周千六七百里，东西长南北狭。国大都城周二十余里，极险固多居人。异方宝货，多聚此国。**土地沃壤**，稼穑备植，林树蓊郁，花果滋茂。”又卷4：“屈露多国，周三千余里，山周四境。国大都城周十四五里。**土地沃壤**，谷稼时播，华果茂盛，卉木滋荣。”又卷7：“吠舍厘国，周五千余里。**土地沃壤**，花果茂盛，庵没罗果茂遮果，既多且贵。”又卷10：“达罗毘荼国，周六千余里。国大都城号逮志补罗，周三十余里。**土地沃壤**，稼穑丰盛，多花果出宝物。”又卷11：“僧伽罗国，周七千余里。国大都城周四十余里。**土地沃壤**，气序温暑，稼穑时播，花果具繁。”又卷12：“呬摩呾罗国睹货逻国故地也。周三千余里。山川逦迤，**土地沃壤**，宜谷稼多宿麦，百卉滋茂，众果具繁。”按：“土地沃壤”似是玄奘喜用的词语。需要注意的是，《日本书纪》当中，还有“始于此时”“言毕而死”两个四字语句仅见于玄奘撰写的文章。

汉文佛经中的文例早于中土文献的四字语句如下。

---

① 小島憲之、直木孝次郎、西宮一民、蔵中進、毛利正守『日本書紀一』，新編日本古典文学全集，小学館，1994，第286頁。

② 青木和夫、稲岡耕二、笹山晴生、白藤礼幸『続日本紀四』，新日本古典文学大系，岩波書店，1995，第414頁。

③ 青木和夫、稲岡耕二、笹山晴生、白藤礼幸『続日本紀四』，新日本古典文学大系，岩波書店，1995，第148頁。

④ 小島憲之、直木孝次郎、西宮一民、蔵中進、毛利正守『日本書紀一』，新編日本古典文学全集，小学館，1994，第364頁。

“暴风忽起”，忽然刮起暴风雨。《日本书纪》卷7《景行纪》四十年是岁条：“亦进相摸，欲往上总。望海高言曰：‘是小海耳，可立跳渡。’乃至于海中，**暴风忽起**，王船漂荡，而不可渡。”①（1）唐彦琮撰《唐护法沙门法琳别传》卷2：“即《周书异记》云：穆王即位五十二年壬申之岁二月十五日平旦，**暴风忽起**，拨损人舍，伤折树木，山川大地，皆悉震动。”唐道世撰《法苑珠林》卷65：“慧将入庐山，船至小，而**暴风忽起**。同旅已得依浦，唯慧庆舫未及得泊，飘扬中江，风疾浪踊，静待沦覆。”（2）《独异志》卷上：“方登舟，移就池中，**暴风忽起**。画舸平沉，声伎、持篙楫者不知纪极，三十八人无一生者。”按：从例句的分布情况来看，该说法先出现在汉文佛经，后来见于中土文献。而且，该搭配形式在唐代以后方才形成。

“海中大鱼”，即鲸鲵。雄性叫作“鲸”，雌性叫作“鲵”。《日本书纪》卷9《神功纪》摄政前纪条：“时飞廉起风，阳侯举浪，**海中大鱼**，悉浮扶船。则大风顺吹，帆舶随波，不劳橹楫，便到新罗。”②（1）唐慧琳撰《一切经音义》卷15：“鲸鲵：上渠迎反。《说文》云：**海中大鱼**也。《淮南子》云：鲸鱼死而彗星出。《左传》云：大鱼也。许叔重曰：鱼之王也。”又卷41：“摩竭：摩竭者，梵语也。**海中大鱼**，吞啖一切诸水族类及吞船舶者是也。”失译人名今附梁录《陀罗尼杂集》③卷8：“**海中大鱼**化为鳖，雷起西南不闻其音。”唐良贲述《仁王护国般若波罗蜜多经疏》卷7：“阿修罗匈军众破，散走入海下，还住本宫。**海中大鱼**，皆大怖散。”（2）《初学记》卷16《乐部下》：“张衡《西京赋》：发鲸鱼，铿华钟。薛综注曰：**海中大鱼**名鲸。海岛又有大兽名蒲牢。蒲牢畏鲸鱼，鲸鱼一击，蒲牢辄大鸣吼。凡钟欲令声大，故作蒲牢于上，以所击之者为鲸鱼。有篆刻文，故曰华钟。”④

第四，关注α群中与疾病疗差相关的表达，譬如“种种药物”“疫疾流行”“病无不愈”“治无不差”“乞延寿命”。

“乞延寿命”，乞求延长寿命，企盼延年益寿。《日本书纪》卷20《敏达纪》十三年是岁条：“大臣即遣子弟奏其占状。诏曰：‘宜依卜者之言，祭祠父神。’大臣奉诏，礼拜石像，**乞延寿命**。是时国行疫疾，民死者众。”⑤唐不空译《佛说大方广曼殊室利经》卷1《授记品》：“应念皆来至，游戏恣娱乐。及求**延寿命**，不死甘露药。丰财及仆使，一切五欲乐。应诵洛叉遍，若我及如来。”《敦煌变文·欢喜国王缘》：“夫人闻说，

① 小島憲之、直木孝次郎、西宮一民、蔵中進、毛利正守『日本書紀一』，新編日本古典文学全集，小学館，1994，第374～376頁。

② 小島憲之、直木孝次郎、西宮一民、蔵中進、毛利正守『日本書紀一』，新編日本古典文学全集，小学館，1994，第426頁。

③ 该经于景云二年抄写，录于《大日本古文书》卷17，第92页。

④（唐）徐坚等：《初学记》，中华书局，2004，第296页。

⑤ 小島憲之、直木孝次郎、西宮一民、蔵中進、毛利正守『日本書紀二』，新編日本古典文学全集，小学館，1996，第490頁。

遂向山中，礼拜此僧，**乞延寿命**。”①

汉文佛经中的文例早于中土文献的四字语句如下。

“病无不愈”，疾病没有治不好的。**“治无不差”**，没有医治不好的。《日本书纪》卷24《皇极纪》四年四月条：“又虎授其计曰：‘慎矣慎矣！勿令人知。以此治之，**病无不愈**。’果如所言，**治无不差**。”②（1）北凉昙无谶译《大般涅槃经》卷25《光明遍照高贵德王菩萨品》：“善男子，譬如有人，遇恶癞病。有善知识，而语之言：‘汝若能到，须弥山边，病可得差。’所以者何？彼有良药，味如甘露。若能服者，**病无不愈**。”唐实叉难陀译《大方广佛华严经》卷50《如来出现品》：“复次佛子，譬如医王，善知众药，及诸咒论，阎浮提中，诸所有药，用无不尽。复以宿世诸善根力、大明咒力，为方便故，众生见者，**病无不愈**。”唐道世撰《法苑珠林》卷33：“因此已后，若有病苦之者，使令煮水涌沸，先自入洗，后教人入，**病无不愈**。”（2）《太平广记》卷10《王遥》条：“王遥者，字伯辽，鄱阳人也。有妻无子。颇能治病，**病无不愈**者。”又卷313《赵瑜》条：“瑜遂自称前长水令，卖药于夷门市。饵其药者，**病无不愈**，获利甚多。”③（3）唐阿地瞿多译《陀罗尼集经》卷8：“咒师对像，面向南坐，治病处作，二肘水坛。其坛中心，安一火炉，咒布瑟波（二合。唐云花也）迦啰毗啰华二十一遍，投火中烧。如是烧满，一百八遍，所有病痛，**治无不差**。”

第五，关注α群中与芸芸众生相关的表达，如“国内居人”“一切众生（皆蒙解脱）”“身及妻子”“七世父母”“无性众生”。β群中与之相关的有“合为夫妇”“共为夫妇”“人众聚集”“徒众甚多”“各领眷属”“诸人悉聚”“男女长幼”“七代父母”“举国男女”。第30卷中与之相关的有“诸疾病人”。

中土文献中无文例的佛典四字语句如下。

“合为夫妇”，结为夫妻，结婚。《日本书纪》卷1《神代纪上》：“因问阴神曰：‘汝身有何成耶？’对曰：‘吾身有一雌元之处。’阳神曰：‘吾身亦有雄元之处。思欲以吾身元处合汝身之元处。’于是阴阳始媾，**合为夫妇**。”又：“二神**合为夫妇**，先以淡路洲、淡洲为胞，生大日本丰秋津洲。次伊豫洲，次筑紫洲，次双生亿岐洲与佐度洲，次越洲，次大洲，次子洲。”④隋吉藏撰《维摩经义疏》卷1《佛国品》：“道士因以二儿与牧牛人，语之云：‘可以二儿为夫妻，觅平博地，安处之。’二儿年十六。牧牛人见平博地，纵阔一由旬，为起立宫舍。因**合为夫妇**，生一男一女。”

“共为夫妇”，与“合为夫妇”义同。《日本书纪》卷1《神代纪上》：“二神于是降

---

① 黄征、张涌泉校注《敦煌变文校注》，中华书局，1997，第1019页。

② 小島憲之、直木孝次郎、西宮一民、藏中進、毛利正守『日本書紀三』，新編日本古典文学全集，小学館，1998，第96頁。

③ （宋）李昉等编《太平广记》，中华书局，1961，第72、2477页。

④ 小島憲之、直木孝次郎、西宮一民、藏中進、毛利正守『日本書紀一』，新編日本古典文学全集，小学館，1994，第26、32頁。

居彼岛，因欲**共为夫妇**，产生洲国。”[①]《古语拾遗》：“闻夫开辟之初，伊奘诺伊奘冉二神，**共为夫妇**，生大八州国及山川草木，次生日神月神，最后生素戋呜神。”[②] 失译人名今附东晋录《菩萨本行经》卷1：“其夫复问：‘汝今与我，**共为夫妇**，何以昼夜，思念前夫？’”后秦佛陀耶舍、竺佛念等合译《长阿含经》卷13：“时声摩王，闻其四子，诸母与女，**共为夫妇**，生子端正。王即欢喜，而发此言：‘此真释子，真释童子！’”唐义净译《根本说一切有部毘奈耶药事》卷8：“‘有婆罗门童子，与刹利童女，**共为夫妇**，后生一男。此男于婆罗门众中，得同坐起，得共祭水，得读典籍，于刹利众中，得受灌顶不？’答言：‘得耳，乔答摩。’”

“**人众聚集**”，很多人聚集在一起。《日本书纪》卷7《景行纪》十八年三月条：“是时于石濑河边**人众聚集**。于是天皇遥望之，诏左右曰：‘是集者何人也？’”[③] 唐义净译《根本说一切有部毘奈耶》卷45：“王曰：‘诚有斯理，随书且作。’于两驿半，平治道路，乃至王自亲观。依彼来书，盛陈供养，引至城邑，于平坦处。无量百千，**人众聚集**，香花普设，充遍街衢。王开画像，瞻仰而住。于时中国商人，共来观像，咸皆合掌，异口同音，俱出大声，唱言：‘南谟佛陀也。南谟佛陀也。’”唐玄奘译《瑜伽师地论》卷8：“若王者，谓王家。若彼使者，谓执理家。若别者，谓长者居士。若众者，谓彼聚集。若大集中者，谓四方**人众聚集**处。”

“**诸人悉聚**”，众人全部聚集在一起。《日本书纪》卷13《允恭纪》五年七月条：“时**诸人悉聚**无阙，唯玉田宿祢无之也。”[④]（1）北凉昙无谶译《大方等大集经》卷25：“尔时**诸人悉**来聚集，随其所能，而共作之。有一画师，以缘事故，竟不得来。诸人画已，持共上王。‘善男子，可言**诸人悉聚**作不？’‘不也。’”该例亦见于后魏勒那摩提译《究竟一乘宝性论》卷3《一切众生有如来藏品》。（2）元魏慧觉等合译《贤愚经》卷8《大施抒海品》：“于时大施，不欲上船，**诸人悉**集，问其意故。大施答言：‘我欲前进，至龙王宫，求如意珠，尽我身命，不得不还。’”

“**七世父母**”，指今世及过去六世在六道轮回时的父母，代指一切众生。多见于愿文或抄经跋文之中。《日本书纪》卷26《齐明纪》五年七月条：“庚寅，诏群臣于京内诸寺劝讲《盂兰盆经》，使报**七世父母**。”[⑤]《奈良朝写经1·金刚场陀罗尼经》：“岁次丙戌年五月，川内国志贵评内知识，为**七世父母**及一切众生，敬造《金刚场陀罗尼经》

① 小島憲之、直木孝次郎、西宮一民、藏中進、毛利正守『日本書紀一』，新編日本古典文学全集，小学館，1994，第24頁。

② 西宮一民『古語拾遺』，岩波文庫，1985，第119頁。

③ 小島憲之、直木孝次郎、西宮一民、藏中進、毛利正守『日本書紀一』，新編日本古典文学全集，小学館，1994，第356～358頁。

④ 小島憲之、直木孝次郎、西宮一民、藏中進、毛利正守『日本書紀二』，新編日本古典文学全集，小学館，1996，第112頁。

⑤ 小島憲之、直木孝次郎、西宮一民、藏中進、毛利正守『日本書紀三』，新編日本古典文学全集，小学館，1998，第228頁。

一部。"《奈良朝写经6・瑜伽师地论卷第21》："天平二年岁次庚午二月十日，飞鸟寺僧贤证，为**七世父母**、六亲眷属及广无边无际之、与一切有情共成佛道，贡敬《瑜伽论》七卷。"《奈良朝写经31・别译杂阿含经卷第10（光明皇后发愿一切经・五月十一日经）》："次愿**七世父母**、六亲眷属，契会真如，驰紫舆于极乐；薰修慧日，沐甘露于德池。通该有顶，普被无边，并出尘区，俱登彼岸。"① 西晋竺法护译《佛说盂兰盆经》② 卷1："佛告诸善男子善女人，是佛弟子修孝顺者，应念念中常忆父母，供养乃至**七世父母**。"唐宗密述《佛说盂兰盆经疏》卷2："'当为**七世父母**及现在父母厄难中者'：当为者，能救之心。七世，下所救之境，约境明心，故云胜也。七世者，所生父母，不同儒教，取上代祖宗。厄难中者，通于存殁。殁则地狱鬼畜，存则病痛枷禁，皆名厄难。七世父母，虽似转疎，皆是生我、修道之器。既蒙鞠育，岂负深恩？故三藏云：'天地覆载，既无惮于劬劳。幽显沉沦，理合答于罔极。三设胜供。'"按：道端良秀指出，《盂兰盆经》宣扬的"不仅是救赎死后的父母，更是对过去七世父母的孝敬"③。"七世父母"亦说"七代父母""过去七世父母"。

"**七代父母**"，犹言"七世父母"。指今世及过去六世在六道轮回时的父母，代指一切众生。《奈良朝写经20・大般若经卷第232》："又愿内外眷属，**七代父母**，无边无境，有形含识，并乘般若之舟，咸登正觉之路。"④ 唐输波迦罗译《苏婆呼童子请问经》卷1《分别处所分品》："一依前件分食法，供养本尊。一通无碍，一分自食，余者水陆过去**七代父母**及饿鬼。"唐宗密疏《盂兰盆经疏新记》卷2："善男子，若比丘、比丘尼、国王、太子、大臣、宰相、三公百官、万民庶人行慈孝者，皆应先为所生现在父母、过去**七代父母**，于七月十五日佛欢喜日，僧自恣日，以百味饭食，安盂兰盆中，施十方自恣僧。"

"**举国男女**"，全国上下的男男女女。《日本书纪》卷29《天武纪下》十三年十月条："壬辰，逮于人定，大地震。**举国男女**叫唱，不知东西。"⑤ 西晋无罗叉译《放光般若经》卷20："时魔波旬，意自念言：'今是菩萨用般若波罗蜜故，自卖其身，欲以供养，法上菩萨，欲得闻般若波罗蜜沤惒拘舍罗。菩萨云何行般若波罗蜜疾得阿耨多罗三耶三菩？闻已必当，恭敬稽受。我不败坏者，当教无数，百千菩萨，及诸众生，过我境界。今我当往坏之。'波旬即使，**举国男女**，不见其形，不闻其声。"后秦佛陀耶舍、竺佛念等合译《长阿含经》卷5："尔时，**举国男女**，行来举动，有所破损。皆寻举声曰：'南无大典尊七王大相，南无大典尊七王大相。'如是至三。"元魏慧觉等合译《贤愚

① 上代文献読書会編『上代写経識語注釈』，勉誠出版，2016，第5、55、232頁。
② 该经于天平十五年抄写，录于《大日本古文书》卷8，第190页。
③ 道端良秀『仏教と儒教論理』，第三文明社，1976，第117頁。
④ 上代文献読書会編『上代写経識語注釈』，勉誠出版，2016，第148頁。
⑤ 小島憲之、直木孝次郎、西宮一民、藏中進、毛利正守『日本書紀三』，新編日本古典文学全集，小学館，1998，第438頁。

经》卷6《月光王头施品》："佛说法讫，**举国男女**，得度者众，不可称计。"

汉文佛经中的文例早于中土文献的四字语句如下。

"**徒众甚多**"，弟子很多；喽啰众多。《日本书纪》卷7《景行纪》十二年九月条："爰有女人，曰神夏矶媛。其**徒众甚多**，一国之魁帅也。"① 《续日本纪》卷20《孝谦纪》天平宝字元年七月条："斐太都问云：'王臣者为谁等耶？'东人答云：'黄文王、安宿王、橘奈良麻吕、大伴古麻吕等，**徒众甚多**。'"② （1）唐僧详撰《法华传记》卷5："贞观八年正月二十八日身患，至二月八日夜命终，遂被将向王前，阅过**徒众甚多**。通在后而立，其典唱名，王即问其善恶之业，亦依次而配。末后始唱通过，具问生在作何福业。"（2）《周书》卷25《李贤传》："四年，莫折后炽连结贼党，所在寇掠。贤率乡兵与行泾州事史宁讨之。后炽列阵以待。贤谓宁曰：'贼聚结岁久，**徒众甚多**，数州之人，皆为其用。'"③

"**男女长幼**"，犹言"男女老少"。《日本书纪》卷28《天武纪下》六年八月条："是时诏亲王诸王及群卿，每人赐出家一人。其出家者，不问**男女长幼**，皆随愿度之。"④ （1）后汉昙果、康孟详合译《中本起经》卷1《还至父国品》："是时诸比丘白佛言：'舍夷国内，**男女长幼**，闻佛说法，如心所念，各得其决。父王俱听，不记所得？'"失译人名今附秦录《别译杂阿含经》卷10："**男女长幼**，及以衰老，蒙佛法雨，于长夜中，尽趣涅槃。"姚秦鸠摩罗什译《大庄严论经》卷5："女人浅智，尚能解悟。过六师故，我今向阿耨多罗调御丈夫坊处生归依心，南无救一切众生大悲者，开甘露法，**男女长幼**，等同修行。"（2）《全晋文》庾纯《孙为祖持重议》："又古之嫡孙，虽在仕位，无代禄之士，犹承祖考家业。上供祭祠，下正子孙，旁理昆弟，叙亲合族。是以宗人**男女长幼**，皆为之服齐缞。"⑤

第六，关注下面一些说法："忽然而至""自内而出""空手来归""依而行之""无复风尘""四方求之""以置其上""没水而死""不知所作""舍此而去"等。

中土文献中无文例的佛典四字语句如下。

"**依而行之**"，按照所说的去做。《日本书纪》卷2《神代纪下》："时彦火火出见尊已归来，一遵神教，**依而行之**。"⑥ 隋吉藏撰《法华统略》卷3："二欲令诸菩萨，述弘

---

① 小島憲之、直木孝次郎、西宮一民、藏中進、毛利正守『日本書紀一』，新編日本古典文学全集，小学館，1994，第348頁。

② 青木和夫、稲岡耕二、笹山晴生、白藤礼幸『續日本紀三』，新日本古典文学大系，岩波書店，1992，第198頁。

③ （唐）令狐德棻等撰《周书》，中华书局，1971，第415页。

④ 小島憲之、直木孝次郎、西宮一民、藏中進、毛利正守『日本書紀三』，新編日本古典文学全集，小学館，1998，第378頁。

⑤ （清）严可均校辑《全上古三代秦汉三国六朝文》，中华书局，1958，第1667页。

⑥ 小島憲之、直木孝次郎、西宮一民、藏中進、毛利正守『日本書紀一』，新編日本古典文学全集，小学館，1994，第176頁。

经之方便，弘道者**依而行之**。”唐玄嶷撰《甄正论》[①] 卷2：“一曰慈，二曰俭，三曰不敢为天下先。此意慈者，慈悲愍念之理。俭者，廉恕不贪之义。不敢为天下先者，谦退卑敬之行。若此三者，**依而行之**，诚亦有益于行。”唐智升撰《开元释教录》卷18：“右一经，新旧诸录，并未曾载。然寻文理，亦涉人谋，**依而行之**，获验非一。复须详审，且附疑科。”该例亦见于唐圆照撰《贞元新定释教目录》卷28。

“**无复风尘**”，再也没有战乱戎事，再也不用打仗了。《日本书纪》卷3《神武纪》即位前纪己未年三月条：“自我东征，于兹六年矣。赖以皇天之威，凶徒就戮。虽边土未清，余妖尚梗，而中洲之地，**无复风尘**。”[②] 唐道宣撰《广弘明集》卷28：“于是氛祲开荡，若和气之泮春冰。丑秽歼夷，似凉风之卷秋箨。六根超绝，不开亭障之虞三界寂寥。**无复风尘**之警，斯乃威光远被士众齐心，岂臣微劣所能致此。不胜庆快之至，谨遣厚德府别将臣隰重知奉露布，驰驿以闻。”

“**以置其上**”，将某物放置在另一物的上面。《日本书纪》卷11《仁德纪》六十二年五月条：“掘土丈余，一草盖其上。敦敷茅荻，取冰**以置其上**。”[③] 元魏慧觉等合译《贤愚经》卷8《盖事因缘品》：“于是圣友，极怀欢喜，复从空下，重受其供经，于数时乃入涅槃。萨薄悲悼，追念无量，阇维其身，收取舍利，盛以宝瓶，用起鍮婆，香花伎乐，种种妙物，持用供养，所捉大盖，**以置其上**，尽其形寿，供养此塔。”

“**没水而死**”，溺水而亡。《日本书纪》卷11《仁德纪》十一年十月条：“时天皇梦有神诲之曰：‘武藏人强颈、河内人茨田连衫子二人，以祭于河伯，必获塞。’则觅二人而得之。因以祷于河神。爰强颈泣悲之，**没水而死**。乃其堤成焉。”[④] 姚秦鸠摩罗什译《大庄严论经》卷1：“譬如有人，没溺洹河，波浪之中，惧失身命，值则攀缘，既不免难，**没水而死**。”又《小品般若波罗蜜经》卷5《船喻品》：“譬如大海中船卒破，其中人若不取木，若板，若浮囊，若死尸，当知是人，不到彼岸，**没水而死**。”萧齐求那毘地译《百喻经》卷4：“船盘回旋转，不能前进，至于宝所。举船商人，**没水而死**。”北凉昙无谶译《大般涅槃经》卷23《光明遍照高贵德王菩萨品》：“善男子。譬如有人，渡于大海，垂至彼岸，**没水而死**。凡夫之人，亦复如是，垂尽三有，还堕三途。”

汉文佛经中的文例早于中土文献的四字语句如下。

“**忽然而至**”，突然到来，神不知鬼不觉地出现。《日本书纪》卷2《神代纪下》：

---

① 该经于胜宝六年抄写，录于《大日本古文书》卷4，第498页。

② 小島憲之、直木孝次郎、西宮一民、蔵中進、毛利正守『日本書紀一』，新編日本古典文学全集，小学館，1994，第230頁。

③ 小島憲之、直木孝次郎、西宮一民、蔵中進、毛利正守『日本書紀二』，新編日本古典文学全集，小学館，1996，第68頁。

④ 小島憲之、直木孝次郎、西宮一民、蔵中進、毛利正守『日本書紀二』，新編日本古典文学全集，小学館，1996，第36頁。

“时有一长老，**忽然而至**，自称盐土老翁。乃问之曰：‘君是谁者？何故患于此处乎？’”[①] 日本圣德太子撰《胜鬘经疏义私钞》卷6：“尔时，世尊入祇桓林，告长老阿难及念天帝释。应时帝释与诸眷属，**忽然而至**，住于佛前。”（1）姚秦鸠摩罗什译《思益梵天所问经》卷2：“大迦叶言：‘世尊，是四菩萨，从彼发来，几时至此？’佛言：‘如一念顷，于彼不现，**忽然而至**。’”刘宋求那跋陀罗译《胜鬘师子吼一乘大方便方广经》[②] 卷1：“尔时世尊，入祇桓林，告长老阿难，及念天帝释。应时帝释，与诸眷属，**忽然而至**，住于佛前。”（2）《后汉书》卷39《刘平传》：“更始时，天下乱，平弟仲为贼所杀。其后贼复**忽然而至**，平扶侍其母，奔走逃难。”[③]

“**自内而出**”，从里面出来；从里面拿出来。《日本书纪》卷2《神代纪下》：“良久有一美人，容貌绝世。侍者群从，**自内而出**，将以玉壶汲水，仰见火火出见尊。”[④]（1）唐道宣撰《广弘明集》卷17：“皇帝于是亲以七宝箱，奉三十舍利，**自内而出**，置于御座之案，与诸沙门烧香礼拜：‘愿弟子常以正法，护持三宝，救度一切众生。’”该例在唐道世撰《法苑珠林》卷40、宋祖琇撰《隆兴编年通论》卷9、宋本觉编集《释氏通鉴》卷6中亦有辑录。（2）《太平广记》卷98《法本》条：“逡巡，法本**自内而出**，见之甚喜，问南中之旧事。”又卷401《张珽》条：“既叩门，有一子儒服，**自内而出**，见象之颇喜，问象之曰：‘彼三人者何人哉？’”[⑤]

“**四方求之**”，四处寻找，多方寻觅。《日本书纪》卷6《垂仁纪》七年七月条：“恒语众中曰：‘于**四方求之**，岂有比我力者乎？何遇强力者而不期死生，顿得争力焉？’”[⑥]（1）失译人名今附后汉录《分别功德论》卷4：“祇园精舍北，有一比丘，得病经六年不差。时优波离，往问比丘：‘何所患苦？若所须者便道。’曰：‘我所须者，不可说。’又问曰：‘汝欲须何物？若此无者，当从**四方求之**。若世间无者，上天求之。’曰：‘我所须者，舍卫城中有。以违佛教故，不可说耳。’曰：‘但说无苦。’曰：‘我唯思酒耳。得五升酒者病便愈。’”（2）《宋史》卷456《朱寿昌传》：“知广德军。寿昌母刘氏，巽妾也。巽守京兆，刘氏方娠而出。寿昌生数岁始归父家，母子不相闻五十年。行**四方求之**不置，饮食罕御酒肉，言辄流涕。”

“**舍此而去**”，丢掉某物而离去。《日本书纪》卷24《皇极纪》四年六月条：“于是高向臣国押谓汉直等曰：‘吾等由君大郎应当被戮。大臣亦于今日明日立俟其诛决矣。

① 小島憲之、直木孝次郎、西宮一民、藏中進、毛利正守『日本書紀一』，新編日本古典文学全集，小学館，1994，第162頁。

② 该经于天平十四年抄写，题作《胜鬘经》，录于《大日本古文书》卷9，第69页。

③ （宋）范晔撰、（唐）李贤等注《后汉书》，中华书局，1965，第1295页。

④ 小島憲之、直木孝次郎、西宮一民、藏中進、毛利正守『日本書紀一』，新編日本古典文学全集，小学館，1994，第164頁。

⑤ （宋）李昉等编《太平广记》，中华书局，1961，第657、3224页。

⑥ 小島憲之、直木孝次郎、西宮一民、藏中進、毛利正守『日本書紀一』，新編日本古典文学全集，小学館，1994，第312頁。

然则为谁空战，尽被刑乎？’言竟解剑投弓，**舍此而去**。贼徒亦随散走。”[①]（1）东晋瞿昙僧伽提婆译《增壹阿含经》卷41《马王品》：“时彼大商主，告诸人曰：‘止、止！愚人。此间无有女人。大海之中，云何有人居处？’诸商人报曰：‘且止，大主。我等不能，**舍此而去**。’”刘宋佛陀什、竺道生等合译《弥沙塞部和酰五分律》卷24：“彼诸比丘，亦作是语：‘由我等罪，致使世尊，**舍此而去**。我今宁可，共往佛所，苦自悔过。’便著衣持钵，来诣佛所。”唐义净译《根本说一切有部毘奈耶破僧事》卷1：“作是念已，诣父王所，顶礼合掌，白父王言：‘大王当知。我欲出家，趣于非家。’王告子言：‘若义利故，多有人舍施财物。供养天神，事火苦行。求国王位，汝今已得。我舍命已，汝当绍位。何故汝今，**舍此而去**？’”（2）《晋书》卷90《鲁芝传》：“若挟天子保许昌，杖大威以羽檄征四方兵，孰敢不从？**舍此而去**，欲就东市，岂不痛哉！”[②]

（二）意思与佛教相关的四字语句

以下，按照出家修道、礼敬三宝、行持佛道、以戒为本、广修福德、佛事法会六个部分对《日本书纪》中与佛教相关的四字格做一整理。

第一，关注与出家修道相关的佛典表达，α群：“出家修道”“修行佛道”“剔除髯发披著袈裟”“剃除鬓发”；β群：“敷草为坐（座）”“入道之缘”“出家法服”“入道修行”。

“**出家修道**”，出离世俗之家，实践佛所说的教法。《日本书纪》卷19《钦明纪》十六年八月条：“八月，百济余昌谓诸臣等曰：‘少子今愿，奉为考王，**出家修道**。’诸臣百姓报言：‘今君王欲得**出家修道**者，且奉教也。’”又卷21《用明纪》二年四月条：“天皇之疮转盛，将欲终时，鞍部多须奈进而奏曰：‘臣奉为天皇，**出家修道**。’”[③] 又卷27《天智纪》十年十月条：“臣请愿，奉为天皇，**出家修道**。”又卷30《持统纪》三年正月条：“丙辰，务大肆陆奥国优嶜昙郡城养虾夷脂利古男，麻吕与铁折请剔鬓发为沙门。诏曰：‘麻吕等少而闲雅寡欲，遂至于此，蔬食持戒。可随所请，**出家修道**。’”[④]《日本灵异记》下卷《产生肉团之作女子修善化人缘第19》又：“僧告之言：‘汝实发愿，**出家修道**。虽有是善，而多用于住堂之物。故摧汝身。今还毕愿，后殡堂物。’”[⑤]西晋竺法护译《佛说决定总持经》[⑥] 卷1：“此族姓子等类十人**出家修道**，夙夜精进，七

① 小島憲之、直木孝次郎、西宮一民、蔵中進、毛利正守『日本書紀三』，新編日本古典文学全集，小学館，1998，第102頁。

② （唐）房玄龄等撰《晋书》，中华书局，1994，第2329页。

③ 小島憲之、直木孝次郎、西宮一民、蔵中進、毛利正守『日本書紀二』，新編日本古典文学全集，小学館，1996，第438、506頁。

④ 小島憲之、直木孝次郎、西宮一民、蔵中進、毛利正守『日本書紀三』，新編日本古典文学全集，小学館，1998，第292、488頁。

⑤ 中田祝夫『日本霊異記』，日本古典文学全集，小学館，1975，第319頁。

⑥ 该经于天平九年抄写，题作《決总持经》，录于《大日本古文书》卷7，第68页。

岁不懈。”姚秦鸠摩罗什译《妙法莲华经》卷7《妙庄严王本事品》：“我等为父，已作佛事，愿母见听，于彼佛所，**出家修道**。”刘宋求那跋陀罗译《过去现在因果经》卷1：“太子普光，舍转轮王位，剃除须发，被著法服，**出家修道**，得成正觉。”《敦煌变文·悉达太子修道因缘》：“太子行至檀德山，**出家修道**有何难！”[①]

“**出家法服**”，剃发当和尚，身披法衣。《日本书纪》卷28《天武纪上》即位前纪条：“天皇敕东宫授鸿业，乃辞让之曰：‘臣之不幸，元有多病，何能保社稷？愿陛下举天下附皇后，仍立大友皇子宜为储君。臣今日出家，为陛下欲修功德。’天皇听之。即日，**出家法服**。”[②] 姚秦鸠摩罗什译《佛说华手经》卷7《得念品》：“尔时，王子谛视魔已，一心立誓：‘若我至心，求佛道者，当令是魔，为比丘形。’即时失念，剃头法服，执持应器，立于众中，自见其身，**出家法服**，持钵执锡，为沙门像。”元魏吉迦夜、昙曜合译《杂宝藏经》卷10：“设失我子，忧愁憔悴，命必不全。冀其**出家**，**法服**持钵，敷演甘露。如此种种诸事，必不得见。”

“**入道修行**”，进入佛道佛门，实践佛的教示。《日本书纪》卷28《天武纪上》即位前纪条：“癸未，至吉野而居之。是时，聚诸舍人谓之曰：‘我今**入道修行**，随欲修道者留之。若仕欲成名者，还仕于司。’”[③]《续日本纪》卷8《元正纪》养老五年五月条：“壬子，诏曰：‘太上天皇，圣体不予，寝膳日损。每至此念，心肝如裂。思归依三宝，欲令平复。宜简取净行男女一百人，**入道修道**。’”[④] 唐不空译《文殊师利菩萨及诸仙所说吉凶时日善恶宿曜经》卷2：“安重，毕翼斗壁，此四是安重宿。宜造庄宅、宫殿寺、观义堂；种莳栽接，修立园林；贮纳仓库，收积谷麦；纳交投友，成礼为婚；册君王封，将相授官，荣锡班职；造装具，设斋供，**入道修行**。”

“**入道之缘**”，证入无漏圣道的机缘。《日本书纪》卷22《推古纪》三十二年九月条：“秋九月甲戌朔丙子，校寺及僧尼，具录其寺所造之缘，亦僧尼**入道之缘**及度之年月日也。当是时有寺四十六所，僧八百十六人，尼五百六十九人并一千三百八十五人。”[⑤] 唐道宣撰述《四分律删繁补阙行事钞》卷3：“凡入寺之行，与俗人作，**入道之缘**；建立寺者，开净土之因；供养僧者，为出离之轶也。今末法中，善根浅薄，不感圣人示导，仅知有寺而已。不体法意，都无敬重佛法。超生因缘，供养福田，而来入寺也。”

---

① 黄征、张涌泉校注《敦煌变文校注》，中华书局，1997，第468页。

② 小島憲之、直木孝次郎、西宮一民、蔵中進、毛利正守『日本書紀三』，新編日本古典文学全集，小学館，1998，第302頁。

③ 小島憲之、直木孝次郎、西宮一民、蔵中進、毛利正守『日本書紀三』，新編日本古典文学全集，小学館，1998，第302頁。

④ 青木和夫、稲岡耕二、笹山晴生、白藤礼幸『続日本紀二』，新日本古典文学大系，岩波書店，1990，第94頁。

⑤ 小島憲之、直木孝次郎、西宮一民、蔵中進、毛利正守『日本書紀二』，新編日本古典文学全集，小学館，1996，第586頁。

“**修行佛道**”，修习佛法，断惑证理。《日本书纪》卷27《天智纪》十年十月条：“壬午，东宫见天皇，请之吉野**修行佛道**。天皇许焉。”[①] 西晋竺法护译《大哀经》[②] 卷8：“若**修行佛道**，是心道之本。佛神力如此，亦分别辩才。”东晋佛驮跋陀罗译《大方广佛华严经》卷11《功德华聚菩萨十行品》：“此等众生，是我福田，是我善友，不请不求，自来教诲，发起我心，**修行佛道**。”姚秦鸠摩罗什译《佛说华手经》卷6《求法品》：“以此无依心，常**修行佛道**。游行大众聚，而心无所著。”

“**敷草为坐（座）**”，铺上草当成座的地方。《日本书纪》卷9《神功纪》摄政四十九年三月条：“时百济王盟之曰：‘若**敷草为坐**，恐见火烧。且取木为坐，恐为水流。故居盘石而盟者，示长远之不朽者也。’”[③]《播磨国风土记·宍禾郡》条：“敷草村。**敷草为神座**，故曰敷草。此村有山，南方去十里许，有泽，二町许。此泽生菅，作笠最好。”[④] 东晋佛陀跋陀罗译《佛说观佛三昧海经》卷7：“若欲知佛坐者，当观佛影。观佛影者，先观佛像，作丈六想。结加趺坐，**敷草为坐**，请像令坐，见坐了了。”刘宋求那跋陀罗译《杂阿含经》卷15：“尔时，世尊告诸比丘：‘昔者毘婆尸佛未成正觉时，住菩提所。不久成佛，诣菩提树下，**敷草为坐**，结跏趺坐，端坐正念，一坐七日。’”唐阿地瞿多译《陀罗尼集经》卷4：“应须一千八茎好华，其行法者，在于像前，**敷草为坐**，胡跪恭敬，取其一华，咒之一遍，散著像上。”

第二，关注与礼敬三宝相关的佛典表达，α 群：“三宝之力”“深信佛法”；β 群：“三宝之栋梁”“恭敬佛法”“礼拜供养”“三宝之威”“恭敬三宝”“兴隆三宝”。

“**恭敬佛法**”，尊敬佛教的教理教义。《日本书纪》卷22《推古纪》十四年五月条：“于是汝父多须那为橘丰日天皇，出家**恭敬佛法**。”[⑤] 东晋佛驮跋陀罗译《大方广佛华严经》卷46《入法界品》：“尔时善财童子，见虚空中如是供养，合掌敬礼善住比丘，白言：‘大圣，我已先发阿耨多罗三藐三菩提心，而未知菩萨云何正向佛法、专求佛法、**恭敬佛法**、修诸佛法、长养佛法、积集佛法、熏修佛法、净诸佛法、遍净佛法、至诸佛法。’”唐道宣撰述《四分律删繁补阙行事钞》卷3：“其敬长老者，是人能护法，现世有名誉，将来生善道，教化人民，皆随法训。汝等于我法律中出家，更相**恭敬佛法**，可得流布。自今已去，听随长幼，恭敬礼拜上座，迎逆问讯。”

“**深[⑥]信佛法**”，坚定不移地相信释尊所说的教法。《日本书纪》卷20《敏达纪》十

---

① 小島憲之、直木孝次郎、西宮一民、藏中進、毛利正守『日本書紀三』，新編日本古典文学全集，小学館，1998，第292頁。

② 该经于天平八年抄写，录于《大日本古文书》卷7，第53页。

③ 小島憲之、直木孝次郎、西宮一民、藏中進、毛利正守『日本書紀一』，新編日本古典文学全集，小学館，1994，第456～458頁。

④ 植垣節也『風土記』，新編日本古典文学全集，小学館，1997，第86頁。

⑤ 小島憲之、直木孝次郎、西宮一民、藏中進、毛利正守『日本書紀二』，新編日本古典文学全集，小学館，1996，第552頁。

⑥ “新编全集本”中作“保”，“古典大系”中作“深”。此处依据后者。

三年是岁条："由是，马子宿祢、池边氷田、司马达等**深信佛法**，修行不懈。马子宿祢亦于石川宅修治佛殿。佛法之初，自兹而作。"① 吴支谦译《撰集百缘经》卷1《菩萨授记品》："时彼城中，有二梵志：一者**深信佛法**，常说如来，所有功德，三界中尊，最为第一；其第二者，深著邪见，言诸外道，六师之徒，亦最第一，无与等者。"东晋佛陀跋陀罗、法显合译《摩诃僧祇律》卷28："尔时王舍城中，有外道儿出家。时父母欲罢儿道，余人言：'沙门重安居，安居中必无东西。尔时可罢。'其姊**深信佛法**，语弟言：'父母欲罢汝道。可速避去。'"梁慧皎撰《高僧传》卷10："既至彭城，遇有白衣黄欣**深信佛法**，见度礼拜请还家。"

"**三宝之力**"，佛法僧的力量。《日本书纪》卷20《敏达纪》十四年六月条："夏六月，马子宿祢奏曰：'臣之疾病至今未愈。不蒙**三宝之力**，难可救治。'"② 隋灌顶纂《国清百录》卷3隋炀帝《王遣使入天台建功德愿文》："今遣往于，佛陇峯顶，集众结斋。愿承**三宝之力**，速达西方。"唐道宣撰《广弘明集》卷24徐陵《谏仁山深法师罢道书》："法师非是无知，遂为愚者所迷，类似阿难，便为魔之所娆。犹须承**三宝之力**，制彼群凶。"唐道镜、善道集《念佛镜》卷2："在世间内，上至国王，下至父母，皆反致敬。是谁之力？尽岂不是**三宝之力**？世间之内，亦有不问贵贱男女，皆令自在，衣食自然。见者恭敬，不辞劳倦。以是义故，当知**三宝之力**，唯信乃知。"

"**三宝之威**"，佛法僧的威神之力。《日本书纪》卷29《天武纪下》朱鸟元年六月条："甲申，遣伊势王及官人等于飞鸟寺，敕众僧曰：'近者朕身不和，愿赖**三宝之威**，以身体欲得安和。是以，僧正僧都及众僧应誓愿，则奉珍宝于三宝。'"③ 唐慧净撰《盂兰盆经赞述》卷1："文二句，一领即坐之益，贺**三宝之威**。二为未戊传芳，即咨疑审定。"

"**恭敬三宝**"，谨慎尊敬地对待佛法僧。《日本书纪》卷22《推古纪》二十九年二月条："苞贯三统，纂先圣之宏猷，**恭敬三宝**，救梨元之厄。是实大圣也。"又三十四年五月条："大臣则稻目宿祢之子也，性有武略亦有辩才，以**恭敬三宝**。家于飞鸟河之傍，乃庭中开小池，仍兴小岛于池中。故时人曰岛大臣。"④《上宫圣德法王帝说》："有本云：'请愿造寺，**恭敬三宝**。十三年辛丑春三月十五日，始净土寺。'云云。"曹魏康僧铠译《佛说无量寿经》卷1："勇猛精进，志愿无惓，专求清白之法，以慧利群生，**恭敬三宝**，奉事师长。"姚秦竺佛念译《出曜经》卷24："尔时比丘，说此二偈已，便

---

① 小島憲之、直木孝次郎、西宫一民、蔵中進、毛利正守『日本書紀二』，新編日本古典文学全集，小学館，1996，第490頁。

② 小島憲之、直木孝次郎、西宫一民、蔵中進、毛利正守『日本書紀二』，新編日本古典文学全集，小学館，1996，第492頁。

③ 小島憲之、直木孝次郎、西宫一民、蔵中進、毛利正守『日本書紀三』，新編日本古典文学全集，小学館，1998，第460～462頁。

④ 小島憲之、直木孝次郎、西宫一民、蔵中進、毛利正守『日本書紀二』，新編日本古典文学全集，小学館，1996，第278、588頁。

从坐起而去。时彼长者，及诸妇女，善心自生，**恭敬三宝**，后日各各，成其道迹。”唐义净译《佛为胜光天子说王法经》[①] 卷1：“大王，常当一心，**恭敬三宝**，莫生邪见。我涅槃后，法付国王，大臣辅相，当为拥护，勿致衰损。”

“**兴隆三宝**”，使佛法僧兴旺隆盛起来。《日本书纪》卷22《推古纪》二年二月条：“二年春二月丙寅朔，诏皇太子及大臣令**兴隆三宝**。是时，诸臣连等各为君亲之恩竞造佛舍，即是谓寺焉。”[②] 《续日本纪》卷16《圣武纪》天平十八年三月条：“丁卯，敕曰：‘**兴隆三宝**，国家之福田；抚育万民，先王之茂典。’”[③] 《上宫圣德法王帝说》：“小治田宫御宇天皇之世，上宫厩户丰聪耳命，岛大臣共辅天下政而**兴隆三宝**。”后汉支娄迦谶译《杂譬喻经》卷1：“于是国王，闻石蜜主，勤行得道，即往稽首，叩头谢过，遂为国师。**兴隆三宝**，国致太平，得福得度，不可复计。”东晋佛驮跋陀罗译《大方广佛华严经》卷10《明法品》：“随所请众生，皆悉度脱，**兴隆三宝**，永使不绝。一切所为，善根境界，诸行方便，皆悉不虚?”唐道宣撰《续高僧传》卷11：“乃遗表于帝曰：‘藏年高病积，德薄人微。曲蒙神散，寻得除愈。但风气暴增，命在旦夕。悲恋之至，遗表奉辞。伏愿久住世间，缉宁家国，慈济四生，**兴隆三宝**。’”

第三，关注与行持佛道相关的佛典表达，α 群：“不修一善”“修行不懈”“如佛所说”“依教奉持”“住持佛法”“勤修佛道”。

“**不修一善**”，不修行任何善行。《日本书纪》卷16《武烈纪》即位前纪条：“长好刑理，法令分明，日晏坐朝，幽枉必达，断狱得情。又频造诸恶，**不修一善**。凡诸酷刑，无不亲览。国内居人，咸皆震怖。”[④] 唐善无畏译《佛顶尊胜心破地狱转业障出三界秘密三身佛果三种悉地真言仪轨》卷1：“**不修一善**，命终之后，亦堕阿鼻地狱中。是故常受大苦恼。”按：不修善行，造诸恶业，死后就会堕入阿鼻地狱。这是从因果报应的角度对武烈天皇暴政进行的评述。

“**修行不懈**”，出家学佛，修行不松懈。《日本书纪》卷20《敏达纪》十三年是岁条：“由是马子宿祢、池边冰田、马达等，保信佛法，**修行不懈**。”[⑤] 西晋竺法护译《佛五百弟子自说本起经》卷1：“自从三昧起，**修行不懈**怠。”隋智顗说、灌顶记《观音玄义》卷2：“烦恼调伏，名之为道。**修行不懈**，苦忍明发，子果俱断，证尽无生，名之为灭。”唐实叉难陀译《大方广佛华严经》卷77《入法界品》：“以昔福因缘，文殊令

① 该经于天平八年抄写，题作《佛为胜经》，录于《大日本古文书》卷7，第59页。

② 小島憲之、直木孝次郎、西宮一民、蔵中進、毛利正守『日本書紀二』，新編日本古典文学全集，小学館，1996，第522頁。

③ 小島憲之、直木孝次郎、西宮一民、蔵中進、毛利正守『日本書紀三』，新編日本古典文学全集，小学館，1998，第22頁。

④ 小島憲之、直木孝次郎、西宮一民、蔵中進、毛利正守『日本書紀二』，新編日本古典文学全集，小学館，1996，第268頁。

⑤ 小島憲之、直木孝次郎、西宮一民、蔵中進、毛利正守『日本書紀二』，新編日本古典文学全集，小学館，1996，第490頁。

发心，随顺无违逆，**修行不懈倦**。"

"**如佛所说**"，正如佛所说的一样。《日本书纪》卷24《皇极纪》元年七月条："苏我大臣报曰：'可于寺寺转读大乘经典。悔过**如佛所说**，敬而祈雨。'"[①] 后汉支娄迦谶译《道行般若经》卷5《分别品》："须菩提言：'**如佛所说**，度为诸法得阿惟三佛。何以故？无所著耶？'"西晋竺法护译《生经》卷2："尔时贤者舍利弗谓目揵连：'贤者已说，吾等之类，盍各言志，随其辩才，各宣其意，宁可俱往诣佛大圣启说此事？**如佛所说**，吾当奉行。'"姚秦鸠摩罗什译《维摩诘所说经》卷3《嘱累品》："弥勒菩萨，闻说是已，白佛言：'世尊。未曾有也。**如佛所说**，我当远离，如斯之恶，奉持如来无数阿僧祇劫所集阿耨多罗三藐三菩提法。'"唐义净译《金光明最胜王经》卷5《依空满愿品》："尔时，善女天答梵王曰：'大梵王，**如佛所说**，实是甚深。一切异生，不解其义。是圣境界，微妙难知。'"

"**住持佛法**"，久住护持佛法。《日本书纪》卷25《孝德纪》白雉元年二月条："道登法师曰：'昔高丽欲营伽蓝，无地不览。便于一所，白鹿徐行。遂于此地，营造伽篮，名白鹿园寺，**住持佛法**。'"[②] 《续日本纪》卷20《孝谦纪》天平宝字元年闰八月条："此是奉翼皇宗，**住持佛法**，引导尊灵，催劝学徒者也。"[③] 元魏昙摩流支译《信力入印法门经》[④] 卷4："转于法轮，示大涅槃，**住持佛法**，示诸法灭。"唐道宣撰述《四分律删繁补阙行事钞》卷1："戒德难思，冠超众象，为五乘之轨导，寔三宝之舟航。依教建修定慧之功莫等，**住持佛法**群籍于兹息唱。"唐道世撰《法苑珠林》卷14："今终南山、太白、太华、五岳名山，皆有圣人，为**住持佛法**，令法久住，有人设供，感讣征应。"

第四，关注与以戒为本相关的佛典表达，α群："以戒为本""受戒之法""止而不作"；β群："莫作诸恶"；第30卷："禁断酒宍""蔬食持戒"。

"**以戒为本**"，以戒律为根源，以戒律为指南，来指导修行生活。《日本书纪》卷21《崇峻纪》即位前纪条："甲子，善信阿尼等请大臣曰：'出家之途，**以戒为本**。'"[⑤] 《元兴寺伽蓝缘起并流记资财账》："时三尼等官白：'传闻出家之人，**以戒为本**。然无戒师，故度百济国欲受戒。'白。"失译人名今附后汉录《分别功德论》卷3："**以戒为本**，兼行三十七品及诸三昧定，断七使九结，进成涅槃。"晋法炬、法立合译《法句譬

---

① 小島憲之、直木孝次郎、西宮一民、藏中進、毛利正守『日本書紀三』，新編日本古典文学全集，小学館，1998，第64頁。

② 小島憲之、直木孝次郎、西宮一民、藏中進、毛利正守『日本書紀三』，新編日本古典文学全集，小学館，1998，第180頁。

③ 青木和夫、稲岡耕二、笹山晴生、白藤礼幸『続日本紀三』，新日本古典文学大系，岩波書店，1992，第230頁。

④ 该经于天平十四年抄写，录于《大日本古文书》卷8，第119页。

⑤ 小島憲之、直木孝次郎、西宮一民、藏中進、毛利正守『日本書紀二』，新編日本古典文学全集，小学館，1996，第510頁。

喻经》卷1："夫为道者，**以戒为本**，摄心为行。"新罗元晓撰《菩萨戒本疏》卷1："《本业经》云：'入三宝海，以信为本；住在佛家，**以戒为本**。'"

"**受戒之法**"，授受戒律的方法。《日本书纪》卷21《崇峻纪》元年十岁条："苏我马子宿祢请百济僧等，问**受戒之法**，以善信尼等付百济国使恩率首信等，发遣学问。"[①] 萧齐昙景译《佛说未曾有因缘经》[②] 卷1："**受戒之法**，先当忏悔，净身口意。何谓身业？杀盗邪淫；何谓口业？妄言两舌，恶口绮语；何谓意业？嫉妒瞋恚，憍慢邪见。"梁慧皎撰《高僧传》卷11："永明中敕入吴试简五众，并宣讲十诵，更申**受戒之法**。"北凉昙无谶译《大般涅槃经》卷28《师子吼菩萨品》："尔时虽无，**受戒之法**，修持如本，无所毁犯。是名性自能持。"

"**止而不作**"，"止"，止恶，不行恶事。《日本书纪》卷27《天智纪》八年八月条："秋八月丁未朔己酉，天皇登高安岭，议欲修城。仍恤民疲，**止而不作**。"[③] 元魏瞿昙般若流支译《正法念处经》卷60："心念地狱，饿鬼畜生，怖畏苦果。念已畏于，三不善道，舍十恶业，**止而不作**。"按：诸家注释未见解说。其实，《天智纪》书录者使用出自汉文佛经的"止而不作"的说法，可谓寓意深刻。不体恤百姓，大兴土木，劳民伤财，无异于作恶，将来一定会遭受报应。

"**禁断酒宍**"，指禁止饮酒食肉。《日本书纪》卷30《持统纪》五年六月条："六月，京师及郡国四十，雨水。戊子，诏曰：'此夏阴雨过节，惧必伤稼。夕惕迄朝忧惧，思念厥愆。其令公卿百寮人等**禁断酒宍**，摄心悔过。京及畿内诸寺梵众亦当五日诵经。庶有补焉。'"[④] 唐道宣撰《续高僧传》卷15："又能率土之内，**禁断酒肉**，放舍鹰犬，畋渔屠杀，普国不行。"唐大觉撰《四分律行事钞批》卷9："《楞伽》、《涅槃》，僧坊无烟，**禁断酒肉**五辛，八不净财，是经中禁重也。"

"**蔬食持戒**"，粗茶淡饭，护持戒法。《日本书纪》卷30《持统纪》三年正月条："诏曰：'麻吕等少而闲雅寡欲，遂至于此，**蔬食持戒**。可随所请，出家修道。'"[⑤]《梁书》卷50《任孝恭传》："孝恭少从萧寺云法师读经论，明佛理，至是**蔬食持戒**，信受甚笃。而性颇自伐，以才能尚人，于时辈中多有忽略，世以此少之。"[⑥]《南史》卷72《文学》亦见相同记载。宋志盘撰《佛祖统纪》卷28："孙忠，四明人。**蔬食持戒**，蚤慕西方。于郡城东筑庵，凿二池种白莲，临池建阁，月集道俗念佛。"

---

① 小島憲之、直木孝次郎、西宮一民、藏中進、毛利正守『日本書紀二』，新編日本古典文学全集，小学館，1996，第518～520頁。

② 该经于天平八年抄写，题作《未曾有因缘经》，录于《大日本古文书》卷7，第33页。

③ 小島憲之、直木孝次郎、西宮一民、藏中進、毛利正守『日本書紀三』，新編日本古典文学全集，小学館，1998，第280頁。

④ 小島憲之、直木孝次郎、西宮一民、藏中進、毛利正守『日本書紀三』，新編日本古典文学全集，小学館，1998，第516頁。

⑤ 小島憲之、直木孝次郎、西宮一民、藏中進、毛利正守『日本書紀三』，新編日本古典文学全集，小学館，1998，第488頁。

⑥（唐）姚思廉撰《梁书》，中华书局，1973，第726页。

第五，关注与广修福德相关的佛典表达，α 群：“教导众僧”“礼拜石像”“起立寺塔”“手执香炉”“烧香发愿”“弃舍珍财”“福德果报”“礼拜功德”“以此功德”“种种功德”“功德甚大”“无上菩提”；β 群：“度净行者”“共化众生”“礼拜供养”。

“礼拜石像”，对石雕佛像合掌叩头，以示恭敬。《日本书纪》卷 20《钦明纪》十四年二月条：“大臣奉诏，**礼拜石像**，乞延寿命。是时国行疫疾，民死者众。”① 梁慧皎撰《高僧传》卷 13：“后东游吴县，**礼拜石像**，以像于西晋将末建兴元年癸酉之岁，浮在吴松江沪渎口。渔人疑为海神，延巫祝以迎之。于是，风涛俱盛，骇惧而还。”

“起立寺塔”，起造寺院内的塔堂。《日本书纪》卷 21《崇峻纪》二年四月条：“乃斫取白月胶木，疾作四天王像，置于顶发，而发誓言：‘今若使我胜敌，必当奉为，护世四王，**起立寺塔**。’苏我马子大臣又发誓言：‘凡诸天王，大神王等，助卫于我，使获利益。愿当奉为诸天，与大神王，**起立寺塔**，流通三宝。’”② 后汉迦叶摩腾、法兰合译《四十二章经》③ 卷 1：“登**起立塔寺**，于是道法流布，处处修立佛寺，远人伏化，愿为臣妾者，不可称数。国内清宁，含识之类，蒙恩受赖，于今不绝也。”晋世法炬、法立合译《法句譬喻经》卷 2：“何谓施多得福多者？若有贤者，觉世无常。好心出财，**起立塔寺**，精舍果园。供养三尊，衣服履屣，床榻厨膳。斯福如五河，流入于大海。福流如是，世世不断。是为施多，其报转多。”唐道世撰《法苑珠林》卷 19：“晋太元中，于奉高县金舆山谷，**起立塔寺**，造制形像。苻坚之末，降斥道人，唯敬朗一众，不敢毁焉。”

“弃舍珍财”，舍弃珍贵物品和财物。《日本书纪》卷 24《皇极纪》三年七月条：“都鄙之人取常世虫置于清座，歌舞求福**弃舍珍财**。都无所益，损费极甚。”④ 唐玄奘译《大般若波罗蜜多经》卷 580：“又满慈子，诸菩萨摩诃萨，修行布施，波罗蜜多。虽有**弃舍**，**珍财**等事，而于彼事，无取相想。谓若弃舍，一切法相，回向无上，正等菩提，欲为有情，作大饶益，便能证得，一切智智。”

“共化众生”，共同教化世人。《日本书纪》卷 22《推古纪》二十九年二月条：“今太子既薨之，我虽异国心在断金，其独生之何益矣？我以来年二月五日必死。因以遇上宫太子于净土，以**共化众生**。”⑤ 隋智顗说《四念处》卷 4：“是故从本垂迹，与法身眷属，隐实扬权，藏高设下，**共化众生**，开示正道，内秘外视，令开显，令得入妙。

① 小島憲之、直木孝次郎、西宮一民、蔵中進、毛利正守『日本書紀二』，新編日本古典文学全集，小学館，1996，第 490 頁。

② 小島憲之、直木孝次郎、西宮一民、蔵中進、毛利正守『日本書紀二』，新編日本古典文学全集，小学館，1996，第 512 頁。

③ 该经于天平十三年抄写，录于《大日本古文书》卷 7，第 524 页。

④ 小島憲之、直木孝次郎、西宮一民、蔵中進、毛利正守『日本書紀三』，新編日本古典文学全集，小学館，1998，第 94 頁。

⑤ 小島憲之、直木孝次郎、西宮一民、蔵中進、毛利正守『日本書紀三』，新編日本古典文学全集，小学館，1996，第 578 頁。

正是此四念处也。”又《维摩经文疏》卷11：“如来法王道王，三千初开，三藏之教，必须法臣，辅翼**共化众生**。此十大声闻，十德互有所长。故各掌一法，助佛化一切众生也。”

“礼拜供养”，合掌叩头，以示恭敬。敬献奉养佛法僧三宝。《日本书纪》卷29《天武纪下》十四年三月条：“壬申，诸国每家，作佛舍，乃置佛像及经，以**礼拜供养**。”①《续日本纪》卷23《淳仁纪》天平宝字四年七月条：“癸丑，设皇太后七七斋于东大寺并京师诸小寺。其天下诸国，每国奉造阿弥陀净土画像。仍计国内见僧尼，写称赞净土经，各于国分金光明寺**礼拜供养**。”②吴支谦译《撰集百缘经》卷6《诸天来下供养品》：“不听**礼拜**，**供养**彼塔。有犯之者，罪在不请。”东晋佛驮跋陀罗译《大方广佛华严经》卷42《离世间品》：“所谓亲近真实、多闻善知识，恭敬尊重，**礼拜供养**，奉给随顺，不违其教，是第一智具。”姚秦鸠摩罗什译《妙法莲华经》卷4《法师品》：“若有人得见此塔，**礼拜供养**，当知是等，皆近阿耨多罗三藐三菩提。”

“礼拜功德”，对因善举而获得的利益福德合掌叩头以示恭敬。《日本书纪》卷19《钦明纪》十三年十月条：“冬十月，百济圣明王更名圣王，遣西部姬氏达率怒唎斯致契等，献释迦佛金铜像一躯，幡盖若干，经论若干卷。别表赞流通**礼拜功德**云……”③东晋佛驮跋陀罗译《大方广佛华严经》卷45《入法界品》：“时诸比丘，头面礼足，却住一面，合掌而立，作如是念：‘我等以此，**礼拜功德**，知法实相，如和上舍利弗、释迦牟尼世尊。’”后魏菩提流支译《佛说佛名经》④卷8：“如此布施福德，比前至心，**礼拜功德**，百分不及一，千分不及一，百千分不及一，乃至算数譬喻，所不及一。”唐道世撰《法苑珠林》卷86：“若见塔殿，或有草秽，不加耘除，蹈之而行，**礼拜功德**，随即尽矣。”

“以此功德”，凭借这一利益福德获得某一利益。愿文的格式套语。《日本书纪》卷19《钦明纪》六年九月条：“是月，百济造丈六佛像，制愿文曰：‘盖闻造丈六佛功德甚大。今敬造。**以此功德**，愿天皇获胜善之德，天皇所用弥移居国，俱蒙福佑。’”⑤《续日本纪》卷12《圣武纪》天平九年三月条：“伏愿护寺镇国，平安圣朝，**以此功德**，永为恒例。”⑥《奈良朝写经20·大般若经卷第232》：“**以此功德**，庆善日新，命绪

---

① 小島憲之、直木孝次郎、西宫一民、蔵中進、毛利正守『日本書紀三』，新編日本古典文学全集，小学館，1998，第444頁。

② 青木和夫、稲岡耕二、笹山晴生、白藤礼幸『続日本紀三』，新日本古典文学大系，岩波書店，1992，第358~260頁。

③ 小島憲之、直木孝次郎、西宫一民、蔵中進、毛利正守『日本書紀二』，新編日本古典文学全集，小学館，1996，第416頁。

④ 该经于天平五年抄写，题作《佛名经》，录于《大日本古文书》卷7，第8页。

⑤ 小島憲之、直木孝次郎、西宫一民、蔵中進、毛利正守『日本書紀二』，新編日本古典文学全集，小学館，1996，第404頁。

⑥ 青木和夫、稲岡耕二、笹山晴生、白藤礼幸『続日本紀二』，新日本古典文学大系，岩波書店，1990，第312頁。

将劫石俱延，寿算与恒沙共远。”又《大般若经卷第176》：“［仰愿**以此功德**，先同］奉资先考之神［路，般若知船，净于苦］海。”① 吴支谦译《佛说须摩提长者经》卷1：“国城妻子，头目布施。**以此功德**，为求佛道。”姚秦鸠摩罗什译《妙法莲华经》卷3《化城喻品》：“愿**以此功德**，普及于一切，我等与众生，皆共成佛道。”唐义净译《金光明最胜王经》卷10《菩提树神赞叹品》：“汝能于我，真实无妄，清净法身，自利利他，宣扬妙相。**以此功德**，令汝速证，最上菩提。一切有情，同所修习，若得闻者，皆入甘露，无生法门。”

第六，关注与佛事法会相关的佛典表达。α群：“大会设斋”“开百佛眼”“屈请众僧”。β群：“请僧（而）设斋”“大斋（之）悔过”“燃灯供养”“五色幡盖”。第30卷：“摄心悔过”“无遮大会”“开佛眼会”。

“**无遮大会**”，“无遮”，兼容并蓄而无阻止。“无遮大会”是佛教举行的一种广结善缘，不分贵贱、僧俗、智愚、善恶，都一律平等对待的大斋会。《日本书纪》卷30《持统纪》称制前纪条：“十二月丁卯朔乙酉，奉为天渟中原瀛真人天皇，设**无遮大会**于五寺大官、飞鸟、川原、小垦田丰浦、坂田。”② 《唐大和上东征传》：“缝［衲］袈裟千领，布袈裟二千余领，［供］送五台山僧，设**无遮大会**。”③ 《续日本纪》卷16《圣武纪》天平十七年八月条：“庚子，设**无遮大会**于大安殿焉。”④ （1）唐玄奘撰《大唐西域记》卷11《摩腊婆国》：“中作七佛，世尊之像。每岁恒设，**无遮大会**。招集四方僧徒，修施四事供养。或以三衣道具，或以七宝珍奇，奕世相承，美业无替。”唐义净译《根本说一切有部尼陀那目得迦》⑤ 卷5：“‘世尊，如佛所说，有五种时施，广如上说。由观菩萨大会，供养四方人众，悉皆云集，行路辛苦。若佛听者，我当设供。’佛言：‘随意应作。’长者遂设，**无遮大会**。”（2）《梁书》卷3《武帝纪下》：“癸巳，舆驾幸同泰寺，设四部**无遮大会**，因舍身，公卿以下，以钱一亿万奉赎。”⑥ 按：唐玄奘撰《大唐西域记》谓古印度“五岁一设无遮大会”。中国的“无遮大会”始于梁武帝。

“**燃灯供养**”，燃点灯烛，敬献奉养佛法僧三宝。《日本书纪》卷29《天武纪下》朱鸟元年六月条：“丁亥，敕之，遣百官等于川原寺，为**燃灯供养**。仍大斋悔过也。”⑦ 《续日本纪》卷16《圣武纪》天平十八年十月条：“甲寅，天皇、太上天皇、皇后，行幸金钟寺，**燃灯供养**卢舍那佛。佛前后灯一万五千七百余杯。夜至一更，使数千僧，令

---

① 上代文献読書会編『上代写経識語注釈』，勉誠出版，2016，第148、442頁。

② 小島憲之、直木孝次郎、西宫一民、蔵中進、毛利正守『日本書紀三』，新編日本古典文学全集，小学館，1998，第476頁。

③ 〔日〕真人元开著，汪向荣校注《唐大和上东征传》，中华书局，1979，第81页。

④ 青木和夫、稲岡耕二、笹山晴生、白藤礼幸『続日本紀三』，新日本古典文学大系，岩波書店，1992，第12～14頁。

⑤ 该经于天平九年抄写，题作《根本尼陀那》，录于《大日本古文书》卷7，第82页。

⑥ （唐）姚思廉撰《梁书》，中华书局，1973，第73页。下同。

⑦ 小島憲之、直木孝次郎、西宫一民、蔵中進、毛利正守『日本書紀三』，新編日本古典文学全集，小学館，1998，第462頁。

擎脂烛，赞叹供养，绕佛三匝。至三更而还宫。”[①] 吴支谦译《撰集百缘经》卷6《诸天来下供养品》：“今此塔者，先王所造，供养之处。以此良日，扫除清净，**燃灯供养**。”元魏慧觉等合译《贤愚经》卷3《贫女难陀品》：“从是已后，常送苏油，灯炷之具，诣于精舍。圣友比丘，日日经营，**燃灯供养**，发意广济，诚心欵著。”唐慧详撰《弘赞法华传》卷7：“然后还相州法藏寺，**燃灯供养**，诵经不息。”

“五色幡盖”，“幡盖”，幡幢华盖之类。《日本书纪》卷24《皇极纪》二年十一月条：“于时**五色幡盖**，种种伎乐，照灼于空，临垂于寺。众人仰观称叹，遂指示于入鹿。其幡盖等，变为黑云。由是，入鹿不能得见。”[②] 东晋帛尸梨蜜多罗译《佛说灌顶经》[③] 卷1：“佛语阿难：‘若有比丘，乐受是典，应悬**五色幡盖**，长四十九尺，散五方之华，各随方之色，烧栴檀香、安息婆胶等。’”唐阿地瞿多译《陀罗尼集经》卷6：“竖幢竿子悬**五色幡盖**，又以种种时非时华，遍散坛中，烧沉水香、熏陆、栴檀香供养。”

“屈请众僧”，很多僧侣屈尊接受邀请。《日本书纪》卷24《皇极纪》元年七月条：“庚辰，于大寺南庭，严佛菩萨像与四天王像，**屈请众僧**，读《大云经》等。”[④]《日本灵异记》上卷《凶人不敬养奶房母以相得恶死报缘第23》：“宾明语之曰：‘善人何为违孝？或人奉为父母，建立塔，造佛写经，**屈请众僧**，令行安居。汝家饶财，贷稻多吉。何违学覆，不孝亲母？’”又中卷《至诚心奉写〈法华经〉有验示异事缘第6》：“檀越大悔，又访无由。故发誓愿，依经作法，**屈请众僧**，限三七日悔过。”又下卷《沙门一目眼盲使读〈金刚般若经〉得明眼缘第21》：“沙门长义者，诺乐右京药师寺之僧也。宝龟三年之间，长义眼暗盲，径五月许。日夜耻悲，**屈请众僧**，三日三夜，读诵《金刚般若经》。”[⑤] 隋智顗说《观无量寿佛经疏妙宗钞》卷4：“经云：波罗奈城有优婆夷，名摩诃斯那达多。夏九十日，**屈请众僧**，奉施医药。有一比丘，身婴重病。良医诊之，当须肉药。若不得者，命将不全。是优婆夷，寻自取刀，割其股肉，切以为羹，施病比丘。服已病差。”该例在隋智顗说《涅槃经会疏》卷14、宋知礼述《观无量寿佛经疏妙宗钞》卷5中亦见辑录。

“请僧（而）设斋”，邀请僧人设斋做法事。《日本书纪》卷22《推古纪》二十九年二月条：“是月，葬上宫太子于矶长陵。当于是时，高丽僧慧慈闻上宫皇太子薨，以

---

① 青木和夫、稲岡耕二、笹山晴生、白藤礼幸『続日本紀三』，新日本古典文学大系，岩波書店，1992，第34頁。

② 小島憲之、直木孝次郎、西宮一民、蔵中進、毛利正守『日本書紀三』，新編日本古典文学全集，小学館，1998，第82頁。

③ 该经于天平五年抄写，题作《大灌顶经》，录于《大日本古文书》卷7，第7页。

④ 小島憲之、直木孝次郎、西宮一民、蔵中進、毛利正守『日本書紀三』，新編日本古典文学全集，小学館，1998，第64頁。

⑤ 中田祝夫『日本霊異記』，日本古典文学全集，小学館，1975，第110、161、310頁。

大悲之，为皇太子，请僧而设斋。"① 又卷29《天武纪下》四年四月条："夏四月甲戌朔戊寅，请僧尼二千四百余而大设斋焉。"②《续日本纪》卷9《元正纪》养老六年十一月条："即从十二月七日，于京并畿内诸寺，便屈请僧尼二千六百三十八人，设斋供也。"③ 又卷20《孝谦纪》天平宝字元年五月条："五月己酉，太上天皇周忌也。请僧千五百余人于东大寺设斋焉。"④ （1）梁慧皎撰《高僧传》卷10："又有齐谐妻胡母氏病，众治不愈，后请僧设斋。斋坐有僧聪道人，劝迎杯度。度既至一咒，病者即愈。"唐道世撰《法苑珠林》卷63："义兴五年大旱，陂湖竭涸，苗稼焦枯。祈祭山川，累旬无应。毅乃请僧设斋。"唐慧详撰《弘赞法华传》卷5："以宋孝建二年六月三日，集薪为龛，并请僧设斋，告众辞别。"（2）唐唐临撰《冥报记》卷3："主司曰：'此人死三日，家人为请僧设斋。每闻经呗声，铁梁辄折。故不得也。'"

从意思与佛教相关的四字语句来看，它们多与供养、出家、修行、持戒、祈福等佛事相关，客观地反映了佛教当时在日本广为流传的史实。佛典四字语句在结构上的特征，质言之，就是大量使用虚词。具体包括三类：第一类，由"之""其"等代词组成，如"心之所归""具为说之""皆称其善""实如其言"等；第二类，与"莫""不""无"等否定副词组词成句，如"莫不通达""病无不愈""治无不差""绝无继嗣""不知所作""不可具陈"等；第三类，用连词"而"拉长音节黏着而成，如"没水而死""言毕而死"等。除此而外，体现连动关系的四字语句同样是佛典遣词造句的特征之一，例如，"恐怖忧愁""徘徊顾恋"等。从汉语词汇史的角度来看，汉文佛经的一些四字成语，具有浓郁的佛教色彩，带有深邃的思辨性、抽象性和哲学性。它们被吸收进汉语词汇系统，不仅扩充了汉语词汇的容量，还促进了佛教教理教义的传播。⑤

三　句子格式

关于《日本书纪》句式与汉文佛经的比较研究，在国内外学术界迄今未见专论出现，更谈不上有从《日本书纪》"书录者三分说"的角度加以阐释的论述。这一问题之所以尚未引起国内学术界的关注，是因为国内没有像上古文献这样可资比勘的第一手资料。反之，在日本学术界，这个问题之所以一直被忽略，一是因为不少学者仅仅通过训读文本来研究《日本书纪》，因而遮蔽了佛经句式的特殊存在。二是学者们尚未意识到

① 小島憲之、直木孝次郎、西宫一民、蔵中進、毛利正守『日本書紀二』，新編日本古典文学全集，小学館，1996，第576頁。

② 小島憲之、直木孝次郎、西宫一民、蔵中進、毛利正守『日本書紀三』，新編日本古典文学全集，小学館，1998，第360頁。

③ 青木和夫、稲岡耕二、笹山晴生、白藤礼幸『續日本紀二』，新日本古典文学大系，岩波書店，1990，第126頁。

④ 青木和夫、稲岡耕二、笹山晴生、白藤礼幸『續日本紀三』，新日本古典文学大系，岩波書店，1992，第184頁。

⑤ 孔祥珍：《〈金刚经〉外来词汇研究》，《探索与争鸣理论月刊》2008年第12期。

汉文佛经文体竟会如此大规模地影响上古文学作品。根据我们的调查研究，可以说汉文佛经文体影响之巨，大大超越了我们对日本文学史有关文体定义以及中日古代文学文体比较研究的一般常识。以下，我们以从《日本书纪》各卷中析出的佛典句式为例，论证佛典句式对《日本书纪》叙述语言所产生的巨大影响。

（一）α群句式（共计24式）

根据我们的考释，《日本书纪》α群中的句式在各卷的分布情况如下。

①卷14《雄略纪》："不堪共～""不欲睹～""及至～是时～""莫能敢～""伺人不～""为欲杀～""相逐入～""亦随而～""与～俱被～""欲自见～"。②卷15《清宁·显宗·仁贤纪》："不与共～"。③卷19《钦明纪》："更无余～""全未曾～""所将来～""为当欲～为当欲～""意谓是～"。卷21《用明·崇峻纪》："随去到～"。卷24《皇极纪》："方便令～""过前所～""急须应～""一时俱～"。卷26《齐明纪》："及至～时""～了之后"。卷27《天智纪》："随次而～"。

"不堪共～"，不能共同做某事。《日本书纪》卷14《雄略纪》九年五月条："别小鹿火宿祢从纪小弓宿祢丧来时，独留角国，使倭子连（连，未详何姓人。）奉八尺镜于大伴大连，而祈请曰：'仆**不堪共**纪卿奉事天朝。'是以大连为奏于天皇，使留居于角国。"[①] 东晋瞿昙僧伽提婆译《增壹阿含经》卷28《听法品》："今此龙王，威力乃尔，**不堪共**斗。我等性命，死在斯须，皆怀恐惧，衣毛皆竖。"萧齐僧伽跋陀罗译《善见律毘婆沙》卷4《阿育王品》："婆罗门又言：'此人可念，**不堪共**语。'佛答曰：'实有如此，我亦又念。诸愚痴人，甚可怜愍，恒为恶业，不念修善。'"唐义净译《根本说一切有部毘奈耶》卷30："时诸少年，虽闻此劝，共知邬波难陀，禀性恶行，**不堪共**居，竟无一人，许共同去。"按："不堪共～"通常后续表共同行为的动词，含有难以共事的意味。

"不欲睹～"，不想见到……不希望看到……《日本书纪》卷14《雄略纪》二年十月条："天皇见采女面貌端丽，形容温雅，乃和颜悦色曰：'朕岂**不欲睹**汝妍笑。'乃相携手，入于后宫。"[②] 西晋竺法护译《佛说济诸方等学经》[③] 卷1："若**不欲睹**，于法师者，其人则为，不欲见佛；若毁法师，为毁诸佛。"唐菩提流志译《文殊师利所说不思议佛境界经》[④] 卷1："如有射师，其艺超绝，惟有一子，特钟心爱。其人复有，极重怨

① 小島憲之、直木孝次郎、西宮一民、蔵中進、毛利正守『日本書紀二』，新編日本古典文学全集，小学館，1996，第186頁。

② 小島憲之、直木孝次郎、西宮一民、蔵中進、毛利正守『日本書紀二』，新編日本古典文学全集，小学館，1996，第156頁。

③ 该经于天平十年抄写，题作《济诸方等学经》，录于《大日本古文书》卷7，第189页。

④ 该经于天平二十年抄写，题作《文殊师利所说经》，录于《大日本古文书》卷3，第179页。

仇，耳不欲闻，眼不欲睹。或时其子，出外游行，在于远处，路侧而立。父遥见之，谓是其怨，执弓持箭，控弦而射。”唐义净译《根本说一切有部毘奈耶杂事》卷9：“时六众苾刍，得此物已，便自严身，入劫比罗城，次行乞食。释女见之，如前啼泣，白言：‘圣者，我等不欲，睹见斯物。故施仁等，望息忧心。今还令我，起昔追念。’六众默然。”按：从文例可知，佛典用法尚可归纳为两式：“不欲睹＋于＋○”“不欲睹＋见＋○”。

“伺人不～”，趁着别人没有……的时机。《日本书纪》卷14《雄略纪》三年四月条：“俄而皇女赍持神镜，诣于五十铃河上，伺人不行，埋镜经死。”① （1）元魏慧觉等合译《贤愚经》卷13《沙弥均提品》：“尔时有诸估客，欲诣他国。其诸商人，共将一狗，至于中路。众贾顿息，伺人不看。闲静之时，狗便盗取，众贾人肉。于时众人，即怀瞋恚，便共打狗，而折其脚，弃置空野，舍之而去。”唐义净译《根本说一切有部毘奈耶》卷31：“老翁便伺，人不在时，独入厨中，摸诸釜器，便暗捉两釜，俱腹中有隔，遂即持釜，藏之屏处。诸子既至，持釜告曰：‘汝等当知，非我福尽，釜令福尽。’”新罗璟兴撰《无量寿经连义述文赞》卷3：“窃者私隐，趣者伺人不觉，以求他物，举之离本曰盗。”（2）《太平御览》卷883引《神异经》：“西方深山有人焉。长尺余，袒身，捕虾蟹。性不畏人，止宿喜依其火，以炙虾蟹，伺人不在而盗人盐以食蟹，名曰山臊，其音自叫。”②

“为欲杀～”，为了想杀害……《日本书纪》卷14《雄略纪》即位前纪条：“天皇忿怒弥盛，乃复并为欲杀眉轮王，案劾所由。眉轮王曰：‘臣元不求天位，唯报父仇而已。’”③ 后汉安世高译《佛说奈女祇域因缘经》卷1：“王闻大怒曰：‘儿子何敢，求是五愿？促具解之。若不能解，今棒杀汝。汝何敢求我新衣，为欲杀我？便著我衣，诈作我身耶？’”北凉昙无谶译《大方等大集经》卷21：“瞿昙沙门，善知药法，是故其身，常有光明。得如是等，无量恶名，或有以石，土木刀毒，遥见打掷，为欲杀我。为杀我故，故放恶象毒蛇，于我住处，放大猛火，粪秽不净。造作种种，诸恶方便，欲坏我法。”隋阇那崛多译《大威德陀罗尼经》卷1：“舍婆大城，乃有六十众生，诸根缺坏，作无间业，为欲杀母，作非法事。”

“与～俱被～”，与某人一起被……《日本书纪》卷14《雄略纪》即位前纪条：“天皇不许，纵火燔宅。于是，大臣与黑彦皇子眉轮王俱被燔死。”④ 梁慧皎撰《高僧传》卷11：“至伪太平五年九月，高与崇公俱被幽挚。”唐玄奘译《阿毘达磨大毘婆沙

① 小島憲之、直木孝次郎、西宮一民、蔵中進、毛利正守『日本書紀二』，新編日本古典文学全集，小学館，1996，第156頁。

② （宋）李昉等撰《太平御览》，中华书局，1960年，第3925页。

③ 小島憲之、直木孝次郎、西宮一民、蔵中進、毛利正守『日本書紀二』，新編日本古典文学全集，小学館，1996，第142頁。

④ 小島憲之、直木孝次郎、西宮一民、蔵中進、毛利正守『日本書紀二』，新編日本古典文学全集，小学館，1996，第144頁。

论》[①] 卷84："时所乘象，见雌象群，欲心炽盛，即便奔逐。象师尽术，制不能回。王**与**象师，**俱被**伤损。"

"欲自见～"，希望亲眼见到……《日本书纪》卷14《雄略纪》十四年四月条："于是天皇**欲自见**，命臣、连装如飨之时，引见殿前。"[②] 后汉支娄迦谶译《般舟三昧经》卷1："譬如人年少端正，著好衣服，**欲自见**其形。若以持镜，若麻油，若净水水精，于中照自见之。"西秦圣坚译《佛说罗摩伽经》[③] 卷2："尔时安住地神，告善财言：'善来！善男子。汝**欲自见**，往昔曾于，此处所种，善根福报果不？'"刘宋佛陀什、竺道生等合译《弥沙塞部和醯五分律》卷21："王问言：'汝足下实生毛不？'答言：'实尔，大王。'王言：'我欲见之。'答言：'愿使可信人看。'王言：'我**欲自见**。'答言：'愿听舒脚。'王言：'可尔。'即舒脚示王。果如所闻。"

"更无余～"，没有剩余的；除此以外没有其他的。《日本书纪》卷19《钦明纪》十三年十月条："有司乃以佛像，流弃难波堀江，复纵火于伽蓝，烧尽**更无余**。"[④]《续日本纪》卷7《元正纪》灵龟元年十月条："今诸国百姓，未尽产术，唯趣水泽之种，不知陆田之利。或遭涝旱，**更无余**谷，秋稼若罢，多致饥饿。此乃非唯百姓懈懒，固由国司不存教导。"[⑤] 刘宋求那跋陀罗译《央掘魔罗经》卷2："所谓佛世尊，及与一阐提。如来最上处，于上**更无余**。"隋阇那崛多译《佛本行集经》卷45："汝等若值，如是马者，即得免难。唯有此事，**更无余**也。"北凉昙无谶译《佛所行赞》卷3："识还从名色，展转**更无余**。缘识生名色，缘名色生识。"唐菩提流志译《大宝积经》卷67："诸法无体不可得，分别诸法说言空。若离分别得无相，彼即菩提**更无余**。"唐金刚智译《吽迦陀野仪轨》卷3："若吾等如是供养，常作下使奉仕，一切应随。又一切军事，有吾等供养，一切之事相应，更无生疑念。念无疑思时，我等现形，其人俱一切闻，可来灾皆悉消灭**更无余**。"

"为当欲～为当欲～"，选择疑问句。是想……呢，还是想……呢？是希望……呢，抑或是希望……呢？《日本书纪》卷19《钦明纪》十六年二月条："于是许势臣问王子惠曰：'**为当欲**留此间？**为当欲**向本乡？'"[⑥]（1）吴支谦译《须摩提女经》卷1："邠池于是往问佛：'世尊，今须摩提女，为满富城中，满财长者，所求为婚。**为当**可与？**为当**不可与？'佛言：'若须摩提女，嫁适彼国，当大度人民，不可称计。'"《敦煌变文·

① 该经于奈良时代具体的抄写时期不详，录于《大日本古文书》卷12，第157页。

② 小島憲之、直木孝次郎、西宮一民、蔵中進、毛利正守『日本書紀二』，新編日本古典文学全集，小学館，1996，第198頁。

③ 该经于天平九年抄写，题作《罗摩伽经》，录于《大日本古文书》卷7，第70页。

④ 小島憲之、直木孝次郎、西宮一民、蔵中進、毛利正守『日本書紀二』，新編日本古典文学全集，小学館，1996，第418頁。

⑤ 青木和夫、稲岡耕二、笹山晴生、白藤礼幸『続日本紀二』，新日本古典文学大系，岩波書店，1990，第4頁。

⑥ 小島憲之、直木孝次郎、西宮一民、蔵中進、毛利正守『日本書紀二』，新編日本古典文学全集，小学館，1996，第436頁。

庐山远公话》：“远公曰：‘更有小事，合具上闻，将军**为当**要贫道身？**为当**要贫道业？’”又《秋胡变文》：“正见慈母独坐空堂，不知儿来，遂叹言曰：‘秋胡汝当游学，元期三周，可（何）为去今九载？**为当**命化零落？**为当**身化黄泉？命从风化，**为当**逐乐不归？’”[①]（2）梁法云撰《法华经义记》卷2：“是故弥勒仍用第三偈复释此伏难言：‘仁者欲令我下意者，亦可微微厝心下意，正言我今不知如来现此瑞相。**为当欲**为大众说此释迦所得妙法？**为当欲**为大众受记将来妙果？微心下意，正自如此。’”《祖堂集》卷18：“仰山谘和尚：‘**为当欲**得记他见解，**为当欲**得行解？’沩山云：‘汝云何说他见解，云何说他行解？’仰山云：‘若欲记他见解，上来五人。向后受持和尚声教，为人善知识，说示一切人，如泻之一瓶不失一滴。为人师有余，此是见解。’”

“意谓是～”，以为是……认为是……“谓”与“为”音同。《日本书纪》卷19《钦明纪》十四年八月条：“**意谓是**乞军兵，伐我国欤。”[②]吴支谦译《佛说维摩诘经》卷1：“我**意谓是**天帝释，赞言‘善来！拘翼。’虽福应有不当自恣，一切欲乐当观非常，无强多失当修德本。”东晋佛陀跋陀罗、法显合译《摩诃僧祇律》卷5：“僧伽婆尸沙，**意谓是**女而是黄门，捉发乃至推拍，得偷兰罪。”姚秦佛陀耶舍、竺佛念等合译《四分律》卷27：“时彼居士，先出行不在，后行还至家内，卒见偷罗难陀，**意谓是**己妇，即便就卧。”唐菩提流志译《大宝积经》卷110：“地狱众生，食无少乐，惶惧驰走，遥见镕铜赤汁，**意谓是**血，众奔趣之。”

“方便令～”，随机应变地使……《日本书纪》卷24《皇极纪》四年六月条：“中臣镰子连知苏我入鹿臣为人多疑，昼夜持剑。而教俳优，**方便令**解。”[③]《藤氏家传》上卷《镰足传》：“大臣尝知入鹿多疑，昼夜持剑。预教俳优，**方便令**解。”[④]后汉昙果、康孟详合译《中本起经》卷1《现变品》：“道过一水，水名波罗奈。渡水见子宝屐，脱置岸边，即寻足迹，径趣鹿园。佛以**方便**，**令**其父子，两不相见。”东晋佛驮跋陀罗译《大方广佛华严经》卷2《世间净眼品》：“一切众生入邪径，佛示正道难思议，见诸众生堪受化，种种**方便令**调伏。”姚秦鸠摩罗什译《妙法莲华经》卷1《方便品》：“我设是**方便**，**令**得入佛慧，未曾说汝等，当得成佛道。”北凉昙无谶译《大般涅槃经》卷25《光明遍照高贵德王菩萨品》：“菩萨摩诃萨深见五阴，是生烦恼之根本也。以是义故，**方便令**断。”

（二）β群句式（共计40式）

根据我们的考释，《日本书纪》β群中的句式在各卷的分布情况如下。

---

① 黄征、张涌泉校注《敦煌变文校注》，中华书局，1997，第255、234页。

② 小島憲之、直木孝次郎、西宮一民、蔵中進、毛利正守『日本書紀二』，新編日本古典文学全集，小学館，1996，第422頁。

③ 小島憲之、直木孝次郎、西宮一民、蔵中進、毛利正守『日本書紀三』，新編日本古典文学全集，小学館，1998，第98頁。

④ 沖森卓也、佐藤信、矢島泉『藤氏家伝　鎌足貞慧武智麻呂伝注釈と研究』，吉川弘文館，1999，第164頁。

①卷1《神代纪上》："此即～是也""及至～时""及至～时～""受敕而～""宁可～乎""未有若此～（者也）""有何～耶""云何～乎""（将·且）～之间"。②卷2《神代纪下》："不与共～""及至～时""请为我～""虽复～何能～""幸勿以～""～耶以不""（将·且）～之间"。③卷3《神武纪》："及年～岁""一时杀～"。④卷5《崇神纪》："勿复为～"。⑤卷6《垂仁纪》："愿为我～"。⑥卷7《景行纪》："欲得为～""～者，讹也"。⑦卷8《仲哀纪》："何得（免）～耶""如此言而～""～者，讹也"。⑧卷9《神功纪》："何以得～耶""随教而～""愿欲知～"。⑨卷11《仁德纪》："未曾得～""游行～到～"。⑩卷13《允恭纪》："何用求～（耶）""悉当得～""依敕而～"。⑪卷22："遣人令～"。⑫卷23《舒明纪》："更不可～""因以请～"。⑬卷28《天武纪上》："急行到～"。⑭卷29《天武纪下》："～等之类""非一二（～）""随见闻～"。

"**此即～是也**"，这就是……正是这个。《日本书纪》卷1《神代纪上》："其中一儿最恶，不顺教养。自指间漏堕者必彼也。宜爱而养之。**此即**少彦名命**是也**。"又卷2《神代纪下》："则拔其带剑大叶刈以斫仆丧屋，**此即**落而为山，今在美浓国蓝见川之上丧山**是也**。"[①] 刘宋求那跋陀罗译《佛说菩萨行方便境界神通变化经》卷2："王又问言：'婆罗门复有众生，慧者明了，无乱心智。有过患耶？'萨遮答言：'实有，大王。'王言：'谁是？'答言：'大王。'**此即**无畏王子**是也**。"隋达磨笈多译《大方等大集经菩萨念佛三昧分》[②] 卷8："复有三万众生发阿耨多罗三藐三菩提心，此辈皆于，星宿劫中，成等正觉。**此即**前发菩提心者**是也**。"隋阇那崛多译《佛本行集经》卷60《阿难因缘品》："世尊复记，谓诸比丘：'若知于我，声闻弟子，多闻智慧，强记不忘，最第一者，**此即**阿难，比丘**是也**。'"

"**受敕而～**"，接受朝廷的命令做某事。《日本书纪》卷1《神代纪上》："月夜见尊**受敕而**降，已到于保食神许。保食神乃回首向国则自口出饭，又向海则鳍广鳍狭亦自口出，又向山则毛粗毛柔亦自口出。夫品物悉备，贮之百机而飨之。"[③] 圣德太子疏《胜鬘经疏义私钞》卷3："（疏）第二胜鬘**受敕而**说，就第二胜鬘奉旨而说，即有二：第一先会能生；第二从世尊如阿耨达池以下会所生。就第一会能生中，亦有二第一正会。"（1）后汉昙果、康孟详合译《中本起经》卷2《本起该容品》："即告度胜：'试为我说。'度胜白曰：'身贱口秽，不敢便宜，如来尊言。'乞行诣佛，**受敕而**还，便遣出

① 小島憲之、直木孝次郎、西宮一民、藏中進、毛利正守『日本書紀一』，新編日本古典文学全集，小学館，1994，第106、114～116頁。

② 该经于天平八年抄写，题作《菩萨念佛三昧经》，录于《大日本古文书》卷7，第54页。

③ 小島憲之、直木孝次郎、西宮一民、藏中進、毛利正守『日本書紀一』，新編日本古典文学全集，小学館，1994，第58頁。

宫。”该例在梁宝唱等集《经律异相》卷30中亦有辑录。刘宋佛陀什、竺道生等合译《弥沙塞部和醯五分律》卷25：“又语言：‘某处有五百贼，断路一切无敢从中过者。汝可往破，以清其路，可有大功。’即与马车一乘，美女一人，并以金钵，箭五百发。于是弟子乘车载女，执如意弓，带五百发箭，**受敕而**去。”（2）《魏书》卷56《崔辩传》：“巨伦曰：‘宁南死一寸，岂北生一尺也！’便欺贼曰：‘吾**受敕而**行。’贼不信，共爇火观敕。火未然，巨伦手刃贼帅，余人因与奋击，杀伤数十人，贼乃四溃，得马数匹而去。夜阴失道，惟看佛塔户而行。”[①]

“**虽复～何能～**”，纵使……又怎能……呢。“虽复”，表示假使的让步。“复”表强调的助字。《日本书纪》卷2《神代纪下》：“皇孙因而幸之，即一夜而有娠。皇孙未信之曰：‘**虽复**天神，**何能**一夜之间令人有娠乎？汝所怀者，必非我子欤。’”[②]（1）西晋竺法护译《普曜经》卷3：“尔时父王，明旦即起，朝会诸释，以是告之：‘太子必出，舍国学道，当何施计？’诸释答曰：‘当勤将护。所以者何。诸释部党，众多无极。**虽复**力强，**何能**独出？’”（2）《全后周文》卷10庾信《为阎大将军乞致仕表》：“**虽复**廉颇强饭，马援据鞍，求欲报恩，**何能**为役？”按：在《日本书纪》卷2《神代纪下》同一情景中，所使用的句式是“虽复～如何～”：“是后，神吾田鹿苇津姬见皇孙曰：‘妾孕天孙之子，不可私以生也。’皇孙曰：‘**虽复**天神之子，**如何**一夜使人娠乎？抑非吾之儿欤。’”[③]按：“虽复”，表示转折关系，“虽”，承担语法意义，“复”，表示音节成分。

“**欲得为～**”，希望得到某人使之成为……《日本书纪》卷7《景行纪》四年二月条：“四年春二月甲寅朔甲子，天皇幸美浓。左右奏言之：‘兹国有佳人，曰弟媛，容姿端正。八坂入彦皇子之女也。’天皇**欲得为**妃，幸弟媛之家。”[④]吴竺律炎、支谦合译《摩登伽经》卷1：“时此女人，持水还家，诣其母所，而作是言：‘阿难比丘，是佛弟子，我甚爱乐，**欲得为**夫。如母力者，能办斯事，唯愿哀愍。’”元魏慧觉等合译《贤愚经》卷13《苏曼女十子品》：“于时持叉尸利国王，遣其一儿，使到舍卫。初适他土，广行观看，渐渐展转，复至精舍。见苏曼女，在中磨香，爱其姿容，**欲得为**妻。即往入城，启波斯匿王：‘云有此女，可适我意。愿王见赐，勿违我志。’”唐道世撰《法苑珠林》卷38：“妇言：‘近我。’夫则答言：‘人身臭秽，不复可近。汝复**欲得**，**为**我妻者，勤供佛僧，修扫塔寺，愿生我天。若得生天，我必当还以汝为妻。’妇用夫语，作诸功德，发愿生天。其后命终，得生天上，还为夫妇。”

“**未曾得～**”，不曾得到某物；不曾能够做到某事。《日本书纪》卷11《仁德纪》

---

① （北齐）魏收撰《魏书》，中华书局，1974，第1251页。

② 小島憲之、直木孝次郎、西宮一民、蔵中進、毛利正守『日本書紀一』，新編日本古典文学全集，小学館，1994，第120～122頁。

③ 小島憲之、直木孝次郎、西宮一民、蔵中進、毛利正守『日本書紀一』，新編日本古典文学全集，小学館，1994，第142頁。

④ 小島憲之、直木孝次郎、西宮一民、蔵中進、毛利正守『日本書紀一』，新編日本古典文学全集，小学館，1994，第342頁。

四十三年九月条："四十三年秋九月庚子朔，依网屯仓阿弭古，捕异鸟献于天皇曰：'臣每张网捕鸟，**未曾得**是鸟之类。故奇而献之。'"又卷19《钦明纪》十三年十月条："是日，天皇闻已，欢喜踊跃，诏使者云：'朕从昔来，**未曾得**闻如是微妙之法。然朕不自决。'"① (1) 吴支谦译《撰集百缘经》卷10《诸缘品》："佛在舍卫国祇树给孤独园。时彼城中，有一婆罗门，其妇怀妊，足满十月，产一男儿。容貌弊恶，身体臭秽，饮母乳时，能使乳坏。若雇余者，亦皆败坏。唯以酥蜜，涂指令舐，得济躯命。因为立字，号梨军支。年渐长大，遂复薄福，求索饮食，**未曾得**饱。"东晋竺昙无兰译《泥犁经》卷1："或有十岁未曾见水者，或时百岁**未曾得**水者，或遥见流水，正清欲行，趣饮食水空竭。"唐义净译《金光明最胜王经》卷6《四天王护国品》："尔时四天王，闻是颂已，欢喜踊跃，白佛言：'世尊，我从昔来，**未曾得**闻，如是甚深，微妙之法。" (2)《世说新语·任诞第23》："罗友作荆州从事，桓宣武为王车骑集别，友进，坐良久，辞出，宣武曰：'卿向欲咨事，何以便去。'答曰：'友闻白羊肉美，一生**未曾得**吃，故冒求前耳，无事可咨。今已饱，不复须驻。'了无惭色。"②

"**依敕而～**"，按照告诫的去做某事。《日本书纪》卷13《允恭纪》十一年三月条："室屋连**依敕而**奏可。则科诸国造等，为衣通郎姬定藤原部。"③ 萧齐僧伽跋陀罗译《善见律毘婆沙》卷8："罪比丘受教已，**依敕而**去，逢见物主，将至律师所。律师即问物主比丘：'长老，此是汝衣不？'答言：'是。''大德，问何处失？'比丘依事答。"隋阇那崛多译《佛本行集经》卷10《私陀问瑞品》："次有人来，乃至将于，五百白盖，五百金瓶。粟散诸王，送来奉献。并复遣人，咨白我言：'我等皆待，大王教命，**依敕而**行。'"唐道宣撰《广弘明集》卷29："先帝鼎湖之日，顾命殷勤，专令文德以来不许战争。而致幕府受诏之初，**依敕而**行，略设六奇断截而已。"

"**更不可～**"，丝毫不可以……完全不能够……《日本书纪》卷23《舒明纪》即位前纪条："于是大伴鲸连进曰：'既从天皇遗命耳。**更不可**待群言。'"④《日本灵异记》中卷《至诚心奉写〈法华经〉有验示异事缘第6》："诚知示于大乘不思议力，试于愿主至深信心。**更不可**疑也。"又下卷《刑罚贱沙弥乞食以现得顿恶死报缘第33》："沙弥犹辞之，凶人犹强之。不胜强逼，一遍读逃。然后不久，仆地而死。**更不可**疑，护法加罚。"⑤ (1) 姚秦鸠摩罗什译《维摩诘所说经》卷2："文殊师利言：'如是居士，若来已更不来，若去已更不去。所以者何？来者无所从来，去者无所至所，可见者**更不可**

---

① 小島憲之、直木孝次郎、西宫一民、藏中進、毛利正守『日本書紀二』，新編日本古典文学全集，小学館，1996，第60、416頁。

② 徐震堮：《世说新语校笺》，中华书局，1984，第407页。

③ 小島憲之、直木孝次郎、西宫一民、藏中進、毛利正守『日本書紀二』，新編日本古典文学全集，小学館，1996，第122頁。

④ 小島憲之、直木孝次郎、西宫一民、藏中進、毛利正守『日本書紀三』，新編日本古典文学全集，小学館，1998，第20頁。

⑤ 中田祝夫『日本霊異記』，日本古典文学全集，小学館，1975，第161、384頁。

见。'"北凉昙无谶译《大般涅槃经》卷21："世尊，过去已灭，则不可闻；未来未至，亦不可闻；现在听时，则不名闻，闻已声灭，**更不可**闻。"唐窥基撰《说无垢称经疏》卷5《不二法门品》："旧云：'若究竟尽者，**更不可**尽。故有尽者，即是无尽。'"(2)《全唐文》卷260邱悟《陈李昭德罪状疏》："近者新陷来、张两族，兼挫侯、王二仇，锋锐**更不可**当，方寸良难窥测。"① 《太平广记》卷75《潘老人》条："嵩山少林寺，元和中，常因风歇，有一老人杖策扣门求宿。寺人以关门讫，**更不可**开，乃指寺外空室二间，请自止宿。亦无床席，老人即入屋。"②

"因以请～"，因此邀请某人。《日本书纪》卷23《舒明纪》十二年五月条："五月丁酉朔辛丑，大设斋，**因以请**惠隐僧，令说《无量寿经》。"③ 失译人名今附西晋录《长寿王经》④ 卷1："大臣因呼长生，见之问言：'卿颇能作饮食不耶？'对曰：'能作。'使作饮食甚甘美，**因以请**王。"

"急行到～"，快速步行到某处。《日本书纪》卷28《天武纪上》元年六月条："将及横河有黑云，广十余丈经天。时天皇异之，则举烛亲秉式占曰：'天下两分之祥也。然朕遂得天下欤。'即**急行到**伊贺郡，焚伊贺驿家。"⑤ 杜顺说《华严五教止观》卷1《终南山杜顺禅师缘起》："信此老人语，即回，须臾到西京。其日薄晚甚怪，便且过诸善知识家，皆是不错逡巡。间鼓声动，即拟趁南门出。早被闭了，甚怅望不得出城。遂却善知识家。寄宿之上鼓动，即出城**急行到**山。其和上昨夜早已灭度讫。其人甚怨恨，不得见和上别，极悲哽果。如五台老人言，方知是文殊菩萨。"

以上，本章以佛典双音词、三字格、四字格和句式为线索，就汉文佛经文体对《日本书纪》叙述语言的影响进行了广泛的求证。结果表明，无论是α群，还是β群，都深深地受到了佛典表达的浸染。仅从佛典表达在《日本书纪》各卷的分布来看，α、β两群所受影响可以说是相对均衡的。但在佛典双音词和四字格表达的摄受方面，α群甚至有过之而无不及。迄今为止，国内外学术界在讨论《日本书纪》"书录者三分说"时，由于并未正面涉及汉文佛经文体影响的话题，所以讨论有失之偏颇的嫌疑。从规范的古汉语表达来看，佛典表达与自创表达一样，均属于变体表达。α群的出现不亚于β群数量的佛典表达，即便从中国正史传统的叙述语言的角度来看，也不得不承认这是一种特殊的文体。我们期待，本章从《日本书纪》各卷析出的双音词、三字格、四字格和句式，能作为佛典表达的新材料，在当下和未来的《日本书纪》编纂论的研究领域，引起相关专家、学者的极大兴趣和高度重视。

---

① （清）董诰等编《全唐文·附唐文拾遗唐文续拾》，中华书局，1983，第2639页。

② （宋）李昉等编《太平广记》，中华书局，1961，第470页。

③ 小島憲之、直木孝次郎、西宮一民、藏中進、毛利正守『日本書紀三』，新編日本古典文学全集，小学館，1998，第50頁。

④ 该经于天平五年抄写，录于《大日本古文书》卷7，第16页。

⑤ 小島憲之、直木孝次郎、西宮一民、藏中進、毛利正守『日本書紀三』，新編日本古典文学全集，小学館，1998，第312頁。

第三章　所引文献的佛典文体

当初日本第一部官修正史《日本书纪》在编纂时，以双行夹注的形式，引用了可资参考的诸多先行文献。这些夹注或冠以“别本”“或本”“一本”“一云”的名称；或以人名出注，譬如《伊吉连博德书》；或以国名出注，譬如《百济记》《百济新撰》《百济本纪》等。这些夹注或补正史之阙，或纠野史之误，因而显得弥足珍贵，历来受到学术界的关注。关于双行夹注的先行研究，学术界已经有了相当丰厚的积累。[①] 但多半各取所需，鲜有综合论及双行注文体与汉文佛经关系论。和田英松就曾从《日本书纪》编纂论的角度，将《日本书纪》夹注中的“一书云”“一书曰”“一云”“或本云”等九种引用资料的形式按卷分类，结果得出一种直观的印象：“或许各卷的书录者不同，各种资料的叫法也比较随意。”[②] 尽管结论尚欠缜密，该说却也为后来划分《日本书纪》各卷不同书录者的学说提供了一定的参考。本章拟以《日本书纪》的双行夹注为纬度，采用实证研究的方法，从各种双行注中析出源自汉文佛经的词语和句式，借以证明佛典表达对双行夹注文体的影响，揭示汉文佛经文体对上古文学文体影响的全面性与深广度。

第一节　文中注释与佛典表达

关于文中注释与佛典表达这一问题，以下从双行注的注释功能、双行注的多种形式两个方面加以阐述。前者旨在通过具体的案例，弄清双行注中的佛典表达所发挥的不同功能，后者意在捕捉隐匿于各种双行注中的佛典表达及其类型。

---

① 金光スズ子「日本書紀『一云』の資料的性格—古事記との近似例を中心として」，『国学院大学大学院紀要文学研究科』22，1991；明石一紀「『日本書紀』『一書』とは何か」，『歴史読本』44－4，1999；毛利正守「日本書紀訓注のありようとその意義」，『人文研究　大阪市立大学大学院文学研究科紀要』57，2006。

② 和田英松『本朝书籍目録考証』，明治書院，1936。

一　夹注的注释功能

从注释的功能来看，《日本书纪》等上古文献中的双行夹注通常起到四个方面的作用，即训释词语、交代文脉、勘正谬误和保留异议。

（一）训释词语

所谓训释词语，指采用小学的方法为文字注音或解释某一名号的来源。

“并训～也”，……都读作……。《日本书纪》卷1《神代上》：“（双行注）至贵曰尊，自余曰命。**并训**美举等**也**。下皆仿此[①]。”[②] 例言“尊”和“尊”都读作“ミコト”。此处“并训～也”的句式，与唐慧琳撰《一切经音义》中的格式相同。卷18：“号訽：上号高反。《尔雅》：号，鸣也。《考声》：大哭也。痛声也。《说文》：大呼也。从虎，号声。经作号，谬也。下吼遘反。杜注《左传》云：訽，骂也。或误为吼，响、吽、拘，四字亦通。皆上声字，音呼苟反。按：诸字书**并训**为号鸣**也**。”慧琳罗列完各辞书相关的读音和释义后，指出工具书将“号訽”解作“号鸣”的事实。

“香菓”，芬芳的水果；橘子。《日本书纪》卷6《垂仁纪》九十年二月条：“九十年春二月庚子朔，天皇命田道间守遣常世国，令求非时**香菓**，（双行注）**香菓**，此云个俱能未。今谓桔是也。”又九十九年三月条：“明年春三月辛未朔壬午，田道间守至自常世国。则赍物也，非时**香菓**八竿八缦焉。”[③] 唐输波迦罗译《苏悉地羯罗经》卷1《涂香药品》：“若欲成就，大悉地者，用前汁香，及以**香菓**；若中悉地，用坚木香，及以香花；若下悉地，根皮花菓，用为涂香，而供养之。”又卷1《供养花品》：“甘松香根、卷柏牛膝根，及诸香药根**香菓**等，亦通供养。”唐法藏述《华严经探玄记》卷14《十地品》：“谓药能除病，名增损对治。**香菓**[④]资身，名长养事。”按：《汉语大词典》失收。

“慈氏”，即弥勒菩萨。《日本灵异记》下卷《未作毕捻埴像生呻音示奇表缘第17》：“其里有一道场，号曰弥气山室堂。其村人等造私之堂，故以为字。（双行注）法名曰**慈氏**禅定堂者。”[⑤] 例言道场的正式法号叫“慈氏禅定堂”。吴支谦译《大明度经》卷4《不可计品》：“若于兜术天上从**慈氏**闿士问慧，今欲求是法不懈，持是功德，复还

---

① 《初学记》卷11《职官部上》：“按：隋初改中书省为内侍省，隋末改为内书监，唐初又改为内史省，龙朔二年改为西台。光宅初改为凤阁，开元初改为紫微。其侍郎各因台阁改易为名。（若凤阁则名凤阁侍郎，其舍人以**下皆仿此**。）”《通典》卷134《礼》：“使者至受劳问者第大门外，掌次者延入次。使者及受劳问者皆公服。赞礼者（中宫则内典引，**下皆仿此**。）引使者出次，立于门西，东向；史二人（中宫则内给使二人。）奉制书案（中宫及皇太子云‘令案’，下准此。）立于使者之南，差退。”

② 小島憲之、直木孝次郎、西宮一民、蔵中進、毛利正守『日本書紀一』，新編日本古典文学全集，小学館，1994，第18頁。

③ 小島憲之、直木孝次郎、西宮一民、蔵中進、毛利正守『日本書紀一』，新編日本古典文学全集，小学館，1994，第334、336頁。

④ “菓”，圣本、甲本中作“果”。

⑤ 中田祝夫『日本霊異記』，日本古典文学全集，小学館，1975，第303～304頁。

得是经。”北凉昙无谶译《大般涅槃经》卷24《光明遍照高贵德王菩萨品》：“善男子，**慈氏**菩萨以誓愿故，当来之世，令此世界，清净庄严。”按：“慈氏”，以慈悲亲近人之意，故名。梵语 maitreya 的译名，字“阿逸多”，意译“无能胜”。是继承释尊佛位的补处菩萨。据称比释尊早入灭，重生于兜率天内院，为天人说法。

“**故以为字**”，因此以它作为与本名相关的另一个名字。《日本灵异记》中卷《贷用寺息利酒不偿死作牛役之偿债缘第32》：“（双行注）字号盐春也。是人存时，不中矢，猪念我当射，春盐往荷见之无猪。但矢立于地。里人见咲，号曰盐春。**故以为字**也。”[①]例言物部麻吕还有一个名字叫盐春。一次，他用弓箭射杀野猪，自以为射中了。于是带上腌制野猪的食盐，打算将野猪挑回来。不料，现场根本就没有什么野猪，只有他射出的箭插在泥土里。屯里的人见状大笑，就叫他盐春。例中“故以为字”的说法，散见于佛教经文的注释之中。唐窥基撰《阿弥陀经疏》卷1：“摩诃劫宾那者，此云房宿。相传云：以其初入道门，在僧房宿。佛知道根将熟，即自化为老比丘，与之共宿。因为说法，而悟圣道，故名房宿。亦名房星，因祷房星而生，**故以为字**。”摩诃劫宾那，译成中文叫房宿。据说，他初入佛门的时候住在僧房。佛陀知道他不久将开悟，便化身为一老比丘与之住在一起。佛陀为之说法，他很快就悟得圣道。摩诃劫宾那还有一个名字，叫房星，他的父母祈祷房星才生下了他。所以这是他的另一个名字。值得注意的是，“故以为字”的说法在《阿弥陀经疏》一类的注释典籍中能找到先例，说明它既具有来自注释典籍又活用于注释的特点。

“**故云尔也**”，所以才这样说的。《日本书纪》卷20《钦明纪》十二年是岁条：“时日罗身光有如火焰，由是德尔等恐而不杀。遂于十二月晦，候失光，杀。日罗更苏生曰：‘此是我驱使奴等所为，非新罗也。’（双行注）属是时，有新罗使。**故云尔也**。”[②]后秦僧肇撰《注维摩诘经》卷5：“‘得是平等，无有余病，唯有空病’：生曰：‘亦以言迹除之也，义以粗妙。**故云尔也**。’”又卷9：“肇曰：‘欲言此岸，寂同涅槃。欲言彼岸，生死是安。又非中流而教化众生，此盖道之极也。此岸生死，彼岸涅槃，中流贤圣也。’生曰：‘夫化众生，使其断结，离生死至泥洹耳。而向言无三，似若不复化之。**故云尔也**。’”唐澄观述《大方广佛华严经随疏演义钞》卷15：“言终气绝，须臾复苏。真问：‘何所见耶？’干曰：‘见大水遍满，华如车轮，而坐其上。所愿足矣。’言绝而逝。**故云尔也**。”唐宗密述《大方广圆觉修多罗了义经略疏》卷1：“‘得无所离，即除诸幻’：梦中见梦，转转觉于前非，直到寤时，所见方实。**故云尔也**。”唐元康作《肇论疏》卷3：“‘位体第三’：《尚书》云：‘位，次也。’如阶品次，高下不同。今明涅槃，体相次第。**故云尔也**。”按：“故云尔也”，系《日本书纪》的书录者从佛典注释中

---

① 中田祝夫『日本霊異記』，日本古典文学全集，小学館，1975，第231頁。

② 小島憲之、直木孝次郎、西宮一民、蔵中進、毛利正守『日本書紀二』，新編日本古典文学全集，小学館，1996，第484～486頁。

学习到的表述方法。

（二）交代文脉

所谓交代文脉，指就正文内容做补充性的说明，明确文章上下的语境。

“**软于～**”，比……柔软。《古语拾遗》：“（双行注）所贡绢绵，**软于**肌肤。故训秦字谓之波陀。仍以秦氏所贡绢，缠祭神剑首，今俗犹然。所谓秦机织之缘也。”① 此处双行注是关于丝绵的说明。“软于～”的说法，始见于汉文佛经，后世传入中土文献。（1）元魏瞿昙般若流支译《正法念处经》卷11《地狱品》：“彼人身业口业意业，恶不善行，身坏命终，堕于恶处。在大焦热大地狱中，受大苦恼。一由旬身，身极柔软，软于生酥。如是眼软，更**软于**身。如是五根，皆悉坏软。”（2）《唐摭言》卷10：“腻若凝脂，**软于**无骨。”白居易《杂曲歌辞·杨柳枝》：“一树春风万万枝，嫩于金色**软于**丝。永丰西角荒园里，尽日无人属阿谁。”

“**发誓愿**”，许下誓言，起誓发愿。《日本灵异记》中卷《观音铜像及鹭形示奇表缘第17》：“大倭国平群郡鵤村冈本尼寺，观音铜像有十二体。（双行注）昔少垦田宫御宇天皇世，上宫皇太子所准宫也。太子**发誓愿**以宫成尼寺者也。”② 此处双行注中的“发誓愿”，是动宾词组，其用法仅限于汉文佛经。“誓愿”，讲求心诚。心越诚，则愈灵验。吴支谦译《撰集百缘经》卷1《菩萨授记品》：“时二梵志，在大众前，各**发誓愿**，信富兰那者。寻取香花，并及净水，在大众前，**发**大**誓愿**：‘若我所奉，富兰那等，有神力者，令此香花，并及净水，于虚空中，至我师所，令知我心，来赴此会。若无神力，使此香花，及以净水，住而不去。’作是誓已，寻散香花，并及净水，皆住不去，即便堕地。”

“**出家归佛**”，到寺庙去做僧尼，皈依我佛。《续日本纪》卷9《元正纪》神龟元年二月条：“（双行注）谨案胜宝八岁敕曰：‘太上天皇，**出家归佛**，更不奉谥。至宝字二年，敕追上此号谥。’”③ “新编大系本”认为，此双行注可能是编撰该书时的加注。又卷18《孝谦纪》：“（双行注）**出家归佛**，更不奉谥。因取宝字二年百官所上尊号称之。”④ 两例双行注的“出家归佛”，亦见于《续日本纪》卷19《孝谦纪》天平胜宝八年五月条：“是日，敕曰：‘太上天皇，**出家归佛**，更不奉谥。所司宜知。’”⑤ 较早的《藤氏家传》上卷《镰足传》：“加以，**出家归佛**，必有法具。故赐纯金香炉。持此香炉，如汝誓愿，从观音菩萨之后，到兜率陀天之上，日日夜夜，听弥勒之妙说，朝朝暮

① 西宫一民『古語拾遺』，岩波文庫，1985，第137頁。

② 中田祝夫『日本靈異記』，日本古典文学全集，小学館，1975，第194頁。

③ 青木和夫、稲岡耕二、笹山晴生、白藤礼幸『続日本紀二』，新日本古典文学大系，岩波書店，1990，第138頁。

④ 青木和夫、稲岡耕二、笹山晴生、白藤礼幸『続日本紀三』，新日本古典文学大系，岩波書店，1992，第100頁。

⑤ 青木和夫、稲岡耕二、笹山晴生、白藤礼幸『続日本紀三』，新日本古典文学大系，岩波書店，1992，第160頁。

暮，转真如之法轮。”[①] 隋阇那崛多等译《大法炬陀罗尼经》卷4《相好品》：“复次摩那婆，若有菩萨，发心修行，舍家**出家**，**归佛**世尊，正值如来，始坐道场，将成等觉。即往佛所，顶礼尊足，立住一面。”

（三）勘正谬误

所谓勘正谬误，指书录者就正文的谬误提出修改意见或表明对正确之处的肯定。

“其实一也”，实际是相同的，两者没有本质的不同。《日本书纪》卷15《仁贤纪》元年二月条：“（双行注）一本云：‘和珥臣日触女大糠娘，生一女，是为山田大娘皇女，更名赤见皇女。’文虽稍异，**其实一也**。”[②] （1）唐慧琳撰《一切经音义》卷1：“寻香城：古译名‘乾闼婆城’。唐梵虽殊，**其实一也**。”又卷2：“制多：古译。或云‘制底’，或云‘支提’。皆梵语声转耳。**其实一也**。此译为‘庙’，即寺宇、伽蓝、塔庙等是也。”（2）《文选》卷16潘岳《闲居赋》：“其东则有明堂辟雍，清穆敞闲。(《三辅黄图》，大司徒宫奏曰：明堂、辟雍，**其实一也**。）环林萦映，圆海回渊。”[③] 按：该说法在传世文籍之中早已出现。《春秋繁露》卷12《阴阳义》：“天之太阴，不用于物而用于空。空亦为丧，丧亦为空，**其实一也**，皆丧死亡之心也。”[④] 《盐铁论》卷1《力耕》：“文学曰：古者，商通物而不豫，工致牢而不伪。故君子耕稼田鱼，其实一也。”[⑤] 但在后世，“其实一也”则多用于注释性典籍，用以表示两者别无二致的比较结果。该说法出现在《仁贤纪》的双行夹注当中，恰好证明了其语义和语用的特征。

“前后失次”，前后次序错乱。不知道做事的程序。《日本书纪》卷19《钦明纪》二年三月条：“（双行注）帝王本纪，多有古字，撰集之人屡经迁易。后人习读，以意刊改。传写既多，遂致舛杂，**前后失次**，兄弟参差。”[⑥] 刘宋求那跋陀罗译《杂阿含经》卷39：“时有年少比丘，出家未久，不闲法律。当乞食时，不知先后次第。余比丘见已，而告之言：‘汝是年少，出家未久，未知法律。莫越莫重！**前后失次**，而行乞食，长夜当得，不饶益苦。’”后晋可洪撰《新集藏经音义随函录·大藏经音随函录后序》：“或有单收一字，不显经名，首尾交加，**前后失次**。”按：“新编全集本”指出：“钦明天皇皇统系谱，其异传之多，令人惊叹。《日本书纪》的作者原封不动地引用《汉书》叙例，对此情况加以叙述。”

（四）保留异议

指注释者虽然指出正文某一说法不正确，但最终以“未详”的形式保留自己的

---

① 冲森卓也、佐藤信、矢島泉『藤氏家伝　鎌足貞慧武智麻呂伝注釈と研究』，吉川弘文館，1999，第243頁。

② 小島憲之、直木孝次郎、西宮一民、藏中進、毛利正守『日本書紀二』，新編日本古典文学全集，小学館，1996，第258頁。

③ （梁）萧统编，（唐）李善注《文选》，中华书局，1977，第226页。

④ 苏舆撰，钟哲点校《春秋繁露义证》，中华书局，1992，第342页。

⑤ 王利器校注《盐铁论校注》，中华书局，1992，第28页。

⑥ 小島憲之、直木孝次郎、西宮一民、藏中進、毛利正守『日本書紀二』，新編日本古典文学全集，小学館，1996，第366頁。

疑问。

“**语讹不正**”，说法（读法）出现不正确的讹误。《日本书纪》卷19《钦明纪》五年二月条：“（《百济本记》）津守连已麻奴跪，而**语讹不正**。未详。”① 唐慧琳撰《一切经音义》卷29：“婆罗门：梵**语讹不正**也。或曰‘婆罗贺摩’，亦讹也。正梵音云‘没啰憾摩’，唐云‘净行’，或云‘梵行’。”

“**未详所出（也）**”，（这一说法）不知出自何处，不知有何依据。《日本书纪》卷20《钦明纪》六年五月条：“（双行注）王人奉命为使三韩，自称为宰。言宰于韩，盖古之典乎。如今言使也。余皆效此。大别王，**未详所出也**。”② （1）梁僧佑撰《出三藏记集》卷11：“事事如之，无他异也：授戒立三尼师一持律比丘僧，授戒场四住屋。下此言十僧后授，不委曲，与授文反。**未详所出也**。”唐慧琳撰《一切经音义》卷2：“或攫：归籰反，又音归碧反，亦通。《淮南子》曰：鸟窮则搏，兽窮则攫。《苍颉篇》：攫，搏也。《说文》：扟也。从手，矍声。经文作𠢸，音同。字书并无𠢸字，**未详所出也**。”又卷22：“躭味：躭，都含反。案《玉篇》、《字林》等，嗜色为媅，嗜酒为躭，耳垂为躭。《声类》：媅字作妉。今经本作躭字，时俗共行，**未详所出也**。”又卷52：“恤民：又作卹，同须律反。《尔雅》：恤，忧也。亦收也。谓以财物与人曰赈恤之也。经中作恤，**未详所出也**。”（2）《史记》卷87《李斯传》：“迎蹇叔于宋，（索隐《秦纪》又云：‘百里奚谓穆公曰：‘臣不如臣友蹇叔，蹇叔贤而代莫知。’穆公厚币迎之，以为上大夫。’今云‘于宋’，**未详所出**。）来丕豹、公孙支于晋。”③《通典》卷44《礼4》：“今按凫鹥诗每云尸，据传天子诸侯祭社稷尸也。今祀灵星言公尸，**未详所出**。”④ 按：佛典中作“未详所出也”，传世文献中作“未详所出”，《钦明纪》与前者同。

二　夹注的多种形式

《日本书纪》的双行夹注有如下三类：一是“别本”“或本”“一本”“一云”；二是《伊吉连博德书》、道显《日本书纪》；三是《百济记》《百济新撰》《百济本纪》。以下，除《日本书纪》外，逐一从中析出与汉文佛经文体风格相近的佛典表达。

（一）“别本”

指别的版本，其他系统的传本。《日本书纪》中共有两例，在卷14《雄略纪》。

“**啮死**”，咬死。①用于“别本”。《日本书纪》卷14《雄略纪》九年七月条：“十年秋九月乙酉朔戊子，身狭村主青等将吴所献二鹅，到于筑紫。是鹅为水间君犬所**啮**

① 小島憲之、直木孝次郎、西宫一民、蔵中進、毛利正守『日本書紀二』，新編日本古典文学全集，小学館，1996，第380頁。

② 小島憲之、直木孝次郎、西宫一民、蔵中進、毛利正守『日本書紀二』，新編日本古典文学全集，小学館，1996，第426頁。

③ （汉）司马迁《史记》，中华书局，1959，第2542页。

④ （唐）杜佑撰《通典》，中华书局，1988，第1240页。

死。（别本）是鹅为筑紫岭县主泥麻吕犬所**啮死**。”②用于正文。又九年十月条：“冬十月，鸟官之禽为菟田人狗所**啮死**。天皇瞋，鲸面而为鸟养部。”① 唐慧琳撰《一切经音义》卷 37《来啮》条：“经文从口，作**啮**。俗字也。”（1）刘宋佛陀什、竺道生等合译《弥沙塞部和醯五分律》卷 9：“诸长老比丘种种呵责：‘汝等云何见蛇再三出，犹故不避，致令**啮死**？’”唐道宣撰《续高僧传》卷 17：“不久谋罔，一人暴死，二为猘狗**啮死**。蜂相所征，于是验矣。”（2）《太平广记》卷 455《沧渚民》条：“晋天福甲辰岁，公安县沧渚村民辛家，犬逐一妇人，登木而坠，为犬**啮死**。乃小狐也。”② 按：《汉语大词典》失收。“啮死”，后补式双音词，最早出现在佛典。

（二）“一本”

指一个版本或某一版本。《日本书纪》中共有 28 例，其中，“一本”4 例，“一本云”24 例。

“**驱却**”，驱逐使之退却，撵退，赶走。《日本书纪》卷 19《钦明纪》二十三年八月条：“（一本云）十一年，大伴狭手彦连共百济国，**驱却**高丽王阳香于比津留都。”③（1）姚秦佛陀耶舍、竺佛念等合译《四分律》卷 33：“时摩竭国人皆作是念：‘是谁威神化作此婆罗门形，手执金杖金澡瓶金柄扇，身在空中去地四指，在如来前引导**驱却**众人？’”后秦弗若多罗、罗什合译《十诵律》卷 18：“使者白王：‘我已扫除，衹洹净洁。唯有一人，著弊故衣，近佛坐听法。我等敬难佛故，不敢**驱却**。’”唐义净译《根本说一切有部毘奈耶杂事》卷 24：“不应事不观，不善合**驱却**。惊怖不欢舍，渴忆难思忧。”（2）孟郊《答友人赠炭》：“青山白屋有仁人，赠炭价重双乌银。**驱却**坐上千重寒，烧出炉中一片春。”按：《汉语大词典》失收。“驱却”，后补式双音词，多出现在佛典戒律条文之中。

（三）“或本”

指一个版本或多个版本中的一个。《日本书纪》编纂时就已经存在，文例多达 60 例。

“**船师**”，船夫，船长；水兵，水夫。“师”，指从事某一职业的人。《日本书纪》卷 26《齐明纪》四年十一月条：“（或本）有间皇子曰：‘先燔宫室，以五百人一日两夜邀牟娄津，疾以**船师**断淡路国，使如牢圄，其事易成。’”又六年九月条：“（或本）今年七月十日，大唐苏定方率**船师**，军于尾资之津。”④ 后汉支娄迦谶译《佛说伅真陀罗所问如来三昧经》卷 3：“若**船师**无所不度，佛者是即尊。烧三毒坏绝众冥，一切愚暗，

① 小島憲之、直木孝次郎、西宮一民、蔵中進、毛利正守『日本書紀二』，新編日本古典文学全集，小学館，1996，第 188、190 頁。

② （宋）李昉等编《太平广记》，中华书局，1961，第 3718 页。

③ 小島憲之、直木孝次郎、西宮一民、蔵中進、毛利正守『日本書紀二』，新編日本古典文学全集，小学館，1996，第 454 頁。

④ 小島憲之、直木孝次郎、西宮一民、蔵中進、毛利正守『日本書紀三』，新編日本古典文学全集，小学館，1998，第 218、234 頁。

皆蒙其恩，莫不来供。今自归寂，诸恶已尽。”吴支谦译《撰集百缘经》卷3《授记辟支佛品》：“佛在摩竭提国，将诸比丘，渐次游行，到恒河侧。时有**船师**，住在河边。佛告**船师**：‘汝今为我，渡诸众僧。’**船师**答曰：‘与我价直，然后当渡。’”隋阇那崛多译《佛本行集经》卷21《王使往还品》：“圣子父王，今以没溺，大深苦河。无人能拔，出于智岸。唯有圣子，能作救护，堪拔彼苦。犹如堕于，最极深水，唯大**船师**，乃能拔出。”按：后缀词“师”，指与佛教相关的专业人士。在上古文学作品中，由“师”构成的双音词或多音词有“导师”“人师”“读师”“书写师”；“禅师”“大律师”“法师”“佛师”“华严讲师”“讲师”“经师”“律师”“尼师”“受戒师”“呪禁师”等。“船师”，与“柁师”义近。船上掌舵的人，舵手。《日本书纪》卷20《敏达纪》十二年是岁条：“于是，百济国主怖畏天朝不敢违敕，奉遣以日罗、恩率、德尔、余怒、奇奴知、参官、**柁师**德率次干德、水手等若干人。”[①]《万叶集》卷16第3860～3869首歌注：“右以神龟年中，大宰府差筑前国宗像郡之百姓宗形部津麻吕，宛对马送粮舶舵**柁师**也。”[②]《续日本纪》卷24《淳仁纪》天平宝字七年十月条：“海中遭风，所向迷方。**柁师**、水手为波所没。”[③] 唐义净译《根本说一切有部毘奈耶》卷47：“于时，**柁师**将欲举帆，普告商人曰：‘大海之中，厄难非一：或猛风卒起，漂泊山隅；或鲸鳞锯牙，穿舶沉没。君等不应，于急难时，无所凭据，宜将浮物，各自防身。’时诸商人，闻斯告已，共相谓曰：‘大海安危，难可预识。我等宜应，随**柁师**语，各求浮物，以自防身。’”

“卧病于～”，病倒在某处，在某处患病不起。在上古文献当中，“卧病”共有12例。与中土文献一样，它使用时通常不带表处所的介词“于”。①用于正文。《日本书纪》卷7《景行纪》五十五年二月条：“五十五年春二月戊子朔壬辰，以彦狭岛王拜东山道十五国都督，是丰城命之孙也。然到春日穴咋邑，**卧病**而薨之。”[④]《日本灵异记》中卷《依汉神崇杀牛而祭又修放生善以现得善恶报缘第5》：“故自**卧病**年已来，每月不阙，六节受斋戒，修放生业，见他杀含生之类，不论而赎。又遣八方，访买生物而放。”[⑤]《续日本纪》卷24《淳仁纪》天平宝字六年十月条：“我大使从五位下高丽朝臣大山，去日船上**卧病**，到佐利翼津卒。”[⑥] ②用于“或本”。《日本书纪》卷25《孝德纪》白雉四年五月条：“（或本）于五年七月云：僧旻法师**卧病于**阿昙寺。于是天皇幸

① 小島憲之、直木孝次郎、西宮一民、藏中進、毛利正守『日本書紀二』，新編日本古典文学全集，小学館，1996，第480頁。

② 小島憲之、木下正俊、東野治之『万葉集四』，日本古典文学全集，小学館，1996，第130頁。

③ 青木和夫、稲岡耕二、笹山晴生、白藤礼幸『続日本紀三』，新日本古典文学大系，岩波書店，1992，第440頁。

④ 小島憲之、直木孝次郎、西宮一民、藏中進、毛利正守『日本書紀一』，新編日本古典文学全集，小学館，1994，第390頁。

⑤ 中田祝夫『日本霊異記』，日本古典文学全集，小学館，1975，第159頁。

⑥ 青木和夫、稲岡耕二、笹山晴生、白藤礼幸『続日本紀三』，新日本古典文学大系，岩波書店，1992，第414頁。

而问之，仍执其手曰：'若法师今日亡者，朕从明日亡。'"[①] 在先行文献当中，带"于"的用法仅见于汉文佛经。唐善导集记《转经行道愿往生净土法事赞》卷2："愿往生愿往生，上方诸佛如恒沙，还舒舌相为娑婆。十恶逆五多疑谤，信邪事鬼馁神魔，妄想求恩谓有福，灾障祸横转弥多，连年**卧病于**床枕，聋盲脚折手挛橛。承事神明得此报，如何不舍念弥陀。"由此可以断定，"卧病于～"的说法源自汉文佛经的赞颂文体。

"**种种兵器**"，各种各样的武器。①用于"或本"。《日本书纪》卷25《孝德纪》大化元年九月条："（或本）从六月至九月，遣使者于四方国，集**种种兵器**。"②用于正文。又卷28《天武纪上》元年七月条："先是军金纲井之时，高市郡大领高市县主许梅儵忽口闭，而不能言也。三日之后，方著神以言：'吾者高市社所居名事代主神。又身狭社所居名生灵神者也。'乃显之曰：'于神日本盘余彦天皇之陵奉马及**种种兵器**。'"[②] 姚秦鸠摩罗什译《佛说华手经》卷2："凡夫于此，无所有法，生渴爱心。是法散坏，便生忧恼。是人深著，失所著故，转增痴惑，重起黑业。若以瓦石，杖楚刀矟，**种种兵器**，共相加害。"唐义净译《根本说一切有部毘奈耶》卷37："云何二俱？若苾刍手执刀杖，打击前人，及余**种种**，**兵器**之类，乃至帚莛树叶，随所著处，皆得堕罪。是谓二俱。"按："种种～"，总括句，具有代表性的佛典句式之一。[③]

（四）"一云"

谓有一种说法，还有一种说法。《日本书纪》中多达61例。与上面出现的"别本""一本""或本"不同的是，"一云"不仅用于文中双行夹注，还出现在正文之中。

第一，"一云"中疑似出自汉文佛经的双音节名词有："～个（物）""本土""己妇""刀子"。它们均出现在β群。

"**～个（物）**"……个（东西）。《日本书纪》卷6《垂仁纪》三十九年十月条："（一云）是时，楯部、倭文部、神弓削部、神矢作部、大穴矶部、泊橿部、玉作部、神刑部、日置部、大刀佩部，并十**个**品部赐五十琼敷皇子。"[④] 按："～**个**"是具有俗语性质的说法，富于口语色彩。

"**己妇**"，自己的女人，自己的老婆。①用于"一云"。《日本书纪》卷6《垂仁纪》二年是岁条："（一云）于是阿罗斯等大欢之欲合。然阿罗斯等去他处之间，童女忽失也。阿罗斯等大惊之，问**己妇**曰：'童女何处去矣？'对曰：'向东方。'"[⑤] ②用于正文。

① 小島憲之、直木孝次郎、西宮一民、藏中進、毛利正守『日本書紀三』，新編日本古典文学全集，小学館，1998，第192頁。

② 小島憲之、直木孝次郎、西宮一民、藏中進、毛利正守『日本書紀三』，新編日本古典文学全集，小学館，1998，第124、340頁。

③ 第五编第一章。

④ 小島憲之、直木孝次郎、西宮一民、藏中進、毛利正守『日本書紀一』，新編日本古典文学全集，小学館，1994，第328頁。

⑤ 小島憲之、直木孝次郎、西宮一民、藏中進、毛利正守『日本書紀一』，新編日本古典文学全集，小学館，1994，第304頁。

又卷25《孝德记》大化二年三月条："复有屡嫌己妇奸他，好向官司请决。假使得明三证，而俱显陈，然后可咨。讵生浪诉？"[①]（1）西晋安法钦译《阿育王传》卷6："摩突罗国，有一长者。子新取妇，竟辞其父母，向尊者所，求哀出家。尊者即时，度使出家，教受禅法。及其坐禅，心念己妇，颜貌端正。"隋阇那崛多译《佛本行集经》卷47《跋陀罗夫妇因缘品》："尔时，长者便生瞋恨，即唤己妇，令解衣服，及诸璎珞。复告言曰：'我既遣汝，捡挍家资。乃有沙门，婆罗门者，诣家乞食，而汝不与？'"（2）《广异记·仇嘉福》条："嘉福出堂后幕中，闻幕外有痛楚声。抉幕，见己妇悬头在庭树上，审其必死，心色俱坏。"

"**刀子**"，小刀，匕首。《日本书纪》卷6《垂仁纪》三年三月条："（一云）仍贡献物，叶细珠、足高珠、鹈鹿鹿赤石珠、出石刀子、出石枪、日镜、熊神篱、胆狭浅大刀，并八物。"[②]（1）东晋佛陀跋陀罗、法显合译《摩诃僧祇律》卷3："随物者，三衣尼师檀覆疮衣雨浴衣，钵大揵镃小揵镃钵囊，络囊漉水囊二种腰带，刀子铜匙钵支针筒，军持澡罐盛油支瓶，锡杖革屣伞盖扇，及余种种所应畜物，是名随物。"姚秦鸠摩罗什译《梵网经》卷2："若佛子常应二时头陀，冬夏坐禅，结夏安居。常用杨枝、澡豆、三衣、瓶、钵、坐具、锡杖、香炉、漉水囊、手巾、刀子、火燧、镊子、绳床、经、律、佛像、菩萨形像。而菩萨行头陀时，及游方时，行来百里千里。此十八种物，常随其身。"隋阇那崛多等合译《起世经》卷2《地狱品》："复次诸比丘，活大地狱，所有众生，生者有者，乃至住者，手指复生，纯铁刀子、半铁刀子，极长纤利。各各相看，心意浊乱，既浊乱已，乃至各各，劚裂擘割，破截而死。冷风来吹，须臾还活。"（2）《宋书》卷48《朱龄石传》："龄石少好武事，颇轻佻，不治崖检。舅淮南蒋氏，人才儜劣，龄石使舅卧于听事一头，剪纸方一寸，帖著舅枕，自以刀子悬掷之，相去八九尺，百掷百中。"[③]《南齐书》卷30《戴僧静传》："僧静于都载锦出，为欧阳戍所得，系兖州狱，太祖遣薛渊饷僧静酒食，以刀子置鱼腹中。僧静与狱吏饮酒，既醉，以刀刻械，手自折锁发屋而出。"[④] 按：名词后缀"子"的用法源自先秦，但广泛运用则是在魏晋南北朝。汉文佛经中"子"的用法也十分活跃。[⑤]

第二，"一云"中疑似出自汉文佛经的双音节动词有"寻迹""究见""历视""速诣""现授""谩语""将来""唤令"，它们都在β群。

"**寻迹**"，寻找踪迹，寻访。《日本书纪》卷6《垂仁纪》二年是岁条："（一云）初都怒我阿罗斯等有国之时，黄牛负田器，将往田舍。黄牛忽失。则寻迹觅之，迹留一郡

① 小島憲之、直木孝次郎、西宫一民、蔵中進、毛利正守『日本書紀三』，新編日本古典文学全集，小学館，1998，第154頁。

② 小島憲之、直木孝次郎、西宫一民、蔵中進、毛利正守『日本書紀一』，新編日本古典文学全集，小学館，1994，第304頁。

③ （梁）沈约撰《宋书》，中华书局，1974，第1421页。

④ （梁）萧子显撰《南齐书》，中华书局，1972，第555页。

⑤ 梁晓虹、徐时仪、陈五云：《佛经音义与汉语词汇研究》，商务印书馆，2005，第154页。

家中。"[①]（1）失译人名今附后汉录《杂譬喻经》卷1："汝还去，诸象见汝，即当害卿。教却行去，群象必当，**寻迹**追汝。"晋世法炬、法立合译《法句譬喻经》卷1《多闻品》："夫即执弓带刀，**寻迹**往逐，张弓拔刀，奔走直前，欲斫道人。"唐义净译《根本说一切有部毘奈耶》卷31："时彼溺人，吐水既尽，即便起立，四观方城。见有人踪，**寻迹**而行。至独觉处，致礼敬已，求依止住。"（2）《搜神记》卷16："明日，使人**寻迹**之。至一大冢，木中有好妇人，形体如生人。"[②]《搜神后记》卷2："道人**寻迹**咒誓，呼诸鬼王。须臾，即驴物如故。"[③]

"**究见**"，看得清楚；理解得透彻。《日本书纪》卷6《垂仁纪》："（一云）到于穴门时，其国有人，名伊都都比古，谓臣曰：'吾则是国王也，除吾复无二王，故勿往他处。'然臣**究见**其为人，必知非王也，即更还之。"[④]（1）西晋竺法护译《大哀经》卷5《彻视品》："其外道声闻，缘觉及菩萨，天眼之所睹，不**究见**生界；如来之天眼，清净无垢秽，普见于众生，微妙身神处。"（2）《晋书》卷91《范弘之传》："既当时贞烈之徒所**究见**，亦后生所备闻，吾亦何敢苟避狂狡，以欺圣明。"[⑤]

"**历视**"，周遍观览。《日本书纪》卷6《垂仁纪》三年三月条："（一云）时天日枪启之曰：'臣将住处，若垂天恩，听臣情愿地者，臣亲**历视**诸国，则合于臣心欲被给。'"[⑥] 唐慧琳撰《一切经音义》卷4："周览：来敢反。《考声》：**历视**，周遍观览也。"

"**速诣**"，快去某处，快到某处去。《日本书纪》卷6《垂仁纪》二年是岁条："（一云）天皇诏阿罗斯等曰：'汝不迷道，必**速诣**之，遇先皇而仕欤。'"[⑦]（1）西晋竺法护译《佛说如幻三昧经》[⑧] 卷1："正觉为若兹，为人讲说法。灭除众苦患，当**速诣**导师。"东晋佛驮跋陀罗译《大方广佛华严经》卷42《离世间品》："尔时菩萨摩诃萨，放大音声，告诸天子：'今日菩萨摩诃萨出内眷属，若欲见者，应**速诣**此。'"北凉昙无谶译《大般涅槃经》卷1《寿命品》："尔时复有十恒河沙、诸鬼神王，毘沙门王，而为上首，各相谓言：'仁等，今者可**速诣**佛所，设供具倍于诸龙，持往佛所稽，首佛足绕百千匝，而白佛言：唯愿如来，哀受我等，最后供养。'"（2）《太平广记》卷72

① 小島憲之、直木孝次郎、西宮一民、藏中進、毛利正守『日本書紀一』，新編日本古典文学全集，小学館，1994，第302頁。

② 王根林、黄益元、曹光甫校点《汉魏六朝笔记小说大观》，上海古籍出版社，1999，第407页。

③ 王根林、黄益元、曹光甫校点《汉魏六朝笔记小说大观》，上海古籍出版社，1999，第448页。

④ 小島憲之、直木孝次郎、西宮一民、藏中進、毛利正守『日本書紀一』，新編日本古典文学全集，小学館，1994，第300～302頁。

⑤ （唐）房玄龄等撰《晋书》，中华书局，1994，第2365页。

⑥ 小島憲之、直木孝次郎、西宮一民、藏中進、毛利正守『日本書紀一』，新編日本古典文学全集，小学館，1994，第306頁。

⑦ 小島憲之、直木孝次郎、西宮一民、藏中進、毛利正守『日本書紀一』，新編日本古典文学全集，小学館，1994，第302頁。

⑧ 该经于天平九年抄写，题作《如幻三昧经》，录于《大日本古文书》卷7，第73页。

《许君》条："自是恍惚不安，暇日徐步庭砌，闻空中言曰：'许君，许君。**速诣**水官求救。不然，即有不测之衅。'许愕然异之，又闻其事，杳不复答。乃焚香虔祀，愿示求救之由。"①

"现授"，现在授予，真正地授予。《日本书纪》卷9《神功纪》摄政前纪仲哀天皇九年十二月条："（一云）是有神，托沙么县主祖内避高国避高松屋种，以诲天皇曰：'御孙尊也。若欲得宝国耶？将**现授**之。'"② 苻秦僧伽跋澄等译《尊婆须蜜菩萨所集论》卷5："世尊言声闻第一弟子，**现授**决义故，于彼解脱，现变化故。畜生语精进，上流住不移。凡夫人止住，施之所供养。黑白无戒人，此弟子第一。"不空译《金刚顶经大瑜伽秘密心地法门义诀》卷1："如来不空心，秘密神变相。亲承请教示，**现授**菩提钩。"高丽一然撰《三国遗事》卷3："晋孝武大元年末，赍经律数十部，往辽东宣化，**现授**三乘，立以归戒。盖高丽闻道之始也。"

"谩语"，随意相语，泛语；空话。"谩"，通"漫"。①用于"一云"。《日本书纪》卷9《神功纪》摄政前纪仲哀天皇九年十二月条："（一云）时天皇对神曰：'其虽神何**谩语**耶？何处将有国？且朕所乘船，既奉于神，朕乘曷船？然未知谁神，愿欲知其名。'"③ ②用于正文。又卷19《钦明纪》二年七月条："恐卿辄信甘言，轻被**谩语**，灭任那国，奉辱天皇。卿其戒之，勿为他欺。"④（1）梁慧皎撰《高僧传》卷10："俄而有人，从郫县来，过进云：'昨见硕公在市中，一脚著履，**漫语**云：小子无宜适，失我履一只。进惊而检问沙弥。沙弥答云：近送尸出时怖惧，右脚一履，不得好系。遂失之。'"《敦煌变文·捉季布传文》："圣明天子堪匡佐，**谩语**君王何是论。"⑤ 又《八相变》："嘀嘀泥堪（龛）土像神（身）多将**谩语**诳时人。"又《大目乾连冥间救母变文》："青提夫人闻语，良久思惟，报言：'狱主，我无儿子出家，不是莫错？'狱主闻语，回行至高楼，报言：'和尚，缘有何事，诈认狱中罪人是阿娘，缘没事**谩语**？'目连闻语，悲泣雨泪。"又《不知名变文》："（首缺）得今朝便差，更有师师**谩语**一段，脱空下□烧香呵，来出顷去，逡巡呼乱说词。"⑥（2）罗隐《春中湘中题岳麓寺僧舍》："蟾宫虎穴两皆休，来凭危栏送远愁。多事林莺还**谩语**，薄情边雁不回头。"

"唤令"，使唤，命令。①用于"一云"。《日本书纪》卷10《应神纪》十三年九月

---

① （宋）李昉等编《太平广记》，中华书局，1961，第453页。

② 小島憲之、直木孝次郎、西宮一民、蔵中進、毛利正守『日本書紀一』，新編日本古典文学全集，小学館，1994，第432頁。

③ 小島憲之、直木孝次郎、西宮一民、蔵中進、毛利正守『日本書紀一』，新編日本古典文学全集，小学館，1994，第432頁。

④ 小島憲之、直木孝次郎、西宮一民、蔵中進、毛利正守『日本書紀二』，新編日本古典文学全集，小学館，1996，第378頁。

⑤ 黄征、张涌泉校注《敦煌变文校注》，中华书局，1997，第98页。

⑥ 黄征、张涌泉校注《敦煌变文校注》，中华书局，1997，第98、528、1033、1131页。

条："（一云）天皇悦之，即**唤令**从御船。是以时人号其著岸之处曰鹿子水门也。"[①] ②用于正文。又卷28《天武纪上》即位前纪条："于此时，屯田司舍人土师连马手，供从驾者食。过甘罗村，有猎者二十余人。大伴朴本连大国为猎者之首。则悉**唤令**从驾。"[②]西晋竺法护译《生经》卷2："王即出女，庄严璎珞，珠玑宝饰，安立房室。于大水傍，众人侍卫，伺察非妄，必有利色，来趣女者。素教诫女，得逆抱捉，**唤令**众人，则可收执。"梁宝唱等集《经律异相》卷19："猎师无道，便大瞋恚，欲射道人。道人言：'止，止！勿射我余处，正射我腹。'便开衣露腹，**唤令**其射。"隋宝贵合、北凉昙无谶译《合部金光明经》卷7："王即告臣卿：'可往至彼长者家，善言诱喻，**唤令**使来。'"

第三，"一云"中疑似出自汉文佛经的三音节动词有"寻追求"（β群）、"非久也"（α群）。

"寻追求"，寻求，追寻。《日本书纪》卷6《垂仁纪》二年是岁条："（一云）于是阿罗斯等大欢之欲合。然阿罗斯等去他处之间，童女忽失也。阿罗斯等大惊之，问己妇曰：'童女何处去矣。'对曰：'向东方。'则**寻追求**，遂远浮海以入日本国。"[③] 秦竺佛念译《菩萨璎珞经》卷12《清净品》："诸法不可觉知，亦无有人能寻迹者，是谓为净；见有形迹可**寻追求**者，是谓不净。"按："寻追求"三字，"寻""追""求"各字均包含寻求、追求、求索的意味，可谓典型的"三字连言"。

"非久也"，（已经是）指日可待了；所剩日子不多了。《日本书纪》卷14《雄略纪》八年二月条："有顷，高丽军士一人取假归国。时以新罗人为典马，而顾之谓曰：'汝国为吾国所破，**非久矣**。'（一本云）汝国果成吾土，**非久矣**。"[④] 后世文例可见宋赞宁等撰《宋高僧传》卷1："武贵妃宠异六宫，荐施宝玩。智劝贵妃急造金刚寿命菩萨像，又劝河东郡王于毘卢遮那塔中绘像，谓门人曰：'此二人者，寿**非久矣**。'经数月皆如其言。凡先觉多此类也。"宋道原纂《景德传灯录》卷25："师曰：'吾**非久矣**。'明年六月大星陨于峯顶，林木变白。师乃示疾于莲华峯，参问如常。二十八日集众言别，跏趺而逝。寿八十二，腊六十五。"

第四，"一云"中疑似出自汉文佛经的四音节词有"不知道路""至于此间""而诲之曰：'～'""身体瘦弱""寿命延长""因是得免""称其名曰：'～'""如是称名""如是不信""固当如此"，均在β群。

---

① 小島憲之、直木孝次郎、西宮一民、藏中進、毛利正守『日本書紀一』，新編日本古典文学全集，小学館，1994，第480頁。

② 小島憲之、直木孝次郎、西宮一民、藏中進、毛利正守『日本書紀三』，新編日本古典文学全集，小学館，1998，第130頁。

③ 小島憲之、直木孝次郎、西宮一民、藏中進、毛利正守『日本書紀一』，新編日本古典文学全集，小学館，1994，第304頁。

④ 小島憲之、直木孝次郎、西宮一民、藏中進、毛利正守『日本書紀二』，新編日本古典文学全集，小学館，1996，第174～176頁。

“**不知道路**”，不认路，不熟悉道路。①用于“一云”。《日本书纪》卷6《垂仁纪》二年是岁条：“（一云）然臣究见其为人，必知非王也，即更还之。**不知道路**，留连岛浦，自北海回之，经出云国至于此间也。”[①] ②用于正文。又卷9《神功纪》摄政四十六年三月条：“便复开宝藏，以示诸珍异曰：‘吾国多有是珍宝。欲贡贵国，**不知道路**。’”又卷10《应神纪》三十七年二月条：“爰阿知使主等渡高丽国，欲达于吴。则至高丽，更**不知道路**。乞知道者于高丽。”[②] 姚秦鸠摩罗什译《众经撰杂譬喻》卷2：“诸盲人周游数日，饥渴**不知道路**，即共同时归命于佛，言佛神圣，当哀我等，令免此厄。”北凉昙无谶译《大般涅槃经》卷25《光明遍照高贵德王菩萨品》：“善男子，譬如估客，欲至宝渚，**不知道路**。有人示之，其人随语，即至宝渚，多获诸珍，不可称计。”唐道世撰《法苑珠林》卷91：“有一沙门踞胡床坐，见之甚惊，问何故来，乃骂此二人云：‘误录人来，各鞭四十。’语此四娘，女郎可去。答曰：‘向来悦悦，**不知道路**，请人示津。’沙门即命，一人送之。”

“**至于此间**”，到了这里，来到此地。“至于”，复音介词，与“至”义同。《日本书纪》卷6《垂仁纪》二年是岁条：“（一云）然臣究见其为人，必知非王也，即更还之。不知道路，留连岛浦，自北海回之，经出云国，**至于此间**也。”[③] 隋阇那崛多译《佛本行集经》卷43《优波斯那品》：“如是见已，而彼最长商主告于余二商主，及众商言：‘汝诸人辈，若知我等，不惜身命，为求财故，入彼大海。而今彼处，得利回还，**至于此间**。我等今者，亦可共作，来世利益，善业因缘，如旧智人，所说偈言。’”

“**而诲之曰：‘～’**”，于是教诲道：“……”。①用于“一云”。《日本书纪》卷6《垂仁纪》二十五年三月条：“（一云）是时，倭大神著穗积臣远祖大水口宿祢，**而诲之曰**：‘太初之时期曰：天照大神悉治天原，皇御孙尊专治苇原中国之八十魂神，我亲治大地官者。’”②用于正文。又卷2《神代纪下》：“复授潮满琼及潮涸琼，**而诲之曰**：‘渍潮满琼者则潮忽满，以此没溺汝兄。若兄悔而祈者，还渍潮涸琼则潮自涸，以此救之。如此逼恼，则汝兄自伏。’”[④]（1）《魏志》卷28《锺会》裴松之注曰：“正始八年，会为尚书郎，夫人执会手**而诲之曰**：‘汝弱冠见叙，人情不能不自足，则损在其中矣，勉思其戒！’”[⑤]（2）唐玄奘译《大般若波罗蜜多经》卷401：“时宝性佛告普光言：‘善哉、善哉！随汝意往。’即以千茎金色莲花，其花千叶众宝庄严，授与普光，**而诲**

① 小島憲之、直木孝次郎、西宮一民、藏中進、毛利正守『日本書紀一』，新編日本古典文学全集，小学館，1994，第300～302頁。

② 小島憲之、直木孝次郎、西宮一民、藏中進、毛利正守『日本書紀一』，新編日本古典文学全集，小学館，1994，第452、494頁。

③ 小島憲之、直木孝次郎、西宮一民、藏中進、毛利正守『日本書紀一』，新編日本古典文学全集，小学館，1994，第300～302頁。

④ 小島憲之、直木孝次郎、西宮一民、藏中進、毛利正守『日本書紀一』，新編日本古典文学全集，小学館，1994，第276、329頁。

⑤（晋）陈寿撰，（宋）裴松之注《三国志》，中华书局，1959，第786页。

之曰：‘汝持此花至释迦牟尼佛所，如我词曰：宝性如来致问无量。少病少恼，起居轻利，气力调和，安乐住不？世事可忍不？众生易度不？’”又卷479：“普光闻已，欢喜踊跃，白言：‘世尊，我今请往堪忍世界观礼供养释迦牟尼佛及菩萨众，唯愿听许。’时宝性佛告普光言：‘今正是时，随汝意往。’即以千茎金色莲华，其华千叶众宝庄严，授与普光，**而诲之曰**：‘汝持此华至释迦牟尼佛所，如我词曰：宝性如来应正等觉致问无量……’”按：“而诲之曰”在《大般若波罗蜜多经》中共有11例，其中10例集中在卷401。考虑到《大般若波罗蜜多经》在当时日本的影响力，“而诲之曰”的说法出自该经的可能性颇大。此外，与“而诲之曰”形似的“诲之曰”，则为正格表达形式。《日本书纪》卷5《崇神纪》九年三月条：“九年春三月甲子朔戊寅，天皇梦有神人，**诲之曰**：‘以赤盾八枚、赤矛八竿祠墨坂神。亦以黑盾八枚、黑矛八竿祠大坂神。’”① 《周书》卷45《乐逊传》：“昔申侯将奔，楚子**诲之曰**：‘无适小国’。言以政狭法峻，将不汝容。”② 宋赞宁等撰《宋高僧传》卷5：“闻长寿寺和尚通达禅观，往叩其关，学习之心，未尝少懈。师**诲之曰**：‘汝之出尘，有大利益，可谓良玉度尺。虽有十仞之土，不能揜其光矣。’”

“身体瘦弱”，身体虚弱无力。《日本书纪》卷6《垂仁纪》二十五年三月条：“（一云）因以，命渟名城稚姬命定神地于穴矶邑，祠于大市长冈岬。然是渟名城姬命既**身体**悉**瘦弱**，以不能祭。是以，命大倭直祖长尾市宿祢令祭矣。”③ 唐义净译《根本说一切有部毘奈耶药事》卷14：“王闻此已，心闷迷乱。良久醒已，时王即敕，左右臣曰：‘卿等速即将见。’臣等依命将至。时有一臣，先抱儿来，直见大王。王见孙子，**身体瘦弱**，垢秽异常，衣裳破坏，迷闷躄地。”

“寿命延长”，犹言“延年益寿”。多用于誓愿文体。①用于“一云”。《日本书纪》卷6《垂仁纪》二十五年三月条：“（一云）是以今汝御孙尊悔先皇之不及，而慎祭，则汝尊**寿命延长**，复天下太平矣。”④ ②用于正文。《续日本纪》卷17《圣武纪》天平胜宝元年闰五月条：“所冀太上天皇沙弥胜满，诸佛拥护，法药熏质，万病消除，**寿命延长**，一切所愿，皆使满足，令法久住，拔济群生，天下太平，兆民快乐，法界有情，共成佛道。”⑤ （1）西晋法炬译《顶生王故事经》⑥ 卷1：“复有此三十三天，**寿命延长**，颜色暐晔，有此善法讲堂，四园具足。”东晋法显译《大般涅槃经》卷3：“从尔以来，

---

① 小島憲之、直木孝次郎、西宮一民、蔵中進、毛利正守『日本書紀一』，新編日本古典文学全集，小学館，1994，第276頁。

② （唐）令狐德棻等撰《周书》，中华书局，1971，第815页。

③ 小島憲之、直木孝次郎、西宮一民、蔵中進、毛利正守『日本書紀一』，新編日本古典文学全集，小学館，1994，第320頁。

④ 小島憲之、直木孝次郎、西宮一民、蔵中進、毛利正守『日本書紀一』，新編日本古典文学全集，小学館，1994，第320頁。

⑤ 青木和夫、稲岡耕二、笹山晴生、白藤礼幸『続日本紀三』，新日本古典文学大系，岩波書店，1992，第82頁。

⑥ 该经于天平五年抄写，录于《大日本古文书》卷7，第17页。

五十八万八千岁，虽复如此，**寿命延长**，会归于尽。我今已老，死时将至。”唐义净译《金光明最胜王经》卷2《分别三身品》：“一者国王军众强盛，无诸怨敌，离于疾病，**寿命延长**，吉祥安乐，正法兴显。”《敦煌变文·佛说阿弥陀经讲经文》：“**寿命延长**千万岁，福同日月放神光。”[①]（2）《全唐文》卷324王维《贺古乐器表》：“每祈祭，但依方安置奏之，即五音自和，天仙百神，应声降福，所求必遂，**寿命延长**。”[②]

“**因是得免**”，因此得以幸免。《日本书纪》卷7《景行纪》四十年是岁条：“（一云）王所佩剑藂云自抽之，薙攘王之傍草，**因是得免**。故号其剑曰草薙也。”[③] 萧齐昙景译《佛说未曾有因缘经》卷2：“有智之人，自知食过身体重嚬呻欠呿，恐致苦患，即诣明医，谦虚下意，叩头求救，请除苦患。良医即赐，摩檀提药，令其服之。其人即吐，腹中宿食，吐宿食已，令近暖火，禁节消息。其人**因是**，**得免**祸患，终保年寿，安隐快乐。”

“**称其名曰：‘～’**”，称呼名字说道：“……”。《日本书纪》卷9《神功纪》摄政前纪条：“（一云）时神**称其名曰**：‘表筒雄、中筒雄、底筒雄。’如是称三神名，且重曰：‘吾名向匮男闻袭大历五御魂速狭腾尊也。’”[④] 仲哀天皇因不相信神功天皇的“神托”（神在梦中的启示）而暴亡。皇后男扮女装，得到神诸的加持，御驾亲征新罗。新罗国王俯首称臣。“称其名曰”就出现在这样的“一云”当中。何谓“称其名曰”？它既是语言问题，更是与信仰相关的表达。刘宋佛陀什、竺道生等合译《弥沙塞部和酰五分律》卷15：“佛见龙王**称其名曰**：‘善来！伊罗钵龙王。’龙王闻已，复加喜敬。世尊知我名，修伽陀识我名。前顶礼足，却住一面。”唐阿地瞿多译《陀罗尼集经》卷7《佛说金刚藏大威神力三昧法印咒品》：“时金刚藏蒙佛听许，**称其名曰**：‘……是菩萨等，皆居我右。是诸会中，若天若人，及诸魔王，并鬼神等，闻是我称，金刚名字，各各无色，皆悉默然，心怀恐怖，忧愁不快，惧有大事，恐失性命。’”佛教中的“称名”，又作“称佛”“唱名”“念佛”。即称念诸佛、菩萨之名号，其目的是祛除灾害苦恼，消灭罪障，往生净土，得不退转。神功皇后因为这一举动，得到被称名的诸神的护佑从而获得征讨新罗的胜利。

“**如是称名**”，就像这样称念神佛的名号。《日本书纪》卷9《神功纪》摄政前纪条：“（一云）时神称其名曰：‘表筒雄、中筒雄、底筒雄。’**如是称**三神**名**，且重曰：‘吾名向匮男闻袭大历五御魂速狭腾尊也。’”[⑤] 元魏吉迦夜、昙曜合译《杂宝藏经》卷

① 黄征、张涌泉校注《敦煌变文校注》，中华书局，1997，第684页。

② （清）董诰等编《全唐文·附唐文拾遗唐文续拾》，中华书局，1983，第3284页。

③ 小島憲之、直木孝次郎、西宮一民、蔵中進、毛利正守『日本書紀一』，新編日本古典文学全集，小学館，1994，第374頁。

④ 小島憲之、直木孝次郎、西宮一民、蔵中進、毛利正守『日本書紀一』，新編日本古典文学全集，小学館，1994，第473頁。

⑤ 小島憲之、直木孝次郎、西宮一民、蔵中進、毛利正守『日本書紀一』，新編日本古典文学全集，小学館，1994，第472頁。

6："**如是称**差摩释**名**，余人亦**如是称名**，便得眼净。得眼净已，使暗除，使瞙除。若是风翳，若热翳，若是冷翳，若等分翳，莫烧，莫煮，莫肿，莫痛，莫痒，莫流泪。"隋菩提灯译《占察善恶业报经》[①] 卷1："次当称名，若默诵念，一心告言：'南无地藏菩萨摩诃萨。'**如是称名**，满足至千经千念已，而作是言：'地藏菩萨摩诃萨，大慈大悲，唯愿护念。我及一切众生，速除诸障，增长净信，令今所观，称实相应。'"唐一行慧觉依经录《华严经海印道场忏仪》卷42："以虔诚心念弥陀，**如是称名**至十念：'惟愿慈悲护念我，我及一切诸众生。'"按：称名念佛的意义，如唐怀感撰《释净土群疑论》卷7所言："故《大集日藏分经》言：'大念见大佛，小念见小佛；大念者大声称佛也，小念者小声称佛也。'"

"**如是不信**"，就像这样不相信（的话），表假设；如此不信任，表程度。《日本书纪》卷9《神功纪》摄政前纪条："（一云）时神称其名曰：'表筒雄、中筒雄、底筒雄。'如是称三神名，且重曰：'吾名向匮男闻袭大历五御魂速狭腾尊也。'时天皇谓皇后曰：'闻恶事之言坐妇人乎？何言速狭腾也。'于是神谓天皇天皇曰：'汝王**如是不信**，必不得其国。唯今皇后怀姙之子，盖有获欤。'"[②] 西晋竺法护译《佛说阿惟越致遮经》卷2："贤者阿难，承佛威神，问文殊师利曰：'何故世尊，默而不言？'文殊师利报曰：'最于后末，五浊世时，人法**如是**，**不信**深经，佛故默然。'"元魏瞿昙般若流支译《正法念处经》卷52："所谓谨慎不放逸者，谓于富乐，欲等不信，观知无常，作如是知。此欲无常，转动不定，则不可信。不久破坏，不久失灭。**如是不信**，安隐之事，故不放逸。"北凉浮陀跋摩、道泰等合译《阿毘昙毘婆沙论》卷53："居士子，于意云何？**如是不信**者，岂非嫌责诸信者耶？居士子白佛言：'世尊，实生嫌责。'"

"**固当如此**"，自然如此，理所当然如此。《日本书纪》卷9《神功纪》摄政前纪条："（一云）乃时取宰尸，埋于王墓土底，以举王榇，窆其上曰：'尊卑次第，**固当如此**。'"[③]（1）唐智云撰《妙经文句私志记》卷2："次问因缘义通本迹义，别今明因缘尚未得约教，岂便约本迹一宗，翻倒都不可会其义？如何有云从来不释，后学何能知之？疑者尚希，焉有能释？今谓**固当如此**，以此之故，故四由来不可会也。"又卷10："十双后五，并是化他，何故但言自行？依于文义，**固当如此**。以说自行化他全化他是自行为简非监故，但言自然明渐顿具有自他。"（2）《欧阳修集》卷16《居士集》："或问：子于《史记》《本纪》，则不伪梁而进之，于论正统，则黜梁而绝之，君子之信乎后世者，**固当如此**乎？"按："固当如此"，源自佛教注疏经文的语言表达。

第五，"一云"中疑似出自汉文佛经的句式有："除"字句，"除～复无～"；祈使

---

① 该经于天平九年抄写，录于《大日本古文书》卷7，第70页。

② 小島憲之、直木孝次郎、西宮一民、蔵中進、毛利正守『日本書紀一』，新編日本古典文学全集，小学館，1994，第432頁。

③ 小島憲之、直木孝次郎、西宮一民、蔵中進、毛利正守『日本書紀一』，新編日本古典文学全集，小学館，1994，第434頁。

句，“愿欲知～”；口语句，“何处去矣”“何国人也”；自创句，“镇坐于～”“言已讫”。两类均在β群。

“除～复无～”，“除……之外，再没有……”。《日本书纪》卷6《垂仁纪》二年是岁条：“（一云）到于穴门时，其国有人，名伊都都比古，谓臣曰：‘吾则是国王也，**除**吾**复无**二王，故勿往他处。’”[①] 北凉昙无谶译《悲华经》卷3《诸菩萨本授记品》：“世尊，我行菩萨道时，如我所见百千亿那由他阿僧祇诸佛世界，种种庄严，种种璎珞，种种相貌，种种住处，种种所愿，令我世界，悉皆成就。如是等事，所有庄严，惟**除**[②]声闻，辟支佛等，亦**复无**有，五浊之世，三恶道等。”又《大方等大集经》卷26：“其土无主，唯**除**法王，一切众生，悉得化生。亦**复无**有，三恶之名，及男女根，爱欲之名，无有众生，不具诸根。”宋惟净等译《金色童子因缘经》卷5：“我今悚怖深启告，师利世间余何有？释迦牟尼师所言，今如暗中现光照，唯**除**尊者作善利，余**复无**人能救护。”

“愿欲知～”，希望知道某事，希望告知某事。①用于正文。《日本书纪》卷9《神功纪》摄政前纪条：“因以千绘高绘置琴头尾，而请曰：‘先日教天皇者谁神也。**愿欲知**其名。’”②用于“一云”。又：“（一云）时天皇对神曰：‘其虽神何谩语耶，何处将有国？且朕所乘船，既奉于神，朕乘曷船？然未知谁神。**愿欲知**其名。”[③]后汉安世高译《佛说佛印三昧经》卷1：“舍利弗等，复长跪叉手，问文殊师利菩萨：‘我等一心推索佛身神，无能知处者。**愿欲知**其说。’”西晋无罗叉译《放光般若经》卷20《萨陀波伦品》：“今日大师，为我解说，是诸如来，所从来往。**愿欲知之**。我等闻已，常见诸佛，不离世尊。”姚秦佛陀耶舍、竺佛念等合译《四分律》卷52：“世尊，不以无因缘而笑，向者以何故而笑？**愿欲知**之。”姚秦鸠摩罗什译《大智度论》卷17《序品》：“‘愿智’者，**愿欲知**三世事，随所愿则知。”

“何处去矣”，去了哪里？《日本书纪》卷6《垂仁纪》二年是岁条：“（一云）阿罗斯等大惊之，问己妇曰：‘童女**何处去矣**？’”[④]（参见序编“口语型”）

“何国人也”，哪个国家的人。《日本书纪》卷6《垂仁纪》二年是岁条：“（一云）问之曰：‘**何国人也**？’对曰：‘意富加罗国王之子，名都怒我阿罗斯等，亦名曰于斯岐阿利叱智干岐。传闻日本国有圣皇，以归化之。’”又三年三月条：“（一云）时天皇遣三轮君祖大友主与倭直祖长尾市于播磨而问天日枪曰：‘汝也谁人？且**何国人也**？’天日枪对曰：‘仆新罗国主之子也。然闻日本国有圣皇，则以己国授弟知古而化归之。’”又八十八年七月条：“（一云）昔有一人，乘艇泊于但马国。因问曰：‘汝**何国人也**？’

---

① 小島憲之、直木孝次郎、西宮一民、蔵中進、毛利正守『日本書紀一』，小学館，1994，第300頁。

② “除”，宋本、元本、明本中作“无”。

③ 小島憲之、直木孝次郎、西宮一民、蔵中進、毛利正守『日本書紀一』，新編日本古典文学全集，小学館，1994，第418、432頁。

④ 小島憲之、直木孝次郎、西宮一民、蔵中進、毛利正守『日本書紀一』，新編日本古典文学全集，小学館，1994，第304頁。

对曰：'新罗王子，名曰天日枪。'"① 唐玄奘撰《大唐西域记》卷11："于是至父本国，非家族宗祀已灭，投寄邑人。人谓之曰：'尔曹**何国人也**？'曰：'我本此国，流离异域，子母相携，来归故里。人皆哀愍，更共资给。'"该例在唐道宣撰《法苑珠林》卷6中亦见辑录。

"镇坐于～"，镇守；坐镇；置放。①附带介词"于"。《日本书纪》卷5《崇神纪》十年九月条："爰以忌瓮，**镇坐于**和珥武鐰坂上，则率精兵，进登那罗山而军之。"又《日本书纪》卷6《垂仁纪》二十五年三月条："（一云）天皇以倭姬命为御杖，贡奉于天照大神。是以，倭姬命以天照大神**镇坐于**矶城严橿之本而祠之。"② ②不附带介词"于"。《日本书纪》卷6《垂仁纪》二十五年三月条："爰倭姬命求**镇坐**大神之处，而诣菟田筱幡，更还之入近江国，东回美浓，到伊势国。"又卷9《神功纪》摄政元年二月条："于是随神教以**镇坐**焉，则平得度海。"③ 唐善无畏译《慈氏菩萨略修瑜伽念诵法》卷2："五色采帛，五方**镇坐**，傺施物等，中心五方，外院各四方四角安置之。"古逸部《布萨文等》卷1《行军转经文》："伏愿才智日新，福同山积，寿命遐远，**镇坐**台阶，诸将仕等，三宝抚护，万善庄严。"

"言已讫"，话已说完。《日本书纪》卷6《垂仁纪》二十五年三月条："（一云）是时倭大神著穗积臣远祖大水口宿祢，而诲之曰：'天照大神悉治天原。皇御孙尊专治苇原中国之八十魂神。我亲治大地官者。'**言已讫**焉。然先皇御见城天皇虽祭祀神祇，微细未探其源根，以粗留于枝叶。故其天皇短命也。"④ 失译人名今附秦录《毘尼母经》卷1："世尊告曰：'听汝于我法中，善修梵行，尽诸苦际。'佛**言已讫**，头发自落，法服应器，忽然在身，威仪庠序，如久服法者。是故名为：'善来！受具。'"元魏慧觉等合译《贤愚经》卷2《羼提波梨品》："仙人答曰：'我若实忍，至诚不虚，血当为乳，身当还复。'其**言已讫**，血寻成乳，平完如故。"又卷9《善事太子入海品》："手捉其珠，便从求愿：'若实当是，如意珠者，令我父母，所坐之处，有七宝座，顶上当有，七宝大盖。'其**言已讫**，如语而成。"《敦煌变文·秋胡变文》："'远学三二年间，若不乘轩佩即，誓亦不还故乡。不依此作粪土。'是**言已讫**，整顿容仪，行至堂前，叉手启娘曰：'儿闻古者司马相如，未学于山封达名而显。'"又《降魔变文》："舍利弗忽于众里化出风神，叉手向前，启言和尚：'三千大千世界，须臾吹却不难；况此小树纤毫，

---

① 小島憲之、直木孝次郎、西宮一民、蔵中進、毛利正守『日本書紀一』，新編日本古典文学全集，小学館，1994，第300、304、334頁。

② 小島憲之、直木孝次郎、西宮一民、蔵中進、毛利正守『日本書紀一』，新編日本古典文学全集，小学館，1994，第280、318～320頁。

③ 小島憲之、直木孝次郎、西宮一民、蔵中進、毛利正守『日本書紀一』，新編日本古典文学全集，小学館，1994，第318、438頁。

④ 小島憲之、直木孝次郎、西宮一民、蔵中進、毛利正守『日本書紀一』，新編日本古典文学全集，小学館，1994，第320頁。

敢能当我风道！’出言已讫，解袋即吹。”① 按：《垂仁纪》中的“言已讫”，与汉文佛经等用法不同，它并非用于连接上下句，仅表示“话说完了”的意思。

本节首次对《日本书纪》各类注释中的佛典表达进行了全面的考察，归纳其结果如下。

（一）“别本”。α群“啮死”（两例）。（二）“一本”。α群“驱却”。（三）“或本”。α群“船师”“种种兵器”；β群“卧病于”。（四）“一云”。1. 双音词。β群“~个（物）”“本土”“己妇”“刀子”；“寻迹”“究见”“历视”“逮诣”“现授”“谩语”“将来”“唤令”。2. 三音节。α群“非久也”；β群“寻追求”。3. 四字格。β群“不知道路”“至于此间”“而诲之曰：‘~’”“身体瘦弱”“寿命延长”“因是得免”“称其名曰：‘~’”“如是称名”“如是不信”“固当如此”。4. 句子格式。β群“除”字句“除~复无~”；祈使句“愿欲知~”；口语句“何处去矣”“何国人也”；自创句“镇坐于~”“言已讫”。（五）其他。α群四字格“其实一也”“前后失次”“语讹不正”“未详所出（也）”“故云尔也”。

β群双音词“香菓”；句式“并训~也”。

毋庸讳言，即便在《日本书纪》各种双行夹注当中，作为日本正史的一种文体，佛典表达依然是一道亮丽的风景线。

第二节　《伊吉连博德书》的文体

作为第四批遣唐使的一员，伊吉连博德于齐明五年（659）来到中国，在洛阳拜见了唐朝第三代皇帝高宗。不过，由于当时唐朝廷正在谋划讨伐百济，遣唐使一行被扣留在长安，直至七年（661）五月才回国。从某种意义上来说，《伊吉连博德书》实际上是一种游记性质的②归国报告。《日本书纪》卷 26《齐明纪》六年七月条和七年五月条的双行夹注分别引用了该报告。此外，卷 25《孝德纪》白雉五年二月条中也可见对该史料的征引。③ 伊吉连博德于 701 年参加并完成了《大宝律令》的编写。④

迄今为止，日本学术界关于《伊吉连博德书》的文体学研究，所取得的成果主要体现在两个方面。一是《伊吉连博德书》中所包含的口语表达的问题。《日本书纪》卷

① 黄征、张涌泉校注《敦煌变文校注》，中华书局，1997，第 232、566 页。

② 小島憲之『上代日本文学と中国文学（下）』，塙書房，1965，第 1416 頁。

③ 森博達『日本書紀の謎を解く—述作者は誰か』，中央公論新社，1999，第 159 頁。

④ 《续日本纪一》卷 2《文武纪》：“癸卯，遣三品刑部亲王、正三位藤原朝臣不比等、从四位下下毛野朝臣古麻吕、从五位下伊吉连博德、伊余部连马养等，撰定律令，于是始成。大略以净御原朝庭为准正。仍赐禄有差。”（青木和夫、稲岡耕二、笹山晴生、白藤礼幸『続日本紀一』，新日本古典文学大系，岩波書店，1992，第 44 頁）

26《齐明纪》五年七月条："三十日，天子相见问讯之：'日本国天皇平安以不？'使人谨答：'天地合德，自得平安。'天子问曰：'执事卿等好在以不？'"[①] 例中"~以不""好在"都是唐代的口语。[②] 二是"和习"问题研究。小岛宪之在《词语的性质——以外来"俗语"为中心》一文中指出，伊吉连博德是所谓的归化人，司职史官，活跃于齐明、持统两朝。《伊吉连博德书》极具语料价值，该书中"留著""底""相见""以不""好在"等词语都具有俗语成分。[③]

森博达认为，α 群中作为引用资料的《伊吉连博德书》充满着"和习"表达，具体指如下五处：①《日本书纪》卷26《齐明纪》五年七月条："九月十三日行到百济南畔之岛，岛名毋分明。"例言不清楚岛屿叫什么名字。②又："天子问曰：'此等虾夷国有何方？'使人谨答：'国有东北。'"此言唐高宗问道："你们虾夷国在什么地方？"遣唐使答道："在东方。"③又："十一月一日朝有冬至之会。会日亦覲，所朝诸蕃之中倭客最胜。"[④] 例言冬至那天又可以谒见唐高宗。在朝覲的各藩国中，日本的遣唐使是最为出色的。

森博达认为，例①中的"毋"，是表示否定意义的虚词，此处当作"不"。例②中两个"有"，表示在某处的意思，日语读作"~ニアリ"，当是训读中"在"与"有"不分造成的错误。例③之一"亦覲"的"亦"，当是表行为的递进、重复之义的"又"。这也是日语训读带来的麻烦。例③之二的"所朝诸蕃"的"所"字用法不对。因为此处使用"所字句"，朝见的对象则变成了"诸蕃"，与诸蕃使节朝见天子的意思恰好相反。[⑤]

森博达进一步指出，α 群的书录者当然知道这些用法有误或颇感蹊跷，但书录者考虑到既然已经清楚地标明了史料的出处，所以即便表达有误或怪异，也绝不妄加删改。由此可以窥见书录者的态度和立场。[⑥] 下面，我们主要从双音节词、四音节词、口语句式和自创表达四个方面，探讨《伊吉连博德书》的文体与汉文佛经的关系问题。

一　双音节词

根据我们的调查，《伊吉连博德书》中有如下双音节词与汉文佛经关系密切：①动词，"放船""怜重""止住""存活"；②形容词，"最胜"；③副词，"极理"；④后缀词，

---

① 小島憲之、直木孝次郎、西宮一民、蔵中進、毛利正守『日本書紀三』，新編日本古典文学全集，小学館，1998，第224頁。

② 小島憲之『上代日本文学と中国文学（上）』，塙書房，1962年，第426~427頁；又『上代日本文学と中国文学中』，塙書房，1964，第829頁。

③ 小島憲之「語の性格—外来の『俗語』を中心として—」，『上代の文学と言語』，1974。

④ 小島憲之、直木孝次郎、西宮一民、蔵中進、毛利正守『日本書紀三』，新編日本古典文学全集，小学館，1998，第222、224、226頁。

⑤ 森博達『日本書紀の謎を解く—述作者は誰か』，中央公論新社，1999，第158~160頁。

⑥ 森博達『日本書紀の謎を解く—述作者は誰か』，中央公論新社，1999，第160頁。

“留著”等。

“**放船**”，将船放进海里，开始航行，起锚出发。《日本书纪》卷26《齐明纪》六年七月条：“（《伊吉连博德书》）以八日鸡鸣之时，顺西南风，**放船**大海。海中迷途，漂荡辛苦。”① 例言借助西南风开始在大海上航行。姚秦佛陀耶舍、竺佛念等合译《四分律》卷46：“船师知海中诸难，涌浪难、洄澓难、大鱼难。庄严船已，复重唱令如上，即**放船**入海。”元魏慧觉等合译《贤愚经》卷1《海神难问船人品》：“海神**放船**，没而不现。船行数里，海神复化，更作一人，极为端政。复来牵船，问诸商客：‘人之美妙，有与我等者无？’”又卷9《37 善事太子入海品》：“太子还到，其船已满。**放船**还来，船便沉没，诸贾人辈，乍沉乍浮。太子已有如意珠，故身不没溺。”按：《汉语大词典》首引南朝宋刘义庆《世说新语·尤悔第33》：“小人引船，或迟或速，或停或待，又**放船**纵横，撞人触岸。”② 略晚。

“**怜重**”，犹言“怜爱”。爱惜器重，怜悯重视。①用于夹注。《日本书纪》卷26《齐明纪》五年七月条：“（《伊吉连博德书》）天子问曰：‘执事卿等，好在以不？’使者谨答：‘天皇**怜重**，亦得好在。’”③ 此言天皇爱护、器重我们，所以我们都很好。②用于正文。又卷2《神代纪下》：“是后丰玉姬闻其儿端正，心甚**怜重**，欲复归养，于义不可。故遣女弟玉依姬以来养者也。”④ 例言丰玉姬听说自己产后抛下的儿子长得很端正，心里便生起了怜悯爱惜之情。唐道世撰《法苑珠林》卷49：“齐何君平，相州人。母裴氏，少年诞平后更不孕。父母怜爱，剧同眼目。父母**怜重**平，长大，不多教学问，纵暴自游。”

“**存活**”，生存，活命。《日本书纪》卷26《齐明纪》五年七月条：“（《伊吉连博德书》）天子问曰：‘其国有五谷？’使人谨答：‘无之。食肉**存活**。’”⑤ 例言人们靠食肉生存。《续日本纪》卷5《元明纪》和铜五年五月条：“又百姓精务农桑，产业日长，助养穷乏，**存活**独惸，孝悌闻间，材识堪干。”⑥ 例言帮助赡养生活贫苦者，使孤苦无依的存活下来。“新编全集本”例引《后汉书》卷58《盖勋传》：“时人饥，相渔食，勋调谷禀之，先出家粮以率众，**存活**者千余人。”略晚。吴支谦译《菩萨本缘经》卷2：“父王今听，是故我当，速往至彼，以副我心。与诸禽兽，共为等侣，饮食水果，足自

① 小島憲之、直木孝次郎、西宮一民、蔵中進、毛利正守『日本書紀三』，新編日本古典文学全集，小学館，1998，第242頁。

② 徐震堮：《世说新语校笺》，中华书局，1984，第484页。

③ 小島憲之、直木孝次郎、西宮一民、蔵中進、毛利正守『日本書紀三』，新編日本古典文学全集，小学館，1998，第224頁。

④ 小島憲之、直木孝次郎、西宮一民、蔵中進、毛利正守『日本書紀一』，新編日本古典文学全集，小学館，1994，第180頁。

⑤ 小島憲之、直木孝次郎、西宮一民、蔵中進、毛利正守『日本書紀三』，新編日本古典文学全集，小学館，1998，第226頁。

⑥ 青木和夫、稲岡耕二、笹山晴生、白藤礼幸『続日本紀一』，新日本古典文学大系，岩波書店，1989，第180頁。

存活。”梁宝唱等集《经律异相》卷13：“佛在鹿野苑中。阿那律语诸比丘：‘我念过去，在此波罗奈，为贫穷人，客作荷担，以自存活。时世谷贵，饥饿多有终者。’”北凉昙无谶译《大般涅槃经》卷16：“尔时彼鬼，即白我言：‘世尊，我及眷属，唯仰血肉，以自存活。今以戒故，当云何活？’”

“**止住**”，居住。住在。《日本书纪》卷26《齐明纪》五年七月条：“（《伊吉连博德书》）天子问曰：‘国有屋舍？’使人谨答：‘无之。深山之中，止住树本。’”[①] 例言人们没有房屋可住，只是住在深山的大树底下。《日本灵异记》上卷《勤求学佛教弘法利物临命终时示异表缘第22》：“业成之后，到此土，造禅院寺，而止住焉。”[②] 此言修建禅院住在里面。（1）后汉昙果、康孟详合译《中本起经》卷2《度奈女品》：“是时城中，有长者子，五百同辈，闻佛来垂训，止住奈园，即皆俱行，诣佛听法。”姚秦法师鸠摩罗什译《妙法莲华经》卷2《譬喻品》：“舍利弗，若国邑聚落，有大长者，其年衰迈，财富无量，多有田宅，及诸僮仆。其家广大，唯有一门，多诸人众，一百二百，乃至五百人，止住其中。”隋阇那崛多译《佛本行集经》卷21《王使往还品》：“既剃须发，著袈裟衣，止住山林，修道学问。”（2）《吴志》卷3《孙休传》：“己卯，休至，望便殿止住，使孙楷先见恩。楷还，休乘辇进，群臣再拜称臣。”[③] 《博物志》卷7：“此奴常游走于民间，无止住处，不知所在。”[④]

“**极理**”，极端，极其，表示程度之甚。多用作谓语形容词，偶尔用作副词。[⑤]《日本书纪》卷26《齐明纪》五年七月条：“（《伊吉连博德书》）天子重曰：‘朕见虾夷，身面之异，极理喜怪。使人远来辛苦，退在馆里，后更相见。’”[⑥] 例言唐高宗看到虾夷人身上和脸上的装扮颇为怪异，感到十分开心和好奇。（1）梁宝唱等集《经律异相》卷14：“时婆罗门，进道而去。人见便责，无给食者。饥饿委悴，困切极理。道中有人，自问消息，知毘摩羡王，已复命终。”元魏慧觉等合译《贤愚经》卷1《梵天请法六事品》：“时天帝释，下至王前，种种赞叹，复问之曰：‘大王，今者苦痛极理，心中颇有，悔恨事不？’”唐义净译《根本说一切有部毘奈耶破僧事》卷16：“尔时目连即入于定，从瞻波城没于王舍城，出至竹林中，将奉世尊。频毘娑罗，更将粥来，欲至佛所。闻食香气普遍，意将诸天，及天帝释，来供养佛。我所作粥，并不堪用。白言世尊：‘有天帝释，及诸天来，供养于佛。此竹林中，极理香好。’”（2）《全隋文》卷19

---

① 小島憲之、直木孝次郎、西宮一民、藏中進、毛利正守『日本書紀三』，新編日本古典文学全集，小学館，1998，第226頁。

② 中田祝夫『日本靈異記』，日本古典文学全集，小学館，1975，第108頁。

③ （晋）陈寿撰，（宋）裴松之注《三国志》，中华书局，1959，第1155页。

④ 王根林、黄益元、曹光甫校点《汉魏六朝笔记小说大观》，上海古籍出版社，1999，第215页。

⑤ 李维琦：《佛经词语汇释》，湖南师范大学出版社，2004，第161页。

⑥ 小島憲之、直木孝次郎、西宮一民、藏中進、毛利正守『日本書紀三』，新編日本古典文学全集，小学館，1998，第226頁。

薛德音《为越王侗别与李密书》："且闻元凶初谋，诳惑内外，及行大祸，残忍**极理**。"[①] 按：所谓"极理"，从字面上讲，就是无法用常理来解释的意思。中国两类文献中用作谓语形容词，《齐明纪》中用作副词。

"**留著**"，将东西留在某处。"著"，用作后缀，后续场所名词。俗语表达。《日本书纪》卷26《齐明纪》五年七月条："（《伊吉连博德书》）二十二日行到余姚县，所乘大船及诸调度之物**留著**彼处。"[②]（1）刘宋佛陀什、竺道生等合译《弥沙塞部和醯五分律》卷8："若人施僧药，佐助众事，比丘应问：'此药当留，聚落中为，著僧坊内。'若言**留著**聚落中，须时应语：'我须如是药，为我办勿使有乏。'"唐义净译《根本说一切有部毘奈耶药事》卷16："其巧工妻答曰：'此米**留著**。汝当且去。'其人留米即去。彼便为煮，柴薪俱尽，米仍不熟。"（2）《全唐文》卷286张九龄《敕突厥可汗书》："敕儿可汗：比来和市，常有限约，承前马数，不过数千。去岁以儿初立，欲相优赏，特勒欲谷前至，纳马倍多，故总与**留著**，已给物市买。"[③]《乐府诗集》卷82李白《宫中行乐辞》："笑出花间语，娇来烛下歌。莫教明月去，**留著**醉姮娥。"[④]

二　四音节词

根据我们的辨别，《伊德连博德书》中有四个多音节词，其中三个是表示时间的说法，它们是"日入之时""夜半之时""始于此时"。因为是游记性质的纪录，所以这些时段表达客观地反映了时间发生的明确时间。另一个是表相互行为的"相见问讯"。

"**日入之时**"，日落西山之时，太阳下山的时候。《日本书纪》卷26《齐明纪》五年七月条："（《伊德连博德书》）十五日**日入之时**，石布连船，横遭逆风，漂到南海之岛。"[⑤] 例言日落时，石布连的船遇到一阵逆风，被刮到南海的岛屿上。"日入之时"仅见于汉文佛经。北凉昙无谶译《大般涅槃经》卷26《光明遍照高贵德王菩萨品》："善男子，如阎浮提，**日入之时**，众生不见，以黑山障故。而是日性，实无没入，众生不见，生没入想。声闻弟子，亦复如是。为诸烦恼，山所障故，不见我身。以不见故，便于如来，生灭度想，而我实不，趣灭度也。"该文亦见于隋灌顶撰《涅槃经会疏》卷23《次广举五譬》。

"**夜半之时**"，深更半夜的时候。《日本书纪》卷26《齐明纪》五年七月条："（《伊

① （清）严可均校辑《全上古三代秦汉三国六朝文》，中华书局，1958，第4129页。

② 小島憲之、直木孝次郎、西宮一民、蔵中進、毛利正守『日本書紀三』，新編日本古典文学全集，小学館，1998，第224頁。

③ （清）董诰等编《全唐文·附唐文拾遗唐文续拾》，中华书局，1983，第2903页。

④ （宋）郭茂倩编《乐府诗集》，中华书局，1979，第1156页。

⑤ 小島憲之、直木孝次郎、西宮一民、蔵中進、毛利正守『日本書紀三』，新編日本古典文学全集，小学館，1998，第224頁。

吉连博德书》）十六日**夜半之时**，吉祥连船，行到越州会稽县须岸山。”[①] 此言三更半夜时，吉祥连的船只航行到越州会稽县的须岸山。《古事记》中卷《崇神记》：“于是有神壮夫，其形姿威仪，于时无比。**夜半之时**，倐忽到来。”[②] 例言半夜时一魁梧的男神突然造访。（1）西晋竺法护译《正法华经》卷1：“即寻于此，**夜半之时**，便取灭度。”隋阇那崛多译《佛本行集经》卷15《净饭王梦品》：“我于昨夕，**夜半之时**，见如是等，七种梦相。”唐实叉难陀译《大方广入如来智德不思议经》卷1：“文殊师利，如满月轮，**夜半之时**，阎浮提中，一切众生，各见月轮，在其前现。是月未曾，作念分别：‘令诸众生，各睹我现。’”（2）《全唐文》卷899邱光庭《论气水相周日月行运》：“若日夜入于水，则星月无由明矣。故知日居元气之内，光常周遍于天。虽当**夜半之时**，天中亦不昏黑。”[③]《旧唐书》卷33：“太极上元，岁次乙巳，十一月甲子朔旦冬至之日，黄钟之始，**夜半之时**，斗衡之末建于子中，日月如合璧，五星若连珠，俱起于星纪牵牛之初踪。”[④]

“**始于此时**”，肇始于这个时候。出自玄奘译经。①用于夹注。《日本书纪》卷26《齐明纪》七年五月条：“（《伊吉连博德书》）五月二十三日，奉进朝仓之朝。耽罗人朝**始于此时**。”[⑤] ②用于正文。又卷12《履中纪》即位前纪条：“然太子疑其心欲杀，则吾子笼愕之，献己妹日之媛，仍请赦死罪。乃免之。其倭直等贡采女，盖**始于此时**欤。”[⑥] 唐玄奘译《阿毘达磨俱舍论》卷12：“尔时诸人，随食早晚，随取香稻，无所贮积。后时有人，禀性懒惰，长取香稻，贮拟后食，余人随学，渐多停贮。由此于稻，生我所心，各纵贪情，多收无厌。故随收处，无复再生，遂共分田，虑防远尽，于己田分，生悋护心，于他分田，有怀侵夺。劫盗过起，**始于此时**。”又《阿毘达磨顺正理论》卷32：“后时有王，贪悋财物，不能均给，国土人民。故贫匮者，多行贼事。王为禁止，行轻重罚。为杀害业，**始于此时**。”

“**相见问讯**”，见面问候，互相打听消息。《日本书纪》卷26《齐明纪》五年七月条：“（《伊吉连博德书》）三十日，天子**相见问讯**之：‘日本国天皇，平安以不？’使人谨答：‘天地合德，自得平安。’”[⑦] 例言高宗见到遣唐使，寒暄问候天皇。梁宝唱等集《经律异相》卷34：“佛时在舍卫国。舍卫国有人，价作到波罗奈国。国王即请价人，与**相见问讯**。”宋颐藏主集《古尊宿语录》卷31：“衹如你大小二事时何不抚袖？吃粥

① 小島憲之、直木孝次郎、西宮一民、蔵中進、毛利正守『日本書紀三』，新編日本古典文学全集，小学館，1998，第224頁。

② 山口佳紀、神野志隆光『古事記』，新編日本古典文学全集，小学館，1997，第184頁。

③ （清）董诰等编《全唐文·附唐文拾遗唐文续拾》，中华书局，1983，第9385页。

④ （后晋）刘昫等撰《旧唐书》，中华书局，1975，第1219页。

⑤ 小島憲之、直木孝次郎、西宮一民、蔵中進、毛利正守『日本書紀三』，新編日本古典文学全集，小学館，1998，第242頁。

⑥ 小島憲之、直木孝次郎、西宮一民、蔵中進、毛利正守『日本書紀二』，新編日本古典文学全集，小学館，1996，第82頁。

⑦ 小島憲之、直木孝次郎、西宮一民、蔵中進、毛利正守『日本書紀三』，新編日本古典文学全集，小学館，1998，第224頁。

吃饭时何不抚袖？相见问讯时何不抚袖？须要说佛法时，抚袖意在于何？”

三　口语句式

《伊吉连博德书》中的口语句有“得平安”“得好在”“平安以不”，以及“～了之后”。这些句式的存在，客观地反映了汉文佛经对奈良时代日本人文章表达影响的广度和深度。

“**平安以不**”，一切都好吗？用于口头或书信问候。《日本书纪》卷26《齐明纪》五年七月条：“（《伊吉连博德书》）三十日，天子相见闻讯之：‘日本国天皇，**平安以不**？’使人谨答：‘天地合德，自得平安。’”[①]《续日本纪》卷35《高绍纪》宝龟十年五月条：“丁巳，飨唐使于朝堂。中纳言从三位物部朝臣宅嗣宣敕曰：‘唐朝天子及公卿，国内百姓，**平安以不**？’”唐道世撰《法苑珠林》卷58引《贤愚经》云：“遂前进，路逢一梵志，是父亲友。即向梵志，具陈辛苦。梵志怜愍，相对啼哭，寻问家中：‘**平安以不**？’梵志答言：‘父母眷属大小，近日失火，一时死尽。’闻之懊恼，死而复苏。梵志将归，供给如女。”该例在唐道世撰《诸经要集》卷9中亦有辑录。李济宁整理《大般涅槃经佛母品》卷1：“尔时摩耶夫人问言：‘优波离，汝从阎浮提来，知我悉达，**平安以不**？’尔时优波离，含悲报言：‘佛母，佛母。尔时如来，昨夜子时，舍大法身，入般涅槃。故遣我来，告诸眷属。’”按：“新编全集本”指出，“以不”，亦说“以否”，唐代俗语，亦见于韵散间行、讲述故事的敦煌文献。小岛宪之在上面提到的著作中强调了该说法的口语性特征。

“**得平安**”，得以平安、安好。用于问候。《日本书纪》卷26《齐明纪》五年七月条：“（《伊吉连博德书》）三十日，天子相见闻讯之：‘日本国天皇，平安以不？’使人谨答：‘天地合德，自**得平安**。’”[②]《日本灵异记》上卷《人畜所履髑髅救收示灵表而现报缘第12》：“万侣出而遇之。其人语之曰：‘蒙大德之慈，顷**得平安**之庆。然非今夜，无由报恩。’”[③]唐菩提流志译《大宝积经》卷61：“时有释种，名曰喜面，不在众中，不闻王教，见优陀夷，即往其所，稽首白言：‘善来！尊者。**得平安**耶？’”唐义净译《根本说一切有部毘奈耶杂事》卷9：“世尊亦说：‘汝等苾刍，常学报恩。少恩尚报，何况多耶？汝存宿恩，得见妻不？’答言：‘我见。’又问曰：‘得安稳耶？’报云：‘幸承覆护，甚**得平安**。’”唐圆照集《大唐贞元续开元释教录》卷2：“比修疏义，甚大勤劳也。秋热敬问，师等各**得**，**平安**好在。”按：需要注意的是，“得平安”是一句话，不宜拆散，问话和回答时均可使用。

“**得好在**”，得以安好。用以问候。“好在”，安好。多用于问候。《日本书纪》卷

---

① 小島憲之、直木孝次郎、西宮一民、藏中進、毛利正守『日本書紀三』，新編日本古典文学全集，小学館，1998，第224頁。

② 小島憲之、直木孝次郎、西宮一民、藏中進、毛利正守『日本書紀三』，新編日本古典文学全集，小学館，1998，第224頁。

③ 中田祝夫『日本靈異記』，日本古典文学全集，小学館，1975，第91頁。

26《齐明纪》五年七月条："（《伊吉连博德书》）天子问曰：'执事卿等，**好在**以不？'使者谨答：'天皇怜重，亦**得好在**。'"① 唐圆照集《大唐贞元续开元释教录》卷2："又至十二月一日，内给事李宪诚宣奉敕：'茶贰拾伍钏、藤纸壹阡张、笔伍拾管、墨伍挺，充大德如净等佥定律疏用。敬问诸大德等，各**得好在**否？'"又卷16："宝应元圣文武皇帝批曰：'和尚夙事先朝，弘阐妙教，演兹贝叶，广示迷津。朕嗣缵丕图，恭承睿旨。和上再加详译，今卷轴续毕，永济生灵，深可嘉叹。仍宣付中外遍入一切经目录，至其月二十二日中使李宪诚奉宣敕旨：'大德比翻译多劳也。不空三藏宜赐锦采绢等共八百匹，同翻经十大德各赐采三十匹。敬问诸德，渐寒，各**得好在**？'"《敦煌变文·八相变（二）》："摩耶夫人与太子只得六七日团圆，至弟一七日竿时已来，空中□［悲］声，庆云来现，唤言：'下方摩耶夫人**得好在**已否？'"② 按：与"得平安"一样，"得好在"也是一句完整的问候语。

"**～了之后**"，做完某事以后。《日本书纪》卷26《齐明纪》五年七月条："（《伊吉连博德书》）**事了之后**敕旨，国家来年必有海东之政，汝等倭客不得东归。"③ 此言事情过后，有命令说，我国明年将讨伐海东，日本客人不得回国。唐义净译《根本说一切有部毘奈耶》卷34："某甲长者，家中设食，唯愿慈悲，无违所请。苾刍曰：'我已食讫。还报长者，苾刍食讫。'长者曰：'汝更疾去，白言圣者：可来就食。食了之后，以大氎施。'使者复去，报苾刍曰：'可来就食。**食了之后**，以大氎施。'苾刍曰：'我已足食。随氎大小，无宜更去。'"又《根本萨婆多部律摄》卷5："一缝**作了之后**，方始明谙，正得相应，异此非也。"唐定宾撰《四分比丘戒本疏》卷2："由先多取，未定属已。不犯恶触，**称了之后**，便即受取，故成清净。"

四　自创表达

《伊吉连博德书》中的"横遭""放著"两词虽出自中国文献，但在意思和用法上有其自身的特点。兹试析之。

"**横遭**"，意外地遭受。《日本书纪》卷26《齐明纪》五年七月条："（《伊吉连博德书》）十五日日入之时，石布连船，**横遭**逆风，漂到南海之岛。岛名尔加委。"④（1）东晋帛尸梨蜜多罗译《佛说灌顶经》卷8："佛告阿难：'是诸大神及神母女等三十三王，若四辈弟子，**横遭**难者，呼其名字，令人得福，万事吉祥。'"又卷12："一者横病；二者横有口舌；三者**横遭**县官；四者身羸无福。"唐玄奘译《阿毘达磨大毘婆沙论》卷

① 小島憲之、直木孝次郎、西宮一民、蔵中進、毛利正守『日本書紀三』，新編日本古典文学全集，小学館，1998，第224頁。

② 黄征、张涌泉校注《敦煌变文校注》，中华书局，1997，第525页。

③ 小島憲之、直木孝次郎、西宮一民、蔵中進、毛利正守『日本書紀三』，新編日本古典文学全集，小学館，1998，第226頁。

④ 小島憲之、直木孝次郎、西宮一民、蔵中進、毛利正守『日本書紀三』，新編日本古典文学全集，小学館，1998，第224頁。

125："时阿罗汉，勖众而言：'以我宿殃，横遭拘縶，勿以恶意。'"（2）《文选》卷23阮籍《咏怀》："原睹卒欢好，不见悲别离。（言四时代移，日月递运，年寿将尽，而人莫已知。恐被谗邪，横遭摈斥，故云原卒欢好，不见离别。）"[①] 按：《汉语大词典》失收。上引诸例中，只有《齐明纪》中的"横遭"，后续的是自然现象（天灾）"逆风"，中国两类文献中均为人事（人祸）。譬如，"难""拘縶""摈斥"等。

"放著"，赦免，释放。《日本书纪》卷26《齐明纪》六年七月条："（《伊吉连博德书》）十一月一日，为将军苏定方等所捉百济王以下太子隆等诸王子十三人，大佐平沙宅千福、国辩成以下三十七人，并五十许人，奉进朝堂。急引趍向天子。天子恩敕见前放著。"[②] 此言获得天子的恩准被释放。后秦弗若多罗、罗什合译《十诵律》卷15："诸童子遥见，共相谓言：'此跋难陀释子喜作恶罪，若见罪闻罪疑罪无惭无厌足。我等今当试看。'即以宝物，价直一千，放著道中，舍远遥看。"梁宝唱等集《经律异相》卷47："昔大迦罗越出钱为业。有二人举钱一万，至时还之。后日二人，复相谓言：'我曹更各举十万，后不还之。'有牛系在篱里，语二人言：'我先世时，坐负主人一千钱不还债，三反作牛犹故不了。况君欲取十万，罪无毕时。'二人惊怪。会天已晓，主人出，二人说牛之语。主人即便放著群中，不复取用。咒愿：'此牛自今已后，莫复受此畜生身。'"唐阿地瞿多译《陀罗尼集经》卷10《乌枢沙摩金刚法印咒品》："若是优婆塞，头髻中藏著于像，大小行时离身放著，不得共身上屏大小行。"唐菩提流志译《佛心经》卷2："若雨多时取金色赤土，于纸上画作一龙，咒一千八十遍放著井中。即有赤龙腾天，应时即止。"按：《汉语大词典》失收。中土文献中，未见"放著"一词。汉文佛经中的"放著"，谓将某物放在某处，《伊吉连博德书》中的"放著"，谓让某人待在某处，两者意思和用法迥然不同。

以上，考证所得的双音词有"放船""怜重""止住""存活""最胜""极理""（留）著"；四字格有"日入之时""夜半之时""始于此时"和"相见问讯"；口语句有"得平安""得好在""平安以不""~了之后"；自创表达有"横遭""放著"。通过《伊吉连博德书》文体与汉文佛经的比较研究，前者所具有的佛典表达特征首次较为清晰地显现出来。这样一种文体与9世纪日本僧人圆仁著《入唐求法巡礼行记》有何异同，乃是今后需要关注的课题之一。

第三节 "百济三书"的文体[③]

在《日本书纪》当中，频繁出现引用中国或古代朝鲜典籍的地方。所谓"百济三

---

① （梁）萧统编，（唐）李善注《文选》，中华书局，1977，第325页。

② 小島憲之、直木孝次郎、西宮一民、蔵中進、毛利正守『日本書紀三』，新編日本古典文学全集，小学館，1998，第232～234頁。

③ 本节根据2015年12月于驹泽大学召开的"古代東アジア諸国の仏教系変格漢文に関する基礎的研究"国际研讨会的口头发言改写而成。会上，石井公成、金文京、濑间正之、郑在永教授提出了许多宝贵的意见，在此谨表谢意（馬駿「『日本書紀』所引書の文体研究—『百済三書』を中心に」，（日本）笠間書院，2017）。

书”，指《百济记》、《百济新撰》和《百济本记》。它是记录百济历史的史书，现已失传，只有部分逸文散见于《日本书纪》之中。日本学术界关于“百济三书”研究的代表性成果如下。

其一，关于“百济三书”的价值。百济国史资料的片鳞只甲仅存于《日本书纪》，因而显得弥足珍贵。①

其二，关于“百济三书”的风格。《百济记》的叙述风格类似物语，辅以干支纪年；《百济新撰》是编年体风格的史书，以干支纪年为主线；《百济本纪》的编年体风格更为鲜明，甚至明确记载了月次、日次及干支。

其三，关于“百济三书”编者。在编纂《日本书纪》的时代，虽然有倾向显示多以日本为中心，但仍应看作由不同作者编撰的百济史书。②

其四，关于“百济三书”的文章润色。迄今为止的研究成果表明，“百济三书”在用字、表记法和独特表达等方面有着不少相同之处。③

其五，关于“百济三书”的用字法。采用“百济史料字音假名网络”识别系统的方法，为发掘隐匿于《日本书纪》文本中的朝鲜史料提供了一个客观的标准。④

其六，有学者从东亚汉字文化圈的视角，尝试论述《日本书纪》汉文表达的特殊性。⑤ 这是一个新的研究动态。

从上述梳理可知，学术界目前尚无从传统表达、佛典表达、自创表达的角度来分析“百济三书”的论述。有鉴于此，本节拟在充分把握“百济三书”汉文传统表达的基础上，弄清其佛典表达和自创表达的基本特征，借以探讨东亚汉字文化圈内汉文表达的一些共性问题。

一　《百济记》及其三种文体

根据“古典大系本”的说法，《百济记》是一部史书，记载了从近肖古王时代到盖

---

① 坂本太郎、家永三郎、井上光貞、大野晋『日本書紀上』，日本古典文学大系，岩波書店，1967，第619頁。

② 坂本太郎、家永三郎、井上光貞、大野晋『日本書紀上』，日本古典文学大系，岩波書店，1967，第619頁。

③ 小岛宪之、直木孝次郎、西宫一民、藏中进、毛利正守『日本书纪一』：“《百济记》和《百济新撰》两书在用字和表记方法上有如下相似之处：（1）将日本说成‘大倭’；（2）用‘向’表记‘往ク’；（3）都有‘以修先王之好’的说法；（4）使用干支记录年时等；（5）《百济记》中的特色表达有：用‘贵国’称呼日本；称呼日本朝廷为‘天朝’；在上奏给天皇的折子中使用‘启’。由此可以看出尊崇日本的态度。”（第454页）

④ 木下礼仁「『百済史料』と『日本書紀』素材論」，『日本書紀と古代朝鮮』，塙書房，1993，第133頁。

⑤ 森博达所著《日本书纪与古代韩国汉字文化》一文内容如下：“一、引言　二、《日本书纪》区分论　三、特殊的异体字‘弖’　四、俗体字‘導’　五、古代汉音系谱假名　六、辰韩与百济的汉字文化　七、吏读式表记‘中’与‘以’　八、终结辞‘之’　九、结语”（《日本书纪　成立的真实——改写的主导者是谁》，中央公论社，2011，第153～168页）。远藤庆太所著《东亚日本书纪——历史书的诞生》相关篇目如下：“百济史书及其编纂目的：所引百济史书　关于‘贵国’百济史书的字音假名《百济本纪》、《百济记》、《百济新撰》百济史书完成的先后顺序。”（吉川弘文馆，2012，第128～145页）

卤王时代（346～475）9位国王统治的历史。[①]《日本书纪》引用《百济记》共计5处，它们是神功皇后四十七年条、六十二年条、应神天皇八年条、二十五年条、雄略天皇二十年条。兹以表1揭示其具体内容表1。

表1 《百济记》

序号	卷数	记事内容
1	9	神功皇后四十七年四月条："《百济记》云职麻那那加比跪者，盖是欤也。"
2	同	又六十二年即年条："《百济记》云：壬午年，新罗不奉贵国。贵国（1）**遣**沙至比跪令讨之。新罗人（2）**庄饰**美女二人①**迎诱**于津。沙至比跪受其美女，**反伐**加罗国。加罗国王己本旱岐及儿百久氐、阿首至、国沙利、伊罗麻酒、尔汶至等（3）**将其人民来奔**百济。百济**厚遇之**。[①]加罗国王妹既殿至向大倭启云[②]：'天皇**遣**沙至比跪，**以讨**新罗。而纳新罗美女，**舍而不**讨[③]。**反灭**我国，兄弟、人民皆为**流沉**[④]。**不任忧思**，故以来启。'天皇大怒，即遣木罗斤资，**领兵众来集**加罗，复其社稷。" 一云："沙至比跪知天皇怒，②**不敢公还**，乃自**窜伏**[⑤]。其妹**有幸于**[⑥]皇宫者。比跪密遣使人问：'天皇怒解不？'妹③乃**托梦言**：'今夜**梦见**沙至比跪。天皇**大怒云**：比跪何敢来？'妹以皇言报之。比跪知不免，人石穴而死也。"
3	10	应神天皇八年三月条："《百济记》云：'阿花王立**无礼于**[⑦]贵国，故夺我枕弥多礼及岘南、支侵、谷那东韩之地。是以遣王子直支于天朝，以**修先王之好**也。'"
4	同	同二十五年条："《百济记》云：'木满致者，是木罗斤资讨新罗时，娶其国妇（4）**而所生**也。以其父功，**专于**[⑧]任那。（5）**来入**我国，（6）**往还**④**贵国**。**承制天朝**，执我国政。**权重当世**。然天朝闻其暴召之。'"
5	14	雄略天皇二十年条："《百济记》云：'盖卤王乙卯年冬，狛大军来攻大城七日七夜，⑤**王城降陷**，遂失尉礼国。王及大后、王子等，**皆没敌手**。'"

注："（1）……"为佛典表达，"①……"为自创表达。

①《史记》卷8《高祖本纪》："汉王之出关至陕，抚关外父老，还，张耳来见，汉王厚遇之。"

②《魏志》卷28《毋丘俭传》裴松之注引《魏氏春秋》："大目知大将军一目已突出，启云：'文钦本是明公腹心，但为人所误耳，又天子乡里。大目昔为文钦所信，乞得追解语之，令还与公复好。'"

③《后汉书》卷43《朱乐何传》："平城之围，嫚书之耻，此二辱者，臣子所为捐躯而必死，高祖、吕后忍怒还忿，舍而不诛。"

④《全后汉文》卷1光武帝《封更始为淮阳王诏》："更始破败，弃城逃走，妻子裸袒，流沉道路。朕甚愍之。今封更始为淮阳王。吏人敢有贼害者，罪同大逆。"（严可均校辑《全上古三代秦汉三国六朝文》，中华书局，1958，第476页。）

⑤《国语·晋语2》："不能深知君之心度，弃宠求广土而窜伏焉。"韦氏解："窜，隐也。"（"新编全集本"说）

⑥《北齐书》卷9《后主穆后传》："钦道伏诛，黄花因此入宫，有幸于后主，宫内称为舍利太监。"

⑦《左传》僖公三十年："九月甲午，晋侯、秦伯围郑，以其**无礼于**晋，且贰于楚也。"

⑧《左传》昭公十八年："楚左尹王子胜言于楚子曰：'许于郑，仇敌也，而居楚地，以不礼于郑。晋、郑方睦，郑若伐许，而晋助之，楚丧地矣。君盍迁许？许不**专于**楚。'"

（一）传统表达

所谓传统表达，亦称正格表达，指表达符合中国传世文献规范，是佛典表达和自创表达的对应说法。为行文方便，下面以脚注形式显示辨别传统表达的依据。根据我们的

① 坂本太郎、家永三郎、井上光貞、大野晋『日本書紀上』，日本古典文学大系，岩波書店，1967，第618頁。

调查和分析，《百济记》中的正格表达有：“反伐”“来奔～”“厚遇之”“启云：～”“遣～以讨～”“舍而不～”“反灭”“（皆为）流沉”“不任忧思”“领兵众来集～”“（复其）社稷”“（乃自）窜伏”“有幸于～”“梦见～”“大怒云：～”“何敢来”“无礼于～”“专于～”“承制天朝”“权重当世”“皆没敌手”。

（二）佛典表达

所谓佛典表达，指源自汉文佛经的表达，是传统表达和自创表达的对应说法。《百济记》中的佛典表达有：“遣～令～”“庄饰”“将其人～”“～而所生（也）”“来入（我国）～”“往还（贵国）～”。文例（1）“遣～令～”是汉语兼语式的变形样式。兼语指兼有主语和宾语两种语法功能。以（1）为例，沙至比跪作动词“遣”的宾语，同时还兼顾后续动词“讨”的主语。按照传统的兼语式表达的习惯，常见形式之一有“遣＋者＋V”，表示派遣某人去做某事。汉文佛经中的兼语式与传统兼语式不同，为“遣＋者＋令＋V”的形式，即在谓语动词前多出一助动词“令”。隋阇那崛多译《佛本行集经》卷5《贤劫王种品》：“时诸大臣，公卿辅相，亦白王言：‘王今斥**遣**，**此**四王子，**令**出国者，我等诸臣，亦求随去。’”例言斥责四个王子，将其驱逐出境。唐实叉难陀译《地藏菩萨本愿经》[①] 卷1《如来赞叹品》：“普广，汝以神力，**遣**是眷属，**令**对诸佛，菩萨像前，志心自读此经，或请人读。”该例同样为“遣＋者＋令＋V”式。那么，与正格的“遣＋者＋V”式相比，“遣＋者＋令＋V”式有何特点呢？其一，如《佛本行集经》和《地藏菩萨本愿经》所示，“遣＋者＋令＋V”式均用于直接引语，出现在会话之中。其二，用于调整音节或凑足四字格。萧齐昙景译《佛说未曾有因缘经》卷2：“佛告之曰：‘今欲令我，开化其者，唤彼宫内，除粪者来。’皇后即时，**遣使令唤**。”元魏慧觉等合译《贤愚经》卷12《象护品》：“时诸比丘，以意白佛。佛告象护：‘因此象故，致有烦愦。卿今可疾，**遣象令去**。’”

文例（2）“庄饰（美女）”是说新罗人让两个美女梳妆打扮，然后去港口迎接沙至比跪。沙至比跪收留这两个美女后，便不再去讨伐新罗，反倒对加罗国发起进攻。《百济新撰》中也有一例“庄饰”。从词汇史的角度看，表女性化妆之义的“庄饰”，始自后汉的译经。后汉支娄迦谶译《般舟三昧经》卷2《无著品》：“如新磨镜盛油器，女人**庄饰**自照形。于中起生淫欲心，放逸恣态甚迷荒。”在传世文献当中，年代最早的文例见于《南史》卷64《张彪传》：“妇人本在容貌。辛苦日久，请暂过宅**庄饰**。”[②] 而且，从用法上看，《张彪传》文例的特点是“庄饰”不带宾语。相反，吴支谦译《佛说义足经》卷1：“母闻亦喜，即**庄饰**女，众宝璎珞，父母俱将女出城。”西晋法炬译《佛说优填王经》卷1：“昔者吾在贝多树下，第六魔天王**庄饰**三女。颜容华色，天中无比。非徒此论，欲以坏吾道意。”在这两例中，“庄饰”表示为适龄女子梳妆打扮的意思。

---

① 该经于天平十年抄写，题作《地藏菩萨经》，录于《大日本古文书》卷7，第211页。

② （唐）李延寿撰《南史》，中华书局，1975，第1567页。

由此可知，文例（2）中“庄饰”的意义和用法与汉文佛经一脉相承。“新编全集本”释“庄饰”作：“装饰，原本为佛教词。”这一看法是正确的，只是例引《法华经》《譬喻品》中“庄校严饰”，从用法上看则未必妥帖。

文例（3）“将其人（民）～”一句，是说加罗国国王己本旱岐与其子百久氏，率领百姓逃到百济。原文上句“将其人民”与下句“来奔百济”是整饬的四字格。汉文佛经当中，在表示某人率领一群人向某处移动这一意思时，有一个较为固定的句子格式。元魏月婆首那译《僧伽咤经》[①] 卷1：“汝莫怖畏！汝在世时，闻僧伽咤法门、九十五亿佛，各**将其人**，至其世界。”元魏昙曜译《大吉义神咒经》卷4：“欲界天王，自来现身，在其人前，即**将其人**，诣诸天前。以天庄严之具，而庄严之，以天音乐，而娱乐之。”唐义净译《根本说一切有部毘奈耶》卷40：“王曰：‘此违我命，准法当死。所有眷属，并收系狱，此应断命。’时彼狱官，即**将其人**，欲往刑戮。”上述三例中，“各将其人，至其世界。”“即将其人，诣诸天前。”“即将其人，欲往刑戮。”就是一种较为固定的句子模式，证明“将其人（民）～”的句式源自汉文佛经，具有口语表达的语体特征。

文例（4）讲述木罗斤资征讨新罗时，娶了新罗国的一个女人，生下了木满致一事。“～而所生（也）”的句式略显复杂，因为它牵扯到“所”字句的特性以及后续动词的类别等问题。在这种情况下，为避免烦琐，转而对“～而所生”句式进行调查不失为一种策略。于是发现下面两例。西晋竺法护译《佛升忉利天为母说法经》卷2：“所以者何？天子，其三十二大人相，非从摩耶而所生[②]，学大智慧，真谛之谊，乃能致此。”例中“非从摩耶而所生”一句，日语可训读为“摩耶より生むところにあらず”。高丽一然撰《三国遗事》卷3：“王每命舟，沿河入寺，赏其形胜壮丽（与《古记》所载小异。武王是贫母与池龙通交**而所生**，小名薯蓣。即位后谥号武王，初与王妃草创也。）”该例是后世用例，但因为是出自朝鲜半岛的典籍，故而值得珍视。“武王是贫母与池龙通交而所生”一句，日语训读可作：“武王、是れ貧母と池龍（が）通交して生むところなり。”通过上述分析可知，传世文献当中并无“～而所生”的说法，它仅见于汉文佛经。

文例（5）“来入我（国）～”，“我国”指百济。原文曰：“娶其国妇，而所生也。以其父功，专于任那。来入我国，往还贵国。承制天朝，执我国政，权重当世。”例中一口气连用九个四字语句，体现了浓郁的口语化特征。使用表第一人称的“我国”，说明说话者的潜意识中，明确意识到对方的存在。根据我们的调查，在传世文献当中，由“来入我～”构成的四字语句仅见《艺文类聚》卷92引《搜神记》。其曰：“京兆长安有张氏，独处室。有鸠自外入，止于床。张氏祝曰：‘鸠来，为我祸也，飞上承尘？为

① 该经于天平八年抄写，录于《大日本古文书》卷7，第54页。

② “所生”，宫本中作“生以”。

我福耶，来入我怀？’”① 相反，该句式在汉文佛经当中的使用较为普遍，且多用于口语当中。西秦圣坚译《太子须大拏经》：“诸臣言：‘卿来入我国，我亦应问卿。’”东晋佛驮跋陀罗译《大方广佛华严经》卷33：“普放无量光，震动一切刹。显现自在力，来入我身中。”后秦鸠摩罗什译《大庄严论经》卷8：“时彼老母，即白王言：‘王勿怯弱，来入我舍。’”

判别文例（6）“往还（贵国）～”属于佛典表达的依据如下。第一，从意思上看，古汉语中，“往还”一词久而有之，不容置疑。《魏诗》卷2王粲《从军诗》：“拓地三千里，往返速若飞。”② 第二，从用法上看，“往还”伴随表移动空间词语的文例，最早出现在汉文佛经。西晋竺法护译《正法华经》卷2《应时品》：“假使往返，山林岩薮，旷野树下，闲居独处。若在燕室，谨敕自守，一身经行，益用愁毒，深自惟言。”又《普曜经》卷4《告车匿被马品》：“数数往返，天上世间。厌乐豪贵，为转轮王。千子七宝，游四天下。荣位无常，如梦所见。”又《生经》卷5：“时为国王，所见奉事，爱敬无量。神足飞行，往返王宫。”第三，在传世文献当中，表往返于某空间的最早文例见于《魏书·王洛儿传》卷34：“绍闻，收道斩之。洛儿犹冒难往返京都，通问于大臣。”③ 综合以上三方面考虑，我们认为，“往还＋空间场所”的句式出自汉文佛经。

（三）自创表达

所谓自创表达，指既不依附于古汉语规律，又不合乎汉文佛经说法的一种表达，是传统表达和佛典表达的对应说法。《百济记》中的自创体表达有“迎诱（于津）”“（不敢）公还”“乃托梦言”“（往还）贵国”“（王城）降陷”五处。关于文例①“迎诱（于津）”，我们以前讨论过，在此不赘述。④“新编全集本”就文例②“（不敢）公还”一句指出：“根据自己的意愿公然不肯回国。”“公还”这一用法在中国两类文献中未见先例。《魏书》卷31《于栗磾传》：“坐免官，以公还第。”⑤ 例中“公”指公爵，并非“公然”之义。而且，古汉语中由“公然”的“公”充当词素构成的双音词只有“公行”“公言”等寥寥数词。据此，暂且视“公还”为生造词语。

文例③“乃托梦言”一句，是说沙至比跪秘密派遣使者，通过自己的姐姐，打听天皇是否消除了对自己的怨恨。得知天皇余怒未消后，沙至比跪钻进岩洞自杀而亡。中国文献当中，未见“乃托梦言”的说法。但类似的搭配形式可见《太平广记》卷439《耿伏生》条：“托梦其女云：‘还债既毕，得生善处。’”⑥ 据此，我们推断“乃托梦言”为自创表达。

---

① （唐）欧阳询撰《艺文类聚》，上海古籍出版社，1999，第1600页。
② 逯钦立辑校《先秦汉魏晋南北朝诗》，中华书局，1983，第361页。
③ （北齐）魏收撰《魏书》，中华书局，1974，第799页。
④ 马骏：《日本上代文学“和习”问题研究》，国家哲学社会科学文库2011，北京大学出版社，2012，第294页。
⑤ （北齐）魏收撰《魏书》，中华书局，1974，第740页。
⑥ （宋）李昉等编《太平广记》，中华书局，1961，第3577页。

关于文例④“（往还）贵国”中的“贵国”一词，学术界存在三种看法：津田左右吉的“润色说”、坂本太郎的“原文说”和远藤庆太的“外交文书语说”。[①] 从结论来说，我们基本赞同“外交文书语说”，但认为它是一种自创表达，是将书简词语作为口语词挪用在散文之中。《国语》卷2《单襄公论陈必亡》：“是故小大莫不怀爱。其**贵国**之宾至，则以班加一等，益虔。”[②] 例言大国的客人来，接待规格更高，更加恭敬。《后汉书·五行志6》“延熹元年”注引《梁冀别传》：“朱雀，汉家之**贵国**，宿分周地，今京师是也。”[③] 此言朱雀象征汉人高贵的国土，相当于周朝之地，也就是今天的京城。从文例可知，“贵国”原指重要、珍贵的国家。后世引申为表尊敬意的书简词，用于两国间的书信往来。《唐文拾遗》卷38崔致远《新罗探候使朴仁范员外》：“况奉**贵国**大王，特致书信相问。将成美事，不惜直言。”《文华秀丽集》仁贞《七日禁中陪宴》：“入朝**贵国**惭下客，七日承恩作上宾。”同时，“贵国”还用于同一国家之中不同郡国之间的书信往来。譬如，《全唐文》后蜀后主孟昶写给五代后周第二代皇帝柴荣的书信、李煜写给南汉后主刘鋹的书信中的文例。[④] 通过比较可知，文例④中的“贵国”一词与上述诸例最大的不同在于：并非用于国与国或郡国之间的书信往来之中。

文例⑤“（王城）降陷”，谓王城被攻陷。在中国文献当中尚未检索到“降陷”一词。姑且视作自造词语。《后汉书》卷27《赵温传》中的下面一段内容，有助于理解大致相同场合的汉语表述：“公前托为董公报仇，然实**屠陷王城**，杀戮大臣，天下不可家见而户说也。”[⑤] 例言血洗王城，杀戮大臣，天下的不满家喻户晓。

二 《百济新撰》及其三种文体

根据“古典大系本”的说法，《百济新撰》记载的是从盖卤王代到武宁王代

---

① （1）“润色说。”如果是百济独自撰录的史书，就没有必要特意称呼日本（倭）为“贵国”。据此，津田左右吉得出这样的结论：《百济记》存在由日本人添加的润色成分，《百济记》的一些内容甚至是捏造的。［（2）“原文说”］坂本太郎认为，《日本书纪》书录者是尊重可资利用的史料的。基于这一立场，坂本指出，《日本书纪》如实地反映了原文的风貌。“贵国”尽管是个令人生厌的词语，含有溜须拍马的语气。但《百济记》原本就是这样记载的……包括《百济记》在内的百济史书，是百济灭亡以后，渡海来到日本的一些人，为了在日本生存，根据古老的资料撰写而成的。［（3）外交文书语言说］“贵国”是个用于外交文书的词语。调查、收集《日本书纪》以后六国史中“贵国”的文例，会发现渤海国人写给日本的外交文书（《渤海王启·中台省牒》）中的文例……所谓“贵国”，并非是个溜须拍马、令人生厌的词语，而是出于外交礼仪，礼貌地称呼对方国家为“贵国”而已（遠藤慶太『東アジア日本書紀—歴史書の誕生』，吉川弘文館，2012，第133～134頁。）

② 邬国义、胡果文、李晓路撰《国语译注》，上海古籍出版社，1994，第56页。

③ （宋）范晔撰，（唐）李贤等注《后汉书》，中华书局，1965，第3368页。

④ 《全唐文》卷129后蜀后主孟昶《与周世宗书》：“以至前载，忽劳睿德，远举全师，土疆寻隶于大朝，将卒亦拘于**贵国**。”又卷876潘佑《为李后主与南汉后主第二书》：“又方且遏天下之兵锋，俟**贵国**之嘉问，则大国之义斯亦以善矣，足下之忿亦可以息矣。”又同文：“惟有**贵国**情分逾亲，欢盟愈笃，在先朝感义，情实慨然。”

⑤ （宋）范晔撰，（唐）李贤等注《后汉书》，中华书局，1965，第950页。

（455～523）共计五代帝王的历史。[1]《日本书纪》共有三处引用《百济新撰》：雄略天皇二年条、五年条及武烈天皇四年条。兹以表2揭示其具体内容。

表2 《百济新撰》

序号	卷数	记事内容
1	14	雄略天皇二年七月条："《百济新撰》云：'己巳年，盖卤王立。天皇遣阿礼奴跪，**来索**[①]女郎。百济（1）**庄饰**慕尼夫人女，曰适稽女郎，（2）**贡进于**天皇。'"
2	同	同五年七月条："《百济新撰》云：'辛丑年，盖卤王遣王弟琨支君，向大倭侍天皇，以**修先王之好**[②]也。'"
3	16	武烈天皇四年是岁条："《百济新撰》云：'末多王无道**暴虐百姓**[③]，国人共除武宁王，立讳斯麻王。是琨支王子之子，则末多王异母兄也。琨支向倭时，至筑紫岛，生斯麻王。自岛**还送**[④]，不至于京，**产于**[⑤]岛，**故因名焉**[⑥]。今各罗海中有主岛，王所产岛，**故**百济人**号为**[⑦]主岛。'"

注：①《太平经·己部之三》："悬书于其外而大明其文，使其□□书其宅四面亦可也。其文言帝王**来索**善人奇文殊异之方，及善策辞，口中诀事。"

②《汉书》卷51《贾山传》："臣不胜大愿，愿少衰射猎，以夏岁二月，定明堂，造太学，**修先王之道**。"

③《吕氏春秋》卷16《先识览第4》："汤喜而告诸侯曰：'夏王无道，**暴虐百姓**，穷其父兄，耻其功臣，轻其贤良，弃义听谗，众庶咸怨，守法之臣，自归于商。'"书录者在此将末多王视作暴君夏桀的意图一目了然。（马骏：《日本上代文学"和习"问题研究》，北京大学出版社，2012，第125页。）

④《魏志》卷4《陈留王纪》："孙皓诸所献致，其皆**还送**，归之于王，以协古义。"

⑤《晋书》卷126《秃发乌孤传》："初，寿阗之在孕，母胡掖氏因寝而**产于**被中，鲜卑谓被为'秃发'，因而氏焉。"

⑥《水经注》卷2："世谓之二十八渡水，东北流，溪涧萦曲，途出其中，径二十八渡，行者勤于溯涉，**故因名焉**。"

⑦《汉书》卷28下《地理志下》："自毕万后十世称侯，至孙称王，徙都大梁，**故**魏一**号为**梁，七世为秦所灭。"

（一）传统表达

依据所举文例，《百济新撰》中可判定为传统表达的有"来索""以修先王之好""暴虐百姓""还送""产于～""故因名焉""故～号为～"。

（二）佛典表达

《百济新撰》中可判定为佛典表达的有"庄饰～（女）"和"贡进于～"。关于"庄饰"的意义和用法，上文已有详述，此处从略。文例（2）"贡进于～"是说盖卤王即位后，雄略天皇派遣阿礼奴跪去索取美女。百济让慕尼夫人的女儿梳妆打扮一番，称作适稽女郎，进献给天皇。介词"于"表示动作、作用所涉及的对象。"贡进于～"的搭配形式最早见于汉文佛经，然后传入中土文献。元魏吉迦夜、昙曜合译《杂宝藏经》卷1："诸子白言：'一切阎浮提王，欲索贡献。我等能使，**贡献于**王，王以何故，与他贡献？'"《全唐文》卷946冯真素《乡老献贤能书赋》："方今搜贤乡党，致理国经，具

① 坂本太郎、家永三郎、井上光貞、大野晋『日本書紀上』，日本古典文学大系，岩波書店，1967，第618頁。

名氏于尺牍，先贡献于彤庭。”①

三　《百济本纪》及其三种文体

根据“古典大系本”的推测，《百济本纪》记载了从武宁王时代到威德王初年（501～557）三代帝王的历史。②《日本书纪》中引用的《百济本纪》共有18处：继体天皇三年条、七年条、九年条、二十五年条、钦明天皇二年条、五年条（8处）、六年条、七年条、十一年条（2处）、十七年条。

表3　《百济本纪》

序号	卷数	记事内容
1	17	继体天皇三年二月条：“《百济本纪》云：‘久罗麻致支弥从日本来。’”
2	17	同七年六月条：“《百济本纪》云：‘委意斯移麻岐弥。’”
3	17	同九年二月条：“《百济本纪》云：‘物部至至连。’”
4	17	同二十五年十二月条：“或本云：天皇二十八年岁次甲寅崩。而此云二十五年岁次辛亥崩者，取《百济本纪》为文。其文云：‘太岁辛亥三月，师①进至于安罗，营乞乇城。是月，高丽弑其王安。又闻：日本天皇及太子、皇子，俱崩薨①。’”
5	19	钦明天皇卷19二年七月条：“《百济本纪》云：‘加不至费直、阿贤移那斯、佐鲁麻都等。’”
6	19	同五年二月条：“《百济本纪》云：‘津守连己麻奴跪。’”
7	19	同条：“《百济本纪》云：‘河内直、移那斯、麻都。’”
8	19	同条：“《百济本纪》云：‘汝先那干陀甲背，加腊直岐甲背。亦云那歌陀甲背，鹰歌岐弥。’”
9	19	同条：“《百济本纪》云：‘为哥岐弥，名有非岐。’”
10	19	同三月条：“《百济本纪》云：‘遣召乌胡跛臣。’”
11	19	同条：“《百济本纪》云：‘以安罗为父，以日本府为本也。’”
12	19	同条：“《百济本纪》云：‘我留印支弥之后，至既洒臣时。’”
13	同	同十月条：“《百济本纪》云：‘冬十月，奈率得文、奈率歌麻等还自日本曰：‘所奏河内直、移那斯、麻都等事，无（2）报敕也。’”
14	19	同七年是年条：“《百济本纪》云：‘十二月甲午，高丽国细群与粗群，战于宫门，伐鼓②战斗。细群败不解兵③三日，尽捕诛④细群子孙。戊戌，狛国香冈上王薨也。’”
15	19	同七年是岁条：“《百济本纪》云：‘高丽以正月丙午，立中夫人子为王。年八岁。狛王有三夫人。正夫人无子。中夫人生世子。其舅氏粗群也。小夫人生子。其舅氏细群也。及狛王疾笃，细群、粗群，各欲立其夫人之子。故细群死者，二千余人也。’”
16	19	同十一年二月条：“《百济本纪》云：‘三月十二日辛酉，日本使人阿比多率三舟，来至都下。’”

① （清）董诰等编《全唐文·附唐文拾遗唐文续拾》，中华书局，1983，第9819页。

② 坂本太郎、家永三郎、井上光貞、大野晋『日本書紀上』，日本古典文学大系，岩波書店，1967，第618頁。

续表

序号	卷数	记事内容
17	19	同年四月条："《百济本纪》云：'四月一日庚辰，日本阿比多还也。'"
18	19	同十七年四月条："《百济本纪》云：'筑紫君儿，火中君弟。'"

注：①汉班固《白虎通·崩薨》："**崩薨**纪于国何？以为有尊卑之礼，谥号之制即有矣。"［（清）陈立撰，吴则虞点校《白虎通疏证》，中华书局，1994，第535页。］

②《诗经·小雅·采芑》："鴥彼飞隼，其飞戾天，亦集爰止。方叔莅止，其车三千。师干之试，方叔率止。钲人**伐鼓**，陈师鞠旅。显允方叔，**伐鼓**渊渊，振旅阗阗。"

③《战国策·秦策3》："于是，秦王**解兵**不出于境，诸侯休，天下安。"

④《北齐书》卷15《娄昭传》："魏孝武将贰于神武，昭以疾辞还晋阳。从神武入洛，兖州刺史樊子鹄反，以昭为东道大都督讨之。子鹄既死，诸将劝昭**尽捕诛**其党。"

（一）传统表达

《百济本纪》中的正格表达有："崩薨""遣召""还自～""伐鼓（战斗）""（败不）解兵""（尽）捕诛""世子""疾笃""来至都下"。

（二）佛典表达

《百济本纪》中出自佛典的表达有"报敕"一词。"报敕"，回复命令之义，最先出现在汉文佛经，后来传入中土文献。后汉昙果、康孟详合译《中本起经》卷2《须达品》："**报敕**园监：'吾自戏言，遣钱勿受。'二人共诤。举国耆老，驰往谏止。"《南史》卷55《曹景宗传》："是时，魏军攻围钟离，蒋帝神**报敕**，必许扶助。"① 例言魏军攻打包围了钟离，蒋帝为了回报武帝，答应一定扶助梁军。

（三）自创表达

《百济本纪》中有一处变体表达，文例①"进至于～"便是。"进至于～"与上文"贡进于～"结构相同，且都与介词"于"相关。西晋竺法护译《等目菩萨所问三昧经》卷3《分别身行大慧空品》："以无碍之法，亿那术百千威猛。从念而雨，流**进至于**法河。转充于普智之海，成致诸佛法藏之海。"萧齐求那毗地译《百喻经》卷4："船盘回旋转，不能前**进**，**至于**宝所。举船商人，没水而死。"唐宗密述《圆觉经大疏》卷3："若诸菩萨，及末世众生，依此修行，渐次增**进**，**至于**佛地。"在上述三例当中，如"流进至于法河""前进至于宝所""增进至于佛地"所示，"至于～"前承的动词均为双音词，即"流进""前进""增进"。相反，①"进至于～"中的"进"是单音动词。据此，可知"进至于～"为自创表达。

以上，围绕着"百济三书"，我们对传统研究中一直忽略的三种文体进行了考察。其中，需要特别强调的一点是，自创表达是与正格汉文相对应的概念，涵括佛典表达和自创表达两大类，具体指用字、词汇、语法和构想等方面的自创。此类问题不仅出现在"百济三书"之中，还出现在与朝鲜半岛相关的其他典籍当中。譬如，高丽道显撰《日

① （唐）李延寿撰《南史》，中华书局，1975，第1356页。

本世记》。《日本书纪》卷26《齐明纪》五年七月条："(《日本书纪》) 新罗春秋智不得愿于内臣盖金。故亦使于唐，舍俗衣冠，请媚于天子，**投祸于**邻国，而构斯意行者也。"[①] 例中"**投祸**于~"，谓嫁祸于某人或某一方。中土文献中未见文例。汉文佛经中有"投祸"的文例，但不带处所介词"于"。西晋竺法护译《渐备一切智德经》卷1："众生一切，破坏净讼，转相诽谤，常抱瞋恚，转相**投祸**。吾等当设，无上大哀，无极之慈，立坚固行，令无彼此。"而且，上文谈到的《百济记》中"遣~令~"这样的佛典句式，同样见于《日本书纪》卷1、卷5、卷6、卷9等中。故此，今后十分有必要进一步拓展研究范围，将针对整个东亚汉字文化圈中自创表达的共性与个性问题纳入研究范围。

① 小島憲之、直木孝次郎、西宮一民、藏中進、毛利正守『日本書紀三』，新編日本古典文学全集，小学館，1998，第232頁。

第四章　自创表达研究

我们曾在《〈日本书纪〉依据汉译佛经自创的词语及搭配关系》一文中，从自创词语构词法和自创搭配结构法两个方面对《日本书纪》依据汉文佛经自创的词语及搭配关系进行过探讨：第一，自创词语构词法。①偏正式："戮处""悉愕"。②连动式："读唱""叫啼""迎诱"。第二，自创搭配结构法。①主述结构："面貌端丽""所喜遍身"。②述宾结构："剔除鬚发"。③偏正结构："空手来归""大斋悔过"。④连动结构："嘘唏、啼泣""全坏无""向外不在""追生悔耻"。[①] 与利用中土文献资料自创词语的情况相比，依据汉文佛经自创的词语及结构在数量上要少得多。但是，汉文佛经所具有的口语化等特征，反而使这些自创表达显得弥足珍贵，有助于我们把握汉文佛经文体对《日本书纪》文章表达的具体影响。

举一个例子。"**落死**"一词，谓使人从高处掉下来摔死。《日本书纪》卷16《武烈纪》四年四月条："四年夏四月，拔人头发，使升树颠，斮倒树木，**落死**生者为快。"[②] 例言武烈天皇凶狠残暴：他命令人爬上树后，再砍断树，摔死树上的人，并以此为乐。《日本灵异记》中卷《依不布施与放生而现得善恶报缘第16》："放生之人，与使人俱入山拾薪，登于枯松，脱之**落死**。"[③] 此言从干枯的松树上掉下来摔死。唐僧详撰《法华传记》卷9："隋末有游化沙门，不知其名。入虎丘山，诵法《华经》，一夏九旬。其山有猕猴群，数过一百。猕猴群中有一老猴，身毛纯白无声数日，在傍树上闻经。夜尚在树不去，朝见**落死**。"例言一和尚念经，招来众多猕猴聆听。这是佛经中赞美高僧读诵功德常见的故事类型。该例中的"落死"一词，已经是一个完全独立的复合词，谓老猴子夜间在树上听和尚念经，清晨却从树上掉下来摔死。《全唐文》卷446倪少通《太一观董真人殿碑铭并序》："太乙真人，太伯仙翁，定生丹籍，**落死**北酆。"[④] 此例

① 马骏：《日本上代文学"和习"问题研究》，国家哲学社会科学文库2011，北京大学出版社，2012，第293～298页。

② 小島憲之、直木孝次郎、西宮一民、蔵中進、毛利正守『日本書紀二』，新編日本古典文学全集，小学館，1996，第278頁。

③ 中田祝夫『日本靈異記』，日本古典文学全集，小学館，1975，第192頁。

④ （清）董诰等编《全唐文·附唐文拾遗唐文续拾》，中华书局，1983，第9675页。

“落死”与佛典用法不同，表示最终死于某地的意思。将汉文佛经、中土文献中的“落死”与《武烈纪》中的“落死”做一比较，会发现两点不同：一是《武烈纪》中的“落死”表摔死之意，与中土文献的意思不同；二是与汉文佛经的用法不同，用作及物动词，带有宾语。关于出自汉文佛经的双音词在词义和用法上出现的种种自创表达，以下主要从意思表达上的创意、语体色彩上的创意和搭配关系上的创意三个方面来展开深入探讨。

第一节　意思表达上的创意

关于意思表达上的创意的问题，以下主要聚焦语义转换和语用转换两方面。

一　语义转换

所谓语义转换，谓与中国两类文献相关的词语在意义上已经发生变化，派生出源语中没有的新意。《日本书纪》中的这类词语有“抽出”“分布”“乱声”“疾作”“祈生”“没死”等。

“抽出”，抽芽。《日本书纪》卷1《神代纪上》：“古国稚地稚之时，譬犹浮膏而漂荡。于时，国中生物，状如苇芽之抽出也。因此有化生之神，号可美苇牙彦舅尊。”①例言国土形成伊始，生物出现，其形状犹如芦苇抽芽。“抽”，“生根发芽”之意。唐慧琳撰《一切经音义》卷78：“抽权：上丑留反，差皆反。菩提树枝生根貌。”（1）唐菩提流志译《大宝积经》卷56：“于斯秽处，推手令人，以利刀子，脔割儿身，片片抽出。”此言用刀一片一片地从儿子身上割取肉。唐义净译《根本说一切有部毘奈耶》卷22：“时邬波难陀，便于腋下，抽出其钵，而呈示之，问曰：‘如此之钵，价直几多？’”例言拿出夹在腋下的食器。唐不空译《观自在大悲成就瑜伽莲华部念诵法门》卷1：“心印者，以二手十指向内，相叉为拳，即抽出右大指，向内招之咒曰……”此言从相叉为拳的十指中伸出右拇指，并朝内侧举手施行咒术。（2）《南史》卷80《侯景传》：“彭隽亦生获，破腹抽出其肝藏，隽犹不死，然后斩之。”② 例言剖腹从中摘除肝脏。按：传世文献和汉文佛经中的“抽出”一词，均表示从一物中将另一物割取或抽出的意思，而《神代纪》中的“抽出”表示的却是植物发芽或抽芽的意思。

“分布”，撒播，四处种植。《日本书纪》卷1《神代纪上》：“于时，素戋鸣尊之子，号曰五十猛命、妹大屋津姬命、次枛津姬命。凡此三神亦能分布木种。即奉渡于纪

① 小島憲之、直木孝次郎、西宮一民、蔵中進、毛利正守『日本書紀一』，新編日本古典文学全集，小学館，1994，第20頁。

② （唐）李延寿撰《南史》，中华书局，1975，第2018页。

伊国也。”[①] 例言素戋呜尊的三个孩子（三神）四处播撒树木的种子。西晋法立、法炬合译《大楼炭经》卷3：“北方天下有树，名银茎，围二百八十里，高四千里，枝叶**分布**二千里。”例言枝繁叶茂，延绵两千里。刘宋求那跋陀罗译《过去现在因果经》卷1：“尔时夫人，既入园已，诸根寂净，十月满足。于二月八日日初出时，夫人见彼园中，有一大树，名曰无忧。花色香鲜，枝叶**分布**，极为茂盛。即举右手，欲牵摘之，菩萨渐渐从右胁出。”此言无忧树花香色美，枝叶繁茂。按：《汉语大词典》中的“分布”条目无此义项。传世文献中，“分布”表示均等的意思。《国语》卷1《虢文公谏宣王不籍千亩》：“稷则遍诫百姓纪农协功，曰：‘阴阳**分布**，震雷出滞。’”[②] 例言日夜均等，春雷惊动了蛰伏的虫豸。汉文佛经中，“分布”用作枝叶扶疏。《神代纪上》化用佛典用法，表示四处撒播种子的意思。

“**乱声**”，因恐惧等声音颤抖。《日本书纪》卷24《皇极纪》四年六月条：“仓山田麻吕臣恐唱表文将尽而子麻吕等不来，流汗沃身，**乱声**动手。”[③] 刘宋昙无蜜多译《佛说观普贤菩萨行法经》卷1：“耳根闻**乱声**，坏乱和合义。由是起狂乱，犹如痴猨猴。但当诵大乘，观法空无相。永尽一切恶，天耳闻十方。”北凉昙无谶译《佛所行赞》卷2：“俱学神仙者，咸说未曾见。孔雀等众鸟，**乱声**而翔鸣。”又卷5：“时诸力士众，闻佛已涅槃，**乱声**恸悲泣，如群鹄遇鹰。”按：佛典三例中，第一例指使人心烦意乱的种种是非之说；第二例描写的是群鸟鸣噪的情景；第三例是说众力士听到佛陀已经涅槃后失声恸哭。《皇极纪》中的“乱声”一词虽出自佛经，但意思完全不同。

“**疾作**”，紧急制作，赶制。《日本书纪》卷21《崇峻纪》二年四月条：“乃斫取白月胶木，**疾作**四天王像，置于顶发，而发誓言：‘今若使我胜敌，必当奉为护世四王，起立寺塔。’”[④] 例言赶紧制作四天王像，以求菩萨保佑。吴康僧会译《六度集经》卷8：“月光泣曰：‘愿假吾命漏刻之期，募求智士，必有能却七国之患者也。’王即募曰：‘孰能禳斯祸者，妻以月光，育以原福。’太子曰：‘**疾作**高观，吾其禳之。’”此言立即修建观察天象的高台。后秦弗若多罗、罗什合译《十诵律》卷19：“一贾客见已，语其妇言：‘华色比丘尼于巷中倒地，汝扶令起将来。’妇即去扶起，将来入舍。**疾作**粰𩞄粥，与已得醒。”例言急忙煮稀粥。但在中土文献中，“疾作”一是“努力劳作”的意思。《庄子·外篇·至乐第18》：“夫富者，苦身**疾作**，多积财而不得尽用，其为形也亦外矣。”[⑤] 二是“疟疾发作”的意思。《孟子·离娄下》：“子濯孺子曰：今日我**疾作**，

① 小島憲之、直木孝次郎、西宮一民、藏中進、毛利正守『日本書紀一』，新編日本古典文学全集，小学館，1994，第100頁。

② 邬国义、胡果文、李晓路撰《国语译注》，上海古籍出版社，1994，第11页。

③ 小島憲之、直木孝次郎、西宮一民、藏中進、毛利正守『日本書紀三』，新編日本古典文学全集，小学館，1998，第100頁。

④ 小島憲之、直木孝次郎、西宮一民、藏中進、毛利正守『日本書紀二』，新編日本古典文学全集，小学館，1996，第512頁。

⑤ （清）郭庆藩撰，王孝鱼点校《庄子集释》，中华书局，1961，第609页。

不可以执弓，吾死矣夫。”孙奭疏：“今日我疟疾发作，不可以执弓而敌之，我必死矣。”[①] 例言我今天疾病发作，不能开弓放箭，我要死在此地了。中土文献的这两个意思，与《崇峻纪》和汉文佛经都不相同。

“祈生”，祈求饶命，祈祷活命。《日本书纪》卷18《安闲纪》元年闰十二月条：“于是，大河内直味张恐畏永悔，伏地汗流，启大连曰：‘愚蒙百姓，罪当万死。伏愿每郡以钁丁春时五百丁、秋时五百丁奉献天皇，子孙不绝。籍此**祈生**，永为鉴戒。’”[②] 例言祈求留下一条活命，永远作为借鉴，不再重蹈覆辙。唐澄观疏《大方广佛华严经随疏演义钞》卷63《十地品》：“疏：杀生祀祠求梵福者，即《智论》《百论》皆说，外道杀马祀梵天，**祈生**梵世。”唐怀感撰《释净土群疑论》卷2：“若本以愿心，**祈生**净土，心求胜果，戒成妙因，感彼西方，寿命长远。”日本净慧集《金刚经灵验传》卷1：“遂尽敛所积衣资，就普庆寺东建观音堂一所，修白净业，**祈生**净土。”上述三例佛典例中，“祈生”均表示祈求往生（转世）净土或梵天，与《安闲纪》中的“祈生”意思大相径庭。

“没死”，①淹死。《日本书纪》卷25《孝德纪》白雉四年七月条：“秋七月，被遣大唐使人高田根麻吕等于萨麻之曲、竹岛之间，合船**没死**。唯有五人系胸一板，流遇竹岛，不知所计。”[③]《续日本纪》卷13《圣武纪》天平十一年十一月条：“渤海一船，遇浪倾覆。大使胥要德等四十人**没死**。广成等率遣众，到著出羽国。”[④] 又卷35《高绍纪》宝龟十年二月条：“宝龟八年，任副使入唐。事毕而归，海中船断。石根及唐送使赵宝英等六十三人同时**没死**。”②死亡。《续日本纪》卷12《圣武纪》天平九年是年条：“是年春，疫疮大发。初自筑紫来，经夏涉秋。公卿以下天下百姓，相继**没死**，不可胜计。近代以来，未之有也。”（1）后汉支娄迦谶译《道行般若经》卷5：“佛言：‘譬如大海中，船卒破坏，知中人皆当堕水**没死**，终不能得度。’”梁宝唱等集《经律异相》卷13：“便于道中，卒遇黑风，破碎船舫，众人无依。中有五人，共白萨薄：‘依汝来此，今当**没死**。危险垂至，愿见拔度。’”（2）晋常璩《华阳国志》卷1：“遭乱兵迫匿，惧见拘辱，三人同时自沉于西汉水而**没死**。”《水经注》卷33：“以永建元年十一月，诣巴郡，**没死**成湍滩，子贤求丧不得。”[⑤] 上述（1）（2）中的“没死”，都是淹死的意思。②中表死亡的用法，在中国两类文献中未见先例。相反，《战国策》卷21《赵太后新用事》：“左师公曰：‘老臣贱息舒祺，最少，不肖。而臣衰，窃爱怜之。愿令得

① 《孟子》，《十三经注疏》，中华书局，1980，第2729页。

② 小島憲之、直木孝次郎、西宫一民、蔵中進、毛利正守『日本書紀二』，新編日本古典文学全集，小学館，1996，第340頁。

③ 小島憲之、直木孝次郎、西宫一民、蔵中進、毛利正守『日本書紀三』，新編日本古典文学全集，小学館，1998，第194頁。

④ 青木和夫、稲岡耕二、笹山晴生、白藤礼幸『続日本紀二』，新日本古典文学大系，岩波書店，1990，第334、356頁。

⑤ （北魏）郦道元著，陈桥驿、叶光庭、叶扬译注《水经注全译》，贵州人民出版社，2008，第834页。

补黑衣之数，以卫王宫，没死以闻。’”① 此言冒着死罪前来报告。《后汉书》卷 65《皇甫规传》：“若谓臣年少官轻，不足用者，凡诸败将，非官爵之不高，年齿之不迈。臣不胜至诚，没死自陈。”② 例言臣子对国家朝廷无限忠诚，冒死陈述自己的看法。传世文献中这两例“没死”，犹言“冒死”，谓致死也要做某事的坚定决心，与《孝德纪》和汉文佛经中“没死”的语义迥然有别。

二　语用转换

所谓语用转换，谓与中国两类文献相关的词语在用法上已经发生变化，引申出源语中没有的新用法。以下聚焦“进登”“深生”“被他偷～”“身及妻子”“如视掌中”这类词语或词组的语用转换问题。

“进登”，进军登上。《日本书纪》卷 5《崇神纪》十年九月条：“爰以忌瓮，镇坐于和珥武鐰坂上。则率精兵，进登那罗山而军之。”③ 例言率领精兵登上那罗山。北凉昙无谶译《佛所行赞》卷 3：“菩萨求出故，复舍郁陀仙。更求胜妙道，进登伽阇山。”此言为了追求更加殊胜微妙的佛道，悉达多（登）上了伽阇山。在传世文献当中，“进登”，表“晋升”之意。《全后汉文》卷 77 蔡邕《太尉陈球碑》：“盈致仕，复拜廷尉，进登太常。”④《晋书》卷 95《鸠摩罗什传》：“母至天竺，道成，进登第三果。”⑤ 例言修成正道，晋升第三果。《隋书》卷 26《志第 21》：“从十一班至九班，礼数复为一等。又流外有七班，此是寒微士人为之。从此班者，方得进登第一班。”⑥ 例言寒微士人所任官职，经过这七班才可以升迁到第一班。汉文佛经当中，“进登”也有表“晋升”之意的文例。西晋法立、法炬合译《佛说诸德福田经》卷 1：“此德除贡高，因解生死缘。进登成佛道，空净巍巍尊。”梁慧皎撰《高僧传》卷 2：“有顷，什母辞往天竺，谓龟兹王白纯曰：‘汝国寻衰，吾其去矣。’行至天竺，进登三果。”通过分析中国两类文献可知，在传世文献和汉文佛经中，“进登”一词通常用作抽象义，表“晋升”“进阶”之意。《崇神纪》中的“进登”用作具体义，谓军队行进并登上某高处。该用法源自《佛所行赞》等佛经，但有别于传世文献中的用法。

“深生”，产生某种很深的意识或感情。《日本书纪》卷 25《孝德纪》大化三年四月条：“由是率土民心，固执彼此，深生我汝，各守名名。”⑦ 此言人们执着于名称的不

① （西汉）刘向集录，范祥雍笺证，范邦瑾协校《战国策笺证》，上海古籍出版社，2006，第 1232 页。

② （宋）范晔撰，（唐）李贤等注《后汉书》，中华书局，1965，第 2130 页。

③ 小島憲之、直木孝次郎、西宮一民、藏中進、毛利正守『日本書紀一』，新編日本古典文学全集，小学館，1994，第 280 頁。

④ （清）严可均校辑《全上古三代秦汉三国六朝文》，中华书局，1958，第 888 页。

⑤ （唐）房玄龄等撰《晋书》，中华书局，1994，第 2499 页。

⑥ （唐）魏徵等撰《隋书》，中华书局，1973，第 741 页。

⑦ 小島憲之、直木孝次郎、西宮一民、藏中進、毛利正守『日本書紀三』，新編日本古典文学全集，小学館，1998，第 162 頁。

同，产生深深的彼此对立意识，各自把守着不同的名分。吴支谦译《撰集百缘经》卷1《菩萨授记品》："时婆罗门，闻彼亲友，叹佛功德，深生信敬。"东晋法显译《大般涅槃经》卷3："时诸天人，既睹奇特，希有之事，莫不嗟叹，深生苦恋。"姚秦鸠摩罗什译《大庄严论经》卷2："此人闻已，深生瞋忿，放身纵体，投棘刺上，转剧于前。"按：汉文佛经中的"深生"，后续表感情色彩的抽象词语，如"信敬""苦恋""瞋忿"等。相反，《孝德纪》中则是你我（彼此），指人们因拘泥于神灵姓氏和皇族姓氏，彼此间产生深深的隔膜意识。

"**被他偷～**"，被别人偷去某物。《日本书纪》卷25《孝德纪》大化二年三月条："复使朝仓君作刀，复得朝仓君之弓布，复以国造所送兵代之物不明还主，妄传国造。复于所任之国，被他偷刀。复于倭国，被他偷刀。"① 唐义净译《根本萨婆多部律摄》卷2："盗鸟有二：一自手持去，离处时犯；二引逐人来，飞堕时犯。弟子门人，被他偷去，已属于彼。"唐宗密撰《圆觉经大疏释义钞》卷12："偷号者，即次前但言为法，瞋彼。度此，不知此心元是我相，即知被他偷于为法之号。"按：将《孝德纪》和佛典用例做一比较，不难发现《孝德纪》被动句中的动词"偷"后面带有宾语。这一用法仅限于《日本书纪》，疑似自创表达。

"**身及妻子**"，自身以及妻儿。《日本书纪》卷20《敏达纪》十二年是岁条："于是，恩率、参官临罢国时，窃语德尔等言：'计吾过筑紫许，汝等偷杀日罗者，吾具白王，当赐高爵。身及妻子，垂荣于后。'"② 此言恩率、参官两人偷偷地告诉德尔等人说，如果暗杀日罗成功，会赐予你和你妻儿很高的爵位，让你们流芳百世。"身及妻子"的说法，佛经中可见梁宝唱等集《经律异相》卷29："王即到佛所，头面礼佛足，具以白佛：'恐亡国土，身及妻子。愿闻教戒。'"例中"身及妻子"指国王唯恐失去国土、性命及妻儿。同一用法又见元魏慧觉等合译《贤愚经》卷1《梵天请法六事品》："太子复言：'大师所须，愿见告敕。身及妻子，一皆不惜。'"例言愿意为大师提供一切资养，哪怕性命及妻儿亦在所不惜。另一方面，中土文献中亦可见《隋书》卷45《杨勇传》："但朕情存好生，未能尽戮，可并特免死，各决杖一百，身及妻子资财田宅，悉可没官。"③ 此言车骑将军阎毗等人及妻儿和资财田宅全部被没收入官府。按：上述诸例中，《敏达纪》中"身及妻子"用以表现当事者的善行给妻儿带来好的结果，相反在佛经和传世文献中，"身及妻子"则表示当事人的恶行会牵连妻儿。由此可知，两者用法相去甚远。

"**如视掌中**"，如同看自己手掌中的庵摩罗果那样一清二楚。犹言"了如指掌"。

① 小島憲之、直木孝次郎、西宮一民、蔵中進、毛利正守『日本書紀三』，新編日本古典文学全集，小学館，1998，第142頁。

② 小島憲之、直木孝次郎、西宮一民、蔵中進、毛利正守『日本書紀二』，新編日本古典文学全集，小学館，1996，第484頁。

③ （唐）魏徵等撰《隋书》，中华书局，1973，第1237页。

《日本书纪》卷19《钦明纪》十一年二月条："十一年春二月辛巳朔庚寅，遣使诏于百济曰：'朕依施德久贵、固德马进文等所上表意，一一教示，**如视掌中**。思欲具情。冀将尽抱。'"① 元魏月婆首那译《僧伽吒经》卷2："一切善根，悉皆现前，**如视掌中**，庵摩罗果。"撰者未详今附梁录《陀罗尼杂集》卷1："我大势至菩萨，威神力故，令此行人，所修转胜，悉得成办。有诸行人，在所生处，得宿命智。百生千生，百千万亿生，通达无碍。**如视掌中**，阿摩勒果。"隋阇那崛多等译《起世经》卷7："当于是时，了了分明。忆宿世事，**如视掌中**。""如视掌中"，具体指手中的庵摩罗果，比喻所见一清二楚。"了如指掌"的掌故则有所不同，它语出《论语·八佾》："或问禘之说。子曰：'不知也；知其说者之于天下也，其如示诸斯乎！'指其掌。"何晏集解引包咸曰："孔子谓或人言知禘礼之说者，于天下之事，如指示掌中之物，言其易了。"②

上面，我们探讨了《日本书纪》中的自创表达在意义、用法上的创新之处。在谈到语义转换时涉及的词语有"抽出""分布""乱声""疾作""祈生""没死"等。在谈到语用转换时涉及的有"进登""深生""被他偷～""身及妻子""如视掌中"等词语或词组。这些自创表达既融入了《日本书纪》的历史书写，又拓宽了汉语的使用范围，丰富了汉语的表达内容，是中日文字历史交流的一个双赢的结果。

第二节　语体色彩上的创意

关于语体色彩上的创意这一问题，以下主要从性别转换和位相转换两个方面来探讨。

一　性别转换

所谓性别转换，谓与中国两类文献中的相关词语在所指性别上已经发生错位，出现了源语中没有的新变化。下面的"可美""妙美"两词就是典型的例子。

"**可美**"，足以嘉美，用于对诸神和佛菩萨、沙门形象的赞美，无性别差异。《日本书纪》卷1《神代纪上》："因此有化生之神，号**可美**苇牙彦舅尊……（**可美**，此云于麻时。）"又："天地混成之时，始有神人焉，号**可美**苇牙彦舅尊。"又："天地初判、有物。若苇牙生于空中。因此化神号天常立尊。次**可美**苇牙彦舅尊。"又："时阴神先唱曰：'喜哉！遇**可美**少年焉。'……是兴也阳神先唱曰：'喜哉！遇**可美**少女焉。'"又卷3《神武纪》即位前纪戊午年十二月："遂有儿息，名曰**可美**真手命。"③《出云国风土

① 小島憲之、直木孝次郎、西宮一民、蔵中進、毛利正守『日本書紀二』，新編日本古典文学全集，小学館，1996，第412頁。

② 《论语》，《十三经注疏》，中华书局，1980，第2467页。

③ 小島憲之、直木孝次郎、西宮一民、蔵中進、毛利正守『日本書紀一』，新編日本古典文学全集，小学館，1994，第20（二例）、22、26、224頁。

记·出云郡》条："漆治乡。郡家正东五里二百七十步。神魂命御子天津枳比佐可美高日子命御名，又云荐枕志都治值之。"① 下面是汉文佛经中"可美"的用法，与《神代纪上》的用法具有相当的亲缘性。东晋瞿昙僧伽提婆译《增壹阿含经》卷39《马血天子问八政品》："又复沙门，颜貌端政，年状可美，出处刹利，转轮王种，速起此处，习于五乐。我当将和，使汝得作，转轮圣王。"齐那连提耶舍译《大悲经》卷4："念如来可美，念如来无愚痴，念如来本行具足，念如来愿具足，念如来戒定慧解脱知见具足，念如来慈悲喜舍具足，念如来威仪具足。"元魏菩提留支译《大萨遮尼乾子所说经》卷6："十八者，沙门瞿昙，面貌丰美，如似满月；十九者，沙门瞿昙，面貌端正，殊特可美。"又："五十二者，沙门瞿昙，十指纤长，佣圆可美。"根据汉语传统的用法，"可美"一词有如下三种用法：①对风俗纯正的赞美。《淮南子》卷20《泰族训》："诚决其善志，防其邪心，启其善道，塞其奸路，与同出一道，则民性可善，而风俗可美也。"②《魏书》卷111《志第16》："卖子葬亲，孝诚可美，而表赏之议未闻，刑罚之科已降。"③ ②对自然佳境的赞美。《文选》卷30陆机《拟魏太子邺中集诗八首》："整装辞秦川，秣马赴楚壤。沮漳自可美，客心非外奖。"④ ③对佳丽容貌的赞美。《文选》卷25陆云《为顾彦先赠妇二首》："雅步擢纤腰，巧笑发皓齿。佳丽良可美，衰贱焉足纪？"⑤ 在此基础上，叠加出现了《神代纪上》基于汉文佛经的创新表达。

"妙美"，美丽绝伦，貌美无匹。《日本书纪》卷2《神代纪下》："门前井边树下，有一贵客，骨法非常。若从天降者，当有天垢。从地来者，当有地垢。实是妙美之，虚空彦者欤。"⑥ 例言龙女感叹彦火火出见尊的容貌：如此俊俏，莫非是来自虚空、毫无尘垢的俊男？汉文佛经当中，"妙美"有如下四种用法。①美味佳肴。北凉昙无谶译《大方广三戒经》⑦ 卷1："在家施比丘，上妙美饮食。衣服中妙者，一切恭敬与。"②议论精妙。隋阇那崛多译《入法界体性经》⑧ 卷1："此处应有，最胜法义。以有文殊师利与世尊共处，各有论说，必有妙美，当有甚深，最胜法义。"③声音美妙。唐慧琳撰《一切经音义》卷25："迦陵频伽：此云妙美声，出于雷山，在声即能遍，其声和雅，听者无厌也。"④姿色美好。元魏瞿昙般若流支译《正法念处经》卷28："是时天子，见诸天女，颜色妙美，百倍爱著，走趣天女。"《神代纪下》中"妙美"的意思与④同，但在描写对象上从女性转成男性。与"妙美"不同的是，"绝妙"一词虽然也指

① 植垣節也『風土記』，新編日本古典文学全集，小学館，1997，第208～209頁。

② 何宁撰《淮南子集释》，中华书局，1998，第1403页。

③ （北齐）魏收撰《魏书》，中华书局，1974，第2883页。

④ （梁）萧统编（唐）李善注《文选》，中华书局，1977，第437页。

⑤ （梁）萧统编（唐）李善注《文选》，中华书局，1977，第254页。

⑥ 小島憲之、直木孝次郎、西宮一民、蔵中進、毛利正守『日本書紀一』，新編日本古典文学全集，小学館，1994，第164頁。

⑦ 该经于天平九年抄写，录于《大日本古文书》卷7，第73页。

⑧ 该经于天平八年抄写，录于《大日本古文书》卷7，第61页。

容貌姿色异常美丽，但在描写对象上没有男女的限制。《日本书纪》卷13《允恭纪》七年十二月条："天皇即问皇后曰：'所奉娘子者谁也，欲知姓字。'皇后不获已而问皇后曰：'妾弟名弟姬焉。弟姬容姿绝妙无比，艳色彻衣而晃之。是以时人号曰衣通郎姬也。'"[①] 佛典中的例子，如刘宋求那跋陀罗译《杂阿含经》卷22："时有一天子，容色绝妙。于后夜时，来诣佛所，稽首佛足，退坐一面。身诸光明，遍照祇树给孤独园。"唐道世撰《法苑珠林》卷8："时甘蔗王，有第二妃，绝妙端正，生于四子。"

二　位相转换

所谓位相转换，谓与中国两类文献的相关词语在语体色彩上已经发生错位，出现了源语中没有的新色彩。下面的"缠心""深用欢喜"为我们探讨这一问题提供了鲜活的例子。

"缠心"，缠绕心头，萦绕心怀。《日本书纪》卷16《武烈纪》即位前纪条："于是影媛收埋既毕，临欲还家，悲鲠而言：'苦哉！今日失我爱夫。'即便洒涕怆矣。缠心歌曰……"[②]《续日本纪》卷9《元正纪》养老六年正月条："六年春正月癸卯朔，天皇不受朝。诏曰：'朕以不天，奄丁凶酷。婴蓼莪之巨痛，怀顾复之深慈。悲慕缠心，不忍贺正。宜朝廷礼仪皆悉停之。'"[③] 又卷19《孝谦纪》天平胜宝八年十二月条："其词曰：'皇帝敬白：朕自遭闵凶，情深荼毒。宫车渐远，号慕无追。万痛缠心，千哀贯骨。恒思报德。日夜无停。'"[④] 上引三例"缠心"，均用于哀悼逝者的悲痛心情。（1）东晋佛驮跋陀罗译《大方广佛华严经》卷32《佛小相光明功德品》："诸天子，五欲缠心，修念佛三昧，皆悉除灭。是故诸天子当知报恩，一向敬念卢舍那菩萨。"东晋法显译《大般涅槃经》卷3："雕饰宝殿，八万四千，王之所处，不过一室。身之所须，饱足而已。而王役虑四方，缠心物务，徒劳精神，于身无益。"唐菩提流志译《大宝积经》卷43《尸波罗蜜品》："四者临终舍命，无惑缠心，往生善趣，安乐世界。"佛典三例"缠心"与哀悼死者无关，仅表示过于执着，受到欲念或俗物的羁绊。（2）《宋书》卷6《孝武帝纪》："壬戌，诏曰：'先帝灵命初兴，龙飞西楚，岁纪浸远，感往缠心。'"[⑤]《南齐书》卷34《虞玩之传》："非为希高慕古，爱好泉林，特以丁运孤贫，养礼多阙，风树之感，夙自缠心。"[⑥]《艺文类聚》卷14所载齐王俭《高帝哀策文》："降阶执礼，

---

① 小島憲之、直木孝次郎、西宫一民、蔵中進、毛利正守『日本書紀三』，新編日本古典文学全集，小学館，1998，第114頁。

② 小島憲之、直木孝次郎、西宫一民、蔵中進、毛利正守『日本書紀二』，新編日本古典文学全集，小学館，1996，第274頁。

③ 青木和夫、稲岡耕二、笹山晴生、白藤礼幸『続日本紀二』，新日本古典文学大系，岩波書店，1990，第108頁。

④ 青木和夫、稲岡耕二、笹山晴生、白藤礼幸『続日本紀三』，新日本古典文学大系，岩波書店，1992，第170頁。

⑤ （梁）沈约撰《宋书》，中华书局，1974，第121页。

⑥ （梁）萧子显撰《南齐书》，中华书局，1972，第611页。

泣血**缠心**。感客台之罢御，哀恭馆之不临。”① 传世文献中的三例“缠心”，其意思和用法与上古文献相同。总之，“缠心”一词源自佛经，谓心心念念执着某事。后在传世文献当中，引申为萦绕心怀的意思，且主要用于哀策文体。

“**深用欢喜**”，谓深感喜悦。多用于尺牍。《日本书纪》卷19《钦明纪》十五年十二月条：“而天皇遣有至臣，率军以六月至来。臣等**深用欢喜**。”② 元魏慧觉等合译《贤愚经》卷6《月光王头施品》：“祇洹门外，有一大石。尼提比丘，坐于石岩，缝补故衣。有七百天人，各持华香，而供养之，右绕敬礼。时王睹见，**深用欢喜**。”从语体色彩上看，《钦明纪》用于尺牍，汉文佛经用于对话文。两者在用于口头叙述这一点上完全一致。此外，《日本书纪》卷19《钦明纪》十四年八月条：“由是海表诸蕃，皆称其善，谓当万岁肃清海表。不幸云亡，**深用追痛**。今任那之事，谁可修治？”③ 例中“深用追痛”的搭配形式，语体与“深用欢喜”相同，但未见于中国文献，疑似自创搭配。

三　义项转换

所谓义项转换，谓与中国两类文献的相关词语在义项上已经发生迁徙，显现出源语中没有的新用法。一般来说，义项转换包括两种情况：具体义转向抽象义；反之，抽象义转向具体义。

（一）具体义转为抽象义

“**纯男**”，纯粹的男人。《日本书纪》卷1《神代纪上》：“便化为神，号国常立尊。次国狭槌尊，次丰斟渟尊，凡三神矣。乾道独化，所以成此**纯男**。”④ 此言三神唯独受到阳神的化育成为纯粹的男人。“新编全集本”例引《周易·系辞上》：“乾道成男，坤道成女。”此言乾道构成男性，坤道构成女性。“纯男”一词由此产生。不可从。原因很简单，因为例中未见“纯男”一词。后秦竺佛念译《菩萨从兜术天降神》⑤ 卷4：“初一说法，度于无数，**纯男**无女；第二说法，纯女无男；第三说法，纯度正见人；第四说法，纯度邪见人；第五说法，男女正等；第六说法，邪正亦等。”又：“尔时诸佛，说此颂已，初一说法，**纯男**无女者，即于座上，立不退转。”唐道世撰《法苑珠林》卷11：“依《菩萨处胎经》云：尔时世尊，示现奇特异像，变一切菩萨，尽作佛身，光相具足，皆共异口，同音说法，互相敬奉，各坐七宝，极妙高座。初一说法，**纯男**无女；第二说法，纯女无男。”上引佛典三例表明，“纯男”指（在场的）所有男人，亦即

① （唐）欧阳询撰《艺文类聚》，上海古籍出版社，1999，第260页。

② 小島憲之、直木孝次郎、西宮一民、蔵中進、毛利正守『日本書紀二』，新編日本古典文学全集，小学館，1996，第430頁。

③ 小島憲之、直木孝次郎、西宮一民、蔵中進、毛利正守『日本書紀二』，新編日本古典文学全集，小学館，1996，第424頁。

④ 小島憲之、直木孝次郎、西宮一民、蔵中進、毛利正守『日本書紀一』，新編日本古典文学全集，小学館，1994，第18頁。

⑤ 该经于胜宝五年抄写，题作《菩萨处胎经》，录于《大日本古文书》卷12，第444页。

（在场的）全都是男人，对应词作“纯女”。《神代纪上》中的“纯男”，指唯独受到乾道化育而出生的纯粹的男人（三神）。基于词形相同这一点，似可认定该词源自佛典，并从佛家典籍中的具体义转换成儒家典籍中的抽象义。

（二）抽象义转为具体义

其一，此处转换相对于汉文佛经中相关词语的语义而言。

“**脱离**（**座**）”，离开座位，离座。《日本书纪》卷2《神代纪上》：“皇孙于是**脱离**天盘座，排分八重云，棱威道别，而天降之也。”[①] 例言皇孙从天盘座站起身，穿过浓厚的云彩，威风凌厉地从天而降。西晋竺法护译《无极宝三昧经》[②] 下卷：“须菩提白佛言：‘若有念苦乐者，则不离于苦乐，是则为二法。菩萨者，不中离，不上离，不**脱离**，不中无所离。’”西晋白法祖译《佛说菩萨修行经》[③] 卷1：“是时威施，并诸长者，即白佛言：‘吾等，世尊，集坐静处，竞有念言：佛世难值，人身由然。得**脱离**世，同亦甚难。’”陈月婆首那译《胜天王般若波罗蜜经》[④] 卷3：“自既求度，亦复度他，自求**脱离**，亦解他缚。以是因缘，即生精进，不堕懈怠，障道恶法，皆为断除。”汉文佛经中的“脱离”一词均用作抽象义，表示从某一思想或观念脱离出来的意思。在《神代纪》中，“脱离”则用作具体义，表示离开某处的意思。

“**发显**”，发现；彰显。《日本书纪》卷2《神代纪上》：“因曰：‘**发显**我者汝也。故汝可以送我而致之矣。’”[⑤] 皇孙对天钿女说：是你让我现身这人世间的。你必须把我送到那里。西晋竺法护译《贤劫经》卷2《习行品》：“**发显**明智道心之法已，自察戒发菩萨心，始从施起，戒忍精进，一心智慧，是谓光曜度无极。”隋费长房撰《历代三宝纪》卷12：“卿今备引，经史正文，会通运命，归于因果，意欲**发显**，儒教旨宗，助佛宣扬，导达群品，咸奔一趣。”唐冥详撰《大唐故三藏玄奘法师行状》卷1：“望于中印度曲女城，为师作一会，命五印度沙门婆罗门外道等，**发显**大乘，使其改耶从正，不亦大哉。”《神代纪上》例中，“发显”的对象为皇孙，用作具体义；佛典例中对象为“道心”“旨宗”“大乘”，用作抽象义。

“**普求**”，广泛寻求，四处寻找。《日本书纪》卷15《雄略纪》八年二月条：“时香赐退逃亡不在。天皇复遣弓削连丰穗**普求**国郡县，遂于三岛郡蓝原执而斩焉。”例言天皇派人在国内各郡县搜捕逃犯。又卷15《仁贤纪》五年二月条：“五年春二月丁亥朔辛卯，**普求**国郡散亡佐伯部。以佐伯部仲子之后为佐伯造。”此言在全国各郡县寻找逃散

① 小島憲之、直木孝次郎、西宫一民、藏中進、毛利正守『日本書紀一』，新編日本古典文学全集，小学館，1994，第132頁。

② 该经于胜宝六年抄写，题作《无极三昧经》，录于《大日本古文书》卷4，第497页。

③ 该经于天平八年抄写，题作《菩萨修行经》，录于《大日本古文书》卷7，第56页。

④ 该经于天平九年抄写，题作《胜天王般若经》，录于《大日本古文书》卷7，第73页。又于景云二年抄写，录于《大日本古文书》卷17，第13页。

⑤ 小島憲之、直木孝次郎、西宫一民、藏中進、毛利正守『日本書紀一』，新編日本古典文学全集，小学館，1994，第132頁。

的佐伯部。又卷19《钦明纪》即位前纪条："寐惊，遣使**普求**，得自山背国纪郡深草里。姓字果如所梦。"① 例言天皇派人四处寻找一个叫秦大津父的人。西晋竺法护译《佛说无言童子经》卷2："金刚脐答曰：'佛叹耆年，智慧最尊。贤者舍利弗，以智慧眼，推索本末。此诸菩萨，为在何所？'时舍利弗以圣慧眼，周遍**普求**，诸菩萨等，不知所在。"又《等集众德三昧经》卷3："严净佛土，而救众生，不为非法，**普求**一切，诸度无极，不求伴党，不望众生。"又《贤劫经》卷4："**普求**诸法，无有色像，坦然玄虚，无有处所，是曰一心。"《日本书纪》三例中的"普求"用作具体义，谓广范围地寻找某人。汉文佛经文例中，第一例用作具体义，"普求"的对象是菩萨。第二、三例有所不同，用作抽象义，表示无止境地追求普度众生或佛教诸法的意思。

其二，此处转换相对于中土文献中相关词语的语义而言。

"割剥"，切割撕裂，割裂。《日本书纪》卷11《仁德纪》六十七年十月条："丁酉，始筑陵。是日有鹿，忽起野中，走之入役民之中而仆死。时异其忽死，以探其痍，即百舌鸟自耳出之飞去。因视其中，悉咋**割剥**。"② 此言百舌鸟钻进人的耳朵里，将里面啄得稀巴烂。西晋竺法护译《佛说须真天子经》③ 卷1："二者若得苦痛，挝捶**割剥**，计无有身，而不愁忧。"姚秦鸠摩罗什译《大智度论》卷16："活大地狱中，诸受罪人，各各共斗，恶心瞋诤，手捉利刀，互相**割剥**。"中土文献中很早就有"割剥"一词，但意思有所不同。《汉书》卷94下《匈奴传》："而务赋敛于民，远行货赂，**割剥**百姓，以奉寇雠。"④ 此处"割剥"表示剥削的意思。《魏志》卷8《公孙瓒传》裴松之注引《典略》曰："绍既兴兵，涉历二年，不恤国难，广自封殖，乃多以资粮专为不急，**割剥**富室，收考责钱，百姓吁嗟，莫不痛怨，绍罪四也。"⑤ 例中"割剥"表示剥夺的意思。相比之下，佛典中的"割剥"不用作抽象义，而是具体地表切割撕裂之意。显然，该用法引申自中土文献的抽象用法。

"息绝"，咽气，断气。《日本书纪》卷13《允恭纪》十四年九月条："爰男狭矶抱大鳆而泛出之，乃**息绝**以死浪上。"⑥ 此言男狭矶抱着一只巨大的鲍鱼浮出水面，很快就一命呜呼。(1) 后汉竺大力、康孟详合译《修行本起经》卷2《游观品》："太子问曰：'此为何等？'仆言：'死人。''何如为死？'答言：'死者尽也，精神去矣。四大欲散，魂神不安。风去**息绝**，火灭身冷。风先火次，魂灵去矣。'"吴康僧会译《六度

① 小島憲之、直木孝次郎、西宮一民、藏中進、毛利正守『日本書紀二』，新編日本古典文学全集，小学館，1996，第178、258~260、356頁。

② 小島憲之、直木孝次郎、西宮一民、藏中進、毛利正守『日本書紀二』，新編日本古典文学全集，小学館，1996，第70頁。

③ 该经于天平八年抄写，题作《须真天子经》，录于《大日本古文书》卷7，第53页。

④ （汉）班固撰，（唐）颜师古注《汉书》，中华书局，1962，第3832页。

⑤ （晋）陈寿撰，（宋）裴松之注《三国志》，中华书局，1959，第242页。

⑥ 小島憲之、直木孝次郎、西宮一民、藏中進、毛利正守『日本書紀二』，新編日本古典文学全集，小学館，1996，第124頁。

集经》卷7：“或睹众生，寿命终讫，息绝煴逝，神迁身冷，九族捐之，远著外野。”唐道世撰《法苑珠林》卷49：“王即叉手，向佛遥稽首：‘今日命绝，永赞神化。’嘟咿鲠咽，斯须息绝。举国臣民，靡不躄踊。”佛典三例中，“息绝”一词谓断气或咽气，即死亡的意思。（2）《太平御览》卷866《饮食部》所载《魏中臣奏》曰：“刘放奏云：‘今官贩苦酒，与百姓争锥刀之末，宜其息绝。’”① 此言应停止与百姓争夺刀锥之利。《梁书》卷33《刘孝绰传》：“小人未识通方，絷马悬车，息绝朝觐。方愿灭影销声，遂移林谷。不悟天听罔已，造次必彰，不以距违见疵，复使引籍云陛。”② 此言拒绝去朝见君主。中土文献中，“息绝”则表示“停止”“拒绝”之义，用于抽象的含义。

“普示”，拿给大家广泛阅览。《日本书纪》卷19《钦明纪》四年十二月条：“十二月，百济圣明王复以前诏，普示群臣曰：‘天皇诏敕如是。当复何如？’”③ 此言圣明王让大臣们传看天皇的诏书，征求大臣们的计策。（1）西晋竺法护译《正法华经》卷10《光世音普门品》：“光世音菩萨，游诸佛土，而普示现，若干种形，在所变化，开度一切。”姚秦鸠摩罗什译《十住经》卷1《欢喜地》：“此诸菩萨，一切菩萨，智慧行处，悉得自在；诸如来智慧入处，悉皆得入；善能教化，一切世间；随时普示，神通等事。”元魏慧觉等合译《贤愚经》卷2《降六师品》：“时洴沙王，长跪白佛：‘世尊奇相，三十有二，身手诸相，犹曾得见。未睹如来，足下轮相。愿见示众，咸共敬观。’佛即出脚，普示众会。一切见佛，足底轮相，端严昞著，文理如画，分别显了，观之无厌。”（2）《全唐文》卷115晋高祖《听以见居官品封赠三代敕》：“冀使人臣之列，不轻王父之尊，永载简编，普示孝理。”④ 从上引文例可知，中土文献（2），“普示”用作抽象义，表示广泛昭示的意思。相反，《钦明纪》与（1）一样，用作具体义，谓拿出某物给某人看，或佛陀讲经说法时在受众面前示现不同身形和各种神通。

“敬执”，恭敬地执持，满怀敬意地捧着。《日本书纪》卷24《皇极纪》三年正月条：“偶预中大兄于法兴寺槻树之下打毱之侣，而候皮鞋随鞠脱落，取置掌中，前跪恭奉。中大兄对跪敬执。自兹相善，俱述所怀。”⑤ 例言中大兄踢球时鞋子脱落，中臣镰子恭敬地拾起还给中大兄。中大兄接受时同样施之以礼。唐玄奘译《瑜伽师地论》卷1许敬宗《后序》：“三藏法师玄奘，敬执梵文译为唐语。弘福寺沙门灵会、灵隽，智开知仁。会昌寺沙门玄度、瑶台寺沙门道卓、大总持寺沙门道观、清禅寺沙门明觉烝义笔受。弘福寺沙门玄谟证梵语。”在中土文献中，“敬执”，敬爱。执，犹爱。《管子·枢

---

① （宋）李昉等撰《太平御览》，中华书局，1960，第3842页。

② （唐）姚思廉撰《梁书》，中华书局，1973，第483页。

③ 小島憲之、直木孝次郎、西宮一民、蔵中進、毛利正守『日本書紀二』，新編日本古典文学全集，小学館，1996，第380頁。

④ （清）董诰等编《全唐文·附唐文拾遗唐文续拾》，中华书局，1983，第1175页。

⑤ 小島憲之、直木孝次郎、西宮一民、蔵中進、毛利正守『日本書紀三』，新編日本古典文学全集，小学館，1998，第86頁。

言第12》："先王之书，心之**敬执**也，而众人不知也。故有事，事也；毋事，亦事也。吾畏事，不欲为事；吾畏言，不欲为言，故行年六十而老吃也。"① "敬执"，亦谓恭敬地执行。《战国策》卷5《范雎至秦》："范雎至，秦王庭迎。谓范雎曰：'寡人宜以身受令久矣。今者义渠之事急，寡人日自请太后。今义渠之事已，寡人乃得以身受命。躬窃闵然不敏，**敬执**宾主之礼。'"②《皇极纪》与许敬宗例相同，两者在用法上都经历了一个由抽象义向具体义转化的过程。

"**知道者**"，认路的人，向导；导师。《日本书纪》卷10《应神纪》三十七年二月条："乞**知道者**于高丽。高丽王乃副久礼波、久礼志二人为导者。"③ 例言不知道去往吴国的路，向高丽国王求援，希望派个向导。（1）晋世法炬、法立合译《法句譬喻经》卷4："有一端正，年少女子，独守此园。人欲往者，遥唤示道，乃得入园。不**知道者**，必为发箭所杀。"（2）唐义净译《根本说一切有部毘奈耶杂事》卷12："佛言：'善哉、善哉！难陀。如来所说，必无差异。如来是真语者，实语者，如语者，不异语者，不诳语者。欲令世间，长夜安乐，获大胜利。是**知道者**，是识道者，是说道者，是开道者，是大导师。'"在早期的中土文献中，"知道者"的文例可见《庄子·外篇·秋水第17》："北海若曰：'**知道者**必达于理，达于理者必明于权，明于权者不以物害己。'"④《孙膑兵法·八阵》："唯**知道者**，上知天之道，下知地之理，内得其民之心，外知适（敌）之请（情），陈则知八陈之经。"⑤《韩诗外传》卷6《第11章》："问者曰：'古之谓**知道者**曰先生，何也？''犹言先醒也。不闻道术之人，则冥于得失，不知乱之所由。'"⑥ 例中"知道者"多用于抽象义，谓通晓天地之道，深明人世之理的人。但在汉文佛经中，除了继承中土文献的传统用法（2）之外，更多地用作具体义，指熟知道路的人（1）。

其三，此处转换相对于两类文献相关词语的语义而言。

"**少缺**"，某物略有缺损。用作具体义。《日本书纪》卷1《神代纪上》："素戋呜尊乃拔所带十握剑，寸斩其蛇。至尾剑刃**少缺**。故割裂其尾视之，中有一剑，此所谓草薙剑也。"又："素戋呜尊拔剑斩之，至斩尾时，剑刃**少缺**，割而视之，则剑在尾中，是号草薙剑。"又："呜尊乃以蛇韩锄之剑，斩头斩腹。其斩尾之时，剑刃**少缺**。故裂尾而看，即别有一剑焉。名为草薙剑。"⑦ 三例中的"少缺"，都具体指宝剑的刀刃稍微出

① 黎翔凤撰，梁莲华整理《管子校注》，中华书局，2004，第254页。
② （西汉）刘向集录，范祥雍笺证，范邦瑾协校《战国策笺证》，上海古籍出版社，2006，第311页。
③ 小島憲之、直木孝次郎、西宮一民、蔵中進、毛利正守『日本書紀一』，新編日本古典文学全集，小学館，1994，第494頁。
④ （清）郭庆藩撰，王孝鱼点校《庄子集释》，中华书局，1961，第588页。
⑤ 张震泽撰《孙膑兵法校理》，中华书局，1984，第65页。
⑥ （汉）韩婴撰，许维遹校释《韩诗外传》，中华书局，1980，第213页。
⑦ 小島憲之、直木孝次郎、西宮一民、蔵中進、毛利正守『日本書紀一』，新編日本古典文学全集，小学館，1994，第92、96、98頁。

现缺口。梁僧佑撰《弘明集》卷 10：“弟子**少缺**下帷尤蔽名理，既符夙志窃深踊跃。”唐玄奘译《瑜伽师地论》卷 42《戒品》：“又诸菩萨，受净戒已，若遭急难，乃至失命。于所受戒，尚无**少缺**，何况全犯？是名菩萨第二难行戒。”（2）《晋书》卷 50《曹志传》：“魏氏诸王公养德藏器，壅滞旷久，前虽有诏，当须简授，而自顷众职**少缺**，未得式叙。”[①]《全唐文》卷 526 薛珏《请禁淹留馆驿奏》：“伏以承前格敕，非不丁宁，岁月滋深，因循久弊。今往来使客，多是武官，逾越条流，广求供给。府县**少缺**，悔吝坐至。”[②] 中国两类文献中，“少缺”均用作抽象义，表示读书少、受戒不全或职位不足。

“**驰越**”，驰骋跨越。《日本书纪》卷 12《履中纪》五年十月条：“天皇闻其叹，而问之曰：‘汝何叹息也？’对曰：‘妾兄鹫住王，为人强力轻捷。由是独**驰越**八寻屋而游行，既经多日，不得面言。故叹耳。’”[③] 例言骑着骏马飞越巨大的建筑物。（1）西晋竺法护译《顺权方便经》卷 2：“是须菩提，受供膳已，出罗阅祇城，心怀闻法，忻然大悦，志不**驰越**，而自念言：‘我分卫食，当著何所？令此笃信，不堕罪难。’”（2）《全唐文》卷 416 常衮《为崔中丞贺讨田承嗣表》：“臣受国恩，守在远藩，不得驱策驽蹇，列于将臣。巨猾之首，竟为他断，抚剑惭耻，心魂**驰越**。”[④]《履中纪》中用作具体义，表示骑马飞快地跨过某处的意思。中土文献中用作抽象义，汉文佛经谓心不放逸，《全唐文》是说心灵为之震撼。

“**俱逢**”，同时遇到，全都碰上。《日本书纪》卷 29《天武纪下》七年是岁条：“仍遣臣井山、送消勿等，**俱逢**暴风于海中。以消勿等皆散之，不知所如。唯井山仅得著岸。”[⑤] 此言在大海中同时遭遇了暴风雨。（1）唐窥基撰《成唯识论述记》卷 3：“新旧因缘，能熏有六，熏成六种，势力齐等。**俱逢**缘合，可许此类，共生一果。如一麦中，有多极微，可许同生，一芽等果。”例言新旧因缘相合而生结果。（2）《北史》卷 43《论曰》：“遭随有命，二子**俱逢**世乱，悲哉！”[⑥] 例言遭遇自有天命，二人都碰上了乱世。“俱逢”在上引中国两类文献中均用作抽象义，《天武纪下》中用作具体义。

四　宗教意味消减

“**化成**”，变化成为，变幻而成。《日本书纪》卷 1《神代纪上》：“遂拔所带十握剑，斩轲遇突智为三段，此各**化成**神也。”《常陆国风土记 · 香岛郡》条：“爰童子等，

① （唐）房玄龄等撰《晋书》，中华书局，1994，第 1389 页。

② （清）董诰等编《全唐文 · 附唐文拾遗唐文续拾》，中华书局，1983，第 5349 页。

③ 小島憲之、直木孝次郎、西宮一民、藏中進、毛利正守『日本書紀二』，新編日本古典文学全集，小学館，1996，第 92 ~ 94 頁。

④ （清）董诰等编《全唐文 · 附唐文拾遗唐文续拾》，中华书局，1983，第 4260 页。

⑤ 小島憲之、直木孝次郎、西宮一民、藏中進、毛利正守『日本書紀三』，新編日本古典文学全集，小学館，1998，第 384 頁。

⑥ （唐）李延寿撰《北史》，中华书局，1974，第 1607 页。

不知所为，遂愧人见，**化成**松树。”[①]《日本灵异记》下卷《禅师将食鱼化作〈法华经〉覆俗诽缘第6》：“鱼**化成**经，天感齐道。此复奇异事也。”[②]《续日本纪》卷10《圣武纪》神龟四年五月条：“辛卯，从楯波池，飘风忽来，吹折南苑树二株，即**化成**雉。”[③]（1）后汉支曜译《佛说成具光明定意经》卷1：“母听行，即往见佛，稽首于地，礼竟正住，喜心兴盛。便脱身珍琦，杂宝璎珞，散于佛上。以佛神威，应时所散，**化成**花盖，到覆大众。”吴支谦译《太子瑞应本起经》卷1：“其三玉女，**化成**老母，不能自复。”姚秦鸠摩罗什译《妙法莲华经》卷7《妙庄严王本事品》：“尔时妙庄严王及其夫人，解颈真珠璎珞，价直百千，以散佛上。于虚空中，**化成**四柱宝台。台中有大宝床，敷百千万天衣。其上有佛，结加趺坐，放大光明。”（2）《周易·恒卦》：“圣人久于其道，而天下**化成**。”[④]《汉书》卷48《贾谊传》：“故**化成**俗定，则为人臣者主耳忘身，国耳忘家，公而忘私。”[⑤]传世文献当中，“化成”通常表示“教化成功”的意思。但在汉文佛经当中，“化成”多用于表示“变化成为、变幻而成”的意思。《神代纪上》等舍弃了儒家教化这一形而上的语境，采用的是汉文佛经的用法。

“**悔过**”，巴利语paṭideseti，认错，忏悔。《日本书纪》卷24《皇极纪》元年七月条：“苏我大臣报曰：‘可于寺寺转读大乘经典。**悔过**如佛所说，敬而祈雨。’”[⑥]《日本灵异记》上卷《僧忆持〈心经〉得现报示奇事缘第14》：“僧以惊悚，明日**悔过**，周告大众。”[⑦]《续日本纪》卷8《元正纪》养老四年三月条：“其中纵有**悔过**还本贯者，缘其家业散失，无由存济。望请逃经六年以上，能**悔过**归者，给复一年，继其产业。”[⑧]后汉竺大力、康孟详合译《修行本起经》卷2《出家品》：“魔王败绩怅失利，惛迷却踞前画地，其子又晓心乃寤，即时自归前**悔过**。”东晋佛驮跋陀罗译《大方广佛华严经》卷16《金刚幢菩萨十回向品》：“菩萨即时，敬礼**悔过**，爱言慰谕，屈辱远来，得无疲倦，处令安隐，供给所须。”姚秦鸠摩罗什译《妙法莲华经》卷4《五百弟子受记品》：“尔时，五百阿罗汉于佛前得受记已，欢喜踊跃，即从座起，到于佛前，头面礼足，**悔过**自责。”“悔过”一词，最早见于中土文献，表示悔改过错的意思。《孟子·万章上》：“太甲**悔过**，自怨自艾。”[⑨]汉文佛经中的“悔过”，指为减轻或消除罪业而于

---

① 植垣節也『風土記』，新編日本古典文学全集，小学館，1997，第400頁。

② 中田祝夫『日本霊異記』，日本古典文学全集，小学館，1975，第276頁。

③ 青木和夫、稲岡耕二、笹山晴生、白藤礼幸『続日本紀二』，新日本古典文学大系，岩波書店，1990，第180頁。

④《周易》，《十三经注疏》，中华书局，1980，第47页。

⑤（汉）班固撰，（唐）颜师古注《汉书》，中华书局，1962，第2257页。

⑥ 小島憲之、直木孝次郎、西宮一民、蔵中進、毛利正守『日本書紀三』，新編日本古典文学全集，小学館，1998，第62～64頁。

⑦ 中田祝夫『日本霊異記』，日本古典文学全集，小学館，1975，第95頁。

⑧ 青木和夫、稲岡耕二、笹山晴生、白藤礼幸『続日本紀二』，新日本古典文学大系，岩波書店，1990，第70頁。

⑨《孟子》，《十三经注疏》，中华书局，1980，第2738页。

佛、僧之前，自述所犯身口意三业之忏悔仪式。

以上，我们探讨了《日本书纪》的自创表达在语体色彩的创新之处。其中，性别转换涉及的词语有“可美”“妙美”；位相转换涉及的表达有“缠心”“深用欢喜”；义项转换中具体义转向抽象义的词语有“纯男”。反之，抽象义转向具体义的说法有“脱离（座）”“发显”“普求”“割剥”“息绝”“普示”“敬执”“知道者”“少缺”“驰越”“俱逢”；脱离宗教意味的词语有“化成”“悔过”。通过此类自创表达，可以充分感触到日本上古文人在撰写汉文时所体现出的主体意识与创新精神。

第三节 搭配关系上的创意

有关《日本书纪》自创表达搭配关系上的创意问题，以下拟从整饬音节、现实反映、类义训读、拦腰截取四个方面加以阐述。

一 整饬音节

所谓凑足音节，指出于表达的需要，譬如为组成四字格，作者通常采用添加虚词的手段来整饬音节。常见的虚词有表领属关系的“之”等。

“**深之欢喜**”，非常高兴，极为欢喜。《日本书纪》卷9《神功纪》摄政四十六年三月条：“爰斯摩宿祢即以傔人尔波移与卓淳人过古二人，遣于百济国，慰劳其王。时百济肖古王**深之欢喜**而厚遇焉。”[①] 隋达磨笈多译《大方等大集经菩萨念佛三昧分》卷7：“……则得作诸功德具足故，则得大功德具足故，则得大人牛王具足故，则得令他欢喜音具足故，则得令他**深欢喜**音具足故。”唐玄奘译《大般若波罗蜜多经》卷499：“尔时世尊赞善现曰：‘善哉、善哉！汝今善能为诸菩萨摩诃萨众宣说般若波罗蜜多，亦能劝励诸菩萨摩诃萨，令**深欢喜**勤修般若波罗蜜多。’”唐实叉难陀译《大方广佛华严经》卷5《世主妙严品》：“佛久修行无量劫，禅定大海普清净。故令见者**深**[②]**欢喜**，烦恼障垢悉除灭。”按：“深之欢喜”的说法，来自汉文佛经中的“深欢喜”。书录者采用添加虚词“之”的方法将源语中的三字格调整为四字格。

二 现实反映

所谓现实反映，指一些意思与佛教相关的词语，反映了当下日本宗教生活的现实情况。例如“造佛工”“造寺工”“教导众僧”“度净行者”“大斋（之）悔过”“圣王出世”。

---

① 小島憲之、直木孝次郎、西宮一民、藏中進、毛利正守『日本書紀一』，新編日本古典文学全集，小学館，1994，第452頁。

② “深”，宋本、元本、明本中作“心”。

“**造佛工**”，制作佛像的工匠。“**造寺工**”，修建寺院的工匠。《日本书纪》卷20《敏达纪》五年十一月条：“冬十一月庚午朔，百济国王付还使大别王等献经论若干卷、并律师、禅师、比丘尼、咒禁师、**造佛工**、**造寺工**、六人。遂安置于难波大别王寺。”又卷22《推古纪》十三年四月条：“十三年夏四月辛酉朔，天皇诏皇太子大臣及诸王诸臣，共同发誓愿，以始造铜、绣丈六佛像各一躯。乃命鞍作鸟为**造佛之工**。”①

“**教导众僧**”，教育引导广大僧人。《日本书纪》卷25《孝德纪》大化元年八月条：“朕更复思崇正教光启大猷。故以沙门狛大法师、福亮、惠云、常安、灵云、惠至、寺主僧旻、道登、惠邻、惠妙而为十师。别以惠妙法师为百济寺寺主。此十师等宜能**教导众僧**，修行释教，要使如法。”② 姚秦鸠摩罗什译《维摩诘所说经》卷2：“维摩诘言：‘说身无常，不说厌离于身；说身有苦，不说乐于涅槃；说身无我，而说**教导众生**；说身空寂，不说毕竟寂灭；说悔先罪，而不说入于过去。’”刘宋求那跋陀罗译《大方广宝箧经》③ 卷2：“佛言：‘迦叶，汝今可问文殊师利，自当答汝。’我时即问文殊师利：‘汝说何法，教化调伏，如是众生？’彼答我言：‘非唯说法，**教导众生**。’”僧佑录云安公凉土异经附北凉录《优婆夷净行法门经》④ 卷1：“恒以善法，利益众生；恒以善语，**教导众生**；恒以善力，将侍众生。”

“**度净行者**”，“净行”，梵语 brahman - cārya，音译作“婆罗门”“梵志”“梵士”。意译作“净斋”“净行”。亦称“净行者”“净行梵志”。婆罗门志求住无垢清净得生梵天，故称。《日本书纪》卷30《持统纪》十年十二月条：“十二月己巳朔，敕旨：‘缘读《金光明经》，每年十二月晦日**度净行者**一十人。’”⑤《续日本纪》卷32《光仁纪》宝龟三年八月条：“改葬废帝于淡路。乃屈当界众僧六十口，设斋行道。又**度**当处年少稍有**净行者**二人，常庐墓侧，令修功德。”⑥ 姚秦竺佛念译《最胜问菩萨十住除垢断结经》卷5《勇猛品》：“所谓**净行者**，净三场，净三眼，净三聚，戒净定净慧净解脱净解脱见惠净，从三善法至十八无漏之法，道俗善法皆悉清净。”

“**大斋（之）悔过**”，举办大规模的斋会，对所犯罪过进行忏悔。《日本书纪》卷29《天武纪下》朱鸟元年六月条：“丁亥，敕之，遣百官等于川原寺，为燃灯供养。仍

---

① 小島憲之、直木孝次郎、西宮一民、藏中進、毛利正守『日本書紀二』，新編日本古典文学全集，小学館，1996，第476、550頁。

② 小島憲之、直木孝次郎、西宮一民、藏中進、毛利正守『日本書紀三』，新編日本古典文学全集，小学館，1998，第122頁。

③ 该经于天平十二年抄写，录于《大日本古文书》卷7，第487页。

④ 该经于天平十九年抄写，录于《大日本古文书》卷2，第710页。

⑤ 小島憲之、直木孝次郎、西宮一民、藏中進、毛利正守『日本書紀三』，新編日本古典文学全集，小学館，1998，第558頁。

⑥ 青木和夫、稲岡耕二、笹山晴生、白藤礼幸『続日本紀四』，新日本古典文学大系，岩波書店，1995，第386頁。

大斋之悔过也。”[①] 唐道宣撰《续高僧传》卷 2：“时文帝御寓，盛弘三宝，每设大斋，皆陈忏悔。帝亲执香炉，琮为宣导。畅引国情，恢张皇览。御必动容竦顾，欣其曲尽深衷。其言诚感达如此类也。”又《广弘明集》卷 17 隋王邵《舍利感应记》：“日日共设大斋，礼忏受戒。请从今以往修善断恶，生生世世常得作大隋臣子。”

“圣王出世”，“圣王”，谓圣明的君王。“出世”，指来到世间成佛，以教化众生。《日本书纪》卷 25《孝德纪》白雉元年二月条：“诏曰：‘圣王出世治天下时，天则应之示其祥瑞。曩者，西土之君周成王世与汉明帝时白雉爰见。我日本国誉田天皇之世白乌樔宫大鷦鷯帝之时龙马西见。是以自古迄今祥瑞时见，以应有德，其类多矣。’”[②] 例言圣明的君主治理国家，天就会降下祥瑞。东晋瞿昙僧伽提婆译《增壹阿含经》卷 41《马王品》：“若转轮圣王，出世之时，便有七宝，自然响应。”佛典例中，所谓“圣王”，指转轮王。作为祥瑞表征的“七宝”，指金轮宝、象宝、马宝、神珠宝、玉女宝、主藏臣宝、主兵臣宝。不仅是转轮王，如来出世时也会出现这样的吉兆。刘宋求那跋陀罗译《杂阿含经》卷 27：“如来出世，亦有七觉分宝现……有此吉瑞，必是转轮圣王。”在《孝德纪》中，作者在“圣王出世”后面加上一句“治天下时”，又将七宝“吉瑞”换成天示祥瑞的说法，因而使得此处出自佛典构思的表达变得含糊不清，甚至有几分貌似儒家“天人合一”的说法。这样的创意，唯有在《日本书纪》当中才能见到。

三 类义训读

所谓类义训读，指根据词语之间的类义链接而变换出的新的搭配关系。根据词性来区分，有名词切换、动词切换、副词切换和助动词切换等形式。

（一）名词切换

《日本书纪》等上古文学作品中当中，名词切换的搭配形式可见“海导者”“不问日夜”“剃除鬓发”“剃除头发”“剃须发”“剔除髯发，披著袈裟”。

“海导者”，熟悉海上路线的人，海上导游的人。《日本书纪》卷 3《神武纪》即位前纪甲寅年十月条：“天皇敕授渔人椎檣末令执，而牵纳于皇舟，以为海导者。乃特赐名为椎根津彦，此即倭直部始祖也。”[③] 唐慧琳撰《一切经音义》卷 41：“帆主：上音凡。《考声》云：船舶上使风幔也。帆主者，海导师也。从巾，凡声。”东晋佛驮跋陀罗译《大方广佛华严经》卷 5《菩萨明难品》：“譬如海导师，能度无量众。拯彼不自济，多闻亦如是。”姚秦鸠摩罗什译《维摩诘所说经》卷 1《佛国品》：“其所讲说乃如

---

① 小島憲之、直木孝次郎、西宫一民、蔵中進、毛利正守『日本書紀三』，新編日本古典文学全集，小学館，1998，第 462 頁。

② 小島憲之、直木孝次郎、西宫一民、蔵中進、毛利正守『日本書紀三』，新編日本古典文学全集，小学館，1998，第 184 頁。

③ 小島憲之、直木孝次郎、西宫一民、蔵中進、毛利正守『日本書紀一』，新編日本古典文学全集，小学館，1994，第 196 頁。

雷震，无有量已过量，集众法宝如**海导师**，达诸法深妙之义。”唐良贲述《仁王护国般若波罗蜜多经疏》卷3：“解曰：世尊如上，言导师者善巧具足如**海导师**，彼引得宝。此引成佛。”“海导者”是“海导师”的替换说法。“师”，与“船师”《日本书纪》卷9《神功纪》摄政前纪条）、“柁师”（《日本书纪》卷20《敏达纪》十二年是岁条）、“书写师”（《奈良朝写经15・瑜伽师地论卷第8》）等一样，指从事某种职业的人。此外，《日本书纪》卷2《神代纪下》：“故经津主神，以岐神为**乡导**，周流削平。有逆命者，即加斩戮。归顺者，仍加美。”又卷3《神武纪》即位前纪戊午年六月条：“时夜梦，天照大神训于天皇曰：‘朕今遣头八咫乌，宜以为**乡导者**。’果有头八咫乌，自空翔降。”① 例中“乡导”“乡导者”，指向导、领路人。“乡”，通“向”。《孙子兵法・军争篇第7》：“不用**乡导者**，不能得地利。”②

“**不问日夜**”，不论白天与黑夜。《日本书纪》卷11《仁德纪》十年十月条：“于是百姓之不领，而扶老携幼，运材负篑，**不问日夜**，竭力争作。”③ 东晋帛尸梨蜜多罗译《佛说灌顶经》卷6：“佛言童子：‘如我塔者，有真身舍利，在此塔中。四王诸神，三十三天，**不问昼夜**，雨细末香，散众名华，以用散洒，冢塔之上，作天妓乐，以为供养。又有善神摩酰首罗摩尼跋陀修陀修利揵陀，八部鬼神五罗刹鬼神，鬼子母神五百儿子，**不问昼夜**，常现威神，以为护念，我之冢塔。不令邪恶，异鬼神辈，及恶众生，外道邪见，欲毁坏者，不令侵坏，我之塔庙。’”唐净觉集《楞伽师资记》卷1：“**不问昼夜**，行住坐卧，常作此观，即知自身，犹如水中月，如镜中像，如热时炎，如空谷响。”中国文献中未见“不问日夜”的说法，先行佛典中唯见“不问昼夜”的搭配，可知“不问日夜”是“不问昼夜”的变体说法。

“**剃除鬓发**”，剪掉鬓角的头发，亦即落发为僧。《日本书纪》卷27《天智纪》十年十月条：“东宫起而再拜，便向于内里佛殿之南，踞坐胡床，**剃除鬓发**为沙门。”④《日本灵异记》中卷《打法师以现得恶病而死缘第35》：“天皇**剃除鬓发**，受戒行道故，倘比法师，不杀谛镜。”又下卷《如法奉写〈法华经〉火不烧缘第10》：“牟娄沙弥者，榎本氏也。自度无名。纪伊国牟娄郡人，故字号牟娄沙弥者。居住安谛郡之荒田村，**剃除鬓发**，著袈裟，即俗收家，营造产业。”又《未作毕捻埴像生呻音示奇表缘第17》：“沙弥信行者，纪伊国那贺郡弥气里人。俗姓大伴连祖是也。舍俗自度，**剃除鬓发**，著福田衣，求福行因。”又《用寺物复将写〈大般若〉建愿以现得善恶报缘第23》：“忍胜为欲写《大般若经》，发愿集物，**剃除鬓发**，著袈裟，受戒修道，常住彼堂。”又

① 小島憲之、直木孝次郎、西宮一民、藏中進、毛利正守『日本書紀一』，新編日本古典文学全集，小学館，1994，第136、204頁。

② 骈宇骞等译著《武经七书》，中华书局，2007，第37页。

③ 小島憲之、直木孝次郎、西宮一民、藏中進、毛利正守『日本書紀二』，新編日本古典文学全集，小学館，1996，第34頁。

④ 小島憲之、直木孝次郎、西宮一民、藏中進、毛利正守『日本書紀三』，新編日本古典文学全集，小学館，1998，第292頁。

《灾与善表相先现而后其灾善答被缘第38》："惭愧者**剃除鬓发**，披著袈裟。弹指者，灭罪得福也。"① 梁菩提达摩述《达磨大师血脉论》卷1："若见自心是佛，不在**剃除鬓发**白衣亦是佛；若不见性，剃除须发亦是外道。"唐义净译《根本说一切有部毘奈耶出家事》卷3："于时慈母遂往诸处，寻求访觅不得，乃于王舍城门首立，东西顾望伫立不久，乃见童子**剃除鬓发**，与彼求寂。俱时瓶钵，相随而来。"唐一行述《大毘卢遮那成佛经疏》卷2《入真言门住心品》："第五十五云何剃刀心，谓唯如是依止剃除法者，**剔**②**除鬓**③**发**是离俗出家相。"

"剃除头发"，落发为僧。《日本灵异记》下卷《产生肉团之作女子修善化人缘第19》："默然不逗，终乐出家，**剃除头发**，著袈裟，修善化人，无人不信。"④ 东晋瞿昙僧伽提婆译《中阿含经》卷28《林品》："世尊告曰：'止、止！瞿昙弥。汝莫作是念：女人于此，正法律中，至信舍家，无家学道。瞿昙弥，如是汝**剃除头发**，著袈裟衣，尽其形寿，净修梵行。'"该经《林品》中另有两例"剃除头发"的例子。

"剃须发"，剃除须发，成为僧侣。《日本灵异记》中卷《序》："之中，胜宝应真圣武太上天皇，尤造大佛，长绍法种，**剃须发**，著袈裟，受戒修善，以正治民。"⑤ 西晋竺法护译《意经》卷1："彼独在静处不乱志寂静住已，谓族姓子，所为**剃须发**已，被著袈裟，信乐出家，弃家学道。彼无上行梵行，见法成神通作证住。生已尽，梵行已成，所作已办，名色已有，知如真。"东晋瞿昙僧伽提婆译《增壹阿含经》卷44《十不善品》："忍辱为第一，佛说无为最，不以**剃须发**，害他为沙门。"隋阇那崛多译《佛本行集经》卷21《王使往还品》："既**剃须发**，著袈裟衣，止住山林，修道学问。"

文献资料表明，以上有关削发为僧的三种说法均源自汉文佛经，属于佛典表达。在此基础上，识别下面的自创表达就变得相对容易起来。

"剔除鬢发，披著袈裟"，犹言"剔除须发"，谓剃除须发出家当和尚。《日本书纪》卷25《孝德纪》即位前纪条："辞讫，解所佩刀，投掷于地。亦命帐内，皆令解刀。即自诣于法隆寺佛殿与塔间，**剔除鬢发**，**披著袈裟**。"⑥ 例中"鬢发"一词，在汉文佛经中，通常作"须发"。唐慧琳撰《一切经音义》卷17："**剔除**：汀历反。《声类》云：**剔**，解也。又云：剃发也。《文字典说》：从刀，易声也。"（1）姚秦竺佛念译《鼻奈耶》卷2："出家**剔除**须**发著袈裟**，捐弃国土入山行道。"失译人名今附北凉录《大方广十轮经》卷3："佛言：'善男子，若诸比丘，佛法出家，**剃除**须**发**，**披著袈裟**。一切天人阿修罗，皆应供养。'"梁释僧佑撰《弘明集》卷1："沙门**剔除**须**发**，而比之于四

① 中田祝夫『日本霊異記』，日本古典文学全集，小学館，1975，第241、286、302、318、372頁。

② "剔"，乙本中作"剃"。

③ "鬓"，乙本中作"须"。

④ 中田祝夫『日本霊異記』，日本古典文学全集，小学館，1975，第308頁。

⑤ 中田祝夫『日本霊異記』，日本古典文学全集，小学館，1975，第142頁。

⑥ 小島憲之、直木孝次郎、西宮一民、蔵中進、毛利正守『日本書紀三』，新編日本古典文学全集，小学館，1998，第110~112頁。

人，不已远乎？”（2）《北魏诗》卷4《老君十六变词》：“渐渐诱进说法轮，**剔其髯发**作道人。”[①] 相较于“须发”“头发”“鬓发”，“髯发”更容易出现在诗文之中，这是它们在语体色彩上的区别。

（二）动词切换

在《日本书纪》等上古文学作品中，动词切换的搭配形式可见“张网捕鸟”“结网捕鱼”“下网捕鱼”“引网捕鱼”“闷热懊恼”“追生悔耻”。

“张网捕鸟”，设网捕捉飞禽。《日本书纪》卷11《仁德纪》四十三年九月条：“臣每张**张网捕鸟**，未曾得是鸟之类。故奇而献之。”[②] 例言张网捕捉珍禽上供宫廷。①姚秦竺佛念译《出曜经》卷5《爱品》：“网覆者，犹如世人，以罗**网捕鸟**，以罝弶捕鹿，以深穽捕虎。其有鸟兽，遭此难者，无有出期。此众生类，亦复如是。以欲网所覆，不见善恶，意常甘乐，妙色香味，细滑法，为爱所缠，不能去离。其有众生，堕于爱网者，必败正道，不至究竟。是故说爱网覆也。”北凉昙无谶译《大般涅槃经》卷15：“何等名为，尼陀那经？如诸经偈，所因根本，为他演说。如舍卫国，有一丈夫，罗**网捕鸟**，得已笼系，随与水谷，而复还放。世尊知其，本末因缘，而说偈言。”元魏瞿昙般若流支译《正法念处经》卷29《观天品》：“云何不杀？若诸猎师，罗**网捕鸟**，若人捕鱼，其人见之，以物赎命，还令得脱。”②晋世法炬、法立合译《法句譬喻经》卷3《忿怒品》：“昔有国王，喜食雁肉，常遣猎师，**张网捕**雁，日送一雁，以供王食。”刘宋求那跋陀罗译《杂阿含经》卷50：“时有猎师，名曰尺只，去十力迦叶不远，**张网捕**鹿。”元魏慧觉等合译《贤愚经》卷9《善事太子入海品》：“太子闻此，深叹舍去。到河池边，见捕鱼师，**张网捕**鱼，狼藉在地，跳踉申缩，死者无数。”汉文佛经当中，关于拉网捕捉飞鸟的说法，有①“～网捕鸟”和②“张网捕～”两种形式，《仁德纪》书录者据此自创“张网捕鸟”的说法。而且，这一说法不包含佛教所宣扬的不杀生的形而上含义。

“结网捕鱼”，织网打鱼。《日本灵异记》下卷《漂流大海敬称尺迦佛名得全命缘第25》：“纪万侣朝臣居住于同国日高郡之潮，结**网捕鱼**。”[③] ①后汉安世高译《佛说分别善恶所起经》卷1：“今见有短命人，若形瘷疮，身体不完，跛蹇秃伛，或盲聋瘖哑，齆鼻塞壅，或无手足，孔窍不通，皆由故世宿命屠杀射猎、罗**网捕鱼**，残杀蚊虻、龟鳖、蚤虱所致。如是分明，慎莫犯杀。”②西晋竺法护译《生经》卷2：“尔时无数比丘，各各驰走，忽忽不安。如捕鱼师，布**网捕鱼**，鱼都驰散。”③东晋佛陀跋陀罗、法显合译《摩诃僧祇律》卷14：“时诸捕鱼人捉**网捕鱼**。诸比丘见已，白佛言：‘世尊，是捕鱼人不应作是事而勤作。’世尊因诸比丘问已，即说偈言。”④元魏慧觉等合译

---

① 逯钦立辑校《先秦汉魏晋南北朝诗》，中华书局，1983，第2254页。

② 小島憲之、直木孝次郎、西宫一民、蔵中進、毛利正守『日本書紀二』，新編日本古典文学全集，小学館，1996，第60頁。

③ 中田祝夫『日本霊異記』，日本古典文学全集，小学館，1975，第325頁。

《贤愚经》卷9《善事太子入海品》："太子闻此，深叹舍去。到河池边，见捕鱼师，张网捕鱼，狼藉在地，跳踉申缩，死者无数。"《日本灵异记》中"结网捕鱼"的说法，其生成的逻辑思维过程与"引网捕鱼"颇为相似：只是将原典中动词"罗""布""张"和"捉"换成了类义词"结"。下面两例采用的是同一手法。

"下网捕鱼"，犹言"布网捕鱼"。《日本灵异记》下卷《用网渔夫值海中难凭愿妙见菩萨得全命缘第32》："延历二年甲子秋八月十九日之夜，到纪伊国海部郡内于伊波多岐岛与淡路国之间海，**下网捕鱼**。"①

"引网捕鱼"，犹言"拉网捕鱼"。《日本灵异记》下卷《漂流大海敬称尺迦佛名得全命缘第25》："马养、祖父丸二人，佣赁而受年价，从万侣朝臣，昼夜不论，苦行驱使，**引网捕鱼**。"②

"闷热懊恼"，烦躁苦恼。"懊恼"，即苦恼。③《日本书纪》卷1《神代纪上》："伊奘冉尊且生火神轲遇突智之时，**闷热懊恼**，因为吐此，化为神，名曰金山彦。"④吴支谦译《菩萨本缘经》卷2《一切持王子品》："其妻闻已，**心闷懊恼**，身体掉动，如芭蕉叶，悲号啼泣，椎胸拔发，举声大哭。"东晋法显译《大般涅槃经》卷2："即便举手，攀一树枝，搥胸拍头，**闷绝懊恼**。"元魏慧觉等合译《贤愚经》卷1《梵天请法六事品》："尔时太子，求法不获，**愁闷懊恼**。"萧齐昙景译《摩诃摩耶经》卷2："尔时，阿难闻佛此语，**迷闷懊恼**，不能自胜，悲号啼泣，深追悔责。"汉文佛经当中，与《神代纪上》中"闷热懊恼"类似的说法有四种："心闷懊恼""闷绝懊恼""愁闷懊恼"和"迷闷懊恼"。其中，"闷热""心闷""闷绝""愁闷"和"迷闷"构成类义关系。经过词语替换后的"闷热懊恼"，成为《日本书纪》中语言表达特有的搭配形式。

"追生悔耻"，谓事后产生悔恨、羞耻的想法。《日本书纪》卷25《孝德纪》大化五年三月条："皇太子始知大臣心犹贞净，**追生悔耻**，哀叹难休。"⑤此言皇太子诛杀大臣山田后，才得知大臣为人清廉忠贞。皇太子心生悔恨羞愧，叹息哀伤不已。(1)梁僧伽婆罗译《解脱道论》⑥卷1："若已作罪，**追生惭悔**，心不安隐。如盗在狱，心不乐圣，如旃陀罗，无欲王位。"②唐玄奘译《瑜伽师地论》卷46《菩提分品》："我等先以，愚夫觉慧，于不如实，唯彼相似，唯彼影像，发起真实，涅槃胜解。由是因缘，于先胜解，**追生羞愧**，依止于后，如实胜解。"从佛典文例可知，《孝德纪》中"追生悔

---

① 中田祝夫『日本霊異記』，日本古典文学全集，小学館，1975，第344頁。

② 中田祝夫『日本霊異記』，日本古典文学全集，小学館，1975，第325頁。

③ 李维琦：《佛经词语汇释》，湖南师范大学出版社，2004，第7页。

④ 小島憲之、直木孝次郎、西宫一民、蔵中進、毛利正守『日本書紀一』，新編日本古典文学全集，小学館，1994，第40頁。

⑤ 小島憲之、直木孝次郎、西宫一民、蔵中進、毛利正守『日本書紀三』，新編日本古典文学全集，小学館，1998，第176頁。

⑥ 该经于天平十四年抄写，录于《大日本古文书》卷8，第82页。

耻”的说法是在佛典表达的基础上自创而来的。

（三）副词切换

“**莫能敢**～”，没人能够敢于做某事。《日本书纪》卷14《雄略纪》四年八月条：“庚戌，幸于河上小野。命虞人驱兽，欲躬射而待，虻疾飞来，噆天皇臂。于是蜻蛉忽然飞来，啮虻将去。天皇嘉厥有心，诏群臣曰：‘为朕赞蜻蛉歌赋之。’群臣**莫能敢**赋者。”[①] 此言天皇命大臣们当场创作和歌，来赞美一只蜻蛉护驾有功的事迹，却没有一人能够做到。①吴支谦译《撰集百缘经》卷5《饿鬼品》：“时彼河岸，复有五百饿鬼，依住其中。见阎婆罗来，身极臭处，止住其中。无有**能敢**，亲附之者。”②梁曼陀罗仙、僧伽婆罗合译《大乘宝云经》[②] 卷2：“初发一念之善未有大力，天人阿修罗及魔眷属无**能敢**轻者。何以故？是人不久当坐道场，成阿耨多罗三藐三菩提。是名菩萨人不敢轻。”唐提云般若译《佛说大乘造像功德经》[③] 卷2：“世尊从天来下，所造形像，若有亏误，我等名称，并皆退失。窃共筹量，无**能敢**作。’”佛经中①的搭配形式是“无有能敢～”，②是“无能敢～”，《雄略纪》是“莫能敢～”。“无”与“莫”是表否定的副词，成为此处互相转换的词语。此外，《日本书纪》卷1《神代纪上》：“素戋呜尊对曰：‘吾元无黑心。但父母已有严敕，将永就乎根国。如不与姊相见，吾何**能敢**去。是以跋涉云雾，远自来参。不意阿姊翻起严颜。’”[④] 例中“何能敢”的说法，在中国两类文献中未见。

（四）助动词切换

“**当产不久**”，不久将分娩。《日本书纪》卷2《神代纪下》：“及将归去，丰玉姬谓天孙曰：‘妾已娠矣。**当产不久**。妾必以风涛急峻之日，出到海滨。请为我作产室相待矣。’”[⑤] 例言龙女丰玉姬不久将分娩，她告诉天孙提前盖好产房。元魏佛陀扇多译《银色女经》卷1：“彼摩那婆，以修善业，福德力故，忽得天眼。即时，遥见于其住处，相去不远，有一母虎，住在彼处。而彼母虎，怀妊将产。时摩那婆见已，念言：‘而此母将**产不久**。此虎产已，或容饿死，或时饥饿，极受困苦，或食自子。’”姚秦鸠摩罗什译《小品般若波罗蜜经》卷4《不可思议品》：“世尊，譬如女人怀妊，转转不便，身体疲极，不乐事务，眠卧不安，食饮转少，苦恼在身，不欲语言，厌本所习，不复忆乐。本相相故，当知是女，将**产不久**。菩萨善根成就，亦复如是。”上述三例中，“当”与“将”都是助动词，属于类义词。前者表示情理上必当如此，后者含有未来势必如此的语气。无疑，“当产不久”的说法与“将产不久”的说法关系密切。

---

① 小島憲之、直木孝次郎、西宮一民、蔵中進、毛利正守『日本書紀二』，新編日本古典文学全集，小学館，1996，第160頁。

② 该经于天平十八年抄写，梁曼陀罗仙译《宝云经》，录于《大日本古文书》卷7，第84页。

③ 该经于天平八年抄写，题作《大乘造像功德经》，录于《大日本古文书》卷7，第54页。

④ 小島憲之、直木孝次郎、西宮一民、蔵中進、毛利正守『日本書紀一』，新編日本古典文学全集，小学館，1994，第64頁。

⑤ 小島憲之、直木孝次郎、西宮一民、蔵中進、毛利正守『日本書紀一』，新編日本古典文学全集，小学館，1994，第160頁。

四　拦腰截取

所谓拦腰截取，指上古文学作品中双音词的一种造词法，亦即从汉文佛经的四字语句中摘取中间两个字组词的方法。而且，这一方法运用得相当普遍。例如“溺苦”“眼涕”“仰欲”“叫啼”“悉振”。

“溺苦”，因溺水而痛苦。《日本书纪》卷2《神代纪下》：“至及兄钓之日，弟居滨而啸之。时迅风忽起，兄则**溺苦**，无由可生。”又：“乃举足踏行，学其**溺苦**之状。初潮渍足时则为足占，至膝时则举足，至股时则走回，至腰时则扪腰，至腋时则置手于胸，至颈时则举手飘掌。”① 例言海上忽然刮起大风，哥哥被海水所困，苦不堪言。失译人名今附秦录《无明罗刹集》卷2：“能雨暴雨，注于生河，入死海水。有因缘河漂沦，众生没**溺苦**海。”唐玄奘译《大般若波罗蜜多经》卷181《谤般若品》：“自陷其身，沉**溺苦**海，亦陷他人，沉溺苦海。”唐道宣述《释门归敬仪》卷1：“必有斯人，则自**溺苦**海。谁能济拔?”唐般若译《大乘本生心地观经》卷3《报恩品》：“如来不出于世间，一切众生入邪道，永离甘露饮毒药，长**溺苦**海无出期。”唐般若译《大乘理趣六波罗蜜多经》卷1御制《序》：“天理灭而莫知，道源迷而忘返。沦**溺苦**海，劫尽还初。”中国两类文献中均未见“溺苦”一词，它极有可能截取自上引佛典诸例中的四字语句。需要注意的是，《神代纪下》中的“溺苦”用作具体义，谓在海水中痛苦挣扎；汉文佛经中由“溺苦”构成的四字语句均用作抽象义，指在无明的苦海中所遭受的种种煎熬。

“眼涕”，眼泪。《日本书纪》卷6《垂仁纪》五年十月条：“于是，妾一思矣。若有狂妇，成兄志者，适遇是时。不劳以成功乎。兹意未竟，**眼涕**自流。”② 此言皇后企图刺杀天皇，却犹豫不决难以下手，泪水夺眶而出。西晋竺法护译《佛说方等般泥洹经》卷1《哀泣品》：“或有却行，右膝著地，呼嗟抆**眼**，**涕**泣交横，悲哀叹佛，皆言毒痛。”西晋安法钦译《阿育王传》卷3：“王闻其语，闷绝躄地，以水洒面，还复苏息。抱驹那罗，著于膝上，手摩扪**眼**，**涕**泣而言：‘汝眼本似驹那罗。’故遂以为字。”从两例佛典来看，“眼涕”一词似从译经中“抆眼涕泣”“扪眼涕泣”之类的四字语句中截取而来。

“仰欲”，怀着敬仰的心情希望见到某人。《日本书纪》卷5《崇神纪》十年九月条：“倭迹迹姬命语夫曰：‘君常昼不见者，分明不得视其尊颜。愿暂留之，明旦**仰欲**觐美丽之威仪。’”③ 倭迹迹姬对丈夫说，白天总是见不到你的真实面目，希望你暂时留

---

① 小島憲之、直木孝次郎、西宮一民、藏中進、毛利正守『日本書紀一』，新編日本古典文学全集，小学館，1994，第184（二例）頁。

② 小島憲之、直木孝次郎、西宮一民、藏中進、毛利正守『日本書紀一』，新編日本古典文学全集，小学館，1994，第310頁。

③ 小島憲之、直木孝次郎、西宮一民、藏中進、毛利正守『日本書紀一』，新編日本古典文学全集，小学館，1994，第282頁。

下来，明天早上让我一睹你俊俏的容貌。①吴支谦译《太子瑞应本起经》卷2：“上帝神妙来，叹**仰欲**见尊；梵释赍敬意，稽首欲受闻。”②东晋法显译《大般涅槃经》卷2：“今者既往，园林游观。诸人民众，充塞路侧，皆悉瞻**仰**，**欲**见大王。”③姚秦竺佛念译《菩萨璎珞经》卷4《心品》：“尔时座上诸欲天人诸色天人，天龙鬼神乾沓惒阿须伦迦留罗旃陀罗摩休勒，闻如来至真等正觉说此甚深之法，皆有渴**仰欲**得见如来正心定意。”④西晋竺法护译《等目菩萨所问三昧经》卷3《分别身行大慧空品》：“晓了一切法界，以除一切法想。见诸佛而无厌，依**仰欲**睹诸佛。解达诸定，分别权行。一切诸法本清净，而无所著。”根据例文分析，“仰欲～”疑似从佛经中习见的“叹仰欲见”“瞻仰欲见”“渴仰欲见”等四字固有表达中截取而来的。

“叫啼”，叫喊啼哭。疑似佛典表达“号叫啼泣（哭）”的缩略形式。《日本书纪》卷5《崇神纪》十年九月条：“爰倭迹迹姬命，心里密异之，待明以见栉笥，遂有美丽小蛇。其长大如衣纽。惊而**叫啼**。”[①] 例言倭迹迹姬等到天亮，打开梳妆盒，发现盒中有一条色泽斑斓的蛇，吓得她大声哭叫起来。梁僧伽婆罗译《文殊师利问经》[②] 卷1：“号**叫啼**泣，此谓悲气。”梁僧佑撰《释迦谱》卷2：“于是诸释，号**叫啼**哭，举身自扑，两手拍地，解髻乱发，同发声言：永失覆盖，王中尊王。”唐般若、牟尼室利译《守护国界主陀罗尼经》卷9《陀罗尼功德轨仪品》：“时彼病人，如挞其身，嗥**叫啼**泣，叩头求救：从今永去，不敢更来。”从上引佛典诸例中不难看出，“叫啼”一词似从“号叫啼泣”“号叫啼哭”“嗥叫啼泣”等四字格中拦腰截取而来。

“悉振”，全部振（震）动。“振”与“震”音同义通。《日本书纪》卷9《神功纪》摄政前纪条：“是言未讫之间，船师满海，旌旗耀日，鼓吹起声，山川**悉振**。”[③] 姚秦鸠摩罗什译《十住毘婆沙论》[④] 卷3《释愿品》：“无量须弥山，皆悉动摇，无量大海，皆**悉振**荡，一切世界，出非时华，雨栴檀末香，及诸天名华。”梁宝唱等集《经律异相》卷46：“时须弥山，及诸林树，皆**悉振**动。迦叶在座，不能自安。”梁法云撰《法华经义记》卷1《序品》：“普是有缘感佛世界以来皆**悉振**动，大地常安而今忽动，此即奇事明义。”分析上述诸例，可知“悉振”一词的产生，与佛典中存在的“皆**悉振**荡”“皆**悉振**动”等四字语句颇有渊源。

以上，我们从搭配关系的角度探讨了《日本书纪》等在表达上的创意，归纳其与汉文佛经相关的佛典表达关系如下：(1) 整饬音节。“深之欢喜”。(2) 现实反映。“造佛工”“造寺工”“教导众僧”“度净行者”“大斋（之）悔过”“圣王出世”。(3) 类

---

① 小島憲之、直木孝次郎、西宫一民、藏中進、毛利正守『日本書紀一』，新編日本古典文学全集，小学館，1994，第282頁。

② 该经于天平十一年抄写，录于《大日本古文书》卷7，第86页。

③ 小島憲之、直木孝次郎、西宫一民、藏中進、毛利正守『日本書紀三』，新編日本古典文学全集，小学館，1998，第428頁。

④ 该经于天平九年抄写，题作《十住毘沙论》，录于《大日本古文书》卷7，第77页。

义训读。①名词切换。“海导者”“不问日夜”“剃除鬓发”“剃除头发”“剃须发”“剔除髯发，披著袈裟”。②动词切换。“张网捕鸟”“结网捕鱼”“下网捕鱼”“引网捕鱼”“闷热懊恼”“追生悔耻”。③副词切换。“莫能敢~”。④助动词切换。“当产不久”。（4）拦腰截取。“溺苦”“眼涕”“仰欲”“叫啼”“悉振”。通过此类表达，我们能够切身感受到日本上古文人进行汉文创作时付出的那份艰辛及拥有的智慧，让我们体味作为中日古代文化交流桥梁的汉字文化之无穷魅力。

第三编

《万叶集》《怀风藻》《风土记》文体与佛经文体

本编分别论述文体不同的三部作品中佛典表达的特质。第一章关于《万叶集》的歌文文体：一是完成了散文佛源词的补遗工作，对源自汉文佛经的词语进行求证；二是独辟蹊径，从万叶和歌中发掘出60余个佛源词；三是从和歌表达的角度分析了这些佛源词的特殊意味。第二章针对《怀风藻》诗文与汉文佛经关系的探讨，分作诗人《小传》和诗歌两部分展开。前者根据《小传》的特殊体裁，按照姓名爵里、天资佛缘、唐朝游学、博学弘法、临终祥瑞的内容结构，对双音词、三字格和四字格分别进行了考证。后者以诗语、口语和佛语为切入点，对僧人诗歌中的佛典表达的遣词造句进行剖析。第三章有关《风土记》地志文体研究，从语体和句式两方面揭示《风土记》文体特征与汉文佛经的关系，分析促成其独特文体形成的外在表现形式与内在动因，指出佛教东渐以后，随着推古朝以后儒佛并行的举国体制的贯彻，通过近乎常态化的写经、读经、诵经和讲经以及各种法会仪式，汉文佛经逐渐为人们所熟知，载承经文的特殊文体势必影响文人们的文学创作。

第一章　《万叶集》的歌文文体

《万叶集》由散文（汉文）和韵文（和歌）两个部分组成。松尾良树①指出，《万叶集》歌中、歌题和歌注中如下词语属于口语词：卷 1“此之”“当时”；卷 5“极大”“路头”“儿（等）”“下官”“向（死之途）”“好去好来（歌）”；卷 6“登时”“比来”；卷 15“（五）个（日）”；卷 16“（九）个（女子）”“阿谁”“寺家”“走”；卷 17“今朝”；卷 18“但（犯一条）”“女家”。平松秀树②指出的口语词有：卷 3“左右”“欲得”；卷 4“更不”卷 5“渐渐”“向东向西”；卷 8“几许·几多·几时”；卷 9“从来”“各各”。

关于隐匿于《万叶集》散文中的佛教词语或出自佛典的词语，我们曾在梳理先行研究的基础上进行过一番考证。具体内容包括如下几个方面：其一，卷 5 歌题歌注中的疑似佛典用语。“本愿托生”“修行得道”“一切含灵”“业报所招”“随其所教”“病从口入”“有尽之身，无穷之命”“莫知所为”“人愿天从”“可贪·可畏”“言穷虑绝”。其二，各卷歌题歌注中的疑似佛典用语。“非时”“时花”“下姓”“加言”“聚林”“未有几时”。其三，歌题歌注中的口语词。“极甚”“意内”“既了”“拟入”“夜里”。其四，佛典用语的变异表达。“犊慕”“悬树”“留宅”“除袪”“起爱心”。其五，书仪中的“和习”表达。“嘉欢”“轻奉”“惊欣”“系恋”“戴荷”“不赀之恩”。其六，“和习”与创新。“喻环不息”“如罗睺罗”“爱无过子”“爱子之心”“颜色壮年”“申臂击目”“黑暗德天”“无心所著”“斧沉海底”“染疾”“所心”。

我们在《〈万叶集〉歌题歌注中的佛典词语考释》（附录 3）一文中所涉及的佛典词语如下：“皆悉从”“折取”“奉入”“作方便”“叩户”“咒愿”“奉拜”“会集”“众诸”“拭涕”“报语”“怜惜”“死娩”“种种音乐”“种种乐器”“舶发”“鬼病”“经停”“爱河·苦海”“假合之身”“泡沫之命”“难驻”“向死”“何能逃避”“发露忏悔”“跛足”“增苦”“病患”“除愈”“摩膏”“命根”“广说”“群生品类”“见恼”“至甚”“三归五戒”“插著”“不敢”“偶逢”“迷惑之心”“甚异异甚”“显面”“裹

① 松尾良樹「『万葉集』詞書と唐代口语」，『叙説』13，1986。

② 平松秀樹「万葉集に見える白話的表現」，『美夫君志』53，1996。

物”“探抱”“触手”“永免”“柁师”“早速”“返报”“睡觉”“随闻”“赴向”“此时也”“怯软”“苦念”“形容美丽”“张设罗网”“题著”“唤使”“感怜”“随堪”。①

第一节　散文佛源词补遗

首先，分作前10卷佛源词和后10卷佛源词两部分，针对《万叶集》散文中的佛源词做一些补遗工作。所谓佛源词，顾名思义，指源自汉文佛经的词语，包括词义与佛教相关和词义与佛教无关两类。其中，后面一类更有助于理解佛经文体对《万叶集》散文文体的影响。

一　前10卷佛源词

“**会集**”，集会，聚会。《万叶集》卷6第962首歌注：“此日会集众诸，相诱驿使葛井连广成，言须作歌词。”② 又卷16第3808首歌注：“是会集之中，有鄙人夫妇。其妇容姿端正，秀于众诸。乃彼鄙人之意，弥增爱妻之情，而作斯歌，赞叹美貌也。”又卷19第4230首歌注：“右一首，三日会集介内藏忌寸绳麻吕之馆宴乐时，大伴宿祢家持作之。”又第4238首歌题：“二月二日，会集于守馆宴作歌一首。”③《日本书纪》卷22《推古纪》十四年四月条：“于是会集人众，不可胜数。自是年初，每寺四月八日、七月十五日设斋。”④《续日本纪》卷2《文武纪》大宝二年四月条：“夏四月庚子，禁祭贺茂神日，徒众会集，执仗骑射。唯当国之人不在禁限。”⑤（1）西晋竺法护译《贤劫经》卷1：“尔时喜王菩萨，睹众会集，即从坐起，更正衣服，长跪叉手，白佛：‘愿有所问听，乃敢宣陈。’”（2）《后汉书》卷87《西羌传》：“太守寇盱与战于白石，迷唐不利，引还大、小榆谷，北招属国诸胡，会集附落，种众炽盛，张纡不能讨。”⑥ 按：上引例文中，（1）的意思为聚集，聚在一起；（2）的意思为汇合、汇集，且用作抽象义。由此可知，《万叶集》中“会集”的用法出自佛典。

“**晚头**”，晚上，夜晚。俗语表达。《万叶集》卷6第1017首歌题：“夏四月，大伴

---

① 马骏：《日本上代文学“和习”问题研究》，国家哲学社会科学成果文库2011，北京大学出版社，2012，第336～340页、第340～344、348页、第344～346页、第342～348页、第369～372、第388～394页、第21～23页、第626～643页。

② 小島憲之、木下正俊、東野治之『万葉集二』，日本古典文学全集，小学館，1995，第130頁。

③ 小島憲之、木下正俊、東野治之『万葉集四』，日本古典文学全集，小学館，1996，第322、339（二例）頁。

④ 小島憲之、直木孝次郎、西宮一民、蔵中進、毛利正守『日本書紀二』，新編日本古典文学全集，小学館，1996，第552頁。

⑤ 青木和夫、稲岡耕二、笹山晴生、白藤礼幸『続日本紀一』，新日本古典文学大系，岩波書店，1989，第54頁。

⑥（宋）范晔撰，（唐）李贤等注《后汉书》，中华书局，1965，第2883页。

坂上郎女奉拜贺茂神社之时，便超相坂山，望见近江海。而**晚头**还来，作歌一首。”[①]《续日本纪》卷10《圣武纪》天平二年正月条：“辛丑，天皇御大安殿，宴五位以上。**晚头**，移幸皇后宫。”[②] 唐大觉撰《四分律行事钞批》卷13：“相承云：‘北地一僧，**晚头**吃食，令童子下食，童子令出生。’师答云：‘非是时节，何处有众生来吃，不须出生。’童子言：‘或有无惭愧畜生，**晚头**还食。’师因改志，终身而不夜食也。”按：“晚头”一词，是唐代以后出现的俗语表达。上古文学作品中，“头”用作词缀接在名词后面的有“船头”“舟头”“床头”；接在方位词后面的有“道头”“河头”“江头”“岭头”“路头”“塘头”“田头”“西头”“渊头”；接在时间名词后面的有“到七日头”等。古汉语词缀“头”出现的时间是在东汉时期。[③]

“**著身衣**”，穿在身上的衣服。《万叶集》卷8第1626首歌题：“又报脱**著身衣**赠家持歌一首。”[④] 吴支谦译《太子瑞应本起经》卷1：“太子曰：‘汝可径归，上白大王，及谢舍妻：今求无为大道，勿以我为忧。’即脱宝冠，及**著身衣**，悉付车匿。”

二 后10卷佛源词

（一）第15卷

“**~个日**”，（经过）若干天。俗语表达。《万叶集》卷15第3697~3699首歌题：“到对马岛浅茅浦舶泊之时，不得顺风，经停五个日。”[⑤]《日本灵异记》中卷《阎罗王使鬼得所召人之赂以免缘第24》：“仁耀受请，经二个日，读《金刚般若经》百卷讫。历三个日，使鬼来云：‘依大乘力，脱百段罪，自常食复倍饭一斗而赐。喜、贵。自今以后，每节为我修福供养。’即忽然失。”[⑥]《续日本纪》卷13《圣武纪》天平十二年十一月条：“广嗣之船，从知贺岛发，得东风往四个日，行见岛。”[⑦]《上宫圣德法王帝说》：“戊午年四月十五日，少治田天皇请上宫王令讲《胜鬘经》。其仪如僧也。诸王公主及臣连公民，信受无不嘉也。三个日之内，讲说讫也。”唐阿地瞿多译《陀罗尼集经》卷1《释迦佛顶三昧陀罗尼品》：“如是白月十五个日，日别作此法……于白月十五个日，从初一日，日别请一比丘设斋，多亦无限。”

此外，以下《古事记》中的“~个（物）”、《日本灵异记》中的“~个月”都是俗语表达。

---

① 小島憲之、木下正俊、東野治之『万葉集二』，日本古典文学全集，小学館，1995，第154頁。

② 青木和夫、稲岡耕二、笹山晴生、白藤礼幸『続日本紀二』，新日本古典文学大系，岩波書店，1990，第228頁。

③ 魏兆惠、郑东珍：《论古汉语词缀“头”》，《语言研究》2007年第2期。

④ 小島憲之、木下正俊、東野治之『万葉集二』，日本古典文学全集，小学館，1995，第365頁。

⑤ 小島憲之、木下正俊、東野治之『万葉集四』，日本古典文学全集，小学館，1996，第59頁。

⑥ 中田祝夫『日本霊異記』，日本古典文学全集，小学館，1975，第212頁。

⑦ 青木和夫、稲岡耕二、笹山晴生、白藤礼幸『続日本紀二』，新日本古典文学大系，岩波書店，1990，第336頁。

“~个（物）”，若干个（东西）。《古事记》上卷《伊耶那岐命与伊耶那美命》：“到黄泉比良坂之坂本时，取在其坂本桃子三个待击者，悉坂返也。”① 《日本书纪》卷1《神代纪上》：“复剑刃垂血，是为天安河边所在五百个盘石也。即此经津主神之祖矣。”②《怀风藻》第89首藤原宇合《七言在常陆赠倭判官留在京一首并序》：“仆与明公，忘言岁久，义存伐木，道叶采葵。待君千里之驾，于今三年。悬我一个之榻，于是九秋。”③《古语拾遗》：“天目一个命。（双行注）筑紫、伊势两国忌部祖也。”④《续日本纪》卷31《光仁纪》宝龟二年十月条：“而枉从上野国邑乐郡，经五个驿到武藏国，事毕去日，又取同道，向下野国。”⑤ 隋阇那崛多译《佛本行集经》卷59《婆提唎迦等因缘品》：“而彼二头，至于一时，游行经历，忽然值遇，一个毒华，便作是念：‘我食此华，愿令二头，俱时取死。’”

“~个月”，若干月。《日本灵异记》下卷《如法奉写〈法华经〉火不烧缘第10》：“发愿如法，清净奉写《法华经》一部。专自书写。每大小便利，洗浴净身，自就书写筵以还，径六个月，乃缮写毕。” 又《产生肉团之作女子修善化人缘第19》：“父母取之，更哺乳养。见闻人，合国无不奇。经八个月，身俄长大，头颈成合，异人无顊。”⑥

“忽遭”，忽然遭遇到（反向风）。《万叶集》卷15第3644~3651首歌题：“佐婆海中，**忽遭**逆风，涨浪漂流。”⑦《播磨国风土记·揖保郡》条：“自此泊度行于伊部之时，**忽遭**逆风，不得进行。而从船越越御船，御船犹亦不得进。”⑧ 《续日本纪》卷35《高绍纪》宝龟九年十月条：“九月九日，臣船得正南风，发船入海。行已三日，**忽遭**逆风，船著沙上，损坏处多，竭力修造。”唐道宣撰《续高僧传》卷6：“尝与同学数辈住师后房。房本朽故，**忽遭**飘风吹屋，欹斜欲倒。师行不在，无物支持，众人皆走。彻习业如故。会稽孔广闻之叹曰：‘孺子风素殊佳，当成名器。’”

“得顺风”，遇到与行进方向一致的风。《万叶集》卷15第3644~3651首歌题：“经宿而后，幸**得顺风**，到著丰前国下毛郡分间浦。”⑨《续日本纪》卷34《高绍纪》宝龟八年四月条：“即**得顺风**，不可相待。”（1）北凉昙无谶译《大般涅槃经》卷9《如来性品》：“譬如有人，在大海中，乘船欲渡。若**得顺风**，须臾之间，则能得过，无量由延。若不得者，虽复久住，经无量岁，不离本处。”（2）《全唐文》卷384独孤及

---

① 山口佳紀、神野志隆光『古事記』，新編日本古典文学全集，小学館，1997，第46頁。

② 小島憲之、直木孝次郎、西宮一民、蔵中進、毛利正守『日本書紀一』，新編日本古典文学全集，小学館，1994，第42頁。

③ 小島憲之『懐風藻・文華秀麗集・本朝文粋』，日本古典文学大系，岩波書店，1964，第151~152頁。

④ 西宮一民『古語拾遺』，岩波文庫，1985年，第120頁。

⑤ 青木和夫、稲岡耕二、笹山晴生、白藤礼幸『続日本紀四』，新日本古典文学大系，岩波書店，1995，第352頁。

⑥ 中田祝夫『日本霊異記』，日本古典文学全集，小学館，1975，第286、308頁。

⑦ 小島憲之、木下正俊、東野治之『万葉集四』，日本古典文学全集，小学館，1996，第42頁。

⑧ 植垣節也『風土記』，新編日本古典文学全集，小学館，1997，第64頁。

⑨ 小島憲之、木下正俊、東野治之『万葉集四』，日本古典文学全集，小学館，1996，第42頁。

《梦远游赋（并序）》："其往也，泛兮若游鱼振鳞而泳清川，同兮若翔雁**得顺风**而缘秋天。"①

"死去之时"，死的时候。《万叶集》卷15第3688～3690首歌题《到壹岐岛，雪连宅满忽遇鬼病，**死去之时**，作歌一首并短歌》② 梁宝唱等集《经律异相》卷30："宫人伎女，华色五欲，国财妻子，悉非我有。**死去之时**，无一随者。身尚自弃，何况余物？迷没五欲，回流生死，莫知出路。"

（二）第16卷

"往适"，出嫁。**"未闻未见"**，既未听说过，又没见到过。《万叶集》卷16第3786～3787首歌序："于是娘子唏嘘曰：'从古来今，未闻未见，一女之身**往适**二门矣。'"③（1）元魏慧觉等合译《贤愚经》卷5《长者无耳目舌品》："尔时大女，**往适**他家，奉给夫主，谦卑恭谨，抚拭床褥，供设饮食，迎来送去，拜起问讯，譬如婢事大家。"（2）东晋帛尸梨蜜多罗译《佛说灌顶经》卷1："佛又告阿难：'于后末世，若有比丘、比丘尼、清信士女，读持此经者，为人广说，解释中义。诸余沙门，及比丘尼，清信士女，**未闻未见**，若相诽谤，疾恶此经，闻有说者，不乐听闻，反信邪法。缘是罪故，当有数万比丘，堕鬼神道中。'"

"如露"，像露珠一样（容易消融、泯灭）。《万叶集》卷16第3788～3790首歌序："娘子叹息曰：'一女之身，易灭**如露**；三雄之志，难平如石。'"④ 西晋竺法护译《修行地道经》卷6《观品》："是身如萎华疾至老耄，是身**如露**不得久立。"

"～个人（动物）"，若干个人（动物）。《万叶集》卷16第3791～3802首歌序："昔有老翁，号曰竹取翁也。此翁季春之月，登丘远望。忽值煮九个女子也。"⑤《日本书纪》卷1《神代纪上》："所以哭者，往时吾儿有八个少女，每年为八歧大蛇所吞。今此少童且临被吞。无由脱免。"⑥《续日本纪》卷20《孝谦纪》天平宝字元年七月条："古麻吕曰：'右大臣、大纳言，是两个人乘势握权。汝虽立君，人岂合从。愿勿言之。'"⑦ 隋阇那崛多译《佛本行集经》卷26《向菩提树品》："见其四个，所爱之女，各举两手，大声号哭，作如是言：'呜呼呜呼，阿耶阿耶！'"

"皆共"，全都，共同。**"含咲"** 面带笑容。**"阿谁"**，疑问代词。犹言"谁""何人"。《万叶集》卷16第3791～3802首歌序："良久，娘子等**皆共含笑**，相推让之曰：

① （清）董诰等编《全唐文·附唐文拾遗唐文续拾》，中华书局，1983，第3901页。

② 小島憲之、木下正俊、東野治之『万葉集四』，日本古典文学全集，小学館，1996，第54頁。

③ 小島憲之、木下正俊、東野治之『万葉集四』，日本古典文学全集，小学館，1996，第89頁。

④ 小島憲之、木下正俊、東野治之『万葉集四』，日本古典文学全集，小学館，1996，第90～91頁。

⑤ 小島憲之、木下正俊、東野治之『万葉集四』，日本古典文学全集，小学館，1996，第92頁。

⑥ 小島憲之、直木孝次郎、西宮一民、蔵中進、毛利正守『日本書紀一』，新編日本古典文学全集，小学館，1994，第90頁。

⑦ 青木和夫、稲岡耕二、笹山晴生、白藤礼幸『続日本紀三』，新日本古典文学大系，岩波書店，1992，第210頁。

‘阿谁呼此翁哉？’”① ①姚秦鸠摩罗什译《妙法莲华经》卷2《信解品》：“千万亿众，围绕恭敬，常为王者，之所爱念。群臣豪族，皆共宗重。”②唐慧琳撰《一切经音义》卷21：“戏笑……笑字，从竹，犬声。有作咲者，俗也。”唐窥基撰《观弥勒上生兜率天经赞》卷2：“世尊颜貌，舒泰光显，含咲先言，唯向不背，是五十八。”《世说新语·言语第2》：“周仆射雍容好仪形，诣王公，初下车，隐数人，王公含笑看之。”②③西晋安法钦译《阿育王传》卷3：“阿恕伽王虽闻此语，犹为忧火焚烧其心，复告子言：‘阿谁无爱生挑汝眼？’驹那罗言：‘父敕使挑。’”《蜀志》卷7《庞统传》：“先主谓曰：‘向者之论，阿谁为失？’统曰：‘君臣俱失。’”③

“高姓”，敬辞。犹言“尊姓、贵姓”。“下姓”的对应词。《万叶集》卷16第3821首歌注：“右，时有娘子，姓尺度氏也。此娘子不听高姓美人之所挑，应许下姓丑士之所挑也。”④《日本灵异记》中卷《女人恶鬼见点攸食噉缘第32》：“有一女子，名曰万之子。未嫁未通。面容端正。高姓之人伉俪，犹辞而经年祀。”⑤（1）唐道宣撰《四分律删繁补阙行事钞》卷2：“《十诵》：若语高姓人，云是下姓人者，犯堕。”唐湛然述《止观辅行传弘决》卷2：“以是缘故，迦叶佛时，作比丘尼。自恃高姓，颜貌端正，心生憍慢，而破禁戒。破戒罪故，堕于地狱，受种种苦。”唐智者撰《四分律疏》卷9：“若语高姓人云：‘汝是剃毛下姓人。’故妄语提；若云：‘汝作剃毛人。’未得吉。”（2）《通典》卷187《边防3》：“其一族不育女，自云高姓，不可下嫁。”⑥ 按：唐代以后出现的新词。

“送与”，（位尊者）送与。赠送给（位卑者）。《万叶集》卷16第3803首歌序：“昔者有壮士与美女也。不告二亲，窃为交接。于是娘子之意，欲亲令知。因作歌咏，送与其夫。”⑦（1）吴支谦译《撰集百缘经》卷2《报应受供养品》：“王闻佛语，敕放罪人，送与世尊，度令出家。精勤修习，未久之间，得阿罗汉果。”（2）《魏志》卷10《荀彧传》：“太祖敕外厩急具精马三匹，并骑二人，谓融曰：‘祢衡竖子，乃敢尔！孤杀之无异于雀鼠，顾此人素有虚名，远近所闻，今日杀之，人将谓孤不能容。今送与刘表，视卒当何如？’”⑧

“吃饮”，吃喝。口语词。《万叶集》卷16第3854首歌注：“其老为人，身体甚瘦。虽多吃饮，形似饥馑。”⑨《肥前国风土记·基肆郡》条：“此泉之，季秋九月，始变白

① 小島憲之、木下正俊、東野治之『万葉集四』，日本古典文学全集，小学館，1996，第92頁。
② 徐震堮：《世说新语校笺》，中华书局，1984，第56页。
③ （晋）陈寿撰，（宋）裴松之注《三国志》，中华书局，1959，第956页。
④ 小島憲之、木下正俊、東野治之『万葉集四』，日本古典文学全集，小学館，1996，第110頁。
⑤ 中田祝夫『日本霊異記』，日本古典文学全集，小学館，1975年，第234頁。
⑥ （唐）杜佑撰《通典》，中华书局，1988，第5049页。
⑦ 小島憲之、木下正俊、東野治之『万葉集四』，日本古典文学全集，小学館，1996，第99頁。
⑧ （晋）陈寿撰，（宋）裴松之注《三国志》，中华书局，1959，第312页。
⑨ 小島憲之、木下正俊、東野治之『万葉集四』，日本古典文学全集，小学館，1996，第125頁。

色，味酸气臭，不能**吃饮**。孟春正月，反而清冷，人始饮吃。”[①] 唐栖复集《法华经玄赞要集》卷9：“父王在后不见罗睺，一家**吃饮**觅不得。闻道世尊将去出家已了，王闷绝。良久乃苏，到世尊边，种种道理论说。”宋天息灾译《佛说较量寿命经》卷1：“我见及贪欲，谤法罪最深。作恶并盖缠，生大叫唤中。叫唤大地狱，身毛皆竖立。**吃饮**火焰烧，回避禁难出。”按：《汉语大词典》失收。唐代以后出现的口语词。

（三）家持歌日志

“**放逸**”，放掉使逃走。《万叶集》卷17第4011首歌题《思**放逸**鹰梦见感悦作歌一首》：“喻曰：使君勿作苦念，空费精神，**放逸**彼鹰获得，未几矣哉。”[②]（1）《逸周书》卷6《时训第52》：“蜩不鸣，贵臣**放逸**。”朱右曾校释：“**放逸**，放纵晏佚。”[③]（2）姚秦鸠摩罗什译《妙法莲华经》卷1《序品》：“汝一心精进，当离于**放逸**。诸佛甚难值，亿劫时一遇。”唐义净译《金光明最胜王经》卷2《梦见金鼓忏悔品》：“或自恃尊高，种姓及财位，盛年行**放逸**，常造诸恶业。”按：传世文献中，“放逸”的意思是“放纵逸乐”，汉文佛经中谓“不守佛门规矩，放纵心思，任性妄为。”《万叶集》中的“放逸”指逃跑掉的老鹰，是大伴家持独特的用法。

“**形容美丽**”，模样好看，长得漂亮。《万叶集》卷17第4011~4015首歌注：“右射水郡古江村取获苍鹰。**形容美丽**，鸷雄秀群也。”[④] 唐窥基撰《妙法莲华经玄赞》卷1：“此云持誉，耶输陀罗，讹也。**形容美丽**，近远闻知，生育罗睺，天人赞咏。故名持誉。誉，美称也。”该例亦见于唐智云撰《妙经文句私志记》卷6。唐栖复集《法华经玄赞要集》卷9：“言**形容美丽**等者，有二因缘，故有声誉：一**形容美丽**；二生育罗睺。”按：与佛典用法有所不同的是，大伴家持歌注中的“形容美丽”是用来描述苍鹰的形象。

“**此时也**”，“此时”的强调形式。玄奘笔法。《万叶集》卷17第3960~3961首歌注：“**此时也**，复渔夫之船，入海浮澜。”[⑤] 唐玄奘撰《大唐西域记》卷8：“罗汉曰：‘王命神鬼，至所期日。日有隐蔽，其状如手。**此时也**，宜下舍利。’王承此旨，宣告鬼神。”又：“**此时也**，或放光或雨花，僧徒灭千人，习学大乘，上座部法，律仪清肃，戒行贞明。”唐道宣撰《释迦方志》卷2：“于**此时也**，放光雨华，大起深信。”按：语气词“也”表语音停顿，有强调“此时”之义。

“**~个年**”，（经过）若干年。《万叶集》卷19第4250首：“之奈谢可流　越尔五**个年**　住住而　立别麻久　惜初夜可毛”[⑥]。《日本灵异记》上卷《婴儿抚所擒他国得逢父

---

① 植垣節也『風土記』，新編日本古典文学全集，小学館，1997，第314頁。

② 小島憲之、木下正俊、東野治之『万葉集四』，日本古典文学全集，小学館，1996，第213頁。

③ 黄怀信、张懋镕、田旭东撰《逸周书汇校集注》，上海古籍出版社，2007，第595页。

④ 小島憲之、木下正俊、東野治之『万葉集四』，日本古典文学全集，小学館，1996，第216~217頁。

⑤ 小島憲之、木下正俊、東野治之『万葉集四』，日本古典文学全集，小学館，1996，第175頁。

⑥ 小島憲之、木下正俊、東野治之『万葉集四』，日本古典文学全集，小学館，1996，第345頁。

缘第9》："故为修福，径八个年，以难破长柄丰前宫御宇天皇之世，庚戌年秋八月下旬，鹫擒子父，有缘事至于丹波后国加作郡部内，宿于他家。"①《续日本纪》卷1《文武纪》元年八月条："又始自今年三个年，不收大税之利。高年老人加恤焉。"② 唐僧详撰《法华传记》卷6："时有河胤之，谓藏曰：'此沙弥全无年寿。'藏闻之悲愍。沙弥遂归父母家，过五个年，还投藏所。"

"**门前**"，今义同。《万叶集》卷19第4251首题注："于时，射水郡大领安努君广岛门前之林中，预设饯馔之宴。"③《日本书纪》卷2《神代纪下》："是时高皇产灵尊怪其久不来报，乃遣无名雉伺之。其雉飞降，止于天稚彦门前所植汤津杜木之杪。"④（1）后汉安世高译《佛说奈女祇域因缘经》卷1："于是祇域，便行治病，所治辄愈，国内知名。后欲入宫，于宫门前，逢一小儿担樵。"（2）《魏志》卷29《方技传》："佗尚未还，小儿戏门前，逆见，自相谓曰：'似逢我公，车边病是也。'疾者前入坐，见佗北壁县此蛇辈约以十数。"⑤

"**缘起**"，众缘和合而生起，即各种条件和合而生的意思。一切有为法都是由众缘和合而生起的；事情起始的缘由。《万叶集》卷19第4292首歌注："但此卷中不称作者名字，徒录年月所处缘起者，皆大伴宿祢家持裁作歌词也。"⑥

"**愿寿**"，祝寿，祈愿长寿。《万叶集》卷20第4470首歌题《愿寿作歌一首》："美都烦奈须　可礼流身曾等波　之礼礼杼母　奈保之祢我比都　知等世能伊乃知乎"⑦。（1）梁僧伽婆罗译《孔雀王咒经》卷1："愿作救济，摄受守护。寂乐安隐，除诸罚毒。结界结地，愿寿百岁，见于百春。"（2）《魏书》卷51《吕罗汉传》："民颂之曰：'时惟府君，克己清明。缉我荒土，民胥乐生。愿寿无疆，以享长龄。'"⑧

"**仁王会**"，亦称"仁王斋""仁王般若会""仁王道场""百座道场""百座会"。该法会祈求风调雨顺，国泰民安，讲赞《仁王般若波罗蜜经》。《万叶集》卷20第4494首歌注："右一首，为七日侍宴，右中辩打伴宿祢家持预作此歌。但依仁王会事，却以六日于内里召诸王卿等赐酒，肆宴给禄。因斯不奏也。"⑨《续日本纪》卷22《淳仁纪》天平宝字四年二月条："庚申，设仁王会于宫中及东大寺。"⑩ 又卷30《称德纪》宝龟

① 中田祝夫『日本霊異記』，日本古典文学全集，小学館，1975，第84頁。
② 青木和夫、稲岡耕二、笹山晴生、白藤礼幸『続日本紀一』，新日本古典文学大系，岩波書店，1989，第104頁。
③ 小島憲之、木下正俊、東野治之『万葉集四』，日本古典文学全集，小学館，1996，第346頁。
④ 小島憲之、直木孝次郎、西宮一民、蔵中進、毛利正守『日本書紀一』，新編日本古典文学全集，小学館，1994，第112頁。
⑤（晋）陈寿撰，（宋）裴松之注《三国志》，中华书局，1959，第801页。
⑥ 小島憲之、木下正俊、東野治之『万葉集四』，日本古典文学全集，小学館，1996，第364頁。
⑦ 小島憲之、木下正俊、東野治之『万葉集四』，日本古典文学全集，小学館，1996，第442頁。
⑧（北齐）魏收撰《魏书》，中华书局，1974，第1137页。
⑨ 小島憲之、木下正俊、東野治之『万葉集四』，日本古典文学全集，小学館，1996，第452頁。
⑩ 青木和夫、稲岡耕二、笹山晴生、白藤礼幸『続日本紀三』，新日本古典文学大系，岩波書店，1992，第346頁。

元年正月条："戊寅，设仁王会于宫中。"又卷32《光仁纪》宝龟三年六月条："甲子，设仁王会于宫中及京师大小诸寺，并畿内七道诸国分金光明寺。"①

通过上面的考释，《万叶集》补遗所得佛源词语（共计25个）如下：①前10卷佛源词语；卷6"会集""晚头"；卷8"著身衣"；②后10卷佛源词语；卷15"～个日""忽遭""得顺风""死去之时"；卷16"往适""未闻未见""如露""～个人（动物）""皆共""含咲""阿谁""高姓""送与""吃饮"；卷17"放逸""此时也""形容美丽"；卷19"门前""缘起""～个年"；卷20"愿寿""仁王会"。在这些源自佛典的表达之中，像"晚头""吃饮"这样的口语或俗语出现在《万叶集》之中，很容易使人联想起当时中日两国间的人际交流。大伴家持在使用"放逸""形容美丽"等佛典表达时，显然加进了自己的理解和全新的创意。这些例子从一个侧面反映了《万叶集》中佛典表达的独特性：既有别于汉文佛经，又不同于其他上古文学作品。

第二节 歌词佛源词钩沉

迄今为止，有关《万叶集》歌词中出自汉文佛经词语的研究并不多见。下面，我们按照在研究《古事记》《日本书纪》时所采用的方法，对隐匿于歌词中的佛典词语进行深度挖掘，以期弥补传统研究之不足。先举一例。《万叶集》卷5第894首《好去好来歌》："家子等 撰多麻比天 敕旨 戴持弖 唐能 远境尔 都加播佐礼"②。例中"戴持"一词并非普通词语。唐慧琳撰《一切经音义》卷20："顶戴：当爱反。《字书》云：在首曰戴。亦云举之于首也。孔注《尚书》：欣奉其上曰戴。刘熙云：人所瞻，戴也。"通过古辞书可知，"戴"是一种发自内心的敬仰行为。东晋佛陀跋陀罗、法显合译《摩诃僧祇律》卷10："律师应问：'汝受用未？'若言：'受用。'应语言：'此中用不净钵，得无量越比尼罪。应忏悔。'应言：'长老，我某甲钵减五缀，更乞新钵已僧中舍。此中犯波夜提，受用不净钵，犯无量越比尼罪。一切悔过。'问：'汝见罪不？'答言：'见。''谨慎莫复犯。'答言：'顶戴持。'"该例说明，"戴持"是"顶戴持"的缩略形式，谓高高地举起超过头顶。唐义净译《佛说善夜经》卷1："若男子女人，戴持此经者，具相人敬重，所愿皆圆满。"唐不空译《法华曼荼罗威仪形色法经》卷1："宝冠严顶上，戴持三钴杵。面门白黄色，左定结拳印。"这两例说明，"戴持"的对象是佛经或法器等，表达一种极为敬仰的行为。弄清楚"戴持"的上述意义和用法，对我们理解山上忆良的《好去好来歌》大有裨益。歌中说"戴持"天皇的敕令，流露出作者对天皇极为崇敬的心情，也折射出山上忆良不薄的佛学修养。而且，佛教词入歌，

① 青木和夫、稲岡耕二、笹山晴生、白藤礼幸『続日本紀四』，新日本古典文学大系，岩波書店，1995，第272、382頁。

② 小島憲之、木下正俊、東野治之『万葉集二』，日本古典文学全集，小学館，1995，第73頁。

且不着痕迹，这在早期的和歌创作中，可谓是一种大胆的尝试。下面，我们从词语层面、语体层面和创新层面这三方面对隐匿于《万叶集》歌词中的佛源词语进行发掘与整理。

一　词语层面

关于词语层面的考察，以下分作意思与佛典表达相同、用法与佛典表达不同和三字格来进行，借以凸显《万叶集》韵文中出自汉文佛经的各类表达的特质。

（一）意思相同

按照词性划分，意思与佛典表达相同的有名词、动词和复合词。其中，复合词最为丰富。

其一，出自汉文佛经的名词有“海原”①“横风（乃）”“肥人”“人眼”“面影”。

“横风（乃）”，侧面方向吹来的风，泛指意外刮起的大风（会给人带来灾害）。《万叶集》卷5第904首《恋男子名古日歌》：“大船乃　于毛比多能无尔　于毛波奴尔　横风乃　覆来礼婆　世武须便乃　多杼伎乎之良尔”②。（1）后汉安世高译《七处三观经》卷1：“已漏刻时不正，便有横风；已有横风，便天不时，时雨堕。”（2）《艺文类聚》卷87梁徐摛《冬蕉卷心赋》曰：“拔残心于孤翠，植晚玩于冬余。枝横风而碎色，叶渍雪而傍枯。”③

“肥人”，肥胖的人，胖子。《万叶集》卷11第2496首：“肥人　额发结在　染木绵　染心　我忘哉”④。（1）唐慧祥撰《古清凉传》卷1：“于是相将寻西归，至昨日值肥人之所，忽见此人。复披林上岭，逆谓沙弥曰：‘伊更作何言？’报云：‘极嗔无语。’肥人笑曰：‘嗜酒来饮，尔令恼之。慎不复来，急取伊酒好饮。’”（2）《玄怪录》卷2《居延部落主》条：“骨低悦，更命加食。一人曰：‘某请弄大小相成，终始相生。’于是长人吞短人，肥人吞瘦人，相吞残两人。”⑤

“人眼”，人的眼睛。暗含人多眼杂、受到他人监督的语气。《万叶集》卷4第770首：“人眼多见　不相耳曾　情左倍　妹乎忘而　吾念莫国”⑥。又卷12第3104首：“将相者　千遍虽念　蚁通　人眼乎多　恋乍衣居”⑦。又卷19第4154首：“语左气见左久流人眼　乏等”⑧。

---

① 马骏：《日本上代文学“和习”问题研究》，国家哲学社会科学成果文库2011，北京大学出版社，2012，第60页。

② 小島憲之、木下正俊、東野治之『万葉集二』，日本古典文学全集，小学館，1995，第93頁。

③ （唐）欧阳询撰《艺文类聚》，上海古籍出版社，1999，第1499页。

④ 小島憲之、木下正俊、東野治之『万葉集三』，日本古典文学全集，小学館，1995，第201頁。

⑤ 上海古籍出版社编《唐五代笔记小说大观》，上海古籍出版社，2000，第374页。

⑥ 小島憲之、木下正俊、東野治之『万葉集一』，日本古典文学全集，小学館，1994，第369頁。

⑦ 小島憲之、木下正俊、東野治之『万葉集三』，日本古典文学全集，小学館，1995，第353頁。

⑧ 小島憲之、木下正俊、東野治之『万葉集四』，日本古典文学全集，小学館，1996，第300頁。

“**面影**”，脸部的形状；面部表情。《万叶集》卷 11 第 2634 首：“里远　恋和备尔　家里　真十镜　**面影**不去　梦所见社”①。陈真谛译《宝行王正论》卷 1《安乐解脱品》：“如人依净镜，得见自**面影**。此影但可见，一向不真实。”按：和歌文例与佛典文例在使用时，均与“镜（子）”相搭配。和歌用作比喻义，表示如同镜子中的面庞一样挥之不去；佛典表示如同镜子中的影像一般，虚假不真实。

从构词法来看，歌词中源自汉文佛经的动词有如下种类：主述式、述宾式、偏正式、并列式、后补式。主述式双音词有“雨落”“足蹈”“寐觉”，它们仅出现在《万叶集》歌词之中。

“**雨落**”，下雨。《万叶集》卷 11 第 2169 首：“暮立之　**雨落**每　春日野之　尾花之上乃　白露所念”②。（1）吴支谦译《撰集百缘经》卷 9《声闻品》：“于是小儿，闻阿难语，寻申两手，金钱**雨落**，须臾积聚。”（2）《齐民要术》卷 6《养羊》：“既至冬寒，多饶风霜，或春初**雨落**，青草未生时，则须饲不宜出放。”③

“**足蹈**”，脚踏某处，脚踩某处。《万叶集》卷 11 第 2498 首：“剑刀　诸刃利　**足蹈**　死死　公依”。又卷 12 第 3057 首：“浅茅原　茅生丹**足蹈**　意具美　吾念儿等之　家当见津”④。后汉昙果、康孟详合译《中本起经》卷 1《还至父国品》：“子本在吾家，驾象名宝车；今者**足蹈**地，是苦安可堪？”

“**寐觉**”，睡醒，从睡眠中醒来。《万叶集》卷 19 第 4146 首：“夜具多知尔　**寐觉**而居者　河濑寻　情毛之努尔　鸣知等理贺毛”⑤。（1）吴康僧会译《六度集经》卷 6：“妇夜**寐觉**，忆世无常：‘荣富犹幻，孰获长存。躬为坏舟，我神载之。犹获月影，望天宝者也。’”（2）《艺文类聚》卷 33 所载《汉书》曰：“邓通为黄头郎。文帝梦上天，不能。有一黄头郎推助之，及顾其衣裻后穿。**寐觉**而之渐台，以梦中阴自求推者，见邓通其衣后穿。梦中所见也。”又卷 79 所载《周书》曰：“大姒梦见商之庭产棘，太子发取周庭之梓树于阙，梓化为松柏棫柞。**寐觉**，以告文王。文王乃召太子发，占之于明堂，王及太子发，并拜吉梦，受商之大命于皇天上帝。”⑥

述宾式的“插头”是一个很有特色的双音词，表现了万叶时代的一种民间习俗。

“**插头**”，古代女子，将花草一类插在头上作饰物。《万叶集》卷 1 第 38 首：“春部者　花**插头**持　秋立者　黄叶头刺理”。又卷 2 第 196 首：“春部者　花折**插头**　秋立者　黄叶**插头**”⑦。唐慧琳撰《一切经音义》卷 100：“**插头**：楚匣反。从手，从千，从臼。会意字。”（1）吴支谦译《佛说孛经抄》卷 1：“有友如花，有友如秤，有友如山，

① 小島憲之、木下正俊、東野治之『万葉集三』，日本古典文学全集，小学館，1995，第 235 頁。

② 小島憲之、木下正俊、東野治之『万葉集三』，日本古典文学全集，小学館，1995，第 116 頁。

③ （北魏）贾思勰著，石声汉校释《齐民要术今释》，中华书局，2009，第 554 页。

④ 小島憲之、木下正俊、東野治之『万葉集三』，日本古典文学全集，小学館，1995，第 202、342 頁。

⑤ 小島憲之、木下正俊、東野治之『万葉集四』，日本古典文学全集，小学館，1996，第 297 頁。

⑥ （唐）欧阳询撰《艺文类聚》，上海古籍出版社，1999，第 575、1355 页。

⑦ 小島憲之、木下正俊、東野治之『万葉集一』，日本古典文学全集，小学館，1994，第 47、129 頁。

有友如地。何谓如花？好时**插头**，萎时捐之，见富贵附，贫贱则弃，是花友也。”《文镜秘府论·西卷·论病》：“何处觅消愁？春园可暂游。菊黄堪泛酒，梅红可**插头**。”①（2）《艺文类聚》卷4引《风土记》曰：“九月九日，律中无射而数九。俗尚此月，折茱萸房以**插头**。言辟除恶气而御初寒。”②

其二，出自汉文佛经的偏正式可细分为定语词和状语词，两者都是《万叶集》歌词中的特色词语，未见于其他上古文学作品。它们是“哭涕”“近附”“早还”“裹持”。

“**哭涕**”，啼哭涕零。《万叶集》卷11第2549首：“妹恋　吾**哭涕**　敷妙　木枕通　袖副所沾”。又第2953首：“恋君　吾**哭涕**　白妙　袖兼所渍　为便母奈之”③。陈真谛译《大宗地玄文本论》卷19：“若灭正法时，作微尘散坏。所有诸神王，发大声**哭涕**。”

“**近附**”，接近，靠近。“付”与“附”音同义通。《万叶集》卷4第570首：“山迹边　君之立日乃　**近付**者　野立鹿毛　动而曾鸣”④。又卷6第941首：“明方　潮干乃道乎　从明日者　下咲异六　家**近附**者”⑤。又卷10第2075首：“人左倍也　见不继将有　牵牛之　嬬唤舟之　**近附**往乎”⑥。又卷19第4244首：“荒玉之　年绪长　吾念有　儿等尔可恋　月**近附**奴”⑦。（1）后汉支娄迦谶译《道行般若经》卷6《阿惟越致品》：“如是菩萨，其福具足得之，是皆深般若波罗蜜威神力，使作是念：‘是菩萨和夷罗洹，化诸鬼神随后，亦不敢**近附**。菩萨终不失志，心不妄起，身体完具，无疮瘢，极雄猛，终不诱他人妇女。’”（2）《文心雕龙·通变第29》：“今才颖之士，刻意学文，多略汉篇，师范宋集，虽古今备阅，然**近附**而远疏矣。”⑧ 按：万叶和歌、汉文佛经中的“近附”，均用作具体义。反之，《文心雕龙》的例子用作抽象义，谓接近近代浮浅诡诞的作品而疏远古代华丽典雅的作品。

“**早还**”，早些回来，快点返回。《万叶集》卷12第3217首：“荒津海　吾币奉将斋　**早还**座　面变不为”⑨。（1）后汉昙果、康孟详合译《中本起经》卷1《度瓶沙王品》：“佛告瓶沙：‘王来已久，宫远**早还**，牛马人从，停住劳疲。比于后日，吾当诣城。’”（2）《晋书》卷98《王敦传》：“愿出臣表，谘之朝臣，介石之几，不俟终日，令诸军**早还**，不至虚扰。”⑩

“**裹持**”，犹言“携带”。包裹、挟持。《万叶集》卷10第1833首：“梅花　零覆雪

---

① 〔日〕遍照金刚撰，卢盛江校考《文镜秘府论汇校汇考》，中华书局，2006，第1163页。
② （唐）欧阳询撰《艺文类聚》，上海古籍出版社，1999，第81页。
③ 小島憲之、木下正俊、東野治之『万葉集三』，日本古典文学全集，小学館，1995，第214、318頁。
④ 小島憲之、木下正俊、東野治之『万葉集一』，日本古典文学全集，小学館，1994，第309頁。
⑤ 小島憲之、木下正俊、東野治之『万葉集二』，日本古典文学全集，小学館，1995，第120頁。
⑥ 小島憲之、木下正俊、東野治之『万葉集三』，日本古典文学全集，小学館，1995，第93頁。
⑦ 小島憲之、木下正俊、東野治之『万葉集四』，日本古典文学全集，小学館，1996，第342頁。
⑧ 周振甫：《文心雕龙今译》，中华书局，1986，第273页。
⑨ 小島憲之、木下正俊、東野治之『万葉集三』，日本古典文学全集，小学館，1995，第381頁。
⑩ （唐）房玄龄等撰《晋书》，中华书局，1994，第2559页。

乎 裹持 君令见迹 取者消管”①。姚秦鸠摩罗什译《成实论》卷3《四大相品》：“此坚等物，不离色等。轻重亦如是，虽用身根，是中更无异相。又身根不触，不生身识，是重相。身虽未触，亦能生识。如重物，虽以物裹持，亦知其重。”按：《汉语大词典》例举清黄六鸿《福惠全书·刑名·设便民房》：“住人自是乡民，干粮小米裹持而来，绝无他费。”偏晚。

其三，出自汉文佛经的并列式双音词有“取持”“过去”。“取持”同见于其他上古作品。

“取持”，拿，取。同义连言。《万叶集》卷10第1853首：“梅花 取持而见者 吾屋前之 柳乃眉师 所念可闻”②。又卷19第4142首：“春日尔 张流柳乎 取持而 见者京之 大路所念”③。《古事记》上卷《天照大御神与须佐之男命》：“此种种物者，布刀王命，布刀御币等取持，而天儿屋命布刀诏户言祷白。”④《日本灵异记》中卷《力女示强力缘第27》：“国上惶烦，彼衣返与。取持归家，洒净，牒收其衣。”⑤

“过去”，梵语naṣṭa，某个时间、某种状态已经消逝；去世，灭亡。《万叶集》卷1第47首：“真草苅 荒野者虽有 叶 过去君之 形见迹曾来师”⑥。《日本灵异记》上卷《无慈心而马负重驮以现得恶报缘第21》：“现报甚近，应信因果。虽见畜生，而我过去父母，六道四生我所生家，故不可无慈悲也。”⑦ 吴康僧会译《六度集经》卷8：“人命譬若，牵牛市屠，牛一迁步，一近死地。人得一日，犹牛一步，命之流去，又促于此。人命譬若，水从山下，昼夜进疾，无须臾止。人命过去，有疾于此，昼夜趣死，进疾无住。”西晋竺法护译《德光太子经》卷1：“人以意为本，身命过去疾，譬如河水流，适合便复别。”

“持将”“来唤”这两个出自汉文佛经的双音词唯见于《万叶集》。

“持将”，拿，取，手持。《万叶集》卷4第779首：“板盖 黑木屋根者 山近之 明日取而 持将参来”⑧。隋阇那崛多译《佛本行集经》卷32《梵天劝请品》：“其斯耶那耶既见世尊，在门外立，嘿然求食。见已，即从世尊，乞钵执已，将入自家。以好种种，百味饮食，种种羹臛，满和钵中，持将奉佛。复白佛言：‘唯愿世尊，受我此食，慈愍我故。’”

“来唤”，来喊，来叫。《万叶集》卷11第2527首：“谁此乃 吾屋户来唤 足千

---

① 小島憲之、木下正俊、東野治之『万葉集三』，日本古典文学全集，小学館，1995，第30頁。
② 小島憲之、木下正俊、東野治之『万葉集三』，日本古典文学全集，小学館，1995，第36頁。
③ 小島憲之、木下正俊、東野治之『万葉集四』，日本古典文学全集，小学館，1996，第294頁。
④ 山口佳紀、神野志隆光『古事記』，新編日本古典文学全集，小学館，1997，第64頁。
⑤ 中田祝夫『日本靈異記』，日本古典文学全集，小学館，1975，第220頁。
⑥ 小島憲之、木下正俊、東野治之『万葉集一』，日本古典文学全集，小学館，1994，第52頁。
⑦ 中田祝夫『日本靈異記』，日本古典文学全集，小学館，1975，第106頁。
⑧ 小島憲之、木下正俊、東野治之『万葉集一』，日本古典文学全集，小学館，1994，第371頁。

根乃　母尔所啧　物思吾乎”[①]。（1）后汉安世高译《佛说奈女祇域因缘经》卷1：“尔时祇域，复诣佛所，接足顶礼，白佛言：‘世尊，彼王遣使**来唤**，为可往不？’”（2）《朝野佥载》卷2：“婢死后月余，李氏病，常见婢**来唤**。李氏头上生四处瘫疽，脑溃，昼夜鸣叫，苦痛不胜，数月而卒。”[②]

其四，出自汉文佛经的后补式双音词有“持来”“将来”“流来”“流去”“入来”“渡来”“堕入”，它们也出现在其他上古文学作品之中。

“流来”，水流到某处，水从某处流过来。《万叶集》卷11第2838首：“河上尔　洗若菜之　**流来**而　妹之当乃　濑社因目”[③]。《播磨国风土记·饰磨郡》条：“一云：小川自大野**流来**此处，故曰小川。”[④]（1）元魏慧觉等合译《贤愚经》卷7《梨耆弥七子品》：“须臾之间，便有云起，震雷降雨，滂沛而下，溢涧**流来**。”（2）《南齐书》卷54《高逸传》：“始兴人卢度，亦有道术。少随张永北征。永败，虏追急，阻淮水不得过。度心誓曰：‘若得免死，从今不复杀生。’须臾见两楯**流来**，接之得过。”[⑤]

另有一些后补式双音词唯见于《万叶集》，譬如“持行”“送来”“别来”“别去”“开置”“照出”“吹来”“持留”“结垂”。这一部分双音词表明《万叶集》中出自汉文佛经，反映了和歌在表现内容方面有别于史书、神话和地志等的特质。

“持行”，带去，拿去，带着走。《万叶集》卷3第327首：“海若之　奥尔**持行**而　虽放　宇礼牟曾此之　将死还生”[⑥]。吴康僧会译《六度集经》卷2：“其后数日，时婢娩娠，所生男儿。夫人恚言：‘汝为婢使，那得此儿？’”

“送来”，今义同。《万叶集》卷12第3216首：“草枕　羁行君乎　荒津左右　**送来**　饱不足社”[⑦]。（1）吴支谦译《撰集百缘经》卷6《诸天来下供养品》：“愿语汝王，为我求索，八关斋文，**送来**与我。若其相违，吾覆汝国，用作大海。”（2）《全晋文》卷27王献之《如省》：“信明还，东有还书，愿**送来**，已今分明至著都上。”[⑧]

“别来”，分别以来，分手以后。《万叶集》卷2第133首：“小竹之叶者　三山毛清尔　乱友　吾者妹思　**别来**礼婆”[⑨]。（1）失译人名附后汉录《分别功德论》卷4：“佛在世时，有一长者，字昙摩留支，来至佛所，礼讫问讯。佛言：‘昙摩留支，**别来**大久，乃能相见。’有人问佛：‘不审何以言，**别来**大久。’”吴支谦译《须摩提女经》卷1：“时修跋梵志，而作是念：‘我与长者，**别来**日久。今可往相见。’”西晋竺法护译

① 小島憲之、木下正俊、東野治之『万葉集三』，日本古典文学全集，小学館，1995，第209頁。
② 上海古籍出版社编《唐五代笔记小说大观》，上海古籍出版社，2000，第28页。
③ 小島憲之、木下正俊、東野治之『万葉集三』，日本古典文学全集，小学館，1995，第285頁。
④ 植垣節也『風土記』，新編日本古典文学全集，小学館，1997，第40頁。
⑤（梁）萧子显撰《南齐书》，中华书局，1972，第935~936页。
⑥ 小島憲之、木下正俊、東野治之『万葉集一』，日本古典文学全集，小学館，1994，第203頁
⑦ 小島憲之、木下正俊、東野治之『万葉集三』，日本古典文学全集，小学館，1995，第380頁。
⑧（清）严可均校辑《全上古三代秦汉三国六朝文》，中华书局，1958，第1613页。
⑨ 小島憲之、木下正俊、東野治之『万葉集一』，日本古典文学全集，小学館，1994，第102頁。

《正法华经》卷3《信乐品》："舍我**别来**，二三十年，吾之所有，财业广大。假当寿终，无所委付。"（2）《文选》卷42曹丕《与吴质书》："二月三日，丕白：岁月易得，**别来**行复四年。三年不见，东山犹叹其远，况乃过之，思何可支。"[①]

"**别去**"，分别而去，相别而去。《万叶集》卷3第438首歌注："右一首**别去**而经数旬作歌。"[②] 又卷8第1454首："波上从　所见儿岛之　云隐　空气冲之　相**别去**者"[③]。《日本书纪》卷2《神代纪下》："初，丰玉姬**别去**时，恨言既切。故火折尊知其不可复会，乃有赠歌。已见上。"[④]《日本灵异记》下卷《忆持〈法华经〉者舌著曝髑髅中不朽缘第1》："历一年余，而思**别去**。敬礼禅师，奉施绳床，而语之曰：'今者罢退，欲居山。踰于伊势国。'"[⑤]《唐大和上东征传》："时，荣睿、普照等四月被禁，八月方始得出。其玄朗、玄法从此还国**别去**。"[⑥] 后汉昙果、康孟详合译《中本起经》卷1《现变品》："诸比丘受教，头面礼足，绕佛三匝，于是**别去**。"

"**开置**"，打开门不关上，敞开门。《万叶集》卷11第2617首："足日木能　山樱户乎　**开置**而　吾待君乎　谁留流"[⑦]。（1）东晋佛驮跋陀罗译《大方广佛华严经》卷48《入法界品》："善财闻已，往诣宫门，敬心而立。彼优婆夷，所住之处，广博严饰，众宝垣墙，周匝围绕。**开置**四门，阿僧祇宝，以为庄严。"（2）《后汉书》卷44《徐防传》："收拾缺遗，建立明经，博征儒术，**开置**太学。"[⑧] 按：《汉语大词典》失收。在传世文献和汉文佛经中，"开置"表示设置、开设的意思。在表示敞开门这一意思时，《万叶集》与汉文佛经《入法界品》中的用法同出一辙。

"**照出**"，（太阳、月亮等）照耀出来，照射出来。《万叶集》卷11第2462首："我妹　吾矣念者　真镜　**照出**月　影所见来"[⑨]。（1）梁僧佑撰《弘明集》卷11："博约纷纶，精晖**照出**。"（2）《全唐文》卷960阙名《登天坛山望海日初出赋》："涌上扶桑，谓蟠桃之有蕊；**照出**仙岛，疑烛龙之映山。"[⑩]

"**吹来**"，吹过来，刮过来。《万叶集》卷10第2089首："旗芒　本叶裳具世丹　秋风乃　**吹来**夕丹"[⑪]。（1）东晋佛陀跋陀罗译《佛说观佛三昧海经》卷2《观相品》："譬如人在，深草中行，四面火起，猛风**吹来**，欲烧其身。"（2）《大唐创业起居注》卷

① （梁）萧统编，（唐）李善注《文选》，中华书局，1977，第591页。

② 小島憲之、木下正俊、東野治之『万葉集一』，日本古典文学全集，小学館，1994，第244頁。

③ 小島憲之、木下正俊、東野治之『万葉集二』，日本古典文学全集，小学館，1995，第305頁。

④ 小島憲之、直木孝次郎、西宮一民、蔵中進、毛利正守『日本書紀一』，新編日本古典文学全集，小学館，1994，第168頁。

⑤ 中田祝夫『日本霊異記』，日本古典文学全集，小学館，1975，第264頁。

⑥ 〔日〕真人元开著，汪向荣校注《唐大和上东征传》，中华书局，1979，第46页。

⑦ 小島憲之、木下正俊、東野治之『万葉集三』，日本古典文学全集，小学館，1995，第230頁。

⑧ （宋）范晔撰，（唐）李贤等注《后汉书》，中华书局，1965，第1500页。

⑨ 小島憲之、木下正俊、東野治之『万葉集三』，日本古典文学全集，小学館，1995，第193頁。

⑩ （清）董诰等编《全唐文·附唐文拾遗唐文续拾》，中华书局，1983，第9971页。

⑪ 小島憲之、木下正俊、東野治之『万葉集三』，日本古典文学全集，小学館，1995，第97頁。

2：“须臾，有暴风吹来，向营而临帝所居帐上。”

“**持留**”，持有，保留，保有。《万叶集》卷11第2537首：“足千根乃　母尔不所知　吾持留　心者吉惠　君之随意”①。吴支谦译《佛说阿弥陀三耶三佛萨楼佛檀过度人道经》卷2：“我般泥洹去后，经道留止千岁。千岁后经道断绝，我皆慈哀，持②留是经法，止住百岁。百岁中竟，乃休止断绝。在心所愿，皆可得道。”

“**结垂**”，（腰带、衣物等）挂垂。《万叶集》卷11第2628首：“去家之　倭文旗带乎　结垂　孰云人毛　君者不益”。同首歌注：“一书歌曰：古之　狭织之带乎　结垂　谁之能人毛　君尔波不益”。又卷13第3295首：“蜷肠　香黑发丹　真木绵持　阿邪左结垂”③。唐金刚智译《吽迦陀野仪轨》卷3《吽迦陀野相应天成就八界供养洗浴品》：“次自身为坚金刚，以先印顶，顺后腰腹、二膝二肩、目耳口面各三遍，指固印捧首，如天衣结垂庄严。”

（二）用法不同

该类源自汉文佛经的双音词有“白细”“白妙”“色妙”“白檀”“恋死”“奉拜”。

“**白细**”，洁白细软的（衣袖、饰物）。与“白妙”一样，疑似出自汉文佛经。①修饰衣袖。《万叶集》卷3第460首：“白细之　衣袖不干　叹乍　吾泣泪　有间山　云居轻引”。②修饰装束。第476首：“白细尔　舍人装束而　和豆香山　御舆立之而”④。③修饰衣带。卷9第1800首：“白细乃　纽绪毛不解　一重结　带矣三重结”⑤。④修饰（泥土的）颜色。卷11第2725首：“白细砂　三津之黄土　色出而　不云耳衣　我恋乐者”⑥。⑤修饰衣服。卷13第3324首：“振放见者　白细布　餝奉而　内日刺　宫舍人方”⑦。西晋竺法护译《贤劫经》卷8《千佛发意品》：“坚重如来，本宿命时，从大清悦，佛发道心。供养其佛，清白细氎。温其浴室，洗浴圣众，及奉杂香。缘兴道意，行菩萨道，自致正觉，救济十方。”唐慧琳撰《一切经音义》卷19：“为繐：又作缮，二形同，思锐反。《说文》：蜀白细布也。凡布细而疏者，谓之繐也。”按：“白细”作为形容词，修饰纺织物，且用例最早见于汉文佛经。这是判定该词来自汉文佛经的主要依据。

“**白妙**”，洁白精致的（衣袖、饰物）。①修饰衣服。《万叶集》卷1第28首：“春过而　夏来良之　白妙能　衣干有　天香具山”⑧。②修饰领巾。卷2第210首：“蜻火之　燎流荒野尔　白妙之　天领巾隐”⑨。③修饰白云。又卷7第1079首：“真十镜

---

① 小島憲之、木下正俊、東野治之『万葉集三』，日本古典文学全集，小学館，1995，第212頁。

② “持”，宋本、元本、明本中作“特”。

③ 小島憲之、木下正俊、東野治之『万葉集三』，日本古典文学全集，小学館，1995，第233、425頁。

④ 小島憲之、木下正俊、東野治之『万葉集一』，日本古典文学全集，小学館，1994，第253、260頁。

⑤ 小島憲之、木下正俊、東野治之『万葉集二』，日本古典文学全集，小学館，1995，第443頁。

⑥ 小島憲之、木下正俊、東野治之『万葉集三』，日本古典文学全集，小学館，1995，第257頁。

⑦ 小島憲之、木下正俊、東野治之『万葉集三』，日本古典文学全集，小学館，1995，第438頁。

⑧ 小島憲之、木下正俊、東野治之『万葉集一』，日本古典文学全集，小学館，1994，第42頁。

⑨ 小島憲之、木下正俊、東野治之『万葉集一』，日本古典文学全集，小学館，1994，第141頁。

可照月乎 白妙乃 云相隐流 天津雾鸭”[①]。④修饰雪花。又卷10第1840首：“梅枝尔 鸣而移徙 莺之 翼白妙尔 沫雪曾落”[②]。⑤修饰梅花。又卷10第1859首：“马并而 高山部乎 白妙丹 令艳色有者 梅花鸭”[③]。（1）西晋竺法护译《等目菩萨所问三昧经》卷3《等目菩萨悦乐龙王品》：“譬如族姓子，悦乐龙王，处于金山之面，七宝之藏。以七宝而造作，周匝亦以七宝，以雪而覆之。其悦乐龙王，悉白而皎洁，如雪之色，金色明曜。金色若画色，庄饰白妙[④]以覆之。”（2）唐义净译《根本说一切有部毘奈耶药事》卷18：“为求香鬘故，四散而驰觅。我于此时中，遍游无一花。去我而不远，遂见卖盖者。手持白妙伞，鲜明如净贝。速诣手捧持，咨请暂献佛。见许将佛所，诚心持盖立。”按：《汉语大词典》失收。《万叶集》中的“白妙”一词，多用于修饰衣袖、领巾，佛典用于修饰白色的雨伞及白雪。两者既有相同之处，又存在不同之点。

“色妙”，容色妙好，颜色妙美。《万叶集》卷2第222首：“奥波 来依荒矶乎 色妙乃 枕等卷而 奈世流君香闻”[⑤]。又卷10第1999首：“朱罗引 色妙子 数见者 人妻故 吾可恋奴”[⑥]。西晋竺法护译《弥勒菩萨所问本愿经》卷1：“世尊转法轮，大身师子吼，恐伏诸外道，佛慧度彼德。色妙无与等，戒德及智慧。精进度诸岸，佛道过众德。”按：《万叶集》中的“色妙”修饰女子、枕头，佛典形容佛菩萨、美女的外貌。

“白檀”，木名，即檀香，属檀香科。可作器具，亦可入药。在《万叶集》当中用来修饰白色的弓箭。《万叶集》卷9第1809首：“白檀弓 靫取负而 入水 火尔毛将入迹”[⑦]。卷10第2051首：“天原 往射迹 白檀 挽而隐在 月人壮子”[⑧]。唐慧琳撰《一切经音义》卷8：“白檀：唐兰反。香木名也。白赤俱香，赤者为上。梵云‘赞那曩’，古译云‘栴檀香’是也。出外国海岛中。”陈月婆首那译《胜天王般若波罗蜜经》卷5《证劝品》：“岸列诸树，白檀赤檀、尸梨沙等。上有鹦鹉舍利，迦鸟翔集游戏。”隋吉藏撰《法华义疏》卷4《方便品》：“木樒者，形似白檀，微有香气。”按：“新编全集本”指出，“真白弓”指白木制作的弓箭，同时也可视作表示月光的皎洁。

“恋死”，爱得要死，生死相恋。《万叶集》卷11第2401首：“恋死 恋死哉 我妹 吾家门 过行”[⑨]。唐澄观述《大方广佛华严经随疏演义钞》卷75《十忍品》：“《庄子》第二《齐物篇》云：‘庄周梦为蝴蝶，自逾适志与不知周也。’注：蝴蝶而不

① 小島憲之、木下正俊、東野治之『万葉集二』，日本古典文学全集，小学館，1995，第188頁。
② 小島憲之、木下正俊、東野治之『万葉集三』，日本古典文学全集，小学館，1995，第32頁。
③ 小島憲之、木下正俊、東野治之『万葉集三』，日本古典文学全集，小学館，1995，第37頁。
④ “白妙”，宋本、元本、明本、宫本中作“妙帛”。
⑤ 小島憲之、木下正俊、東野治之『万葉集一』，日本古典文学全集，小学館，1994，第149頁。
⑥ 小島憲之、木下正俊、東野治之『万葉集三』，日本古典文学全集，小学館，1995，第75頁。
⑦ 小島憲之、木下正俊、東野治之『万葉集二』，日本古典文学全集，小学館，1995，第449頁。
⑧ 小島憲之、木下正俊、東野治之『万葉集三』，日本古典文学全集，小学館，1995，第87頁。
⑨ 小島憲之、木下正俊、東野治之『万葉集三』，日本古典文学全集，小学館，1995，第179頁。

知周，则与殊死不异也。然所在无不适志，则当生而系生者，必当死而**恋死**矣。”按：《汉语大词典》失收。《十忍品》中的“恋死”，表示希望死去的意思。和歌用法与佛典用法形同而义异。

“**奉拜**”，参拜，拜见。《万叶集》卷6第957~959首歌题：“冬十一月，大宰官人等，**奉拜**乡椎庙讫，退归之时，马驻于乡椎浦，各述怀作歌。”又第1017首歌题：“夏四月，大伴坂上郎女**奉拜**贺茂神社之时，便超相坂山，望见近江海，而晚头还来作歌一首。”[①]《常陆国风土记·行方郡》条可见：“其寸津毗古，当天皇之幸，违命背化，甚无肃敬。爰抽御剑，登时斩灭。于是，寸津毘卖，惧悚心愁，表举白幡，迎道**奉拜**。”[②]《日本灵异记》上卷《归信三宝钦仰众僧令诵经得现报缘第32》：“又请曰：‘我等参向官，开寺南门，令得亲拜。更请我等及于诣阙之间，欲令钟声从。’众僧随愿鸣钟，转经开门令得**奉拜**。”[③]《续日本纪》卷32《光仁纪》宝龟三年二月条：“不胜庆跃，谨**奉拜**阙庭。”[④]（1）吴支谦译《撰集百缘经》卷1《菩萨授记品》：“佛便为王，种种说法。即于佛所，深生信敬。舍事天神，心不**奉拜**。”北凉昙无谶译《佛所行赞》卷4：“王已见真谛，**奉拜**而还宫。世尊与大众，徙居安竹园。”（2）《晋书》卷32《穆章何皇后传》：“后时以远还，欲**奉拜**陵庙。”[⑤]《南齐书》卷45《萧遥光传》：“遥光字元晖。生有躄疾，太祖谓不堪**奉拜**祭祀，欲封其弟，世祖谏，乃以遥光袭爵。”[⑥]按：《汉语大词典》失收。在《万叶集》歌题中，“奉拜”的“奉”用作谦称，日语训作助动词“マツル”。佛典中用作拜见位尊者，中土文献中表示祭拜神灵或参拜陵庙。原文用法属于后者。

（四）“三字格”

在三字格表达形式当中，同时见于其他上古文学作品的有“取持来”，唯见于《万叶集》的有“取将来”“路行人”“取持来”。

“**取持来**”，犹言“持来、拿来”；娶过来。《万叶集》卷16第3885首：“韩国乃　虎神乎　生取尔　八头**取持来**”。又第3886首：“今日往　明日**取持来**　吾目良尔　盐柒给　腊赏毛”[⑦]。

“**取将来**”，取来，拿来，带来。《万叶集》卷16第3833首：“虎尔乘　古屋乎越而　青渊尔　蛟龙**取将来**　剑刀毛我”[⑧]。东晋法显译《大般涅槃经》卷2：“如来为

---

① 小島憲之、木下正俊、東野治之『万葉集二』，日本古典文学全集，小学館，1995，第128、154頁。
② 植垣節也『風土記』，新編日本古典文学全集，小学館，1997，第386頁。
③ 中田祝夫『日本靈異記』，日本古典文学全集，小学館，1975，第130頁。
④ 青木和夫、稲岡耕二、笹山晴生、白藤礼幸『続日本紀四』，新日本古典文学大系，岩波書店，1995，第368頁。
⑤ （唐）房玄龄等撰《晋书》，中华书局，1994，第978页。
⑥ （梁）萧子显撰《南齐书》，中华书局，1972，第788页。
⑦ 小島憲之、木下正俊、東野治之『万葉集四』，日本古典文学全集，小学館，1996，第138、140頁。
⑧ 小島憲之、木下正俊、東野治之『万葉集四』，日本古典文学全集，小学館，1996，第116頁。

说，种种妙法。其闻法已，心开意悟，远尘离垢，得法眼净，即语侍人：‘汝可取我，金色劫贝，二张持来，我欲上佛。’侍人奉敕，即**取将来**。”唐义净译《根本说一切有部毘奈耶》卷5：“‘婆罗门子被秋贼将去，仁夺将来，其事虚实?’报言：‘是实我**取将来**。’”唐道宣撰《四分律删繁补阙行事钞》卷2：“又暗逐贼彼藏物去，比丘即**取将来**。”

“**路行人**”，犹言“行路人、行人”。《万叶集》卷11第2370首：“恋死　恋死耶　玉桙　**路行人**　事告无”。又卷12第3102首：“足千根乃　母之召名乎　虽白　**路行人**乎　孰迹知而可”①。(1) 唐普光述《俱舍论记》卷13《分别业品》：“又契经说：至福业增长者，此是第三福增长证。成就有依七福业事者：一施羁旅客；二施**路行人**；三施有病人；四施侍病人；五施园林；六施常乞食；七随时施。”(2)《太平御览》卷277所载《梁书》曰：“景宗便操笔，斯须而成，其辞曰：‘去时儿女悲，归来笳鼓竞。借问**路行人**，何如霍去病!’帝欣然不已，约及朝贤，惊嗟竟日。诏令上史。”②

二　语体层面

从语体色彩考虑，《万叶集》中一些出自汉文佛经的双音词具有鲜明的口语性和宗教性。

(一) 口语性

“边”“著”用作词缀构成双音词，具有口语化特征。《万叶集》中的“山边”“床边”“取著”等双音词同时也见于其他上古文学作品；“峰边”“枕边”“池底”“常尔”仅存于《万叶集》之中。

“**峰边**”，山峰旁边。《万叶集》卷12第3067首：“谷迫　**峰边**延有　玉葛　令曼之有者　年二不来及”③。《古尊宿语录》卷45：“本来心自寂，不必更论禅。我欲辞多事，谁来共少缘? 万杉霭里，五老碧**峰边**。第一幽藏处，庐山小洞天。”按：从现存文献资料来看，《万叶集》的文例年代更早。作为语料之一的《万叶集》，其文献价值由此可见一斑。

“**枕边**”，枕头旁边，枕头边。《万叶集》卷1第72首：“玉藻刈　奥敝波不榜　敷妙乃　枕之边人　忘可祢津藻”④。(1) 姚秦佛陀耶舍、竺佛念等合译《四分律》卷55：“在髀中曲脚间，胁边乳间，腋下耳鼻中，疮孔中，绳床木床间，大小褥间，**枕边**，在地泥抟间，君持口中，若道想若疑，一切偷兰遮。”(2)《南史》卷75《顾欢传》：“又有病邪者问欢，欢曰：‘家有何书?’答曰：‘唯有《孝经》而已。’欢曰：‘可取

① 小島憲之、木下正俊、東野治之『万葉集三』，日本古典文学全集，小学館，1995，第171、352頁。
② (宋) 李昉等撰《太平御览》，中华书局，1960，第1290页。
③ 小島憲之、木下正俊、東野治之『万葉集三』，日本古典文学全集，小学館，1995，第344頁。
④ 小島憲之、木下正俊、東野治之『万葉集一』，日本古典文学全集，小学館，1994，第63頁。

《仲尼居》置病人枕边恭敬之，自差也。’而后病者果愈。”①

“**池底**”，池塘底下。《万叶集》卷13第3289首：“……吾情　清隅之池之　池底　吾者不忘　正相左右二”②。（1）西晋竺法护译《普曜经》卷5《六年勤苦行品》：“交络诸树，两两树间，有一浴池，池底金沙中，生青莲芙蓉茎华。”（2）《齐民要术》卷6《养鱼》：“欲令生大鱼法：要须载取薮泽陂湖饶大鱼之处，近水际土十数载，以布池底，二年之内，即生大鱼。”③

“**常尔**”，经常，恒常。《万叶集》卷6第959首：“往还　常尔我见之　香椎潟　从明日后尔波　见缘母奈思”。又卷8第1459首：“世间毛　常尔师不有者　室户尔有　樱花乃　不所比日可闻”④。（1）吴支谦译《梵网六十二见经》卷1：“饭食取足而已。食亦不多亦不少，适得其中，常尔一食不增减，趣支命不用作筋力，但欲令身安不苦痛，有气力得定行。”（2）《蜀志》卷2《先主传》：“元起妻曰：‘各自一家，何能常尔邪！’起曰：‘吾宗中有此儿，非常人也。’”⑤

下面四个双音词“比来”“～边（当）”“江边”“缝著”，在上古文学作品当中，首见于《万叶集》。

“**比来**”，近来，近时。“比”，时间副词，有近指和远指两种用法。近指相当于“近来”“目下”，表示距说话时不远的一段时间。“来”，亦为时间词，相当于“时”。《万叶集》卷2第123首：“多气婆奴礼　多香根者长寸　妹之发　比来不见尔　播人津良武香”。又卷3第359首：“阿倍乃岛　宇乃住石尔　依浪　间无比来　日本师所念”⑥。《续日本纪》卷8《元正纪》养老四年三月条：“比来百姓例多乏少，至于公私不辩者众。若不矜量，家道难存。”⑦

“**～边（当）**”，“当”，通“边”，表身边之意。前承人称代词“君”“妹”“吾”等的词缀。①“当”的汉字例。《万叶集》卷1第78首：“飞鸟　明日香能里乎　置而伊奈婆　君之当者　不所见香闻安良武”⑧。②“当”的假名例。《万叶集》卷15第3651首：“夜苏之麻能宇倍由　伊毛我安多里见牟”⑨。③“边”的汉字例。《日本灵异记》上卷《凶女不孝养所生母以现得恶死报缘第24》：“故京有一凶妇，姓名未详也。曾无孝心，不爱其母。母当斋日不炊饭，思念斋食，便就女边而乞饭。”⑩ 后汉支娄迦

---

① （唐）李延寿撰《南史》，中华书局，1975，第1875页。

② 小島憲之、木下正俊、東野治之『万葉集三』，日本古典文学全集，小学館，1995，第422頁。

③ （北魏）贾思勰著，石声汉校释《齐民要术今释》，中华书局，2009，第605页。

④ 小島憲之、木下正俊、東野治之『万葉集二』，日本古典文学全集，小学館，1995，第129、307頁。

⑤ （晋）陈寿撰，（宋）裴松之注《三国志》，中华书局，1959，第871页。

⑥ 小島憲之、木下正俊、東野治之『万葉集一』，日本古典文学全集，小学館，1994，第96、212頁。

⑦ 青木和夫、稲岡耕二、笹山晴生、白藤礼幸『続日本紀二』，新日本古典文学大系，岩波書店，1990，第66頁。

⑧ 小島憲之、木下正俊、東野治之『万葉集一』，日本古典文学全集，小学館，1994，第66頁。

⑨ 小島憲之、木下正俊、東野治之『万葉集四』，日本古典文学全集，小学館，1996，第44頁。

⑩ 中田祝夫『日本霊異記』，日本古典文学全集，小学館，1975，第112頁。

谶译《般舟三昧经》卷1《行品》：“时其人未曾见此三女人，闻之淫意即动。是三人皆在罗阅祇国同时念，各于梦中到其女边，与共栖宿。”按：根据日语的训读法，“边”字与“当”字均读作“アタリ”。

“江边”，江边，江畔。《万叶集》卷13第3302首：“纪伊国之 室之**江边**尔 千年尔 障事无 万世尔 如是将在登”①。《唐大和上东征传》：“下时，有二十四沙弥悲泣［赶］来，白和上言：‘大和上今向海东，重［觐］无由我，今者最后请预结缘。’乃于**江边**为二十四沙弥授戒讫。”②（1）吴康僧会译《六度集经》卷6：“昔者菩萨，身为鹿王，名曰修凡，体毛九色，睹世希有，**江边**游戏。”（2）《吴志》卷16《陆凯传》：“夫赏以劝功，罚以禁邪，赏罚不中，则士民散失。今**江边**将士，死不见哀，劳不见赏，是不遵先帝十六也。”③ 按：古汉语的“江”，特指长江。

“缝著”，缝补上，缝纫上。《万叶集》卷16第3791首：“狛锦 纽丹**缝著** 刺部重部 波累服”④。《上宫圣德法王帝说》：“右在法隆寺藏绣帐二张，**缝著**龟背上文字者也，更更不知者也。”秦鸠摩罗什译《佛藏经》卷3《了戒品》：“是比丘净浣**缝著**。若此比丘，于此纳衣，生贪著心，即应舍之。我不听著，何况余衣？”刘宋佛陀什、竺道生等合译《弥沙塞部和酰五分律》卷20：“有一外道，以杂色縰，**缝著**衣上，作条幅处，后于佛法中出家，犹著此衣。诸居士见讥诃言：‘沙门释子，著外道衣，不可分别。’”刘宋僧伽跋摩译《萨婆多部毘尼摩得勒伽》卷3：“颇有比丘，以褥**缝著**，坐床卧床不犯耶？答：‘有。’除木绵褥，余褥**缝著**，突吉罗。为他缝，突吉罗。”按：《汉语大词典》失收词条。

（二）宗教性

《万叶集》歌词中疑似源自汉文佛经的双音词有“俗中”“假身”“染心”“染著”“深染”“力士舞”，它们无不具有浓郁的宗教色彩，且仅见于《万叶集》之中。

“俗中”，世俗，红尘。《万叶集》卷19第4160首歌题《悲世间无常歌一首》：“天地之 远始欲 **俗中**波 常无毛能等”⑤。东晋佛陀跋陀罗、法显合译《摩诃僧祇律》卷36：“师言：‘怪哉，**俗中**犹如火坑。何由可乐？’”

“假身”，“假合之身”的略语。《万叶集》卷20第4470首《愿寿作歌一首》：“美都烦奈须 **可礼流**（假）**身**曽等波 之礼礼杼母 奈保之祢我比都 知等世能伊乃知乎”⑥ 姚秦昙摩耶舍、昙摩崛多等译《舍利弗阿毘昙论》卷15《非问分》：“因身有**假身**业，无身无**假身**业；因口有假口业，无口无假口业；因意有假意业，无意无假意业。”

① 小島憲之、木下正俊、東野治之『万葉集三』，日本古典文学全集，小学館，1995，第428頁。
② 〔日〕真人元开著，汪向荣校注《唐大和上东征传》，中华书局，1979，第85页。
③ （晋）陈寿撰，（宋）裴松之注《三国志》，中华书局，1959，第1407页。
④ 小島憲之、木下正俊、東野治之『万葉集四』，日本古典文学全集，小学館，1996，第92頁。
⑤ 小島憲之、木下正俊、東野治之『万葉集四』，日本古典文学全集，小学館，1996，第303頁。
⑥ 小島憲之、木下正俊、東野治之『万葉集四』，日本古典文学全集，小学館，1996，第441頁。

“**染心**[①]”，心被烦恼染垢；爱意浸染心房。《万叶集》卷11第2496首：“肥人　额发结在　染木绵　**染心**　我忘哉”[②]。西晋竺法护译《佛说无言童子经》卷2：“无言答曰：‘唯族姓子，吾始以来，未曾问法，亦无所受。当以何缘，而致法染，可**染心**耶？’”

“**染著**”，爱欲之心浸染，执着不离。《万叶集》卷11第2827首：“红　花西有者　衣袖尔　**染著**持而　可行所念”[③]。后汉昙果、康孟详合译《中本起经》卷1《化迦叶品》：“心意识行，因缘**染著**，决正分部，名曰教授示现。”

“**深染**”，受到爱欲之心深深地浸染。《万叶集》卷6第1044首：“红尔　**深染**西　情可母　宁乐乃京师尔　年之历去倍吉”[④]。（1）姚秦鸠摩罗什译《大智度论》卷62《信谤品》：“先所闻法，**深染**爱著，不解般若波罗蜜相，故言‘般若波罗蜜无所有、空、不坚固，无有罪福’。”（2）施肩吾《禁中新柳》：“万条金钱带春烟，**深染**青丝不直钱。又免生当离别地，宫鸦啼处禁门前。”[⑤] 按：《汉语大词典》失收。“深染”在汉文佛经（1）例中表示“对一切境界容易生起分别执着之心”的意思；而在《万叶集》和歌、汉诗（2）例中则表示“着色鲜艳”的意思。

“**力士**[⑥]**舞**”，扮演力士的舞蹈。“力士”，孔武有力的男子。《万叶集》卷16第3831首《咏白鹭啄木飞歌》：“池神　**力士舞**可母　白鹭乃　桙啄持而　飞渡良武”[⑦]。元魏瞿昙般若流支译《正法念处经》卷48《观天品》：“彼多言语，能诳多人，令堕地狱、畜生饿鬼。彼若余业，生于人中，则为伎儿，常戏之人。翘行掷绝，**力士舞**戏，种种歌等。在他门傍，处处行乞。”

双音词“檀越”“饿鬼”“女饿鬼·男饿鬼”首先出现在《万叶集》，然后逐渐见于其他上古文学作品。

“**檀越**”，梵语 dāna－pati，音译“陀那钵底”“陀那婆”。与“檀那”同义，指进行布施的在家信徒，即“施主”之意。《万叶集》卷16第3847首《法师报歌一首》：“**檀越**也　然勿言　五十户长我　课役征　汝毛半甘”[⑧]。《奈良朝写经15·瑜伽师地论卷第8》：“今受名慈氏弟子慈灵。**檀越**、慈氏弟子慈姓。”[⑨]《藤氏家传》下卷《武智麻吕传》：“顾问国人，国人答曰：‘寺**檀越**等统领寺家财物田园，不令僧尼勾当，不得自

---

① 石井公成「『万葉集』の恋歌と仏教」，『駒沢大学仏教文学研究』7，2004。
② 小島憲之、木下正俊、東野治之『万葉集三』，日本古典文学全集，小学館，1995，第201頁。
③ 小島憲之、木下正俊、東野治之『万葉集三』，日本古典文学全集，小学館，1995，第282頁。
④ 小島憲之、木下正俊、東野治之『万葉集二』，日本古典文学全集，小学館，1995，第167頁。
⑤ 王启兴主编《校编全唐诗》，湖北人民出版社，2001，第2645页。
⑥ 瀬間正之『沙本毘賣物語と漢訳仏典』，『古事記年報』30，1988。
⑦ 小島憲之、木下正俊、東野治之『万葉集四』，日本古典文学全集，小学館，1996，第115頁。
⑧ 小島憲之、木下正俊、東野治之『万葉集四』，日本古典文学全集，小学館，1996，第122頁。
⑨ 上代文献読書会編『上代写経識語注釈』，勉誠出版，2016，第121頁。

由。所以有此损坏。非独此寺，余亦皆然。'"[①]《唐大和上东征传》："彼官人取水与睿，水色如乳汁，取饮甚美。心既清凉，睿语彼官人曰：'舟上三十余人，多日不饮水，甚大饥渴，请**檀越**早取水来。'"[②]《日本灵异记》上卷《赎龟命放生得现报龟所助缘第7》："于时，贼等六人，其寺卖金丹。**檀越**先运量赎，禅师后出见之。贼等慌然，不知退进。禅师怜愍，不加刑罚。"[③]

"**饿鬼**"，梵语 preta 的译名。亦称"饿鬼界""饿鬼道"，略称"鬼"。常常处于饥渴状态的鬼。《万叶集》卷4第608首："不相念　人乎思者　大寺之　饿鬼之后尔　额冲如"[④]。《日本灵异记》下卷《击沙弥乞食以相得恶死报缘第15》："谅知邪见切身之利剑，瞋心是招祸之疾鬼，悭贪受**饿鬼**之苦因。"[⑤] 后汉昙果、康孟详合译《中本起经》卷1《度瓶沙王品》："为恶行者，死堕地狱、畜生**饿鬼**。自从行致，不由他生。"

"**女饿鬼·男饿鬼**"，女饿鬼、男饿鬼。《万叶集》卷16第3840首："寺寺之　**女饿鬼**申久　大神乃　**男饿鬼**被给而　其子将播"[⑥]。

三　创新层面

《万叶集》歌词中疑似源自汉文佛经的表达，其创新性主要体现在寓意新颖、结构翻新、三字格和四字格表达这几个方面。

（一）寓意新颖

"**本人**"，认识的人，熟人。《万叶集》卷10第1962首："**本人**　霍公鸟乎八　希将见　今哉汝来　恋乍居者"[⑦]。姚秦鸠摩罗什译《妙法莲华经》卷7《观世音菩萨普门品》："咒诅诸毒药，所欲害身者，念彼观音力，还著于**本人**。"秦圣坚译《佛说除恐灾患经》卷1："佛告大众：'时园监者，则才明是；妻息子妇，皆是**本人**。'"唐输波迦罗译《地藏菩萨仪轨》卷1："若念恶人咒咀还著**本人**，以苦草投火中护摩三万遍。"按：在汉文佛经中，"本人"指当事人自己或话中所提到的人自身。传世文献亦然。但《万叶集》和歌却别出心裁，采用拟人的手法，将每年如期来访的杜鹃称作"本人"，俨然是一位老相识。

"**散去**"，①人物散去、消失。《日本书纪》卷1《神代纪上》："是时，菊理媛神亦

---

① 沖森卓也、佐藤信、矢島泉『藤氏家伝　鎌足貞慧武智麻呂伝注釈と研究』，吉川弘文館，1999，第330頁。

② 〔日〕真人元开著，汪向荣校注《唐大和上东征传》，中华书局，1979，第65页。

③ 中田祝夫『日本霊異記』，日本古典文学全集，小学館，1975，第80頁。

④ 小島憲之、木下正俊、東野治之『万葉集一』，日本古典文学全集，小学館，1994，第320頁。

⑤ 中田祝夫『日本霊異記』，日本古典文学全集，小学館，1975，第298頁。

⑥ 小島憲之、木下正俊、東野治之『万葉集四』，日本古典文学全集，小学館，1996，第120頁。

⑦ 小島憲之、木下正俊、東野治之『万葉集三』，日本古典文学全集，小学館，1995，第65頁

有白事。伊奘诺尊闻而善之，乃散去矣。”[①]《续日本纪》卷14《圣武纪》天平十三年三月条：“辛丑，摄津职言：‘自今月十四日始至十八日，有鹳一百八，来集宫内殿上。或集楼阁之上，或止太政官之庭。每日辰时始来，未时散去。’仍遣使镇谢焉。”[②] ②花朵飘散、落下。《万叶集》卷2第120首：“吾妹儿尔　恋乍不有者　秋芽之　咲而散去流　花尔有猿尾”[③]。（1）后汉竺大力、康孟详合译《修行本起经》卷1《试艺品》：“时力人王，踰地勇起，奋臂举手，前撮太子。太子应时，接扑著地，地为大动。众会重辱，散去忽灭。”（2）《魏志》卷9《曹休传》：“曹休字文烈，太祖族子也。天下乱，宗族各散去乡里。”[④] 按：①在用法上与汉文佛经的（1）、中土文献的（2）相同，都表示人物散去或消失。只有②在《万叶集》和歌当中，以拟人的手法，描写出花儿随风飘落的景象，赋予“散去”一词新的含义和意象。

（二）结构翻新

“寐夜”，睡眠的夜晚。《万叶集》卷10第2021首：“遥妻等　手枕易　寐夜　鸡音莫动　明者虽明”。又卷11第2615首：“敷栲乃　枕卷而　妹与吾　寐夜者无而　年曾经来”。又卷13第3329首：“行良行良尔　思乍　吾寐夜等者　数物不敢鸭”[⑤]。吴维祇难等合译《法句经》卷1《愚暗品》：“不寐夜长，疲惓道长，愚生死长，莫知正法。”该例亦可见于姚秦竺佛念译《出曜经》卷2《无常品》。按：从现存文献资料来看，“寐夜”一词可能出自佛典中“不寐夜长”之类的表达，采用的方法就是上文谈到的拦腰截取法。

“足庄严”，为行走便捷，双脚配备上好的行头。《万叶集》卷11第2361首：“天在　一棚桥　何将行　稚草　妻所云　足庄严”[⑥]。苻秦僧伽跋澄等译《僧伽罗刹所集经》[⑦]卷2：“以辩才智，神足庄严，自专其意，解脱牢固，无淫怒痴。以觉意解脱明炽然，一切具足，无有三爱，度一切结力，势不可坏，至涅槃海，无世俗患。”北凉昙无谶译《悲华经》卷7《诸菩萨本授记品》：“以神足庄严故，得如意足到于彼岸。”按：佛典中唯见“神足庄严”的说法，指佛教六神通之一的神足通，具备自由无碍、随心所欲现身的能力。而在万叶和歌《七夕》当中，为了跨过鹊桥与相隔一年的妻子相会，男子希望自己拥有神足通一般的能力，为艰辛的行走做好准备。“足庄严”一词脱胎于佛典中的“神足庄严”，又被赋予了新的含义。

---

① 小島憲之、直木孝次郎、西宮一民、蔵中進、毛利正守『日本書紀一』，新編日本古典文学全集，小学館，1994，第56頁。

② 青木和夫、稲岡耕二、笹山晴生、白藤礼幸『続日本紀二』，新日本古典文学大系，岩波書店，1990，第386頁。

③ 小島憲之、木下正俊、東野治之『万葉集一』，日本古典文学全集，小学館，1994，第95頁。

④（晋）陈寿撰，（宋）裴松之注《三国志》，中华书局，1959，第279页。

⑤ 小島憲之、木下正俊、東野治之『万葉集三』，日本古典文学全集，小学館，1995，第80、230、443頁。

⑥ 小島憲之、木下正俊、東野治之『万葉集三』，日本古典文学全集，小学館，1995，第168頁。

⑦ 该经于天平十四年抄写，题作《海龙王经》，录于《大日本古文书》卷8，第77页。

"常如是"，经常这样地。①《万叶集》卷7第1321首："世间　常如是耳加　结大王　白玉之绪　绝乐思者"[①]。又卷11第2606首："人目多　常如是耳志　候者　何时　吾不恋将有"。②又卷12第2908首："常如是　恋者辛苦　暂毛　心安目六　事计为与"[②]。（1）刘宋求那跋陀罗译《杂阿含经》卷10："此身常如是，幻为诱愚夫。如杀如毒刺，无有坚固者。"元魏菩提译《胜思惟梵天所问经》卷2："梵天，言实实者，古今实故。若佛出世，若不出世，法性常如是，法界恒如是，世间涅槃亦如是常。如是故名为实圣谛。"隋达摩笈多译《大方等大集经菩萨念佛三昧分》卷3《神变品》："我修丈夫真空行，仁者我业常如是。我有如是胜神通，一切声闻不能入。"《南史》卷18《萧惠开传》："惠开与希微共事不厚，而厩中凡有马六十匹，悉以乞希微偿责。其意趣不常如是。惠开还资二千余万，悉散施道俗，一无所留。"[③]（2）西秦圣坚译《佛说罗摩伽经》卷2："善男子，我常如是思惟：教化一切众生，成就菩萨光明，普照坏散众生、愚痴破魔法门。"东晋佛驮跋陀罗译《大方广佛华严经》卷51《入法界品》："善男子，我常如是思惟教化众生：于夜暗人静，鬼神盗贼所游行时，比丘离威仪时，重云烟尘昏蔽、日月不见色时，若有众生在城邑、聚落、山岩、旷野、八方、大海，乃至一切水陆众生，于此众生以种种方便，灭其恐怖。"后秦鸠摩罗什译《妙法莲华经》卷1《方便品》："从久远劫来，赞示涅槃法，生死苦永尽，我常如是说。"按：在《万叶集》和歌中，惯用句"常如是"有两种用法：一是如万叶和歌①、佛典（1）一样，用作谓语，表情况往往如此之意，暗含淡然面对、不必过于执着的语气。二是如万叶和歌②、佛典和中土文献（2）一样，用作状语修饰后续谓语，表如此这般的非凡程度之意。显然，上述两种用法全都出自汉文佛经。值得留意的是，在第二种用法中，万叶和歌的用法十分讲究。"常如是"在佛典中用作状语时，修饰的通常是表思维活动的"思惟"或言语活动的"说"；但在万叶和歌中，修饰的却是表情感意识的"恋"，强调爱得好生辛苦。这正是这首和歌的新颖之处。

（三）三字格

"持将去""持还来""手取持"仅见于《万叶集》。"持将去"出自汉文佛经，"持还来"和"手取持"未见于中国两类文献，疑似自创表达。

"持将去"，拿去，拿着去。《万叶集》卷7第1222首："玉津岛　虽见不饱　何为而　裹持将去　不见人之为"[④]。（1）姚秦佛陀耶舍、竺佛念等合译《四分律》卷21："不得持佛像至大小便处，尸叉罽赖尼，如上。有三事不犯：或时有如是病，或时道由中而过，或为强力者所持将[⑤]去，无犯。"（2）《颜氏家训》卷1《治家第5》："体有不

① 小島憲之、木下正俊、東野治之『万葉集二』，日本古典文学全集，小学館，1995，第252頁。

② 小島憲之、木下正俊、東野治之『万葉集三』，日本古典文学全集，小学館，1995，第227、307頁。

③ （唐）李延寿撰《南史》，中华书局，1975，第498页。

④ 小島憲之、木下正俊、東野治之『万葉集二』，日本古典文学全集，小学館，1995，第224页。

⑤ "将"，宋本、元本、明本、宫本作"呼"。

安，窥窗倚户，若生女者，辄**持将去**；母随号泣，使人不忍闻也。”①

“**持还来**”，拿回来，带回来。《万叶集》卷16第3791首：“老人矣　送为车车**持还来**　**持还来**”②。吴康僧会译《旧杂譬喻经》卷1：“童子曰：‘汝临嫁时，先至我许，我还橘。不尔，不相与。’女言：‘诺。’童子便与橘，女得**持还**。众人共作饮食。”唐义净译《金光明最胜王经》卷1《如来寿量品》：“是故我今，求佛舍利，如芥子许，**持还**本处，置宝函中，恭敬供养。命终之后，得为帝释，常受安乐。”按：汉文佛经中仅见“持还”，未见“持还来”的三字组合。

“**手取持**”，拿在手里，手持，手拿。《万叶集》卷2第230首：“梓弓　**手取持**而　大夫之　得物矢手挟”③。后秦弗若多罗、罗什合译《十诵律》卷13：“粪扫食者，若巷中死人处粪扫中，有弃罗卜叶、胡荽叶、罗勒叶，若臭糒，自**手取持**，至水上净洗，治已便食。是名粪扫食。”新罗璟兴撰《无量寿经连义述文赞》卷1：“未经多日，色相光悦，于尸林下，见有故破，粪扫之衣。自**手取持**，欲代苦行，弊坏衣服。”按：在佛典中，使用“手取持”时，前面会有表自己、自行之意的“自”作状语，意思是亲自拿在手里。这是佛典与万叶和歌在表达上的细微区别。

（四）四字格

“**去方不知**”，不知去了何处。《万叶集》卷11第2723首：“数多不有　名乎霜惜三　埋木之　下从其恋　**去方不知**而”④。宋智觉注《心性罪福因缘集》卷1：“时我一夜，居宿山里。至于半夜，忽有啼哭，叫呼之声。其声宣言：‘多盗贼取我财，**不知去方**。’”按：在现存文献当中，《万叶集》中的“去方不知”，使用年代最早，值得珍视。

最后，将本节经考证所得的佛典表达按卷次归纳如下。

①卷1：“插头”“过去”“白妙”“枕边”“～边（当）”“山边”；②卷2“别来”“色妙”“比来”“散去”“手取持”；③卷3“别去”“持行”“白细”；④卷4“人眼”“近附”“持将”“饿鬼”；⑤卷5“横风（乃）”；⑥卷6“奉拜”“常尔”“深染”；⑦卷7“常如是”“持将去”；⑧卷9“白檀”；⑨卷10“裹持”“取持”“吹来”“本人”“寐夜”；⑩卷11“肥人”“面影”“雨落”“足蹈”“哭涕”“来唤”“流来”“开置”“照出”“持留”“结垂”“恋死”“染心”“染著”“路行人”“足庄严”“去方不知”；⑪卷12“早还”“送来”“峰边”；⑫卷13“池底”“江边”；⑬卷16“缝著”“檀越”“取持来”“取将来”“持还来”“力士舞”“女饿鬼·男饿鬼”；⑭卷19“寐觉”“渡来”“俗中”；⑮卷20“假身”。

---

① 王利器撰《颜氏家训集解》，中华书局，1993，第51页。
② 小島憲之、木下正俊、東野治之『万葉集四』，日本古典文学全集，小学館，1996，第93頁。
③ 小島憲之、木下正俊、東野治之『万葉集一』，日本古典文学全集，小学館，1994，第152頁。
④ 小島憲之、木下正俊、東野治之『万葉集三』，日本古典文学全集，小学館，1995，第256頁。

第二章　《怀风藻》诗文文体

萧瑞峰在《〈怀风藻〉的编次特色》一文中指出："作者小传的文字长短不等，短则百字左右，长则几近300字，内容除题其姓名、显其爵里外，还追述其生平梗概、性格特征，间亦略示己意，予以道德评判。""不惟叙事简括有法，而且善于传写人物性格，以寥寥数语，揭示其精神风貌。又善于对人物处境及结局作辩证分析，所以多剀切之言。虽然忠君思想是他对人物作道德评判的出发点，但落实到每个具体人物时却并不过于迂执。文笔凝练、畅达，多用骈语，以见整饬之美。虽系日人操翰，却似中土方家手笔，鲜见扞格、壅塞或拼凑之处。不仅如此，字里行间且充溢着浓烈的感情色彩：对人物的悲剧性结局，往往感慨系之，既怜其不幸，复怨其不争，坦露出一种悲天悯人的情怀。"① 以下，本章对《怀风藻》诗文与汉文佛经关系的探讨，分作诗人《小传》和诗歌两部分展开。

第一节　诗人《小传》与佛典表达

《怀风藻》中有4篇僧人《小传》，写的是四位僧人智藏、辨正、道慈和道融。《小传》的内容大致由五个部分构成：①姓名爵里；②天资佛缘；③唐朝游学；④博学弘法；⑤临终祥瑞。以下，按照这一内容依次对隐匿于《小传》中的佛典表达做一考释。

一　姓名爵里

"俗姓"，出家前的本姓。《怀风藻》第8首释智藏《小传》："智藏师者，**俗姓**禾田氏。淡海帝世，遣学唐国。"又第26首释辨正《小传》："辨正法师者，**俗姓**秦氏。性滑稽，善谈论。少年出家，颇洪玄学。"又第103首释道慈《小传》："释道慈者，**俗姓**额田氏，添下人。少而出家，听敏好学。英材明悟，为众所欢。"②《日本灵异记》上卷

① 萧瑞峰：《日本汉诗发展史》（第一卷），吉林大学出版社，1995，第148～149页。

② 小島憲之『懐風藻・文華秀麗集・本朝文粋』，日本古典文学大系，岩波書店，1964，第79、96、164頁。

《恃凭念观音菩萨得现报缘第6》："老师行善者，**俗姓**坚部氏。"① 《续日本纪》卷1《文武纪》文武四年三月条："三月己未，道照和尚物化。天皇甚悼惜之，遣使吊赙之。和尚河内国丹比郡人也。**俗姓**船连，父惠释少锦下。"②《怀风藻全注释》③ 例引《全晋文》卷158《释道安》："道安，**俗姓**卫，常山扶柳人。"④ 不妥。《世说新语·德行第1》"桓常侍闻人道深公者"，刘孝标注："僧法深，不知其**俗姓**，盖衣冠之胤也。"⑤

二　天资佛缘

"**少年出家**"，义同"少而出家"，指年轻时到寺庙做和尚。《怀风藻》第26首释辨正《小传》："辨正法师者，俗姓秦氏。性滑稽，善谈论。**少年出家**，颇洪玄学。"⑥ 唐法藏集《华严经传记》卷2："释法业，未详其氏族。幼而有超方之韵，脱屣尘表。**少年出家**，风格秀整。学无常师，博洽覃思，时辈所推也。"唐道世撰《法苑珠林》卷52："昔有婆罗门，**少年出家**，学至六十不能得道，婆罗门法六十不得道，然后归家娶妇为居家。"唐慧祥撰《古清凉传》卷2："周沙门，未详其氏讳。即前娑婆寺主，明禅师之师也。**少年出家**，游历名山，禅习为业，晚到五台山。"

"**少而出家**"，年轻的时候到寺庙做和尚。《怀风藻》第103首释道慈《小传》："释道慈者，俗姓额田氏，添下人。**少而出家**，聪敏好学。英材明悟，为众所推。"⑦ 隋费长房撰《历代三宝纪》卷9："右一经一卷，周武帝世，高齐居士万俟懿于邺城译。懿元是鲜卑姓万俟氏。**少而出家**，师事婆罗门，甚聪哲。善梵书语，工咒术医方。故预翻译焉。"唐慧详撰《弘赞法华传》卷7："释法爱，长沙人也。**少而出家**，不能蔬节苦行。诵《法华经》甚通利，兼听三论。"唐智升撰《开元释教录》卷8："沙门释法琳，姓陈氏，颍川人。远祖随官寓居襄阳。**少而出家**，游猎儒释，博综词义。"

"**寄住**"，暂时借住在某处。《怀风藻》第109首释道融《小传》："昔丁母忧，**寄住**山寺，偶见《法华经》，慨然叹曰：'我久贫苦，未见三宝珠之在衣中。周孔糟粕，安足以留意。'遂脱俗累，落饰出家。"⑧ （1）吴支谦译《撰集百缘经》卷5《饿鬼品》："时彼父母，为此女故，造僧伽蓝。又请诸比丘尼，共住寺中。时长者女，于戒律中，有少毁犯。诸比丘尼，驱令出寺。心怀惭愧，不能归家，**寄住**他舍，生大瞋恚，便作是言。"（2）《艺文类聚》卷82引《幽明录》曰："河东常丑奴，将一小儿，湖边拔蒲，

① 中田祝夫『日本霊異記』，日本古典文学全集，小学館，1975，第78頁。

② 青木和夫、稲岡耕二、笹山晴生、白藤礼幸『続日本紀一』，新日本古典文学大系，岩波書店，1989，第22頁。

③ 辰巳正明『懐風藻全注釈』，笠間書院，2012，第82頁。

④ （清）严可均校辑《全上古三代秦汉三国六朝文》，中华书局，1958，第2372页。

⑤ 徐震堮：《世说新语校笺》，中华书局，1984，第18页。

⑥ 小島憲之『懐風藻·文華秀麗集·本朝文粋』，日本古典文学大系，岩波書店，1964，第96頁。

⑦ 小島憲之『懐風藻·文華秀麗集·本朝文粋』，日本古典文学大系，岩波書店，1964，第164頁。

⑧ 小島憲之『懐風藻·文華秀麗集·本朝文粋』，日本古典文学大系，岩波書店，1964，第174頁。

暮恒宿空田舍中。时日向暝，见一少女子，姿容极美，乘小船，载莼。径前投丑奴舍**寄住**。因卧，觉有臊气。女已知人意，便求出户，变为獭。”①

“偶见”，偶然见到，不经意间看到。《怀风藻》第109首释道融《小传》：“昔丁母忧，寄住山寺，**偶见**《法华经》，慨然叹曰：‘我久贫苦，未见三宝珠之在衣中。周孔糟粕，安足以留意。’遂脱俗累，落饰出家。”②（1）元魏慧觉等合译《贤愚经》卷13《婆世踬品》：“经历多时，其长者子，闻他国王，作那罗戏，便乘斯鸟，往至彼间，来下观看。鸟住树上，**偶见**王女，情便染爱。其时遣信，腾说情状。王女然可，便与共交。”《敦煌变文·八相变（一）》：“我如来既登草座，观心未圆，忽逢姊妹二人，一时迎前礼拜，口称名号是阿难陀。田中牧牛，常游野陌，每将乳粥，供养树神。**偶见**世尊，回特献倖（奉）。”③（2）《梁书》卷33《王筠传》：“筠状貌寝小，长不满六尺。性弘厚，不以艺能高人，而少擅才名，与刘孝绰见重当世。其自序曰：‘余少好书，老而弥笃。虽**偶见**瞥观，皆即疏记，后重省览，欢兴弥深，习与性成，不觉笔倦。’”④

“周孔糟粕”，周公、孔子都是粗劣无用者。释家为贬低儒家的一种极端的说法。《怀风藻》第109首释道融《小传》：“昔丁母忧，寄住山寺，偶见《法华经》，慨然叹曰：‘我久贫苦，未见三宝珠之在衣中。**周孔糟粕**，安足以留意。’遂脱俗累，落饰出家。”⑤ 唐神清撰、慧宝注《北山录》卷1：“虽圣人之末，皆得于**糟粕**（**糟**，酒滓；**粕**，油滓。皆圣人之残末也）。”《日本书纪》卷19《钦明纪》十三年十月条：“是法于诸法中，最为殊胜。难解难人。**周公**、**孔子**，尚不能知。此法能生无量无边福德果报，乃至成辩无上菩提。”⑥ 例言《金光明最胜王经》难以理解难以进入，就连周公和孔子都不能知晓。梁慧皎撰《高僧传》卷6：“（慧远）后闻安讲《波若经》，豁然而悟，乃叹曰：‘儒道九流皆**糠**秕耳。’便与弟慧持，投簪落彩，委命受业。”例言儒学及各种学派皆为糟粕。该例在隋费长房撰《历代三宝纪》卷7中亦见辑录。唐道宣撰《续高僧传》卷20：“［法融］喟然叹曰：‘儒道俗文信同**糠**秕，般若止观实可舟航。’遂入茅山。”例言儒道和外典皆为糟粕。唐彦琮撰《唐护法沙门法琳别传》卷2：“俗以内典类之虚无，僧以外书譬之**糠**秕。”该例是将外典比作糟粕。

“脱俗累”，“俗累”，世俗事务的牵累。《怀风藻》第109首释道融《小传》：“昔丁母忧，寄住山寺，偶见《法华经》，慨然叹曰：‘我久贫苦，未见三宝珠之在衣中。周孔糟粕，安足以留意。’遂**脱俗累**，落饰出家。”⑦（1）宋元照作《芝园集》卷1《华

---

① （唐）欧阳询撰《艺文类聚》，上海古籍出版社，1999，第1407页。

② 小島憲之『懐風藻·文華秀麗集·本朝文粹』，日本古典文学大系，岩波書店，1964，第174頁。

③ 黄征、张涌泉校注《敦煌变文校注》，中华书局，1997，第514页。

④ （唐）姚思廉撰《梁书》，中华书局，1973，第486页。

⑤ 小島憲之『懐風藻·文華秀麗集·本朝文粹』，日本古典文学大系，岩波書店，1964，第174頁。

⑥ 小島憲之、直木孝次郎、西宮一民、蔵中進、毛利正守『日本書紀二』，新編日本古典文学全集，小学館，1996，第416頁。

⑦ 小島憲之『懐風藻·文華秀麗集·本朝文粹』，日本古典文学大系，岩波書店，1964，第174頁。

亭超果照法师塔铭》："法师讳灵照，字了然，号希夷子。父卢氏，本东阳兰溪建郧里人。法师生而有异，不与群童戏剧。既失恃怙，志愿**脱俗累**，启于兄，兄欲止之。"（2）姚秦竺佛念译《菩萨从兜术天降神母胎说广普经》卷6："舍身**去俗累**，本无因缘法；其报如影响，如有亦不有。"梁僧佑撰《弘明集》卷6："**超俗累**于笼樊，邈世务而高蹈。"按："脱俗累"的搭配形式较为新颖，在过去的诗文中未曾出现。即便是在佛教文献当中，一般采用的都是"去俗累"或"超俗累"的说法。而且，《怀风藻》中的"脱俗累"这一说法，在现存的内典中出现得也是最早的。

三 唐朝游学

"**密写**"，秘密抄写。第8首释智藏《小传》："时吴越之间，有高学尼，法师就尼受业，六七年中，学业颖秀。同伴僧等，颇有忌害之心。法师察之，计全躯之方，遂披发阳狂，奔荡道路。**密写**三藏要义，盛以木筒，著漆秘封，负担游行。同伴轻蔑，以为鬼狂，遂不为害。"① 唐神清撰、慧宝注《北山录》卷4："融自顾才力可济，但患外道书籍未尽披读，乃**密写**其目，一览而诵既刻日。"

"**木筒**"，木制的筒子。采用整段圆木刳空制成，形似一段中空的竹筒。第8首释智藏《小传》："密写三藏要义，盛以**木筒**，著漆秘封，负担游行。同伴轻蔑，以为鬼狂，遂不为害。"② 东晋法显记《高僧法显传》卷1："到一谷口有佛锡杖，亦起精舍供养。杖以牛头旃檀作，长丈六七许，以**木筒**盛之。"北凉昙无谶译《大般涅槃经》卷7《如来性品》："复次善男子，譬如雪山有一味药，名曰乐味。其味极甜，在深丛下，人无能见。有人闻香，即知其地，当有是药。过去往世，有转轮王，于此雪山，为此药故，在在处处，造作**木筒**，以接是药。是药熟时，从地流出，集**木筒**中。"

"**秘封**"，犹言密封，严密地封闭起来。第8首释智藏《小传》："密写三藏要义，盛以木筒，著漆**秘封**，负担游行。同伴轻蔑，以为鬼狂，遂不为害。"③ 梁慧皎撰《高僧传》卷10："比欣次第熟视皆已新完，度**密封**之。因语欣令开，乃见钱帛皆满可堪百许万。识者谓是杯度分身他土所得嚫施回以施欣，欣受之皆为功德。"梁僧佑撰《出三藏记集》卷14："初未终之前，豫造遗文颂偈三十六行，自说因缘，云已证二果。**密封**席下，莫有知者，终后方见焉。"唐菩提流志译《不空罥索神变真言经》卷12《广博摩尼香王品》："悉地王真言加持摩尼香王一千八遍，牢固**密封**，特勿泄气，埋斯坛地，五旬日满，发取烧焯，供养一切。"

"**轻蔑**"，轻看，蔑视。第8首释智藏《小传》："密写三藏要义，盛以木筒，著漆秘封，负担游行。同伴**轻蔑**，以为鬼狂，遂不为害。"④ 唐慧琳撰《一切经音义》卷27：

---

① 小島憲之『懐風藻・文華秀麗集・本朝文粋』，日本古典文学大系，岩波書店，1964，第79頁。
② 小島憲之『懐風藻・文華秀麗集・本朝文粋』，日本古典文学大系，岩波書店，1964，第79頁。
③ 小島憲之『懐風藻・文華秀麗集・本朝文粋』，日本古典文学大系，岩波書店，1964，第79頁。
④ 小島憲之『懐風藻・文華秀麗集・本朝文粋』，日本古典文学大系，岩波書店，1964，第79頁。

"**轻蔑**：莫结反。《说文》：相轻侮。《切韵》：无也。经作懱，二形同。"西晋竺法护译《生经》卷1："王修治国，常以正法，不枉万民。梵志受恩，因自憍恣，**轻蔑**重臣，群臣忿怨。"姚秦鸠摩罗什译《妙法莲华经》卷5《安乐行品》："若欲说是经，当舍嫉恚慢、諂诳邪伪心，常修质直行。不**轻蔑**于人，亦不戏论法，不令他疑悔，云汝不得佛。"梁宝唱等集《经律异相》卷16："时三藏比丘，内心**轻蔑**，不免僧命，便与后学，敷显经义。"

"**鬼狂**"，像魔鬼一样狂乱。第8首释智藏《小传》："密写三藏要义，盛以木筒，著漆秘封，负担游行。同伴轻蔑，以为**鬼狂**，遂不为害。"①《怀风藻全注释》解作"因鬼神附体而发狂。汉语未见'鬼狂'一词。"② 不确。姚秦鸠摩罗什译《大智度论》卷14《序品》："譬如药师，疗治众病。若**鬼狂**病，拔刀骂詈，不识好丑。医知鬼病，但为治之，而不瞋恚。菩萨若为众生，瞋恼骂詈，知其为瞋恚者，烦恼所病，狂心所使，方便治之，无所嫌责，亦复如是。"陈真谛译《四谛论》卷2《分别苦谛品》："复次，父母妻子，所爱眷属，别离因故，如并失财，懊悔失心；如著**鬼狂**，漫语啼哭，闷绝战掉；如临死人；如失王位，重苦所逼；如无识无知，痴乱默然；如船舶破，没忧悲海。故名爱别离苦。"

"**众皆嗤笑**"，众人都讥笑。自创搭配。第8首释智藏《小传》："所以，太后天皇世，师向本朝。同伴登陆，曝凉经书。法师开襟对风曰：'我亦曝凉经典之奥义。'**众皆嗤笑**，以为妖言。"③ 唐慧琳撰《一切经音义》卷78："**嗤笑**：上齿之反。《毛诗》：**嗤嗤**，戏笑貌也。《韩诗》云：志意和悦之貌。《文字典说》：从口，蚩声。蚩音，同上。"（1）萧齐求那毘地译《百喻经》卷1《煮黑石蜜浆喻》："时此愚人，便作是念：'我今当取，黑石蜜浆，与此富人。'即著少水，用置火中。即于火上，以扇扇之，望得使冷。傍人语言：'下不止火，扇之不已，云何得冷？'尔时人众，悉皆**嗤笑**。"姚秦鸠摩罗什译《大庄严论经》卷1："向塔中路，有诸婆罗门，见优婆塞，礼拜佛塔，皆共**嗤笑**。"姚秦佛陀耶舍、竺佛念等合译《四分律》卷27："诸居士见已，皆共**嗤笑**言：'如我妇营理家业，舂磨炊饭，乃至受人使令。此六群比丘尼，亦复如是。'"（2）《魏书》卷83下《外戚下》："延昌初，迁司徒。虽贵登台鼎，犹以去要怏怏形乎辞色。众咸**嗤笑**之。"④

四 博学弘法

"**妙通**"，神妙通达。《怀风藻》第103首释道慈《小传》："太宝元年，遣学唐国。

① 小島憲之『懐風藻・文華秀麗集・本朝文粋』，日本古典文学大系，岩波書店，1964，第79頁。

② 辰巳正明『懐風藻全注釈』，笠間書院，2012，第83頁。

③ 小島憲之『懐風藻・文華秀麗集・本朝文粋』，日本古典文学大系，岩波書店，1964，第79頁。

④（北齐）魏收撰《魏书》，中华书局，1974，第1830页。

历访明哲，留连讲肆。**妙通**三藏之**玄宗**，**广谈**五明之**微旨**。”① “古典大系本”指出，该词为佛教词，谓微妙而又深邃的佛教宗旨。《怀风藻全注释》② 例引《全宋文》卷62慧通《驳顾道士夷夏论》：“夫圣教**妙通**，至道渊博，既不得谓之为有，亦不得谓之为无。”③ 略晚。西晋竺法护译《正法华经》卷3《授声闻决品》：“六通三达，得大神足，于安住世，获致**妙通**。”唐义净译《金光明最胜王经》卷9《除病品》：“我父长者，虽善医方，**妙通**八术，能疗众病，四大增损，然已衰迈，老耄虚羸，要假扶策，方能进步，不复能往，城邑聚落，救诸病苦。”

“**广谈**”，纵横谈论。唐代以后，特别是在敦煌文献中用例骤增。唐窥基撰《说无垢称经疏》卷1《序品》：“十一为令正见之心，于邪见者，不生悋心。由诸菩萨，能摧伏故，以大师子，吼声敷演。敷谓开发，警悟初机；演谓**广谈**，觉察根熟。既住十地，能遍十方，云雨说法，其说法声，远播十方，美妙音声。”《敦煌变文·维摩诘经讲经文（一）》：“［上缺］□应，所表何题？今□□□者，□题有十□解信，不敢**广谈**，辄陈五种。”又：“若论经首置‘如是’两字，已表信也者，若据慈恩解信，理有十般，不敢**广谈**，聊申五种。”又：“或在毗耶国内，或于王舍城中，鹫峰之大阐三乘，祇树之**广谈**四谛。”又：“经中虽道于我闻，圣上全无于我见。聊申略解，不备**广谈**，听时速起□（于）信心，闻者早生于悟解。”又《维摩诘经讲经文（三）》：“居士为愍众生及小果之辈，意欲**广谈**妙法，示现有疾于方丈室中，独寝一床，以疾而卧。”又：“**广谈**人世事，四大似浮尘。”④

“**玄宗～微旨～**”，“玄宗”，佛教的深奥旨意。“微旨”，精深微妙的意旨。自创偶句。(1) 晋僧肇《注〈维摩诘经〉序》：“而恨支竺所出，理滞于文，常惧**玄宗**，坠于译人。”唐王勃《广州宝庄严寺舍利塔碑》：“大弘缁侣法师，至诚**幽感**，独步**玄宗**。”唐不空译《佛母大孔雀明王经》卷1《佛母大金曜孔雀明王经序》：“佛母大孔雀明王经者，牟尼大仙之灵言也。总持真句悲救**要门**，绾悉地之**玄宗**。”(2) 汉许慎《〈说文解字〉叙》：“究洞圣人之**微恉**。”《后汉书》卷44《徐防传》：“孔圣既远，**微旨**将绝，故立博士十有四家，设甲乙之科，以勉劝学者。”⑤

“**敷讲**”，展开讲授，铺陈讲说。《怀风藻》第109首释道融《小传》：“时有宣律师六帖钞，辞义隐密，当时徒绝无披览。法师周观，未踰浃辰，**敷讲莫不洞达**。”⑥《穆天子传》卷六：“敷筵席，设几。”郭璞注：“**敷**，犹**铺**也。”(1) 梁慧皎撰《高僧传》卷8：“基弟子德行、慧旭、道恢，并学业优深，次第**敷讲**，各领门徒，继轨前辙。”唐道

① 小島憲之『懐風藻・文華秀麗集・本朝文粋』，日本古典文学大系，岩波書店，1964，第165頁。
② 辰巳正明『懐風藻全注釈』，笠間書院，2012，第446頁。
③ （清）严可均校辑《全上古三代秦汉三国六朝文》，中华书局，1958，第2774页。
④ 黄征、张涌泉校注《敦煌变文校注》，中华书局，1997，第751、754（二例）、755、832（二例）页。
⑤ （宋）范晔撰，（唐）李贤等注《后汉书》，中华书局，1965，第1500页。
⑥ 小島憲之『懐風藻・文華秀麗集・本朝文粋』，日本古典文学大系，岩波書店，1964，第174頁。

宣撰《续高僧传》卷5："时诸名德各撰成实义疏，云乃经论合撰，有四十科为四十二卷，俄寻究了。又敕于寺，三遍敷讲，广请义学，充诸堂宇。"（2）《北史》卷81《徐遵明传》："是后教授门徒，每临讲坐，先持经执疏，然后敷讲。学徒至今，浸以成俗。遵明讲学于外，二十余年，海内莫不宗仰。"①

"莫不洞达"，全都理解得很透彻。犹言"莫不通达"。梁曼陀罗仙、僧伽婆罗合译《大乘宝云经》卷5："恭敬正法，数数忏悔，一切恶法，发露改往，是罪源由，莫不洞达，而远离之。"唐慧立本、释彦悰笺《大唐大慈恩寺三藏法师传》："智光于大、小乘及彼外书、四韦陀、五明论等莫不洞达，即戒贤法师门人之上首，五印度学者咸共宗焉。"唐道宣撰《续高僧传》卷4："西梵僧云：'大师隐后，斯人第一深解实相善达方便，小乘五部毘尼外道《四韦陀论》，莫不洞达源底，通明言义，词出珠联，理畅霞举。'"按：该四字语句仅见于内典。

归纳本节考证所得佛典表达如下：①双音词："俗姓""寄住""偶见""密写""木筒""秘封""轻蔑""鬼狂""妙通""广谈""敷讲""玄宗～微首～"；②三字格："脱俗累"；③四字格："少年出家""少而出家""周孔糟粕""众皆嗤笑""莫不洞达"。

第二节 僧人诗歌与佛典表达

有关《怀风藻》僧人诗歌中的佛教表达的问题，以下从诗语、口语、佛语三方面展开考察。

一 诗语

诗语指诗歌语言。《怀风藻》中人诗的词语有"俗尘""涤心""芳缘"三个。

"俗尘"，人间污浊的世界，俗世浑浊的人事。《怀风藻》第99首丹墀广成《游吉野川》："放旷多出趣，超然少俗尘。栖心佳野域，寻问美稻津。"又第105首麻田阳春《和藤江守咏裨睿山先考之旧禅处柳树之作》："近江惟帝里，裨睿寔神山。山静俗尘寂，谷间真理专。"②《奈良朝写经56·大般若经卷第50等》："天平胜宝九年六月三十日，沙弥道行，慕先哲之贞节，尊大圣之遗风，舍忘俗尘，贱于蝉脱，不爱身命，轻于鸿毛。"③（1）北凉昙无谶译《佛所行赞》卷4："增长彼善根，并为当来世。显其少欲迹，兼除俗尘谤。入贫里乞食，精粗任所得，巨细不择门，满钵归山林。"《敦煌变文·维摩诘经讲经文（四）》："有一童子，名号光严，相圆明而特异众人，心朗曜而回然高士。修行曩劫，磨练多生，烦恼之海欲枯，智惠之山将就。随缘化物，爱处俗尘，

① （唐）李延寿撰《北史》，中华书局，1974，第2720页。

② 小島憲之『懐風藻・文華秀麗集・本朝文粋』，日本古典文学大系，岩波書店，1964，第162、169頁。

③ 上代文献読書会編『上代写経識語注釈』，勉誠出版，2016，第358頁。

如莲不染于淤泥，似桂无侵于霜雪。”① （2）唐太宗《谒并州大兴国寺》：“对此留余想，超然离**俗尘**。”② 李峤《奉和幸韦嗣立山庄侍宴应制》：“石磴平黄陆，烟楼半紫虚。云霞仙路近，琴酒**俗尘**疏。”③ 张九龄《三月三日登龙山》：“衰颜忧更老，淑景望非春。禊饮岂吾事，聊将偶**俗尘**。”④

“**涤心**”，洗涤心灵，荡涤心垢。《怀风藻》第104首释道慈《初春在竹溪山寺于长王宅宴追致辞》：“结萝为垂幕，枕石卧岩中。抽身离俗累，**涤心**守真空。”⑤ 《唐文拾遗》卷19张佑仁《唐相州邺县天城山修定寺之碑》：“尝闻上方有至德曰禅寂，形沦含动之表，栖迹玄空之外。西极有达道曰真幽。忘情是非之地，**涤心**有无之境。”⑥

“**芳缘**”，殊胜美好的缘分。《怀风藻》第105首麻田阳春《和藤江守咏裨睿山先考之旧禅处柳树之作》：“於穆我先考，独悟阐**芳缘**。宝殿临空构，梵钟入风传。”⑦ 唐道宣撰《广弘明集》卷19沈约《齐竟陵王发讲疏》：“灵场徇采，正水兴涟。乘兹上果，永导**芳缘**。”又《竟陵王解讲疏一首》：“兰泉波涌芳霭云回，秘理探微玄贶悠邈。宗条既举穷功允就，论堂卷坐义鼓停音。乘此**芳缘**将升上住，十方三世有证无爽。”按：《汉语大词典》失收。上引三例全部用于诗歌，且内容与佛教相关。

二 口语

口语指具有口语特征的词语。《怀风藻》中入诗的口语词有“本自”“抽身”“何烦～”。

“**本自**”，本来就，一向是。《怀风藻》藤原万里第96首《过神纳言墟》：“君道谁云易，臣义**本自**难。奉规终不用，归去遂辞官。”⑧ 《日本书纪》卷1《神代纪上》：“乃兴言曰：‘夫苇原中国，**本自**荒芒，至及盘石草木，咸能强暴。’”⑨ 《常陆国风土记》《久慈郡》条：“东大山，谓贺毗礼之高峰。即在天神，名称立速男命，一名速经和气命。**本自**天降，即坐松泽松树八俣之上。”⑩ 《续日本纪》卷39《桓武纪》延历五年九月条：“丁未，摄津职言：‘诸国驿户免庸输调，其畿内者**本自**无庸。比于外民劳逸不同，逋逃不禁。良为此也。驿子之调，请从免除。’”（1）《古诗为焦仲卿妻作》：“昔

① 黄征、张涌泉校注《敦煌变文校注》，中华书局，1997，第861页。
② 王启兴主编《校编全唐诗》，湖北人民出版社，2001，第38页。
③ 王启兴主编《校编全唐诗》，湖北人民出版社，2001，第108页。
④ 王启兴主编《校编全唐诗》，湖北人民出版社，2001，第322页。
⑤ 小島憲之『懐風藻・文華秀麗集・本朝文粋』，日本古典文学大系，岩波書店，1964，第168頁。
⑥ （清）董诰等编《全唐文・附唐文拾遗唐文续拾》，中华书局，1983，第10568页。
⑦ 小島憲之『懐風藻・文華秀麗集・本朝文粋』，日本古典文学大系，岩波書店，1964，第169頁。
⑧ 植垣節也『風土記』，新編日本古典文学全集，小学館，1997，第159頁。
⑨ 小島憲之、直木孝次郎、西宮一民、藏中進、毛利正守『日本書紀一』，新編日本古典文学全集，小学館，1994，第102頁。
⑩ 植垣節也『風土記』，新編日本古典文学全集，小学館，1997，第412頁。

作女儿时，生小出野里。**本自**无教训，兼愧贵家子。”① （2）后汉支娄迦谶译《道行般若经》卷10《昙无竭菩萨品》：“但有诸德，佛皆使人得安隐，佛亦自行佛事，佛**本自**空无所著，如幻人所作。”按：上古文学作品中，由词素“自”构成的副词还有“各自”“亲自”“亦自”“专自”等，但只有“本自”一词入诗。

“**抽身**”，脱身离开。《怀风藻》第104首释道慈《初春在竹溪山寺于长王宅宴追致辞》：“结萝为垂幕，枕石卧岩中。**抽身**离俗累，涤心守真空。”② 宋希麟集《续一切经音义》卷10：“**抽**簪：上敕鸠反。《切韵》云：去也。《考声》云：除也。又拔也。《说文》云：从手，由声。”唐义净译《根本说一切有部毘奈耶》卷47：“时商主师子胤，作如是念：‘何意诸女，于城南路，不许人行。我宜候妻，中宵睡熟，**抽身**徐起，拔剑南行，观其所以。’”《敦煌变文·庐山远公话》：“行至寺东门外，见一僧人于禅庵之内，安然而坐。左右不敢惊怖，**抽身**却入寺中，直至白庄面前，启而言曰。”又《叶净能诗》：“净能承其帝命，**抽身**便起，只对殿西角头一个剑南蛮画瓮子，可授［受］石已来，净能移心作法，暗求欢乐帝心，娱情在炙。”又《难陀出家缘起》：“饮满勾巡一两杯，徐徐慢怕（拍）管弦催。各（栏）盏待君下次勾，见了**抽身**便复回。吟难陀出门见佛，便乃阳［佯］作喜欢。”③ 按：“古典大系本”解“抽身”作：“较之他人，自己更为主动地做某事。”④ 似有望文生义之嫌。释道慈诗中的“抽身”，用作抽象意义，谓弃官引退。《敦煌变文·降魔变文》：“各自**抽身**奉仕（事）佛，免被当来铁碓舂。”⑤ 唐刘禹锡《刑部白侍郎谢病长告改宾客分司以诗赠别》：“洛阳旧有衡茆在，亦拟**抽身**伴地仙。”

“**何烦**～”，何须，何必。《怀风藻》第104首释道慈《初春在竹溪山寺于长王宅宴追致辞》：“惊春柳虽变，余寒在单躬。僧既方外士，**何烦**入宴宫。”⑥ （1）东晋法显译《佛说大般泥洹经》卷1：“纯陀答曰：‘文殊师利，**何烦**催此，垢秽食为？如来宁当待此食耶？如来六年，在道树下，难行苦行，日食麻米，犹自支持。况今须臾，岂不能耶？汝谓如来，食此食乎？如来法身，非秽食身。’”梁宝唱等集《经律异相》卷17：“差摩比丘，身得重病，受大苦痛。陀娑比丘，为瞻病者。时诸上座，令陀娑比丘，为病者说，五受阴法，往反至再。差摩比丘语陀娑比丘：‘**何烦**令汝，驱驰往反。汝取杖来，我自扶杖。’诣彼上座。彼上座遥见差摩，扶杖而来，自为敷座，命令就坐，更为具说，往古谈论。”（2）《宋书》卷96《鲜卑吐谷浑传》：“其母曰：‘仇贼诸将已屠脍之，汝年小，**何烦**朝朝自苦如此！’叶延呜咽不自胜。”⑦ 《世说新语·赏誉第8》：“桓

① （陈）徐陵编，（清）吴兆宜注，程琰删补《玉台新咏笺注》，中华书局，1985，第46页。

② 小島憲之『懐風藻·文華秀麗集·本朝文粋』，日本古典文学大系，岩波書店，1964，第168頁。

③ 黄征、张涌泉校注《敦煌变文校注》，中华书局，1997，第255、336、590页。

④ 小島憲之『懐風藻·文華秀麗集·本朝文粋』，日本古典文学大系，岩波書店，1964，第163頁。

⑤ 黄征、张涌泉校注《敦煌变文校注》，中华书局，1997，第567页。

⑥ 小島憲之『懐風藻·文華秀麗集·本朝文粋』，日本古典文学大系，岩波書店，1964，第168頁。

⑦ （梁）沈约撰《宋书》，中华书局，1974，第2370页。

诣谢，值谢梳头，遽取衣帻。桓公云：‘**何烦**此。’”① 徐彦伯《苑中遇雪应制》：“千钟圣酒御筵披，六出祥英乱绕枝。即此神仙对琼圃，**何烦**辙迹向瑶池。”②

三　佛语

佛语在这里指佛教词。《怀风藻》中入诗的佛教词有“桑门”“独悟”“缁素”“衲衣～缀钵～”“俗累～真空～”“宝殿～梵钟～”“三宝～百灵～”。

“**桑门**”，梵语śramaṇa 的译音。音译亦作“沙门”“丧门”，意译作“静志”“贫道”“勤息”等。修行善法而破除恶法之意，出家修行佛道之人。《怀风藻》第 8 首释智藏《玩花莺》：“**桑门**寡言晤，策杖事迎逢。以此芳春节，忽值竹林风。”③《续日本纪》卷 8《元正纪》养老三年十一月条：“倘使天下**桑门**智行如此者，岂不殖善根之福田，渡苦海之宝筏？”④ 梁僧佑撰《弘明集》卷 8：“本旧经云：‘丧门丧门由死灭之门，云其法无生之教，名曰丧门。至罗什又改为**桑门**，僧袆又改为沙门。沙门由沙汰之法，不足可称。’”此说旧经说丧门，鸠摩罗什认为不吉利，改成嗓门，僧袆又改为沙门。唐慧琳撰《一切经音义》卷 26：“沙门：梵语也。此云‘勤劳’，内道外道之总名也。皆据出家为言耳。古经为**桑门**，或为娑门。罗什法师以言非，便改为沙门也。”此说截然不同：说古经为沙门或娑门，鸠摩罗什认为不正确，改作沙门。《后汉书》卷 42《楚王英传》：“伊蒲塞即优婆塞也，中华翻为近住，言受戒行堪近僧住也。**桑门**即沙门。”⑤《魏书》卷 114《释老志》：“谓之沙门，或曰**桑门**，亦声相近，总谓之僧，皆胡言也。僧，译为和命众，**桑门**为息心，比丘为行乞。”⑥

“**独悟**”，独自开悟。《怀风藻》第 105 首麻田阳春《和藤江守咏裨睿山先考之旧禅处柳树之作》：“於穆我先考，**独悟**阐芳缘。宝殿临空构，梵钟入风传。”⑦ 失译人名今附后汉录《大方便佛报恩经》卷 3：“即夜踰出宫城，菩提树下苦行六年，然后得成一切智，故号一切智人。**独悟**成佛，具十力、四无所畏、十八不共法乃至一切种智。”刘宋求那跋陀罗译《过去现在因果经》卷 3：“时彼摩诃那摩等四人，闻佛转法轮已，阿若憍陈如，**独悟**道迹，心自念言：‘世尊若更为我说法，我等亦当复悟道迹。’”北凉昙无谶译《大方等大集经》卷 1：“如来于法得自在，其光能破世间暗。世尊佛眼无挂碍，能见诸法真实义。具足无量诸功德，无师**独悟**诸法界。如来放光为众生，今入我身何因缘。”按：在传世文献中，“独悟”，独自明悟之意。《汉诗》卷 7 赵壹《鲁生歌》：“贤

---

① 徐震堮：《世说新语校笺》，中华书局，1984，第 260 页。

② 王启兴主编《校编全唐诗》，湖北人民出版社，2001，第 230 页。

③ 小島憲之『懐風藻・文華秀麗集・本朝文粋』，日本古典文学大系，岩波書店，1964，第 80 頁。

④ 青木和夫、稲岡耕二、笹山晴生、白藤礼幸『続日本紀二』，新日本古典文学大系，岩波書店，1990，第 26、62 頁。

⑤ （宋）范晔撰，（唐）李贤等注《后汉书》，中华书局，1965，第 1428 页。

⑥ （北齐）魏收撰《魏书》，中华书局，1974，第 3026 页。

⑦ 小島憲之『懐風藻・文華秀麗集・本朝文粋』，日本古典文学大系，岩波書店，1964，第 169 頁。

者虽**独悟**，所困在群愚。且各守尔分，勿复空驰驱。”① 汉译文经当中，有“无师独悟”的说法，谓不待师教而自觉本具真性。一般将辟支佛译为“缘觉”或“独觉”，即有不依师教、现生开悟之意。

“**缁素**”，指僧俗。僧徒衣缁，俗众服素，故称。《怀风藻》第104首释道慈《初春在竹溪山寺于长王宅宴追致辞并序》：“**缁素**杳然别，金漆谅难同。**衲衣**蔽寒体，**缀钵**足饥咙。结萝为垂幕，枕石卧岩中。**抽身**离**俗累**，**涤心**守真空。”② 《日本书纪》卷27《天智纪》五年是冬条：“是冬，京都之鼠，向近江移。以百济男女二千余人，居于东国。凡不择**缁素**，起癸亥年至于三岁，并赐官食。倭汉沙门智由献指南车。”③ 后秦僧肇撰《肇论》卷1：“难曰：论云‘不取’者，为无知故不取？为知然后不取耶？若无知故不取，圣人则冥若夜游，不辨**缁素**之异耶？若知然后不取，知则异于不取矣。”《水经注》卷22：“水中有立石，高十余丈，广二十许步，上甚平整。**缁素**之士，多泛舟升陟，取畅幽情。”④ 高丽一然撰《三国遗事》卷4：“曾向清凉梦破回，七篇三聚一时开。欲令**缁素**衣惭愧，东国衣冠上国裁。”

“**衲衣～缀钵～**”，（一）“衲衣”，又作“纳衣”“粪扫衣”“弊衲衣”“五衲衣”“百衲衣”。即以世人所弃之朽坏破碎布片修补缝缀的法衣。比丘少欲知足，远离世间之荣显，故着此衣。《上宫皇太子菩萨传》：“坐禅诵经，或口宣三藏；心味四禅，或振锡**衲衣**。”（1）姚秦鸠摩罗什译《坐禅三昧经》卷1：“一切苦至时，悔恨无所及。**衲衣**树下坐，如所应得食。”唐惠详撰《弘赞法华传》卷2：“弱冠出家，便以精勤著名。**衲衣**宴坐，蔬食永岁。”（二）“缀钵”，经粘合的饭钵。东晋佛陀跋陀罗、法显合译《摩诃僧祇律》卷10：“上座若取，应持上座钵与第二上座。如是次第，乃至无岁比丘。若都无人取者，应还本主。若是钵大贵者，应卖取十钵直，九钵直入僧净厨，一钵还本主。应语言：‘汝持此钵，乃至破是持**缀钵**。”《全唐文》卷133傅奕《请废佛法表》：“臣闻佛戒僧尼，粪扫衣，五**缀钵**，望中一食，独坐山中，清居禅诵。”⑤ 按：《汉语大词典》失收。

“**俗累～真空～**”，（一）“俗累”，世俗琐事的牵累。（1）姚秦竺佛念译《菩萨从兜术天降神母胎说广普经》卷6：“舍身去**俗累**，本无因缘法；其报如影响，如有亦不有。”（2）梁僧佑撰《弘明集》卷6：“脱桎梏于形表，超**俗累**于笼樊。”唐道宣撰《续高僧传》卷12：“具戒已后，历求善友，深厌**俗累**，绝心再往。”宋赞宁等撰《宋高僧传》卷4：“早祛**俗累**，夙解尘缨。”又卷13：“于时谢**俗累**以抚衣，出樊笼而矫翼。”

---

① 逯钦立辑校《先秦汉魏晋南北朝诗》，中华书局，1983，第190页。

② 小島憲之『懐風藻・文華秀麗集・本朝文粋』，日本古典文学大系，岩波書店，1964，第168頁。

③ 小島憲之、直木孝次郎、西宮一民、蔵中進、毛利正守『日本書紀三』，新編日本古典文学全集，小学館，1998，第268頁。

④ （北魏）郦道元著，陈桥驿、叶光庭、叶扬译注《水经注全译》，贵州人民出版社，2008，第541页。

⑤ （清）董诰等编《全唐文・附唐文拾遗唐文续拾》，中华书局，1983，第1346页。

（二）“真空”，梵语 ātman，指超出一切色相意识的境界，亦即小乘的涅槃；非空之空，叫作真空，这是大乘至极的真空。《奈良朝写经 66・大般若经卷第 176》：“是以，大法师讳行信，平生之日，至心发愿，敬写法华一乘之宗，金鼓灭罪之文，般若**真空**之教，瑜伽五分之法，合贰千七百卷经论。”[①] 唐玄奘译《大般若波罗蜜多经》卷 567《法界品》：“天王，是名实相般若波罗蜜多、真如、实际、无分别相、不思议界，亦名**真空**及一切智、一切相智、不二法界。”

“宝殿～梵钟～”，自创偶句。“宝殿”，大雄宝殿，佛殿。“梵钟”，佛寺中的大钟。“梵”，清净义，寺院敲钟因与佛事有关，故名。《怀风藻》第 105 首麻田阳春《和藤江守咏禅睿山先考之旧禅处柳树之作》：“於穆我先考，独悟阐芳缘。**宝殿**临空构，**梵钟**入风传。”[②] 唐李世民《谒并州大兴国寺诗》：“回銮游福地，极目玩芳晨。**梵钟**交二响，法日转双轮。宝刹遥承露，天花近足春。未佩兰犹小，无丝柳尚新。圆光低月殿，碎影乱风筠。对此留余想，超然离俗尘。”[③]

“三宝～百灵～”，自创偶句。“三宝”，佛宝、法宝、僧宝。“百灵”，各种神灵。《怀风藻》第 103 首释道慈：“**三宝**持圣德，**百灵**扶仙寿。寿共日月长，德与天地久。”[④]

第三节　六朝初唐对句考[⑤]

频繁地使用对句是汉诗文的一大特点。按照学术界通行的说法，散文中使用对句肇始于《尚书・尧典》，《尚书・益稷》则是诗歌中使用对句的滥觞。后汉以后，文人逐渐喜用，六朝开始盛行起来，直至近体诗的确立。[⑥] 关于日本第一部汉诗集《怀风藻》中对句的研究，散见于小岛宪之校注古典大系本的注释部分[⑦]以及《上古日本文学与中国文学（下）》。[⑧] 最近，波户冈旭在针对侍宴诗的考察中，也曾言及该类诗歌在句式上所具有的特点。[⑨]

从方法论上讲，过往的研究似乎缺乏对诗歌对句意义的充分认识以及系统性的把握。有鉴于此，本节拟采用比较文学的方法，在实证的基础上，梳理《怀风藻》中诗歌对句的类型特征，揭示《怀风藻》诗歌对句与六朝初唐诗文的出源关系，借以剖析日本上古诗人诗歌创作的主体意识与创新精神。

---

① 上代文献読書会編『上代写経識語注釈』，勉誠出版，2016，第 403 頁。

② 小島憲之『懐風藻・文華秀麗集・本朝文粋』，日本古典文学大系，岩波書店，1964，第 169 頁。

③ 王启兴主编《校编全唐诗》，湖北人民出版社，2001，第 38 页。

④ 小島憲之『懐風藻・文華秀麗集・本朝文粋』，日本古典文学大系，岩波書店，1964，第 106 頁。

⑤ 黄美华、马骏：《〈怀风藻〉诗歌与六朝初唐诗歌的对句考释》，外国语言、文化、传播系列丛书《亚非语语言文学研究》，中国传媒大学出版社，2011。

⑥ 福田俊昭「『懐風藻』に見える詠物詩」，『東洋研究』148，2003。

⑦ 小島憲之『懐風藻・文華秀麗集・本朝文粋』，日本古典文学大系，岩波書店，1964。

⑧ 小島憲之『上代日本文学と中国文学（下）』，塙書房，1965。

⑨ 波戸岡旭『上代汉詩文と中国文学』，笠間書院，1989 年。

一 句式类型及影响关系

《怀风藻》诗歌的对句有虚词和实词两种，这里重点考察前者。为厘清诗歌对句的时代特征，下面分作六朝诗文对句与初唐诗文对句两部分展开考察。根据对《怀风藻》诗文对句的调查结果，虚词类对句可细分作表判断对句、表时间/动作/样态对句、表递进关系和表转折关系对句四类。以下分别述之［（1）指六朝诗例，（2）指初唐诗例。考虑到篇幅原因，一般仅举一例］。

（一）表判断句式

"是～惟～"，第83首大津首《和藤原大政游吉野川之作》："地是幽居宅，山惟帝者仁。潺湲侵石浪，杂沓应琴鳞。"（1）《文选》卷24潘岳《为贾谧作赠陆机》："廊庙惟清，俊乂是延。擢应嘉举，自国而迁。"①（2）张九龄《奉和圣制瑞雪篇》："匪惟在人利，曾是扶天意。天意岂云遥，雪下不崇朝。"② 按：该句式采用双重肯定的形式，排除其他的可能性。大津首诗着意强调吉野流域绝佳的风景或环境。

"非～是～"，第28首调老人《三月三日应诏》："折花梅苑侧，酌醴碧澜中。神仙非存意，广济是攸同。"第33首藤原史《七夕》："云衣两观夕，月镜一逢秋。机下非曾故，梭息是威猷。"第98首藤原万里《游吉野川》："友非干禄友，宾是飡霞宾。纵歌临水智，长啸乐山仁。"（1）《文选》卷55刘孝标《广绝交论》李善注引卢谌诗："山居是所乐。世路非我欲。"③（2）李隆基《赐崔日知往潞州》："礼乐中朝贵，神明列郡钦。扬风非赠扇，易俗是张琴。"④ 按：该句式在《怀风藻》120首中占有3例，说明其受欢迎的程度。在用法上，该句式采用先抑后扬的形式，旗帜鲜明地表明诗人对某事的态度。

（二）表动作、样态句式

其一，《怀风藻》诗歌中的时间并列对偶格式。

"旋～时～"，《怀风藻·序》："旋招文学之士，时开置醴之游。""古典大系本"引唐杜荀鹤《山中寡妇诗》："时挑野菜和根煮。旋斫生柴带叶烧。"按：年代更早的例文可见《文选》卷50范蔚宗《宦者传论》："虽忠良怀愤，时或奋发，而言出祸从，旋见孥戮。"⑤ 该句式表"时常……马上……"之意，谓在某一时期频繁地举行某种活动。

"时～乍～"，第20首巨势有益须《春日应诏》："丝竹时盘恒。文酒乍留连。薰风入琴台。蓂日照歌筵。"（1）"古典大系本"例引梁元帝《和刘上黄》："柳絮时依酒。

① （梁）萧统编，（唐）李善注《文选》，中华书局，1977，第350页。

② 王启兴主编《校编全唐诗》，湖北人民出版社，2001，第320页。

③ （梁）萧统编，（唐）李善注《文选》，中华书局，1977，第760页。

④ 王启兴主编《校编全唐诗》，湖北人民出版社，2001，第347页。

⑤ （梁）萧统编，（唐）李善注《文选》，中华书局，1977，第700页。

梅花乍入衣”等。（2）李世民《赋得早雁出云鸣》：“隔云时乱影，因风乍合声。”① 按：该句式表示“一会儿……一会儿……”“又……又……”的意思，谓两个以上的动作或状态交替进行、一直持续。

其二，《怀风藻》诗歌中的动作并列对偶格式。

“共～与～、与～共～”，第4首大津皇子《春苑言宴》：“惊波共弦响，哢鸟与风闻。群公倒载归，彭泽宴谁论。”第42首采女比良夫《春日侍宴应诏》：“论道与唐齐，语德共虞邻。冠周埋尸爱，驾殷解网仁。”第103首释道慈《在唐奉本国皇太子》：“寿共日月长，德与天地久。”第52首山田三方《秋日于长王宅宴新罗客》：“歌台落尘，郢曲与巴音杂响。笑林开靨，珠辉共霞影相依。”（1）《齐诗》卷5刘绘《饯谢文学离友诗》：“春潭无与窥，秋台谁共陟。不见一佳人，徒望西飞翼。”②（2）杜淹《寄赠齐公》：“关门共月对，山路与云连。此时寸心里，难用尺书传。”③ 按：该句式在《怀风藻》中占有4例。不难想见，它是颇受诗人们欢迎的句式之一。从表现手法上看，在中日两国的诗歌中，该句式既用于叙事，也用作写景。

“共～同～”，第44首释道慈《在唐奉本国皇太子》：“梅雪乱残岸，烟霞接早春。共游圣主泽，同贺击壤仁。”（1）《玉台新咏》卷1《古诗为焦仲卿妻作》：“结发同枕席，黄泉共为友。”④（2）卢照邻《九月九日登玄武山》：“九月九日眺山川，归心归望积风烟。他乡共酌金花酒，万里同悲鸿雁天。”⑤ 按：“共”与“同”是类义词。

“俱～共～”，第5首释道慈《在唐奉本国皇太子》：“朝择三能士，暮开万骑筵。吃脔俱豁矣，倾盏共陶然。”（1）《文选》卷25卢谌《答魏子悌》：“在危每同险，处安不异易。俱涉晋昌艰，共更飞狐厄。”⑥（2）王绩《在京思故园见乡人问》：“敛眉俱握手，破涕共衔杯。殷勤访朋旧，屈曲问童孩。”⑦ 按：“俱”与“共”是类义词。

“皆～共～”，第60首背奈王行文《秋日于长王宅宴新罗客》：“杯酒皆有月，歌声共逐风。何事专对士，幸用李陵弓。”（1）《陈诗》卷8江总《赠贺左丞萧舍人诗》：“贺生思沉郁，萧弟学纷纶。共有笔端誉，皆为席上珍。”⑧（2）苏颋《恩制尚书省僚宴昆明池同用尧字》：“泳广渔杈溢，浮深妓舫摇。饱恩皆醉止，合舞共歌尧。”⑨ 按：“皆”与“共”是类义词。

其三，《怀风藻》诗歌中的状态并列对偶格式。

---

① 王启兴主编《校编全唐诗》，湖北人民出版社，2001，第41页。
② 逯钦立辑校《先秦汉魏晋南北朝诗》，中华书局，1983，第1468页。
③ 王启兴主编《校编全唐诗》，湖北人民出版社，2001，第9页。
④（陈）徐陵编，（清）吴兆宜注，程琰删补《玉台新咏笺注》，中华书局，1985，第44页。
⑤ 王启兴主编《校编全唐诗》，湖北人民出版社，2001，第88页。
⑥（梁）萧统编，（唐）李善注《文选》，中华书局，1977，第362页。
⑦ 王启兴主编《校编全唐诗》，湖北人民出版社，2001，第25页。
⑧ 逯钦立辑校《先秦汉魏晋南北朝诗》，中华书局，1983，第2581页。
⑨ 王启兴主编《校编全唐诗》，湖北人民出版社，2001，第277页。

“独～还～”，第15首文武天皇《咏月》：“水下斜荫碎，树除秋光新。独以星间镜，还浮云汉津。”（1）《玉台新咏》卷6王僧孺《春怨》：“惟对昔邪房，如见蜘蛛屋。独与响相酬，还将影自逐。”① （2）骆宾王《送费六还蜀》：“雪影含花落，云阴带叶昏。还愁三径晚，独对一清尊。”② 按：“还”表程度副词，相当于“更”“更加”。

“独～并～”，第65首下毛野虫麻吕《秋日于长王宅宴新罗客》：“寒蝉鸣叶后，朔雁度云前。独有飞鸾曲，并入别离弦。”（1）《梁诗》卷14萧统《咏同心莲》：“同逾并根草，双异独鸣鸾。以兹代萱草，必使愁人欢。”③ （2）崔涂《湘中秋怀迁客》：“兰杜晓香薄，汀洲夕露繁。并闻燕塞雁，独立楚人村。”④ 按：总体上来看，在中国诗歌的先行文献中，该句式文例并不多见。有唐以降，仅在中唐之后才偶或出现。

“空～独～”，第25首纪末茂《临水观鱼》：“苔摇识鱼在，缗尽觉潭深。空嗟芳饵下，独见有贪心。”（1）《宋诗》卷2谢灵运《长歌行》：“未觉泮春冰，已复谢秋节。空对尺素迁，独视寸阴灭。”⑤ （2）李隆基《过老子庙》：“流沙丹灶没，关路紫烟沉。独伤千载后，空余松柏林。”⑥ 按：如诸家所言，纪末茂诗出自隋张正见《钓竿篇》。

“初～暂～”，藤原宇合《游吉野川》：“芝蕙兰荪泽，松柏桂椿岑。野客初披薜，朝隐暂投簪。”（第92首）（1）《艺文类聚》卷4《七月七日》引沈约《织女赠牵牛诗》曰：“初商忽云至，暂得奉衣巾。施衿已成故，每聚忽如新。”⑦ （2）沈佺期《奉和立春游苑迎春》：“东郊暂转迎春仗，上苑初飞行庆杯。”⑧ 按：“初”，刚刚；“暂”，暂时。

“未～犹～”，第22首纪古麻吕《望雪》：“柳絮未飞蝶先舞，梅芳犹迟花早临。梦里钧天尚易涌，松下清风新难斟。”第106首盐屋古麻吕《春日于左仆射长屋王宅宴》：“柳条风未暖，梅花雪犹寒。放情良得所，愿言若金兰。”（1）《文选》卷23潘岳《悼亡诗》：“帷屏无仿佛，翰默有余迹。流芳未及歇，遗挂犹在壁。”⑨ （2）许敬宗《送刘散员同赋得陈思王诗山树郁苍苍》：“乔木托危岫，积翠绕连冈。叶疏犹漏影，花少未流芳。”⑩ 按：从句式来看，潘岳诗年代较早，但从内容上看，具有该句式的《怀风藻》的诗歌更接近于初唐诗。

“尚～犹～”，第30首藤原史《春日侍宴应诏》：“盐梅道尚故，文酒事犹新。隐逸去幽薮，没贤陪紫宸。”（1）《玉台新咏》卷10沈约《早行逢故人车中为赠》：“残朱

① （陈）徐陵编，（清）吴兆宜注，程琰删补《玉台新咏笺注》，中华书局，1985，第237页。
② 王启兴主编《校编全唐诗》，湖北人民出版社，2001，第63页。
③ 逯钦立辑校《先秦汉魏晋南北朝诗》，中华书局，1983，第1800页。
④ 王启兴主编《校编全唐诗》，湖北人民出版社，2001，第3543页。
⑤ 逯钦立辑校《先秦汉魏晋南北朝诗》，中华书局，1983，第1148页。
⑥ 王启兴主编《校编全唐诗》，湖北人民出版社，2001，第344页。
⑦ （唐）欧阳询撰《艺文类聚》，上海古籍出版社，1999。
⑧ 王启兴主编《校编全唐诗》，湖北人民出版社，2001，第172页。
⑨ （梁）萧统编，（唐）李善注《文选》，中华书局，1977，第330页。
⑩ 王启兴主编《校编全唐诗》，湖北人民出版社，2001，第31页。

犹暧暧，余粉尚霏霏。昨宵何处宿，今晨拂露归。”① （2）李世民《山阁晚秋》：“山亭秋色满，岩牖凉风度。疏兰尚染烟，残菊犹承露。”② 按：“尚”“犹”，同义词，犹言“还”。

（三）表递进句式

“已～且～”，第5首大津皇子《游猎》：“月弓辉谷里，云旌张岭前。曦光已隐山，壮士且留连。”第23首纪古麻吕《秋宴得声清惊情四字》：“玄燕翔已归，寒蝉啸且惊。忽逢文雅席，还愧七步情。”（1）《文选》卷28陆机《从军行》：“隆暑固已惨，凉风严且苛。夏条集鲜藻，寒冰结冲波。”③ （2）李隆基《端午》：“端午临中夏，时清日复长。盐梅已佐鼎，曲蘖且传觞。”④ 按：“且”，尚，还。

“已～亦～”，第29首藤原史《元日应诏》：“年华已非故，淑气亦惟新。鲜云秀五彩，丽景耀三春。”（1）《文选》卷27颜延年《北使洛》：“游役去芳时，归来屡徂愆。蓬心既已矣。飞薄殊亦然。”⑤ （2）张九龄《园中时蔬尽皆锄理唯秋兰数本委而不顾彼虽物有足悲者遂赋二章》：“场藿已成岁，园葵亦向阳。兰时独不偶，露节渐无芳。”⑥

“云～已～”，第66首田中净足《晚秋于长王宅宴》：“苒苒秋云暮，飘飘叶已凉。西园开曲席，东阁引珪璋。”《艺文类聚》卷65《园》引王俭《春日家园诗》曰：“徙倚未云暮，阳光忽已收。羲和远停晷，壮士岂淹留。”⑦ 按：“云”，用于句中以调整音节。

“既～亦～”，第28首调老人《三月三日应诏》：“玄览动春节，宸驾出离宫。胜境既寂绝，雅趣亦无穷。”（1）《文选》卷25傅咸《赠何劭王济》：“吾兄既凤翔，王子亦龙飞。双鸾游兰渚，二离扬清晖。”⑧ （2）卢照邻《早度分水岭》：“重溪既下漱，峻峰亦上干。陇头闻戍鼓，岭外咽飞湍。”⑨ 按：“既”，连词，与“亦”呼应，组成并列关系，表示两种情况兼而有之。《万叶集》卷2第126首歌注：“既耻自媒之可愧，复恨心契之弗果”一句中的“既～复～”与“既～亦～”意思相近。

“既～正～”，第41首山前王《侍宴》：“至德洽乾坤，清化朗嘉辰。四海既无为。九域正清淳。”《晋诗》卷8曹摅《赠石崇》：“说言既奏。朝有正色。”⑩ 按：“既”，已经，业已。“正”，副词，表示动作的进行或状态的持续。

“既～惟～”，第44首大伴旅人《春日侍宴》：“宽政情既远，迪古道惟新。穆穆四

① （陈）徐陵编，（清）吴兆宜注，程琰删补《玉台新咏笺注》，中华书局，1985，第491页。
② 王启兴主编《校编全唐诗》，湖北人民出版社，2001，第36页。
③ （梁）萧统编，（唐）李善注《文选》，中华书局，1977，第395页。
④ 王启兴主编《校编全唐诗》，湖北人民出版社，2001，第347页。
⑤ （梁）萧统编，（唐）李善注《文选》，中华书局，1977，第383页。
⑥ 王启兴主编《校编全唐诗》，湖北人民出版社，2001，第323页。
⑦ （唐）欧阳询撰《艺文类聚》，上海古籍出版社，1999，第1161页。
⑧ （梁）萧统编，（唐）李善注《文选》，中华书局，1977，第353页。
⑨ 王启兴主编《校编全唐诗》，湖北人民出版社，2001，第80页。
⑩ 逯钦立辑校《先秦汉魏晋南北朝诗》，中华书局，1983，第751页。

门客，济济三德人。"《汉书》卷 73《韦贤传》："**既**去祢祖，**惟**怀惟顾。祁祁我徒，戴负盈路。"[①]《宋书》卷 20《乐 2》："九功**既**歌，六代**惟**时。被德在乐，宣道以诗。"[②]按："既"，连词，与"惟"呼应，组成并列关系，表示两种情况兼而有之。该句式语体古朴，多用于祭祀、歌谣等。

"惟～惟～""且～亦～""能～能～"，第 45 首中臣人足《游吉野宫》："**惟**山**且惟**水，**能**智**亦能**仁。万代无埃所，一朝逢柘民。"《尚书·虞书·益稷》："帝庸作歌曰：'敕天之命，**惟**时**惟**几。'"[③]《艺文类聚》卷 1《风》引何逊《咏风诗》曰："可闻不可见，**能**重复**能**轻。镜前飘落粉，琴上响余声。"[④] 按："惟"，用于句中以调整音节。"能"，乃，就是。该句式用于描述某种样态的并存。

（四）表转折句式

"虽～还～"，第 8 首释智藏《玩花鸟》："求友莺嫣树，含香花笑丛。**虽**喜遨游志，**还**愧乏雕虫。"（1）《艺文类聚》卷 76《内典》引庾信《和同太寺浮图诗》曰："露晚盘犹滴，珠朝火更明。**虽**连博望苑，**还**接银沙城。"[⑤]（2）沈叔安《七夕赋咏成篇》："**虽**喜得同今夜枕，**还**愁重空明日床。"[⑥] 按："还"，反而、却。该句式上下句内容相反或相悖。

"将～未～"，第 75 首百济和麻吕《初春于左仆射长王宅燕》："庭燠**将**滋草，林寒**未**笑花。鹑衣追野坐，鹤盖入山家。"（1）《艺文类聚》卷 29 引沈约《侍宴乐游苑饯徐州刺史应诏诗》曰："沃若动龙骖，参差凝凤管。金塘草**未**合，玉池泉**将**满。"[⑦]（2）上官仪《早春桂林殿应诏》："风光翻露文，雪华上空碧。花蝶来**未**已，山光暖**将**夕。"[⑧]按：该句式上句表示动作或状态即将开始，下句表示动作或状态尚未开始。

"岂～方～"，第 36 首伊与部马养《从驾应诏》："仙槎泛荣光，凤笙带祥烟。**岂**独瑶池上，**方**唱白云天。"（1）《文选》卷 31 江淹《谢法曹赠别》："昨发赤亭渚，今宿浦阳汭汭。**方**作云峰异，**岂**伊千里别。"[⑨]（2）李世民《帝京篇》："桂楫满中川，弦歌振长屿。**岂**必汾河曲，**方**为欢宴所！"[⑩] 按："岂"，难道，表疑问或反诘。

以上主要考察的是《怀风藻》诗文句式与六朝、初唐诗文句式的对应关系。《怀风藻》中所见六朝时期的相关句式主要源自《文选》《艺文类聚》《玉台新咏》《初学记》等，影响较大的诗人有简文帝、庾信等。另一方面，初唐时期以后的句式在李世民与李

---

① （汉）班固撰，（唐）颜师古注《汉书》，中华书局，1962，第 3106 页。

② （梁）沈约撰《宋书》，中华书局，1974，第 594 页。

③ 《尚书》，《十三经注疏》，中华书局，1980。

④ （唐）欧阳询撰《艺文类聚》，上海古籍出版社，1999，第 18 页。

⑤ （唐）欧阳询撰《艺文类聚》，上海古籍出版社，1999，第 1299 页。

⑥ 王启兴主编《校编全唐诗》，湖北人民出版社，2001，第 44 页。

⑦ （唐）欧阳询撰《艺文类聚》，上海古籍出版社，1999，第 522 页。

⑧ 王启兴主编《校编全唐诗》，湖北人民出版社，2001，第 50 页。

⑨ （梁）萧统编，（唐）李善注《文选》，中华书局，1977，第 453 页。

⑩ 王启兴主编《校编全唐诗》，湖北人民出版社，2001，第 33 页。

隆基、初唐四杰以及许敬宗、上官仪等人的诗文中都有所体现。

二　主体意识与创新精神

需要指出的是，上述影响关系并非一味机械性地照搬，而是折射出诗人们努力探索诗歌表达的精神。具体来说，《怀风藻》诗文句式与中国诗歌并非完全等同，有的甚至在表现手法上存在较大的差异。以下试析之。

“**将～共～**”，第73首纪男人《扈从吉野宫》：“凤盖停南岳，追寻智与仁。啸谷**将**孙语，攀藤**共**许亲。”（1）“古典大系本”例引庾信《春赋》：“眉**将**柳而争绿，面**共**桃而竞红。”（2）杨师道《阙题》：“扇里细妆**将**夜并，风前独舞**共**花荣。”① 按：在中国诗歌中，该句式具有两个特点：一是入唐以后，文例陡增；二是该句式主要用于抽象义，与纪男人诗用作具体义有所不同。

“**与～将～**”，第102首高向诸足《从驾吉野宫》：“在昔钓鱼士，方今留凰公。弹琴**与**仙戏，投江**将**神通。”（1）《玉台新咏》卷10许瑶《咏楠榴枕》：“端木生河侧，因病遂成妍。朝**将**云髻别，夜**与**蛾眉连。”②（2）李隆基《经河上公庙》：“昔闻有耆叟，河上独遗荣。迹**与**尘嚣隔，心**将**道德并。”③ 按：中国诗歌中的该句式，用作物与物的并举，而高向诸足诗则用来表示人物的共同行为。

“**未～已～**”，第82首箭集虫麻吕《于左仆射长王宅宴》：“柳条**未**吐绿，梅蕊**已**芳裾。即是忘归地，芳辰赏叵舒。”第84首大津首《春日于左仆射长王宅宴》：“日华临水动，风景丽春墀。庭梅**已**含笑，门柳**未**成眉。”（1）《文选》卷27石崇《王明君词》：“我本汉家子，将适单于庭。辞诀**未**及终，前驱**已**抗旌。”④（2）王勃《采莲曲》：“塞外征夫犹**未**还，江南采莲今**已**暮。”⑤ 按：该句式上句表示动作或状态尚未出现，下句表示动作或状态已经出现，两句之间的对比色彩浓厚。值得注意的是，在中国诗歌中，该句式主要用于叙述人事，而箭集虫麻吕诗则用于自然描写。

“**已～欲～**”，第67首长屋王《元日应诏》：“年光泛仙御，日色照上春。玄圃梅**已**故，紫庭桃**欲**新。”（1）《玉台新咏》卷10萧衍《夏歌》：“含桃落花日，黄鸟营飞时。君住马**已**疲，妾去蚕**欲**饥。”⑥（2）虞世南《从军行》：“交河梁**已**毕，燕山旆**欲**飞。方知万里相，侯服有光辉。”⑦ 按：该句式上句表示动作或状态已经完结，下句表示动作或状态将要开始。长屋王诗的新颖之处在于：以梅花花期已过，桃花含苞待放的情景来表现季节的更替。

---

① 王启兴主编《校编全唐诗》，湖北人民出版社，2001，第42页。
② （陈）徐陵编，（清）吴兆宜注，程璞删补《玉台新咏笺注》，中华书局，1985，第475页。
③ 王启兴主编《校编全唐诗》，湖北人民出版社，2001，第343页。
④ （梁）萧统编，（唐）李善注《文选》，中华书局，1977，第393页。
⑤ （唐）王勃著，（清）蒋清翊注《王子安集注》，上海古籍出版社，1995，第73页。
⑥ （陈）徐陵编，（清）吴兆宜注，程璞删补《玉台新咏笺注》，中华书局，1985，第504页。
⑦ 王启兴主编《校编全唐诗》，湖北人民出版社，2001，第3页。

与上述源自六朝的句式不同，下面表转折的句式“虽～未～”“已～徒～”则出自初唐的诗文。这是初唐诗文句式在《怀风藻》诗歌中留下印迹的明证，也是诗人不断进取、摄取中国诗文表现新元素的实例。

“虽～未～”，第21首犬上王《游览山水》：“留连仁智间，纵赏如谈伦。**虽**尽林池乐，**未**玩此芳春。”张九龄《东湖临泛饯王司马》：“南土秋**虽**半，东湖草**未**黄。聊乘风日好，来泛芰荷香。”[①] 按：该句式上句表示事实关系，下句多为与事实不相符的现状，对比色彩浓厚。而且，该句式用于描写自然。

“已～徒～”，第52首山田三方《秋日于长王宅宴新罗客》：“牙水含调激，虞葵落扇飘。**已**谢灵台下，**徒**欲报琼瑶。”陈子昂《同旻上人伤寿安传少府》：“太息劳黄绶，长思谒紫宸。金兰**徒**有契，玉树**已**埋尘。”[②] 按：该句式上句表业已出现的事态，下句表对此采取措施徒劳无益。

“是～即～”，第50首境部王《宴长王宅》：“歌**是**飞尘曲，弦**即**激流声。欲知今日赏，咸有不归情。”第77首百济和麻吕《秋日于长王宅宴新罗客》：“人**是**鸡林客，曲**即**凤楼词。青海千里外，白云一相思。”储光羲《贻余处士》：“故园至新浦，遥复未百里。北望**是**他邦，纷吾**即**游士。”[③]

“且～亦～”，第45首中臣人足《游吉野宫》：“惟山**且**惟水，能智**亦**能仁。”韦应物《朝请后还邑寄诸友生》：“抗志青云表，俱践高世名。樽酒**且**欢乐，文翰**亦**纵横。”[④] 白居易《秦中吟十首·五弦》：“清歌**且**罢唱，红袂**亦**停舞。赵叟抱五弦，宛转当胸抚。”[⑤]

上述表判断的“是～即～”和表并列的“且～亦～”两种句式，先时或同时资料的韵文中未见文例；关于“且～亦～”的句式，盛唐以后文例骤然增加。由此证明《怀风藻》句式表达的前瞻性和语料价值，同时凸显出《怀风藻》诗人在句式表现上的主体意识与创新精神。而这一点是先行研究不曾言及的。

《怀风藻》具有较为丰富的诗文句式，其在结构上的典型特征是类义互文。兹整理如下。

①表判断：“是～惟～”“非～是～”“是～即～”；②表时间并列：“旋～时～”“时～乍～”；③表动作并列：“共～与～、与～共～”“共～同～”“俱～共～”“皆～共～”“将～共～”“与～将～”；④表状态并列：“独～还～”“独～并～”“空～独～”“初～暂～”“未～犹～”“尚～犹～”；⑤表递进：“已～且～”“已～

① 王启兴主编《校编全唐诗》，湖北人民出版社，2001，第323页。

② 王启兴主编《校编全唐诗》，湖北人民出版社，2001，第198页。

③ 王启兴主编《校编全唐诗》，湖北人民出版社，2001，第693页。

④ 王启兴主编《校编全唐诗》，湖北人民出版社，2001，第1292页。

⑤ 王启兴主编《校编全唐诗》，湖北人民出版社，2001，第1938页。

亦～”“云～已～”“既～亦～”“既～正～”“既～惟～”“惟～惟～”“且～亦～”“能～能～”；⑥表转折“虽～还～”“虽～未～”“未～已～”“将～未～”“已～徒～”“岂～方～”。

通过对《怀风藻》诗文中虚词对句的整理与考释，我们可以得出以下几点看法。其一，从虚词对句的影响关系来看，整体上六朝诗文句式居多，且多出现在六朝后期。其二，有些句式带有鲜明的语体特征。如“既～惟～”“既～正～”“惟～惟～”“能～能～”等风格古朴，多用于祭祀拜祖等庄重的场合。其三，句式与表述内容密切相关，因句式不同，表述对象上差异明显。譬如，用于景色描写的句式有“未～犹～”“尚～犹～”“已～且～”“已～亦～”“云～已～”“既～亦～”；用于烘托描写的句式有“独～还～”“独～并～”“空～独～”；用于表现瞬间变化的句式有“旋～时～”“时～乍～”；用于强调排除其他的句式有“是～惟～”“非～是～”“既～惟～”“惟～惟～”“能～能～”；等等。

最后，我们认为，对《怀风藻》中由实词构成的诗文句式进行考释同样十分必要。例如，藤原史《元日应诏》：“正朝观万国，元日临兆民。齐政**敷玄造**，抚机**御紫辰**。”（第29首）该诗后两句由实词组成，是偏正结构，“齐政”“抚机”分别修饰“敷玄造”和“御紫辰”。根据该诗句式由实词构成的这一特点，通过文献调查可发现，此处表达出自许敬宗《奉和元日应制》：“待旦**敷玄造**，韬旒**御紫宸**。武帐临光宅，文卫象钩陈。”[①] 两相比较可知，两者不仅实词部分重叠，甚至诗题和诗意几近相同，因此，两者之间的出源关系不言自明。

① 王启兴主编《校编全唐诗》，湖北人民出版社，2001，第29页。

第三章　《风土记》地志文体

《风土记》以其独特的内容与娴熟的表达成为上古文学作品中的一朵奇葩。其中，《常陆国风土记》更因其在表达上与中国传统文学有着千丝万缕的联系，备受日本上古比较文学界的青睐。另一方面，佛教东渐以后，随着推古朝以后儒佛并行的举国体制的贯彻，通过近乎常态化的写经、读经、诵经和讲经以及各种法会仪式，汉文佛经逐渐为人们所熟知，承载经文的特殊文体也势必影响着文人们的文学创作。而这恰恰是迄今为止的《风土记》研究被学术界忽略的一大盲点。对此，我们试图从语体和句式两个方面揭示《常陆国风土记》文体特征与汉文佛经的关系，分析促成其独特文体形成的外在表达形式与内在动因，以期弥补这一缺憾。

本章分作两节，分别对《常陆国风土记》文体与汉文佛经的关系、其他四部《风土记》中四字语句与句式辨析展开讨论。

第一节　《常陆国风土记》语体句式考辨[①]

与《古事记》一样，《常陆国风土记》采用的同样是“和汉变文体”。[②] 其颇具文学表达色彩的文体风格，历来受到日本上古比较文学界的高度关注。究其原委，大致有三：其一，记载中的一些精彩段落在遣词造句上多源自《文选》赋体类的著名篇章[③]；其二，若干章节同时还特别借鉴了我国六朝时期的诗文表达[④]；其三，行文中间多少夹杂着一些“和习”表达[⑤]。然而，传统的研究似乎忽略了另一个极为重要的史实，即汉

---

① 马骏：《〈常陆国风土记〉文体特征与汉译佛经》，《日语学习与研究》2011 年第 2 期。

② 植垣節也「風土記の成立と文体」，古代文学講座 10『古事記・日本書紀・風土記』，勉誠社，1995。

③ 小島憲之『上代日本文学と中国文学上』，塙書房，1962，第 613 ~ 614 頁。

④ 橋本雅之「『常陸国風土記』の漢語表現—中国文学の受容をめぐって—」，大田善麿先生追悼論文集『古事記・日本書紀論集』，1999；瀬間正之「常陸国風土記の文字表現（三）—美文への志向—」，『上智大学国文学科紀要』20，2003；同「常陸国風土記の文字表現（四）—美文への志向・六朝地誌類—」，『上智大学国文学科紀要』21，2004。

⑤ 沖森卓也「風土記の文体について」，『日本古代の表記と文体』，吉川弘文館，2000，第 190 ~ 191 頁；瀬間正之「常陸国風土記の文字表現（一）—語用と助字用法を端として—」，『上智大学国文学科紀要』19，2002。

文佛经文体对《常陆国风土记》叙述语言“悄无声息”的浸染。本节拟在前贤时彦观点的基础上，从文章表达史的角度，依据重新发掘的第一手材料，尝试揭示《常陆国风土记》的文体特征与汉文佛经的影响关系，分析其富有推陈出新意味的自创表达，阐明其有别于中国地志体裁的独特文体风格。

一　佛教词、口语词、新词[①]

首先，将《常陆国风土记》中疑似与汉文佛经相关的词语分作佛教词、口语词和新词三类进行考察。先看佛教词。根据我们的考察，《常陆国风土记》中的疑似佛教词有“净境”“净香”“净泉”“净流”“秽臭”“化诞”“心灭”“慈树”[②] 8个。考虑到篇幅的原因，这里仅以被冠以“净”字的一组词为例来分析其语体特征。

“**净境**”，清净的境界，圣洁的境域。《常陆国风土记・九慈郡》条：“近侧居人，每甚辛苦，具状请朝。遣片冈大连，敬祭祈曰：‘今所坐此处，百姓近家，朝夕秽臭。理不合坐。宜避移，可镇高山之净境。’”[③]（1）唐义净译《金光明最胜王经》卷10：“世尊所有净境界，慈悲正行不思议。声闻独觉非所量，大仙菩萨不能测。”“净”在此修饰“境界”，指世尊所领有的圣洁的境域。（2）《全梁文》卷72释僧佑《出三藏记集杂录序》：“宋明皇帝投心净境，载餐玄味，乃敕中书侍郎陆澄撰录法集。”[④] 此处“投心净境”，显然说的是投身佛教、皈依佛祖的意思。《九慈郡》条中的“净境”一词，在中土先行文献中难觅例证。而且，同一段落中的反义词“秽臭”也是佛教词，在此形成语体特征的互证关系。“秽臭”的例子在上古文献中可见《续日本纪》卷3《文武纪》庆云三年二月条：“又如闻：‘京城内外多有秽臭，良由所司不存检察。’”[⑤] 又卷9《圣武纪》神龟二年七月条：“戊戌，诏七道诸国，除冤祈祥，必凭幽冥，敬神尊佛，清净为先。今闻诸国神祇社内，多有秽臭，及放杂畜。”[⑥] 这两例中的“秽臭”指的城市或寺院四处可见的污浊物。在汉文佛经中，西晋竺法护译《贤劫经》卷3：“食膳极妙于口，甘美而无秽臭。是曰一心报。”梁宝唱等集《经律异相》卷22：“然此黑衣小儿，年在七八，未离乳哺，身体秽臭，待敬过重。”由上引两例佛典可知，“净秽”指又脏又臭的膳食和体臭。归根结底，它们都是佛教“不净观”的不同体现。

---

① 关于“佛教词”“口语词”“新词”的概念，参看马骏《〈古事记〉文体特征与汉文佛经——语体判断标准刍议》，《日语学习与研究》2010年第3期；马骏《〈古事记〉文体特征与汉文佛经——佛典双音词考释》，《日语学习与研究》2010年第5期。关于佛典句式的考证，参看马骏《〈古事记〉文体特征与汉文佛经——佛典句式探源》，《日语学习与研究》2010年第6期。

② 其他词语的考证，参见本书资料卷。

③ 植垣節也『風土記』，新編日本古典文学全集，小学館，1997，第412頁。

④（清）严可均校辑《全上古三代秦汉三国六朝文》，中华书局，1958，第3383页。

⑤ 青木和夫、稲岡耕二、笹山晴生、白藤礼幸『続日本紀一』，新日本古典文学大系，岩波書店，1989，第102頁。

⑥ 青木和夫、稲岡耕二、笹山晴生、白藤礼幸『続日本紀二』，新日本古典文学大系，岩波書店，1990，第160頁。

“净香”，净洁飘香，清静香美。《常陆国风土记·茨城郡》条：“郡东十里，桑原岳。昔倭武天皇，停留岳上，进奉御膳。时令水部新掘清井，出泉**净香**，饮吃尤好。”① 后秦佛陀耶舍、竺佛念等合译《长阿含经》卷4：“时诸末罗，即共入城。供办葬具已，还到天冠寺，以**净香**汤，洗浴佛身。”此言用净香汤为入灭后的佛擦拭身体。隋阇那崛多译《四童子三昧经》② 卷3：“诸天雨天华，及雨净香水。天龙等敬心，供养世尊故。”此处降天花、雨净香水都是虔心供佛时出现的瑞相。“净香”一词及其上述用法在中土文献中并不存在，属于关涉佛事的特殊用法。

“净流”，清澈的水流。《常陆国风土记·新治郡》条：“此人罢到，即穿新井。其水**净流**，仍以治井，因著郡号。自尔至今，其名不改。”③ 元魏瞿昙般若流支译《正法念处经》卷66：“若有**净流**，四大增长。唯有浊秽，则为病苦。”此言如果有净流，四大（构成一切物质的地、水、火、风四大元素）便会增长；反之只要是污浊，则会招致病苦。“净流”与“浊秽”是一组相对的概念，喻持戒修行方法的正确与否。

“净泉”，清澈的泉水，清净的泉流。《常陆国风土记·九慈郡》条：“慈树成林，上即幕历。**净泉**作渊，下是潺湲。青叶自飘荫景之盖，白砂亦铺玩波之席。”又：“自此东北二里，密筑里。村中**净泉**，俗谓大井。夏冷冬温，涌流成川。”④ 唐不空译《大圣文殊师利菩萨佛刹功德庄严经》卷1：“（世尊）相好奇特，端严澄睟，诸根寂静，观者无厌。住奢摩他，最上调伏，防护诸根，如善调象，正念不乱，如**净泉**池。”此处“正念不乱”，指世尊潜心佛道之事，心境宛如洁净的泉水。又《佛说金毘罗童子威德经》卷1：“又善男子，行人食饮，勿令妇人造之，男子作之，当与行人。作饮食柴，亦须薰香。择取好时者，水亦取**净泉**用之。”此言佛陀传授成就咒愿的方法：为防止美食被恶鬼抢走，制作时须用薰草，选择适当的时间，还须使用纯净水。

通过对“净境”“净香”“净泉”“净流”以及“秽臭”一组词的考释，可知它们有一个共同的特点，那就是出自佛典或佛典先出。那么，从表达的角度来看，这一并不常见的语体特征具有何等意义呢？首先，在有关山水系列的记述方法上，《常陆国风土记》的书录者试图跳出其依赖的中国地志类文章叙述语言臼巢的意图十分明显。因为这组词语既没有在先出的地志类专业书籍《禹贡》《汉书》《地理志》《水经注》等中现身，也没有在《艺文类聚》《初学记》等有关山川河流的记载里出现。

其次，这组词语还迥然有别于其他上古文学作品的叙述语言和记述形式，这一点可以从“净”字在上古文学作品中的用法中得到佐证。据《日本书纪》卷22《推古纪》

① 植垣節也『風土記』，新編日本古典文学全集，小学館，1997，第370頁。

② 该经于天平十四年抄写，题作《四童子经》，录于《大日本古文书》卷8，第6页；又于胜宝七年抄写，录于《大日本古文书》卷4，第63页。

③ 植垣節也『風土記』，新編日本古典文学全集，小学館，1997，第356～358頁。

④ 植垣節也『風土記』，新編日本古典文学全集，小学館，1997，第410～412頁。

二十九年二月条载："我以来年二月五日必死。因以遇上宫太子于净土，以共化众生。"① 该例"净土"与《万叶集》卷5山上忆良《日本挽歌》"从来厌离此秽土，本愿托生彼净刹"② 中的"净刹"一样，均表示极乐世界。"净"字所包含的宗教意味由此可见一斑。这也是《常陆国风土记》书录者从佛典容摄这组词语的社会语言学背景。但与《日本书纪》和《万叶集》上述用法有所不同的是，《常陆国风土记》中"净"字表现的并非全是形而上的观念，它同时还指常陆国人世代赖以生存繁衍的山川河流。

《万叶集》中有如下三例歌词中的汉字表记例文："足引之　御山毛清　落多艺都　芳野河之　河濑乃　净乎见者"（卷6第920首③）、"大泷乎　过而夏箕尔　傍为而　净川濑　见何明沙"（卷9第1737首④），这两例"净"（きよき）字描写的是吉野川清澈的流水；"滨净久　白波左和伎　及及尔　恋波末佐礼杼"（卷19第4187首⑤），该例"净"（きよ）字表述的是洁净的海滩。上述例句说明，以"净"字来表现山川河流并非《常陆国风土记》独创，但与《万叶集》中"净"字用法有所不同的是，《常陆国风土记》中冠以"净"字的双音词均出自佛典。这里，用简略的格式概括上述中土文献、上古文献与《常陆国风土记》中"净"字的意义关联。

①仅表清澈的河流、泉水（中国地志类典籍、《万叶集》）
②仅表宗教意义上的圣洁境域（《日本书纪》《万叶集》）
③兼有①和②的意义和用法（《常陆国风土记》）

由此看来，《常陆国风土记》的书录者通过借用汉文佛经中冠以"净"字的一组双音词，获取了得以充分反映常陆国离垢无染、湛然清静的山川河流的表达形式，摸索出严格区分于中国地志类以及其他上古文献的表现手法。为此，我们不禁会问：书录者何以如此执着地追求这富有创新意义的表达形式，其背后究竟隐含着怎样的创作动机？《续日本纪》和铜六年五月甲子（713年5月2日）条诏书（以下省称"和铜诏书"）曰："畿内七道诸国郡乡，著好字。其郡内所生，银铜彩色草木禽兽鱼虫等物，具录色目，及土地沃埆，山川原野名号所由，又古老相传旧闻异事，载于史籍言上。"⑥ 按照学术界通行的解读，该诏书包含以下五个方面的内容：第一，郡乡取名时须使用好字眼；第二，列出物产的品种；第三，记录土壤好坏的情况；第四，采录山川原野名号的由来；第五，采录地名起源的古老传说。从各国实际上呈的《风土记》来看，各郡国对上述内容的记载精细有别，粗略不同。相反，各郡国撰写者对诏书第四、第五条均表

① 小島憲之、直木孝次郎、西宮一民、藏中進、毛利正守『日本書紀二』，新編日本古典文学全集，小学館，1996，第578頁。

② 小島憲之、木下正俊、東野治之『万葉集二』，日本古典文学全集，小学館，1995，第24頁。

③ 小島憲之、木下正俊、東野治之『万葉集二』，新編日本古典文学全集，小学館，1994，第111頁。

④ 小島憲之、木下正俊、東野治之『万葉集二』，新編日本古典文学全集，小学館，1994，第412頁。

⑤ 小島憲之、木下正俊、東野治之『万葉集四』，日本古典文学全集，小学館，1996，第315頁。

⑥ 青木和夫、稲岡耕二、笹山晴生、白藤礼幸校注『続日本紀一』，新日本古典文学大系，岩波書店，1989，第197~198頁。

现出浓厚的兴趣。因此，可以说地名起源传说是《风土记》最为重要的撰录内容。[①]

至于地名起源传说受到重视的原因，学界众说纷纭，莫衷一是。吉野裕从民俗学的角度指出，地名传说仅存于古老的“口口相传的词语”之中。因此，即使地形或地名相同，因生活集团不同，有关地名起源的传说也会千差万别。而采撷此类古辞语并将其上呈朝廷，则意味各郡国对天皇统治的祈愿与祝福。[②] 另有学者站在政治学的立场，认为土著的“魂灵”寄身于地名之中，因此掌控土著的“魂灵”并使之隶属于自己，无异于对土地本身的占有；若要使土著的“魂灵”以及土地之神屈服于中央政府，朝廷十分有必要掌控流传于当地的地名起源传说。[③] 针对这一说法，志田谆一反驳道，“和铜诏书”要求撰进的并非国名、郡名或乡名的由来，而是“山川原野名号所由”。因此，关键的问题是有必要弄清“和铜诏书”出台的真实目的。志田通过对史料记载的分析，认为这一问题与“和铜诏书”颁布的特定历史背景不无干系，亦即和铜六年前后，恰值史上王公大臣肆意侵占山川原野的混乱时期。因此，朝廷希冀各郡国通过对山川原野地名由来的整理，厘清其所管辖的土地与农民、天皇的诸层关系，以达到保护山川原野，使其免遭王公大臣侵占的目的。[④]

尽管诸家所持观点不尽相同，但其共通之处在于：通过梳理地名起源传说来确立隶属于天皇统治的君臣关系；这种关系反映了当时朝廷极力推行以儒家思想为主导的中央集权制的迫切愿望。质言之，这就是各郡国《风土记》书录者重视地名起源传说的客观因素。众所周知，在五个郡国的《风土记》当中，《常陆国风土记》的地名起源由来及其传说的撰录是最为出彩的。从文学表达上看，如传统的研究所指出的那样，《常陆国风土记》的文学成就一方面得益于对中国传统文学的积极借鉴；另一方面则如本章所主张的一样，它又受惠于对新潮的汉文佛经文体的积极接受。

下面针对口语词进行考证。《常陆国风土记》中疑似出自佛典的口语词有“饮吃”“饱吃”“言了”“产月”“锦叶”“照处”“太好”“冷寒”8个。这里聚焦“饮吃”“饱吃”。

“**饮吃**”，犹言“饮食、吃喝”。诸家无解。《常陆国风土记·筑波郡》条：“是以福慈岳，常雪不得登临。其筑波岳，往集歌舞**饮吃**，至于今不绝也。”又：“郡东十里，桑原岳。昔倭武天皇，停留岳上，进奉御膳。时令水部新掘清井，出泉净香，**饮吃**尤好。”[⑤] 原文两例中，前一“饮吃”，指踏春时人们一起唱歌跳舞、喝酒吃饭，与同条中“饮食”一词义同；后一“饮吃”，词义重点在“饮”字，指泉水香甜可口。前一用法

① 秋本吉郎『風土記の研究』，ミネルヴァ書房，1963，第863～864頁。

② 吉野裕『風土記』，平凡社，1974，第377～378頁。

③ 直木孝次郎、西宮一民、岡田精司編『日本書紀・風土記』，鑑賞日本古典文学第二巻，角川書店，1979，第286頁。

④ 志田諄一「風土記と地名説話―山川原野の地名由来をめぐって―」，『茨城キリスト教大学紀要』12，1979。

⑤ 植垣節也『風土記』，新編日本古典文学全集，小学館，1997，第360～362、370頁。

亦见《肥前国风土记・基肆郡》条："孟春正月，反而清冷，人始**饮吃**。因曰酒井泉。后人改曰酒殿泉。"① （1）《敦煌变文・齖齣新妇文》："翁婆骂我：作奴作婢之相，只是担眠夜睡，莫与**饮吃**，饿急自起。"② 此言如果不给饭吃，饿极了会自己爬起来（吃饭）。（2）《太平广记》卷153《李宗固》条："欲就店终餐。其仆者已归。结束先发。已行数里。二人大笑。相与登途。竟不得**饮吃**。"③ 此言两人一同行走，竟没有吃着饭。以上诸例说明，"饭吃"一词是在唐代以后出现的，多用于口语。

"**饱吃**"，犹言"吃饱"。诸注未见释例，各辞书未收录。《多珂郡》条："野物虽不得，而海味尽**饱吃**者。后代追迹，名饱田村。"④《寒山诗注》："说食终不饱，说衣不免寒。**饱吃**须是饭，著衣方免寒。"⑤ 此言饭菜可以填饱肚子，衣服才能抵御风寒。附带说明一下，与上述"饮吃"一样，《多珂郡》条的例子出现年代更早，足见《常陆国风土记》具有极高的语料价值。

我们再将视线转向新词。新词包括新义词和新用法两类。《常陆国风土记》中疑似出自汉文佛经的新义词有"二三"；新用法有"举房""岭头"。下面来分析它们的基本特征。

"**二三**"，约数，犹言"再三、多次"。《香岛郡》条："如此之事，已非二三。"⑥ 此处具体指频繁发生海神显示神威的事件。齐求那毘地译《百喻经》卷1："昔有愚人，头上无毛。时有一人，以梨打头，乃至二三，悉皆伤破。"元魏吉迦夜、昙曜合译《杂宝藏经》卷2："诸人已复，共作要言：'明日更会，不将妇来，复当重罚。'如是被罚，乃至二三，亦不将来，诣于会所。"唐道世撰《法苑珠林》卷43："时王语诸臣曰：'汝等可伐，华果之树，殖于刺棘。'诸臣答曰：'未尝见闻，却除华果，而殖刺树，而应除伐刺棘树而殖果实。'乃至二三敕令伐，彼亦不从。""二三"一词，早在《尚书》中就已出现。《尚书・咸有一德》曰："德唯一。动罔不吉。德二三，动罔不凶。"此言德纯一，行动起来无不吉利；德不纯一，行动起来无不凶险。孔传："二三，言不一。"⑦ 由此可知，"二三"在中国上古经文中本指反复不定、变化无常。但在中古以后的佛典中，"二三"出现引申义，谓多次、屡次。而且，形成了"乃至二三"的固定搭配形式。《常陆国风土记》的书录者在吸收佛典新义词的基础上，自创了"已非二三"这一说法，且同为便于口头相传的四音节形式。

"**举房**"，全屋，整个房间。《常陆国风土记・行方郡》条："于时，贼党闻盛音乐，

---

① 植垣節也『風土記』，新編日本古典文学全集，小学館，1997，第314頁。
② 黄征、张涌泉校注《敦煌变文校注》，中华书局，1997，第1216页。
③ （宋）李昉等编《太平广记》，中华书局，1961，第1216页。
④ 植垣節也『風土記』，新編日本古典文学全集，小学館，1997，第418頁。
⑤ 项楚：《寒山诗注》，中华书局，2000，第544页。
⑥ 植垣節也『風土記』，新編日本古典文学全集，小学館，1997，第392頁。
⑦ 《尚书》，《十三经注疏》，中华书局，1980，第166页。

举房男女，悉尽出来，倾滨欢笑。”① 梁慧皎撰《高僧传》卷4：“（康法朗）乃共同学四人，发迹张掖，西过流沙，行经三日，路绝人踪。忽见道傍，有一故寺，草木没人，中有败屋两间。间中各有一人，一人诵经，一人患痢。两人比房，不相料理，屎尿纵横，举房臭秽。”古汉语中有“举口”“举世”“举门”“举家”“举国”等说法。《播磨国风土记·赞容郡》条：“此人买取河内国兔村人之赍剑也。得剑以后，举家灭亡。”② 前缀词“举”字表示总括、总计的意思。《汉书》卷64《严助传》：“且秦举咸阳而弃之，何但越也。”此言秦朝连整个咸阳都放弃了，何止越呢！颜师古注：“举，总也。”③

“**岭头**”，山顶。《香岛郡》条：“岭头构舍，松竹卫于垣外；溪腰掘井，薜萝荫于壁上。”④（1）《敦煌变文·捉季布传文》：“朱解押良何所似，由如烟影岭头云。”⑤ 又《维摩诘经讲经文（五）》：“红日看将山上没，白云又向岭头生。”⑥（2）沈佺期《遥同杜员外审言过岭》：“天长地阔岭头分，去国离家见白云。洛浦风光何所似，崇山瘴疠不堪闻。”⑦ 通过上述文献可知，无论是敦煌文献，还是初唐诗歌，山岭上飘浮的白云成为人们经常描述的景物。而且，由后缀词“头”构成的复合词“岭头”一词也是初唐以后出现的新词，口语色彩浓厚。“名词+头”，指示处所。“头”本指人身体的最上部分，或指物体的顶端或末梢。六朝时期，已经出现作名词词尾的“头”字。⑧

按照古代汉语词汇史的通行说法，中国上古汉语多以单音节词为主，书面语与口语的区分并不十分明显。但进入中古时期以后，随着复音词逐渐增多，书面语与口语开始“分道扬镳”。在传统的中土文献中，书面语仍在一个较长的时期内保持着以单音节词为主的特征。相反，在口语词汇中单音节词与复音节词的比重却发生了颠覆性的变化。具体表现为以下三点：旧有的单音节词所表示的概念都具有了双音节形式；新概念基本上以双音节词表示；各种构词法日臻完善。词汇双音节化是历史发展的必然⑨，其间汉文佛经所起到的作用更是举足轻重。汉文佛经中多双音节词已经成为佛经文体的显著特点之一。究其原因，主要有三：一是承载佛教新概念和新内容的需要；二是受梵语影响以及吸收外语的需要；三是由译经四字格文体所决定。⑩ 这样一种必然与诉求，随着推古朝以后儒佛并举的举国体制的贯彻，同样给日本上古文学的文章表达带来了巨大的影响（只是过去我们认识得不够充分而已）。根据我们的调查，试将《常陆国风土记》中疑似出自汉文佛经中的双音节词及其构词法整理如下。

---

① 植垣節也『風土記』，新編日本古典文学全集，小学館，1997，第384頁。
② 植垣節也『風土記』，新編日本古典文学全集，小学館，1997，第80頁。
③（汉）班固撰，（唐）颜师古注《汉书》，中华书局，1962，第2776页。
④ 植垣節也『風土記』，新編日本古典文学全集，小学館，1997，第354頁。
⑤ 黄征、张涌泉校注《敦煌变文校注》，中华书局，1997，第95页。
⑥ 黄征、张涌泉校注《敦煌变文校注》，中华书局，1997，第890页。
⑦ 王启兴主编《校编全唐诗》，湖北人民出版社，2001，第173页。
⑧ 汪蓝生：《魏晋南北朝小说词语汇释》，语文出版社，1988，第197页
⑨ 朱庆之：《佛典与中古汉语语汇研究》，台湾文津出版社，1992，第1、11页。
⑩ 梁晓虹、徐时仪、陈五云：《佛经音义与汉语词汇研究》，商务印书馆，2005，第112~114页。

（一）并列式："峰谷""恐惊""惊奇""栖住""涂画""萃集""往集""引率""著被"；"祥福"；（二）主述式："日明""天晓"；（三）述宾式："造池""治井"；（四）偏正式：1. 定语，"莲根""茨刺""恶路""最顶"；2. 状语，"初尝""大住""早差""自灭""矜降"；（五）后补式："V+来·落·升·置"。"降来""折落""还升""留置"。

下面，以"留置""自灭""太好""降来"为例，从意思、用法、文体和语言表达习惯四方面来分析这些词语在用法上所出现的新变化。

"**留置**"，放置，留下。放置，布置；留下。《常陆国风土记·信太郡》条："即时，随身器仗及所执玉圭，悉皆脱履，**留置**兹地，即乘白云，还升苍天。"① （1）西晋安法钦译《阿育王传》卷1："龙王即出，请王入宫。王便下船，入于龙宫。龙白王言：'唯愿留此舍利，听我供养。慎莫取去。'王见龙王，恭敬供养，倍加人间。遂即**留置**，而不持去。"姚秦佛陀耶舍、竺佛念等合译《四分律》卷9："彼比丘答言尔，此比丘钵若贵价好者，应**留置**，取最下不如者与之。"萧齐僧伽跋陀罗译《善见律毘婆沙》卷13《舍利弗品》："若作屋余，砖泥**留置**，我后当成，偷兰遮。"（2）《魏志》卷13《王朗传》李贤注引《汉晋春秋》曰："孙策之始得朗也，谴让之。使张昭私问朗，朗誓不屈，策忿而不敢害也，**留置**曲阿。"② 中土文献中的"留置"，其动作对象为人，表示将某人拘留在某处的意思；《信太郡》条和佛经中的"留置"，其动作对象为物，表示将某物不带走放在某处的意思。由此可知，原文的用法出自佛典，因而产生了与中土文献不同的意思和用法。

"**自灭**"，谓自行隐没、消亡。《常陆国风土记·九慈郡》条："东山石镜。昔有魑魅，萃集玩见镜，则自去。（双行注）俗云疾鬼面镜**自灭**。"③ 同一用法在《肥前国风土记·总记》条中亦有一例："奏言：'臣辱被圣命，远诛西戎，不沾刀刃，枭镜**自灭**。自非威灵，何得然之？'"④ 后汉竺大力、康孟详合译《修行本起经》卷2《出家品》："弃欲恶法，无复五盖，不受五欲，众恶**自灭**。"此言不染著色、声、香、味、触五种欲念，种种危厄自然不会缠身。吴康僧会译《六度集经》卷4："夫为恶祸追，犹影寻身，绝邪崇真，众祸**自灭**矣。"此言杜绝外道，恭敬佛法，种种灾祸自灭不生。《九慈郡》条中的"自灭"用作具体义，谓鬼魅自行隐身而去；佛典中则用作抽象义，表示危厄、灾祸等自然祛除的意思。因此，《九慈郡》条与佛典在用法上出现了偏差。

"**太好**"，非常适合饮用。《常陆国风土记·香岛郡》条："东南，松下出泉。可八

① 植垣節也『風土記』，新編日本古典文学全集，小学館，1997，第364頁。
② （晋）陈寿撰，（宋）裴松之注《三国志》，中华书局，1959，第408页。
③ 植垣節也『風土記』，新編日本古典文学全集，小学館，1997，第408頁。
④ 植垣節也『風土記』，新編日本古典文学全集，小学館，1997，第310頁。

九步，清渟**太好**。”① 苻秦僧伽跋澄等译《僧伽罗刹所集经》卷2：“此地**太好**，山林城郭，泉源浴池。种种泉源，皆有珍宝，满彼浴池。”唐冥详撰《大唐故三藏玄奘法师行状》卷1：“王曰：‘师论**太好**！在此诸师，并皆信伏。’”先从意思上看，《香岛郡》条中的“太好”指泉水甘甜怡人。佛典两例中，前一例与《香岛郡》条的意思相同，后一例指法师说道精彩。再从用法上看，《香岛郡》条中的“太好”出现在叙述文里，而佛典则直接出现在说话中。这是两者在语体位相上的最大区别。

“降来”，从天而降，表示位尊者的移动，特别用于神灵降临人世间的场合。《常陆国风土记》共有以下4例。《信太郡》条：“从此以西，高来里。古老曰：‘天地权舆，草木言语之时，自天**降来**神，名称普都大神。’”又《行方郡》条：“又，倭武天皇之后，大橘比卖命，自倭**降来**，参遇此地。故谓安布贺之邑。”又《香岛郡》条：“自高天原**降来**大神，名称香岛之大神。天则号日香岛之宫，地则名丰香岛之宫。”又：“斯□□唱升天，不复**降来**。由此其所号白鸟乡。”② “降来”亦见于汉文佛经。唐道世撰《法苑珠林》卷29：“次侧一塔。是阿泥楼陀上天告母**降来**哭佛处。”此言阿泥楼陀之母从天而降，来到佛圆寂处哀悼。上引4例中，《香岛郡》条中的“降来”与佛典用法相同；《行方郡》条中“降来”较为特殊，指皇后离开国家的中心“倭/大和”随驾巡视地方。这种用法的背后，可以看作天皇及皇后是天神的后裔这一思想在起作用。

二 四音节词与四字格

除上述双音节词的语体特征需要依据中土和佛典两方面的文献重新审视之外，另一点需要特别指出的是，《常陆国风土记》中存在为数不少的四音节词。对此，学界迄今鲜有论及者。试将《常陆国风土记》中疑似出自汉文佛经的四音节词析出如下：“后代流传”“未曾见闻”“男女集会”“夜来昼去”“一夜之间”“一身独去”“相续不绝”“行大小便”。

“后代流传”，流传后代，流芳百世。《常陆国风土记·筑波郡》条：“美万贵天皇之世，遣采女臣友属筑箪命，于纪国之国造时，筑箪命云：‘欲令身名者，著国**后代流传**。’即改本号，更称筑波者。”③ 唐澄观撰《大方广佛华严经疏》卷3：“良以音声一种，正就佛说容为教体，**后代流传**，书之竹帛。”古逸部《维摩经疏卷第三》④ 卷6：“初来意者，有其四义：一众香菩萨欲还本土请法自资；二维摩请佛印述以成经法**后代流传**；三维摩所现神变庵罗未睹化事未周；四香积之饭庵罗未知欲使同知。有此四义明品来也。”

“未曾见闻”，不曾见到、听说。《常陆国风土记·行方郡》条：“郡西津济，所谓

---

① 植垣節也『風土記』，新編日本古典文学全集，小学館，1997，第394頁。

② 植垣節也『風土記』，新編日本古典文学全集，小学館，1997，第364、388（二例）、390、400頁。

③ 植垣節也『風土記』，新編日本古典文学全集，小学館，1997，第358頁。

④ 该经于天平五年抄写，录于《大日本古文书》卷7，第8页。

行方之海。生海松及烧盐之藻。凡在海杂鱼，不可胜载。但以鲸鲵，**未曾见闻**。"① 西晋竺法护译《普曜经》卷2："王后洁妙，时晏然寐，忽然即觉，见白象王，光色如此，来处于胎，其身安和，从始至今，**未曾见闻**。"姚秦竺佛念译《菩萨璎珞经》卷1："今所神感，**未曾见闻**，此何瑞应？乃至于斯。唯愿大圣，敷演其义，使诸会者，永无狐疑。"北凉昙无谶译《大般涅槃经》卷9《如来性品》："是诸众生，思惟是时，忽遇大乘，大涅槃风，随顺吹向，入于阿耨多罗三藐三菩提。方知真实，生奇特想，叹言快哉：'我从昔来，**未曾见闻**，如是如来，微密之藏。'尔乃于是，《大涅槃经》，生清净信。"

"**男女集会**"，男女一起参加聚会。《常陆国风土记·香岛郡》条："卜氏种属，**男女集会**，积日累夜，饮乐歌舞。"② 唐实叉难陀译《大方广佛华严经》卷75《入法界品》："佛子，我于佛刹，微尘数劫，观菩萨身，无有厌足。如多欲人，**男女集会**，递相爱染，起于无量，妄想思觉。"该例在唐般若译《大方广佛华严经》卷29《入不思议解脱境界普贤行愿品》、唐李通玄撰《华严经合论》卷113《入法界品》等中亦有辑录。

"**夜来昼去**"，晚间来到白天离开。《常陆国风土记·那贺郡》条："时妹在室。有人，不知姓名，常就求婚，**夜来昼去**，遂成夫妇，一夕怀妊。至可产月，终生小蛇。"③ 唐义净译《根本说一切有部毘奈耶杂事》卷29："王复念曰：'宫女非贞，已亏盟誓。若令住此，必行非法。'后因金翅鸟来，王即具告其事：'弟宜昼日，将我妇去。安海洲上，夜可持来。'答言：'善好。'遂便以妇，付与金翅。如其言契，**昼去夜来**。"

"**一夜之间**"，一夜之间。极言时间之短。《常陆国风土记·那贺郡》条："于是，母伯惊奇，心挟神子。即盛净杯，设坛安置。**一夜之间**，已满杯中。更易瓮而置之，亦满瓮内。"《播磨国风土记·揖保郡》条："所以名萩原者，息长带日卖命，韩国还上之时，御船宿于此村。**一夜之间**，生萩一根，高一丈许。仍名萩原。"又："所以云赞容者，大神妹妋二柱，各竞占国之时，妹玉津日女命，捕卧生鹿，割其腹而种稻其血。仍**一夜之间**，生苗。即令取殖。"④ 唐道宣撰《续高僧传》卷11："处既高敞，而恨水少，僧众汲难，本有一泉。乃是僧粲禅师烧香求水，因即奔注。至粲亡后，泉涸积年。及将拟置，**一夜之间**，枯泉还涌。道俗欣庆。"

"**一身独去**"，只身离开。《常陆国风土记·那贺郡》条："时子哀泣，拭面答云：'谨承母命，无敢所辞。然**一身独去**，无人共右。望请矜副一小子。'"⑤ 姚秦鸠摩罗什

① 植垣節也『風土記』，新編日本古典文学全集，小学館，1997，第374頁。
② 植垣節也『風土記』，新編日本古典文学全集，小学館，1997，第392頁。
③ 植垣節也『風土記』，新編日本古典文学全集，小学館，1997，第404、68、74頁。
④ 植垣節也『風土記』，新編日本古典文学全集，小学館，1997，第404頁。
⑤ 植垣節也『風土記』，新編日本古典文学全集，小学館，1997，第404~406頁。

译《大智度论》卷98："问曰：'萨陀波仑是大菩萨，能见十方佛又得诸深三昧，何以贫穷？'答曰：'有人言此人舍家求佛道，虽生富家，道里悬远，一身独去，不赍财物。'"

"相续不绝"，连绵不断，从不间断。《常陆国风土记·那贺郡》条："时母惊动，取盆投之，触子不得升。因留此峰。所盛瓮瓮，今存片冈之村。其子孙立社致祭，相续不绝。"①（1）姚秦鸠摩罗什译《妙法莲华经》卷2《譬喻品》："告喻诸子，说众患难，恶鬼毒虫，灾火蔓延，众苦次第，相续不绝。"后秦佛陀耶舍、竺佛念等合译《长阿含经》卷22："从善思已来有十族，转轮圣王相续不绝。"唐道宣撰《续高僧传》卷15："敏乃反俗，三年潜隐，还袭染衣，避难入越，住余姚梁安寺，领十沙弥讲《法华》、《三论》，相续不绝。"（2）《全唐文》卷677白居易《代书》："庐山自陶谢洎十八贤已还，儒风绵绵，相续不绝。"②

"行大小便"，犹言"拉屎拉尿"。《常陆国风土记·九慈郡》条："本自天降，即坐松泽松树八俣之上。神祟甚严。有人向行大小便之时，令示灾致疾苦者。"③ 西晋竺法护译《普曜经》卷4："菩萨六年之中，结加趺坐，威仪礼节，未曾进退。常存露精，亦无覆盖，不避风雨，不障头首，尘土之患，不起左右，行大小便。"梁僧伽婆罗译《文殊师利问经》卷2："复于九十日，修无我想，端坐专念，不杂思惟。除食及经行，大小便时，悉不得起。"唐阿地瞿多译《陀罗尼集经》卷9《金刚乌枢沙摩法印咒品》："若欲出行，大小便时，勿著净衣上厕。食时亦尔。"

我们认为，在此关注上述四字格表达具有两个意义：其一，从文本注释的角度来说，上引佛典四音节词作为书证不可或缺；其二，站在文体学的立场来看，对佛典四字格的借鉴无疑体现了书录者积极追求该句式的主体意识。正因为如此，散落在《常陆国风土记》各郡国记载中的如下四字格表达，就不得不引起我们的高度重视。

①《总记》条："垦发之处/④山海之利/人人自得/家家足饶""时停乘舆/玩水洗手/御衣之袖/垂泉而沾""所遣国造/毘那良珠命/新令掘井/流泉净澄/尤有好爱""左山右海/种桑置麻/后野前原/所谓水陆之府藏/物产之膏腴"。

②《筑波郡》条："卒遇日暮/请欲遇宿/此时福慈神答曰/新粟新尝/家内讳忌""汝所居山/生涯之极/冬夏雪霜/冷寒重袭/人民不登/饮食勿莫者""天地并齐/日月共同/人民集贺/饮食富丰/代代无绝/日日弥荣/千秋万岁/游乐不穷者"。

③《信太郡》条："所居百姓/火盐为业/而在九社/言行谨讳"。

④《茨城郡》条："或曰/山之佐伯/野之佐伯/自为贼长/引率徒众/横行国中/

① 植垣節也『風土記』，新編日本古典文学全集，小学館，1997，第406頁。

② （清）董诰等编《全唐文附唐文拾遗唐文续拾》，中华书局，1983，第6920页。

③ 植垣節也『風土記』，新編日本古典文学全集，小学館，1997，第41頁。

④ "/"符号，笔者标注，下同。

大为劫杀/时黑坂命/规灭此贼/以茨城造/所以地名/便谓茨城焉”① “啸友率仆/并坐滨曲/驰望海中/涛气稍扇”。

⑤《行方郡》条：“山阿海曲/参差委蛇/峰头浮云/溪腹拥雾/物色可怜/乡体甚爱”“于时贼党/闻盛音乐/举房男女/悉尽出来/倾滨欢笑”“寸津毘卖/引率姐妹/信竭心力/不避风雨/朝夕供养/天皇款其/殷勤惠慈/所以此野/谓宇流波［/］斯之小野”“其周山野/栎柞栗柴/往往成林/猪猴狼多住/”“于是寸津毘卖/惧悚心愁/表举白幡/迎道奉拜”。

⑥《香岛郡》条：“鲋鲤多住/前郡所置/多莳橘/其实味之”“相闻名声/同存望念/自爱心灭/经月累日”“轻野以东/大海滨边/流著大船/长一十五丈/阔一丈余/朽摧埋沙/今犹遗之”。

⑦《九慈郡》条：“古有国栖/名曰土云/爰兔上命/发兵诛灭”“凡诸鸟经过者/尽急飞避/无当峰上/自古然为/今亦同之”“猎渔已毕/奉羞御膳/时敕陪从曰/今日之游/朕与家后/各就野海/同争祥福”。

⑧《多珂郡》条：“野物虽不得/而海味尽饱吃者/后代追迹/名饱田村”。

上引句子基本保持了四字一句的格式，即四字格句式。这种散文文体是汉文佛经的主要文体形式，可能受到原典文体的影响。其特点是不讲究押韵，不追求对仗，四字为一停顿，构成一大节拍，具有朗朗上口的节奏感。[②] 至于这一文体是否为上古文人所熟知的问题，史书和古文书等文献资料的记载为我们寻找答案提供了佐证。

后秦鸠摩罗什译《妙法莲华经》卷2《譬喻品》[③]：“舍利弗！/若国邑聚落/有大长者/其年衰迈/财富无量/多有田宅/及诸僮仆/其家广大/唯有一门/多诸人众/一百二百/乃至五百人/止住其中/堂阁朽故/墙壁隤落/柱根腐败/梁栋倾危/周匝俱时/欻然火起/焚烧舍宅/长者诸子/若十二十/或至三十/在此宅中/长者见是大火/从四面起/即大惊怖/而作是念/我虽能于/此所烧之门/安隐得出/而诸子等/于火宅内/乐著嬉戏/不觉不知/不惊不怖/火来逼身/苦痛切己/心不厌患/无求出意。”

---

① 濑间正之认为，此处一些句子在结构上看似四字一句，其实仔细分析后会发现，其中包括一些不对应的词语，并未形成工整的偶句。尽管书录者创作偶句的意图十分明显，但作为偶句，不能不说表达很幼稚（「常陸風土記の文字表現（一）序説—誤用と助辞用法を端として—」，『上智大学国文学科紀要』19，2002）。从传统的“和习”问题研究的角度来看，濑间说不无道理。但需要指出的是，濑间说无意中说到的此处四字语句的特征，恰好是汉文佛经四字语句中最为常见的句式。因此这里并不存在所谓偶句以及以此为标准而得出的所谓表达幼稚的问题。

② 朱庆之：《佛典与中古汉语语汇研究》，台湾文津出版社，1992，第11、13、14页。

③ 《日本书纪》卷22《推古纪》十五年是岁条：“秋七月，天皇请皇太子，令讲《**胜鬘经**》。三日说竟之。是岁，皇太子亦讲《**法华经**》于冈本宫。天皇大喜之，播磨国水田百町施于皇太子。因以纳于斑鸠寺。”（小島憲之、直木孝次郎、西宮一民、蔵中進、毛利正守『日本書紀二』，小学館，1994，第554頁）。

又《佛说仁王般若波罗蜜经》卷2《护国经受持品》[①]："佛告大王/（中略）**若**王行**时**/常**于其**前/足一百步/**是**经常放千光明/**令**千里内/七难**不**起/罪过**不**生/**若**王住时/作七宝帐/中七宝高座/**以**经卷置上/日日供养/散华烧香/如事父母/如事帝释。"

唐义净译《金光明最胜王经》卷1《如来寿量品》："**时**彼菩萨/**于**世尊所/作**是**念**时**/**以**佛威力/**其**室忽然/广博严净/帝青琉璃/种种众宝/杂彩间饰/如佛净土/有妙香气/过**诸**天香/芬馥充满。"

比照《常陆国风土记》和汉文佛经的四字格表达，就其文体特征而言，似乎还可以补充一点，即如点符号所示，为满足四音节的节拍要求，交替使用大量的虚词。[②]

关于译经文学给中国文学带来的影响，胡适在《白话文学史》中首先提到的就是文体。胡适指出："在中国文学最浮靡又最不自然的时期，在中国散文与韵文都走到骈偶滥套的路上的时期，佛教的译经起来，维祇难、竺法护、鸠摩罗什诸位大师用朴实平易的白话文体来翻译佛经，**但求易晓**，**不加藻饰**，**遂造成一种文学新体**"[③]（笔者注：点符号系引用版本原标记）其实，对于《常陆国风土记》而言，这样一种影响又何尝不是如此呢！

近年来，学界已经达成一个共识，即《常陆国风土记》的文章表达深受中国传统文学的影响；围绕着这一影响，接受是一种全方位的文学理念的影响，抑或是仅停留在个别表达层面的接受等问题，研究者们逐渐转入更为深入的探讨。[④]本节则从另一个角度，依据《常陆国风土记》语体和句式两方面的特质，论述了其文体特征与汉文佛经的关联性，以期引起学界对此问题的关注。考辨结果表明：从文体学的角度来说，在当时儒佛并行的举国体制下，中国文学的传统样式与汉文佛经的新型文体齐头并进，同时作用并影响到了《常陆国风土记》的语体与句式，因而使得其文体兼顾了极为罕见的双重特色，即中国传统文学典雅庄重的骈文特征与汉文佛经通俗晓畅的语言风格。之所以称之为"极为罕见"，是因为它既有别于中国典籍地志类文体，又有别于各郡国《风土记》的语体。地名起源传说，无不寄寓着各地民众世代相传的先祖的魂灵，凭借这样一种极富时代特征的文体来记述常陆国独特的山川河流，难道不是《常陆国风土记》的书录者最大的内在动因吗？我们认为，答案是肯定的。

梁启超先生在《翻译文学与佛典》一文中指出："吾辈读佛典。无论何人。初展卷

① 《日本书纪》卷29《天武纪下》五年十一月条："遣使于四方国，说《**金光明经**》《**仁王经**》。"（『日本書紀三』，第374頁。）

② 关于虚词与实词的类别，依据的是杨伯峻《古汉语虚词》（中华书局，1981，第1页）。虚词包括代词（表指示和疑问）、副词、介词、连词、语气词、助词。

③ 胡适撰《白话文学史》，蓬莱阁丛书，上海古籍出版社，1999，第124页。

④ 橋本雅之「『常陸国風土記』の漢語表現—中国文学の受容をめぐって—」，大田善麿先生追悼論文集『古事記・日本書紀論集』，1999。

必生一异感。觉其文体与它书迥然殊异。其最显著者。（一）普通文章中所用‘之乎者也矣焉哉’等字。佛典殆一概不用（除支谦流之译本）。（二）既不用骈文家之绮词俪句。亦不采古文家之绳墨格调。（三）倒装句法极多。（四）提挈句法极多。（五）一句中或一段落中含解释语。（六）多复牒前文语。（七）有连缀十余字乃至数十字而成之名词。——一名词中。含形容格的名词无数。（八）同格的语句。铺排叙列。动至数十。（九）一篇之中。散文诗歌交错。（十）其诗歌之译本为无韵的。凡此皆文章构造形式上。画然辟一新国土。质言之。则外来语调之色彩甚浓厚。若与吾辈本来之‘文学眼’不相习。而寻玩稍进。自感一种调和之美。”①

日本上古文学作品文体与汉文佛经的比较研究，任重而道远。

第二节　其他四部《风土记》多音节词与句式辨析②

本节有关《风土记》中汉文佛经文体的考察，主要限定在《播磨风土记》《出云国风土记》《丰后国风土记》《肥前国风土记》，四字格和句式的析出分作仅见于佛典的文例和佛典文例先行两部分展开。所谓仅见于佛典的文例，指的是文例仅仅限于汉语佛经的场合；佛典文例先行，指汉文佛经的文例早于世俗文献的情况。首先，我们来分析前者。

一　多音节词

（一）三字格

第一看某三字格文例在汉文佛经中仅有一种用法的情况。

“还献于～”，将某物返还献给某人。《肥前国风土记・彼杵郡》条：“篦簗云：‘实有之。以贡于御。不敢爱惜。’神代直捧此三色之玉，还献于御。”③ 唐行满集《涅槃经疏私记》卷1：“偶尔得之者，意云此鬼是先佛所说，非魔本有，引喻奉国王等。即是先佛法王之宝，还献于今佛法王也。”按：中土文献当中未见“**还献于～**”的文例，即使在佛典中，“还献”一定是后续处所介词“于”。

第二看某三字格文例在汉文佛经中有两种用法的情况。

“漂没于～”，在某处漂流沉没。①《播磨国风土记・揖保郡》条：“于是大怒，即起暴风，打破客船，漂没于高岛之南滨，人悉死亡。乃埋其滨。故号曰韩滨。”④

---

① 梁启超：《饮冰室合集》（9），中华书局，1989，第28～29页。

② 馬駿「『風土記』の文体と漢訳仏典の比較研究—四字語句と句式を中心に」，『仏教文学研究』，駒沢大学文学研究所，2015。

③ 植垣節也『風土記』，新編日本古典文学全集，小学館，1997，第344頁。

④ 植垣節也『風土記』，新編日本古典文学全集，小学館，1997，第302頁。

②《续日本纪》卷35《高绍纪》宝龟十年五月条："又海路难险，一二使人，或**漂没**海中，或被掠耽罗。朕闻之凄怆于怀。"（1）姚秦鸠摩罗什译《佛说华手经》卷9《不退转品》："回旋百千匝，波涌而扬涛。经流地狱堑，罪人悉入中。即堕此中时，波浪所颠覆。不能得崖底，**漂没于**中流。"（2）东晋法显译《大般涅槃经》卷1："一切众生，皆悉**漂没**，生死大海。唯愿如来，为作舟航。"按：在汉文佛经中，"漂没"一词既可以带处所介词"于"，也可以不带。

第三看某三字格文例存在于中国两类文献中的情况。

"投弃于～"，将某物抛弃在某处。①《播磨国风土记·饰磨郡》条："尔时，此处石作连等为夺相斗，仍杀其人，即**投弃于**此川。故号长亩川。"[①] ②《日本书纪》卷2《神代纪下》："言讫，以后手**投弃**与之，勿以向授。若兄起忿怒，有贼害之心者，则出潮溢琼以漂溺之。"[②] 又卷19《钦明纪》十三年十月条："物部大连尾舆、中臣连镰子同奏曰：'昔日不须臣计，致斯病死。今不远而复，必当有庆。宜早**投弃**，勤求后福。'"[③]（1）吴支谦译《撰集百缘经》卷5《饿鬼品》："辟支佛受已，寻知非是，**投弃于**地，空钵还归。"《魏书》卷19中《景穆十二王》："顺日高方至，雍攘袂抚几而言曰：'身，天子之子，天子之弟，天子之叔，天子之相，四海之内，亲尊莫二，元顺何人，以身成命，**投弃于**地！'"[④]（2）《全汉文》卷52扬雄《逐贫赋》："汝在六极，**投弃**荒遐。好为庸卒，刑戮相加。"[⑤] 按：中国两类文献中，均以四字语句"**投弃于**地"的固定搭配形式出现，说明"投弃"后续介词"于"是有一定条件的。

"往来于～"，来去、往返于某处。①《播磨国风土记·揖保郡》条："昔，土师弩美宿祢，**往来于**出云国，宿于日下部野，乃得病死。"[⑥] ②《日本书纪》卷19《钦明纪》五年三月条："于是诏曰：'的臣等**往来**新罗，非朕心也。曩者，印支弥未详与阿卤早岐在时，为新罗所逼而不得耕种。百济路回，不能救急。由的臣等**往来**新罗，方得耕种，朕所曾闻。'"[⑦]（1）西晋竺法护译《渐备一切智德经》卷2《晖曜住品》："金刚藏复曰：'佛子复听。菩萨大士，已能清净，住第三地。便进入在，第四地住。辄得超越，入十明曜。何等为十？一曰游在众生之界……七曰周旋**往来于**色界中……'"唐道宣撰《续高僧传》卷4："宫之东北可十五里，有姞栗陀罗矩咤山，即经所谓耆阇崛山者是也。唐言鹫峰之台，于诸山中最高显映夺，接山之阳佛多居住。从下至顶，编石

① 植垣節也『風土記』，新編日本古典文学全集，小学館，1997，第36頁。

② 小島憲之、直木孝次郎、西宮一民、蔵中進、毛利正守『日本書紀一』，新編日本古典文学全集，小学館，1994，第170頁。

③ 小島憲之、直木孝次郎、西宮一民、蔵中進、毛利正守『日本書紀二』，新編日本古典文学全集，小学館，1996，第418頁。

④ （北齐）魏收撰《魏书》，中华书局，1974，第484页。

⑤ （清）严可均校辑《全上古三代秦汉三国六朝文》，中华书局，1958，第408页。

⑥ 植垣節也『風土記』，新編日本古典文学全集，小学館，1997，第52頁。

⑦ 小島憲之、直木孝次郎、西宮一民、蔵中進、毛利正守『日本書紀二』，新編日本古典文学全集，小学館，1996，第390～392頁。

为阶，广十余步，长六里许。佛常**往来于**斯道也。”（2）《魏书》卷77《高崇传》：“道穆惧祸，乃携家趣济阴，变易姓名，**往来于**东平毕氏，以避时难。”① 按：“往来于~”最早出现在佛经中，且用于抽象义。唐代以后，该格式开始用于表示往返于具体的空间。

第四看某三字格文例未见于中国两类文献，仅出现在日本上古文学作品中的情况。换言之，这是上古文学作品中特有的表达方式。

“飞到于~”，飞行到达某处。①《播磨国风土记·贺毛郡》条：“粳冈。右号粳冈者，大汝命令春稻于下鸭村，散粳**飞到于**此冈。故曰粳冈。”②又《宍禾郡》条：“稻春岑。大神令春于此岑。故曰春岑前。其粳**飞到**之处，故号前粳。”②（1）后汉支曜译《阿那律八念经》卷1：“佛以圣心，逆知其意，譬如力士，屈申臂顷，**飞到**其前，赞言：‘善哉、善哉！阿那律。汝所念者，为大士念。听吾语汝，大士八念。善思行之。’”梁宝唱等集《经律异相》卷2：“帝释闻之，与八万诸天，追寻所在，**飞到**井侧。”隋阇那崛多译《佛本行集经》卷40《迦叶三兄弟品》：“尔时，世尊隐本形相，即便化作，苦行之身……以神通**飞到**，彼优娄频螺迦叶，所闻声处，下地而住。”（2）《艺文类聚》卷88引《庄子》曰：“鸳雏发南海，而**飞到**北海，非梧桐不止，非竹实不食。”③ 按：双音词“飞到”始见于汉文佛经，且与中土文献一样，使用时无须后续“于”。

“移到于~”，迁移到某处，搬到某处。《播磨国风土记·揖保郡》条：“其后分来，**移到于**摄津国三岛贺美郡大田村。其又迁来于揖保郡大田村。是本纪伊国大田以为名也。”④（1）后秦竺佛念译《中阴经》卷2《无生灭品》：“尔时，妙觉如来，将欲**移到**，诸佛刹土，告三聚众生，发心趣向，求泥洹道：‘今我现在，与汝说法。若有所疑，即来问我。泥洹有生，有灭不耶？’”（2）白居易《戏问山石榴》：“小树山榴近砌栽，半含红萼带花来。争知司马夫人妒，**移到**庭前便不开。”按：中国两类文献当中，尚未见到“移到”后续“于”的文例。

下面是处所介词“于”前承的词语未见于中土文献和汉文佛经的情况。

“遁度于~”，从海上逃遁到某处。①《播磨国风土记·贺古郡》条：“尔时，印南别娘闻，而惊畏之，即**遁度于**南毗都麻岛。于是，天皇乃到贺古松原而觅访之。”②又《贺古郡》条：“尔时，大带日古天皇欲娶此女，下幸行之。别娘闻之即**遁度**件岛，隐居之。故曰南毗都麻。”⑤ 按：根据现存文献资料，在中国两类文献当中，尚未查检到“遁度”一词。由此判断，“遁度”疑似《风土记》书录者自创的词语。

---

① （北齐）魏收撰《魏书》，中华书局，1974，第1715页。

② 植垣節也『風土記』，新編日本古典文学全集，小学館，1997，第110、86頁。

③ （唐）欧阳询撰《艺文类聚》，上海古籍出版社，1999，第1526页。

④ 植垣節也『風土記』，新編日本古典文学全集，小学館，1997，第62頁。

⑤ 植垣節也『風土記』，新編日本古典文学全集，小学館，1997，第20、28頁。

（二）四字格

第一，关注仅出现在汉文佛经的四字语句。

“不敢爱惜”，“不敢”，犹言不敢当，用作谦辞。“爱惜”，疼爱，怜惜。《肥前国风土记·许杵郡》条：“于兹，神代直迫而捕获，问之。篦簗云：‘实有之。以贡于御。**不敢爱惜**。’”[①] 后汉安世高译《佛说奈女祇域因缘经》卷1：“梵志大恐怖，不知当以与谁。乃于园中，架一高楼，以奈女著上，出谓诸王曰：‘此女非我所生，自出于梨树之上。亦不知是天龙鬼神女耶？鬼魅之物，今七王求之，我设与一王，六王当怒。**不敢爱惜**也。’”按：此处两例均表现说话者因惶恐而没有勇气去爱惜某件东西或疼爱某人的心情。

“不能起立”，不能站立起来。《播磨国风土记·贺毛郡》条：“三重者。所以云三重者，昔在一女，拔�以布裹食，三重居**不能起立**。故曰三重。”[②] 唐慧琳撰《一切经音义》卷41：“窳惰：上俞主反。《史记》云：窳，亦懒惰也。《尔雅》：劳也。郭璞云：劳苦者，多惰窳也。言懒人不能自起，如爪瓠系在地，**不能起立**。故窳字从二瓜，喻懒人在室中不出。”西晋竺法护译《佛说阿惟越致遮经》卷2《降魔品》：“于是，众中无量百千，诸来在会，闻此所言，而皆狐疑：‘此谓何乎？义所趣耶？’心怀瞑然。如阿罗汉，乃兴此言：‘岂况凡夫？住者直立，坐者默坐，**不能起立**。’”此三例均表示站立不起来的意思。

上引两例中，“爱惜”“起立”如果是单独使用，那么，在中国两类文献当中，文例可谓比比皆是。但作为四字格却仅出现在汉文佛经。这或许就是汉文佛经与中土文献在文体上的不同之处，亦是我们考察《风土记》文体时的重要线索之一。

“将死之时”，快要死的时候。《播磨国风土记·饰磨郡》条：“于是，长日子**将死之时**，谓其子曰：‘吾死以后，皆葬准吾。’即为之作墓。”[③] 隋吉藏撰《中观论疏》卷10《十二因缘品》：“经云：‘**将死之时**，恋生畏死，名之为忧。发声啼哭，目之为悲。五根相对为苦，意根相对为恼也。’”唐菩提流志译《大宝积经》卷100：“月实童真，复白佛言：‘世尊，**将死之时**，云何识舍于身？云何识迁于身？云何识知今舍此身？’”唐栖复集《法华经玄赞要集》卷25：“言三德者：问：‘何但说三，不增减耶？’答：‘被言有二德等，一狐色多黄，黄中方之色中胜余色，是一德。’‘二若于野行时，小者在前，大者居后。若尔不顺，何名为德？’答：‘如母引子，令子先行，却成恩德。’‘三**将死之时**，必能回首于本丘墓，必不忘本。故名为德戒。’”

“昔时之人”，过去的人。《丰后国风土记·海部郡》条：“**昔时之人**，取此山沙，該朱沙。因曰丹生乡海部郡。”[④] 苻秦僧伽跋澄等译《尊婆须蜜菩萨所集论》卷5：“**昔**

① 植垣節也『風土記』，新編日本古典文学全集，小学館，1997，第344頁。

② 植垣節也『風土記』，新編日本古典文学全集，小学館，1997，第110頁。

③ 植垣節也『風土記』，新編日本古典文学全集，小学館，1997，第44頁。

④ 植垣節也『風土記』，新編日本古典文学全集，小学館，1997，第296頁。

时之人得音响辩才，便能知乎？复次不见畜生知文字者，或闻欲音响者，鹦鹉鸳鸯此便可解。”

在上述两例中，“将死之时”和“昔时之人”的“之”是领属助词，但在此仅用于构成四字格，起到添加音节的作用。添加“之”后的语句，便可以与前后的四字语句取得字数上的均衡。毋庸置疑，这是汉文佛经习见的手法。

“此女端正”，这个女子容貌端丽。“端正”，巴利语 abhikkanta – vaṇṇā，谓姿态或行仪正直、整洁、姣好。“美丽”之意。[①]《播磨国风土记·古贺郡》条：“于是，比古汝茅，娶吉备比卖生儿，印南别娘。**此女端正**，秀于当时。”[②] 东晋佛陀跋陀罗、法显合译《摩诃僧祇律》卷17：“时有居士生一女，端正无双，父母欢喜。满月已，为作吉祥会。父母作是念：‘**此女端正**，世之希有。若国王闻者，或能强取。我当为作，不吉之字。’即字为瞎眼。”姚秦鸠摩罗什等译《禅秘要法经》卷2：“**此女端正**，天上人间，无有比类，其所作乐，及妙音声。”姚秦佛陀耶舍、竺佛念等合译《四分律》卷6：“时值彼国，童女节会，戏笑之日，莲华色所生女，著好服饰，亦在其中。**此女端正**，长者见之，即系念在心。”萧齐僧佑撰《释迦谱》卷5：“王见**此女端正**有德，即立为第一夫人，恒相娱乐。”梁僧伽婆罗译《阿育王经》卷1《生因缘》：“一切内人，皆作是念：‘**此女端正**，彼国最胜。若王见者，必当乐著，不爱我等。”按：如点线部分所示，“此女端正”包含两层含义：一是出生高贵；二是貌美绝伦。因此，既有一见钟情者，亦见希望迎娶者。从这一点来看，可以说《贺古郡》条的表述受到佛典表达的影响十分明显。

“常居此处”，经常居住在这里。《出云国风土记·神门郡》条：“即神门臣等，自古至今，**常居此处**。故云神门。”[③] 唐窥基撰《大般若波罗蜜多经般若理趣分述赞》[④] 卷2：“万德所成名宝，含容众善名藏，空寂之室名殿。报法二身初后二智**常居此处**，说法利他，诸佛同居，彰共游而处丽。三明并赞示具德以号藏。”按：《神门郡》条文例具体指神灵居住在神门一事。相反，佛典文例则表示报身和法身二智居于“殿”这一抽象意义。尽管文字表述完全相同，但在用作具体义还是抽象义这一点上，两者迥然不同。

在上述两例当中，四字语句中都有一个表指代关系的“此”字。正因为有了“此”字，如同上面谈到的领属助词“之”一样，通过添加领格助词或指示代词才得以构成四字格。在汉文佛经当中，可以说这是保持句子形态均匀的一种常见的手法。

“到于此处”，到达这个地方。《播磨国风土记·饰磨郡》条：“所以号手刈丘者，近国之神，**到于此处**，以手刈草，以为食荐。故号手刈。”又：“所以称币丘者，品太

① 李维琦：《佛经词语汇释》，湖南师范大学出版社，2004，第88页。

② 植垣節也『風土記』，新編日本古典文学全集，小学館，1997，第28頁。

③ 植垣節也『風土記』，新編日本古典文学全集，小学館，1997，第228頁。

④ 该经于天平十五年抄写，题作《大般若理趣分述赞》，录于《大日本古文书》卷8，第388页。

天皇，**到于此处**，奉币地祇。故号币丘。”又《揖保郡》条：“此欲谏止，上来之时，**到于此处**，乃闻斗止，覆其所乘之船而坐之。故号神阜。阜形似覆。”又：“品太天皇，巡行之时，**到于此处**，敕云：‘吾谓狭地，此乃大内之乎。’故号大内。”又《贺毛郡》条：“腹辟沼。右号腹辟者，花浪神之妻淡海神为追己夫，**到于此处**，遂怨瞋，受以刀辟腹，没于此沼。故号腹辟沼。”《肥前国风土记·松浦郡》条：“昔者，气长足姬尊，**到于此处**，留为雄装，御负之鞆，落于此村。因号鞆驿。”[①] 隋阇那崛多译《佛本行集经》卷26《向菩提树品》：“犹如往昔诸智人，**到于此处**取正觉。仁者今已来至此，我知作佛定无疑。”按：需要注意的是，如隋达摩笈多译《起世因本经》卷3《地狱品》：“既不堪忍，复起驰走。从灰河渡，渡已还来，**到于此**岸。”等所示，“到于此～”的三字格，同样仅见于汉文佛经的文本之中。

“宿于此村”，住在这个村庄。《播磨国风土记·饰磨郡》条：“所以号新良训者，昔新罗国人来朝之时，**宿于此村**，故号新良训。”又《揖保郡》条：“右，所以名萩原者，息长带日卖命，韩国还上之时，御船**宿于此村**。一夜之间，生萩一根，高一丈许。仍名萩原。”又《宍禾郡》条：“川音村。天日枪命，**宿于此村**，敕云：‘川音甚高。’故曰川音村。”[②] 唐慧立本、释彦悰笺《大唐大慈恩寺三藏法师传》卷5：“复经七日，至一高岭，岭下有村，可百余家。养羊畜，羊大如驴。其日**宿于此村**，至夜半发，仍令村人乘山驼引路。”按：古汉语当中，“宿＋场所”与“宿＋于＋场所”两种句式并行。比较而言，前者多用于世俗文献，后者更多地出现在汉文佛经之中。

“在于此处”[③]，在这里。《播磨国风土记·饰磨郡》条：“英贺里：土，中上。右，称英贺者，伊和大神之子阿贺比古、阿贺比卖二神，**在于此处**。故因神名，以为里名。”又：“所以号丰国者，筑紫丰国之神，**在于此处**，故号丰国村”又：“因达里：土，中中。右，称因达者，息长带比卖命，欲平韩国渡坐之时，御于船前伊太代之神，**在于此处**。故因神名，以为里名。”[④] 隋阇那崛多译《佛本行集经》卷25《精进苦行品》：“我今不见，子悉达故，**在于此处**，诸采女中，左右围绕。虽复昼夜，作诸音声，箜篌琵琶，琴瑟鼓吹，种种音乐，我今受此，上妙五欲。我子云何，独自在彼，山林旷野，无人众内。为于种种，野兽围绕，虎狼师子，及白象等，一切诸兽。或复诸兽，各以爪牙，自相残害，齩噉而食。”又卷35《耶输陀因缘品》：“我今可出，变化神通。若作神通，变化之事，而耶输陀，善男子父，**在于此处**，唯得以眼，见耶输陀，善男子面，即便停住，勿令相触。”唐义净译《根本说一切有部毘奈耶破僧事》卷3：“菩萨重问：‘此象中路，谁人拽来，**在于此处**？’诸人答曰：‘难陀王子，一手执尾，拽其大象，置于此地。”按：一般来说，“在＋场所”的句式常见于中土文献。相反，“在＋于＋场

① 植垣節也『風土記』，新編日本古典文学全集，小学館，1997，第32、34、50、54、116～118、332頁。

② 植垣節也『風土記』，新編日本古典文学全集，小学館，1997，第38、68、84頁。

③ 此处依据“古典大系本”。

④ 植垣節也『風土記』，新編日本古典文学全集，小学館，1997，第270、278（二例）頁。

所”的句型更适合于汉文佛经的文体。

在上引“到于此处”“宿于此村”“在于此处”例当中，构成四字格的特点是既有处所介词“于”，又有代词“此”。“于”明确动作作用的场所，“此”清晰地指代某一事情。这一结构无疑体现了汉文佛经中反映讲经说法场面的口语表达的特征。

“无子妇女”，没有生育能力的妇女。《肥前国风土记·神埼郡》条：“又御船沉石头四颗，存其津边。此中一颗，一颗，**无子妇女**，就此二石，恭祷祈者，必得任产。”① 隋阇那掘多译《大威德陀罗尼经》卷1：“彼人根中有五种虫，一名无子男，二无子丈夫，三**无子妇女**。”按：佛典例中所谓的“无子妇女”，指寄生在人体内的一种虫子的名字，意思是不能生育子女的女人。在《神埼郡》条当中，引申出没有孩子的女人的意思。尽管在表达上存在着细微的差别，但两者在词义上的关联性同样显而易见。

“昼夜辛苦”，白天黑夜辛酸悲苦。《出云国风土记·意宇郡》条：“尔时，父猪麻吕，所贼女子，敛置滨上，大发苦愤，号天踊地，行吟居叹，**昼夜辛苦**，无避敛所。”②《续日本纪》卷9《圣武纪》神龟三年六月条：“夫百姓或染沉痼疾，经年未愈，或亦得重病，**昼夜辛苦**。”③ 元魏瞿昙般若流支译《正法念处经》卷58《观天品》：“复为说法，以业下劣，无布施业，人所轻毁，**昼夜辛苦**，为人所使。无施因缘，常受苦恼，手足破裂，贫穷无食，衣服垢坏，饥渴所恼，寒热辛苦。如是无量苦恼，不可堪忍，昼夜使役，不断不绝。”按：《意宇郡》条是说，面对女儿被害，父亲终日哀伤不已，不忍离开尸体收容场所半步。而佛典例说，因为造下恶业，加之又不曾布施，所以受人轻视，白日黑夜，为人驱使，辛苦颠簸。

客观地说，从四字语句结构的融合度来看，“无子妇女”和“昼夜辛苦”，似有一种临时搭配的印象。但从表达上看，两者同样达意。

“徘徊四望”，流连忘返，四顾而望。《肥前国风土记·养父郡》条：“同天皇行幸之时，在此山行宫，**徘徊四望**，四方分明。因曰分明村，今讹谓狭山乡。”④（1）唐慧祥撰《古清凉传》卷2：“未行数步，恍若有忘。**徘徊四望**，都无所见，唯高山巨谷，蟠木秀林而已。”（2）唐义净译《根本说一切有部毘奈耶》卷26：“后于异时，师子出窟，奋迅身体，三声哮吼，四顾而望，来向彪前。彪亦出窟，摇鼓身体，吼叫三声，周回**四望**，向师子前。”又《根本说一切有部毘奈耶杂事》卷16：“时阿难陀**四望**顾视，婆罗门更加瞋恼。”按：在（2）例当中，反映了汉文佛经中除“徘徊四望”之外的搭配关系，即“周回四望”。

“未曾所闻”，不曾听说过。《肥前国风土记·总记》条：“天皇敕曰：‘所奉之事，

① 植垣節也『風土記』，新編日本古典文学全集，小学館，1997，第322頁。

② 植垣節也『風土記』，新編日本古典文学全集，小学館，1997，第140～142頁。

③ 青木和夫、稲岡耕二、笹山晴生、白藤礼幸『続日本紀二』，新日本古典文学大系，岩波書店，1990，第168頁。

④ 植垣節也『風土記』，新編日本古典文学全集，小学館，1997，第318頁。

未曾所闻。火下之国，可谓火国。'"①西晋竺法护译《佛说海龙王经》卷1《无尽藏品》："佛告龙王：'佛兴于世间，**未曾所闻**，非常之苦，非我之寂。'"苻秦僧伽跋澄等译《僧伽罗刹所集经》卷1："是时彼鬼，见王形貌，即便惊怖，有是实言。王颜色不变，除去瞋怒，无杀害意，便作是语：'甚奇甚特！**未曾所闻**。'"姚秦竺佛念译《菩萨璎珞经》卷11《三世法相品》："尔时众会，尽见十方，无量世界，奇特异变，叹未曾有，各各白佛言：'世尊，甚奇甚特！未曾所见，**未曾所闻**。'"

同样从词组结构的融合度来考虑，与上面谈到的"无子妇女""昼夜辛苦"相比较，"徘徊四望"和"未曾所闻"两个组合，其融合程度明显更为紧密。特别是"未曾所闻"在汉文佛经当中，甚至已然成为一种惯用表达形式，多用于赞颂或称奇的场合。

第二，关注源自汉文佛经的四字语句较中土文献年代更早的情况。从词组构成的结构看，该类四字语句有"主述结构""并列结构""连动结构"和"偏正结构"四类。主述结构有"草木扶踈""古老传云"，并列结构有"男女老少"，连动结构有"随水流出"，偏正结构有"于今犹在""至今犹有"。

"草木扶踈"，草本植物和木本植物的枝叶繁茂分披。《出云国风土记·岛根郡》条："东边神社。以外悉皆百姓之家。土地丰沃，**草木扶疏**，桑麻丰富。此则所谓岛里是矣。"②唐慧琳撰《一切经音义》卷21："**枎踈**：枎服无反。《汉书音义》曰：**扶踈**，分布也。《说文》曰：**扶踈**，四布也。**枎**字，《玉篇》在木部。经本从扌，作者误也。"唐澄观述《大方广佛华严经随疏演义钞》卷41《偈赞品》："**扶踈**，即茂盛之貌。"（1）唐玄奘撰《大唐西域记》卷12："漕矩吒国，周七千余里。国大都城号鹤悉那，周三十余里。或都鹤萨罗城，城周三十余里，并坚峻险固也。山川隐轸，畴垄爽垲。谷稼时播，宿麦滋丰，**草木扶踈**，花菓茂盛，宜郁金香，出兴瞿草，草生罗摩印度川。"（2）《全唐文》卷167卢照邻《悲夫》："夏日长兮绳绳，炎风暑雨兮相蒸。**草木扶疏**兮如此，余独兰单兮不自胜。"③

"古老传云：'～'"，据老一辈人传说："……"。《出云国风土记·岛根郡》条："**古老传云**：'云郡杵筑御埼在蜛蝫岛，天羽合鹫，掠持飞来，止居此岛。故云蜛蝫岛。'"又："**古老传云**：'有蜛蝫岛蜛蝫，食来蜛蝫，止居此岛。故云蜛蝫岛。'"又《秋鹿郡》条："**古老传云**：'岛根郡大领社部臣训麻吕之祖波苏等，依稻田之涝，所雕掘也。'"又《楯缝郡》条："**古老传云**：'阿迟须枳高日子命之后，天御梶日女命，来坐多久村，产给多伎都比古命。'"又《饭石郡》条："**古老传云**：'久志伊奈太美等与麻奴良比卖命，任身及将产时，求处生之。'"又"**古老传云**：'此山峰有窟。里所造天下大神之御琴，长七尺，广三尺，厚一尺五寸。又在石神，高二丈，周四丈。故云琴引

① 植垣節也『風土記』，新編日本古典文学全集，小学館，1997，第310頁。
② 植垣節也『風土記』，新編日本古典文学全集，小学館，1997，第170頁。
③ （清）董诰等编《全唐文·附唐文拾遗唐文续拾》，中华书局，1983，第1703页。

山。’”又《仁多郡》条：“**古老传云**：‘大神命之宿坐处。故云布世。’”又：“**古老传云**：‘乡中有田，四段许。形聊长，遂依田而。故云横田。’”又：“**古老传云**：‘山岭在玉上神。故云玉峰。’”又：“**古老传云**：‘和尔，恋阿伊村坐神玉日女命而上到。尔时，玉日女命以石塞川，不得会所恋。故云恋山。’”又《大原郡》条：“**古老传云**：‘所造天下大神之御财积置给处，则可谓神财乡，而今人犹误云神原乡。’”又：“**古老传云**：‘所造天下大神，令殖笶给处。故云矢内。’”又：“**古老传云**：‘须佐能袁命，佐世乃木叶头刺，而踊跃为时，所刺佐世木叶堕地。故云佐世。’”又：“**古老传云**：‘昔或人此处山田佃而守之。’”又：“**古老传云**：‘宇能治比古命，恨御祖须义命，而北方出云海潮押上，漂御祖之神，此海潮至。故云得盐。’”又：“**古老传云**：‘神须佐能袁命御子，青幡佐草壮（丁）命，是山上麻蒔初。故云高麻山。’”[①]（1）唐道宣撰《续高僧传》卷 4：“城东有池，中有天金光浮水上。**古老传云**：‘弥勒下生，用为首饰。或有利其宝者，夜往盗之。但见火聚腾焰，都不可近。’”又卷 11：“初孟春下诏之日，宣州城内官仓之地，夜放光明红赤洞发，举焰五丈广一丈许。官人军防千有余人一时奔赴，谓是火起，及至仓所乃是光相。**古老传云**：‘此仓本是永安旧寺也。’”唐道世撰《法苑珠林》卷 14：“**古老传云**：‘迦叶佛时所藏有四十躯，今虽两现余在山隐，其形如今玉华东铁矿像相似。’”（2）《太平广记》卷 399《盐井》条：“井上又有玉女庙。**古老传云**：‘比十二玉女，尝与张道陵指地开井，遂奉以为神。’”[②] 按：从汉文佛经实际存在的文例来看，“**古老传云**”的说法，当产生于初唐。该说法很快便引起《风土记》撰录者的注意，并以惊人的速度出现在其有关地志内容的表述之中。历史上，中日文学语言的频繁接触，是不争的事实。但以出如此之快的速度呈现，着实令人惊叹不已。

“**男女老少**”，犹言“男女老幼”。《出云国风土记·意宇郡》条：“仍**男女老少**，或道路络绎，或海中沿洲，日集成市，缤纷燕乐。”又《岛根郡》条：“**男女老少**，时时丛集，常燕会地也。”又《仁多郡》条：“川边有药汤，一浴则身体穆平，再濯则万病消除。**男女老少**，昼夜不息，骆绎往来，无不得验。”[③]《续日本纪》卷 21《淳仁纪》天平宝字二年八月条：“宣告天下诸国，莫论**男女老少**，起坐行步口闲，皆尽念《摩诃般若波罗蜜》。”[④] 又卷 33《光仁纪》宝龟五年四月条：“宣告天下诸国，不论**男女老少**，起坐行步，咸令念诵《摩诃般若波罗蜜》。”[⑤]（1）北凉昙无谶译《大方等无想经》卷 4《如来涅槃健度》：“读诵外书解种种语，示现奴婢仆从**男女老少**之像，及示生老病死

① 植垣節也『風土記』，新編日本古典文学全集，小学館，1997，第 170（二例）、194、202、240、244、250、252、254（二例）、260（二例）、262（三例）、266 頁。

② （宋）李昉等编《太平广记》，中华书局，1961，第 3206 页。

③ 植垣節也『風土記』，新編日本古典文学全集，小学館，1997，第 148、170、258 頁。

④ 青木和夫、稲岡耕二、笹山晴生、白藤礼幸『続日本紀三』，新日本古典文学大系，岩波書店，1992，第 280 頁。

⑤ 青木和夫、稲岡耕二、笹山晴生、白藤礼幸『続日本紀四』，新日本古典文学大系，岩波書店，1995，第 430 頁。

等像，为欲调伏诸众生故。”宋智觉注《心性罪福因缘集》卷1：“草木山河，道路大地，必先礼拜，而后游履，或又用之。何况宝塔，伽蓝僧房，佛像经典，日月星宿，父母师长，朋友知识，**男女老少**，乃至牛马，鸟兽等类，至心礼拜，更不欺诳。”（2）《太平御览》卷770所引戴延之《西征记》曰：“檀山，凡去洛城水道五百三十里，由新安、渑池、宜阳、三乐。三乐**男女老少**，未尝见船，既闻晋使溯流，皆相引蚁聚川侧，俯仰倾笑。”① 按：需要补充的是，《日本书纪》卷28《天武纪下》六年八月条：“其出家者不问**男女长幼**，皆随愿度之。”② 例中“男女长幼”的搭配用法，亦率先出现在汉文佛经。后汉昙果、康孟详合译《中本起经》卷1：“是时诸比丘，白佛言：‘舍夷国内，**男女长幼**，闻佛说法，如心所念，各得其决。’”

“**随水流出**”，伴随着流水被冲出来。《出云国风土记·岛根郡》条：“（双行注）所产生临时，弓箭亡坐。尔时，御祖神魂命之御子枳佐加比卖命愿：‘吾御子麻须罗神御子坐者，所亡弓箭出来。’愿坐。尔时，角弓箭，**随水流出**。”③（1）刘宋求那跋陀罗译《杂阿含经》卷47：“尔时，世尊告诸比丘：‘如铸金者，积聚沙土，置于槽中，然后以水灌之，粗沙烦恼、刚石坚块随水而去。犹有粗沙缠结，复以水灌，粗沙**随水流出**，然后生金，犹为细沙、黑土之所缠结。复以水灌，细沙、黑土**随水流出**，然后真金纯净无杂，犹有似金微垢。’”（2）《唐文拾遗》卷50徐灵府《鱼龙洞记》：“岐府西陇州路七十里余，有鱼龙洞，中有石，或大或小，**随水流出**。”④《新唐书》卷35《五行2》：“十二年，恒、定二州地大震，三日乃止，束鹿、宁晋地裂数丈，沙石**随水流出**平地，坏庐舍，压死者数百人。”⑤

“**于今犹在**”，现在仍然存在。《播磨国风土记·饰磨郡》条：“所以称砥堀者，品太天皇之世，神前郡与饰磨郡之堺，造大川岸道。是时砥堀出，故号砥堀。**于今犹在**。”⑥（1）陈真谛译《婆薮盘豆法师传》⑦ 卷1：“所以有此愿者，其先从其师龙王乞恩，愿我身未坏之前，我所著僧佉论亦不坏灭。故此论**于今犹在**。”宋延一编《广清凉传》卷1：“今五台山中台之东南二十里，见有大孚灵鹫寺，两堂隔涧，**于今犹在**。南有花园，可三顷许，四时发彩，人莫究其所始。”（2）《魏书》卷114《释老志》：“释迦虽般涅槃，而留影迹爪齿于天竺，**于今犹在**。中土来往，并称见之。”⑧《太平广记》卷61《李真多》条：“丹成试之，抹于崖石上，顽石化玉，光彩莹润。试药处**于今犹**

---

① （宋）李昉等撰《太平御览》，中华书局，1960，第3413页。

② 小島憲之、直木孝次郎、西宮一民、藏中進、毛利正守『日本書紀三』，新編日本古典文学全集，小学館，1998，第378頁。

③ 植垣節也『風土記』，新編日本古典文学全集，小学館，1997，第180頁。

④ （清）董诰等编《全唐文·附唐文拾遗唐文续拾》，中华书局，1983，第10949页。

⑤ （宋）欧阳修、宋祁撰《新唐书》，中华书局，1975，第908页。

⑥ 植垣節也『風土記』，新編日本古典文学全集，小学館，1997，第38頁。

⑦ 该经于天平十四年、胜宝七年抄写，题作《婆薮法师传》《盘豆法师传》《世亲传》，录于《大日本古文书》卷8，第90、115，卷13，第121页。

⑧ （北齐）魏收撰《魏书》，中华书局，1974，第3028页。

在，人或凿崖取之，即风雷为变。”①

“**至今犹有**”②，犹言“至今犹存”。《出云国风土记·意宇郡》条：“其形为石，无异猪犬，**至今犹有**。故云宍道。”③（1）唐澄观述《大方广佛华严经随疏演义钞》卷76《住处品》：“传云：北齐高帝笃崇大教，置二百余寺于兹山，割八州租税而供山众衣药之资，**至今犹有**五道场庄。”唐一行记《大毘庐遮那成佛经疏》卷15《秘密漫荼罗品》：“昔琉璃王害释女时，大迦叶于阿耨达池，取此花裹八功德水洒之，诸女身心得安乐命终生天。因是投花于池遂成种，**至今犹有**之。花大可爱，径一尺余，尤可爱也。”（2）张籍《无题》：“桃溪柳陌好经过，灯下妆成月下歌。为是襄王故宫地，**至今犹有**细腰多。”④ 按：“新编全集本”的“至今犹有”作“至今犹在”⑤，其搭配用法仍源自佛典及相关记载。《洛阳伽蓝记》卷5：“昔尸昆王仓库为火所烧，其中粳米燋然，**至今犹在**。”唐实叉难陀译《大方广佛华严经》卷59《离世间品》：“菩萨观见，过去世中，同共集会，诸天人等，**至今犹在**，凡夫之地，不能舍离，亦不疲厌。”

三　佛典句式

下面，仿照上面考察四字格时的方法，佛典句式的考察亦分作仅见于佛典和佛典先行两类。

（一）仅见于佛典的句式

该类有“邂逅遇～”“虽然犹～”“犹见如～”“无更有～”“～者，讹也”。

“**邂逅遇～**”，邂逅，遭遇。《出云国风土记·意宇郡》条：“即北海有毘卖埼。飞鸟净御原宫御宇天皇御世，甲戌年七月十三日，语臣猪麻吕之女子，逍遥件埼，**邂逅遇**和尔，所贼不皈。”⑥ 唐道宣撰《中天竺舍卫国祇洹寺图经》卷1：“当大宋之历虽律闻风勃兴此经既丧矣。我大智律师**邂逅遇**乎日域将至矣。方今汉地再有斯书，吾国之为也（余）偶虽得乎一本缮脱湮灭书误络绎。每披卷未尝不喟然而叹矣。”大内文雄、斋藤隆信整理《净度三昧经》卷2：“长者白王言：‘此囚亦好人君子，与我中外兄弟，或言婚亲士大夫。**邂逅遇**事耳。’”按：《常陆国风土记·香岛郡》条：“经月累日，嬥歌之会，**邂逅相遇**。”⑦《诗经·郑风·野有蔓草》：“野有蔓草，零露漙兮。有美一人，清扬婉兮。**邂逅相遇**，适我愿兮。”此外，《日本灵异记》上卷《缔知识为四恩作绘佛像有验示奇表缘第35》：“尼等欢喜流泪，泣矜曰：‘吾先失斯像，日夜奉恋。今**邂逅得遇**，嗟呼庆哉！’”又中卷《观音铜像及鹭形示奇表缘第17》：“尼众卫绕彼像，而悲哭云：

① （宋）李昉等编《太平广记》，中华书局，1961，第382页。

② 此处依据“古典大系本”。

③ “古典大系本”中作“至今犹有”，据此。

④ 王启兴主编《校编全唐诗》，湖北人民出版社，2001，第1731页。

⑤ 植垣節也『風土記』，新編日本古典文学全集，小学館，1997，第142頁。

⑥ 植垣節也『風土記』，新編日本古典文学全集，小学館，1997，第140頁。

⑦ 植垣節也『風土記』，新編日本古典文学全集，小学館，1997，第398頁。

'我失尊像，日夜奉恋，今**邂逅而逢**。我诸大师，何有罪过，蒙斯贼难。'"[①] 例中“邂逅得遇”“邂逅而逢”在中国两类文献中未见文例，疑似自创搭配形式。

其实，“邂逅遇～”是典型的“三字连言”，即词义相近的三个词并行排列的形式，是一种表强调的表达形式。在汉文佛经里，还存在凑足音节的修辞目的。此类表达在其他上古文献当中亦不乏其例。譬如表恢复如常义的“还平复”。《日本书纪》卷2《神代纪下》：“时彦火火出见尊受彼琼钩，归来本宫。一依海神之教，先以其钩与兄，兄怒不受。故弟出潮溢琼，则潮大溢，而兄自没溺。因请之曰：‘吾当事汝为奴仆。愿垂救活。’弟出潮涸琼，则潮自涸，而兄**还平复**。”[②] 东晋佛陀跋陀罗、法显合译《摩诃僧祇律》卷23：“若能治瘕**还平复**，与肉肤不异者，得与出家。”梁宝唱等集《经律异相》卷25：“王即以刀，自割其臂，与婆罗门，无有悔恨，一心布施，舍一切物，臂**还平复**。”元魏慧觉等合译《贤愚经》卷6《月光王头施品》：“寻即誓愿，眼**还平复**，眼好于前。”

“**虽然犹～**”，虽然……但仍然……《播磨国风土记·贺古郡》条：“度子，纪伊国人小玉，申曰：‘我为天皇赘人否？’尔时敕云：‘朕公**虽然犹**度。’度子对曰：‘遂欲度者，宜赐度赁。’”[③] 姚秦鸠摩罗什译《坐禅三昧经》卷1：“若人香华供养，以骨肉血髓，起塔供养，未若行人，以法供养，得至涅槃。**虽然犹**负佛恩，设当念佛，空无所获，犹应勤心，专念不忘，以报佛恩。”梁僧佑撰《弘明集》卷3何承天《何重答宗》：“果今中外宜同，余则陋矣。敢谢不敏，**虽然犹**有所怀。”隋阇那崛多译《佛本行集经》卷41《迦叶三兄弟品》：“尔时优娄频螺迦叶，心如是念：‘此大沙门，大有神通，大有威力。乃能于先，发遣我已，其身自到须弥山，取阎浮菓，来此火神堂，于前而坐。**虽然犹**不得阿罗汉，如我今也。’”唐澄观述《大方广佛华严经随疏演义钞》卷82：“故《智论》云：‘声闻智慧力弱，如小火烧木，**虽然犹**有炭在。缘觉智力强，如大火烧木，木然炭尽余有灰。’”

“**犹见如～**”，仍然看起来像……一样。《肥前国风土记·松浦郡》条：“于兹天皇，垂恩赦放，更敕云：‘此岛虽远，**犹见如**近。可谓近岛。’因曰值嘉。”[④] 唐道世撰《法苑珠林》卷83：“永初中，得病见一鬼，形甚长壮，牛头人身，手执铁叉，昼夜守之，忧怖屏营。使道家作，章符印录，备诸禳绝，而**犹见如**故。”该例在唐临撰《冥报记》卷1亦见辑录。按：“犹见如～”用作句子的转折，表示“即便如此，看起来就好像是……”的意思。

“**无更有～**”，再也没有……。《肥前国风土记·神埼郡》条：“昔者，此郡有荒神。

---

① 中田祝夫『日本霊異記』，日本古典文学全集，小学館，1975，第135、195頁。

② 小島憲之、直木孝次郎、西宮一民、蔵中進、毛利正守『日本書紀一』，新編日本古典文学全集，小学館，1994，第172頁。

③ 植垣節也『風土記』，新編日本古典文学全集，小学館，1997，第18頁。

④ 植垣節也『風土記』，新編日本古典文学全集，小学館，1997，第336頁。

往来之人，多被杀害。缠向日代宫御宇天皇，巡狩之时，此神和平。自尔以来，**无更有**殃。因曰神埼郡。”① 姚秦鸠摩罗什译《大智度论》卷6《习相应品》：“影色像色，不应别说。何以故？眼光明对，清净镜故，反自照见。影亦如是，遮光故影现。**无更有**法。”陈真谛译《佛性论》卷1《破外道品》：“初刹那声，但与第二刹那声相违。最后刹那声，但与因相违。**无更有**别果。”隋吉藏撰《净名玄论》卷1：“故自二之外，**无更有**法。但唱不二，则教无不周。理无不足，缘无不尽，观无不净。”按：在汉文佛经当中，与“无更有～”搭配相近且文例年代更早的还有“更无有～”的说法。吴支谦译《菩萨本缘经》卷1《毘罗摩品》：“唯愿大王，宽意莫愁，勿谓国中，**更无有**任，为辅相者。”北凉昙无谶译《大般涅槃经》卷2《寿命品》：“譬如人王，有大力士，其力当千，**更无有**能降伏之者。故称此人，一人当千。”

“**～者，讹也**”，某说法是一种讹误的说法。《丰后国风土记·日田郡》条：“有神，名曰久津媛。化而为人参迎，辩申国消息。因斯曰久津媛之郡。今谓日田郡**者**，**讹也**。”又《直入郡》条：“于兹，天皇敕云：‘必将有臭。莫令汲用。’因斯名曰臭泉，因为村名。今谓球覃乡**者**，**讹也**。”又《大野郡》条：“天皇敕云：‘大嚣。（双行注）谓阿那美须。’因斯曰大嚣野。今谓网矶野**者**，**讹也**。”又《海部郡》条：“此郡旧名酒井。今谓佐尉乡**者**，**讹者**。”又：“即敕曰：‘取最胜海藻。（双行注）谓保都米’便令以进御。因曰最胜海藻门。今谓穗门**者**，**讹也**。”②《日本书纪》卷7《景行纪》十八年八月条：“八月，到的邑而进食。是日，膳夫等遗盏，故时人号其忘盏处曰浮羽。今谓的**者**，**讹也**。”又卷8《仲哀纪》八年正月条：“故时人号五十迹手之本土曰伊苏国。今谓伊睹**者**，**讹也**。”③ 唐义净译《根本说一切有部尼陀那目得迦》卷7：“是时聚底色迦（旧云树提伽**者**，**讹也**）长者即于其前，说伽他曰。”唐法宝撰《俱舍论疏》卷14《分别业品》：“勤策女，同旧名沙弥尼，是女，声讹也。梵云邬波索迦，唐言近事。旧名优婆塞**者**，**讹也**。”唐道世撰《法苑珠林》卷2：“池南面金象口流出信度河（旧曰辛头河**者**，**讹也**），绕池一匝入西南海。”按：在“～者，讹也”的句式中，“者”是助词，表示叙述的主题；“也”同样是助词，用以加强语气。在佛典及相关文献中，该句式主要用于读音的校勘，注明现在读音是过去读音的讹传。这是经文注疏类文体影响日本上古地志文类记述语言风格的一个典型事例。

（二）仅见于佛典先行的句式

该类有“处处而～”“～等之类”“必可有～”。

“**处处而～**”，到处都……《丰后国风土记·日田郡》条：“此山一峡崩落，愠之

① 植垣節也『風土記』，新編日本古典文学全集，小学館，1997，第320～322頁。

② 植垣節也『風土記』，新編日本古典文学全集，小学館，1997，第286、292、296頁。

③ 小島憲之、直木孝次郎、西宫一民、蔵中進、毛利正守『日本書紀一』，新編日本古典文学全集，小学館，1994，第362、408頁。

泉，**处处而**出。汤气炽热，炊饭早熟。”① （1）西晋竺法护译《大哀经》卷3《处处品》：“晓了其**处处**，**而**为讲经法。是故实无虚，悉见心志性。”隋那连提耶舍译《佛说百佛名经》② 卷1：“尔时佛世尊，为令众见故，示现大神通。现无量亿刹，以佛神通力，见释师子王，**处处而**遍满。”唐宗密述《大方广圆觉修多罗了义经略疏》卷2：“故《大经》云：如来不出世，亦无有涅槃，二真如缘起之俗谛，则念念**处处而**出现，念念**处处而**涅槃。”（2）《宋书》卷91《徐耕传》：“此郡虽弊，犹有富室，承陂之家，**处处而**是，并皆保熟，所失盖微。”③ 《南齐书》卷15《州郡下》：“襄阳左右，田土肥良，桑梓野泽，**处处而**有。”④ 按：“处处而～”这一句式，“处处”是名词，“到处”“四处”之意。“而”是连词，后续动词具有一定的特征，多为表存在的“有”“满”，或者表出现的“出”“出现”（相反意义的“涅槃”亦然）。如上引文例所示，该句式用于表示某一场所整体的状态，始见于佛典。

“～**等之类**”……等等，……等类别。《日本书纪》卷29《天武纪下》四年四月条：“庚寅，诏诸国曰：‘自今以后，制诸渔猎者，莫造槛穽及施机枪**等之类**。’”⑤《出云国风土记·岛根郡》条：“前原坡。周二百八十步。有鸳鸯、凫、鸭**等之类**。”又：“土地丰沃，西边松二株，以外茅、莎、荠头蒿、蕗**等之类**，生靡。去陆三里。”又：“凡南入海所在杂物，入鹿、和尔、鲻、须受枳、近志吕、镇仁、白鱼、海鼠、鰝虾、海松**等之类**，至多不可尽名。”又：“凡北海所捕杂物，志毘、朝鲐、沙鱼、乌贼、蜛蝫、鲍鱼、螺、蛤贝、棘甲蠃、甲蠃、蓼螺子、螺蛎子、石华、白贝、海藻、海松、紫菜、凝海菜**等之类**，至繁，不可尽称也。”又《出云郡》条：“则有年鱼、鲑、麻须、伊具比、鲂、鳢**等之类**，潭湍双泳。”⑥ （1）唐窥基撰《说无垢称经疏》卷3《显不思议方便善巧品》：“一切无财名贫穷，无所归趣名无依，无父母**等之类**是也。”唐道宣集《量处轻重仪》卷1：“不问头刃、方尖柄之大小，数之多少，通断轻收，过量者重摄。已外非法者，虽小细物，而入重中（谓摘甲、剃眉、略毛，刀**等之类**也）。”唐不空摘抄《持咒仙人飞钵仪轨》卷1：“清净洗浴，著新净衣，坐白茅上，坚固斋戒，不食一切五辛、不净鱼肉之类。不缘女境，远离一切世间散乱烦恼。至清净无人处，作茅庵室，独好闲静，唯食草叶、木菓、石吼**等之类**。”（2）《通典》卷187《边防3》：“其丈夫称阿謩、阿段，妇人阿夷、阿**等之类**，皆其语之次第称谓也。”⑦ 按：“～等之类”，用于两个或两个以上并列的词语后，总括列举未尽之意。《论衡》卷7《道虚篇》：“虾蟆化为鹑，雀入水为蜃蛤，禀自然之性，非学道所能为也。好道之人，恐其或若**等之**

① 植垣節也『風土記』，新編日本古典文学全集，小学館，1997，第290頁。

② 该经于天平八年抄写，题作《百佛名经》，录于《大日本古文书》卷7，第58页。

③ （梁）沈约撰《宋书》，中华书局，1974，第2251～2252页。

④ （梁）萧子显撰《南齐书》，中华书局，1972，第281页。

⑤ 植垣節也『風土記』，新編日本古典文学全集，小学館，1997，第362頁。

⑥ 植垣節也『風土記』，新編日本古典文学全集，小学館，1997，第168、170、172、184、214頁。

⑦ （唐）杜佑撰《通典》，中华书局，1988，第5051页。

类，故谓人能生毛羽，毛羽备具，能升天也。"① 东晋瞿昙僧伽提婆译《增壹阿含经》卷37《八难品》："诸声闻之中不具足戒律者，斯**等之类**皆离正法，不与戒律相应。"元魏吉迦夜译《佛说称扬诸佛功德经》② 卷2："所以尔者，此**等之类**，福德浅薄，无黠所致，不能信持。"诸例中的"若（斯、此）等之类"用作举例，表示像这一类的意思。应当承认，从现存文献资料来看，该句式的最早文例见于《论衡》，但用例偏少。相反，汉文佛经的文例带有浓烈的方俗俚语的口吻，频繁出现在人物对话之中。

"**必可有~**"，必定会有……《肥前国风土记·神埼郡》条："此地平原，元来无冈。大租彦天皇敕曰：'此地之形，**必可有**冈。'即令群下，起造此冈。"③《续日本纪》卷21《淳仁纪》天平宝字二年八月条："中务省宣传敕语，**必可有**信。故改为信部省。"④（1）唐神清撰、慧宝注《北山录》卷3："夫有士君子之器，必有士君子之僧。有台舆之性，必有台舆之僧（台舆贱人）。故以仁求僧可，必也。以僧求仁难乎，必也（以仁行向僧中求之，**必可有**仁行者。若凡是僧便责其仁，行即恐难也）。"印度撰述《大梵天王问佛决疑经》卷1："若为众生说法，**必可有**真伪。云何分晓焉？佛言：'善哉！略为汝等说。'"（2）《旧唐书》卷84《裴行俭传》："行俭建议曰：'吐蕃叛涣，干戈未息，敬玄、审礼，失律丧元，安可更为西方生事？今波斯王身没，其子泥涅师师充质在京，望差使往波斯册立，即路由二蕃部落，便宜从事，**必可有**功。'"⑤ 按："必可有~"表示推测，用于预测某种可能性极大的情况。该句式在唐代以后始见文例。

三　创新表达

《风土记》的书录者在大量吸收汉文佛经的三字格、四字格和句式等的同时，也在尝试新的表达方式。其创新手法的特色可概括为取意重组、改写变换和讲求创意三点。

（一）取意重组

所谓取意重组的手法，指《风土记》的书录者出于表达需要，截取汉文佛经固有的表达形式，重新整合的搭配形式。

"**家大富饶**"，家境殷实，财物富足有余。《播磨国风土记·饰磨郡》条："右称韩室者，韩室首宝等上祖，**家大富饶**，造韩室。故号韩室。"⑥ 元魏瞿昙般若流支译《正法念处经》卷24："时彼天子，于此林中，受五欲乐，乃至爱善业尽，堕于地狱饿鬼畜生。若生人中，于法城内，生于正见，大长者**家**，**大富饶**财，以余业故。"隋阇那崛多译《佛本行集经》卷35《耶输陀因缘品》："尔时天子白帝释言：'愿闻其处。'帝释报

① 黄晖著《论衡校释》，中华书局，1990，第318页。
② 该经于天平八年抄写，题作《称扬诸佛功德经》，录于《大日本古文书》卷7，第54页。
③ 植垣節也『風土記』，新編日本古典文学全集，小学館，1997，第324頁。
④ 青木和夫、稲岡耕二、笹山晴生、白藤礼幸『続日本紀三』，新日本古典文学大系，岩波書店，1992，第284頁。
⑤ （后晋）刘昫等撰《旧唐书》，中华书局，1975，第2802页。
⑥ 植垣節也『風土記』，新編日本古典文学全集，小学館，1997，第34頁。

言：‘今此下方，阎浮提地，有一大城，名波罗奈。而彼城有，一大长者，名曰善觉。彼长者**家**，**大富饶**财，多有势力，乃至一切，无所乏少。’”唐般若译《大乘本生心地观经》卷4：“爱乐在家诸菩萨，观于舍宅如宝藏。譬如长者有一子，其**家大富饶**财宝。”

从上引佛典诸例可知，“大富饶财”的说法，是汉文佛经中讲述长老们家境殷实、财源滚滚的套语。“**大富饶财**”，非常富有，拥有大量的财物。《日本灵异记》中卷《奉写〈法华经〉因供养显母作女牛之因缘第15》：“高桥连东人者，伊贺国山田郡噉代里人也。**大富饶财**。奉为母写《法华经》，以盟之曰：‘请于我愿有缘之师欲所济度。’”又《极穷女于尺迦丈六佛愿福分示奇表以现得大福缘第28》：“女得钱四贯，为增上缘，**大富饶财**，保身存命。”[①] 后汉康孟详译《佛说兴起行经》卷1：“复有一婆罗门，名曰梵天，**大富饶财**，象、马、七珍、侍使、仆从。”唐道世撰《法苑珠林》卷55：“如《增壹阿含经》云：‘尔时，有长者名阿那邠邸，家大富不可称计。尔时，满富城中有长者，名曰满财，亦**大富饶财**。”唐道世集《诸经要集》卷5：“又《正法念经》云：‘若有众生信心悲心，以种种食施人，命终生质多罗天，受种种乐。命终得受人身，**大富饶财**，常行正法。’”

由此可知，《饰磨郡》条中“家大富饶”的说法正是从佛典相关说法中截取而来的。下面的“~家饶财”采取的是同一手法。“~**家饶财**”，家境富裕，财产丰积。《日本灵异记》上卷《凶人不敬养奶房母以现得恶死报缘第23》：“宾明语之曰：‘善人何为违孝？……汝**家饶财**，贷稻多吉。何违学覆，不孝亲母？”[②] 东晋瞿昙僧伽提婆译《增壹阿含经》卷21《苦乐品》：“若人中，生富贵之**家**，**饶财**多宝，是谓此人先乐而后乐。”姚秦竺佛念译《出曜经》卷15《利养品》：“其于饮食，从人得利者，皆由前身，好喜惠施，颜貌端正，面如桃华，生豪族**家**，**饶财**多宝，先笑后言，和颜悦色，神识了朗，聪明智慧，高才博学，无事不知，所至到处，增益法事。是故说，其于饮食，从人得利也。”又卷27《乐品》：“人尊甚难遇，终不虚托生者，亿千万劫，不可遭遇。所谓人尊者，诸佛世尊是。所谓生之处，其种清净，父母真正，其**家饶财**多宝，七珍具足，金银珍宝，车璩马瑙，真珠虎珀，象马车乘，无所渴乏。所生国土，上下和穆，共相顺从。”显然，“~家饶财”这一词组的结构取自汉文佛经中的类似表达。

（二）改写变换

所谓改写变换的手法，指《风土记》的书录者依据佛典表达，通过替换词语或改变形式后重塑的一种新的搭配表达。

“**土地丰沃**”，土地肥沃。“丰沃”，犹言“肥沃”。《出云国风土记·岛根郡》条：“**土地丰沃**，西边松二株，以外茅、莎、荠头蒿、蕗等之类，生靡。去陆三里。”又

---

① 中田祝夫『日本霊異記』，日本古典文学全集，小学館，1975，第187、223~224頁。

② 植垣節也『風土記』，新編日本古典文学全集，小学館，1997，第110頁。

《出云郡》条："河之两边，或**土地丰沃**，五谷桑麻，稔欹枝，百姓之膏腴园也。或**土体丰沃**，草木丛生也。"[①]（1）刘宋沮渠京声译《佛说末罗王经》[②]卷1："时有国王，号曰末罗。**土地丰沃**，士民壮勇。"梁宝唱等集《经律异相》卷27："舍卫有王，号曰兰达。**土地丰沃**，人民淳信，君臣父子，相率以道。"（2）《后汉纪》卷3《光武帝纪》："今蜀**土丰沃**，稼穑尝熟。"按：文例显示，"土地丰沃"的说法出自汉文佛经。但须留意的是，在上引《出云郡》条中，"土地丰沃"的说法"悄然"变成了"土体丰沃"。这并非只是简单地换一个字的问题，当是改写者意识的反映。因为从结果来看，"土体丰沃"的说法不仅摆脱了中土文献中传统表达的束缚，甚至突破了汉文佛经中固有的搭配形式，形成了书录者自己独特的表达。[③]因此，《出云郡》条同一语境中，书录者分别采用了"土地丰沃"和"土体丰沃"的说法。此外，《日本书纪》卷7《景行纪》二十七年二月条："亦**土地沃壤**而旷之，击可取也。"[④]如前文所述，例中"土地沃壤"出自唐玄奘撰《大唐西域记》。

"上下往来"，来往于上下之间。《播磨国风土记·印南郡》条："传云：'上古之时，此桥至天，八十人众，**上下往来**。故曰八十桥。'"[⑤]西晋竺法护译《修行地道经》卷4："今当观察，诸所风气，为有我耶？我在风耶？何谓为风？风有二事，内风外风。何谓内风？身所受气，**上下往来**，横起胁间，脊背腰风，通诸百脉，骨间之风，掣缩其筋力风。急暴诸风，兴作动发，则断人命。此谓内风。"按：《印南郡》条中的"上下往来"，谓在石桥上走上走下。而在佛典例中，则表示"内风"在体内上下循环。唐李通玄撰《新华严经论》卷6："第八转法轮处别者，权教中化佛转法轮，或言鹿园，或言给孤独园等，皆有处所，**上下往来**。此经即十处十会及一切尘中佛国，佛身重重重重重重无尽无尽无尽常转法轮，不去不来不出不没。十会名处，后当更明，皆云不离菩提场，而升一切处。"例言佛陀往来于鹿野苑、给孤独园乃止天上人间，对众生宣讲佛法之会。该例"上下往来"的意思和用法，与《印南郡》条的文例较为接近。

"其色如水"，它的颜色就像水一样（无色）。《丰后国风土记·大分郡》条："此水之源，出郡西柏野之盘中，指南下流。**其色如水**，味小酸焉。用疗痂癖。"[⑥]唐义净译《根本说一切有部毘奈耶杂事》卷11："佛告难陀：'虽有母胎，有入不入。云何受生，入母胎中？若父母染心，共为淫爱。其母腹净，月期时至，中蕴现前，当知尔时，名入母胎。此中蕴形，有其二种：一者形色端正；二者容貌丑陋。地狱中有，容貌丑

① 植垣節也『風土記』，新編日本古典文学全集，小学館，1997，第170、218頁。

② 该经于天平五年抄写，题作《末罗王经》，录于《大日本古文书》卷7，第15页。

③ 马骏：《突破汉字固有表现的重围——从"古事记"序文中的"切蛇"说起》，《文史知识》2012年第2期。

④ 小島憲之、直木孝次郎、西宫一民、蔵中進、毛利正守『日本書紀一』，新編日本古典文学全集，小学館，1994，第364頁。

⑤ 植垣節也『風土記』，新編日本古典文学全集，小学館，1997，第26頁。

⑥ 植垣節也『風土記』，新編日本古典文学全集，小学館，1997，第298頁。

陋，如烧杌木。傍生中有，其色如烟。饿鬼中有，**其色如水**。人天中有，形如金色。色界中有，形色鲜白。无色界天，元无中有，以无色故。'" 按：《大分郡》条中的"其色如水"形容的是酒的颜色，译经中则被用来比喻恶鬼因饥肠辘辘而脸色苍白。

"**光如明镜**"，明亮得像一面镜子。《播磨国风土记·赞容郡》条："然后，苫编部犬猪，圃彼地之墟，土中得此剑。土与相去，回一尺许。其柄朽失，而其刃不涩，**光如明镜**。"[①] 元魏菩提留支译《大萨遮尼乾子所说经》卷6《如来无过功德品》："尔时萨遮尼乾子答严炽王言：'大王，汝能为诸众生，现发如来功德小相，多有利益？''汝今谛听。我当一一，分别现说，沙门瞿昙八十种好。依彼诸好，广宣瞿昙，诸功德相。如秋满月，现众星中。何等八十？一者，沙门瞿昙，头相端严，上下相称；……十六者，沙门瞿昙，面色华艳，**光如明镜**。'" 按：《赞容郡》条中的"光如明镜"，比喻剑刃像镜子一样闪亮发光，佛典中则被用来描述容光焕发。当然，两者在表现对象上完全不同。

"**光明异常**"，光亮异乎寻常。《肥前国风土记·基肆郡》条："同天皇自高罗行宫还幸而，在酒殿泉之边。于兹，荐膳之时，御具甲铠，**光明异常**。"[②] (1) 失译人名今附秦录《别译杂阿含经》卷14："时有六天女，各乘宫殿，陵虚而行。天等出宫，语此人言：'舅可为我弹奏清琴，我当歌舞。'时弹琴人睹其容貌，**光明异常**，生希有想。"(2)《宋书》卷26《天文》："五月戊申，太白昼见午上，**光明异常**。占曰：'更姓。'"[③] 按：上述三例当中，"光明异常"所描述的对象各不相同：《基肆郡》条是铠甲，《别译杂阿含经》是容貌，《宋书》指"太白（金星）"。《基肆郡》条形容武器和器具闪闪发光，在表达上与"光如明镜"有异曲同工之妙。

（三）讲求创意

最后，以"未曾有见"为例来探析《风土记》书录者如何追求创意的意图。

"**未曾有见**"，过去没有见到过，从来没有见过。《丰后国风土记·总论》条："菟名手，见之为异，欢喜云：'化生之芋，**未曾有见**。实至德之盛，乾坤之瑞。'"[④] 吴支谦译《佛说慧印三昧经》[⑤] 卷1："所觉者已谛觉，已度于一切行。行所度无所度，亦非是，亦非不是；亦非长，亦非短；亦非园，亦非方；亦非身，亦非体；亦非入，亦无所入；亦非世，亦非世所有；亦**未曾有见**者，亦未曾有知者。"梁菩提达摩说《达磨大师悟性论》卷1："夫真见者，无所不见，亦无所见；见满十方，**未曾有见**。"按：上述两例在字面上都是"未曾有见"，但《总论》条的意思是不曾见过，而佛典例是说不曾执着于"见"。前者在词组形态上虽然取法自汉文佛经，但在意义上却承载着完全不同的

① 植垣節也『風土記』，新編日本古典文学全集，小学館，1997，第80頁。

② 植垣節也『風土記』，新編日本古典文学全集，小学館，1997，第314頁。

③ （梁）沈约撰《宋书》，中华书局，1974，第757页。

④ 植垣節也『風土記』，新編日本古典文学全集，小学館，1997，第322頁。

⑤ 该经于胜宝五年抄写，录于《大日本古文书》卷3，第647页。

内容，不含有任何宗教意味。

归纳本节析出的三字格、四字格和句式的分布如下：①《播磨国风土记》有“漂没于”“投弃于～”“往来于～”“还献于～”“飞到于”“移到于～”“逦度于～”“不能起立”“将死之时”“此女端正”“到于此处”“宿于此村”“在于此处”“于今犹在”“虽然犹～”“家大富饶”“上下往来”“光如明镜”18例。②《出云国风土记》有“常居此处”“昼夜辛苦”“草木扶疎”“古老传云：‘～’”“男女老少”“随水流出”“至今犹有”“邂逅遇～”“～等之类”“土地丰沃”10例。③《丰后国风土记》有“昔时之人”“～者，讹也”“处处而～”“其色如水”“未曾有见”5例。④《肥前国风土记》有“不敢爱惜”“能愈人病”“无子妇女”“徘徊四望”“未曾所闻”“犹见如～”“无更有～”“必可有～”“光明异常”9例。

综上所述，奈良文人在使用汉文撰写文章时，面对着传统的中土文献和口语化的汉文佛经这两种不同文体的强大冲击，经过初始阶段的不断模仿，通过有意识地采用取意、改写和自创等手法，积极地吸收汉文佛经的表达形式，因而逐步走上以自己的叙述语言风格记载日本地志类文书的本土化道路。①

① 马骏：《日本上代文学“和习”问题研究》，国家哲学社会科学成果文库2011，北京大学出版社，2012。

第四编

日本上古文学佛典句式考释（上）

本编《日本上古文学佛典句式考释（上）》和下编《日本上古文学佛典句式考释（下）》共计八章，集中探讨遍布于上古文献中的佛典句式：“随”字句、“相”字句、“于”字句、比较句、比喻句、总括句、誓愿句、时段句、口语句。这九种句式具有鲜明的佛典句式的特点，而为其命名并展开全面而有系统的比较研究，在国内外当属首次。以往的比较研究并未意识到这类句式的存在，原因在于日本上古文学文体所具有的特殊性，即在中土文献和汉文佛经的双层夹缝中生存的日本上古文学，采用不同于传统表达的佛典文体作为叙述语言，来书写只属于日本民族的神话、历史、和歌、汉诗和地志。在上述九种佛典句式的基础上，进一步敷衍产生的自创表达，则集中体现了奈良时代文人的人文精神：积极的进取心与旺盛的创造力。

第一章根据一手调查资料，指出了上古文学作品中源自汉文佛经的19个双音节“随”字句、11组三音节“随”字句、16组四音节“随”字句，并对它们与中国两类文献中的相关用法的异同进行了考辨。第二章采用实证的方法，分作奈良朝前后两期，深度挖掘隐匿于作品中的佛典“相”字句21组，证明了奈良文学与佛典文体之间的影响关系；通过4组自创“相”字句，强调了奈良文人的创新精神。第三章，“于”字句历来是日本学术界变体汉文研究的重点对象，但多半见树不见林。原因在于佛典表达视角的缺失。本章指出上古文学作品源自佛典的“于”字句极多的事实，并通过自创“于”字句，辩证地阐释了《日本书纪》α、β两群书录者在“于”字句表达上的不同追求。第四章，首先，将比拟句分作比较句和比喻句两类；其次，根据比较的级别，按照文例的实际使用情况，提炼出四个等级；最后，分门别类地对上古文学作品中各级别的表达与佛典表达的关系进行论证，得到20余组佛典比拟表达形式。另外，对上古文学作品中所包含的现代修辞学意义上的比喻句进行了考察，在充分掌握暗喻表达、明喻表达与佛经表达之间存在的实际影响关系的基础上，分析了佛典比喻句的独特风格。

第一章　佛典“随”字句*

国内关于汉文佛经语言特色的研究，三十余年来有了较大的发展，取得了颇为丰硕的成果，研究范围涉及汉文佛经语言的方方面面。其中，词汇、训诂方面的研究成就尤为突出。与此同时，日本上古文学文体与汉文佛经的比较研究也逐渐成为日本上古文学研究的热点问题之一，开始出现了一些较有特色的论著。但从总体上看，国内外学术界关于佛典句式的研究，仍处于无序的状态，缺乏系统性的研究成果。这可能与中古时期古汉语词汇的急剧变化相比，相对稳定的语法迈出的步伐要小得多不无关系。本章以上古文学作品中“随”字句的出源问题为切入点，具体分作双音节组词、三音节组词和四音节组词三个部分，阐释上古文学文体与汉文佛经在该句式上的接受与变异之关系，穷尽性地考究其对上古文学文体所产生的深刻影响。

第一节　双音节组词

根据我们的调查，在上古文学作品当中，由“随~”式构成的双音节词语有“随敕”“随命”“随教”“随顺”“随奉”；“随愿”“随乞”“随欲”“随意”“随喜”；“随闻”“随遇”“随犯”“随侍”“随绝”；“随助”“随堪”“随常”“随便”，这些词语与佛经中的相关用法关系密切。下面分类进行探讨。

一　“随敕”“随命”“随教”“随顺”“随奉”

“随敕”，遵从告诫。“敕”，一种上对下的诫饬行为。《日本书纪》卷1《神代纪上》：“素戋呜尊敕曰：‘若然者，汝当以女奉吾耶?’对曰：‘随敕奉矣。’”① 这是素戋呜尊斩杀八岐大蛇传说的一个场面。面对老夫妇的恳求，素戋呜尊提出条件道：如果制伏大蛇，可否将你们的女儿许配于我。老夫妇连声允诺。又卷2《神代纪下》：“故天孙

* 黄美华、马骏：《日本上代文学文体与汉文佛经的比较研究——“随~”句式探源》，《日语学习与研究》2014年第2期。

① 小島憲之、直木孝次郎、西宮一民、蔵中進、毛利正守『日本書紀一』，新編日本古典文学全集，小学館，1994，第90頁。

问其神曰：‘国在耶？’对曰：‘在也。’因曰：‘**随敕**奉矣。’”[①] 例言天孙降临人间。此亦为日本古代神话的一个著名的场面。“随敕”表示地方之神甘愿为天孙献上国土以示臣服。又卷25《孝德纪》大化元年七月条：“后遣三轮栗隈君东人，观察任那国堺。是故百济王**随敕**悉示其堺。”[②] 此言百济王遵从神功天皇的旨令，允许使臣三轮栗隈君东人察看任那国国堺。上引三例“随敕”的“敕”，因其命令发出者是神灵、天孙和天皇，均须不折不扣地坚决贯彻执行。在中国文献中，“随敕”并不多见，先期例文仅见陈惠思撰《南岳思大禅师立誓愿文》卷1：“是时，国敕唤国内一切禅师入台供养。慧思自量：‘愚无道德。’不肯**随敕**，方便舍避，渡淮南入山，至年三十九。”例言南岳慧思大师不肯遵从朝廷命令、寻机逃避。传世文献中尚未查找到年代较早的实例。

“**随命**”，按照命令行事。《古事记》下卷《显宗记》：“其伊吕兄意祁命奏言：‘破坏是御陵，不可遣他人。专仆自行，如天皇之御心破坏以参出。’尔天皇诏：‘然**随命**宜幸行。’”[③] 例言显宗天皇为了报复杀害父王的雄略天皇的亡魂，欲派遣手下大臣破坏雄略天皇的皇陵。不料，天皇的兄长意祁命（后来的贤仁天皇）毛遂自荐，打算亲往皇陵，象征性地在墓旁取回些许泥土，以维护先皇的尊严，使现任天皇免遭亵渎皇陵的指责。《日本书纪》卷21《用明纪》元年五月条：“方今天皇子弟多在，两大臣侍。谁得恣情，专言奉仕。又余观殡内，拒不听入。自呼开门，七回不应。愿欲斩之。两大臣曰：‘**随命**。’”[④] 这段对话说的是穴穗部皇子企图寻找借口杀害敏达天皇的宠臣三轮君逆。上述两例中的“随命”一词，均表示遵从命令行事的意思。

那么，在中国文献中，“随命”二字又是如何使用的呢？汉班固《白虎通·寿命》曰：“命有三科，以记验。有寿命以保度，有遭命以遇暴，有随命以应行……**随命**者，随行为命，若言怠弃三正，天用剿绝其命矣。”[⑤] 例言寿命长短与德行好坏相应。由此可知，在中土文献当中，“随命”通常指古代三科运命说的一种。这样一种固有的说法即使在佛经文献当中亦概莫能外。例如，西晋白法祖译《佛般泥洹经》卷1：“命随心，寿**随命**，三者相随。今我作佛，为天上天下所敬，皆心所为。”但是，随着时代的变迁，语言表达的内涵亦随之产生变化。唐义净译《根本说一切有部毘奈耶破僧事》卷2：“师子颊王曰：‘我今年老不任斗战。’彼诸人曰：‘请王太子净饭往彼捕捉。’王即报曰：‘汝诸人等，若许太子求一愿者，我便发遣。’众答王曰：‘唯然**随命**。’”例中“（唯然）随命”，表示唯唯诺诺地按照命令行事的意思，这是一种新的说法，有别于传

---

① 小島憲之、直木孝次郎、西宮一民、蔵中進、毛利正守『日本書紀一』，新編日本古典文学全集，小学館，1994，第144頁。

② 小島憲之、直木孝次郎、西宮一民、蔵中進、毛利正守『日本書紀三』，新編日本古典文学全集，小学館，1998，第114頁。

③ 山口佳紀、神野志隆光『古事記』，新編日本古典文学全集，小学館，1997，第366頁。

④ 小島憲之、直木孝次郎、西宮一民、蔵中進、毛利正守『日本書紀二』，新編日本古典文学全集，小学館，1996，第502頁。

⑤ （清）陈立撰，吴则虞点校《白虎通疏证》，中华书局，1994，第392页。

统的三科运命之说，肇始于汉文佛经。无疑，上述《古事记》和《日本书纪》中“随命”的用法正是积极吸收这一新用法的结果，只是速度之快，超出了今人的想象。

“**随教**”，按照告诉的那样去做。《古事记》上卷：“故随教少行，备如其言。”[①] 例言火远理命按照盐椎神所说的，往前走了不一会儿，果然，很快就找到了海底龙宫。在中国文献当中，“随教”分别用来表示具体义和抽象义两种。前者例如失译人名今附后汉录《大方便佛报恩经》卷3：“尔时，鹿女为得火故，随教而去。”萧齐求那毘地译《百喻经》卷3：“诫敕二子，我死之后，善分财物，二子随教，于其死后，分作二分。”在这两例当中，“随教”的“教”指“说”“叫”“告诉”一类具体的言语行为，其意义及用法仅限于汉文佛经。后者例如《魏志》卷3《明帝纪》：“四年春二月壬午，诏曰：‘世之质文，随教而变。兵乱以来，经学废绝，后生进趣，不由典谟。’”[②] 北凉昙无谶译《大般涅槃经》卷4《如来性品》：“乐法众生，随教修行，如是等众，乃能得见，如来法身。”这里“随教”的“教”表示“教化”“教义”等抽象的思想概念，同时见于世俗文献和佛经文献。通过比较可知，《古事记》中的“随教”一词，在词义和用法上与汉文佛经相同，用以表述具体的言语行为。

“**随顺**”，依顺；依从。《奈良朝写经75·大般若经卷第176》：“然则，皈依者，谁不消灾纳福。随顺者，岂无断惑证真？”[③] 吴支谦译《菩萨本缘经》卷1《昆罗摩品》：“我在久远来，随顺敬事汝，虽作如是事，不能今汝喜，汝令当安住，不动寂静中，我今所布施，悉为诸众生。”姚秦鸠摩罗什译《妙法莲华经》卷1《序品》：“供养诸佛已，随顺行大道，相继得成佛，转次而授记。”按：《汉语大词典》首引唐韩愈《答陈生书》：“所谓顺乎在天者，贵贱穷通之来，平吾心而随顺之，不以累乎其初。”偏晚。

“**随奉**”，跟随、追随的谦辞。“奉”，古日语表谦己的助动词。《法隆寺金堂释迦三尊像光背铭》：“癸未年三月中，如愿敬造释迦尊像并侠待及庄严具竟。乘斯微福，信道知识，现在安隐，出生入死，随奉三主，绍隆三宝，遂共彼岸。普遍六道，法界含识，得脱苦缘，同趣菩提。”刘宋沮渠京声译《弟子死复生经》卷1：“佛语阿难：‘我般泥洹后，世人多不敬法，喜自贡高自大，轻蔑于人，薄贱正法，毁诸比丘，不与分卫，骂詈瓦石击之，无所拘畏。是曹辈人，皆从魔界中来，生为人故，复恶如是。其信乐佛法，则是上古先世时，佛上足弟子，能知真伪，随奉正法，受持经戒。’”按：《汉语大词典》失收。汉文佛经中的“随奉”，多用于抽象义。

二　“随愿”“随乞”“随欲”“随意”“随喜”

“**随愿**”，顺从意愿，满足希望。《日本书纪》卷29《天武纪下》六年六月条：“八

---

① 山口佳紀、神野志隆光『古事記』，新編日本古典文学全集，小学館，1997，第126頁。

② （晋）陈寿撰，（宋）裴松之注《三国志》，中华书局，1959，第97页。

③ 上代文献読書会編『上代写経識語注釈』，勉誠出版，2016，第442頁。

月辛卯朔乙巳，大设斋飞鸟寺，以读一切经。便天皇御寺南门而礼三宝。是时诏亲王、诸王及群卿，每人赐出家一人。其出家者不问男女长幼，皆**随愿**度之。因以会于大斋。”① 例中“随愿度之”，是说按照出家人的意愿使其得度。“随愿”一词，习见于汉文佛经，世俗文献中未见。东晋佛驮跋陀罗译《大方广佛华严经》卷5：“如来云何随众生时、随命、随身、随行、随欲乐、**随愿**、随意、随方便、随思惟?”该例说明，“随”的构词力极为旺盛，由此形成的词语在佛经中颇为常见。此外，“随愿度～”的句式，可见姚秦竺佛念译《菩萨璎珞经》② 卷6：“心慧无尘染，**随愿**度无极。相相各有报，非有行有法。”

“**随乞**”，随顺愿望，满足心愿。“随得”的对应词。《古语拾遗》：“天孙降临，果皆如期。天钿女命，**随乞**侍送焉。”③《日本灵异记》中卷《忆持〈心经〉女现至阎罗王阙示奇表缘第19》：“优婆夷欲买彼经，遣使而还，开经见之，彼优婆夷昔时奉写《梵网经》二卷、《心经》一卷也。未供而失，径之多年，求咨不得。心内欢喜，知盗人，犹忍问：‘经直欲几何?’答：‘别卷直欲，钱五百文。’**随乞**而买。”④ 后秦弗若多罗、罗什合译《十诵律》卷43：“若比丘尼自为身乞金银者，尼萨耆波夜提。尼萨耆波夜提者，是金银应舍。波夜提罪应悔过，是中犯者。若比丘尼自为乞金银，得尼萨耆波夜提，**随乞**随得，尔所尼萨耆波夜提。”

“**随欲**”，随心所欲，按想法去做。《日本书纪》卷20《钦明纪》十二年是岁条：“乃解其甲，奉于天皇。乃营馆于阿斗桑市，使住日罗，供给**随欲**。”⑤ 例中“供给随欲”，意思是按其所需供给物品。又卷28《天武纪上》即位前纪条：“癸未，至吉野而居之。是时，聚诸舍人谓之曰：‘我今入道修行。故**随欲**修道者留之。若仕欲成名者，还仕于司。’”⑥ 例言希望留下来修习佛教者尽可随愿。“随欲”一词，源自佛经。后汉支娄迦谶译《佛说阿阇世王经》⑦ 卷1：“莲华具行劫菩萨言：‘其有**随欲**者，不可度欲；不**随欲**者，是乃度欲。’”后秦弗若多罗、罗什合译《十诵律》卷8：“何等五恶?**随欲**行，随瞋行，随怖行，随痴行，不知行不行。”值得留意的是，佛经中的“随欲”，指随心所欲的放逸行为，它需要通过修行加以约束除灭。因此，在词形上，《日本书纪》中的“随欲”虽与上述“随愿”完全相同，在意义上却与佛经中的说法貌合神离，因为它舍去了“欲”所包含的宗教意味，形成了自身独特的意蕴。

---

① 小島憲之、直木孝次郎、西宮一民、蔵中進、毛利正守『日本書紀三』，新編日本古典文学全集，小学館，1998，第378頁。

② 该经于天平五年抄写，录于《大日本古文书》卷7，第7页。

③ 西宮一民『古語拾遺』，岩波文庫，1985，第129頁。

④ 中田祝夫『日本霊異記』，日本古典文学全集，小学館，1975，第199～200頁。

⑤ 小島憲之、直木孝次郎、西宮一民、蔵中進、毛利正守『日本書紀二』，新編日本古典文学全集，小学館，1996，第482頁。

⑥ 小島憲之、直木孝次郎、西宮一民、蔵中進、毛利正守『日本書紀二』，新編日本古典文学全集，小学館，1996，第482頁。

⑦ 该经于天平十三年抄写，题作《阿阇世王经》，录于《大日本古文书》卷2，第310页。

“**随意**”，梵语 pravāraṇa。音译“钵剌婆剌拏”“钵和罗”“钵和兰”。旧译“自恣”。亦作“随意事”，即满足、喜悦之义。谓于夏安居结束之日，令僧侣随他人之意发露忏悔所犯过误，而自生喜悦。传世文献中，表示“任情适意”“随便”的意思。《万叶集》卷3第412首：“伊奈太吉尔　伎须卖流玉者　无二　此方彼方毛　君之随意”[①]。(1) 后汉安世高译《阿那邠邸化七子经》卷1：“七岁七月七日中，随意所欲，担负多少，无所减少。然彼迦陵渠国，有所减少。”姚秦鸠摩罗什译《妙法莲华经》卷2《譬喻品》：“汝等出来，吾为汝等，造作此车，随意所乐，可以游戏。”(2)《博物志》卷4《戏术》：“《神农本草》云：‘鸡卵可作琥珀，其法取伏卵段黄白浑杂者煮，及尚软随意刻作物，以苦酒渍数宿，既坚，内著粉中，佳者乃乱真矣。此世所恒用，作无不成者。’”[②] 按：《汉语大词典》首引《魏志·程晓传》：“官无局业，职无分限，随意任情，唯心所适。”略晚。《日本灵异记》下卷《沙门诵持方广大乘沉海不溺缘第4》：“唯聟姓名，向他不显。‘具我泊奥。’船人随冀，送之于奥。”[③] 例中“随冀”一词，义同“随愿”。中国两类文献中未见，疑似自创。

“**随喜**”，见到他人行善而生欢喜。《元兴寺伽蓝缘起并流记资财账》：“时聪耳皇子闻此语已，具白天皇。尔时天皇赞告：‘善哉！我亦随喜。’告。”《日本灵异记》中卷《忆持〈心经〉女现至阎罗王阙示奇表缘》：“时王见之而起，立床敷蓐居之，语曰：‘传聆，能诵《心经》。我欲听声。暂顷请耳。愿诵，闻之。’即诵。王闻随喜，从坐而起，长跪拜曰：‘贵哉！当如闻有。’”[④] 吴支谦译《撰集百缘经》卷9《声闻品》：“时有长者，见其竖帐，心生随喜，持一金钱，安置帐下，发愿而去。缘是功德，不堕恶趣，天上人中，常有金钱，申手而出。乃至今者，遭值于我，故有金钱，取以还有，出家得道。”姚秦鸠摩罗什译《妙法莲华经》卷2《譬喻品》：“未曾闻如是，深妙之上法。世尊说是法，我等皆随喜。”按：《汉语大词典》首引南朝梁沈约《忏悔文》：“弱性蒙心，随喜赞悦。”偏晚。

三　“随闻”“随遇”“随犯”“随侍”“随绝”

“**随闻**”，按照听到的（做记录）。《万叶集》卷17第3915首歌注：“右，年月所处，未得详审。但随闻之时，记载于兹。”[⑤] 又第3952首歌题：“古歌一首，年月不审。但随闻时，记载兹焉。”[⑥] 卷19第4247首歌注：“右件歌者，传诵之人越中大目高安仓人种麻吕是也。但年月次者，随闻之时，载于此焉。”[⑦] 上引三例“随闻”，出现在《万

① 小島憲之、木下正俊、東野治之『万葉集一』，日本古典文学全集，小学館，1994，第232頁。
② 王根林、黄益元、曹光甫校点《汉魏六朝笔记小说大观》，上海古籍出版社，1999，第203页。
③ 中田祝夫『日本霊異記』，日本古典文学全集，小学館，1975，第272頁。
④ 中田祝夫『日本霊異記』，日本古典文学全集，小学館，1975，第199頁。
⑤ 小島憲之、木下正俊、東野治之『万葉集四』，新編日本古典文学全集，小学館，1996，第157頁。
⑥ 小島憲之、木下正俊、東野治之『万葉集四』，新編日本古典文学全集，小学館，1996，第170頁。
⑦ 小島憲之、木下正俊、東野治之『万葉集四』，新編日本古典文学全集，小学館，1996，第343頁。

叶集》的歌题或歌注当中，表示将听到的歌词当场记录下来的意思。在中国文献当中，“随闻”一词唯见汉文佛经。西秦圣坚译《佛说罗摩伽经》卷3：“大愿海庄严，**随闻**度众生。我发大誓愿，未来作夜天。”后秦鸠摩罗什译《佛说华手经》卷6：“又舍利弗，菩萨若求，无量佛法，闻甚深法，而无惊畏，信受不逆，**随闻**深法，心净不动。是名第二菩萨真心。”佛典中的“随闻”，通常指每当听到佛法便会产生与之相应的宗教意义上的意识行为。两相比较，显然，《万叶集》中的“随闻”虽出自佛经，却扬弃了其所包含的宗教含义，仅用以表示当场辑录传诵和歌的意思。“拿来主义”不啻一种“善巧方便”。

“**随遇**”，顺应际遇，碰到什么算什么。《日本灵异记》上卷《偷用子物作牛役之示异表缘第10》：“告使人云：‘应请一禅师。’其使人问曰：‘请何寺师？’答曰：‘不择其寺，**随遇**而请。’其使随愿，请得路行一僧归家。”① 例言事主希望邀请一位禅师，没有刻意的要求，路上偶遇的也行。苻秦鸠摩罗佛提等译《四阿鋡暮抄解》卷1：“如坐好因缘得是当坐，若上座命是**随遇**。如是具足满五纳。”新罗璟兴撰《三弥勒经疏》卷1：“见一天人者，**随遇**一有情，即应念弥勒所思。谓有苦令离，无乐令得，恶者令除，善者令摄等也。”唐怀感撰《释净土群疑论》卷5：“**随遇**恶缘退菩萨行，造众恶业失菩提心。”按：《汉语大词典》例引清陈宗石《念奴娇·将之梁园舟中有感和大兄前韵》：“行藏**随遇**，试看天上明月。”过晚。

“**随犯**”，根据所犯的罪状予以相应的惩治。《日本书纪》卷29《天武纪下》六年六月条：“是月，诏东汉直等曰：‘汝等党族之，自本犯七不可也。是以从小垦田御世，至于近江朝，常以谋汝等为事。今当朕世，将责汝等不可之状，以**随犯**应罪。然顿不欲绝汉直之氏。’”② 这是诏书中历数东汉直等人所犯七条罪行中的一段文字。“随犯”，指根据罪责做出相应的惩罚。萧齐僧伽跋陀罗译《善见律毘婆沙》卷5：“此好医王，善治我患。如来亦复如是，**随犯**而制，欢喜受持，无有怨言。”唐义净译《根本说一切有部毘奈耶出家事》卷4：“又白佛言：‘若复有人，先曾出家，于四波罗市迦法中，**随犯**其一，便即归俗。’”按：根据佛教戒律的说法，修行者在不能守持“五六八具足”之类的戒规时，会依据所犯的具体条目课以处罚，即所谓的“随犯得（应）罪”。

“**随侍**”，跟随侍奉。《日本书纪》卷24《皇极纪》四年六月条：“古人大兄见走入私宫，谓于人曰：‘韩人杀鞍作臣。吾心痛矣。’即入卧内，杜门不出。中大兄即入法兴寺，为城而备。凡诸皇子、诸王、诸卿大夫、臣、连、伴造、国造，悉皆**随侍**。”③ 古人大兄目睹苏我鞍作被杀，径直逃进私邸躲藏。中大兄则据守法兴寺，诸王皆愿跟随

① 中田祝夫『日本霊異記』，日本古典文学全集，小学館，1975，第87頁。

② 小島憲之、直木孝次郎、西宮一民、藏中進、毛利正守『日本書紀三』，新編日本古典文学全集，小学館，1998，第376頁。

③ 小島憲之、直木孝次郎、西宮一民、藏中進、毛利正守『日本書紀三』，新編日本古典文学全集，小学館，1998，第102頁。

侍卫。“随侍”一词，于世俗文献《蜀志》卷12《郄正传》可见：“时扰攘仓卒，蜀之大臣无翼从者，惟正及殿中督汝南张通，舍妻子单身**随侍**。”① 但年代更早的用法，却出现在后汉安世高译《佛说处处经》卷1：“佛姑子名须那察多，**随侍**佛八年便生念：‘与我兄弟俱行，而独端正，有三十二相。’便恶意生，随佛后扫佛迹，不令人见佛相。复于人中，说佛无道，但言语中人意耳。”东晋佛驮跋陀罗译《大方广佛华严经》卷42：“时诸天子，咸作是念：‘今此菩萨摩诃萨，于兜率天将舍寿命。’时诸天子，疾办供具、香华、璎珞、涂香、末香、衣盖、幢幡及诸音乐，诣菩萨所，恭敬供养，我等咸皆，**随侍**守护。”而且，后世资料宋天息灾译《佛说大乘庄严宝王经》卷2可见：“观自在菩萨摩诃萨于是而去，彼诸药叉罗刹**悉皆随侍**而送。”该例中“悉皆随侍”的搭配形式亦与《皇极纪》一致。此处“随侍”一词出自佛经，殆无非议。

“**随绝**”，随之断绝，随之消亡。《日本书纪》卷17《继体纪》八年正月条：“嗣无之恨，方锺太子。妾名**随绝**。于是太子感痛，而奏天皇。”② 例言太子妃春日皇女无嗣，故而感伤声名欲绝。“随绝”这一词形，并非习见。唐般若译《大方广佛华严经》卷12：“世间有四业：一智二珍财；三受五欲乐；四求于解脱。诸王多未具，没世人莫称。如风持鞴囊，风息命**随绝**。”《继体纪》说的是人死之后，声名随之消亡；《华严经》是说生命如同鼓起的皮囊，没有了气息，也就意味着死亡。

四 “随助”“随堪”“随常”“随便”

“**随助**”，根据需要随时提供帮助。《日本书纪》卷21《用明纪》二年四月条：“是时押坂部史毛屎急来密语大连曰：‘今群臣图卿，复将断路。’大连闻之即退于阿都，集聚人焉。中臣胜海连于家集众，**随助**大连。”③ 押坂部史毛屎秘密告知物部守屋身处险境，守屋旋即退至阿部地区聚集兵力；中臣胜海连返回老家纠集士卒，追随守屋予以策应。例中“随助”，谓追随并按需给予帮助。姚秦鸠摩罗什译《大智度论》卷39：“（论）释曰：佛说持戒故，不堕恶道，布施随逐。今不知云何行尸罗波罗蜜，乃至阿鞞跋致地。是故复说常行十善。复次先菩萨持戒不牢固，布施**随助**。今说但持戒牢固，不舍十善，不堕三恶道。”例中“布施随助”，是说通过布施来获得拔济。唐李通玄撰《新华严经论》卷19：“大要言之，凡随智随行，随慈随悲，随波罗蜜，随观照，**随助**道法，随大愿，所有报境，因果相似。”此处“随助道法”，指因弘扬佛法而获得果报。由此可知，《用明纪》中的“随助”用作具体义，佛典中用作抽象义。

“**随堪**”，按照胜任的能力做相应的事情。《万叶集》卷20第4493～4510首歌序：

---

① （晋）陈寿撰，（宋）裴松之注《三国志》，中华书局，1959，第1041页

② 小島憲之、直木孝次郎、西宮一民、蔵中進、毛利正守『日本書紀二』，新編日本古典文学全集，小学館，1996，第304～306頁。

③ 小島憲之、直木孝次郎、西宮一民、蔵中進、毛利正守『日本書紀二』，新編日本古典文学全集，小学館，1996，第504～506頁。

“于时，内相藤原朝臣奉敕宣，诸王卿等**随堪**任意作歌并赋诗。仍应诏旨，各陈心绪，作歌赋诗。”[①] 例中“随堪”，指根据能力作歌赋诗，语出佛经，说法较新。《元兴寺伽蓝缘起并流记资财账》：“**随堪**修行善捧营，愿引导后嗣，后嗣类蒙此法之赖，现在未来令得最胜安乐。”谓对寺院的修缮尽力而为。相同用法在汉文佛经中可见如下文例。隋阇那崛多译《佛华严入如来德智不思议境界经》[②] 卷2：“以如是意，得大欢喜。净信心已，从座而起，合掌顶礼，**随堪**随力，摄取供养。”隋阇那崛多译《虚空孕菩萨经》卷2：“观察众生，心心所行，**随堪**可与，如是如是，为彼众生，示现方便。”

“**随常**”，平常，一般性的。《日本书纪》卷22《推古纪》二十九年二月条：“因约曰：‘任那小国，天皇附庸。何新罗辄有之。**随常**定内管家，愿无烦矣。’”[③]“随常”，表示像平常那样。先行用例唯见姚秦佛陀耶舍、竺佛念等合译《四分律》卷12：“若复报言：‘我随僧处分者，僧应**随常**教授比丘尼者次第差。比丘僧应克时到，比丘尼亦克时往迎。’”该例“随常”的用法与《推古纪》中的相同，谓讲授戒法时，僧侣们当像平时一样，按照次第让比丘尼也来听讲。

“**随便**”，随其所宜，因势利导。《日本书纪》卷25《孝德纪》大化二年正月条：“若山谷阻险、地远人稀之处，**随便**量置。”[④]《常陆国风土记·行方郡》条：“古老曰：倭武天皇，巡行过于此乡，有佐伯名曰鸟日子。缘其逆命，**随便**略杀。”[⑤]《续日本纪》卷3《文武纪》庆云元年六月条：“其有关须守者，**随便**斟酌，令足守备。”[⑥]（1）后汉安世高译《长阿含十报法经》卷1：“或时不如闻不如受，亦不计念，但从行取，一定相熟、受熟、念熟。行已受定相熟、受熟、念熟、行熟，**随便**如法，便如应解，便如法解。”（2）《齐民要术》卷4《园篱》：“若值巧人，**随便**采用，则无事不成，尤宜作机。”[⑦] 例言有心眼的人，依方便采作材料应用，没什么做不出来的，尤其宜作小几和坐子。

第二节　三音节组词

上古文学作品中，由“随”构成的三音节词语可见“随意宝”“随意乐”“随人愿”“随性分”；“随所请”“随所闻”“随见闻”。句式可见“随去到～”“随次而～”

---

① 小島憲之、木下正俊、東野治之『万葉集四』，新編日本古典文学全集，小学館，1996，第451頁。

② 该经于天平十八年抄写，录于《大日本古文书》卷7，第107页。

③ 小島憲之、直木孝次郎、西宮一民、蔵中進、毛利正守『日本書紀二』，新編日本古典文学全集，小学館，1996，第580～582頁。

④ 小島憲之、直木孝次郎、西宮一民、蔵中進、毛利正守『日本書紀三』，新編日本古典文学全集，小学館，1998，第132頁。

⑤ 植垣節也『風土記』，新編日本古典文学全集，小学館，1997，第384頁。

⑥ 青木和夫、稲岡耕二、笹山晴生、白藤礼幸『続日本紀一』，新日本古典文学大系，岩波書店，1989，第78頁。

⑦（北魏）贾思勰著，石声汉校释《齐民要术今释》，中华书局，2009，第318页。

“随教而～”“亦随而～”。以下逐一加以考释。

一　“随意宝”“随意乐”“随人愿”“随性分”

“随意宝”，能随意取出无量财物的宝珠，亦称“如意”“如意宝”“如意宝珠”。多喻指佛陀和经典的威德与伟大。《日本书纪》卷19《钦明纪》十三年十月条：“譬如人怀**随意宝**，逐所须用，尽依情，此妙法宝亦复然。”“新编全集本”释注：“灵妙的珠宝，可令事情随意。**如意宝珠**。”[①] 不确。东晋佛驮跋陀罗译《大方广佛华严经》卷48：“善男子，我唯得此，无尽功德藏，庄严法门。诸大菩萨无尽功德藏海。犹如虚空，以无量功德，熏修其心。如**随意宝**，满足一切，众生愿故。”姚竺佛念译《菩萨从兜术天降神母胎说广普经》卷5：“入海采珍琦，珊瑚琥珀珠。明月**随意宝**，安隐还本国。”从上述例句可知，“随意宝”，指能如自己意愿而变现出种种珍宝的宝珠。石井公成在《〈日本书纪〉佛教汉文的表达与变体语法（上）》一文中指出过“随意宝”与汉文佛经的出源关系。[②]

“随意乐”，随其愿望（而做某事）。《日本灵异记》上卷《殷勤归信观音愿福分以现得大福德缘》：“于时，语其妖曰：‘今吾垂死，有一冀意。若听许不也?’妖答曰：‘**随意乐**。’”[③] 东晋佛驮跋陀罗译《大方广佛华严经》卷2《世间净眼品》：“如来无量功德海，一一毛孔悉得见，能令一切**随意乐**，清净悦乐如是见。”唐地婆诃罗译《最胜佛顶陀罗尼净除业障咒经》卷1：“或有风过，吹其塔等，而复吹人，少沾身分，即得生天，受胜妙乐。亦**随意乐**，往生净土。”唐不空译《阿閦如来念诵供养法》卷1：“护身及五诲，应当如前作。礼佛**随意乐**，读诵方广乘。”

“随人愿”，能够满足人的愿望。《日本灵异记》上卷《归信三宝钦仰众僧令诵经得现报缘第32》：“流闻大安寺丈六，能**随人愿**。仍便使人，诣寺诵经。”[④] 宋太宗赵炅撰《御制秘藏诠》卷1：“住果**随人愿**：诸佛居果位，随众生心，应现身形，方便引接，随机利物，说法令修。”《大般若经》云：‘我住于果，随众生心，现身说法。’”宋尊式述《天竺别集》卷2：“大悲观世音，无不**随人愿**。”

“随性分”，按照诸法差别的自性而相应做某事。《续日本纪》卷8《元正纪》养老二年十月条：“次根德有性分，业亦粗细，亦**随性分**，皆令就学。凡诸僧徒，勿使浮游。或讲论众理，学习诸义。或唱诵经文，修道禅行。”[⑤] 隋智顗说《摩诃止观》[⑥] 卷9：

---

① 小島憲之、直木孝次郎、西宮一民、蔵中進、毛利正守『日本書紀二』，新編日本古典文学全集，小学館，1996，第416頁。

② 石井公成「『日本書紀』における仏教漢文の表現と変格語法（上）」，『駒沢大学仏教学部研究紀要』73，2016。

③ 中田祝夫『日本霊異記』，日本古典文学全集，小学館，1975，第129頁。

④ 中田祝夫『日本霊異記』，日本古典文学全集，小学館，1975，第130頁。

⑤ 青木和夫、稲岡耕二、笹山晴生、白藤礼幸『続日本紀二』，新日本古典文学大系，岩波書店，1990，第46頁。

⑥ 该经于胜宝六年抄写，题作《天台止观法门》（据《东征传》），又于景云二年抄写，题作《止观》，录于《大日本古文书》卷7，第90页。

"譬如欲界四大色，造种种地；青黄赤白，高下不同，造种种树木草果；甘苦辛酸，药毒香臭，造种种人；端丑聪钝，贫富善恶，造种种禽兽，毛角飞走。无边种类，差品不混，**各随性分**，任力所能。"唐一行记《大毘卢遮那成佛经疏》卷12《转字轮漫荼罗行品》："圆满者，随彼上中下行，**各随性分**，而得利益，皆当成就妙果也。"按：在传世文献中，"性分"，犹言"天性""本性"。《后汉书》卷83《逸民传序》："然观其甘心畎亩之中，憔悴江海之上，岂必亲鱼鸟乐林草哉，亦云**性分**所至而已。"

二 "随所请""随所闻""随见闻"

"**随所请**"，按照希望的那样。《日本书纪》卷30《持统纪》二年十一月条："丙辰，务大肆陆奥国优嗜昙郡城养虾夷脂利古男，麻吕与铁折，请剃鬓发为沙门。诏曰：'麻吕等少而闲雅寡欲。遂至于此，蔬食持戒。可**随所请**出家修道。'"① 东晋佛驮跋陀罗译《大方广佛华严经》卷10《明法品》："彼菩萨摩诃萨，云何修习，功德转胜？……**随所请**众生，皆悉度脱，兴隆三宝，永使不绝，一切所为，善根境界，诸行方便，皆悉不虚？"上引两例中的"随所请"，均表示按照所希望的那样满足其愿望，可视作佛经固有的表达形式。

"**随所闻**"，按照听到的那样。《日本灵异记》中卷《序》："唯以是天皇代所录善恶表多数者，由圣皇德显世最多。漏事不顾，今**随所闻**，且载且覆。"② 后汉支娄迦谶译《般舟三昧经》卷1《行品》："立一念，信是法，**随所闻**；念其方，宜一念，断诸想。"东晋瞿昙僧伽提婆译《中阿含经》卷52《大品》："王童子复问曰：'贤者阿奇舍那！汝当**随所闻**。汝随所诵习者，尽向我说。如比丘此法律中不放逸，行精勤得一心。'"姚秦鸠摩罗什译《大智度论》③ 卷28《序品》："如是等，字字**随所闻**，皆入一切诸法实相中，是名'字入门陀罗尼'。如《摩诃衍品》中说诸字门。"

"**随见闻**"，根据所见所闻而做某事。《日本书纪》卷29《天武纪下》八年十月条："冬十月戊申朔己酉，诏曰：'朕闻之，近日暴恶者多在巷里。是则王卿等之过也。或闻暴恶者也烦之忍而不治，或见恶人也倦之匿以不正。其**随见闻**以糺弹者，岂有暴恶乎？'"④ 后魏菩提流支译《大萨遮尼乾子所说经》卷7《如来无过功德品》："沙门瞿昙，住大悲心，善分别义，无有诤讼；**随见闻**说，舍诸不善；趣于道场，心无障碍。"陈真谛译《佛说解节经》卷1《不可言无二品》："是人若见若闻，随能随力，执着见闻，**随见闻**说：'此是真实，异此非真。'是人应当，须重思量。"

① 小島憲之、直木孝次郎、西宮一民、藏中進、毛利正守『日本書紀三』，新編日本古典文学全集，小学館，1998，第488頁。

② 中田祝夫『日本霊異記』，日本古典文学全集，小学館，1975，第142頁。

③ 小島憲之、直木孝次郎、西宮一民、藏中進、毛利正守『日本書紀三』，新編日本古典文学全集，小学館，1998，第196頁。

④ 小島憲之、直木孝次郎、西宮一民、藏中進、毛利正守『日本書紀三』，新編日本古典文学全集，小学館，1998，第392頁。

三 “随去到～”“随次而～”“随教而～”“亦随而～”

“随去到～”，跟随他人去到某处。《日本书纪》卷21《用明纪》元年五月条：“时谏曰：‘王者不近刑人。不可自往。’皇子不听而行。马子宿祢即便**随去到**于盘余，而切谏之。”① 例言穴穗皇派遣物部守屋，谋杀君逆和他的两个孩子。苏我马子得知后，极力劝谏皇子。“随去到～”系佛经中习见的句型。失译人名今附汉录《佛说阿鸠留经》② 卷1：“阿鸠留，即驰行，呼伴人，语之言：‘勿复忧也。已得饮食处，随我去来。’伴人大喜，便**随去到**树下。”失译经人名今附西晋录《长寿王经》卷1：“王即**随去**，**到**城门外，而令缚之，以白贪王。”后秦弗若多罗、罗什合译《十诵律》卷58：“是长老即时飞去，小儿**随去到**舍。”

“随次而～”，按照先后次序做某事。《日本书纪》卷27《天智纪》十年十一月条：“大友皇子，手执香炉，先起誓盟曰：‘六人同心，奉天皇诏。若有违者，必被天罚。’云云。于是左大臣苏我赤兄臣等手执香炉，**随次而**起，泣血誓盟曰。”③ 这是大友皇子与五个大臣发誓效忠天皇的一个场面。“随次而起”，谓依次站起身来。“随次而～”的句式，多见于汉文佛经，且时代久远。吴支谦译《须摩提女经》卷1：“最大梵志，举手称善，前抱长者项，往诣坐所。余梵志者，各**随次而**坐。”梁宝唱等集《经律异相》卷50：“刀轮地狱者，四面刀山，于众山间，积刀如轮，有八百万亿，极大刀轮，**随次而**下，犹如雨渧，以乐苦恼他，杀害众生。”唐义净译《根本说一切有部毘奈耶》卷43：“说是语已，须臾命终，彼婆罗门，**随次而**终。”

“随教而～”，按照所教的去做某事，用作具体义。《日本书纪》卷9《神功纪》摄政前纪条：“时得神语，**随教而**祭。然后遣吉备臣祖鸭别，令击熊袭国。未经浃辰，而自服焉。”④ 例言神功皇后遵从神的嘱托而举行祭神活动。失译人名今附后汉录《大方便佛报恩经》卷3：“尔时鹿女，为得火故，**随教而**去。其女去后，未久之间，波罗奈王，将诸大臣，百千万众，前后围绕，千乘万骑，入山游猎，驰逐群鹿。”后秦佛陀耶舍、竺佛念等合译《长阿含经》卷1：“如象善调，随意所之。大众如是，**随教而**还。”唐义净译《根本说一切有部毘奈耶》卷23：“诸妹，汝等亦应，诵无常经。是时门徒，**随教而**作。”上引三例“随教而～”都表示按照所告诉的那样去做。另一方面，在传统的中国文献当中，“随教而～”的“教”通常用作抽象义，表示教化的意思。《魏志》

---

① 小島憲之、直木孝次郎、西宮一民、藏中進、毛利正守『日本書紀三』，新編日本古典文学全集，小学館，1996，第502頁。

② 该经于天平二十年抄写，题作《阿鸠留经》，录于《大日本古文书》卷3，第148页。

③ 小島憲之、直木孝次郎、西宮一民、藏中進、毛利正守『日本書紀三』，新編日本古典文学全集，小学館，1998，第294頁。

④ 小島憲之、直木孝次郎、西宮一民、藏中進、毛利正守『日本書紀一』，新編日本古典文学全集，小学館，1994，第418頁。

卷3《明帝纪》："世之质文，**随教而**变。兵乱以来，经学废绝，后生进趣，不由典谟。"①《晋书》卷82《虞溥传》："情定于内而行成于外、积善于心而名显于教，故中人之性**随教而**移，积善则习与性成。"② 由此可以断定，《神功纪》的说法出自汉文佛经。

"**亦随而～**"，因前项动作或状态伴随出现后项动作或状态。《日本书纪》卷14《雄略纪》九年三月条："津麻吕闻之踏叱曰：'主既已陷，何用独全?'因复赴敌，同时殒命。有顷，遗众自退，官军**亦随而**却。"③ 例言残余的士兵退散以后，官兵也随之撤离。"亦随而～"表示随之出现相应的变化。年代较早的文例可见姚秦佛陀耶舍、竺佛念等合译《四分律》卷31："时弥却摩纳，取此五百金钱已，从坐起而去。时苏罗婆提女**亦随而**去。"后秦鸠摩罗什译《十住毘婆沙论》卷12："种种咨请问，**亦随而**分别。经法智慧中，未曾有悋惜。"这一句式后来也开始出现在中土文献之中。《晋书》卷34《杜预传》："今每岁一考，则积优以成陟，累劣以取黜。以士君子之心相处，未有官故六年六黜清能。六进否劣者也。监司将**亦随而**弹之。"④《宣室志》卷2《李回》条："其首俯于筵上，食之且尽，乃就饮其酒，俄顷，其貌赬然，若有醉色，遂飞去。群鬼**亦随而**失。后数日，回疾愈。"⑤

第三节　四音节组词

上古文学作品中，由"随"组成的四字格较为丰富。从语法结构来看，"随～"大致有以下六种："随+偏正词组""随+主语+谓语""随+主语+所+宾语""随+宾语+而+谓语""随+谓语+宾语""随+宾语+随+宾语"。以下分别予以考释。

一　"随+偏正词组"

"**各随本愿**"，各自按照自己的愿望那样去做。《奈良朝写经5·大般若经卷第267》："以此善业，奉资登仙二尊神灵，**各随本愿**，往生上天，顶礼弥勒，游戏净域，面奉弥陀，并听闻正法，俱悟无生忍。"东晋帛尸梨蜜多罗译《佛说灌顶经》卷5："佛说此经已，会中人民，外道梵志，天龙八部，悉得解悟，**各随本愿**，得道不同，闻佛所说，欢喜奉行。"又卷6："佛语阿难，吾现王宫，出生之时，无量无边，恒沙众生，见我身者，喜踊无量，**各随本愿**，悉得道迹。"失译人名今附秦录《大乘悲分陀利经》卷

① （晋）陈寿撰，（宋）裴松之注《三国志》，中华书局，1959，第97页。
② （唐）房玄龄等撰《晋书》，中华书局，1994，第2139页。
③ 小島憲之、直木孝次郎、西宮一民、蔵中進、毛利正守『日本書紀二』，新編日本古典文学全集，小学館，1996，第182頁。
④ （唐）房玄龄等撰《晋书》，中华书局，1994，第1027页。
⑤ 上海古籍出版社编《唐五代笔记小说大观》，上海古籍出版社，2000，第1001页。

7《庄严品》："尔时如是，供养大悲、大沙门舍利已，其命终日，宝藏如来，正法亦灭。彼诸菩萨摩诃萨，**各随本愿**，生他方界，有随愿生兜率陀天，有生人中，有生龙中，有生夜叉中，有生阿修罗中，有随愿受，种种畜生。"

"随所住处"，按照住地（相应地安排某事）。《续日本纪》卷27《称德纪》天平神护二年五月条："又美作国守从五位上巨势朝臣净成等解称：'胜田郡盐田村百姓，远阔治郡，侧近他界，差科供承，极有艰辛。望请**随所住处**，便隶备前国藤野郡者。'奏可。"① 东晋佛陀跋陀罗、法显合译《摩诃僧祇律》卷8："佛告诸比丘当知如来应供第一乐人，出家离第一乐，而**随所住处**，常三衣俱，持钵乞食。"北凉昙无谶译《大般涅槃经》卷12《圣行品》："主人还入，问功德天：'外有一女，云是汝妹。实为是不?'功德天言：'实是我妹。我与此妹，行住共俱，未曾相离。**随所住处**，我常作好，彼常作恶，我常利益，彼常作衰。'"唐义净译《金光明最胜王经》卷6《四天王护国品》："若有人能听此经，身心踊跃生欢喜；常有百千药叉众，**随所住处**护斯人。"

二 "随+主语+谓语"

"随水流下"，顺水往下流。《古事记》中卷《应神记》："渡到河中之时，令倾其船，堕入水中。尔乃浮出，**随水流下**。"② 这里讲的是天皇驾崩后两个皇子争夺皇位的故事。"随水流下"，指顺流而下。该说法唯见于汉文佛经。姚秦佛陀耶舍、竺佛念等合译《四分律》卷55："时有二比丘，往阿夷罗婆提河中浴，见贵价衣簏**随水流下**。"隋阇那崛多译《佛本行集经》卷45："尔时伽耶螺髻迦叶，在河下流，忽见鹿皮，及祭祀火，器皿调度，**随水流下**。见已心复，生大恐怖。"同样，《古事记》下卷《仁德记》"**随河而**上幸山代。"③ 中的"随河而～"这一句式亦出自汉文佛经。北魏瞿昙般若流支译《正法念处经》卷25："于其河中，上味饮食。**随河而**流，种种色香。上味之饮，充满其中。"值得注意的是，"河"在传世文献当中，专指黄河，与长江的"江"构成对义词。因此，在传世文献当中，除非特指黄河，通常不会出现"随河流下"或"随河而～"之类的句式。为避免产生歧义，汉文佛经中便出现了"随水流下"这样的说法。这一特殊语境下的产物，自然也就在《应神记》中留下了印记。

"随水流出"，伴随着流水被冲了出来。《出云国风土记·岛根郡》条："（双行注）尔时，角弓箭，**随水流出**。""随水流出"的说法，肇始于汉文佛经。④ 刘宋求那跋陀罗译《杂阿含经》卷47："尔时，世尊告诸比丘：'如铸金者，积聚沙土，置于槽中，然后以水灌之，粗上烦恼、刚石坚块，随水而去。犹有粗沙缠结，复以水灌，粗沙**随水流**

① 青木和夫、稲岡耕二、笹山晴生、白藤礼幸『続日本紀四』，新日本古典文学大系，岩波書店，1995，第122頁。

② 山口佳紀、神野志隆光『古事記』，新編日本古典文学全集，小学館，1997，第270頁。

③ 山口佳紀、神野志隆光『古事記』，新編日本古典文学全集，小学館，1997，第292頁。

④ 植垣節也『風土記』，新編日本古典文学全集，小学館，1997，第180頁。

出，然后生金。犹为细沙黑土，之所缠结，复以水灌，细沙黑土，随水流出。然后真金，纯净无杂，犹有似金微垢。'”嗣后，“随水流出”的句式被传世文献接受。《唐文拾遗》卷50杜光庭《鱼龙洞记》：“岐府西陇州路七十里余，有鱼龙洞。中有石，或大或小，随水流出。”① 从表达构思的角度讲，“随水流出”与“随水流下”如出一辙。

“随欲驱使”，随心所欲地役使。《日本书纪》卷14《雄略纪》十五年条：“十五年，秦民分散臣连等，各随欲驱使，勿委秦造。”②“随欲驱使”，意即任意驱使。毋庸置疑，该说法依据的是对《日本书纪》产生过直接影响的唐义净译《金光明最胜王经》。该经卷6曰：“亦复令此持《金光明最胜王经》流通之者，及持呪人，于百步内，光明照烛，我之所有，千药叉神，亦常侍卫，随欲驱使，无不遂心。”

“随过轻重”，谓斟酌罪过的轻重加以处罚。《日本书纪》卷25《孝德纪》大化二年三月条：“夫为君臣以牧民者，自率而正，孰敢不直？若君或臣不正心者当受其罪。追悔何及。是以凡诸国司，随过轻重，考而罚之。”③ 例中“随过轻重，考而罚之”一句，诸注无解。我们认为该句源自唐玄奘译《药师琉璃光如来本愿功德经》④ 卷1：“复次阿难，彼琰魔王主领世间名籍之记。若诸有情，不孝五逆，破辱三宝，坏君臣法，毁于信戒，琰魔法王，随罪轻重，考而罚之。”大致相同的记载内容亦见于唐义净译《药师琉璃光七佛本愿功德经》⑤ 卷2。

“不随～语”，不听从某人的话，不按某人说的去做。《日本灵异记》中卷《依不布施与放生而现得善恶报缘第16》：“家口应语，析分饭而养。彼家口中，有一使人，不随主语，厌于耆姥。”⑥ 比丘道真译《佛说救护身命经》卷1：“佛告阿难：'若有恶魔蛊道，不随我语者，我当使此魔众邪蛊道如押油快，悉皆消灭，无有遗余。'”按：“不随～语”的肯定形式是“随～语”。《日本灵异记》中卷《依不布施与放生而现得善恶报缘第16》：“托卜者曰：'我身莫烧，七日置之。'随卜者语，自山荷出，置之于外，唯待期日。”⑦

三 “随+主语+所+宾语”

“随王所须”，按照大王的需求提供服务。《日本书纪》卷19《钦明纪》十四年六月条：“六月，遣内臣使于百济。仍赐良马二匹、同船二只、弓五十张、箭五十具。敕

① （清）董诰等编《全唐文·附唐文拾遗唐文续拾》，中华书局，1983，第10949页。
② 小島憲之、直木孝次郎、西宮一民、蔵中進、毛利正守『日本書紀二』，新編日本古典文学全集，小学館，1996，第200頁。
③ 小島憲之、直木孝次郎、西宮一民、蔵中進、毛利正守『日本書紀三』，新編日本古典文学全集，小学館，1998，第144頁。
④ 该经于奈良时代具体的抄写时期不详，录于《大日本古文书》卷12，第68页。
⑤ 该经于胜宝二年抄写，录于《大日本古文书》卷11，第370页。
⑥ 中田祝夫『日本靈異記』，日本古典文学全集，小学館，1975，第191頁。
⑦ 中田祝夫『日本靈異記』，日本古典文学全集，小学館，1975，第192頁。

云：‘所请军者，**随王所须**。’”① 敕文说受邀的军队归由百济王随意调遣使用。该说法在六朝以降佛经文献始见。刘宋求那跋陀罗译《杂阿含经》卷27：“转轮圣王须珍宝，即便告敕：‘**随王所须**，辄以奉上。’”元魏瞿昙般若流支译《正法念处经》卷2：“不待教敕，而知王意，**随王所须**，皆悉能办。”

“**随心所愿**”，犹言“随心所欲”。《日本书纪》卷20《敏达纪》十三年是岁条：“马子宿祢试以舍利，置铁质中，振铁锤打。其质与锤，悉被摧坏。而舍利不可摧毁。又投舍利于水，舍利**随心所愿**，浮沉于水。由是马子宿祢、池边氷田、司马达等，保信佛法，修行不懈。”② 例言舍利可以按照人的意愿在水中或沉或浮。此处“随心所愿”的说法，无疑同样源自《金光明最胜王经》卷3：“四者，**随心所愿**，皆得满足。是名四种胜利。”按：《日本灵异记》中卷《已作寺用其寺物作牛役缘第9》：“探之斑文，谓：‘赤麻吕者，檀于己所造寺，而**随恣心**借用寺物，未报纳之死亡焉。为偿此物，故受牛身者也。’”③ 关于例中“随恣心”，唐法琳撰《一切经音义》卷45：“**恣心**：咨肆反。《说文》：**恣**，纵心也。从心，次声。”北凉昙无谶译《佛所行赞》卷2《合宫忧悲品》：“爱念自在伴，**随欲恣心**作，故使圣王子，一去不复归。”

“**随其所教**”，按照所说的去做。《万叶集》卷5山上忆良《沉痾自哀文》：“若实若妄，**随其所教**，奉币帛，无不祈祷。然而弥有增苦，曾无减差。”④ 例言不管真实与否，都按照算命先生的说法，为治病而进献缯帛，祈祷神灵。“随其所教”的说法，唯见于元魏慧觉等合译《贤愚经》卷9《善事太子入海品》：“我今转极，余命少少。若命终后，念识我恩，对我发哀，埋此沙中。导师语竟，气绝命终。对之悲恸，为之葬埋，**随其所教**。”⑤

“**随其所乞**”，满足其乞求，按照其乞求的那样去做。《日本书纪》卷2《神代纪下》：“时兄火阑降命既被厄困，乃自伏罪曰：‘从今以后，吾将为汝俳优之民。请施恩活。’于是**随其所乞**，遂赦之。”⑥ 后秦鸠摩罗什译《大智度论》卷56：“菩萨从初发意来，于一切众生中，常行檀波罗蜜。应病与药，随病所须。拯济孤穷，**随其所乞**，皆给与之。”上引两例“随其所乞”，均用以表示满足所有乞求的愿望。

“**随力所堪**”，力所能及。《续日本纪》卷32《光仁纪》宝龟三年二月条：“诏报：

---

① 小島憲之、直木孝次郎、西宮一民、藏中進、毛利正守『日本書紀二』，新編日本古典文学全集，小学館，1996，第420頁。

② 小島憲之、直木孝次郎、西宮一民、藏中進、毛利正守『日本書紀二』，新編日本古典文学全集，小学館，1996，第488～490頁。

③ 中田祝夫『日本靈異記』，日本古典文学全集，小学館，1975，第173頁。

④ 小島憲之、木下正俊、東野治之『万葉集二』，新編日本古典文学全集，小学館，1995，第76頁。

⑤ 马骏：《日本上代文学“和习”问题研究》，国家哲学社会科学成果文库2011，北京大学出版社，2012，第338页。

⑥ 小島憲之、直木孝次郎、西宮一民、藏中進、毛利正守『日本書紀一』，新編日本古典文学全集，小学館，1994，第160頁。

‘省所上表，感念兼怀。宜**随力所堪**，如常仕奉。’”① 姚秦佛陀耶舍、竺佛念等合译《四分律》卷33：“法将护者，劝令增戒，增心增慧，学问诵经。衣食将护者，当供养衣食床褥，卧具医药，所须之物，**随力所堪**。”萧齐僧伽跋陀罗译《善见律毘婆沙》卷1《阿育王品》：“是时阿育王，即敷施床座，高下精粗，各各不同。王语诸外道：‘**随力所堪**，各各当座而坐。’”

四 “随＋宾语＋而＋谓语”

“**随问而答**”，问什么答什么，有问必答。《日本书纪》卷25《孝德纪》白雉五年二月条：“于是东宫监门郭丈举，悉问日本国之地里及国初之神名。皆**随问而答**。”② 该四字语句始见于汉文佛经。萧齐僧伽跋陀罗译《善见律毘婆沙》③ 卷4：“问曰：‘何谓为无上菩提？’答曰：‘若人在须陀洹道，问须陀洹果，即为说之；乃至在阿罗汉道，问阿罗汉果，即为说之；如声闻辟支佛佛道，**随问而答**。故名无上菩提。”北凉昙无谶译《大方等大集经》卷7：“尔时须菩提白佛言：‘世尊，是不眴菩萨，乐说无碍，不可思议，辨才利智，**随问而答**。’佛言须菩提：‘不眴菩萨，得一切法，自在三昧。以是故能，**随问而答**。’”该说法稍后在中土文献中亦开始流行。《梁书》卷51《刘歊传》：“十一，读《庄子·逍遥篇》，曰：‘此可解耳。’客因问之，**随问而答**，皆有情理，家人每异之。”④《南史》卷49中亦有类似的记载。

“**随事而作**”，根据安排干自己的活儿。根据实际情况，按照要求行事。《日本书纪》卷25《孝德纪》大化元年九月条：“进调赋时，其臣、连、伴造等先自收敛，然后分进。修治宫殿，筑造园陵，各率己民，**随事而作**。”⑤“随事而作”多见于唐代以后的密教典籍。唐善无畏译《苏悉地羯罗供养法》⑥ 卷3：“次则莲花，羯尼迦罗等花，随意护摩，随其本事，或寂静心，或欢喜心，或忿怒而护摩；其所著衣，或白或黄赤，随事应知；或面向东，或北或南，**随事而作**。”唐不空译《蕤呬耶经》卷3：“次说息灾增益，及降伏事，三种护摩，差别之法，依作彼曼荼罗，**随事而作**护摩。”唐一行记《大毘卢遮那成佛经疏》卷11：“真言行者，若得意时，**随事而作**如是：频以大悲之水，而洗其心、渐令此菩提心有大势。”

---

① 青木和夫、稲岡耕二、笹山晴生、白藤礼幸『続日本紀四』，新日本古典文学大系，岩波書店，1995，第368頁。

② 小島憲之、直木孝次郎、西宮一民、蔵中進、毛利正守『日本書紀三』，新編日本古典文学全集，小学館，1998，第196頁。

③ 该经于胜宝三年抄写，录于《大日本古文书》卷12，第177页。

④（唐）姚思廉撰《梁书》，中华书局，1973，第747页。

⑤ 小島憲之、直木孝次郎、西宮一民、蔵中進、毛利正守『日本書紀三』，新編日本古典文学全集，小学館，1998，第126頁。

⑥ 该经于天平九年抄写，题作《苏悉地羯罗经》，录于《大日本古文书》卷7，第109页。

五　“随 + 谓语 + 宾语”

“**随至何处**”，无论到达何处，无论走到哪里。《日本书纪》卷 14《雄略纪》四年八月条：“加须利君则以孕妇，既嫁与军君曰：‘我之孕妇既当产月。若于路产，冀载一船，**随至何处**速令送国。’”① 元魏菩提流支译《佛说法集经》② 卷 6：“世尊，菩萨摩诃萨，亦复如是。乘大悲心，**随至何处**，彼诸佛法，随顺大悲，自然而去。”此为孤例，显得弥足珍贵。

六　“随 + 宾语 + 随 + 宾语”

“**随见随闻**”，根据所见所闻而做某事。《日本书纪》卷 29《天武纪下》十一年八月条：“凡纠弹犯法者，或禁省之中，或朝庭之中，其于过失发处，即**随见随闻**无匿弊而纠弹。”③ 例言无论是在禁中还是在朝廷，对犯法者均须毫无掩饰，随时随地加以举发弹劾。唐玄奘译《显扬圣教论》④ 卷 18：“问：‘建立云何？’答：依语因依处，建立随说因。‘何以故？’‘由于欲界系法色无色界系法及不系法建立。名为先故想转，想为先故起语。由语故，**随见随闻**，随觉随知，起诸言说。是故依语依处，建立随说因。’”值得注意的是，无论是《天武纪》还是《显扬圣教论》，“随见随闻”所表示的都是一种实时听闻的言语行为。

以上，我们以上古文学作品中的“随”字句为例，揭示了上古文学作品的文章表达与汉文佛经之间存在的影响关系，挖掘并整理出其独特的表达类型及体式，凸显了日本文学在接受佛教翻译文学文体时的主体意识与创新精神。我们希望依据确凿的文献资料，在充分梳理各种与汉文佛经相关句式的基础上，阐释日本上古文学与汉文佛经在文体学上的近缘关系，勾勒出在传统的中国文学与佛经翻译文学双重作用下喷薄欲出的日本上古文学的全貌。

---

① 小島憲之、直木孝次郎、西宮一民、蔵中進、毛利正守『日本書紀二』，新編日本古典文学全集，小学館，1996，第 164 頁。

② 该经于天平十九年抄写，题作《法集经》，录于《大日本古文书》卷 3，第 710 页。

③ 小島憲之、直木孝次郎、西宮一民、蔵中進、毛利正守『日本書紀三』，新編日本古典文学全集，小学館，1998，第 422 ~ 424 頁。

④ 该经于天平九年抄写，录于《大日本古文书》卷 7，第 77 页。

第二章　佛典“相”字句

“相”字句，是表示两个或两个以上的行为者共同从事某事的句子，它以前缀词“相”作为外在标识。在不同的语言系统中，“相”字句的表现体制和频度不一，但它却是汉文佛经中一种颇为常见的句子格式。

第一节　源自佛典的表达

根据我们的调查，结果表明“相”字句对日本上古文学作品的语言表述产生过一定的影响。这种影响既有通过汉文佛经直接进入上古文学作品的固有搭配，又有作者自创的表达形式。从文体学的角度来看，十分有必要厘清“相”字句在上古文学作品中的继承与创新的关系。为论述方便起见，下面将上古文学作品分作奈良前后两期来探讨这一问题。

一　奈良朝前期

前期作品指《古事记》《日本书纪》《万叶集》《怀风藻》《风土记》《古语拾遗》等。

（一）《古事记》

“能相似”，非常相像。“能”，表程度，非常之意。《古事记》上卷《忍穗耳命与迩迩艺命》：“其过所以者，此二柱神之容姿甚能相似。故是以过也。”[①] 例言之所以会将两尊神弄错，是因为从长相到体型二神都非常相像。（1）隋阇那崛多译《佛本行集经》卷36《耶输陀宿缘品》：“诸长老等，希有此事！此之长老，耶输陀者，大有神通，乃能使此，五百比丘，一切皆亦，有大神通。共耶输陀，昔作朋友，各**能相似**。彼等父母，亦皆有德。”（2）韩翃《赠别崔司直赴江东兼简常州独孤使君》：“爱君青袍色，芳草**能相似**。官重法家流，名高墨曹吏。”[②] 按：该说法系隋唐以后产生的新形式，率先

① 山口佳紀、神野志隆光『古事記』，新編日本古典文学全集，小学館，1997，第104頁。

② 王启兴主编《校编全唐诗》，湖北人民出版社，2001，第1035页。

出现在汉文佛经，后进入中土文献。

（二）《日本书纪》

《日本书纪》中的“相”字句可分作 α、β 群。前者有“相逐入～”“不相侵夺”“相见问讯”；后者有“（与）～相淫”“共相击”“各相背”“不须相见”。

“相逐入～”，相互追逐进入某处，跟随某人进入某处。《日本书纪》卷 14《雄略纪》二十二年七月条：“秋七月，丹波国余社郡管川人瑞江浦岛子，乘舟而钓，遂得大龟，便化为女。于是浦岛子感以为妇，**相逐入**海，到蓬莱山，历睹仙众。”[①] 这是日本文学中有关浦岛太郎传说最早的文献记载。江浦岛子乘船在海上垂钓，钓得一只大龟，大龟变成一女子，两人一见钟情，结为夫妻。江浦岛子跟随女子来到蓬莱山，目睹了列位仙人。（1）唐义净译《根本说一切有部毘奈耶药事》卷 13：“白言：‘仁者，是我父母，为来相救。我今免离父母，眷属之苦。仁可相随，向我宫中。’即共**相逐**，**入**龙子宫。”唐义净撰《大唐西域求法高僧传》[②] 卷 1：“大乘灯禅师者，爱州人也。梵名莫诃夜那钵地已波（唐云大乘灯也）。幼随父母，泛舶往社和罗钵底国，方始出家。后随唐使郯绪，**相逐入**京。”（2）张籍《哭丘长史》：“丘公已殁故人稀，欲过街西更访谁。每到子城东路上，忆君**相逐入**朝时。”[③] 姚合《寄无可上人》：“见世虑皆尽，来生事更修。终须执瓶钵，**相逐入**牛头。”[④]

“不相侵夺”，不相互侵略争夺。《日本书纪》卷 19《钦明纪》五年三月条：“近安罗处，安罗耕种。近久礼山处，新罗耕种。各自耕之，**不相侵夺**。”[⑤] 例言靠近安罗的土地由安罗人耕种，靠近久礼山的土地，由新罗人耕种。人们各自耕种属于自己的田地，不相互侵犯掠夺。北凉昙无谶译《金光明经》卷 2《四天王品》：“四王当知，此阎浮提，八万四千，城邑聚落，八万四千，诸人王等，各于其国，娱乐快乐，各各于国，而得自在；于自所有，钱财珍宝，各各自足，**不相侵夺**；如其宿世，所修集业，随业受报，不生恶心，贪求他国。”唐义净译《金光明最胜王经》卷 6《四天王护国品》：“四王当知，此赡部洲，八万四千，城邑聚落，八万四千，诸人王等，各于其国，受诸快乐，皆得自在，所有财宝，丰足受用，**不相侵夺**。随彼宿因，而受其报，不起恶念，贪求他国，咸生少欲，利乐之心，无有斗战，系缚等苦。”按：考虑到《金光明经》和《金光明最胜王经》对《日本书纪》的巨大影响，此处的出源关系确凿无疑。在用法上，佛典中相互争夺的对象是奢侈品金银财宝，《钦明纪》则是人们赖以生存的土地。

“相见问讯”，见面互相问候，互相打听消息。《日本书纪》卷 26《齐明纪》五年

---

① 小島憲之、直木孝次郎、西宮一民、蔵中進、毛利正守『日本書紀二』，新編日本古典文学全集，小学館，1996，第 206 頁。

② 该经于天平十一年抄写，题作《求法高僧传》，录于《大日本古文书》卷 7，第 311 页。

③ 王启兴主编《校编全唐诗》，湖北人民出版社，2001，第 1725 页。

④ 王启兴主编《校编全唐诗》，湖北人民出版社，2001，第 2391 页。

⑤ 小島憲之、直木孝次郎、西宮一民、蔵中進、毛利正守『日本書紀二』，新編日本古典文学全集，小学館，1996，第 392 頁。

七月条："（《伊吉连博德书》）三十日，天子**相见问讯**之：'日本国天皇，平安以不？'使人谨答：'天地合德，自得平安。'"① 梁宝唱等集《经律异相》卷34："佛时在舍卫国。舍卫国有人，价作到波罗奈国。国王即请价人，与**相见问讯**。"

"（与）~**相淫**"，彼此奸淫，相互淫乱。《日本书纪》卷10《应神纪》二十五年条："二十五年，百济直支王薨，即子久尔辛立为王。王年幼，木满致执国政，**与**王母**相淫**，多行无礼。"② 唐道世撰《法苑珠林》卷62："妻常冤诉府君曰：'汝夫妇违誓，大义不罪，二终罪一也。师咨义著在三，而奸之。是父子**相淫**，无以异也。付法局详形。'"该记载亦见于《太平广记》卷113《陈安居》条。按：《汉语大词典》失收。在中土文献中，该句式通常用作"与~淫"。《汉书》卷27《五行志上》："董仲舒、刘向以为，严母文姜**与**兄齐襄公**淫**，共杀桓公，严释父仇，复取齐女，未入，先**与**之**淫**，一年再出，会于道逆乱，臣下贱之之应也。"③ 汉文佛经中有"相淫"一词，却不涉及动作的对象。《应神纪》将两者组合起来，形成了"与~相淫"这一特殊句式。

"共相击"，互相攻击，相互击打。《日本书纪》卷5《崇神纪》六十年七月条："乃兄先上陆，取弟真刀自佩。后弟惊而取兄木刀，**共相击**矣。弟不得拔木刀，兄击弟饭入根而杀之。"④ 例言哥哥先上岸，拿走了弟弟的真剑佩带在腰上。弟弟见状，慌忙操起哥哥的木剑迎击。两剑互相击打，结果哥哥杀了弟弟。元魏瞿昙般若流支译《正法念处经》卷67："譬如二山，坚如金刚。于二山间，置生酥抟。有大黑风，吹此二山，互**共相击**，压生酥抟。"按："共"与"相"义同，互相之意。古汉语中，通常采用"与……相击"的句型。《魏书》卷70《傅竖眼传》："灵越与羊兰奋兵**相击**，乾爱遣船迎之，得免。"⑤《敦煌变文·伍子胥变文》："昭王统领勇夫，遂与吴军**相击**。"⑥

"各相背"，各自互相不照面。《日本书纪》卷11《仁德纪》六十五年条："其为人壹体有两面，面**各相背**，顶合无项，各有手足，其有膝而无腘踵。力多以轻捷，左右佩剑，四足并用弓矢。是以不随皇命，掠略人民为乐。"⑦ 此言有一畸形人，一个身体两张脸，各自朝向相反的方向。（1）唐宝思惟译《观世音菩萨如意摩尼轮陀罗尼念诵法》⑧ 卷1："次结界马头观音印作避除结界，二手合掌二头指二无名指屈入掌**各相**

① 小島憲之、直木孝次郎、西宮一民、蔵中進、毛利正守『日本書紀三』，新編日本古典文学全集，小学館，1998，第224頁。

② 小島憲之、直木孝次郎、西宮一民、蔵中進、毛利正守『日本書紀一』，新編日本古典文学全集，小学館，1994，第490頁。

③（汉）班固撰，（唐）颜师古注《汉书》，中华书局，1962，第1343页。

④ 小島憲之、直木孝次郎、西宮一民、蔵中進、毛利正守『日本書紀一』，新編日本古典文学全集，小学館，1994，第290頁。

⑤（北齐）魏收撰《魏书》，中华书局，1974，第1556页。

⑥ 黄征、张涌泉校注《敦煌变文校注》，中华书局，1997，第12页。

⑦ 小島憲之、直木孝次郎、西宮一民、蔵中進、毛利正守『日本書紀二』，新編日本古典文学全集，小学館，1996，第68頁。

⑧ 该经于天平九年抄写，题作《观音菩萨如意摩尼陀罗尼经》，录于《大日本古文书》卷9，第14页。

背，并二大指微屈勿著头指，即诵马头明王咒曰……”唐不空译《五字陀罗尼颂》卷1：“应观虚空中，诸佛及圣众，充满法界海，间无有空缺，悉以誓愿力，咸来降道场。结持金刚印，想礼诸佛足。二羽**各相背**，檀慧禅智钩。想礼诸如来，长跪顶上散。”唐金刚智译《吽迦陀野仪轨》卷2：“二手作金刚拳，左手背上于右手**各相背**，二地背叉立风又叉立打坛上，真言曰……”（2）《晋书》卷13《志第3》：“元帝景元四年六月，有大流星二并如斗，见西方，分流南北，光照地，隆隆有声。案占：‘流星为贵使，星大者使大。’是年，钟、邓克蜀，二星盖二帅之象。二帅**相背**，又分流南北之应。钟会既叛，三军愤怒，隆隆有声，兵将怒之征也。”① 按：中土文献未见“各相背”的文例。

“**不须相见**”，不得彼此见面。《日本书纪》卷1《神代纪上》：“时天照大神怒甚之曰：‘汝是恶神，**不须相见**。’乃与月夜见尊，一日一夜，隔离而住。”② 天照大神怒不可遏地对其弟弟月夜见尊说：你是恶神，我们没有必要再见面！于是，两人隔着白昼和黑夜，不再相见。（1）萧齐僧伽跋陀罗译《善见律毘婆沙》卷16《舍利弗品》：“到已，父母及儿，俱住门外，见家人出，语言：‘汝可还向长者道：长者女将儿婿，今在门外。’父母闻已，答言：‘可使二儿人，汝**不须相见**。’”梁慧皎撰《高僧传》卷3：“大明六年，天下亢旱。祷祈山川，累月无验。世祖请令祈雨，必使有感。如其无获，**不须相见**。跋陀曰：‘仰凭三宝，陛下天威，冀必隆泽。如其不获，不复重见。’”唐道宣撰《续高僧传》卷25：“空曰：‘吾厌俗为道，以解脱为先。自今以往，愿为善知识，非尔缠缚，吾何解之？更**不须相见**。’于是遂绝。”（2）《太平广记》卷114《董青建》条：“又问云：‘汝母忧忆汝垂死，可令见汝否？’建曰：‘**不须相见**，益怀煎苦耳。但依向言说之。’诸天已去，不容久住。惨有悲色，忽然不见。”③

（三）《风土记》

“**相语云：‘～’**”，相互说道：“……”。《播磨国风土记·揖保郡》条：“于是，自我马野出牝鹿，过此阜入于海，泳渡于伊刀岛。尔时，翼人等望见，**相语云**：‘鹿者，既到就于彼岛。’故名伊刀岛。”④（1）唐道宣撰《广弘明集》卷23沈约《南齐禅林寺尼净秀行状》：“又亲于佛殿内坐禅。同集三人忽闻空中有声，状如牛吼。二尼惊怖迷闷战栗。上淡然自若，徐起下床，归房执烛，检声所在，旋至拘栏。二尼便闻殿上有人，**相语云**：‘各自避路，某甲师还。’”又《四分比丘尼钞》卷3：“白已，广为说罪，**相语云**：‘大姊今依《婆论》云，犯戒有三：一犯业道罪；二犯恶行罪；三犯戒罪。’”唐道世撰《法苑珠林》卷22：“有见鬼者云，见西州太社间鬼**相语云**：‘严公至当辟

---

① （唐）房玄龄等撰《晋书》，中华书局，1994，第396页。

② 小島憲之、直木孝次郎、西宮一民、藏中進、毛利正守『日本書紀一』，新編日本古典文学全集，小学館，1994，第58～60頁。

③ （宋）李昉等编《太平广记》，中华书局，1961，第792页。

④ 植垣節也『風土記』，新編日本古典文学全集，小学館，1997，第46頁。

易。’此人未之解。俄而严至，聊问姓字，果称智严。默而识之密加礼。”（2）《太平广记》卷432《松阳人》条：“树不甚高，二虎迭跃之，终不能及。忽**相语云**：‘若得朱都事应必捷。’留一虎守之，一虎乃去。”[①]《太平御览》卷860引《风俗通》曰：“行道人见饵，怪问之。或人调云：‘此石人有神，能治病。’病愈者以饵来谢之。转以**相语云**：‘头痛者，磨石人头；腹痛者，磨石人腹。’遂千里来就，号曰贤君。如此数年。”[②]

“**相续不绝**”，连绵不断，从不间断。《常陆国风土记·那贺郡》条：“时母惊动，取盆投之，触子不得升。因留此峰。所盛瓮瓫，今存片冈之村。其子孙立社致祭，**相续不绝**。”[③]此言子孙后代修建神社，连绵不绝。（1）姚秦鸠摩罗什译《妙法莲华经》卷2《譬喻品》：“告喻诸子，说众患难，恶鬼毒虫，灾火蔓延，众苦次第，**相续不绝**。”（2）《全唐文》卷677白居易《代书》：“庐山自陶谢洎十八贤以还，儒风绵绵，**相续不绝**。”[④]

（四）《古语拾遗》

“**历世相承**”，代代相传，世代相传。《古语拾遗》：“是以，群神捧敕，陪从天孙，**历世相承**，各供其职。”[⑤]（1）失译人名今附后汉录《大方便佛报恩经》卷7《亲近品》：“思惟是已，即便还家，而唱是言：‘祖先已来，**历世相承**，常为猎师，未曾闻兽，身毛金色，况复见之。今欲猎取。’”萧齐昙景译《佛说未曾有因缘经》卷2：“王复持碗，白诸君曰：‘士夫修德，**历世相承**，遵奉圣教，不应差违。诸君何为，因于小事，忿诤如之?’”唐法琳撰《辩正论·**历世相承**篇》。（2）《文选》卷25卢谌《赠刘琨一首并书》：“故吏从事中郎卢谌死罪，死罪。（《傅子》曰：汉武元光初，郡国举孝廉。元封五年举秀才，**历世相承**，皆向郡国称故吏。）谌禀性短弱，当世罕任。”[⑥]

“**不可相离**”，不可相互乖离。《古语拾遗》：“然则三氏之职，**不可相离**。而今伊势宫司，独任中臣氏，不预二氏，所遗三也。”[⑦]陈月婆首那译《胜天王般若波罗蜜经》卷7《二行品》：“佛告文殊师利菩萨言：‘菩萨摩诃萨行般若波罗蜜，甚深境界，广大境界，功德境界。文殊师利，甚深境界者，体是无为，**不可相离**，不著二边，脱离诸障，自性清净，不可思量，不可数知，不与声闻、辟支佛共。”隋灌顶撰《大般涅槃经玄义》卷2：“此三涅槃，**不可相离**，即三而一。不可相混，即一而三。虽复一三，即非一三。虽非一三，而复一三。”唐玄奘译《阿毘达磨大毘婆沙论》卷131：“如多村邑，共营一事，虽有人数，多少不同，而互相须，**不可相离**。”

归纳前期作品中出自汉文佛经的“相”字句有“能相似”“相逐入~”“不相侵

① （宋）李昉等编《太平广记》，中华书局，1961，第3504页。
② （宋）李昉等撰《太平御览》，中华书局，1960，第3822页。
③ 植垣節也『風土記』，新編日本古典文学全集，小学館，1997，第406頁。
④ （清）董诰等编《全唐文·附唐文拾遗唐文续拾》，中华书局，1983，第6920页。
⑤ 西宫一民『古語拾遺』，岩波文庫，1985，第130頁。
⑥ （梁）萧统编，（唐）李善注《文选》，中华书局，1977，第357页。
⑦ 西宫一民『古語拾遺』，岩波文庫，1985，第141頁。

夺”“相见问讯”“（与）~相淫”“共相击”“各相背”“不须相见”“相语云：‘~’”“相续不绝”“历世相承”“不可相离”。

二　奈良朝后期

奈良朝后期作品指《奈良朝写经》《唐大和上东征传》《日本灵异记》《续日本纪》等。

（一）《奈良朝写经》

“**相续善心**”，一直保持一颗行善的心。《奈良朝写经38·大般若经卷第591》：“眷属经六道而不忘，历三大而弥茂，**相续善心**，修习福慧，遍施四生，俱登觉道。”① 失译人名今附后汉录《大方便佛报恩经》卷6《优波离品》：“先以善心，礼僧足已，受衣钵，求和上问，精进乞戒，胡跪合掌。白四羯磨已，**相续善心**，戒色成就。是谓善心中得戒。”唐玄奘译《阿毘达磨大毘婆沙论》卷97：“世尊说彼，将命终时，**相续善心**，正见俱起。非正死位，有正见行。为遮彼执，显意识俱，一切善慧，皆见性摄。”

（二）《唐大和上东征传》

“（**乐**）**相随者**”，（愿意）跟随者，伴随者。《唐大和上东征传》：“同行人僧祥彦、神仑、光演、顿悟、道祖、如高、德清、日悟、荣睿、普照、思托等道俗一十四人，及化得水手一十八人，又余乐**相随者**，合有三十五人。”② （1）西晋无罗叉译《放光般若经》卷6《如幻品》：“是时阿难语众弟子、诸菩萨言：‘般若波罗蜜者，是深妙法，甚广难见，难解难了，不可思议。唯有阿惟越致菩萨摩诃萨具足见谛阿罗汉，前世于无央数诸佛所而作功德，与善知识**相随者**。善男子、善女人，有大智慧。如是辈人，闻深般若波罗蜜乃能信乐，终不能遏绝。’”姚秦鸠摩萨什译《小品般若波罗蜜经》卷3《回向品》：“如是回向法，应于阿毘跋致菩萨前说。若与善知识**相随者**说，是人闻是，不惊不怖，不没不退。”（2）《宋书》卷68《南郡王义宣传》：“义宣与质相失，各单舸逆走，东人士庶并归顺，西人与义宣**相随者**，船舸犹有百余。女先适臧质子，过寻阳，入城取女，载以西奔。”③《陈书》卷35《周迪传》：“世祖遣都督程灵洗击破之，迪又与十余人窜于山穴中。日月转久，**相随者**亦稍苦之。”④

“**师师**（**资**）**相传**”，师徒口口相传。《唐大和上东征传》：“从此以来，日本律仪，渐渐严整；**师**（**资**）**相传**，遍于环宇。”⑤ 例言从此以后，日本的戒律轨仪逐渐严格整饬。而且师徒口口相传，在国内普及开来。（1）失译人名今附秦录《萨婆多毘尼毘婆沙》卷5：“师与弟子通为十六种，如是六师有九十六。师所用法及其将终，必授一弟

① 上代文献読書会編『上代写経識語注釈』，勉誠出版，2016，第253页。

② 〔日〕真人元开著，汪向荣校注《唐大和上东征传》，中华书局，1979，第62页。

③ （梁）沈约撰《宋书》，中华书局，1974，第1805页。

④ （唐）姚思廉撰《陈书》，中华书局，1972，第483页。

⑤ 〔日〕真人元开著，汪向荣校注《唐大和上东征传》，中华书局，1979，第96页。

子。如是**师师相传**，常有六师。”梁僧佑撰《弘明集》卷7：“但自皇羲以来，各弘其方，**师师相传**，不相关涉。良由彼此，两足无复，我外之求。故自汉代以来，淳风转浇，仁义渐废，大道之科莫传，五经之学弥寡。”（2）姚秦佛陀耶舍、竺佛念等合译《四分律》卷1：“若睹初制，此土先所出戒，差互不同。每以为惑，以今律藏检之，方知所以。盖由大圣迁化后，五部分张，各据当时所闻，开闭有以。于是**师资相传**，遂使有彼此之异。”梁僧佑撰《出三藏记集》卷3：“昔大迦叶具持法藏，次传阿难，至于第五师优波掘，本有八十诵。优波掘以后，世钝根不能具受故，删为十诵，以诵为名，谓法应诵持也。自兹以下，**师资相传**，五十余人。”隋费长房撰《历代三宝纪·卷失译》：“右一部一十八卷，武帝世，外国沙门僧伽跋陀罗，齐言僧贤。**师资相传**云：佛涅槃后，优波离既结集律藏讫，即于其年七月十五日受自恣竟，以香华供养律藏，便下一点置律藏前，年年如是。”按：“师师相传”与“师资相传”，两形并存。“师资”，即师与弟子。与“师弟”“师徒”同义。“师”是师父，“资”是帮助、禀承之意，谓接受相传的弟子。师向弟子相传法门，称为“师资相传”或“师资相承”。师向弟子传付法门的顺序，称师资次第，授受教法的师弟关系谓“师资之道”。

（三）《续日本纪》

“**各相去**”，各自相隔，各自中间的距离。《续日本纪》卷40《桓武纪》延历十年二月条：“癸卯，诸国仓库，不可相接。一仓失火，合院烧尽。于是敕：‘自今以后，新造仓库，**各相去**十丈以上。随处宽狭，量宜置之。’”例言今后修建新的粮仓，须间隔10丈以上。姚秦竺佛念译《菩萨璎珞经》卷4《音响品》：“第二宫墙，去第三宫墙。复去七由延，光明转减，乃至第七**各相去**七由延，光明所照，各各不如。”隋阇那崛多等合译《起世经》卷6《三十三天品》：“外有七重多罗行树，周匝围绕，杂色可观。亦以七宝，之所成就，所谓金银，乃至玛瑙。其城亦高，四百由旬，厚五十由旬。城之四面，亦**各相去**，五百由旬。”唐慧立本、彦悰笺《大唐大慈恩寺三藏法师传》卷1：“关外西北又有五烽，候望者居之，**各相去**百里，中无水草。”按：从表达上看，“各相去”多后续数量词。

“**世相传云**：‘～’”，社会上传言说：“……”。《续日本纪》卷1《文武纪》三年五月条：“**世相传云**：‘小角能役使鬼神，汲水采薪。若不用命，即以咒缚之。’”① 又卷16《圣武纪》天平十八年六月条：“自是之后，荣宠日盛，稍乖沙门之行。时人恶之。至是，死于徙所。**世相传云**：‘为藤原广嗣灵所害。’”② 隋吉藏撰《法华义疏》卷12《普贤菩萨劝发品》：“又《华严经》七处八会，普贤文殊善其始。《入法界品》流通之分，此二菩萨又令其终。所以此二人，在彼经始终者。**世相传云**：‘究竟普贤行，满足

① 青木和夫、稲岡耕二、笹山晴生、白藤礼幸『續日本紀一』，新日本古典文学大系，岩波書店，1989，第16頁。

② 青木和夫、稲岡耕二、笹山晴生、白藤礼幸『續日本紀三』，新日本古典文学大系，岩波書店，1992，第30頁。

文殊愿。’故普贤显其行圆，文殊明其愿满。故于诸菩萨中，究竟具足，显《华严》是圆满法门。”唐明旷删补《天台菩萨戒疏》卷2：“蛊毒者，**世相传云**：‘取百种虫蛇置一瓮中，相食强者即名为蛊。’”按：中土先行文献中未见文例，佛典两例属于注疏类典籍。由此判断，“世相传云”的说法，是由内典注疏进入日本史书叙述语言系统的。

“**古老相传**”，老一辈人互相传说。《续日本纪》卷6《元明纪》和铜六年五月条：“其郡内所生银铜彩色草木禽兽鱼虫等物，具录色目，及土地沃瘠，山川原野名号所由，又**古老相传**，旧闻异事，载于史籍亦宜言上。”[①] 此言编纂《风土记》的缘起。“古老相传”，特指民间流传的古老传说，如神话、故事以及地名起源传说等富有历史厚重感的内容。又卷38《桓武纪》延历四年正月条：“戊午，安房国言：‘以今月十九日，部内海边，漂著大鱼五百余，长各一丈五尺以下，一丈三尺以上。**古老相传**云：诸泊鱼。’”（1）《宋书》卷29《志第19》：“文帝元嘉二十五年五月，征北长史、广陵太守范邈上言：‘所领舆县，前有大浦，控引潮流，水常淤浊。自比以来，源流清洁，纤鳞呈形。**古老相传**，以为休瑞。’”[②]《魏书》卷74《尒朱荣传》：“新兴谓荣曰：‘**古老相传**，凡闻此声皆至公辅。吾今年已衰暮，当为汝耳。汝其勉之。’”[③]（2）梁慧皎撰《高僧传》卷11：“**古老相传**云：‘上有佳精舍，得道者居之。随有石桥跨涧，而横石断人，且莓苔青滑。自终古以来，无得至者。’”唐道宣撰《广弘明集》卷12：“闻**古老相传**云：昔汉高祖，应二十四气，祭二十四山，遂王有天下。”按：《元明纪》中“古老相传”的意义特殊，有别于中国两类文献中的一般意义。《桓武纪》中“古老相传云”的搭配形式，更接近于佛典。

“**未曾相见**”，不曾谋面，没有见过面。《续日本纪》卷12《圣武纪》天平九年十二月条：“皇太夫人，为沉幽忧，久废人事，自诞天皇，**未曾相见**。”[④] 例言大宝元年圣武天皇出生以后，藤原宫子还没有见过他。（1）吴支谦译《佛说蓱沙王五愿经》卷1：“蓱比沙王，与弗迦沙王，生**未曾相见**，遥相爱敬如兄弟，常书记往来，相问遗不绝。”西晋竺法护译《修行地道经》卷2《分别相品》：“何谓横瞋？**未曾相见**，见便恚之。”东晋佛陀跋陀罗、法显合译《摩诃僧祇律》卷11：“织师尔时便作是念：‘众人未集，我今可往索织直。’故往祇洹。到已，问诸比丘：‘难陀优波难陀在何处住？’比丘语言：‘是处房中。’即入房中见已，礼足问讯。彼佯不识，如**未曾相见**。”（2）《全晋文》卷130荀讷《答蔡谟书》：“别示并曹主簿书，其中兄在南娶，丧亡已三年。其兄子该等**未曾相见**，应为服否？”[⑤]

---

① 青木和夫、稲岡耕二、笹山晴生、白藤礼幸『續日本紀一』，新日本古典文学大系，岩波書店，1989，第198頁。

② （梁）沈约撰《宋书》，中华书局，1974，第872页。

③ （北齐）魏收撰《魏书》，中华书局，1974，第1644页。

④ 青木和夫、稲岡耕二、笹山晴生、白藤礼幸『續日本紀二』，新日本古典文学大系，岩波書店，1990，第334頁。

⑤ （清）严可均校辑《全上古三代秦汉三国六朝文》，中华书局，1958，第2207页。

“**不相和顺**”，（人与人、国与国之间因争斗而）不能和睦相处。《续日本纪》卷14《圣武纪》天平十三年闰三月条：“丙子，赞岐国介正六位上村国连子老、越后国掾正七位下锦部连男笠等，与长官失礼，**不相和顺**。仍却解见任。”[①] 东晋瞿昙僧伽提婆译《增壹阿含经》卷16《高幢品》：“比丘当知，然古昔诸王有此常法。虽有此诤国之法，犹相堪忍，不相伤害。况汝等比丘，以信坚固，出家学道，舍贪欲、瞋恚、愚痴心。今复诤竟，**不相和顺**，各不相忍，而不忏改。”失译人名今附秦录《大乘悲分陀利经》卷7《身施品》：“彼阎浮提六王**不相和顺**，斗诤怨嫉，疫气流行，兴兵交战，各不自宁，普令阎浮提极大饥馑，天不降雨，五谷不成，树木不生，华叶果实，及诸草药，亦复不生，人民鸟兽，饥渴身然，苦逼难堪。”刘宋求那跋陀罗译《佛说轮转五道罪福报应经》卷1：“夫妇**不相和顺**，数共斗诤，更相驱遣，后堕鸠鸽中。”《敦煌变文·伍子胥变文》：“吴王常与楚雠，两国**不相和顺**。吴与楚国数为征战，无有贤臣，得子甚要。”[②] 按：“和顺”，格义[③]词，梵语 samagga。传世经文《周易》《礼记》等中均有“和顺”的文例，但未见与“不相”的搭配用法。从《圣武纪》和佛典例来看，大到国家层面，小到夫妻生活，不冲突、不争吵就是“顺”从，其结果就是“和”谐。

“**相随而去**”，跟追着去，相伴而行。《续日本纪》卷22《淳仁纪》天平宝字三年二月条：“癸丑，杨承庆等归蕃，高元度等亦**相随而去**。”[④]（1）失译人名今附秦录《毘尼母经》卷6：“尔时瓶沙王在楼上，见诸白衣皆**相随而去**。王问边人：‘此等诸众，欲诣何处？’诸臣答曰：‘外道有说法处，到彼听法。’”元魏瞿昙般若流支译《正法念处经》卷46《观天品》：“尔时天主牟修楼陀，并天众等，**相随而去**。到佛塔已，其心清净，头面敬礼，如来之塔，心则清凉。”高丽一然撰《三国遗事》卷2：“王后乃曰：‘我与等素昧平生焉。敢轻忽**相随而去**。’”（2）《艺文类聚》卷79引《三齐略记》曰：‘始皇作石桥，欲过海观日出处。于时有神人，能驱石下海。城阳一山石，尽起立，嶷嶷东倾，状似**相随而去**。云石去不速，神人辄鞭之，尽流血。石莫不悉赤，至今犹尔。”[⑤]《隋书》卷23《五行下》：“开皇末，渭南有人寄宿他舍，夜中闻二豕对语。其一曰：‘岁将尽，阿耶明日杀我供岁，何处避之？’一答曰：‘可向水北姊家。’因**相随而去**。”[⑥]

归纳上述考辨结果，奈良朝后期作品中出自汉文佛经的“相”字句有“相续善心”

① 青木和夫、稲岡耕二、笹山晴生、白藤礼幸『続日本紀二』，新日本古典文学大系，岩波書店，1990，第394頁。

② 黄征、张涌泉校注《敦煌变文校注》，中华书局，1997，第9页。

③ 所谓“格义”，换一种说法就是“灌注旧词”“旧瓶装新酒”。“通过‘灌注’而使中土词语‘佛化’，使之成为佛教名词术语。”（颜洽茂：《试论佛经语词的“灌注得义”》，《汉语史研究集刊》第一辑，巴蜀书社，1998。）

④ 青木和夫、稲岡耕二、笹山晴生、白藤礼幸『続日本紀三』，新日本古典文学大系，岩波書店，1992，第306頁。

⑤ （唐）欧阳询撰《艺文类聚》，上海古籍出版社，1999，第1347页。

⑥ （唐）魏徵等撰《隋书》，中华书局，1973，第653页。

“（乐）相随者”“师师（资）相传”“各相去”“世相传云：‘～’”“古老相传”“未曾相见”“不相和顺”“相随而去”。

第二节　有别于佛典的表达

关于上古文学作品中有别于佛典表达“相”字句的问题，下面从意义有变和搭配不同两个方面来探讨。根据我们的调查，上古文学作品中有别于佛典表达的“相”字句有“相别”“系念相续”“窃相语曰：‘～’”“自相谓之曰：‘～’”等。

一　意义有变

“相别”，①加以识别。汉语中无此用法。《日本书纪》卷15《显宗纪》元年二月条：“爰有盘坂皇子之乳母，奏曰：‘仲子者上齿堕落，以斯可别。’于是，虽由乳母**相别**髑髅，而竟难别四支诸骨。”[①] 例言仲子的尸骸与盘坂皇子的尸骸交杂在一起，无法辨认。盘坂皇子的乳母说：仲子上牙掉落，依此可以辨认。于是，通过乳母的辨认，辨别出仲子的头盖骨。但是，手脚以及其他部位的骨骼最终无法辨认。②彼此分别。分别，离别。《万叶集》卷17第3990首歌注：“右，守大伴宿祢家持以正税帐，须入京师。仍作此歌，聊陈**相别**之叹。”[②]《唐大和上东征传》：“十月十六日晨朝，大和上云：‘昨夜，梦见三官人，一著绯，二著绿，于岸上拜别，知是国神**相别**也，疑是度必得渡海也。’”[③]（1）后汉安世高译《四谛经》卷1：“**相别**相离、不会、远离、不共居、不相会、不共更，是为苦。”唐义净译《根本说一切有部毘奈耶破僧事》卷3：“仙白王曰：‘王可还宫，我今辞去。’既**相别**已，阿私陀仙，渐次前行，至莘陀山，即登彼山，择其胜地，因以居住。”高丽一然撰《三国遗事》卷4：“言讫，**相别**而来，还及至兹洞，忽有老僧，自称圆光，抱吊槓而出，授之而没。”（2）《南史》卷25《到洽传》：“公事左降，犹居职。旧制中丞不得入尚书下舍，洽兄溉为左户尚书，洽引服亲不应有碍，刺省详决。左丞萧子云议许入溉省，亦以其兄弟素笃不**相别**也。”[④] 按：汉语中没有①的用法。按照古汉语的表达习惯，“和”字句是不带宾语的。[⑤]

“系念相续”，“系”，拴缚；“念”，思念。“系念”，挂念的意思。《日本书纪》卷19《钦明纪》二年四月条：“以后**系念相续**，图建任那，旦夕无忘。”[⑥] 此言圣明王一直

---

① 小島憲之、直木孝次郎、西宮一民、藏中進、毛利正守『日本書紀二』，新編日本古典文学全集，小学館，1996，第244頁。

② 小島憲之、木下正俊、東野治之『万葉集四』，日本古典文学全集，小学館，1996，第199頁。

③〔日〕真人元开著，汪向荣校注《唐大和上东征传》，中华书局，1979，第63页。

④（唐）李延寿撰《南史》，中华书局，1975，第681页。

⑤ 杨伯峻、何乐士著《古汉语语法及其发展》（修订本），语文出版社，2001，第519页。

⑥ 小島憲之、直木孝次郎、西宮一民、藏中進、毛利正守『日本書紀二』，新編日本古典文学全集，小学館，1996，第368页。

挂记着重建任那国一事。但在佛经中，“系念相续”的意思却大相径庭。隋智顗撰《妙法莲华经玄义》① 卷4：“初中后夜，**系念相续**，行住坐卧，心常在定，间念不生，是名精进。一心在定，不乱不昧名为定。”所谓精进，即初更、半夜及后半夜仍旧不断地控制住妄念，行住坐卧在于入定，没有丝毫的妄念。由此可知，此处“系念”，表拴住妄想之义。唐玄奘译《大般若波罗蜜多经》卷590：“若菩萨摩诃萨，闻诸善事，不能**系念**，**相续**受行，当知名为，懈怠菩萨。”如例中反义词“懈怠”所示，此处“系念相续”说的仍是精进行善。唐法藏撰《华严游心法界记》卷1：“既知是已，常须**系念相续**，勿令恶见闻之。乃至证见如常见世间物等者，方名入大缘起法界也。”例言要精进勤勉，不可掉以轻心，不要去听那些不正确的知见。唐道宣撰《续高僧传》卷19：“侍者道游，供给左右，唯以粳米白粥，日进一杯。余则**系念相续**，不愧空景。经于数年，不涉村邑。”此言精进不止、控制妄念，多年不涉俗世。由此看来，《钦明纪》中的“系念相续”在意思和用法上，恰好是反其道而行之，因而形成了独特的用法。

二　搭配不同

“**窃相语**曰：‘～’”，悄悄地互相说道：“……”。《日本书纪》卷20《钦明纪》十四年六月条：“又发疮死者充盈于国。其患疮者言：‘身如被烧被打被摧。’啼泣而死。老少**窃相语曰**：‘是烧佛像之罪矣。’”② 例言整个国家到处都是身上长满疮疖的人。其中一人说：身体就像是被火烧、被殴打、被摧残一般。这时，男女老少们都悄悄地说：一定是焚烧佛像造的孽。（1）刘宋佛陀什、竺道生等合译《弥沙塞部和醯五分律》卷7：“时诸比丘尼，**窃相语**言：‘此比丘唯知此一偈，云何当能，教诫我等？’般陀闻已，作是念：‘此诸比丘尼，轻贱于我。’于是踊在虚空，现分一身，作无量身，还合为一。石壁皆过，履水如地，入地如水。”（2）《太平御览》卷371：“《唐新语》曰：韩思彦以侍御史巡察于蜀。成都有富商兄弟三人分资，不平，争诉，累年不决。思彦推案数日，令厨者奉乳自饮，以其余赐争者。**窃相语**，遂号哭，攀援不解，俱言曰：‘侍御岂不以兄弟同乳母耶！’悲号不自胜，请同居如初。”③ 按：汉文佛经中有“窃相语言”的说法，中土文献中有“窃相语”的搭配，《钦明纪》中却是“窃相语曰”的表达。

“**自相谓之曰**：‘～”，（人们）各自相互说道：“……”。《日本书纪》卷20《钦明纪》元年六月条：“副使等**自相谓之曰**：‘若吾等至国时，大使显噵吾过，是不祥事也。’”④（1）吴康僧会译《六度集经》卷6：“菩萨伯叔**自相谓曰**：‘吾之本土，三尊化

① 该经于胜宝二年抄写，题作《法华玄义》，录于《大日本古文书》卷11，第47页。

② 小島憲之、直木孝次郎、西宮一民、藏中進、毛利正守『日本書紀二』，新編日本古典文学全集，小学館，1996，第492頁。

③（宋）李昉等撰《太平御览》，中华书局，1960，第1709页。

④ 小島憲之、直木孝次郎、西宮一民、藏中進、毛利正守『日本書紀二』，新編日本古典文学全集，小学館，1996，第468頁。

行，人怀十善，君仁臣忠，父义子孝，夫信妇贞。比门有贤，吾等将复谁化乎？'”晋世法炬、法立合译《法句譬喻经》卷1《华香品》：“于时诸女，**自相谓曰**：‘我等禀形，生为女人，从少至老，为三事所鉴，不得自由。命又短促，形如幻化，当复死亡。不如共至，华香台上，采取香华，精进持斋。降屈梵天，当从求愿。愿生梵天，长寿不死。又得自在，无有鉴忌，离诸罪对，无复忧患。'”唐义净译《根本说一切有部毘奈耶》卷22：“是时北方，有诸商客，闻此声誉，**自相谓曰**：‘诸君当知，我等宜往，中国兴易。一则多得利润，二乃供养三宝。'”（2）《魏志》卷29《方技传》：“佗尚未还，小儿戏门前，逆见，**自相谓曰**：‘似逢我公，车边病是也。’疾者前入坐，见佗北壁县此蛇辈约以十数。”[①]《魏书》卷53《李孝伯传》：“萧赜使刘缵朝贡。安世美容貌，善举止，缵等**自相谓曰**：‘不有君子，其能国乎？’缵等呼安世为典客。”[②] 按：《钦明纪》“自相谓之曰”中的“之”是多余的，因此造成了与中国两类文献中表达的不同。

没有比较，就没有鉴别。通过对上古文学作品中的“相”字句与汉文佛经关系的比较研究，我们弄清了以下事实：第一，上古文学作品中大量的“相”字句源自汉文佛经，构成了“相”字句表达的主流。其中一些说法，譬如“各相去”“不相侵夺”“相见问讯”“相续善心”“师师（资）相传”“不相和顺”等，并未在中土文献中出现，因而成为有别于中国正史的叙述语言和内容，反映出上古文学作品文体特殊性的一面。第二，“相”字句中的一些表达，譬如“世相传云”等具有佛经注疏类典籍表述语言的特质，进入上古文学作品时有着特殊的渠道，即人们通过奈良时代各大寺院广泛开展的佛经讲读和讲经说法，有缘接触到这样一些表达并使之进入文学作品。第三，“与~相淫”等句式的创出，揭示了自创表达产生的一条路径：先有传统表达“与~淫”，再有佛典表达“相淫”，最后是自创表达“与~相淫”。这一路径的揭示，对我们把握上古文学作品中自创表达生成的机理具有一定的启示作用。

① （晋）陈寿撰，（宋）裴松之注《三国志》，中华书局，1959，第801页。

② （北齐）魏收撰《魏书》，中华书局，1974，第1175页。

第三章　佛典“于”字句

佛教传入中国后，对传统的中国文化产生了巨大的影响，不仅在思想、信仰、文学、语言和艺术等方面引起了诸多的变化，而且在语言表达的方式上也出现了一些新的现象。佛典中用于动名之间的“于”字句就是一例。“于”是上古汉语中使用频率最高的虚词之一。“于”字句，是表示动作、作用所涉及的场所、对象和时间的句子，它以介词“于”作为形式上的标识语。我们经调查发现，日本上古文学作品中，“于”字句的使用频率颇高，且类型异常丰富。它甚至可以作为识别所谓“变体汉文”的一项重要指标。从中日语言比较的角度来看，“于”字句包括三类：与古汉语完全相同，与古汉语部分重叠、部分相异，与古汉语完全不同。本章所关心的问题是后两类：造成部分相异的原因是什么？如何探寻完全不同类别形成的规律？其间，汉文佛经文体又扮演着怎样的角色？基于这一目的的研究，国内外学术界尚未起步。下面，分作内典仅见一种用法、内典可见两种不同用法、内外典可见同一种用法、内外典可见不同用法、内外典皆无的自创用法五个小节，尝试寻找解决上述问题的答案。

第一节　内典仅见一种用法

该类是指在汉文佛经中通常需要后续介词“于”的句子，它可细分作“V（单音词）＋于＋○”和“V（双音词）＋于＋○”两类。

一　“V（单音词）＋于＋○”

在该格式中，“于”有表动作场所、表动作对象和表动作时间三种用法。

（一）“于”后续动作场所

上文论述《风土记》中的四字格时，曾涉及“到于此处”“宿于此村”“在于此处”。在这三例中，“到”“宿”“在”是单音节动词（V），“此处”“此村”是介词“于”的宾语（○）。三例说法仅见于汉文佛经。《日本书纪》当中，α 群中未见文例，β 群中有两例。一例是“至于此间”，上文已经论及。这里酌举下面一例。

“到于墓所”，到达墓地。“墓所”，墓地，坟地。《日本书纪》卷 22《推古纪》二十一年十二月条：“遣使令视。于是使者还来之曰：‘**到于墓所**而视之，封埋勿动。乃开以见，尸骨既空。唯衣服叠置棺上。’”① （1）梁宝唱等集《经律异相》卷7：“诸王白佛：‘我佛弟子，从佛闻法，成须陀洹。我曹宜担。’佛听四天王担，即皆变身，如人形像，以手擎棺，著于肩上。佛之威光，犹如万日，手执香炉，最在前行，**到于墓所**。”② （2）《后汉书》卷39《蔡顺传》：“母平生畏雷，自亡后，每有雷震，顺辄圜冢泣，曰：‘顺在此。’崇闻之，每雷辄为差车马**到墓所**。”③ 《晋书》卷70《刘超传》：“咸和初，遭母忧去官，衰服不离身，朝夕号泣，朔望辄步**至墓所**，哀感路人。”④ 按：比较汉文佛经与中土文献的文例可知，后者通常不使用介词“于”。这种情况下，从古汉语的表达习惯来看，带“于”的说法属于“异类”。

《日本灵异记》有“还于家”的说法，性质与此类似。上卷《非理夺他物为恶行受报示奇事缘第30》：“王诏广国曰：‘汝无罪，可**还于家**。然慎以黄泉之事勿忘宣传。若欲见父，往于南方。’”⑤ 元魏吉迦夜、昙曜合译《杂宝藏经》卷7：“佛言：‘往在人中，不堪辛苦，欲**还于家**。其父不听，代其使役，强驱出家。遂便欢喜，命终生天。又于我所，闻法得道。’”隋阇那崛多译《佛本行集经》卷58《婆提唎迦等因缘品》：“尔时，提婆达多所至之处，皆不许已，还乘白象，向迦毘罗婆苏都城，**还于家**内。”按：“还于家”的说法，尽管未见于中土文献，但在汉文佛经当中却是极为普通的表达形式。该类说法的不同，客观地反映了两类语言表达实际存在的差异。

（二）“于”后续动作对象

在“V（单音词）＋于＋○”格式中，“于”后续宾语，表动作对象。这种“于”用于及物动词与受事宾语之间的用法，除了《日本书纪》之外⑥，主要见于《日本灵异记》。周一良在《论佛典翻译文学》一文中指出，该格式集中地出现在魏晋南北朝以后的汉文佛经，特别是偈诵体裁之中；许理和指出，该格式在佛典中是一种普遍现象；朱庆之认为佛典在散文部分为整饬音节，组成四字格时也常使用该格式。⑦

“**奉于～**”，奉献某物；奉行某事。《日本灵异记》下卷《妙见菩萨变化示异形显盗人缘第5》：“河内国安宿郡部内，有信天原山寺，为妙见菩萨献燃灯处。畿内每年**奉于**

① 小島憲之、直木孝次郎、西宮一民、蔵中進、毛利正守『日本書紀二』，新編日本古典文学全集，小学館，1996，第570頁。

② 石井公成「『日本書紀』における仏教漢文の表現と変格語法」（上），『駒沢大学仏教学部研究紀要』73，2016。

③ （宋）范晔撰，（唐）李贤等注《后汉书》，中华书局，1965，第1312页。

④ （唐）房玄龄等撰《晋书》，中华书局，1994，第1876页。

⑤ 中田祝夫『日本霊異記』，日本古典文学全集，小学館，1975，第125～126頁。

⑥ 马骏：《“和习”问题研究的瓶颈与突破—兼论佛经文体对日本上古文学的影响》，《日语学习与研究》2011年第6期。

⑦ 周一良：《论佛典翻译文学》，《魏晋南北朝论集》，中华书局，1963，第314～322页；许理和：《最早的佛经译文中的东汉口语部分》，蒋绍愚译，《语言学论丛》第14辑，商务印书馆，1987，第197～225页；朱庆之：《佛典与中古汉语词汇研究》，文津出版社，1992，第65页；马骏：《“和习”问题研究的瓶颈与突破—兼论佛经文体对日本上古文学的影响》，《日语学习与研究》2011年第6期。

燃灯。”[①] 西晋竺法护译《光赞经》卷 2《行空品》：“某可愍之，了身行恶、口言恶、心念恶，具足恶行，诽谤贤圣，**奉于**邪见。以此缘故，碎身寿命，趣于勤苦，堕于地狱。”

“**读于～**”，阅读，读诵。《日本灵异记》下卷《忆持〈法华经〉者舌著曝髑髅中不朽缘第 1》：“又吉野金峰，有一禅师，往峰行道。禅师闻，往前有音，**读于**《法华经》《金刚般若经》。”[②] 唐大乘基说《胜鬘经述记》卷 1：“四云：口**读于**书，耳闻昔，名闻也。”

“**改于～**”，改掉，改正。《日本灵异记》上卷《序》：“匪呈善恶之状，何以直于曲执而定是非，叵示因果之报。何由**改于**恶心，而修善道乎？”[③] 苻秦僧伽跋澄等译《尊婆须蜜菩萨所集论》卷 10：“彼于众生，不改嗔者，猎师不**改于**杀生。能仁常护众生者，比丘无有杀意。”

“**打于～**”，打、殴打某人。《日本灵异记》中卷《贷用寺息利酒不偿死作牛役之偿债缘第 32》：“应役之年，限于八年。所役五年，未役三年。寺人无慈，**打于我背**，而迫驱使，斯甚苦痛。”[④] 唐义净译《根本说一切有部毘奈耶药事》卷 3：“圆满答曰：‘若彼骂时，乃至诽谤，我当作如是意：将彼人等，并为贤善，不以杖木、瓦石拳脚等，而**打于我**。’”

“**拍于～**”，拍打，击打。《日本灵异记》下卷《**拍于**忆持千手咒者以现得恶死报缘第 14》[⑤] 隋阇那崛多译《佛本行集经》卷 27《魔怖菩萨品》：“或复以手，**拍于**脐上。或复数数，解脱衣裳。或复数数，还系衣服。或复数数，褰拨内衣，露现尻髀。”按：《日本灵异记》中的“**拍于～**”，后续的是宾语；《佛本行集经》中的“**拍于～**”，后续的是处所。

“**取于～**”，取，拿；抢，夺。《日本灵异记》下卷《漂流大海敬称尺迦佛名得全命缘第 25》：“万侣朝臣，遣于驱使，**取于**流木。”[⑥] 姚秦鸠摩罗什译《大庄严论经》卷 7：“如炼山石中，而**取于**真金。譬如伊兰木，相瑳便火出，亦如淤泥中，出生青莲花，不观所生处，唯观于德行。”

“**杀于～**”，杀害，致死。《日本灵异记》中卷《依不布施与放生而现得善恶报缘第 16》：“宫门左右，有额生一角之人，捧大刀，为**杀于**吾颈。法师优婆塞，谏之不令戮。”《上宫圣德法王帝说》：“□□天皇御世乙巳年六月十一日，近江天皇**杀于**林太郎□□，以明日其父丰浦大臣子孙等皆灭之。”失译人名今附后汉录《大方便佛报恩经》

① 中田祝夫『日本霊異記』，日本古典文学全集，小学館，1975，第 274 頁。
② 中田祝夫『日本霊異記』，日本古典文学全集，小学館，1975，第 263 頁。
③ 中田祝夫『日本霊異記』，日本古典文学全集，小学館，1975，第 54 頁。
④ 中田祝夫『日本霊異記』，日本古典文学全集，小学館，1975，第 231 頁。
⑤ 中田祝夫『日本霊異記』，日本古典文学全集，小学館，1975，第 296 頁。
⑥ 中田祝夫『日本霊異記』，日本古典文学全集，小学館，1975，第 325 頁。

卷1《孝养品》：“王悲闷绝，举身躃地。良久醒悟，复自思惟：‘不设方便，三人并命，不离此死。我今何不，杀于夫人，以活我身，并续子命。’作是念已，寻即拔刀，欲杀夫人。”

“施于~”，供施某物，布施某物。《日本灵异记》下卷《妙见菩萨变化示异形显盗人缘第5》：“帝姬阿倍天皇代，知识缘依例，献于燃灯菩萨，并室主**施于**钱财物。”[①] 失译人名今附秦录《别译杂阿含经》卷8：“世尊，我忆过去，有一人王，名曰迟缓。然彼国王，于四城门，**施于**饮食，城中及市，亦施饮食。”按：《续日本纪》卷22《淳仁纪》天平宝字三年六月条：“其缁侣意见，略据汉风，**施于**我俗，事多不稳。虽下官符，不行于世。故不具载。”[②] 该例“施于~”表示在某处施行某事，与《日本灵异记》的文例带宾语的用法不同。

“食于~”，吃，吃东西。《日本灵异记》上卷《女人好风声之行食仙草以现身飞天缘第13》：“是难波长柄丰前宫时，甲寅年，其风流事神仙感应，春野采菜，**食于**仙草飞于天。”[③] 后汉康孟详译《佛说兴起行经》卷2：“过梵志山，见食香美，便兴妒嫉意曰：‘此髡头沙门，正应食马麦，不应食此甘馔之供。’告诸童子：‘汝等见此，髡头道人，**食于**甘美肴膳不?’诸童子曰：‘尔实见。此等师主，亦应食马麦。’”

“述于~”，叙述某事，讲述某事。《日本灵异记》下卷《女人滥嫁饥子乳故得现报缘第16》：“林自梦惊醒，独心怪思，巡彼里讯。于是有人答言：‘当余是也。’林**述于**梦状。”[④] 隋吉藏撰《法华义疏》卷9《五百弟子授记品》：“悔过自责下，第四发言，自叙领解，又开为四：一悔过自责；二**述于**昔迷；三叙今悟；四者解释。”

“饮于~”，喝，吃喝。《日本灵异记》中卷《赎蟹蝦命放生现报蟹所助缘第12》：“然后入山见之，大蛇**饮于**大蝦。”[⑤] 吴支谦译《菩萨本缘经》卷2《月光王品》：“闻是语已，因往本习，即生恶念。犹如猛火，投之膏油，膏油既至，倍复炽然；亦如毒药，投生血中，其力则盛；譬如渴人，**饮于**咸水；如秋增热，春多涕唾。”

“召于~”，召唤，召见。《日本灵异记》中卷《智者诽妒变化圣人而现至阎罗阙受地狱苦缘第7》：“时阎罗王使二人，来**召于**光师。”又《阎罗王使鬼得所召人之赂以免缘第24》：“盘岛问之：‘何往人耶?’答言曰：‘阎罗王阙**召于**楢盘岛之往使也。’”[⑥] 唐不空译《金刚顶经多罗菩萨念诵法》卷1：“次结真实加持印，以此能**召于**一切。准前灌顶宝冠印，唯以精进度去来。”

“作于~”，充当某角色。《日本灵异记》上卷《得雷之憙令生子强力在缘第3》：

---

① 中田祝夫『日本霊異記』，日本古典文学全集，小学館，1975，第274頁。

② 青木和夫、稲岡耕二、笹山晴生、白藤礼幸『続日本紀三』，新日本古典文学大系，岩波書店，1992，第324頁。

③ 中田祝夫『日本霊異記』，日本古典文学全集，小学館，1975，第93頁。

④ 中田祝夫『日本霊異記』，日本古典文学全集，小学館，1975，第301頁。

⑤ 中田祝夫『日本霊異記』，日本古典文学全集，小学館，1975，第180頁。

⑥ 中田祝夫『日本霊異記』，日本古典文学全集，小学館，1975，第167、211頁。

“然后，少子作于元兴寺之童子。”① 失译人名今附秦录《别译杂阿含经》卷6：“夫出家者，宜应如汝，作于沙门。”隋阇那崛多译《佛本行集经》卷1《发心供养品》：“希有世尊，愿我当来，得作于佛，十号具足。还如今日，善思如来，为于大众，声闻人天，恭敬围绕，听佛说法，信受奉行，一种无异。”

（三）“于”后续动作时间

在“V（单音词）+于+○”格式中，“于”表动作时间。《日本书纪》的β群中，除前面讨论过的“始于此时”之外，另有下面两例。

“始于是时”，肇始于这个时候。《日本书纪》卷22《推古纪》十八年三月条：“十八年春三月，高丽王贡上僧昙征、法定。昙征知五经，且能作彩色及纸墨，并造碾磑。盖造碾磑**始于是时**欤。”又三十一年十一月条：“盘金问之曰：‘是船者何国迎船？’对曰：‘新罗船也。’盘金亦曰：‘曷无任那之迎船？’即时更为任那加一船。其新罗以迎船二艘**始于是时**欤。”② 梁宝唱等集《经律异相》卷11：“尔时六子，各相违戾，抄掠攻伐。尔时一切，阎浮提内，苗稼不登，人民饥饿。水雨不时，诸树枯悴，不生华实。鸟兽皆饥，其身炽然。我于尔时，舍己身体，肌肤血肉，以施众生，令其饱满。我于尔时，自投其身，以愿力故，即成肉山，高一由旬，纵广正等。是时人民，飞鸟禽兽，**始于是时**，噉肉饮血。”

“穷于来际”，犹言“穷（尽）未来际”。《续日本纪》卷20《孝谦纪》天平宝字元年十二月条：“复愿因此善业，朕与众生，三檀福田**穷于来际**，十身药树荫于尘区，永灭病苦之忧，共保延寿之乐，遂契真妙之深理，自证円满之妙身。”③ 唐澄观撰《大方广佛华严经疏》卷50《如来出现品》：“**穷于来际**不动三昧者，究竟寂灭也。由寂无动故，无所不动耳。”

二　“V（双音词）+于+○”

在该格式中，“于”亦有表动作场所、表动作对象和表动作时间三种用法。

（一）“于”后续动作场所

《日本书纪》α群中共有5例，除去上文列举过的“卧病于~”之外，其余4例是“浮沉于~”“起塔于~”“移向于~”“自诣于~”。

“浮沉于~”，“浮沉”，犹言“沉浮”，谓在水中或空中忽上忽下。《日本书纪》卷20《钦明纪》十三年是岁条：“又投舍利于水，舍利随心所愿，**浮沉于**水。”④ 魏杨衒之

① 〔日〕真人元开著，汪向荣校注《唐大和上东征传》，中华书局，1979，第65页。

② 小島憲之、直木孝次郎、西宮一民、蔵中進、毛利正守『日本書紀二』，新編日本古典文学全集，小学館，1996，第584頁。

③ 青木和夫、稲岡耕二、笹山晴生、白藤礼幸『続日本紀三』，新日本古典文学大系，岩波書店，1992，第238頁。

④ 小島憲之、直木孝次郎、西宮一民、蔵中進、毛利正守『日本書紀二』，新編日本古典文学全集，小学館，1996，第490頁。

撰《洛阳伽蓝记》卷 3：“寺有三池，萑蒲菱藕水物生焉。或黄甲紫鳞出没于繁藻，青凫白雁**浮沉于**绿水。”

“起塔于～”，在某处修建寺塔。《日本书纪》卷 20《钦明纪》十四年二月条：“十四年春二月戊子朔壬寅，苏我大臣马子宿祢**起塔于**大野丘北，大会设斋。即以达等前所获舍利，藏塔柱头。”[①] 梁慧皎撰《高僧传》卷 7：“顾命令阇维之、刘思考为**起塔于**武担寺门之右。”

“移向于～”，迁往某处，搬到某处。《日本书纪》卷 24《皇极纪》二年十一月条：“三轮文屋君进而劝曰：‘请**移向于**深草屯仓，从兹乘马诣东国，以乳部为本，兴师还战，其胜必矣。’”[②] 唐菩提流志译《大宝积经》卷 109：“此识自生身已还自造业，犹如蚕虫出丝缠绕，即自灭身**移向于**彼。譬如莲花生于水中，即有妙色香味，而彼花内无水，正体而可得见。彼花灭已，所有地方置子于中，则有色香所住。”

“自诣于～”，自行去到某处。《日本书纪》卷 20《钦明纪》十四年三月条：“丙戌，物部弓削守屋大连**自诣于**寺，踞坐胡床，斫倒其塔纵火燔之，并烧佛像与佛殿。”[③] 又卷 25《孝德纪》即位前纪条：“辞讫，解所佩刀，投掷于地。亦命帐内，皆令解刀。即**自诣于**法隆寺佛殿与塔间，剔除髯发，披著袈裟。”[④] 隋阇那崛多译《佛本行集经》卷 40《教化兵将品》：“尔时，提婆大婆罗门从兵将边，依法受取，五百钱已，至自己家，付与其妻。付已语言：‘汝宜精好，备办饮食。’身即**自诣**，**于**外林中，而往佛边。”

从构词方法分析上述四例，“浮沉”是并列式，“起塔”是述宾式，“移向”是后补式，“自诣”是偏正式。再从双音词与“于”的搭配关系看，前三者结合较为自然，只有最后一例略显生涩。《钦明纪》是“**自诣于**寺”，《佛本行集经》是“身即**自诣**，**于**外林中。”但同为四字格。

“V（双音词）＋于＋○”句型在《日本书纪》β 群中共有 10 例：“还向于～”“将来于～”“葬埋于～”“出家于～”“说经于～”“设斋于～”“今在于～”“复还于～”“俱集于～”“悉集于～”。

“还向于～”，朝着某处返回来。《日本书纪》卷 1《神代纪上》：“故欲濯除其秽恶，乃往见粟门及速吸名门。然此二门，潮既太急，故**还向于**橘之小门，而抚濯也。”[⑤]

---

① 小島憲之、直木孝次郎、西宮一民、蔵中進、毛利正守『日本書紀二』，新編日本古典文学全集，小学館，1996，第 490 頁。

② 小島憲之、直木孝次郎、西宮一民、蔵中進、毛利正守『日本書紀三』，新編日本古典文学全集，小学館，1998，第 80 頁。

③ 小島憲之、直木孝次郎、西宮一民、蔵中進、毛利正守『日本書紀二』，新編日本古典文学全集，小学館，1996，第 490～492 頁。

④ 小島憲之、直木孝次郎、西宮一民、蔵中進、毛利正守『日本書紀三』，新編日本古典文学全集，小学館，1998，第 110～112 頁。

⑤ 小島憲之、直木孝次郎、西宮一民、蔵中進、毛利正守『日本書紀一』，新編日本古典文学全集，小学館，1994，第 56 頁。

隋阇那崛多译《佛本行集经》卷41《迦叶三兄弟品》："尔时世尊，于彼优娄频螺迦叶居处食讫，速**还向于**林内经行。"又《佛说月上女经》[①] 卷2："尔时舍利弗告月上女作如是言：'汝今但当，先向佛所。我等须臾，为听法故，不久当**还**，**向于**彼处，而来听法。'"

"**将来于～**"，带到某处。《日本书纪》卷11《仁德纪》六十二年五月条："时遣倭直吾子笼令造船，而自南海运之，**将来于**难波津，以充御船也。"[②]《日本灵异记》下卷《杀生物命结怨作狐狗互相怨报缘第2》："时彼村有病者。是**将来于**禅师住寺，劝请禅师而令看病，咒之时愈，即退发病。如是生经，多日不辍。"[③] 萧齐求那毘地译《百喻经》卷2："世间之人，亦复如是，见他头陀，苦行山林旷野冢间树下，修四意止，及不净观，便强**将来**，**于**其家中，种种供养，毁他善法，使道果不成，丧其道眼。已失其利，空无所获，如彼愚臣，唐毁他目也。"陈真谛译《佛说立世阿毘昙论》卷2："昔时净命大智舍利弗，身带风病。医师说言：'大德此疾，藕能治之。'时有净命，神通目连，于往昔时，已见此藕。即此大德，说如是言：'我往取此藕，**将来于**是。'"

"**葬埋于～**"，葬于某处。在某处埋葬。《日本书纪》卷22《推古纪》二十一年十二月条："爰皇太子大悲之。则因以**葬埋于**当处，墓固封也。"[④]（1）唐道宣撰《续高僧传》卷27："火葬焚以蒸新，水葬沉于深淀，土**葬埋于**岸旁，林葬弃之中野。"（2）《周礼》卷12《地官·族师》："以役国事，以相**葬埋**。"[⑤]

"**出家于～**"，在某寺院削发为僧尼，皈依佛教。《日本书纪》卷29《天武纪下》十一年八月条："己丑，敕为日高皇女之病，大辟罪以下男女并一百九十八人皆赦之。庚寅，百三十余人**出家于**大官大寺。"[⑥] 刘宋求那跋陀罗译《杂阿含经》卷34："尔时世尊，告诸比丘：'汝等当度彼婆蹉，**出家于**正法律，出家受具足。'"北凉浮陀跋摩、道泰等合译《阿毘昙毘婆沙论》卷18《爱敬品》："时诸外道，作是议已，即便喻遣苏尸摩纳等：'汝当往诣瞿昙沙门所求为弟子，乃至**出家于**佛法中所闻经法，而能受持。'"唐义净译《根本说一切有部毘奈耶出家事》卷3："时侍缚迦言：汝于善说法律中，**出家于**四沙门果中，应证得果。汝已受他信心之物，今乃却堕恶事。"按：《天武纪下》中的"出家于～"，后续具体的寺院，汉文佛经中的"出家于～"，后续意义抽

① 该经于胜宝五年抄写，题作《月上女经》，录于《大日本古文书》卷12，第444页。

② 小島憲之、直木孝次郎、西宮一民、蔵中進、毛利正守『日本書紀二』，新編日本古典文学全集，小学館，1996，第66頁。

③ 中田祝夫『日本霊異記』，日本古典文学全集，小学館，1975，第266頁。

④ 小島憲之、直木孝次郎、西宮一民、蔵中進、毛利正守『日本書紀二』，新編日本古典文学全集，小学館，1996，第570頁。

⑤《周礼》，《十三经注疏》，中华书局，1980，第719页。

⑥ 小島憲之、直木孝次郎、西宮一民、蔵中進、毛利正守『日本書紀三』，新編日本古典文学全集，小学館，1998，第422頁。

象的佛家教说。

“**说经于**～”，在某处讲说经文及经文的意义。《日本书纪》卷29《天武纪下》闰七月条：“闰七月戊戌朔壬子，皇后誓愿之大斋，以**说经于**京内诸寺。”① 失译人名今附东晋录《般泥洹经》② 卷1：“佛**说经于**天下，闻者皆乐，信学讽诵，端身口意，去邪入正。是二难有自然之法也。”

从组词方式看，上述四例中，“还向于～”“将来于～”是后补式，“出家于～”“说经于～”是述宾式，它们与介词“于”的搭配均符合古汉语的语法规范。特别是“出家”“说经”都是佛教术语，两种搭配形式仅见于佛典亦属自然。第30卷下面一例属于同一种情况。

“**设斋于**～”，在某处备办素食，举办斋会。(1)《日本书纪》卷30《持统纪》元年九月条：“九月壬戌朔庚午，设国忌斋于京师诸寺。辛未，**设斋于**殡宫。”③《续日本纪》卷2《文武纪》大宝二年十二月条：“丁巳，**设斋于**四大寺。”④ ②《日本书纪》卷25《孝德纪》白雉三年十二月条：“冬十二月晦，请天下僧尼**于**内里**设斋**，大舍燃灯。”⑤《续日本纪》卷3《文武纪》庆云四年六月条：“举哀著服，一依遗诏行之。自初七至七七，**于**四大寺**设斋**焉。”⑥《唐文拾遗》卷41：“唐中和二年太岁壬寅正月望日，具衔某敬请僧某乙，**设斋于**法云寺天王院，谨白言舍利佛大慈大悲观音菩萨：‘伏以欲界将倾，魔军竞起，九野尘昏于劫烬，四溟波荡于狂飙。’”按：《日本书纪》中“设斋”一词有两种用法：一是“于”字句作状语，如《持统纪》文例；二是作补语，如《孝德纪》文例。

但是，下面四例的情况有所不同，需要格外注意。

“**今在于**～”，现在在某处。《日本书纪》卷1《神代纪上》：“故裂尾而看，即别有一剑焉，名为草薙剑。此剑昔在素戋呜尊许，**今在于**尾张国也。”又卷2《神代纪下》：“是时，斋主神号斋之大人。此神**今在于**东国楫取之地也。”又卷9《神功纪》摄政前纪条：“于是也，适当皇后之开胎。皇后则取石插腰，而祈之曰：‘事竟还日，产于兹土。’其石**今在于**伊都县道边。”又卷10《应神纪》条：“是以，其子孙于**今在于**吉备

---

① 小島憲之、直木孝次郎、西宮一民、蔵中進、毛利正守『日本書紀三』，新編日本古典文学全集，小学館，1998，第410頁。

② 该经于天平九年抄写，录于《大日本古文书》卷7，第30页。

③ 小島憲之、直木孝次郎、西宮一民、蔵中進、毛利正守『日本書紀三』，新編日本古典文学全集，小学館，1998，第482頁。

④ 青木和夫、稲岡耕二、笹山晴生、白藤礼幸『続日本紀一』，新日本古典文学大系，岩波書店，1989，第62頁。

⑤ 小島憲之、直木孝次郎、西宮一民、蔵中進、毛利正守『日本書紀三』，新編日本古典文学全集，小学館，1998，第192頁。

⑥ 青木和夫、稲岡耕二、笹山晴生、白藤礼幸『続日本紀一』，新日本古典文学大系，岩波書店，1989，第114頁。

国，是其缘也。"[①] 东晋法显译《大般涅槃经》卷3："其闻如来，在娑罗林，双树之间，将般涅槃，心自思惟：'我诸书论，说佛出世，极为难遇。如优昙钵花，时一现耳。其**今在于**，娑罗林中。我有所疑，试往请问。'"梁月婆首那译《大乘顶王经》[②] 卷1："此诸佛境界，救护世间者，**今在于**佛前，身无有诸过。"

"**复还于～**"，又返回到某处。《日本书纪》卷2《神代纪下》："然后，天忍穗耳尊**复还于**天。"[③] 唐玄奘译《大宝积经》卷38："又舍利子，若第八人，未证于果，而出受者，无有是处。证果已出，斯有是处。若至圣流，受第八有，无有是处。即此诸蕴，而般涅槃，斯有是处。若一来人，受第三有，无有是处。即此诸蕴，而般涅槃，斯有是处。若不还人，**复还于**此，无有是处。"按："复还"一词，在传世文献中，通常不带介词"于"字。《战国策》卷31《燕太子丹质于秦》："太子及宾客知其事者，皆白衣冠以送之。至易水上，既祖取道。高渐离击筑，荆轲和而歌，为变徵之声，士皆垂泪涕泣。又前而为歌曰：'风萧萧兮易水寒，壮士一去兮不**复还**！'"[④]

"**俱集于～**"，同时聚集在某处。《日本书纪》卷9《神功纪》摄政四十九年三月条："即命木罗斤资、沙沙奴跪领精兵，与沙白、盖卢共遣之，**俱集于**卓淳，击新罗而破之。"[⑤] 刘宋佛陀什、竺道生等合译《弥沙塞部和醯五分律》卷19："有一比丘，求安居处，见有空窟，作是念：'我当于此安居。'复有众多比丘见，皆作是念，而不相知。至安居前布萨日，**俱集于**彼，皆言我已先取此窟。不知谁应得住。"唐菩提流志译《大宝积经》卷31："无量诸佛子，**俱集于**众会。从佛口所生，从法变化生。"

"**悉集于～**"，全部聚集（在某处）。《日本书纪》卷10《应神纪》三十一年八月条："群卿便被诏，以令有司取其船材为薪而烧盐。于是得五百笼盐，则施之周赐诸国，因令造船。是以诸国一时贡上五百船，**悉集于**武库水门。"[⑥] 失译人名今附东晋录《菩萨本行经》卷1："王敕群臣告下诸国大王：'却后七日，为闻法故，当于身上，而燃千灯。诸欲来见王者，皆**悉集于**大国。'"

从组词方式看，上述四例的特殊之处在于，采用的都是偏正式："今在于～""复还于～""俱集于～""悉集于～"。这四对组词，无论是"今在""复还"，还是"俱集""悉集"，其搭配均不固定，具有临时组合的性质。加之后续介词"于"，愈发显得生涩。这是佛经汉译时的常见现象，是语言接触初始阶段的必然产物。

---

① 小島憲之、直木孝次郎、西宮一民、蔵中進、毛利正守『日本書紀一』，新編日本古典文学全集，小学館，1994，第98、134、426、490頁。

② 该经于天平十四年抄写，录于《大日本古文书》卷8，第92页。

③ 小島憲之、直木孝次郎、西宮一民、蔵中進、毛利正守『日本書紀一』，新編日本古典文学全集，小学館，1994，第138頁。

④ （西汉）刘向集录，范祥雍笺证，范邦瑾协校《战国策笺证》，上海古籍出版社，2006，第1790页。

⑤ 小島憲之、直木孝次郎、西宮一民、蔵中進、毛利正守『日本書紀一』，新編日本古典文学全集，小学館，1994，第456頁。

⑥ 小島憲之、直木孝次郎、西宮一民、蔵中進、毛利正守『日本書紀一』，新編日本古典文学全集，小学館，1994，第492頁。

接下来是其他上古文学作品中的文例，有“起入于～”“居住于～”“来住于～”“沦回于～”“漂流于～”。这些说法同样未见于中土文献，只出现在汉文佛经之中。

“起入于～”，起身进入某处。《藤氏家传》上卷《镰足传》：“天皇**起入于**殿中。古麻吕等遂诛鞍作焉。”① 《日本灵异记》上卷《凶人不敬养奶房母以相得恶死报缘第23》：“瞻保于是不言，而**起入于**屋里，拾出举，炎于其庭中，皆已烧灭。然后入山，迷惑不知所为。乱发身伤，东西狂走，复还行路，不住己家。”② 齐那连提耶舍译《月灯三昧经》卷8：“尔时智力王，见如是梦，觉已至明。即从卧**起**，**入于**后宫，集诸宫人，具说斯梦。”

“居住于～”，居住在某处。《日本灵异记》上卷《圣德皇太子示异表缘第4》：“皇太子**居住于**鵤冈本宫时，有缘出宫游观幸行。”又中卷《阎罗王使鬼得所召人之赂以免缘第24》：“楢盘岛者，诸乐左京六条五坊人也，**居住于**大安寺之西里。”又下卷《漂流大海敬称尺迦佛名得全命缘》：“长男纪臣马养者，纪伊国安谛郡吉备乡人也。小男中臣连祖父麿者，同国海部郡滨中乡人也。纪万侣朝臣**居住于**同国日高郡之潮，结网捕鱼。”③ 隋阇那崛多译《佛本行集经》卷44《布施竹园品》：“尔时世尊，与诸比丘，至王舍城，**居住于**彼，杖林之内。是时彼林，别有一塔，名善安住。”唐义净译《根本说一切有部苾刍尼毘奈耶》：“去城不远，有寂静处，花林郁茂，甚可爱乐。有仙人居止，深怀慈念，哀愍有情，常求利益，俱与五百仙人，**居住于**此。”

“来住于～”，来到并居住在某处。《日本灵异记》中卷《生爱欲恋吉祥天女像感应示奇表缘第13》：“和泉国泉郡血渟山寺，有吉祥天女像。圣武天皇御世，信浓国优婆塞，**来住于**其山寺。”④ 失译人名今附后汉录《杂譬喻经》卷2：“昔者海边有树木，数十里中有猕猴五百余头。时海水上有聚沫，高数十丈像如雪山，随潮而**来住于**岸边。”西晋竺法护译《佛说梵志女首意经》卷1：“女见佛**来住于**门外，心怀踊跃，回入设座，还诣佛所，稽首佛足下，长跪白言：‘善来，安住！愿降圣尊，屈神临眄。’佛垂慈愍，入馆就座。”

“沦回于～”，犹言“轮回于～”。《奈良朝写经29・千手千眼陀罗尼经》：“又愿**沦回于**地狱热烦苦、饿鬼饥饿苦、畜生逼迫苦等众生，早得出离，同受安宁。”⑤ 北凉昙无谶译《佛所行赞》卷4《父子相见品》：“**轮回于**五趣，三业三种生，爱欲为其因，种种类差别。”

“漂流于～”，在海河中漂浮流动。《日本灵异记》下卷《漂流大海敬称尺迦佛名得

① 沖森卓也、佐藤信、矢島泉『藤氏家伝　鎌足貞慧武智麻呂伝注釈と研究』，吉川弘文館，1999，第173頁。

② 中田祝夫『日本靈異記』，日本古典文学全集，小学館，1975，第110頁。

③ 中田祝夫『日本靈異記』，日本古典文学全集，小学館，1975，第69、211、325頁。

④ 中田祝夫『日本靈異記』，日本古典文学全集，小学館，1975，第182頁。

⑤ 上代文献読書会編『上代写経識語注釈』，勉誠出版，2016，第200頁。

全命缘第 25》：“水甚荒，忽绝绳解栰，过潮入海。二人各得，一木以乘，**漂流于**海。”① 宋元照撰《四分律行事钞资持记》卷 2：“是以托腥臊而为体，全欲染以为心，**漂流于**生死海中，焉能知返？”按：《日本灵异记》例用于具体义，佛典例用作抽象义。

上述“于”字句，因双音词“起入”“居住”“来住”以及“沦回”“漂流”的组词形式或为后补式，或为并列式，且词形业已固化，由此构成的“于”字句与古汉语的语法规则并不乖离，消解了临时搭配所带来的那种生涩感。

（二）“于”后续动作对象

在“V（双音词）+于+○”格式中，“于”表动作对象。《日本书纪》β群中可见如下一例。

“**祈生于~**”，求某人饶命。《日本书纪》卷 15《清宁纪》即位前纪条：“惟河内三野县主小根慓然振怖，避火逃出，抱草香部吉士汉彦脚，因使**祈生于**大伴室屋大连曰：‘奴县主小根事星川皇子者，信。而无有背于皇太子。乞降洪恩，救赐他命。’”② 唐道世撰《法苑珠林》卷 73：“夫禀形六趣，莫不恋恋而贪生。受质二仪，并皆区区而畏死。虽复升沉万品，愚智千端，至于避苦求安。此情何异？所以惊禽投案，犹请命于魏君。穷兽入庐，乃**祈生于**区（欧）氏。”该例在《诸经要集》卷 14 中亦有辑录。

《日本灵异记》中可见如下三例。

“**供侍于~**”，供养侍奉某人。《日本灵异记》中卷《赎蟹虾命放生得现报缘第 8》：“道心纯熟，初淫不犯。常勤采菜，一日不阙，奉**供侍于**行基大德。”③ 唐义净译《根本说一切有部毘奈耶杂事》卷 37：“阿难陀，过去如来，皆有如是，供侍之人。如汝用心，**供侍于**我，未来诸佛，亦有供侍，与汝无异。”

“**具陈于~**”，对某人详细地陈述某事。《日本灵异记》下卷《禅师将食鱼化作〈法华经〉覆俗诽缘第 6》：“童子至于山寺，向师**具陈于**俗等事。禅师闻之，一怪一喜，知天守护。”④ 宋志盘撰《佛祖统纪》卷 10：“公对众嗟赏曰：‘此道未始闻，此人未始见也。’师以天台宗教本末**具陈于**公。”

“**倍胜于~**”，胜于……一倍，加倍优于……《日本灵异记》中卷《智者诽妒变化圣人而现至阎罗阙受地狱苦缘第 7》：“又指北将往。**倍胜于**先热铜柱立，极热之柱。而所引恶，犹就欲抱。”⑤ 东晋法显译《佛说大般泥洹经》卷 1《序品》：“其名曰耆婆尸利优婆夷，胜鬘优婆夷，昆舍佉优婆夷等，于晨朝时，光明照已，即觉斯瑞，便各疾办，众供养具，**倍胜于**前，来诣佛所，头面著地，请佛及僧。世尊不受。愁忧苦恼，在

① 中田祝夫『日本靈異記』，日本古典文学全集，小学館，1975，第 325 頁。
② 小島憲之、直木孝次郎、西宫一民、蔵中進、毛利正守『日本書紀二』，新編日本古典文学全集，小学館，1996，第 218 頁。
③ 中田祝夫『日本靈異記』，日本古典文学全集，小学館，1975，第 171 頁。
④ 中田祝夫『日本靈異記』，日本古典文学全集，小学館，1975，第 276 頁。
⑤ 中田祝夫『日本靈異記』，日本古典文学全集，小学館，1975，第 168 頁。

一面住。"唐菩提流志译《大宝积经》卷47《毘利耶波罗蜜多品》:"如律仪兄今所见，我于当来定如是;大苾刍众所围绕，当复**倍胜于**今日。"隋阇那崛多译《佛本行集经》卷56《难陀出家因缘品》:"若复有人，供养一佛，功德果报，**倍胜于**彼。"唐义净译《金光明最胜王经》卷8《坚牢地神品》:"何以故?世尊，由说此经，我之自身，并诸眷属，咸蒙利益，光辉气力，勇猛威势，颜容端正，**倍胜于**常。"按:《日本灵异记》下卷《不顾因果作恶受罪报缘第37》:"每打遍，问诸史言:'若此人在世时，作何功德善?'诸史答言:'唯奉写《法华经》一部。'王言:'以彼罪宛经卷。'随宛卷，而罪数**倍胜**无量无数。亦宛经六万九千三百八十四文字，犹罪数倍无救之。"① 该例"倍胜"的用法，有别于汉文佛经，在传世文献中亦难觅类例。

(三)"于"后续动作时间

在"V(双音词)+于+○"句型中，"于"表动作时间。《日本书纪》β群中可见如下一例。

"**始兴于~**"，始于……兴于……《日本书纪》卷6《垂仁纪》二十七年八月条:"二十七年秋八月癸酉朔己卯，令祠官卜兵器为神币，吉之。故弓矢及横刀纳诸神之社。仍更定神地、神户以时祠之。盖兵器祭神祇，**始兴于**是时也。"② 唐彦琮撰《唐护法沙门法琳别传》卷2:"仲卿论云:'石勒之日，念其胡风，与僧澄道人，矫足毛羽。因此胡法，**始兴于**世。'"按:《日本书纪》卷29《天武纪》四年正月条:"庚戌，**始兴**占星台。"③

第二节　内典可见两种不同用法

在该类"于"字句中，"V(双音词)+于+○"式与"V(双音词)+○"式并存于汉文佛经中。

(一)"于"后续动作场所

"**下到于~**"，(人)下去到达某处。①《日本书纪》卷1《神代纪上》:"是时素戋呜尊**下到于**安艺国可爱之川上。"④ ②《古事记》中卷《景行记》:"于是，坐倭后等及御子等诸**下到**，而作御陵，即匍匐回其地之那豆岐田，而哭为歌曰。"⑤ (1)刘宋求那跋陀罗译《过去现在因果经》卷1:"是时善惠说此偈已，从空中**下到于**佛前，五体投

① 中田祝夫『日本靈異記』，日本古典文学全集，小学館，1975，第358頁。

② 小島憲之、直木孝次郎、西宮一民、蔵中進、毛利正守『日本書紀一』，新編日本古典文学全集，小学館，1994，第322頁。

③ 小島憲之、直木孝次郎、西宮一民、蔵中進、毛利正守『日本書紀三』，新編日本古典文学全集，小学館，1998，第356頁。

④ 小島憲之、直木孝次郎、西宮一民、蔵中進、毛利正守『日本書紀一』，新編日本古典文学全集，小学館，1994，第94頁。

⑤ 植垣節也『風土記』，新編日本古典文学全集，小学館，1997，第234頁。

地，而白佛言：‘唯愿世尊，哀愍我故，听我出家。’”（2）吴支谦译《龙王兄弟经》卷1：“阿难邠低到精舍，索佛及比丘僧，了不见一人，便长跪白佛：‘饭具以严办，佛可自屈。’佛即**下到**其舍。”

“**行至于～**”，行进到达某处。《日本书纪》卷21《用明纪》元年五月条：“马子宿祢即便随取到于盘余（双行注）**行至于**池边也，而切谏之。”① （1）元魏瞿昙般若流支译《正法念处经》卷16：“此鬼势力，神通自在。若闻血气，于须臾顷，能**行至于**，百千由旬。”隋阇那崛多等合译《起世经》卷2：“其人将**行**，**至于**树下。所将之女，若是此人，母姨姊妹，亲戚类者。”唐义净译《根本说一切有部尼陀那目得迦》卷2：“尔时家主，送往尸林。为举衣钵，有诸苾刍，**行至于**此。长者见已，白言：‘圣者。先有一尼，于我家死。彼之衣钵，咸在我边。仁应将去。’苾刍答曰：‘亡尼之物，我不合得。’”（2）西晋法立、法炬合译《大楼炭经》卷5《战斗品》：“我威神乃尊，如是诸日月及忉利天，于我上虚空中住还，我欲取日月之光明，著耳中**行至**十方。”东晋瞿昙僧伽提婆译《中阿含经》卷3《业相应品》：“羁舍子伽蓝人闻已，各与等类眷属相随，从羁舍子出，北**行至**尸摄惒林，欲见世尊，礼事供养。”按：中土文献中未见“行至”后续“于”的文例。

“**满覆于～**”，弥漫、覆盖在某处。《日本书纪》卷24《皇极纪》二年二月条：“二年春正月壬子朔旦，五色大云，**满覆于**天而阙于寅。一色青雾，周起于地。”② （1）西晋竺法护译《佛说须真天子经》卷3：“正生死处，导利福施，广设桥梁，常乐供养，**满覆**三处，未曾厌废，为三界人，之所戴仰。是故菩萨得至阍迦波。”（2）《敦煌变文·八相变（一）》：“紫金**满覆于**其体，白毫光相素如银。”③

（二）“于”后续动作对象

“**奉施于～**”，向某人献上布施品。“奉施”，“布施”的谦辞。①《日本书纪》卷30《持统纪》四年七月条：“是日，以绝、系、绵、布，**奉施**七寺安居沙门三千二百六十三。别为皇太子，**奉施于**三寺安居沙门三百二十九。”②《日本书纪》卷30《持统纪》元年八月条：“己未，天皇使直大肆藤原朝臣大岛、直大肆黄书连大伴，请集三百龙象大德于飞鸟寺，**奉施**袈裟。人别一领。”④ 《日本灵异记》下卷《忆持〈法华经〉者舌著曝髑髅中不朽缘第1》：“敬礼禅师，**奉施**绳床，而语之曰：‘今者罢退，欲居山。踰于伊势国。’”⑤ （1）西晋安法钦译《阿育王传》卷2：“王复言曰：‘我以三十万两

---

① 小島憲之、直木孝次郎、西宮一民、蔵中進、毛利正守『日本書紀二』，新編日本古典文学全集，小学館，1996，第502頁。

② 小島憲之、直木孝次郎、西宮一民、蔵中進、毛利正守『日本書紀三』，新編日本古典文学全集，小学館，1998，第70頁。

③ 黄征、张涌泉校注《敦煌变文校注》，中华书局，1997，第514页。

④ 小島憲之、直木孝次郎、西宮一民、蔵中進、毛利正守『日本書紀三』，新編日本古典文学全集，小学館，1998，第306、482頁。

⑤ 中田祝夫『日本霊異記』，日本古典文学全集，小学館，1975，第264頁。

金，奉施于僧，以三千宝瓶，盛满香汤，灌菩提树。’”梁僧伽婆罗译《阿育王经》卷2《见优波笈多因缘品》：“我以胜供养，供养佛世尊。不及王以沙，奉施于如来。”（2）东晋法显译《大般涅槃经》卷2：“时弗迦娑，闻佛此语，欢喜踊跃，即以一张，置佛足下，又持一张，至阿难所，长跪白言：‘我今以此，奉施尊者，唯愿纳受。’”唐义净译《金光明最胜王经》卷7《无染著陀罗尼品》：“若复有人以十阿僧企耶三千大千世界满中七宝，奉施诸佛，及以上妙，衣服饮食，种种供养，经无数劫。”

第三节　内外典可见同一种用法

在该类“于”字句中，上古文学作品中的用法，在中国两类文献当中均有先例。因为汉文佛经的文例年代先于中土文献，所以仍可将该类“于”字句视作受到汉文佛经的影响。

一　“V（单音词）+于+○”

（一）“于”后续动作场所

“遮于~”，阻拦在某处。《日本书纪》卷5《崇神纪》十年九月条：“时天皇遣五十狭芹彦命击吾田媛之师，即遮于大坂，皆大破之。杀吾田媛，悉斩其军卒。”又卷6《垂仁纪》二年是岁条：“然新罗人遮之于道而夺焉。”[①]（1）北凉昙无谶译《大方等大集经》卷3：“若有比丘，起恶思惟，以是因缘，不知有为，多诸过咎，以不知故，生颠倒心。颠倒因缘，增长五盖。五盖增故，令诸烦恼，遮障善法。烦恼因缘，身口意业，造作诸恶。如来如实，知如是法，能遮于道。”（2）《太平广记》卷200《卢渥》条：“诏书叠至，士族荣之。及赴任陕郊，洛城自居守分司朝臣以下，互设祖筵，遮于行路，洛城为之一空。都人观者架肩望击毂，盛于清明洒扫之日。自临都驿以至于行，凡五十里，连翩不绝。”[②] 按：从例文可知，“遮于~”的句式源自汉文佛经，但多用于抽象义，而《日本书纪》和中土文献则用于具体义。此外，《垂仁纪》的“遮之于~”疑似自创搭配形式。

“著于床”，（某人）躺在床上；（某物）放在床上。《法隆寺金堂释迦三尊像光背铭》：“法兴元三十一年岁次辛巳十二月，鬼前大后崩。明年正月二十二日，上宫法皇枕病弗悆。干食王后仍以劳疾并著于床。”（1）西晋竺法护译《普曜经》卷3《四出观品》：“太子乘驾，出西城门，见一死人，著于床上，家室围绕，举之出城，涕泪悲哭，椎胸呼嗟，头面尘垢，泪下如雨：‘何为弃我，独逝而去？’”（2）《太平广记》卷99

① 小島憲之、直木孝次郎、西宮一民、蔵中進、毛利正守『日本書紀一』，新編日本古典文学全集，小学館，1994，第280、300頁。

② （宋）李昉等编《太平广记》，中华书局，1961，第1501页。

《李大安》条："其奴有谋杀大安者，候大安眠熟，夜已过半，奴以小剑刺大安项，洞之，刃著于床。"[①]

（二）"于"后续动作对象

"遇于～"，遇到。碰上。《日本灵异记》上卷《狐为妻令生子缘第2》："御世，三乃国大乃郡人应为妻，觅好娘乘路而行。时旷野中，遇于姝女。其女媚壮，驯之壮睇之。"[②]《唐大和上东征传》："四人口云：'大和上大果报，遇于弟子，不然合死。此间人物吃人，火急去来！便引舟去。'"[③]（1）姚秦鸠摩罗什等译《禅秘要法经》卷2："诵三藏故，天上命终，生阎浮提，得值佛世。因前贡高，虽遇于佛，不解法相。"（2）《全唐文》卷323萧颖士《赠韦司业书》："仆遇于足下，岂徒伯喈、王粲之嘉会、子产、延陵之吻合耶?"[④]

二　"V（双音词）+于+○"

（一）"于"后续动作场所

在"V（双音词）+于+○"格式中，《日本书纪》α群中有两例"于"后续动作场所的文例。

"还入于～"，返回进入某处。①《日本书纪》卷21《用明纪》二年四月条："是年，天皇得病，还入于宫。群臣侍焉。"[⑤]《古事记》下卷《仁德记》："故天皇知其情，还入于宫。"[⑥] ②《古事记》上卷《伊耶那岐命与伊耶那美命》："如此白而还入其殿内之间，甚久难待。"[⑦]《续日本纪》卷13《圣武纪》天平十二年十二月条："丙辰，解骑兵司，令还入京。"[⑧]（1）姚秦鸠摩罗什译《佛说华手经》卷7："随众生所乐，微笑现光明。大光普照已，还入于本处。"《梁书》卷56《侯景传》："又筑土山以逼城，城内作地道以引其土山，贼又不能立，焚其攻具，还入于栅。"[⑨] 此言城内守军焚毁贼兵的进攻器具，退入营栅。（2）吴支谦译《梵摩渝经》卷1："梵志陈其心所疑，佛具知梵志心疑两相，即以神足，现阴马藏也。出广长舌，还自覆面，舐左右耳，口中光明，照弥夷国，绕身三匝，徐还入口。"《搜神记》卷6《妖马》条："魏齐王嘉平初，白马河

---

① （宋）李昉等编《太平广记》，中华书局，1961，第664页。

② 中田祝夫『日本靈異記』，日本古典文学全集，小学館，1975，第60頁。

③ 〔日〕真人元开著，汪向荣校注《唐大和上东征传》，中华书局，1979，第66页。

④ （清）董诰等编《全唐文·附唐文拾遗唐文续拾》，中华书局，1983，第3278页。

⑤ 小島憲之、直木孝次郎、西宮一民、蔵中進、毛利正守『日本書紀二』，新編日本古典文学全集，小学館，1996，第504頁。

⑥ 山口佳紀、神野志隆光『古事記』，新編日本古典文学全集，小学館，1997，第301頁。

⑦ 山口佳紀、神野志隆光『古事記』，新編日本古典文学全集，小学館，1997，第44頁。

⑧ 青木和夫、稲岡耕二、笹山晴生、白藤礼幸『続日本紀二』，新日本古典文学大系，岩波書店，1990，第380頁。

⑨ （唐）姚思廉撰《梁书》，中华书局，1973，第844页。

出妖马，夜过官牧边呜呼，众马皆应。明日，见其迹大如斛，行数里，**还入**河。”[①]

“收置于～”，收拾放置某处。《日本书纪》卷25《孝德纪》大化二年三月条：“其介膳部臣百依所犯者，草代之物**收置于**家，复取国造之马，而换他马来。”[②](1)《太平广记》卷107《赵安》条：“赵安，成都人。唐太和四年，常持《金刚经》，日十遍。会蛮寇退归，安于道中，见军器，辄**收置于**家，为仇者所告。吏捕至门，涕泣礼经而去。为狱吏所掠，遂自诬服罪。”[③]（2）《旧唐书》卷35《天文志上》：“铸成，命之曰水运浑天俯视图，置于武成殿前以示百僚。无几而铜铁渐涩，不能自转，遂**收置于**集贤院，不复行用。”[④] 按：《孝德纪》文例年代早于中国两类文献。

在“V（双音词）＋于＋○”格式中，《日本书纪》β群中有七例“于”后续动作场所的文例。

“留住于～”，留下来居住；留宿。①《日本书纪》卷2《神代纪下》：“故天孙问其神曰：‘国在耶？’对曰：‘在也。’因曰：‘随敕奉矣。’故天孙**留住于**彼处。”②又：“已而彦火火出见尊因娶海神女丰玉姬，仍**留住**海宫，已经三年。”[⑤]（1）萧齐僧伽跋陀罗译《善见律毘婆沙》卷3：“于此师子洲，释迦如来已三到往。第一往者，教化夜叉已，即便敕言：‘若我涅槃后，我舍利**留住于**此。’”梁法云撰《法华经义记》卷1：“于时则应入无余涅槃至寂然之地，但大悲之意不限，度人之心无穷。近藉神通之力，远由大众万行之感。遂能延金刚心，**留住于**世。”《通典》卷58《礼18》：“后汉献帝建安十八年，曹操进三女宪、节、华为夫人。聘以束帛玄纁，绢五万匹。小者待年于国。**留住于**国，待年长。二十年，并拜贵人。”[⑥]（2）《后汉书》卷42《楚王英传》：“楚太后勿上玺绶，**留住**楚宫。”[⑦] 后秦佛陀耶舍、竺佛念等合译《长阿含经》卷5：“王又语言：‘可至七日，**留住**深宫，极世五欲，共相娱乐，然后舍国，各付子弟，俱共出家，不亦善耶？’”

“俱聚于～”，一起聚集在某处。《日本书纪》卷9《神功纪》摄政四十九年三月条：“**俱聚于**卓淳，击新罗而破之。”[⑧]（1）唐义净撰《南海寄归内法传》卷3：“大师世尊，既涅槃后，人天并集，以火焚之。众聚香柴，遂成大积。即名此处，以为质底。是积聚义，据从生理，遂有制底之名。又释：一想世尊众德**俱聚于**此；二乃积砖土而成

① 王根林、黄益元、曹光甫校点《汉魏六朝笔记小说大观》，上海古籍出版社，1999，第332页。

② 小島憲之、直木孝次郎、西宮一民、蔵中進、毛利正守『日本書紀三』，新編日本古典文学全集，小学館，1998，第142頁。

③ （宋）李昉等编《太平广记》，中华书局，1961，第729页。

④ （后晋）刘昫等撰《旧唐书》，中华书局，1975，第1296页。

⑤ 小島憲之、直木孝次郎、西宮一民、蔵中進、毛利正守『日本書紀一』，新編日本古典文学全集，小学館，1994，第144～146、158頁。

⑥ （唐）杜佑撰《通典》，中华书局，1988，第1641页。

⑦ （宋）范晔撰，（唐）李贤等注《后汉书》，中华书局，1965，第1429页。

⑧ 小島憲之、直木孝次郎、西宮一民、蔵中進、毛利正守『日本書紀一』，新編日本古典文学全集，小学館，1994，第456頁。

之。详传字义如是，或名窣睹波，义亦同此。"（2）《宋史》卷56《志第9》："淳熙十三年闰七月戊午，五星皆伏。八月乙亥，七曜**俱聚于**轸。"按：《神功纪》文例的年代早于《宋史》。

"**安置于**～"，妥善地安置在某处。①《日本书纪》卷10《应神纪》十三年九月条："秋九月中，发长媛至自日向，便**安置于**桑津邑。"[①]《古事记》下卷《雄略记》："此时，吴人参渡来，其吴人**安置于**吴原，故号其地谓吴原也。"[②] ②《播磨国风土记·揖保郡》条："后，净御原朝廷，甲申年七月，遣曾祢连麿，返送本处。**于**今**安置**此里御宅。"[③]《续日本纪》卷21《淳仁纪》天平宝字二年九月条："丁亥，小野朝臣田守等至自渤海。渤海大使辅国大将军兼将军行木底州刺史兼兵署少正开国公扬承庆以下二十三人，随田守来朝。便**于**越前国**安置**。"[④] ③《日本书纪》卷7《景行纪》五十一年八月条："时倭姬命曰：'是虾夷等，不可近于神宫。'则进上于朝庭，仍令**安置**御诸山傍。"[⑤]《常陆国风土记·行方郡》条："从此往南十里，板来村。近临海滨，**安置**郡家。此谓板来之驿。"[⑥]《日本灵异记》上卷《信敬三宝得现报缘第5》："今世**安置**吉野比苏寺，而放光阿弥陀之像是也。"[⑦]《唐大和上东征传》："又经五日，有［逻］海官来问消息，申［牒］明州；［明州太］守处分，**安置**鄮县山阿育王寺，寺有阿育王塔。"[⑧]《续日本纪》卷9《元正纪》养老六年十二月条："十二月庚戌，敕奉为净御原宫御宇天皇，造弥勒像。藤原宫御宇太上天皇释迦像。其本愿缘记，写以金泥，**安置**佛殿焉。"[⑨]（1）姚秦鸠摩罗什译《大树紧那罗王所问经》卷4："闻有无量，无边众生，我当**安置**，**于**涅槃道，而无忧悒。"元魏毘目智仙、般若流支译《圣善住意天子所问经》卷1："九者起如是心，一切众生，我悉**安置**，**于**佛法中，令趣菩提。"隋阇那崛多译《佛本行集经》卷20《观诸异道品》："或有死尸，眷属围绕，相送来向，尸陀林中。**安置于**地，讫还归舍。"《隋书》卷84《北狄》："其后契丹别部出伏等背高丽，率众内附。高祖纳之，**安置于**渴奚那颉之北。"[⑩]《北史》卷22《长孙晟传》："晟送染干，**安**

① 小島憲之、直木孝次郎、西宮一民、蔵中進、毛利正守『日本書紀一』，新編日本古典文学全集，小学館，1994，第478頁。

② 山口佳紀、神野志隆光『古事記』，新編日本古典文学全集，小学館，1997，第336頁。

③ 植垣節也『風土記』，新編日本古典文学全集，小学館，1997，第80頁。

④ 青木和夫、稲岡耕二、笹山晴生、白藤礼幸『続日本紀三』，新日本古典文学大系，岩波書店，1992，第290頁。

⑤ 小島憲之、直木孝次郎、西宮一民、蔵中進、毛利正守『日本書紀一』，新編日本古典文学全集，小学館，1994，第388頁。

⑥ 植垣節也『風土記』，新編日本古典文学全集，小学館，1997，第382頁。

⑦ 中田祝夫『日本靈異記』，日本古典文学全集，小学館，1975，第75頁。

⑧ 〔日〕真人元开著，汪向荣校注《唐大和上东征传》，中华书局，1979，第52页。

⑨ 青木和夫、稲岡耕二、笹山晴生、白藤礼幸『続日本紀二』，新日本古典文学大系，岩波書店，1990，第126頁。

⑩ （唐）魏徵等撰《隋书》，中华书局，1973，第1881页。

置于碛口。事毕，人朝。”[①]（2）《朝野佥载》卷3：“大足中，有妖妄人李慈德，自云能行符书厌，则天于内安置。”[②]《敦煌变文・叶净能诗》：“玄宗闻净能所奏，性意悦然，谓净能曰：‘愿为弟子，尊师与朕为师。’且于观内安置。”[③]（3）后汉竺大力、康孟详合译《修行本起经》卷1《试艺品》：“太子即与优陀、难陀、调达、阿难等五百人，执持礼乐、射艺之具。当出城门，安置一象。当其城门，决有力者。”《魏书》卷103《蠕蠕传》：“十二月，诏安西将军、廷尉元洪超兼尚书行台，诣敦煌安置婆罗门。”[④] 按：如文例所示，“安置”后续处所介词“于”［①（1）］始自汉文佛经，且多为抽象用法。譬如将身心安住在清静寂寞或佛法或声闻、缘觉、菩萨三乘之中。嗣后，逐渐出现用作具体义的用法。譬如《隋书》《北史》，将人员或物什等安置、安放在某处。“安置”前承“于”［②（2）］多用于传世文献。既不前承“于”又不后续“于”的用法［③（3）］则通行于两类文献。

“游猎于～”，在某处游猎。《日本书纪》卷13《允恭纪》八年二月条：“天皇则更兴造宫室于河内茅渟而衣通郎姬令居。因此以屡游猎于日根野。”[⑤]《续日本纪》卷13《圣武纪》天平十二年十一月条：“丁亥，游猎于和迟野，免当国今年税。”[⑥]（1）姚秦鸠摩罗什译《大智度论》卷16：“波罗柰国梵摩达王，游猎于野林中见二鹿群。群各有主，一主有五百群鹿，一主身七宝色，是释迦牟尼菩萨，一主是提婆达多。”（2）《水经注》卷17：“昔秦文公感伯阳之言，游猎于陈仓，遇之于北坂，得若石焉，其色如肝，归而宝祠之，故曰陈宝。”[⑦]

“共会于～”，一起聚在某处见面。①《日本书纪》卷22《推古纪》三十一年是岁条：“时盘金等共会于津，将发船一候风波。于是船师满海多至。两国使人望瞻之愕然，乃还留焉。”[⑧] ②《日本书纪》卷9《神功纪》摄政四十九年三月条：“是以百济王父子及荒田别，木罗斤资等共会意流村。”[⑨]（1）唐玄奘译《大般若波罗蜜多经》卷329：“世尊，是人欲念，于女处转，谓作是念：‘彼何当来，共会于此，欢娱戏乐？’”（2）《太平广记》卷236《玄宗》条：“于是竞购名马，以黄金为衔蹶，组绣为障泥，

---

① （唐）李延寿撰《北史》，中华书局，1974，第822页。
② 上海古籍出版社编《唐五代笔记小说大观》，上海古籍出版社，2000，第39页。
③ 黄征、张涌泉校注《敦煌变文校注》，中华书局，1997，第335页。
④ （北齐）魏收撰《魏书》，中华书局，1974，第2302页。
⑤ 小島憲之、直木孝次郎、西宮一民、蔵中進、毛利正守『日本書紀二』，新編日本古典文学全集，小学館，1996，第120頁。
⑥ 青木和夫、稲岡耕二、笹山晴生、白藤礼幸『続日本紀二』，新日本古典文学大系，岩波書店，1990，第376頁。
⑦ （北魏）郦道元著，陈桥驿、叶光庭、叶扬译注《水经注全译》，贵州人民出版社，2008，第448页。
⑧ 小島憲之、直木孝次郎、西宮一民、蔵中進、毛利正守『日本書紀二』，新編日本古典文学全集，小学館，1996，第282頁。
⑨ 小島憲之、直木孝次郎、西宮一民、蔵中進、毛利正守『日本書紀一』，新編日本古典文学全集，小学館，1994，第456頁。

共会于国忠宅，将同入禁中。”①

“送置于～”，送去放置在某处，送回去安置在某处。①《日本书纪》卷29《天武纪下》朱鸟元年六月条：“戊寅，卜天皇病，祟草薙剑。即日，送置于尾张国热田社。”②又卷30《持统纪》八年五月条：“癸巳，以《金光明经》一百部送置诸国，必取每年正月上玄读之，其布施以当国官物充之。”②（1）唐义净译《根本说一切有部毘奈耶》卷17：“云何有施主衣？谓有女男半择迦为其施主。云何无施主衣？谓无女男半择迦为其施主。云何往还衣？如有死人眷属哀念，以衣赠送置于尸上，送至烧处。既焚葬已，还持此衣，奉施僧众。”《魏书》卷22《汝南王传》：“衍遣其将军王辩送置于境上，以觊侵逼。”③（2）东晋佛陀跋陀罗、法显合译《摩诃僧祇律》卷9：“此衣已浣染打讫，今故送还。优陀夷即咒愿，得乐无病。送置房里。”《抱朴子·内篇》卷11《仙药》：“余又闻上党有赵瞿者，病癞历年，众治之不愈，垂死。或云不如及活流弃之，后子孙转相注易，其家乃赍粮将之，送置山穴中。”④

“遣人于～”，派人去到某处。《唐大和上东征传》：“时越州僧等知大和上欲往日本国，告州官曰：‘日本国僧荣睿诱大和上欲往日本国。’时山阴县尉遣人于王亟宅，搜得荣睿师。”（1）吴康僧会译《旧杂譬喻经》卷1：“母后日请目连、阿那律、大迦叶饭，时当得鱼，遣人于市买鱼归治，于腹中得金镮，母谓子：‘我无所亡。’”（2）《后汉书》卷34《梁冀传》：“永和元年，拜河南尹。冀居职暴恣，多非法，父商所亲客洛阳令吕放，颇与商言及冀之短，商以让冀，冀即遣人于道刺杀放。”⑤

（二）“于”后续动作对象

“指示于～”，用手指着表示；犹言“指点”“指引”。《日本书纪》卷24《皇极纪》二年十一月条：“众人仰观称叹，遂指示于人鹿。”⑥（1）唐波罗颇蜜多罗译《般若灯论释》⑦卷14：“若有无瓶绢处不可说，青黄等色亦不可指示于人，无依止处故。”《旧唐书》卷119《崔佑甫传》：“又衮方哭于钩陈之前，而衮从吏或扶之，佑甫指示于众曰：‘臣哭于君前，有扶礼乎？’”⑧（2）《史记》卷55《留侯世家》：“四人为寿已毕，趋去。上目送之，召戚夫人指示四人者曰：‘我欲易之，彼四人辅之，羽翼已成，难动矣。吕后真而主矣。’”⑨东晋瞿昙僧伽提婆译《增壹阿含经》卷31《力品》：“是时，鸯掘

① （宋）李昉等编《太平广记》，中华书局，1961，第1819页。

② 小島憲之、直木孝次郎、西宮一民、藏中進、毛利正守『日本書紀三』，新編日本古典文学全集，小学館，1998，第460、546頁。

③ （北齐）魏收撰《魏书》，中华书局，1974，第593页。

④ 王明撰《抱朴子内篇校释》，中华书局，1985，第206页。

⑤ （宋）范晔撰，（唐）李贤等注《后汉书》，中华书局，1965，第1179页。

⑥ 小島憲之、直木孝次郎、西宮一民、藏中進、毛利正守『日本書紀三』，新編日本古典文学全集，小学館，1998，第82頁。

⑦ 该经于奈良时代具体的抄写时期不详，录于《大日本古文书》卷8，第529页。

⑧ （后晋）刘昫等撰《旧唐书》，中华书局，1975，第3439页。

⑨ （汉）司马迁撰《史记》，中华书局，1959，第2047页。

魔去世尊不远，结跏趺坐，正身正意，系念在前。尔时，世尊伸右手指示王曰：‘此是贼鸯掘魔。’”

（三）“于”后续动作时间

“不绝于～”，（后续时间名词）在某时段不会断绝。《元兴寺伽蓝缘起并流记资财账》：“若有仰信尊供养恭敬修治丰养者，被三宝之赖，身命长安乐，得种种之福，万事事如意，不绝于万世也。”（1）曹魏昙谛译《羯磨》卷1：“知法者，谓善持修多罗藏，阿难等。知律者，谓善持毘尼藏，如优波离等。知摩夷者，谓善于训导宰任玄网，如大迦叶等。故凡欲晖踪圣迹，以隆道教，继轨后代，不绝于时者，非兹而谁。”（2）《后汉书》卷88《西域传》：“驰命走驿，不绝于时月；商胡贩客，日款于塞下。”①《全三国文》卷49嵇康《声无哀乐论》：“声之轻重，可移于后世；襄涓之巧，能得之于将来。若然者，三皇五帝，可不绝于今日，何独数事哉？”②

第四节　内外典可见不同用法

在“V（双音词）+于+○”格式中，有一种情况是汉文佛经采用“于”字句，中土文献则不使用介词“于”。根据“于”的后续宾语，又可分作以下两类。

一　“于”后续动作场所

在“V（双音词）+于+○”格式中，《日本书纪》α群可见如下一例。

“取置于～”，拿来安放在某处。①《日本书纪》卷19《钦明纪》五年十二月条：“岛东禹武邑人采拾椎子为欲熟吃，著灰里炮，其皮甲化成二人，飞腾火上一尺余许，经时相斗。邑人深以为异，取置于庭，亦如前飞，相斗不已。”③ ②《日本书纪》卷1《神代纪上》：“顷时有一个小男，以白蔹皮为舟，以鷦鷯羽为衣，随潮水以浮到。大己贵神即取置掌中而玩之，则跳啮其颊。”④（1）梁僧伽婆罗译《阿育王经》卷3：“时此猎师，张施罗网，以其绳羂，取置于水边，日日之中，多杀诸鹿。”（2）《搜神记》卷2：“将断时，先以舌吐示宾客。然后刀截，血流覆地。乃取置器中，传以示人。视之，舌头半舌犹在。既而还取，含续之。”⑤

① （宋）范晔撰，（唐）李贤等注《后汉书》，中华书局，1965，第2913页。

② （清）严可均校辑《全上古三代秦汉三国六朝文》，中华书局，1958，第1330页。

③ 小島憲之、直木孝次郎、西宮一民、蔵中進、毛利正守『日本書紀二』，新編日本古典文学全集，小学館，1996，第402頁。

④ 小島憲之、直木孝次郎、西宮一民、蔵中進、毛利正守『日本書紀三』，新編日本古典文学全集，小学館，1998，第86頁。

⑤ 王根林、黄益元、曹光甫校点《汉魏六朝笔记小说大观》，上海古籍出版社，1999，第291页。

二　“于”后续动作对象

在“V（双音词）＋于＋○”格式中，《日本书纪》β群可见如下一例。

“归伏于～”，归顺降服于某人。①《日本书纪》卷2《神代纪下》：“时彦火火出见尊已归来，一遵神教依而行之。其后火酢芹命日以褴褛，而忧之曰：‘吾已贫矣。’乃**归伏于**弟。”[①] ②《日本书记》卷16《武烈纪》即位前纪条：“是夜，梦有一贵人，对立殿户，自称大物主神曰：‘天皇勿复为愁。国之不治，是吾意也。若以吾儿大田田根子令祭吾者，则立平矣。亦有海外之国，自当**归伏**。’”[②]（1）隋阇那崛多译《佛本行集经》卷9《相师占看品》：“净饭王言：‘大圣尊仙，我今不解，尊师此意。’仙人复言：‘大王当知，我今身心。深自**归伏**，**于**此童子。’净饭王言：‘何因何缘？愿为解释。’时阿私陀，即报王言：‘大王谛心，善听是义。我当为王，说其本末。’”（2）《晋书》卷100《祖约传》：“天下粗定，当显明逆顺，此汉高祖所以斩丁公也。今忠于事君者莫不显擢，背叛不臣者无不夷戮，此天下所以**归伏**大王也。”[③]

第五节　内外典皆无的自创用法

在该类“于”字句中，上古文学作品中的用法，在中国两类文献当中均无先例。因此，可以将该类“于”字句视作自创表达形式。需要注意的是，在该类新创的“于”字句当中，“于”前面的动词很多都率先出现在汉文佛经。所以，可以说该类“于”字句是在佛典表达的基础上自创而来的。

“V（单音词）＋于＋○”的文例不多，仅见如下一例，“于”表动作对象。“诽于佛法”，谓诋毁释尊所说的教法。《日本灵异记》上卷《序》：“然乃学外之者，**诽于佛法**。读内之者，轻于外典。愚痴之类，怀于迷执，匪信于罪福。”失译人名今附三秦录《大方广如来秘密藏经》卷2：“毁**诽**[④]**于正法**，多闻怀悋惜。增上慢贡高，不善起禅定。”

以下，具体分作源自汉文佛经的“于”字句、与汉文佛经无关的“于”字句两大类，对“V（双音词）＋于＋○”格式进行考辨。

一　源自汉文佛经的“于”字句

（一）“于”后续动作场所

根据组词方法，《日本书纪》α群中的“于”字句可分作三类：一是“投祸于～”

---

① 小島憲之、直木孝次郎、西宮一民、蔵中進、毛利正守『日本書紀一』，新編日本古典文学全集，小学館，1994，第176頁。

② 小島憲之、直木孝次郎、西宮一民、蔵中進、毛利正守『日本書紀二』，新編日本古典文学全集，小学館，1996，第272頁。

③ （唐）房玄龄等撰《晋书》，中华书局，1994，第2627页。

④ “诽”，宋本、元本、明本、宫本中作“谤”。

"投化于～"。"投祸""投化"是述宾式，用作抽象义；二是"露置于～""掷入于～""投掷于～"，分别为偏正式、后补式和并列式；三是"奉诣于～""逃向于～"，都是表移动的动词。其中，第三类属于汉文佛经中常见的"于"字句的范畴，尽管佛经中未见文例，但其译经"腔调"十足。

"**投化于～**"，投顺归化。《日本书纪》卷19《钦明纪》二十六年五月条："二十六年夏五月，高丽人头雾唎耶陛等**投化于**筑紫。"① (1) 晋世法炬、法立合译《法句譬喻经》卷2："吾有尊师号曰如来，众佑度脱人类近在祇洹，可共亲造即皆敬诸恭肃，进前遥见如来，情喜难量，五体投地，退坐一面，皆共长跪，白世尊曰：'本初发家，欲至三池，沐浴求仙，经由树神，所陈如此。是故**投化**，愿示极灵。'"(2)《魏书》卷27《穆亮传》："计万户**投化**，岁食百万，若听其给也，则蓄储虚竭。"② 按：《汉语大词典》首引北魏杨衒之《洛阳伽蓝记·景宁寺》："民闲号为吴人坊，南来**投化**者多居其内。"偏晚。从现存文献资料来看，"投化"一词最早出现在佛典中，指受到如来的教化皈依佛教。后逐渐用于中土文献，引申为慕德前来归化之意，成为对统治者德政的溢美之词。史书当中如《魏书》《北齐书》，对来自藩属国的人口移动的情况，都好用这一形而上的"投化"。与此相对，传世文献中，更早使用的是"归化"一词。《汉书》卷94《匈奴传下》："而匈奴内乱，五单于争立，日逐呼韩邪携国**归化**，扶伏称臣。"③"归化"亦见于《日本书纪》卷30《持统纪》四年二月条："壬寅，以**归化**新罗韩奈磨许满等十二人，居于五藏国。"④

"**露置于～**"，放置在露天场地。《日本书纪》卷14《雄略纪》十三年三月条："天皇使齿田根命，资财**露置于**饵香市边桥本之土，遂以饵香长野邑赐物部目大连。"⑤ 唐道宣撰《续高僧传》卷25："房后院壁图《九想变》，**露置**绳床，榎被覆上。昼依僧例，夜则寝中。亘一日方出一食，如是渐增，七日方食。僧以为常，弗之怪也。"

"**掷入于～**"，投入，扔进。①《日本书纪》卷20《钦明纪》二年七月条："俱时发船至数里许，送使难波。乃恐畏波浪，执高丽二人，**掷入于**海。"⑥ ②《日本灵异记》上卷《赎龟命放生得现报龟所助缘第7》："舟人起欲，行到备前骨岛之边，取童子等，**掷入**海中。"⑦ (1) 唐道宣撰述《四分律删繁补阙行事钞》卷2："若散落者，得以砖瓦

① 小島憲之、直木孝次郎、西宮一民、蔵中進、毛利正守『日本書紀二』，新編日本古典文学全集，小学館，1996，第454頁。

② (北齐) 魏收撰《魏书》，中华书局，1974，第670页。

③ (汉) 班固撰，(唐) 颜师古注《汉书》，中华书局，1962，第3814页。

④ 小島憲之、直木孝次郎、西宮一民、蔵中進、毛利正守『日本書紀三』，新編日本古典文学全集，小学館，1998，第502頁。

⑤ 小島憲之、直木孝次郎、西宮一民、蔵中進、毛利正守『日本書紀二』，新編日本古典文学全集，小学館，1996，第192頁。

⑥ 小島憲之、直木孝次郎、西宮一民、蔵中進、毛利正守『日本書紀二』，新編日本古典文学全集，小学館，1996，第470頁。

⑦ 中田祝夫『日本霊異記』，日本古典文学全集，小学館，1975，第80頁。

掷入。”（2）唐张鷟《游仙窟》：“未必由诗得，将诗故表怜。闻渠**掷入**火，定是欲相燃。”按：“掷入”①带“于”，②不带“于”。中国两类文献（1）（2）都不带。

“投掷于～”，扔在某处，抛于某处。《日本书纪》卷25《孝德纪》即位前纪条：“辞讫，解所佩刀，**投掷于**地，亦命帐内，解令解刀。”① （1）西晋竺法护译《诸佛要集经》卷2：“于时文殊。举女**投掷**，遍于十方。不能令觉，还安故处。”（2）《搜神后记》卷2：“高悝家有鬼怪，言词呵叱，**投掷**内外，不见人形。”② 按：与“掷入于～”的情况相同。

“奉诣于～”，“去某处”“到某处”；“送到某处”。谦辞。《日本书纪》卷17《继体纪》二十四年九月条：“顾以河内母树马饲首御狩，**奉诣于**京而奏曰：‘臣未成敕旨还入京乡，劳往虚归。’”③ （1）西晋竺法护译《持人菩萨经》卷2：“佛告持人：‘其二太子，见是瑞应，往见父母，具说此意。我等兄弟今日夜梦中，目见如来至真，故启二亲欲往**奉诣**如来。’”刘宋求那跋陀罗译《杂阿含经》卷47：“时跋迦梨语富邻尼：‘汝可诣世尊所，为我稽首，礼世尊足，问讯世尊：少病少恼，起居轻利，安乐住不？言跋迦梨住金师精舍，疾病困笃，委积床褥，愿见世尊。疾病困苦，气力羸惙，无由**奉诣**。唯愿世尊，降此金师精舍，以哀愍故。’”（2）《后汉书》卷16《邓禹传》：“二年春，遣使者更封禹为梁侯，食四县。时赤眉西走扶风，禹乃南至长安，军昆明池，大飨士卒。率诸将斋戒，择吉日，修礼谒祠高庙，收十一帝神主，遣使**奉诣**洛阳，因循行园陵，为置吏士奉守焉。”④《太平广记》卷340《韩弇》条：“谓绩曰：‘今从秃发大使填漳河，憔悴困辱不可言，间来**奉诣**耳。别后有一诗奉呈。’”⑤ 按：汉文佛经和传世文献中，“奉诣”通常不带“于”。此外，《继体纪》例中，“奉诣于～”后续的是处所，与不带“于”的《邓寇传》中的意思相同。而在《持人菩萨经》例中，“奉诣”的对象是如来。

“逃向于～”，向某处逃亡。《日本书纪》卷25《孝德纪》大化五年三月条：“天皇乃将兴军围大臣宅。大臣乃将二子，法师与赤猪自茅渟道**逃向于**倭国境。”⑥ 唐义净译《根本说一切有部毘奈耶》卷44：“尊者大目连，即复本形，遮彼龙前，整容而住，问曰：‘汝二龙王，欲何所作？’答曰：‘有大德龙，来至住处，欲害我命，夺所居宫。有此难缘，**逃向**余处。’”按：汉文佛经文献中，亦未见“逃向”带“于”字的用例。

---

① 小島憲之、直木孝次郎、西宮一民、藏中進、毛利正守『日本書紀三』，新編日本古典文学全集，小学館，1998，第110頁。

② 王根林、黄益元、曹光甫校点《汉魏六朝笔记小说大观》，上海古籍出版社，1999，第448页。

③ 小島憲之、直木孝次郎、西宮一民、藏中進、毛利正守『日本書紀二』，新編日本古典文学全集，小学館，1996，第324頁。

④ （宋）范晔撰，（唐）李贤等注《后汉书》，中华书局，1965，第604页。

⑤ （宋）李昉等编《太平广记》，中华书局，1961，第2695页。

⑥ 小島憲之、直木孝次郎、西宮一民、藏中進、毛利正守『日本書紀三』，新編日本古典文学全集，小学館，1998，第172頁。

《日本书纪》β群中“于”字句可分作两类：一类“闭居于～”“留宅于～”“安居于～”“置手于～”，它们均表示居留或留置在某处；另一类是“降到于～”“投入（之）于～”“参迎于～”“避至于～”“流来于～”，它们均表示某物从一处移动到另一处。将α、β两群中自创的“于”字句做一比较，可知两者的区别还是十分明显的。一是β群没有用作抽象义的情况，二是β群表移动义的自创形式更为丰富。

“闭居于～”，将自己关在某处不出来。①《日本书纪》卷1《神代纪上》：“至于日神**闭居于**天石窟也，诸神遣中臣连远祖兴台产灵儿天儿屋命而使祈焉。”[①]②《日本书纪》卷1《神代纪上》：“是时天照大神闻之而曰：‘吾比**闭居**石窟，谓当丰苇原中国必为长夜，云何天钿女命嘘乐如此者乎？’”[②] ③《日本灵异记》上卷《僧忆持〈心经〉得现报示奇事缘第14》：“赞曰：‘大哉！释子。多闻弘教，**闭居**诵经。心廓融达，所现玄寂。焉为动摇？室壁开通，光明显耀。’”又《殷勤归信观音愿福分以现得大福德缘第31》：“亲属系之东人，**闭居**构瑮。女爱心不得忍，犹哭恋之，不离其边。”[③] 唐尸罗达摩译《佛说回向轮经》卷1：“复作是言：‘唯大悲者，当忆念我。弟子某甲，堕在生死，系以大缚，**闭居**牢狱，离正道法。’”按：传世文献和汉文佛经中未见“闭居于～”的搭配形式。上古文学作品中带“于”和不带“于”的两种形式兼而有之。

“留宅于～”，留在家里。①《日本书纪》卷1《神代纪上》：“亦曰伊奘诺尊功既至矣，德文大矣。于是登天报命。仍**留宅于**日之少宫。”[④] ②《万叶集》卷4第723～724首歌题：《大伴坂上郎女从迹见庄赐**留宅**女子大娘歌一首并短歌》。[⑤] 唐道世撰《法苑珠林》卷54《感应缘》：“家内僧尼行路五六十人，望见空中数十丈分明，奇香芬气，一月**留宅**。”按：先行文献中唯见《法苑珠林》中有一例，表示奇异的芬芳留在屋里长达一个月。歌题中的“留宅”，指大伴坂上郎女留在家里的女儿。前者谓气味的残留，后者指未随行的女儿，两者在表述主体上存在明显的差异。

“安居于～”，亦名“坐夏”或“坐腊”，指在夏季的三个月中，僧徒不得随便外出，以便专注于坐禅和修习佛法。①《日本书纪》卷29《天武纪下》十二年七月条：“秋七月丙戌朔己丑，天皇幸镜姬王之家讯病。庚寅，镜姬王薨。是夏，始请僧尼**安居于**宫中，因简净行者三十人出家。”又十四年四月条：“庚寅，始请僧尼**安居于**宫中。”又朱鸟元年五月条：“癸亥，天皇始体不安，因以于川原寺说《药师经》，**安居于**宫

---

① 小島憲之、直木孝次郎、西宫一民、蔵中進、毛利正守『日本書紀一』，新編日本古典文学全集，小学館，1994，第84頁。

② 小島憲之、直木孝次郎、西宫一民、蔵中進、毛利正守『日本書紀一』，新編日本古典文学全集，小学館，1994，第76～78頁。

③ 中田祝夫『日本霊異記』，日本古典文学全集，小学館，1975，第95、128頁。

④ 小島憲之、直木孝次郎、西宫一民、蔵中進、毛利正守『日本書紀一』，新編日本古典文学全集，小学館，1994，第62頁。

⑤ 小島憲之、木下正俊、東野治之『万葉集一』，日本古典文学全集，小学館，1994，第355頁。

中。”②又卷30《持统纪》四年五月条：“庚寅，于内里始**安居**讲说。”[①] 唐义净译《根本说一切有部百一羯磨》卷9：“言立制所得利者，谓诸苾刍或是随党或非随党，共作制要。然后**安居于**，某处村坊，街衢之内，某家属我，某舍属汝。若得物时，依制而受。”按：上述①用例来自汉文佛经。但②用法属于《日本书纪》独特的表达方式。“新古典大系本”指出，日本史书中第一次出现“安居”一词，是在《天武纪》十二年七月条。又据《玄蕃寮式》载：“凡十五大寺**安居**者……并起四月十五日，尽七月十五日，分经讲说。”此外，如①例文所示，将安居的地点设在宫廷，似为佛教传至日本后所出现的新变化，是由佛教护国、镇国的性质所决定的。

“**置手于～**”，把手放在某处。《日本书纪》卷2《神代纪下》：“时则走回，至腰时则扪腰，至腋时则**置手于**胸，至颈时则举手飘掌。至尔及今，曾无废绝。”[②]（1）元魏瞿昙般若流支译《奋迅王问经》[③] 卷1：“若有众生，信解日月，入法律者，以神通力，三千大千，诸世界中，所有日月，**置手掌**中，掷过无量，无边世界。一切众生，所应度者，皆见日月，空中而去，然其日月，本处不动。”（2）《唐会要》卷99《康国》条：“生子必以蜜食口中，以胶**置手内**，欲其成长口尝甘言，持钱如胶之粘物。”按：《神代纪下》是说把手放在胸前；（1）（2）例说的都是把某物放在手里。两者意思相差甚远。

“**降到于～**”，下降到某处。《日本书纪》卷1《神代纪上》：“是时，素戋呜尊自天而**降到于**出云国簸之川上。”又：“素戋呜尊自天而**降到于**出云簸之川上，则见稻田宫主簀狭之八个耳女子，号稻田媛。”又：“是时，素戋呜尊帅其子五十猛神，**降到于**新罗国，居曾尸茂梨之处。”又卷2《神代纪下》：“故天津彦火琼琼杵尊**降到于**日向槵日高千穗之峯，而膂宍胸副国自顿丘觅国行去，立于浮渚在平地，乃召国主事胜国胜长狭而访之。对曰：‘是有国也，取舍随敕。’”[④]

“**投入（之）于～**”，投进、扔进某处。《日本书纪》卷1《神代纪上》：“是后，稚日女尊坐于斋服殿而织神之御服也。素戋呜尊见之，则逆剥斑驹，**投入之于**殿内。”[⑤]《新序》卷3：“明月之珠，夜光之璧，以暗**投入于**道路，众无不按剑相眄者。何则？无因至前也。”[⑥] 刘宋沮渠京声译《佛说佛大僧大经》卷1：“蛾贪火色，**投入于**灯，体见烧煮，将何克获？”

“**参迎于～**”，在某处参见迎接。“参迎”，“参见迎接”的谦辞。①《日本书纪》

---

① 小島憲之、直木孝次郎、西宮一民、蔵中進、毛利正守『日本書紀三』，新編日本古典文学全集，小学館，1998，第428、446、460、504頁。

② 小島憲之、直木孝次郎、西宮一民、蔵中進、毛利正守『日本書紀一』，新編日本古典文学全集，小学館，1994，第186頁。

③ 该经于天平十四年抄写，录于《大日本古文书》卷8，第86页。

④ 小島憲之、直木孝次郎、西宮一民、蔵中進、毛利正守『日本書紀一』，新編日本古典文学全集，小学館，1994，第90、94、98、138～140頁。

⑤ 小島憲之、直木孝次郎、西宮一民、蔵中進、毛利正守『日本書紀一』，新編日本古典文学全集，小学館，1994，第78頁。

⑥（汉）刘向撰，石光瑛校释《新序校释》，中华书局，2001，第440页。

卷8《仲哀纪》二年七月条：“时冈县主祖熊鳄，闻天皇之车驾，豫拔取五百枝贤木，以立九寻船之舳，而上枝挂白铜镜，中枝挂十握剑，下枝挂八尺琼，**参迎于**周芳沙么之浦，而献鱼盐地。”又八年正月条：“又筑紫伊睹县主祖五十迹手，闻天皇之行，拔取五百枝贤木，立于船之舳舻，枝挂八尺琼，中枝挂白铜镜，下枝挂十握剑，**参迎于**穴门引岛而献之。”[①] ②《日本书纪》卷9《神功纪》摄政前纪条：“（一云）于是新罗王宇流助富利智干**参迎**，跪之取王船，即叩头曰：‘臣自今以后，于日本国所居神御子，为内官家，无绝朝贡。’”[②]《播磨国风土记·贺古郡》条：“尔时，吉备比古、吉备比卖二人**参迎**。”《丰后国风土记·日田郡》条：“有神，名曰久津媛。化而为人**参迎**，辩申国消息。”[③]《唐大和上东征记》：“大和上所至州县，官人**参迎**礼拜欢喜，即放出所禁三纲等。”[④]《续日本纪》卷20《孝谦纪》天平宝字元年十二月条：“于时，大隅**参迎**奉导，扫清私第，遂作行宫，供助军资。”[⑤]（1）隋阇那崛多译《佛本行集经》卷25《精进苦行品》：“时优婆夷，报菩萨言：‘大圣太子，我是太子，本国国师之子，名为优陀夷者，即我身是。太子之父，净饭大王，使我来此，**参迎**太子。’”唐道宣撰《续高僧传》卷21：“公华阳甲族，未络名家，捧日登朝，怀金问道。剑南长幼，并徯来苏。岂藉微风，自然草靡？当劝诸首领，越境**参迎**。”（2）《梁书》卷24《萧景传》：“景初到州，省除**参迎**羽仪器服，不得烦扰吏人。”[⑥] 例言减省免除参见拜迎的羽仪和器服。《旧唐书》卷190中《刘宪传》：“今麦序方秋，蚕功未毕，三时之务，万姓所先。敕使抚巡，人皆竦抃，忘其家业，冀此天恩，踊跃**参迎**，必难抑止，集众既广，妨废亦多。”[⑦] 按：《汉语大词典》失收。从上引例文可知，“参迎于～”是《日本书纪》特有的表达句式，汉文佛经和传世文献中，“参迎”后面通常不带“于”。

“**避至于～**”，逃避到某地。《日本书纪》卷12《履中纪》即位前纪条：“爰太子传告弟王月：‘我畏仲皇子之逆，独**避至于**此。何且非疑汝耶？’”[⑧] 东晋瞿昙僧伽提婆译《中阿含经》卷59：“尊者阿难便下道**避至**一树下，拘萨罗王波斯匿遥见尊者阿难在于树间，问曰：‘尸利阿荼，彼是沙门阿难耶？’尸利阿荼答曰：‘是也。’”按：《汉语大词典》失收。汉文佛经的文例说明，“避至”后续场所名词时，通常不带“于”。

---

① 小島憲之、直木孝次郎、西宮一民、蔵中進、毛利正守『日本書紀一』，新編日本古典文学全集，小学館，1994，第406、408頁。

② 小島憲之、直木孝次郎、西宮一民、蔵中進、毛利正守『日本書紀一』，新編日本古典文学全集，小学館，1994，第434頁。

③ 植垣節也『風土記』，新編日本古典文学全集，小学館，1997，第28、286頁。

④ 〔日〕真人元开著，汪向荣校注《唐大和上东征传》，中华书局，1979，第61页。

⑤ 青木和夫、稲岡耕二、笹山晴生、白藤礼幸『続日本紀三』，新日本古典文学大系，岩波書店，1992，第240頁。

⑥ （唐）姚思廉撰《梁书》，中华书局，1973，第369页。

⑦ （后晋）刘昫等撰《旧唐书》，中华书局，1975，第5016页。

⑧ 小島憲之、直木孝次郎、西宮一民、蔵中進、毛利正守『日本書紀二』，新編日本古典文学全集，小学館，1996，第82～84頁。

“流来于～”，水流到某处；（人）漂流来到某处；（人或物）被水冲到某处。《日本书纪》卷22《推古纪》二十八年八月条：“二十八年秋八月，掖玖人二口，**流来于**伊豆岛。”① 又卷25《孝德纪》白雉五年四月条：“夏四月，吐火罗国男二人、女二人，舍卫女一人，被风**流来于**日向。”② （1）元魏慧觉等合译《贤愚经》卷7《梨耆弥七子品》：“须臾之间，便有云起，震雷降雨，滂沛而下，溢涧**流来**。”（2）《世说新语·假谲第27》：“陶公自上**流来**，赴苏峻之难，令诛庾公。谓必戮庾，可以谢峻。庾欲奔窜，则不可；欲会，恐见执，进退无计。”③

其他上古文学作品中自创的“于”字句还有“踊践于～”“持向于～”“率往于～”“引还于～”。

“踊践于～”，跳起来一脚踩在某物上面。《日本灵异记》上卷《捉雷缘第1》：“此雷恶怨而鸣落，**踊践于**碑文柱。彼柱之析间，雷构所捕。”④ 西晋竺法护译《大哀经》卷5《十八不共法品》：“郡国州城大邦县邑聚落，足不蹈地，千辐相文，自然轮现，柔软殊妙，香洁莲华，而现乎地。如来之足**践于**其上，其有虫蚁，含血之类，遇如来足，昼夜七日，而得安隐。寿终之后，复生天上。”

“持向于～”，拿到某处，带到某处。《日本灵异记》上卷《捉雷缘第1》：“栖轻见之，即呼神司，入轝笼而**持向于**大宫。”⑤ 后汉竺大力、康孟详合译《修行本起经》卷2《出家品》：“人与把乱草，便**持向**树王：‘世间意皆乱，我当正其志。’”隋阇那崛多译《佛本行集经》卷8《从园还城品》：“童子生时，一切诸天，从于虚空，持好细妙，迦尸迦衣，周匝遍裹，于童子身，**持向**母前，作如是语。”唐实叉难陀译《大方广佛华严经》卷11《毘庐遮那品》：“一切**持向**佛，心生大欢喜，妻子眷属俱，往见世所尊。”按：《捉雷缘》中“持向于～”的“于”表示处所，佛典文例指示对象。

“率往于～”，相率而往某处，一同前去某处。①《日本灵异记》下卷《髑髅目穴笋揭脱以祈之示灵表缘第27》：“去年十二月下旬，为买正月元日物，我与弟公**率往于**市。所持之物，马布绵盐。路中日晚，宿于竹原，窃杀弟公，而掣彼物，到于深津市，马卖赞岐国人，自余物等，今出用之。”⑥ ②《古事记》上卷《大国主神》：“故此大国主神之兄弟八十神坐。然皆国者，避于大国主神。所以避者，其八十神各有欲婚稻羽之八上比卖之心。共行稻羽时，于大穴牟迟神负袋，为从者**率往**。”⑦ （1）东晋佛陀跋陀

① 小島憲之、直木孝次郎、西宮一民、蔵中進、毛利正守『日本書紀二』，新編日本古典文学全集，小学館，1996，第574頁。

② 小島憲之、直木孝次郎、西宮一民、蔵中進、毛利正守『日本書紀三』，新編日本古典文学全集，小学館，1998，第196～198頁。

③ 徐震堮：《世说新语校笺》，中华书局，1984，第475页。

④ 中田祝夫『日本靈異記』，日本古典文学全集，小学館，1975，第57頁。

⑤ 中田祝夫『日本靈異記』，日本古典文学全集，小学館，1975，第57頁。

⑥ 中田祝夫『日本靈異記』，日本古典文学全集，小学館，1975，第334頁。

⑦ 山口佳紀、神野志隆光『古事記』，新編日本古典文学全集，小学館，1997，第74頁。

罗、法显合译《摩诃僧祇律》卷1：“王种种问已，夫人不答。王即出去，告余夫人、大臣太子、及余人等：‘卿等**率往**，问夫人意。’诸人受教，各各问已。夫人犹故，默然不对。”（2）梁陶弘景《真诰》卷17：“形沉北寒宇，三神栖九天。同寮相**率往**，推我高胜年。”按：《汉语大词典》失收。“率往于～”的句式，中国文献未见，疑似自创搭配。

“**引还于～**”，折返、返回某处。《续日本纪》卷34《高绍纪》宝龟七年闰八月条：“先是，遣唐使船到肥前国松浦郡合蚕田浦。积月余日，不得信风。既入秋节，弥违水候。乃**引还于**博德大津。”《唐大和上东征传》：“即**引还**栖霞寺，住三日。却下摄山，归杨府。”[①] 吴支谦译《佛说维摩诘经》卷1《不思议品》：“又舍利弗，于是三千世界，如佛所断，以右掌排置，恒沙佛国，而人不知，谁安我往？又**引还**复故处，都不使人，有往来想，因而现仪。”

（二）“于”后续动作对象

《日本书纪》α群“V（双音词）＋于＋○”式中，“于”后续动作对象的文例有下面六例。

“**卒患于～**”，突然患上……疾病。“卒”，后多作“猝”。《日本书纪》卷20《敏达纪》十四年三月条：“属此之时，天皇与大连**卒患于**疮。故不果遣。”[②]（1）姚秦鸠摩罗什译《大庄严论经》卷15：“我昔曾闻，难提拔提城，有优婆塞，兄弟二人，并持五戒。其弟尔时，**卒患**胁痛，气将欲绝。时医诊之，食新杀狗肉，并使服酒，所患必除。”（2）《梁书》卷27《陆襄传》：“襄母尝**卒患**心痛，医方须三升粟浆，是时冬月，日又逼暮，求索无所。”[③] 此言突然患心绞痛。

“**懒懈于～**”，懒惰懈怠。《日本书纪》卷20《敏达纪》四年二月条：“天皇以新罗未建任那，诏皇子与大臣曰：‘莫**懒懈于**任那之事。’”[④] 梁僧伽婆罗译《解脱道论》卷3：“痴行人五烦恼，多行**懒懈**怠疑悔无明是五。”

“**附心于～**”，衷心归顺于某人。《日本书纪》卷24《皇极纪》三年正月条：“中臣镰子连为人忠正，有匡济心。乃愤苏我臣入鹿，失君臣长幼之序，挟闚闟社稷之权，历试接于王宗之中，而求可立功名哲主。便**附心于**中大兄，疏然未获展其幽抱。”[⑤]（1）唐释道宣撰《续高僧传》卷15：“至于世情得丧，浮艳雕华，既不**附心**，口亦无

---

① 〔日〕真人元开著，汪向荣校注《唐大和上东征传》，中华书局，1979，第80页。

② 小島憲之、直木孝次郎、西宫一民、蔵中進、毛利正守『日本書紀二』，新編日本古典文学全集，小学館，1996，第492頁。

③ （唐）姚思廉撰《梁书》，中华书局，1973，第409页。

④ 小島憲之、直木孝次郎、西宫一民、蔵中進、毛利正守『日本書紀二』，新編日本古典文学全集，小学館，1996，第474頁。

⑤ 小島憲之、直木孝次郎、西宫一民、蔵中進、毛利正守『日本書紀三』，新編日本古典文学全集，小学館，1998，第84頁。

述。”（2）《北史》卷 11《文帝纪》：“皇考间岁再举，尽定汉东地，甚得新**附心**。”①按：《汉语大词典》失收。“附心”一词，佛典中谓放在心里，用作否定形式；中土文献中表示得到归顺者的人心，用作名词；《皇极纪》中用作动词，是说欣悦臣服于某人。而且“附心”后续处所介词“于”。该用法在中国两类文献中均未见类例。

“助卫于～”，辅助守卫。①《日本书纪》卷 21《崇峻纪》二年四月条：“苏我马子大臣又发誓言：‘凡诸天王、大神王等，**助卫于**我使获利益，愿当奉为诸天与大神王，起立寺塔，流通三宝。’”② ②又卷 24《皇极纪》四年六月条：“时中大兄即自执长枪，隐于殿侧。中臣镰子连持弓矢而为**助卫**。”③ 唐义净译《金光明最胜王经》卷 6《四天王护国品》：“作是殊胜，供养佛已，白佛言：‘世尊，我等四王，各有五百，药叉眷属，常当处处，拥护是经，及说法师，以智光明，而为**助卫**。’”

值得注意的是，《日本书纪》β 群中未见“于”后续动作对象的自创文例，反映出书录者对该句式在认识上的差距。而且，在其他作品当中，该句式的文例相对较少，仅见如下两例。

“卫绕于～”，护卫簇拥。《日本灵异记》中卷《依汉神祟杀牛而祭又修放生善以现得善恶报缘第 5》：“千万余人，**卫绕于**我左右前后，自王宫出。乘瞿而荷，擎幡而导，赞叹以送，长跪礼拜。”又《观音铜像及鹭形示奇表缘第 17》：“牛童男，告知诸人。诸人转闻，告知寺尼。尼等闻来见，实其像也。涂金褫落。尼众**卫绕**彼像，而悲哭云。”④ 隋阇那崛多译《大法炬陀罗尼经》卷 1《缘起品》：“此善威光天子，于往昔时生一大婆罗门家，为彼婆罗门子，具足威德，家内富饶，恒为诸天，**围绕卫护**。”

“吸嗽于～”，吃喝。《日本灵异记》上卷《修持孔雀王咒法得异验力以现作仙飞天缘第 28》：“每庶挂五色之云，飞仲虚之外，携仙宫之宾，游亿载之庭，卧伏乎蕊盖之苑，**吸嗽于**养性之气。”⑤ 唐菩提流志译《不空罥索神变真言经》卷 1《母陀罗尼真言序品》：“世尊当知，是人现世，则得二十，称叹功德胜利。何名二十？……十一者，不为世间，诸恶鬼神，**吸嗽**精气，怨仇害死。”

二　与汉文佛经无关的“于”字句

在与汉文佛经表达无关涉的“于”字句中，下面两例具有典型意义。

“参往于～”，前往某处参拜。①《日本灵异记》中卷《极穷女于尺迦丈六佛愿福分示奇表以现得大福缘第 28》“买花香油，而以**参往于**丈六佛前，奉白之言：‘我昔世

---

① （唐）李延寿撰《北史》，中华书局，1974，第 397 页。

② 小島憲之、直木孝次郎、西宫一民、蔵中進、毛利正守『日本書紀二』，新編日本古典文学全集，小学館，1996，第 512 頁。

③ 小島憲之、直木孝次郎、西宫一民、蔵中進、毛利正守『日本書紀三』，新編日本古典文学全集，小学館，1998，第 98 頁。

④ 中田祝夫『日本靈異記』，日本古典文学全集，小学館，1975，第 159、194 頁。

⑤ 〔日〕真人元开著，汪向荣校注《唐大和上东征传》，中华书局，1979，第 119 页。

不修福因，现身受取，贫穷之报。故我施宝，令免穷愁。’”②又中卷《骂僧与邪淫得恶病而死缘第11》：“问家人，答曰：‘**参往**悔过。’闻之，瞋怒，即往唤妻。”又《极穷女于尺迦丈六佛愿福分示奇表以现得大福缘第28》：“女如先**参往**丈六前，愿白福分，罢家而寝。”又《行基大德携子女人视过去怨令投渊示异表缘第30》：“尔时，河内国若江郡川派里，有一女人，携子**参往**法会闻法。”[①]

“**参向于～**”，前往某处参拜，去某处参学。①《日本灵异记》中卷《极穷女于尺迦丈六佛愿福分示奇表以现得大福缘第28》：“女又**参向于**丈六前，献花香灯，罢家而寝。”[②]《续日本纪》卷23《淳仁纪》天平宝字四年七月条：“平城宫御宇后太上天皇、皇帝、皇太后，以去天平胜宝二年二月二十三日，专自**参向于**东大寺，永用件封入寺家讫。”[③] ②《古事记》上卷《大国主神》：“尔八十神觅追臻，而矢刺乞时，自木俣漏逃而云：‘可**参向**须佐能男命所坐之根坚州国，必其大神议也。’”[④]《日本书纪》卷5《崇神纪》六十年七月条：“于是，甘美韩日狭、鸬濡渟**参向**朝廷，曲奏其状。”[⑤]《出云国风土记·意字郡》条：“国造神吉词奏，**参向**朝廷时，御沐之忌里。故云忌部。”[⑥]《日本灵异记》上卷《归信三宝钦仰众僧令诵经得现报缘第32》：“又请曰：‘我等**参向**宫，开寺南门，令得亲拜。’更请：‘我等及于诣阙之间，欲令钟声不绝。’”[⑦]

在上述两例中，“参往”“参向”中的“参”用作谦辞。两词未见于中国两类先行文献，疑似和制汉语词汇。最后，归纳上述考释结果如下。

（一）内典仅见一种用法。1.“到于墓所”“还于家”。2.“奉于～”“读于～”“改于～”“打于～”“拍于～”“取于～”“杀于～”“施于～”“食于～”“述于～”“饮于～”“召于～”“作于～”。3.“始于此时”“始于是时”“穷于来际”。4.《日本书纪》α群中“卧病于～”“浮沉于～”“起塔于～”“自诣于～”“移向于～”。5.《日本书纪》β群中“还向于～”“将来于～”“埋葬于”“出家于～”“说经于～”“今在于～”“复还于～”“俱集于～”“悉集于～”。6.“设斋于～”。7.“起入于～”“居住于～”“来住于～”“沦回于～”“漂流于～”。8.“祈生于～”“供侍于～”“具陈于～”“倍胜于～”“始兴于～”。（二）内典可见两种不同用法。“下到于～”“行至于～”“满覆于～”“奉施于～”。（三）内外典

---

① 中田祝夫『日本靈異記』，日本古典文学全集，小学館，1975，第223、178、223、226頁。

② 中田祝夫『日本靈異記』，日本古典文学全集，小学館，1975，第223頁。

③ 青木和夫、稲岡耕二、笹山晴生、白藤礼幸『続日本紀三』，新日本古典文学大系，岩波書店，1992，第358頁。

④ 山口佳紀、神野志隆光『古事記』，新編日本古典文学全集，小学館，1997，第80頁。

⑤ 小島憲之、直木孝次郎、西宮一民、蔵中進、毛利正守『日本書紀一』，新編日本古典文学全集，小学館，1994，第292頁。

⑥ 植垣節也『風土記』，新編日本古典文学全集，小学館，1997，第146～148頁。

⑦ 中田祝夫『日本靈異記』，日本古典文学全集，小学館，1975，第130頁。

可见同一种用法。1.“遮于～”“著于床”“遇于～”。2.《日本书纪》α群“还入于～”“收置于～”。3.《日本书纪》β群中“留住于～”“俱聚于～”“安置于～”“游猎于～”“共会于～”“送置于～”“遣人于～”。4.“指示于～”。5.“不绝于～”。（四）内外典可见不同用法。1.“取置于～”。2.“归伏于～”。（五）内外典皆无的自创用法。1.“诽于佛法”。2.《日本书纪》α群中“投祸于～”“投化于～”“露置于～”“掷入于～”“投掷于～”“奉诣于～”“逃向于～”。3.《日本书纪》β群中“闭居于～”“留宅于～”“安居于～”“置手于～”“降到于～”“投入（之）于～”“参迎于～”“避至于～”“流来于～”。4.“踊践于～”“持向于～”“率往于～”“引还于～”。5.“卒患于～”“懒懈于～”“附心于～”“助卫于～”“卫绕于～”“吸啜于～”。6.“参往于～”“参向于～”。

从上文所述汉日“于”字句三类对应关系来看，第一，仅见于内典的“于”字句受到佛典表达的影响颇深：在“V（单音词）＋于＋○”句型中，介词“于”引出动作处所的用法，佛典表达与传统表达差异迥然，前者带“于”，后者不带“于”。奈良时代的汉文作者选择了前者。“于”引出动作对象的用法亦然，主要见于《日本书纪》，特别是讲述佛教故事的《日本灵异记》。“于”引出动作时间的用法，多为出自汉文佛经的四字语句，且基本为相对固定的搭配形式。在“V（双音词）＋于＋○”句型中，佛典表达具有两个特点：一是构词为并列式、述宾式、后补式时，从理据上看，由此构成的“于”字句延续了古汉语表达的特征。二是构词为偏正式时，因词形尚未固化，具有临时性的特点，由此构成的“于”字句与古汉语表达习惯并不完全吻合。奈良时代的汉文作者偏偏选择了后者。第二，在上古文学作品中，同一个词组，有的句子带介词“于”，用以引出动作的处所或对象，但有的句子却不带“于”。考察结果表明，其所依据的汉文佛经原本如此，同样可见两种不同的用法。第三，相关的“于”字句，在中国的两类文献当中，均有相同的说法。三种文献当中，汉文佛经的用法年代最早。值得注意的是，在该类“于”字句中，上古文献中有的文例，年代甚至早于中土文献。这一现象说明，源自汉文佛经的一些“于”字句，要在中土文献中获得认可仍需要一个过程。第四，《日本书纪》中的一些“于”字句，尽管在中国两类文献中，带与不带“于”字的两种用法并存，但不论是α群书录者，还是β群书录者，都不约而同地选择了佛典表达。第五，上古文学作品中的自创“于”字句，经历了一个从模仿到自创的过程。表移动类动作处所的“于”字句，译经“腔”十足。而且，较《日本书纪》α群书录者，β群书录者的态度更为积极主动，有的模仿甚至惟妙惟肖。换个角度考虑，α群书录者在“于”字句的应用范围方面，如表抽象义的“于”字句所示，探索的力度更大，涉及的范围更广。这一点尤其体现在对“于”引出动作对象的句式的自创上。

第四章　佛典比拟句

这里，我们姑且将比拟句视作比较句和比喻句的总称。比较句，指将两个或两个以上的事物放在一起进行优劣高低、好坏程度的比较；比喻句，指着眼于两个事物之间的相似点，将某一事物譬喻成另一事物。迄今为止，国内外学术界鲜有针对上古文学作品中的比拟句与汉文佛经关系讨论的专稿。本章拟从比较文学的角度，厘清上古文学作品中比拟句的出源关系，尝试对丰富多彩的比拟句进行分类，阐述其类型特征，揭示汉文佛经在该句式上对上古文学作品的深刻影响。

第一节　比较句及其级别

从逻辑上讲，既然是两个或两个以上事物之间的比较，根据比较的不同标准，理当存在各种层次的比较。根据我们的调查，受到汉文佛经文体影响的上古文学作品中的比较句，可划分如下四个等级："不可～、无能～、更无～、未有～"级；"无过～、莫过～"级；"最～"级；"无比～、无量～、无限～、无上～"级。以下分别论之。

一　"不可～、无能～、更无～、未有～"级

该级别的比较句以"不、无、未"为外在的标识语，具体形态包括"不可～""无能～""更无～""未有～"四种句式。

（一）"不可～"式

与该式搭配使用的动词是"比"，将两个或两个以上的事物进行相互比较。

"不可为比"，无法比拟，难以比较。"为"，虚化，为组成四字格而添加的音节。《日本书纪》卷23《舒明纪》即位前纪条："故汝本为朕之心腹。爱宠之情，不可为比。"[①] 唐义净译《金光明最胜王经》卷3《灭业障品》："善男子，如我所说，一切施中，法施为胜。是故，善男子，于三宝所，设诸供养，不可为比。劝受三归，持一切

① 小島憲之、直木孝次郎、西宮一民、藏中進、毛利正守『日本書紀三』，新編日本古典文学全集，小学館，1998，第28頁。

戒，无有毁犯，三业不空，**不可为比**。一切世界一切众生，随力随能，随所愿乐，于三乘中，劝发菩提心，**不可为比**。于三世中，一切世界，所有众生，皆得无碍，速令成就，无量功德，**不可为比**。三世刹土，一切众生，令无障碍，得三菩提，**不可为比**。三世刹土，一切众生，劝令速出，四恶道苦，**不可为比**。三世刹土，一切众生，劝令除灭，极重恶业，**不可为比**。一切苦恼，劝令解脱，**不可为比**。一切怖畏，苦恼逼切，皆令得脱，**不可为比**。三世佛前，一切众生，所有功德，劝令随喜，发菩提愿，**不可为比**。劝除恶行，骂辱之业，一切功德，皆愿成就，所在生中，劝请供养，尊重赞叹，一切三宝，劝请众生，净修福行，成满菩提，**不可为比**。”按：诸家无解。中土文献中未见文例。吴支谦译《撰集百缘经》卷6《诸天来下供养品》：“何况人类，信心受持，过逾于彼，百千万倍，**不可为比**。”尽管该文例年代更早，但考虑到《金光明经》对《日本书纪》的直接而又重大的影响，此处视《金光明经》为直接出典盖无疑问。

（二）“无能～”式

与该式搭配使用的动词除“比”之外，还有助动词“能”，表示不能比拟的意思。

“无能比者”，（两者）无法进行比较，没有能与之相比的。《日本书纪》卷19《钦明纪》十五年正月条：“方闻奉可畏天皇之诏，来诣筑紫，看送赐军。闻之欢喜，**无能比者**。此年之役，甚危于前。愿遣赐军，使逮正月。”① 唐义净译《金光明最胜王经》卷3《灭业障品》：“是故当知，劝请一切世界，三世三宝；劝请满足，六波罗蜜；劝请转于，无上法轮；劝请住世，经无量劫，演说无量，甚深妙法。功德甚深，**无能比者**。”又《根本说一切有部毘奈耶》卷47：“时无忧外道，来至佛所，观佛容仪，**无能比者**。遂作是念：‘今此丈夫，仪容殊特，得与我女，为婚对者。岂不乐哉？’”按：诸家无解。该说法为初唐僧人义净首创，当属义净译语。而且，“无能比者”前的“闻之欢喜”（前出）同属译经“腔调”的译语。

（三）“更无～”式

“更”有两层意思：一是再、又之意；二是毫不之意。此处是后者用法。

“更无过此”，根本没有超过这个的。《日本书纪》卷18《宣化纪》元年五月条：“自胎中之帝洎于朕身，收藏谷稼，蓄积储粮，遥设凶年，厚飨良客。安国之方，**更无过此**。”② 唐义净译《根本说一切有部毘奈耶杂事》卷18：“我于生不爱，于死亦无忧。是故我涅槃，**更无过此**乐。”唐智周撰《成唯识论演秘》卷7：“‘过无我性，更无所求’：以所缘中，以得究竟，故名为际。际者，极也。会悟此已，**更无过此**。可缘求法，故名实际。”新罗璟兴撰《无量寿经连义述文赞》卷2：“大音者，即语密之音，如来之声，**更无过此**。故云大音。”

---

① 小島憲之、直木孝次郎、西宮一民、蔵中進、毛利正守『日本書紀二』，新編日本古典文学全集，小学館，1996，第428頁。

② 小島憲之、直木孝次郎、西宮一民、蔵中進、毛利正守『日本書紀二』，新編日本古典文学全集，小学館，1996，第348頁。

（四）“未有～”式

与该式搭配使用的动词是“有”，以否定形式强调某事不曾出现过。用以表示感叹。

“先所未有”，过去不曾有过。《日本书纪》卷9《神功纪》摄政五十一年三月条：“玩好珍物，**先所未有**。不阙岁时，常来贡献。如朕存时，敦加恩惠。”[①] 梁真谛译《决定藏论》卷1《心地品》：“于现在因，**先所未有**，诸行起相，是名为生；不以先者，是行异相，即名为老；起而未灭，即名为住，是刹那生；诸行坏相，是名为灭。若此四法，是有为相。”唐玄奘译《瑜伽师地论》卷85：“何等为三？谓先无而有故，先有而无故，起尽相应故。若未来行，**先所未有**，定非有者，是即应非，先无而有。如是应非，无常决定，由彼先时，施设非有。非有为先，后时方有。是故未来，诸行无常决定。”

“未有若此～（者也）”，没有像这个样子……的了。语气词“也”用于否定句，强调否定的语气。《日本书纪》卷1《神代纪上》：“此子光华明彩，照彻于六合之内。故二神喜曰：‘吾息虽多，**未有若此**灵异之儿。不宜久留此国。自当早送于天而授以天上之事。’”又：“于时日神闻之曰：‘顷者人虽多请，**未有若此**言之丽美**者也**。’乃细开盘户而窥之。”[②]（1）吴支谦译《佛说维摩诘经》卷2《法供养品》：“于是，天帝释白佛言：‘多福哉！世尊。得近如来、文殊师利者，虽百千闻，**未有若此**，纯法化**者也**。’”后秦僧肇撰《注维摩诘经》卷10《法供养品》：“什曰：‘维摩诘接妙喜世界，来入此境，及上来不思议事，皆昔来所见，**未有若此**之奇**也**。’”唐义净译《根本说一切有部毘奈耶破僧事》卷4：“见是事已，私自念言：‘我王舍城中，诸出家人，**未有若此**之**者**。’”（2）《吴志》卷3《三嗣主传》裴松之引孙盛言曰：“虽兵以义合，同盟勠力，然皆包藏祸心，阻兵怙乱，或师无谋律，丧威稔寇，忠规武节，**未有若此**其著**者也**。”[③]《宋书》卷2《武帝中》：“自篇籍所载，生民以来，勋德懋功，**未有若此**之盛**者也**。”[④]

二　“无过～”“莫过～”级

该级别的比较句以“无、莫”为外在的标识语，包括“无过～”“莫过～”两式。

（一）“无过～”式

与该式搭配使用的动词是“过”，表超过、超越之意。该式的否定表达有“爱无过子”“无过斯甚”，肯定式有“过之甚也”“过前所～”等说法，式中多以“之”“也”

① 小島憲之、直木孝次郎、西宫一民、蔵中進、毛利正守『日本書紀一』，新編日本古典文学全集，小学館，1994，第460頁。

② 小島憲之、直木孝次郎、西宫一民、蔵中進、毛利正守『日本書紀一』，新編日本古典文学全集，小学館，1994，第36、84頁。

③ （晋）陈寿撰，（宋）裴松之注《三国志》，中华书局，1959，第1179页。

④ （梁）沈约撰《宋书》，中华书局，1974年，第37页。

“所”等虚词来缀合四字格。

“爱无过子”[①]，爱孩子是所有爱中最崇高的。《万叶集》卷5第802～803首《思子等歌一首并序》歌序：“又说：**爱无过子**。至极大圣，尚有爱子之心。况乎世间苍生，谁不爱子乎?”[②] 刘宋求那跋陀罗译《杂阿含经》卷36：“所**爱无过子**，财无贵于牛。光明无过日，萨罗无过海。”（“新编全集本”引例）

“无过斯甚”，没有比这个再过分的了。《日本灵异记》中卷《好于恶事者以现所诛利锐得恶死报缘第40》：“橘朝臣诺乐麻吕者，葛木王之子也。强窥非望，心系倾国。招集逆党，当头其便。画作僧形，以之立的，效射僧黑眼之术。好诸恶事，**无过斯甚**。”[③] 宋道亭述《华严一乘教义分齐章义苑疏》卷8：“又无所依至无，亦即断也。释曰：断，过也。无依下约，无真俗断。又执下明无真真断，亦一计而二谛双断。**无过斯甚**矣。”按：《日本灵异记》下卷《强非理以征债取多倍而现得恶死报缘第26》：“多人方愁，弃家逃亡，跉跰他国，**无逾此甚**。”[④] 例中“无逾此甚”的说法，中国两类文献中未见，疑似自创搭配。

“过之甚也”，超过很多，有过之而无不及。《日本书纪》卷29《天武纪下》十年五月条：“是日，诏曰：‘凡百寮诸人恭敬宫人**过之甚也**。或诣其门谒己之讼，或捧币以媚于其家。’”[⑤] 隋吉藏撰《涅槃经游意》卷1：“灭诸结火，名为灭度。离觉观故，名为涅槃。既涅槃灭度两出别，知不以灭度翻涅槃。然生肇等师，亲承什师，血共翻译，岂当有谬，而释弹片耶？今明不破生肇，今古人弹其定翻者耳。若定言翻灭度，则**过之甚也**。”又《二谛义》[⑥] 卷1：“菩萨时长除粪广故，**过之甚也**。今明菩萨知惑本不生今不灭。何所断？斯即生在佛家，种姓尊贵，如转轮圣王皇太子也。唯见客作贱人除粪，何曾闻长者之儿担屎。故今明。”

“过前所～”，超过了过去（上一次）……《日本书纪》卷24《皇极纪》三年正月条：“中臣镰子连便感所遇，而语舍人曰：‘殊奉恩泽，**过前所**望。’舍人便以所语陈于皇子，皇子大悦。”[⑦] 失译人名今附东晋录《菩萨本行经》卷2：“衣被床卧，饭食供养，过去当来，今现在，四方众僧，沙门道士，给其所须，计其功德，**过前所**作功德者。”唐玄奘译《大般若波罗蜜多经》卷600：“善勇猛，如有情类，成胜善根，清净**过前**，**所**成就者。”又《大乘大集地藏十轮经》卷7：“是故恼乱，佛弟子罪，**过前所**说，

---

① 马骏：《日本上代文学“和习”问题研究》，国家哲学社会科学成果文库2011，北京大学出版社，2012，第389页。

② 小島憲之、木下正俊、東野治之『万葉集二』，日本古典文学全集，小学館，1995，第29頁。

③ 中田祝夫『日本霊異記』，日本古典文学全集，小学館，1975，第247頁。

④ 中田祝夫『日本霊異記』，日本古典文学全集，小学館，1975，第329頁。

⑤ 小島憲之、直木孝次郎、西宮一民、藏中進、毛利正守『日本書紀三』，新編日本古典文学全集，小学館，1998，第408頁。

⑥ 该经于天平十年抄写，录于《大日本古文书》卷7，第213页。

⑦ 小島憲之、直木孝次郎、西宮一民、藏中進、毛利正守『日本書紀三』，新編日本古典文学全集，小学館，1998，第84頁。

五无间罪，无量倍数。是故汝等，今于我前，起至诚心，增上惭，殷勤恳切，发露忏悔，往昔所造，诸恶业障。我今慈悲，摄受汝等，令恶业障，渐得消灭。”又《瑜伽师地论》卷44：“如是供养，为最第一，最上最胜，最妙无上。如是供养，过前所说，具一切种，财敬供养，百倍千倍，乃至邬波尼杀昙倍。”

（二）“莫过～”式

“**莫过于此**”，没有超过这个的。《藤氏家传》上卷《镰足传》：“大臣对曰：‘臣子之行，惟忠与孝。忠孝之道，全国兴宗。纵使皇纲紊绝，洪基颓坏。不孝不忠，**莫过于此**。’”[①]《续日本纪》卷21《淳仁纪》天平宝字二年八月条：“是以，天子念，则兵革灾害不入国里。庶人念，则疾疫疠鬼不入家中。断恶获祥，**莫过于此**。宜告天下诸国，莫论男女老少，起坐行步口闲，皆尽念诵在《摩诃般若波罗蜜》。”[②] 又卷29《称德纪》神护景云二年九月条：“又此地祁寒，积雪难消。仅入初夏，运调上道。梯山帆海，艰辛备至。季秋之月，乃还本乡。妨民之产，**莫过于此**。”[③]（1）后秦僧肇撰《注维摩诘经》卷5《文殊师利问疾品》：“什曰：‘上明毕竟空，则无法不空。然造心求解，要必有津，求津之要必有所惑。惑之所生，生于见异。异之甚者，莫过邪正。邪正之极，**莫过于此**。’”梁僧佑撰《弘明集》卷7朱昭之《难顾道士夷夏论》：“昔应吉甫齐孔老于前，吾贤又均李释于后。万世之殊途，同归于一朝。历代之疑争怡然。于今日赏深悟远，蠲慰者多，益世之谈，**莫过于此**。”唐义净译《根本说一切有部毘奈耶出家事》卷4：“世尊告曰：‘世间奉献，**莫过于此**，化人出家，调伏济度。’”（2）《晋书》卷30《志第20》：“臣昔上行肉刑，从来积年，遂寝不论。臣窃以为议者拘孝文之小仁，而轻违圣王之典刑，未详之甚，**莫过于此**。”[④]《宋书》卷50《张兴世传》：“今若以兵数千，潜出其上，因险自固，随宜断截，使其首尾周遑，进退疑沮，中流一梗，粮运自艰。制贼之奇，**莫过于此**。”[⑤]《魏书》卷5《高宗纪》：“故编户之家，困于冻馁；豪富之门，日有兼积。为政之弊，**莫过于此**。”[⑥]

“**莫过斯甚**”，没有比这再过分的了。《日本灵异记》上卷《邪见假名沙弥斫塔木得恶报缘第27》：“或住摄津国岛下郡春米寺，折烧塔柱污法，谁人**莫过斯甚**?”[⑦] 唐慧琳撰《一切经音义》卷22：“斯尚然：《尔雅》曰：**斯**，此也。”唐道宣撰《广弘明集》卷10《周天元立有上事者对卫元嵩》：“此乃偏辞惑上，先至难明。大国信之，谏言不

---

① 沖森卓也、佐藤信、矢島泉『藤氏家伝　鎌足貞慧武智麻呂伝注釈と研究』，吉川弘文館，1999，第157頁。

② 青木和夫、稲岡耕二、笹山晴生、白藤礼幸『続日本紀三』，新日本古典文学大系，岩波書店，1992，第280頁。

③ 青木和夫、稲岡耕二、笹山晴生、白藤礼幸『続日本紀四』，新日本古典文学大系，岩波書店，1995，第218頁。

④ （唐）房玄龄等撰《晋书》，中华书局，1994，第931页。

⑤ （梁）沈约撰《宋书》，中华书局，1974，第1453页。

⑥ （北齐）魏收撰《魏书》，中华书局，1974，第119页。

⑦ 中田祝夫『日本霊異記』，日本古典文学全集，小学館，1975，第116頁。

纳。普天私论，兆庶怪望。诚哉不便，莫过斯甚。”

三 “最～”级

该级别以“最是、最胜、最上”为外在标识，有“最是～”“最胜～”“最上～”三式。

（一）“最是～”式

“最是～”，指居于首要地位的人或事物。《续日本纪》卷7《元正纪》灵龟元年十月条：“凡粟之为物，支久不败，于诸谷中，最是精好。宜以此状遍告天下，尽力耕种，莫失时候。”① （1）失译人名今附后汉录《大方便佛报恩经》卷6《优波离品》：“此二篇戒，最是重者。一戒若犯，永不起二。”（2）《抱朴子·内篇》卷6《微旨》：“九丹金液，最是仙主。然事大费重，不可卒办也。”②

（二）“最胜～”式

“最胜”，最为殊胜。《日本书纪》卷26《齐明纪》五年七月条：“（《伊吉连博德书》）十一月一日朝有冬至之会。会日亦觐，所朝诸蕃之中，倭客最胜。后由出火之乱弃而不复检。”③《丰后国风土记·海部郡》条：“即敕曰：‘取最胜海藻。’便令以进御。因曰最胜海藻门。”④ （1）后汉竺大力、康孟详合译《修行本起经》卷2《出家品》：“古有真道佛所行，恬惔为上除不祥，其成最胜法满藏，吾求斯座决魔王。”（2）后秦僧睿述《妙法莲华经后序》：“诸华之中，莲华最胜。华尚未敷，名屈摩罗。敷而将落，名迦摩罗。处中盛时，名芬陀利。未敷喻二道，将落譬泥洹，荣曜独足以喻斯典。”按：《汉语大词典》失收。《史记》卷80《乐毅传》：“先王命之曰：‘我有积怨深怒于齐，不量轻弱，而欲以齐为事。’臣曰：‘夫齐，霸国之余业而最胜之遗事也。’”⑤ 此言齐国是霸国剩下的基业，是常胜国家的后代。可知例中“最胜”，与《齐明纪》《海部郡》以及汉文佛经中的意思不同。

“最胜安乐”，最为殊胜的身安心乐。《元兴寺伽蓝缘起并流记资财账》：“随堪修行善捧营，愿引导后嗣，后嗣类蒙此法之赖，现在未来令得最胜安乐。”唐玄奘译《瑜伽师地论》卷18：“我独处思惟，受最胜安乐。故不与人交，而绝无徒侣。”又《本事经》卷7《三法品》：“施最胜良田，生最胜功德，感最胜安乐，寿色力名闻。供养最胜人，修行最胜法，得最胜安乐，天上或人中。”按：该说法由玄奘首创，系玄奘译语。

---

① 青木和夫、稲岡耕二、笹山晴生、白藤礼幸『続日本紀二』，新日本古典文学大系，岩波書店，1990，第4頁。

② 王明撰《抱朴子内篇校释》，中华书局，1985，第124页。

③ 小島憲之、直木孝次郎、西宮一民、蔵中進、毛利正守『日本書紀三』，新編日本古典文学全集，小学館，1998，第226頁。

④ 植垣節也『風土記』，新編日本古典文学全集，小学館，1997，第296頁。

⑤ （汉）司马迁撰《史记》，中华书局，1959，第2430页。

（三）“最上～”式

“**最上之行**”，最为上乘的行为。《日本灵异记》中卷《依不布施与放生而现得善恶报缘》：“功德之中，割自身宍，施他救命，最上之行。”① 宋法天译《七佛经》卷1：“复次过去劫中，毘婆尸佛、尸弃佛、毘舍浮佛，宣说尸罗，清净戒律，成就智慧，最上之行。”

四　“无比～、无量～、无限～、无上～”级

该级别比较句以“无比、无量、无限、无上”为外在标识，表示没有上限的比较等级。

（一）“无比～”式

该式有“无比无等”“欢喜无比”“～姝无比”等说法，用作程度、心情、容貌等的比较。

“**无比无等**”，无与伦比，没有同一等级。《日本灵异记》中卷《穷女王归敬吉祥天女像得现报缘第14》：“其饮食阑，美味氛馥，无比无等。无不具足物。设器皆碗，使荷之人三十人也。”② 姚秦鸠摩罗什译《十住毘婆沙论》卷6《分别功德品》：“是人得福多，譬如恒河沙等三千大千世界中众生皆成就十善道，菩萨回向福德最上最妙最胜无比无等无等等。”唐玄奘译《大般若波罗蜜多经》卷425《帝释品》：“何以故？以如来身，所现常光，炽燃赫奕。于诸光中，最尊最胜、最上最妙、无比无等、无上第一。蔽诸天光，皆令不现，犹如燋炷，对赡部金。”

“**欢喜无比**”，无比喜悦。《日本灵异记》上卷《归信三宝钦仰众僧令诵经得现报缘第32》：“即依皇子诞生，于时朝庭大贺，大赦天下，不加刑罚，反赐官禄于众人。欢喜无比。”③ 东晋佛驮跋陀罗译《大方广佛华严经》卷5《如来光明觉品》：“无比欢喜念，诸佛常清净，虚空等如来，彼是具足愿。”元魏瞿昙般若流支译《正法念处经》卷24《观天品》：“时彼天子，既舍父母，欲心所覆，诣天女众，共相娱乐，欢喜无比。”

“**～姝无比**”，无比靓丽。《日本灵异记》中卷《力女示强力缘第27》：“随夫柔儞，如练丝绵。织麻细叠而著夫大领。蘩姝无比。”④ 后汉支娄迦谶译《佛说无量清净平等觉经》卷1：“无量清净佛所可教授讲堂、精舍，皆复自然七宝——金、银、水精、琉璃、白玉、虎珀、车璩——自共转相成也。甚姝明好，绝姝无比。”吴支谦译《佛说阿弥陀三耶三佛萨楼佛檀过度人道经》卷1：“皆以自共为地，旷荡甚大无极。皆自相参，转相入中，各自焜煌参明，极自软好，甚姝无比。”

---

① 中田祝夫『日本靈異記』，日本古典文学全集，小学館，1975，第191頁。

② 中田祝夫『日本靈異記』，日本古典文学全集，小学館，1975，第184頁。

③ 中田祝夫『日本靈異記』，日本古典文学全集，小学館，1975，第131頁。

④ 中田祝夫『日本靈異記』，日本古典文学全集，小学館，1975，第220頁。

（二）"～无量"式

该式有"其数无量""其事无量""得罪无量""受苦无量""发愿无量"等说法。"其数无量""其事无量"强调数量之多，"得罪无量""受苦无量""发愿无量"凸显程度之深。

"**其数无量**"，其数量之庞大而无法计算。《唐大和上东征传》："随都督受菩萨戒人，**其数无量**。和上留住一年。"又："讲授之间，造立寺舍，供养十方（众）僧，造佛菩萨像，**其数无量**。"① 东晋瞿昙僧伽提婆译《中阿含经》卷50《大品》："乌陀夷，犹如居士、居士子，极太富乐，多有钱财，畜牧产业，不可称计。封户、食邑、米谷丰饶，及若干种诸生活具、奴婢、象马，**其数无量**。"东晋佛驮跋陀罗译《大方广佛华严经》卷14《金刚幢菩萨十回向品》："造作无数尊形像，宝藏净金而庄严，巍巍高大如山王，**其数无量**不思议。"姚秦鸠摩罗什译《妙法莲华经》卷2《譬喻品》："今此幼童，皆是吾子，爱无偏党。我有如是，七宝大车，**其数无量**。应当等心，各各与之，不宜差别。"

"**其事无量**"，那样的事情多得无法计算。《唐大和上东征传》："……等官人、僧、道父老。迎送礼拜，供养承事，**其事无量**，不可言记。"又："端州太守迎引送至广州，庐都督率诸道俗出迎城外，恭敬承事，**其事无量**。"②（1）西晋竺法护译《佛说灭十方冥经》卷1："面善悦释种童子前白佛言：'我已奉受，此诸佛名，怀抱在心，思惟奉行，**其事无量**，自立己心，我见十方，无所蔽碍。如今向者，世尊所说，宣传经道，及诸佛名，皆如所闻，审谛无异。'"（2）北凉昙无谶译《大方等大集经》卷6："宝女，如是障碍，**其事无量**。我于今者，但略说耳。"唐道宣撰《广弘明集》卷27："凡此累碍，**其事无量**。圣人所以，无碍自在者，由何而致？实由远诸尘劳，自策为本。"按：从用法上看，（1）用于积极义，（2）用于消极义。可知《唐大和上东征传》中的用法更近于（1）。

"**得罪无量**"，获罪无数，不可计量。《日本灵异记》下卷《刑罚贱沙弥乞食以现得顿恶死报缘第33》："《像法决疑经》云：'未来世中，俗官莫令使比丘输税。若税夺者，**得罪无量**。'"③ 疑似部《像法决疑经》卷1："慎莫令比丘输税。若欲税出家人者，**得罪无量**。"

"**受苦无量**"，承受苦痛，无以计量。《日本灵异记》下卷《漂流大海敬称尺迦佛名得全命缘第25》："当土人等见之，问来由，状知愍养，申当国司。国司闻见之，悲赈给粮。小男叹曰：'从杀生人，**受苦无量**。我亦还到，彼又驱使，犹聿不止杀生之业。'"④ 东晋瞿昙僧伽提婆译《中阿含经》卷9《未曾有法品》："长者答曰：'尊者，

---

① 〔日〕真人元开著，汪向荣校注《唐大和上东征传》，中华书局，1979，第72、80页。
② 〔日〕真人元开著，汪向荣校注《唐大和上东征传》，中华书局，1979，第71、73页。
③ 中田祝夫『日本霊異記』，日本古典文学全集，小学館，1975，第348頁。
④ 中田祝夫『日本霊異記』，日本古典文学全集，小学館，1975，第326頁。

或有不信，世尊语者，彼当长夜，不义不忍，生极恶处，受苦无量。'”元魏慧觉等合译《贤愚经》卷13《顶生王品》：“佛见此已，为诸比丘，说贪利害：‘夫贪欲者，现损身命，终归三涂，受苦无量。所以然者？吾自忆念，过去世时，由于贪故，而便堕落，受诸苦恼。'”梁宝唱等集《经律异相》卷46：“或有先世恶口，好以粗言加他，众人憎恶，见之如雠。以此罪故，堕饿鬼中。如是罪报，受苦无量。”

“发愿无量”，无数次许下誓愿。《日本灵异记》下卷《强非理以征债取多倍而现得恶死报缘第26》：“大领及男女之，愧耻戚恸，五体投地，发愿无量。”[①] 按：佛典文献中未见该搭配形式。

（三）“～无限”式

在该式中，“无限”往往前承表心情或感觉的形容词，用以表现无以言表的喜悦心情。

“庆悦无限”，无比喜庆和欢乐。《日本书纪》卷18《安闲纪》元年闰十二月条：“闰十二月己卯朔壬午，行幸于三岛。大伴大连金村从焉。天皇使大伴大连问良田于县主饭粒。县主饭粒庆悦无限，谨敬尽诚，仍奉献上御野、下御野、上桑原、下桑原，并竹村之地，凡合肆拾町。”[②]（1）唐义净译《金光明最胜王经》卷8《坚牢地神品》：“我得闻法，深心欢喜。得飡法味，增益威光，庆悦无量。”又《根本说一切有部毘奈耶》卷30：“诸苾刍尼，闻是教已，白难铎迦曰：‘大德，我蒙善教，深生希有，庆悦无已。'”（2）《艺文类聚》卷58徐陵《移齐》：“获去月二十日移，承羯寇平殄，同怀庆悦，眷言邻穆，深副情伫。”[③]《魏书》卷9《肃宗纪》：“如此，则上下休嘉，天地清晏，魏道熙隆，人神庆悦，不其善欤？”[④] 按：首先，在表达上，“庆悦”后续表程度的“无量”“无已”等，是佛经特有的用法。其次，汉语两类文献中均未见“庆悦无限”的搭配形式。同理，下面的“嘉庆无限”，自创的可能性颇大。《日本书纪》卷19《钦明纪》九年四月条：“夏四月壬戌朔甲子，百济遣中部杆率掠叶礼等奏曰：‘德率宣文等奉敕至臣蕃曰：所乞救兵，应时遣送。祇承恩诏，嘉庆无限。'”[⑤]

（四）“无上～”式

该式有“登无上觉”“成无上道”“归无上道”“无上大圣”等说法，多用于正面评价佛教中的事理，且多已形成固定的格式套路，集中地体现了佛教术语的语言特色。

“登无上觉”，成就无上正等正觉。《奈良朝写经6·瑜伽师地论卷第21》：“而愿与

---

① 中田祝夫『日本霊異記』，日本古典文学全集，小学館，1975，第329頁。

② 小島憲之、直木孝次郎、西宫一民、藏中進、毛利正守『日本書紀三』，新編日本古典文学全集，小学館，1998，第338頁。

③ （唐）欧阳询撰《艺文类聚》，上海古籍出版社，1999，第1052页。

④ （北齐）魏收撰《魏书》，中华书局，1974，第230页。

⑤ 小島憲之、直木孝次郎、西宫一民、藏中進、毛利正守『日本書紀二』，新編日本古典文学全集，小学館，1996，第408頁。

群生共，速登无上觉也。”[①] 唐玄奘译《成唯识论》卷10：“已依圣教及正理，分别唯识性相义。所获功德施群生，愿共速登无上觉。”唐良贲述《仁王护国般若波罗蜜多经疏》卷3《嘱累品》：“采集经论诸要旨，附赞般若妙难思。以斯片善施群生，愿共速登无上觉。”

“成无上道”，成就至高无上的道法。《日本灵异记》下卷《村童戏克木佛像愚夫斫破以现得恶死报缘第29》：“如《法华经》说：‘若童子戏木及笔，或以指爪甲，而画作佛像，皆成佛道。复举一手，小低头，以此供养佛像，成无上道。’是以慎信矣。”[②] 姚秦鸠摩罗什译《妙法莲华经》卷1《方便品》：“或有人礼拜，或复但合掌，乃至举一手，或复小低头，以此供养像，渐见无量佛。自成无上道，广度无数众。”

“归无上道”，归顺至高无上的道法。《续日本纪》卷27《称德纪》天平神护二年十月条：“癸卯，敕：‘去六月，为有所思，发菩提心，归无上道。’”[③] 东晋帛尸梨蜜多罗译《佛说灌顶经》卷10：“三界拔苦恼，宗族蒙福庆。自归无上道，所生值众圣。”按：“无上道”，即无出其上的最上道。谓佛最高的教法。“有上道”的对应词。相当于释尊一代圣教中的《法华经》。《方便品》有云：“正直舍方便，但说无上道。”

“无上大圣”，至高无上的佛菩萨。《藤氏家传》上卷《镰足传》：“但闻无上大圣，犹不得避。故慰痛悼，小得安稳。”[④] 西晋竺法护译《普曜经》卷4《告车匿被马品》：“阿夷相之，在家为转轮圣王，七宝自然，主四天下，千子勇猛；若复出家学道，必成正觉，无上大圣。以七觉意宝，训化十方，三界愚冥，悟诸不觉。”

最后，归纳上古文学作品中源自汉文佛经的比拟句格式如下。

（一）“不可～、无能～、更无～、未有～”级。1. “不可～”式：“不可为比”。2. “无能～”式：“无能比者”。3. “更无～”式：“更无过此”。4. “未有～”式：“先所未有”“未有若此～（者也）”。（二）“无过～、莫过～”级。1. “无过～”式：“爱无过子”“无过斯甚”“过之甚也”“过前所～”。2. “莫过～”式：“莫过于此”“莫过斯甚”。（三）“最～”级。1. “最是～”式：“最是～”。2. “最胜～”式：“最胜”“最胜安乐”。3. “最上～”式：“最上之行”。（四）“无比～、无量～、无限～、无上～”级。1. “无比～”式：“无比无等”“欢喜无比”“～姝无比”。2. “～无量”式：“其数无量”“其事无量”“得罪无量”“受苦无量”“发愿无量”。3. “～无限”式：“庆悦无限”。4. “无上～”式：

① 上代文献読書会編『上代写経識語注釈』，勉誠出版，2016，第55頁。

② 中田祝夫『日本霊異記』，日本古典文学全集，小学館，1975，第337頁。

③ 青木和夫、稲岡耕二、笹山晴生、白藤礼幸『続日本紀四』，新日本古典文学大系，岩波書店，1995，第138頁。

④ 沖森卓也、佐藤信、矢島泉『藤氏家伝　鎌足貞慧武智麻呂伝注釈と研究』，吉川弘文館，1999，第239頁。

“登无上觉”“成无上道”“归无上道”“无上大圣”。

第二节　比喻句及其类型

为了佛教义理的广泛传播，谋求信仰阶层的最大化，佛教的宣扬者们往往采用平民百姓喜闻乐见的表现形式来讲经说法，譬如利用浅显切近的事物之间的比喻来讲解深奥玄妙的教理教规。加之，印度文学写景状物时喜好张皇夸饰的语言风格，往往能收到引人入胜、扣人心弦的效果。一般来说，文学作品中常见两种比喻：一是现代修辞学意义上的譬喻；二是文体学意义上的譬喻。这里说的比喻句指前者。汉文佛经的比喻表达在构想上有何特征？佛典比喻句在类型上有哪些种类？上古文学作品中有哪些比喻表达受到了汉文佛经的影响？这是本节需要弄清的问题。以下，有关日本上代文学作品中出自汉文佛经的比喻句的考释，具体分作暗喻和明喻两部分展开。

一　暗喻

比喻修辞的一种。主要特点有二：一是本体与喻体同时出现；二是喻词一般由表判断的“是”“就是”或表变化的“变成”“成为”等来充当。“明喻”的对应词。

“**无目之人**”，盲人，眼睛看不见的人。比喻没有智慧、易生妄想的人。《日本灵异记》下卷《序》：“匪礚因果作罪，以比**无目之人**履叵失之兮虎尾；甘嗜名利杀生，疑托鬼之人抱毒蛇。”① 姚秦鸠摩罗什译《大智度论》卷33《序品》：“愚痴人心，一切成败事，皆不能及，何况微妙深义。譬如**无目之人**，或坠沟坑，或入非道。无智之人，亦复如是。”唐义净译《根本说一切有部毘奈耶破僧事》卷15：“后时父王，既崩之后，其弟恶行，即绍王位。**无目之人**，渐次乞求，至妻国城。其妻年长，诸国王子，皆从竞索。”按：佛典两例中，前一例用作比喻义，后一例指失明的盲人，用作具体义。

“**以螺酌海～因管窥天～**”，用海螺来舀取海水，通过竹管子的孔来观望天空。比喻见闻狭隘或看事片面。《日本灵异记》下卷《序》：“羊僧景戒，所学者未得天台智者之问术，所悟者未得神人辩者之答术，是犹**以螺酌海**、**因管窥天**者矣。”② 新罗元晓撰《涅槃宗要》卷1：“又如随时天台智者，问神人言：‘北立四宗，会经意不?’神人答言：‘失多得少。’又问：‘成实论师立五教，称佛意不?’神人答曰：‘小胜四宗，犹多过失。’然天台智者，禅惠俱通，举世所重，凡圣难测。是知佛意，深远无限，而欲以四宗，科于经旨，亦以五时，限于佛意，是犹**以螺酌海**、**用管窥天**者耳。”（“新编大系本”说）

---

① 中田祝夫『日本靈異記』，日本古典文学全集，小学館，1975，第259頁。

② 中田祝夫『日本靈異記』，日本古典文学全集，小学館，1975，第260頁。

二 明喻

明喻指将具有某种共同特征的两个或两个以上的事物进行比较的一种修辞手法，连接本体和喻体的喻词有“如”“像”“似”“好像”“如同”“好比”“像……似的”等。“暗喻”的对应词。根据喻词来划分，明喻可再细分为单音节喻词构成的比喻句和双音节喻词构成的比喻句两种。

（一）单音节喻词

在上古文学作品中，该类喻词包括“似～”“如～”两式。较之前者，后者使用更为频繁。

“似电光”，表示事情变幻之急速，比喻人生无常。《奈良朝写经66·大般若经卷第176》：“奉翊圣朝，退报四恩，兼救群品。然假体如浮云，草命**似电光**。未毕其事，含玉从化。”① 后汉安世高译《尸迦罗越六方礼经》卷1：“堕俗生世苦，命速如**电光**，老病死时至，对来无豪强。”姚秦鸠摩罗什译《大庄严论经》卷3：“人身如**电光**，暂发不久停，虽复得人身，危脆不可保。”北凉昙无谶译《大般涅槃经》卷1《寿命品》：“是身无常，念念不住，犹如**电光**，暴水幻炎；亦如画水，随画随合。”

“如～”式分别有三音节、四音节和五音节构成的形式。三音节“如～”式具体包括“如火焰”“如镜面”“如水镜”“如水火”。

“如火焰”，（身上发出的光）如同火焰一样。《日本书纪》卷20《钦明纪》十二年是岁条：“德尔等昼夜相计将欲杀，时日罗身光有**如火焰**。由是德尔等恐而不杀。”② 元魏瞿昙般若流支译《正法念处经》卷40《观天品》：“有大光明，遍虚空中，**如火焰**炽。”隋阇那崛多译《不空罥索咒经》③ 卷1：“在彼像前长跪，设饮食已，当诵咒一千八遍。尔时行者，在于像前，即见自身，出大光明，犹**如火焰**。既自见已，生大欢欣，乃至观世音菩萨，自来现身，随其心愿，皆悉与之。”唐玄奘译《不空罥索神咒心经》④ 卷1：“食讫澡漱，往佛像前，烧沉水香，至诚顶礼。专心诵此，大神咒心，满八千遍。尔时行者，自见其身，遍放光明，犹**如火焰**。见是事已，欢喜踊跃。时观自在，便现其前。随所愿求，皆令满足。”按：佛典三例说明，将佛菩萨或神身上放出的光芒比作熊熊燃烧的火焰，是佛典比喻表达的格式套语。

“如镜面”，洁净如镜子的表面。《日本书纪》卷21《用明纪》元年五月条：“于殡

---

① 上代文献読書会編『上代写経識語注釈』，勉誠出版，2016，第403頁。

② 小島憲之、直木孝次郎、西宫一民、蔵中進、毛利正守『日本書紀二』，新編日本古典文学全集，小学館，1996，第482頁。

③ 该经于天平九年抄写，录于《大日本古文书》卷7，第71页。

④ 该经于天平八年抄写，题作《不空罥索经》，录于《大日本古文书》卷7，第26页。又于天平十年抄写，录于《大日本古文书》卷7，第191页。

庭诔曰：‘不荒朝庭，净如镜面，臣治平奉仕。’”[①] 例言保护朝廷，不使其荒芜，永远光洁，如同镜面。（1）东晋法显译《佛说大般泥洹经》卷5：“愚人见月，犹**如镜面**；中人见月，犹如车轮；上人见月，圆五由旬。”此言愚蠢之人看月亮如镜面大小一般。（2）唐慧琳集《建立曼荼罗及拣择地法》卷1：“每填土一重，即以加持，香水一洒，乃至填满。皆如是作。填土满已，筑令坚实，平**如镜面**。”唐宝思惟译《不空罥索陀罗尼自在王咒经》卷3：“应离荆棘，骨石瓦砾，高下不平，秽草稠林，险恶之地。于其好处，除去恶土，好土填之，泥涂摩拭，平坦如掌，周遍细滑，犹**如镜面**。”上面两例是将平坦光滑的土地比作镜子表面。《敦煌变文·维摩诘经讲经文（二）》：“俱持宝盖出城来，扫洒天街**如镜面**。”[②] 只有该例是将洁净的天街比作镜面，与《用明纪》的用法一致。

“**如水镜**”，（恶报会）像水中的镜子一样（立刻显现）。“**如谷响**”，（善报会）像山谷中的回声一样（瞬间出现）。《日本灵异记》下卷《序》：“恶报湍来**如水镜**，向之即现；夸力飒被**如谷响**，唤之必应。”[③]（1）齐那连提耶舍译《月灯三昧经》卷9：“智者演说一切言，不以语言易彼心。知诸言音**如谷响**，是故于言无取著。”唐玄奘译《大般若波罗蜜多经》卷460《巧便品》：“是菩萨摩诃萨，观察一切，声**如谷响**，色如聚沫。不应于中，妄起瞋恨，坏诸善品。”陈真谛译《摄大乘论释》卷6《释应知胜相品》：“为对治口业，故说**谷响**譬。由此譬显，口业为因，有口业果报，由**如谷响**。”（2）隋智顗说《方等三昧行法》卷1：“心路清净，善恶皆现。喻**如水镜**澄明，众像皆现。”唐实叉难陀译《大乘入楞伽经》卷7《偈颂品》：“彼过失显然，妄计者不觉；**如水镜**及眼，现于种种影。”宋昙摩蜜多译《虚空藏菩萨神咒经》卷1：“摄取诸见，犹**如水镜**，魔怨中铠，毁戒者药。”

“**如水火**”，像水火一样互不相容，喻势不两立。《日本灵异记》中卷《依汉神祟杀牛而祭又修放生善以现得善恶报缘第5》：“爰余居中而七非人与千万余人，每日诉诤**如水火**。”[④]（1）姚秦鸠摩罗什译《大智度论》卷17《序品》：“若勤修道法，恼害则不行，善恶势不并，**如水火**相背。”梁僧佑撰《出三藏记集》卷8：“相与无相，有**如水火**。二性相违，岂得共贯？”隋阇那崛多译《佛本行集经》卷21《王使往还品》：“若乐寂定，复贪世务，此二相乖，天地悬远，譬**如水火**，不得共居。”唐阿地瞿多译《陀罗尼集经》卷9《乌枢沙摩金刚法印咒品》：“若夫妻相憎，犹**如水火**。”（2）《魏书》卷81《山伟传》：“（山伟）与綦儁少甚相得，晚以名位之间，遂若**水火**。”[⑤]

---

① 小島憲之、直木孝次郎、西宮一民、蔵中進、毛利正守『日本書紀二』，新編日本古典文学全集，小学館，1996，第500頁。

② 黄征、张涌泉校注《敦煌变文校注》，中华书局，1997，第813页。

③ 中田祝夫『日本霊異記』，日本古典文学全集，小学館，1975，第260頁。

④ 中田祝夫『日本霊異記』，日本古典文学全集，小学館，1975，第159頁。

⑤ （北齐）魏收撰《魏书》，中华书局，1974，第1794页。

由四音节构成的“如～”式具体包括“大如冬瓜”“如车轮转”“愚人所贪，如蛾投火”“如釜地狱”“如谷应音”“守育如眼”“如墨而卒”。

“大如冬瓜”，树上结的果子，大小与冬瓜一样。《唐大和上东征传》：“又有波罗捺树，果**大如冬瓜**，树似［槟］楂；毕钵［菓］，子同今见，叶如水葱；其根味似干柿。”① 唐玄奘撰《大唐西域记》卷10：“奔那伐弹那国，周四千余里。国大都城周三十余里。居人殷盛，池馆花林往往相间。土地卑湿，稼穑滋茂。般核娑果既多且贵，其果**大如冬瓜**，熟则黄赤，剖之中有数十小果，大如鹤卵，又更破之，其汁黄赤，其味甘美。或在树枝，如众果之结实，或在树根，若伏苓之在土。”唐慧琳撰《一切经音义》卷4：“庵没罗果、半娜娑果：并梵语，西国果名也。此国并无。其半娜娑果，形**如冬瓜**，其味甚美。或名么那娑。”又卷5：“半娜娑果：亦梵语果名也。形**如冬瓜**。此国并无也。”按：从上述三例来看，将硕大的瓜果比作冬瓜，当是佛典中常见的比喻表达。

“如车轮转”，似车轮旋转从不间断，比喻以怨报怨没有间断。《日本灵异记》下卷《杀生物命结怨作狐狗互相怨报缘第2》：“何以故？毗瑠璃王，报过去怨，而杀释众九千九百九十万人，以怨报怨，怨犹不灭。**如车轮转**。”② 吴支谦译《佛说孛经抄》卷1：“人死神去，随行往生，**如车轮转**，不得离地。信哉罪福，不可诬也。”刘宋求那跋陀罗译《杂阿含经》卷39：“寿命日夜流，无有穷尽时，寿命当来去，犹**如车轮转**。”上述两例是说生死轮回如车轮旋转永不停止。隋阇那崛多译《佛本行集经》卷38《那罗陀出家品》：“当知业**如车轮转**。对一人说圣法时，一人思惟即证知。调伏诸根独处坐，调伏诸根心成就，于后名闻遍十方。”该例是说善恶苦乐等因果报应如同旋转的车轮从不间断。

“愚人所贪，如蛾投火”，蠢货的贪婪像蛾子扑火一样。比喻自找死路、自取灭亡。《日本灵异记》下卷《奉写〈法华经〉经师为邪淫以现得恶死报缘第18》：“爱欲之火，虽燋身心，而由淫心，不为秽行。**愚人所贪，如蛾投火**。”③ 新罗太贤集《梵网经古迹记》卷2：“如《菩萨藏经》第十云：‘习近欲时，无恶不造，受彼果时，无苦不受。爱河欲海，漂溺无岸，死生之波，长流莫绝。一切怨害，皆从欲生，**愚人所贪，如蛾投火**。”（《考证》指出）

“如釜地狱”，就像铜釜地狱一样。“釜地狱”，“铜釜地狱”的略称。因前世造孽，后世转生此地狱，身受铜锅沸水的煎熬。《日本灵异记》下卷《假官势非理为政得恶报缘第35》：“还时见之，大海之中，有**如釜地狱**。其中有如黑桴之物，而涌返沉浮出。”④ 梁诸大法师集撰《慈悲道场忏法》卷9：“今日道场，同业大众，重复至诚，普为十方，尽虚空界，一切地狱：想地狱、黑砂地狱、铁身地狱、火井地狱、石臼地狱、沸砂地

① 〔日〕真人元开著，汪向荣校注《唐大和上东征传》，中华书局，1979，第69页。

② 中田祝夫『日本靈異記』，日本古典文学全集，小学館，1975，第267頁。

③ 中田祝夫『日本靈異記』，日本古典文学全集，小学館，1975，第306頁。

④ 中田祝夫『日本靈異記』，日本古典文学全集，小学館，1975，第353頁。

狱、刀兵地狱、饥饿地狱、铜**釜地狱**，如是等无量地狱，今日现受苦众生，（某甲）等今日以菩提心力，普为归依世间大慈悲父。”隋阇那崛多等合译《起世经》卷2《地狱品》：“诸比丘，此八大地狱，各各复有十六小地狱，周匝围绕，而为眷属。是十六狱，悉皆纵广，五百由旬。何等十六？所谓黑云沙地狱、粪屎泥地狱、五叉地狱、饥饿地狱、燋渴地狱、脓血地狱、一铜**釜地狱**、多铜**釜地狱**、铁硙地狱、函量地狱、鸡地狱、灰河地狱、斫截地狱、剑叶地狱、狐狼地狱、寒冰地狱。”隋达摩笈多译《起世因本经》卷2《地狱品》亦见同文。按：“釜地狱”的说法为自创表达形式。

“**如谷应音**”，如同山谷里的回音一样。与上面的“如谷响”义同。《日本灵异记》上卷《序》：“善恶之报，如影随形。苦乐之响，**如谷应音**。”[①]（1）唐文益撰《宗门十规论》卷1：“曹洞则敲唱为用，临济则互换为机，韶阳则函盖截流，沩仰则方圆默契。**如谷应**韵，似关合符。”宋蕴闻编《大慧普觉禅师语录》卷23：“妙喜常常说与学此道者，若是真实、见道之士，如钟在虚，**如谷应**响，大扣大鸣，小扣小应。”宋延寿集《宗镜录》卷75：“心凡则三毒萦缠，心圣则六通自在，心空则一道清净，心有则万境纵横。**如谷应**声，语雄而响厉；似镜鉴像，形曲而影凹。以知万行由心，一切在我。”高丽知讷撰《真心直说》卷1：“真心妙用，随感随现，**如谷应**声。”（2）唐道宣撰《续高僧传》卷18：“故须回向愿求，标心所诣，然后往生耳。其实则不然，譬犹明镜现形，空**谷应**声，影响之来，岂云远乎？”按：“古典大系本”例引《考证》指出，唐道宣撰《广弘明集》卷29梁武帝《净业赋》：“若空**谷**之**应**声，似游形之有影。”

“**守育如眼**”，就像爱护眼睛一样守护和培养。《日本灵异记》中卷《女人大蛇所婚赖药力得全命缘第41》：“又如经说：‘昔有人儿。其身甚轻，疾走如飞鸟。父常重爱，守育**如眼**。’”[②]（1）失译人名今附后汉录《大方便佛报恩经》卷2《对治品》：“天王有五百太子，悉皆端正，聪明智慧，人相具足。其父爱念，喻**如眼**目。”唐般若译《大乘本生心地观经》卷3《报恩品》：“譬如长者有一子，智慧端严世无比，父母恩爱**如眼**目，昼夜常生护念心。”（2）刘宋佛陀什、竺道生等合译《弥沙塞部和醯五分律》卷27：“持钵应如钵法，不得如上遇之，谨护应**如眼**。”唐跋驮木阿译《佛说施饿鬼甘露味大陀罗尼经》卷1：“其人诸佛菩萨、天仙、龙神护**如眼**精。”按：疑似自创搭配形式，中国两类文献未见。

“**如墨而卒**”，被火烧得像木炭一样死去。《日本灵异记》中卷《打法师以现得恶病而死缘第35》：“王经三日，**如墨而卒**。”[③] 按：出典未详。

由五音节构成的“如～”式具体包括“水上如数书”“功德大如地”“如犬啮枯骨”“花如七宝色”。

---

① 中田祝夫『日本霊異記』，日本古典文学全集，小学館，1975，第54頁。
② 中田祝夫『日本霊異記』，日本古典文学全集，小学館，1975，第251頁。
③ 中田祝夫『日本霊異記』，日本古典文学全集，小学館，1975，第240頁。

“**水上如数书**”，如同在水面上写字一样（虚幻缥缈、转眼即逝）。《万叶集》卷11第2433首：“**水上如数书**　吾命　妹相　受日鹤鸭”①。后秦僧肇撰《注维摩诘经》卷2《方便品》：“是身无常，念念不住，犹如电光，暴水幻炎，亦**如画水**，随画随合。”失译人名今附秦录《佛入涅槃密迹金刚力士哀恋经》② 卷1：“一切诸行，犹如河岸，临峻之树；亦**如画水**，寻画寻灭；亦如泡沫，如条上露，不得久停；如乾闼婆城，暂为眼对。”按：“新编全集本”指出，北凉昙无谶译《大般涅槃经》卷1《寿命品》：“是身无常，念念不住。犹如电光，暴水幻炎。亦**如画水**，随画随合。”

“**功德大如地**”，功能福利如同大地一样宽阔厚重。《日本灵异记》上卷《邪见打破乞食沙弥钵以现得恶死报缘第29》：“《大丈夫论》云：‘悲心施一人，**功德大如地**。为己施一切，得报如芥子。救一厄难人，胜余一切施。’云云。”③ 唐道世撰《法苑珠林》卷71：“又《丈夫论》偈云：‘悲心施一人，**功德大如地**。为己施一切，得报如芥子。救一厄难人，胜余一切施。众星虽有光，不如一明月。”该例亦见于《诸经要集》卷11。

“**如犬啮枯骨**”，如同饿狗啃咬没有多少肉的骨头一样。比喻欲望难以得到满足。《日本灵异记》下卷《奉写〈法华经〉经师为邪淫以现得恶死报缘第18》：“复《涅槃经》云：‘知五欲法，无有欢乐，不得暂停，**如犬啮枯骨**，无饱厌期。’者，其斯谓也矣。”④

“**花如七宝色**”，花儿像七种宝物的颜色一样。《唐大和上东征传》：“彼处珍异口味，乃有益知子、槟榔子、［椰子］、荔支子、龙眼、甘蕉、拘莚，搂头大如钵盂，甘甜于蜜，**花如七宝色**。”⑤ 姚秦鸠摩罗什译《佛说弥勒大成佛经》卷1：“说此偈已，出家学道，坐于金刚，庄严道场，龙花菩提树下。枝如宝龙，吐百宝华，一一**花**叶，作**七宝色**，色色异果，适众生意，天上人间，为无有比。树高五十由旬，枝叶四布，放大光明。”北周阇那耶舍译《大乘同性经》卷2：“彼诸池中，自然化出，无量莲华，大如车轮。彼诸妙**华**，有**七宝色**，开敷微妙，其叶柔软。或复化出，无量莲华，广一由旬，杂色精妙，香气柔软，如迦陵伽衣。”

（二）复音节喻词

该类包括“譬犹～”式、“犹如～”式、“如～如～”式、“如～似～”式。

“**譬犹小火**”，意思是不及时扑灭火苗将酿成大火。佛经中常比作防微杜渐。《日本书纪》卷19《钦明纪》五年二月条：“汝是虽微，**譬犹小火**，烧焚山野，连延村邑。由

---

① 小島憲之、木下正俊、東野治之『万葉集三』，日本古典文学全集，小学館，1995，第187頁。
② 该经于奈良时代具体的抄写时期不详，录于《大日本古文书》卷12，第560页。
③ 中田祝夫『日本霊異記』，日本古典文学全集，小学館，1975，第121頁。
④ 中田祝夫『日本霊異記』，日本古典文学全集，小学館，1975，第306頁。
⑤ 〔日〕真人元开著，汪向荣校注《唐大和上东征传》，中华书局，1979，第69页。

汝行恶，当败任那。遂使海西诸国官家不得长奉天皇之阙。”① 东晋佛驮跋陀罗译《大方广佛华严经》卷59《入法界品》：“**譬如小火**，随所焚烧，其焰转盛。菩提心火，亦复如是。随所缘法，慧火猛盛。”刘宋求那跋陀罗译《杂阿含经》卷27：“微劣心生，微劣犹豫。以此诸法，增其微劣故。**譬如小火**，欲令其燃，增以樵炭。云何？比丘，非为增炭，令火灭耶？”唐玄奘译《大般若波罗蜜多经》卷584：“又满慈子，**譬如**有人，持**小火**燥，烧干草木，若时若时，火依草木，尔时尔时，火渐增长。”

“**犹如往日**”，就像过去的日子那样。《日本书纪》卷19《钦明纪》二年七月条：“谨承诏敕，悚惧填胸，誓效丹诚，冀隆任那，永事天皇，**犹如往日**。”② 唐义净译《根本说一切有部毘奈耶》卷23：“时彼诸人，各作是念：‘希有今日，礼节威仪。’皆问妇曰：‘何意今者，供给异常？’妇答夫曰：‘圣子知不？我蒙圣者，法与苾刍尼，为说妙法。能令我等，于生死中，虽复流转，极重烦恼，不复现行，**犹如往日**。’”

“**如草灭火～如水灭火～**”，如同用草灭火一样适当其反；如同用水灭火一样恰如其分。《日本灵异记》又《沙门诵持方广大乘沉海不溺缘第4》：“所以《长阿含经》云：‘以怨报怨，**如草灭火**；以慈报怨，**如水灭火**。’者，其斯谓欤矣。”③ 新罗太贤集《梵网经菩萨戒本疏》卷5：“经云：以怨报怨，怨终亘尽。准有无怨，怨乃息耳。”按：《考证》指出，此处典出《梵网经古迹记》卷2：“世间之孝，以怨报怨，**如草灭火**；胜义之孝，以慈报怨，**如水灭火**。”

“**如上高山～似入深谷～**”，(1) 如同攀登高山一样。《唐大和上东征传》：“沸浪一透，**如上高山**；怒涛再至，**似入深谷**。”④ 唐李通玄撰《新华严经论》卷2：“解云：以处表法者，为至法际无相可得，**如上高山**至相尽处故。以无相性能现色身，无心性中知见自在。观机摄益，名之为妙。善害烦恼，名之曰峯。具足知见出过情境，智逾高远不动为山。”又卷7：“升须弥山顶者，明从前信心，今升十住，法王山顶，至法之际，智照无碍，**如上高山**至相尽处故。又山者，表定能发慧故，从兹以去，任法无功，始终俱佛。不从八地，方具无功。”唐法砺撰述《四分律疏》卷2：“多论云：受舍虽可相对，违顺路殊，难易事别。受顺难成，**如上高山**。退返事易，如从高坠。”(2) 好似进入了深山溪谷。疑似自创比喻表达。唐玄奘译《大唐西域记》卷12：“岭极崇峻，危隥龕倾，蹊径盘迂，岩岫回互。或**入深谷**，或上高崖，盛夏合冻，銮冰而度。”宋赞宁等撰《宋高僧传》卷8：“释道亮，姓朱氏，越州人也。厥考前刺会稽郡。亮年八岁，出家极通经业。受具后学河中三论，复讲《涅槃经》。寻**入深谷**，破衣覆形，蔬食资命，

① 小島憲之、直木孝次郎、西宫一民、藏中進、毛利正守『日本書紀二』，新編日本古典文学全集，小学館，1996，第384頁。

② 小島憲之、直木孝次郎、西宫一民、藏中進、毛利正守『日本書紀二』，新編日本古典文学全集，小学館，1996，第376頁。

③ 中田祝夫『日本靈異記』，日本古典文学全集，小学館，1975，第273頁。

④ 〔日〕真人元开著，汪向荣校注《唐大和上东征传》，中华书局，1979，第63页。

不交俗务，直守童真。”崔颢《赠王威古》：“插羽两相顾，鸣弓新上弦。射麋**入深谷**，饮马投荒泉。”

“**如车轮～似萍移～**”，三界流转好像车轮滚滚，不曾停息；六道轮回恰似草萍漂移，没有定所。《日本灵异记》中卷《序》：“还三界，**如车轮**；生回六道，**似萍移**。此死彼生，具受万苦。”①（1）后汉安世高译《尸迦罗越六方礼经》卷1：“各追所作行，无际**如车轮**，起灭从罪福，生死十二因。”西晋法炬译《佛说优填王经》卷1：“此辈有百数，难可一一陈，常在三恶道，宛转**如车轮**。”失译人名今附东晋录《般泥洹经》卷1：“缘生老死忧悲苦懑恼，致是具足苦性习，有生死之本，转**如车轮**，行无休息。”失译人名今附秦录《大乘悲分陀利经》卷4《千童子受记品》：“三界苦炽然，皆住于邪见；一切在五道，譬**如车轮**转。”刘宋求那跋陀罗译《杂阿含经》卷39：“寿命日夜流，无有穷尽时，寿命当来去，犹**如车轮**转。”北凉昙无谶译《悲华经》卷5《诸菩萨本授记品》：“周回生死，五道之中，不得休息，譬**如车轮**。”唐般若译《大乘本生心地观经》卷3《报恩品》：“有情轮回生六道，犹**如车轮**无始终。或为父母为男女，世世生生互有恩。”（2）唐道世撰《法苑珠林》卷52：“窃寻眷属**萍移**，新故**轮转**，去留难卜，聚会暂时。良由善恶缘别，升沉殊趣。善如难陀弃荣欲而从道，罗云舍王位而断结。”又《法苑珠林》卷66：“夫三界**轮转**，六道**萍移**。神明不朽，识虑冥持。乍死乍生，时来时往。”该例亦见于《诸经要集》卷7。

古印度素以古代譬喻和寓言摇篮的美誉著称于世，古印度人民创造了大量鲜活灵动且富于启迪意义的譬喻和寓言，它们长期在民间广泛地流传，为丰富佛教的喻教功能提供了生动的素材和表达技巧。②

以上，我们对日本上古文学作品中源自汉文佛经中的比喻句进行了识别与整理。无论是作为修辞学意义上的譬喻，还是作为文体学意义上的譬喻，在汉文佛经中都是极为普遍的。宋蕴问编《大慧普觉禅师语录》卷20：“佛说一大藏教，大喻三千，小喻八百，顿渐偏圆，权实半满，无不是这个道理。”如上所述，采用比喻辞格，目的在于方便讲经说法，对佛教的各种教理教义加以形象地解说。比喻辞格不仅具有庄重的审美效果，还使人更好地明白事理，体现了比喻辞格的功用性。③ 日本上古文学作品中源自汉文佛经中的比喻句同样具备这样的基本特征和表达效果。

---

① 中田祝夫『日本霊異記』，日本古典文学全集，小学館，1975，第141頁。

② 龚贤：《〈法华经〉的譬喻艺术》，《衡阳师范学院学报》2006年第1期。

③ 李小荣：《汉译佛经文体及其影响研究》，上海古籍出版社，2010，第289、295页。

第五编

日本上古文学佛典句式考释（下）

本编第一章分作“如此”式、“如是”式、“种种”式三部分，揭示总括句对上古文学作品文体产生影响的事实关系，描述自创总括式形式的内在表达机制与外在表达形态。佛典总括句之所以大范围地出现在上古文学作品之中，是由其所具有的特殊的表达功能所决定的：讲经说法时，为帮助听者整理思路并关注后续的内容，该句式继罗列大量事项后撮其要点，文脉上起着承上启下的作用。第二章围绕佛典誓愿句，从种种誓愿、许下誓愿、践行誓愿、实现誓愿四个方面，依次对上古文学作品中源自汉文佛经的誓愿表达进行识别与分类。从本质上讲，上古文学作品中源自汉文佛经的双音词、三字格、四字格以及自创形式的誓愿词集中地反映了奈良时代与佛教行仪相关的祈愿活动，是人们精神活动的历史记载。第三章分作三音节、四音节和自创时段句三节，分别从上古文学作品中析出源自汉文佛经的时段句，论证佛经文体对上古文学时间表述的具体而又深远的影响。结果表明，在过去、现在和未来三个时段句的表述之中，上古文学所摄取的佛典时段句表达，可以说达到了令人吃惊的地步。这一现象客观地说明，出于题材、文体和表达的需要，在晦涩难懂的文言文与轻松活泼的口语体之间，奈良文人在进行汉诗文创作时义无反顾地选择了后者。第四章从人称代词、疑问句式和感叹句式三个方面发掘上古文学作品中的口语表达，勾勒佛典口语句的外在表达形式，凸显该句式作为宣扬佛教教义、讲述佛陀前世故事的文体特质，并强调上古文学作品中的佛典口语句是中日两国文化交流史上最为古老而又颇为鲜活的典型事例，在强调文化“走出去”的当下愈发值得珍视。

第一章　佛典总括句*

实际上，在对每个词语的属性进行研判时，我们始终遵循以文献为依据的操作原则，即按照现存的中土文献或汉文佛经资料中的先出用例来定性，如果先出用例在中土文献，就视其为传统表达；反之，则为佛典表达。但是，句式的属性研判略为复杂，有别于词语的属性判断。如“种种”一词，早在《史记·淮南王列传》就已出现：“资之五谷、种种百工而行”。但是作为句式的“种种○○”在译经中的用法则具有特殊的语境：“种种”以各式各样、包罗万象的语义来统括前面谈话纷繁的内容，预告在此情况下后续谈话内容的相应结果，是佛教讲经说法的一种格式套语，口语色彩鲜明。毫无疑问，“种种”一词源自中土文献，但经过汉文佛经的改造之后，在句式的层面上形成了特定的表达格式，它又为上古文学作品所接受，进一步敷衍出各种新的搭配形式。从这一角度来分析，本研究第四编、第五编佛典句式考释中的相关表达都具有共通的句式属性。

总括句，亦即梁启超先生在《翻译文学与佛典》一文中所指出的“提挈句法”①，指以“此种”“种种”“如此”“如是”等概括性的词语为外在形式标识，对上文内容进行归纳或提示，以唤起听者继续关注下文的句式。从表达的语体特征上看，该句式与后面将要探讨的对话句中呼应连接的句式相同，均属于口语性表达形式。以下，分作“如此”式、“如是”式、“种种”式三节，来探讨该句式的基本特征及其对上古文学作品文体影响的问题。

第一节　“如此”式

该式以“如此”统括上面讲话的要点，并同时提醒听者或读者留意下面讲话的新意，意思是说“在如此这般的情况下，于是又有新的情况发生”，有时也仅表示对上面

---

* 本节内容根据马骏下面的主题发言撰写而成：「上代文学の文体と漢訳仏典との比較研究—提示句式の正格と変格を中心に」（「古代東アジア諸国の仏教系変格漢文に関する基礎的研究・2014 年度国際研究集会」，日本駒沢大学，2013 年 12 月 25 日）。

① 梁启超：《饮冰室合集》（9），中华书局，1989，第 28～29 页。

讲话内容的归纳。

一　佛典表达

（一）三字格

“**如此矣**”，就是这样的。《日本书纪》卷2《神代纪下》：“复进潮满琼、潮涸琼二种宝物，仍教用琼之法，又教曰：‘兄作高田者，汝可作洿田。兄作洿田者，汝可作高田。’海神尽诚奉助，**如此矣**。”① 姚秦鸠摩罗什译《众经撰杂譬喻》卷1：“经言：‘能竭慈可谓**如此矣**。’”梁宝唱等集《经律异相》卷19：“沙门曰：‘昔为人时，违戾佛教，聋瞽为党，愚惑自逐，以祸为福，守悭不施，贪取非分。’鬼泣泪曰：‘诚**如此矣**。’”唐道宣撰《续高僧传》卷10：“薛道衡每曰：‘则公之文，屡发新采，英英独照。其为时贤所尚也。**如此矣**。”按：《神代纪下》用作吩咐他人做某事，相当于现代语的“如此这般地去做”。

（二）四字格

前文已经涉及的“如此～”式四字格有：《古事记》的“如此之类”“如此之梦”“如此言教”；《日本书纪》的“固当如此”。已经涉及的“如此～”式句式有“言：‘～’如此言者～”。下面聚焦四字格中“如此”所充当的句子成分。其中，充当谓语的有“殷勤如此”“受苦如此”。

“**殷勤如此**”，如此地热情周到；谆谆诱导，热情开示。《日本书纪》卷2《神代纪下》：“于是大己贵神报曰：‘天神敕教，**殷勤如此**，敢不从命乎？吾所治显露事者，皇孙当治。吾将退治幽事。’”② （1）梁诸大法师集撰《慈悲道场忏法》卷8：“今日道场，同业大众，诸佛大圣，慈恩开诱。**殷勤如此**，令知恩报恩，我等今日，既仰赖国王，于末世中，兴显佛法，种种供养，不惜财宝，率土臣民，望风归附。”（2）《全唐文》卷776李商隐《与陶进士书》：“尝自咒，愿得时人曰：‘此物不识字，此物不知书。’是吾生获忠肃之谥也。而吾子反**殷勤如此**者，岂不知耶？岂有意耶？不知则可，有意则已虚矣。”③

“**受苦如此**”，遭受这么大的痛苦。《日本灵异记》上卷《邪见假名沙弥斫塔木得恶报缘第27》：“终到岛下郡味木里，忽得病，举声叫言：‘热乎，热乎！’踰离于地一二尺许。众集见，或问曰：‘何故如此叫？’答云：‘地狱之火，来烧我身。**受苦如此**也，不可故问。’”④ 辽非浊集《三宝感应要略录》卷1：“夏侯均者，勇州人也。显庆二年，受重病经四十余日，昏乱闷绝而死。自被配作牛身，祈云：‘尝三度于阴师处受戒，兼

---

① 小島憲之、直木孝次郎、西宫一民、蔵中進、毛利正守『日本書紀一』，新編日本古典文学全集，小学館，1994，第176頁。

② 小島憲之、直木孝次郎、西宫一民、蔵中進、毛利正守『日本書紀一』，新編日本古典文学全集，小学館，1994，第134頁。

③ （清）董诰等编《全唐文·附唐文拾遗唐文续拾》，中华书局，1983，第8093頁。

④ 中田祝夫『日本霊異記』，日本古典文学全集，小学館，1975，第116頁。

受持《药师经》，自造形像，自省无过。何遣作牛身，**受苦如此**？’均已被配磨坊，经二十四日苦使。后为勘受戒等，是实不虚，始得免罪。”

充当定语的有“如此等类”“如此色者”“如此之人”“如此之事”“如此之状”。

“**如此等类**”，像这样的一类，诸如此类。《日本书纪》卷 25《孝德纪》大化二年三月条：“复有百姓就他借甑炊饭，其甑触物而覆。于是，甑主乃使祓除。**如是等类**，愚俗所染，今悉除断，勿使复为。”① 《续日本纪》卷 29《称德纪》神护景云二年五月条：“昔里名胜母，曾子不入。其**如此等类**，有先著者，亦即改换，务从礼典。”② 西晋竺法护译《持人菩萨经》卷 1《四事品》：“若有众生，欲奉斯业，殊特之原，无上大道，今故为斯。**如此等类**，启问如来。”唐义净译《根本说一切有部毘奈耶破僧事》卷 5：“于时，于东城门施会，沙门婆罗门、外道梵志、贫穷孤独，悭贪乞求。**如此等类**，皆悉施与。”按：汉文佛经当中还有“如是等类”的说法，意思与“如此等类”相同。但其使用范围更广，更为普遍。姚秦鸠摩罗什译《妙法莲华经》卷 4《法师品》：“求声闻者、求辟支佛者、求佛道者，**如是等类**，咸于佛前，闻妙《法华经》一偈一句，乃至一念随喜者，我皆与授记，当得阿耨多罗三藐三菩提。”唐义净译《金光明最胜王经》卷 1《如来寿量品》：“此诸众生，多有我见人见，众生寿者。养育邪见，我我所见，断常见等。为欲利益，此诸异生，及众外道。**如是等类**，令生正解，速得成就，无上菩提。”又卷 2《梦见金鼓忏悔品》：“现在十方界，常住两足尊。愿以大悲心，哀愍忆念我。众生无归依，亦无有救护。为**如是等类**，能作大归依。”“如是等类”的类义表达有“**如斯等类**”，指像这样一类。《续日本纪》卷 36《高绍纪》宝龟十一年正月条：“又诸国国师，诸寺镇三纲，及受讲复者，不顾罪福专事请托，员复居多侵损不少。**如斯等类**，不可更然，宜修护国之正法，以弘转祸之胜缘。凡厥梵众，知朕意焉。”西晋竺法护译《持人菩萨经》卷 4《飂陀和五百人品》：“又复阿难，当为汝等，现其证明。**如斯等类**，安隐众生，正使三千世界，一切众生，皆由想行，故堕地狱。”

“**如此色者**”，这一种类，这种情况。《续日本纪》卷 25《淳仁纪》天平宝字八年三月条：“而闻紏政台少疏正八位上土师宿祢岛村，出己蓄粮资养穷弊者壹拾余人。其所行虽小，有义可褒。仍授位一阶。自今以后，若有**如此色者**，所司检察，录实申者。”③（1）元魏瞿昙般若流支译《正法念处经》卷 17《饿鬼品》：“一切众生，于爱不爱，虚妄贪著。**如此色者**，非有自体，非常非有，非真非乐，非不坏法，非坚非我。”唐玄奘译《大乘阿毘达磨杂集论》卷 1《三法品》：“如此**如此色者**，谓骨锁等所知事，

① 小島憲之、直木孝次郎、西宮一民、蔵中進、毛利正守『日本書紀三』，新編日本古典文学全集，小学館，1998，第 156 頁。

② 青木和夫、稲岡耕二、笹山晴生、白藤礼幸『続日本紀四』，新日本古典文学大系，岩波書店，1995，第 200 頁。

③ 青木和夫、稲岡耕二、笹山晴生、白藤礼幸『続日本紀四』，新日本古典文学大系，岩波書店，1995，第 8 ~ 10 頁。

同类影像。如是**如是色者**，谓形显差别。种种构画者，谓如相而想。”（2）《唐文拾遗》卷55阙名《截耳进状先决四十奏》：“臣谨详前后敕制如前。伏请自今已后，有**如此色者**，并准元敕付司，先决四十后推勘。宜令待推勘无理，即本犯之外，准元敕处分。”

“如此之人”，这样的人，这一类人。《续日本纪》卷20《孝谦纪》天平宝字元年八月条：“中纳言多治比真人广足，年临将耄，力弱就列。不教诸侄，悉为贼徒。**如此之人**，何居宰辅？宜辞中纳言，以散位归第焉。”① （1）后汉支娄迦谶译《佛说无量清净平等觉经》卷1：“**如此之人**，皆一种类——消尽诸垢，勇净者也——无数之众，悉共大会。”（2）《抱朴子·内篇》卷5《至理》：“皆曰：‘俞跗扁鹊和缓仓公之流，必能治病，何不勿死？’又曰：‘富贵之家，岂乏医术？而更不寿，是命有自然也。’乃责**如此之人**，令信神仙，是使牛缘木，马逐鸟也。”②

“如此之事”，像这样的事情，诸如此类的事情。《日本书纪》卷14《雄略纪》二十三年八月条：“**如此之事**，本非为身。止欲安养百姓，所以致此。”③ 《常陆国风土记·香岛郡》条：“古老曰：倭武天皇之世，天之大神宣中臣臣狭山命：‘今社御舟者。’臣狭山命答曰：‘谨承大命，无敢所辞。’天之大神昧爽后宣：‘汝舟者，置于海中。’船主仍见在冈上。又宣：‘汝舟者，置于冈上也。’舟主因求，更在海中。**如此之事**，已非二三。”④ （1）失译人名今附后汉录《大方便佛报恩经》卷3《论议品》：“太子言：‘不如诸臣所言也。但使父王病得损者，假使舍百千身，亦不为难。况我今日，此秽身也。’大臣报言：‘**如此之事**，随太子意。’”（2）《吴志》卷3《三嗣主传》：“纵复如此，亦何所损？君特当以曜等恐道臣下奸变之事，以此不欲令人耳。**如此之事**，孤已自备之，不须曜等然后乃解也。”⑤

“如此之状”，如此情况，诸如此类的状况。《续日本纪》卷1《文武纪》元年八月条：“天皇朝庭敷赐行赐〈币留〉国法〈乎〉过犯事无〈久。〉明〈支〉净〈支〉直〈支〉诚之心以而、御称称而缓怠事无〈久。〉务结而仕奉〈止〉诏大命〈乎〉、诸闻食〈止〉诏。故〈乎〉**如此之状**〈乎〉闻食悟而、款将仕奉人者、其仕奉〈礼良牟〉状随。”北凉昙无谶译《金光明经》卷4《嘱累品》：“其温州安固县丞妻病，一年绝音不食，独自狂语，口中唱痛，叩头死罪，状有所诉。居道闻之，为其夫说。**如此之状**，多是怨家债命，文案未定，故命不绝。自当思忖：省悟以来，由缘所问，杀害身命，急为造《金光明经》，分明忏唱。”

“如此”充当状语的只有“如此言而～”一个。**“如此言而～”**，（因为）这样说，

---

① 青木和夫、稲岡耕二、笹山晴生、白藤礼幸『続日本紀三』，新日本古典文学大系，岩波書店，1992，第220頁。

② 王明撰《抱朴子内篇校释》，中华书局，1985，第112页。

③ 小島憲之、直木孝次郎、西宮一民、蔵中進、毛利正守『日本書紀二』，新編日本古典文学全集，小学館，1996，第208頁。

④ 植垣節也『風土記』，新編日本古典文学全集，小学館，1997，第392頁。

⑤ （晋）陈寿撰，（宋）裴松之注《三国志》，中华书局，1959，第1160页。

以至于……《日本书纪》卷8《仲哀纪》八年正月条："其汝王之**如此言而**遂不信者，汝不得其国。"[①] 后秦佛陀耶舍、竺佛念等合译《长阿含经》卷6："世尊，彼见我于佛法中出家修道，以**如此言而**呵责我。""如此"是约定俗成的双音节词。

二　自创表达

"如此"式的自创表达，在《古事记》中表现得尤为突出。前面已经涉及的有："白言：'～'如此言之间～""白者：'～'如此白～""白之：'～'如此白之间～""答白之：'～'如此之白而～""答曰：'～'如此奏者～"等。下面几例亦然。

"答白：'～'如此白～"，回答道："……"，这样说后……《古事记》上卷《伊耶那岐命与伊耶那美命》："尔伊耶那美命**答白**……**如此白**而还入其殿内之间，甚久难待。"[②]

"问：'～'如此白讫～"，问道："……"，这样问完后……《古事记》上卷《忍穗耳命与迩迩艺命》："故尔，**问**其大国主神：'今汝子事代主神。'**如此白讫**。亦可白子乎。"[③]

"言：'～'如此言竟～"，说道："……"，这样说完之后……《古事记》上卷《伊耶那岐命与伊耶那美命》："于是伊耶那岐命先**言**：'阿那迩夜志爱袁登卖袁。'后妹伊耶那美命言：'阿那迩夜志爱袁登古袁。'**如此言竟**而御合生子，淡道之穗之狭别岛。"[④]

"言如此者"，如此说来。《日本书纪》卷1《神代纪上》："时伊奘冉尊曰：'爱也！吾夫君。**言如此者**，吾当缢杀汝所治国民，日将千头。'伊奘诺尊乃报之曰：'爱也！吾妹。**言如此者**，吾则当产日将千五百头。'"[⑤]

"云：'～'如此言故～"，某人说："……"，这样说来……《古事记》上卷《大国主神》："于是不知所出之间，鼠来**云**：'内者富良富良，外者须夫须夫。'**如此言故**，蹈其处者，落隐入之间，火者烧过。"[⑥]

此外，上古文学作品中，与"如此"式相关的佛典表达还有"何故如此～""何由如此（之）～""尚犹如此"等。对此，我们将在本编第四章"佛典口语句"中另作专题讨论。

---

① 小島憲之、直木孝次郎、西宮一民、蔵中進、毛利正守『日本書紀一』，新編日本古典文学全集，小学館，1994，第410頁。

② 山口佳紀、神野志隆光『古事記』，新編日本古典文学全集，小学館，1997，第44頁。

③ 山口佳紀、神野志隆光『古事記』，新編日本古典文学全集，小学館，1997，第108頁。

④ 山口佳紀、神野志隆光『古事記』，新編日本古典文学全集，小学館，1997，第34頁。

⑤ 小島憲之、直木孝次郎、西宮一民、蔵中進、毛利正守『日本書紀一』，新編日本古典文学全集，小学館，1994，第46頁。

⑥ 山口佳紀、神志隆光『古事記』，新編日本古典文学全集，小学館，1997，第24頁。

第二节 “如是”式

与“如此”式一样，“如是”式同样用于统括前面的讲话内容，并预告下面展开新话题的情况。先梳理前文已经涉及过的“如是”式有：《日本书纪》中的“如是称名”“如是不信”“亦复如是”“若不如是”；《万叶集》中的“常如是”。下面从四字语句和句子格式两方面来探讨上古文学作品中的“如是”式。

一 四字语句

上古文学作品中，“如是”式在句式中通常充当谓语、定语和状语等成分。

（一）充当谓语

“**亦犹如是**”，也同样像这样。《奈良朝写经 56・大般若经卷第 50 等》：“一切合灵，**亦犹如是**。傍及千界，共登波若。”① 西晋竺法护译《修行地道经》卷 4《行空品》：“譬如大水，高山流下，其震动畅逸，行者闻之；亦如深山之向，呼者即应；人舌有言，本从心起，**亦犹如是**。”

（二）充当定语

“**如是之事**”，像这样的事情。《上宫圣德法王帝说》：“太子所问之义，师有所不通。太子夜梦见金人，来教不解之义。太子寤后，即解之，乃以传于师，师亦领解。**如是之事**，非一二耳。”（1）吴支谦译《菩萨本缘经》卷 1《一切施品》：“既饱满已，王即问言：‘大婆罗门，是处可畏，无有人民；是中唯是，闲静修道之人，独住之处。仁何缘来？’婆罗门言：‘汝不应问我是事，汝是福德、清净之人，远离家居、牢狱系缚。何缘问我，**如是之事**？’”（2）《全梁文》卷 7 梁武帝《断酒肉文》：“啖食之时，此物有灵，即生忿恨，还成怨对，向者至亲，还成至怨，**如是之事**，岂可不思？”②

（三）充当状语

“**如是重重**”，这样反反复复地。《日本灵异记》中卷《呰读〈法华经〉僧而现口喎斜得恶死报缘第 18》：“同郡高丽寺僧荣常，常诵持《法华经》。彼白衣，与僧居其寺，暂间作碁。僧作碁条言：‘荣常师之碁手乎。’每遍之言。白衣呰僧，故戾己口，效言而曰：‘荣常师碁手乎？’**如是重重**，不止犹效。”③ 唐阿地瞿多译《陀罗尼集经》卷 12《佛说诸佛大陀罗尼都会道场印品》：“阿阇梨把跋折罗，应当问彼，诸弟子言：‘汝等必能决定，受我诸佛等说、秘密法藏，不生疑惑不？’徒众答言：‘我等于佛法中，决定诚信，不生疑惑。’（**如是重重**，三问三答。）”唐义净译《根本说一切有部毘

① 上代文献読書会編『上代写経識語注釈』，勉誠出版，2016，第 358 頁。
② （清）严可均校辑《全上古三代秦汉三国六朝文》，中华书局，1958，第 2991 页。
③ 中田祝夫『日本霊異記』，日本古典文学全集，小学館，1975，第 196 頁。

奈耶杂事》卷5：“彼作是念：‘随其大作，于我何伤?’即造大钵。彼见钵已，报言：‘更作小者，置大钵中。’**如是重重**，乃至于七。既作得已，即使弟子，俱洗令净，以五色线，结为钵络，次第重叠，置钵络中。即令求寂，顶戴而去。”

“**如是三遍**”，这样重复了三次。《日本灵异记》下卷《假官势非理为政得恶报缘第35》：“告火君言：‘待耶，物白耶?’即亦涌返沈，一复浮而言：‘待，物白。’**如是三遍**。”① 唐阿地瞿多译《陀罗尼集经》卷1《释迦佛顶三昧陀罗尼品》：“晨朝净洒手面漱口竟，正面向东，咒一掬水三遍，洒于头顶面身心上。**如是三遍**，一切众人，见者欢喜，所往之处，无有障碍。”隋智顗说《摩诃止观》卷8：“若治之法，闭口蹙鼻，不令气出；待气遍身，然后放气，令长远；从头至足，遍身皆作出想，牵之令尽。**如是三遍**，然后诵咒。”唐善无畏译《苏悉地羯罗供养法》卷1：“其手印相，以右手，指左手掌。**如是三遍**（此是辟除手印）。”

二 句子格式

上古文学作品中，出自汉文佛经的“如是”式有两例：“如是白已”和“如是誓已”。与上面谈到的“如此”式相比，“如是”式的自创表达较少。

（一）“如是白已”

“**白**：‘～’**如是白已**”，说道：“……”，这样说了以后……《元兴寺伽蓝缘起并流记资财账》：“同日聪耳皇子白：‘……以三称名，永世应流布也。如是符诸臣。’**如是白已**，即发愿白言。”姚秦鸠摩罗什译《摩诃般若波罗蜜经》卷27《法尚品》：“萨陀波仑菩萨摩诃萨受释提桓因曼陀罗华，散昙无竭菩萨上，白言：‘大师，我从今日，以身属师，供给供养。’**如是白已**，合掌师前立。”梁僧伽婆罗译《文殊师利所说般若波罗蜜经》卷1：“如是念已，各白佛言：‘世尊，如来今日，放此光明，非无因缘，必说妙法。我等渴仰，乐如说行。’**如是白已**，默然而往。”

（二）“如是誓已”

“**言**：‘～’**如是誓已**”，说道：“……”，这样发完誓后……《元兴寺伽蓝缘起并流记资财账》：“尔时天皇即从座起合掌，仰天至心流泪发忏悔**言**：……**如是誓已**，即大地动摇，震雷卒雨大雨，悉净国内。”姚秦鸠摩罗什译《大智度论》卷14《序品》：“自思惟**言**：‘今我此身，以施诸虫。为佛道故，今以肉施，以充其身；后成佛时，当以法施，以益其心。’**如是誓已**，身干命绝，即生第二、忉利天上。”唐菩提流志译《大宝积经》卷89：“子**白**父母：‘我从今日，不食诸味，不升床坐，不食苏油，不饮浆水。若善若恶，口不言说，乃至得出家。迦叶，大精进菩萨！’**如是誓已**，默然而住。如是默然，一日不食。”

---

① 中田祝夫『日本霊異記』，日本古典文学全集，小学館，1975，第353頁。

第三节 “种种”式

“种种”以各式各样、包罗万象的语义来统括前面谈话纷繁的内容，预告在此情况下后续谈话内容的相应结果。本节从佛典表达和自创表达两方面来论述上古文学对“种种”句的接受与化用的关系问题。

一 佛典表达

（一）“种种○”

该式源自汉文佛经的表达有“种种求～”“种种物”“种种乐”“种种事”。

“种种求～”，想尽各种办法寻求某物。《古事记》中卷《仲哀记》：“尔惊惧，而坐殡宫，更取国之大奴佐，而**种种求**生剥、逆剥、阿离、沟埋、屎户、上通下通婚、马婚、牛婚、鸡婚、犬婚之罪类，为国之大祓，而亦建内宿祢居于沙庭，请神之命。”东晋佛陀跋陀罗、法显合译《摩诃僧祇律》卷7：“身邪命者，作水瓶木器，卖作盛酥革囊绳索结网缝衣，学作饼卖学卖医药，为人传信。如是**种种求**食，是名身邪命。”刘宋求那跋陀罗译《杂阿含经》卷2：“尔时，世尊告诸比丘，世人为卑下业，**种种求**财活命，而得巨富。世人皆知，如世人之所知，我亦如是说。所以者何？莫令我异于世人。”

“种种物”，各种各样的东西。《日本书纪》卷29《天武纪下》十四年五月条：“新罗王献物，马二匹、犬三头、鹦鹉二只、鹊二只及**种种物**。”[①]《古语拾遗》：“当大尝之年，贡木绵、麻布及**种种物**。所以，郡名为麻殖之缘也。”[②] 晋佛驮跋陀罗译《大方广佛华严经》卷5《菩萨明难品》：“佛子乃能问，甚深微妙义。智者若知此，常乐求功德。犹如地性一，能持**种种物**。不分别一异，诸佛法如是。”梁宝唱等集《经律异相》卷16：“商主从北天竺来，将五百匹马及**种种物**，至摩偷罗国。”北凉昙无谶译《大般涅槃经》卷10：“尔时大众，以**种种物**，供养如来。供养佛已，即发阿耨多罗三藐三菩提心，无量无边，恒河沙等，诸菩萨辈，得住初地。”

“种种乐”，各种各样的音乐。“种种音乐”的缩略形式。《日本书纪》卷29《天武纪下》二年九月条：“九月癸丑朔庚辰，饷金承元等于难波，奏**种种乐**。”又十年九月条：“庚戌，饷多祢岛人等于飞鸟寺西河边，奏**种种乐**。”又十一年七月条：“戊午，饷隼人等于飞鸟寺之西，发**种种乐**，仍赐禄各有差。”[③]《续日本纪》卷15《圣武纪》天平十六年十一月条：“十一月壬申，甲贺寺始建卢舍那佛像体骨柱。天皇亲临手引其绳。

① 小島憲之、直木孝次郎、西宮一民、蔵中進、毛利正守『日本書紀三』，新編日本古典文学全集，小学館，1998，第446頁。

② 西宮一民『古語拾遺』，岩波文庫，1985，第131～132頁。

③ 小島憲之、直木孝次郎、西宮一民、蔵中進、毛利正守『日本書紀三』，新編日本古典文学全集，小学館，1998，第354、412、420頁。

于时，**种种乐**共作。四大寺众僧会集。傣施各有差。”① 元魏瞿昙般若流支译《昆耶娑问经》② 卷2：“庄严殿门，门上金幢，有**种种乐**，迭相打触，出美好声，能令心喜。”隋阇那崛多等合译《起世经》卷1《郁单越洲品》：“彼人于树，各随所须，取众乐器，其形殊妙，其音和雅。取已抱持，东西游戏，欲弹则弹，欲舞则舞，欲歌则歌，随情所乐，受**种种乐**。”

“**种种事**”，各种各样的事情。《元兴寺伽蓝缘起并流记资财账》：“时聪耳皇子大大王大前白：‘昔百济国乞遣法师等及工人奉上。是事为云何？’时大后大大王告宣：‘以先**种种事**今帝大前白。’告。”西晋竺法护译《等目菩萨所问三昧经》卷2《等目菩萨兴显品》：“于彼众会之场，现诸佛种种所见、现诸佛种种身相、现诸佛种种之时、现诸佛种种之处、现诸佛种种变化、现诸佛种种之感动、现诸佛种种庄严、现诸佛种种威仪、现诸佛种种色像、现诸佛**种种事**。”姚秦鸠摩罗什译《妙法莲华经》卷5《分别功德品》：“如是**种种事**，昔所未曾有，闻佛寿无量，一切皆欢喜。佛名闻十方，广饶益众生，一切具善根，以助无上心。”隋阇那崛多译《佛本行集经》卷29《菩萨降魔品》：“尔时，菩萨作是思惟：‘此魔波旬，不受他谏，造**种种事**，而不自知。我今可以，如法语言，断其一切，诸恶法行。’”

（二）“此种种〇”

“**此种种物**”，这些各种各样的东西。《古事记》上卷《天照大御神与须佐之男命》：“于上枝取着八尺勾璁之五百津之御须麻流之玉，于中枝取系八尺镜，于下枝取垂白丹寸手、青丹寸手，而**此种种物**者，布刀王命、布刀御币登取持。”③ 姚秦鸠摩罗什译《众经撰杂譬喻》卷1：“天与一器，名曰德瓶，而语之言：‘君所愿者，悉从此瓶出。’其人得以随意，所欲无不得。得如意已，具作好舍、象马车乘，七宝具足，供给宾客，事事无乏。客问之言：‘汝先贫穷，今日云何，得如此富？’答言：‘我得天瓶，天瓶中出，**此种种物**。故富如是。’”北凉昙无谶译《悲华经》卷9《檀波罗蜜品》：“我今困乏，资产之具，所谓饮食、医药、衣服、卧具、香华、金银、钱货、真珠、琉璃、珂贝、璧玉、珊瑚、虎珀、真宝、伪宝。若我得**此**，**种种物**已，持施众生。”按：汉文佛经中，“此种种物”用于总括上文列举的多项物什，进而引导读者或听者关注下文由此产生的不同凡响的举措。《天照大御神与须佐之男命》传说忠实地沿用了这一表达形式。

（三）“种种〇〇”

采用该式的表达有《古事记》“种种珍宝”；《日本书纪》α群中的“种种药物”“种种功德”“种种兵器”“种种伎乐”。β群中的“种种杂物”“种种乐器”“种种歌

---

① 青木和夫、稲岡耕二、笹山晴生、白藤礼幸『続日本紀二』，新日本古典文学大系，岩波書店，1990，第448頁。

② 该经于天平五年抄写，题作《昆耶沙问经》，录于《大日本古文书》卷7，第16页。

③ 山口佳紀、神野志隆光『古事記』，新編日本古典文学全集，小学館，1997，第64頁。

舞”“种种杂色”。第 30 卷中的“种种珍异”；《万叶集》中的“种种音乐”；《元兴寺伽蓝缘起并流记资财账》中的“种种诸物”；《日本灵异记》中的“种种～之声”“种种发愿”；《续日本纪》中的“种种财物”“种种法中”“种种幡盖”“种种器物”“种种之乐”。

“种种珍宝”，各种各样的珠玉宝石。《古事记》中卷《仲哀记》：“于是，大后归神，言教觉诏者，西方有国，金银为本，目之炎耀，**种种珍宝**，多在其国。”① 唐义净译《金光明最胜王经》卷 1：“于其四面，各有上妙，师子之座。四宝所成，以天宝衣，而敷其上。复于此座，有妙莲花。**种种珍宝**，以为严饰。”又卷 2：“譬如依如意宝珠，无量无边，**种种珍宝**，悉皆得现。”按：《金光明最胜王经》对上古文学产生的巨大影响，在此毋庸赘言。该经卷 1 中的“种种珍宝”具体指四宝（东面黄金、西面白银、南面琉璃、北面玛瑙）、天宝衣和莲花。卷 2 中的“种种珍宝”，前承修饰词“无量无边”，极言珠玉宝石不可胜计。

“种种药物”，各种能防治疾病、病虫害等的物品。《日本书纪》卷 19《钦明纪》十四年六月条：“今上件色人正当相代年月，宜付还使相代。又卜书、历书、**种种药物**，可付送。”② 唐玄奘译《显扬圣教论》卷 18《摄胜决择品》：“非常言论者，当知四种因。谓破坏故、不破坏故、加行故、转变故。破坏故者，如瓶坏已，瓶言舍，瓦等言生。不破坏故者，如**种种药物**，共和合已，或丸或散。种种药言舍，药物丸散等言生。”唐一行记《大毘庐遮那成佛经疏》卷 10：“若成世行者入持诵者，若成世间说者，即是初一月持诵。次一月于世间法中而得成就，谓**种种药物**以法成之，能得闻持一闻不忘，乃至力通明行皆得善成，于大空而得自在。”

“种种功德”，各种各样的利益福德。《日本书纪》卷 19《钦明纪》十六年八月条：“臣下遂用相议，为度百人，多造幡盖，**种种功德**。”③ 后汉支娄迦谶译《般舟三昧经》卷 1《问事品》：“于经中常悲，承事于诸佛无有厌，所行**种种功德**悉逮及。所行常至，所信常政，无有能乱者。所行常净洁，临事能决无有难。清净于智慧悉明，得所乐行，尽于五盖。”姚秦鸠摩罗什译《妙法莲华经》卷 4《五百弟子受记品》：“尔时佛告诸比丘：‘汝等见是富楼那弥多罗尼子不？我常称其，于说法人中，最为第一。亦常叹其，**种种功德**，精勤护持，助宣我法。能于四众，示教利喜，具足解释，佛之正法，而大饶益，同梵行者。’”

“种种兵器”，各种各样的武器。《日本书纪》卷 25《孝德纪》大化元年九月条：“（或本）从六月至九月，遣使者于四方国，集**种种兵器**。”④ 又卷 28《天武纪上》元年

---

① 山口佳紀、神野志隆光『古事記』，新編日本古典文学全集，小学館，1997，第 242 頁。

② 小島憲之、直木孝次郎、西宮一民、藏中進、毛利正守『日本書紀二』，新編日本古典文学全集，小学館，1996，第 422 頁。

③ 小島憲之、直木孝次郎、西宮一民、藏中進、毛利正守『日本書紀二』，新編日本古典文学全集，小学館，1996，第 440 頁。

④ 小島憲之、直木孝次郎、西宮一民、藏中進、毛利正守『日本書紀三』，新編日本古典文学全集，小学館，1998，第 124 頁。

七月条："先是军金纲井之时，高市郡大领高市县主许梅儵忽口闭，而不能言也。三日之后，方著神以言：'吾者高市社所居名事代主神。又身狭社所居名生灵神者也。'乃显之曰：'于神日本盘余彦天皇之陵奉马及**种种兵器**。'"[①] 姚秦鸠摩罗什译《佛说华手经》卷2："凡夫于此，无所有法，生渴爱心。是法散坏，便生忧恼。是人深著，失所著故，转增痴惑，重起黑业。若以瓦石，杖楚刀稍，**种种兵器**，共相加害。"唐义净译《根本说一切有部毘奈耶》卷37："云何二俱？若苾刍手执刀杖，打击前人，及余**种种，兵器**之类，乃至帚莛树叶，随所著处，皆得堕罪。是谓二俱。"

"种种伎乐"，丰富多彩的音乐舞蹈。《日本书纪》卷24《皇极纪》二年十一月条："于时五色幡盖，**种种伎乐**，照灼于空，临垂于寺。"[②] 姚秦鸠摩罗什译《妙法莲华经》卷7《妙音菩萨品》："尔时妙音菩萨摩诃萨供养释迦牟尼佛及多宝佛塔已，还归本土，所经诸国，六种震动，雨宝莲华，作百千万亿，**种种伎乐**。"隋宝贵合、北凉昙无谶译《合部金光明经》卷7："**种种伎乐**，于虚空中，不鼓自鸣。"

"种种杂物"，各种各样的什物。《日本书纪》卷11《仁德纪》十七年九月条："十七年，新罗不朝贡。秋九月，遣的臣祖砥田宿祢、小泊濑造祖贤遗臣，而问阙贡之事。于是新罗人惧之，乃贡献调绢一千四百六十匹及**种种杂物**，并八十艘。"吴支谦译《撰集百缘经》卷8《比丘尼品》："时梵摩王子，年始七岁，赍持珍宝，**种种杂物**，送与波斯匿王，求欲纳娶。"东晋瞿昙僧伽提婆译《中阿含经》卷13《王相应品》："诸贤，我因施彼，一钵食福，弃舍百千，姟金钱王，出家学道。况复其余，**种种杂物**。"

"种种乐器"，与"种种乐"义同，各种各样的音乐或乐器。《日本书纪》卷13《允恭纪》四十二年正月条："泊于难波津，则皆素服之，悉捧御调，且张**种种乐器**。"[③] 东晋佛驮跋陀罗译《大方广佛华严经》卷47《入法界品》："复有一万，紧那罗王，在虚空中，作如是言：'善男子，此婆罗门，五热炙身时，于我宝多罗树中，金铃网中，宝璎珞中，诸宝树中，**种种乐器**中，自然演出，微妙音声。佛声法声，比丘僧声，不退转诸菩萨声，菩提心声。'"姚秦鸠摩罗什译《佛说千佛因缘经》卷1："时千圣王，持摩尼珠，置高幢上，发大誓愿：'我等福德，受善果报，真实不虚。令如意珠，普雨天乐，供给一切。应念即雨，**种种乐器**。'时诸乐器，住虚空中，不鼓自鸣。"

"种种歌舞"，五花八门的歌舞（表演）。《日本书纪》卷29《天武纪下》朱鸟元年九月条："是日，百济王良虞代百济王善光而诔之。次国国造等随参赴各诔之。仍奏**种**

① 小島憲之、直木孝次郎、西宮一民、蔵中進、毛利正守『日本書紀三』，新編日本古典文学全集，小学館，1998，第340頁。

② 小島憲之、直木孝次郎、西宮一民、蔵中進、毛利正守『日本書紀三』，新編日本古典文学全集，小学館，1998，第82頁。

③ 小島憲之、直木孝次郎、西宮一民、蔵中進、毛利正守『日本書紀二』，新編日本古典文学全集，小学館，1996，第126頁。

种歌舞。”① 刘宋求那跋陀罗译《杂阿含经》卷24：“佛告比丘：‘若世间美色。世间美色者，又能**种种**，**歌舞**伎乐。复极令多，众聚集看不？’”北凉昙无谶译《大般涅槃经》卷1《寿命品》：“复有**种种**，**歌舞**伎乐，筝笛箜篌，萧瑟鼓吹。是乐音中，复出是言：‘苦哉，苦哉！世间空虚。’”

“种种杂色”，各种颜色，五颜六色。《日本书纪》卷29《天武纪》十年四月条：“辛丑，立禁式九十二条。因以诏之曰：‘亲王以下，至于庶民，诸所服用，金、银、珠、玉、紫、锦、绣、绫及毡褥、冠、带并**种种杂色**之类，服用各有差。’”② 西晋法立、法炬合译《大楼炭经》卷1《阎浮利品》：“摩那摩池中，有青莲华、黄莲华、白莲华、赤莲华，中有红色者、金色者、青色者、黄色者、赤色者、白色者，**种种杂色**者。”隋阇那崛多译《佛本行集经》卷13《常饰纳妃品》：“尔时，释氏女瞿多弥六日已过，至第七日。于晨朝时，澡浴清净，将好种种，微妙之香，用途其身，著于**种种**，**杂色**衣服，种种璎珞，庄严其身。复著种种，香华之鬘，多将侍从，左右围绕。”

“种种珍异”，各种珍贵奇异的东西。《日本书纪》卷30《持统纪》二年二月条：“二月庚寅朔辛卯，大宰献新罗调赋，金银绢布、皮铜铁之类十余物，并别所献佛像、种种彩绢、鸟马之类十余种，及霜林所献金银彩色、**种种珍异**之物，并八十余物。”③ 姚秦鸠摩罗什译《妙法莲华经》卷3《化城喻品》：“诸子各有，**种种珍异**，玩好之具，闻父得成，阿耨多罗三藐三菩提，皆舍所珍，往诣佛所。”梁宝唱等集《经律异相》卷45：“小复前行，七宝宫舍，妓女百千，**种种珍异**。问此何物，答言天宫。”隋宝贵合、北凉昙无谶译《合部金光明经》卷7《善集品》：“愿于今日，此阎浮提，悉雨无量，**种种珍异**，瓌琦七宝，及妙璎珞。以是因缘，悉令无量，一切众生，皆受快乐。”

“种种音乐”，各种各样的音乐。《万叶集》卷8第1594歌注：“终日供养大唐高丽等**种种音乐**，尔乃唱此歌词。”④ 《续日本纪》卷18《孝谦纪》天平胜宝四年四月条：“夏四月乙酉，卢舍那大佛像成，始开眼。是日，行幸东大寺。天皇亲率文武百官，设斋大会。其仪一同元日。五位以上者，著礼服。六位以下者当色。请僧一万。既而雅乐寮及诸寺**种种音乐**，并咸来集。”⑤ 吴支谦译《撰集百缘经》卷7《现化品》：“时彼城中，有一长者。财宝无量，不可称计。选择高门，娉以为妇。**种种音乐**，以娱乐之。”西晋法立、法炬合译《大楼炭经》卷2：“有器树生华实，破中有种种器。有妓乐树生

① 小島憲之、直木孝次郎、西宮一民、蔵中進、毛利正守『日本書紀三』，新編日本古典文学全集，小学館，1998，第468頁。

② 小島憲之、直木孝次郎、西宮一民、蔵中進、毛利正守『日本書紀三』，新編日本古典文学全集，小学館，1998，第406頁。

③ 小島憲之、直木孝次郎、西宮一民、蔵中進、毛利正守『日本書紀三』，新編日本古典文学全集，小学館，1998，第484頁。

④ 小島憲之、木下正俊、東野治之『万葉集二』，日本古典文学全集，小学館，1995，第353頁。

⑤ 青木和夫、稲岡耕二、笹山晴生、白藤礼幸『続日本紀三』，新日本古典文学大系，岩波書店，1992，第116頁。

华实，破中有**种种音乐**。”西秦圣坚译《睒子经》[①] 卷1：“栴檀杂香，树木丰盛，香气倍常。飞鸟常集，奇妙异类，皆作**种种**，**音乐**之声。”按：《万叶集》歌注中的“种种音乐”本身就是用于表现讲诵《维摩经》的法会上的各种音乐的。

“种种诸物”，各种东西。《元兴寺伽蓝缘起并流记资财账》：“面奉弥勒，听闻正法，悟无生忍，速成正觉。十方诸佛，及四天等，所以至诚心誓愿，所造二寺，及二躯丈六，更不破不流，不斫不烧。二寺所纳，**种种诸物**，更不摄取不灭，不犯不谬也。”东晋佛驮跋陀罗译《大方广佛华严经》卷60《入法界品》：“又见弥勒，于过去世，修菩萨行。布施头目髓脑、手足肢节、一切身分、国城妻子。**种种诸物**，随其所须，尽给施之。”姚秦鸠摩罗什译《妙法莲华经》卷6《药王菩萨本事品》：“若以华香，璎珞烧香，末香涂香，天缯幡盖，及海此岸，栴檀之香，如是等**种种**，**诸物**供养，所不能及；假使国城，妻子布施，亦所不及。”

“种种～之声”，各种各样的声音。《日本灵异记》上卷《缔知识为四恩作绘佛像有验示奇表缘第35》：“时见担箧之在树上，即闻**种种**，生物**之声**，从箧中而出。疑是畜生类，必赎而放之，留待物主。”[②] 刘宋佛陀什、竺道生等合译《弥沙塞部和醯五分律》卷3：“与女人同床坐，共盘食饮酒噉肉，歌舞伎乐，作诸鸟兽，**种种之声**。”隋阇那崛多译《佛本行集经》卷49《五百比丘因缘品》：“或复唱言：‘呜呼，妙地阎浮境界。’作如是等，悲号啼哭，**种种之声**。”

“种种发愿”，许下各种誓愿。《日本灵异记》中卷《赎蟹蝦命放生现报蟹所助缘第12》：“奉教归家，当期日之夜，闭屋坚身，**种种发愿**，以信三宝。”[③] 唐阿地瞿多译《陀罗尼集经》卷9《金刚乌枢沙摩法印咒品》：“尔时咒神，下来现形。或梦中见，其咒神形。正见神时，咒师莫怖，身毛不动，安然定想。随心任意，**种种发愿**。”

“种种财物”，各种各样的金钱物资。《续日本纪》卷11《圣武纪》天平四年五月条：“庚申，金长孙等拜朝，进**种种财物**。并鹦鹉一口、鸲鹆一口、蜀狗一口、猎狗一口、驴二头、骡二头。仍奏请来朝年期。”[④] 吴支谦译《撰集百缘经》卷4《出生菩萨品》：“尔时世尊，与诸比丘，默然而住，不能前进。乃至上闻，国主瓶沙，及波斯匿王、毘舍呿释种及福楼那等，各赍珍宝，**种种财物**，与婆罗门。然不肯受。”

“种种法中”，各种各样的佛法当中。《续日本纪》卷17《圣武纪》天平胜宝元年四月条：“此〈远〉所念〈波〉、**种种法中**〈尔波〉、佛大御言〈之〉国家护〈我〉多仁〈波〉胜在〈止〉闻召。”[⑤] 姚秦鸠摩罗什译《大智度论》卷15《序品》：“复次，

---

① 该经于奈良时代具体的抄写时期不详，录于《大日本古文书》卷12，第206页。

② 中田祝夫『日本霊異記』，日本古典文学全集，小学館，1975，第135頁。

③ 中田祝夫『日本霊異記』，日本古典文学全集，小学館，1975，第180頁。

④ 青木和夫、稲岡耕二、笹山晴生、白藤礼幸『続日本紀二』，新日本古典文学大系，岩波書店，1990，第256頁。

⑤ 青木和夫、稲岡耕二、笹山晴生、白藤礼幸『続日本紀三』，新日本古典文学大系，岩波書店，1992，第66頁。

菩萨思惟：‘凡夫人以无明毒故，于一切诸法中作转相——非常作常想、苦作乐想、无我有我想、空谓有实、非有为有、有为非有，如是等**种种法中**作转相，得圣实智慧，破无明毒，知诸法实相。’”

“种种幡盖”，颜色各异的旗帜与伞盖。《续日本纪》卷27《称德纪》天平神护二年十月条：“壬寅，奉请隅寺毗沙门像所现舍利于法华寺。简点氏氏年壮有容貌者。五位以上二十三人，六位以下一百七十七人，捧持**种种幡盖**，行列前后。”① 吴支谦译《撰集百缘经》卷2《报应受供养品》：“又诸龙王，各各执持，**种种幡盖**，盖诸比丘。”

“种种器物”，各种器具和货物。《续日本纪》卷36《高绍纪》宝龟十一年三月条：“戊辰，出云国言：‘金铜铸像一龛，白铜香炉一口，并**种种器物**漂著海浜。’”吴支谦译《菩萨本缘经》卷1《一切持王子品》：“所施之物，谓金银、瑠璃、颇梨、真珠、车璩、马瑙、珊瑚、璧玉，**种种器物**，及诸衣服、床卧、敷具、车乘、舍宅、田地、谷米、奴婢、仆使、象马、牛羊，随有所须，悉能与足。”北凉昙无谶译《大般涅槃经》卷10《一切大众所问品》：“尔时世尊，从其面门，放种种色，青黄赤白，红紫光明，照纯陀身。纯陀遇已，与诸眷属，持诸肴膳，疾往佛所，欲奉如来，及比丘僧，最后供养。**种种器物**，充满具足，持至佛前。”唐地婆诃罗译《方广大庄严经》卷2《处胎品》：“由斯福报，感大梵王，每持甘露之味，而以奉献，于宝殿内。上妙衣服，诸庄严具，**种种器物**。菩萨本愿力故，随意能现。”

“种种之乐”，各种各样的音乐。《续日本纪》卷39《桓武纪》延历六年十月条：“己亥，主人率百济王等奏**种种之乐**。授从五位上百济王玄镜。”元魏瞿昙般若流支译《正法念处经》卷5《观天品》：“尔时天子，共诸天女，心生欢喜，入于枝叶，荫覆宫室，闐然而住。共众天女，游戏受于，**种种之乐**，如鱼处水，不知厌足。”

二　自创表达

采用该式的自创表达，《古事记》中可见“种种之珍味”；《日本书纪》α群中可见“种种奇术”，β群中可见“种种物形”“种种奇物”“种种重宝”“种种乐人”“种种海物”；第30卷中可见“种种听用”；《风土记》中有“种种海藻”；《古语拾遗》中有“种种凌侮”“种种神宝”“种种献物”“种种御调”“种种用事”“种种作物”“种种玩好”。

“种种之珍味”，各种珍奇贵重的食物。《古事记》中卷《应神记》：“故赦其贱夫，将来其玉，置于床边，即化美丽娘子。仍婚，为嫡妻。常设**种种之珍味**，恒食其夫。”② 按：唐李冗撰《独异志》卷中：“何邵字敬祖。日供口食，计二万钱，而兼**四方珍味**，

① 青木和夫、稲岡耕二、笹山晴生、白藤礼幸『続日本紀四』，新日本古典文学大系，岩波書店，1995，第134頁。

② 山口佳紀、神野志隆光『古事記』，新編日本古典文学全集，小学館，1997，第276頁。

虽三日帝厨之膳，不及之也。”《太平广记》卷309《蒋琛》条：“于是朱弦雅张，清管徐奏，酌瑶觥，飞玉觞。陆海**珍味**，靡不臻极。”[①] 在传世文献的两例中，分别使用“四方”或“陆海”等词来修饰中心词，以表示范围之广和涵盖之多。与“种种”单纯表示总括的意思相比，该词具有汉语传统表达的修辞性和夸张性的特点。

“**种种奇术**”，各种奇异的招数。《日本书纪》卷24《皇极纪》四年四月条：“夏四月戊戌朔，高丽学问僧等言：‘同学鞍作得志，以虎为友，学取其术。或使枯山变为青山，或使黄地变为白水。**种种奇术**不可殚究。’”按：在汉文佛经当中，“种种”在口语中通常用于对上文罗列的具体事物的概括，较少用来概括“奇术”之类的抽象事物。这一点与传世文献的用法有相同之处。《文选》卷31江淹《刘太尉伤乱》：“伊余荷宠灵，感激殉驰骛。虽无六**奇术**，冀与张韩遇。”李善注引《汉书》曰：“陈平自初从至天下定后，常以护军中尉从击臧荼、陈豨，凡六出**奇计**，辄益邑封。奇计或颇秘，世莫得闻也。”[②]

“**种种物形**”，各种东西的形状。《日本书纪》卷6《垂仁纪》三十二年七月条：“于是，野见宿祢进曰：‘夫君王陵墓埋立生人，是不良也。岂得传后叶乎？愿今将议便事而奏之。’则遣使者唤上出云国之土部壹佰人，自领土部等，取埴以造作人、马及**种种物形**，献于天皇曰：‘自今以后，以是土物更易生人，树于陵墓，为后叶之法则。’”[③] 按：《太平御览》卷918所引《博物志》：“《神农本草经》曰：鸡卵可以作虎魄。法取伏苓，鸡蛋卵黄白混杂者，熟煮之。及尚软，随意刻作**物形**。以苦酒渍数宿，既坚，内著粉中。假者乃乱真。”[④] 该例中的“随意”即指可以雕塑各种形状的物什，与“种种”遣词不同，但意义相通。

“**种种奇物**”，各种奇异的东西。《日本书纪》卷7《景行纪》十二年九月条：“于是武诸木等先诱麻剥之徒，仍赐赤衣、裤及**种种奇物**，兼令撝不服之三人。乃率己众而参来。悉捕诛之。”[⑤] 按：《汉书》卷61《张骞传》：“天子既闻大宛及大夏、安息之属皆大国，多**奇物**，土著，颇与中国同俗，而兵弱，贵汉财物。”[⑥]

“**种种重宝**”，各种贵重的宝物。《日本书纪》卷9《神功纪》五十二年九月条：“丁卯朔丙子，久氏等从千熊长彦诣之。则献七枝刀一口、七子镜一面及**种种重宝**。”[⑦] 按：《说苑》卷20《反质》：“今陛下奢侈失本，淫泆趋末。宫室台阁，连属增累；珠

---

① （宋）李昉等编《太平广记》，中华书局，1961，第2446页。

② （梁）萧统编，（唐）李善注《文选》，中华书局，1977，第448页。

③ 小島憲之、直木孝次郎、西宮一民、蔵中進、毛利正守『日本書紀一』，新編日本古典文学全集，小学館，1994，第326頁。

④ （宋）李昉等撰《太平御览》，中华书局，1960，第4073页。

⑤ 小島憲之、直木孝次郎、西宮一民、蔵中進、毛利正守『日本書紀一』，新編日本古典文学全集，小学館，1994，第350頁。

⑥ （汉）班固撰，（唐）颜师古注《汉书》，中华书局，1962，第2690页。

⑦ 小島憲之、直木孝次郎、西宮一民、蔵中進、毛利正守『日本書紀一』，新編日本古典文学全集，小学館，1994，第460頁。

玉重宝，积袭成山。”①

“**种种乐人**”，很多演奏不同乐器的人。《日本书纪》卷13《允恭纪》四十二年正月条：“于是新罗王闻天皇既崩，惊愁之，贡上调船八十艘及**种种乐人**八十。是泊对马而大哭。到筑紫亦大哭。泊于难波津，则皆素服之，悉捧御调，且张种种乐器。”②

“**种种海物**”，各种各样的海产品。《日本书纪》卷29《天武纪下》十年八月条：“其国去京五千余里，居筑紫南海中。切发发草裳，粳稻常丰，一殖两收。土毛支子、莞子及**种种海物**等多。”按：(1)《肥前国风土记·藤津郡》条：“托罗乡。在郡南，临海。同天皇行幸之时，到于此乡御览，**海物**丰多，敕曰：‘地势虽少，食物丰足，可谓丰足村。’”(2)《文选》卷28陆机《齐讴行》：“**海物**错万类，陆产尚千名。”李善注引《尚书》曰：“海岱惟青州。禹贡，**海物**惟错。”③

“**种种听用**”，允许各种享用。《日本书纪》卷30《持统纪》四年四月条：“别净广弍以上，一畐一部之绫罗等，**种种听用**。净大参以下，直广肆以上，一畐二部之绫罗等，**种种听用**。”④

“**种种海藻**”，各种各样的海藻品。《常陆国风土记·多珂郡》条：“所谓常陆国所有碁子，唯是浜耳。昔倭武天皇乘舟泛海，御览岛矶，**种种海藻**，多生茂荣。因名。今亦然。”按：《出云国风土记·岛根郡》条：“白贝、**海藻**、海松、紫菜、凝海菜等之类，至繁不可尽称也。”《丰后国风土记·海部郡》条：“昔者，缠向日代宫御宇天皇，御船泊于此门，海底多生海藻而长美。即敕曰：‘取最胜**海藻**。’便令以进御。因曰最胜**海藻**门。”《肥前国风土记·松浦郡》条：“自尔以来，白水郎等，就于此岛，白水郎，渔民也。造宅居之，因曰大家乡。乡南有窟，有钟乳及木兰。回缘之海，蚫、螺、鲷、杂鱼及**海藻**、海松多之。”⑤

“**种种凌侮**”，百般欺凌和侮辱。《古语拾遗》：“其后，素戋呜神奉为日神，行甚无状，**种种凌侮**。”⑥

“**种种神宝**”，各种神圣的宝物。《古语拾遗》：“又令天富命率斋部诸氏，作**种种神宝**，镜、玉、矛、盾、木绵、麻等。栉明玉命之孙，造御祈玉。”⑦

“**种种献物**”，各种贡献的东西。《续日本纪》卷14《圣武纪》天平十四年五月条：

---

① （汉）刘向撰，向宗鲁校证《说苑校证》，中华书局，1987，第517页。

② 小島憲之、直木孝次郎、西宮一民、藏中進、毛利正守『日本書紀二』，新編日本古典文学全集，小学館，1996，第126頁。

③ （梁）萧统编，（唐）李善注《文选》，中华书局，1977，第397页。

④ 小島憲之、直木孝次郎、西宮一民、藏中進、毛利正守『日本書紀三』，新編日本古典文学全集，小学館，1998，第504頁。

⑤ 植垣節也『風土記』，新編日本古典文学全集，小学館，1997，第418、184、296、334頁。

⑥ 西宮一民『古語拾遺』，岩波文庫，1985，第120頁。

⑦ 西宮一民『古語拾遺』，岩波文庫，1985，第131頁。

“庚申，遣内藏头外从五位下路真人宫守等，赍**种种献物**奉山陵。”①

“种种御调”，各种各样的贡品。《续日本纪》卷18《孝谦纪》天平胜宝四年六月条：“是以，遣王子韩阿飡泰廉，代王为首，率使下三百七十余人入朝，兼令贡**种种御调**。”

“种种用事”，各种事情，种种情况。《续日本纪》卷23《淳仁纪》天平宝字四年七月条：“平城宫御宇后太上天皇、皇帝、皇太后，以去天平胜宝二年二月二十三日，专自参向于东大寺，永用件封入寺家讫。而造寺了后，**种种用事**，未宣分明。”②

“种种作物”，各种农作物。《续日本纪》卷20《孝谦纪》天平宝字元年四月条：“其僧纲及京内僧尼复位以上，施物有差。内供奉竖子，授刀舍人，及预周忌御斋**种种作物**而奉造诸司男女等，夙夜不怠，各竭乃诚，宜令加位二级并赐绵帛。”③

“种种玩好”，各种供玩赏的奇珍异宝。《续日本纪》卷36《高绍纪》天应元年十一月条：“丁卯，御太政官院，行大尝之事。以越前国为由机，备前国为须机。两国献**种种玩好**之物，奏土风歌舞于庭。”又卷40《桓武纪》延历八年三月条：“三月癸卯朔，造宫使献酒食并**种种玩好**之物。”《文选》卷33宋玉《招魂一首》：“室中之观，多珍怪些。（金玉为珍，诡异为怪。言从观房室之中，四方珍琦**玩好**怪物，无不毕具。）”④

佛教为了摄受信众，需要向信众讲述自己的世界观，但是对普通百姓来说，过于抽象的教理教义无异于听说天书。要解决这一问题，就必须在讲经说法的内容与形式上下功夫。在面对普通百姓的法会上，布道者往往讲说的都是佛陀前世的故事，内容生动有趣，情节引人入胜，且蕴含着深刻的启迪意义。另一方面，在故事的讲述形式上，多采用民间文学中百姓喜闻乐见的艺术形式，如比喻、双关语和歇后语等，借以吸引善男信女。而且，讲求语言表达平白直述，通俗易懂。形式时而长文，时而偈颂，散韵间行，且多掺杂口语、俗语、三字格和四字格等。总括句是一个在讲经说法中起着特殊句法作用的句式：它在列举大量事项或复沓的叙述之后，或归纳重点，或提示要领，在文脉上承前启后、继往开来。正因为有着这样一种特殊的意义和用法，它才会如此大规模地出现在讲述日本神话、历史、诗歌和地名起源故事的作品之中。这是日本上古文学吸收佛典总括句的内在需求。反之，因为上古文学作品中融入了如此之多的佛典总括句式，其文体又成为区别于中国神话传说、正史、诗文和地志等传统文体的外在标识。

---

① 青木和夫、稲岡耕二、笹山晴生、白藤礼幸『続日本紀二』，新日本古典文学大系，岩波書店，1990，第402～404頁。

② 青木和夫、稲岡耕二、笹山晴生、白藤礼幸『続日本紀三』，新日本古典文学大系，岩波書店，1992，第358頁。

③ 青木和夫、稲岡耕二、笹山晴生、白藤礼幸『続日本紀三』，新日本古典文学大系，岩波書店，1992，第182頁。

④（梁）萧统编，（唐）李善注《文选》，中华书局，1977，第474页。

第二章 佛典誓愿句

祈愿活动，是人类精神活动的一个重要的组成部分：父母身体健康、孩子茁壮成长、夫妻恩爱偕老、朋友亲密无间、同事关系融洽。凡此种种，都是人们真心渴望获得的。于佛教而言，这种祈愿活动更是有过之而无不及：心灵皈依佛祖、转化消除业障、增加法喜同修、养成慈悲情怀、人生充满愿力，等等，不一而足。关于日本古代愿文文体的本质特征，日本学术界的代表性观点，大致可以归纳为以下六点：其一，人们认为表述誓愿的语言本身具有灵验，期待从许下誓愿那一刻起就能立即产生巨大的效验。其二，在传统的民俗和信仰中，十分重视誓约、祝贺以及其他语言表达形式自身所具有的灵异之力，它们是誓愿行为流行的基础。其三，史书中多见为了仍然在世的人“奉为”的记录，这是一种既祈愿其人延年益寿，同时又祝愿其人往生净土的誓愿形式。其四，按照天皇的规格，为皇族举行的誓愿活动，通常采用集体祈愿的形式。因为人们相信参加者越多，祈愿效果越佳。其五，正式场合的誓愿行为带有誓约的性质，为天皇等许下“奉为”这样的誓愿，同时也是一种宣誓效忠的仪式。其六，早期一些大规模的誓愿、誓约活动往往与苏我氏相关。① 迄今为止，国内外学术界鲜见就愿文表达（本文称作“誓愿表达”）在体制上的类型研究及与汉文佛经的容摄关系的比较研究。下面，拟从双音节誓愿词、三字格誓愿词组、四字格誓愿词语、自创誓愿表达四个方面，来论证上古文学作品反映上述誓愿活动的表达方式与佛典誓愿句的出源关系。

第一节 双音节誓愿词

根据誓愿词所表达的内容，可暂且概括为种种誓愿、许下誓愿、践行誓愿、实现誓愿四个方面。以下，为行文方便起见，依次对上古文学作品中源自汉文佛经的誓愿表达进行识别与分类。

---

① 石井公成「上代日本仏教における誓願について—造寺造像伝承再考」，『印度学仏教学研究』40－2，1992。

一　种种誓愿

（一）“愿力”“本愿”“弘愿”

“**愿力**”，亦作“本愿力”“大愿业力”“宿愿力”。谓菩萨在“因位”所发本愿之力用至果位而显其功。《日本灵异记》下卷《将写〈法华经〉建愿人断日暗穴赖**愿力**得全命缘第13》。[①] 姚秦鸠摩罗什译《大智度论》卷7《序品》：“复次，庄严佛世界事大，独行功德，不能成故，要须**愿力**。譬如牛力，虽能挽车，要须御者，能有所至。净世界愿，亦复如是。福德如牛，愿如御者。”

“**本愿**”，本来的愿望，根本的心愿。《唐大和上东征传》：“大和上从天宝二载始为传戒，五度装束，渡海艰辛，虽被漂回，**本愿**不退。”[②] 后汉昙果、康孟详合译《中本起经》卷2《须达品》：“合五百人，佥然应命，**本愿**相引，感义严出。”

“**弘愿**”，宏大的心愿。《续日本纪》卷21《淳仁纪》天平宝字二年八月条：“大慈至深，建药院而普济；**弘愿**潜运，设悲田而广救。”[③] 东晋佛驮跋陀罗译《大方广佛华严经》卷11《功德华聚菩萨十行品》：“一切众魔，所不能坏，一切诸佛，悉共护念。常行菩萨，诸清净行，精勤修习，一切菩萨，无量苦行，未曾懈倦，得不退转，大乘**弘愿**。”

（二）“所愿”“众愿”“归愿”“先愿”

“**所愿**”，愿望。“所”表示动作的对象，所愿指祈愿的事物，即愿望本身。《日本书纪》卷15《显宗纪》元年四月条：“小楯谢曰：‘山官宿**所愿**。’乃拜山官，改赐姓山部连氏，以吉备臣为副，以山守部为民，裒善显功，酬恩答厚，宠爱殊绝，富莫能俦。’”[④] 又卷30《持统纪》十一年四月条：“辛卯，公卿百寮始造为天皇病**所愿**佛像。”[⑤] 按：汉文佛经中，“所愿”一词，用例繁多，此不赘举。

“**众愿**”，众人的誓愿，众生的心愿。《日本书纪》卷17《继体纪》元年二月条：“臣等为宗庙社稷，计不敢忽。幸藉**众愿**，乞垂听纳。”[⑥]（1）后汉竺大力、康孟详合译《修行本起经》卷2《出家品》：“作福之报快，**众愿**皆得成。速疾入众寂，皆得至泥洹。”（2）《北齐书》卷1《神武帝纪》：“众曰：‘唯有反耳。’神武曰：‘反是急计，

---

① 中田祝夫『日本霊異記』，日本古典文学全集，小学館，1975，第293頁。

② 〔日〕真人元开著，汪向荣校注《唐大和上东征传》，中华书局，1979，第93页。

③ 青木和夫、稲岡耕二、笹山晴生、白藤礼幸『続日本紀三』，新日本古典文学大系，岩波書店，1992，第270頁。

④ 小島憲之、直木孝次郎、西宮一民、蔵中進、毛利正守『日本書紀二』，新編日本古典文学全集，小学館，1996，第246頁。

⑤ 小島憲之、直木孝次郎、西宮一民、蔵中進、毛利正守『日本書紀三』，新編日本古典文学全集，小学館，1998，第560頁。

⑥ 小島憲之、直木孝次郎、西宮一民、蔵中進、毛利正守『日本書紀二』，新編日本古典文学全集，小学館，1996，第290頁。

须推一人为主。**众愿**奉神武。'"①

"**归愿**"，皈依祈愿。《日本灵异记》上卷《令盗绢衣**归愿**妙现菩萨倏得其绢衣缘第34》② 西晋竺法护译《修行地道经》卷6《学地品》："身德成无极，调顺能忍辱，佛乐戒定安，众**归愿**稽首。"

"**先愿**"，先前许下的誓愿，过去的愿望，夙愿。《奈良朝写经66·大般若经卷第176》："弟子孝仁等，不胜风树之伤，敬办**先愿**。"③ 元魏吉迦夜、昙曜合译《杂宝藏经》卷1："时小夫人，瞻视王病，小得瘳差，自恃如此。见于罗摩，绍其父位，心生嫉妒。寻启于王，求索**先愿**：'愿以我子为王，废于罗摩。'"

二　许下誓愿

（一）"发愿""建愿"

"**发愿**"，发起誓愿。于佛法中，总指发求佛果的菩提心。《日本灵异记》上卷《赎龟命放生得现报龟所助缘第7》："于兹**发愿**，而入海中。水及腰时，以石当脚。其晓见之，龟负之亦。"④ 后汉竺大力、康孟详合译《修行本起经》卷2："**发愿**阿僧祇，欲度五道人。今往满本愿，是故欲得草。"唐义净译《金光明最胜王经》卷2《梦见金鼓忏悔品》："汝今应知，此之胜业，皆是过去，赞叹**发愿**，宿习因缘，及由诸佛，威力加护。此之因缘，当为汝说。"

"**建愿**"，建立誓愿，许下誓言。主要用于说话故事的小标题。《日本灵异记》上卷《妻为死夫**建愿**图绘像有验不烧火示异表缘第33》⑤。宋元照集《阿弥陀经义疏》卷1："良以从因**建愿**，秉志躬行，历尘点劫，怀济众之仁。无芥子地，非舍身之处。悲智六度，摄化以无遗。内外两财，随求而必应。机兴缘熟，行满功成，一时圆证于三身，万德总彰于四字。"

（二）"誓愿""祈愿""愿祈""恒愿"

"**誓愿**"，立誓和发愿。《日本书纪》卷29《天武纪下》九年十一月条："癸未，皇后体不豫。则为皇后**誓愿**之，初兴药师寺，仍度一百僧。由是得安平。是日，赦罪。"⑥ 曹魏白延译《佛说须赖经》卷1："时坐中五百长者居士，五百梵志五百小臣，闻王**誓愿**，如师子吼，皆发无上，正真道意。一切舍欲，以家之信，离家为道，欲作沙门。除中三百人，其余佛悉以为沙门。"

"**祈愿**"，祈请实现某种愿望。《日本书纪》卷19《钦明纪》十三年十月条："譬如

① （唐）李百药撰《北齐书》，中华书局，1972，第7页。
② 中田祝夫『日本霊異記』，日本古典文学全集，小学館，1975，第133頁。
③ 上代文献読書会編『上代写経識語注釈』，勉誠出版，2016，第403頁。
④ 中田祝夫『日本霊異記』，日本古典文学全集，小学館，1975，第80頁。
⑤ 中田祝夫『日本霊異記』，日本古典文学全集，小学館，1975，第132頁。
⑥ 小島憲之、直木孝次郎、西宮一民、蔵中進、毛利正守『日本書紀三』，新編日本古典文学全集，小学館，1998，第402頁。

人怀随意宝，逐所须用，尽依情，此妙法宝亦复然。**祈愿**依情，无所乏。"① （1）元魏慧觉等合译《贤愚经》卷2《降六师品》："王甚忧愁，惧绝国嗣，即广祷祀，**祈愿**诸天。"（2）《全梁文》卷7梁武帝《断酒肉文》："若以不杀**祈愿**，辄得上教；若以杀生祈愿，辄不得教。"②

"**愿祈**"，发愿祈请。《日本灵异记》中卷《极穷女于尺迦丈六佛愿福分示奇表以现得大福缘第28》："买花香油，而以参往于丈六佛前，奉白之言：'我昔世不修福因，现身受取贫穷之报。故我施宝，令免穷愁。'累日经月，**愿祈**不息。"③ 唐道宣撰《释门归敬仪》卷2："不作恶即名为善，今谓不然。先须**愿祈**，不造众恶。依愿起行，有可承准。若不预作，辄然起善，内无轨辖。后遇罪缘，便造不止。"

"**恒愿**"，一直以来的心愿，夙愿。《日本书纪》卷19《钦明纪》二年七月条："言念先祖与旧旱岐和亲之词有如皎日，自兹以降勤修邻好遂敦与国，恩踰骨肉。善始有终，寡人之所**恒愿**。"④ 刘宋佛陀什、竺道生等合译《弥沙塞部和醯五分律》卷8："白佛言：'世尊，此邑常有一恶毒龙，破坏田苗。我**恒愿**得大威德人而降伏之。'"《文镜秘府论·北·句端》："敢欲，辄欲，轻欲，轻用，轻以，辄用，辄以，敢以，每欲，常欲，**恒愿**，恒望。右并论志所欲行也。"⑤

三　践行誓愿

（一）"依愿"

"**依愿**"，依照愿望，根据誓愿。《日本书纪》卷19《钦明纪》十年六月条："十年夏六月乙酉朔辛卯，将德久贵、固德马次文等请罢归。因诏曰：'延那斯、麻都阴私遣使高丽者，朕当遣问虚实。所乞军者，**依愿**停之。'"⑥ 梁曼陀罗仙、僧伽婆罗合译《大乘宝云经》卷4："所以者何？菩萨远离，一切诸愿，以无所愿，遍行世间。善男子，菩萨摩诃萨具是十法，远离一切**依愿**。"

（二）"行愿"

"**行愿**"，利他的心愿及践行。《元兴寺伽蓝缘起并流记资财账》："尔时，聪耳皇子及诸臣等共闻天皇所愿。时聪耳皇子诸臣等告：'传闻君行正法，即随行君行，邪法即慰谏。今我等天皇见闻所**行愿**，当此正**行愿**，天下之万姓悉皆应随行。'"后汉竺大力、

---

① 小島憲之、直木孝次郎、西宮一民、藏中進、毛利正守『日本書紀二』，新編日本古典文学全集，小学館，1996，第416頁。

② （清）严可均校辑《全上古三代秦汉三国六朝文》，中华书局，1958，第2991页。

③ 中田祝夫『日本霊異記』，日本古典文学全集，小学館，1975，第223頁。

④ 小島憲之、直木孝次郎、西宮一民、藏中進、毛利正守『日本書紀三』，新編日本古典文学全集，小学館，1998，第372頁。

⑤ 〔日〕遍照金刚撰，卢盛江校考《文镜秘府论汇校汇考》，中华书局，2006，第1729页。

⑥ 小島憲之、直木孝次郎、西宮一民、藏中進、毛利正守『日本書紀二』，新編日本古典文学全集，小学館，1996，第412頁。

康孟详合译《修行本起经》卷1《现变品》："世尊言：'此童子于无数劫，所学清净，降心弃命，舍欲守空，不起不灭，无倚之慈，积德**行愿**。今得之矣。'"

四　实现誓愿

（一）"合愿"

"合愿"，与愿望相同，愿望得到满足。《肥前国风土记·基肆郡》条："兆云：'令筑前国宗像郡人，珂是古，祭吾社。若**合愿**者，不起荒心。'"① 梁宝亮等集《大般涅槃经集解》卷13《四相品》："僧亮曰：'众生所好不同，广赞解脱，明无苦不尽，无乐不备，称情**合愿**，汲引多矣。'"按：《汉语大词典》例引韩愈《请上尊号表》："考其所陈，中于义理。天人**合愿**，不谋而同。"偏晚。

（二）"果愿""毕愿"

"果愿"，实现愿望。《日本书纪》卷19《钦明纪》十六年八月条："请悛前过，无劳出俗。如欲**果愿**，得度国民。"② 后秦鸠摩罗什译《大庄严论经》卷12："度于誓愿海，速疾到吉处，**果愿**已成就，忆念度脱我。"

"毕愿"，实现誓愿。《日本灵异记》下卷《用寺物复将写〈大般若〉建愿以现得善恶报缘第23》："僧告之言：'汝实发愿，出家修道。虽有是善，而多用于，住堂之物。故摧汝身。今还**毕愿**，后殡堂物。'"③ 唐实叉难陀译《地藏菩萨本愿经》卷1《阎浮众生业感品》："地藏菩萨，久远劫来，迄至于今，度脱众生，犹未**毕愿**。慈愍此世，罪苦众生。复观未来，无量劫中，因蔓不断。以是之故，又发重愿。"

归纳上古文学作品中源自汉文佛经的双音节誓愿词有："愿力""本愿""弘愿""所愿""众愿""归愿""先愿""发愿""建愿""誓愿""祈愿""愿祈""恒愿""依愿""行愿""合愿""果愿""毕愿"。

第二节　三字格誓愿词

一　种种誓愿

（一）"～此愿力"

"～此愿力"，（凭借）这一发大愿的力量。多见于愿文。《法隆寺金堂释迦三尊像光背铭》："时王后王子等及与诸臣，深怀愁毒，共相发愿：'仰依三宝，当造释像尺寸王身。蒙**此愿力**，转病延寿，安住世间。若是定业，以背世者，往登净土，早升妙

① 植垣節也『風土記』，新編日本古典文学全集，小学館，1997，第316頁。

② 小島憲之、直木孝次郎、西宮一民、蔵中進、毛利正守『日本書紀三』，新編日本古典文学全集，小学館，1998，第440頁。

③ 中田祝夫『日本霊異記』，日本古典文学全集，小学館，1975，第315頁。

果。'"梁诸大法师集撰《慈悲道场忏法》卷9："愿以慈悲力同加覆护，一切行愿皆得圆满。今日道场，同业大众，从今日去，至于菩提，行菩萨道，誓莫退还。先度众生，然后作佛。若未得道中间留住生死者，以**此愿力**，令诸大众，在所生处，身口意业，恒自清净。"唐玄奘译《大般若波罗蜜多经》[①]卷569《法性品》："有情各有，宿世善业，菩萨昔发，度有情愿。由**此愿力**，随彼所念，即现化身，故无分别。"唐尸罗达摩译《佛说十地经》卷8《菩萨法云地》："复次佛子，菩萨安住，法云地已，从**此愿力**起大悲，云震大法雷，神通无畏，电光晖昱。大光明风，迅转遐布。以大福智，厚雾弥覆，现种种身，叆叇旋还。"按：该句式前承"蒙、以、由、从"等动词，表示希望借以宏愿来实现某一心愿的意思。

二　许下誓愿

（一）"发洪誓""发弘愿"

"**发洪誓**"，许下宏大的誓愿。《续日本纪》卷21《淳仁纪》天平宝字二年八月条："昔者，先帝敬**发洪誓**，奉造卢舍那金刚大像。若有朕时不得造了，愿于来世，改身犹作。"[②]宋太宗赵炅撰《御制莲华心轮回文偈颂》卷15："生宽佛古留：佛**发洪誓**，显古往之利生；宽启宏悲，留兹时之润物。"

"**发弘愿**"，许下宏大的心愿。《续日本纪》卷30《称德纪》宝龟元年四月条："戊午，初天皇，八年乱平，乃**发弘愿**，令造三重小塔一百万基。"又卷33《光仁纪》宝龟五年九月条："天平年中，圣武皇帝**发弘愿**，造卢舍那铜像。"[③]唐义净译《金光明最胜王经》卷5《莲华喻赞品》："彼王赞叹如来已，倍复深心**发弘愿**：愿我当于未来世，生在无量无数劫。"

（二）"誓愿曰：'～'""发愿言：'～'""发愿曰：'～'""发愿人"

"**誓愿曰：'～'**"，发誓许下诺言："……"。《日本书纪》卷22《推古纪》二十九年二月条："当是时，高丽僧慧慈闻上宫皇太子薨，以大悲之。为皇太子，请僧而设斋。仍亲说经之日，**誓愿曰**：'……我以来年二月五日必死。因以遇上宫太子于净土，以共化众生。'"[④]吴康僧会译《六度集经》卷5："术士自首至尾，以手捊之，其痛无量，亦无怨心，自咎宿行不朽乃致斯祸。**誓愿曰**：'令吾得佛，拯济群生，都使安隐，莫如我今也。'"

"**发愿言：'～'**"，许下誓愿道："……"。《日本灵异记》下卷《怨病忽婴身因之

---

① 和铜五年抄写实物（石田茂作著『写経より見たる奈良朝仏教の研究』，1966，第29頁）。

② 青木和夫、稲岡耕二、笹山晴生、白藤礼幸『続日本紀三』，新日本古典文学大系，岩波書店，1992，第278頁。

③ 青木和夫、稲岡耕二、笹山晴生、白藤礼幸『続日本紀四』，新日本古典文学大系，岩波書店，1995，第280、442頁。

④ 小島憲之、直木孝次郎、西宮一民、蔵中進、毛利正守『日本書紀二』，新編日本古典文学全集，小学館，1996，第576～578頁。

受戒行善以现得愈病缘第34》："忠仙见之此病相倜，看病咒护，**发愿言**：'为愈是病，奉读《药师经》《金刚般若经》各三千卷、《观世音经》一万卷、《观音三昧经》一百卷也。'"① 失译人名今附后汉录《大方便佛报恩经》卷2《对治品》："时转轮圣王，寻**发愿言**：'我今应当，求索无上佛法、出世间法，令诸众生，读诵玩习，远离生死，得至涅槃。'"

"**发愿曰**：'～'"，许下誓愿道："……"。《唐大和上东征传》："昔远法师于是立寺，无水，**发愿曰**：'若于此地堪栖止者，当使抽泉。'以锡杖扣地，有二青龙寻锡杖上，水即飞涌。今尚其水涌出地上三尺焉。因名龙泉寺。"②《上宫圣德法王帝说》："慧慈法师闻之，奉为王命讲经**发愿曰**：'逢上宫圣王必欲所化，吾慧慈来年二月二十二日死者，必逢圣王面奉净土。'遂如其言，到明年二月二十二日，发病命终也。"元魏吉迦夜、昙曜译《付法藏因缘传》卷4："长者子闻，寻更修治，如前严饰，造彼佛像，相好姝妙，因**发愿曰**：'使我来世，如彼世尊，得胜解脱。由斯业故，生尊贵家，得净妙果。阿恕伽王，眷属如是，皆舍重担，咸离生死。王之信心，深远难量，见诸沙门，若长若幼，皆迎问讯，恭敬为礼。'"

"**发愿人**"，许下誓愿的人。《日本灵异记》中卷《至诚心奉写〈法华经〉有验示异事缘第6》："圣武天皇御代，山背国相乐郡，有**发愿人**。"又下卷《奉写〈法华经〉经师为邪淫以现得恶死报第18缘》："有**发愿人**以宝龟二年辛亥夏六月，请其经师于其堂，奉写《法华经》。"③ 隋慧远撰《胜鬘经义记》卷1："言尔时者，举发愿时。言胜鬘者，举**发愿人**。"唐怀感撰《释净土群疑论》卷2："念佛不得往生，不取正觉，不言唯**发愿人**，不得生者，不取正觉。"

三 践行誓愿

（一）"依本愿"

"**依本愿**"，根据夙愿，依据根本的誓愿。《日本书纪》卷21《崇峻纪》即位前纪条："苏我大臣亦**依本愿**，于飞鸟地起法兴寺。"④ 元魏昙摩流支译《如来庄严智慧光明入一切佛境界经》卷1："文殊师利，彼大梵天，**依本愿**善根，住持力故，依彼诸天善根，住持力故，于彼一切，诸宫殿中，暂时现身。"

（二）"咒愿而～"

"**咒愿而～**"，念咒祈愿后便……《日本灵异记》中卷《赎蟹虾命放生得现报缘第

---

① 中田祝夫『日本霊異記』，日本古典文学全集，小学館，1975年，第350頁。

② 〔日〕真人元开著，汪向荣校注《唐大和上东征传》，中华书局，1979，第78～79頁。

③ 中田祝夫『日本霊異記』，日本古典文学全集，小学館，1975，第161、305～306頁。

④ 小島憲之、直木孝次郎、西宮一民、蔵中進、毛利正守『日本書紀二』，新編日本古典文学全集，小学館，1996，第514頁。

8》："女脱衣赎，犹不免可。复脱裳赎，老乃免之。然蟹持更返，劝请大德，**咒愿而**放。"① 后汉昙果、康孟详合译《中本起经》卷2《佛食马麦品》："佛受其施，便为**咒愿**，**而**作颂曰……"。西晋法炬译《阿阇世王授决经》卷1："王闻授决，便生惭怖，肃然毛竖，即起作礼，长跪忏悔。佛至宫，饭食已讫，**咒愿而**去。"元魏吉迦夜、昙曜合译《杂宝藏经》卷6："饭食已讫，长者行水，在尊者前，敷小床座。舍利弗**咒愿而**言：'今日良时得好报，财利乐事一切集，踊跃欢喜心悦乐，信心踊发念十力，如似今日后常然。'"唐地婆诃罗译《方广大庄严经》卷12《转法轮品》："佛时**咒愿**，**而**为受之，恒与圣众，游处其内。"新罗璟兴撰《无量寿经连义述文赞》卷1："如来受已，钵掷空中。梵王接还自宫，起塔供养。佛自**咒愿**，**而**授记莂。"

四　实现誓愿

（一）"遂本愿"

"**遂本愿**"，完成夙愿。《唐大和上东征传》："大和上曰：'不须愁。宜求方便，必**遂本愿**。'"② 失译人名今附后汉录《大方便佛报恩经》卷5《慈品》："憍昙弥闻是语已，心大欢喜，白阿难言：'善哉，阿难！乃能殷勤，劝请如来，得使母人，称**遂本愿**。'"

（二）"果本愿"

"**果本愿**"，实现夙愿。《唐大和上东征传》："道俗二百余人，唯有大和上、学问僧普照、天台僧思托始终六度，经（逾）十二年，遂**果本愿**。来传圣戒；方知济物慈悲，宿因深厚，不惜身命，所度极多。"③ 姚秦竺佛念译《菩萨璎珞经》卷2《龙王浴太子品》："昔在瑠璃池，禅头龙宫时。专意发大乘，要灭爱欲魔。今已**果本愿**，三界无等伦。愿升无畏座，何为现洗浴？"

归纳上古文学作品中源自汉文佛经的三音节誓愿词有："～此愿力""发洪誓""发弘愿""誓愿曰：'～'""发愿言：'～'""发愿曰：'～'""发愿人""依本愿""咒愿而～""遂本愿""果本愿"。

第三节　四字格誓愿词

一　种种誓愿

（一）"菩萨大愿""四弘之愿"

"**菩萨大愿**"，佛菩萨求自身成佛救济一切众生的愿望。《续日本纪》卷15《圣武

---

① 中田祝夫『日本霊異記』，日本古典文学全集，小学館，1975，第171頁。

② 〔日〕真人元开著，汪向荣校注《唐大和上东征传》，中华书局，1979，第47页。

③ 〔日〕真人元开著，汪向荣校注《唐大和上东征传》，中华书局，1979，第93页。

纪》天平十五年十月条："粤以天平十五年岁次癸未十月十五日，发**菩萨大愿**，奉造卢舍那佛金铜像一躯。尽国铜而镕象，削大山以构堂，广及法界，为朕知识。遂使同蒙利益，共致菩提。"① 东晋佛驮跋陀罗译《大方广佛华严经》卷11《功德华聚菩萨十行品》："此菩萨修习行时，心常爱乐诸佛妙法；一向专求无上菩提，未曾暂舍**菩萨大愿**。"

"**四弘之愿**"，四弘誓愿，即众生无边誓愿度，烦恼无尽誓愿断，法门无量誓愿学，佛道无上誓愿成。《奈良朝写经未收7-1·大般若经卷第421》："是以，改造洪桥，花影禅师，**四弘之愿**，发于宝椅。一乘之行，继于般若。"② 唐湛然述《授菩萨戒仪》卷1："于一一行，悉须以愿，而加护之。常思满足，**四弘之愿**，六度四等，不离刹那。以玅观门，融通万境，事理具足。正助合修，圆顿十乘，超逾十境。"

（二）"发愿之力"

"**发愿之力**"，发求佛果的菩提心而具有的利益功德。《日本灵异记》下卷《用寺物复将写大般若建愿以现得善恶报缘第23》："于时，出三铁札，校之如白。僧告之言：'汝实发愿，出家修道。虽有是善，而多用于，住堂之物。故摧汝身。今还毕愿，后殡堂物。'才放还来，过三大衢，从坂而下，即见苏返。斯乃**发愿之力**。用物之灾，是我招罪。非地狱咎矣。"③ 宋周琪述《圆觉经夹颂集解讲义》卷5："愿我修起圆觉求知真识，妄知病识药之人誓愿决定，不随前五性中外道及小乘之人，依**发愿之力**修行。"

（三）"众生所愿"

"**众生所愿**"，众人所希望的，大家的心愿。《日本灵异记》中卷《极穷女于尺迦丈六佛愿福分示奇表以现得大福缘第28》："圣武天皇世，奈罗京大安寺之西里，有一女人。极穷，命活无由而饥。流闻：'大安寺丈六佛，**众生所愿**，急能施赐。'"④ 西晋无罗叉译《放光般若经》卷18《超越法相品》："若诸法有如毛厘之相者，菩萨行般若波罗蜜终不逮空、无相、无愿之法，不能随**众生所愿**而建立之，不能令得空、无相、无愿漏尽之法。"

二　许下誓愿

（一）"发弘誓愿""发大誓愿""发菩萨大愿"

"**发弘誓愿**"，许下宏大的誓言和心愿。《奈良朝写经52·大唐内典录卷第10》："是以，**发弘誓愿**，奉为四恩，率知识等，敬写一切经律论焉。"⑤《日本灵异记》上卷

① 青木和夫、稲岡耕二、笹山晴生、白藤礼幸『続日本紀四』，新日本古典文学大系，岩波書店，1995，第430頁。
② 上代文献読書会編『上代写経識語注釈』，勉誠出版，2016，第504頁。
③ 中田祝夫『日本霊異記』，日本古典文学全集，小学館，1975，第319頁。
④ 中田祝夫『日本霊異記』，日本古典文学全集，小学館，1975，第223頁。
⑤ 上代文献読書会編『上代写経識語注釈』，勉誠出版，2016，第312頁。

《序》："或**发弘誓愿**，敬造佛像。天随所愿，地敞宝藏。"[①] 东晋佛驮跋陀罗译《大方广佛华严经》卷45《入法界品》："具菩萨力，长养大悲，入诸波罗蜜，**发弘誓愿**，悉见十方，诸如来海。"唐玄奘装撰《大唐西域记》卷11："如来在昔，修菩萨行，起广大心，**发弘誓愿**：上自身命，下至国城，悲愍四生，周给一切。"

"**发大誓愿**"，许下宏大的誓言和心愿。《日本灵异记》中卷《恃己高德刑贱形沙弥以现得恶死缘第1》："诺乐宫御字大八岛国胜宝应真圣武太上天皇，**发大誓愿**，以天平元年己巳春二月八日，于左京元兴寺，备大法会，供养三宝。"[②] 姚秦鸠摩罗什译《妙法莲华经》卷5《安乐行品》："尔时文殊师利法王子菩萨摩诃萨白佛言：'世尊，是诸菩萨，甚为难有。敬顺佛故，**发大誓愿**：于后恶世，护持读说，是《法华经》。世尊，菩萨摩诃萨于后恶世，云何能说是经？'"隋宝贵合、北凉昙无谶译《合部金光明经》卷3《舍身品》："见是虎已，深生悲心。**发大誓愿**，当度众生。于未来世，证成菩提。"

"**发菩萨大愿**"，许下上求无上菩萨、下化一切众生的宏大誓愿。《续日本纪》卷15《圣武纪》天平十五年十月条："粤以天平十五年岁次癸未十月十五日，**发菩萨大愿**，奉造卢舍那佛金铜像一躯。"[③] 东晋佛驮跋陀罗译《大方广佛华严经》卷14《兜率天宫菩萨云集赞佛品》："为一切众生，作归依处，劝化令**发**，**菩萨大愿**。"

（二）"便发誓愿""故发誓愿""各立誓愿"

"**便发誓愿**"，许下心愿，立誓发愿。"誓愿"，尤其指佛菩萨为救济众生而立下誓言，祈愿其成就。《日本灵异记》上卷《凭念观音菩萨得现报缘第6》："渡竟之后，从舟下道，老公不见。其舟忽失，乃疑观音应化也。**便发誓愿**，造像恭敬。"[④] 乞伏秦圣坚译《佛说除恐灾患经》卷1："园监眷属，欢喜踊跃，叉手作礼，叩头求哀，**便发誓愿**：'以今日惠施圣明，神圣道士。缘是福报，离三恶地道狱饿鬼畜生之趣。所生之处，常共聚会，天上世间。'"唐玄奘译《大般若波罗蜜多经》卷332《善学品》："若菩萨摩诃萨梦中见火烧地狱等诸有情类，或复见烧城邑、聚落，**便发誓愿**：'若我已受，不退转记，当得无上，正等菩提。愿此大火，即时顿灭，变为清凉。'"唐义净译《根本说一切有部毘奈耶出家事》卷2："作是念已，**便发誓愿**：'唯愿我等，生生世世，勿于高族家生，及以下贱处中而生。令我无障，易得出家。'"

"**故发誓愿**"，所以才许下了（这样的）誓愿。《日本灵异记》中卷《至诚心奉写〈法华经〉有验示异事缘第6》："檀越大悔，又访无由。**故发誓愿**，依经作法，屈请众僧，限三七日悔过。哭曰：'亦令得。'"[⑤] 北凉昙无谶译《大般涅槃经》卷31《师子吼

---

① 中田祝夫『日本霊異記』，日本古典文学全集，小学館，1975，第54頁。

② 中田祝夫『日本霊異記』，日本古典文学全集，小学館，1975，第146頁。

③ 青木和夫、稲岡耕二、笹山晴生、白藤礼幸『続日本紀二』，新日本古典文学大系，岩波書店，1990，第430頁。

④ 中田祝夫『日本霊異記』，日本古典文学全集，小学館，1975，第78頁。

⑤ 中田祝夫『日本霊異記』，日本古典文学全集，小学館，1975，第160頁。

菩萨品》："善男子，菩萨摩诃萨，实无如是，诸恶业果。为化众生，令得解脱。**故发誓愿**，受如是身。是名菩萨摩诃萨，非现生后，受是恶业。"

"**各立誓愿**"，各自立下誓愿。《日本灵异记》上卷《遭兵灾信敬观音菩萨像得现报缘第17》："傥得观音菩萨像，信敬尊重。八人同心，窃截松木，以为一舟。奉请其像，安置舟上，**各立誓愿**，念彼观音。"① 唐菩提流志译《金刚光焰止风雨陀罗尼经》卷1："世尊是故，持真言者，常于六趣，一切有情，起大慈悲，利乐之心。世尊以此，起大慈悲威力，则令一切，灾害疫毒，恶风恶雨，悉皆消灭。世尊，我诸龙等，今于佛前，**各立誓愿**。"

（三）"发誓愿言：'～'""烧香发愿"

"**发誓愿言：'～'**"，许下誓言道："……"。《日本灵异记》上卷《赎龟命放生得现报龟所助缘第7》："禅师弘济者，百济国人也。当百济乱时，备后国三谷郡大领之先祖，为救百济遣军旅。时**发誓愿言**：'若平还来，为诸神祇，造立伽蓝。'遂免灾难。"② 失译人名今附后汉录《大方便佛报恩经》卷2《对治品》："各于佛前，**发誓愿言**：'我等于世尊，灭度之后，护持佛法，于十方界，广令流布，使不断绝。'"

"**烧香发愿**"，焚香许下誓愿。《日本书纪》卷24《皇极纪》元年七月条："庚辰，于大寺南庭，严佛菩萨像与四天王像，屈请众僧，读《大云经》等。于时苏我大臣手执香炉，**烧香发愿**。"③ 唐释道宣撰《续高僧传》卷15："有汰律师，闻其拨略大乘，舌即挺出，告曰：'汝大痴也。一言毁经，罪过五逆。可信大乘，方可免耳。'乃令**烧香发愿**，忏悔前言，舌还收入。"

（四）"至诚发愿""至心发愿""发愿如法"

"**至诚发愿**"，真诚地许下誓言。《奈良朝写经5·大般若经卷第267》："神龟五年岁次戊辰五月十五日，佛弟子长王**至诚发愿**，奉写《大般若经》一部六百卷。"④ 北凉昙无谶译《金光明经》卷2《功德天品》："亦当三称《金光明经》，**至诚发愿**。别以香华，种种美味，供施于我，散洒诸方。尔时当说，如是章句。"

"**至心发愿**"，真心实意地许下誓愿。《奈良朝写经66·大般若经卷第176》："是以，大法师讳行信，平生之日，**至心发愿**，敬写法华一乘之宗，金鼓灭罪之文，般若真空之教，瑜伽五分之法，合贰千七百卷经论。"⑤ 曹魏康僧铠译《佛说无量寿经》卷1："设我得佛，十方众生，发菩提心，修诸功德。**至心发愿**：欲生我国，临寿终时，假令不与，大众围绕，现其人前者，不取正觉。"

---

① 中田祝夫『日本霊異記』，日本古典文学全集，小学館，1975，第98頁。

② 中田祝夫『日本霊異記』，日本古典文学全集，小学館，1975，第80頁。

③ 小島憲之、直木孝次郎、西宮一民、蔵中進、毛利正守『日本書紀三』，新編日本古典文学全集，小学館，1998，第64頁。

④ 上代文献読書会編『上代写経識語注釈』，勉誠出版，2016，第32頁。

⑤ 上代文献読書会編『上代写経識語注釈』，勉誠出版，2016，第403頁。

“**发愿如法**”，随顺佛陀所说教法许下誓愿，（这样更容易如愿以偿）。《日本灵异记》下卷《如法奉写〈法华经〉火不烧缘第10》：“**发愿如法**，清净奉写《法华经》一部。专自书写，每大小便利，洗浴净身，自就书写筵以还，径六个月，乃缮写毕。”①唐菩提流志译《不空罥索神变真言经》卷20《溥遍轮转轮王神通香品》：“若有苾刍、苾刍尼、族姓男族姓女，于一千日，清净如法，随心严洁曼拏罗，随时以诸，草华香水，供养观世音菩萨。昼夜六时，烧焯此香，忏悔**发愿**，**如法**修观。”

三 实现誓愿

（一）“所愿遂心”“当如所愿”

“**所愿遂心**”，愿望得以实现，所想得以如愿。《续日本纪》卷14《圣武纪》天平十三年三月条：“案经云：‘……**所愿遂心**，恒生欢喜。宜令天下诸国，各令敬造七重塔一区，并写《金光明最胜王经》《妙法莲花经》一部。’”② 唐义净译《金光明最胜王经》卷3《灭业障品》：“是时无量，释梵四王，及药叉众，俱时同声，答世尊言：‘……**所愿遂心**，恒生欢喜。我等亦能，令其国中，所有军兵，悉皆勇健。’”

“**当如所愿**”，应该如同希望的那样。《日本书纪》卷9《神功纪》摄政四十六年三月条：“便天神诲之曰：‘令武内宿祢行议。因以千熊长彦为使者，**当如所愿**。’”③ 吴支谦译《赖吒和罗经》卷1：“赖吒和罗言：‘王但当言：令我国炽盛，五谷丰熟，人民众多，乞匃易得，可止我国中，我不得令吏民侵扟卿。’王言：‘受教，**当如所愿**赖吒和罗所言。’”

（二）“无愿不遂”“无愿不果”“愿无不得”

“**无愿不遂**”，没有不能满足的愿望，所有的愿望都能满足。《奈良朝写经5·大般若经卷第267》：“三界含识，六趣禀灵，**无愿不遂**，有心必获。”④ 唐慧立本、彦悰笺《大唐大慈恩寺三藏法师传》卷4：“又有四佛经行之迹。傍有精舍，中有观自在菩萨像，至诚祈请，**无愿不遂**。”

“**无愿不果**”，愿望没有不能实现的。《日本灵异记》下卷《未作毕捻埴像生呻音示奇表缘第17》：“诚知愿无不得，**无愿不果**者，其斯谓之也。斯亦奇表之事也。”⑤ 东晋瞿昙僧伽提婆译《增壹阿含经》卷38《马血天子问八政品》：“时宝藏如来，立我名号，字释迦文。我今以此因缘故，说此八关斋法，当发誓愿，**无愿不果**。”

“**愿无不得**”，许下的愿望无一不会实现。愿望没有不能实现的。《日本灵异记》中

① 中田祝夫『日本靈異記』，日本古典文学全集，小学館，1975，第286頁。

② 青木和夫、稲岡耕二、笹山晴生、白藤礼幸『続日本紀二』，新日本古典文学大系，岩波書店，1990，第388頁。

③ 小島憲之、直木孝次郎、西宮一民、蔵中進、毛利正守『日本書紀一』，新編日本古典文学全集，小学館，1994，第454頁。

④ 上代文献読書会編『上代写経識語注釈』，勉誠出版，2016，第32頁。

⑤ 中田祝夫『日本靈異記』，日本古典文学全集，小学館，1975，第304頁。

卷《埴神王腨放光示奇表得现报缘第21》："诚知**愿无不得**者，其斯谓矣。"① 吴支谦译《六度集经》卷3："惠以好物，四等敬奉，手自斟酌，存意三尊。誓令众生，逢佛升天，苦毒消灭，后世所生。**愿无不得**，值佛生天，必如志愿也。"按：原口裕认为，"愿无不得"出自姚秦鸠摩罗什译《大智度论》卷30《序品》："若人随方便精进，**无愿不得**。"可商。

（三）"一切所愿，皆使满足""善愿功德""本愿不遂"

"一切所愿，皆使满足"，实现所有愿望使之得以满足。《续日本纪》卷17《圣武纪》天平胜宝元年闰五月条："所冀太上天皇沙弥胜满，诸佛拥护，法药熏质，万病消除，寿命延长，**一切所愿，皆使满足**，令法久住，拔济群生，天下太平，兆民快乐，法界有情，共成佛道。"② 唐宝思惟译《观世音菩萨如意摩尼陀罗尼经》卷1："二七日作法，一切男女，无不随伏。三七日作法，三十三天，诸有眷属，并日天等，皆来随伏。**一切所愿，皆令满足**。"

"善愿功德"，善行的誓愿所招致的利益福德。《元兴寺伽蓝缘起并流记资财账》："仰愿以此**善愿功德**，皇帝陛下共与日月天下安乐，后嗣蒙赖，虽世时异，得益无异。"东晋帛尸梨蜜多罗译《佛说灌顶经》卷12："若人愚痴，不受父母、师友教诲，不信佛，不信经戒，不信圣僧，应堕三恶道中者，亡失人种，受畜生身。闻我说是，瑠璃光佛，**善愿功德**者，即得解脱。"

"本愿不遂"，没有实现根本的誓愿。《唐大和上东征传》："时，大和上执普照（师）手，悲泣而曰：为传戒律，发愿过海，遂不至日本国，**本愿不遂**。于是分手，感念无喻。"③ 北凉法盛译《菩萨投身饴饿虎起塔因缘经》④ 卷1："其王闻已，倍更敬重，曰：'何缘致是?'太子曰：'吾好布施，尽国财物，不足周用，穷者犹多。**本愿不遂**，是以舍国，自卖身耳。'"

归纳上古文学作品中源自汉文佛经的四字格誓愿词有："菩萨大愿""四弘之愿""发愿之力""众生所愿""发弘誓愿""发大誓愿""发菩萨大愿""便发誓愿""故发誓愿""各立誓愿：'～'""发誓愿言""烧香发愿""至诚发愿""至心发愿""发愿如法""所愿遂心""当如所愿""无愿不遂""无愿不果""愿无不得""一切所愿，皆使满足""善愿功德""本愿不遂"。

第四节　自创形式的誓愿词

一　许下誓愿

（一）"誓愿赐：'～'诏"

"誓愿赐：'～'诏"，许下誓愿："……"。《法隆寺金堂药师佛光背铭》："池边大

① 中田祝夫『日本霊異記』，日本古典文学全集，小学館，1975，第204頁。

② 青木和夫、稲岡耕二、笹山晴生、白藤礼幸『続日本紀三』，新日本古典文学大系，岩波書店，1992，第82頁。

③ 〔日〕真人元开著，汪向荣校注《唐大和上东征传》，中华书局，1979，第74页。

④ 该经于天平八年抄写，题作《菩萨投身经》，录于《大日本古文书》卷7，第57页。

宫治天下天皇，大御身劳赐时，岁次丙午年，召于大王天皇与太子而**誓愿**赐：‘我大御身病太平欲坐故，将造寺药师像作仕奉。’**诏**。”

（二）“发愿而言：‘~’”“发御愿曰：‘~’”“仰天哭愿：‘~’”

“发愿而言：‘~’”，许下誓言道：“……”。《日本灵异记》下卷《用网渔夫值海中难凭愿妙见菩萨得全命缘第32》：“时名妹丸，漂之于海，至心归于妙见菩萨，**发愿而言**：‘济助我命，量乎我身，作妙见像。’”①

“发御愿曰：‘~’”，天皇许下誓愿曰：“……”。《续日本纪》卷17《圣武·孝谦纪》天平胜宝元年五月条：“因**发御愿曰**：‘以《华严经》为本，一切大乘小乘经律论抄疏章等，必为转读讲说，悉令尽竟。远限日月，穷未来际。’”②

“仰天哭愿：‘~’”，仰天大哭，请愿道：“……”。《日本灵异记》中卷《恶逆子爱妻将杀母谋现报被恶死缘第3》：“逆子步前，将杀母项之，裂地而陷，母即起前，抱陷子发，**仰天哭愿**：‘吾子者，托物为事，非实现心。愿免罪贶。’”③《北史》卷85《节义传》：“至刺史泉仙城守力穷，城将陷，乃**仰天哭曰**：‘天乎。天乎。何由纵此长蛇，而不助顺也。’”④

（三）“同沾此愿”“共同发誓愿”

“同沾此愿”，共同享受这一誓愿带来的福德利益。《奈良朝写经52·大唐内典录卷第10》：“愿合门眷属及知识等，龙天卫护，万善庆集，广暨含识，**同沾此愿**，俱出九居，早成佛果。”⑤ 隋智顗说《维摩经文疏》卷18：“如此之施，利益受者，非但七日，施之众同，获斯利一切众生，亦**同沾此益**也。”

“共同发誓愿”，共同许下誓愿。《日本书纪》卷21《推古纪》十三年四月条：“十三年夏四月辛酉朔，天皇诏皇太子大臣及诸王诸臣，**共同发誓愿**，以始造铜、绣丈六佛像各一躯。乃命鞍作鸟为造佛之工。”⑥ 北凉昙无谶译《大方等大集经》卷57《灭非时风雨品》：“我念往昔，过无量劫，我共释迦牟尼佛，修菩萨行，**同发誓愿**：‘汝若能得成，无上道时，愿我于彼，四天下中，到功德处。得功德处已，于一切众生中，随其所须，衣食之具，悉皆给与。’”

二 实现誓愿

（一）“应所愿”“应于所愿”“所愿能与”

“应所愿”，满足心愿。《日本灵异记》下卷《灾与善表相先现而后其灾善答被缘第

---

① 中田祝夫『日本霊異記』，日本古典文学全集，小学館，1975，第344頁。

② 青木和夫、稲岡耕二、笹山晴生、白藤礼幸『続日本紀三』，新日本古典文学大系，岩波書店，1992，第82頁。

③ 中田祝夫『日本霊異記』，日本古典文学全集，小学館，1975，第152頁。

④ （唐）李延寿撰《北史》，中华书局，1974，第2849页。

⑤ 上代文献読書会編『上代写経識語注釈』，勉誠出版，2016，第312頁。

⑥ 小島憲之、直木孝次郎、西宮一民、蔵中進、毛利正守『日本書紀二』，新編日本古典文学全集，小学館，1996，第550頁。

38》："乞者咒愿而受者，观音**应所愿**也。"又："何故乞食者，今**应所愿**，渐始福来也。"①

"**应于所愿**"，满足心愿。《日本灵异记》下卷《弥勒菩萨**应于所愿**示奇形缘第8》。②

"**所愿能与**"，给予所希望的东西，能够满足心愿。《日本灵异记》中卷《孤娘女凭敬观音铜像示奇表得现报缘第34》："闻观音菩萨者**所愿能与**，其铜像手系绳牵之，供花香灯，用愿福分曰。"又《药师佛木像流水埋沙示灵表缘第39》："是佛像有验放光，**所愿能与**故，道俗归敬。"③

（二）"愿无不果""无愿不应"

"**愿无不果**"，愿望没有不能实现的。《日本灵异记》中卷《将建塔发愿时生女子卷舍利所产缘第31》："固知愿无不得，**愿无不果**者，其斯谓之矣。"④ 东晋帛尸梨蜜多罗译《佛说灌顶经》卷10："发**愿无不果**，所求真应速。若欲远治生，求觅诸财宝。莫行不慈心，中路见不好。专心念于佛，疾得无上道。"唐伽梵达摩译《千手千眼观世音菩萨广大圆满无碍大悲心陀罗尼经》卷1："其利根有慧，观方便者，十地果位，克获不难。何况世间，小小福报？所有求**愿**，**无不果**遂者也。"宋法护等译《大乘集菩萨学论》卷21《恭敬作礼品》："后生于天中，所**愿无不果**。珍宝众璎珞，随念于掌生。"

"**无愿不应**"，没有实现不了的愿望，所有的愿望都会实现。《日本灵异记》下卷《沙门一目眼盲使读〈金刚般若经〉得明眼缘第21》："般若验力，其大高哉！深信发愿，**无愿不应**故也。"⑤ ①失译人名今附后汉录《杂譬喻经》卷2："若奉圣教，捡身口意，譬如有货，**无愿不**果矣。"②东晋瞿昙僧伽提婆译《增壹阿含经》卷16《高幢品》："吾今成佛，由其持戒，五戒十善，**无愿不**获。诸比丘，若欲成其道者，当作是学。"③姚秦竺佛念译《出曜经》卷24《观品》："诸有众生能自归此三宝者，**无愿不**成，为天人所供养，自致得道，亦复受永劫之福。"④姚秦鸠摩罗什译《众经撰杂譬喻》卷1："持戒之人，种种妙乐，**无愿不**得。若人毁戒，骄逸自恣，亦如彼人，破瓶失物。"

归纳上古文学作品中自创形式的誓愿词语有："誓愿赐：'～'诏""发愿而言：'～'""发御愿曰：'～'""仰天哭愿：'～'""同沾此愿""共同发誓愿""应所愿""应于所愿""所愿能与""愿无不果""无愿不应"。

愿文是佛教应用文体中极为普遍的一类，它与具体的行仪关系密切，譬如发愿、誓

---

① 中田祝夫『日本霊異記』，日本古典文学全集，小学館，1975，第372頁。
② 中田祝夫『日本霊異記』，日本古典文学全集，小学館，1975，第280頁。
③ 中田祝夫『日本霊異記』，日本古典文学全集，小学館，1975，第238、246頁。
④ 中田祝夫『日本霊異記』，日本古典文学全集，小学館，1975，第229頁。
⑤ 中田祝夫『日本霊異記』，日本古典文学全集，小学館，1975，第310頁。

愿、祈愿和祝愿等。誓愿活动最为基本的要素就是“愿”，“为法事时述施主愿意之表白文也”[①]。上古文学作品中源自汉文佛经的双音词、三字格、四字格以及自创形式的誓愿词集中地反映了奈良时代与佛教行仪相关的祈愿活动，是了解当时人们宗教生活的第一手资料。

① 丁福保：《佛学大辞典》，上海书店，1991，第2865页；李小荣：《汉译佛经文体及其影响研究》，上海古籍出版社，2010，第578页。

第三章　佛典时段句

时段句作为叙事语言的一种固有格式，是构成神话、传说、故事乃至历史不可或缺的内容要素之一，而且出现的频率极高。时段句的“时”，表示具体的时间，是时间轴上的一个点；“段”，表示连续的时间，是时间轴上的一个面。时间的点与面交接起来，便构成一条完整的时间链，演绎着人类悲欢离合的历史。在开始讨论佛典时段句之前，回溯一则与之相关的“插曲”，说明这一研究视角的重要性。《日本书纪》β群中，可见一些汉文佛经特有的句式，譬如下面的“未经几〇”句式。

“**未经几日**”，没过几天。《日本书纪》卷28《天武纪上》元年七月条：“又村屋神着祝曰：‘今自吾社中道，军众将至。故宜塞社中道。’故**未经几日**，庐井造鲸军，自中道至。时人曰：‘即神所教之辞是也。’”[①] 东晋瞿昙僧伽提婆译《增壹阿含经》卷13《地主品》：“尔时，彼城名曰远照。善明王主第一夫人名日月光，不长不短，不肥不瘦，不白不黑，颜貌端政，世之希有。口出优钵华香，身作栴檀香。**未经几日**，身便怀妊。”

“**未经几时**”，没过多久，含有在不长的时间内便出现了意想不到的结果的语气。《古事记》中卷《崇神记》：“故相感，共婚供住之间，**未经几时**，其美人妊身。”又《景行记》：“天皇既所以思吾死乎？何击遣西方之恶人等而返参上来之间，**未经几时**，不赐军众，今更平遣东方十二道之恶人等。因此思惟，犹所思看吾既死焉。”[②]《日本书纪》卷7《景行纪》五十一年八月条：“时倭姬命曰：‘是虾夷等，不可近于神宫。’则进上于朝庭，仍令安置御诸山傍。**未经几时**，悉伐神山树，叫呼邻里而胁人民。”[③] 又卷11《仁德纪》十年十月条：“十年冬十月，甫科课役，以构造宫室。于是，百姓之不领而扶老携幼，运材负篑，不问日夜，竭力竞作。是以**未经几时**而宫室悉成，故于今称圣帝也。”又卷13《允恭纪》三年正月条：“三年春正月辛酉朔，遣使，求良医于新罗。

① 小島憲之、直木孝次郎、西宮一民、蔵中進、毛利正守『日本書紀三』，新編日本古典文学全集，小学館，1998，第340頁。

② 山口佳紀、神野志隆光『古事記』，新編日本古典文学全集，小学館，1997，第148、222頁。

③ 小島憲之、直木孝次郎、西宮一民、蔵中進、毛利正守『日本書紀一』，新編日本古典文学全集，小学館，1994，第388頁。

秋八月，医至自新罗，则令治天皇病，**未经几时**病已差也。天皇欢之，厚赏医以归于国。"[①]《万叶集》卷 2 第 123 ~ 125 首歌题："三方沙弥娶园臣生羽之女，**未经几时**，卧病作歌三首。"[②] 又卷 16 第 3804 ~ 3805 首歌题："昔者有壮士，新成婚礼也。**未经几时**，忽为驿使，被遣远境。"[③] 吴支谦译《撰集百缘经》卷 3《授记辟支佛品》："作是誓已，**未经几时**，果如其愿，安隐还家，甚怀欢喜。即造金银，璎珞环钏，将诸侍从，往诣天祠。"西晋竺法护译《佛说弥勒下生经》[④] 卷 1："尔时弥勒在家**未经几时**，便当出家学道。"

"**未经几年**"，没过几年。《古事记》序："于是，天皇诏之，朕闻诸家之所赍帝纪及本辞，既违正实，多加虚伪。当今之时不改其失，**未经几年**其旨欲灭。斯乃邦家之经纬，王化之鸿基焉。"[⑤]《日本书纪》卷 7《景行纪》四十年七月条："于是日本武尊雄诰之曰：'熊袭既平，**未经几年**，今更东夷叛之。何日逮于太平矣。'"[⑥] 元魏慧觉等合译《贤愚经》卷 12《波婆离品》："时阿泪吒妇，数数劝夫，其夫意决，急求分居；兄见意盛，与分家居。分异之后，阿泪吒夫妻，恣情放志，招合伴党，饮噉奢侈，不顺礼度。**未经几年**，家物耗尽，穷罄无计。诣兄匃之。兄复矜之，与钱十万。用尽更索。如是六返，前后凡与，六十万钱。"

先行研究就佛典句式"未经几〇"，有如下重大发现：第一，最早关注《日本书纪》中"未经几〇"这一表达格式的是太田善麿。太田发现该句式不仅在《古事记》，还集中地出现在《日本书纪》β 群当中。据此，太田善麿提出一个假说：太安万侣可能与《日本书纪》卷 1 至卷 13、卷 22 至卷 23 的编写工作有关。[⑦] 第二，濑间正之承其师说，对上古文学作品中"未经几〇"的句子进行广泛的调查，指出《万叶集》卷 2 第 123 ~ 125 首歌题中出现的三方沙弥，因为其身份是僧侣，所以才会在与之相关的歌题中使用佛典句式"未经几〇"，并强调在考虑《日本书纪》"书录者三分说"时，该表达值得关注。[⑧] 第三，森博达根据濑间的说法进一步推测，三方沙弥可能就是三田史三方（御方）。森博达推测，三田史可能是《日本书纪》β 群的编纂者，他年轻时曾留学新罗，回国还俗后，在大学寮供职。森博达认为，β 群文体与佛教汉文文体的相似关系

---

① 小島憲之、直木孝次郎、西宮一民、蔵中進、毛利正守『日本書紀二』，新編日本古典文学全集，小学館，1996，第 35 ~ 36、108 頁。

② 小島憲之、木下正俊、東野治之『万葉集一』，日本古典文学全集，小学館，1994，第 96 頁。

③ 小島憲之、木下正俊、東野治之『万葉集四』，日本古典文学全集，小学館，1996，第 100 頁。

④ 该经于天平十年抄写，题作《弥勒下生经》，录于《大日本古文书》卷 7，第 209 页。

⑤ 山口佳紀、神野志隆光『古事記』，新編日本古典文学全集，小学館，1997，第 20 頁。

⑥ 小島憲之、直木孝次郎、西宮一民、蔵中進、毛利正守『日本書紀一』，新編日本古典文学全集，小学館，1994，第 370 頁。

⑦ 太田善麿『古代日本文学思潮論Ⅲ日本書紀の考察』，桜楓社，1962。

⑧ 瀬間正之「『未経』『既経』—師説『太安万侶日本書紀撰修参与説』をめぐって」，『太田善麿先生追悼古事記・日本書紀論叢（群書）』，1999。

恰好证明了这一推测的可信度。[①]

本章依旧从更为宏观的角度，以整个上古文献资料为依据，分作三音节时段句、四音节时段句和自创时段句三节，实证佛典时段句对日本上古文学作品所产生的具体而又深远的影响。

第一节　三音节时段句

本节分作过去、现在、未来三个时段，对出自汉文佛经的三音节时段句进行析出、分类与考释，分析各类时段句的类型特征与不同含义。

一　过去时段

根据我们的调查，上古文学作品中源自汉文佛经的三音节过去时段表达如下：《日本书纪》α群“未经时”“居未几”“是夜半”；β群“经（径）七日”“未几时”“经多年”“经寒暑”；《日本灵异记》“每六时”“每夜半”“半夜时”等。

（一）“未经时”“未几时”“居未几”

该组三字格用于表述在过去的某一时间里，事情发生后尚未经过很长的时间。

“未经时”，没过多长时间。《日本书纪》卷19《钦明纪》二十三年六月条：“死**未经时**，急灾于殿。”[②]（1）姚秦竺佛念译《出曜经》卷10《诽谤品》：“天即还宫。去**未经时**，释提桓因，复从后至，谓比丘曰：‘可发善心，于彼二贤。’比丘报释提桓因曰：‘且守汝天福，不豫汝事。’”（2）《全唐文》卷635李翱《劝裴相不自出征书》：“阁下以舍人使魏博，六州之地归矣；自秉大政，兵诛蔡州，久而不克，奉命宣慰。**未经时**而吴元济生擒矣；使一布衣持书涉河，而王承宗恐惧委命，割地以献矣。”[③]按：《钦明纪》与《出曜经》用法相同，采用的是“V＋未经时”的句式，表示某一动作结束后没有经过多长日子的意思。《全唐文》文例的用法不同，在句中起连词的作用。

“未几时”，没过多久。《日本书纪》卷5《崇神纪》十年九月条：“于是更留诸将军而议之。**未几时**，武埴安彦与妻吾田媛谋反逆，兴师忽至，各分道而夫从山背，妇从大坂，共入欲袭帝京。”[④]（1）后秦释僧肇撰《注维摩诘经》卷8：“什曰：‘如佛泥洹后六百年有一人，年六十出家。**未几时**，颂三藏都尽，次作三藏论议。’”（2）《宋书》卷21《乐》：“为乐**未几时**，遭世险巇，逢此百离；伶丁荼毒，愁懑难支。遥望辰极，

---

① 森博達『日本書紀の謎を解く—述作者は誰か』，中央公論新社，1999，第183～185頁。

② 小島憲之、直木孝次郎、西宮一民、蔵中進、毛利正守『日本書紀二』，新編日本古典文学全集，小学館，1996，第446頁。

③ （清）董诰等编《全唐文·附唐文拾遗唐文续拾》，中华书局，1983，第6413页。

④ 小島憲之、直木孝次郎、西宮一民、蔵中進、毛利正守『日本書紀一』，新編日本古典文学全集，小学館，1994，第278～280頁。

天晓月移。忧来阗心，谁当我知。”[①]按：《崇神纪》和佛典例用作连词，《宋书》中用作“V＋未几时”的形式。

“**居未几**”，过了不久，没过多长时间。《续日本纪》卷33《光仁纪》宝龟六年五月条：“大浦者世习阴阳，仲满甚信之，问以事之吉凶。大浦知其指意涉于逆谋，恐祸及己，密告其事。**居未几**，仲满果反。”[②] 梁僧佑撰《弘明集》卷2：“诚自剪绝则日损所清实渐于道苦力荣观倾资复，**居未几**有之，俄然身灭名实所收不出盗跨构馆栖神象渊然幽穆。”按：《怀风藻》大友皇子《小传》：“时议者叹其洪学，**未几**，文藻日新。”[③]《藤原镰足传》上卷《贞慧传》：“仍径海路，至于旧京。圣上锡命，幸蒙就舍。**居未几**何，寝疾纡微。”[④]《光仁纪》与《弘明集》中的用法相同，但有别于《怀风藻》、《贞慧传》中的用法。《贞慧传》中的表达形式当为佛典形式的扩展。

（二）“经七日”“经多年”“经寒暑”

该组三字格用于表述在过去的某一时间里，事情发生后经过了一段较长的时间。“七”这个数字，在佛典里表示一段从始至终的完整时间节点。譬如人死后，需在七日之内为其举办追善祈福的法事，以便于其往生善处，避免堕入三恶道。“经多年”与“经寒暑”意义相同，后者是前者的抽象说法，带有文学表达的色彩。

“**经（径）七日**”，经过七天。《日本书纪》卷13《允恭纪》七年十二月条：“时乌贼津使主对言：‘臣既被天皇命，必召率来矣。若不将来，必罪之。故返被极刑，宁伏庭而死耳。’仍**经七日**伏于庭中，与饮食而不湌，密食怀中之糒。”[⑤]《日本灵异记》中卷《赎蟹虾命放生得现报缘第8》：“大蛇闻之，高棒头而瞻女面，吐虾而放。女期蛇曰：‘自今日**经七日**而来。’”[⑥]（1）东晋竺昙无兰译《迦叶赴佛般涅槃经》[⑦] 卷1：“时佛般泥洹已**经七日**，诸天往赴，悉持天华天香供养佛身。此华即是。”（2）《齐民要术》卷7《法酒》：“合醅饮者，不复封泥。令清者，以盆盖，密泥封之。**经七日**，便极清澄。接取清者，然后押之。”[⑧] 例言过七天，便会澄清下去，舀出上面的清酒，然后再压（用泥土封闭）。

“**经多年**”，经过好几年。《日本书纪》卷10《应神纪》二十二年三月条：“爰天皇爱兄媛笃温凊之情，则谓之曰：‘尔不视二亲，既**经多年**。还欲定省，于理灼然。’则

---

① （梁）沈约撰《宋书》，中华书局，1974，第620页。

② 青木和夫、稲岡耕二、笹山晴生、白藤礼幸『続日本紀四』，新日本古典文学大系，岩波書店，1995，第450頁。

③ 小島憲之『懐風藻・文華秀麗集・本朝文粋』，日本古典文学大系，岩波書店，1964，第70頁。

④ 沖森卓也、佐藤信、矢島泉『藤氏家伝　鎌足貞慧武智麻呂伝注釈と研究』，吉川弘文館，1999，第278頁。

⑤ 小島憲之、直木孝次郎、西宮一民、蔵中進、毛利正守『日本書紀二』，新編日本古典文学全集，小学館，1996，第112頁。

⑥ 中田祝夫『日本霊異記』，日本古典文学全集，小学館，1975，第171頁。

⑦ 该经于天平五年抄写，录于《大日本古文书》卷7，第14页。

⑧ （北魏）贾思勰著，石声汉校释《齐民要术今释》，中华书局，2009，第718页。

听之，仍唤淡路御原之海人八十人为水手，送于吉备。”① 吴支谦译《撰集百缘经》卷3《授记辟支佛品》：“时长者子，甚好色欲，见一淫女，甚适其恶，以金百两，方听一宿。渐**经多年**，财物荡尽，更无所与，遮不听宿。殷勤求请，愿见一宿。”东魏瞿昙般若流支译《金色王经》② 卷1：“如是敕言：‘自今已后，一切人民，一切商人，不赋不税，普阎浮提，一切人民，放其赋税。’彼金色王，以此方便，如法治国，乃**经多年**。”唐玄奘译《佛临涅槃记法住经》③ 卷1：“由与诸恶，徒党集会。虽经多年，守护净戒。于须臾顷，悉皆毁犯。虽**经多年**，集诸善本。由多忧恚，悉皆退失。”

“**经寒暑**”，经历寒暑；几经岁月。《日本书纪》卷10《应神纪》四十年正月条：“时大鷦鷯尊预察天皇之色，以对言：‘长者多**经寒暑**，既为成人更无悒矣。唯少子者未知其成不。是以少子甚怜之。’天皇大悦曰：‘汝言寔合朕之心。’”④ 唐道宣撰《续高僧传》卷8：“昔在清化，先养一鹅，听讲为务，频**经寒暑**。远入关后，鹅在本寺，栖宿廊庑，昼夜鸣呼。众僧患之，附使达京，至静影大门放之。径即鸣叫，腾跃入远房内。尔后依前驯听。”《敦煌变文·妙法莲华经讲经文（一）》：“夫人闻言，泪流如雨，抛却妆台起来，拽得髭须咒咀：‘一自为亲，几**经寒暑**，今朝忽拟生离，天地争交容许。’”⑤

（三）“是夜半”“半夜时”“每夜半”“每六时”

该组三字格用于表述在过去的某一时间里，事情在深更半夜发生或从早到晚一直在持续。

“**是夜半**”，这天半夜。《日本书纪》卷26《齐明纪》四年十一月条：“**是夜半**，赤兄遣物部朴井连鲔率造宫丁，围有间皇子于市经家。”⑥ 又卷27《天智纪》元年六月条：“**是夜半**，铃鹿关司遣使奏言：‘山部王、石川王并来归之，故置关焉。’天皇便使路直益人征。”⑦ 元魏慧觉等合译《贤愚经》卷3《差摩现报品》：“时王竟日，忽忘前事，夜卒自念：‘我以先许，彼罪人食。云何数忘？’即时遣人，致食往与。举宫内外，无欲往者，咸作是说：‘今**是夜半**，道路恐有，猛兽恶鬼罗刹。祸难众多，宁死于此，不能去也。’”按：“指示代词（是、此、尔、其）+时间成分”是中土文献中习见的表达形式。汉文佛经继承了这一形式，并在译经中大量运用。例如，“是日夜半”“从是以

---

① 小島憲之、直木孝次郎、西宮一民、藏中進、毛利正守『日本書紀一』，新編日本古典文学全集，小学館，1994，第488頁。

② 该经于天平八年抄写，录于《大日本古文书》卷7，第58页。

③ 该经于天平九年抄写，录于《大日本古文书》卷7，第75页。

④ 小島憲之、直木孝次郎、西宮一民、藏中進、毛利正守『日本書紀一』，新編日本古典文学全集，小学館，1994，第494頁。

⑤ 黄征、张涌泉校注《敦煌变文校注》，中华书局，1997，第706页。

⑥ 小島憲之、直木孝次郎、西宮一民、藏中進、毛利正守『日本書紀三』，新編日本古典文学全集，小学館，1998，第216頁。

⑦ 小島憲之、直木孝次郎、西宮一民、藏中進、毛利正守『日本書紀三』，新編日本古典文学全集，小学館，1998，第314頁。

来”“始于是时”“及至～是时～”；“从此已后”“从此以后”“从此以来”“从此已来”“自此已来”“当于此时”；“自尔以来”“云尔之时”；“当于其时”；“其后不久”；等等。

“半夜时”，半夜的时候，深更半夜。《日本灵异记》中卷《弥勒菩萨铜像盗人所捕示灵表显盗人缘第23》：“圣武天皇御世，敕信巡夜，行于京中。其**半夜时**，其诸乐京葛木尼寺前南慕原，有哭叫音言：‘痛哉，痛哉！’”① (1) 隋阇那崛多译《佛华严入如来德智不思议境界经》卷1：“譬如白助月轮，于**半夜时**，阎浮地鞞波诸众生，各各知月轮在前，而月轮亦无分别，无异分别。如是我于众生前住，欲令众生，知我月轮。”(2)《全唐文》卷753杜牧《太常寺奉礼郎李贺歌诗集序》：“太和五年十月中，**半夜时**，舍外有疾呼传缄书者。”②

“每夜半”，每到半夜，每天半夜。《日本灵异记》中卷《依不布施与放生而现得善恶报缘第16》：“主将试之，而**每夜半**，窃起爨，令食于家口，犹来相之。”③ 唐义净译《香王菩萨陀罗尼咒经》卷1：“其法随以何月十四十五日作，然取阇帝花（此云荳蔻华）一千八茎，诵一遍掷像身胸上。作法以后**每夜半**须起，像前常诵一千八遍。至自有人送钱财，其钱财亦不得积聚慳贪，即须用度及施贫乏。此是香王菩萨法。”

“每六时”，每天六时，从早到晚。“六时”，昼三时与夜三时，合称为“六时”。昼三时是晨朝、日中、日没；夜三时是初夜、中夜、后夜。《日本灵异记》中卷《生爱欲恋吉祥天女像感应示奇表缘第13》：“和泉国泉郡血淳山寺，有吉祥天女像。圣武天皇御世，信浓国优婆塞，来住于其山寺。睇之天女像，而生爱欲，系心恋之，**每六时**愿云：‘如天女容好女赐我。’”④ 唐慧详撰《古清凉传》卷2：“慈恩寺僧灵察，以上元二年七月十日，往彼礼拜，遍至代州。见一人，先非旧识，无何而至。引察从台北木瓜谷，上北台，经两宿。**每六时**，尝闻钟声。”

二 现在时段

上古文学作品中源自汉文佛经的三音节现在时段表达如下：《古事记》中的“于今者”；《日本书纪》α群“从昔来”“从今始”；《唐大和上东征传》中的“今现在”等。

（一）“从昔来”

该三字格用于表述从过去一直到现在的时间链条上，故事一直在发生，不断在演绎。

“从昔来”，自古以来（直到现在）。《日本书纪》卷19《钦明纪》十三年十月条：

---

① 中田祝夫『日本靈異記』，日本古典文学全集，小学館，1975，第208頁。

② （清）董诰等编《全唐文·附唐文拾遗唐文续拾》，中华书局，1983，第7806页。

③ 中田祝夫『日本靈異記』，日本古典文学全集，小学館，1975，第191頁。

④ 中田祝夫『日本靈異記』，日本古典文学全集，小学館，1975，第182頁。

“是日，天皇闻已，欢喜踊跃，诏使者云：‘朕从昔来，未曾得闻，如是微妙之法。’”[①]唐义净译《金光明最胜王经》卷6《四天王护国品》：“尔时四天王，闻是颂已，欢喜踊跃，白佛言：‘世尊，我从昔来，未曾得闻，如是甚深，微妙之法。’”元魏菩提流支译《金刚般若波罗蜜经》[②]卷1：“尔时，须菩提闻说是经，深解义趣，涕泪悲泣，扪泪而白佛言：‘希有，婆伽婆！希有，修伽陀！佛说如是，甚深法门，我从昔来，所得慧眼，未曾得闻，如是法门。’”按：“从＋○＋来”表示时段的句式肇始于东汉译经。后汉竺大力、康孟详合译《修行本起经》卷2《出家品》：“吾从是来，建立弘誓，奉行六度、四等四恩、三十七品，善权随时，一切诸法，积累不倦，高行殊异，忍苦无量，功报不遗，大愿果成。”类义表达有四音节时段句“从＋○＋以来”。

（二）“于今者”

该三字格时间对比意识强烈，主要用于表述以过去、未来的相对时间轴为背景，历史人物或地名在当下的现状。《古事记》中的三个例子，均用于讲述当今人物或地名的历史渊源。

“于今者”，如今，现在。《古事记》上卷《大国主神》：“此稻羽之素菟者也。于今者谓菟神也。”又：“故显白其少名毘古那神。所谓久延毘古者，于今者山田之曾富腾者也。此神者，足虽不行，尽知天下之事神也。”又中卷《神武记》：“此时，登美能那贺须泥毘古兴军待向以战，尔取所入御船之楯而下立。故号其地谓楯津，于今者云日下之蓼津也。”[③]（1）吴支谦译《撰集百缘经》卷1《菩萨授记品》：“我于今者，复不布施，于将来世，遂贫转剧。”姚秦鸠摩罗什译《大庄严论经》卷3：“我等于今者，为护圣戒故，分舍是微命，必获大利益。”（2）元魏吉迦夜、昙曜合译《杂宝藏经》卷10：“悉达菩萨，久已出家，而于今者，卒生此子，甚为耻辱。”梁宝唱等集《经律异相》卷16：“魔王语言：‘云何教我？我于今者，当归依谁？’”唐玄奘译《大唐西域记》卷3：“我是睹逻国雪山下王也。怒此贱种，公行虐政，故于今者，诛其有罪。”按：“者”为助辞，增添强调的语气。佛典中多以“我于今者”的四字语句出现，强调现如今的我；“大国主神”传说中，“于今者”重点在于凸显今昔地名之不同。

“今现在”，现在正在某处。《唐大和上东征传》：“韶州官人又迎引入法泉寺，乃是则天为慧能禅师造寺也，禅师影像今现在。”[④]西晋竺法护译《大哀经》卷8《叹品》：“世尊今现在，清净诸众生，以持此经典，察谊观奉行，于百千劫中，终不归恶趣。已授于佛决，得为法王子。”隋阇那崛多译《入法界体性经》卷1：“世尊，彼等即今现在，亦不可为其分别，但说名字。”按：“今”与“现”义同，同义连言。

---

① 小島憲之、直木孝次郎、西宮一民、蔵中進、毛利正守『日本書紀二』，新編日本古典文学全集，小学館，1996，第416頁。

② 该经于天平四年抄写，录于《大日本古文书》卷1，第449页。

③ 山口佳紀、神野志隆光『古事記』，新編日本古典文学全集，小学館，1997，第78、94、142頁。

④〔日〕真人元开著，汪向荣校注《唐大和上东征传》，中华书局，1979，第74页。

（三）“从今始”

该三字格表示从今以后的意思，着眼点在于表现对包括现在在内的未来行为的一种期待。

“从今始”，从今日起，从现在起。《日本书纪》卷20《钦明纪》元年五月条：“爰有船史祖王辰尔，能奉读释。由是天皇与大臣俱为赞美曰：‘勤乎辰尔！懿哉辰尔！汝若不爱于学，谁能读解？宜**从今始**，近侍殿中。’”① 《续日本纪》卷40《桓武纪》延历九年七月条：“诏曰：‘勤乎懿哉！汝若不爱学，谁能解读？宜**从今始**，近侍殿中。’”（1）吴支谦译《菩萨本缘经》卷3：“金翅鸟言：‘唯愿仁者，为我和上，善为我说，无上之法。我**从今始**，惠施一切，诸龙无畏。’”（2）白居易《春至》：“闲拈蕉叶题诗咏，闷取藤枝引酒尝。乐事渐无身渐老，**从今始**拟负风光。”

三　未来时段

上古文学作品中源自汉文佛经的三音节未来时段表达如下：《日本书纪》β群中的“当产时”；《元兴寺伽蓝缘起并流记资财账》中的“未来间”；《日本灵异记》中的“生生世”；《唐大和上东征传》中的“临欲死”等。

（一）“未来间”“生生世”

“未来间”，从表某人尚未来到的实际意义，逐渐转变为表时间尚未到来的抽象义。“生生世”可换成“生生世世”的说法，主要用于愿文体裁的文章之中，表示对未来的一种期许。

“未来间”，还没有来的时候，亦作“未来之间”。表示时间，谓未来时刻。《元兴寺伽蓝缘起并流记资财账》：“时池边天皇告宣：‘将欲弘闻佛法，故欲法师等并造寺工人等。我有病，故急速宜送也。然使者**未来间**天皇崩已。’”元魏瞿昙般若流支译《正法念处经》卷38《观天品》：“死**未来间**，勤行精进，作诸方便……大力死王，**未来之间**，汝等毕竟，莫行放逸。舍放逸故，必得安隐。”

“生生世”，“生生世世”的缩略形式。《日本灵异记》中卷《女人大蛇所婚赖药力得全命缘第41》：“母经三年，倏倏得病，临命终时，抚子啜屌，而斯之言：‘我**生生世**，常生相之。’”② 隋阇那崛多译《佛本行集经》卷33《梵天劝请品》：“诸天及人**生生世**，发心欲听密法门。彼愿世尊今已成，速说莫令彼等退。”

（二）“当产时”“临欲死”

该组三字格既可用于过去未来时，又可用于将来时。动词“当”和“临”，正当某时或临到某时之意。故事中常用来表示某一事情即将发生的时刻，暗含一种紧迫感和现

① 小島憲之、直木孝次郎、西宮一民、蔵中進、毛利正守『日本書紀二』，新編日本古典文学全集，小学館，1996，第466頁。

② 中田祝夫『日本霊異記』，日本古典文学全集，小学館，1975，第251頁。

场感。

“**当产时**”，将要分娩的时候。《日本书纪》卷2《神代纪下》：“先是丰玉姬谓天孙曰：‘妾已有娠也。天孙之胤岂可产于海中乎？故**当产时**必就君处。如为我造屋于海边以相待者，是所望也。’”又：“先是，丰玉姬出来**当产时**，请皇孙曰云云。”[①] 刘宋佛陀什、竺道生等合译《弥沙塞部和醯五分律》卷28：“时目连语诸比丘：‘某甲居士妇当生男，彼**当产时**转为女。’”按：《日本书纪》卷2《神代纪下》又曰：“丰玉姬**方产**化为龙。”[②] 例中“方产”的说法，佛经中未见。

“**临欲死**”，临到要断气的时候。《唐大和上东征传》：“人（总）渴水，**临欲死**；荣睿师面色忽然怡悦，即说云。”[③] 失译人名今附后汉录《分别功德论》卷5：“王言：‘今我宗家有一人，为善至纯。**临欲死**时，我与诸人，共至其边，语其人言：如君所行，死应生天。若上天者，来还语我：死来于久，不来告我。我是以知，作善无福耳。’”

第二节　四音节时段句

本节仍旧分作过去、现在、未来三个时段，对出自汉文佛经的四音节时段表达进行整理分类，明辨各类时段句的出源关系，描述四音节佛典时段句在上古文学作品中被广泛吸收的实像。

在开始具体探讨相关问题之前，先将《日本书纪》中源自佛典四音节时段句，按α、β群归纳如下：①四字格。α群“未发之间”“自昔迄今”“及至于今”“是日夜半”“将欲终时”“日入之时”“经历数年”“生生世世”“日日夜夜”“一宿之间”；β群“自尔以来”“已经三年”“已经三载”“一夜之间”“昔有一人”“初来之时”“今至于此”“七日七夜”“于今不绝”“已经多日”“当于此时”“始于是时”“数日之后”。②句子格式。α群“及至～是时～”；β群“及至～时”“及年～岁”。

一　过去时段

上古文学作品中源自汉文佛经的四音节过去时段句有四个特点：一是强调时间之短；二是明确耗时多少；三是凸显发生时刻；四是模糊故事时段。

（一）强调时间之短

表动作发生之后未经多长时间：“未经几时”“未经多日”“未经几年”；表两个动作之间间隔的时间短暂：“未发之间”“未竟之间”“不久之间”“不久之顷”“然后不

① 小島憲之、直木孝次郎、西宮一民、藏中進、毛利正守『日本書紀一』，新編日本古典文学全集，小学館，1994，第176～178、186頁。

② 小島憲之、直木孝次郎、西宮一民、藏中進、毛利正守『日本書紀一』，新編日本古典文学全集，小学館，1994，第160頁。

③ 〔日〕真人元开著，汪向荣校注《唐大和上东征传》，中华书局，1979，第64～65页。

久”“其后不久”“去后不久”；“〇 + 之间”的表达，中土文献自古有之，汉文佛经沿用这一形式，表示暂短的时段。基本形式有两种，一是 X 表示尚未施行的行动，时段范围相对宽泛。譬如“未发之间”“未竟之间”。二是 X 为表示暂短时段的短语，时段范围相对紧凑。譬如“不久之间”。“间”与“顷”的意思相近，经常连用。后汉支娄迦谶译《道行般若经》卷 9《不可尽品》：“行般若波罗蜜菩萨，如两指相弹**顷间**，功德如是。”例中“相弹顷间”，弹指一挥间之意。

“**未经多日**”，没过几天。《续日本纪》卷 35《高绍纪》宝龟十年五月条：“乙丑，唐使孙兴进等辞见。中纳言从三位物部朝臣宅嗣宣敕曰：‘卿等到此，**未经多日**，还国之期，忽然云至。渡海有时，不可停住。今对分别，怅望而已。’”唐地婆诃罗译《方广大庄严经》卷 7《往尼连河品》：“尔时诸女，既知菩萨，舍置苦行，即作种种，饮食奉献。**未经多日**，色相光悦。于是众人，复相谓言：‘沙门瞿昙，形貌威严，有大福德。’”

“**未发之间**”，没启程时，在没出发的这段时间里。《日本书纪》卷 19《钦明纪》十四年八月条：“事若实者，国之败亡，可企踵而待。庶先日本兵**未发之间**，伐取安罗，绝日本路。”① (1) 梁僧佑撰《出三藏记集》卷 5：“**未发之间**，彼土小乘学者，乃以闻王：‘云汉地沙门，乃以婆罗门书，或乱真言。王为地主，若不折之，断绝大法，聋盲汉地，王之咎也。’王即不听。”(2)《魏书》卷 73《奚康生传》：“面敕曰：果者，果如朕心；枣者，早遂朕意。**未发之间**，郁州复叛。”②

“**未竟之间**”，没有完结的这段时间。《古事记》中卷《仲哀记》：“故其政**未竟之间**，其怀妊临产。即为镇御腹，取石以缠御裳之腰，而渡筑紫国。其御子者阿礼坐。”③唐法砺撰《四分律疏》卷 1：“善心息时，身则成止，更无外缘，恶作相助，故非究竟。言无记心得，戒亦先以善心，乃至羯磨**未竟之间**。忽尔睡眠，亦得戒品。是名无记心得。”

“**不久之间**”，没过多久，很快。《元兴寺伽蓝缘起并流记资财账》：“然**不久之间**，丁未年，百济客来。官问言：‘此三尼等欲度百济国受戒，是事应云何耶？’”东晋法显译《大般涅槃经》卷 2：“时大善见王，于静室中，心自念言：‘……**不久之间**，即得初禅，乃至得于第四禅。复更修习，四无量心。’”

“**不久之顷**”，不久工夫，很快。《日本灵异记》上卷《无慈心剥生兔皮而现得恶报缘第 16》：“天骨不仁，喜杀生命。其人捕兔剥皮，放之于野。然后**不久之顷**，毒疮遍身，肥肤烂败。”④ 西晋安法钦译《阿育王传》：“及年长大，为之娶妻，字真金鬘。王

---

① 小島憲之、直木孝次郎、西宮一民、蔵中進、毛利正守『日本書紀二』，新編日本古典文学全集，小学館，1996，第 422 頁。

② （北齐）魏收撰《魏书》，中华书局，1974，第 1631 页。

③ 山口佳紀、神野志隆光『古事記』，新編日本古典文学全集，小学館，1997，第 248 頁。

④ 中田祝夫『日本霊異記』，日本古典文学全集，小学館，1975，第 97 頁。

与其子至鸡头摩寺。时彼上座，观驹那罗，**不久之顷**，必当失眼，语王言：‘何故不使，驹那罗子，常令听法？’王便敕子言：‘汝今应当，顺上座教。’”按：中土文献早在先秦已有“X+顷”表示时段的用例，但形式有限。东汉译经以后，“顷”作为时段标志，表示某一时间短，其形式颇为丰富。[①]“不久之顷”就是其中之一。

“然后不久”，那件事后没过多久，这样过了不久。《日本灵异记》中卷《好于恶事者以相所诛利锐得恶死报缘第40》：“相报甚近，不无慈心。为无慈行，致无慈怨。**然后不久**，诺乐麻吕，天皇见嫌，利锐攸剔。”[②] 齐那连提耶舍译《月灯三昧经》卷9：“闻我如是最胜教，见诸比丘持净戒，无谄曲心而奉事，**然后不久**得是定。”

“其后不久”，那以后不久。《日本灵异记》下卷《二目盲男敬称千手观音日摩尼手以现得明眼缘第11》：“至帝姬阿倍天皇之代，不知二人来云：‘汝矜，故我二人治汝盲目。’左右各治了，语言：‘我径二日，必来是处。慎待不忘。’**其后不久**，倏二眼明，平复如故。”[③] 后汉昙果、康孟详合译《中本起经》卷2《瞿昙弥来作比丘尼品》：“**其后不久**，佛时与诸大比丘俱，从释氏精舍，入迦维罗卫国。”

“去后不久”，走后不大一会儿工夫。《日本灵异记》下卷《将写〈法华经〉建愿人断内暗穴赖愿力得全命缘第13》：“故有一沙弥，自隙入来，钵盛馔食，以与之语：‘汝之妻子，供我饮食，雇吾劝救。汝复哭愁，故我来之。’自隙出去，**去后不久**，当乎居顶，而穴开通，日光照被及也。”[④] 东晋瞿昙僧伽提婆译《中阿含经》卷30《大品》：“尊者舍梨子，**去后不久**，给孤独居士及五百优婆塞，亦诣佛所，稽首佛足，却坐一面。”

（二）明确耗时之多

其一，表动作所花费的天数：“一夜之间”“一宿之间”“（经）一日一夜”“以经日夜”“二日二夜”“经于三日”“径于七日”“七日七夜”“七日乃苏”“七日乃止”“经（径）七七日”“数日之后”“已经多日”“既经多日”“日日不阙”。

“一宿之间”，一夜之间，一夜工夫。《日本书纪》卷27《天智纪》三年十二月条：“栗太郡人盘城村主殷之新妇床席头端，**一宿之间**，稻生而穗。其旦垂颖而熟，明日之夜更生一穗。”[⑤]（1）吴支谦译《太子瑞应本起经》卷2：“迦叶曰：‘有何敕使？’佛言：‘欲报一事，倘不瞋恚，烦借火室，**一宿之间**。’”（2）《魏书》卷58《杨侃传》：“民遂转相告报，未实降者，亦诈举烽，**一宿之间**，火光遍数百里内。”[⑥]

“（经）一日一夜”，（经过）一天一夜。《日本灵异记》中卷《观音木像示神力缘

① 何亮：《从时点时段的表达看东汉译经的性质》，《宁夏大学学报》（人文社会科学版）2009年第6期。

② 中田祝夫『日本霊異記』，日本古典文学全集，小学館，1975，第247~248頁。

③ 中田祝夫『日本霊異記』，日本古典文学全集，小学館，1975，第290頁。

④ 中田祝夫『日本霊異記』，日本古典文学全集，小学館，1975，第290頁。

⑤ 小島憲之、直木孝次郎、西宮一民、蔵中進、毛利正守『日本書紀三』，新編日本古典文学全集，小学館，1998，第264頁。

⑥（北齐）魏收撰《魏书》，中华书局，1974，第1282页。

第36》："**经一日一夜**，而朝见，其颈自然如故继。"又下卷《拍于忆持千手咒者以现得恶死报缘第14》："忽与乘马，腾空而往，到捶行者之处，悬空**径一日一夜**，明日午时，自空落死。"① 唐实叉难陀译《大方广佛华严经》卷63《入法界品》："如是住立，思惟观察，**经一日一夜**，乃至经于七日七夜、半月一月，乃至六月，复经六日。"

"**以经日夜**"，已经过了好多年。"以"与"已"相通。《日本书纪》卷11《仁德纪》三十年十月条："时口持臣沾雪雨，**以经日夜**，伏于皇后殿前不避开。"② 姚秦竺佛念译《菩萨从兜术天降神母胎说广普经》卷7《八贤圣斋品》："金翅鸟以翅斫水取龙，水未合顷，衔龙飞出。金翅鸟法，欲食龙时，先从尾而吞。到须弥山北，有大缘铁树，高十六万里。衔龙至彼，欲得食噉，求龙尾不知处，**以经日夜**。"该例亦见于唐道世撰《法苑珠林》卷6。

"**二日二夜**"，两天两夜。《日本灵异记》下卷《沙门诵持〈方广大乘〉沉海不溺缘第4》："僧沉海，至心读诵《方广经》。海水凹开，踞底不溺。径**二日二夜**后，他船人向于奥国而度。"③ 东晋瞿昙僧伽提婆译《增壹阿含经》卷48《礼三宝品》："时罗阅城，人民之类，**二日二夜**，行乃至此山顶。如我今日，释迦文佛，出现于世，此山名耆阇崛山。须臾之顷，乃到此山顶。"

"**经于三日**"，经过三天，过了三天。《日本灵异记》中卷《忆持〈心经〉女现至阎罗王阙示奇表缘19》："值优婆夷，而欢喜曰：'唯瞥所觐。比顷不瞵，故吾恋思。何偶今逢？往矣。速还！我从今日，**经于三日**，诺乐京东，市中必逢。'"④ 失译人名今附秦录《别译杂阿含经》卷16："乃往昔时，此山名曰朋迦。于时，此城名阿毘迦。时彼世人，寿三万岁。此诸众生，若欲上山，**经于三日**，便得往还。"

"**径于七日**"，经过七天，过了七天。《日本灵异记》下卷《强非理以征债取多倍而现得恶死缘第26》："传语梦状，即日死亡。**径于七日**，不烧而置，请集禅师优婆塞三十二人，九日之顷，发愿修福。"⑤ 隋慧远撰《观无量寿经义疏》卷1："第二生中，初彼迎此，行者自见坐莲华。下此往生彼，**径于七日**，莲华乃敷，彰生久近。以劣前故，**径于七日**，其花乃敷，得益可知。"

"**七日七夜**"，七天七夜（暗含经历了很长的时间）。《日本书纪》卷9《神功纪》摄政前纪条："因以千绘高绘置琴头尾，而请曰：'先日教天皇者谁神也？愿欲知其名。'逮于**七日七夜**，乃答曰：'神风伊势国之百传度逢县之拆铃五十铃宫所居神，名

① 中田祝夫『日本霊異記』，日本古典文学全集，小学館，1975，第202、296頁。

② 小島憲之、直木孝次郎、西宮一民、蔵中進、毛利正守『日本書紀二』，新編日本古典文学全集，小学館，1996，第48頁。

③ 中田祝夫『日本霊異記』，日本古典文学全集，小学館，1975，第272頁。

④ 中田祝夫『日本霊異記』，日本古典文学全集，小学館，1975，第199頁。

⑤ 中田祝夫『日本霊異記』，日本古典文学全集，小学館，1975，第329頁。

撞贤木严之御魂天疎向津媛命焉。'"①《播磨国风土记·托贺郡》条："所以号荒田者，此处在神，名道主日女命，无父而生儿。为之酿盟酒，作田七町，**七日七夜**之间，稻成熟竟。"②《日本灵异记》上卷《捉雷缘第1》："天皇闻之，放雷不死。雷慌，**七日七夜**留在。"③ 吴支谦译《佛说维摩诘经》卷2《菩萨行品》："答曰：'此饭住止至**七日七夜**，后乃消化。'"

"**七日乃苏**"，过了七天终于苏醒过来。七天后好不容易醒了过来。《日本灵异记》中卷《依不布施与放生而现得善恶报缘第16》："托卜者曰：'我身莫烧。七日置之。'随卜者语，自山荷出，置之于外，唯待期日。**七日乃苏**，语妻子言。"④ 东晋帛尸梨蜜多罗译《佛说灌顶经》卷11："缘我重病，奄便欲死，**七日乃苏**。善神将我，经历地狱，靡不周遍。以是因缘，得见父母，在苦剧地。修福如此，而更堕罪。不解所以，今故问佛。"

"**七日乃止**"，到了第七天才停止。《续日本纪》卷33《光仁纪》宝龟五年正月条："乙丑，山背国言：'去年十二月，于管内乙训郡乙训社，狼及鹿多，野狐一百许，每夜吠鸣。**七日乃止**。'"⑤ 刘宋佛陀什、竺道生等合译《弥沙塞部和酰五分律》卷9："佛在王舍城。尔时去城不远，有一神树。众人奉事，至节会时，**七日乃止**。"

"**经（径）七七日**"，人死后经过四十九天。《日本灵异记》中卷《因慳贪成大蛇缘第38》："其僧临命终时，告弟子言：'我死之后，至于三年，室户莫开。'然死后**经七七日**，在大毒蛇，伏其室户。弟子知因，教化而开室户见之，钱三十贯隐藏也。"⑥ 东晋竺难提译《请观世音菩萨消伏毒害陀罗尼咒经》卷1："设复有人，遇大祸对，亡失国土，妻子财产，与怨憎会，称观世音菩萨名号。诵念此咒，数息系念，无分散意，**经七七日**。"

"**数日之后**"，几天以后。《日本书纪》卷22《推古纪》二十一年十二月条："辛未，皇太子遣使令视饥者。使者还来之曰：'饥者既死。'爰皇太子大悲之。则因以葬埋于当处，墓固封也。**数日之后**，皇太子召近习者，谓之曰：'先日卧于道饥者，其非凡人。必真人也。'"⑦ 又卷23《舒明纪》即位前纪条："于是，**数日之后**，山背大兄亦遣樱井臣，告大臣曰：'先日之事，陈闻耳。宁违叔父哉？'"⑧（1）吴康僧会译《六度

① 小島憲之、直木孝次郎、西宮一民、蔵中進、毛利正守『日本書紀一』，新編日本古典文学全集，小学館，1994，第418頁。

② 植垣節也『風土記』，新編日本古典文学全集，小学館，1997，第100～102頁。

③ 中田祝夫『日本靈異記』，日本古典文学全集，小学館，1975，第57頁。

④ 中田祝夫『日本靈異記』，日本古典文学全集，小学館，1975，第191頁。

⑤ 青木和夫、稲岡耕二、笹山晴生、白藤礼幸『続日本紀四』，新日本古典文学大系，岩波書店，1995，第420頁。

⑥ 中田祝夫『日本靈異記』，日本古典文学全集，小学館，1975，第244頁。

⑦ 小島憲之、直木孝次郎、西宮一民、蔵中進、毛利正守『日本書紀二』，新編日本古典文学全集，小学館，1996，第570頁。

⑧ 小島憲之、直木孝次郎、西宮一民、蔵中進、毛利正守『日本書紀三』，新編日本古典文学全集，小学館，1998，第30頁。

集经》卷8："酒醒即寤，睹其陋室，贱衣如旧，百节皆痛，犹被杖楚。**数日之后**，王又就之。"（2）《搜神记》卷7："晋太康四年，会稽郡蟛蜞及蟹，皆化为鼠，甚众覆野，大食稻为灾。始成，有毛肉而无骨，其行不能过田塍。**数日之后**，则皆为牝。"[①]

"已经多日"，业已经过好多日子。《日本书纪》卷9《神功纪》摄政元年二月条："适是时也，昼暗如夜，**已经多日**。时人曰：'常夜行之也。'"[②] 吴支谦译《菩萨本缘经》卷3《兔品》："婆罗门言：'我空饮水，**已经多日**。恐命不全，是故置宜，欲相舍离。'"

"既经多日"，已经过了好多天，已经过了好一段日子。《古事记》中卷《应神记》："于是大雀命与宇迟能和纪郎子二柱各让天下之间，海人贡大贽。尔兄辞令贡于弟，弟辞令贡于兄。相让之间，**既经多日**。如此相让，非一二时。"[③]《日本书纪》卷12《履中纪》六年二月条："天皇闻其叹而问之曰：'汝何叹息也？'对曰：'妾兄鹫住王为人强力轻捷。由是独驰越八寻屋而游行，**既经多日**，不得面言。故叹耳。'"[④] 唐义净译《根本说一切有部毘奈耶》卷22："邬波难陀报少女曰：'汝乐福者，可为捻之。'彼便报曰：'圣者若捻细缕，多时方办。幸勿疾催。'邬波难陀见其许已，咒愿而去。**既经多日**，便来问缕。诸女悉皆，持缕相施。邬波难陀既受得缕，皆与咒愿：'此之施物，是庄严心。是心资助，胜定资粮。当获人天，上妙衣服。'"按：在"既经多日"和"已经多日"的短语中，"既"与"已"为同义词，可视作异字同训。而且，四字语句亦为传经布道时常见的话语节奏。

"日日不阙"，一天不缺地坚持做某事。《日本灵异记》中卷《依不布施与放生而现得善恶报缘第16》："绫君之家，为所乞食，**日日不阙**，晡时而逢。"[⑤] 密教部《清净法身毘庐遮那心地法门成就一切陀罗尼三种悉地》卷1："一**日日不阙**作此法者，其利广多矣。舍此身已，得生西方净土，现世生中增益得福。"

其二，表动作所花费的月数："经一月许""径六个月"。

"经一月许"，经过一个多月。《日本灵异记》中卷《智者诽妒变化圣人而现至阎罗阙受地狱苦缘第7》："恨时，罢锄田寺而住。倏得痢疾，**经一月许**。临命终时，诫弟子曰：'我死莫烧。九日间置而待。学生问我，答之应曰：有缘东西，而留供养。慎勿知他。'"[⑥] 梁慧皎撰《高僧传》卷10："**经一月许**，复至京师。时潮沟有朱文殊者，少奉法。度多来其家，文殊谓度云：'弟子脱舍身没苦，愿见救济。脱在好处，愿为

---

① 王根林、黄益元、曹光甫校点《汉魏六朝笔记小说大观》，上海古籍出版社，1999，第335页。

② 小島憲之、直木孝次郎、西宮一民、蔵中進、毛利正守『日本書紀一』，新編日本古典文学全集，小学館，1994，第440頁。

③ 山口佳紀、神野志隆光『古事記』，新編日本古典文学全集，小学館，1997，第272页。

④ 小島憲之、直木孝次郎、西宮一民、蔵中進、毛利正守『日本書紀二』，新編日本古典文学全集，小学館，1996，第94頁。

⑤ 中田祝夫『日本霊異記』，日本古典文学全集，小学館，1975，第191頁。

⑥ 中田祝夫『日本霊異記』，日本古典文学全集，小学館，1975，第167頁。

法侣。’”

“**径六个月**”，经过六个月。“个”，量词，用于年月日的计数。俗语用法。《日本灵异记》下卷《如法奉写〈法华经〉火不烧缘第10》：“发愿如法，清净奉写《法华经》一部。专自书写。每大小便利，洗浴净身，自就书写筵以还，**径六个月**，乃缮写毕。”①唐阿地瞿多译《陀罗尼集经》卷5《毘俱知救病法坛品》：“若人欲得安怛啰（二合）陀那，取摩那叱啰（唐云石雄黄也）蜜陀僧二物，等分共捣为末，更细研之。**经六个月**，日日洒浴，著新净衣。日日三时，平旦日中，及日暮时，至心咒药，一百八遍讫。”

其三，表动作所花费的年数：“已经三年”“已经三载”“已经多年”“经历数年”“弥径年月”“一两年间”“虽经多年”“人间百年”。

“**已经三年**”，已经过了三年。《日本书纪》卷2《神代纪下》：“已而彦火火出见尊因娶海神女丰玉姬，仍留住海宫，**已经三年**。”② 隋智顗说《净土十疑论》卷1：“后世亲无常，临终之时，无著语云：‘汝见弥勒，即来相报。’世亲去已，三年始来。无著问曰：‘何意如许，多时始来？’世亲报云：‘至彼天中，听弥勒菩萨一坐说法，旋绕即来相报。为彼天日长故，此处**已经三年**。’”句道兴编著《搜神记》：“文榆父母，见凭不还，欲聘与刘元祥为妻。其女先与王凭志重，不肯改嫁。父母忆逼，遂适与刘元祥为妻。**已经三年**，女郎恚死。”

“**已经三载**”，已经过了三年。与“已经三年”义同。《日本书纪》卷2《神代纪下》：“时海神迎拜延入，殷勤奉慰，因以女丰玉姬妻之。故留住海宫，**已经三载**。”③古遗部《大目乾连冥间救母变文并图》卷1：“时业官启言：‘大王，青提夫人**已经三载**，配罪案总在天曹。’录事司太山都尉（一本王）唤善恶二童子，向太山检青提夫人在何地狱。”

“**已经多年**”，已经经过很多年。《古事记》下卷《雄略记》：“故其赤猪子仰待天皇之命，既经八十岁。于是赤猪子以为，望命之间，**已经多年**。姿体瘦萎，更无所恃。”④《日本书纪》卷11《仁德纪》十六年七月条：“十六年秋七月戊寅朔，天皇以宫人桑田玖贺媛示近习舍人等曰：‘朕欲爱是妇女，苦皇后之妒，不能合，**以经多年**。何徒妨其盛年乎。’”⑤ 唐慧净撰《盂兰盆经赞述》卷1：“述曰：往救也，母既皮骨连立，绝食**已经多年**。子即感结良染，遂将食往救也。”

“**经历数年**”，经过了好几年。《日本书纪》卷24《皇极纪》三年六月条：“其人惊

① 中田祝夫『日本霊異記』，日本古典文学全集，小学館，1975，第286頁。

② 小島憲之、直木孝次郎、西宮一民、蔵中進、毛利正守『日本書紀一』，新編日本古典文学全集，小学館，1994，第158頁。

③ 小島憲之、直木孝次郎、西宮一民、蔵中進、毛利正守『日本書紀一』，新編日本古典文学全集，小学館，1994，第164頁。

④ 山口佳紀、神野志隆光『古事記』，新編日本古典文学全集，小学館，1997，第340頁。

⑤ 小島憲之、直木孝次郎、西宮一民、蔵中進、毛利正守『日本書紀二』，新編日本古典文学全集，小学館，1996，第40頁。

怪猿歌，放舍而去。此是**经历数年**，上宫王等为苏我鞍作围于胆驹山之兆也。”[①] 东晋瞿昙僧伽提婆译《增壹阿含经》卷24《善聚品》：“比丘当知，或复有时，彼地狱中，**经历数年**，东门乃开。是时，罪人复往趣门，门自然闭。是时，彼人皆悉倒地，于中受苦。不可具称。”《敦煌变文·秋胡变文》：“秋胡自到魏国，**经历数年**，煞或（馘）边戎，摧凶定寇，无怨不休，无伎（使）不朝，行路讴歌，咸称帝感。”[②]

“**弥径年月**”，又经过了一段时间。《日本灵异记》下卷《沙门诵持〈方广大乘〉沉海不溺缘第4》：“帝姬阿倍天皇代之时，聟任于奥国椽。则舅僧贷钱二十贯为装束，向于所任之国。历岁余，谢钱一倍，仅偿本钱，未偿利钱。**弥径年月**，犹征乞之。”[③] 唐道宣撰《律相感通传》卷1：“育王第四女，厥貌非妍，久而不出。常恨其丑，乃图佛形，相好异佛，还如自身。成已发愿：‘佛之相好挺异于人，如何同我之形仪也？’以此苦邀，**弥经年月**。后感佛现，忽异昔形。”

“**一两年间**”，一两年时间之内。《续日本纪》卷8《元正纪》养老二年四月条：“始者老少窃怨骂之。及收其实，莫不悦服。**一两年间**，国中化之。”[④] （1）唐义净撰《梵语千字文》卷1《梵语千字文并序》：“为欲向西国人，作学语样，仍各注中，梵音下题汉字；其无字者，以音正之，并是当途要字。但学得此，则余语皆通。不同旧《千字文》。若兼悉昙章读梵本，**一两年间**，即堪翻译矣。”（2）《旧唐书》卷2《本纪第2》：“太宗独曰：‘霍去病，汉廷之将帅耳，犹且志灭匈奴。臣忝备藩维，尚使胡尘不息，遂令陛下议欲迁都，此臣之责也。幸乞听臣一申微效，取彼颉利。若**一两年间**不系其颈，徐建移都之策，臣当不敢复言。’”[⑤]

“**虽经多年**”，虽然经过了很多年头；尽管过了很多年。《续日本纪》卷8《元正纪》养老四年三月条：“比来出举多不依法。若临时征索，无稻可偿者，令其子侄易名重举。依此奸计，取利过本，积习成俗。深非道理。望请其稻，**虽经多年**，仍不过半倍。”[⑥] 吴支谦译《菩萨本缘经》卷3《兔品》：“我处此山，长发重担，**虽经多年**，无所利益；我愿从今，常相顶戴。愿汝功德，具足成就。令我来世，常为弟子。”

“**人间百年**”，按照佛教的一种说法，人的寿命最高100岁。《日本灵异记》下卷《假官势非理为政得恶报缘第35》：“僧都答曰：‘受苦之始也。何以知尔？以**人间百年**，为地狱一日一夜。故未免也。’”[⑦] 唐智度述《法华经疏义缵》卷2：“**人间百年**，夜摩

---

① 小島憲之、直木孝次郎、西宫一民、藏中進、毛利正守『日本書紀三』，新編日本古典文学全集，小学館，1998，第90頁。

② 黄征、张涌泉校注《敦煌变文校注》，中华书局，1997，第233页。

③ 中田祝夫『日本靈異記』，日本古典文学全集，小学館，1975，第272頁。

④ 青木和夫、稲岡耕二、笹山晴生、白藤礼幸『続日本紀二』，新日本古典文学大系，岩波書店，1990，第42頁。

⑤ （后晋）刘昫等撰《旧唐书》，中华书局，1975，第29页。

⑥ 青木和夫、稲岡耕二、笹山晴生、白藤礼幸『続日本紀二』，新日本古典文学大系，岩波書店，1990，第68頁。

⑦ 中田祝夫『日本靈異記』，日本古典文学全集，小学館，1975，第353頁。

一日一夜；人间二百年，兜率一日一夜；人间四百年，化乐一日一夜；人间八百年，他化一日一夜。”

（三）凸显发生时刻

表动作发生的具体时刻：“日入之时”“夜半之时”“是日夜半”“夜来昼去”“日夜不绝”“当于其时”“当于此时”“始于是时”“及至～时”“及至～时～”“及至～是时～”“及年～岁”“将死之时”“将欲终时”“临命终时”“临命终日”“死去之时”。

“是日夜半”，这天半夜。《日本书纪》卷21《用明纪》元年五月条：“于是，穴穗部皇子阴谋王天下之事，而口诈在于杀逆君。遂与物部守屋大连率兵，围绕盘余池边。逆君知之，隐于三诸之岳。**是日夜半**，潜自山出隐于后宫。”又《崇峻纪》二年四月条：“六月甲辰朔庚戌，苏我马子宿祢等奉炊屋姬尊，诏佐伯连丹经手、土师连盘村、的臣真啮曰：‘汝等严兵速往，诛杀穴穗部皇子与宅部皇子。’**是日夜半**，佐伯连丹经售等围穴穗部皇子宫。”① 又卷24《皇极纪》元年八月条：“**是日夜半**，雷鸣于西南角而风雨。参官等所乘船舶触岸而破。”② 后汉竺大力、康孟详合译《修行本起经》卷2：“**是日夜半**后。得三术阇（三术阇者，汉言三神满具足），漏尽结解，自知本昔，久所习行，四神足念，精进定、欲定、意定、戒定。得变化法，所欲如意，不复用思。”

“日夜不绝”，昼夜不断，每天不停。《唐大和上东征传》：“州县官人、百姓填满街衢，礼拜赞叹，**日夜不绝**。”③ 唐菩提流志译《文殊师利所说不思议佛境界经》卷2：“世尊，若有善男子、善女人，受持此咒，**日夜不绝**，则为一切天龙、乾闼婆、阿修罗、迦楼罗、紧那罗、摩睺罗伽、人非人等常所守护，一切怨憎，不能为害。”

“当于其时”，正在此时；正当这个时候。《古事记》下卷《安康记》：“于是，其大后之先子目弱王，是年七岁。是王**当于其时**而游其殿下。”④ 唐道宣撰《续高僧传》卷19：“经二宿左手，仍内屈三指。**当于其时**，有房内弟子荣泰难提二人，剃头沐浴，见如此事，即报寺主慧网。合众惊集，倍恸于怀。然其为性，不畜私财。浙南诸州，男女黑白归向者，数不可纪。”

“当于此时”，犹言“正当此时”。《日本书纪》卷13《允恭纪》元年十二月条：“于是大中姬命惶之，不知退而侍之经四五克。**当于此时**，季冬之节风亦烈寒。大中姬所捧碗水溢而腕凝，不堪寒以将死。”⑤（1）后秦佛陀耶舍、竺佛念等合译《长阿含经》卷2：“复次阿难，菩萨初成，无上正觉。**当于此时**，地大震动，是为五也。”（2）《艺

① 小島憲之、直木孝次郎、西宮一民、蔵中進、毛利正守『日本書紀二』，新編日本古典文学全集，小学館，1996，第502、508頁。

② 小島憲之、直木孝次郎、西宮一民、蔵中進、毛利正守『日本書紀三』，新編日本古典文学全集，小学館，1998，第64頁。

③〔日〕真人元开著，汪向荣校注《唐大和上东征传》，中华书局，1979，第72页。

④ 山口佳紀、神野志隆光『古事記』，新編日本古典文学全集，小学館，1997，第328頁。

⑤ 小島憲之、直木孝次郎、西宮一民、蔵中進、毛利正守『日本書紀二』，新編日本古典文学全集，小学館，1996，第104頁。

文类聚》卷77梁简文帝《与广信侯书》曰："仰望九层，俯窥百尺，金池动月，玉树含风。**当于此时**，足称法乐。"①

"**始于是时**"，肇始于这个时候。《日本书纪》卷22《推古纪》十八年三月条："十八年春三月，高丽王贡上僧昙征、法定。昙征知五经，且能作彩色及纸墨，并造碾硙。盖造碾硙**始于是时**欤。"又三十一年十一月条："盘金问之曰：'是船者何国迎船？'对曰：'新罗船也。'盘金亦曰：'曷无任那之迎船？'即时更为任那加一船。其新罗以迎船二艘**始于是时**欤。"②

"**及至～时**"，到了某一时刻。《日本书纪》卷1《神代纪上》："**及至**产**时**，先以淡路洲为胞。意所不快。故名之曰淡路洲。"又："**及至**日神当新尝之**时**，素戋呜尊则于新宫御席之下阴自送粪。日神不知，径坐席上。由是日神举体不平，故以恚恨。乃居于天石窟，闭其盘户。"又卷2《神代纪下》："**及至**彦火火出见尊将归之**时**，海神白言：'今者，天神之孙，辱临吾处。中心欣庆，何日忘之？'"③又卷26《齐明纪》元年五月条："夏五月庚午朔，空中有乘龙者，貌似唐人著青油笠而自葛城岭驰隐胆驹山。**及至**午**时**，从于住吉松岭之上向西驰去。"④（1）失译人名今附东晋录《般泥洹经》卷2："佛言：'阿难，有二因缘，佛色发明。何等二？谓初夜得佛无上正真之道妙正觉时，**及至**终夜弃所受余无为之情取灭度**时**。吾今夜半，当般泥洹，故色发明。'"（2）《孟子》卷5《滕文公上》："**及至**葬，四方来观之，颜色之戚，哭泣之哀，吊者大悦。"⑤按：（1）汉文佛经文例中的句式是"及至～时"，（2）传世文献中的句式是"及至～"。由此可知，《神代纪上》的句式源自汉文佛经。

"**及至～时～**"，及至……这时……《日本书纪》卷1《神代纪上》："**及至**得酒，头各一槽饮，醉而睡。**时**素戋呜尊乃拔所带十握剑，寸斩其蛇。"⑥吴支谦译《太子瑞应本起经》卷1："**及至**七岁，而索学书，乘羊车诣师门。**时**去圣久，书缺二字，以问于师，师不能达，反启其志。"姚秦竺佛念译《出曜经》卷7《放逸品》："**及至**秋节，风飘叶落，各得相见，贼自隐藏。**时**诸比丘，复作是念：'荫厚叶茂，寇贼纵逸。外事如是，内亦当尔。毛发爪齿，形容殊妙，覆诸结使，奸爱游荡，得伺其便，劫善本财货。'"

"**及至～是时～**"，及至……正在这时……《日本书纪》卷14《雄略纪》九年五月

---

① （唐）欧阳询撰《艺文类聚》，上海古籍出版社，1999，第1325页。

② 小島憲之、直木孝次郎、西宮一民、藏中進、毛利正守『日本書紀三』，新編日本古典文学全集，小学館，1998，第562、584頁。

③ 小島憲之、直木孝次郎、西宮一民、藏中進、毛利正守『日本書紀一』，新編日本古典文学全集，小学館，1994，第26、80、170頁。

④ 小島憲之、直木孝次郎、西宮一民、藏中進、毛利正守『日本書紀三』，新編日本古典文学全集，小学館，1998，第202～204頁。

⑤ 《孟子》，《十三经注疏》，中华书局，1980，第2701页。

⑥ 小島憲之、直木孝次郎、西宮一民、藏中進、毛利正守『日本書紀一』，新編日本古典文学全集，小学館，1994，第92頁。

条："是以韩子宿祢等并辔而往，**及至**于河，大盘宿祢饮马于河。**是时**，韩子宿祢从后而射大盘宿祢鞍几后桥。"[①] 梁僧伽婆罗译《阿育王经》卷3《供养菩提树因缘品》："时大臣答阿育王言：'大王云何，教我所作？'王语大臣：'我今欲洗，入彼浴室。应脱天冠，及衣服等。汝当以我，服饰庄严我弟，令登王座。'臣答言：'尔。'**及至**阿育王将入浴室，脱庄严具，入浴室已，**是时**大臣语阿育王弟：'若无阿育，汝当作王。是故今者，试着天冠，被天衣服，及登王座。'"按："是时"，"这时"之意，用于表示前后两个事情同时发生。"是时"还经常与"尔时"混用。[②] 东晋法显译《大般涅槃经》卷1："尔时，世尊即便舍寿，而以神力，住命三月。是时，大地十八相动，天鼓自鸣。"

"及年～岁"，到了……的年龄，年龄到了……岁。《日本书纪》卷3《神武纪》即位前纪条："**及年**四十五**岁**，谓诸兄及子等曰：'昔我天神高皇产灵尊、大日孁尊，举此丰苇原瑞穗国而授我天祖彦火琼琼杵尊。于是火琼琼杵尊辟天关，披云路，驱仙跸以戾止。是时运属鸿荒，时钟草昧。'"[③]（1）西晋安法钦译《阿育王传》卷5："婆罗门言：'我妇怀妊，若生男者，当与尊者。'后双生二千。尊者毱多往从索之。婆罗门言：'小待长大，然后当与。'**及年**八**岁**，尊者毱多复往从索。婆罗门即以一子，与于尊者。"（2）《晋书》卷95《艺术传》"王有妹，年二十，才悟明敏，诸国交娉，并不许，及见炎，心欲当之，王乃逼以妻焉。既而罗什在胎，其母慧解倍常。**及年**七**岁**，母遂与俱出家。"[④]

"将欲终时"，将要去世的时候。《日本书纪》卷21《用明纪》二年四月条："天皇之疮转盛，**将欲终时**，鞍部多须奈进而奏曰：'臣奉为天皇，出家修道。又奉造丈六佛像及寺。'"[⑤] 唐玄奘译《瑜伽师地论》卷1："如前善说，又善心死时，安乐而死。**将欲终时**，无极苦受，逼迫于身；恶心死时，苦恼而死。**将命终时**，极重苦受，逼迫于身；又善心死者，见不乱色相；不善心死者，见乱色相。"

"临命终时"，临死的时候，临终时。《日本灵异记》上卷《勤求学佛教弘法利物**临命终时**示异表缘第22》："**临命终时**，洗浴易衣，向西端坐。光明遍室。"[⑥] 姚秦鸠摩罗什译《妙法莲华经》卷6《常不轻菩萨品》："其罪毕已，**临命终时**，得闻此经，六根清净。"

---

① 小島憲之、直木孝次郎、西宫一民、蔵中進、毛利正守『日本書紀二』，新編日本古典文学全集，小学館，1996，第184頁。

② 何亮：《从时点时段的表达看东汉译经的性质》，《宁夏大学学报》（人文社会科学版）2009年第6期。

③ 小島憲之、直木孝次郎、西宫一民、蔵中進、毛利正守『日本書紀一』，新編日本古典文学全集，小学館，1994，第192頁。

④（唐）房玄龄等撰《晋书》，中华书局，1994，第2499页。

⑤ 小島憲之、直木孝次郎、西宫一民、蔵中進、毛利正守『日本書紀二』，新編日本古典文学全集，小学館，1996，第506頁。

⑥ 中田祝夫『日本霊異記』，日本古典文学全集，小学館，1975，第107～108頁。

“**临命终日**”，到了临终的那一天。《日本灵异记》下卷《智行并具禅师重得人身生国皇之子缘第39》：“帝姬天皇御世于九年宝字二年岁次戊戌年，寂仙禅师，**临命终日**，而留录文，授弟子，告之而言：‘自我命终以后，历二十八年之间，生于国王之子。名为神野。是以当知我寂仙。’云云。”① 唐实叉难陀译《地藏菩萨本愿经》卷2《利益存亡品》：“地藏答言：‘长者，我今为未来相在一切众生，承佛威力，略说是事。长者，未来相在诸众生等，**临命终日**，得闻一佛名、一菩萨名、一辟支佛名，不问有罪无罪，悉得解脱。’”

（四）模糊具体时间

表动作发生的一个模糊的时段：“往昔过去”“佛在世时”“自幼迄长”“长大之后”“初来之时”“云尔之时”“一时～之时～”“昔有一人”“昔时之人”。

“**往昔过去**”，过去，很早以前。《日本灵异记》下卷《依妨修行人得猴身缘第24》：“**往昔过去**，罗作国王时，制一独觉，不令乞食。入境不得，七日顷饥。依此罪报，罗睺罗不生六年，在母胎中者，其斯谓也矣。”② 后汉支娄迦谶译《佛说无量清净平等觉经》卷3：“**往昔过去**，无央数劫已来，一劫、十劫、百劫、千劫、万劫、亿劫、万亿劫、亿万劫，劫中有佛。”

“**佛在世时**”，释尊在世的时候。《日本灵异记》下卷《产生肉团之作女子修善化人缘第19》：“昔**佛在世时**，舍卫城须达长老之女苏曼，所生卵十枚，开成十男，出家皆得罗汉果。”③ 后汉安世高译《佛说奈女耆婆经》卷1：“**佛在世时**，维耶离国王苑中，自然生一奈树，枝叶繁茂，实又加大，既有光色，香美非凡。”

“**自幼迄长**”，从小到大。《日本灵异记》上卷《自幼时用网捕鱼而现得恶报缘第11》：“时寺边有渔夫，**自幼迄长**，以网为业。”④ 唐玄奘撰《大唐西域记》卷1：“法师**自幼迄长**，游心玄理。名流先达，部执交驰，趋末忘本，摭华捐实。遂有南北异学，是非纷纠。永言于此，良用抚然。”

“**长大之后**”，成人以后。《日本灵异记》上卷《僧用涌汤薪而与他作牛役之示奇缘第20》：“其寺有一牸而生犊子。**长大之后**，驾车载薪，无憩所驱，控车入寺。”⑤（1）隋吉藏撰《金光明经疏》卷1：“于中初二行，明在胎内，为天所护，故曰天子。次一行，明胎外为天所养，故名天子。后一行，明**长大之后**天德分与，故名天子。后半行结为天神力所加故，得自在，名为天也。”（2）《旧唐书》卷74《马周传》：“又言赖诸王年少，傅相制之；**长大之后**，必生祸乱。历代以来，皆以谊言为是。”⑥

---

① 中田祝夫『日本靈異記』，日本古典文学全集，小学館，1975，第378頁。
② 中田祝夫『日本靈異記』，日本古典文学全集，小学館，1975，第323頁。
③ 中田祝夫『日本靈異記』，日本古典文学全集，小学館，1975，第309頁。
④ 中田祝夫『日本靈異記』，日本古典文学全集，小学館，1975，第88頁。
⑤ 中田祝夫『日本靈異記』，日本古典文学全集，小学館，1975，第104～105頁。
⑥（后晋）刘昫等撰《旧唐书》，中华书局，1975，第2617页。

“**初来之时**”，刚来的时候，当初来的时候。《日本书纪》卷6《垂仁纪》八十八年七月条：“八十八年秋七月己酉朔戊午，诏群卿曰：‘朕闻新罗王子天日枪**初来之时**，将来宝物今有但马。元为国人见贵，则为神宝也。朕欲见其宝物。’”① 姚秦鸠摩罗什译《大庄严论经》卷15：“夫闻是已，深生欢喜，作是念言：‘王极有德，知恩报恩，过我本望。由我意短，**初来之时**，以无所得，情用恨然。’”隋灌顶撰《大般涅槃经疏》卷2《序品》：“兴皇并云：‘诸比丘**初来之时**悉未是罗汉，经家将后悟无学向前叹之。’”

“**云尔之时**”，正在说这个的时候；说的就是那个时候。《播磨国风土记·贺毛郡》条：“右，号云润者，丹津日子神：‘法太之川底，欲越云润之方。’**云尔之时**，在于彼村太水神，辞云：‘吾以宍血佃。故不欲河水。’”② 窥基撰《成唯识论述记》卷1：“畅翳理于玄津，荡疑氛于缛思。颖标三藏殚驾一人，擢秀五天陵揜千古。讵与夫家依骧誉空擅美于声明，童寿流芳徒见称于中观？**云尔之时**矣。”

“**一时～之时～**”，一次……的时候……；一次，当……时……“一时”，从前某一个时候，无法确指。③《古事记》中卷《应神记》：“**一时**天皇越幸近淡海国**之时**，御立宇迟野上，望葛野歌曰。”又下卷《仁德记》：“亦**一时**天皇为将丰乐，而幸行日女岛**之时**，于其岛雁生卵。”又《雄略记》：“亦**一时**，天皇游行到于美和河**之时**，河边有洗衣童女，其容姿甚丽。”又：“又**一时**天皇登幸葛城山**之时**，百官人等悉给著红纽之青折衣服。”④

“**昔有一人**”，从前有一个人。《日本书纪》卷6《垂仁纪》八十八年七月条：“**昔有一人**，乘艇泊于但马国。因问曰：‘汝何国人也？’对曰：‘新罗王子，名曰天日枪。’”⑤ 又卷11《仁德纪》三十八年七月条：“俗曰：‘**昔有一人**，往菟饿，宿于野中。’”⑥（1）吴康僧会译《旧杂譬喻经》卷2：“**昔有一人**，年少贫苦，行诣他国，得一甘果。”（2）《搜神后记》卷3：“**昔有一人**，与奴同时得腹瘕病，治不能愈。奴既死，乃剖腹视之，得一白鳖，赤眼，甚鲜明。”⑦

二　现在时段

上古文学作品中源自汉文佛经的四音节现在时段句有三个特点：一是强调持续时间之长；二是明确持续时间直至今日；三是凸显持续时间将延至未来。

① 小島憲之、直木孝次郎、西宮一民、蔵中進、毛利正守『日本書紀一』，新編日本古典文学全集，小学館，1994，第332頁。

② 植垣節也『風土記』，新編日本古典文学全集，小学館，1997，第116頁。

③ 李维琦：《佛经词语汇释》，湖南师范大学出版社，2004，第161页。

④ 山口佳紀、神野志隆光『古事記』，新編日本古典文学全集，小学館，1997，第260、302、340、346頁。

⑤ 小島憲之、直木孝次郎、西宮一民、蔵中進、毛利正守『日本書紀一』，新編日本古典文学全集，小学館，1994，第334頁。

⑥ 小島憲之、直木孝次郎、西宮一民、蔵中進、毛利正守『日本書紀二』，新編日本古典文学全集，小学館，1996，第54頁。

⑦ 王根林、黄益元、曹光甫校点《汉魏六朝笔记小说大观》，上海古籍出版社，1999，第452页。

（一）“从此已后”“自尔以来”

该类表动作发生之后其影响一直在持续：“从此已后”“从此以后”“从此以来”“从此已来”“从是以来”“自尔以来”“自此已来”。

“从此已后”，自此以后。“已”通“以”。《藤原家传》下卷《武智麻吕传》：“**从此已后**，国人怕罪，不敢侵用，寺家之物也。”[①]《日本灵异记》中卷《依汉神祟杀牛而祭又修放生善以现得善恶报缘第5》：“自阎罗阙还苏，增发誓愿。**从此已后**，效不祭神。归信三宝，己家立幢成寺，安佛修法放生。**从此已后**，号曰那天堂矣。”[②] 东晋佛陀跋陀罗译《佛说观佛三昧海经》卷9《本行品》：“时彼佛世，有一比丘，有九弟子。与诸弟子，往诣佛塔，礼拜佛像，见一宝像，严显可观。既敬礼已，目谛视之，说偈赞叹，随寿修短，各自命终。既命终已，生于东方宝威德上王佛国土，在大莲华，结加趺坐，忽然化生。**从此已后**，恒得值遇，无量诸佛。”

“从此以后”，今义同。《日本灵异记》上卷《自幼时用网捕鱼而现得恶报缘第11》：“诣浓于寺，于大众中，忏罪改心，施衣服等，令诵经竟，**从此以后**，不复行恶。”[③]（1）萧齐僧伽跋陀罗译《善见律毘婆沙》[④] 卷1《阿育王品》：“大德即见当来世非法垢起，**从此以后**百岁又十八年中，波吒利弗国阿育王已生世，生已一切阎浮利地靡不降伏。于佛法中甚笃信，极大供养。”（2）《魏书》卷80《斛斯椿传》：“又说帝数出游幸，号令部曲，别为行陈，椿自约勒，指麾其间。**从此以后**，军谋朝政，一决于椿。”[⑤]

“从此以来”，自此以来，从此以后；以此为界限。《唐大和上东征传》：“**从此以来**，日本律仪，渐渐严整；师（师）相传，遍于环宇。”[⑥]《日本灵异记》中卷《孤娘女凭敬观音铜像市奇表得现报缘第34》：“**从此以来**，得本大富，脱饥无愁，夫妻无夭，全命存身也。”[⑦] 姚秦鸠摩罗什译《成实论》卷15《智相品》：“问曰：‘诸念处及暖等中，心能从实法，是无漏耶？’答曰：‘无漏心能破假名，是故随心能破假名。**从此以来**，名为无漏。”按：《唐大和上东征传》用于具体义，表示时间。《智相品》用于抽象义，表示越过某一标准。

“从此已来”，从此以后，自从这件事以后。“已”通“以”。《日本灵异记》中卷《智者诽妒变化圣人而现至阎罗阙受地狱苦缘第7》：“**从此已来**，智光法师，信行基菩萨，明知圣人。”[⑧] 后秦佛陀耶舍、竺佛念等合译《长阿含经》卷13：“以其初生能言，

---

① 沖森卓也、佐藤信、矢島泉『藤氏家伝鎌足貞慧武智麻呂伝注釈と研究』，吉川弘文館，1999，第337頁。
② 中田祝夫『日本霊異記』，日本古典文学全集，小学館，1975，第160頁。
③ 中田祝夫『日本霊異記』，日本古典文学全集，小学館，1975，第89頁。
④ 该经于胜宝三年抄写，录于《大日本古文书》卷12，第177页。
⑤ （北齐）魏收撰《魏书》，中华书局，1974，第1774页。
⑥ 〔日〕真人元开著，汪向荣校注《唐大和上东征传》，中华书局，1979，第96页。
⑦ 中田祝夫『日本霊異記』，日本古典文学全集，小学館，1975，第239頁。
⑧ 中田祝夫『日本霊異記』，日本古典文学全集，小学館，1975，第169頁。

故名声王。如今初生，有能言者，人皆怖畏，名为可畏；彼亦如是，生便能言，故名声王。**从此已来**，婆罗门种，遂以声王为姓。”

“从是以来”，从此以后，从那以后。《日本灵异记》中卷《佛铜像盗人所捕示灵表显盗人缘第22》：“我心重大乘，闻婆罗门诽谤方等，断其命根。以是因缘，**从是以来**，不堕地狱。”[①] 失译人名今附后汉录《分别功德论》卷4：“时边亦有一梵志，却起恚心曰：‘此人与畜生无异。乃蹈他头发上过去也。’**从是以来**，阿僧祇劫，常堕畜生中。”

“自尔以来”，从那以后。《日本书纪》卷1《神代纪上》：“**自尔以来**，世忌著笠蓑以入他人屋内。又讳负束草以入他人家内。有犯此者，必债解除。此太古之遗法也。”[②]《肥前国风土记·神埼郡》条：“昔者，此郡有荒神，往来之人，多被杀害。缠向日代宫御宇天皇巡狩之时，此神和平。**自尔以来**，无更有殃。因曰神埼郡。”[③]《续日本纪》卷32《光仁纪》宝龟三年二月条：“逮乎季岁，高氏沦亡。**自尔以来**，音问寂绝。”[④]（1）刘宋沮渠京声译《弟子死复生经》卷1：“会后与善师相得相教作善，牵我入佛道中，得见沙门道人，授我五戒，奉行十善。**自尔以来**，至于今日，不复犯恶。”（2）《后汉书》卷36《郑兴传》：“今年正月繁霜，**自尔以来**，率多寒日，此亦急咎之罚。天子贤圣之君，犹慈父之于孝子也。”[⑤] 按：“自尔以来”，亦作“自尔已来”。《常陆国风土记·香岛郡》条：“神户，六十五烟。淡海大津朝，初遣使人，造神之宫。**自尔已来**，修理不绝。年别七月，造舟而奉纳津宫。”[⑥]

“自此已来”，从此以后。《续日本纪》卷7《元正纪》灵龟二年八月条：“**自此已来**，驱使丁乏，凡诸属官并未辛苦。请停绵给丁，欲得存济。许之。”[⑦]（1）东晋瞿昙僧伽提婆译《增壹阿含经》卷44《十不善品》：“六十年中，说此二偈，以为禁戒，**自此已**[⑧]**来**，以有瑕秽，便立禁戒。彼佛寿六万岁。”（2）《晋书》卷19《礼上》：“此等皆明达习礼，仰读周典，俯师仲尼，渐渍圣训，讲肄积年，及遇丧事，尤尚若此，明丧礼易惑，不可不详也。况**自此已来**，篇章焚散，去圣弥远，丧制诡谬，固其宜矣。”[⑨]

（二）“往古今来”“自昔迄今”

该类表动作发生之后其影响一直持续到现在：“往古今来”“自昔迄今”“自昔及

① 中田祝夫『日本霊異記』，日本古典文学全集，小学館，1975，第207頁。

② 小島憲之、直木孝次郎、西宮一民、蔵中進、毛利正守『日本書紀一』，新編日本古典文学全集，小学館，1994，第86頁。

③ 植垣節也『風土記』，新編日本古典文学全集，小学館，1997，第322頁。

④ 青木和夫、稲岡耕二、笹山晴生、白藤礼幸『続日本紀四』，新日本古典文学大系，岩波書店，1995，第370頁。

⑤（宋）范晔撰，（唐）李贤等注《后汉书》，中华书局，1965，第1222页。

⑥ 植垣節也『風土記』，新編日本古典文学全集，小学館，1997，第392頁。

⑦ 青木和夫、稲岡耕二、笹山晴生、白藤礼幸『続日本紀二』，新日本古典文学大系，岩波書店，1990，第16頁。

⑧“已”，圣中本作“以”。

⑨（唐）房玄龄等撰《晋书》，中华书局，1994，第581页。

今”“及至于今”“今至于此”“过现二生”。

“往古今来”，犹言“从古至今”。《日本灵异记》下卷《女人产生石以之为神而斋缘第31》：“因其女家内，立忌篱而斋。往古今来，未都见闻。”①唐道宣撰《广弘明集》卷28陈文帝《虚空藏菩萨忏文》：“窃以，菩萨之于众生，是大依止。观察性相，随机济拔。一人未度，不证道果。往古今来，行愿如一，而虚空藏菩萨最为胜上，为众中之幢王，为大明之尊主，具诸佛之智慧，得如来之秘密。”

“自昔迄今”，从古到今。《日本书纪》卷19《钦明纪》五年二月条：“别谓河内直，自昔迄今，唯闻汝恶。汝先祖等俱怀奸伪诱说，为哥可君专信其言，不忧国难。”②（1）西晋竺法护译《普曜经》卷1《论降神品》：“迦叶佛，如来、至真、等正觉，道决所化，自昔迄今。”（2）《全唐文》卷663白居易《郑可吏部尚书制》：“敕：‘天官太宰，秩序常尊，自昔迄今，冠诸卿首，非位望崇盛者，不可以处之。’”③

“自昔及今”，从古至今。《续日本纪》卷8《元正纪》养老二年十二月条：“但自昔及今，杂言大赦，唯该小罪，八虐不沾。”隋吉藏撰《三论玄义》卷1：“自昔及今，一切诸教，同治断常之病，同开正道，但约今昔，教用异耳。”

“及至于今”，直到今天，直到现在。《日本书纪》卷21《崇峻纪》二年五月条：“五月，物部大连军众三度惊骇。大连元欲去余皇子等而立穴穗部皇子为天皇。及至于今，望因游猎而谋替立，密使人于穴穗部皇子曰：‘愿与皇子将驰猎于淡路。’”④东晋瞿昙僧伽提婆译《中阿含经》卷49：“尔时，世尊答曰：‘阿难，彼我所说，汝实善知、善受、善持。所以者何？我从尔时，及至于今，多行空也。’”

“今至于此”，今天来到这里；现在才落到今天这个地步。《日本书纪》卷7《景行纪》四十年是岁条：“昔日本武尊向东之岁，停尾津滨而进食。是时解一剑置于松下，遂忘而去。今至于此，剑犹存。”⑤（1）唐义净译《根本说一切有部苾刍尼毘奈耶》卷18：“妇人答言：‘我不自由，身属于他。当时我频咨请，圣者吐罗尼，请将余方，勿遭留难。不蒙存护，今至于此。’”（2）《宋史》卷1《本纪》：“有顷，诸将拥宰相范质等至，太祖见之，呜咽流涕曰：‘违负天地，今至于此！’”按：《景行纪》文例的年代早于《本纪》。

“过现二生”，过去世和现在世。《日本灵异记》上卷《忆持〈法华经〉现报示奇异表缘第18》：“赞曰：‘善哉！日下部之氏。读经求道，过现二生，重诵本经。现孝二

---

① 中田祝夫『日本靈異記』，日本古典文学全集，小学館，1975，第343頁。

② 小島憲之、直木孝次郎、西宮一民、藏中進、毛利正守『日本書紀二』，新編日本古典文学全集，小学館，1996，第384頁。

③ （清）董诰等编《全唐文·附唐文拾遗唐文续拾》，中华书局，1983，第6741页。

④ 小島憲之、直木孝次郎、西宮一民、藏中進、毛利正守『日本書紀二』，新編日本古典文学全集，小学館，1996，第508頁。

⑤ 小島憲之、直木孝次郎、西宮一民、藏中進、毛利正守『日本書紀一』，新編日本古典文学全集，小学館，1994，第382頁。

父，美名传后。是圣非凡。诚知法华威神，观音验力。'"[①] 唐玄奘译《阿毘达磨顺正理论》卷17："以无漏心，非烦恼故，又非所断，如何可执，由断彼故？亦说能缘，过现二世，诸烦恼断。今恣汝说此位断，何能缘过去，现在烦恼？故汝所言，都无实义。"唐湛然述《止观辅行传弘决》卷8："言法门者，过现二世，或单分别，布施法门；或欲施时，先简邪正，偏圆等心。故此心现，总名习因。"唐圆晖述《俱舍论颂疏论本》卷6《分别根品》："二世者，遍行同类，唯通过现二世也。三世三者，谓异熟相应，俱有三因，通三世也。"

（三）"于今不绝""绝于今日"

该类表动作发生后其影响至今保持不变或已经绝灭："于今不绝""于今犹在""绝于今日"。

"于今不绝"，犹言"至今不绝"。《日本书纪》卷9《神功纪》摄政前纪条："是以其国女人每当四月上旬，以钩投河中，捕年鱼，于今不绝。唯男夫虽钓，以不能获鱼。"[②]（1）后汉迦叶摩腾、法兰合译《四十二章经》卷1："含识之类，蒙恩受赖，于今不绝也。"《敦煌变文·目连缘起》："慈悲教法流传，直至于今不绝。"[③]（2）《陈书》卷27《江总传》："总笃行义，宽和温裕。好学，能属文，于五言七言尤善；然伤于浮艳，故为后主所爱幸。多有侧篇，好事者相传讽玩，于今不绝。"[④]

"绝于今日"，从今往后，断绝（母子）关系。《日本灵异记》上卷《凶人不敬养奶房母以现得恶死报缘地23》："汝也征负稻，吾亦征乳值。母子之道，绝于今日。天知地知，悲哉痛哉！"[⑤] 史传部《往生西方净土瑞应传》卷1："赞曰：'法门父母，慧解由生。微妙难测，绝于今日[⑥]。'"

（四）"现在未来""自今以去"

该类表动作发生后对现在乃至未来都将持续产生影响。

"现在未来"，现在与未来；现世与来世。《元兴寺伽蓝缘起并流记资财账》："随堪修行善捧营，愿引导后嗣。后嗣类蒙此法之赖，现在未来令得最胜安乐。"唐义净译《金光明最胜王经》卷5《莲华喻赞品》："大众闻是说，皆发菩提心；愿现在未来，常依此忏悔。"

"自今以去"，从今往后。《续日本纪》卷5《元明纪》和铜三年三月条："三月戊

---

① 中田祝夫『日本霊異記』，日本古典文学全集，小学館，1975，第101頁。

② 小島憲之、直木孝次郎、西宮一民、蔵中進、毛利正守『日本書紀一』，新編日本古典文学全集，小学館，1994，第420～422頁。

③ 黄征、张涌泉校注《敦煌变文校注》，中华书局，1997，第1014页。

④ （唐）姚思廉撰《陈书》，中华书局，1972，第347页。

⑤ 中田祝夫『日本霊異記』，日本古典文学全集，小学館，1975，第110頁。

⑥ "今日"，甲本、乙本中作"曩日矣"。

午，制：‘辄取畿外人，用帐内资人。**自今以去**，不得更然。待官处分，而后充之。’”①（1）失译人名附东晋录《菩萨本行经》卷2：“波斯匿王，敕臣作限：‘**自今以去**，夜不得燃火，及于灯烛。其有犯者，罚金千两。’”（2）《宋书》卷82《周朗传》：“又妃主所赐，不限高卑，**自今以去**，宜为节目。”②

三　未来时段

（一）“日日夜夜”“朝朝暮暮”

“**日日夜夜**”，每天每夜。谓延续的时间之长。《日本书纪》卷27《天智纪》六年三月条：“三月辛酉朔己卯，迁都于近江。是时，天下百姓不愿迁都，讽谏者多，童谣亦众。**日日夜夜**，失火处多。”③《藤氏家传》上卷《镰足传》：“赐纯金香炉，持此香炉，如汝誓愿，从观音菩萨之后，到兜率陀天之上，**日日夜夜**，听弥勒之妙说，朝朝暮暮，转真如之法轮。”④（1）东晋佛陀跋陀罗译《佛说观佛三昧海经》卷8《观马王藏品》：“长者有子，名曰华德。兄弟三人，游荡无度，竟奔淫舍。始初一往，各各皆输，金钱十五。**日日夜夜**，恒输金钱，过倍常人。经一月中，一藏金尽。”（2）齐己《赠持〈法华经〉僧》：“众人有口，不说是，即说非。吾师有口何所为，莲经七轴六万九千字，**日日夜夜**终复始。”

“**朝朝暮暮**”，早早晚晚，白天黑夜，每天每夜，无时无刻。《藤氏家传》上卷《镰足传》：“赐纯金香炉，持此香炉，如汝誓愿，从观音菩萨之后，到兜率陀天之上，日日夜夜，听弥勒之妙说；**朝朝暮暮**，转真如之法轮。”⑤唐法照撰《净土五会念佛诵经观行仪》：“五会响扬出云霞，清音寥亮满恒沙。**朝朝暮暮**常能念，世世生生在佛家。”

（二）“半月半月”“每至月半”

“**半月半月**”，每半月一次定期读诵戒律或经文（的法事）。《元兴寺伽蓝缘起并流记资财账》：“时百济客白：‘我等国者，法师寺尼寺之间，钟声互闻，其间无难事。**半月半月**日中之前，往还处作也。’”又时尼等白：“‘礼佛宫忽作赐。又**半月半月**为白羯磨并法师寺速作具赐。’白。如是樱井寺内堂略作构置在。”后汉安世高译《佛说犯戒罪报轻重经》卷1：“如来制禁戒，**半月半月**说。已说戒利益，稽首礼诸佛。”

“**每至月半**”，每到一个月的十五日。《续日本纪》卷14《圣武纪》天平十三年三

① 青木和夫、稲岡耕二、笹山晴生、白藤礼幸『続日本紀一』，新日本古典文学大系，岩波書店，1989，第160頁。

② （梁）沈约撰《宋书》，中华书局，1974，第2098页。

③ 小島憲之、直木孝次郎、西宮一民、蔵中進、毛利正守『日本書紀三』，新編日本古典文学全集，小学館，1998，第270頁。

④ 沖森卓也、佐藤信、矢島泉『藤氏家伝　鎌足貞慧武智麻呂伝注釈と研究』，吉川弘文館，1999，第243頁。

⑤ 沖森卓也、佐藤信、矢島泉『藤氏家伝　鎌足貞慧武智麻呂伝注釈と研究』，吉川弘文館，1999，第243頁。

月条："其僧尼每月八日，必应转读《最胜王经》。**每至月半**，诵戒羯磨。每月六斋日，公私不得，渔猎杀生。"① 唐道宣撰《续高僧传》卷2："又有入灭定罗汉三人，窟中禅寂。**每至月半**，诸僧就山，为其净发。此则人法住持，有生之所凭赖。"

（三）"生生世世""生生处处"

"**生生世世**"，永生永世。祈祷佛保佑的套语。《日本书纪》卷25《孝德纪》大化五年三月条："言毕，开佛殿之户，仰而发誓曰：'愿我**生生世世**，不怨君主。'誓讫，自经而死。妻子殉死者八。"② 梁诸大法师集撰《慈悲道场忏法》卷2："（某甲）等从今日去，愿**生生世世**，在在处处，常得忆念，发菩提心，令菩提心，相续不断。（某甲）等从今日去，愿**生生世世**，在在处处，常得奉值，无量无边，一切诸佛，常得供养。供养众具，皆悉满足。'"

"**生生处处**"，犹言"生生世世"。祈祷佛保佑的套语。《元兴寺伽蓝缘起并流记资财账》："缘此福力，天皇大臣及诸臣等过去七世父母，广及六道四生众生，**生生处处**，十方净土，普因此愿，皆成佛果。以为子孙，世世不忘，莫绝纲纪，名建通寺。"元魏毘目智仙译《宝髻经四法忧波提舍》卷1："菩萨布施，作如是愿：'我为满足，一切众生，无上乐故，种种物施，一切生处。我常满足，一切众生。是故菩萨，作愿布施，一切生处，得大富乐。以彼愿力，布施力熏，**生生处处**，种种布施，无量众生，皆悉满足。'"

第三节　自创时段句表达

一　过去时段

过去时段的自创表达，从中日语言比较的角度来看，体现在四个方面：与搭配相关的自创、与完成式相关的自创、与动宾结构相关的自创、与习惯表达相关的自创。以下试析之。

（一）"后久之"

与搭配相关的自创。佛典中有两种用法："代词＋后不久""动词＋后不久"。

"**后久之**"，后来过了很长时间。《日本书纪》卷2《神代纪下》："**后久之**，彦火火出见尊崩，葬日向高屋山上陵。"③ 梁慧皎撰《高僧传》卷1："寻僧会以晋太康元年乃死，而已云此经出**后久之**沉翳。"唐道世撰《法苑珠林》卷17："其夕南涧十余躯像，悉遇盗亡。其**后久之**，像于曛暮间放光，显照三尺许地。金辉秀起，焕然夺目。"又卷

① 青木和夫、稲岡耕二、笹山晴生、白藤礼幸『続日本紀四』，新日本古典文学大系，岩波書店，1995，第390頁。

② 小島憲之、直木孝次郎、西宮一民、蔵中進、毛利正守『日本書紀三』，新編日本古典文学全集，小学館，1998，第174頁。

③ 小島憲之、直木孝次郎、西宮一民、蔵中進、毛利正守『日本書紀一』，新編日本古典文学全集，小学館，1994，第160頁。

97：“阖境为设三七斋起塔，塔今犹存。死后久之，见形多宝寺。”按：“后久之”在《神代纪下》中用作连词，与佛典用法不同。

（二）“言竟之后”“作讫以后”

与完成式相关的自创如下。

“言竟之后”，说完之后。《古事记》上卷《初发诸神》：“各**言竟之后**，告其妹曰：‘女人先言，不良。’虽然久美度迩兴而生子，水蛭子，此子者入苇船而流去。”[①] 按：从现存资料来看，“V+竟（之）后”的搭配形式，仅见于“服竟之后”或“服竟后”，表服满以后之意。《全晋文》卷61孙绰《父卒继母还前亲子家继子为服议》：“继母丧父加礼，服**竟之后**，不还私家，逾岁历年，循养无二，母恩不衰。”[②]《后汉书》卷81《独行传》：“刘茂字子卫，太原晋阳人也。少孤，独侍母居。家贫，以筋力致养，孝行著于乡里。及长，能习《礼经》，教授常数百人。哀帝时，察孝廉，再迁五原属国候，遭母忧去官。服**竟后**为沮阳令。会王莽篡位，茂弃官，避世弘农山中教授。”[③]

“作讫以后”，做完以后，完成以后。《播磨国风土记·神前郡》条：“又云于和村。大神国**作讫以后**云：‘于和。等于我美歧。’”[④]（1）西晋安法钦译《阿育王传》卷4：“迦叶自念：‘如来是我，大善知识，当报佛恩。’报佛恩者，所谓佛所欲作，我已**作讫**，以法饶益，同梵行者，为诸众生，作大利益，示未来众生，作大悲想，欲使大法，流布不绝。”隋阇那崛多等合译《起世经》卷4《地狱品》：“具足证已，愿我当言：‘我今生死已尽，梵行已立。所应作者，皆已作讫，更不复于，后世受生。’”《齐民要术》卷5《种榆白杨》：“**作讫**，又以锹掘底，一坑作小堑。”[⑤] 此言做成垄之后，用锹在垄底掘一道坑，做成小堑。（2）失译人名今附秦录《别译杂阿含经》卷7：“到佛所已，头面礼足，却坐一面，而作是言：‘瞿昙，我于昔者，曾从宿旧、极老伎人边闻：于伎场上，施设戏具，百千万人，皆来观看。弹琴作倡，鼓乐弦歌，种种戏笑。所**作讫**已，命终之后，生光照天。’”按：中国两类先行文献中，未见“V+讫以后”（后补结构）的文例，唯有“N+**讫之后**”（主述结构）的说法，且文例不多。《魏书》卷109《乐志》：“臣等参议，请使臣芳准依《周礼》更造乐器，事**讫之后**，集议并呈，从其善者。”[⑥]

（三）“径之一日”“径之多年”

与动宾结构相关的自创：“径之一日”“径之二日”“径之三日”“历之三日”“经之三日”“经之九日”“径之多日”“径之三年”“经之数年”“径之多年”。

---

① 山口佳紀、神野志隆光『古事記』，新編日本古典文学全集，小学館，1997，第32頁。

② （清）严可均校辑《全上古三代秦汉三国六朝文》，中华书局，1958，第1808页。

③ （宋）范晔撰，（唐）李贤等注《后汉书》，中华书局，1965，第2671页。

④ 植垣節也『風土記』，新編日本古典文学全集，小学館，1997，第92頁。

⑤ （北魏）贾思勰著，石声汉校释《齐民要术今释》，中华书局，2009，第428页。

⑥ （北齐）魏收撰《魏书》，中华书局，1974，第2832页。

“**径之一日**”，经过一天，过了一天。《日本灵异记》中卷《常鸟卵煮食以现得恶死报缘第10》：“山人闻之，褰袴见膊，膊肉烂销，其骨璅在。唯**径之一日**而死也。”[①] 唐输波迦罗译《苏悉地羯罗经》卷2《光显法品》：“诸护摩中，所说药草，随取其一。**经一日**夜，而作护摩，真言欢喜，而得增威。”

“**径之二日**”，经过两天。①两天后死而复生。《日本灵异记》下卷《沙门积功作佛像临命终时示异表缘第30》：“爰老僧年八十有余岁之时，长冈宫御宇大八岛国山部天皇代，延历元年癸亥春二月十一日，卧于能应寺而命终焉。**径之二日**，更苏还之。”②单纯表示两天时间。《日本灵异记》中卷《恃己高德刑贱形沙弥以现得恶死缘第1》：“**径之二日**，有嫉妒人，谗天皇奏：‘长屋谋倾社稷，将夺国位。’”[②] 东晋佛驮跋陀罗译《佛说观佛三昧海经》卷8《观马王藏品》：“女不能胜，亦不得免。死**经二日**，青瘀臭黑。”

“**径之三日**”，经过三天。①三天后死而复生。《日本灵异记》上卷《信敬三宝得现报缘第1》：“天皇敕之：‘七日使留，咏于彼忠。’**径之三日**，乃苏苏矣。语妻子曰。”②单纯表示三天时间。《日本灵异记》中卷《忆持〈心经〉女现至阎罗王阙示奇表缘第19》：“王闻随喜，从坐而起，长跪拜曰：‘贵哉！当如闻有。’**径之三日**，告：‘今遄还。’”[③]

“**经之三日**”，经过三天；过了三天。《日本灵异记》下卷《阎罗王示奇表劝人令修善缘第9》：“**经之三日**，往见之，苏苏起居待。”[④] 姚秦佛陀耶舍、竺佛念等合译《四分律》卷39：“佛问亿耳：‘本何所作？’答言：‘久见欲过，难得受戒，乃**经三年**。’”

“**历之三日**”，经过三天。《日本灵异记》中卷《智者诽妒变化圣人而现至阎罗阙受地狱苦缘第7》：“使曰：‘抱柱！’光就抱柱，肉皆销烂，唯骨璅存。**历之三日**，使以弊帚，抚于其柱而言：‘活活！’如故身生。”[⑤] 宋常谨集《地藏菩萨像灵验记》卷1：“痛微疾患而死，其左右胁少暖。经**历三日**始苏，啼哭投身大地，具说幽途事曰。”

“**经之九日**”，经过九天。《日本灵异记》中卷《智者诽妒变化圣人而现至阎罗阙受地狱苦缘第7》：“由口业罪，阎罗王，召我令抱于铁铜柱。**经之九日**，偿诽谤罪。恐至余罪于后生世，是以惭愧发露。当愿免罪。”[⑥]

“**径之多日**”，经过好几天。《日本灵异记》下卷《女人滥嫁饥子乳故得现报缘第16》：“我有越前国加贺郡大野乡亩田村之横江臣成人之母也我龄丁时，滥嫁邪淫，幼稚子弃，与壮夫俱寐。**径之多日**，而子乳饥。”[⑦] 新罗元晓撰《两卷无量寿经宗要》卷

---

① 中田祝夫『日本靈異記』，日本古典文学全集，小学館，1975，第176頁。
② 中田祝夫『日本靈異記』，日本古典文学全集，小学館，1975，第341、146頁。
③ 中田祝夫『日本靈異記』，日本古典文学全集，小学館，1975，第76、199頁。
④ 中田祝夫『日本靈異記』，日本古典文学全集，小学館，1975，第283頁。
⑤ 中田祝夫『日本靈異記』，日本古典文学全集，小学館，1975，第168頁。
⑥ 中田祝夫『日本靈異記』，日本古典文学全集，小学館，1975，第168～169頁。
⑦ 中田祝夫『日本靈異記』，日本古典文学全集，小学館，1975，第301頁。

1："又如躄者，自力勤行，要**经多日**，至一由旬。若寄他船，因风帆势，一日之间，能至千里。"

"径之三年"，经过三年，过了三年。《日本灵异记》下卷《女人产生石以之为神而斋缘第31》："年迄于二十有余岁，不嫁未通，而身怀妊。**径之三年**，山部天皇世，延历元年癸亥春二月下旬，产生二石。"①

"经之数年"，经过好多年。《日本灵异记》下卷《被观音木像之助脱王难缘第7》："**经之数年**，帝姬阿倍天皇御世，天平宝字八年甲辰十二月，山继遭贼臣仲麿之乱，而罗于杀罪之例，入十三人类。"② 失译人名今附后汉录《分别功德论》卷5："时摩竭国，人民种作，苗稼适生，龙即雹杀。如是**经数年**，人民饥困，死亡者众。"

"径之多年"，经过好多年。《日本灵异记》中卷《忆持〈心经〉女现至阎罗王阙示奇表缘第19》："优婆夷欲买彼经，遣使而还。开经见之，彼优婆夷昔时奉写《梵网经》二卷、《心经》一卷也。未供而失，**径之多年**，求咨不得。"③ （1）吴支谦译《撰集百缘经》卷3《授记辟支佛品》："时长者子，甚好色欲，见一淫女，甚适其意，以金百两，方听一宿，**渐经多年**，财物荡尽，更无所与，遮不听宿。殷勤求请，愿见一宿。"（2）隋阇那崛多译《佛本行集经》卷36《耶输陀宿缘品》："尔时彼商五百长者，即于长老耶输陀边偕舍出家，求受具戒。**经多年**月，不能得道。"

（四）"竟夜不寝""累日经月"

与习惯表达相关的自创："竟夜不寝""累日经月""径年长大"。

"竟夜不寝"，通宵不睡觉。《日本灵异记》下卷《髑髅目穴笋揭脱以祈之示灵表缘第27》："中路日晚，次苇田郡于苇田竹原。所宿之处，有呻音言：'痛目矣！'牧人闻之，**竟夜不寝**而踞。明日见之，有一髑髅。"④ 吴支谦译《菩萨本缘经》卷3《兔品》："尔时，兔王**竟夜不**眠，为诸兔众，说法如是。"姚秦佛陀耶舍、竺佛念等合译《四分律》卷8："时王舍城世人节会日，作众伎乐，**竟夜不**眠。时大臣儿，亦在其中，**竟夜不**眠。"萧齐僧伽跋陀罗译《善见律毘婆沙》卷7《舍利弗品》："又时怨家将人女，或将**竟夜不**眠，或将醉女、颠狂女，或将死女。又怨家将女死尸，野兽未食。"

"累日经月"，长年累月。《日本灵异记》中卷《极穷女于尺迦丈六佛愿福分示奇表以现得大福缘第28》："买花香油，而以参往于丈六佛前，奉白之言：'我昔世不修福因，现身受取贫穷之报。故我施宝，令免穷愁。'**累日经月**，愿祈不息。"又下卷《忆持〈法华经〉者舌著曝髑髅中不朽缘第1》："径送二年，熊野村人，至于熊野河上之山，伐树作船。闻之有音，诵《法华经》。**累日径月**，犹读不止。"⑤ ①唐楼颖录《善慧

① 中田祝夫『日本靈異記』，日本古典文学全集，小学館，1975，第343頁。
② 中田祝夫『日本靈異記』，日本古典文学全集，小学館，1975，第278頁。
③ 中田祝夫『日本靈異記』，日本古典文学全集，小学館，1975，第199頁。
④ 中田祝夫『日本靈異記』，日本古典文学全集，小学館，1975，第333頁。
⑤ 中田祝夫『日本靈異記』，日本古典文学全集，小学館，1975，第223、263頁。

大士语录》卷2："又令观身过患，厌离生死，精勤修习，**累日经年**。修习既久，攀缘稍静，心得调柔，乃能断悭贪瞋等、有为一切诸行。"②吴支谦译《生经》卷4："于时兔王，往附近之，听其所诵经，意中欣踊，不以为厌，与诸眷属，共赍果蓏，供养道人。如是**积日**，**经月**历年。"③隋智顗说《释禅波罗蜜次第法门》卷3："于后或一坐二坐，乃至经旬。或**经月经年**，将息得所，定心不退。"

"**径年长大**"，若干年后逐渐长大。《日本灵异记》中卷《贷用寺息利酒不偿死作牛役之偿债缘第32》："寺家捉之，著绳系餧。径**年长大**，于寺产业所驱使。"① ①后汉支娄迦谶译《佛说无量清净平等觉经》卷3："生时甚痛，甚苦甚极。至**年长大**，亦苦亦极。死时亦痛，亦苦亦极，甚恶臭处，不净洁了，无有可者。"②姚秦鸠摩罗什译《大智度论》卷12《序品》："母好养育，及**年长大**，自身所有，尽以施尽；至父王所，索物布施。父与其分，复以施尽。"

二　现在时段

（一）"至于今不绝"

"**至于今不绝**"，犹言"至今不绝"。《古事记》中卷《仲哀记》："故四月上旬之时，女人拔裳系，以粒为饵，钓年鱼，至于今不绝也。"② （1）后汉迦叶摩腾、法兰合译《四十二章经》卷1："含识之类，蒙恩受赖，于今不绝也。"《敦煌变文·目连缘起》："慈悲教法流传，直至于今不绝。"③ （2）《陈书》卷27《江总传》："多有侧篇，好事者相传讽玩，于今不绝。"④ 按：《仲哀记》中的"**至于今不绝**"因多出一个"至"字显得不自然。"于今不绝"是固定的表达形式。

三　未来时段

（一）"（将、且）～之间"

"**（将、且）～之间**"，（将要做某事）这段时间。《古事记》上卷《忍穗耳命与迩迩艺命》："尔其太子正胜吾胜胜速日天忍穗耳命答白：'仆者**将**降装束**之间**，子生出。名天迩岐志国迩岐志天津日高日子番能迩迩艺命。此子应降也。'"又中卷《神武纪》："故天皇崩后，其庶兄当艺志美美命娶其嫡后伊须气余理比卖之时，**将**杀其三弟而谋**之间**，其御祖伊须气余理比卖患苦，而以歌令知其御子等。歌曰。"又《应神纪》："于是天之日矛闻其妻遁，乃追渡来。**将**到难波**之间**，其渡之神，塞以不入。"又下卷《仁德记》："自此后时，大后**为将**丰乐，而于采御纲柏、幸行木国**之间**，天皇婚八田若郎女。"又《清宁记》："故**将**治天下**之间**，平群臣之祖名志毘臣立于歌垣，取其袁祁命将

① 中田祝夫『日本靈異記』，日本古典文学全集，小学館，1975，第231頁。

② 山口佳紀、神野志隆光『古事記』，新編日本古典文学全集，小学館，1997，第248頁。

③ 黄征、张涌泉校注《敦煌变文校注》，中华书局，1997，第1014页。

④ （唐）姚思廉撰《陈书》，中华书局，1972，第347页。

婚之美人手。”[①]《日本书纪》卷1《神代纪上》：“次生火神轲遇突智。时伊奘冉尊，为轲遇突智所焦而终矣。其**且**终**之间**，卧生土神埴山姬及水神罔象女。”又：“泉津日狭女**将**渡其水**之间**，伊奘诺尊已至泉津平坂。”又卷2《神代纪下》：“已而**且**降**之间**，先驱者还白：‘有一神，居天八达之衢。’”[②]《出云国风土记·岛根郡》条：“户江划。郡家正东二十里一百八十步。（双行注）非岛，陆地滨耳。伯耆国郡内夜见岛**将**相向**之间**也。”[③]《古语拾遗》：“既而**且**降**之间**，先驱还白：‘有一神，居天八达之衢。’”[④] 按：中国两类文献未见“（为）将·且＋V＋之间”的句式。《日本书纪》卷1《神代纪上》：“又回首顾盼**之间**，则有化神。是谓素戋呜尊。”[⑤]“顾盼之间”的说法，见于传世和佛经两类文献。《北齐书》卷4《文宣传》：“以富有之资，运英特之气，顾盼**之间**，无思不服。”[⑥] 例言以富有的天资，运用超凡的才智，转眼看去的时候，没有不肯服从的。唐道世撰《法苑珠林》卷76：“于市廛内，从人乞苽。其主弗与，便从索子，掘地而种。顾盼**之间**苽生，俄而蔓延生华，俄而成实。百姓咸瞩目焉。”从表达史的角度看，先秦已见“～之间”的句式，表示在“某个动作过程之中”的意思，含有时段的意味。

（二）“当产不久”

“**当产不久**”，不久将分娩。《日本书纪》卷2《神代纪下》：“及将归去，丰玉姬谓天孙曰：‘妾已娠矣。当产不久。妾必以风涛急峻之日，出到海滨。请为我作产室相待矣。’”[⑦] 元魏佛陀扇多译《银色女经》卷1：“彼摩那婆以修善业、福德力故，忽得天眼。即时遥见，于其住处，相去不远，有一母虎，住在彼处，而彼母虎，怀妊将产。时摩那婆见已，念言：‘而此母将**产不久**。此虎产已，或容饿死，或时饥饿，极受困苦，或食自子。’”姚秦鸠摩罗什译《小品般若波罗蜜经》卷4《不可思议品》：“世尊，譬如女人怀妊，转转不便，身体疲极，不乐事务，眠卧不安，食饮转少，苦恼在身，不欲语言，厌本所习，不复忆乐。本相相故，当知是女，将**产不久**。菩萨善根成就，亦复如是。”按：“当”与“将”，都是助动词，属于类义词。前者表示情理上必当如此，后者含有未来势必如此的语气。

“过去”“现在”“未来”等是佛教出于宣传教义或者讲述三世诸佛故事的需要，受

① 山口佳紀、神野志隆光『古事記』，新編日本古典文学全集，小学館，1997，第112、160、276、290、356頁。

② 小島憲之、直木孝次郎、西宮一民、藏中進、毛利正守『日本書紀一』，新編日本古典文学全集，小学館，1994，第38～40、46、130頁。

③ 植垣節也『風土記』，新編日本古典文学全集，小学館，1997，第170頁。

④ 西宮一民『古語拾遺』，岩波文庫，1985，第128頁。

⑤ 小島憲之、直木孝次郎、西宮一民、藏中進、毛利正守『日本書紀一』，新編日本古典文学全集，小学館，1994，第38頁。

⑥ （唐）李百药撰《北齐书》，中华书局，1972，第49页。

⑦ 小島憲之、直木孝次郎、西宮一民、藏中進、毛利正守『日本書紀一』，新編日本古典文学全集，小学館，1994，第160頁。

到汉语对时间的认知方式的影响，从“将来”“方来”类推而来的新造词，是基于汉语本身的造词规律而产生的新词。这三个时间词的使用历史，经历了一个“从佛典到佛典相关文献再到一般文献”的过程。[①]《古事记》书录者在对时段进行描写时，大致有这样一个倾向：希望更为详细地交代现场的情况；描述越详细，时点便会越清晰。反之，很少见到那种模糊的时间把握。[②] 上古文学作品中竟然有如此之多源自汉文佛经的时间表达，的确是一个耐人寻味的现象。首先，从题材看，佛典中收录了不少有关佛的本缘故事，作为故事构成元素之一的时间表达自然不可或缺。像《古事记》这样一部以神话传说为主要题材的作品，内容始自人类的起源，迄至天皇体制的建立。因此，相似的题材的叙述便可能转化为上古文人吸收汉文佛经时间表达的本能需求。其次，从体裁上说，《古事记》采用的是由稗田阿礼口诵、太安万侣笔录的形式，其目的在于最大限度地保留神话传说的原汁原味。另一方面，出于弘扬佛教、传经诵佛的基本诉求，汉文佛经中自然涵括了大量的口语词。上古文学作品普遍具有的口传性质拉近了与汉文佛经文体的距离，增强了彼此的认同感。最后，从表达层面看，相较单音词或双音词，多音词的使用有着更大的难度。上古文人从汉文佛经中摄取形式更长、表达较为固定的各种句式，凸显了他们积极追求表达精度与凝练的进取精神。

① 何亮：《过去、现在和未来》，《语文学刊》2006 年第 5 期。

② 木村龍司「古事記の構文—『時』の設定と描写に関連して—」，『神田秀夫喜寿記念　古事記・日本書紀』，続群書類従完成会，1989。

第四章　佛典口语句*

汉文佛经以其数量宏丰、口语性强而成为弥足珍贵的语料，在中古汉语研究史中占有日益显著的地位。为了便于宣扬佛教教义，面对平民百姓，不仅佛经翻译语言通俗化倾向明显，讲经说法的内容亦多为佛陀前世故事，使用的语言通常更加接近当时的口语。国内外学术界对口语词的研究已经有着十分丰厚的积累，对我们的研究有诸多启示意义。但是，令人遗憾的是，有关口语句式的研究仍显得十分单薄，尤其在上古文学口语句与佛典句式关系的研究方面，国内外学术界的研究论文及成果更是凤毛麟角。本章拟采用实证性研究的方法，从人称代词、疑问句式和感叹句式三个方面深度挖掘上古文学作品的口语句式表达，聚焦一直以来被学术界所忽略的佛典口语句的真实存在及其文体学价值。

第一节　人称代词

汉语口语句的特点之一，就是出于语言表达习惯，在对话过程需要明确主语，第一人称和第二人称的频繁出现，则成为口语句的显著标识之一。相反，日语则主要通过上下句文脉、敬语表达、终助词使用和语音语调等形式来体现对话中自己与他者的关系。以下主要通过口语句中的第一人称和第二人称的表达形式，指正上古文学作品与汉文佛经之间的接受关系。

一　第一人称

第一人称指我或我们。在口语句中使用第一人称，给人以真实可信的感觉，容易吸引对方的注意，唤起感情上的共鸣。

“值于我”，（你）碰见我。《日本灵异记》下卷《忆持〈法华经〉者舌著曝髑髅中不朽缘第1》：“禅师取收净处，语髑髅言：‘以因缘故，汝**值于我**。’便以草葺覆于其

* 黄美华、马骏：《〈日本書紀〉の文体と漢訳仏典——話し言葉としての句式を中心に》，主编李东哲、权宇《日本语言文化研究第二辑上》，中朝韩日文化比较研究丛书，延边大学出版社，2012。

上，共住读经，六时行道。”① 隋阇那崛多译《佛本行集经》卷40《教化兵将品》：“其于彼时，受此三归，护持五戒，为优婆塞，命终乞愿。愿**值于我**，以是因缘，今得值我。”又《佛本行集经》卷59《婆提唎迦等因缘品》：“因彼业报，今**值于我**，而得出家，受具足戒，得罗汉果。”唐道世撰《法苑珠林》卷38：“缘是功德，九十一劫，不堕地狱、畜生饿鬼，天上人中，受乐无极，常为天人，所见敬仰。乃至今**值于我**，为诸人所见敬仰，出家得道。”

“请为我~”，希望为了我做某事。《日本书纪》卷2《神代纪下》：“及将归去，丰玉姬谓天孙曰：‘妾已娠矣。当产不久。妾必以风涛急峻之日，出到海滨。**请为我**作产室相待矣。’”又：“先是且别时，丰玉姬从容语曰：‘妾已有身矣。当以风涛壮日，出到海边。**请为我**造产屋以待之。’”② （1）梁僧佑撰《释迦谱》卷2：“佛语难陀：‘汝勤持戒，修汝天福。’难陀答言：‘不用生天。今唯愿我，不堕此狱。’佛为说法，一七日中，成阿罗汉。诸比丘叹言：‘世尊出世，甚奇甚特！’佛言：‘非但今日，乃往过去，亦复如是。’诸比丘言：‘过去亦尔，其事云何？**请为我**说。’”（2）《苏辙集·栾城集卷24》：“新喻吴君，志学而工诗，家有山林之乐，隐居不仕，名其堂曰浩然。曰：‘孟子，吾师也，其称曰：我善养吾浩然之气。吾窃喜焉，而不知其说，**请为我**言其故。’”

“我欲共汝”，我希望与你一起做某事。《日本书纪》卷30《持统纪》四年十月条：“于是博麻谓土师富杼等曰：‘**我欲共汝**，还向本朝，缘无衣粮，俱不能去。愿卖我身，以充衣食。’”③ （1）东晋佛陀跋陀罗、法显合译《摩诃僧祇律》卷35：“佛住舍卫城。尔时，优波难陀语难陀共行弟子言：‘**我欲共汝**入聚落乞食。我于彼若作非威仪者，莫向人说。我是汝叔父。’”（2）《隋书》卷80《孝女王舜》：“乃密谓其二妹曰：‘我无兄弟，致使父仇不复。吾辈虽是女子，何用生为？**我欲共汝**报复，汝意如何？’”④

“今我所作”，现在我所做的事情。《日本灵异记》中卷《依不布施与放生而现得善恶报缘第16》：“长闻之曰：‘操饭而养，自今已后，各缺自分，施彼耆妪。功德之中，割自身宍，施他救命，最上之行。**今我所作**，称彼功德。’”⑤ 失译人名今附秦录《佛说净业障经》卷1：“尔时，勇施闻彼命终，心生大悔，作是思惟：‘**今我所作**，是大重恶。何名比丘？受行淫法，又断人命。我今如是，当何所归？’生大忧恼。”唐义净译《根本说一切有部毘奈耶》卷4：“时经未久，还复重来。邬波难陀同前捉得，告曰：‘汝等数数，诡诳于我。**今我所作**，令汝知之。’”

“我不知也”，我不知道呀。我的确不知道。《日本灵异记》中卷《孤娘女凭敬观音

① 中田祝夫『日本霊異記』，日本古典文学全集，小学館，1975，第263頁。

② 小島憲之、直木孝次郎、西宮一民、蔵中進、毛利正守『日本書紀一』，新編日本古典文学全集，小学館，1994，第160、166頁。

③ 小島憲之、直木孝次郎、西宮一民、蔵中進、毛利正守『日本書紀三』，新編日本古典文学全集，小学館，1998，第508頁。

④ （唐）魏徵等撰《隋书》，中华书局，1973，第1805页。

⑤ 中田祝夫『日本霊異記』，日本古典文学全集，小学館，1975，第191頁。

铜像示奇表得现报缘第34》："娘往彼富家，而述幸心，以庆贵之。邻家室曰：'痴娘子哉！若托鬼耶？**我不知也**。'彼使犹言：'我亦不知矣。'"① 东晋瞿昙僧伽提婆译《中阿含经》卷57《晡利多品》："彼若有人，如是问者：'君知国中，有女最妙。如是姓、如是名、如是生耶？为长短粗细，为白黑，为不白不黑？为刹利女，为梵志、居士、工师女？为东方、南方、西方、北方耶？'彼人答曰：'**我不知也**。'"失译人名今附秦录《毘尼母经》卷5："有一净人守蒜园，沙弥尼问：'蒜主何处去？'净人答言：'入城市易。'沙弥尼从彼索蒜，净人答言：'**我不知也**。但知守蒜。'"

"**我都不知**"，我压根儿不知道。《日本灵异记》中卷《阎罗王使鬼得所召人之赂以免缘第24》："鬼言：'我今汝物多得食。其恩幸故，今免汝者，我入重罪，持铁杖，应所打百段。若有与汝同年之人耶？'盘岛答言：'**我都不知**。'"② 梁宝唱等集《经律异相》卷44："公闻大惊，乃语男曰：'卿父在时，与我胎婚，我常相求不相知，处女未敢嫁。'男言：'**我都不知**女。'"按："都不……"，表全盘否定语气的口语句式，相当于现代汉语的"压根儿也不……"的意思。

"**己所造～**"，自己建造的……自己做的……《日本灵异记》中卷《己作寺用其寺物作牛役缘第9》："探之斑文，谓：'赤麻吕者，檀于**己所造**寺，而随恣心借用寺物，未报纳之死亡焉。为偿此物，故受牛身者也。'"③ 姚秦竺佛念译《出曜经》卷8《念品》："为人所爱敬，皆由**己所造**，现世得称誉，后生于天上。"萧齐僧伽跋陀罗译《善见律毘婆沙》卷1《阿育王品》："诸比丘僧，心作是念：'我当以神通力，令王得见，**己所造**功德。见此已然后，佛法大盛。'"按：如文例所示，第9话中的"己所造～"，用作具体义；汉文佛经中的该句式，用作抽象义。

二 第二人称

第二人称指你、您或你们。在口语句中使用第二人称，给人以亲近平易的感觉，容易拉近与对方的距离，引起对方对讲话内容的重视。在下面的文例当中，使用"汝"体现的是位尊者对位卑者发话的关系。"卿"是古代君对臣下、长辈对晚辈的称谓。

"**汝可独～**"，你可以独自做某事。《日本书纪》卷20《敏达纪》十四年六月条："于是诏马子宿祢曰：'**汝可独**行仏法，宜断余人。'"④ 唐玄奘译《说无垢称经》卷2《菩萨品》："诸女答言：'恶魔汝去。我等不复，与汝俱还。所以者何？汝以我等，施此居士。云何更得，与汝等还？我等今者，乐法苑乐，不乐欲乐，**汝可独**还。'"唐窥基撰《说无垢称经疏》卷4《菩萨品》："经：我等今者（至）**汝可独**还。赞曰：显乐

① 中田祝夫『日本霊異記』，日本古典文学全集，小学館，1975，第238頁。
② 中田祝夫『日本霊異記』，日本古典文学全集，小学館，1975，第212頁。
③ 中田祝夫『日本霊異記』，日本古典文学全集，小学館，1975，第173頁。
④ 小島憲之、直木孝次郎、西宮一民、蔵中進、毛利正守『日本書紀二』，新編日本古典文学全集，小学館，1996，第492～494頁。

法也。故不能还。”按：石井公成指出，该说法是唐代以后出现的新句式。[①]

“**汝所行~**”，你所做的，你的行为。《日本书纪》卷1《神代纪上》：“既而诸神啧素戋呜尊曰：‘**汝所行**甚无赖。故不可住于天上，亦不可居于苇原中国。宜急适于底根之国。’乃共逐降去。”[②] 后汉安世高译《佛说长者子制经》卷1：“**汝所行**当正，寿尽当上生第七梵天、第四兜术天。天上寿尽，当复下生，作遮迦越王。寿尽当复，上生第七梵天。”后汉支娄迦谶译《道行般若经》卷8《贡高品》：“我所行是也，**汝所行**非也。”西晋无罗叉译《放光般若经》卷13《坚固品》：“**汝所行**者，非佛所说，亦非弟子所说，但魔事耳。”后秦佛陀耶舍、竺佛念等合译《长阿含经》卷12：“汝师法正，**汝所行**是。今所修行，勤苦如是，应于现法，成就道果。”

“**汝有何事**”，你到底发生了什么事？《日本书纪》卷19《钦明纪》即位前纪条：“于是忻喜遍身，叹未曾梦。乃告之曰：‘**汝有何事**？’答云：‘无也。’”[③] 吴支谦译《撰集百缘经》卷6《诸天来下供养品》：“寻即问言：‘**汝有何事**？颜色乃尔。’于时大臣，即向父说，委曲情理。”唐义净译《根本说一切有部毘奈耶杂事》卷33：“时吐罗难陀苾刍尼，因乞食入其舍，告言：‘少女与我钵饼。’报言：‘圣者且去，我今怀忧，无人授与。’尼曰：‘少女，**汝有何事**？’彼便具告。”按：石井公成在《〈日本书纪〉佛教汉文的表达与变体语法（上）》中指出，该例属于佛教汉文讲述原委时的固有形式[④]，在视角上与我们所说的口语表达中的第二人称用法有所不同。

“**汝非我子**”，（语气粗暴地说）你并非我的孩子。《日本灵异记》中卷《阎罗王使鬼受所召人之饷而报恩缘第25》：“衣女犹不听，往于鹈垂郡衣女之家言：‘当此我家也。’其父母言：‘**汝非我子**，我子烧灭。’”[⑤] 唐道世撰《法苑珠林》卷97：“后遣俊送涵向家。畅闻涵至门前，起火手持刀，魏氏把桃枝拒之：‘汝不须来。吾非汝父，**汝非我子**。急手速去，可得无殃。’涵遂舍去，游于京师街内，常宿寺门下。”

“**汝往看之**”，你去看看吧！《日本灵异记》上卷《信敬三宝得现报缘第5》：“敏达天皇之代，和泉国海中，有乐器之音声。如笛筝琴箜篌等声，或如雷振动。昼鸣夜耀，指东而流。大部屋栖古连公闻奏，天皇嘿然不信。更奏皇后，闻之诏连公曰：‘**汝往看之**。’”[⑥] 梁宝唱等集《经律异相》卷7：“军人去后，目连白佛：‘承佛神力，护得四五

---

① 石井公成「『日本書紀』における仏教漢文の表现と変格語法（上）」，『駒沢大学仏教学部研究紀要』73，2016。

② 小島憲之、直木孝次郎、西宮一民、蔵中進、毛利正守『日本書紀一』，新編日本古典文学全集，小学館，1994，第86頁。

③ 小島憲之、直木孝次郎、西宮一民、蔵中進、毛利正守『日本書紀二』，新編日本古典文学全集，小学館，1996，第356頁。

④ 石井公成「『日本書紀』における仏教漢文の表现と変格語法（上）」，『駒沢大学仏教学部研究紀要』73，2016。

⑤ 中田祝夫『日本霊異記』，日本古典文学全集，小学館，1975，第215頁。

⑥ 中田祝夫『日本霊異記』，日本古典文学全集，小学館，1975，第76頁。

千人。’佛言：‘**汝往看之**。’目连下钵，人皆已死。”

“**汝作何善**”，你做过什么善事？“善”，指对自己和他人都有利的事。反之，如果只利自己不利他人的事，则叫作“恶”。《日本灵异记》下卷《将写〈法华经〉建愿人断日暗穴赖愿力得全命缘第13》：“国司问云：‘**汝作何善**？’答曰如上。国司闻之大悲，引率知识，相助造《法华经》，供养已毕。”东晋法显译《佛说杂藏经》卷1：“目连问言：‘**汝作何善**行，得如此报？’答言：‘彼国大城，名曰罗楼。我昔在中，作贫女人，又织毛缕囊，卖以自活。居计转贫，屋舍怀尽，遂至陌头，近一大富，好施长者家，织囊自活。日欲中时，若有沙门、婆罗门，持钵乞食，问我言：某长者家，为在何处？我心真实，无有虚妄，欢喜举手，指示其家言：彼处去，彼处去。日时欲过，勿复余求。以是因缘故，得报如是。’”

第二节　疑问句之一——询问句

疑问句是通过提出问题、询问情况以达到交际目的的句子。疑问句可分为三大类：询问句、反诘句、测度问句。询问句是有疑而问，要求对方对提出的问题予以回答。按照不同的提问方式，询问句又可细分为特指问句、是非问句、选择问句、反复问句、比较问句五种。其中，特指问句是我们要关注的重点。它针对一件事情的某一部分存疑，用疑问代词将存疑提问出来，疑问代词是特指疑问的主要标识。①

一　“何人”类

该类询问对方是什么人、什么身份，文例类型有“何”“何人”“何国人”“谁耶”。

“**汝何人**”，你是谁？你是谁呀？《日本书纪》卷3《神武纪》即位前纪条：“至吉野时，有人出自井中，光而有尾。天皇问之曰：‘**汝何人**？’对曰：‘臣是国神，名为井光。’此则吉野首部始祖也。更少进，亦有尾而披盘石而出者。天皇问之曰：‘**汝何人**？’对曰：‘臣是盘排别之子。’此则吉野国樔部始祖也。”②（1）后秦弗若多罗、罗什合译《十诵律》卷6：“旧比丘问：‘**汝何人**？’答言：‘我是沙门。’‘何沙门？’答言：‘释子沙门。’”北凉昙无谶译《佛所行赞》卷1：“问言：‘**汝何人**？’答言：‘是沙门。畏厌老病死，出家求解脱。’”高丽一然撰《三国遗事》卷4：“门者曰：‘自奉山帚未见忤犯吾师讳者，**汝何人**，斯尔狂言乎？’居士曰：‘但告汝师。’遂入告。”（2）《宋书》卷83《宗越传》：“还补后军参军督护，随王诞戏之曰：‘**汝何人**？遂得我府四字。’越答曰：‘佛狸未死，不忧不得谘议参军。’诞大笑。”③《旧唐书》卷198《焉耆国传》：“太宗数

① 杨伯峻、何乐士：《古汉语语法及其发展（上）》（修订本），语文出版社，2001，第863～864页。

② 小島憲之、直木孝次郎、西宫一民、蔵中進、毛利正守『日本書紀一』，新編日本古典文学全集，小学館，1994，第208頁。

③ （梁）沈约撰《宋书》，中华书局，1974，第2109～2110页。

之曰：‘焉耆者，我兵击得，**汝何人**，辄来统摄。’吐屯惧而返国。”①

“何国人也”，哪个国家的人？什么地方的人？《日本书纪》卷6《垂仁纪》二年是岁条：“（一云）问之曰：‘**何国人也**？’对曰：‘意富加罗国王之子，名都怒我阿罗斯等，亦名曰于斯歧阿利叱智干岐。传闻日本国有圣皇，以归化之。’”又三年三月条：“（一云）时天皇遣三轮君祖大友主与倭直祖长尾市于播磨而问天日枪曰：‘汝也谁人？且**何国人也**？’天日枪对曰：‘仆新罗国主之子也。然闻日本国有圣皇，则以己国授弟知古而化归之。’”又八十八年七月条：“昔有一人。乘艇泊于但马国。因问曰：‘汝**何国人也**？’对曰：‘新罗王子，名曰天日枪。’”②

“汝是谁耶”，你是谁呀？《日本书纪》卷1《神代纪上》：“于时，神光照海，忽然有浮来者曰：‘如吾不在者，汝何能平此国乎？由吾在故，汝得建其大造之绩矣。’是时大己贵神问曰：‘然则**汝是谁耶**？’”③东晋瞿昙僧伽提婆译《中阿含经》卷16《王相应品》：“尊者桥焥钵帝数往游行彼椹树林空宫殿中，尊者桥焥钵帝遥见蜱肆王，即便问曰：‘**汝是谁耶**？’”北凉昙无谶译《大般涅槃经》卷29《师子吼菩萨品》：“须达多言：‘善男子，**汝是谁耶**？’答言：‘长者，我是胜相婆罗门子，是汝往昔善知识也。’”按：特指疑问一般不需要句末配合使用语气助词。即使使用，通常使用“乎”“者”“也”等。④从这一点来看，语气词“耶”的口语特征显得尤为突出。

“以何为师”，（问句）以谁作为人生的导师呢？《日本灵异记》中卷《佛铜像盗人所捕示灵表显盗人缘第22》：“哀哉，悬哉！我大师。聊何有过失，蒙此贼难。尊像有寺，以像为师。今自灭后，**以何为师**矣？”隋慧远撰《无量寿经义疏》卷1：“一问世尊灭后，诸比丘等**以何为师**；二问世尊灭后，诸比丘等依何而住；三问恶性比丘，云何共居；四问一切经首，当置何字。阿难被教，心少惺悟，遂依请佛，佛随答之：‘诸比丘等，以**何为师者**，当依波罗提木叉为师。’”

二 “何事”类

该类询问什么事、要做的事情。其文例类型有“欲求何事”“有何事耶”。“何”与语气词“耶”形成呼应，加强询问的语气。

“欲求何事”，希望得到什么？有什么愿望？《日本灵异记》中卷《埴神王腨放光示其表得现报缘21》：“召行者诏：‘**欲求何事**？’答曰：‘欲出家修学佛法。’敕许得度，

① （后晋）刘昫等撰《旧唐书》，中华书局，1975，第5302页。

② 小島憲之、直木孝次郎、西宮一民、蔵中進、毛利正守『日本書紀一』，新編日本古典文学全集，小学館，1994，第300、304、334頁。

③ 小島憲之、直木孝次郎、西宮一民、蔵中進、毛利正守『日本書紀一』，新編日本古典文学全集，小学館，1994，第104頁。

④ 杨伯峻、何乐士：《古汉语语法及其发展（上）》（修订本），语文出版社，2001，第864页。

金鹫为名。”[1] 元魏吉迦夜、昙曜合译《杂宝藏经》卷 2：“国王得已，促问国中：‘谁解此者？若有解者，**欲求何事**？皆满所愿。’”《敦煌变文·庐山远公话》：“老人渐近前来，启而言曰：‘弟子未委和尚从何方而来，得至此间，**欲求何事**？伏愿慈悲，乞垂一说。’远公曰：‘但贫道从雁门而来，时投此山，住持修道。’”[2]

“有何事耶”，有什么事吗？《日本书纪》卷 24《皇极纪》四年六月条：“天皇大惊，诏中大兄曰：‘不知所作，**有何事耶**？’”[3]《藤氏家传》上卷《镰足传》：“天皇大惊，诏中大兄曰：‘不知所作，**有何事耶**？’”[4] 唐玄奘译《阿毘达磨大毘婆沙论》卷 34：“王言：‘梵志，从何所来？’婆罗门言：‘从大海外。’王言：‘海外**有何事耶**？’答言：‘我见有一国土，安隐丰乐，多诸人众，奇珍异宝，充满其国。’”

三　“何物”类

该类询问什么东西。其文例类型有“是何物耶”“有何 ~ 耶”。“何”配合语气词“耶”，语气舒缓从容。

“是何物耶”，这是什么呢？这是什么东西啊？《日本书纪》卷 6《垂仁纪》二十三年十月条：“冬十月乙丑朔壬申，天皇立于大殿前，誉津别皇子侍之。时有鸣鹄度大虚。皇子仰观鹄曰：‘**是何物耶**？’”[5] 隋吉藏撰《法华义疏》卷 12：“问：‘咒**是何物耶**？’答：‘诸佛菩萨说法有二：一显现二秘密，咒即是秘密法，如世人有二种法。一显现，谓世俗之常法；二秘密术，谓禁咒等。今随世俗亦作此二法。’”唐义净译《根本说一切有部苾刍尼毘奈耶》卷 9：“报言大妹：‘我曾昼日，入彼林中，起怖畏心，身毛皆竖。大妹如何，独住于彼？手所持者，**是何物耶**？’时苾刍尼具以缘告。”又卷 42：“世尊告曰：‘汝之衣角，**是何物耶**？’即便开解，见一金钱，白佛言：‘此一金钱，是父知识，见我贫苦，持以相赠。由薄福故，忘而不忆。’世尊告曰：‘汝可持此金钱，买青莲花来。’”唐道宣撰《四分律删繁补阙行事钞》卷 2：“问：‘招提常住等**是何物耶**？’答：‘《中含》阿难受别房用施招提僧，庵婆女以园施佛为首，及招提僧，文中不了。”唐大觉撰《四分律行事钞批》卷 8：“‘招提常住**是何物耶**’者，此问意云，常住与招提，有何殊状？答云：‘《阿含》经文不了。’”

“有何 ~ 耶”，有什么……吗？《日本书纪》卷 1《神代纪上》：“阳神先唱曰：

---

① 中田祝夫『日本霊異記』，日本古典文学全集，小学館，1975，第 204 頁。

② 黄征、张涌泉校注《敦煌变文校注》，中华书局，1997，第 253 页。

③ 小島憲之、直木孝次郎、西宮一民、蔵中進、毛利正守『日本書紀三』，新編日本古典文学全集，小学館，1998，第 100 頁。

④ 沖森卓也、佐藤信、矢島泉『藤氏家伝　鎌足貞慧武智麻呂伝注釈と研究』，吉川弘文館，1999，第 173 頁。

⑤ 小島憲之、直木孝次郎、西宮一民、蔵中進、毛利正守『日本書紀一』，新編日本古典文学全集，小学館，1994，第 316 頁。

‘憙哉！遇可美少女焉。’因问阴神曰：‘汝身**有何**成**耶**？’”又：“阳神问阴神曰：‘汝身**有何**成**耶**。’对曰：‘吾身具成而有称阴元者一处。’”[①]（1）失译人名今附后汉录《分别功德论》卷1：“佛为阿难，说十二因缘，甚深微妙。阿难云：‘此之因缘，**有何**深妙**耶**？’佛语阿难：‘勿言不深妙。汝乃前世时，亦言不深。’”（2）《广异记·王乙》条：“乙云：‘本不相识，幸相见招，今叙平生，义即至重，**有何**不畅**耶**？’”

四 “何处”类

该类询问什么地方。其文例类型有“何处去耶”“何处住耶”。疑问词“何处”与语气词“耶”形成呼应关系，凸显疑问的语气。

“**何处去耶**”，要去哪里？去了哪里？《日本书纪》卷12《履中纪》五年十月条：“二月癸丑朔，唤鲫鱼矶别王之女太姬郎姬、高鹤郎姬，纳于后宫并为嫔。于是二嫔横叹之曰：‘悲哉！吾兄王**何处去耶**？’天皇闻其叹而问之曰：‘汝何叹息也？’对曰：‘妾兄鹫住王为人强力轻捷。由是独驰越八寻屋而游行。既经多日，不得面言。故叹耳。’”[②] 萧齐僧伽跋陀罗译《善见律毘婆沙》卷6：“尔时世尊九月前十五日至毘舍离见者，问何谓为见。答曰：‘须提那清旦食竟，见诸人偏袒右肩，赍持种种华香，往至佛所，欲供养听法，从城门出。’须提那见已而问：‘咄！善人**何处去耶**？’答言：‘今往佛所，供养听法。’须提那曰：‘善哉！我亦随去。’”唐实叉难陀译《大方广佛华严经》卷79《入法界品》：“善财问言：‘此庄严事，**何处去耶**？’弥勒答言：‘于来处去。’曰：‘从何处来？’曰：‘从菩萨智慧、神力中来，依菩萨智慧、神力而住。无有去处，亦无住处。非集非常，远离一切。’”

“**何处住耶**”，住在哪里？在哪里住？《日本书纪》卷1《神代纪上》：“大已贵神曰：‘唯然。乃知汝是吾之幸魂、奇魂。今欲**何处住耶**？’对曰：‘吾欲住于日本国之三诸山。’故即营宫彼处，使就而居。此大三轮之神也。”[③] 失译人名今附秦录《佛入涅槃密迹金刚力士哀恋经》卷1：“复作是言：‘大寂真济，愿为我说。即于今者，为何处去？至何方所，为适何国？’‘为至舍卫及王舍城、迦毘罗卫、波罗奈耶？于此诸国，为**何处住耶**？’”萧齐僧伽跋陀罗译《善见律毘婆沙》卷13《舍利弗品》：“诸比丘从远方来，欲看神力。至已，语沓婆摩罗子言：‘长老，为我等安止住处，敷施床座。’沓婆摩罗子问诸大德：‘乐**何处住耶**？’诸比丘各各答言：‘我乐耆阇崛山住。’”唐法藏撰

---

① 小島憲之、直木孝次郎、西宮一民、藏中進、毛利正守『日本書紀一』，新編日本古典文学全集，小学館，1994，第26、28頁。

② 小島憲之、直木孝次郎、西宮一民、藏中進、毛利正守『日本書紀二』，新編日本古典文学全集，小学館，1996，第92～94頁。

③ 小島憲之、直木孝次郎、西宮一民、藏中進、毛利正守『日本書紀一』，新編日本古典文学全集，小学館，1994，第104頁。

《大乘法界无差别论疏》[①] 卷1："会释可知，云佛心下二句，明心云遍空德，以于诸有，若尽若不尽，既皆不著。'**何处住耶**？'谓住实际空处，以无障碍故，明佛为生说法之心，犹如大云。"

五　"何故"类

该类询问原因和理由，表达形式较为丰富，询问语气各有不同。又可分为"何故""云何""何谓""何由""因缘""所以者何"六种。

（一）"何故"式

具体用法有"汝何故哭""何故于我～""何故无礼""何故如此～""何故耶""何故问耶""何故然也""何以故""何以故知"等。

"**汝何故哭**"，你为什么哭呢？《日本灵异记》上卷《婴儿抚所擒他国得逢父缘第9》："家主待问：'**汝何故哭**？'宿人如见，具陈上事。"[②] 姚秦鸠摩罗什译《大庄严论经》卷10："尔时世尊，清净无垢，如花开敷，手光炽盛，掌有相轮，网缦覆指。以是妙手，摩彼人头，而告之言：'**汝何故哭**？'"萧齐求那毘地译《百喻经》卷1："有人问婆罗门言：'**汝何故哭**？'婆罗门言：'今此小儿，七日当死，愍其夭伤，以是哭耳。'"按：该句式中出现的第二人称，体现了口语特征。

"**何故于我～**"，为什么（偏偏）对我……《日本书纪》卷25《孝德纪》大化二年三月条："复有百姓溺死于河逢者。乃谓之曰：'**何故于我**，使遇溺人？'困留溺者友伴，强使祓除。"[③] 吴支谦译《菩萨本缘经》卷3："金翅鸟言：'我与汝怨，**何故于我**，不生恶心。'龙王答言：'我虽兽身，善解业报。审知少恶，报逐不置，犹如形影，不相舍离。我今与汝，所以俱生，如是恶家，悉由先世，集恶业故。'"刘宋求那跋陀罗译《宾头卢突罗阇为优陀延王说法经》[④] 卷1："王复问言：'**何故于我**，而不愿羡？'尊者答言：'我于今日，欲泥已干，诸有结缚，今已解脱。乃至帝释，诸妙天女，尚不生羡。况汝人间，鄙秽者乎？'"按：该句式中出现的第一人称，同样体现了口语特征。

"**何故无礼**"，为何这么不懂礼貌！《日本灵异记》上卷《婴儿鹫所擒他国得逢父缘第9》："其村童女等，皆同心凌蔑之曰：'汝鹫噉残。**何故无礼**！'骂压而打，所拍哭归。"[⑤]《景德传灯录》卷9："有僧来礼拜，师作起势。僧云：'请和尚不起。'师云：

① 该经于天平二十年抄写，题作《法界无差别论疏》，录于《大日本古文书》卷7，第109页。又于胜宝二年抄写，题作《无差别论疏》，录于《大日本古文书》卷11，第566页。又于景云二年抄写，录于《大日本古文书》卷17，第108页。

② 中田祝夫『日本霊異記』，日本古典文学全集，小学館，1975，第84頁。

③ 小島憲之、直木孝次郎、西宫一民、蔵中進、毛利正守『日本書紀三』，新編日本古典文学全集，小学館，1998，第154頁。

④ 该经于天平十四年抄写，题作《宾头卢王说法经》，录于《大日本古文书》卷2，第309页。又于神护三年抄写，录于《大日本古文书》卷17，第44页。

⑤ 中田祝夫『日本霊異記』，日本古典文学全集，小学館，1975，第84頁。

‘老僧未曾坐。’僧云：‘某甲亦未曾礼。’师云：‘**何故无礼**？’僧无对。”

“何故如此～”，为什么这样（地……）？《日本灵异记》上卷《邪见假名沙弥斫塔木得恶报缘第27》：“众集见，或问曰：‘**何故如此**叫？’答云：‘地狱之火来烧我身。受苦如此也。不可故问。’即日命终。”① （1）西晋竺法护译《修行地道经》卷7《弟子三品修行品》：“时众贾人，便住彼土，快相娱乐，饮食自恣，从意休息。如欲厌之城郭则没，不见国土。贾人皆怪：‘**何故如此**也？’”（2）《太平广记》卷45《贾耽》条：“至一峰，半腰中石壁耸拔，见二道流棋次，使者遂拜道流曰：‘贾相公使来。’开书大笑，遂作报书一曰：‘传语相公早归，**何故如此**贪著富贵！’使者赍书而返。”②

“何故耶”，为什么呢？《日本书纪》卷2《神代纪下》：“是时衢神问曰：‘天钿女汝为之**何故耶**？’对曰：‘天照大神之子所幸道路，有如此居之者谁也。敢问之。’”③ 东晋佛陀跋陀罗、法显合译《摩诃僧祇律》卷37：“即求衣不见，正见师衣，作是念：‘师必著我衣去。’即生念：‘师可得著我衣，我不得著师衣。’语言：‘汝去，我不得去。’‘**何故耶**？’答言：‘我无衣。’”唐义净译《根本说一切有部毘奈耶破僧事》卷12：“时诸苾刍皆疑，白佛言：‘世尊，**何故耶**？输陀罗因欢喜团，于佛世尊生于染著。’”

“何故问耶”，为什么问呢？《日本书纪》卷14《雄略纪》即位前纪条：“女子过庭。目大连顾谓群臣曰：‘丽哉！女子。古人有云：娜毗腾耶皤么珥。徐步清庭者，言谁女子？’天皇曰：‘**何故问耶**？’”④ 东晋佛陀跋陀罗、法显合译《摩诃僧祇律》卷31：“时无畏萨薄主见已便识，问言：‘汝何处得此氎？’答言：‘大家郎，**何故问耶**？诸年少边得。’”又卷37：“问言：‘何者是跋陀罗跋陀罗比丘尼？’答言：‘**何故问耶**？’答言：‘欲买是钦婆罗不？’”姚秦佛陀耶舍、竺佛念等合译《四分律》卷7：“问言：‘向闻有诸比丘失衣来，何者是？’报言：‘我等是。**何故问耶**？’答言：‘我等闻诸比丘遇贼失衣来至祇桓，故持此衣来。为诸大德须衣随意取。’”

“何故然也”，为什么是这样的呢？《日本灵异记》中卷《常鸟卵煮食以现得恶死报缘第10》：“良久苏起，然病叫言：‘痛足矣。’云云。山人问言：‘**何故然也**？’答曰：‘有一兵士，召我将来，押入爝火，烧足如煮。见四方者，皆卫火山。无间所出，故叫走回。’”⑤ 隋阇那崛多译《佛本行集经》卷58《婆提唎迦等因缘品》：“摩尼娄陀复报王言：‘我夜腹痛，又患寒热。’王复问言：‘**何故然也**？’摩尼娄陀复报王言：‘于彼饮食，味不调适。是故当时，我患腹痛。其所卧褥，当织之时，其彼织师，身患寒热。是

① 中田祝夫『日本霊異記』，日本古典文学全集，小学館，1975，第116頁。

② （宋）李昉等编《太平广记》，中华书局，1961，第279页。

③ 小島憲之、直木孝次郎、西宮一民、蔵中進、毛利正守『日本書紀一』，新編日本古典文学全集，小学館，1994，第130頁。

④ 小島憲之、直木孝次郎、西宮一民、蔵中進、毛利正守『日本書紀二』，新編日本古典文学全集，小学館，1996，第150頁。

⑤ 中田祝夫『日本霊異記』，日本古典文学全集，小学館，1975，第176頁。

故我亦，著寒热病。'"

"**何以故**"，为什么呢？《日本灵异记》上卷《邪见假名沙弥斫塔木得恶报缘第 27》："《涅槃经》云：'若见有人修行善者，名见天人；修行恶者，名见地狱。**何以故**？定受报故。'"[①] 姚秦鸠摩罗什译《妙法莲华经》卷 2《譬喻品》："舍利弗言：'不也，世尊，是长者但令诸子得免火难，全其躯命，非为虚妄。**何以故**？若全身命，便为已得玩好之具。况复方便，于彼火宅，而拔济之。'"唐义净译《金光明最胜王经》卷 1《如来寿量品》："尔时，四佛告妙幢菩萨言：'善男子，汝今不应思忖如来寿命长短。**何以故**？善男子，我等不见诸天世间梵、魔、沙门、婆罗门等，人及非人，有能算知佛之寿量，知其齐限。'"

"**何以故知**"，是怎么知道的呢？《日本灵异记》中卷《贷用寺息利酒不偿死作牛役之偿债缘第 32》："石人问曰：'**何以故知**矣？'牡答之曰：'问樱大娘，而知虚实。大娘者，作酒家主，即石人之妹也。'"[②] 后汉安世高译《佛说处处经》卷 1："今世相见欢喜者，皆是前世亲里善知识。**何以故知**之？相见意解故。"姚秦竺佛念译《出曜经》卷 25《恶行品》："人欲修学，专意乃获。如匹夫闻彼有法，中路多难无由经过，一意念彼形意以达。**何以故知**？如彼得通之人，心念形以随。是故说曰：'人不损其心，亦不毁其意也。'"

（二）"云何"式

该类用法有"是事为云何""是事云何""云何～乎"等。

"**是事为云何**"，这件事是为什么？这件事是因为什么呢？《元兴寺伽蓝缘起并流记资财账》："时聪耳皇子大大王大前白：'昔百济国乞遣法师等及工人奉上。**是事为云何**？'"姚秦鸠摩罗什译《妙法莲华经》卷 1《方便品》："无漏诸罗汉，及求涅槃者，今皆堕疑网，佛何故说是？其求缘觉者，比丘比丘尼，诸天龙鬼神及乾闼婆等，相视怀犹豫，瞻仰两足尊。**是事为云何**？愿佛为解说。"

"**是事云何**"，这件事究竟怎么样。《元兴寺伽蓝缘起并流记资财账》："时三尼等官白：'但六口僧耳来，不具二十师。故犹欲度百济国受戒。'白。时官问诸法师等：'此三尼等欲度受戒，**是事云何**？'时法师等答状，如先客答无异。"西晋无罗叉译《放光般若经》卷 13《坚固品》："须菩提言：'**是事云何**？世尊。'佛言：'从阿罗汉、辟支佛地动转者，是则阿惟越致。从阿罗汉、辟支佛地虽不动转者，是菩萨则为动转者。须菩提，以是相行像貌具足，是为阿惟越致。'"

"**云何～乎**"，为什么……呢？《日本书纪》卷 1《神代纪上》："是时天照大神闻之而曰：'吾比闭居石窟，谓当丰苇原中国必为长夜。**云何**天钿女嚎乐如此者**乎**？'乃以御手细开盘户窥之。"[③] 吴支谦译《佛说维摩诘经》卷 1《弟子品》："维摩诘言：'唯须

---

① 中田祝夫『日本霊異記』，日本古典文学全集，小学館，1975，第 116 頁。

② 中田祝夫『日本霊異記』，日本古典文学全集，小学館，1975，第 116 頁。

③ 小島憲之、直木孝次郎、西宮一民、蔵中進、毛利正守『日本書紀一』，新編日本古典文学全集，小学館，1994，第 78 頁。

菩提取钵勿惧，**云何**贤者如来以想而言说**乎**？'"北凉昙无谶译《大般涅槃经》卷3《金刚身品》："迦叶，如来真身，功德如是。**云何**复得，诸疾患苦，危脆不坚，如坏器**乎**？"《敦煌变文·维摩诘经讲经文（四）》："况生住异灭，念念迁移，**云何**弥勒得授记**乎**？"①

（三）"何谓"式

"**问何谓也**"，问道："这是为什么呢？"《日本书纪》卷9《神功纪》摄政元年二月条："适是时也，昼暗如夜，已经多日。时人曰：'常夜行之也。'皇后问纪直祖丰耳曰：'是怪何由矣？'时有一老父曰：'传闻如是怪谓阿豆那比之罪也。'**问何谓也**？对曰：'二社祝者，共合葬欤。'"②

（四）"何由"式

"**何由如此（之）~**"，什么原因致使……如此呢？《古语拾遗》："于时，天照大神，中心独谓：'比吾幽居，天下悉暗。群神**何由如此之**歌乐？聊开户而窥之。'"③ 例言天照大神躲进石窟里不出来，于是天下顿时变得昏暗起来。各位天神为了将其哄骗出来，在石窟外欢歌笑语。天照大神感到奇怪，便从门缝朝外窥探。姚秦竺佛念译《鼻奈耶》卷1道安述《鼻奈耶序》："然世尊制戒必有所因。六群比丘，生于贵族，攀龙附凤。虽贪出家，而豪心不尽。鄙悖之行，以成斯戒。二人得道，二人生天，二人堕龙，一人无择明恃贵不节。自贻伊戚，向使中门家子，遇佛出学。虽不能一坐成道，**何由如此之**困乎？然此经是佛未制戒时，其人所犯，秽陋行多。既制之后，改之可贵。"

（五）"因缘"式

"**以何因缘**"，（问句）因为什么缘故。《日本灵异记》中卷《女人大蛇所婚赖药力得全命缘第41》："夫恋，母啼，妻咏，姨泣。佛闻妻哭，出音而叹。阿难白言：'**以何因缘**，如来叹之？'"④ 北凉昙无谶译《大般涅槃经》卷3《寿命品》："云何得长寿，金刚不坏身；复**以何因缘**，得大坚固力？"

"**以何因缘而~**"，因为什么原因而……《日本灵异记》中卷《行基大德携子女人视过去怨令投渊示异表缘第30》："大德告曰：'咄！彼娘人，其汝之子持出舍渊。'众人闻之，当头之曰：'有慈圣人，**以何因缘**，**而**有是告？'娘依子慈不弃。"⑤ 姚秦鸠摩罗什译《妙法莲华经》卷1《序品》："尔时弥勒菩萨作是念：'今者世尊，现神变相。**以何因缘**，**而**有此瑞？今佛世尊，入于三昧。是不可思议，现希有事。当以问谁？谁能答者？'"

---

① 黄征、张涌泉校注《敦煌变文校注》，中华书局，1997，第860页。

② 小島憲之、直木孝次郎、西宮一民、蔵中進、毛利正守『日本書紀一』，新編日本古典文学全集，小学館，1994，第440頁。

③ 西宮一民『古語拾遺』，岩波文庫，1985，第124頁。

④ 中田祝夫『日本霊異記』，日本古典文学全集，小学館，1975，第251頁。

⑤ 中田祝夫『日本霊異記』，日本古典文学全集，小学館，1975，第226頁。

（六）“所以者何”式

该式既用于询问他人，又用于自问自答，是讲经说法时的套语表达，使用频率极高。

“**所以者何**”，何以见得？为什么这么说呢？《日本灵异记》中卷《奉写〈法华经〉因供养显母作女牛之因缘第15》：“愿主见之，信心敬礼，一日一夜，家内隐居，顿作法服，以之奉施。爰乞者问之：‘**所以者何**？’答曰：‘请令讲《法华经》。”①姚秦鸠摩罗什译《妙法莲华经》卷2《譬喻品》：“尔时舍利弗踊跃欢喜，即起合掌，瞻仰尊颜，而白佛言：‘今从世尊，闻此法音，心怀勇跃，得未曾有。**所以者何**？我昔从佛，闻如是法，见诸菩萨，授记作佛。而我等不豫斯事，甚自感伤。失于如来，无量知见。’”唐义净译《金光明最胜王经》卷1《如来寿量品》：“时彼贫人，为欲求财，广设方便，策勤无怠。**所以者何**？为舍贫穷，受安乐故。”

六　“如何”类

该类询问采用什么手段和方法，文例类型有“如何”“何如”“何以”等。

（一）“如何”式

“**其义如何**”，这是什么意思？它意味着什么？《续日本纪》卷33《光仁纪》宝龟五年三月条：“问曰：‘夫请修旧好每相聘问者，乃似亢礼之邻，非是供职之国。且改贡调称为国信。变古改常。**其义如何**？’”②（1）隋吉藏法师撰《仁王般若经疏》卷1《序品》：“佛自成道，所说甚多，其人并不在坐。而悉称我闻者，**其义如何**？”唐慧沼撰《法华玄赞义决》卷1：“问：有云为说，二种密境界者，谓吹大法螺，击大法鼓，**其义如何**？”（2）《全唐文》卷677白居易《三教论衡》：“《黄庭经》中有养气存神长生久视之道，常闻此语，未究其由。**其义如何**，请陈大略。”③

（二）“何如”式

“**卿等何如**”，众卿是怎么想的？大家对这个问题是怎么看的？《日本书纪》卷21《崇峻纪》四年八月条：“秋八月庚戌朔，天皇诏群臣曰：‘朕思欲建任那。**卿等何如**？’群臣奏言：‘可建任那官家，皆同陛下所诏。’”④（1）唐神清撰、慧宝注《北山录》卷10：“国初，高祖问群臣曰：‘傅奕每云佛教无用，朕欲从其所议。**卿等何如**？’”（2）《通典》卷71《嘉礼》：“大唐睿宗景云二年四月，欲传位于皇太子，召三品以上官，谓曰：‘朕素怀澹泊，不以宸极为贵。昔居皇嗣，已让中宗。及居太弟，又固辞不

---

① 中田祝夫『日本霊異記』，日本古典文学全集，小学館，1975，第188頁。

② 青木和夫、稲岡耕二、笹山晴生、白藤礼幸『続日本紀四』，新日本古典文学大系，岩波書店，1995，第422頁。

③ （清）董诰等编《全唐文·附唐文拾遗唐文续拾》，中华书局，1983，第6923页。

④ 小島憲之、直木孝次郎、西宮一民、蔵中進、毛利正守『日本書紀二』，新編日本古典文学全集，小学館，1996，第522頁。

就。思脱屣于天下，为日久矣。今欲传位于太子，**卿等何如**？'群臣唯唯，莫有对者。"①

"**当复何如**"，又当如何呢？又当怎么样呢？《日本书纪》卷19《钦明纪》四年十一月条："是日，圣明王闻宣敕已，历问三佐平内头及诸臣曰：'诏敕如是，**当复何如**？'"又十二月条："十二月，百济圣明王复以前诏，普示群臣曰：'天皇诏敕如是，**当复何如**？'"又五年十一月条："于是百济王圣明略以诏书示曰：'吾遣奈率弥麻佐、奈率己连、奈率用奇多等朝于日本。诏曰：早建任那。又津守连奉敕问成任那。故遣召之。**当复何如**？能建任那？请各陈谋。'"又九年六月条："六月辛酉朔壬戌，遣使诏于百济曰：'德率宣文取归以后，**当复何如**？消息何如？朕闻汝国为狛贼所害。宜共任那策励同谋，如前防距。'"② 唐僧详撰《法华传记》卷8《隋相州僧玄绪一》："绪惊叹，谓明曰：'公精练之人，犹尚如此。况吾辈**当复何如**？'"唐怀信述《释门自镜录卷下·隋相州道明侵柴然足事》亦有相同的记载。

（三）"何以"式

该式文例类型有"何以～""何以～乎""何以～耶"。其中，既有疑问词"何以"与语气词"乎""耶"呼应的形式，也有"何以"单独成句的形式。前者询问语气更为鲜明。

"**何以杀之**"，怎样干掉它呢？《日本书纪》卷1《神代纪上》："素戋呜尊欲幸奇稻田媛而乞之。脚摩乳、手摩乳对曰：'请先杀彼蛇。然后幸者宜也。彼大蛇每头各有石松，两胁有山，甚可畏矣。将**何以杀之**？'"③ 元魏慧觉等合译《贤愚经》卷1《恒伽达品》："大臣进入，启白王言：'彼人之罪，不至深重。**何以杀之**？虽和其音，而不见形，既无交通、奸淫之事。幸愿垂矜，匃其生命。'王不能违，赦不刑戮。'"按：《神代纪》说的是如何斩杀，《贤愚经》说的是为何杀掉。意思不同，但句式一样。

"**何以知尔**"，这一点是怎样知道的呢？多用于下文引经据典的情况。《日本灵异记》下卷《假官势非理为政得恶报缘第35》："天皇闻之，请施皎僧头，而诏之言：'世间众生，至地狱受苦。经二十余年，免耶不也？'僧头答曰：'受苦之始也。**何以知尔**，以人间百年，为地狱一日一夜。故未免也。'"④ 隋吉藏撰《观无量寿经义疏》卷1："又说弥勒成佛为小乘众生，无量寿观经为大乘众生。**何以知尔**？经文如此。"又《二谛义》卷1："如此二谛，皆是凡夫二谛也。**何以知尔**？《大经》云：众生起见凡有二种，一者常见，二者断见。具有有无断常二见也。"唐窥基撰《成唯识论述记》卷5：

① （唐）杜佑撰《通典》，中华书局，1988，第1951页。

② 小島憲之、直木孝次郎、西宮一民、蔵中進、毛利正守『日本書紀二』，新編日本古典文学全集，小学館，1996，第380（二例）、396～398、410頁。

③ 小島憲之、直木孝次郎、西宮一民、蔵中進、毛利正守『日本書紀一』，新編日本古典文学全集，小学館，1994，第96頁。

④ 中田祝夫『日本霊異記』，日本古典文学全集，小学館，1975，第353頁。

"又彼无此分别烦恼，亦无妨难。**何以知尔**？论：《瑜伽》论说至广，说如前。"

"**何以知乎**"，怎样知道的呢？多用于自问自答的场合。《日本书纪》卷15《仁贤纪》六年九月条："有同伴者，不悟其意，问曰：'**何以知乎**？'"① 东晋竺昙无兰译《佛说见正经》卷1："时有一比丘，名曰见正。新入法服，其心有疑，独念言：'佛说有后世生，至于人死，皆无还相报告者。**何以知乎**？当以此问佛。'未即发言，佛已豫知。"唐道宣述《释门归敬仪》卷1："是以论云：菩萨昼三夜三，礼念诸佛，致使宗文之士，崇遵此教，遂分六时，以净三业。余时舍纵，且习由来。此则福浅罪深，无由拔本。又理都不然，情亦不可。**何以知乎**？夫以六时之候，接俗恒仪，类彼八斋，同于五戒，言虽有数，事义无穷。"

"**何以得～耶**"，怎样才能……呢？怎么会……呢？《日本书纪》卷9《神功纪》摄政四十六年三月条："时谓久氏等曰：'本闻东有贵国。然未曾有通，不知其道。唯海远浪险，则乘大船，仅可得通。若虽有路津，**何以得**达**耶**？'"② 失译人名今附秦录《萨婆多毘尼毘婆沙》卷6："问曰：'《戒序》非戒，**何以得**罪**耶**？'答曰：'《戒序》说二百五十戒义，若呵《戒序》，即是呵一切戒。是故得罪。'"梁法云撰《法华经义记》卷2《序品》："问者又言：'**何以得**知非是对说之因，而是凭附因**耶**？'解者又言：'若如来虽说此经，无有药王等大士传说，此自行化人之时，如来则不得说此经。故知是凭附之因也。'"

"**何以知～耶**"，怎样才能知道某事呢？《日本灵异记》下卷《智行并具禅师重得人身生国皇之子缘第39》："是以定知，此圣君也。又**何以知**圣君**耶**？世俗云：'国皇法，人杀罪人者，必随法杀。而是天皇者，出弘仁年号传世，应杀之人成流罪，活彼命以人治也。是以旺知圣君也。'"③ 梁宝亮等集《大般涅槃经集解》卷4《纯陀品》："道生曰：'**何以知**久非食身**耶**？夫见佛性照极之时，岂待食乎？而云食已见者，答知非实也。'"北凉浮陀跋摩、道泰等合译《阿毘昙毘婆沙论》卷16《爱敬品》："问曰：'何处有法养耶？'答曰：'五趣尽有。''**何以知**地狱趣中有**耶**？'答曰：'曾闻弥多达子小生地狱中谓是浴室。'"唐法藏述《华严经探玄记》卷5《初发心菩萨功德品》："初中先征问，谓**何以知**初发心已，即能证得，三世诸佛，大福智**耶**？下释中二十句，显谓同三世佛音所行路，故云等也。"

七　"～（以）不"类

"不"，同"否"。"以不"，亦作"以否"，犹言"与否"。表疑问之词，其作用相

① 小島憲之、直木孝次郎、西宮一民、蔵中進、毛利正守『日本書紀二』，新編日本古典文学全集，小学館，1996，第260頁。

② 小島憲之、直木孝次郎、西宮一民、蔵中進、毛利正守『日本書紀一』，新編日本古典文学全集，小学館，1994，第450～452頁。

③ 中田祝夫『日本霊異記』，日本古典文学全集，小学館，1975，第378頁。

当于现代汉语中的“吗”。该文例类型可见“起居安不”“平安以不”“好在以不”。

“~以不”，《日本书纪》卷19《钦明纪》十三年十月条：“乃历问群臣曰：‘西蕃献佛，相貌端严，全未曾看。可礼以不？’”① 《续日本纪》卷35《高绍纪》宝龟十年五月条：“丁巳，飨唐使于朝堂。中纳言从三位物部朝臣宅嗣宣敕曰：‘唐朝天子及公卿，国内百姓，平安以不？又海路难险，一二使人，或漂没海中，或被掠耽罗。朕闻之凄怆于怀。又客等来朝道次，国宰祗供，如法以不？’”失译人名今附后汉录《分别功德论》卷4：“目连心念：‘此地下故有曩日地肥在中，今人民大饥，意欲反此地取下地肥以供民命。’念已白佛：‘今欲以四神足，反地取下地肥以济民命，不审可尔以不？’”按：《汉语大词典》首引《魏书》卷36《李顺传》：“卿往积岁，洞鉴废兴，若朕此年行师，当克以不？”② 偏晚。“新编全集本”指出：“以不”是唐代的俗语。在以韵散文体交替叙述故事的敦煌变文中亦见文例。

“知此意不”，知道这是什么意思吗？《日本灵异记》下卷《重斤取人物又写〈法华经〉以现得善恶报缘第22》：“三僧问虾夷言：‘汝**知此意不**也？’答：‘不知也。’”③ 后秦弗若多罗、罗什合译《十诵律》卷5：“诸比丘立制已来语我，我即默然可之。优波斯那言：‘世尊，旧比丘**知此意不**？’佛言：‘何以不知。’”

（一）“起居安不”

“起居安不”，“起居安宁吗？”，问候语。犹言“身体好吗？”《日本灵异记》上卷《圣德皇太子示异表缘第4》：“时有人言：‘是有愿觉师。’即优婆塞往而见，当实愿觉师也。逢于优婆塞而谈之言：‘比顷不谒恋思无间，**起居安不**也。’”后汉昙果、康孟详合译《中本起经》卷1《还至父国品》：“佛问忧陀：‘父王**起居安不**？’忧陀白佛：‘大王无恙，唯思世尊。’”唐玄奘译《阿毘达磨大毘婆沙论》卷99：“然彼大天，随造众恶，而不断灭，诸善根故。后于中夜，自惟罪重，当于何处，受诸剧苦，忧惶所逼，数唱苦哉。近住弟子，闻之惊怪，晨朝参问：‘**起居安不**？’大天答言：‘吾甚安乐。’”

（二）“平安以不”

“平安以不”，“平安”，安好。用于问候。《日本书纪》卷26《齐明纪》五年七月条：“（《伊吉连博德书》）三十日，天子相见闻讯之：‘日本国天皇**平安以不**？’使人谨答：‘天地合德，自得平安。’”④

（三）“好在以不”

“好在以不”，问候语“你好！”或“一切都好吧？”《日本书纪》卷26《齐明纪》

① 小島憲之、直木孝次郎、西宮一民、蔵中進、毛利正守『日本書紀二』，新編日本古典文学全集，小学館，1996，第416～418頁。

② （北齐）魏收撰《魏书》，中华书局，1974，第832页。

③ 中田祝夫『日本霊異記』，日本古典文学全集，小学館，1975，第315頁。

④ 小島憲之、直木孝次郎、西宮一民、蔵中進、毛利正守『日本書紀三』，新編日本古典文学全集，小学館，1998，第224頁。

五年七月条："（《伊吉连博德书》）天子问曰：'执事卿等，**好在以不**？'使者谨答：'天皇怜重，亦得好在。'"①

第三节　疑问句之二——反诘句

反诘句的特点有三：用反问句的形式来表示确定的意思，起着加强说话人语气的作用；谓语中心词前面有表示反诘的副词"岂、宁、如何"等及其后续的助动词或副词"可、能、得、不、容、用、烦"等组成的固定搭配词组；句末常伴随着语气词"乎、耶、哉"等。②

一　"宁～"类

"**宁可～乎**"，"宁可"与句末的"乎""不"组成"宁可～乎（不）"的格式，表示"能够～吗""怎么可以～呢"的意思。《日本书纪》卷1《神代纪上》："是时月夜见尊忿然作色曰：'秽哉，鄙矣！**宁可**以口吐之物敢养我**乎**？'乃拔剑击杀。然后复命，具言其事。"又卷2《神代纪下》："天孙幸大山祇神之女子吾田鹿苇津姬，则一夜有身，遂生四子。故吾田鹿苇津姬抱子而来进曰：'天神之子，**宁可**以私养**乎**？'故告状知闻。"③后汉安世高译《佛说奈女耆婆经》卷1："耆婆自念：我虽作方便，求此白象，复不得脱。今当复作方便，何可随去？乃谓乌曰：'我朝来未食，还必当死。**宁可**假我须臾，得于山间，噉果饮水，饱而就死**乎**？'"梁慧皎撰《高僧传》卷2："贤曰：'夫法不自生，缘会故生，缘一微故有众微，微无自性，则为空矣。**宁可**言不破一微常而不空**乎**？'"

二　"岂～"类

"**岂合如此**"，怎么可以这样呢？从道理上讲不应该如此。《续日本纪》卷12《圣武纪》天平九年九月条："遂逼乏困，逃亡他所，父子流离，夫妇相失。百姓币穷，因斯弥甚。实是国司教喻乖方之所致也。朕甚愍焉。济民之道，**岂合如此**？"（1）唐义净译《根本说一切有部毘奈耶》卷29："时邬陀夷见而告曰：'仁等看此，黑钵之类，每于寺中，粪秽狼籍。仙人居处，**岂合如此**？'作是语时，令诸俗徒，共生嫌贱。"（2）《全唐文》卷34元宗《铨择内外官敕》："亦朝廷勋旧，暂镇外台，却任京都，无

---

① 小島憲之、直木孝次郎、西宮一民、藏中進、毛利正守『日本書紀三』，新編日本古典文学全集，小学館，1998，第224頁。

② 杨伯峻、何乐士：《古汉语语法及其发展上》（修订本），语文出版社，2001，第889页。

③ 小島憲之、直木孝次郎、西宮一民、藏中進、毛利正守『日本書紀一』，新編日本古典文学全集，小学館，1994，第58、146頁。

辞降屈，且希得人，众以为荣。为官择人，**岂合如此**？”①

（一）“岂～乎”式

“岂忘恩乎”，（作为人）怎么能忘恩负义呢？《日本灵异记》下卷《髑髅目穴笋揭脱以祈之示灵表缘第27》：“夫日曝髑髅，尚故如是。施食报福，与恩报恩。何况现人，**岂忘恩乎**？”② 隋灌顶纂《国清百录》卷3：“于事有益，愿为咨奏，使苍生庆赖。然国是王国，民是王民，加修慈心，抚育黎庶。犬马识养，人**岂忘恩乎**？”

（二）“岂～哉”式

“岂不信哉”，怎么可以不相信呢？《日本灵异记》上卷《偷用子物作牛役之示异表缘第10》：“然后以覆被及财务，而施其师，更为其父广修功德。因果之理，**岂不信哉**？”③ 唐道宣撰《广弘明集》卷5：“唐尧则天，稷偰翼其化；汤武革命，伊吕赞其功。由斯以言，用舍影响之论，惟我与尔之谈。**岂不信哉**？”唐智云撰《妙经文句私志记》卷1：“然此震方，去彼天竺。其途辽敻，十万有余。或云十万八千里，山川重险，人兽众难往来。达者十无二三，况非其人。不过其时，则不虚行。故玄音辍昌之后，时虽千载之外，虽翻度数家，罕能备体。至于什师，一出方乃，洋溢天下。以此而论，传译之难，**岂不信哉**？”

三　“何～”类

该类文例类型有“何能”“何得”“何容”“何用”“何烦”。

（一）“何能”式

“何能逃避”，怎能逃避，无法逃避。《万叶集》卷5《敬和为熊凝述其志歌》序云：“所以千圣已去，百贤不留。况乎凡愚微者，**何能逃避**？”④ 宋施护译《佛说胜军王所问经》卷1：“大王，又如师子，为兽中王。若入兽群，取一兽食，彼所取兽，**何能逃避**？入师子腹，灭无有余。”

（二）“何得”式

“何得（免）～耶”，如何才能免于……呢？《日本书纪》卷8《仲哀纪》元年十一月条：“天皇于是恶蒲见别王无礼于先王，乃遣兵卒而诛矣。蒲见别王则天皇之异母弟也。时人曰：‘父是天也，兄亦君也。其慢天违君，**何得免**诛**耶**？’”⑤ （1）梁宝亮等集《大般涅槃经集解》卷19《如来性品》：“何者？以丈六为佛，以十二部经为法，以三乘圣众为僧。而魔所化形，所说邪法，行魔法者，亦可归依，并是形骸中取。**何得免**滥

① （清）董诰等编《全唐文·附唐文拾遗唐文续拾》，中华书局，1983，第378页。

② 中田祝夫『日本靈異記』，日本古典文学全集，小学館，1975，第334頁。

③ 中田祝夫『日本靈異記』，日本古典文学全集，小学館，1975，第87頁。

④ 小島憲之、木下正俊、東野治之『万葉集二』，日本古典文学全集，小学館，1995，第66頁。

⑤ 小島憲之、直木孝次郎、西宮一民、藏中進、毛利正守『日本書紀一』，新編日本古典文学全集，小学館，1994，第402頁。

耶？若就释迦一体三归，亦不免过。何者？以丈六为迹，法身为本，约本取迹。如为小胜，然同是形骸。魔亦能尔，岂容得免？法僧二宝，亦复如是也。”隋吉藏撰《大品经义疏》卷6：“‘闻诵般若，云**何得免**五死**耶**？’答：‘闻波若解脱无常等十五劝，因无常入无生实相，观智不生不死，是故免五死也。’”（2）《太平经》卷40《努力为善法第52》：“‘善哉！子既来学，不欲闻此，即且努力为善矣。’‘唯唯。天师处地，使得知天命，受教敕深厚，以**何得免**于此**哉**？’”① 按：通过比较（1）与（2），可知中土文献中的呼应形式为“何得免于～哉”。《日本书纪》卷13《允恭纪》二十三年三月条：“太子恒念合大娘皇女，畏有罪而默之。然感情既盛，殆将至死。爰以为徒空死者，虽有罪，**何得**忍**乎**？”②

（三）“何容”式

“**何容可得**”，怎么可以容忍做某事呢？绝不可以容忍做某事。《日本书纪》卷19《钦明纪》九年四月条：“又复密使于高丽者，不可信也。朕命即自遣之，不命**何容可得**？”③ 唐善导集记《观无量寿佛经疏》卷3：“此明众生散动，识剧猨猴，心遍六尘，无由暂息。但以境缘非一，触目起贪乱想。安心三昧，**何容可得**？自非舍缘托静，相续注心，直指西方，简余九域。是以一身一心一回向，一处一境界一相续一归依一正念。是名想成，就明正受；此世后生，随心解脱也。”

（四）“何用”式

“**何用求～耶**”，哪里用得着去追求（寻求）……《日本书纪》卷13《允恭纪》二年二月条：“皇后则采一根兰，与于乘马者，因以问曰：‘**何用求**兰**耶**？’乘马者对曰：‘行山拔蠛也。’时皇后结之意里乘马者辞旡礼，即谓之曰：‘首也，余不忘矣。’”④ 梁宝亮等集《大般涅槃经集解》卷60《师子吼品》：“僧亮曰：‘难意若定受者，可修梵行。求解脱不定，**何用求**离**耶**？’”唐湛然述《止观辅行传弘决》卷2：“又问：‘无所求者，**何用求耶**？’答曰：‘无所求中，吾故求之。’又问：‘无所求中，**何用求耶**？’答曰：‘有所求者，一切皆空。’”

（五）“何烦”式

“**何烦～**”，何须……何必……《怀风藻》第104首释道慈《初春在竹溪山寺于长王宅宴追致辞》：“惊春柳虽变，余寒在单躬。僧既方外士，**何烦**入宴宫。”⑤（1）东晋法显译《佛说大般泥洹经》卷1：“纯陀答曰：‘文殊师利，**何烦**催此，垢秽食为？如来

① 王明编《太平经合校》，中华书局，1960，第74页。

② 小島憲之、直木孝次郎、西宮一民、蔵中進、毛利正守『日本書紀二』，新編日本古典文学全集，小学館，1996，第124頁。

③ 小島憲之、直木孝次郎、西宮一民、蔵中進、毛利正守『日本書紀二』，新編日本古典文学全集，小学館，1996，第410頁。

④ 小島憲之、直木孝次郎、西宮一民、蔵中進、毛利正守『日本書紀二』，新編日本古典文学全集，小学館，1996，第106頁。

⑤ 小島憲之『懐風藻・文華秀麗集・本朝文粋』，日本古典文学大系，岩波書店，1964，第168頁。

宁当，待此食耶？如来六年，在道树下，难行苦行，日食麻米，犹自支持。况今须臾，岂不能耶？汝谓如来，食此食乎？如来法身，非秽食身。'”（2）《宋书》卷96《鲜卑吐谷浑传》："其母曰：'仇贼诸将已屠脍之，汝年小，**何烦**朝朝自苦如此！'叶延呜咽不自胜。”[①]

第四节 感叹句

感叹句是传达说话者喜怒哀乐等具有强烈感情色彩的句子。句末语气词“也”“矣”等是感叹句的外在形式标识。[②]

一 句首感叹词

该类感叹句中句首有表示感叹的词语。例如“痛哉”“悲哉”“苦哉”等。

“痛哉悲哉”，痛惜悲伤。用于感叹。《藤氏家传》上卷《镰足传》："如何苍天，歼我良人。**痛哉悲哉**！弃朕远逝。恠矣惜矣，乖朕永离。”[③] 元魏慧觉等合译《贤愚经》卷7《梨耆弥七子品》："世尊去后，开函视之，三十二头，悉在函中。由爱断故，不生懊恼，但作是言：'**痛哉悲哉**[④]！人生有死，不得长久。驱驰五道，何若乃尔？'”

“痛哉苦哉”，痛惜悲苦。用于感叹。《日本灵异记》上卷《非理夺他物为恶行受报示奇事缘第30》："**痛哉苦哉**！何日免吾罪？何日得安身也？”[⑤] 北凉昙无谶译《大般涅槃经》卷1《寿命品》："是诸众生，见闻是已，心大忧愁，同时举声，悲啼号哭：'呜呼慈父，**痛哉苦哉**！'举手拍头，搥胸叫唤。其中或有，身体战栗，涕泣哽咽。”

“痛哉痛哉”，痛惜之甚。用于感叹。《日本灵异记》中卷《佛铜像盗人所捕示灵表显盗人缘第22》："时有路往人，从寺北路，乘马而往。闻之有声，而叫哭曰：'**痛哉痛哉**！'”[⑥] 失译人名今附后汉录《大方便佛报恩经》卷2《对治品》："尔时饿人，闻是语已，举声大哭，忧恚断绝，报施主言：'不可言也。**痛哉痛哉**！怪哉怪哉！大施主，我今情实相语。我所担者，或言是父，或言是母，或言妻子，或言兄弟，宗亲骨肉。'”

二 句中有副词

该类感叹句中有表示程度的副词，例如“大”“太”“甚”等。

“大好”，很好，极好。用于表示感叹。“太”与“大”相通。《唐大和上东征传》：

① （梁）沈约撰《宋书》，中华书局，1974，第2370页。
② 杨伯峻、何乐士：《古汉语语法及其发展上》（修订本），语文出版社，2001，第898页。
③ 沖森卓也、佐藤信、矢島泉『藤氏家伝　鎌足貞慧武智麻呂伝注釈と研究』，吉川弘文館，1999，第234頁。
④ “悲哉”，宋本、元本、明本中作“悲俟”。
⑤ 中田祝夫『日本靈異記』，日本古典文学全集，小学館，1975，第126頁。
⑥ 中田祝夫『日本靈異記』，日本古典文学全集，小学館，1975，第206頁。

“和上言：‘**大好**。’即宝字三年八月一日，私立唐律招提名，后请官额，依此为定；还以此日请善俊师讲件疏记等。”① 唐义净译《根本说一切有部毘奈耶破僧事》卷19：“其同日时，有一采鱼师妇，乃生一女，与渔师钱物，将男换女。其大臣即白王言：‘达摩生一女也。’王曰：‘**大好**！我得解脱。’”《敦煌变文·维摩诘经讲经文（五）》：“休夸越女，莫说曹娥。任伊持世坚心，见了也须退败。**大好**，**大好**！希哉，希哉！如此丽质婵娟，争不忘生动念。”②

“**甚太辛苦**”，非常辛苦，大为辛苦。“甚太”，极其，非常，表程度的副词。《唐大和上东征传》：“潮来，水至人腰；和上在乌蓝草上，余人并在水中。冬寒，风急，**甚太辛苦**。”③ 唐义净译《根本说一切有部毘奈耶皮革事》卷2：“王言：‘善来！圣者邬波难陀。得安稳眠不？’即告王曰：‘我虽眠卧，心常恐怖。大王自知，我未出家，卧八重敷具。今虽出家，为是小夏，分得一破床，触著作声，不敢转侧，恐畏破坏，**甚大辛苦**。云何得安稳眠？’”唐法崇述《佛顶尊胜陀罗尼经教迹义记》卷1：“未举首顷，忽见一老人，素服皓首，仪宇肃然，具婆罗门音，谓佛陀波利曰：‘大德远来，**甚大辛苦**。’波利曰：‘故来礼谒文殊，岂辞辛苦。’”

三 句末有语气词

（一）“矣”

“**如此矣**”，就是这样的。《日本书纪》卷2《神代纪下》：“复进潮满琼、潮涸琼二种宝物，仍教用琼之法。又教曰：‘兄作高田者，汝可作洿田。兄作洿田者，汝可作高田。’海神尽诚奉助，**如此矣**。”④ 唐道宣撰《续高僧传》卷10：“薛道衡每曰：‘则公之文，屡发新采，英英独照。其为时贤所尚也。**如此矣**。”

“**深有以矣**”，含义真深刻啊。《古语拾遗》：“因兴斋宫，令倭姬命居焉。始在天上，预结幽契，衢神先降，**深有以矣**。”⑤ 唐智云撰《妙经文句私志记》卷2：“初实次权，后是不二，故约此三明因缘，**深有以矣**。若尔此经，即无熟义。此旨信为幽矣。”又卷12：“次番更别为菩萨，次番更为凡夫，并以初义为本。故后二番不更释初句，**深有以矣**。故此三收十界文统前后尽矣。以见观之故，前诸释并浅局矣。”

“**终不得矣**”，最终没有得到呢。《日本灵异记》上卷《缔知识为四恩作绘佛像有验示奇表缘第35》：“时其尊像，为人所盗。悲泣求之，**终不得矣**。”⑥ 唐临撰《冥报记》卷1：“宝志迎谓曰：‘君为不得县令来问耶？**终不得矣**。但受虚恩耳。过去，帝为斋

---

① 〔日〕真人元开著，汪向荣校注《唐大和上东征传》，中华书局，1979，第94页。

② 黄征、张涌泉校注《敦煌变文校注》，中华书局，1997，第884页。

③ 〔日〕真人元开著，汪向荣校注《唐大和上东征传》，中华书局，1979，第51页。

④ 小島憲之、直木孝次郎、西宮一民、蔵中進、毛利正守『日本書紀一』，新編日本古典文学全集，小学館，1994，第176頁。

⑤ 西宮一民『古語拾遺』，岩波文庫，1985，第135頁。

⑥ 中田祝夫『日本靈異記』，日本古典文学全集，小学館，1975，第135頁。

主，君其疏许施钱五百，而竟不与。是故今日但蒙许官，**终不得矣**。' 此人闻之终去，帝亦更不求之。"

"**难思议矣**"，不可思议，难以想象。超认识的，超极限的。多用作赞叹之辞。《日本灵异记》上卷《恃凭念观音菩萨得现报缘第6》："诚知观音威力，**难思议矣**。"① 明真贯述《仁王经科疏》卷1："佛说般若，流通十方，诚**难思议矣**。" 明如愚著《法华经知音》卷6："阿逸多汝且下，缴其旁替者之功德。校量正持说者，则功德益**难思议矣**。"

（二）"也"

其一，语气词在句末起强调凸显语气的作用。

"**此时也**"，"此时"的强调形式。口语性表达。《万叶集》卷17第3960～3961首歌注："**此时也**，复渔夫之船，入海浮澜。"② 唐玄奘撰《大唐西域记》卷8："罗汉曰：'王命神鬼，至所期日。日有隐蔽，其状如手。**此时也**，宜下舍利。' 王承此旨，宣告鬼神。" 又："**此时也**，或放光或雨花，僧徒灭千人，习学大乘上座部法，律仪清肃，戒行贞明。"

"**唯然也**"，的确如此。《日本灵异记》下卷《灾与善表相先现而后其灾善答被缘第38》："景戒见之问：'斯是修上品与下品善功德人之身印耶？' 答：'**唯然也**。'"③ 唐大乘基述《胜鬘经述记》卷1："述曰：'承佛威力，敬诸于故，故曰**唯然也**。'"

"**汝之功也**"，是你的功劳（并非别人的）。《日本书纪》卷22《推古纪》十四年五月条："又造佛像既讫，不得入堂。诸工人不能计，以将破堂户。然汝不破户而得入，此皆**汝之功也**。"④ 东晋瞿昙僧伽提婆译《增壹阿含经》卷48《礼三宝品》："佛语阿难：'欲知尔时大天王在贤劫初兴者不？则我是也。阿难，欲知尔时八万四千年王名荏，治政无枉者，则汝是也。欲知尔时最后名善尽王，暴逆不道，断圣王种者，调达是也。阿难，汝于往时，承继大天转轮圣王之善嗣，使其绍立不绝者。**汝之功也**。'"

"**非余事也**"，并非其他的事，不是其他情况。《日本书纪》卷17《继体纪》八年正月条："妃曰：'**非余事也**。唯妾所悲者，飞天之鸟，为爱育儿，树颠作巢，其爱深矣。'" 又卷19《钦明纪》元年九月条："大连怖谢曰：'臣所疾者，**非余事也**。今诸臣等谓臣灭任那。故恐怖不朝耳。'"⑤ 唐义净译《根本说一切有部毘奈耶》卷11："有胜善法者，谓具定蕴。言梵行者，谓具慧蕴。言将此淫欲法者，此中法言，目其非法，将此淫欲，**非余事也**。淫欲者谓不净行。" 又卷40："欲令心生恶作，发起追悔，少时不

---

① 中田祝夫『日本靈異記』，日本古典文学全集，小学館，1975，第18頁。

② 小島憲之、木下正俊、東野治之『万葉集四』，日本古典文学全集，小学館，1996，第175頁。

③ 中田祝夫『日本靈異記』，日本古典文学全集，小学館，1975，第369頁。

④ 小島憲之、直木孝次郎、西宮一民、蔵中進、毛利正守『日本書紀二』，新編日本古典文学全集，小学館，1996，第552頁。

⑤ 小島憲之、直木孝次郎、西宮一民、蔵中進、毛利正守『日本書紀二』，新編日本古典文学全集，小学館，1996，第304、360頁。

乐者，乃至须臾情不安隐。以此为缘者，**非余事也**。”

“**更莫疑也**”，不要有丝毫的怀疑。《日本灵异记》中卷《观音铜像及鹭形示奇表缘第17》：“道俗集言：‘铸钱盗人，取用无便，思烦而弃。’定知彼见鹭者，非现实鹭。观音变化，**更莫疑也**。”[①] 高丽知讷撰《高丽国普照禅师修心诀》卷1：“曰：‘奇哉，奇哉！此是观音，入理之门。我更问尔。’尔道：‘到这里一切声，一切分别，总不可得。既不可得，当伊么时，莫是虚空么？’曰：‘元来不空，明明不昧。’曰：‘作么生是不空之体？’曰：‘亦无相貌，言之不可及。’曰：‘此是诸佛、诸祖寿命，**更莫疑也**。’”

“**此不然也**”，情况并非如此。《上宫圣德法王帝说》：“后见人，若可疑年号。**此不然也**。然则言一年字，其意难见。”唐义净撰《南海寄归内法传》卷2：“若尔者，着衣噉食，缘多损生。蝼蚓曾不寄心，蛹蚕一何见念。若其总护者，遂使存身靡托，投命何因？以理推征，**此不然也**。而有不噉酥酪，不履皮鞋，不著丝绵，同斯类矣。”唐智升撰《开元释教录》卷4：“什公卒时，诸记不定。《高僧传》云：弘始十一年八月二十日卒于常安。或云七年，或云八年，传取十一为正。**此不然也**。”唐圆照撰《贞元新定释教目录》卷18：“前十一卷中，以含有讫今通计此总成五千六百一十六部八千六百四十一卷者，**此不然也**，妄增部卷，推实即无。”

其二，语气词在句末起到渲染欣喜、感慨、惊愕等语气的作用。

“**甚快也**”，心情非常愉快。《日本书纪》卷1《神代纪上》：“又因定天邑君，以其稻种始殖于天狭田及长田。其秋垂颖八握莫莫然，**甚快也**。”[②] （1）失译人名附东晋录《那先比丘经》卷1：“佛经说种种诸善。如是但欲共攻，去诸恶耳。王言：‘善哉、善哉！说经**甚快也**。’”（2）《南齐书》卷56《刘系宗传》：“四年，白贼唐宇之起，宿卫兵东讨，遣系宗随军慰劳，遍至遭贼郡县。百姓被驱逼者，悉无所问，还复民伍。系宗还，上曰：‘此段有征无战，以时平荡，百姓安怗，**甚快也**。’赐系宗钱帛。”[③] 按：“甚快（也）”在汉文佛经中谓讲经说法时心情愉快，《南齐书》中表示因国家安定、人民安宁而欣慰，《神代纪》指秋天庄稼长势喜人。

“**太甚也**”，太过分了，真是岂有此理。《日本灵异记》下卷《假官势非理为政得恶报缘第35》：“呜呼鄙哉！古丸。用于狐借虎皮之势，非理为政，受恶报者。不睠因果之贱心，**太甚也**。非无因果也。”[④] 唐道宣撰《续高僧传》卷8：“时梁储在坐素不识之，令问讲者何名。乃抗声曰：‘禹穴慧荣，江东独步。太子不识，何谓储君？’一坐掩耳，以为彭亨之**太甚也**。荣从容如旧，旁若无人。”

---

① 中田祝夫『日本靈異記』，日本古典文学全集，小学館，1975，第194頁。

② 小島憲之、直木孝次郎、西宮一民、蔵中進、毛利正守『日本書紀一』，新編日本古典文学全集，小学館，1994，第60頁。

③ （梁）萧子显撰《南齐书》，中华书局，1972，第975页。

④ 中田祝夫『日本靈異記』，日本古典文学全集，小学館，1975，第353頁。

“**受是苦也**”，遭受这样的痛苦呢。《日本灵异记》上卷《非理夺他物为恶行受报示奇事缘第30》：“广国见之悲而言：‘呜呼！何图之。**受是苦也**。’”① 失译人名今附后汉录《大方便佛报恩经》卷1《孝养品》：“天王释言：‘汝大愚也。阿耨多罗三藐三菩提，久受勤苦，然后乃成。汝云何能，**受是苦也**？’”

“**未曾有也**”，不曾有过，从来没有出现过。用于表示一种难以置信的赞叹。②《日本书纪》卷29《天武纪下》十三年十月条：“古老曰：‘若是地动，**未曾有也**。’”③《藤氏家传》上卷《镰足传》：“于时空中有云，形如紫盖。丝竹之音，听于其上。大众闻见，叹**未曾有也**。”④ 后汉支娄迦谶译《杂譬喻经》卷1：“有一人在罗阅祇国亦作沙门，布草为蓐坐其上，自誓曰：‘不得道终不起。’而荫盖来，但欲睡眠，使人作锥长八寸，睡来时便刺两髀，以疮痛不睡。一年之中，得应真道。天亦叹**未曾有也**。”姚秦鸠摩罗什译《妙法莲华经》卷7《妙庄严王本事品》：“尔时妙庄严王，赞叹佛如是等无量百千万亿功德已，于如来前，一心合掌，复白佛言：‘世尊，**未曾有也**。如来之法，具足成就，不可思议，微妙功德。教诫所行，安隐快善，我从今日，不复自随心行，不生邪见、憍慢瞋恚、诸恶之心。’说是语已，礼佛而出。”

“**比如常也**”，我还是老样子（请不要担心）。多用于尺牍。《日本书纪》卷22《推古纪》十六年八月条：“时使主裴世清亲持书，两度再拜，言上使旨而立之。其书曰：‘稍暄。**比如常也**。故遣鸿胪寺掌客裴世清等，稍宣往意，并送物如别。’”⑤ 唐道宣撰《广弘明集》卷27梁简文帝《答湘东王书》：“十八日晚，于华林阁外省中，得弟九月一日书，甚慰悬想。秋节凄清，**比如常也**。”按：“新编全集本”栏上的注释指出：“书简体之一。《王羲之积雪凝寒帖》：‘想**如**顷**常**’。”释例不确。

印度佛教最初流行于民间。佛陀采用的语言策略非常实际，内容上贴近日常生活，生动活泼；语言上吸收方俗俚语，通俗易懂。宋赞宁在谈到佛经翻译时说：“声明中一苏漫多，谓泛尔平语言辞也。二彦底多，谓典正言辞也。佛说法多依苏漫多，意住于义，不依于文，又被一切故。”（《宋高僧传》卷3）在古奥典雅的“彦底多”与通俗晓畅的“苏漫多”之间，佛陀选择了佛教语言的通俗化。梁启超在《翻译文学与佛典》一文中指出：“佛恐以辞害意且妨普及，故说法皆用通俗语。译家惟深知此意，故遣语亦务求喻俗。”⑥

① 中田祝夫『日本霊異記』，日本古典文学全集，小学館，1975，第126頁。

② 李维琦：《佛经词语汇释》，湖南师范大学出版社，2004年，第74页。

③ 小島憲之、直木孝次郎、西宮一民、蔵中進、毛利正守『日本書紀三』，新編日本古典文学全集，小学館，1998，第438頁。

④ 沖森卓也、佐藤信、矢島泉『藤氏家伝　鎌足貞慧武智麻呂伝注釈と研究』，吉川弘文館，1999，第250頁。

⑤ 小島憲之、直木孝次郎、西宮一民、蔵中進、毛利正守『日本書紀二』，新編日本古典文学全集，小学館，1996，第558頁。

⑥ 梁启超：《饮冰室合集》（9），中华书局，1989，第28～29页。

以上，从人称代词、询问句式、反诘句式和感叹句式四个方面对上古文学作品中的口语表达进行了归纳与分类，并通过大量的实例指正了其与汉文佛经表达的关系。这些表达通俗易懂，轻松活泼，充分展现了人物的内心世界和性格特征。另一方面，通过与汉文佛经文献的比较，得以窥见六朝、初唐时期口语表达的大致风貌。

更加难能可贵的是，这样的一些口语表达又以汉文佛经为载体，伴随着普通百姓或僧人间的人际交流，通过讲经说法等宗教法事，得以在奈良时代传播，并最终完整地保存在上古文学作品之中。上古文学作品中的佛典口语句是中日两国文化交流史上最为鲜活的材料，在强调文化“走出去”的当下，难道不值得我们更加珍视吗？

终　编

日本上古文学佛经文体研究展望

终编对佛经传入日本的文化意义进行挖掘，重点着眼于文化学和文体学两个方面。而且对本书研究的创新之处以及理论意义与实践意义进行归纳，并针对今后深化日本上古文学佛经文体研究提出新的思路。其一，从横向上看，十分有必要导入新的研究视角，开展对整个东亚汉字文化圈内汉文佛经文体的研究。例如，对《三国史记》《三国遗事》《海东高僧传》和《新罗殊异记》等朝鲜半岛文学作品的文体学研究。其二，从纵向上看，本书所揭示的日本上古文学的佛经文体特征在平安时代的文学作品有何体现？从题材、素材，到文字、表达，直至日本文学的本土化有着怎样的特征？这些都是今后值得持续关注的课题。

总而言之，采用影响研究的方法，关注具有两套系统的文献资料及语言特色，阐发涵括三种类型的文体及其位相表征，这样一种新的方法论始终贯穿于本书对日本上古文学各代表性作品文体特征的研究之中。我们期待：在未来的研究中，这样一种新的研究方法能够继续发挥不可替代的作用。

佛教东传的意义何在？这里重点着眼于历史文化价值和以汉字为媒介的上古文学的文体学特质两个方面。前者的国内外研究成果颇为丰瞻，而后者的研究尚处于筚路蓝缕的阶段。

首先，佛教东传的历史文化意义。处于日本佛教文化源头的奈良朝佛教，经过不断的吸收和消化，形成了日本民族佛教的基本特征。综合先贤时彦的研究成果，具体有如下三端。其一，护国佛教。杨曾文从中日佛教文化比较的角度指出："中国佛教也有这种观念，但由于中国历代奉儒家为正统，佛教之外又有道教与之抗衡，所以其护国观念比较薄弱。"相反，"日本古代把佛教看作大陆先进文化的代表或复合体，从圣德太子开始，实际把佛教置于施政、施教的指导地位，历代天皇都把兴隆佛法作为重大国策"。其二，神佛融合。佛教传入之前，日本传统的文化形态是原始神道。佛教传入之后，在佛教文化的影响下，神道逐渐脱离原始形态，如各地建起神宫、神社，出现神像，神的观念随之发生变化。七世纪佛教开始流行，神佛融合思想兴盛起来，如奈良后期出现的"神悦佛法"

和平安中期盛行的“本地垂迹”（神作为佛的化身出现在日本），都是神佛同体论思想的具体体现。其三，宗派意识。“奈良佛教仅有学说或学派的意义。进入平安时代以后，其中法相与天台、真言二宗已成为独立的宗派。镰仓新佛教宗派与旧有诸宗派构成日本民族佛教的基本格局。各宗均有宗族传承世系、本寺（本山）和教义。”①

其次，以汉字为媒介的上古文学的文体学特质。本书研究表明，日本上古文学作品具有独特的文体特征，其独特性主要体现在词语表达层面、句式表达层面和自创表达层面的语言特色，汉字在这三个层面上始终扮演主要的角色。一是词语表达层面。汉文佛经中包含着丰富的双音词，如口语词、新义词和佛教词。佛教词语的传入，使得奈良朝文人书写佛教文化传入日本的历史成为可能，口语语汇的吸收丰富了汉文表达的语体色彩，新义词的吸纳提高了汉文表达的精炼程度。而且，奈良朝汉文中双音词俯拾皆是的现象，为论证域外汉文双音词与中古汉语双音词的历史演进的同一性提供了鲜活的例子。二是句式表达层面。汉文佛经的句式表达具有鲜明的说理性与口语性，源自佛典句式善于诉诸听力或口口相传的表达特色。说理性句式如“除”字句、“随”字句、“相”字句、“于”字句、时段句、假设句等；口语性句式如口语句、比拟句、总括句、誓愿句等。汉文佛经的传入，使得这些句式通过频繁的讲经说法或读诵抄经等佛事轻而易举地进入奈良朝知识阶层的视听世界，进而转化为他们遣词造句或连缀汉文的常用句式。三是自创表达层面。汉文佛经传入后，受其遣词造句上“同义连文”方式以及较为松散的搭配关系的影响，日本上古文学作品中出现了为数不少的自创词语或句式，虽然同为汉字书写，其中有的与源语意义出现偏差，有的用法发生改变，还有的位相产生差异。这些自创表达是奈良朝文人在汉文的语境下从事文学创作时留下的历史印迹，是域外汉文中有别本土汉语的不同表达形式和内容，在东亚汉字文化圈中具有典型意义，因而显得弥足珍贵。总而言之，日本上古文学作品中普遍存在着三种类型的文体及语言表达特征，即受到中土文献影响的传统表达、源自佛经文体浸染的佛典表达、在传统表达和佛典表达基础上敷衍而出的自创表达。自创表达仅属于日本上古文学本身，彰显了奈良朝文化精英在文体学上的主体性与创新意识，正因为如此，神话体裁的《古事记》、历史体裁的《日本书纪》、和歌体裁的《万叶集》、诗歌体裁的《怀风藻》、地志体裁的《风土记》均有别于中国的神话、历史、诗歌、地志之类的书写特点，形成了日本上古文学作品语言表达的特殊风格。

① 杨曾文：《日本佛教史》，人民文学出版社，2008，第4～5页。

第一章　扼要归纳

归纳本书研究要点有二。其一，本书的学术创新如下。按照汉语中古词汇史、语法史的发展脉络，运用汉文佛经的语料，从佛教词、口语词、新义词和佛典句式四个方面，发掘隐匿于日本上古韵散两类作品中源自汉文佛经的表达形式，论证其在表达上生发的种种变异性问题，阐述中土文献和汉文佛经双重作用下形成的日本上古文学的文体学特质，探讨中日古代文学交流过程中日本文学所体现出的主体性与创新意识。其二，本书的理论与实践意义如下。佛教词语义理的把握、口语词语体的判别和新义词语义增益的透析，要求比勘或引得传世文籍的证释，因而客观上增加了查检文献的工作量和辨识词语特征的难度。而且，有关佛典句式的研究本身，一直是国内外汉文佛经文体学研究的一个薄弱环节，其难度之大可想而知。但本书研究自始至终致力于攻克这些难点，追求与之相关的理论与实践意义上的突破和创新。

最后，对今后的日本上古文学佛经文体研究做一展望，提出进一步深化研究的设想与思路。从横向上看，我们认为，十分有必要导入新的研究视角，开展对整个东亚汉字文化圈内汉文佛经文体的研究。譬如，对朝鲜半岛的汉诗文和越南汉诗文的文体学研究。从体裁上看，《三国史记》《三国遗事》与《日本书纪》有着相似性，《海东高僧传》和《新罗殊异记》等与《怀风藻》中的僧人《小传》也有着近缘关系。而且，从朝鲜半岛文学自身的历史发展过程来看，以汉文佛经为载体的佛教文化及文学语言均对其产生过巨大的影响。加之，在早期的高句丽、百济、新罗三国时代，朝鲜半岛与日本的人际交流十分活跃，僧人的传道与参学更为频繁。总之，类似的文体风格、相近的历史文化、共同的人文交流史，使得今后开展对整个东亚汉字文化圈内汉文佛经文体的研究具有了可比性和可行性。从这一点来说，下面以《海东高僧传》为例而进行的比较研究，便是展现今后共时性研究方向的一种预测。

另一方面，从纵向上看，本书所揭示的奈良朝文学的佛经文体特征，在与之比邻的平安时代的文学作品中又是如何体现的呢？在新的历史文化背景下，两者之间在文体学意义上有何继承与发展？中古文学作品在从题材、素材到语言表达乃至本土化追求等方面具有怎样的特征？这些饶有兴趣的问题，今后值得继续关注。而且，着眼于日本佛教文学发展的历史，如果说草创时期的上古文学作品中的佛经文体特征更多地体现在语言叙述形式上的话，那么，从奈良朝后期到平安时代初期，发展时期的中古佛教文学的文体特征则集中地反映出它在内容叙事结构上的变化。加之，从《日本灵异记》到《三宝绘》，再从《法华验记》到《今昔物语集》，文学作品的语言叙述经历了从汉文到和文，再回到汉文又返回和文这样一个几经沉淀的探索性过程，内容叙事更是走过了一段由表及里、由浅至深这样一个不断嬗变的本土化历程。从这一点来看，下面以《法华验记》为例而进行的比较研究，便是展示今后历时性研究方向的一个尝试。

此外，从日本文学文体学研究史的角度来看，"日本上代文学的文体丰富多样，除了上述《古事记》《日本书记》《怀风藻》《万叶集》《风土记》等之外，光是韵文文学其种类繁多，如和歌、连歌（包括长歌、短连歌、锁连歌等）、俳谐（俳句）、狂歌、川柳、歌谣诸类、近代诗诸类、汉诗诸类等等，它们也深受佛经的影响"①。因此，在比较文体学理论与方法的框架下，如何总结日本上古文学文体学研究的得与失，依据可信而又翔实的一手资料，进行有的放矢的系统性研究，应该说是我们今后研究的重要课题之一。

① 本课题结项时，评审专家提出宝贵意见，特此鸣谢。

第二章　共时性研究

——以《海东高僧传》为例*

由高丽觉训编撰的《海东高僧传》，是一部了解古代朝鲜佛教渊源的重要文献，在东亚僧传文学中占有不可或缺的一席之地。以下，拟对《海东高僧传》与中韩两国史料，特别是内典之间存在的书承关系进行爬梳，为正确解读文本提供文献学层面的支撑。

一　东亚视阈

《海东高僧传》，凡2卷，高丽人觉训于高宗二年（1215）编撰，是朝鲜半岛现存最为古老的僧传。它通过辑录顺道、义渊、阿道等33位高僧的传记，反映了佛教传入古代朝鲜三国的历史轨迹。一直以来，《海东高僧传》在中日韩三国并未见系统研究。但近年来，由日本立教大学小峯和明教授主持的“朝鲜汉文读书会”对其进行细致的校注释工作，引起学术界的极大关注。下面拟以《大正新修大藏经》第50卷为底本，对《海东高僧传》与先行佛典文献之间的相互关系做一梳理，为深入探讨其文学表达的普遍性与特殊性奠定文献学的基础。

关于《海东高僧传》的书承关系，韩国学者章辉玉指出：“《海东高僧传》广泛参照了当时国内外公私两方面的历史资料，主要有高丽金富轼《三国史记》和中国梁、唐、宋三部《高僧传》以及唐义净撰《大唐西域求法高僧传》。此外，还有《佛祖统记》、《法苑珠林》等佛书以及司马迁《史记》、金大问《花郎世记》等。”① 无疑，章辉玉的考证，对我们颇具启发意义。但令人遗憾的是，其说过于笼统，似有必要加以仔细的推敲与甄别。下面，我们拟就章辉玉论文未涉及的内典文献来探讨这一问题。

根据我们的调查，《海东高僧传》还与下列11部佛教文献有着密切的关联：梁僧佑撰《释迦谱》，隋费长房撰《历代三宝纪》，唐法藏撰《梵网经菩萨戒本疏》，唐道宣撰

---

* 黄美华、马骏：《觉训撰〈海东高僧传〉影响研究——以内典出源关系为中心》，《非通用语特色专业教学与研究》2015年第3辑。

① 伊藤丈、章輝玉訳『大唐西域求法僧・海東高僧伝』，現代語訳一切経1，大東出版社，1993，第181頁。

《广弘明集》，唐神清撰、慧宝注《北山录》，唐澄观撰《华严经疏钞玄谈》，唐澄观撰《大方广佛华严经疏》，唐法琳撰《辩正论》，宋契嵩撰《传法正宗记》，宋惠洪撰《禅林僧宝传》，宋蕴闻编《大慧普觉禅师语录》。以下依次佐以史料加以揭示。

二　书承关系

（1）梁僧佑撰《释迦谱》

原文：卷1《序》："粤四十二年甲申四月八日，佛年三十，踰城出家。遂坐树成道，转法利生。**如优昙花，时一现耳**。"

出典：《释迦谱》卷4："《长阿含经》云：'……汝等当观，如来时时出世，**如优昙花，时一现耳**。"

按：文中点线部分，始自梁僧祐撰《释迦谱》。慧琳撰《一切经音义》卷23："**优昙花**：优昙，此云希有也。此花多时，乃一开也。"原文与典据用法相近，比喻佛陀和如来悟道或下生都是千载难逢之事。

（2）隋费长房撰《历代三宝纪》

原文：卷1《义渊》："自隶剃染，**善守律仪**，**慧解**渊**深**，**见闻**泓**博**，**兼**得儒玄，**为**一时**道俗**所归。**性爱传**法，**意在宣通**，以**无上法宝**，**光显实难**，未辨所因。"

出典：《历代三宝纪》卷12："右八部合三十卷，相州大慈寺沙门释灵裕撰。裕即道凭法师之弟子也。轨师德量，**善守律仪**。**慧解**钩**深**，**见闻**弘**博**。兼内外学，**为道俗**师。**性爱传**灯，情好著述……观裕安民陶神因果，**意在宣通**，**无上法宝**。而法大宝重**光显实难**。"

按：此例相似内容亦见于唐道宣撰《大唐内典录》卷5亦有辑录，但缺"光显实难"一句；原文下例同一条目所依亦为《历代三宝纪》卷12。

原文：卷1《义渊》："闻前齐定国寺沙门法上，**戒山慧海**，**肃物范人**，**历**跨**齐世为都统**。**所部僧尼**不减**二百万**，**而上网纪将四十年**。**当文宣时**，**盛弘释典**。**内外阐扬**，**黑白咸允**。**景行既彰**，**逸响遐被**。是时，**句**高**丽大丞相王高德**，**乃深怀正信**，**崇重大乘**，**欲以释风**，**被之海曲**。**然莫测**其**始末缘由**。**自西徂东年世帝代**，**故件录事条**。**遣渊乘帆向邺**，**启发未闻**。其略曰：**释迦文佛**，**入涅槃来**，**至今几年**？**又在天竺**，**经历几年**，**方到汉地**？**初到何帝**，**年号是何**？**又齐陈佛法谁先**？**从尔至今**，**历几年帝**？**请乞具注**。**其十地**、**智度**、**地持**、**金刚般若等诸论**，**本谁述作**？著**论缘起**，**灵瑞所由**，**有传记不**？**谨录咨审**，**请垂释疑**。上答云：**佛以姬周昭王二十四年甲寅岁生**，**十九出家**，**三十成道**。**当穆王二十四年癸未**，**王闻西方有化人出**，**便即西入**，**至竟不还**。**以此为验**，**四十九年在世**。**灭度至今齐世武平七年丙申**，**凡一千四百六十五年**。**后汉明帝永平**，**经法初来**。**魏晋相传**，吴**孙权赤乌年**，**康僧会适吴**，**方弘教法**。《**地持**》，**阿僧伽比丘从弥勒菩萨受得其本**。至晋安帝**隆安年**，昙摩谶于姑藏为河西王沮渠蒙逊译。《摩诃衍论》，是龙树菩萨造。**晋隆安年**，**鸠摩什波至长安为姚兴译**。《**十地论金刚般若论**》，**并是僧佉弟**

波薮盘豆造。至魏宣武帝时，菩提留支始翻。上答指证，由缘甚广，今略举要。”

出典：《历代三宝纪》卷12：“右三部合四十三卷。相州前定国寺沙门释法上撰。上戒山崇峻，慧海幽深。德可范人，威能肃物，故魏齐世历为统都。所部僧尼减二百万，而上网纪将四十年。当文宣时，盛弘释典。上总担荷，并得缉谐。内外阐扬，黑白咸允。非斯柱石，孰此栋梁。景行既彰，逸响遐被。致句丽国大丞相王高德，乃深怀正信，崇重大乘，欲以释风，被之海曲。然莫测法教始末缘由。自西徂东年世帝代，故从彼国件录事条。遣僧义渊乘帆向邺，启发未闻。事条略云：释迦文佛，入涅槃来，至今几年？又在天竺，经历几年，方到汉地？初到何帝，年号是何？又齐陈国，佛法谁先？从尔至今，历几年帝？请乞具注。其十地、智度、地持、金刚般若等诸论，本谁述作？著论缘起，灵瑞所由，有传记不？谨录咨审，请垂释疑。上答：‘佛以姬周昭王二十四年甲寅岁生，十九出家，三十成道。当穆王二十四年癸未之岁，穆王闻西方有化人出，便即西入，至竟不还。以此为验，四十九年在世。灭度已来，至今齐世武平七年丙申，凡一千四百六十五年。后汉明帝永平十年，经法初来，魏晋相传至今。孙权赤乌年，康僧会适吴，方弘教法。’《地持》是阿僧佉比丘从弥勒菩萨受得其本……晋隆安年，鸠摩什波至长安为姚兴译。十地论金刚般若论，并是僧佉弟婆薮盘豆造。至后魏宣武帝时，三藏法师菩提留支始翻。上答指订，由缘甚广，今略举要，以示异同。”

（3）唐法藏撰《梵网经菩萨戒本疏》

原文：卷2《智明》：“内蕴密行，赞扬他德。挽回向己，舍直与人。”

出典：《梵网经菩萨戒本疏》卷3：“菩萨理宜密行内蕴，赞扬他德。揽曲向已，推直与人。”

（4）唐道宣撰《广弘明集》

原文：卷1《序》：“自佛灭一百十六年，东天竺国阿育王收佛舍利，役使鬼兵，散起八万四千宝塔，遍阎浮提。时当周敬王二十六年丁未也。塔兴周世，经二十二王，至秦始皇三十四年，焚烧典籍，育王宝塔由是隐亡。当是时，沙门利方十八贤者，赍持佛经，来化咸阳。秦始皇不从而囚之。夜有金刚丈人，破狱出之而去。盖机缘未熟故也。”

出典：《广弘明集》卷11：“灭后二百一十六年，东天竺国有阿育王收佛舍利，役使鬼兵，散起八万四千宝塔，遍阎浮提。我此汉地九州岛之内。并有塔焉。育王起塔之时，当此周敬王二十六年丁未岁也。塔兴周世，经十二王，至秦始皇三十四年，焚烧典籍，育王诸塔由此沦亡。佛家经传靡知所在。如释道安朱士行等经录目云。始皇之时，有外国沙门释利防等一十八人贤者，赍持佛经，来化始皇。始皇不从，乃囚防等。夜有金刚丈六人，来破狱出之，始皇惊怖。”

按：原文与唐法琳撰《破邪论》卷2亦有部分内容重合。

原文：卷1《序》：“以周昭王甲寅四月初八日，遂开右胁，生于净饭王宫。其夜，五色光气，入贯大微，通于西方。昭王问太史，苏由曰：‘有大圣人，生于西方。’问利害，曰：‘此时无他。一千年后，声教被此土焉……佛年七十九，以穆王壬申二月十五日入灭于琼林。白虹十二道，连夜不灭。’王问太史扈多，曰：‘西方大圣人方灭度耳。’”

出典：《广弘明集》卷11：“案《周书异记》云：周昭王即位二十四年甲寅岁四月八日……其夜，五色光气，入贯太微，遍于西方，尽作青红色。周昭王问太史苏由：‘是何祥也?’由对曰：‘有大圣人，生于西方。故现此瑞。’昭王曰：‘于天下何如?’由曰：‘即时无他，一千年外，声教被及此土。’……至穆王五十二年壬申岁二月十五日平旦……西方有白虹十二道，南北通过，连夜不灭。穆王问太史扈多曰：‘是何征也?’对曰：‘西方有大圣人灭度。’”

原文：卷1《序》：“且道不自弘，弘之由人。故著流通篇，以示于后。”

出典：《广弘明集》卷23：“夫道不自弘，弘必由人。俗不自觉，觉必待匠。”

原文：卷1《法空》：“髑奋曰：‘今群臣之言非也。夫有非常之人，而后有非常之事。’”

出典：《广弘明集》卷2《魏书释老志》：“世有非常之人，能行非常之事，非朕孰能去此历代之伪物。”

（5）唐神清撰、慧宝注《北山录》

原文：卷1《亡名》：“晋支遁法师贻书云：‘上座竺法深，中州刘公之弟子，体性贞峙，道俗纶综。往在京邑，维持法网。内外具瞻，弘道之匠也。’”

出典：《北山录》卷4《宗师议》：“遁后与高丽道人书云：‘上座竺法深，忠州刘公之弟子，体德贞峙，道俗纶综。往在京邑，维持法网。内外具瞻，弘道之匠也。’”

按：原典为梁慧皎撰《高僧传》卷4《义解》，但原文此处转引自《北山录》。其根据之一：原文“体性贞峙”的说法，与《高僧传》“体德贞峙”不同，却与《北山录》一致。根据之二：在相同原文条目内，还出现了其他引自《北山录》的语句，下例即是。

原文：卷1《亡名》：“又齐时高丽未达佛生之事，问高僧法上，上以周昭之瑞为答。”

出典：《北山录》卷1《圣人生》：“昔高丽问于齐人。而法上亦以此告（高丽未达佛生之事，而问之齐人，高僧法上亦引此文而对之也。）”

（6）唐澄观撰《华严经疏钞玄谈》

原文：卷15《摩罗难陀》：“按古记本：从竺干入于中国，附材传身，征烟召侣。”

出典：《华严经疏钞玄谈》卷4：“一波颇三藏者，案《般若灯论序》云：中天竺国三藏法师波颇密多罗，唐言明友。学兼半满，博综群诠。丧我怡神，搜玄养性。游方在念，利物为怀。故能附材传身，举烟召伴。”

（7）唐澄观撰《大方广佛华严经疏》

原文：卷1《摩罗难陀》：“东北方有震旦国，或云支那，此云多思惟，谓此国人思百端故，即大唐国也。”

出典：《大方广佛华严经疏》卷 47《诸菩萨住处品》：“七**震旦国**，**即此大唐**，亦云真丹，**或云支那**，皆梵音楚夏。**此云多思惟**，以情虑多端故。”

按：唐澄观撰《华严经疏注》卷 75、唐实叉难陀译、唐澄观撰述《大方广佛华严经疏钞会本》卷 45 的相关记载大同小异。

（8）唐法琳撰《辩正论》

原文：卷 1《序》：“按《霍去病》传云：‘**得休屠王祭天金人**，则像设似先入于沙漠矣。’”

出典：唐法琳撰《辩正论》卷 4：“又案汉武帝**得休屠王祭天金人**。”

原文：卷 1《序》：“又**前汉哀帝时**，**秦景使月氏国**来传浮屠经教。乃知**前汉**已行，**六十三年**而后**明帝方感**金人梦耳。”

出典：《辩正论》卷 6：“**前汉哀帝时**，**秦景使月氏国**王令太子口授于景，所以浮图经教**前汉**早行，**六十三年**之后**明帝方感**瑞梦也。”

（9）宋契嵩撰《传法正宗记》

原文：卷 1《法空》：“杀身成仁，人臣大节。况佛日恒明，皇图愈永。**死之日犹生之年**也。”

出典：《传法正宗记》卷 1《上皇帝书》：“臣虽**死之日犹生之年**也，非敢侥幸。”

按：《镡津文集》卷 9 中亦录有同文。

（10）宋惠洪撰《禅林僧宝传》

原文：卷 1《昙始》：“**赞曰**：（前略）师之艰难险阻，诚曰殆哉。虽伐树削迹，不足比也。然随时隐现，若**青山白云**之**开遮**，遇害亏盈。如**碧潭明月**之捞攎，捐躯济溺。道之以兴，菩萨法护，正当如此。”

出典：《禅林僧宝传》卷 22：“**赞曰**：黄檗大用如涂毒鼓，尝挝之而死。临济置之二百年矣。芝公又一挝之，而死云峰。余读其语句，如**青山白云**，**开遮**自在。**碧潭明月**，捞漉方知。”

按：宋赜藏主编《古尊宿语录》卷 41 中可见类似文字。

原文：卷 2《安含》：“（**赞曰**：）**字经三写**，**乌焉成马**。予疑含弘二字之有一错焉。”

出典：《禅林僧宝传》卷 21：“（**赞曰**：）谚曰：**字经三写**，**乌焉成马**。此言虽小，可以喻大。”

按：“赞”这一特殊文体，在此为锁定两者关系提供了重要的依据。

原文：卷 2《玄大》：“释玄大，梵，新罗人……童稚**深沈**，**有大人相**。**不茹荤**，**不**□□□□□□□□□□□也。”

出典：《禅林僧宝传》卷 22：“禅师章氏，讳惠南，其先信州玉山人也。童龆**深沉**，**有大人相**。**不茹荤**，**不**嬉戏。年十一弃家。”

按：典据可为填补原文散失文字提供依据。

（11）宋蕴闻编《大慧普觉禅师语录》

原文：卷2《玄大》："高宗永徽中，遂往中印度，礼菩提树。如师子游行，不求伴侣。"

出典：《大慧普觉禅师语录》卷27："成就种种法，破坏种种法，一切由我，如壮士展臂，不借他力。师子游行，不求伴侣，种种胜妙境界现前。"

按：相同表达亦见于《五灯会元》。

以上，我们撮其要点，指出了《海东高僧传》与先行的中国佛教典籍一一对应的出源关系。毋庸置疑，这仅仅是研究的第一步，也是至关紧要的一个环节。它势必为解读觉训借鉴内典时的方法乃至文学表达的主体性提供一个客观的平台。

原文：卷1《义渊》："渊服膺善诱，博通幽奥，辩高炙輠，理究连环。曩日旧疑，焕然氷释。今兹妙义，朗若霞开。西承慧日，东注法源。望悬金不刊，传群玉而无朽。所谓苦海津济，法门梁栋者，其惟吾师乎。既返国揄扬大慧，导诱群迷。义贯古今，英声藉甚，自非天质火拔。世道相资，何以致如斯之极哉。"

出典：唐道宣撰《续高僧传》卷3《译经》："属有慧净法师。博通奥义，辩同炙輠，理究连环。庾生入室研畿，伏膺善诱……曩日旧疑，涣焉氷释。今兹妙义，朗若霞开。为像法之梁栋……且夫释教西兴。道源东注……辽东真本，望悬金而不刊。指南所寄，藏群玉而无朽……令法师揄扬大慧。岂非佛法之盛哉……义冠古今，英声藉甚……自非精爽天拔，何以致斯言之极哉。"

按：波浪线显示，觉训撰录时并非原封不动地照搬，而是采用种种变通的方式：改换同音字，替代同义词，变更类义词，删除添加，等等。由此可以窥见觉训的宗教学养、文字功底和思想感情。

原文：卷2《阿离耶跋摩》："始自新罗入于中国，寻师请益，无远不参。瞰憩冥壑，凌临诸天。非惟规范当时，亦欲陶津来世。"

出典：梁慧皎撰《高僧传》卷5："并有诏曰：'安法师……岂直规济当今，方乃陶津来世。'"

按：句式由典据的"岂直～方乃～"，改作原文的"非惟～亦欲～"，强化了肯定的语气，凸显了作者对叙述对象的积极评价。

原文：卷2《玄游》："释玄游，句高丽人。叶性虚融，禀质温雅。意存二利，志重询求。"

出典：唐义净撰《大唐西域求法高僧传》卷2《无行禅师》："无行禅师者，荆州江陵人也。梵名般若提婆（唐云慧天）叶性虚融，禀质温雅。意存仁德，志重烟霞。"

按：词语和句式的替换，取决于内容的需要。此处由典据的"仁德""烟霞"改作原文的"二利""询求"，刻画出一个以菩萨境界严于律己、不畏艰难寻求佛法的高僧形象。

不唯内典，在外典借鉴方面，《海东高僧传》亦与中国经典文献有着千丝万缕的联系，这也是今后研究中不可回避的课题之一。

第三章　历时性研究

——以《法华验记》为例*

从研究史的角度来看，关于《本朝法华验记》[①]（以下省称《验记》）与《法华经》的比较研究，可见末武恭子、大曾根章介、广田哲通等的精彩论述。[②] 另一方面，出典研究仍存在不少亟待解决的问题。为此，我们拟从比较文学的角度，采用实证研究的方法，尝试进一步探讨《验记》与《法华经》及相关佛典的出源关系，进而指出《验记》文学表达日本化的基本特征。

一　《验记》与《法华经》经文

通读《验记》，可知其对《法华经》的引用方法有两种，一是直接引用，二是间接引用。因此，下面在探讨《验记》与《法华经》经文的关系时，也分作直接引用和间接引用两部分。

首先，根据我们的调查，《验记》对《法华经》经文的直接引用法有以下七种。

1. "见~文"式。(1)《第18话比良山持经者莲寂仙人》："我**见《法华》**'汝若不取，后必忧悔'**文**"（引自《法华经》卷2《譬喻品》）。(2)《第18话比良山持经者莲寂仙人》："**见**'寂寞无人声，读诵此经典，我尔时为现，清净光明身'**文**"（引自卷4《法师品》）。

2. "（念）诵~文"式。(1)《第119话弟子纪氏》："**诵《方便品》**'心生大欢喜，自知当作佛'**文**毕"（引自卷1《方便品》）。(2)《第35话法华持经者理满法师》："口

---

* 馬駿「和化する法華経—『本朝法華験記』の表現と発想」，浅田徹編『日本化する法華経』，『アジア遊学』202，勉誠出版，2016年10月。

① 本文所依据的文本是井上光贞、大曾根章介《大日本国法华验记》，日本思想大系7，岩波书店，1974。以下省称"思想大系本"。

② 原田行造「『本朝法華験記』所収説話の諸特徴（上）」、『金沢大学教育学部紀要　社会科学・教育科学・人文科学編』22，1973；井上光貞「往生伝・法華験記　解説」，日本思想大系7，岩波書店，1976；末武恭子「法華験記の先蹤」，『国語と国文学』53-9，1976；大曾根章介「漢風の世界と国風の世界—『法華験記』をめぐって—」，『中古文学』21，1978；廣田哲通「法華持経者の話—本朝法華験記の二側面—」，『仏教文学研究』6，1982。

诵《宝塔品》‘是名持戒，行头陀者，即为疾得，无上佛道’之文”（引自卷4《见宝塔品》）。(3)《第123话山城国久世郡女人》：“当念‘蚖蛇及蝮蝎，气毒烟火燃’等文”（引自卷7《观世音菩萨普门品》）。

3. “～文”式。(1)《第102话左近中将源雅通》：“其中《提婆品》‘不生疑惑者，不堕地狱，饿鬼畜牲，乃至莲华化生’之文，为朝暮口实。”（引自卷4《提婆达多品》）。

4. “答言（曰）/告云：‘～’（如是）”式。(1)《第11话吉野奥山持经某》：“答言：‘若人在空闲，我遣天龙王，夜叉鬼神等，为作听法众。’如是”（引自卷4《法师品》）。(2)《第92话长元法师》：“梦有一童子告云：‘天诸童子，以为给使’”（引自卷5《安乐行品》）。(3)《第11话吉野奥山持经某》：“圣人答曰：‘天诸童子，以为给仕’何为奇哉。”（后述）。

5. “（乃）至～（之文）”式。(1)《第41话嵯峨定照僧都》：“次诵《法华经》，至《药王品》‘于此命终，即往安乐世界。阿弥陀佛，大菩萨众，围绕住处。生莲华中，宝座之上。不复为贪欲所恼，亦复不为瞋恚愚痴所恼’。”（引自卷6《药王菩萨本事品》）。(2)《第41话嵯峨定照僧都》：“乃至‘以是清净眼根，见七百万二千亿那由他恒河沙等诸佛如来’”（引自卷6《药王菩萨本事品》）。(3)《第97话阿武大夫入道沙弥修觉》：“至第八卷‘是人命终，为千佛授手，令不恐怖，不堕恶趣，即往兜率天上，弥勒菩萨所。弥勒菩萨，有三十二相，大菩萨众，所共围绕’之文。”（引自卷7《普贤菩萨劝发品》）。(4)《第76话香隆寺比丘某》：“一心合掌，诵《寿量品》。乃至‘得入无上道，即成就佛身。’”（引自卷5《如来寿量品》）。

6. “至～文”式。(1)《第109话加贺国翁和尚》：“至《寿量品》‘每自作是念，以何令众生。得入无上道，速成就佛身’文，一心起立礼拜，即以入灭矣。”（引自卷7《普贤菩萨劝发品》）。

7. “（经文引用）+否定句或反问句”式。(1)《第11话吉野奥山持经某》：“圣人答曰：‘得闻是经，病即消灭，不老不死。’更非妄语云云”（引自卷6《药王菩萨本事品》）。(2)《第87话信誓阿阇梨》：“经文‘刀杖不加，毒不能害。’岂非此事乎?”（引自卷5《安乐行品》）。

在上述直接引用经文的例子中，存在文字不同的情况。文例4. 之（2）和（3）中，《验记》分别写作“以为给使”与“以为给仕”。迄今为止，这里的不同，并未引起学术界的注意。我们认为，两者表述不同的原因，是所依据的文本不同造成的。前者依据的是《妙法莲华经》，后者则出自《法华经玄赞要集》。文例6. 之（1）在《CBETA电子佛典2016》中，《法华经》作：“每自作是意……得入无上慧。”“慧”，敦煌丙本作“道”。另一方面，《添品妙法莲华经》作：“每自作是意……入无上道。”据此，可知此处直接引用的不是“慧”，而是“道”。即便如此，还有一个问题尚未解决，即到底是“念”还是“意”。在此情况下，最值得关注的是春日本。一般认为，它是《法华经》最为古老的版本，它的文字与6. 之（1）和《法华传记》相同。

另外，关于《验记》间接引用《法华经》的问题。相对于直接引用而言，因为间接引用没有明显的标识符号，难以分辨相关内容是否属于引用。所以，一直以来，关于间接引用法的研究落后于直接引用法的研究。其实，《验记》当中随处可见出自《法华经》的词语，但大多都被忽略。这不能不说是一个缺憾。下面，先对学术界的观点进行整理，再阐述我们的看法。

《第3话比睿山建立传教大师》："净佛国土，成就众生。""思想大系本"认为这句话出自《法华经》卷2《信解品》。《第82话多武峰增贺上人》："有天童立四角，合掌云：'佛口所生子，是故我守护。'"根据广田哲通的说法，这句话的上半句出自《方便品》"佛口所生子，合掌瞻仰待。"下半句是作者杜撰的。也就是说，作者根据该故事的情节，借助故事人物天童的口，说出了这句根据经文演绎而来的话。[①]

下面是我们对《验记》直接引用《法华经》文例的发掘。《第80话七卷持经者明莲法师》："何况有人，'**如说修行，所得功德**。'唯佛能知。"这句话当出自卷3《药草喻品》的"**如说修行，所得功德**"。《第87话信誓阿阇梨》："有天童来合掌云：'我来听《法华》，遂果四弘愿。**当从其口出，栴檀微妙香**。如是赞叹，听《法华经》。"这句话的上半句出自卷6《随喜功德品》："为人所喜见，口气无臭秽，优钵华之香，常从其口出。"只是对"优钵华之香"的句中位置做了调整，并替换了另一种说法。"栴檀"，即檀香。寺院常见的供品。"优钵华"，千年一现，十分罕见。前者用来赞叹信誓阿阇梨读诵《法华经》的功德，后者用以称颂佛陀讲说《法华经》的灵异。

《第92话长元法师》："岂非妙法威神、明王加护哉。谁**于此经**，有**生疑不信者**。"例中点线部分当取法自卷5《从地踊出品》的"若有**于此经**，**生疑不信者**，即当堕恶道。"长元法师的传记中还有一句"得上三摩地，**与诸菩萨俱**。"例中"与～俱"的句式，是汉文佛经独特的表达形式，与《正法华经·七宝塔品》中"**与诸菩萨**，**俱**坐莲华"的说法如出一辙。

《第32话多多院持经者法师》："供养持经者，**胜于供养**三世**诸佛**，亦胜作余无量功德。"例中"胜于供养～诸佛"一句，与《正法华经·总持品》的"**胜于供养**若干江沙**诸佛**世尊"的说法，亦可谓关系密切。而且，从内容上看，两者强调的都是供养诸佛、受持经文的利益。更为重要的是，这里的表达暗示，作者镇源不仅熟读《法华经》，还对《正法华经》有所涉猎。

二　《验记》与智顗"法华三大部"

从中日两国典籍交流的一般规律来看，以古代文学为例，经典的阅读离不开注释书。譬如，《文选》有李善注，《汉书》有师古注，《后汉书》有李贤注，《三国志》有范晔注等等。因此，在考察《验记》表达的出源关系时，十分有必要关注智顗的"法

---

① 廣田哲通「経文と説話—本朝法華験記を実例として—」，『女子大文学（国文篇）』33，1982。

华三大部”与《验记》的关系。“法华三大部”记载了智者大师对“经中之王”《法华经》的详细解读，而且资料显示它们确实传到了日本。事实上，这一点从《验记》自身的记载中也可以得到佐证。《第3话比睿山建立传教大师》曰：“每奉读《法华经》，不觉涕泣，恒叹不觉其理。仍书写智者大师所说，《圆顿止观》《法华玄义》《法华文句》《四教义》为一乘指南，日夜披阅钻仰。”《第50话睿山西塔法寿法师》曰：“披阅《摩诃止观》《文句》章疏，以此善根，望生极乐，欲值弥陀。”这些史料足以证明《验记》与“法华三大部”的关系。据此，下面从文学表达的角度探讨一下两者的关系。

首先是《妙法莲华经玄义》（以下省称《法华玄义》）与《验记》的关系。《第88话持经者莲昭法师》：“其病平愈，**身心安乐**。圣人发大菩提心，诵读《法华》，永期菩提矣。”例中四字语句“身心安乐”，多见于汉文佛经。譬如，后秦弗若多罗、罗什合译《十诵律》卷28：“时佛即以手摩之。当手摩时，比丘苦痛即除愈，**身心安乐**。”萧齐昙景译《摩诃摩耶经》卷2：“观日之精，入我右胁，**身心安乐**，无有痛恼，即便怀妊，悉达太子。”例中“身心安乐”，表示肉体上无病苦、精神上甚为安定的一种状态。《法华玄义》的解释更为晓畅：“遇光闻法者，三途中**身心安乐**，人中癃残者差。”即如果听闻妙法，即便是在畜牲、恶鬼、地狱道上，也会身心安乐，疾病残疾得到治愈。《今昔物语集》[①] 卷13《筑前国僧莲照身令食诸虫语第22》将第88则故事译成了日语，“身心安乐”译作“身体不感到疼痛”[②]。这样翻译可以说很好地把握了佛经中“身心安乐”的独特内涵。

《第53话横川永庆法师》：“**余残习气**，在汝身心。是故梦见，狗形礼佛耳。”例中四字格“余残习气”，指前世宿业留下的习性，最早见于《法华玄义》。在《今昔物语集》卷14《比睿山横川永庆圣人诵〈法华〉知前世语第21》中，“余残习气”被译成“现在还保留着前世的习气”[③]。这一翻译通过两个时间词语“前世”和“于今”，凸显出积习难返以及前世与今生的因果关系。

其次是《妙法莲华经文句》（以下省称《法华文句》）与《验记》的关系。《第24话赖真法师》：“今生读诵《法华》，功德熏习，远离生死，当证涅槃。宿习犹残，余报未尽，**唼唼常嚼**。”关于例中的“唼唼常嚼”，“思想大系本”解作“鱼或鸟啄食东西的样子”。《今昔物语集》卷14《近江国僧赖真诵〈法华〉知前生语第23》的译文是：“只是前世造的业障还没有消除，所以嘴的蠕动像牛一样。”[④] 至于关键的一句“唼唼常嚼”，亦即“嘴长得像牛嘴一样”[⑤]，《验记》原文作“动口齿，虚哨如牛”。《今昔物语

① 池上洵一『今昔物語集三』，新日本古典文学大系，岩波書店，1993。以下省称“新古典大系本”。

② 原文：“身ニ痛ム所ロ無クシテ。”

③ 原文：“前世ノ気分於今有テ。”

④ 原文：“但シ、宿業尚シ残テ、ロハ牛ニ似ル也。”

⑤ 原文：“ロハ牛ニ似ル。”

集》译作："这个人说话的时候，歪着嘴，面部抽搐，不似常人，样子更像牛反刍。"[①]"新古典大系本"的注释说："如同牛反刍时一样，说话时下颚横向运动，故而显得嘴歪、面部抽搐。"需要特别指出的是，故事中的主人公赖真法师的这一习性是有据可稽的，它本自《法华文句》中憍梵波提的典故。据《法华文句》卷2《序品》载："憍梵波提，此翻牛呞，《无量寿》称牛王，《增一》云牛迹。昔五百世曾为牛王。牛若食后，恒事**虚哨**。**余报未夷**，**唼唼常嚼**。时人称为牛呞。"憍梵波提，意译作牛呞，《无量寿经》中称作牛王，《增壹阿含经》叫作牛迹。因其五百年前是牛王，故保留着饭后虚哺咀嚼的习惯。"唼唼常嚼"的说法是智顗发明的，且见"虚哨""余报未尽"等相同或类似的表达，这里的出源关系当不容置疑。

《验记》中还有一则故事出自《法华文句》。《第49话金峰山蓟岳良算圣》："悲哉！智惠不及雪山寒鸟，布施不如**赤目大鱼**。"关于"赤目大鱼"的出源关系，"思想大系本"指出："《撰集百缘经·莲华王舍身作赤鱼缘》是一则关于释尊前世的故事。当时在百姓中疾病流行，医生说只有食用赤鱼的血肉才能奏效。于是，释尊舍身变成一条赤鱼，将其血肉供病人食用。病人因此痊愈。"《撰集百缘经》卷4《华王舍身作赤鱼缘》如下："时莲华王，答其太子，及以诸臣：'我于今者，不见卿等，有过状耶。但此国内，一切民众，多诸病苦，死亡者众。须得赤鱼，血肉服者，病乃可差。是以我今，欲舍此身，作赤鱼形，治诸民病。是故今者，唤卿等来，委付国土……我舍此身，使我生彼，波罗柰国，大河之中，作大赤鱼。有其食者，众病皆愈。'发是愿已，自投楼下，即便命终，生彼河中，作大赤鱼。时诸民众，闻彼河中，有大赤鱼，各赍斤斧，竟来破取，食其血肉，病皆除愈。"值得注意的是，在《撰集百缘经》中，与鱼相关的关键词，唯见"赤鱼""大赤鱼"，并无"赤目大鱼"。但在《法华文句》卷1《序品》中可见："佛昔于饥世，化为**赤目大鱼**，闭气不喘，示为死相。木工五人，先斧斫鱼肉。"四字语句"赤目大鱼"最早出现在《法华文句》，是智顗发明的说法。换言之，《法华文句》才是该故事的直接出典，是《验记》作者熟读《法华文句》，活学活用的结果。

最后三是《摩诃止观》[②]与《验记》的关系。《摩诃止观》卷1："若其心念念，**专贪瞋痴**，摄之不还，拔之不出……若其心念念，欲多眷属，**如海吞流**，**如火焚薪**。"例中"专贪瞋痴"的四字格，谓放纵贪欲、瞋恚和愚痴，始见于《摩诃止观》。《第29话定法寺别当法师》："形虽似僧，所行如俗。**专贪瞋痴**，行杀盗淫妄饮酒。"不唯如此，智顗发明的"如海吞流，如火焚薪"的比喻说法，还出现在《验记》第29则故事当中："五尘六欲，贪染无厌，摄受恶业，**如海吞流**，**如火焚薪**。"

《验记》的语言表达还吸收了《摩诃止观》卷4的一些说法。《第24话赖真法师》：

---

① 原文："此ノ人物ヲ云フ時、例ノ人ニ不似ズ口ヲ喎メ面ヲ動カシテゾ云ヒケル。其ノ体牛ニ似タリ。"

② 该经于胜宝六年抄写，题作《天台止观法门》（据《东征传》），又于景云二年抄写，题作《止观》，录于《大日本古文书》卷7，第90页。

“梦觉明知，前世后世，善恶果报。比丘精进，**自愧克责**，**怖畏恶道**。读诵观念，欣求菩提。”例中“自愧克责”和“怖畏恶道”的说法直接采撷自《摩诃止观》卷 4：“二者**自愧克责**，鄙极罪人，无羞无耻，习畜生法，弃舍白净，第一庄严……三者**怖畏恶道**，人命无常，一息不追，千载长往，幽途绵邈，无有资粮。”两相比较，其间词语表达的借鉴关系不言自明。

《第 49 话金峰山蓟岳良算圣》：“**深山绝域**为所住，更不往来人间聚落。”《今昔物语集》卷 12《金峰山蓟岳良算持经者语第 40》译作：“住在深山里，不曾涉足里巷。”① 关于“深山绝域”的说法，诸家未见深究。其实，它也是天台大师自创的一个四字语句。据《摩诃止观》卷 4 载：“知识有三种：一外护；二同行；三教授。若**深山绝域**，无所资待。”意思是说，所谓“深山绝域”，是说既无来自外部的援助，又无同修和说法的人，是一种孤独无援状态下的难行苦行的修行方式。

《第 25 话睿山西塔春命》：“**苦海悠深**，**非妙法船**，何致彼岸？”《摩诃止观》卷 4：“**苦海悠深**，**船筏安寄**。贤圣呵弃，无所恃怙。”不难看出，前者“苦海悠深”等说法，是化用了后者的说法。因为“苦海悠深”的比喻说法较为特殊，始见于《摩诃止观》。

三　《验记》与《止观辅行传弘决》《弘赞法华传》《法华传记》

《止观辅行传弘决》（以下省称《止观辅行》）、《弘赞法华传》和《法华传记》三部作品以大量修行者的事迹宣扬《法华经》，其主旨与《法华经》的教理教义密切相关。它们对《验记》的影响亦隐匿于《验记》之中，不容小觑。湛然述《止观辅行》是智顗所说《摩诃止观》最为古老的注释书。惠详撰《弘赞法华传》（10 卷）和僧祥撰《法华传记》（10 卷）按照讲解、诵持、讽诵、书写等类别，讲述了从南北朝时期到唐代的《法华经》信仰者的故事。

首先是《验记》与《止观辅行》的影响关系。《第 47 话越后国锹取上人》：“**初心之时**，造五六丈大佛尊像，住其佛前，读诵《法华》。”例中“初心之时”是指刚开始发心追求开悟誓愿的时候。根据现存文献资料，在先行文献当中，这一四字格由湛然率先使用。《止观辅行》卷 6：“通别上根**初心之时**，即能入假。当知即假，复能入空。是则空假，二观相即，以圆空假，相即何别。”

《第 73 话净尊法师》：“只依大乘，欲离生死。**分段依身**，**必资衣食**。”关于“分段依身，必资衣食”一句的意思，《今昔物语集》卷 15《镇西、饵取、法师往生语第 28》中的翻译言简意赅：“分段之身靠着衣食生存，故而造孽”② 说的是在六道轮回的众生，必然以衣食为生。这样，不可避免地会犯下杀生之罪。原文中“必资衣食”的说法，在汉文佛经中首现于《止观辅行》卷 4：“内禁虽严，**必资衣食**，进修定慧，须藉空闲。

---

① 原文：“深キ山ニ住シテ里ニ出ル事無シ。”

② 原文：“分段ノ身ハ衣食ニ依テ罪造ル。”

处虽空闲，假绝缘务，四缘虽具，开导由师。”论述的是“内禁”与“衣食”、“空闲”与“缘务”、“四缘”与“导师”这三者的辩证关系。湛然是“必资衣食”这一四字语句的发明者。

其次是《验记》与《弘赞法华传》在语言表达上的关系。在《验记》当中，可见如下三个《弘赞法华传》首次使用的四字语句，它们为考察《验记》与《弘赞法华传》的关系提供了确凿的证据。《第11话吉野奥山持经某》：“愚顽之心，**忽生厌离**，永去本山，任念流浪。”例中“忽生厌离”是说忽然产生希望远离这个娑婆世界的想法。《弘赞法华传》卷5《遗身》：“游学襄阳，**忽生厌离**，因遇值禅师及无行禅师等。”《第51话楞严院境妙法师》：“渐渐学读《法华》一部，诚心温习，**悉得通利**。”“悉得通利”表示通晓所学经文，毫无遮蔽的意思。《弘赞法华传》卷8《诵持》：“诚乃授以《法华》。数月之间，**悉得通利**。”

《第16话爱太子山鹫峰仁镜圣》：“欲汲谷水，**瓶水自满**。”所谓“瓶水自满”在佛教故事中表示一种吉祥的征兆，因为信仰者在与世隔绝的山中进行艰苦的修行，这时瓶中的饮用水会自然地蓄满（故事中通常由天童代行）。《弘赞法华传》卷6《诵持》：“或**瓶水自满**，或地恒扫净。”值得留意的是，第16则故事和第51则故事中的四字格表达，都出自《弘赞法华传》的《诵持》这一类别，恰好《验记》讲述的也是读诵《法华经》的故事，因而坐实了两者的影响关系。

最后是《验记》与《法华传记》的接受关系。

其一，两者的关系表现在四字格的选择上。①《第5话睿山无动寺相应和尚》：“和尚内心有一愿，现身升**都率内院**。”《法华传记》卷6《讽诵胜利》：“其后命终，生**都率内院**。”②《第15话萨摩国持经沙门某》：“**径两三日**，见于墓所。”《法华传记》卷6《讽诵胜利》：“奈何如此观世音之初，况**径两三日**而不谙乎？”③《第34话爱太子山好延法师》：“至于老后，**弥励其志**。”《法华传记》卷6《讽诵胜利》：“闻是语已欢喜，**弥励其志**。”

其二，两者的关系表现在句式的选择上。④《第4话睿山慈觉大师》：“**微细音乐**，**闻于**唐院。”《法华传记》卷4《讽诵胜利》：“**微细音乐**，**闻于**空中。”

其三，两者的关系表现在表达的构想上。⑤《第121话奈良京女某氏》：“年来所持经力**六万九千三百余佛**[①]各放光明。”《法华传记》卷5《讽诵胜利》：“一一文字，变作丈六佛身……**六万九千三百余化佛**坐叶上。”上述与四字格、句式和构想相关的表达，都是僧祥独创的，在佛典中均为孤例，且在《法华传记》中大多辑录在《讽诵胜利》这一类别里。

其四，在汉文佛经中，由僧祥独创且为孤例的还有下面一些表达。⑥《第41话嵯

① “将经卷文字人格化，显然出于作者对《法华经》所抱有的一种咒术般的信仰。”（末武恭子「法華験記の先蹤」，『国語と国文学』53-9，1976。）

峨定照僧都》："河浪极高，船**不能往还**。"《法华传记》卷 9《转读灭罪》："江湖满水，**不能往还**。"⑦《第 90 话加贺国寻寂法师》："**紫云耸家**，音乐满空。"《法华传记》卷 7《转读灭罪》："**紫云耸空**，人皆谓瑞矣。"⑧《第 29 话定法寺别当法师》："**无量毒虫**，我身为栖，唼食皮肉。"《法华传记》卷 9《转读灭罪》："**无量毒虫**，聚集之所唼食。"不容忽略的是，上述表达集中地出现在《法华传记》的《转读灭罪》类别中，《验记》讲述的故事亦同属一类。

其五，下面的文例是佛典用法，最早出现在《法华传记》，且为《验记》所采撷。⑨《第 103 话右近中将藤原义孝》："义孝卒后不几梦，相伴**宛如平生**。"《法华传记》卷 8《书写救苦》："时罗刹唱活，**宛如平生**。"⑩《第 37 话六波罗蜜寺定读师康仙法师》："僧梦见康仙**威仪庠序**，面貌有喜。"《法华传记》卷 8《书写救苦》："其夜梦明**威仪庠序**，来谓绪：'依公大恩，离苦生净土矣。'"例中出现的"宛如平生""威仪庠序"在《法华传记》和《验记》当中都用于描写梦中人物的神态。这一高度的契合，是我们考虑两者之间存在影响关系的重要依据。

《第 67 话龙海寺沙门某》："大雨自降，**三日三夜**，**无间断降**。世间水充满，五谷丰稔。"例中"三日三夜，无间断（降）"表示大雨连降三日的意思，是僧祥独创的句子。《法华传记》卷 5《讽诵胜利》："此人本诵《观世音经》，**三日三夜**，心**无间断**。"例言三天三夜不间断地读诵《观音经》。不过，在《验记》中，原典的"三日三夜，心无间断"的句子，改换成了大雨连降三天。这是一种化用，一定程度上体现了作者的汉文造诣。

我们认为，要厘清日本文学本土化的问题，须履行这样一个步骤：首先梳理表达、构想的出源关系，其次探讨表达、构想的日本化特质的问题。这两者同样重要，不可偏颇。譬如，在《验记》中可见诸多有关忉利天、普贤菩萨和十罗刹女等所谓的"法华题材要素"[①]。以《验记》异类转生的故事为例，在《第 125 话信浓国蛇鼠》《第 127 话朱雀大路野干》当中，蛇鼠野干等异类因为书写或读诵《法华经》的功德，转世出生的理想之地，既非西方极乐世界，亦非兜率天，而是忉利天。

按照学术界通行的学说，它反映了《法华经·普贤菩萨劝发品》中下面一段经文的内容："若但书写，是人命终，当生忉利天上。是时八万四千天女作众伎乐而来迎之，其人即著七宝冠，于采女中娱乐快乐。"问题的关键之处在于：这段文字当中并未涉及异类转生忉利天的事。异类转生忉利天的构想源自何处？是《验记》特有的故事类型吗？其实不然，查阅《法华传记》等佛教典籍，就会发现卷 9《听闻利益》中有毒蛇升天的传说，卷 3 中亦有猕猴等异类投胎到忉利天的故事。因此说，梳理表达和构想等的

① "法华要素三要点"，指专修法华、死后转生兜率天或忉利点、引用经文。源自《法华经》的六大主题，指前世故事、仙境天童、髑髅诵经、《法华经》地位崇高、普贤、罗刹女（廣田哲通「法華持経者の話—本朝法華験記の二側面—」，『仏教文学研究』6，1982。）

出源关系，只是比较研究的第一步。

扎实地迈出这一步，才能谈得上考究表达或构思本土化的问题。在《第 72 话光空法师》当中，有一个金色的普贤菩萨骑着白象出现的场面。学术界普遍认为，这一场面再现了《法华经 · 普贤菩萨劝发品》中下面一段内容："是人若坐，思惟此经，尔时我复乘白象王现其人前。其人若于《法华经》有所忘失一句一偈，我当教之，与共读诵，还令通利。"由此看来，传统的看法似乎并无大碍。但如果结合故事的具体场景分析的话，就会发现故事说的是普贤菩萨代替光空法师受罪，腹部多处中箭。这是一种通过代替他人受罪来救赎众生的菩萨行为。普贤菩萨的这一壮举，上引《普贤菩萨劝发品》并未涉及，而它通常是由观音菩萨来完成的。因此，《验记》中的这样一种情节设计，不仅与《普贤菩萨劝发品》的内容乖离，而且在中国的法华灵验类故事中也不曾出现过，是《验记》的作者自行塑造的一个普贤菩萨形象。我们姑且称之为"观音化的普贤菩萨形象"。

《第 99 话比丘尼释妙》中有这样一个场面：阿弥陀佛对尼姑释妙说，为了接引你往生西方极乐世界，我会经常来守护你。众所周知，临终时阿弥陀佛前来接引，预示着信仰者将往生乐土。但充当信仰者的守护神，则不属于阿弥陀佛的职责范围。对《法华经》的受持者来说，护神佛当是普贤菩萨。阿弥陀佛的形象与普贤菩萨的形象重叠在一起，形成《验记》独特的阿弥陀佛形象。我们姑且称之为"普贤化的阿弥陀佛形象"①。

在《验记》中，十罗刹女的角色担当，同样具有本土化的倾向。《法华经》卷 7《陀罗尼品》曰："世尊，我等亦欲拥护读诵受持《法华经》者，除其衰患。若有伺求法师短者，令不得便。"可是在《第 79 话佛莲法师》当中，十罗刹女摇身一变，居然成了护法神，且以童子的身份出现。正如《法华经》卷 5《安乐行品》所言，"天诸童子，以为给使"。照顾《法华经》的信仰者的生活起居，原本是天童的职责之一，佛教故事中此类文例比比皆是。但是由十罗刹女充当天童的角色，在现存的汉文佛经中是没有先例的。我们暂且称之为"童子化的十罗刹女形象"。

总而言之，《验记》的第 72 则故事经传播成为《今昔物语集》卷 17 第 40 则故事的素材，第 79 则成为《今昔物语集》卷 13 第 23 则的来源，第 99 则成为《今昔物语集》卷 15 第 40 则故事的源泉，等等。无论是《验记》的传统研究，还是《今昔物语集》的当下著述，迄今为止，我们上文论述的"观音化的普贤形象""普贤化的阿弥陀佛形象"和"童子化的十罗刹女形象"却鲜有论及者。因此，我们才特别强调方法论，即在充分厘清表达、构思的出源关系的基础上，深度考究其体现在表达和构思上的本土化特质的问题。

① 馬駿「鎮源撰『本朝法華験記』独自の女性像—表現の出典と発想の和化を手掛かりに」，『アジア遊学』207，勉誠出版，2017。

上面，我们采用影响研究的方法，关注具有两套系统的文献资料及其语言特色，阐发涵括三种类型的文体及其位相表征。这样一种新的方法论始终贯穿于本书对日本上古文学各代表性作品文体特征的研究之中。归纳其要点有如下五端。

第一，提出依据语体色彩、语用范围、语义增益来判别日本上古文学作品中佛教词、口语词和新义词的标准。

第二，关于日本上古文学文体与汉文佛经的比较研究，通过从前者中析出的各种句式，系统地论述了后者的巨大影响，尝试突破传统研究以词语比较为主的研究模式，裨益于提升学术界对佛经文体中句式特征的认识。

第三，重点对隐匿于日本上古五部文学作品中的佛典用语进行深度发掘，阐述其基本语义与用法，揭示日本上古文学作品叙述语言有别于中国神话、历史、诗歌和地志叙述语言的基本特征。

第四，厘清日本上古文学作品中那些源自佛典却在意义和用法上有别于佛典的表达，进而论证了日本文学在容摄佛教文学时所体现的主体性与创新精神。

第五，在儒佛并行的举国体制下，日本上古文学在传统的中国文学与佛教文学的同时作用下，通过自创表达开始步入本土化的历史进程。本书从文体学的角度对这一过程进行了全面的描述。

最后，我们殷切地期待：在今后的日本古代汉文文体与汉文佛经的比较研究领域，作为一种全新的方法论和独特的视角，一个方法、两类文献和三种表达的研究程序与操作步骤继续发挥其不可替代的作用。

附　录

附录一　奈良朝佛经写本题记研究*

（一）目的方法

题记为正确把握写本年代、作者、书写的缘由和目的提供了重要的信息。对奈良朝佛经写本题记的研究，既可以充分地了解到佛经在奈良朝传抄的史实，又能客观地反映出奈良朝佛经抄手自觉运用愿文体裁表达对逝者及生人的祈福。奈良朝佛经写本题记中的愿文表达和俗字使用，是奈良朝佛教文学中一个不容忽略的组成部分，它真实地折射出古代日本人的精神世界与文字记载活动。

所谓题记，指区别于写本本体的附加部分，通常出现在写本末尾。佛经题记不仅记载了经文书写的年代、地点，往往还涉及抄手的姓名、身份以及书写的缘由。据此，我们可以正确地把握写本的年代和本来面目。[①] 奈良朝佛经写本题记中还包含了为数可观的汉语俗字，从东亚写本学的角度来看[②]，为我们了解唐代俗字在日本的传播提供了鲜活的资料。[③]

奈良朝佛经写本题记研究的目的在于：在佛教文学史料相对匮乏的奈良文学当中，整理和发掘佛经写本题记中的愿文表达和俗字类型的工作显得尤为重要。具体而言，十分有必要从愿文表达的形式与内容两方面澄清奈良朝佛经写本题记与中国佛经写本题记的异同，勾勒出汉语俗字置身于日本民族早期汉字文化生活中的历史风貌。基于这一认识，本文拟以奈良朝佛经写本的八则题记为例，对其内容构成、表达类型和俗字构形等进行梳理，从比较文学的角度明确其表达层面的出源关系及独创性，强调其俗字使用有别于抄经文的特殊性。

（二）愿文表达

本文所涉及的奈良朝佛经写本的八则题记如下：（1）“和铜经”（712 年）（2）“黄君满侣本”（730 年）（3）“都菩臣足岛本”（730 年）（4）“石川年足愿经”（737 年）

---

* 黄美华、马骏：《奈良朝佛经写本题记研究》，《日语学习与研究》2016 年第 4 期。

① 池田温編『中国古代写本識語集録』，東京大学東洋文化研究所，1990，第 1 頁。

② 郑阿财：《论敦煌俗字与写本学之关系》，《敦煌研究》2006 年第 6 期；王晓平：《东亚文学经典的对话与重读》，复旦大学出版社，2011。

③ 王晓平：《〈镜中释灵实集注释〉商补》，《域外汉籍研究集刊》第五辑，中华书局，2009。

（5）“光明皇后御愿经”（740年）（6）“光明皇后御愿经重跋本”（740年）（7）“元兴寺经”（740年）（8）“玄昉愿经”（741年）。资料胶片影印件附后。[①]

根据篇制的长短，试将八例题记分作“短篇型”、“中篇型”和“长篇型”。短篇型的字数在50字以内，如例（3）“都菩臣足岛本”仅30字（不含标点符号）：“①天平二岁次庚午年三月上旬始写②《大般若经》一部。③右平群乡都菩臣足岛写。”又如例（2）“黄君满侣本”仅34字：“①天平二年岁次庚午三月上旬始写②《大般若经》一部六百卷。③右京七条二坊黄君满侣奉。”从内容上看，短篇型题记大致由三部分构成：①抄写经文的起始时间；②经文的名称及卷数；③抄手的住址及姓名。这些内容提供了经文抄写的基本信息。短篇型题记的不足之处在于：没有交代清楚经文是何时抄写完毕的。尽管这里所列举的两例题记篇幅较短，但两例抄写者均为普通人这一点值得关注，它至少说明抄经这一宗教行为在奈良朝业已渗透到普通百姓的层面，证明佛教的影响在当时是颇为广泛的。

中篇型题记的字数在100字以内。例（1）“和铜经”属中篇型，有76字：“①藤原宫御寓天皇以庆云四年六月十五日登遐。②三光惨然，四海遏密。③长屋殿下，地极天伦，情深福报，乃为天皇敬写《大般若经》六百卷，用尽酸割[②]之诚焉。④和铜五年岁次壬子十一月十五月庚辰竟。”从分段编号可知，①抄写经文是为祈求冥福；②民众对文武天皇逝世所表现出的悲伤；③施主长屋王的心境及令人抄写经文的动机；④经文抄写完毕的时间。中篇型④的存在，弥补了短篇型题记该部分记述内容缺失的不足。

长篇型共有5篇，字数都在100字以上：例（7）“元兴寺经”128字；例（5）“光明皇后御愿经”135字；例（6）“光明皇后御愿经重跋本”144字；例（8）“玄昉愿经”162字；例（4）“石川年足愿经”267字。从例（4）中的“伏愿”，例（5）例（6）中的“伏愿”“又愿”“自发誓言”，例（7）中的“发愿”“伏惟”“伏愿”，例（8）中的“发愿”“伏愿”“又愿”等词语可知，这五篇题记是典型的发愿文。值得注意的是，该类题记所包含的愿文表达，对解读奈良朝文学作品乃至探究平安朝愿文表达的渊源具有极为重要的参考价值。

下面，以长篇型题记中的愿文体制为线索，指出愿文体制的类型特征及表达上的出源关系，探究奈良朝佛经题记愿文与中国，特别是敦煌愿文在表达上的同一性与差异性的问题。

所谓愿文，从狭义上讲，“为法事时述施主愿意之表白文也”[③]。指僧侣为人祈愿的一种文体。从广义上说，指“用于表达祈福禳灾及兼表颂赞的各种文章”[④]。先看下面几例。

---

① 原文均出自日本网站“e国宝”公开的胶片，断句及标点均为笔者所加。

② 《日本书纪》卷30《持统纪》元年八月条：“诏词酸割，不可具陈。”（第482页）

③ 丁福保《佛学大辞典》“愿文”条。

④ 黄征、吴伟校注《敦煌愿文集》，岳麓书社，1995，第1~2页。

例（5）、例（6）：①皇后藤原氏光明子，②［A］奉为尊考赠正一位太政大臣府君，［B］尊妣赠从一位橘氏太夫人，③敬写一切经论及律。④庄严既了，伏愿凭斯胜因，奉资寞助。⑤［A］永庇菩提之树，长游般若之津。［B］又愿奉上圣朝恒延福寿，下及寮采，共尽忠节。［C］又光明子自发誓言：弘济沉沦，勤除烦障；妙穷诸法，早契菩提。乃至传灯无穷，流布天下；闻名持卷，获福消灾；一切迷方，会归觉路。

例（7）：①［A］维天平十二岁次庚辰三月十五日，［B］正三位藤原夫人，②［A］奉为亡考赠左大臣府君及［B］见在内亲郡主，③发愿敬写一切经律论各一部。④庄严已讫，设斋敬赞，藉此胜缘。⑤［A］伏惟尊府君道济迷途，神游净国。［B］见在郡主心神朗慧，福祚无疆。［C］伏愿圣朝万寿，国土清平。百辟尽忠，兆人安乐。及檀主藤原夫人常遇善缘，必成胜果，俱出尘劳，同登彼岸。

例（8）：①［A］天平十三年七月十五日，［B］僧正玄昉②③发愿敬写《千手千眼经》一千卷。④藉此胜因，⑤［A］伏愿皇帝陛下太上天皇皇后殿下，与日月齐其明，共乾坤合（合）其德，圣寿恒永，景福无疆。［B］皇太子殿下及诸亲王等文武百官，天下兆民，咸资化诱，各尽忠孝。［C］又愿轮回于地狱热烦苦，饿鬼饥饿苦，畜牲逼迫苦等众生，早得出离，同受安宁。［D］遂令圣法之盛，与天地而永流，护护之恩，被幽明而恒满。［E］上臻有顶，傍及无边，俱发菩提心，顿悟无生理。

从行文款式可知，上述三例内容构成几近一致，即：①为写经的时间和施主介绍；②为写经的原因和目的；③为具体的写经功德；④为设斋追福的仪式；⑤为抄经者的祝愿和祈求。而且，愿文具有较为固定的格式套路，这里重点考察构成愿文中心内容的⑤的出源关系。

首先，⑤中表示殊胜因缘的套语。例（5）“凭斯胜因”、例（7）“藉此胜缘”、例（8）“藉此胜因”，“胜缘”和“胜因”，此处具体指抄写经文的善举。《阿毘昙毘婆沙卷五十一右卫将军尉迟宝琳等题记》［唐龙朔二年（662）七月］：“以此胜因，上资皇帝皇后、七代父母及一切法界苍生。”① 唐实叉难陀译《大方广佛华严经》卷28《十回向品》：“以彼施舌诸功德，回向一切诸众生。普愿藉此胜因缘，悉得如来广长舌。”

其次，⑤中表示祝愿和祈求的格式。例（5）“共尽忠节”，《周书》卷27《赫连达传》：“杜朔周冒万死之难，远来见及，遂得共尽忠节，同雪仇耻。虽藉众人之力，实

① 池田温編『中国古代写本識語集録』，東京大学東洋文化研究所，1990，第205頁。

赖杜子之功。劳而不酬，何以劝善。”① “自发誓言”，主动发誓。唐法崇述《佛顶尊胜陀罗尼经教迹义记》卷 1：“菩萨于后食香乳讫，入尼连禅河，洗其质已，往金刚座，自发誓言：‘不破结跏成等正觉。’” “流布天下”，例见失译人名附后汉录《分别功德论》卷 1：“思惟经法甚为浩大，云何当使流布天下千载众生得蒙法泽耶？深思至理，谁能撰法？唯有阿难乃能集耳。”

例（7）“神游净国”，指死后往生西方极乐净土。《法华经卷四优婆夷袁敬姿题记》［隋开皇十七年（597）四月］：“七世久远一切先灵，并愿离苦获安，神游净国。”②《第 285 窟（西魏）》：“愿亡者神游净土，永离三途。”③ “福祚无疆”，祝福用语，谓福禄无止境。嵯颠《与中国誓文》：“山河尔利，即愿牟寻、清平官大军将等福祚无疆，子孙昌盛不绝。”④ “国土清平”，表国土清静、天下太平之意，《玉皇经·玉皇功德品》：“设大齐醮，六时行道，为转此经。当得国土清平，五谷丰熟，黎庶安泰。” “常遇善缘”，经常遇到殊胜的因缘。唐宗密述《圆觉经道场修证仪》卷 3：“远离恶友，常遇善缘。守摄六根，警护三业。捍劳忍苦，心不退没。立菩提志，荷负众生。常与众生，作所依止。” “必成胜果”，谓必定成就圣妙之证果。《俱舍论颂疏》卷 30：“庶各随己力，三乘力能，遍悟所知，必成胜果。其功既尔，安不习哉?” “俱出尘劳”，唐义净撰《大唐西域求法高僧传》卷 2：“是知麟喻难就危命易亏，所有福田共相资济，龙华初会俱出尘劳耳。” “同登彼岸”，指共同脱离尘世烦恼、取得正果。阙名《洪湛造像记》：“贞观五年十二月十五日，厥功乃就。普为含灵，同登彼岸。”⑤

例（8）“与日月齐其明，共乾坤合（合）其德”，喻君王寿命与日月齐明，德行共天地长久。《发愿文范本》：“圣寿与天地比坚，贞明与日月齐照。”⑥ “景福无疆”，与前出“福祚无疆”同义，均用于对君王或皇亲的祝福。于公异《贺圣躬痊复表》：“臣某言：今月七日中使至，进伏奉敕书手诏慰谕臣者。伏以圣躬顷乖颐摄，少有不安，**景福无疆**，旋亦康泰。屏营捧诏，且喜且惊。”⑦ “文武百官”，今义同。唐般若译《大方广佛华严经》题记：“大唐贞元十四年，岁在戊寅，四月辛亥朔，翻经沙门圆照，用恩赐物奉为皇帝圣化无穷，太子诸王福延万叶，**文武百官**恒居禄位。” “天下兆民”，谓天下百姓。《汉书》卷 99 上《王莽传》：“皇天上帝隆显大佑，成命统序，符契图文，金匮策书，神明诏告，属予以**天下兆民**。”⑧ “早得出离”，谓早日脱离恶道。唐若那跋陀罗译《大般涅槃经后分》卷 1《遗教品》：“尔时，世尊知诸四众无复余疑，叹言：‘善

① （唐）令狐德棻等撰《周书》，中华书局，1971，第 440 页。
② 池田温編『中国古代写本識語集録』，東京大学東洋文化研究所，1990，第 148 頁。
③ 敦煌研究院编《敦煌莫高窟供养人题记》，文物出版社，1986，第 114 页。
④ （清）董诰等编《全唐文·附唐文拾遗唐文续拾》，中华书局，1983，第 10346 页。
⑤ （清）董诰等编《全唐文·附唐文拾遗唐文续拾》，中华书局，1983，第 11288 页。
⑥ 黄征、吴伟校注《敦煌愿文集》，岳麓书社，1995，第 190 页。
⑦ （清）董诰等编《全唐文·附唐文拾遗唐文续拾》，中华书局，1983，第 5211 页。
⑧ （汉）班固撰，（唐）颜师古注《汉书》，中华书局，1962，第 4095 页。

哉、善哉！汝等四众已能通达三宝、四谛无有疑也，犹如净水洗荡身垢；汝等当勤精进，**早得出离**，莫生愁恼迷闷乱心。'"“**圣法之盛**，与天地而永流，护护之恩，被幽明而恒满”一句，亦见于《大和国东大寺圣武帝铜板敕书》：“又造法华灭罪之尼寺，并写《妙法莲华经》10部，住尼十人，水田十町。所冀**圣法之盛**，与天地而永流；护护之恩，被幽明而恒满。”[①] 因而值得特别留意。“上臻有顶，傍及无边”，指上天有顶世界，人间无涯之边，代指一切含灵有情。《全隋文》严德圣《吴郡横山顶舍利灵塔铭》：“时闻此山，为古之佛殿，乃共于此所，成斯胜业。愿宝铎常摇，法轮恒转。含生回向，□□归心。**上**通**有顶**之天，**傍及无边**之地。同离生死之苦，俱成涅槃之乐。”[②] 彭景宣《千佛崖造像记》：“开元十年太岁壬戌二月癸酉朔八日庚辰……**上**资**有顶**，下及**无边**，同预胜因，俱登佛果。”[③]《燃灯文》：“**上**至**有顶**，**下及无边**，俱出苦源，咸登佛果。”[④]

例（4）：①［A］维天平九年岁次丁丑十二月庚子朔八日丁未，［B］出云国守从五位下勋十二等石川朝臣年足②稽首和南，一切诸佛诸大菩萨并贤圣等。③盖闻：［A］无色无声，方广之功自远；常有常净，圆朗之照不穷。［B］崇慧业以致真如，积芳因而成圣果。［C］引四海于法镜，则欲海澄氛；导六识于阐门，则邪云卷翳。巍巍妙力至矣。④［A］难思年足罪衅所锺，频遭凶逝。［B］伤神之恨未弭于前，丧明之哀相继于后。［C］恋恋心绪不能自割，唯凭法佑，少慰悲叹。⑤［A］爰为二郎，敬造自愿药师如来、侠侍观世音菩萨，追福日光遍照、月光遍照菩萨等像一铺。［B］并写《随愿往生经》一卷。⑥［A］众彩起绚，月相含晖。［B］龙宫秘文，贯珠流影。以兹功德，资益亡灵。⑦［A］伏愿金花承步，高升五净之天；［B］玉叶藉仪，远契三明之果。［C］傍该动植，普洎尘劳，并出盖缠，俱登彼岸。

在体制上，该例与前引三例长篇型题记有所不同：①为抄经的时间和施主；②为祈愿的对象；③为弘扬佛教的教义和教理；④为抄经的原因和目的；⑤为详细的写经册数及造像功德；⑥为设斋追荐的仪式；⑦为祝愿和祈求。由此可知，该题记中的③和⑤（造像）是上述题记中所没有涵括的内容。

另一方面，在充分吸收中国题记愿文表达的基础上，奈良朝佛经题记也开始了富有个性的创制。例（1）中的“三光惨然，四海遏密”，“四海遏密”典自《尚书·舜典》，指停止一切音乐的演奏，以表现帝王死后停乐举哀的氛围。题记作者在此运用该典故，贴切地烘托出举国哀悼文武天皇逝世的情形，先行写本题记中未见此用法。例

① （清）董诰等编《全唐文·附唐文拾遗唐文续拾》，中华书局，1983，第11171页。
② （清）严可均校辑《全上古三代秦汉三国六朝文》，中华书局，1958，第4188页。
③ （清）董诰等编《全唐文·附唐文拾遗唐文续拾》，中华书局，1983，第10564页。
④ 黄征、吴伟校注《敦煌愿文集》，岳麓书社，1995，第511页。

（5）例（6）中的四字语句“闻名持卷”，表示听闻或持有佛经均会获得无量功德的意思，疑似题记作者自创的组合。例（8）“又愿轮回于地狱热烦苦，饿鬼饥饿苦，畜牲逼迫苦等众生”一句，即祈求轮回于地狱、饿鬼和畜牲三恶道的芸芸众生早日离苦得乐的意思。有趣的是，题记作者将众生在三恶道中所受的煎熬分别归纳为“热烦苦”“饥饿苦”“逼迫苦”，这样的说法既具体又生动，佛教语言中未见先例。例（4）“自愿药师如来、侠侍观世音菩萨”的并列表述，如《回向发愿等范本》“药王、药上，受（授）与神方；观音、妙音，施［其］良药”，《发愿文范本》：“药王、药上，慈（滋）润香风；观音、妙音，泽垂甘露”[①] 等所示，药师和观世音被视为延生续命的菩萨。从表达上看，此处药师前的“自愿”一词令人费解；观世音前的“侠侍”一词，与“胁侍”义同，通常指观世音菩萨与大势至一起充当阿弥陀佛的胁侍一事。担任药师菩萨左右侍从的是例（4）愿文中的日光遍照、月光遍照两菩萨。由此看来，“胁侍”一词在此亦似有画蛇添足之嫌。

要而言之，上述愿文的同一性表达反映了奈良朝佛经题记与中国佛经题记愿文表达的传承关系，差异性表达则体现了奈良朝佛经题记愿文表达的独特性，是对中国佛经题记愿文表达的一种自觉的模仿与创新。其中，模仿可谓惟妙惟肖，但创新仍处于初始阶段，成功中伴随着失败。

（三）俗字类型

佛经写本中往往会有许多俗字，出于对经文尊崇的心理，无论是内容，还是书体，抄手都会按照原本进行仔细的摹写，尽可能避免出现差错。因此，从书写的角度看，这实际上意味着压缩了抄手自由发挥的空间，对抄手再创作是一种束缚。现存的奈良朝写本中，端庄工整的楷书经文写本的大量存在，便是这一现象的真实反映。相反，奈良朝佛经写本题记的书写情况则迥然不同。题记是指在经文抄写完后，抄手虔诚恭敬的情绪得以释放[②]，可以自由地表述抄写经文的缘由。从书法上讲，不再有原本的参照，字体或俗正字的选择，完全取决于抄手自己的意愿。在题记这一体裁中，俗字的选用不再受到任何束缚，它甚至是一种书写习惯的自然流露。正因为如此，在流传至今的日本人原创的文献相对匮乏的奈良朝，对题记中俗字的研究或许更具有意义，它不啻为了解俗字在奈良时期传播的珍贵史料。

首先，依据唐人颜元孙《干禄字书》俗字、通字和正字的三分法，将内容几近一致的例（5）“光明皇后御愿经”与例（6）“光明皇后御愿经重跋本”做如下整理：

一是同用俗字。俗字即民间百姓中普遍使用的文字。例（5）“[illegible]”、例（6）“[illegible]”，

① 黄征、吴伟校注《敦煌愿文集》，岳麓书社，1995，第172、265页。

② 毛秋瑾：《从敦煌吐鲁番写本看僧尼与佛教写经及书法》，《艺术探索》2011年第1期。

《干禄字书·入声》：“蔱发，上俗，下正。”[①] 例（5）“弘”、例（6）“弘”，《干禄字书·平声》：“弘弘，上俗，下正。”例（5）“流”、例（6）“流”，《干禄字书·平声》：“流流，上俗，下正。”例（5）“節”、例（6）“節”，《干禄字书·入声》：“莭节，上俗，下正。”例（5）“寫”、例（6）“寫”，《干禄字书·上声》：“冩写，上俗，下正。”另，例（4）“寫”的点是饰笔。

二是同用通字。通字即沿袭已久，可用于通用场合的文字。例（5）“從”、例（6）“從”，《干禄字书·平声》：“従从從，上中通，下正。”例（5）“歸”、例（6）“歸”，《干禄字书·平声》：“歸归，上通，下正。”例（5）“氏”、例（6）“氏”，《干禄字书·上声》：“氐氏，上通，下正。”例（5）“憑”、例（6）“憑”，《干禄字书·平声》：“凴凭，上通，下正。”例（5）“若”，《干禄字书·入声》：“着若，上通，下正。”例（5）“正”、例（6）“正”，《干禄字书·去声》：“㱏正，上通，下正。”

三是俗字与正字并用。正字即可以用于记载经文典籍的文字。例（5）用正字“因”、例（6）用俗字“囙”，《干禄字书·平声》：“囙因，上俗，下正。”

四是俗字与通字并用。例（5）“莊”、例（6）“莊”，《干禄字书·平声》：“庒莊庄，上俗，中通，下正。”

五是通字与正字并用。例（5）“勝”、例（6）“勝”，《干禄字书·平声》：“勝胜，上通，下正。”例（5）“契”、例（6）“契”，《干禄字书·去声》：“契㓞，上通，下正。”

六是使用异位字，即构字部件所处位置不同的文字。例（5）“稽”－例（6）“稽”，例（5）“摧”－例（6）“摧”。

其次，从异体字[②]的构形特征来看，有如下三点值得注意。一，构形模式和构字部件存在差异的异构字有例（4）“喪”，《干禄字书·平声》：“丧䘮，上通，下正。”例（7）“疆”、例（8）“疆”，《干禄字书·平声》：“壃疆，上通，下正。”例（2）“條”－“条”，例（4）“葉”－“叶”。二，异位字有例（4）“稽”，《干禄字书·平声》：“稽稽，上俗，下正。”例（1）“極”－“极”，例（3）“羣”－“群”，例（4）“唯”－“唯”。三，笔画异写字。其一，增笔异写字有例（2）“京”，《干禄字书·平声》：“亰京，上通，下正。”其二，减笔异写字有例（4）“師”－“师”，例（4）“追”－“追”；因笔形的变化而形成的笔形异写字有例（8）“此”，《干禄字书·上声》：“𣥠此，上通，下正。”例（7）“兆”、例（8）“兆”，《干禄字书·平声》：“兆兆，上通，下正。”例（3）“足”、例（4）“足”，《干禄字书·入声》：“⻊足，上通，下正。”例（1）“深”－“深”；部件混同异写字有例（6）“等”、例（8）“等”，《干

---

① （唐）颜元孙：《干禄字书》，日本文化十四年刊。下同。

② 本文从重视异体字的构形特征的角度，采用了李索有关异体字的三分法，即异构字、异位字和异写字。（《敦煌写卷〈春秋经传集解〉异体字构形体系研究》，《大连大学学报》2008 年第 5 期。）

禄字书·上声》："等等，上通，下正。"例（4）"𭈓"，《干禄字书·平声》："𭈓功，上俗，下正。"例（8）"苦"、"苦"、"苦"，《干禄字书·平声》："苦苦，上通，下正。"例（8）"熱"，《干禄字书·入声》："熱热，上俗，下正。"例（8）"乹"，《干禄字书·平声》："乹乾干，上俗，中通，下正。下亦干燥。"例（1）"歳"、例（2）"歳"、例（3）"歳"、例（4）"歳"、例（7）"歳"，《干禄字书·去声》》："歳歲岁，上俗，中通，下正。"例（4）"凶"，《干禄字书·平声》："凶凶，上通，下正。"例（7）"原"，《干禄字书·平声》："原原，上俗，下正。"例（7）"訖"，《干禄字书·入声》："乞乞，上俗，下正。"此例声符"乞"为俗写形式。例（1）"惨"–"惨"，例（4）"割"–"割"等。

（四）课题展望

因篇幅有限，本文仅对奈良朝写本的八则题记进行了考察。今后，仍有必要从愿文表达和俗语用字两方面展开更为深广的探讨。在愿文表达方面，《东大寺献物账》："妾闻悠悠三界，猛火常流；杳杳五道，毒网是壮。所以自在大雄、天人师佛垂法钩而利物，开智镜而济世。遂使扰扰群生入寂灭之域，蠢蠢品类趣常乐之庭。故有归依则灭罪无量，供养则获福无上。"① 例中两组联绵词，"悠悠"与"杳杳"，一反汉诗文的"杳杳灵凤，绵绵长归；悠悠我思，永与愿违。"（《卫罗国王女配英灵凤歌》②）等中时空与思绪绵延悠长的传统用法，用于渲染永无尽期的三界五道，因而形成了独特的表达。同样，"扰扰"与"蠢蠢"的偶句排列，将纷纷攘攘的俗世间及众生相刻画得入木三分，亦属于锤炼文字的实例。诚然，例中"自在大雄"等称谓不无怪异之嫌，"灭罪无量""获福无上"等说法亦为典型的"和习"语序③。

再以俗字研究为例，一难宝郎写本《中阿含经》题记："用谷纸三十一张"，例中"谷"字作俗形"穀"，与敦煌写本中的俗字构件相同。S. 189《老子道德经》："是以侯王自谓孤、寡、不穀。"大石毛人写本《佛浴像经》题记："用谷纸四张"，例中"谷"字为异位构形"𥞤"④，同于津艺22《大般涅槃经》卷4的用字："尔时复有诸沙门等，贮聚生𥞤，受取鱼肉，手自作食。"⑤ 由此可知，一则奈良朝佛经写本中的俗字与敦煌俗字似乎有着某种连动的关系；二则俗字在日本先民的文字记载活动乃至文学创作过程中所发挥的作用超出人们的想象，势将成为打开描述佛教文学早期传入日本的轨迹的一把钥匙。

---

① 高橋正彦『書道—中国と日本の書の流れ—』，慶応通信株式会社，1977，第59頁。

② 逯钦立：《先秦汉魏晋南北朝诗下》，中华书局，1983，第2780页。

③ 马骏：《日本上代文学"和习"问题研究》，国家哲学社会科学成果文库2011，北京大学出版社，2012。

④ 原文引自日本网站"e国宝"公开的胶片。

⑤ 黄征：《敦煌俗字典》，上海教育出版社，2005，第134页。

附录

藤原宮御宇　天皇以慶雲四年六月
十五日登遐三光慘然四海遏密長屋
殿下地極天倫情深福報乃為
天皇敬寫大般若經六百卷用盡酸割
之誠焉

和銅五年歲次壬子十一月十五日庚辰竟

用紙一十八張

北宮

（1）“和铜经”

天平二年歲次庚午五月上旬始寫大般若經
一部六百卷
右京七條三坊黃君滿侶奉

（2）“黄君满侣本”

天平二歲次庚午年三月上旬始寫大般若經一部
右平章卿都善臣足島

（3）“都善臣足岛本”

（4）“石川年足愿经”

（5）“光明皇后御愿经”

（6）“光明皇后御愿经重跋本”

（7）“元兴寺经”

（8）“玄昉愿经”

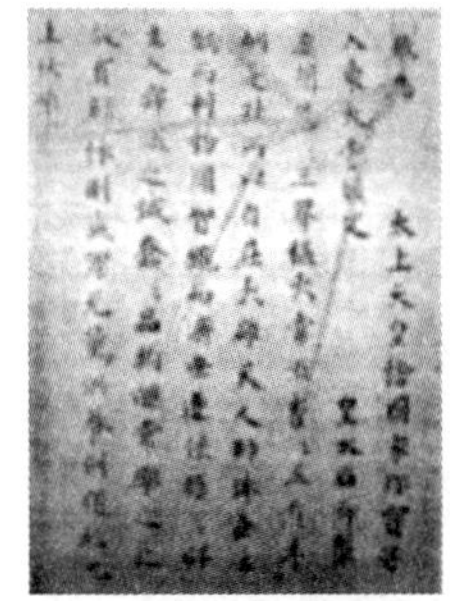

（9）“东大寺献物账”

附录二　《杜家立成》的俗字世界及其影响*

（一）问题所在

为祈祷太上天皇圣武的冥福，皇太后藤原光明子将太上皇的遗物捐赠给正仓院东大寺本尊卢舍那佛。在捐赠遗物目录上，留下了“《杜家立成》一卷”的纪录。《杜家立成》由36件72封往返的书简组成。开始部分为行书，从中间开始夹杂带着草书的风格。《杜家立成》为孤本，中国已经散佚，仅存于日本。《杜家立成》大约成书于唐太宗贞观十五年（641）前后。它由庆云年间（704～707）的遣唐使带回日本。一般认为，山上忆良可能是具体的携带者之一。[①] 关于《杜家立成》的研究，因其为光明皇后抄写，又是正仓院的珍藏宝物，很早就受到日本汉文学和国文学两方面的极大关注。内藤湖南率先对《杜家立成》的特征及作者展开了研究。小岛宪之在《上古日本文学与中国文学（中）》一书中，详细论证了《杜家立成》对《万叶集》表达的具体影响。嗣后有日中文化交流史研究会出版的专著《杜家立成杂书要略　注释与研究》问世。在中国国内，出于对散佚在海外的汉籍进行整理的目的，近来对《杜家立成》一类典籍价值的认识逐渐提高，王晓平《〈杜家立成杂书要略〉笺注稿》（以下简称“王晓平说”）等论述引起学术界的关注。“注释与研究说”奠定了《杜家立成》研究的基础，“王晓平说”则深入探讨了《杜家立成》的语言表达特征。这些著述作为必读文献均具有较高的水准。我们认为，传统的研究尚有一点需要进一步深入探讨，即从写本学的角度，发掘和评价《杜家立成》一书中随处可见的俗字及其价值的问题。本文拟以敦煌和吐鲁番等出土的俗字以及古辞书的记载为依据，通过识别《杜家立成》写本中数量不菲的尚未识别的俗字，较为全面地阐释写本的俗语特征，依凭日本上古文献的史料，具体地考察其影响，并尝试回答光明皇后为何使用如此之多的俗字来抄写《杜家立成》一书的问题。

---

* 馬駿「『杜家立成』における俗字の世界とその影響」，李銘敬、小峯和明編「日本文学のなかの『中国』」『アジア遊学』197，勉誠出版，2016。

① 日中文化交流史研究会編著『杜家立成雜書要略　注釈と研究』，翰林書房，1994，第201、238頁。以下「注釈と研究説」と略称。

（二）先行研究（以俗字为中心）

“注释与研究说”和“王晓平说”已经对《杜家立成》的俗字研究做过大量开拓性的工作。首先，整理“注释与研究说”，得到如下 22 个俗语俗字。

1. “注释与研究说”

①【杯/盃】（p. 245－10 行）“盃杯：上通下正。”（p. 17）[①]

②【瓜/苽】（p. 274－9 行）“苽瓜：上俗下正。”（p. 183）

③【睾/皐】（p. 272－1 行）“睾皐皋：上俗中通下正。”（p. 167）

④【官/𡧍】（p. 276－4 行）“𡧍官：上俗下正。”（p. 181）

⑤【京/亰】（p. 252－10 行）“亰京：上通下正。”（p. 62）

⑥【尅/剋】（p. 248－5 行）“［尅］剋的俗字。”（p. 31）

⑦【苦/惜】（p. 253－9 行）“惜：俗苦字。（名义抄）”（p. 65）

⑧【款/欵】（p. 252－2 行）“欵款：上俗下正。”（p. 56）

⑨【牢/窂】（p. 266－2 行）“窂牢：上俗下正。”（p. 132）

⑩【獵/獦】（p. 248－2 行）“獦，獵的俗字。”（p. 30）

⑪【兔/菟】（p. 274－9 行）“菟兔：上通下正。”（p. 183）

⑫【舞/儛】（p. 252 行）“儛，舞的俗字。”（p. 58）

⑬【暫/蹔】（p. 246－4 行）“蹔暂：上通下正。”（p. 21）

⑭【寫/冩】（p. 246－4 行）“［冩］写的俗字。”（p. 21）又：“冩寫：上俗下正，ノゾク、ウツス。（名义抄）”（p. 40）

⑮【珍/珎】（p. 249－5 行）“珎珍：上通下正。”（p. 37）

⑯【況/况】（p. 250－4 行）“［况］況的俗字（玉篇）。”（p. 43）按：《干禄字书》：“况況：上俗下正。”

⑰【疢/疨】（p. 249－3 行）“疨疢，上通下正。”（p. 36）按：《玉篇・疒部》：“疨，俗疢字。”

⑱【悤/忩】（p. 259－3 行）“忩，悤的俗字（正字通）。”（p. 94）按：《字汇・心部》：“忩，与悤同。”《说文・心部》：“悤，多遽，悤，悤也。”《正字通・心部》：“悤，隶作怱。”《敦煌变文集・降魔变文》：“六师忩遽，粗行大步，奔走龙庭，击其怨鼓。”

⑲【怪/恠】（p. 267－5 行）“恠怪：上俗下正。”（p. 141）按：《大广益会玉篇・心部》：“怪，古坏切。异也，非常也。恠，同上俗。”

⑳【愆/僁】（p. 246－5 行）“僁，愆的俗字。‘僁愆：上俗下正。（《干禄字书》）’”顾野王云：“凡物有过，皆谓之愆也。”（慧琳《一切经音义》）（p. 21）按：

① “p. 245－10 行”，指“注释与研究说”影印本的页数和行数；“p. 17”指《干禄字书》的页数。下同。

《龙龛手镜·心部》：“[illegible]，俗。愆，正。”

㉑【逃/迯】（p. 268 - 3 行）“迯，俗逃字（正字通）。”（p. 145）按：《字汇·辵部》：“迯，俗逃字。”《随函录》卷 30《广弘明集》卷 30：“方迯，音外。又音逃，非。”

㉒【辄/[illegible]】（p. 247 - 6 行）“輙辄：上通下正。”（p. 26）按：《正字通》：“輙，俗辄字。”

在上面对“注释与研究说”的整理中，从⑯到㉒，用例解释部分都附加了“按”。这是我们补充的内容，重点引用相关古辞书的记载，旨在强化“注释与研究说”的观点。附带说一句，本文在识别俗语俗字时所采用的是中日两国内典、外典方面的古辞书。譬如，《干禄字书》《名义抄》《玉篇》《正字通》和《一切经音义》等。下面对“王晓平说”进行整理。除去与“注释与研究说”重复的部分以及异体字和别字，“王晓平说”指出了 21 个俗语俗字。仿照上面的体例，我们将调查结果以“按”的形式附录于后。

①【單/[illegible]】（p. 269 - 7 行） ②【恶/[illegible]】（p. 264 - 7 行）

③【罚/[illegible]】（p. 273 - 1 行） ④【寬/[illegible]】（p. 254 - 7 行）

⑤【厚/[illegible]】（p. 255 - 3 行） ⑥【喚/[illegible]】（p. 275 - 6 行）

⑦【歷/[illegible]】（p. 246 - 7 行） ⑧【鏞/[illegible]】（p. 248 - 6 行）

⑨【滅/[illegible]】（p. 260 - 8 行） ⑩【明/[illegible]】（p. 250 - 10 行）

⑪【輱/[illegible]】（p. 263 - 8 行） ⑫【虚/[illegible]】（p. 269 - 6 行）

⑬【揚/[illegible]】（p. 273 - 1 行） ⑭【易/[illegible]】（p. 253 - 10 行）

⑮【顧/[illegible]】（p. 249 - 4 行） ⑯【旨/[illegible]】（p. 245 - 8 行）

⑰【馮/[illegible]】（p. 246 - 4 行）“[illegible]，托也。”（《龙龛字镜》，p. 297）

⑱【第/[illegible]】（p. 259 - 7 行）按：“苐第：次苐字，上俗下正。”（《干禄字书》）

⑲【策/[illegible]】（p. 247 - 3 行）按：《颜氏家训》卷 6《书证篇第 17》：“简策字，竹下施朿，末代隶书，似杞、宋之宋。”①

⑳【寡/[illegible]/[illegible]】（p. 249 - 9 行/ p. 250 - 6 行）按：“寡”的俗字作“[illegible]”。（《干禄字书》）

㉑【摠/[illegible]】（p. 266 - 4 行）按：《龙龛手镜》：“[illegible]，俗。[illegible]，古。揔，今。音惣，普也，皆也，众也。”

“王晓平说”在进行俗字研究时使用了《龙龛手镜》，这是“注释与研究说”未参阅的古辞书，应当予以关注。关于⑲“策/[illegible]”，《颜氏家训》卷 6《书证篇第 17》早已指出，“策”字下半部俗字写成“宋”。相同的情况，在《杜家立成》中还有“鼓/

① 王利器撰《颜氏家训集解》，中华书局，1993，第 445 页。

鼓”（p. 276 – 8 行）、“席/席”（p. 269 – 9 行）、“恶/恶”等。《颜氏家训》卷 6《书证篇第 17》指出：“‘鼓’外设‘皮’、‘席’中加‘带’、‘恶’上安‘西’”。

“王晓平说”就《杜家立成》中俗语俗字的意义指出，《杜家立成》保留了诸多文字学方面的资料，因而值得关注和探讨。与同一时期的文献资料相比，无论是字体上，还是字形上，光明皇后的书写都非常忠实于中国传去的原本，保留了大量足以证明《干禄字书》等成书前后字样的例证。[①]

（三）特质论证（聚焦正俗意识）

以上，围绕《杜家立成》中的俗语俗字的问题，对“注释与研究说”和“王晓平说”进行了整理，加深了《杜家立成》是一部俗语俗字颇多的典籍这一认识。下面，通过书写者的正俗意识、俗字识别、样本意识与俗写流播三个方面，来聚焦《杜家立成》俗字书写的特质。

（1）辞书的记载

首先，关于俗字识别这一点，下面胪列的是我们新识别出的俗字，共计 28 个。

①【鼓/鼓】（p. 276 – 8 行）《颜氏家训》卷 6《书证篇第 17》：“‘鼓’外设‘皮’。”[②] 又《干禄字书》：“皷鼓：上俗下正。”

②【席/席】（p. 269 – 9 行）《颜氏家训》卷 6《书证篇第 17》：“‘席’中加‘带’。”[③]

③【麤/麁】（p. 266 – 8 行）《集韵・模韵》：“麤，俗作麄。”

④【竝/竝】（p. 247 – 9 行）《干禄字书》：“並竝，上通下正。亦音蒲猛反。”

⑤【等/等】（p. 267 – 9 行）《干禄字书》：“䒭等：上通下正。”

⑥【涷/涷】（p. 270 – 8 行）《干禄字书》：“冻涷：上俗下正。”

⑦【對/對】（p. 259 – 5 行）《干禄字书》：“對對：上俗下正。”

⑧【凡/几/凡】（p. 270 – 1 行）《干禄字书》：“九凡：上俗下正。”

⑨【肥/肥】（p. 268 – 7 行）《干禄字书》：“肥肥：上通下正。”

⑩【逢/逢】（p. 257 – 5 行）《干禄字书》：“逢逢：上俗下正。诸同声者并准此，唯降字等从夅。”

⑪【功/功】（p. 273 – 2 行）《干禄字书》：“功功：上俗下正。”

⑫【歸/歸】（p. 275 – 8 行）《干禄字书》：“歸歸：上通下正。”

⑬【或/或】（p. 275 – 10 行）《干禄字书》：“或或：上通下正。”

⑭【節/節】（p. 273 – 2 行）《干禄字书》：“莭節：上俗下正。”

---

① 王晓平：《〈杜家立成杂书要略〉笺注稿》，《域外汉籍研究集刊》第 2 辑，中华书局，2006。

② 王利器撰《颜氏家训集解》，中华书局，1993，第 515 页。

③ 王利器撰《颜氏家训集解》，中华书局，1993，第 515 页。

⑮【景/景】（p. 253－9行）《干禄字书》："景景：上通下正。"

⑯【苦/苦】（p. 246－2行）《干禄字书》："苦苦：上通下正。"

⑰【裹/裹】（p. 264－5行）《干禄字书》："裹裹：上俗下正。"

⑱【留/留】（p. 256－8行）《干禄字书》："畱留：上通下正。"

⑲【蒙/蒙】（p. 245－8行）《干禄字书》："蒙蒙：上通下正。"

⑳【驅/駈】（p. 248－8行）《干禄字书》："駈驅：上通下正。"

㉑【若/若】（p. 247－5行）《干禄字书》："若若：上通下正。"

㉒【原/原】（p. 248－8行）《干禄字书》："原原：上俗下正。"

㉓【兹/兹】（p. 272－6行）【兹】（p. 277－4）《干禄字书》："兹兹兹：上俗中通下正。"

㉔【坐/坐】（p. 274－6行）《干禄字书》："坐坐坐，上俗中下正。"

㉕【希/希】（p. 269－1行）《龙龛手镜》："希、希：二俗，音希。"

㉖【炎/炎】（p. 260－1行）《龙龛手镜》："炎，俗。燄，通。焰，今省。爓，正。"

㉗【美/美】（p. 273－9行）《一切经音义》："美，《说文》：'从羊从大。'经从父作，非也。"

㉘【稽/稽/稽】（p. 268－5行/ p. 274－4行）《龙龛手镜》作"稽"。《干禄字书》作"稽"俗体。

认定上述用字是否为俗体的标准是古辞书。通过上面的调查，再次认识到对《杜家立成》来说，俗字是何等重要。调换角度思考，这些俗体在迄今为止的研究中并未得到充分的认识，作为书法之书的《杜家立成》的价值也会因此大打折扣。

（2）执着于俗体

所谓执着于俗体，指书写者有意识地采用俗字书写的这一情况。

1. "一种俗字"

"一种俗字"，指与正字相对，出现一种俗体书写的情况。请看下面的例子。

①【能/能】（p. 252－4行）　【罷/罷】（p. 272－1行）

②【曹/曹】（p. 269－5行）　【遭/遭】（p. 259－6行）

③【冀/異/兾】（p. 245－10行）　【驥/驥】（p. 275－9行）

④【留/留】（p. 256－8行）　【騮/騮】（p. 247－9行）

⑤【悉/悉】（p. 263－4行）　【播/播】（p. 273－9行）

⑥【照/照】（p. 251－7行）　【部/部】（p. 275－2行）

⑦【承/承】（p. 258－9行）　⑧【逆/逆】（p. 259－2行）

⑨【解/解】（p. 260－7行）（"注释与研究说"指出）

⑩【眉/肩】（p. 257 – 5 行）　⑪【厭/猒】（p. 276 – 3 行）

⑫【恐/𢘅】（p. 263 – 10 行）　⑬【損/楨】（p. 265 – 5 行）

⑭【葉/𦯀】（p. 266 – 3 行）　⑮【本/夲】（p. 258 – 4 行）

⑯【乘/椉】（p. 247 – 5 行）　⑰【從/従】（p. 253 – 1 行）

⑱【垂/埀】（p. 275 – 6 行）　⑲【劫/刧/刼】（p. 261 – 3 行）

⑳【看/𥄫】（p. 246 – 2 行）　㉑【鬼/㚴】（p. 261 – 3 行）

㉒【潛/潜】（p. 251 – 8 行）

在上面的例①中，“能”写作俗体，字的右侧与正字有所不同。而且，“能”俗体在与其他偏旁构成字时，会出现相同的俗体化现象。值得注意的是，这并非个别现象。譬如，例②“曹”字，俗体作“曺”，于是便产生了“遭”字俗体“遭”。从例③至例⑦，均属于同一构字结构。因此，着眼于书写者执着地追求俗字书写这一点，可以寻找到相应的俗字生成规律。对俗字采用这样一种动态的书写方法，体现了《杜家立成》俗字书写的基本特征，可将其视为俗字识别的一个参照系数。而且，这些俗字的书写，与书写者的用字意识密切相关，折射出书写者一种从容不迫的精神与积极向上的态度。从这一意义上说，我们可以认为，相对于《文选》《艺文类聚》这一类用正字书写的文献，《杜家立成》的书写者则更加迫切希望了解当下生活在唐朝的普通百姓的书写字样，甚至希望掌握俗体字样生成的一些规则。

在例⑪当中，“叶”作俗体，中间的字不是“世”，而是“云”字，这是为了避唐太宗李世民讳，是敦煌变文中习见的一种写法。另外，“𦯀”字在紫纸金字《金光明最胜王经》中作“𦯀”，在蓝纸本《万叶集》卷 9 种作“𦯀”，在田中本《日本书纪》卷 10 中作“𦯀”。

2. “二种俗字”

《干禄字书》有“二俗”的说法。本文指《杜家立成》中出现的同一文字，在书写上所采用都是与正字相对应的两种俗字。

①【備/俻】（p. 265 – 4 行）　【偹】（p. 256 – 8 行）

②【参/叅】（p. 271 – 8 行）　【条】（p. 248 – 8 行）

③【兹/𢆶】（p. 272 – 6 行）　【茲】（p. 277 – 4 行）

④【杯/杯】（p. 268 – 9 行）　【盃/盃】（p. 245 – 10 行）　【坏/坏】（p. 269 – 1 行）

“二俗”的例子在《杜家立成》中可见上述四组。这当然不仅仅是异体字的问题。首先，有必要识别正字与俗字在字形上的区别；其次，对《杜家立成》俗字使用情况的调查结果表明，同一书写者对不同俗字的选择，恰好证明“二俗”体现了书写者具有鲜明的正字与俗字的对比意识。

3. “经文俗字”

所谓“经文俗字”，指佛教经文中出现或在与佛教相关的辞书中可以查找到的俗字。

【標/𢷏】《（33）呼知故游学书》："牧豕躬书，荣𢷏万古。"（p. 273 – 9 行）"注释与研究说"依据《集韵》指出："与'表'相同。"[①] 按：《随函录》卷 15《摩诃僧祇律》卷 11："㓉相：上必袂反。正作摽，㓉乃二形。"[②]

【短/𥏙】①《（25）知故相嗔作书并责》："两竟长𥏙，不足应见。"（p. 267 – 1 行）②又："各觅己长，咸皆讳𥏙。"（p. 268 – 1 行）③《（36）同学从征不得执别与书》："舞弄长戈，弃投𥏙笔。"（p. 276 – 8 行）"注释与研究说"："短，或从手（《集韵》）。"[③] 按：《随函录》卷 18《毘尼母经》卷 8："極𤨏：都管反，不长也。正作短、𢭃。"[④]

【恶/悪】①《（21）辱名客就知故贷鸡鹅书》："略表不空，勿嫌少悪。"（p. 264 – 7 行）②《（34）饷知故瓜书》："所乞领之，莫嫌少悪。"（p. 275 – 1 行）"王晓平说"指出"悪"字为俗体。按：《颜氏家训》卷 6《书证篇第 17》："'恶'上安'西'"[⑤]《随函录》卷 2《小品般若经》卷 7："恶贱，上乌故反。"

此外，《（3）就人借马书》："先无下鞌，欲往鲖阳。"一般来说，"鞌"字的偏旁"安"在左侧。但在这一例中却出现在"革"的上面。从某种意义上来说，这是一种文字游戏，是异构字，习见于古写本。譬如，蓝纸本《万叶集》卷 9："雾/𩂯"（第 1666 首歌）、"携/𢹂"（第 1740 首歌）、"苏/蘓"（第 1730 首歌）等。

下面继续正俗意识的讨论。从同一封书简文中的正俗对比、往复书简文中的正俗对比、整个书简文中的正俗对比三个角度来凸显《杜家立成》书写者具有一种样本意识。

①【暂/蹔】《（2）就知故借传书》："旧是田家，先应少闲迟。暂借学耳……蹔借写之，随了即送。"（p. 246 – 3 – 4 行）

②【杯/盃】《（26）岁日唤知故饮酒》："日号芳年，杯名长命……冀近传盃。遣此无运。"（p. 268 – 9，p. 269 – 1 行）

③【承/承】《（23）贺知故患损书》："承弟风尘暂动……寻望咨承，此不多述。"（p. 265 – 5 – 7 行）

这是在同一封书简文中，意思相同却分别使用了正俗不同字体的例子。其特点是不同的字体分别被安排在书信的前半部和后半部。这很难说是一种巧合。下面，从往返的书简中取证，同样说明这并非单纯的偶然现象。

④【杯/盃】《（1）雪寒唤知故饮书》（去信）："入店持杯，望其遣闷。"（p. 245 –

① 日中文化交流史研究会編著『杜家立成雑書要略　注釈と研究』，翰林書房，1994，第 178 頁。

② 郑贤章：《〈新集藏经音义随函录〉研究》，湖南师范大学，2007，第 125 页。

③ 日中文化交流史研究会編著『杜家立成雑書要略　注釈と研究』，翰林書房，1994，第 139 頁。

④ 郑贤章：《〈新集藏经音义随函录〉研究》，湖南师范大学，2007，第 176 页。

⑤ 王利器撰《颜氏家训集解》，中华书局，1993，第 515 页。

4行）同（回信）："冀近传盃。还此无述。"（p. 245 －10行）

⑤【備/偹】《（25）知故相嗔作书并责》（去信）："偹与公等交游在昔。"（p. 267 －5行）同（回信）："谨偹清酌十瓶。"（p. 268 －7行）

⑥【群/羣】《（18）问知故逐贼书》（去信）："无情羣少，不解固穷。"（p. 260 －7行）同（回信）："致使羣凶得来打劫。"（p. 261 －2行）

在④当中，去信时用的"杯"是正字，回信时是俗字。在⑤当中，去信和回信时的正俗字体安排同出一辙。在⑥当中，情况正好相反，去信时用俗字，回信是正字。这些例子说明，书写者有着强烈的正俗字对比意识。下面的例子同样佐证了这一点。

⑦【杯】（p. 245 －4）　【盃】（p. 245 －10行）　【坏】（p. 269 －1行）

⑧【乘/乗】（p. 247 －9行）【乗】（p. 247 －5行）

⑨【短/短】（p. 262 －9）　【短】（p. 267 －2行）

⑩【惡/惡】（p. 260 －7行）【悪】（p. 275 －1行）

⑪【恩/恩】（p. 247 －7行）【恩】（p. 275 －4行）

⑫【發/發】（p. 267 －10行）【発】（p. 276 －7行）

⑬【凡/凢】（p. 272 －3行）【几/凢】（p. 270 －1行）

⑭【厚/𠪋】（p. 255 －8行）【𠪋】（p. 255 －3行）

⑮【謹/謹】（p. 248 －10行）【謹】（p. 245 －9行）

⑯【就/就】（p. 247 －2行）【就】（p. 246 －1行）

⑰【看/看】（p. 247 －6行）【看】（p. 246 －2行）

⑱【苦/苦】（p. 253 －10行）【苦】（p. 246 －2行）

⑲【流/流】（p. 261 －6行）【流】（p. 260 －2行）

⑳【寐/寐】（p. 251 －6行）【寐】（p. 265 －2行）

㉑【輕/軽】（p. 274 －10行）【軽】（p. 263 －2行）

㉒【群/羣】（p. 261 －2行）【羣】（p. 260 －7行）

㉓【善/善】（p. 272 －6行）【善】（p. 258 －3行）

㉔【商/商】（p. 264 －8行）【商/商】（p. 276 －2行）

㉕【深/深】（p. 254 －2行）【深】（p. 248 －9行）

㉖【數/數】（p. 255 －9行）【數】（p. 250 －10行）

㉗【希/希】（p. 245 －5行）【希】（p. 269 －1行）

㉘【席/席】（p. 273 －6行）【席】（p. 269 －9行）

㉙【笑/咲】（p. 266 －5行）【咲】（p. 276 －3行）

㉚【幸/幸】（p. 267 －6行）【幸】（p. 246 －5行）

㉛【脩/脩】（p. 255 – 10 行）【脩】（p. 251 – 8 行）

㉜【寐/寐】（p. 251 – 6 行）【寐】（p. 265 – 2 行）

㉝【厚/厚】（p. 255 – 8 行）【厚】（p. 255 – 3 行）

4. “俗字流播”

所谓“俗字流播”，指上述俗字随着时间的流逝进入到后世平安时代的写本之中。为行文方便起见，下面以田中本《日本书纪》为例做一考察（横线左侧为《杜家立成》的俗字，右侧是《日本书纪》的俗写）。

【参/叅】——【叅】　　【辰/辰】——【辰】

【對/對】——【對】　　【服/服】——【服】

【隔/】【隔】——【隔】　　【喚/奐/喚】——【喚】

【冀/異/異】——【異】　　【謹】【謹】——【謹】

【戒】【戒】——【戒】　　【僅】【僅】——【僅】

【京/京】——【京】　　【麗】【麗】——【麗】【麗】

【奇/竒/【竒】——【竒】　　【卿/卿】——【卿】

【群/羣】——【羣】　　【儒/儒】——【儒】

【深/深】——【深】　　【兔/菟】——【菟】

【望/望】——【望】【望】　　【忘/忘】——【忘】

【希/希】——【希】　　【幸/幸】——【幸】

【叙/叙】——【叙】　　【鴈/鴈】——【鴈】

【致/致】——【致】　　【坐/坐】——【坐】

以上是《杜家立成》的俗字与《日本书纪》的俗写相一致的例子。通过比较字体可知，两者在字样和字形上非常相近。那么，光明皇后为何要抄写这样一本满眼俗字的《杜家立成》呢？“注释与研究说”认为，因为没有相关的资料，只能说情况不明。仅从推测来看，或许为了学习初唐的书法，并希望将这一书法风格传给后世。之所以这样推测，是因为现存的光明皇后书写的正仓院写本，与其说是那种风格阔达雄浑的书法摹本，倒更像是一种练习书法的样本。或许可以说光明皇后采用行草两体间行的书体，一字一句地抄写《杜家立成》，就是为了忠实于原典的风格。[①] 另一方面，“王晓平说”也不无道理：像《杂集》等一样，传至日本的写本，既可以当作六朝、初唐俗字的教科书，也可以作为中日两国汉字交流的教材来使用。[②]

（四）课题展望（以《最胜王经》为线索）

从某种意义上来说，光明皇后的《杜家立成》与圣武天皇的《杂集》一样，都是

① 日中文化交流史研究会編著『杜家立成雑書要略　注积と研究』，翰林書房，1994，第 24 頁。

② 王晓平：《〈镜中释灵宝集注解〉商补》，《域外汉籍研究集刊》第 5 辑，2009，中华书局。

使用俗字书写的行草间行的书法练习册。基于这一点，如图 1 所示，可就未来的研究方向做一预测。

圣武天皇、光明皇后→{书法练习（行草两体）
《杂集》、《杜家立成》
习字（俗字）} 范本《金光明最胜王经》（?）

图 1　未来课题预测

关于日本上古的俗字，须着眼于俗字字样、草书字形以及草书简化的画数增减的趋势等问题点来综合考虑，通过古写本阐释《金光明最胜王经》的宗教权威性和书法模范性，借以弄清《杜家立成》书写的真实意图以及俗字书写的系谱。这些将是我们今后的研究课题。

附录三　镇源著《本朝法华验记》中独特的女性形象*

——以表达的出源和构思的日本化为例

（一）问题所在

镇源撰写的《本朝法华验记》（以下简称《验记》）由3卷构成，共计129则传记。其排列顺序如下：①菩萨（第1～2话）；②比丘（第3～93话）；③在家沙弥（第94～97话）；④比丘尼（第98～100话）；⑤优婆塞（第101～116话）；⑥优婆夷（第117～124话）；⑦异类（第125～129话）。[①] 迄今为止，学术界虽然可见论述④中比丘尼三则传记和⑥中优婆夷八则传记的精彩论文，但从整体上来说，依然存在不少问题尚未论及。譬如，关于表达的出源与构想的日本化这类问题就属于其中之一。本文从比较文学出源论的角度，纵向与日本典籍《日本灵异记》《三宝绘》以及《日本往生极乐记》、《今昔物语集》等进行比较，横向以中国三大高僧传（梁皎然撰《高僧传》、唐道宣撰《续高僧传》、宋赞宁等撰《宋高僧传》）、梁宝唱撰《比丘尼传》、唐惠详撰《弘赞法华传》、唐僧祥撰《法华传记》[②] 等作为参照，通过两个维度对《验记》中的尼传进行研究，借以凸显《验记》中独特的女性人物形象。

（二）比丘尼与优婆夷的形象（其一）

从内容上看，《验记》中的三则比丘尼传记和八则优婆夷传记，内容由籍贯、资质、修行、女性观、奇异和往生等基本素材构成。下面，以此内容结构为顺序展开分析，揭示镇源所描绘的独特的女性形象。

第一，关于传记中比丘尼籍贯的表述。《第98话比丘尼舍利》："比丘尼舍利菩萨，

---

* 馬駿「鎮源撰『本朝法華験記』独自の女性像—表現の出典と発想の和化を手掛かりに」，張龍妹、小峯和明編『東アジアと仏教と文学』，『アジア遊学』207，勉誠出版，2017。

① 原田行造「『本朝法華験記』所収説話の諸特徴（上）」，『金沢大学教育学部紀要　社会科学・教育科学・人文科学編』22，1973；井上光貞「往生伝・法華験記　解説」，日本思想大系，岩波書店，1976，第720頁。

② 引用版本如下。井上光貞、大曾根章介『大日本国法華験記』，日本思想大系，岩波書店，1974。出雲路修『日本霊異記』，新日本古典文学大系，1996。馬渕和夫、小泉弘、今野達『三宝絵』，新日本古典文学大系，岩波書店，1997。池上洵一『今昔物語集三』，新日本古典文学大系，岩波書店，1993。

肥后国八代郡人矣。”《第99话比丘尼释妙》：“比丘尼释妙，睿桓圣人母也。”《第100话比丘尼愿西》：“比丘尼愿西，棱严院源信僧都姊也。”传记的起首部分，先交代人物的出生，以拉近与读者的距离，衬托内容真实可信。

第二，关于作品中比丘尼资质的问题。这里，我们聚焦有关女性品性、才能、容貌三方面的表述方法。《验记》评价女性品德的标准之一，就是要怀有一颗慈悲心。《第99话比丘尼释妙》：“其心洁白，**慈悲**甚深。”只是这样一种资质，并非仅限于出家的比丘尼。《第117话女弟子藤原氏》：“其心**有慈**，深信佛法。”《第123话山城国久世郡女人》：“深有善心，**慈悲**一切。”对在家的优婆夷来说，同样也要求具备慈悲的品德。反观中国的尼传，譬如《法华传记》卷9《唐襄州优婆塞后妻》：“襄州有优婆塞，家甚富贵，畜养二女，以为妻室。本妻**慈悲**仁让。”对一切抱有怜悯之心，同样也被视作女性应当具备的良好品德之一。

《验记》评价女性品德的第二个标准，就是持有清静无瑕的心境。《第99话比丘尼释妙》：“其心**洁白**，慈悲甚深。”例中“其心洁白”的说法新颖独特，引人注目。因为作为人物品评的用语，它在中日两国先行文献中并不多见。尽管如此，用“洁白”来形容一种宁静无染的心境，在汉文佛经中还是较为普遍的。唐菩提流志译《大宝积经》卷18：“菩提高广喻若须弥，自身威光超于日月。凡所思択与慧相应，犹如雪山其心**洁白**。”唐实叉难陀译《大方广佛华严经》卷63《入法界品》：“……瀞心垢浊，令心**洁白**，使心清凉。”由此看来，“洁白”表心境的用法源自汉文佛经，但作为人物品评用语，则属于《验记》作者镇源的独创。

《验记》评价女性品德的第三个标准，就是女性应当保有一种柔软且率真的心性。《第100话比丘尼愿西》：“其心**柔软**，正直无伪。”《第121话奈良京女某氏》优婆夷传：“奈良京有一女人，姓名未详。禀性**柔软**，形貌端正。”“柔软”一词，高频率地出现在《法华经》里，多达8例。其意义和用法大致如下：①表物品柔软貌（《譬喻品》）。②指佛陀所具备的八音之一，即“柔软音”（《序品》《譬喻品》）。③佛陀说法时使众生心情愉悦的“法音”（《方便品》）。④随心感知佛陀之教诲的心态。[①]《法华经·方便品》：“有佛子心净，**柔软**亦利根，无量诸佛所，而行深妙道。”又《譬喻品》：“若人无瞋，质直**柔软**，常愍一切，恭敬诸佛。如是之人，乃可为说。”又《授学无学人记品》：“尔时世尊，见学、无学二千人，其意**柔软**，寂然清净，一心观佛。”又《如来寿量品》：“众生既信伏，质直意**柔软**，一心欲见佛，不自惜身命。”

《验记》中“柔软”的意义和用法，与上述④相同。关注④在用法上的词语搭配关系，可知两点：一是“心”“意”与“柔软”的组词关联；二是“质直”与“柔软”

---

① 所谓“柔软”，指并非顽固不化，不肯接受佛陀教诲的态度，而必须是始终虚心接受佛陀教诲的态度。又指积极向上的心态，不自我满足，永不停止，向上攀登以达到佛陀的世界。并且，只有“深心念佛，修行净戒”之人才有资格听闻佛陀世界的真实（鎌田茂雄『法華経を読む』，岩波書店，1994，第56頁）。

的同义连言。进一步将④的意义和用法与《验记》的原文“其心柔软，正直无伪”联系起来考虑，会发现虽然两者在用法上，《验记》将“质直”换成了类义词“正直”，其实，两者在意思表达上是高度吻合的。那么，中国尼传中是否有“其心柔软”这样的人物品评用语呢？笔者孤陋寡闻，尚未查寻到这样的用例。梁宝唱等撰《经律异相》卷 13 引用了《大智度论》的一句话：“憍梵波提，**柔软**和雅。”例中“柔软”是少有地用来形容人物品行的一例，将它与《验记》的表达做一比较，不得不承认两者在文体特征和表述对象上大相径庭：《大智度论》是论著，《验记》是僧传；前者描述的对象是男性、高僧，后者是女性、普通的比丘尼。唐道宣撰《续高僧传》：“贫无衣食，乞匃自资。心性**柔软**，劳苦非虑。”例中“柔软”表示面临着艰难困苦的生活窘境，绝不以此为苦，反之逆来顺受。“柔软”的这一用法，显然与《验记》的用法相去甚远。梁宝唱撰《比丘尼传》卷 2《蜀郡善妙尼传》：“性用柔和少瞋喜，不营好衣，不食美食。”又卷 3《华严寺妙智尼传》：“禀性柔明陶心大化，执持禁范如护明珠。心勤忍辱与物无忤，虽有毁恼必以和颜。”此言性格温和，喜怒不显于色。例中描述女性情操的“柔和”“柔明”等词，明显与镇源的用词意趣相左。如此看来，我们自然可以得出这样一个结论：“柔软”一词作为品评女性资质的用语，是由谙熟《法华经》的镇源阐发而来的。

《验记》评价女性的才能时，使用的关键词是“自然（之）智”。《第 98 话比丘尼舍利》：“有**自然智**，**言词巧妙**。”“自然智”[①] 是佛教词，亦见于《法华经》。此处用来褒扬女主人公舍利尼与生俱来的智慧。《法华经・譬喻品》：“求一切智、佛智、**自然智**、无师智、如来知见。”又《法师品》：“若欲住佛道，成就**自然智**，常当勤供养，受持法华者。”例中“自然智”指自然而然地获得开悟的智慧。值得注意的是，在中国的僧尼传乃至灵验记一类的作品中，并无将“自然智”用作赞颂女性才德的先例。[②] 这又是作者镇源在充分意识到《法华经》的语言表达的前提下，独自酝酿出的人物品评专属用语。这一表达的独特性还在于：它与日本其他文学作品中反映同一女主人翁的作品亦有所区别。对第 98 话产生过巨大影响的《日本灵异记》卷下《产生肉团之作女子修善化人缘第 19》用的是“自然聪明”，《三宝绘》卷中《4 肥後国シシムラ尼》用的也是“聪明”。

相同的情况，亦体现在作者对舍利尼口齿伶俐、“言词巧妙”的评价上。同一内容在《日本灵异记》作“生知利口”，《三宝绘》为“说话十分巧妙”[③]。《验记》中的四

① 指那种并非特别有意志力的勤奋，自然而然生发出的佛的无功用智（坂本幸男、岩本裕『法華経中』，岩波書店，1964，第 341 頁。）

② 在中国的僧尼传中，可见梁宝唱撰《比丘尼传》卷 2《竹园寺慧浚尼传》：“幼而颖悟，精进迈群。”卷 3《法音寺净珪尼传》：“幼而聪颖，一闻多悟。”卷 4《禅林寺净秀尼传》：“幼而聪睿，好行慈仁。”

③ 原文：“物イフ事バ妙ニシテ。”（馬渕和夫、小泉弘、今野達『三宝絵』，新日本古典文学大系，岩波書店，1997，第 97 頁。）

字格“言词巧妙”，在先行的汉文佛经当中仅见 4 例。唐玄奘译《瑜伽师地论》卷 25：“谓彼成就最上首语、极美妙语、甚显了语、易悟解语、乐欲闻语、无违逆语、无所依语、无边际语。如是名为语具圆满，**言词巧妙**。”例中就何为“言词巧妙”提出了八项指标，只有满足了这些条件才称得上“语具圆满”。从这一意义来说，作者选择“言词巧妙”来表述舍利尼的语言才能，可谓寓意深刻。果不其然，在这则故事的后半部分，便出现了舍利尼在大庭广众之前，言辞犀利地驳斥列位高僧的场面。不唯如此，舍利尼讲经说法时，声音悦耳动听，众生倍感“其音甚贵，闻者落泪”。

《验记》又是如何描述女子的容貌的呢？《第 98 话比丘尼舍利》：“**面貌端正**，见者宠爱。”年代更早的《日本灵异记》作“其体异人”，《三宝绘》为“长相出众”①。尽管四字语句“面貌端正”亦出现在其他经文当中，但这里自然更有必要关注《法华经·妙音菩萨品》中的文例。《妙音菩萨品》如是说：“是菩萨目如广大青莲华叶，正使和合百千万月，其**面貌端正**复过于此，身真金色，无量百千功德庄严。”例中“面貌端正”描述的是菩萨长相端正均匀。而在第 98 话中却转用在了舍利尼的身上。其间的遣词造句，意图十分明显。即将女主人公视作菩萨一样的人物。《弘赞法华传》卷 8《唐苏州混山县尼》条：“比尼容貌妍详，见者思恋。”例中表达与第 98 话中的“面貌端正，见者宠爱”，可谓异曲同工，但女主人公唯独缺少的是菩萨所具有的那份庄重感。

第三，《验记》讲述比丘尼修行的故事时，多以读诵《法华经》和修行清净轨仪为主。说到读诵《法华经》，《验记》着重强调读经持续的时间之长和次数之多，以此来凸显《法华经》信仰者的精进程度。例如，“**昼夜六时**，诵《法华经》。”（第 98 话）“读《法华经》，**三千余部**。”（第 99 话）“读《法华经》，**及数万部**。”（第 100 话）。所谓“昼夜六时”，指将白天晚上分作昼三时和夜三时，昼三时包括晨朝、日中、日没，夜三时涵盖初夜、中夜、后夜。在汉文佛经当中，“昼夜六时”通常用来表现从早到晚埋头念经的情形。“**昼夜六时**，诵《三阴经》。”（唐菩提流志译《大宝积经》卷 100）“于三七日中**昼夜六时**，诵此陀罗尼呪。”（唐提云般若等译《智炬陀罗尼经》卷 1）值得注意的是，“昼夜六时”的说法始见于初唐的译经，在中国的僧尼传记中不曾出现过。而这样一种新的译经词语如此之快地出现在《验记》当中，或许足以成为反映作者镇源追求表达创新的一个典型事例。

在上引《验记》的文例当中，镇源分别使用“三千余部”或“及数万部”来表述读诵《法华经》的次数。这种记述形式与中国的僧尼传有所不同。《验记》通常使用“部”来表示读经的册数，而中国的僧尼传多使用“遍”来表示念经的次数。梁宝唱撰《比丘尼传》卷 2《江陵祇洹寺道寿尼传》：“勤苦超绝，诵《法华经》**三千遍**，常见光瑞。”唐僧详撰《法华传记》卷 6《长安大寺比丘尼妙法》：“焚香立愿，讽诵**八千遍**。”

① 原文：“其形人ニスグレテ。”（馬渕和夫、小泉弘、今野達『三宝絵』，新日本古典文学大系，岩波書店，1997，第 97 頁。）

按照第100话的说法，愿西尼读诵《法华经》的册数高达数万册。这在《验记》当中排名第二，第一位是第68话中活到90岁的长寿僧人行空。由此可以看出，当时的比丘尼在念诵经文上倾注了很多的心血。反观《验记》中有关在家优婆夷的诵经情况，“从年七岁，诵《法华经·观音品》……至十二岁，读《法华经》一部”（第123话），这里强调的是开始念经的岁数之小。“过半年致，自发道心……但一心合掌，念诵《法华经》。”这里凸显的是只要机缘成熟，何时开始念经均可。因此，有关优婆夷的诵经，更为重视的是“更不退阙”（第118话）、“不退读诵书写”（第122话）。

优婆夷喜好诵读《法华经》的《观音品》或者追捧《观音经》，还时常持斋，出现各种灵异现象。但《验记》的比丘尼传却很少涉及这些内容。筑前郡国的一盲女（第122话），还有久世郡国的一女人（第123话），她们通过读诵《法华经》，参拜观音菩萨，或者恢复了视力，或者逃脱了蛇害，获得种种现世利益。在立山地区甚至有一女人，仅仅是因为在观音生日那天一度产生过要持斋守戒的念头，结果是“依法华力，观音护助，出立山地狱，生忉利天宫矣”（第124话），获得善处转生的来世利益，得以从地狱脱逃，转生忉利天宫。

关于《验记》对比丘尼修行的记述。《第99话比丘尼释妙》：“细守戒律，不犯微尘。①以不净手不取水瓶。②不著袈裟，不出佛前……③向西方不行大小便利。头东足西，更不卧息。”关于这里引用的内容，受到该故事影响的《今昔物语集》卷15《睿桓圣人母尼释妙往生语第40》是这样翻译的：“出嫁以后，没有触犯过戒律；不用脏手拿水瓶；不洗手不穿袈裟；来到佛像前时，一定洗手洁身；永不面朝西方大小便；睡觉时脚不朝西方，枕头不朝东方。”① 其实，有关这段禁戒条文的出源问题，迄今为止未必已经弄得水落石出。我们认为，这些禁戒条文是在糅合了多部经典的条文后形成的。具体的出源关系如下：①严禁用脏手触摸水瓶。唐义净译《根本说一切有部毘奈耶》卷50：“佛言：‘不以污手捉净水瓶。’”②不穿袈裟禁止出现在佛像前。宋智觉注《心性罪福因缘集》卷2：“不著袈裟亦不持钵，身著白衣不具威仪。”又：“……澡浴尘秽内外清净，威仪具足……慎信任意不出佛前。”③严禁面朝西方大小便，禁止睡觉时脚朝西方。唐迦才撰《净土论》卷3：“教诸有缘，各不向西方涕唾便利，不背西方坐卧。”②

《第100话比丘尼愿西》：“**衣仅隐身，食只支命**。”例言在简朴的生活当中，将衣食之需控制在最小的范围。《今昔物语集》卷12《尼愿西所持〈法华经〉不烧给语第

① 原文：“出家ノ後ハ、戒律ヲ持テ犯ス事无シ。穢キ手ヲ以テ水瓶ヲ不取ズ、手ヲ不洗ズシテハ袈裟ヲ不着ズ。仏ノ御前ニ参ル時ニハ手ヲ洗ヒ身ヲ清メテゾ参ケル。永ク西ニ向テ大小便利ヲセズ。亦、跡ヲ西ニセズ、枕ヲ東ニセザリケリ。”

② 唐窥基撰《西方要决释疑通规》卷1：“若恭敬修、此复有五：一恭敬有缘圣人，谓行住坐卧，不背西方。涕唾便利，不向西方也。”后世资料《续本朝往生传》（20）：“阿阇梨范久者，住延历寺愣严院。一生慕极乐，行住坐卧不背西方，吐唾便利不向西方。”

30》译作：“这个尼姑穿的仅能遮掩身体，吃的只够维系生命。”[①] 这是一种苦行僧式的生活。梁宝唱撰《比丘尼传》卷3《盐官齐明寺僧猛尼传》：“**蔬粝之食，止存支命**。”又《青园东寺法全尼传》：“**食但蔬菜，衣止蔽形**。”尽管说法不尽相同，但这些都是僧尼传表现苦行难行的常见格式套语。

（三）比丘尼与优婆夷的形象（其二）

第一，在《验记》三则比丘尼传记中，有两则都涉及女性观的问题。一个是第100则故事，镇源评价愿西尼是“虽受**女形**，当言**信男**。”“思想大系本”就“女形”解释说：“佛教认为，较之男性，女人的罪孽更为深重。”就“信男”注释道：“即信士、优婆塞。”另一个是第98则故事中舍利尼的质问：“佛有大慈悲，法平等教也。为一切众生，流布正法，何故分别制止闻法？”比较镇源的评价与舍利尼的质问，可知前者如宋志盘撰《佛祖统纪》卷4“心羞耻**女形**，欲得男身。”等所说，终究是男性高高在上般的评述，思想深处仍旧是小乘佛教主张的女身垢秽那一套言说。相反，后者反映出女性自身的意识和主张，彰显了大乘佛教所提倡的男女平等的精神。正因为如此，在与后者情节类同的尼传当中，作为女性修行的一种历练，常见女性为争取平等的地位而据理力争的场面。“于华严偈问难，讲师无答此义。此座所有智德名僧惊怪，各出难问试此尼。一一能答，敢无难者。”（第98话）“时诸名师极力问难，无能屈者。于是声驰远近，莫不归服。”（梁宝唱撰《比丘尼传》卷4《成都长乐寺昙晖尼传》）面对被视为清僧、高僧之类的所谓僭智增上慢，女性们个个义正词严，将其驳得体无完肤，最终获得应有的尊重。

另一方面，《验记》当中又是如何表现优婆夷们的女性观的呢？《第121话奈良京女某氏》：“随夫妇礼，产生数子。”成家以后的优婆夷相夫教子，恪尽夫妇之礼，同时还受持《法华经》。由此可以看到儒教与佛教的完美融合。相反，《验记》也讲述了一辈子独身的优婆夷的故事。《第117话女弟子藤原氏》：“一生寡妇，不知夫妇礼，身无所犯。”需要留意的是，在中国的尼传中难得一见“一生寡妇”这一说法。例中“不知夫妇礼”，是说未行交接之道；“身无所犯”是指与男性未有肌肤之亲。如此看来，“一生寡妇”当是“不知夫妇（之）礼”和“身无所犯”的日语式表达。《第119话弟子纪氏》：“一生寡妇，只诵《法华》。不望今生荣华美丽，偏来后世见佛闻法。”例言一辈子独身，诵读《法华经》。目的不是追求今生今世的荣华富贵、花容月貌，只希望来生来世得见释尊、听闻佛法。总之，这些实例多维度地反映了当时的女性在家信徒是如何看待《法华经》的，是弥足珍贵的历史文献。

第二，与比丘、优婆塞相比，比丘尼、优婆夷必须接受更为艰苦的修行，忍受常人无法承受的磨炼。正因为如此，在她们身上或身边总会发生种种灵异现象。第100话：“山鸟啄菓瓜，飞往献之。野狐持粢饼，窃来志之。”愿西尼精进受持《法华经》的福

① 原文：“此ノ尼ノ着タル衣ハ僅ニ身ヲ隠ス許也。食フ物ハ只命ヲ継グ許也。”

德，感动了山鸟和野狐，作为四事之一的饮食，都是由鸟兽们供养的。《法华经·提婆达多品》的长文："王闻仙言，欢喜踊跃，即随仙人，供给所须。采菓汲水，拾薪设食。乃至以身，而为床座。"偈颂："即便随仙人，供给于所须，采薪及菓瓜，随时恭敬与。"例言提婆达多前身是阿诗仙人。在他要讲《法华经》时，国王（佛陀的前身）为他提供了一切生活所需。宋赞宁撰《宋高僧传》卷22《后唐天台山全宰传》："其出入经行，鬼神执役。或扫其路或侍其旁，或代汲泉或供采菓。"受到天台山僧人教化的鬼神成为护法神，为僧人送来泉水和瓜果。显然，这些故事都受到《提婆达多品》的影响。但有所不同的是，在第100话当中，供养者由原典的国王、僧传的鬼神等，转换成了山鸟和野狐。应该说这是《验记》在情节构想上的新颖之处。

《第99话比丘尼释妙》："木像佛未开口动舌言：'我是弥陀，为引摄汝，常来守护。'"《今昔物语集》卷15《睿桓圣人母尼释妙往生语第40》与《验记》的内容大致相同。《法华经》受持者得到阿弥陀佛的"守护"这一说法并不多见。在《验记》当中，《法华经》受持者临终前，阿弥陀佛前来接引的例子比比皆是。另一方面，作为受持者的保护神出现的几乎全是普贤菩萨或观音菩萨。这一情节安排与《法华经·普贤菩萨劝发品》《观世音普门品》的内容是一致的。而且，即便在《验记》当中，如"普贤来护，观音摩顶"（第100话）所示，愿西尼因为读诵《法华经》的功德，既受到普贤菩萨的保护，还接受过观音菩萨的摩顶。有鉴于此，我们认为，第99话中，将阿弥陀佛视作《法华经》受持者的保护神这一情节构想带有日本本土化的特征。

从表达构想的层面看，发生在优婆夷身上或身边的灵异现象当中，下面一则死而复生的故事可谓特色鲜明。《第118话加贺前司兼隆朝臣第一女》（《今昔物语集》卷13《女人诵〈法华经〉见净土语第36》内容相同）说的是一女子，因诵经过度而卧病在床。冥冥之中，女子踏上死亡之路。来到阴间的鬼门关时，她的眼前出现了一幅奇妙的画面："若是极乐世界欤？为当兜率天上欤？"她甚至怀疑自己的眼睛：这就是自己的往生之地吗？既像西方乐土，又似兜率天宫。最后，甚至连金色大佛释迦牟尼也鼓励她要继续精进。这则故事的一个关键词是"冥途"，原意指阎魔或地狱，但在这里既指天界又代表冥界。"冥途"一词将生死两个世界联系在一起，意味着读诵《法华经》功德无量，跨越时空，不可计量。这应当是作者希望向读者倾诉的中心思想。此外，《第121话奈良京女某氏》："年来所持经力六万九千三百余佛各放光明，无量菩萨各捧灯炬，前后围绕，将去极乐。"长久读诵《法华经》，就会出现这样一种景象：《法华经》六万九千三百个文字，字字化生为佛菩萨，闪闪发光，出现在眼前。唐僧祥撰《法华传记》卷5《讽诵胜利》："一一文字，变作丈六佛身，各说偈云：'……汝闻偈见台，六万九千三百余化佛坐叶上，台上佛是阿弥陀佛也。'"《法华传记》与《验记》此处最大的不同在于：在原典中，法华文字化身为佛菩萨是作为梦中的景象出现的。而在《验记》中，则被改写成比丘尼临死前的一种祥瑞。显然，这是作者镇源刻意安排设计的。

第三，关于一种祈祷仪式出源的问题。《第 99 话比丘尼释妙》：“手取五色系，一心念佛。正历三年，端正入灭矣。”此处描写的是释妙离世前，手上缠着五色丝线，虔诚念佛的情景。[①]“思想大系本”在就《日本往生极乐记》第 16 话“以丝系佛手”一句的补注中指出：“当时，人们相信用丝线将自己的手与阿弥陀佛塑像的手连接在一起，在阿弥陀佛的引导下，死后定能往生西方极乐世界。这样的例子除《验记》以外，亦多见于《拾遗往生传》等。”说到用丝线将自己的手与阿弥陀佛塑像的手连在一起，企盼由阿弥陀佛接引往生乐土这一习俗，我们立刻会联想到内典和外典的相关记载。汉应劭《风俗通》曰：“五月五日，以五色丝系臂，名长命缕。”这是中国的古老习俗：人们相信在端午节这一天，将五色丝线缠在孩童的手臂上，可以保护孩童，以免疫病和鬼神的侵害。按照学术界通行的说法，由青、黄、赤、白、黑组成的五色丝线象征着五方鬼神的守护，源自中国传统的五行思想。另一方面，佛教有一种说法，五色丝线也被称作“五色缕”，用于施放咒语的时候。东晋帛尸梨蜜多罗译《佛说灌顶经》卷 12：“若人疾急，厄难之日，当以五色缕结其名字。得如愿已，然后解结。”例言人在出现病危或遇到危难时，可以用五色丝线在写有当事者姓名的纸条上打上结，然后许下誓愿。直到如愿以偿，方可解开丝线。唐玄奘译《十一面神咒心经》卷 1：“若障重者，用五色缕诵呪作结。一遍一结，凡一百八结，以系病人颈上或系臂上。罪障消灭，病即除愈。”此言如果是业障深重的人，可每念一遍咒语，便将五色丝线打一个结，直至一百零八遍。然后将五色丝线挂在病人的脖子或胳膊上。业障消除，便会痊愈。如果将以上内外典籍所述“五色丝”“五色缕”的习俗或咒术与第 99 则故事所说的习俗联系起来考虑，我们可以做如下解释：两者的共同之处有两点，一是与以“五色丝”“五色缕”为媒介发誓祈愿这一构思相同。二是与将“五色丝”“五色缕”挂在愿主的身上（手、胳膊、颈子）这一方法一致。相反，两者的不同之处在于：外典的习俗或内典的咒术，企盼的是健康成长或恢复健康。而第 99 则故事中描写的是在阿弥陀佛的引导下往生极乐世界。如果认同两者的相似性，那么可以说后者的表达及构想是在前者的基础上演化而来的，是将中国的习俗加以本土化的一种结果。

第四，关于《验记》中优婆夷临终时的祥瑞描写。《第 117 话女弟子藤原氏》：“入灭之夜妹梦，装束净洁如天女形。如寻常时，备食物劝进。即答云：‘我今更不用此世界食。其故何者？烦恼恶业所熏习食故。我饭食在**宝威德上王佛国土**，所谓**法喜禅悦食**也。’如是语竟，指东方界而飞去矣。”关于例中“宝威德上王佛国土”和“法喜禅悦食”，“思想大系本”指出：“《观佛三昧海经》卷 9 有宝藏德如来和宝威德上如来的佛国土记载……但未涉及二食（法喜、禅悦食）一事。”至于“指东方界而飞去矣”一

① 后世的《今昔物语集》卷 15《睿桓圣人母尼释妙往生语第 40》翻译得更为晓畅：“釈妙遂ニ老ニ臨テ、命終ラムト為ル時、仏ニ向ヒ奉テ、五色ノ糸ヲ仏ノ御手ニ懸テ、其レヲ取テ、心ヲ至シテ念仏ヲ唱ヘテ、心不違ズシテ失ニケリ。”

句，“思想大系本”又说：“《观佛三昧海经》中的宝威德上王如来的佛国土位于东方，是说朝着东方飞去的意思。”

这里，我们想强调以下四点。其一，从与《法华经》的关系来看，“宝威德上王佛国”的出典当在《普贤菩萨劝发品》。据《普贤菩萨劝发品》载：“尔时普贤菩萨，以自在神通力，威德名闻，与大菩萨无量无边不可称数，从**东方**来……到娑婆世界耆阇崛山中，头面礼释迦牟尼佛，右绕七匝，白佛言：‘世尊，我于**宝威德上王佛国**，遥闻此娑婆世界说《法华经》，与无量无边百千万亿诸菩萨众共来听受，唯愿世尊当为说之。’”其二，“法喜禅悦食”一句同样出自《法华经·五百弟子受记品》长文：“其国众生，常以二食。一者**法喜食**。二者**禅悦食**。”又偈颂：“法喜禅悦食，更无余食想。”其三，无论是中国的僧尼传，还是法华灵验记类，一概没有法华受持者将往生之地选在东方宝威德上王佛国的先例。因此，几乎可以断言这一创意出自镇源本身。其四，《第119话弟子纪氏》：“傍人梦，**身著天衣**，**首载宝冠**，**璎珞庄严**，身放光明，上升虚空，往兜率天矣。”例中点线部分的人物造型，有别于《法华传记》等僧尼传文学中习见的人物升天时的祥瑞表达，当取法自佛经中的天女形象。唐阿地瞿多译《陀罗尼集经》卷11：“似天女形面有三眼，头著**天冠**，**身著天衣**，**璎珞庄严**。”

四　课题定位

“正是因为《法华经》，才构成了日本佛教的基础，可以说日本佛教是在《法华经》的基础上发展而来的。而且，不仅是在日本，在中国和朝鲜，《法华经》也同样是具有代表性的经典。许多人读诵它，信仰它。不仅仅是佛教，日本文化史和文学艺术等也都深受《法华经》思想的影响。”① “《验记》所体现的《法华经》受持者的传统，不久便被日莲的宗教所继承。然而，它并非单纯停留在法华信仰这一表面层次上。可以认为，《验记》所体现的那种通过读诵《法华经》来消除罪孽的思想，与潜沉于日莲宗教底层的罪障意识、以唱诵《妙法莲华经》的经名来灭罪的思想息息相通，遥相呼应。”②《验记》“一方面大量吸收了《日本灵异记》《日本往生极乐记》《三宝绘》等的素材。另一方面，也深深影响了《今昔物语集》《拾遗往生传》《三外往生记》以及后世深草元政上人的《本朝法华传》”③。本文以《验记》表达的出源和构想的本土化为线索，围绕着三则比丘尼故事和八则优婆夷故事中的女性形象，从籍贯、资质、修行、女性观、奇事逸闻、临终祥瑞等方面进行了探讨。结果表明，镇源在《验记》中所塑造的女性形象具有鲜明的个性特征，既有别于中国先行的僧尼传，亦不同于日本同一时代乃至前后时代的作品。对此，今后似有必要从文学史的角度加以重新审视和定位。

---

① 鎌田茂雄『法華経を読む』，岩波書店，1994，第31頁。

② 井上光貞「往生传・法華験記　解説」，日本思想大系，岩波書店，1976，第725頁。

③ 志村有志『往生伝研究序説—説話文学の一側面—』，桜楓社，1976，第359頁。

附录四　宝成本《释氏源流》的语言特质*

——以所引译经为例

明代僧侣宝成编纂的《释氏源流》，是一部由上下各200则故事构成的插图佛传文学作品。上卷故事主要依据外国僧侣翻译的佛经，以佛陀诞生至入灭的一生为主线，缀合叙述佛陀各时期的史料编纂而成。下卷故事重点采用中国人的著述，按照时代线索依次讲述佛教传入中国直至落地生根这一过程中的事件与人物。关于《释氏源流》的研究，自小峯和明发表《日本与东亚佛传文学——以〈释氏源流〉为中心》[①] 等论文以后，在东亚，特别是中日韩三国的学术界引起了不小的反响。根据小峯和明的提议，北京研究日本古代文学的同人还创办了"东亚古代文学读书会"，专门研读《释氏源流》，至今已六年有余。我们拟在先贤时彦学说的基础上，就《释氏源流》中佛教词语或出自佛典的词语的识别方法及其语法、词汇、句式特征展开讨论，借以探究僧侣宝成在语言表达上所追求的目标。

（一）一元化的编纂方针

通读《释氏源流》，会发现由上下两卷构成的400则佛教故事在语言表述上存在巨大的差异。下面有关僧侣宝成在语言表达上的追求这一问题的讨论，主要从上下两卷所引文献资料的性质与语言学特性两个方面来展开。

关于所引资料的文献学性质的问题。通过对《释氏源流》中所引各个时代译经的逐一调查和分析，弄清了以下三点。其一，上卷所引译经多达62部，前三甲分别是隋阇那崛多译《佛本行集经》（33则故事）、刘宋求那跋陀罗译《过去现在因果经》（16则故事）和姚秦鸠摩罗什译《大庄严经论》（16则故事）。其二，从上卷200则故事产生的年代来看，在所引译经中，年代最早的是后汉昙果、康孟详合译《中本起经》，最晚的是元代王古撰《造像经》。从后汉（25～220）到元代（1271～1368），时间跨度1300余年。这一事实客观地表明上卷内部的语言风格未必一成不变。其三，与译经相

---

* 馬駿「宝成本『釈氏源流』の言語指向—所引訳経を手掛りに」，小峯和明編『東アジアの仏伝文学』，勉誠出版，2017。

① 小峯和明「日本と東アジアの仏伝文学—『釈氏源流』を中心に—」，『仏教文学』39，2014。

对应的著述类典籍，上卷仅见梁僧佑撰《释迦谱》、道宣著《戒坛图经》和王古著《法宝标目》、《造像经》4 部，剩下的 58 部典籍均为译经。而且，《释迦谱》基本上沿袭了所引原典的内容，在文体上与道宣和王古的著作存在本质上的差异。不难想见，以译经为核心内容的上卷，正如汉文佛经研究史所证明的那样，文体上必然存在文言体与口语体并存的基本特征。

另一方面，通过整理下卷所引译经和著述的具体篇目，同样可以指出以下三点。第一，下卷所引用的典籍共计 27 部。其中，年代最早的是据称成书于三国时代的《列子》，最晚的是与宝成同一时代的明人朱开泰所著的《传灯传》。相对于上卷而言，下卷所采撷的故事之间并无过大的年代隔膜，主要集中在唐宋时代的典籍。在下卷 200 则故事当中，唐宋时期的典籍占 165 则。第二，《高僧传》在所引用的故事当中，多达 84 则。由此可知，下卷的主要内容是讲述自梁慧皎建立“十科”以来禀赋操守的僧人和高僧的事迹。宝成本《释氏源流》所采编的《高僧传》指梁慧皎著《高僧传》（亦称《梁高僧传》）、唐道宣著《高僧传》（亦称《续高僧传》）、宋赞宁等著《高僧传》（亦称《宋高僧传》）。唐道宣著《高僧传》在《释氏源流》中有两种表述方式，一称《高僧传》（60 例），二称《续高僧传》（9 例）。因此，这种称呼容易与梁慧皎著《高僧传》相混，需要格外留意。第三，下卷也引用了貌似与道教相关的典籍，如作者不明的《梓潼化书》和《启圣实录》等，体现了《释氏源流》释道融合的一个侧面。

通过对上下两卷所引译经和著述的调查，可知宝成本《释氏源流》由上下两卷 400 则故事构成，前 200 则故事以外国僧人的译经为主，后 200 则故事以中国人的著述为要。尽管如此，编者对经典引用的态度十分鲜明，即忠实于原典。无须赘言，这自然缘自佛教界自古以来业已形成的尊重经典的古老传统。

（二）对极化的文体特色

下面讨论上下两卷所引典籍在语言表达上的特征。从汉语史的角度来看，两卷所引的典籍跨越上古汉语的后半期后汉，经过中古汉语的魏晋六朝和唐代，直到近古汉语的宋元明。由于《释氏源流》的编纂方针，译经与著述的佛传和僧传之间必然会产生文体上的差异。这种差异，除了有译经与著述的不同因素外，还有从六朝至唐宋元明之间语言变化的因素。以下从“V＋于＋○”“从＋由、自、于＋○”“共＋对象＋V”“三字连言”和“新旧译语”几个方面来探讨译经在遣词造句上的基本特征。

第一，关注《释氏源流》中的句型“V＋于＋○”。在汉文佛经中，该句型表示做某事的意思，又可细分作“单音词 V＋于＋○”和“双音词 V＋于＋○”两种形式。前者例如上卷《第 81 话月光谏父》：“欲害于佛”，后者例如《第 116 话老乞遇佛》：“弃舍于老父。”无论是单音节动词，还是双音节动词，在正格汉文中通常动词后面直接连接宾语，无须在中间加入介词“于”。举一个极端的例子，《第 50 话魔子忏悔》：“降伏于彼”，原意是菩萨降服魔王，但根据正常的语法结构，该句亦可解释为菩萨向魔王投降。那么，译者在这种情况下为何动辄使用介词“于”呢？虽然可以将此类表达看成是蹩脚的汉语，外国译师的汉语尚未达到圆熟的程度，云云。但更有可能是出于音节整饬的考虑。从《释氏源流》中大量的文例可知，在表达具有口语性质的四字格或者佛典特有的韵文形式偈颂时，译经通常借助添加虚词的手法来凑足字数。而且，值得注意的是，介词“于”这一用法几乎全部集中在上卷的译经之中。

第二，关注《释氏源流》中的句型“从＋由、自、于＋○”。该句型表示从一处到另一处的意思，是汉文佛经特有的表达句式。《第4话瞿昙贵姓》：“**从由**园过”，此言从花园通过。《第42话龙王赞叹》：“**从自**宫殿”，例言从宫殿出来。在这两例当中，“从”“由”“自”均表示动作移动的空间，一般只需使用其中的一个即可。《第44话魔王得梦》：“**从于**眉间，放白毫光。”《第49话地神作证》：“（地神）从于地下，忽然踊出。”又：“**从于**手中，自然落地。”例中“从”“于”都是表示处所的介词，在被分作传统的“经史子集”一类的中土文献当中，很难查找到两者叠用的文例。汉文佛经当中多见“从＋由、自、于＋○”的句型，同样是为了制作朗朗上口的四字格。

第三，“共＋对象＋V/与某人（物）一起做某事”的句型也经常出现在汉文佛经当中，它的正格形式是“与＋对象＋V”。[①]《第33话劝请还宫》：“有一童子，**共**我议论。”《第86话佛救尼犍》：“不听此言，宁**共**宝死。”《第39话旃檀佛像》：“尔夜佥梦见神，晓**共**图像至。”《第104话昙璨遁迹》：“犹金翅不食异类，类帝释无**共**鬼居。”在上述文例当中，表示动作的共同者的“共”字，均可替换成“与”字。

第四，所谓“三字连言”，指三个意思相同或相近的词语连在一起叠用的修辞法[②]，多见于口语性较强的汉文佛经、敦煌文献以及相关的佛教文献。《第18话悉达纳妃》：“具足太子婚姻之礼，**又复更**增二妃。”例中“又”“复”“更”三个副词，均表示行为进一步展开的意思，一起叠用可增强语气，营造出一种排山倒海式的表达效果。《第25话罗什译经》：“光既获什，**与共俱**还。”例中“与”“共”“俱”均表示一起行动的意思，这三个副词连用，最大限度地强调一起行动的对象。《第143话诵偈出狱》：“引送地狱，**垂将欲入**。”“垂”“将”“欲”为类义词，均表示动作将要展开的意思。据此，我们可以认为“三字连言”亦是《释氏源流》语言表达的特色之一。

第五，关于《释氏源流》中“新旧译语”的问题。《第171话佛现金刚》：“若有世间**众生**，被诸天恶魔外道所恼乱者，但诵我呪，令诸**有情**，永离贫穷，常令安乐。”例中表示同一意思的“众生”和“有情”就属于“新旧译语”的问题。“众生”是旧译，新译是“有情”。[③]《第55话观菩提树》：“世尊观菩提树王，**目不暂舍**，禅悦为食，无余食想。”“目不暂舍”表示目不转睛地盯着看的意思，由鸠摩罗什译出。之前一直被译成“努目看～”。两相比较，不难看出鸠摩罗什的翻译略胜一筹，更为达意。《第72

① 季琴：《从语法角度看〈撰集百缘经〉的译者及成书年代》，《语言研究》2009年第1期。

② 蒋礼鸿：《蒋礼鸿集》，浙江教育出版社，2000，第73页。

③ 程晓朝：《〈修行本起经〉与其异译本〈过去现在因果经〉词语比较举隅》，《职大学报》2012年第3期。

话假孕谤佛》："当于尔时，如来与无央数众，而为说法。""无央"一词，很早就出现在中土文献当中。《吕氏春秋》卷23《知化》："今释越而伐齐，譬之犹惧虎而刺猸，虽胜之，其后患未央。"① "未央"，即"无央"，表示无法计量的数量。随着时间的流逝，在汉文佛经当中，"无央"逐渐被"无量"取代，故而淡出人们的视线。形成这一转换的时期大约是在东晋。②

以上，我们从五个方面分析了译经的语法和译语。结果表明，与中国本土僧人的著述不同，外国僧人的译经更具有口语化的特征。换言之，这一特征亦象征着上下卷文体的巨大反差。

（三）鼎立化的言语接触

事实上，译经与著述的区别，不仅仅体现在语法上，更多地体现在词汇上。下面，我们从语言接触的角度来探讨一下译经的词汇特征，具体分作以下三个方面：大量使用双音词、双音词鲜明的语体特征、平易的句式组合。

第一，大量使用双音词。这里主要通过接头词（前缀）和接尾词（后缀）来考察生成双音词的机理。《第3话上托兜率》："即当下生人间"、《第15话太子灌顶》："宜应以四大海水灌太子顶"、《第113话劝亲请佛》："二者众邪恶鬼，当须经戒"。此处三例中的"～当""～应""～须"是无语义的虚词，用于构成双音词。《释氏源流》中有7例由"当"构成的双音词，集中出现在上卷译经之中，下卷著述中未见一例。

"自"作为词素构成双音词，在上卷共计13例。《第5话净饭圣王》："即自思惟"、《第22话路逢老人》："心自思惟"、《第41话天人献草》："手自执持"、《第66话降伏火龙》："便自随意"、《第77话须达见佛》："躬自执劳"、《第78话布金买地》："复自思惟"、《第81话月光谏父》："徒自毁悴"、《第89话姨母求度》："且自宽意"、《第90话度跋陀女》："独自安静"、又："口自唱言"、《第134话燃灯不灭》："深自咎悔"、《第183话佛从棺起》："皆自开发"、《第198话马鸣辞屈》："甚自贡高"。相反，在下卷却仅有如下4例。《第5话梓潼遇佛》："身自踊跃"、《第108话曹溪一宿》："本自非动"、《第120话子邻救母》："由自未到"、《第157话无业顿悟》："常自寂灭"。两相比较也可以看出上下卷的不同。而且，上述语句几乎都是四字格，反映了作为虚词助字"～自"的构词功能。

由"复"构成的双音词在上卷共计9例，它们是：《第6话摩耶托梦》："不复乐于人间之味"、《第10话姨母养育》："亦复如是"、又："又复譬如，尼拘陀树"、《第33话劝请还宫》："而复不能，转太子意"、《第37话牧女献糜》："虽复如是"、又："即复作如是言"、《第76话罗睺出家》："今复欲求"、《第86话佛救尼犍》："倍复庆悦"、《第133话采花献佛》："或复见诛"。下卷仅有一例，即《第58话慧思妙悟》：

① 王利器：《吕氏春秋注疏》，巴蜀书社，2002，第2819页。

② 胡湘荣：《鸠摩罗什同支谦、竺法护译经中的词语的比较》，《古汉语研究》1994年第2期。

"转**复**精进"。

由"～皆、悉、相、尽、同、俱"等词素构成的双音词可见《上卷第5话净饭圣王》："悉**皆**震动"、《第6话摩耶托梦》："皆**悉**除愈"、《第33话劝请还宫》："互**相**议言"、《第68话舍除祭器》："悉**尽**诸漏"、《第73话请佛还国》："皆**同**一味"、《第147话愣伽说经》："是二悉**俱**离"。这些用词具有口语化的特征，是将同义或类义的两个字连缀在一起。因此，较早出现在汉文佛经里。《上卷第44话魔王得梦》："我等相**共**"、《第70话领徒投佛》："咸**共**誓言"、《第86话佛救尼犍》："皆**共**投身"、《第100话佛化芦志》："俱**共**相随"、《下卷第36话舍道奉佛》："同**共**成佛"。由"～共"构成的双音词，前承的都是表示互相、共同一类的词语，与后缀词"共"一起强调动作的共同者。

《上卷第10话姨母养育》："遂**便**命终"、又："即**便**隐身"、《第3话习学书数》："复**更**来入我学堂"、《第182话佛母散花》："倍**更**悲感"。例中"～便""～更"都是无具体意思的虚词，仅用于凑足音节或字数。"～可"是一个较为特殊的后缀词，通常后续在单音节副词或形容词后面充当词素。[①]《第22话路逢老人》："甚**可**爱乐"、《第43话坐菩提坐》："宁**可**碎是身"、《第106话恶牛蒙度》："难**可**得过"。

"～恼"充当词素构成动词，它与上述虚词的用法有所不同。《上卷第9话仙人占相》："悲啼懊**恼**"、《第15话太子灌顶》："心生忧**恼**"、《第20话空声警策》："众生多有烦**恼**患"、《第105话鹦鹉请佛》："盗贼触**恼**"、《第108话火中取子》："长者愁**恼**"、《第182话佛母散花》："垂泪悲**恼**"、《下卷第5话梓潼遇佛》："内外热**恼**"。"～恼"用于同义的复合，"懊恼"即"悲恼"之义，"忧恼"与"愁恼"同义，"热恼""烦恼"都是同义的佛教词。"触恼"的"触"有错乱之意，所以以同义连言的形式构成的"触恼"，可理解为苦痛、烦恼的意思。[②]由"～切"构成的双音词可分作"形容词＋切"和"动词＋切"两种结构。前者如"苦切""酸切"，表示悲痛、痛苦的意思。《上卷第80话渔人求度》："种种苦**切**"、《第134话燃灯不灭》："酸**切**感伤"。后者如"逼切"，表示逼迫的意思。充当词素的"切"字，含有程度之甚的意味，而且起着舒缓节拍的作用[③]，如《第142话佛赞地藏》："忧苦逼**切**"。

《释氏源流》中亦可见到口语性特征鲜明的前缀词"阿·可～"和后缀词"～师·边·著"。这里主要讨论常被忽略的"～边"。《上卷第45话魔子谏父》："至于彼**边**"、《第56话龙宫入定》："可从我**边**"。例中"边"字用作词缀。《说文·辵部》："**边**，行垂崖也。""边"的本义是行走在陡峭的山崖，引申出边境、境界等词义。《玉篇·辵

① 熊娟：《汉译佛典中的〈所可〉》，《西南交通大学学报》（社会科学版）2008年第1期。

② 颜洽茂、康振栋：《〈恼害〉〈触恼〉等佛源词释义——兼谈佛源词研究价值》，《古汉语研究》2009年第4期。

③ 方一新：《普通鉴别词的提取及原则——以早期汉译佛经鉴别为中心》，《语文研究》2009年第2期。

部》："边，畔也。"又引申出畔、傍的词义。再进一步引申，从魏晋时期的汉文佛经开始，出现了附属在表示人的词语后面的新用法。①

第二，双音词鲜明的语体特征。这里主要从同素逆序词、叠声词、出自佛典的双音词、佛教词四个方面来探讨这一问题。《上卷第13话习学书数》："及余诸论"、《第30话车匿辞还》："又脱诸余严身之服"。两例中"余诸"和"诸余"恰好词序相反。相同的情况还有以下几组。《第37话牧女献糜》："呪愿讫已，即受食之。"《第38话禅河澡浴》："浣衣已讫，入池澡浴。"两例中"讫已"和"已讫"的词序颠倒。《第130话鬼母寻子》："愁忧懊恼"、《第179话金刚哀恋》："忧愁毒箭"。两例中"愁忧"和"忧愁"的词序错位。《第89话姨母求度》："乃自育养"、《第10话姨母养育》："姨母养育"。两例中"育养"和"养育"的词序相悖。一般来说，词序不同的两个词，即便意思相同，在用法和语体色彩上也会存在些许差异。以"余诸"和"诸余"为例，后汉支娄迦谶译《佛说无量清净平等觉经》："余诸小菩萨辈者。"吴支谦译《须摩提女经》："诸余神足比丘。"两相比较，前者比后者出现的年代早。"诸余"即"余"，意即其他。再以"讫已"和"已讫"为例，后汉支娄迦谶译《佛说阿阇世王经》："事已讫竟。"隋阇那崛多译《佛本行集经》："汝作马功已讫了。"如例所示，"已讫"还可用作"三字连言"。相反，隋阇那崛多译《观察诸法行经》："所食应饱满，讫已当知乐。"这是"讫已"用作连词的文例。"愁忧"和"忧愁"都是从后汉的佛典开始使用的，似乎在意义和用法上没有明显的区别。但如果从现代汉语的语感来说，"忧愁"的说法更为普遍。"育养"和"养育"同样存在这种语感上的微妙区别。

叠声词具有浓郁的口语特征，而且意义上也存在细微的差异。《上卷第144话维摩示疾》："念念不住"。"念念"一词，在中土文献当中，本义为"每一个心念"，引申义为"一心一意"。而在汉文佛经之中，则表示"瞬间""刹那"的意思。又如《第84话劝修净行》："渐渐鸡皮鹤发，看看行步龙钟。"例中"看看"与"渐渐"为偶句，"看看"表"逐渐"的语义显明。②

《释氏源流》中有很多出自佛典的双音词，在意义和用法上具有鲜明的经文特色。《上卷第143话胜光问法》："赏进贤善"。"贤善"在此作名词，属于同义连言结构，表示"贤明出色的人物"的意思。"贤"也有"善"的意思。《礼记·内则》："若富则具二牲，献其贤者于宗子。"郑玄注："贤，犹善也。"③ 形容词"惭愧"在上卷译经中可见6例，用作古义，表示"反省自己的行为并为之感到羞耻"。但在下卷著述中，却用作新意，表示"感谢、感激"的意思。《下卷第148话三生相遇》："惭愧情人远相访"

① 志村良治：《中国中世语法史研究》，江蓝生、白维国译，中华书局，1995，第23页。金双平：《〈四分律〉俗语词考释》，《兰州学刊》2012年第10期。

② 塩見邦彦『唐詩口語研究』，中国書店，1995，第95頁。

③ 曾丹：《佛经词语札记》，《咸宁学院学报》2010年第9期。

例言感谢有情人的到访。①“～尔”，用作后缀，前承连词或形容词，构成双音词。②《上卷第121话度网鱼人》：“吾信其言，**便尔**来过。”《下卷第70话智兴扣钟》：“遵此力行，不敢**怠尔**。”

分析出自佛典的双音动词，可知有如下构词方式。①动宾式。《上卷第49话地神作证》：“闷绝**躃地**。”②偏正式。《第60话梵天劝请》：“彼等皆不能**了知**。”③连动式。《第44话魔王得梦》：“泉水**枯干**。”④动补式。《第75话度弟难陀》：“**还至**精舍。”其中，连动式多达46例。由此可知，连动式是组成佛典双音动词的主要的造词法。以“闷绝躃地”为例略作考释。“闷绝”的“闷”和“绝”，即所谓同义连言，呼吸不畅之意，严重时甚至会导致晕厥。《集韵》：“闷，闷然，不觉貌。”《资治通鉴》：“休佑已绝”，胡三省注：“绝，气绝也。”“躃地”，亦作“擗地”，表示过于悲痛而导致晕厥的意思。《一切经音义》中的“擗地”项：“擗地者，以哀痛故，自投身于地，宛转号哭，痛哭之甚也。”③ 而且，“闷绝躃地”通常以四字格的形式用于汉文佛经，形成了其用法上的一大特点。

第三，平易的句式组合。“为～为当～/为耶～为耶～”用于选择的疑问句，多见于敦煌变文。④《上卷第23话道见病卧》：“复问**为**独此人？**为当**一切？”《第34话调伏二仙》：“非想非非想处，**为**有我**耶**？**为**无我**耶**？”“为～之所＋V”，汉魏时期习见的被动句式，是“为～所＋V”的一种变体。一般来说，“为～之所＋V”句式中的动词多为双音词，“为～所＋V”中的动词多为单音词。⑤《第66话降伏火龙》：“今**为**火龙**之所**烧害。”

“将非～耶”的“将非”是疑问副词，可与“莫非”替换。“耶”，表示疑问的助词。⑥《第31话车匿还宫》：“**将非**太子回还宫**耶**？”“云何～耶”，疑问句，多用于反问的场合。《第83话佛化无恼》：“**云何**汝住我不住**耶**？”“不减于～”，用于比较的句式，等于“不亚于～”“不输于～”。年代较早的文例可见鸠摩罗什的译经。⑦《第84话降伏六师》：“我等技能**不减于**佛。”“～之等”的“之”，在此无实际意义，相当于“～等”的说法。⑧《第154话佛还觐父》：“此辈**之等**皆是有相大功德人。”“可～许”，多用于口语，表示大约、大概的意思⑨，如《下卷第88话法冲化粮》：“**可**十斛**许**。”

---

① 董志翘：《〈入唐求法巡礼行记〉语汇研究》，中国社会科学出版社，2000，第128页。
② 森野繁夫「六朝漢語の研究—『高僧伝』について—」，『広島大学文学部紀要』38，1978。
③ 徐时仪：《玄应〈众经音义〉口语词考》，《南开语言学刊》2005年第1期。
④ 松尾良樹「『日本書紀』と唐代口語」，『和漢比較文学』1987年第3期。
⑤ 方一新：《翻译佛经语料年代的语言学考察——以〈大方便佛报恩经〉为例》，《古汉语研究》2003年第1期。
⑥ 颜洽茂、熊娟：《〈菩萨本缘经〉撰集者和译者之考辨》，《浙江大学学报》（人文社会科学版）2010年第5期。
⑦ 方一新等：《东汉疑伪佛经的语言学考辨研究》，人民文学出版社，2012，第135页。
⑧ 陈文杰：《佛典词语零札》，《古汉语研究》2002年第2期。
⑨ 森野繁夫「六朝漢語の研究—『高僧伝』について—」，『広島大学文学部紀要』38，1978。

编者宝成面临浩瀚如烟的典籍，必须从中选出最能反映佛陀一生伟业的译经或著述。同时，出于统括故事内容或权衡各章衔接关系，他使出了浑身解数，采用了各种方法，譬如借用、改写、剪接等，充分体现了其主体性和创新意识。对此问题值得展开深入的研究。最后，以《上卷第 11 话往谒天祠》为例来阐述这一研究的必要性。

①《大庄严经》云：菩萨生已。诸释眷属，净饭王所。白言："大王，今者可将太子谒于天庙，以祈终吉。"王即许之。净饭王告摩诃波阇波提言："欲将太子往于天庙。"并敕宫人："并须严饰，以诸宝服庄严太子。"②时净饭王自将太子乘车而出。及诸大臣，释氏眷属，前后翊从。烧香散花，满于街路。象马车乘，无量军众，执持幡盖。无数妓女，鼓乐歌舞，随从而行。无量诸天，于虚空中，散众天花。时净饭王，威仪整肃，诣于天庙。③至天庙已，王自抱持太子入天庙中，足蹈门阃。所有诸天形像，皆从座起，迎于太子，曲躬而立。时集会中，百千天人，皆大欢喜。迦毘罗国，六种震动。诸天形像，各现本形，而说偈言："圣子如日月，亦复如溟海。而与须弥等，不宜恭敬我。福慧及威力，礼者获大利。若人去憍慢，生天证涅槃。"太子示入天庙时，无量诸天人民，发阿耨多罗三藐三菩提心。

该故事典自唐地婆诃罗译《方广大庄严经》卷 4《入天祠品第 8》。在①这一段落，宝成将原典中的"释种耆旧诣输檀王所，白言：……"改写成"菩萨生已，诸释眷属，诣净饭王所，白言：……"将进言者"释种耆旧"换成"诸释眷属"，又将国王的名字"输檀王"改称作"净饭王"。输檀王是耶输陀罗的父亲，净饭王是佛陀的父王。原典从输檀王的角度叙事，改编后的故事从净饭王的角度展开。该故事如同《释氏源流》的书名所示，讲述的是佛陀一生的故事，因此叙事角度的切换，选择佛陀的父亲来充当叙事的主角再合适不过。由此可以窥见编者宝成的主体意识。在②这一段落，宝成将原典中的侍从"诸婆罗门、刹利、大富长者、居士"节略为"诸大臣、释氏眷属"。又将原典翻译"腔调"十足的"军众无量"调整为"无量军众"。为渲染净饭王的威严，宝成反复使用"无量"（2 次）、"无数"（1 次）这样的词语，以强调随从人数之多、声势之浩大。加之 11 个四字语句的排比方法，尽显净饭王的无限风光。而且，为保持句式整饬，宝成还添加了一句自制的四字语句"随从而行"。无疑，这些改写充分显示了编者的文字功力。在③这一段落，宝成在忠实原文的基础上，在文字表达上做了微调，取得了较好的效果。宝成将原典中的"众会"换成"集会"，用"迎于"替换"迎逆"，将"恭敬礼拜"改作"曲躬而立""而说颂曰"改作"而说偈言"。与"众会""迎逆"相比，"集会""迎于"更为浅易晓畅。"而说颂曰"更加符合汉语的传统表达，"而说偈言"则是典型的译经说法。"恭敬礼拜"过于陈腐，"曲躬而立"仅限于译经，表达具有新鲜感。在这些适时恰当的改写中，编者将自己深厚的学养发挥得淋漓尽致。

要而言之，透过一元化的编纂方针、对极化的文体特色、鼎立化的言语接触三方面的考察，加之进一步的深度研读，相信宝成本《释氏源流》的语言表达特质会变得越来越清晰。

附录五　《海东高僧传·法空》校注*

增尾伸一郎、马骏

【本文】

释法空，新罗第二十三法兴王也。名原宗。智证王元子，母延帝夫人。王(1)身长七尺，宽厚爱人，乃神乃圣(2)、彰信兆民。三年，龙现扬(3)井中，四年，始置兵部。七年，颁示律令，始制百官朱紫之秩。即位已(4)来，每欲兴佛法，群臣噪噪(5)腾口舌，王难之。然念阿道之至愿，乃召群臣问曰(6)：圣祖味邹与阿道肇宣佛教，大功未集而崩。能仁妙化，遏而不行。朕甚痛焉。当大立伽蓝，重兴像设，其克从先王之烈。其如卿等何？大臣恭谒等谏曰：近者年不登，民不安。加以邻兵犯境，师旅未息。奚暇劳民作役，作无用之屋哉。王悯左右无信，叹曰：寡人以不德，叨承大宝，阴阳不序，黎民未安。故臣下逆而不从。谁能以妙法之术，晓谕迷人者乎。久无应者。至十六年，奥(7)有内史舍人朴厌髑（或云异次顿或云居次顿）。年二十六，匪直也人，秉心塞渊。奋义见(8)之勇、欲助洪愿，密奏曰：陛下若欲兴佛教，臣请伪传王命于有司曰：王欲创佛事。如此则群臣必谏。当即下敕曰：朕无此令，谁矫命耶。彼等当劾臣罪。若可其奏，彼当服矣。王曰：彼既(9)顽傲、虽杀卿何服。曰：大圣之教、天神所奉(10)。若斩小臣，当有天地之异。若果(11)有变，谁敢违傲。王曰：本欲兴利除害，反贼忠臣。可无伤乎。曰：杀身成仁，人臣大节。况佛日恒明，皇图愈永。死之日(12)，犹生之年也(13)。王大加嗟赏曰：汝是布衣，意怀锦绣。乃与厌髑深结洪誓。遂传宣曰：创寺于天镜林。执事者奉敕兴功。廷臣果面折廷诤。王曰：朕不出令。髑乃昌言曰：臣固为之。若行此法、举国泰安。苟有益于经济(14)，虽矫国令何罪。于是大会群臣问之。佥曰：今见僧徒，童头毁服，议论奇诡。而非常道。

* 增尾伸一郎・馬駿校注「法空」，小峯和明・金英順編『海東高僧伝』，平凡社，2016。

若[15]忽从之、恐有后悔[16]。臣等虽死罪，不敢奉诏。髑[17]奋曰：今群臣之言[18]非也。夫有非常之人，而后有非常之事。吾闻佛教渊奥，不可不行。且燕雀焉[19]知鸿鹄之志哉。王曰：众人之言，牢不可破。汝独异言，不能两从。遂下吏将诛。髑[20]告天誓曰：我为法就刑，庶兴义利。佛若有神，吾死当[21]有异事。及斩其头，飞至金刚山顶落焉。白乳从断处涌出，高数十丈。日色昏黑，天雨妙花，地大震动。君臣士庶咸皆上畏天变，下恸舍人重法陨命，相向举哀而哭。遂奉遗体，营葬金刚山，礼也。于时君臣盟曰：自今而后，奉佛归僧。有渝此盟，明神殛之。君子曰：大圣应千百年之运，仁发于祥，义动于瑞，莫不应乎天地，亘乎日月，动乎鬼神。而况于人乎。夫其自信于道，则天地不得为不应也[22]。然功贵成而业贵广。故苟有大赖，则轻泰[23]山于鸿毛。壮哉，得其死所[24]矣。是年，下令禁杀生《按国史及古诸传商量而述》。二十一年，伐木天镜林，欲立精舍。扫地得柱础，石龛及阶陛。果是往昔招提旧基。梁栋之用，皆出此林，工既告毕。王逊位为僧，改名法空。念三衣瓦钵，志行高远，慈悲一切。因名其寺，曰大王兴轮寺。以大王所住故也。此新罗创寺之始。王妃亦奉佛，为比丘尼，住永兴寺焉。自此启兴大事[25]，故王之谥曰法兴，非虚美也。厥后每丁厌髑[26]忌旦，设会于兴轮寺，以追其远。及太王宗时，宰[27]辅金良图，信向西方，舍二女。曰花宝，曰莲宝，为此寺婢。又以逆臣毛尺族类充贱。故二种铜锡，至今执役。予游东都，登金刚岭，见孤坟短碑，慨然不能自止。是日山人会食。问其故、即吾舍人讳日也。亦可谓去滋久，思滋深矣。按《阿道碑》：法兴王出[28]家，法名法云，字法空。今按国史及殊异传，分立二传。诸好古者，请详检焉。赞曰：大抵国君，与下举事，可与守成，未可与虑始[29]。加有时之利不利，信无信系焉。则原宗虽欲创兴佛法，固难朝令而夕行。然承本愿力，位据崇高，又赖贤臣启沃，能以美利利天下，卒与汉明齐驱并驾。伟矣哉、夫何间言。以梁武比之，非也。彼以人主，为大同寺奴，帝业坠地。法空既逊让，以固其嗣，自引为沙门。何有于我哉。经所谓王比丘殊身同体矣。若乎扫迷云，放性空之慧日，挟[30]之以飞者，惟厌髑[31]之力乎。

【校异】

（1）王——奎本中无。（2）乃圣——奎本中作“圣乃”。（3）扬——奎本、崔本、藏本中作“杨”。（4）已——崔本中作“己”，形近而误。奎本中作“以”，音义相同。（5）噪噪——崔本中作“喋喋”。（6）曰——奎本中无。（7）奥——崔本中作“粤”，形近而讹。（8）义见——奎本、崔本中作“见义”。（9）彼既——奎本中作“既彼”，文意未安。（10）所奉 ——奎本中作“所眷”。（11）若果——奎本、崔本中作“果若”。

（12）死之日——崔本中作“虽死之日”。（13）也——奎本、崔本中无。（14）经济——奎本中作“轻济”，“轻”与“经”，形近相淆。（15）若——奎本中无。（16）悔——奎本中作“诲”，形近相乱。（17）髑——崔本中作“触”。（18）言——奎本中无。（19）焉——奎本中作“安”。（20）髑——崔本中作“触”。（21）当——奎本中作“常”。（22）也——崔本中无。（23）泰——奎本、崔本中作“太”。（24）所——崔本中无。（25）事——奎本中作“寺”，音近而误。（26）髑——崔中作“触”。（27）宰——奎本、崔本中作“宗”，形近致误。（28）出——崔本中作“出家”。（29）与虑始——奎本中作“虑与始”，于意未安。（30）挟——奎本中作“夹”，省旁俗借。（31）髑——崔本中作“触”。

【训读】

釈法空は、新羅第二十三（1）法興王なり。（2）原宗と名づく。（3）智証王の（4）元子にして、母は（5）延帝夫人なり。（6）王の身長は七尺、寛厚にして人を愛し、（7）乃神乃聖にして、（8）彰らかに兆民に信ぜらる。（9）三年、龍楊井の中に現る。（10）四年、始めて兵部を置く。（11）七年、律令を頒（わか）ち示し、始めて百官の（12）朱紫の秩を制す。

即位已来、毎（つね）に（13）佛法を興さんと欲するも、群臣（14）噪噪として口舌を騰（あ）げたれば、王はこれを難ず。然して（15）阿道の（16）至願を念（おも）い、乃ち群臣を召して問いて曰く「聖祖の（17）鄒は阿道と与（とも）に肇めて仏教を宣するも、大功未だ集めずして崩ぜり。（18）能仁の（19）妙化は、（20）遏（さえぎ）られて行われず。（21）朕甚だ焉（これ）を痛む。当に大いに（22）伽藍を立て、重ねて（23）像設を興し、（24）それ克（よ）く先王の烈（てがら）に従わん。それ卿等の如きは何（いか）んとするや」と。大臣の（25）恭谒ら諫めて曰く「近ごろは（26）年登（みの）らずして、民安からず。加うるに（27）隣兵の境を犯すを以て、（28）師旅未だ息（や）まず。奚（なん）ぞ民を労し役を作して、無用の屋を作るに暇（いとま）あらんや」と。王、左右の信無きを憐れみ、嘆じて曰く、「（29）寡人不徳を以て叨（みだり）に大宝を承けたるも、陰陽は序ならず、黎民は未だ安んぜず。故に臣下も逆いて従わず。誰か能く（30）妙法の術を以て、迷える人を暁し諭さん」と。久しく応うる者無し。

（31）十六年に至り、粤（ここ）に（32）内史の（33）舍人・（34）朴厭髑（或は異次頓と云い、或は居次頓と云う）。年二十六、（35）直（ただ）なる人に匪（あ）らざり、心を秉（と）ること塞（まこと）に淵し。（36）義見の勇を奮い、（37）洪き願いを助けんと欲して、密かに奏して曰く「陛下が若し仏教を興さんと欲せば、(38) 臣請うに、偽りて王命を (39) 有司に伝えて曰く、『王は仏事を創めんと欲す』と。かくの如くすれば即ち群臣必ず諫めん。(40) 当即に勅を下して曰うべし、『朕はこれを令すること無し。誰が命を (41) 矯る』と。彼等は当に臣の罪を劾すべし。若しその奏を可とせば、彼は当に服すべし」と。

王曰く、「彼は既に (42) 頑傲にして、卿を殺すと雖も何ぞ服さん」と。曰く、「(43) 大聖の教えは、天神の奉ずる所なり。若し (44) 小臣を斬らば、当に天地の異有るべし。若し果して変あらば、誰か敢て (45) 違傲ならん」と。王曰く、「本より (46) 利を興し、害を除かんと欲するも、反りて忠臣を賊う。傷すること無かるべきや」と。曰く、「(47) 身を殺して仁を成すは、(48) 人臣の大節なり。況や (49) 仏日恒に明らかに、(50) 皇図愈永し。(51) 死する日といえども、猶お生ける年のごときなり」と。王、(52) 大いに嗟賞を加えて曰く「汝はこれ (53) 布衣なるも、意に (54) 錦繍を懐けり」と。乃ち厭髑と与に深く (55) 洪き誓いを結ぶ。

遂に宣を伝えて曰く「寺を (56) 天鏡林に創めん。事を執る者は勅を奉じて功を興せ」と。廷臣は果して (57) 面折廷諍す。王曰く「朕は令を出さず」と。髑、(58) 乃ち昌しく言いて曰く、「臣、固よりこれを為す。若し (59) この法を行わば、国を挙げて泰安ならん。苟くも (60) 経済に益有らば、(61) 国令を矯ると雖も、何ぞ罪ならんや」と。ここに於いて (62) 大いに群臣を会してこれを問う。僉曰く「今僧徒を見るに、(63) 童の頭、毀れたる服にして、(64) 議論奇詭なり。而も常に道に非ず。若し忽くこれに従わば、(65) 恐らくは後悔すること有らん。臣等罪に死すと雖も、(66) 敢て詔を奉ぜず」と。髑奮いて曰く、「今の群臣の言は非なり。それ (67) 非常の人有りて、而る後に非常の事有り。吾れ聞く仏教は (68) 淵奥にして、(69) 行われざるべからず。且つ (70) 燕雀焉ぞ鴻鵠の志を知らんや」と。王曰く、「衆人の言は、(71) 牢 (固) として破るべからず。汝独り言を異にすれども、両つながら従うこと能はず」と。遂に (72) 吏を下して誅さんとす。

髑天に告げて誓いて曰く、「我、法の為に刑に就くも、(73) 義利を興すことを庶う。仏に若し神有らば、吾死せば当に異事有るべし」と。その頭を斬るに及び、飛んで (74) 金剛山の頂に至りて落つ。(75) 白乳断たれる処より涌出すること、高さ数十丈。日の色は昏く黒く、(76) 天は妙花を雨し，地は大いに震動す。君臣士庶は咸皆上は天変を畏れ、下は (77) 舍人が法を重んじて命を隕せるを慟き、相い向いて（78）哀を挙げて哭く。遂に遺体を奉じて、金剛山に（79）葬を営みて、礼せり。時に君臣盟いて曰く、「（80）今より後は、仏を奉じ僧に帰す。（81）この盟に渝《かわ》ること有らば、明神これを殛《ころ》さん」と。

君子曰く「（82）大聖は千百年の運に応じて、仁は祥を発し、義は瑞を動かし、天地に応ぜざるは莫く、日月に亘り、鬼神を動かす。況や人に於いてをや。それその自ら道を信ずれば、則ち天地も応ぜずと為ることを得ざるなり。然らば（83）功は貴く成りて業は貴く広し。故に苟《も》し大頼有らば、則ち（84）泰山を鴻毛よりも軽し。壮なるかな、その死の所を得たり」と。（85）この年、令を下して殺生を禁ず（国史及び古諸伝を按じ、商量して述ぶ）。

二十一年、伐木して天鏡林に（86）精舍を立てんと欲す。地を掃いて（87）柱礎、（88）石龕及び（89）階陛を得たり。果してこれ往昔《むかし》の（90）招提の旧基なり。（91）樑棟の用は、皆この林より出し、（92）工既に畢りを告ぐ。（93）王は位を遜きて僧と為り、名を（94）法空と改む。（95）三衣と瓦鉢を念い、志行は高遠にして、一切を慈悲せり。因りてその寺を名づけて、（96）大王興輪寺と曰う。大王の住みし所を以ての故なり。これ新羅に寺を創めし始めなり。

（97）王妃も亦た仏を奉じて（98）比丘尼と為り、（99）永興寺に住めり。これより大事を啓き興す故に王の謚を（100）法興と曰うは、虚美には非ざるなり。その後（101）厭髑の忌旦に丁《あた》る毎《ごと》に、（102）会を興輪寺に設け、以てその（103）遠きを追う。（104）大王宗の時に及び、（105）宰輔の（106）金良図、（107）西方を信向し、二女を舍す。花宝と曰い、蓮宝と曰い、この寺の（108）婢と為れり。又逆臣（109）毛尺の族類を以て（110）賎に充つ。故に二種の銅錫、今に至るまで役を執れり。

予（111）東都に遊び、金剛の嶺に登るに、（112）孤墳に短碑を見、慨然として自ら止《とど》むこと能わざりき。この日、山人会食す。その故を問うに、即ち（113）吾が舍人の（114）諱日なり。亦た謂う可し、去ること滋《ますます》久しく、思うこと滋深し、と。（115）「阿道碑」を按ずるに、「（116）法興王出でて、法名は法云、字は法空」とあり。今（117）国史及び（118）『殊異伝』を按ずるに、分ちて（119）二伝を立つ。諸の好古の者、請くは詳らかに検さんことを。

賛に曰く、大抵国君下と与《とも》に事を挙ぐるには、（120）守成を与にすべく、未だ慮始を与にすべからず。加うるに時の利と不利有り、信と信無きは焉《これ》を繋ぐ。則ち原宗創めて仏法を興さんと欲すと雖も、固より（121）朝に礼して夕に行うこと難し。然れども（122）本願力を承け、位は崇高に据り、又（123）賢臣の（124）啓沃を頼み、(125) 能く美き利を以て天下を利す。卒に漢明と (126) 斉しく駆け並び駕せり。(127) 偉なる哉、(128) それ何をか間言せん。(129) 梁武を以てこれに比するは、非なり。彼は人主を以て、(130) 大同寺の奴と為り、帝業を地に墜せり。法空既に遜讓し、以て (131) その嗣を固め、自ら引きて (132) 沙門と為れり。(133) 我に於いて何か有らんや。経に所謂(いわゆる)、「(134) 王と比丘は身を殊にすれども同体なり」と。若乎(もし)くは迷雲を掃い、(135) 性空の (136) 慧日を放つ、これを挟(たばさ)みて以て飛ぶは、惟、厭髑の力なるか。

【译文】

释法空是新罗第23代的法兴王，名字叫原宗，是智证王的嫡子。母亲是延帝夫人。法兴王身长七尺，宽容温厚，慈悲爱人。似圣人如神明，受到人民的爱戴。三年(516) 杨山的水井中有龙出现。法兴王四年（517），开始设置兵部。法兴王七年(520)，颁布律令，制定百官公服的官位秩序。

法兴王自即位以来，每当希望振兴佛教时，大臣们都会说三道四，闹得沸沸扬扬。法兴王因此犹豫不决。不过，法兴王一想到阿道迫切希望振兴佛教的夙愿（时，总是感慨万千）。于时，他召集大臣们问道："从我们出色优异的先人味邹王和阿道开始就期待弘扬佛法，最终未能实现这一宏伟的目标。为此，我十分痛心。我们应该大规模地修建寺院，重新摆设先人和神佛的牌位，忠实地守护先王的德政。对此，各位大臣有何看法?"

大臣恭谒谏言："近来收成欠佳，人心不安。加之邻国大兵压境，战争不断。为何还要劳民伤财，屋上架屋，做无用之功?"法兴王悲悯身边之人毫无信仰，深深叹息道："我以不才，谬承大业。阴阳不合，人心惶惶，故而大臣忤逆不从。有谁能以微妙之佛法，开导这些迷惘之人?"好长一段时间，竟无人体察到国王的忧虑。

时至十六年，出现了内史舍人朴厌髑（亦称异次顿或居次顿）。他26岁，是个非凡之人，执着坚韧。为了正义，沉毅果敢，在所不辞。他希望辅佐国王，实现夙愿。于是，他秘奏国王道："大王若想振兴佛教，请让我假传您的指令，伪称您想振兴佛教。如此一来，大臣们势必谏言。届时请陛下下旨，严查假传指令之人。这样，大臣们一定会弹劾我。如果大王批准弹劾，大臣们一定会听命于大王。"

国王回答："那些顽固傲慢的大臣，即便杀了你，也难保会服从于我。"朴厌髑说："奉释尊的教诲，即使天神也虔诚信奉。如果杀了小臣，天地必然会出现异常的变化。果真如此的话，怎么可能还会有人傲慢不逊呢?"国王答道："我的本意是造福国家，消除灾害，岂能反倒杀害忠臣呢?"朴厌髑说："舍生取义，是为臣之大节。更何况因为我的死，释尊的护持会持续不断，光明将照耀黑暗，国家的版图愈加完整。我虽死犹生，我的精神将代代相传。"国王大加赞赏："你身为平民，却胸怀大志。"于是，国王与朴厌髑共同许下誓愿，矢志振兴佛教。

不久，传下一道国王的命令："我欲在天镜林兴建第一座寺院。有关主管部门须按照要求，从速落实开工事宜。"果然，大臣们在朝廷当面指责国王，极力反对。国王说："我并没有发出这道命令！"朴厌髑面不改色地说："是我故意这么做的。如果推行佛法，整个国家会变得安宁，有益于治理国家、安顿百姓。为此，我才假传王命的。这样做难道有罪吗？"于是，国王和诸大臣聚在一起讨论此事。大家都说："现在的和尚，剃着个娃娃头，头上没有毛；穿件破衣裳，衣冠亦不整。到处鼓弄唇舌，欺骗世人，不走正道。如果任由他们，将来势必后悔。臣等甘冒死罪，绝不奉旨。"厌髑慷慨激昂地说道："诸位说的，都不正确。所谓有非常之人，而后有非常之事。佛教深邃奥妙，必须在我国普及。燕雀焉知鸿鹄之志哉？"

国王说："大家说得这么坚决，都不肯改变想法。相反，只有你一人提出异议。我也不可能按照你们双方说的那样去做。"于是，国王向掌管刑罚的官员下达斩首朴厌髑的命令。

朴厌髑仰天发誓道："我为振兴佛教而赴刑场，是因为我希望给人们带来巨大的福德利益。如果佛陀有灵，在我死的时候，一定会有奇异之事发生！"朴厌髑被斩首后，他的头颅飞落在金刚山山顶，白色乳汁一样的液体从脖颈处冒出，高达数十丈。天空昏暗，美妙的花瓣从天而降，大地猛烈地晃动。国王、大臣、士兵和民众都害怕天降灾祸，为舍人弘法而殒命深感悲伤。人们放声大哭，泪流满面。最后，将朴厌髑的尸体安葬在金刚山上，竭尽供养之礼仪。这时国王和大臣们发誓道："我等今后将皈依佛教。如果有人违背誓言，神灵诛之！"

君子曰："伟大的圣哲顺应千年的流转变化而出现，祥瑞是仁义的表征，对应天地，横亘日月，无不感动鬼神，更何况是人呢？因为圣哲自身笃信道德，那么天地也不得不顺应他。不过，功业看重结果，事业重视宽广。如果能造福于国家和人民，将献出宝贵的生命。人有一死，或重于泰山，或轻于鸿毛。这是多么伟大啊！简直就是死得其所。"这一年，下令禁止杀生。

二十一年，在天镜林砍伐木材，准备修建供修行者止住的寺院。在扫地时发现了承柱的基石、供奉神像的小石阁以及殿堂的台阶。果不其然，这里就是昔日精舍的旧址。用以修建寺院的材料全都出自天镜林，工程得以竣工。这时，国王让出王位，出家做了和尚，并改名为法空。他执持三衣瓦钵，志行高尚，出类拔萃，哀愍一切众生。于是，这座寺院取名为大王兴轮寺，又缘于国王曾在这里止住。这就是新罗创建寺院的开始。

王妃也信佛，后成为比丘尼，住在永兴寺。佛教从此时开始兴盛起来。因此，向国王赠予谥号，叫作法兴。这绝非肤浅的溢美之词。之后，每到厌髑忌日那天，都会在兴轮寺举办追善法会，缅怀法兴王。到了太王宗时代，宰相金良图信奉净土教，让自己的两个女儿花宝和莲宝出家做了寺院婢女，还令逆臣毛尺的亲戚充当寺院的奴隶。因此，这两家后人至今仍在寺院听差谋生。

我曾游览东都，登上金刚山山顶。看到孤零零的坟墓和字迹难辨的石碑，心中不由感慨万千。这一天，山里人聚餐。我问举办的是什么活动，都说是我们舍人的忌日。可以说（朴厌髑）离去的日子越久，人们的缅怀之情愈深吧。根据《阿道碑》的说法，法兴王出家，法名法云，字法空。又检阅国史和《殊异传》，则分别立有两则传记。请各位爱好者，自己去详细查阅吧。

赞辞曰：国君与属下共事，可以一起守护成果，但难以共同谋划创业。加上还取决于时机是否有利、有无信仰之心。尽管原宗希望开创振兴佛教之大业，但难以雷厉风行，付诸行动。然而，原宗秉承洪大的誓愿，且位高权重，又借助贤臣的辅佐，这才能够给天下带来巨大的利益，最终与汉明帝齐名。这是何等的伟大啊。对此难道还有什么异议吗？如果将梁武帝与原宗做一比较，梁武帝占据下风。他身为人主，却甘为大同寺的奴隶，使帝王大业消耗殆尽。反观法空，在禅让帝位之前，预先选择好继位者，奠定牢固的地位，然后才落发出家。能做到这一点，除了法空还有谁呢？正如经文所说："王与比丘殊身同体！"要扫除迷惘的云雾，照射觉悟的阳光，遨游于性空的智慧世界，仅仅靠厌髑一人的能力就能做到吗？

【注释】

（1）**法兴王**：第 23 代新罗王。在位时间 514 ~ 540 年。据《三国遗事》王历载，谥号始自法兴王。另据《三国史记·新罗本纪》和《三国遗事·智哲老王》条，法兴王的父亲智证王是最早被赠予谥号的人。

（2）**原宗**：《三国史记》作讳名。《日本书纪·继体纪》二十三年（529）四月条可见"新罗王佐利迟"。"佐利"，源（原）之意，"迟"与"智"同，美称，多见于新罗人的人名。据此，一说指法兴王。

（3）**智证王**：第 22 代新罗王。在位时间 500 ~ 513 年。父亲是 19 代讷祇王之弟，母亲是讷祇王的女儿乌生夫人。金氏。又名智证麻立干（《三国史记》），智哲老王、智度路王（《三国遗事》）。

（4）**元子**：国王的嫡子。

（5）**延帝夫人**：朴氏，登炊伊飡的女儿（《三国史记》）。《三国遗事》王历作"迎帝夫人"。

（6）**王身长**：此处内容出自《三国史记》："王身长七尺，宽厚爱人。""宽厚爱人"，宽容温厚，有慈悲心。《魏志》卷 12《鲍勋传》裴松之注引《魏书》："信父丹，官至少府侍中，世以儒雅显。少有大节，**宽厚爱人**，沉毅有谋。"

（7）**乃神乃圣**：灵异神圣，妙不可言；睿智圣明，无所不通。"乃"，虚词。《三国遗事》卷 2："在本国时，今年五月中，父王与皇后顾妾而语曰：'爷娘一昨梦中，同见皇天上帝。谓曰：驾洛国元君首露者，天所降而俾御大宝。**乃神乃圣**。惟其人乎？且以新花家邦，未定匹偶。卿等须遣公主而配之。'言讫升天。"

（8）**彰信兆民**："兆民"与"兆亿""兆庶"同，众民，百姓。《尚书·商书》："克宽克仁，**彰信兆民**。"例言心胸宽广，具有慈悲心，得到万民的信赖。《文选》卷 35 张协《七命》："垂仁也，富乎有殷之在亳。"李善注："《尚书·仲虺》曰：'惟王克宽克仁，**彰信兆民**。'孔国安曰：'言汤有宽仁之德。'"

（9）**三年，龙现扬井中**：516年。《三国史记·新罗本纪》三年春正月条："亲祀神宫（奈乙神宫）。龙见杨山井。"唐道世撰《法苑珠林》卷31《感应缘》："汉惠二年正月癸酉朔旦，两龙现于兰陵庭东，坐温陵井中。京房易传曰：'有德遭害，厥妖龙见井中。行刑甚恶，黑龙从井出。'"

（10）**四年**：公元517年。《三国史记》："四年夏四月，始置兵部。"但据《职官志》载："兵部，令一人，法兴王三年始置。"后者为是。

（11）**七年**：公元520年。《三国史记》："七年春正月，颁布律令，始制百官公服朱紫之秩。"《三国史记》卷38《杂志·官职》中可见对新罗国官位制度的明文规定。

（12）**朱紫之秩**：指官位制。"朱紫"指官人的衣服以及官印印绶的阶位。"秩"，序列。新罗国的官位最终是17阶位制。

（13）**佛法**：此处内容见《三国遗事·兴法·原宗兴法》中有相关记载。

（14）**噪噪**：喧嚣吵嚷貌。《白氏文集》卷4《秦吉了》："吾闻凤凰百鸟主，尔竟不为凤凰之前致一言，安用噪噪闲言语。"

（15）**阿道**：《三国史记》作"我道"，《三国遗事》作"阿头"。向新罗国传授佛教的僧人，事迹见于《三国遗事·兴法·阿道基罗》等。

（16）**至愿**：最为真切的誓愿。

（17）**味邹**：亦作味邹（雏）王。第13代代新罗王，在位时间262～284年。

（18）**能仁**：释尊的别名。Śākya（释迦）的意译。

（19）**妙化**：微妙的教化，崇高的教导。

（20）**遏而不行**：某一行为被制止，无法正常运行。《全唐文》卷437李阳冰《唐李翰林草堂集序》："陈拾遗横制颓波，天下质文，翕然一变，至今朝诗体，尚有染陈宫掖之风。至公大变，扫地并尽。今古文集，遏而不行。唯公文章，横被六合。可谓力敌造化欤。"

（21）**朕甚痛焉**：十分痛心，痛心疾首。《汉书》卷10《成帝纪》："一人有辜，举宗拘系，农民失业，怨恨者众，伤害和气，水旱为灾，关东流冗者众，青、幽、冀部尤剧。朕甚痛焉。"

（22）**伽蓝**：众生集会、修行的清静场所。梵语saṃghārāma的音译，"僧伽蓝摩"的缩略形式。后来指寺院或寺院主要的建筑群。

（23）**像设**：指祭祀祖先或供养神佛的影像。《楚辞·招魂》："天地四方，多贼奸些，像设君室，静闲安些。"朱熹集注："像：盖楚俗，人死则设其形貌于室而祠之也。"唐玄奘《大唐西域记》卷4《秣兔罗国》："每岁三长，及月六斋，僧徒相竞，率其同好，赍持供具，多营奇玩，随其所宗，而致像设。"

（24）**其克从先王之烈**："先王"指味邹王。"烈"，功绩，功勋。严格遵守先王的德政。典自《尚书·盘庚上》："今不承于古，罔知天之断命，矧曰：'其克从先王之烈。若颠木之有由蘖，天其永我命于兹新邑，绍复先王之大业，底绥四方。'"

（25）**恭谒**：向法兴王进谏的大臣的名字。

（26）**年**：一年一度的谷物。五谷，特指稻米。见于《庄子》《逍遥游》等。《三国史记·新罗本纪·智证麻立干》七年条记载发生旱灾、十年条遭遇霜害、十一年条遭受地震。

（27）邻兵犯境：据《三国史记》载：五年春在株山城筑城；十一年秋，国王巡视南境的开拓地；十二年春，向大阿飡伊登和沙伐州领军发布命令等。另一方面，这一时期，南方加罗各国加速合并。

十九年，金官加罗被纳入其麾下。“邻兵犯境”的先行文例可见《高僧传》卷3：“顷之**邻兵犯境**，王谓跋摩曰：‘外贼恃力，欲见侵侮。若与斗战，伤杀必多。如其不拒，危亡将至。今唯归命师尊，不知何计。’跋摩曰：‘暴寇相攻，宜须御捍。但当起慈悲心，勿兴害念耳。’”

（28）**师旅未息**：战争仍在持续。由二千五百士兵组成的军队称为“师”，五百人的称为“旅”，加在一起意味着战争。“师旅未息”的文例可见《旧唐书》卷11《代宗纪》：“戊寅，诏：‘纂组文绣，正害女红。今**师旅未息**，黎元空虚，岂可使淫巧之风，有亏常制？’”

（29）**寡人以不德~黎民未安**：“寡人”，缺少德行的人。古代君主的谦称。“大宝”指王位。《周易·系辞下》：“圣人之大宝曰位。”后以“大宝”指帝位。“阴阳不序”，谓阴阳不协调，预示天下将不太平。“黎民”，民众，百姓。“黎”，黑色，众多黑头发的民众。一说，“黎”，众之意。此处基本沿袭《三国遗事》卷3《原宗兴法·厌髑灭身》的记述内容，只针对个别用词做了调整。

（30）**妙法之术**：微妙佛法的教化方法。

（31）**十六年**：公元529年。有关新罗佛教公传的年代有两种说法：一是法兴王十五年说（《三国史记》）；另一个是法兴王十四年说（《三国遗事》）。当以十四年说为是。

（32）**内史**：掌管国家法典的官名。

（33）**舍人**：官名。本义是宫内人，后世以为亲近左右之官。

（34）**朴厌髑**：亦称异次顿或居次顿。为振兴新罗的佛教而献身的一大臣。以下直至殉死的过程，《三国遗事》卷3《原宗兴法·厌髑灭身》中都有详细记载。其姓名的表记各个版本差异较大。关于这一点，《三国遗事》有如下记载：“厌髑的名字，也写作异次或伊处。这都是基于方言所标注的音而产生的差异。本书作‘厌’，‘髑’亦作‘顿’、‘道’、‘覩’、‘独’等。这都是写书人图方便而用的所谓虚词。盖即上面的字意译，下面的字音译而致乱象。”

（35）**匪直也人，秉心塞渊**：“匪”，与“非”同。“直”，特别之意。“人”，凡人。该句谓超常之人有操守又执着。语本《诗经·国风·定之方中》：“**匪直也人，秉心塞渊**，騋牝三千。”

（36）**义见之勇**：为了正义，勇敢行动。语本《论语·为政》：“**见义**不为无勇也。”逆序词“义见”疑似觉训自创。

（37）**洪愿**：洪大的誓愿。《全北齐文》卷10阙名《宋买等造天宫石像碑》：“缘兹摩诃善根，仰发**洪愿**，三宝常存，法轮永固，王祚克隆，七世先灵，托生妙乐，见在眷属，值佛闻法，四生之类，等成正觉。”

（38）**臣**：指朴厌髑（异次顿）。

（39）**有司**：官吏。古代设官分职，各有专司，故称。

（40）**当即下敕曰**：立刻下达命令说道：“……”。“当即”，出自佛典的俗语，“立刻、马上”之意。后汉安世高译《大比丘三千威仪》卷2：“当用手巾有五事：一者当拭上下头；二者当用一头拭手，以一头拭面目；三者不得持拭鼻；四者以用拭腻污**当即**浣之；五者不得拭身体。若澡浴，各当自有巾。”“下敕曰”的搭配文例可见《后汉书》卷16《邓禹传》：“帝以关中未定，而禹久不进兵，**下敕曰**：‘司徒，尧也；亡贼，桀也。长安吏人，遑遑无所依归。宜以时进讨，镇慰西京，系百姓之心。’”

（41）**矫（命）**：使曲的变直；矫正，纠正。此处用作“伪称”义。《战国策》《齐策4》：“驱而之薛，使吏召诸民当偿者，悉来合券。券徧合，起**矫命**，以责赐诸民。”鲍彪注：“**矫**，托也。托言孟尝之命。”

（42）**顽傲**：顽固傲慢的态度。《全后汉文》卷75蔡邕《九疑山碑》："建于虞舜，圣德光明，克谐**顽傲**，以孝烝烝。"

（43）**大圣之教**：释尊的教说。西晋竺法护译《正法华经》卷2《应时品》："如我所知，正觉师子，诸天世人，之所奉事，则以力势，恒住如斯，第一初闻，**大圣之教**。"

（44）**小臣**：与前注（38）的"臣"同。此处为谦称。

（45）**违傲**：傲慢不逊。亦说"违慠"。《宋书》卷97《林邑国》："太祖忿其**违慠**，二十三年，使龙骧将军，交州刺史檀和之伐之。"

（46）**利兴除害**：带来利益，消除损害。《文选》卷37曹植《求自试表》："夫君之宠臣，欲以**除害兴利**。臣之事君，必以杀身静乱，以功报主也。"李善注："尸子曰：'禹**兴利除害**，为万民种也。'"

（47）**杀身成仁**：指儒家为了"仁"的最高道德准则而不惜舍弃生命。语本《论语·卫灵公》："志士仁人，无求生以害仁，有**杀身**以**成仁**。"后泛指为正义事业而牺牲生命。

（48）人臣大节：臣子临难不苟的节操。《北史》卷9《周本纪》："哀死事生，**人臣大节**，公等可思念此言，令万代称叹。"

（49）**佛日恒明**：佛陀像太阳一样的智慧之光将永远照耀我们（的无明）。《敦煌变文·频婆娑罗王后宫采女功》："城隍奏乐，五稼丰登，四塞澄清，狼烟罢惊，法轮常转，**佛日恒明**。"

（50）**皇图**：国家的版图。吕延济注："皇图，谓河图也。"原意指河图、版图，后世也用来指称朝廷。《文选》卷1班固《东都赋》："于是圣皇乃握乾符，阐坤珍，披**皇图**，稽帝文。"四字语句"皇图愈永"在中国两类文献中未见类例，疑似觉训自创。

（51）**虽死之日，犹生之年也**：虽然我人不在了，但就像活着的时候一样，我的精神永不消亡。《文选》卷38庾亮《让中书令表》："愿陛下垂天地之鉴，察臣之愚，则**虽死之日**，**犹生之年**矣。"宋契嵩撰《镡津文集》卷9："臣蝼蚁之生已及迟暮，于世固无所待。其区区但欲其教法不微不昧而流播于无穷，人得以资之而务道为善。则臣**虽死之日**，**犹生之年也**。非敢侥幸。"

（52）**大加嗟赏**："嗟赏"，犹言"叹赏"，赞叹。后世文例可见《元史》卷119《脱脱传》："帝望见之，大加嗟赏，遣使者劳之，且召还曰：'卿勿轻进，此寇易擒也。'"

（53）布衣：庶人的服装。借指平民。古代平民不能穿着锦绣，故称。

（54）**锦绣**：花纹色彩精美鲜艳的丝织品。奢华的夜间行装，高贵的象征。此处与"布衣"构成偶句，委婉地将凡人与伟人进行比较。

（55）**洪誓**：佛源词。洪大的誓愿。与前注（37）义同。《全唐文》卷338颜真卿《抚州宝应寺翻经台记》："有高行头陀僧智清，绪发**洪誓**，精心住持，请以佛迹寺僧什喻，仙台观道士谭仙岩同力增修，指期恢复。"

（56）**天镜林**：修建兴轮寺的地方。所在地不详。从现在的庆州市南郊，沿金城路北上，经过五陵时，右侧有一个名叫天镜林兴轮寺的禅院。在寺院周边，发掘了大量刻有铭文的瓦片，上面写着"灵庙之寺""大灵妙寺造瓦"等字。一般认为，这里就是灵妙寺遗址。从此往北，50米左右是庆州工业高校。经确认寺院的遗址就在这所学校内。学校东面是传说中的味邹王陵，所以此处是兴轮寺遗址的可能性很大。据称遗址就在现在的古坟公园西南面从皇南洞到沙正洞一带。

（57）**面折廷诤**："面折"，当面批评、指责。"廷诤"，亦作"廷争"，多指当着众大臣的面指责皇帝或国王的错误。《史记》卷9《吕太后纪》："王陵让陈平、绛侯曰：'始与高帝喋血盟，诸君不在邪。今高帝崩，太后女主，欲王吕氏，诸君从欲阿意背约，何面目见高帝地下？’陈平、绛侯曰：‘于今**面折廷争**，臣不如君。夫全社稷，定刘氏之后，君亦不如臣。’王陵无以应之。”

（58）**乃昌言曰**：“昌言”，正当的言论。《尚书·皋陶谟》：“禹拜**昌言曰**：‘俞’。”孔颖达疏：“禹乃拜受其当理之言。”《汉书》卷99《王莽传》：“嘉新公国师以符命为予四辅，明德侯刘龚、率礼侯刘嘉等凡三十二人皆知天命，或献天符，或贡**昌言**，或捕告反虏，厥功茂焉。”颜师古注：“昌，当也。”《文选》卷11何晏《景福殿赋》：“**乃昌言曰**：‘昔在萧公，暨于孙卿。皆先识博览，明允笃诚。’”

（59）**此法**：指（弘通）佛法。

（60）**经济**：“经世济民”的略语形式。治理国家，救济民众。

（61）**国令**：国王发布的命令。

（62）**大会群臣**：君臣会聚一堂。《魏志》卷4《三少帝纪》：“诏曰：‘明日**大会群臣**，其令太傅乘舆上殿。’”刘宋求那跋陀罗译《佛说树提伽经》卷1：“有一白毡手巾挂着池边，遇天风起吹王殿前。王即**大会群臣**坐共参论，罗列卜问怪其所以。”

（63）**童头毁服**：“童头”，小孩尚未长出头发的秃头，指代僧侣的容貌。“毁服”，衣着破旧，此指僧侣的装束。两者都是抹黑僧侣形象的措辞。《新唐书》卷205《列女传》：“女曰：‘身今为官所赐，愿**毁服**依浮屠法以报。’”明德清《紫柏尊者全集》卷5：“吾曹变形**毁服**，割情绝俗，为求无上菩提。”四字语句“童头毁服”是“童发毁服”的变异形式。《全唐文》卷579柳宗元《送元举归幽泉寺序》：“佛之道，大而多容，凡有志乎物外而耻制于世者，则思入焉。故有貌而木心，名而异行，刚狷以离偶，纡舒以纵独，其状类不一。而皆**童发毁服**以游于世，其孰能知之。”该段文字亦见于宋祖琇撰《隆兴编年通论》卷23、宋本觉编集《释氏通鉴》卷10。

（64）**议论奇诡**：鼓唇弄舌，迷惑世间。

（65）**恐有后悔**：事后恐怕会后悔。《蜀志》卷11《费诗传》：“仆一介之使，衔命之人，君侯不受拜，如是便还，但相为惜此举动，**恐有后悔**耳。”

（66）**不敢奉诏**：没有奉行诏书的勇气。婉拒君主命令的套语。《晋书》卷118《载记》：“市巷讽议，皆言陛下欲有废立之志。诚如此者，臣等有死而已，**不敢奉诏**。”

（67）**夫有非常之人，而后有非常之事**：不平凡的人，才能成就一番不平凡的事业。出自《文选》卷44司马相如《喻巴蜀父老檄》：“盖世必**有非常之人**，**然后有非常之事**。有非常之事，然后有非常之功。夫非常者，固常人之所异也。”

（68）**渊奥**：佛源词。深邃奥妙。后秦鸠摩罗什译《海八德经》卷1：“吾道微妙，经典**渊奥**，上士得之，一号沟港，二号频来，三号不还，四号应真。”

（69）**不可不行**：必须实行。以双重否定强调付诸行动的决心。《管子·五辅》：“夫民必知义然后中正，中正然后和调，和调乃能处安，处安然后动威，动威乃可以战胜而守固。故曰：‘义**不可不行**也。’”后汉安世高译《佛说阿难问事佛吉凶经》卷1：“道不可不学，经不可不读，善**不可不行**。行善布德，济神离苦，超出生死，见贤勿慢，见善勿谤。不以小过，证人大罪，违法失理，其罪莫大，罪福有证。可畏，可畏！”

（70）**燕雀焉知鸿鹄之志哉**：燕子和麻雀之类的小鸟（比喻小人），怎么可能理解鸿鹄这样的大鸟（喻指英雄或大人物）的抱负呢？典自司马迁《史记》卷48《陈涉世家》。

（71）**牢不可破**：坚固而又紧密，不能摧毁或拆开。亦形容人的意志坚定或态度固执，不能动摇。

此处形容反对和责难的声音甚嚣尘上，不可撼动。唐宋以后出现的新的表达形式。《新唐书》卷227韩愈《平淮西碑》："大官臆决唱声，万口和附，并为一谈，**牢不可破**。"《宋史》卷374《胡铨传》："肉食鄙夫，万口一谈，**牢不可破**。"

（72）**下吏**：向掌管刑罚的官吏下达命令。

（73）**兴义利**："义利"，指佛法带来的巨大福德。"兴义利"，《华严经》独特的说法。唐实叉难陀译《大方广佛华严经》卷13《光明觉品》："普往十方诸国土，广说妙法**兴义利**，住于实际不动摇，此人功德同于佛。"唐澄观撰《大方广佛华严经疏》卷13《光明觉品》："**义利**者，令众生得，离恶摄善故。"

（74）**金刚山**：位于鸡林北岳，北部与庆州月城相邻，并非指江原道的金刚山。根据《三国遗事》卷1《真德王》的记载，金刚山是新罗四所灵验胜地之一。

（75）**白乳**：斩首后从死者颈部冒出乳汁一样的白色液体。同样的情节可见《付法藏因缘传》卷4结尾处的《狮子比丘传》："即以利剑，用斩狮子，顶中无血，唯乳流出。"《三国史记》结尾处可见大致相同的内容。其注曰："此处所依金大问《鸡林杂传》，与韩奈麻人金用高所撰《我道和尚碑》之内容大大相径庭。"位于金刚山西麓的柏栗寺，有一个六面石幢（现收藏在庆州博物馆）。第一面有一幅阴刻绘图，画有从异次顿被斩首的颈部喷出一股白色液体的场面。从第二面至第六面刻有供养异次顿的文章。六面石幢为我们弄清这篇传记提供了宝贵的线索。石刻的铭文磨损严重，但近代以后通过发现的木刻拓本正在对其进行复原和解读。

（76）**天雨妙花**：天地诸神为某事深受感动而出现的祥瑞。吴支谦译《撰集百缘经》卷4《出生菩萨品》："时彼兔王，知仙人许，寻集诸兔，及彼仙人，宣说妙法。手复拾薪，积之于地，每自燃火，自投其身，在大火中……当尔之时，地大震动，**天雨妙花**，覆兔王上。"

（77）**舍人重法**：朴厌髑所讲的佛法。

（78）**举哀**：谓高声号哭以示哀悼。原文四字语句"举哀而哭"疑似作者觉训自创。中土文献和汉文佛经中均无先例。

（79）**营葬金刚山，礼也**：掩埋遗体，优厚地供养。这是符合礼仪的。"礼也"，哀策文中吊唁逝者的套语。《文选》卷58《宋文皇帝元皇后哀策文》："粤九月二十六日，将迁座于长宁陵，**礼也**。"

（80）**自今而后**：犹言"从今以后"。出自汉文佛经的四字语句。后秦佛陀耶舍、竺佛念等合译《长阿含经》卷3："时八万四千象来现，王时踊蹈冲突，伤害众生，不可称数。时王念言：'此象数来，多所损伤。**自今而后**，百年听现一象。如是转次百年现一，周而复始'"《宋书》卷63《沈演之传》："尝因论事不合旨，康变色曰：'**自今而后**，我不复相信。'"

（81）**有渝此盟，明神殛之**：如果有人违背了誓言，神灵就会杀了他。发誓或结盟时的套语。《左传》僖公二十八年："癸亥，王子虎盟诸侯于王庭，要言曰：'皆奖王室，无相害也。**有渝此盟**，**明神殛之**，俾队其师，无克祚国，及而玄孙，无有老幼。'君子谓是盟也信，谓晋于是役也能以德攻。"

（82）**大圣应千百年之运**：该段落文字本自皮日休的《首阳山碑》，文章有所删减。《全唐文》卷799《首阳山碑》："天必从道，道不由天，其曰人乎哉。**大圣应千百年之运**，**仁发于祥**，**义发于瑞**。上圣帝也，次素王也，**莫不应乎天地**，**亘乎日月**，**动乎鬼神**。或有守道以介死，秉志以穷生，确然金石，不足为贞，澹然冰玉，不足为洁。非其上古圣人，不以动其心。况当世富贵之士哉！斯其自信乎道，则天地不可得而应者也。呜呼……若夷齐者**自信其道**，**天不可得而应**者也。天尚不可应，**况于人乎**？况于鬼神乎？"

（83）**功贵成而业贵广**：功业看重结果，事业重视宽广。《全唐文》卷238卢藏用《纪信碑》："故**功贵成**，**业贵广**，**苟有大赖**，**则轻太山于鸿毛**。**壮哉**！纪公。**诚得其死矣**。夫城郢而增君名，寝斋以祈于死，其于忠也，不变泰如。於戏！仲尼所谓杀身成仁，临难无苟免者，则纪公其人也。而历载数百，莫能表之。"

（84）**则轻泰山于鸿毛**：太山亦作泰山、岱山，在中国的山岳信仰中占据中心地位。多奇岩和急流，作为国家祭祀的五岳之首被配置在东方。秦始皇在此祭拜天神地祇，举行祈祷天下统一和自身长生不老的封禅。汉武帝等也曾效仿，故特称东岳泰山。"鸿毛"，大雁之毛，比喻轻微或不足道的事物。该句典自《文选》卷41司马迁《报任安书》："死或重于泰山，或**轻于鸿毛**。"

（85）**是年**，下令禁杀生：《三国史记》："下令禁杀生。"但《三国遗事》记载朴厌髑的奏言和受刑是在十四年，"是年"当解作"翌年"。

（86）**精舍**：梵语vihāra的意译。指出家修行者止住的寺院、僧院。《法华经》卷5《分别功德品》："栴檀立**精舍**，以园林庄严。"并非指奢华的建筑，而是像释迦在世的祇园精舍那样，指修行者居住的房舍。

（87）**柱础**：根据《三国遗事》卷36《东京兴轮寺金堂十圣》条、同《兴轮寺壁画普贤条》、卷5《密本摧邪》等记载，该寺有佛塔、金堂、吴堂、南门（北门）、左经楼（右经楼）和回廊等。庆州国立博物馆外面的庭院，还保存着该寺使用过的石制水槽。

（88）**石龛**：佛塔下设置的、供奉神像或神主的小石阁。

（89）**阶陛**：登堂的阶梯。特指宫殿的台阶。因为创建兴轮寺是缘于法兴王许下的誓愿。

（90）**招提**：梵语caturdiśa的音译，指东西南北四方，亦指在各地修行的僧人。出自魏太武帝于始光元年（424）修建伽蓝取名"招提"的典故。唐慧琳撰《一切经音义》卷64："**招提**，译云四方也。招此云四，提此云方，谓四方僧也。"《宋书》卷17《谢灵运传》："**招提**，谓僧不能常住者，可持作坐处也。"

（91）**梁栋之用**："梁"，建筑物的横梁。"栋"，房屋的正梁。"梁栋"合在一起，表示建房工程。根据《三国史记》的记载，法兴王在世时工程并未结束，直到24代真兴王五年（544）二月才完工。

（92）**工既告毕**：工程竣工。宋守一编辑《东国僧尼录》卷1："偶念指空三山两水之记，欲移锡桧岩。会以召赴是寺法会，得请居焉。师曰：'先师指空，盖尝指画重营，而毁于兵，敢不继其志。'乃谋于众，增广殿宇。**工既告毕**，丙辰四月，大设落成之会。"

（93）**王逊位为僧**：法兴王出家，是在模仿中国南朝梁武帝大力振兴佛教的举措。

（94）**法空**：据本传记后半段所引《阿道碑》记载："法兴王出家，法名法云，字法空。"但史书和《殊异传》则分别设立了两个传记，是希望将考证的工作交给后世去完成。"法云"非指法兴王，而是继位的真兴王的法名。这一点在《三国史记·新罗本纪卷4·真兴王条》的末尾处有明确的记载："一心奉佛，至末年，祝发被衣，自号**法云**，以终其身。"

（95）**三衣瓦钵，志行高远**："三衣"，僧侣穿三种袈裟，分作僧伽梨大衣、郁多罗僧上衣、安陀衣中着衣。"瓦钵"，僧托钵或日常饮食用的碗具。执持"三衣瓦钵"，意味着少欲少事。"三衣瓦钵"始见于唐道宣撰述《四分律删繁补阙行事钞》卷3："《僧祇》云：三衣者，贤圣沙门标帜。钵是出家人器，非俗人所为。应执持**三衣瓦钵**，即是少欲少事等。""志行高远"仅见于姚秦竺佛念译《最胜问菩萨十住除垢断结经》卷5《勇猛品》："佛告最胜：'此菩萨者，义辩第一，慈悲喜护，言语柔和，**志行高远**，先笑后言，和颜悦色，问不复重，所说约少，接度众生，如佛之度，成不退转，立菩萨道。"

（96）**大王兴轮寺**：该寺虽是法兴王亲自发愿创建的，但法兴王生前并未竣工。因此为纪念法兴王才取了"大王……"的寺名。

（97）**王妃亦奉佛**：据《三国遗事》王历的记载："法兴王妃，巳丑夫人，出家名法流。"同书卷3《原宗兴法》引《册府元龟》曰："慕史氏之遗风，与王同落彩为尼，取名妙法。亦住永兴寺，有年而终。"这段内容未见于其他典籍，现存本《册府元龟》亦然。

（98）**比丘尼**：梵语bhikṣuṇī的音译。出家后接受具足戒的尼僧。

（99）**永兴寺**：新罗最早的尼寺。由王妃创建，与法兴王创建的兴轮寺属于同一时代。不过也有不同的说法。据《三国遗事》卷3《阿道基罗》条所引《我道本碑》载，味雏王时，毛禄的妹妹、一个叫史氏的尼姑在三川岐创建寺院，取名永兴寺，并在此止住。另有一个说法，前注（87）所引《三国遗事》卷3《原宗兴法》所载内容更接近史实，寺院竣工时间是在真兴王五年兴轮寺建成以后。《三国史记》卷4真兴王三十七年（576）条在记述国王薨去之后写道："王妃亦效之为尼，住永兴寺。"首任住持当视作出家后的真兴王。

（100）**法兴**：法兴王被公认为在新罗弘通佛教的国王，因而被赠予的谥号也与振兴佛法有关。在新罗的佛教传道史上，法兴王与我（阿）道、异次顿并称为"三圣"。

（101）**厌髑忌旦**：厌髑死亡之日。厌髑的忌日。在本篇传记中，厌髑的奏言和殉教是在法兴王十六年（529）。如前注（31），当以《三国遗事》所载十四年说为是。

（102）**会**：追善供养的法会。

（103）**追远**：祭祀尽虔诚，以追念先人。语出《论语·学而》："曾子曰：'慎终追远，民德归厚矣。"邢昺疏："追远者，远谓亲终既葬，日月已远也。孝子感时念亲，追而祭之，尽其敬也。"

（104）**大宗王**：新罗第29代太宗武烈王，在位时间654～660年。

（105）**宰辅**：辅佐君王执政的大臣通常指宰相。汉王符《潜夫论·本政》："周公之为宰辅也，以谦下士，故能得真贤。"

（106）**金良图**：太宗武烈王的宰相，笃信佛教。小的时候，一天突然说不出话，身体僵硬，瘫痪不起。因为一个大鬼和多个小鬼依附在他的身上。通过一个叫密本摧邪的法师为他念咒，大小鬼被制服。金良图因此恢复健康。自此以后，金良图开始信奉佛教。事见《三国遗事》卷5《神咒》。

（107）**西方**："西方极乐世界"的缩略形式。

（108）**婢**：女佣，仆人。唐慧琳撰《一切经音义》卷27："《说文》：婢者，女之卑称。"

（109）**毛尺**：据《三国史记·新罗本纪·太宗武烈王》载，新罗人，后逃往百济，与大耶城（陕川）的黔日共谋，引领百济军队，攻陷大耶城。后被斩首。

（110）**充贱**：在本篇传记中，"贱"，指受到歧视、迫不得已处于社会最底层的卑贱之人。与之相比，注（108）中的"婢"，则指自愿献身佛教、有着较高社会地位的人。

（111）**东都**：指新罗的首都庆州。庆州东北部有与本传内容相关的金刚山。

（112）**孤坟短碑**："孤坟"，指荒山野岭中无人祭扫的坟墓。"短碑"，历尽岁月风化、碑文模糊难辨的碑石。该四字语句疑似作者觉训自创。

（113）**吾舍人**：指朴厌髑，他生前做过舍人。

（114）**讳日**：犹言"忌日"。人死亡之日。

（115）**阿道碑**：记录新罗佛教始传者一生事迹的碑文。

（116）**法兴王出家**：参照注（93）。

（117）**国史**：此处指《三国史记》。

（118）**殊异传**：反映古代新罗国历史故事和灵验故事的说话集。散佚，仅有13则故事被后世文献引用，编撰目的和编撰者不详，内容与新罗密切相关。从文学史的角度来看，是一部反映朝鲜半岛文学初始阶段的作品。

（119）**二传**：一指在位的法兴王（出家后的法空）的传记；二指法兴王的侄子真兴王（出家后的法云）传记。

（120）**可与守成、未可与虑始**：共同守护先代留下的基业很容易，但一起谋划新的事业却很难。典自《全唐文》卷301刘彤《论盐铁表》："臣闻：**可与守成而难与虑始**者，常情是也。陛下若允臣愚计，便付有司，则恐由习常，就之无日。"

（121）**朝令而夕行**：法令等一旦颁布，立刻付诸行动。该说法疑似作者独创。《旧唐书》卷129《韩滉传》："滂酷虐士卒，日役千人，**朝令夕办**，去城数十里内先贤丘墓，多令毁废。"

（122）**本愿力**：谓菩萨在因位所发本愿之力用至果位而显其功，阿弥陀佛救济恶人依凭的同样是这一愿力。

（123）**贤臣**：贤明有能的下臣。

（124）**启沃**：谓竭诚开导、辅佐君王。语出《尚经·说命上》："**启**乃心，**沃**朕心。"孔颖达疏："当开汝心所有，以灌沃我心，欲令以彼所见，教己未知故也。"《梁书》卷3《武帝纪下》："朕暗于行事，尤阙治道……凡尔在朝，咸思匡救，献替可否，用相**启沃**。"

（125）**能以美利利天下**：给天下带来巨大的利益。语出《周易·乾卦》："乾元者，始而亨者也。利贞者，性情也。乾始**能以美利利天下**，不言所利，大矣哉。"

（126）**齐驱并驾**：四字成语。原义指几匹马拉着车齐头并进。比喻彼此力量、地位、才能等不相上下。宋张戒《岁寒堂诗话》下卷："气象廓然、可与《两都》、《三京》**齐驱并驾**。"该成语常用的形式是"并驾齐驱"。《文心雕龙·附会》："是以驷牡异力，而六辔如琴。**并驾齐驱**，而一毂统治辐。"

（127）**伟矣哉**：感叹句。多么伟大啊！唐代以后产生的新的感叹形式。《旧唐书·附录》："殆至宝将出之，幸会其数天也，**伟矣哉**。"

（128）**夫何间言**："间言"，犹言"闲言"，非议，异议。《全唐文》卷902王志悌《对大夫菜地祭判》："伊彼宗人，祭于菜地，苟不失礼，**夫何间言**？"

（129）**梁武帝**：名萧衍。中国梁朝第一代皇帝，在位时间502～549年。为供养三宝舍身为奴，数次在同泰寺出家。皇太子和百官每次都支付巨额财物赎回梁武帝，并重新举行登基仪式。正如杜牧《江南春》"南朝四百八十寺，多少楼台烟雨中"所吟唱的一样，梁武帝创造了中国佛教史上的黄金时代。晚年遭遇侯景叛乱，被软禁饿死在建康台城。

（130）**大同寺**：梁武帝于大通元年（527）创建的寺院。寺院名称"大同"，与年号"大通"音义相通，故名。正式名称是同泰寺。梁武帝舍身同泰寺的史实，正史《梁书》有三次记载，《南史》有四处。据《梁书》卷8《武帝纪》载："大通元年，初，帝创同泰寺，至是开大通门以对寺之南门，取反语以协同泰。自是晨夕讲义，多由此门。三月辛未，幸寺舍身，甲戌还宫，大赦，改元大通，以符寺及门名。"一说同泰寺就是现在位于南京东北方的鸡鸣寺。

（131）**其嗣**：继承法兴王王位的是时年仅七岁的真兴王（在位时间540～576年），法兴王之侄。

母亲金氏，系法兴王之女。据《三国史记》卷4《真兴王本纪》载，真兴王继位时年龄尚小，故由王太后（法兴王妃保刀夫人）摄政。因此，世袭王权和振兴佛教两件大事在国家这一层面得到保障。

（132）**沙门**：梵语śramaṇa的音译，意译作“息心、静志、贫道、功劳”等。指修行佛道的人。

（133）**何有于我哉**：用于鼓舞人的场合。意思是为什么只有法空才能做到呢？（此处当是作者效仿法空，呼吁人们去完成应该做的事情。）典自《论语·述而》：“子曰：‘默而识之，学而不厌，诲人不倦，**何有于我哉**？’”又《子罕》：“子曰：‘出则事公卿，入则事父兄。丧事不敢不勉，不为酒困，**何有于我哉**？’”

（134）**王比丘殊身同体矣**：法兴王既是国王，又是比丘。两者身份虽然完全不同，但是法兴王出色地扮演了这两个角色。

（135）**性空**：一切诸法产生于因缘和合，其本性是空，并非人为制造的。

（136）**慧日**：太阳一般的智慧，智慧的阳光。将佛陀无量无边的智慧比作阳光，它可以照亮众生心中的黑暗。

【解说】

这篇传记在内容上由三部分构成。前半部分讲述法兴王继承先王德政，希望振兴阿道传承下来的佛教，但遭到大臣们一致反对。于是，内史舍人朴厌髑做好被问斩的准备，向国王献上一计：假传王命，创建寺院。结果，寺院破土动工，朴厌髑被斩首问罪。大臣们迫于天降灵异的威慑，赞同佛教在新罗传播。实际上，朴厌髑的传记，讴歌的就是梁慧皎撰《高僧传》中所褒扬的“烧（灭）身”之壮举。同时，也是东亚佛教传播初始阶段一段历史的再现：在飞鸟时代，佛教刚刚传到日本时，在苏我氏（=朴厌髑）与物部（=群臣）的激烈交锋中，圣德太子（=法兴王）选择支持苏我氏。因此拉开了佛教在日本传播的序幕。本传记的后半段，主要讲述为了不辜负朴厌髑的一片忠诚和执着追求，法兴王满怀悲愤着手创建新罗第一家寺院兴轮寺。最后的赞辞部分，法兴王禅让，效仿梁武帝出家做和尚。嗣后，法兴王妃出家，法兴王的侄子继位，兴轮寺竣工。至此，举国振兴佛教的体制业已形成，为在新罗普及佛教奠定了坚实的基础。本传时而穿插人物对话，时而夹带史家评述，加之故事情节迂回曲折，凸显了这样一个主题思想：“法兴王”就是一位不折不扣地振兴新罗佛教的国王。

作为东亚僧传的历史资料，本传展现了觉训独自的历史认识和比较视野。中国正史对梁武帝崇佛的历史评价往往贬斥多于褒扬。一般认为，梁武帝自行放弃国政，最终落得个饿死的下场，国家也因此陷入混乱。与此形成鲜明对照的是，觉训对法兴王大加赞扬。为出家供佛，法兴王事先安排好接班人，让侄子继位，从国家层面继续保障对振兴佛教大业的支持。然后才以一个前国王的身份披上袈裟。这是法兴王与梁武帝的根本区别。从某种意义上说，这是佛教中所说的一种权智，因此才使佛教在新罗得以兴盛起来。

觉训将历史上活跃在新罗、高句丽、百济三国的高僧传记命名为《海东高僧传》，显然是意识到了中国的三大僧传（梁慧皎撰《高僧传》、唐道宣撰《续高僧传》、宋赞宁等撰《宋高僧传》)。因此,以先行的中国三大高僧传记为参照,分析觉训文章表达的特点显得十分必要。按照“经史子集”的分类,第一,在“经”书方面,如上文注释所见,《海东高僧传》可见《左传》中“有渝此盟,明神殛之”的说法。这句话同时见于《宋高僧传》卷17《护法篇》:“敢有邪心归释氏者,有渝此盟,无享人爵,无永天年,先圣明神是糺是殛。”值得注意的是,这句话虽然出现在不同的两部僧传之中,但内容均与佛教的护法活动相关。此外,《海东高僧传》所引《论语·卫灵公篇》中“杀身成仁”的说法,同样也出现在《宋高僧传》卷22《遗身篇》:“许友以死杀身成仁,渐契不拘将邻直道。”“杀身成仁”的说法分别出现在《遗身篇》和朴厌髑甘愿殉教的场面,反映出僧传在引用这句话时的一种倾向,即渲染为了佛教兴盛而甘愿牺牲生命的坚定毅力。另一方面,在《海东高僧传》当中,觉训还适时地引用《周易》《尚经》《诗经》《论语》等经文,以增加作品的说理性和厚重感。这样一些经文内容的活用,却在三大僧传中难以见到。这从一个侧面反映了觉训熟读经书、学养深厚。第二,在“史”书方面,所谓传记,同时也是名副其实的史传。根据本传内容统计,觉训这篇传记中的一些表达与中国史书密切相关:《史记》(2例)、《三国志》(3例)、《晋书》(1例)、《北史》(1例)、《旧唐书》(2例)、《新唐书》(1例)。而且,中国史书的这些说法,并未出现在本国的三大僧传之中。这或许说明相较于传统的僧传体裁,《海东高僧传》的笔法更接近于史书中的列传。第三,在“集”书方面,这篇传记的许多表达出自《文选》。不难想象,《文选》辑录了六朝以前大量的名作,它为觉训的文学创作提供了丰富的滋养。第四,在“子”书方面,本传表达上的新颖之处体现在对一些所谓“无名之辈”(相对于李白、杜甫、韩愈、柳宗元等名家而言)诗文的活用上。譬如,皮日休、卢藏用、刘彤、王志悌等的诗文。第五,对中国文学研究来说,这篇传记为研究皮日休等“非著名”文人的诗文在域外的传播与影响提供了新材料。从比较文学的角度看,皮日休等人的诗文是通过怎样的渠道传入朝鲜半岛的?僧侣们又是如何接触到这些诗文的?除了本传之外,这些“非著名”文人的诗文还对哪些作家及作品产生过影响?可以说本传为我们提供了许多值得关注的新话题和新视角。

总之,尽管本传反映的仅仅是《海东高僧传》文学表达的一个侧面,但它却无不浓缩了觉训在文学表达上对中国文学的继承与创新。

【典据·相关资料】

出典 《三国史记》卷4《新罗本纪4·法兴王》

《三国遗事》卷3“兴法3·原宗兴法《距讷祇世一百余年》厌髑灭身”

关联资料《三国遗事》卷3·兴法3“阿道基罗《一作我道。又阿头》”

《三国史记》卷4《新罗本纪4·法兴王》

法兴王。立。讳原宗。《册府元龟姓募名泰》。智证王元子。母延帝夫人。妃朴氏保刀夫人。王身长七尺。宽厚爱人。

三年春正月。亲祀神宫。龙见杨山井中。

四年夏四月。始置兵部。

五年春二月。筑株山城。

七年春正月。颁示律令。始制百官公服、朱紫之秩……

《三国史记》卷4《新罗本纪4·法兴王》

十五年……至是王亦欲兴佛教。群臣不信。喋喋腾口舌。王难之。近臣异次顿《或云处道》奏曰。请斩小臣以定众议。王曰。本欲兴道。而杀不辜非也。答曰。若道之得行。臣虽死无憾。王于是召群臣问之。佥曰。今见僧徒。童头异服。议论奇诡。而非常道。今若纵之。恐有后悔。臣等虽即重罪。不敢奉诏。异次顿独曰。今群臣之言非也。夫有非常之人。然后有非常之事。今闻佛教渊奥。恐不可不信。王曰。众人之言。牢不可破。汝独异言。不能两从。遂下吏将诛之。异次顿临死曰。我为法就刑。佛若有神。吾死必有异事。及斩之。血从断处涌。色白如乳。众恠之不复非毁佛死事。《此据金大问鸡林杂传所记书之。与韩奈麻金用行所撰我道和尚所录。殊异》。

十六年。下令禁杀生……

十九年。金官国主金仇亥。与妃及三子。长曰奴宗。仲曰武德。季曰武力。以国帑宝物来降。王礼待之。

授位上等。以本国为食邑。子武力仕至角干……

二十三年。始称年号、云建元元年。

二十五年春正月。教许外官携家之任。

《三国遗事》卷3“兴法3·原宗兴法《距讷祇世一百余年》厌髑灭身”

新罗本记。法兴大王即位十四年。小臣异次顿为法灭身。即萧梁普通八年丁未。西竺达摩来金陵之岁也。是年朗智法师。亦始住灵鹫山开法。则大教兴衰。必远近相感一时。于此可信。元和中。南涧寺沙门一念。撰髑香坟礼佛结社文。载此事甚详。其略曰。

昔在法兴大王垂拱紫极之殿。俯察扶桑之域。以谓昔汉明感梦。佛法东流。寡人自登位。愿为苍生欲造修福灭罪之处。于是朝臣《乡传云。工目谒恭等》未测深意。唯遵理国之大义。不从建寺之神略。大王叹曰。於戏。寡人以不德。丕承大业。上亏阴阳之造化。下无黎庶之欢。万机之暇。留心释风。谁与为伴。粤有内养者。姓朴字厌髑《或作异次。或云伊处。方音之别也。译云厌也。髑、顿、道、覩、独等皆随书者之便。乃助辞也。今译上不译下。故云厌髑又厌覩等也》。其父未详。祖阿珍宗。即习宝葛文王之子也《新罗官爵凡十七级。其第四曰波珍喰。亦云阿珍喰也。宗其名也。习宝亦名也。罗人凡追封王者。皆称葛文王。其实史臣亦云未详。又按金用行撰阿道碑。舍人时年二十六。父吉升。祖功汉。曾祖乞解大王》。挺竹柏而为质。抱水镜而为志。积善曾孙。望宫内之爪牙。圣朝忠臣。企河清之登侍。时年二十二。当充舍人《罗爵有大舍小舍等。盖下士之秩》。瞻仰龙颜。知情击目。奏云。臣闻、古人问策蒭荛。愿以危罪启咨。王曰。非尔所为。舍人曰。为国亡身。臣之大节。为君尽命。民之直义。以谬传辞。刑臣斩首。则万民咸伏。不敢违教。王曰。解肉枰躯。将赎一鸟。洒血摧命。自怜七兽。朕意利人。何杀无罪。汝虽作功德。不如避罪。舍人曰。一切难舍。不过身命。然小臣夕死。大教朝行。佛日再中。圣主长安。王曰。鸾凤之子。幼有凌霄之心。鸿鹄之儿。生怀截波之势。尔得如是。可谓大士之行乎。于焉大王权整威仪。风刁东西。霜仗南北。以召群臣。乃问。卿等于我。欲造精舍。故作留难《乡传云。髑为以王命。传下兴工创寺之意。群臣来谏。王乃责怒于髑。刑以伪传王命》。于是群臣战战兢惧。偬侗作誓。指手东西。王唤舍人而诘之。舍人失色。无辞以对。大王忿怒。敕令斩之。有司缚到衙下。舍人作誓。狱吏斩之。白乳涌出一丈《乡传云。舍人誓曰。大圣法王。欲兴佛教。不顾身命。多却结缘。天垂瑞祥。遍示人庶。于是其头飞出。落于金刚山顶云云》。天四黯黪。斜景为之晦明。地六震动。雨花为之飘落。圣人哀戚。沾悲泪于龙衣。家宰忧伤。流轻汗于蝉冕。甘泉忽渴。鱼鳖争跃。直木先折。猿猱群鸣。春宫连镳之侣。泣血相顾。月庭交袖之朋。断肠惜别。望柩闻声。如丧考妣。咸谓子推割股。未足比其苦节。弘演刳腹。讵能方其壮烈。此乃扶丹墀之信力。成阿道之本心。圣者也。遂乃葬北山之西岭《即金刚山也。传云。头飞落处。因葬其地。今不言何也》。内人哀之。卜胜地造兰若。名曰刺楸寺。于是家家作礼。必获世荣。人人行道。当晓法利。真兴大王即位五年甲子。造大兴轮寺《按国史与乡传。实法兴王十四年丁未始开。二十一年乙卯大伐天镜林。始兴工。梁栋之材。皆于其林中取足。而阶础石龛皆有之。至真兴王五年甲子寺成。故云甲子。僧传云七年误》。大清之初。梁使沈湖将舍利。天寿六年。陈使刘思并僧明观奉内经并次。寺寺星张。塔塔雁行。竖法幢。悬梵镜。龙象释徒。为寰中之福田。大小乘法。为京国之慈云。他方菩萨。出现于世《谓芬皇之陈那。浮石宝盖。以至洛山五台等是也》。西域名僧。降临于境。由是并三韩而为邦。掩四海而为家。故书德名于天银之树。影神迹于星河之水。岂非三圣威之所致也《谓我道。法兴。厌髑也》。降有国统惠隆、法主孝圆、金相郎、大统鹿风、大书省真怒、波珍喰金嶷等建旧茔。树丰碑。元和十二年丁酉八月五日。即第四十一宪德大王九年也。兴轮寺永秀禅师《于时瑜伽诸德皆称禅师》结湊斯冢礼佛之香徒。每月五日。为魂之妙愿。营坛作梵。又乡传云。乡老每当忌旦。设社会于兴轮寺。则今月初五。乃舍人捐躯顺法之晨也。呜呼。无是君、无是臣。无是臣、无是功。可谓刘葛鱼水。云龙感会之美欤。法兴王既举废立寺。寺成。谢冕旒。披方袍。施宫戚为寺隶《寺隶至今称王孙。后至太宗王时。宰辅金良图信向佛法。有二女。曰花宝。莲宝。舍身为此寺婢。又以逆臣毛尺之族。没寺为隶。二族之裔至今不绝》。主住其寺。躬任弘化。真兴乃继德重圣。承衮职处九五。威率百僚。号令毕备。因赐额大王兴轮寺。前王姓金氏。出家法云。字法空《僧传与诸说、亦以王妃出家名法云。又真兴王为法云。又以为真兴之妃名法云。颇多疑混》。册府元龟云。姓募。名秦。初兴役之乙卯岁。王妃亦创永兴寺。慕史氏之遗风。同王落彩为尼。名妙法。亦住永兴寺。有年而终。国史云。建福三十一年。永兴寺塑像自坏。未几。真兴王妃比丘尼卒。按真兴乃法兴之侄子。妃思刀夫人朴氏。牟梁里英失角干之女。亦出家为尼。而非永兴寺之创主也。则恐真字当作法。谓法兴之妃巴刁夫人为尼者之卒也。乃创寺立像之主故也。二兴舍位出家。史不书。非经世之训也。又于大通元年丁未。为梁帝创寺于熊川州。名大通寺《熊川即公州也。时属新罗故也。然恐非丁未也。乃中大通元年己酉岁所创也。始创兴轮之丁未。未暇及于他郡立寺也》。赞曰。圣智从来万世谋。区区舆议谩秋毫。法轮解逐金轮转。舜日方将佛日高。右原宗。徇义轻生已足惊。天花白乳更多情。俄然一剑身亡后。院院钟声动帝京。右厌髑。

参考文献

一　日本

1. 引用版本

山口佳紀、神野志隆光『古事記』，新編日本古典文学全集，小学館，1997。

小島憲之、直木孝次郎、西宮一民、藏中進、毛利正守『日本書紀』（全3册），新編日本古典文学全集，小学館，1994－1998。

小島憲之、木下正俊、東野治之『万葉集』（全4册），新編日本古典文学全集，小学館，1994－1996。

小島憲之『懐風藻・文華秀麗集・本朝文粋』，日本古典文学大系，岩波書店，1964。

植垣節也『風土記』，新編日本古典文学全集，小学館，1997。

西宮一民『古語拾遺』，岩波文庫，1985。

竹内理三「元興寺伽藍縁起並流記資財帳」，『寧楽遺文』（中巻），東京堂出版，1962。

東野治之『上宮聖徳皇帝説』，岩波文庫，1941。

上代文献読書会編『上代写経識語注釈』，勉誠出版，2016。

冲森卓也、佐藤信、矢島泉『藤氏家伝　鎌足貞慧武智麻呂伝注釈と研究』，吉川弘文館，1999。

中田祝夫『日本霊異記』，日本古典文学全集，小学館，1975。

青木和夫、稲岡耕二、笹山晴生、白藤礼幸『続日本紀』（全4册），新日本古典文学大系，岩波書店，1989－1995。

汪向荣:《唐大和上东征传》，中华书局，1979。

井上光貞、大曾根章介『大日本国法華験記』，岩波書店，1974。

2. 注释书

2.1　『古事記』

倉野憲司、武田佑吉『古事記』，岩波書店，1958。

荻原浅男、鴻巣隼雄『古事記』，小学館，1973。

西郷信綱『古事記注釈』（第一巻），ちくま学芸文庫，1975。

西宮一民『古事記』，新潮日本古典集成，新潮社，1979。
西宮一民『古事記』（新訂版），桜楓社，1986。
2.2　『日本書紀』
坂本太郎、家永三郎、井上光貞、大野晋『日本書紀』（上下册），岩波書店，1967。
2.3　『万葉集』
高木市之助、五味智英、大野晋『万葉集』（全4册），岩波書店，1957－1962。
青木生子、井手至、伊藤博、清水克彦、橋本四郎『万葉集』（全4册），1976－1982。
2.5　『風土記』
秋本吉郎『風土記』，日本古典文学大系，岩波書店，1973。
2.6　『続日本紀』
青木和夫、稲冈耕二、笹山晴生、白藤礼幸『続日本紀』（全4册），新日本古典文学大系，岩波書店，1989－1995。
2.7　『藤氏家伝』
沖森卓也、佐藤信、矢島泉『藤氏家伝　鎌足貞慧武智麻呂伝注釈と研究』，吉川弘文館，1999。
2.8　『歌経標式』
沖森卓也、佐藤信、平沢龍介、矢島泉『歌経標式　注釈と研究』，桜楓社，1993。
2.9　『日本霊異記』
遠藤嘉基、春日和男『日本霊異記』，日本古典文学古典大系，岩波書店，1967。
小泉道『日本霊異記』，新潮日本古典集成，新潮社，1988。
出雲路修『日本霊異記』，新日本古典文学古典大系，岩波書店，1996。
3. 著作（按出版年月先后排序）
3.1　『古事記』
西田長男『日本古典の史的研究』，理想社，1956。
神田秀夫『古事記の構造』，明治書院，1959。
小島憲之『上代日本文学と中国文学上中下』，塙書房，1962－1965。
太田善麿『古事記下』，朝日古典全書，1972。
瀬間正之『記紀の文字表現と漢訳仏典』，おうふう，1994。
3.2　『日本書紀』
和田英松『本朝書籍目録考証』，明治書院，1936。
小島憲之『上代日本文学と中国文学上』，塙書房，1962。
太田善麿『古代日本文学思潮論Ⅲ—日本書紀の考察—』，桜楓社，1962。
津田左右吉『津田左右吉全集』2，岩波書店，1963。
木下礼仁『日本書紀と古代朝鮮』，塙書房，1993。
森博達『古代の音韻と日本書紀の成立』，大修館書店，1991。

森博達『日本書紀の謎を解く－　述作者は誰か』，中央公論新社，1999。

森博達『日本書紀　成立の真実—書き換えの主導者は誰か』，中央公論新社，2011。

遠藤慶太『東アジアの日本書紀—歴史書の誕生』，吉川弘文館，2012。

3.3　『万葉集』

中西進『万葉集の比較文学的研究』，桜楓社，1963。

小島憲之『上代日本文学と中国文学中』，塙書房，1964。

中西進『万葉史の研究』，桜楓社，1968。

辰巳正明『万葉集と中国文学』，笠間書院，1987。

芳賀紀雄『万葉集における中国文学の受容』，塙書房，2003。

3.4　『懐風藻』

小島憲之『上代日本文学と中国文学下』，塙書房，1965。

波戸岡旭『上代漢詩文と中国文学』，笠間書院，1989。

辰巳正明『懐風藻全注釈』，笠間書院，2012。

3.5　『風土記』

秋本吉郎『風土記の研究』，ミネルヴァ書房，1963。

吉野裕『風土記』，平凡社，1974。

3.6　其他

芳賀矢一遺著『日本文献学・文法論・歴史物語』，富山房，1928。

岡田正之『近江奈良朝の漢文学』，吉川弘文館，1946。

柿村重松『上代日本漢文学史』，日本書院，1948。

吉沢義則「語脈より見たる日本文学」，『国語説鈴』立命館出版部，1931。

石田茂作『写経より見たる奈良朝仏教の研究』，東洋文庫，1966。

西宮一民『日本上代の文章と表記』，風間書房，1970。

牛島徳次『漢語文法論　中古編』，東方書店，1971。

道端良秀『仏教と儒教論理』，第三文明社，1976。

志村有志『往生伝研究序説—説話文学の一側面—』，桜楓社，1976。

蔵中進『唐大和上東征伝の研究』，桜楓社，1976。

高橋正彦『書道—中国と日本の書の流れ—』，慶応通信株式会社，1977。

『日本古典文学大辞典』（简約版），岩波書店，1986。

池田温編『中国古代写本識語集録』，东京大学東洋文化研究所，1990。

池上洵一『今昔物語集三』，新日本古典文学大系，岩波書店，1993。

伊藤丈、章輝玉訳『大唐西域求法僧・海東高僧伝』，大東出版社，1993。

日中文化交流史研究会編著『杜家立成雜書要略　注釈と研究』，翰林書房，1994。

鎌田茂雄『法華経を読む』，岩波書店，1994。

塩見邦彦『唐詩口語研究』，中国書店，1995。

馬渕和夫、小泉弘、今野達『三宝絵』，新日本古典文学大系，岩波書店，1997。
金文京『漢文と東アジア—訓読の文化圏』，岩波書店，2011。

4. 论文（按出版年月先后排序）

4.1　『古事記』

橋本進吉「万葉集は支那人が書いたか」，『国語と国文学』，1937。
神田秀夫「古事記の文体に関する一試論」，『国語と国文学』27－6，1950。
神田秀夫「『古事記の文体に関する一試論』補説」，『国語と国文学』27－8，1950。
小島憲之「古事記の文体」，『国語国文』，1951。
神田秀夫「古事記の文体に就いて」，『国語国文』20－5，1951。
福田良輔「古事記の純漢文的構文の文章について」，九州大学『文学研究』44，1952。
小島憲之「古事記のねらひ—其の文体論的考察より—」，『国語国文』23－1，1954。
西尾光雄「古事記の文章」，『国語と国文学』32－5，1955。
小島宪之「古事記の文章—漢訳仏典的文章をめぐって—」，『上代日本文学と中国文学上』，塙書房，1962。
古賀精一「古事記の『白』『曰』両字について」，『国語国文』23－8，1954。
古賀精一「古事記における会話引用—白、奏、詔、告の用字法—」，『古事記年報』2，1955。
西田長男「古事記の仏教的文体・古事記の仏教語」，『日本古典の史的研究』，1956。
小島憲之「古事記の文章—口承的文体をめぐって—」，『上代日本文学と中国文学上』，1962。
尾崎知光「古事記分注の一形式」，『古事記年報』8，1962。
石塚晴通「本行から割注へ文脈が続く表記形式—古事記を中心とする上代文献及び中国中古の文献に於いて」，『国語学』70，1967。
西宮一民「古事記の文体を中心として」，上田正昭編『日本古代文化の探求　古事記』，1977。
野口武司「『古事記』の所見神の出生表記『所生神名』」，『古事記及び日本書紀の表記の研究』，桜楓社，1978。
上田正昭「古事記は仏教と関係がないか」，『国文学』25－14，1980。
西宮一民「古事記と漢文学」，『上代文学と漢文学』，汲古書院，1986。
瀬間正之「沙本毘賣物語と漢訳仏典」，『古事記年報』30，1988。
中川千里「古事記に於ける漢文助辞とその馴化—『所』を中心として—」，『金沢大学国語国文』14，1989。
木村龍司「古事記の構文—『時』の設定と描写に関連して—」，『神田秀夫喜寿記念　古事記・日本書紀』，続群書類従完成会，1989。

瀬間正之「海宮訪問と『経律異相』」,『古事記年報』33，1991。

瀬間正之「漢訳仏典と古事記」,『国文学　解釈と教材』36－8，1991。

西条勉「古事記の『以』と『而』—和語を書くくことの文字法（二）—」,『国文学研究』105，1991。

瀬間正之「古事記助辞用法の一端—『所V之N』『此之』『～自』を中心に—」,『梅沢伊勢三先生追悼　記紀論集』。1992。

矢島泉「『古事記』に於ける接続語の頻用をめぐって」,『上代文学』68，1992。

及川智早「記紀と漢文学—研究史をたどる試み—」，和漢比較文学叢書第十巻『記紀と漢文学』，汲古書院，1993。

瀬間正之「資性記事の表現」,『記紀の文字表現と漢訳仏典』，おうふう，1994。

奥田俊博「『古事記』の表記—和化された字義をめぐって—」,『万葉』153，1995。

瀬間正之「古事記と六朝語」,『古事記研究大系』10，高科書店，1995。

戸谷高明「古事記表現論—『誨』の用法—」，早稲田大学教育学部『学術研究』（国語・国文学編）45，1997。

小古博泰「古事記の形成と文体」,『甲南大学紀要（文学編）』119，2001。

東野治之「近年出土の飛鳥京と韓国の木简—上代語上代文学との関わりから」,『古事記年報』45，2003。

4.2　『日本書紀』

福田良輔「書紀に見えている『之』字について」,『文学科研究年報』(第一輯)，1934。

原田敏明「日本書紀編纂に関する一考察」,『日本文化史論纂』，1937。

鴻巣隼雄「日本書紀の編纂について」,『日本諸学研究』(第一輯)，1939。

太田善麿「古事記と日本書紀の関係についての一考察」，『歴史と国文学』23－1，1940。

原田敏明「氏族の系譜より見たる記紀の性格」,『芸林』2－2，1951。

西宮一民「神代巻の成立について」,『芸林』2－2，1951。

藤井信男「日本書紀各巻成立の一考察」,『大倉山論集第一輯』，1952。

小島憲之「書紀の述作—素材論の結び—」,『人文研究』3－8，1952。

山田英雄「日本書紀各巻の成立と助字法」,『史学雑誌』63－2，1954。

山田英雄「日本書紀の文体論について」,『史学雑誌』63－6，1954。

小島憲之「中国文学・書紀文学と古事記」,『古事記大成』(第二巻)，平凡社，1957。

森博達「『日本書紀』歌謡における万葉仮名の一特質—漢字原音より観た書紀区分論」,『文学』45－2，1977。

榎本福寿「日本書紀の句法—『以』をめぐって—」,『国語国文』29，1978。

大庭脩「二人の遣唐使判官—伊吉連博徳と高階真人遠成」,『講座　飛鳥の歴史と文学』1，1980。

榎本福寿「日本書紀の敬語—『奉』をめぐって—」,『仏教大学研究紀要』68，1984。

榎本福寿「日本書紀の敬語—『勅』『命』『御』をめぐって—」,『仏教大学大学院研究紀要』12，1984。

榎本福寿「日本書紀の成り立ちを考えるその一」,『仏教大学研究紀要』70，1986。

榎本福寿「日本書紀の成り立ちを考えるその二」,『仏教大学大学院研究紀要』14，1986年。

松尾良樹「『日本書紀』と唐代口語」,『和漢比較文学』3，1987。

森博達「古代の文章と『日本書紀』の成書過程」，岸俊男編『日本の古代14ことばと文字』，中央公論社，1988。

金光スズ子「日本書紀『一云』の資料的性格—古事記との近似例を中心として」,『国学院大学大学院紀要文学研究科』22，1991。

瀬間正之「日本書紀と漢訳仏典」，和漢比較文学叢書第十巻『記紀と漢文学』，汲古書院，1993。

明石一紀「『日本書紀』『一書』とは何か」,『歴史読本』44－4，1999。

瀬間正之「漢字で書かれたことば—訓読的思惟をめぐって—」，『国語と国文学』5，1999。

瀬間正之「『未経』『既経』—師説『太安万侶日本書紀撰修参与説』をめぐって—」，太田善麿先生追悼論文集，『古事記・日本書紀論叢』，続群書類従完成会，1999。

中川ゆかり「応神記の『厳飾』—カザルこととヨソフこと」,『国語国文学藻（井手至古稀）』，1999。

田中智樹「『古事記』に於ける『海原』」,『中京大学上代文学論究』10，2002。

北川修一「『日本書紀』における中国口語と倭習の問題」，『和漢比較文学』31，2003。

唐煒「日本書紀における程度表現の二音節語（二字漢語）について—『極甚』『更亦』『更复』『再三』『玆甚』を中心に—」,『訓点語と訓点資料』113，2004。

唐煒「日本書紀における中国口语起源漢语の受容」,『日本学・敦煌学・漢文訓読の新展開』（石塚晴通退職），2005。

唐煒「日本書紀における中国口語起源二字動詞の訓点」，『訓点語と訓点資料』116，2006。

唐煒「西大寺本金光明最勝王経平安初期点における中国口語起源二字漢語の訓読—二字副詞を中心として—」,『北海道大学文学研究科紀要』，2011。

毛利正守「日本書紀訓注のありようとその意義」,『人文研究　大阪市立大学大学院文学研究科紀要』57，2006。

渡辺滋「日本古代における中国口語の受容と展開」，『訓点语と訓点資料』120，2008。

石井公成「『日本書紀』における仏教漢文の表現と変格語法（上)」,『駒沢大学仏教学部研究紀要』73，2016。

4.3　『万葉集』

小島憲之「語の性格—外来の『俗語』を中心として—」,『上代の文学と言語』, 1974。

小島憲之「漢籍享受の问题に関して」,『万葉』92，1976。

小島憲之「万葉题词のことば—『夜裏』と『留女』考—」,『上代文学』44，1980。

松尾良樹「『万葉集』詞書と唐代口語」,『叙説』13，1986。

東野治之「上代文学と敦煌文献—道経・字書・『王梵志詩集』をめぐって—」,『万葉集研究』, 1987。

平松秀樹「万葉集に見える白話的表現」,『美夫君志』53，1996。

小谷博泰「法隆寺幡銘と斉明天皇挽歌」,『国文学』44－11，1999。

芳賀紀雄「願文・書儀の受容—海東と西域の問題」,『国文学』44－11，1999。

遠藤慶太「奈良時代における『法華経』依拠の考察」,『美夫君志』63，2001。

石井公成「『万葉集』の恋歌と仏教」,『駒沢大学仏教文学研究』7，2004。

増尾伸一郎「道教・神仙思想と仏教」,『万葉集を読む（歴史と古典)』, 吉川弘文館，2008。

辰巳正明「山上憶良と敦煌詩－九相観詩との関係から」,『国语と国文学』87－7，2010。

4.4　『懐風藻』

小島憲之「日本文学における漢語的表現—和習的なるもの—」,『文学』, 1984。

今井源衛「発生期の漢文伝小考」,『王朝歴史物語の世界』, 吉川弘文館，1991。

西山進「高僧伝の一側面－『犯戒』と『佯狂』を手がかりとして－」,『大谷大学大学院研究紀要』9，1992。

蔵中しのぶ「伝の文体」, 古代文学講座11『「霊異記・氏文・縁起」』, 勉誠社，1995。

福田俊昭「『懐風藻』に見える詠物詩」,『東洋研究』148，2003。

4.5　『風土記』

植垣節也「風土記の成立と文体」, 古代文学讲座10『古事記・日本書紀・風土記』, 勉誠社，1995。

橋本雅之「『常陸国風土記』の漢語表現—中国文学の受容をめぐって—」, 大田善麿先生追悼論文集『古事記・日本書紀論集』, 1999。

沖森卓也「風土記の文体について」,『日本古代の表記と文体』, 吉川弘文館，2000。

瀬間正之「常陸国風土記の文字表現（一）序説—語用と助辞用法を端として—」,『上智大学国文学科紀要』19，2002。

瀬間正之「常陸国風土記の文字表現（三）—美文への志向—」,『上智大学国文学科紀要』20，2003。

瀬間正之「常陸国風土記の文字表現（四）—美文への志向・六朝地誌類—」，『上智大学国文学科紀要』21，2004。

4.6　其他

久松潜一、倉野憲司「祝詞文の形象と表現意識」，『国語と国文学』1930年4月。

吉沢義則「語脈より見たる日本文学」『国語説鈴』，立命館出版部，1931。

津田左右吉「日本書紀」，岩波講座「日本文学」，1932；「国語学概論」，岩波講座「日本文学」，1932。

橋本進吉「国語学概論」，岩波講座『日本文学』，岩波書店、1932。

原田行造「『本朝法華験記』所収説話の諸特徴（上)」，『金沢大学教育学部纪要　社会科学・教育科学・人文科学編』22，1973。

森野繁夫「六朝訳経の語法1—補助動詞をともなう複合動詞—」，『広島大学文学部紀要』33，1974。

井上光貞「往生伝・法华験記　解説」，日本思想大系7，岩波書店，1976。

末武恭子「法華験記の先蹤」，『国語と国文学』53－9，1976。

大曾根章介「漢風の世界と国風の世界—『法華験記』をめぐって—」，『中古文学』21，1978。

森野繁夫「六朝漢語の研究—『高僧伝』について—」，『広島大学文学部紀要』38，1978。

森野繁夫、藤井守「六朝古小説語匯集」，『広島大学文学部紀要』（特輯号2)，1979。

廣田哲通「法華持経者の話—本朝法華験記の二側面—」，『仏教文学研究』6，1982。

廣田哲通「経文と説話—本朝法華験記を実例として—」，『女子大文学（国文篇)』33，1982。

石井公成「上代日本仏教における誓願について—造寺造像伝承再考」，『印度学仏教学研究』40－2，1992。

後藤昭雄「『続日本紀』における中国口語」，『続日本紀研究』300，1996。

長尾光之「いくつかの漢訳仏典における副詞と連詞下」，『行政社会論集』，2005。

石井公成「三経義疏の語法」，『印度学仏教学研究』57巻1号，2008。

石井公成「三経義疏の共通表現と変則語法（下)」，奥田聖応先生頌寿記念論集刊行会編『奥田聖応先生頌寿記念　印度学仏教学論集』，佼正出版社，2014。

小峯和明「日本と東アジアの佛伝文学—『釈氏源流』を中心に—」，『仏教文学』39，2014。

二　中国（以经史子集为排序）

1. 经书

《周易》，《十三经注疏》，中华书局，1980。

《尚书》，《十三经注疏》，中华书局，1980。
《诗经》，《十三经注疏》，中华书局，1980。
《周礼》，《十三经注疏》，中华书局，1980。
《礼记》，《十三经注疏》，中华书局，1980。
《左传》，《十三经注疏》，中华书局，1980。
《公羊传》，《十三经注疏》，中华书局，1980。
《论语》，《十三经注疏》，中华书局，1980。
《尔雅》，《十三经注疏》，中华书局，1980。
《孟子》，《十三经注疏》，中华书局，1980。
（清）苏舆著，钟哲点校《春秋繁露义证》，中华书局，1992。
（汉）韩婴撰，许维遹校释《韩诗外传》，中华书局，1980。
（清）陈立撰，吴则虞点校《白虎通疏证上下》，中华书局，1994。
（东汉）刘熙撰，（清）毕沅疏证，王先谦补，祝敏彻、孙玉文点校《释名疏证补》，中华书局，2008。
（清）王念孙著，钟宇讯点校《广雅疏证》，中华书局，2004。

2. 史书

黄怀信、张懋镕、田旭东撰《逸周书汇校集注上下》（修订本），上海古籍出版社，2007。
邬国义、胡果文、李晓路撰《国语译注》，上海古籍出版社，1994。
（西汉）刘向集录，范祥雍笺证，范邦瑾协校《战国策笺证上下册》，上海古籍出版社，2006。
（汉）赵晔著，张觉译注《吴越春秋全译》，贵州人民出版社，2008。
（汉）司马迁撰《史记》（全10册），中华书局，1959。
（汉）班固撰，（唐）颜师古注《汉书》（全12册），中华书局，1962。
（宋）范晔撰，（唐）李贤等注《后汉书》（全12册），中华书局，1965。
（晋）陈寿撰，（宋）裴松之注《三国志》（全5册），中华书局，1959。
（唐）房玄龄等撰《晋书》（全10册），中华书局，1994。
（梁）沈约撰《宋书》（全8册），中华书局，1974。
（梁）萧子显撰《南齐书》（全3册），中华书局，1972。
（唐）姚思廉撰《梁书》（全3册），中华书局，1973。
（北齐）魏收撰《魏书》（全8册），中华书局，1974。
（唐）李百药撰《北齐书》（全2册），中华书局，1972。
（唐）姚思廉撰《陈书》（全2册），中华书局，1972。
（唐）令狐德棻等撰《周书》（全3册），中华书局，1971。
（唐）魏徵等撰《隋书》（全6册），中华书局，1973。

（唐）李延寿撰《南史》（全6册），中华书局，1975。
（唐）李延寿撰《北史》（全10册），中华书局，1974。
（后晋）刘昫等撰《旧唐书》（全16册），中华书局，1975。
（宋）欧阳修、宋祁撰《新唐书》（全20册），中华书局，1975。
（北魏）郦道元著，陈桥驿、叶光庭、叶扬译注《水经注全译上下》，贵州人民出版社，2008。
（唐）杜佑撰《通典》（全5册），中华书局，1988。
（元）脱脱等撰《宋史》，中华书局，1977。

3. 子书

（清）郭庆藩撰，王孝鱼点校《庄子集释上中下》，中华书局，1961。
（战国）韩非著，陈奇猷校注《韩非子新校注上下》，上海古籍出版社，2000。
（清）王先谦撰，沈啸寰、王星贤点校《荀子集解上下》，中华书局，1988。
张震泽撰《孙膑兵法校理》，中华书局，1984。
杨伯峻撰《列子集释》，中华书局，1979。
王利器著《吕氏春秋注疏》（全4册），巴蜀书社，2002。
黎翔凤撰，梁运华整理《管子校注上中下》，中华书局，2004。
何宁撰《淮南子集释上中下》，中华书局，1998。
（汉）扬雄撰《扬子法言》，中华书局，1954。
王利器校注《盐铁论校注上下》，中华书局，1992。
（汉）刘向撰，向宗鲁校证《说苑校证》，中华书局，1987。
（汉）刘向撰，石光瑛校释《新序校释上下》，中华书局，2001。
黄晖著《论衡校释》（全4册），中华书局，1990。
王明编《太平经合校上下》，中华书局，1960。
王明撰《抱朴子内篇校释》，中华书局，1985。
徐震堮著《世说新语校笺》（全2册），中华书局，1984。
（北魏）贾思勰著，石声汉校释《齐民要术今释上下册》，中华书局，2009。
王利器撰《颜氏家训集解》，中华书局，1993。
（唐）长孙无忌等撰《唐律疏议》，中国政法大学出版社，2013。
（唐）王勃著，（清）蒋清翊注《王子安集注》，上海古籍出版社，1995。
〔日〕遍照金刚撰，卢盛江校考《文镜秘府论汇校汇考》（全4册），中华书局，2006。
项楚著《寒山诗注》，中华书局，2000。

4. 总集

（清）严可均校辑《全上古三代秦汉三国六朝文》（全4册），中华书局，1958。
逯钦立辑校《先秦汉魏晋南北朝诗上中下》（全3册），中华书局，1983。
赵超著《汉魏南北朝墓志铭汇编》，天津古籍出版社，2008。

王根林、黄益元、曹光甫校点《汉魏六朝笔记小说大观》，上海古籍出版社，1999。
（梁）萧统编，（唐）李善注《文选》，中华书局，1977。
（陈）徐陵编，（清）吴兆宜注、程琰删补《玉台新咏笺注上下》，中华书局，1985。
（唐）王勃著，（清）蒋清翊注《王子安集注》，上海古籍出版社，1995。
（唐）欧阳询撰《艺文类聚上下》，上海古籍出版社，1999。
（唐）徐坚等著《初学记上下》，中华书局，1962。
（清）董诰等编《全唐文·附唐文拾遗唐文续拾》（全11册），中华书局，1983。
上海古籍出版社编《唐五代笔记小说大观上下》，上海古籍出版社，2000。
黄征、张涌泉校注《敦煌变文校注》，中华书局，1997。
赵和平辑校《敦煌表状笺启书仪辑校》，江苏古籍出版社，1997。
（宋）郭茂倩编《乐府诗集》（全4册），中华书局，1979。
（宋）李昉等编《太平广记》（全10册），中华书局，1961。
（宋）李昉等撰《太平御览》（全4册），中华书局，1960。
王启兴主编《校编全唐诗上中下》，湖北人民出版社，2001。
赵超著《汉魏南北朝墓志铭汇编》，天津古籍出版社，2008。
《CBETA电子佛典2016》

5. 其他

5.1 著作

周一良：《魏晋南北朝论集》，中华书局，1963。
杨伯峻：《古汉语虚词》，中华书局，1981。
敦煌研究院编《敦煌莫高窟供养人题记》，文物出版社，1986。
梁启超：《饮冰室合集》，中华书局，1989。
朱庆之：《佛典与中古汉语词汇研究》，台湾文津出版社，1992。
俞理明：《佛教文献语言》，巴蜀书社，1993。
李维琦：《佛经释词》，岳麓书社，1993。
志村良治：《中国中世语法史研究》，江蓝生、白维国译，中华书局，1995
周一良、赵和平：《唐五代书仪研究》，中国社会科学出版社，1995。
黄征、吴伟：《敦煌愿文集》，岳麓书社，1995
蒋礼鸿：《敦煌变文文字通释》，上海古籍出版社，1997。
胡适撰：《白话文学史》，蓬莱阁丛书，上海古籍出版社，1999。
董志翘：《〈入唐求法巡礼行记〉词汇研究》，中国社会科学出版社，2000。
蒋礼鸿：《蒋礼鸿集》，浙江教育出版社，2000。
杨伯峻、何乐士：《古汉语语法及其发展》（修订本），语文出版社，2001。
黄征：《敦煌语言文字学研究》，甘肃教育出版社，2002。
胡敕瑞：《〈论衡〉与东汉佛典词语比较研究》，巴蜀书社，2002。

陈秀兰：《敦煌变文词汇研究》，四川民族出版社，2002
戴维·克里斯特尔：《现代语言学词典》，沈家煊译，商务印书馆，2002。
李维琦：《佛经词语汇释》，湖南师范大学出版社，2004。
王绍峰：《初唐佛典词汇研究》，安徽教育出版社，2004。
梁晓虹、徐时仪、陈五云：《佛经音义与汉语词汇研究》，商务印书馆，2005。
林新年：《〈祖堂集〉的动态助词研究》，上海三联书店，2006
张小艳：《敦煌书仪语言研究》，商务印书馆，2007。
骈宇骞等译著《武经七书》，中华书局，2007。
郑贤章：《〈新集藏经音义随函录〉研究》，湖南师范大学出版社，2007。
朱庆之：《佛教汉语研究》，商务印书馆，2009。
张涌泉：《汉字俗字研究》（增订本），商务印书馆，2010。
李小荣：《汉译佛经文体及其影响研究》，上海古籍出版社，2010。
王晓平：《东亚文学经典的对话与重读》，复旦大学出版社，2011。
方一新等：《东汉疑伪佛经的语言学考辨研究》，人民文学出版社，2012。
谭代龙：《佛教汉语词汇系统的结构及形成》，西南交通大学出版社，2013。

5.2 工具书

（唐）颜元孙：《干禄字书》，日本文化14。
丁福保：《佛学大辞典》，上海书店，1991。
中国大百科全书总编辑委员会：《中国大百科全书》，中国大百科全书出版社，1993。
中国佛教文化研究所：《俗语佛源》，上海人民出版社，1993。
罗竹风主编《汉语大词典》（全12册），汉语大词典出版社，1994。
（台湾）中华创价学会：《佛教哲学大词典》，1998。
陈义孝编《佛学常见词汇》，佛陀教育基金会印赠，2002。
释慧岳监修、释会旻主编《天台教学辞典》，灵岩山寺，2003。
黄征：《敦煌俗字典》，上海教育出版社，2005。
王启涛：《吐鲁番出土文书词语考》，巴蜀书社，2005。
中村元：《广说佛教语大辞典》（缩刷版），东京书籍株式会社，2010。

5.3 论文

许理和：《最早的佛经译文中的东汉口语部分》，蒋绍愚译，《语言学论丛》第14辑，商务印书馆，1987。
吴金华：《试论“R为A所见”式述例》，《南京师范大学学报》1988年第4期。
胡湘荣：《鸠摩罗什同支谦、竺法护译经中的词语的比较》，《古汉语研究》1994年第2期。
武振玉：《〈入唐求法巡礼行记〉》，《绥华师专学报》1997年第2期。
武振玉：《东汉译经中所见的语法成分》，《吉林大学社会科学学报》1998年第3期。

颜洽茂：《试论佛经语词的“灌注得义”》，《汉语史研究集刊》第一辑，巴蜀书社，1998。
辛岛静志：《汉译佛典的语言研究》，《文化的馈赠——汉学研究国际会议论文集》（语言文学卷），北京大学出版社，2000。
申丹：《西方现代文体学百年发展历程》，《外语教学与研究》2000 年第 1 期。
陈文杰：《佛典词语零札》，《古汉语研究》，2002 年第 2 期。
王向远：《作为比较文学的比较文体学——概念的界定、研究的课题与对象》，《北京邮电大学学报》（社会科学版）2003 年第 1 期。
刘世生：《文体学的跨学科特点》，《外国语言文学研究》2003 年第 2 期。
方一新：《翻译佛经语料年代的语言学考察——以〈大方便佛报恩经〉为例》，《古汉语研究》2003 年第 3 期。
徐时仪：《玄应〈众经音义〉口语词考》，《南开语言学刊》2005 年第 1 期。
龚贤：《〈法华经〉的譬喻艺术》，《衡阳师范学院学报》2006 年第 1 期。
王继红：《玄奘译经四言文体的构成方式——以〈阿毗达磨俱舍论〉梵汉对勘为例》，《中国文化研究》（夏之卷），2006。
何亮：《过去、现在和未来》，《语文学刊》2006 年第 5 期。
郑阿财：《论敦煌俗字与写本学之关系》，《敦煌研究》2006 年第 6 期。
王晓平：《〈杜家立成杂书要略〉笺注稿》，《域外汉籍研究集刊》2006 年第 2 期。
魏兆惠、郑东珍：《论古汉语词缀“头”》，《语言研究》2007 年第 2 期。
刘玉红：《〈唐大和上东正传〉札记》，《重庆工商大学学报》（社会科学版），2007 年第 2 期。
张建勇：《〈四分律〉中的反义聚合浅探》，《电子科技大学学报》（社科版）2007 年第 6 期。
熊娟：《汉译佛典中的〈所可〉》，《西南交通大学学报》（社会科学版），2008。
姜南：《汉译佛经音节衬字辩说》，《语言研究》2008 年第 4 期。
孔祥珍：《〈金刚经〉外来词汇研究》，《探索与争鸣理论月刊》2008 年第 12 期。
李索：《敦煌写卷〈春秋经传集解〉异体字构形体系研究》，《大连大学学报》2008 年第 5 期。
王晓平：《〈镜中释灵实集注释〉商补》，《域外汉籍研究集刊》2009 年第 5 期。
季琴：《从语法角度看〈撰集百缘经〉的译者及成书年代》，《语言研究》2009 年第 1 期。
颜洽茂、康振栋：《“恼害”“触恼”等佛源词释义——兼谈佛源词研究价值》，《古汉语研究》85，2009。
颜洽茂、卢巧琴：《失译、误题之经年代的考证——以误题曹魏昙谛译〈昙无德羯磨〉》，《浙江大学学报》（人文社会科学版）2009 年第 5 期。
何亮：《从时点时段的表达看东汉译经的性质》，《宁夏大学学报》（人文社会科学版）

2009年第6期。

颜洽茂、康振栋：《〈恼害〉〈触恼〉等佛源词释义——兼谈佛源词研究价值》，《古汉语研究》2009年第4期。

方一新：《普通鉴别词的提取及原则——以早期汉译佛经鉴别为中心》，《语文研究》2009年第2期。

薛蓓：《汉译佛经并列连词“及以”略说》，《晋中学院学报》2010年第2期。

曾丹：《佛经词语札记》，《咸宁学院学报》2010年第9期。

颜洽茂、熊娟：《〈菩萨本缘经〉撰集者和译者之考辨》，《浙江大学学报》（人文社会科学版）2010年第9期。

毛秋瑾：《从敦煌吐鲁番写本看僧尼与佛教写经及书法》，《艺术探索》2011年第1期。

方一新、高烈过：《从语言角度鉴别早期可疑佛经的方法和步骤》，《宁波大学学报》（人文科学版）2012年第2期。

程晓朝：《〈修行本起经〉与其异译本〈过去现在因果经〉词语比较举隅》，《职大学报》2012年第3期。

邵天松：《试论〈法显传〉中的外来词》，《常熟理工学院学报》（哲学社会科学）2013年第3期。

6. 著作

6.1 《万叶集》

中西进、王晓平：《智水仁山——中日诗歌自然意象对谈录》，中华书局，1995。

马骏：《〈万叶集〉和习问题研究》，知识产权出版社，2004。

6.2 《怀风藻》

萧瑞峰：《日本汉诗发展史第一卷》，吉林大学出版社，1995。

6.3 其他

王晓平：《亚洲汉文学》，天津人民出版社，2009。

马骏：《日本上代文学“和习”问题研究》，国家哲学社会科学成果文库概要2011，北京大学出版社，2012。

7. 论文

7.1 《古事记》

冯良珍：《〈古事记〉中汉语与日语表达方式之计量考察》，《日语学习与研究》2002年第4期。

马骏：《沙本毘卖传说私见》，《日语学习与研究》2003年第1期。

马骏：《〈古事记〉文体特征与汉译佛经——语体判断标准刍议》，《日语学习与研究》2010年第3期。

马骏：《〈古事记〉文体特征与汉译佛经——佛典双音词考释》，《日语学习与研究》2010年第5期。

冯良珍：《〈古事记〉神话舞台的构造》，《外国问题研究》2010 年第 4 期。

马骏：《〈古事记〉文体特征与汉译佛经——佛典句式探源》，《日语学习与研究》2010 年第 6 期。

韩升：《日本古代修史与〈古事记〉、〈日本书纪〉》，《史林》2011 年第 6 期。

马骏：《突破汉字固有表现的重围——从〈古事记〉序文中的“切蛇”说起》，《文史知识》2012 年第 2 期。

马骏：《突破汉字固有表达的重围——从〈古事记〉序文说起》，《日语学习与研究》2012 年第 2 期。

馬駿「苧環型説話の表现素材の变容とその源流」，小峯和明編『東アジアの今昔物語集』，（日本）勉誠社，2012。

占成才：《〈古事记〉序“化熊出爪”用典考释——兼论“爪”字之辨》，《日语学习与研究》2015 年第 1 期。

冯良珍：《〈古事记〉中的词义变异类型分析》，《日语学习与研究》2016 年第 3 期。

馬駿「中国の記紀研究の現状と展望」，瀬間正之編『記紀の可能性』，古代文学と隣接する諸学シリーズ10，（日本）竹林舍，2018。

7.2　《日本书纪》

馮良珍「日本書紀の中の日本語思惟の跡」，《横浜国大国語研究》9，1991。

冯良珍：《变体汉文文献中的词义异变举要》，《中国语文》1999 年第 3 期。

马骏：《东亚文学语境中的神话故事比较研究——〈盟神探汤〉与〈扶南王范寻判案〉》，《日语学习与研究》2009 年第 2 期。

马骏：《〈日本书纪〉祥瑞灾异记载内容的比较文学研究》，《日语学习与研究》2009 年第 6 期。

马骏：《书证：〈日本书纪〉祥瑞灾异记载内容的变异性》，《日语学习与研究》2010 年第 1 期。

马骏：《书证：〈日本书纪〉祥瑞灾异记述形式的变异性》，《汉学研究》12，学苑出版社，2010。

马骏：《“和习”问题研究的瓶颈与突破——兼论佛经文体对日本上古文学的影响》，《日语学习与研究》2011 年第 6 期。

黄美华、马骏：《〈日本书纪〉与汉文佛经文体的比较研究——佛典四音节词考释》，《外国语言文化研究　第二辑》，中国传媒大学出版社，2011。

黄美華、馬駿《〈日本書紀〉の文体と漢訳仏典——話し言葉としての句式を中心に》，主编李东哲、权宇《日本语言文化研究　第二辑上》，中朝韩日文化比较研究丛书，延边大学出版社，2012。

占成才：《伏羲与日本神话——以巡绕合婚为中心》，《外国问题研究》2014 年第 4 期。

占成才：《东渡的巨人：盘古神话与日本神话》，《外国问题研究》2015 年第 5 期。

馬駿「『日本書紀』所引書の文体研究—《百済三書》を中心に」，小峯和明、金英順編『東アジアの文化圏』，シリーズ日本文学の展望を拓く，（日本）笠間書院，2017。

7.3 《万叶集》

馬駿「『鹿』の训—『万葉集』を中心に—」，『国語語彙史の研究』8，（日本）和泉書院，1987。

馬駿「『鹿』の訓の再検討——万葉歌をめぐって」，《日本学论丛Ⅱ》，外语教学与研究出版社，1991。

馬駿「『磨ギシ心』考—怨恨歌を中心に—」，（日本）『国語国文研究』104，1996。

馬駿「漢籍との比較から見た〈鹿鳴〉の歌—その巻頭性と表現性を中心に—」，（日本）『国語国文研究』105，1997。

马骏：《〈万叶集〉和歌表现的出典研究（一）—〈泣く子なす〉》，《日语学习与研究》1999年第1期。

马骏：《〈万叶集〉和歌表现的出典研究（二）—枕词〈垣ほなす〉》，《日语学习与研究》1999年第3期。

马骏：《〈万叶集〉和歌表现的出典研究（三）—〈幼妇〉的表记》，《日语学习与研究》2000年第1期。

马骏：《从万叶和歌看中日诗歌的交流》，《中日诗歌比较研究》1，国际文化出版公司，2000。

马骏：《〈万叶集〉汉语词汇表达的出典研究（一）——〈口号〉考》，《日语学习与研究》2000年第3期。

马骏：《〈万叶集〉汉语词汇表达的出典研究（二）——〈所心〉考》，《日语学习与研究》2001年第1期。

马骏：《〈万叶集〉汉语词汇表达的出典研究（三）——〈哀恸〉考》，《日语学习与研究》2001年第3期。

马骏：《〈万叶集〉“和习”之研究——以素材表达为中心》，《日语学习与研究》2002年第1期。

馬駿《『万葉集』巻十六の研究（一）——『由縁』と『有由縁歌』考——》，《日语学习与研究》2002年第2期。

馬駿《『万葉集』巻十六の研究（二）——歌の由縁性と『人名』》，《日语学习与研究》2002年第3期。

馬駿《『万葉集』巻十六の研究（三）——歌の由縁性『指示语』と『地名』》，《日语学习与研究》2002年第4期。

王晓平：《东亚愿文考》，《敦煌研究》2002年第5期。

王晓平：《晋唐愿文与日本奈良时代的佛教文学》，《东北亚论坛》2003年第2期。

马骏：《山上忆良的文学与创新——〈甑には蜘蛛の巣かきて〉考》，《当代日本语学研究》，高等教育出版社，2003。
马骏：《〈染筠〉〈心崩〉考》，《日语学习与研究》2004 年第 1 期。
王晓平：《敦煌书仪与〈万叶集〉书状的比较研究》，《敦煌研究》2004 年第 6 期。
王晓平：《〈杜家立成杂书要略〉笺注稿》，张伯伟编《域外汉籍研究集刊》2，中华书局，2006。
王晓平：《俗字通例研究在日本写本考释中的运用——以〈万叶集〉汉诗文为例》，《天津师范大学学报》（社会科学版）2010 年第 6 期。
黄美华、马骏：《日本上代文学文体与汉文佛经的比较研究——"随～"句式探源》，《日语学习与研究》2014 年第 2 期。

7.4 《怀风藻》

马骏：《文武天皇〈咏雪〉——〈梁上似歌尘〉考》，北京师范大学日文系编《日本教育与日本学研究论丛》1，民族出版社，2003。
马骏：《〈怀风藻〉诗人小传与中国史书帝纪的比较研究》，《东亚的人文传统与文化动力》，韩国高丽大学，2008。
马骏：《『懐風藻』詩序の出典研究——下毛野虫麻吕と释道慈の詩序を中心に》，《日本学研究论丛》5，外语教学与研究出版社，2008。
马骏：《〈怀风藻〉诗歌语言的基础性研究——诗想・诗句・诗语出源考》，《日本文学研究：历史足迹与学术现状——日本文学研究会 30 周年纪念文集》，译林出版社，2010。
黄美华、马骏：《〈怀风藻〉诗歌与六朝初唐诗歌的对句考释》，外国语言、文化、传播系列丛书《亚非语语言文学研究》，中国传媒大学出版社，2011。
马骏：《〈怀风藻〉诗歌人名对"和习"表达价值探佚》，主编谭晶华、李征、魏大海《日本文学研究：多元视点与理论深化》，青岛出版社，2012。

7.5 《风土记》

马骏：《〈常陆国风土记〉文体特征与汉译佛经》，《日语学习与研究》2011 年第 2 期。
馬駿「『風土記』の文体と漢訳仏典の比較研究——四字語句と句式を中心に」，『仏教文学研究』，（日本）駒沢大学文学研究所，2015。

7.6 《日本灵异记》

马骏：《〈日本灵异记〉神力型故事文本解读——以小子部、道场法师及其孙女传说为例》，《日语学习与研究》2007 年第 1 期。
马骏：《〈日本灵异记〉神力型故事的比较文学研究》，《日语学习与研究》2007 年第 4 期。

7.7 《藤氏家传》

马骏：《〈藤氏家伝〉における刀利康嗣の釈奠文——表現の出典を中心に》，谭晶华主

编《日本学研究》，上海外语教育出版社，2007。

马骏：《〈藤氏家传〉贞慧诔辞的文体特征及出典研究》，北京师范大学日文系编《日语教育与日本学研究论丛》3，学苑出版社，2008。

馬駿「『藤氏家伝』における道賢作の誄——表現の意味と出典を中心に——」，（日本）『国語国文研究』133号，2008。

7.8 其他

王暁平「願文にひそむ俗文学——江都督納言願文集を中心として」，帝塚山学院大学『人間文化学部研究年報』7，2005。

马骏：《2010年度日本文学研究综述》，《日语学习与研究》2011年第1期。

马骏、黄美华：《外语研究生教育中的“复合式教学法”探索——日本古代文学教学模式构建》，《现代传播》2011年第4期。

黄美华、马骏：《觉训撰〈海东高僧传〉影响研究——以内典出源关系为中心》，《非通用语特色专业教学与研究》（第3辑），中国传媒大学出版社，2015。

馬駿「『杜家立成』における俗字の世界とその影響」，李銘敬、小峯和明編『日本文学のなかの「中国」』，『アジア遊学』197，（日本）勉誠出版，2016。

黄美华、马骏：《奈良朝佛经写本题记研究》，《日语学习与研究》2016年第4期。

増尾伸一郎、馬駿校注「法空」，小峯和明、金英順編『海東高僧伝』，（日本）平凡社，2016。

馬駿「鎮源撰『本朝法華験記』独自の女性像—表現の出典と発想の和化を手掛かりに」，張龍妹、小峯和明編『東アジアと仏教と文学』，『アジア遊学』207，（日本）勉誠出版，2017。

馬駿「宝成本『釈氏源流』の言語指向——所引訳経を手掛りに」、小峯和明編『東アジアの仏伝文学』，（日本）勉誠出版，2017。